图书在版编目（CIP）数据

瓯语音系 / 沈克成著. —宁波：宁波出版社，2015.12
ISBN 978-7-5526-2300-0

Ⅰ.①瓯… Ⅱ.①沈… Ⅲ.①吴语—语音系统 Ⅳ.①H173

中国版本图书馆 CIP 数据核字（2015）第 260474 号

瓯语音系 沈克成◎著

书名题签	林剑丹
肖像素描	赵瑞椿
责任编辑	陈金霞
装帧设计	原色太阳
出版发行	宁波出版社（宁波市甬江大道 1 号宁波书城 8 号楼 6 楼　315040）
网　　址	http://www.nbcbs.com
印　　刷	宁波市大港印务有限公司
开　　本	889 毫米×1194 毫米　1/16
印　　张	34.25
字　　数	680 千
版　　次	2015 年 12 月第 1 版
印　　次	2015 年 12 月第 1 次印刷
标准书号	ISBN 978-7-5526-2300-0
定　　价	68.00 元

如发现缺页或倒装，影响阅读，请与发行商联系调换。

浙江省文史研究馆文史丛书之四十

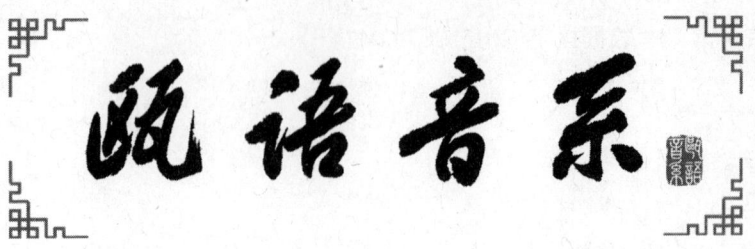

沈克成◎著

◎ 目 录 ◎

第一章　温州话能否归属瓯语系
　　第一节　温州历史与沿革 …………………………………………… 001
　　第二节　温州话是一种独立方言 …………………………………… 002
　　第三节　浙南瓯语调查研究文献 …………………………………… 006
第二章　瓯语的区域分布和内部差异
　　第一节　温州地区的方言多达 12 种 ……………………………… 011
　　第二节　温州方言中的瓯语分 26 类 ……………………………… 016
第三章　温州话的语音系统
　　第一节　温州话声母 ………………………………………………… 032
　　第二节　温州话韵母 ………………………………………………… 035
　　第三节　温州话声调 ………………………………………………… 036
　　第四节　温州话的声韵搭配 ………………………………………… 039
第四章　瓯语的特点和韵母的演变
　　第一节　瓯语的特点 ………………………………………………… 040
　　　一、瓯语与吴语相同处 …………………………………………… 040
　　　二、瓯语与吴语不同处 …………………………………………… 041
　　第二节　瓯语韵母的演变 …………………………………………… 042
　　　一、古阴声韵的演变 ……………………………………………… 042
　　　　（一）果摄歌戈韵 ……………………………………………… 042
　　　　（二）假摄麻韵 ………………………………………………… 044
　　　　（三）遇摄模鱼虞韵 …………………………………………… 045
　　　　（四）蟹摄咍泰皆佳祭齐灰韵 ………………………………… 045
　　　　（五）止摄开三支脂之微韵和合三支脂微韵 ………………… 046
　　　　（六）效摄豪肴宵萧韵 ………………………………………… 047
　　　　（七）流摄侯尤幽韵 …………………………………………… 048
　　　二、古阳声韵的演变 ……………………………………………… 048
　　　　（一）咸摄开一二覃谈咸衔韵和合三凡韵[a] ……………… 049
　　　　（二）咸摄开三四盐严添韵和山摄开三四仙元先韵[i] …… 049
　　　　（三）深臻曾梗摄开三四侵真殷蒸庚清青韵[aŋ][əŋ] ……… 049

1

　　　　（四）山摄开一寒韵端精组、开合二山删韵见组、合三元韵非组[a] ·············· 050
　　　　（五）山摄合一桓韵帮组、臻摄合一魂韵端精组[ø] ·············· 050
　　　　（六）山摄开合一寒桓韵、臻摄开合一痕魂韵和山摄合三四仙元先韵[ø][y] ·············· 050
　　　　（七）臻摄合三谆文韵见系、梗摄合三庚清韵见系、通摄合三东韵知见系[ioŋ][oŋ] ·············· 050
　　　　（八）宕摄开合一唐韵、宕摄合三阳韵非组、江摄开二江韵帮见组[uɔ] ·············· 051
　　　　（九）宕摄开三阳韵崇生母、合三阳韵见系、江摄开二江韵知庄组、通摄三钟韵精组知见系字[yɔ] ·············· 051
　　　　（十）宕摄开三阳韵、梗摄开二庚耕韵[i][ɛ] ·············· 051
　　　　（十一）通摄合一东冬韵、合三东韵非组字、钟韵非组泥来母字[oŋ] ·············· 052
　　三、古入声韵的演变 ·············· 052
　　　　（一）深开三缉入、臻开三质入[i] ·············· 052
　　　　（二）臻摄合三术物入、梗摄合三昔入、曾摄合一三德职入[y][ai] ·············· 052
　　　　（三）曾摄开一德入、开三职入[e][ei] ·············· 053
　　　　（四）梗摄开三四昔锡入端知系字[ei] ·············· 053
　　　　（五）通摄合一三屋烛入[u][əu] ·············· 053

第五章　中古音摄韵与瓯语对应关系
　第一节　阴声韵 ·············· 055
　第二节　阳声韵 ·············· 065
　第三节　入声韵 ·············· 074

第六章　瓯语语音的通押
　第一节　阴声韵 ·············· 080
　　一、阴声韵效流摄互押之二[iɛ] ·············· 080
　　二、阴声韵效流摄互押之四[ə] ·············· 080
　　三、阴声韵流摄开口一三等互押[au] ·············· 080
　　四、阴声韵流摄开口三等互押[iau] ·············· 081
　　五、阴声韵果遇流止摄互押[øy] ·············· 081
　　六、阴声韵果遇止摄互押[ŋ] ·············· 081
　第二节　阳声韵 ·············· 081
　　一、阳声韵宕江通摄互押[yɔ] ·············· 081
　　二、阳声韵深山臻江摄互押[aŋ] ·············· 082
　　三、阳声韵咸深臻曾梗通摄互押[iaŋ] ·············· 082
　　四、阳声韵深臻曾梗摄互押之一[əŋ] ·············· 083
　　五、阳声韵臻曾梗通摄互押之二[oŋ] ·············· 083
　　六、阳声韵山臻梗通摄互押之三[ioŋ] ·············· 084
　第三节　入声韵 ·············· 084
　　一、入声韵江通摄互押[yo] ·············· 084

二、入声韵深臻曾梗摄互押[iai] …………………………………………084
第四节　阴声韵与阳声韵 ………………………………………………………085
　　　　阴声韵效流摄与阳声韵宕江两摄通押[uɔ] ………………………085
第五节　阴声韵与入声韵 ………………………………………………………085
　　一、阴声韵假效摄与入声韵咸山宕梗摄通押[ia] ……………………085
　　二、阴声韵遇蟹摄与入声韵山曾摄通押[e] ……………………………086
　　三、阴声韵果假遇蟹流摄与入声韵咸山宕江梗通摄通押[o] …………086
　　四、阴声韵果遇蟹止流摄与入声韵臻通摄通押[u] ……………………087
　　五、阴声韵果遇蟹止摄，与入声韵深梗摄互押[ɿ] ……………………088
　　六、阴声韵果蟹止效摄，与入声韵深山臻曾梗摄互押[ai] ……………088
　　七、阴声韵假遇蟹止摄，与入声韵咸深山臻曾梗摄互押[ei] …………089
　　八、阴声韵果遇流摄，与入声韵曾通摄互押[ue] ………………………090
　　九、阴声韵流摄与入声韵通摄通押[ieu] ………………………………090
第六节　阳声韵与入声韵 ………………………………………………………091
　　一、阳声韵宕梗摄，与入声韵咸宕摄互押[ɜ] …………………………091
　　二、阳声韵咸深山摄，与入声韵咸深山臻宕摄互押[ø] ………………091
第七节　阴声韵、阳声韵与入声韵 ……………………………………………092
　　一、阴声韵果假蟹止摄，与阳声韵咸山梗摄，与入声韵咸山臻曾梗摄通押[a]
　　　　………………………………………………………………………092
　　二、阴声韵假蟹止摄，与阳声韵咸山宕江摄，与入声韵咸深山臻曾梗摄通押
　　　　[i] ……………………………………………………………………093
　　三、阴声韵果遇蟹止摄，与阳声韵山臻摄，与入声韵山臻曾梗摄通押[y]…095

第七章　瓯语系各地方言声韵拼合表
　　一、温州话声韵拼合表 …………………………………………………096
　　二、永强话声韵拼合表 …………………………………………………098
　　三、永嘉话声韵拼合表 …………………………………………………099
　　四、乐清话声韵拼合表 …………………………………………………100
　　五、虹桥话声韵拼合表 …………………………………………………101
　　六、瑞安话声韵拼合表 …………………………………………………102
　　七、陶山话声韵拼合表 …………………………………………………103
　　八、平阳话声韵拼合表 …………………………………………………104
　　九、宜山话声韵拼合表 …………………………………………………105
　　十、文成话声韵拼合表 …………………………………………………106

第八章　瓯语系各地方音同音字汇
　　一、温州话 ………………………………………………………………107
　　二、永强话 ………………………………………………………………124
　　三、永嘉话 ………………………………………………………………140
　　四、乐清话 ………………………………………………………………158
　　五、虹桥话 ………………………………………………………………175
　　六、瑞安话 ………………………………………………………………192
　　七、陶山话 ………………………………………………………………209

八、平阳话 …………………………………………………………… 226
　　九、宜山话 …………………………………………………………… 243
　　十、文成话 …………………………………………………………… 260
第九章　瓯语系各地方音与温州话比较
　　一、永强话与温州话比较 …………………………………………… 277
　　二、永嘉话与温州话比较 …………………………………………… 295
　　三、乐清话与温州话比较 …………………………………………… 313
　　四、虹桥话与温州话比较 …………………………………………… 334
　　五、瑞安话与温州话比较 …………………………………………… 353
　　六、陶山话与温州话比较 …………………………………………… 372
　　七、平阳话与温州话比较 …………………………………………… 391
　　八、宜山话与温州话比较 …………………………………………… 411
　　九、文成话与温州话比较 …………………………………………… 430
第十章　瓯语系各地方音对照表
　　第一节　阴声韵 ……………………………………………………… 449
　　第二节　阳声韵 ……………………………………………………… 487
　　第三节　入声韵 ……………………………………………………… 523

后　记 ………………………………………………………………………… 540

第一章 温州话能否归属瓯语系

第一节 温州历史与沿革

温州市位于浙江省东南部，瓯江下游，是浙南政治、经济、文化中心，全国最早14个开放城市之一。东濒大海，西接丽水，南临福建，北交台州。辖鹿城、龙湾、瓯海、洞头四区，瑞安、乐清二市和永嘉、平阳、苍南、泰顺、文成五县。

早在距今约七千年的新石器时代，温州大地上就已生活着一群"瓯人"先民，他们过着非常原始落后的渔猎生活。

大约距今四千年的夏代早期，浙闽境内生活着三群讲不同土著语言的部族，他们由部族逐渐形成三支不同的族群。越人形成"於越族"，瓯人形成"瓯越族"，闽人形成"闽越族"，他们都有各自不同的共同语言，经过进化和发展，形成今天的吴语、瓯语和闽语。

两千多年前的春秋时期，这里原有一个诸侯国叫东瓯国，东瓯国当时讲什么话呢？据《史记·东越传》记载，古瓯越属于百越中的一支，他们所说的是古越语，《说苑》所载《越人拥楫歌》是叙述一位出使越国的北方使者听不懂船夫所唱的内容而需要翻译的故事，这说明古越语与北方汉语不属于同一种语言，两者差异很大，有学者认为古越语非汉语，属于侗台语系统，是今日侗语、水语、壮语、傣语、黎语，以及泰国泰语、越南京语、缅甸掸语等共同祖语的兄弟语。现在我们所说的温州话中还留有许多古瓯越语的痕迹，如温州人说话时喜欢将修饰成分倒置在中心词之后，如"板砧、髈蹄、饭焦"等。在词汇方面，也有许多基本词汇跟现今的泰、傣、壮、侗、京语相同，如田野，温州话说"垟"；木筏，温州话说"排"；骂人，温州话说"讟"；阉割，温州话说"镦"，音同泰语；大锅，温州话说"铫"，音同侗语；鸟啄物，温州话说"咄"；酒坛子，温州话说"埕"；傻、蠢，温州话说"憨"，音同壮语；上瘾，温州话说"念头"；蓓蕾，温州话说"蕊"；抚摸，温州话说"挦"，音同越南语；抛物，温州话说"甩"，音同拉珈语。这些都应该是古瓯语的残留。

春秋中期，今江苏泗洪一带的徐国臣民迁居温州，汉字开始传入温州，并促使原始瓯语得以进一步发展。

战国中期，楚灭越，宁绍平原上的越国臣民南逃温州，带来先进的越文化，使土著瓯语与越语产生交融和渗透。公元前3世纪，楚国派春申君加强对吴越之地的统治，楚人在吴越等地有强大的势力和影响。在这一段时间里，东楚方言与古吴越语相融合，形成一种有地方色彩的汉语——江东方言。这是楚人给吴越地区带来的最初的华夏语影响。从此，汉语通过楚方言的形式大量地进入吴越。温州话中至今还保留着南楚沅湘方言，如发怒叫"惮"、染病叫"过人"、抛弃叫"虮"、游玩叫"嬉"、怎么样叫"訾那"、螳螂叫"头髦公公"、蝼蛄叫"土狗"等等，温州话中有两句最具方言特色的俗语词"吃吃嬉嬉眙眙戏"、"牛拔过眙勿着虮爬过密密掐"都见于楚语。江东方言是温州话中前、中古层次的主要来源。江东方言在六朝时称为"吴语"，但性质跟今吴语不同，它应是现代吴语、江淮官话、闽语、徽语的共同祖语，因此我们称之为古吴语。

秦始皇统一中国后，将全国分为36郡，于吴越地东置会稽郡、西置鄣郡。置郡设官驻兵，标志着汉人对吴越地区进入正式开拓阶段。秦置东瓯地于闽中郡辖下，但当时越族力量还很强，浙南、福建一直还是越人的天下。

据《史记·东越列传》，汉惠帝封瓯越王驺摇"为东海王，都东瓯，世俗号为东瓯王"。其国境辖今浙南温州、台州、丽水地区，国都东瓯即今温州，故温州又名东瓯。西汉初年，东瓯跟闽越不和，闽越攻打东瓯，东瓯国王向汉武帝请求西迁，武帝建元三年(前138)，诏命迁东瓯四万子民于江淮间庐江郡，但实迁的仅王族、军队、畿内豪强臣民，越人避迁遁逃山林者甚众。此后，东瓯故地便在闽越的统治之下，瓯语又与闽语产生交融。早期的瓯语就这样在越语和闽语的夹缝中演变和发展，形成今天瓯语（温州话）的雏形。汉末离乱、三国纷争，东瓯故地山越人复出，昭帝始元二年(前85)于东瓯故地立回浦县，西汉末削为回浦乡，东汉章帝章和元年(87)为东瓯乡。东汉顺帝永和三年(138)以东瓯乡置永宁县，仍属会稽郡，三国吴太平二年（257）改属新分之临海郡。

东晋太宁元年(323)又从临海郡分置永嘉郡，辖五县，为温州建郡之始，并始建郡城。隋开皇九年(589)废郡，改永宁县为永嘉县，隋大业年间一度与临海郡并置于处州（括州）辖下。

唐武德年间一度分置东嘉州，贞观年间又属括州。上元二年(675)始置温州，因地在温峤岭南，"虽隆冬而恒燠"，故取名温州。五代曾为吴越国地。南宋咸淳年间升为瑞安府，元至元年间改温州路。

明清都称温州府。1912年废府后曾置瓯海道并为道治，直到1927年废道。1935年设浙江省第八行政督察区，区专员公署驻此。

1949年分永嘉之瓯江以南地、以旧府县城为中心置温州市，市府驻旧城区，即今之鹿城区。

第二节　温州话是一种独立方言

任何一种方言都有历史上的传承，不论是外来语言的入侵，还是自身语言的演变，语言（语音）总是处于不断变化之中，不论变化有多大，前后总是有联系的。

从严格意义上来说，温州在汉代才得到开发。西晋末年的"永嘉之乱"，是一起重大的历史事件，它不仅改变了政治格局，也导致了方言分界的变化。由于永嘉之乱，北方难民不断南迁，温州在东晋时为永嘉郡，晋之前先后隶属会稽郡、临海郡。从温州独立为郡及人口数量的增长看，南迁北方难民中有不少迁入温州，名门望族也不在少数。北方移民带来的北方话，奠定了现代温州话的基础。从这个角度粗算，温州话的年龄在1500年左右。也就是温州方言发端在汉末东吴，南北朝后期已基本形成。至唐初，温州话开始有了雏形，并得到独立发展，成为一支自有特色的方言。至宋代，温州瓯语已相当成熟，其框架已非常稳定了。这可以在著名字书《六书故》与南戏作品《张协状元》等文献中找到佐证。

宋末永嘉人戴侗(1200-1285)的名著《六书故》大量采录家乡温州方言的俗语、俗字、俗音，充分表明当时温州话已接近今语。如喉咙称"灵喉"，河豚称"乌狼"，鳝鱼称"鳎鳗"，臭虫称"茭虱"，小蟹称"蟚儿"，篮类称"箸"等等。

现存最早的南戏《张协状元》，一般都认为是南宋时温州"九山书会"才人的作品。这个戏里丑角、净角、副末的说白中已使用了不少跟现代温州话特点相同的语句，如"老鼠拖个驮猫儿"，已跟今天说法差不多了。

从移民史、人口史可知，温州在永嘉丧乱之前是住有土著的，由于移民迁入，大部分土著被同化，小部分迁往福建等地。瓯江流域在当时属于开发程度较差、人口稀少的地区，因而能给更多的移民提供可生存的空间，而且因为风光秀丽，气候温煦，成了高官贵族、文人雅士落脚扎根的首选之地。就在这前后不超过二百年时间里，如果温州地区没有外来移民，而是靠土著自身人口的繁衍，势必不会造成行政级别有如此快速的提升。

回顾历史，公元323年温州设郡之前，人口有迁出也有迁入，设郡之后则以迁入为主。温州大规模人口迁入有下列六次：

(1)西晋末年发生"八王之乱"，北方边疆匈奴、鲜卑、羯、氐、羌等五个草原少数民族挥师南下，迫使中原地区汉人南逃，因而出现我国历史上著名的大规模北人南迁现象。其中迁入温州境内的人口数量很多，他们在温州各地封山占水，开辟湖田，霸占土地。

(2)唐代安史之乱，使黄河流域再次沉入血海，触发了又一次人口南迁大潮。这次人口南迁大潮的余波一直持续到唐末和五代十国时期。我国南方人口规模首次超过了北方。唐代后期的人口南迁中，流入温州境内的人口很多。

(3)五代时期，温州在吴越王钱氏统治下，经济发展，社会安定，而福建内战迭起。这时闽人为避战乱，纷纷迁入温州境内。尤其是为避王曦战乱，从长溪赤岸（今霞浦县赤岸村）迁居温州的人数最多，规模最大。

(4)北宋末年，北方又一次陷入战乱，宋室南迁，我国历史上又一次出现大规模的北人南迁现象。其移民规模最大，超过了永嘉丧乱和安史之乱，因此移居温州的人口数量超过历史上任何一次人口迁移。

(5)南宋乾道二年（1166）农历八月十七，温州遭受特大台风和潮水袭击，拔树毁屋，夜潮入城，"浮尸蔽川，存者什一"，永乐瑞平四县溺死数以万计，田禾不留一蕾。温州知州传檄，要求福建移民补籍，闽人相继迁入温州定居，为数甚众。

(6)明初为了巩固边防，在沿海设立了许多卫所，仅洪武一朝31年中设卫即达136处。大批外省籍军官率军来温州各卫所戍卫，其中多数留居温州，成为温州人。

上述六次大规模外来人口迁入温州，有的是占据式移民，有的是蔓延式移民，有的是杂居式移民，有的是墨渍式移民，有的是孤岛式移民。这些移民对温州方言的变化产生了巨大的影响。

中国早期文明虽以北方为主，但自东晋五马渡江之后，北方文化屡遭战乱破坏，大量士人因避战乱南迁，中国文化中心就开始逐渐南移。至北宋灭亡之际，这一民族迁徙达到高潮，传统中国的北方已经完成民族大换血。自夏商周、春秋战国、秦汉以来活跃在中原历史舞台的"中国人",基本上换成了一批一批来自更北方的外族人。并形成了一种内部较为一致、相互之间基本能听懂的新兴语种——官话。官话方言凭借政治优势,逐渐为汉人接受,从而形成了今天中国汉语的基本格局。

在中国南方,永嘉丧乱,五胡乱华,晋室东渡,宋室南迁……据不完全统计,渡江南下的士族和百姓多达100万人以上。这一大批南下汉人带来的北方方言和江南原有的方言差异很大,因而发生了剧烈的碰撞。由于中原文明远远高于南方文明,在语言同化、渗透和融汇的过程中,往往是外来的中原话占据了上风,深刻地影响了吴、湘、粤、赣、客、闽等南方汉语。例如浙北地区受北来雅音官话的影响形成北吴语(以苏州话为代表);而远离政治中心的浙南,由于相对落后,几乎被北来雅音全盘侵占。但与此同时,老百姓说话的习惯一时仍改变不了,这一语言的底层,更使温州方言纷繁歧异。

战乱可造成方言迁徙,安定则可使方言巩固。根据温州族谱、墓志、史料,唐宋时温州曾接受闽东北的两次大移民,但这些移民并没有对温州方言造成明显的影响,说明唐宋时的温州方言已相当稳固,已形成强大力量足以同化迁入的移民,这些移民后来都改说了温州话。至于现在苍南一带有100多万人讲闽南话,那是明末清初过来的,所以他们说的还是闽语。

正因为温州是一座典型的移民城市,才致使温州成为一个多方言地区,其方言种类之多,差异之大,可谓全国之最,更是世界之最。

一种语言不同于另一种语言的区别性特征是由声母、韵母、声调、词汇、句法五个方面组成。声韵调三者称为语音特征,是语言学家非常看重的谱系特征。据此,古今中外很多学者对温州话进行归属分类。

温州人非常清楚,瓯语是汉语的方言,不是吴语的方言,更不是闽语的方言。所以,瓯语既不属闽语,也不属吴语,是介乎两者之间的一种独立的方言。

这样独立的方言很多,仅在温州境内就有四种,例如:苍南蛮话既不属温州话,也不属闽南话,是介乎温州话与闽东话之间的一种独立方言;苍南金乡话既有苏南、浙北的北吴语特征,又夹杂着大量北方官话成分,是吴语居民听不懂的独立方言;泰顺莒江话,有人认为属于吴语瓯江片的温州话,有人认为属于处衢片的罗阳话,这些都是欠妥的。从语言演变的历史过程来看,莒江话在吴语发展很早的阶段就与吴语分道扬镳了,所以莒江话既不属于温州话,也不属于丽水话,而是一种独立的方言。

语言学界有一共识,在语系、语族上分类的各种语言是不能互相通话的,但在语支、语组分类中的各种语言是应该能通话的,这是区分语言的一个重要指标。通俗点讲,若两种话语之间不能直接通话,则这两种话语可定义为两种不同的语言;若两者可以直接通话,则可定义为同一种语言的两种不同方言。

我们又知道,以苏州、上海为代表的北部吴语区的人跟浙东宁波、绍兴、台州人尚能通通话;宁波人能听懂上海话、杭州话,台州人能听懂苏州话、宁波话,但他们一点都听不懂温州话,这说明温州话与吴语各语组之间存在实质上的区别。同样,温州人听不懂福建话,福建人也听不懂温州话,说明瓯语与闽语是两种不同的语言。因此,笔者认为瓯语既不属于吴语,也不属于闽语,而是汉语的一支独立的方言。

吴语声母有浊音,瓯语也有浊音,而闽语没有浊音,这是瓯语"吴语说"最有力的证据。但是,尽管瓯语在声韵调的语音特征方面偏似于吴语,但瓯语的词法和句法的形态特征更近似于闽语。也就是在谱系分类上瓯语接近吴语,在形态分类上瓯语接近闽语。温州话里有很多语言特征不同于吴语，而近似于闽语，有的甚至近似于粤语。例如温州话的古全浊声母读浊音浊流，而吴语读清音浊流。所以不能只顾其一、不顾其他地把瓯语强行并入吴语，或归入闽语。

温州从西汉武帝元封元年（前110）开始属于会稽郡管辖，受绍兴人、杭州人的行政管理时间很长，因而温州话受到绍兴话和杭州话的影响比较久远。但在地缘上温州更靠近福建，与福建的通商、通婚及人口迁移数千倍于绍兴和杭州。温州现有本地人口三分之二的祖宗迁徙自福建，其语言受闽语的影响既普遍而又深入人心。在遣词造句上瓯语与闽语有着惊人的相似之处，有着深层次的发生学上的关系。

目前的中国语言分类只片面考虑浊音清化和四声八调，而忽视了词法和句法的差异，更没有顾及彼此之间的互通性，即只考虑谱系特征，而没有顾及语言的形态特征。

温州语言学界人才辈出，学术深湛，就是不敢向权威挑战，这是学术之大忌。温州人必须要打破陈规滥调的束缚，建立属于自己独立方言的地位。

早在2008年，温籍作家吴明华先生在《其实你不懂温州人》一书中就主张应该为温州话正名。当时，我曾请教郑张尚芳先生，他认为说温州话的人只有五百来万，独树一帜似乎不很恰当，再说，不仅吴语中的东瓯片说话难懂，台州片和丽衢片同样很独特，所以不宜分得过细⋯⋯

不久前，温籍学者姜竺卿在其力作《温州地理》中又旗帜鲜明地提出"温州话应属于瓯语"。笔者完全赞同他的观点：既然温州话不同于吴语，又不同于闽语，我们为什么不将其自立门户，列为跟吴语系、闽语系并起并坐的瓯语系呢？既然大家都不否认温州话是一种独立方言，那么我们就将这种方言称为"瓯语"吧。虽然讲瓯语的人目前只有520万人，仅分布在浙南的瓯江、飞云江、鳌江流域，但我们不能忽视一种现象，在世界的任何角落，都可以听到有人在说这种"鸟语"。说这种"鸟语"的人就叫"温州人" ——曾经创造"温州模式"、令世人瞩目的"东方犹太人"。

当然，我们对温州话的研究还不够全面、不够透彻，我们或许还没有资格给温州话下这样的论断，但我们始终认为，温州话最终的归属，将由未来的学者说了算。

温州方言除了吴语外，还有闽南话（浙南闽语）、蛮讲（泰顺土语）、蛮话（苍南土语）、畲话（畲族客家话）、金乡话（吴语方言岛）、大荆话（台州太平方言）、罗阳话（处衢方言）等。平阳旧志称平阳的温州话为瓯语，以别于闽语、畲语、蛮话、金乡话，我们沿用旧说，以瓯语泛指温州地区各市县的吴语。

瓯语是温州地区的主要方言，分布在瓯江下游、飞云江和鳌江流域。温州市区和永嘉县是纯瓯语区；瑞安市和文成县基本上属于瓯语区，只有个别乡村通行闽语或畲语；乐清市和平阳县是半瓯语区：乐清市清江以南的海积平原是瓯语区，清江以北的大荆话与温岭话接近，属吴语台州片；平阳县鳌江下游是瓯语区，鳌江上游是瓯语和闽语的混杂区；苍南县和洞头县都是以闽语为主，部分乡镇通行瓯语。

第三节　浙南瓯语调查研究文献

现代对方言语音史的研究主要有两种方法：一是自上而下的历史文献考证法，并辅以历史比较法；一是自下而上的历史层次法，充分运用现代汉语方言语料来探测方音的历史特点。由于温州地区传世文献和考古文献甚为稀缺，所以今天我们研究瓯语音系，只能从现实的语言材料出发，去探索语言发展的线索和规律。这是一种以今证古的"回顾法"。

中华文献有着记录方言的悠久传统，我们的先辈大致从"方言释疑"和"方言录异"两个途径来记录当时方言。广泛地收集历史文献中"直接语料"，通过集腋成裘的整理，往往可反映某一时代的区域方音特征。但更多的历史方音文献是间接语料，温州自宋代有大量的作品传之于世，其中韵文较多，这些文献的作者并不是要"记录古方音"，而是行文中有意无意地透露出当时方言语音。之所以有方音"泄露"，除了有意利用方音制造一种特殊效果外，一般都是"乡音无改"，不知不觉中将方音流露于用韵中。所以这些文献对于瓯语史研究而言，是难得的丰富语料。

前人和当代学者对瓯语音系的研究，按时代先后简述如下：

扬雄《方言》里已经分出"瓯、东瓯、瓯越"等区，只不过当时是一种分布在浙南的古越语。

宋末永嘉戴侗的《六书故》提出了浙南吴语台、温、括三片方言的区分。他采录了吴语方言的俗语俗字俗音，记录的例子表明当时的"温州话"已经很接近今语，例如：臭虫叫"䗚虱"，小蟹叫"蟛"，尿音息遗切，阿音放黵切。

一些笔记、韵书中也有散见的瓯语材料：元永嘉人周达观《真腊风土记》举物产常用温州俗称，如"篦箕、湖鳗、龟脚、络麻"；明太仓陆容《菽园杂记》记"台温人以张敞为浆抢；温州人又呼水母为鲊鱼"。

明清以来，涌现出十几种记录温州方言词汇的笔记、字书和韵书。

此外，各县县志也有方言部分，旧时所修多采用传统方法。

日本波多野太郎编的《中国方志所录方言汇编》收有《平阳县志》（同治十一年，公元1872年）、《泰顺分疆录》（光绪四年，公元1878年）。有的县志虽无方言专章，但方俗物产类中俗名不少，《瑞安县志》里就有较多方言材料。民间杂字书及谚语、童谣、谜语书也记录了很多温州方言材料。参见《温州方言文献集成》第一至三辑。

温州方言拼音化方面，自清末以来有：陈虬的篆体"瓯文"新字二书；平阳宋恕的假名式"宋平子新字"。

19世纪60年代，英国基督教会派人来温州建立教会。派来的传教士与当地人士一起制订方言罗马字拼写方案。由教会出版的初步研究成果有英国传教士苏慧廉（William Edward Soothill）的《四福音书带使徒行传》《新约圣书》，几种《赞美诗》和《温州土话初学》课本。

英庄延龄（Edward Harper Parker）《The Wenchow Dialect（温州方言）》（1884年发表于香港的China Review（中国评论）12期上、下），用比较科学的方法调查温州话。又翟理斯（Herbert Allen Giles）的《华英字典》（上海Kelly & Walsh公司1909-1912年出版）有庄延龄所记九种方言及韩日越读音，其中有温州音注音。

英孟国美（P.H.S. Montgomery）《Introduction of the Wenchow Dialect（温州

方言入门)》(上海 Kelly & Walsh 公司 1893 年出版)。孟氏是瓯海关代理税务司。这是第一本系统介绍温州方言的书,对温州老派音系的声韵调、单字字汇都有比较详准确的记录,课文中还有丰富的词汇及例句。音系的分析也比较科学,并有简单的同音字汇。此书记音方案基本同于苏慧廉,但具体字音与之有异,因苏氏师从汤壁垣是说温州西门音的,孟氏师从陈梅生、孟介卿(1847-1916,拔贡,上代是湖北人),写书时尤以陈梅生为准,比较纯正。

余杭的章炳麟(章太炎)在 1915 年《检论·方言篇》中将汉语方言分为 9 种,把温州话归属闽语,"浙江温处台附属福建而从福宁",曾为民初以后的地理教科书所采用,影响很大,几被视为定论。这是以语感和地域文化观念进行的语言模糊划分,今天看来显然是错误的。

瑞典著名汉学家高本汉(Bernhard Karlgren)《汉语方言字汇》(附编于 1915-1926《中国音韵学研究》、1923《中日分析字典》之后)即采用庄延龄及孟国美的,并大赞孟国美所记远较庄延龄为佳。他以温州话与其他吴语、官话对比,属于特点的描述而非系统的描述。吴语只收上海和温州。

1935 年湖南湘潭人黎锦熙在《国语运动史纲》中,将汉语方言分为 12 系,把温州话归为瓯海系,福建话归为闽海系,把苏、松、常和杭、嘉、湖划为太湖系,把金、衢、严划入浙源系,这是语言区划的一大进步,比章太炎的区划高明得多,比赵元任的理论也精准一些,可惜没有引起学界的重视。

赵元任《现代吴语的研究》(1928 年清华学校研究院出版)对吴语 33 个调查点(浙南只收黄岩和温州)的声韵调系统、词汇和语助词进行调查对照,大约用 2700 个例字。记音用国际音标跟注音罗马字标音,用一种"吴语音韵罗马字"标类。声调采用音乐学上的五线谱标调。赵先生是我国现代语言学界泰斗、方言学的奠基人,其权威学术地位无人敢挑战。《现代吴语的研究》是中国第一部以现代语言学方法调查研究方言的经典著作。作者初步设计并使用的调查表格及例字,至今一直被方言工作者所沿用。这是国内学者第一次科学的调查温州方言,首次将温州话归入吴语,在方言史研究上影响深远,所以今天中国所有的语言学者都众口一词地说瓯语属吴语。赵元任不懂温州话,也从没有来过温州,只是在绍兴找了两位温州籍发音人记音所得立论,而且其中一位王梅庵是永强人,不会讲纯正的温州话。就这样,从此就改变了温州话的地位。

傅佐之《温州方言的形容词重叠》(发表于《中国语文》1962 年第三期)据永嘉方言描述形容词的重叠变化,系最早研究温州方言形容词构词法的文章。

颜品仁《温州语音和北京语音的对应关系》(发表于《温州师范学院学报》1963 年第一期)写声韵对应关系。颜氏是温籍学者研究温州方言并予以科学报道的第一人。但颜氏母语为闽南话,因此有些温州方言记录不够纯正。

北京大学中文系语言学教研室编的《汉语方言概要》(1960)、《汉语方音字汇》(1962)、《汉语方言词汇》(1964)等三本专著,吴语都只收苏州和温州,把温州作为南部吴语的代表点。

郑张尚芳《温州音系》(《中国语文》1964 年第一期)详细描写了温州城区、永强两处的音位系统。

郑张尚芳《温州方言的连读变调》(《中国语文》1964 年第二期)较早研究方言连调变化,范围从两字连调到六字连调。郑张尚芳(1964)关于介音方面的说明,除了以标准的 i、u、y 开头的韵,还有一套过渡音。他指出温州 tɕ 系声母和韵母中间带过渡音，这些过渡音在前人记录里大都也作为介音来处理。

张琨[美]《温州方言的音韵历史（Wenchow Historical Phonology)》（1971年发表于台北"中央研究院"《民族学研究所集刊》32期），原以英文发表，有中文提要。张氏是国际著名的汉藏语言学家，虽非温州人，却对温州音韵变化能反映古音很感兴趣，可惜有些地方因未能了解老派音、郊县音情况而致有疏失。

颜逸明《平阳瓯语音系》（发表于《上海师范大学学报》1978年第1期），为作者"浙南方言调查报告"之二，是对于市区以外温州话的最早研究论文。

陈承融《平阳方言记略》（发表于《方言》1979年第一期），是关于平阳瓯语最早的普查报告。此文记录和分析以县城为代表的平阳话。内容包含声韵调系统及其拼合关系，两字组连读变调，同音词汇，轻声、儿化问题，常用词、词组和语法例句。

郑张尚芳《温州方言的儿尾》（1979）讨论儿尾的作用、儿尾词的构造和扩展变化。

傅佐之、黄敬旺《温州方言端透定三母的腭化现象》（《方言》1980年第4期），指出在温州南部、西部郊区以及北边仅一江之隔的永嘉县沿江部分地区，有端透定三母的腭化现象，该声母逢齐齿撮口呼韵母不读舌尖音 t、t'、d，而读舌面音 tɕ、tɕ'、dʑ。这种语音现象只限于古开口四等字，目前它处于逐步消失的过程中。

颜逸明《平阳县和泰顺县的方言情况》（1981）对浙闽边境平阳（包括今苍南县）及泰顺两县方言的复杂情况作了介绍，并对瓯语非瓯语进行分区，附有详细的分区地图。

郑张尚芳（1982）分析了中古《切韵》系统中统一的"歌"韵在今温州方言中的分化现象，分出了13个韵，论述其发生层次及变化过程。

郑张尚芳《温州方言歌韵读音的分化和历史层次》（发表于《语言研究》1983年第2期）一文分析了歌韵在温州分布为13个音的分化现象，论述其发生层次及变化过程。

中岛幹起[日]《浙南吴语基础语汇集》（东京外国语大学亚非言语文化研究所1983年出版）调查记录了温州、乐清两地的基础词汇，比较详细。本书的出版表明国际语言学界对温州方言的关心重视。可惜他所记的音是平阳音而非温州城区音。

吴安其《温州方言的壮侗语底层初探》（发表于《民族语文》1986年第4期）一文是探索温州词汇中台语底层的专文。

中国社会科学院和澳大利亚人文科学院合编的1987年版《中国语言地图集》把吴语分为六片，其中瓯江片就是温州吴语，学术界更视温州话为南部吴语的代表。

郑张尚芳《浙南和上海方言中的紧喉浊塞音声母 ʔbʔd 初探》（1988年发表于上海教育出版社出版的《吴语论丛》）一文以永嘉、文成、青田等处浙南方言帮端母读紧喉浊塞音的现象与上海同类现象比较，结合古越族历史溯其来源。根据自己调查的情况指出[ʔb]、[ʔd]这两个紧喉浊塞音声母分布于温州地区的永嘉、文成两县。古全清帮母字读[ʔb]，端母字读[ʔd]。[ʔb]、[ʔd]虽是浊塞音，但却依紧喉[ʔ]归于清音一类，和次清声母一样读阴调，而和全浊声母不同。

颜逸明《瓯语称谓录》（发表于1988年《吴语论丛》）对平阳县萧江瓯语中的亲属称谓词作了详细记录。对有的很难写出本字的称谓，作者采用从俗的写法。

郑张尚芳《温州话流摄一三等交替的特点》（发表于《温州师院学报》1989年第4期）指出温州方言中"头豆"等字一等读如三等，"牛"等字三等读如一等。其中以流摄字为显。这可以说明，古代洪音字在后世方言中可以增生腭介音成分，变为细音。

郑张尚芳《温州方言源流探索》（发表于《温州探索》1990年第1期）结合历史

文献记载探索温州方言的发展史。

温端政《苍南方言志》（1991年语文出版社出版）是温州地区第一部方言志专著，同时介绍本县五种不同方言，是该书不同于其他方言志的独创性特色。该书比较全面记录了苍南县的闽南话、蛮话、瓯语、金乡话、客话。除对苍南县城灵溪的浙南闽语详加记述外，并对龙港瓯语作了细述。为了说明苍南瓯语与其他地方瓯语的异同，还将它与平阳昆阳话进行了比较。

钱乃荣（1992）综合介绍了吴语的特点，并记录了吴语40个地点（温州为其中的一个点）的语音资料。这些地方包括赵元任《现代吴语的研究》调查过的33个地点。书的内容包含吴语的声韵调的特点、字音对照表、各地吴语连读调类型和对照表、词汇系统和常用词对照表、语法特征等。

郑张尚芳《温州方言近百年的语音变化》（1995年发表于《吴语研究》）分析了鹿城区的旧城区语音变化，并指出温州城区方音在一百年间发生了迅速剧烈的变化。方音现有新派老派两种，两派的声韵母及其配合关系都有差异。新老两派内部也各有一些差异：老派的不同年龄群对早期语音各项特点的保留是不均衡的；新派里青年人又发展了新的语音变异倾向，部分中年人中也有特异语音变化。

潘悟云《温州话音档》1998年由上海教育出版社出版。

蔡嵘（1999）记录了乐清市城关乐成镇的方言。

颜逸明《浙南瓯语》（2000年华东师范大学出版社出版）介绍了瓯语的特点、分区和温州地区其他方言，并附有温州地区南部诸方言分布图，记叙了温州话和瑞安话的音系、连读变调、同韵字汇、瑞安话和温州话的异同、瑞安话的内部差异。颜书还对瓯语各片，包括苍南瓯语和平阳瓯语、永嘉瓯语和文成瓯语，作了全面的字音对照、瓯语特殊词语分类词表、瓯语语法特点举例、温州方言字音对照表。

《著名中年语言学家自选集·潘悟云卷》（2002年安徽教育出版社出版）收有《中古汉语方言中的鱼和虞》《温、处方言和闽语》等文。

《著名中年语言学家自选集·游汝杰卷》（2003年安徽教育出版社出版）收有《略论汉语的方言岛》《古文献所见吴语的鼻音韵尾和塞音韵尾》等文。

郑张尚芳《温州方言志》（2008年中华书局出版）为研究温州方言的经典之作。

盛爱萍《瓯越语语汇研究》（2011年人民出版社）中刊有虹桥话的同音字汇。

郑张尚芳《郑张尚芳语言学论文集（上、下册）》2012年由中华书局出版。

潘悟云《高山流水》（2014年上海教育出版社出版）中收录《郑张尚芳分类著作目录》和《郑张尚芳先生的治学道路》。

姜竺卿《温州地理》三卷本（2015年上海三联书店出版），内中有"温州语言地理"一章，很有参考价值。

综上所述，宋元时代直接记录温州方音的语料较少，不论是字书或韵书，都是清朝中后期及民国时期的作品，不足以考察瓯语的演变史。近代以比较科学的方法调查记录温州方言，最早为庄延龄和孟国美。但真正的科学调查是从赵元任开始的。但当时以现代方法研究温州瓯语的论著仍只有寥寥可数的两三种。尤可注意的是新中国成立前三种论著外国人占两种，新中国成立后则大多数为温籍方言工作者所作，他们都使用了现代语言调查的科学方法和观点，对温州方言作了多方面的研究和努力，涉及的范围、写作的篇幅和质量都是以前所不能及的。

现阶段，探讨瓯语历史的学者主要是张琨和郑张尚芳两位先生。郑张尚芳先生利用韵书、字书、拼音方案和现代方音新老派语音等语料,精雕细刻,详细叙述了瓯语百年来的演变。但对百年之前的语音系统演变则尚未提及。

郑张尚芳先生(2008)指出:"近百年来,温州方言的变化特别迅速。因从1876年温州辟为商埠以后,至今已过了一个多世纪,随着城市的发展,人口的增加,尤其解放建市后工农业建设突飞猛进,温州方言也起了急剧的变化。百年前的温州城区话和永嘉、瑞安的差别远不如今天这样大。百余年间温州城区有些声母韵母成套地消失了,有些新韵母、新介音成套地增加了,语音结构发生了十分明显的变化。时间不过一百多年,短短四五代人,其变化之大之速是非常惊人的。"

随着语言科学的发展和国家的重视,我们有理由相信,对温州瓯语的研究将有更深更新的进展。

第二章　瓯语的区域分布和内部差异

第一节　温州地区的方言多达12种

温州地处我国吴语方言区与闽语方言区的交界地带，温州方言种类之多，差异之大，可谓全国之最。在面积仅1.18万平方千米的温州市域内，互相听不懂的语言多达12种，即温州话、闽南话、闽东话、蛮话、畲客话、大荆话、黄南话、南田话、罗阳话、莒江话、金乡话、汀州话。在这12种语言中，相邻两种语言交界地带的居民，一般都会讲两种或两种以上的语言，这叫作"双语区"。

1. 温州话

温州话是温州市分布面积最大、使用人口最多的核心语言。据2010年"六普"资料显示，市域范围内，温州话使用人口为520万人（不包括外来人口，但包括温籍外出人口），占全市户籍人口总数的66.08%。温州话分布在全市的11个县市区，其中龙湾、瓯海两区全部使用温州话；鹿城区只有藤桥镇呑底乡讲闽南话，其余全部讲温州话；永嘉县除北部少数村庄讲仙居话、黄岩话外，其余都讲温州话；乐清市清江以北讲台州太平话，清江以南讲温州话；洞头南部讲闽南话，北部讲温州话；瑞安除龙湖、大南少数村庄及海岛讲闽南话外，其余都讲温州话；平阳中西部讲闽南话，东部和西南隅讲温州话；苍南只有宜山、沪山、龙港、蒲城等少数地区讲温州话，其余都讲闽南话和蛮话；文成县的平和、公阳、双桂的部分村庄讲闽南话，南田、西坑、黄坦讲青田话，其余大部讲温州话；泰顺县35万人几乎全说闽语、蛮讲和畲语，仅百丈镇1万多人讲文成温州话，百丈口是一个温州话方言岛。此外，丽水青田县东部的温溪、万山通行温州话，台州玉环县的坎门、陈岙、李岙及椒江区的大陈岛等旧属温州的地域也讲温州话。浙北的长兴、苏南的宜兴以及皖南的个别乡村都有温州地区的移民，他们至今仍说温州话。温州是著名的华侨之乡，海外的温籍侨民约有20多万，法国、荷兰的华侨多数讲温州话。

2. 闽南话

温州的闽南话跟福建南部的厦门话、泉州话、漳州话相近，互相之间能通话，但与福州话、福鼎话等闽东话不能通话。为了跟福建道地的闽南话相区别，我们把温州的闽南话，连同台州玉环、丽水景宁等地的闽南话合称为"浙南闽语"。温州境内的闽南话使用人口137.51万人，占全市户籍人口的17.48%。它的分布面积和使用人口都居温州12种方言的第二位，在苍南甚至成为第一语言。

温州闽南话主要分布在苍南和平阳两县。其中苍南县除东北部外，其余都说闽南话。讲闽南话的人数达 73.08 万人。分布地区是灵溪、浦亭、凤池、腾蝉、桥墩、莒溪东部、五凤、观美、藻溪、云岩、新安、望里、括山、金乡南部、石砰、大渔、龙沙、昌禅、南宋、矾山、凤阳、赤溪、中墩、渔寮、岱岭、马站、沿浦、霞关等地。平阳县除东部和西南一隅外，其余都说闽南话。分布地区是麻步、鹤溪、凤巢、腾蛟、水头、南湖、朝阳、闹村、青街、南雁、山门、凤卧、龙尾、怀溪、晓坑北部，以及宜山东部沿海的西湾和东海之中的南麂等地。

洞头、瑞安、泰顺、文成、鹿城五个县市区讲闽南话的人数共 18.65 万人。洞头的闽南话分布在洞头峡以南的北岙、北沙、双朴、东屏、半屏等地。瑞安的闽南话分布在龙湖、大南的部分村庄及东海之中的北龙、北麂等海岛。泰顺的闽南话分布在东部的彭溪、月湖、峰文及南部的蝉溪。文成的闽南话分布在文成、平阳、瑞安三个县市交界处的公阳、平和南部、双桂东部。鹿城区藤桥镇岙底乡是一个四周被温州话包围的闽南话方言岛。

温州闽南话的使用人数多，分布广，内部差异不大，互相之间都能通话，以灵溪话为代表。

3. 泰顺土话

泰顺土话俗称"蛮讲"。蛮讲是"闽腔"的谐音，与福建的寿宁话比较接近，属于闽语支的闽东话语组。泰顺土话使用人口只有 23.6 万人，占温州市户籍人口的 3.0%，占泰顺县户籍人口的 64.94%。

泰顺县是温州市语言最复杂、种类最多的区域，互相不能通话的语言就达六种之多，分别为闽东话、闽南话、丽水话、莒江话、畲客话、汀州话。泰顺语言地理分区可分为南区和北区两大部分，南区流行闽语，北区流行吴语，两区都有客家话的方言岛。泰顺南部闽语区分为闽东话的"蛮讲"和闽南话的"彭溪话"，北区分为丽水话、温州话、莒江话 3 种。客家话方言岛又分为"畲客话"和"汀州话"。

泰顺蛮讲分布在泰顺县中部和南部，包括罗阳镇的岭北、仙稔南部、南院、下洪、洲岭，筱村镇的筱村、葛蝉，泗溪镇的泗溪、东溪、凤蝉、横坑、九峰，雅阳镇的雅阳、柳峰、松蝉，三魁镇的三魁、西旸、大安，仕阳镇的仕阳、龟湖、雪溪、万排等地。

泰顺蛮讲区又分为北蛮讲和南蛮讲两部分。筱村、下洪、南院及以北为北蛮讲，以南为南蛮讲。北蛮讲受罗阳话影响较大，南蛮讲才是泰顺蛮讲的代表音。

4. 苍南蛮话

苍南蛮话是苍南东北部宜山河口段南岸沿海地区的一种土话，它的语音方面接近温州话，但词语方面与闽南话相近。苍南蛮话与温州话、闽南话之间不能通话。既不属温州话，也不属闽南话，是介乎温州话与闽东话之间的一种独立方言。它的底层当属闽东话，后来长期受瓯语影响，才形成今天独具特色的一种土话。

苍南蛮话的使用人口 28.7 万人，占苍南县户籍人口的 22.11%。它的分布地区是宜山东南部、芦浦、肥艚、炎亭、仙居、钱库、新安、金乡北部等地。

苍南蛮话有"北腔"和"南腔"之分。北腔指与瓯语区相邻的龙港蛮话和宜山蛮话，南腔指与闽语区相邻的钱库蛮话和金乡蛮话，两者差异不大。苍南蛮话以钱库话作为代表，当地人认为钱库话是正宗的苍南蛮话。

5. 畲客话

畲客话又称畲语，是温州畲族居民内部使用的语言，畲民遍布全市 11 个县市区，主要分布在苍南、泰顺、文成、平阳四县的山区，苍南县的畲语乡镇有莒溪、凤阳、岱岭、腾垟、大龙、昌禅、华阳、南宋等；泰顺县的畲语乡镇有司前、仕阳、仙稔、罗阳、竹里、雅阳、黄坑、彭溪、里光等；文成县的畲语分布在周山、双桂、雅梅等乡村；平阳县的畲语分布在青街、闹村、顺溪、维新、朝阳、新田、怀溪等乡镇。其中 300 人以上的畲民聚居地有 40 个村庄。这些村庄的畲客话都呈方言岛的形式分布。温州使用畲语的居民只有 5.5 万人，占温州户籍人口的 0.7%。

畲族的分布具有"小集中、大分散"的特点，畲民绝大多数使用双语，因为畲族人规定，在家里或本族人聚居的地方，畲民之间一定要说畲语，与外族人交往可以说当地其他方言。

温州畲语的特点保存得比较完整，它与客家话相似，也接近闽南话，属于受浙南闽语影响的客家话。

从声母方面看，畲语有[b、g]两个浊塞音声母，没有[f、v]两个唇齿音声母；部分古"知彻澄"三母字读[t、t']声母。从韵母方面看，畲语比较完整地保存着[-m、-n、-ŋ]和[p、t]两套辅音韵尾。从声调方面看，畲语有六个声调，平入各分阴阳；古浊上字部分归阴平，部分归去声；古入声次浊声母字有的读阴入，有的读阳入。

6. 大荆话

大荆话指乐清县清江以北所说的方言。包括大荆镇的大荆、湖雾、双峰、镇安、智仁，仙溪镇的仙溪、福溪、龙西，雁荡镇的白溪、下塘、西门岛、雁荡山风景区，清江河口以北的清江镇北部原清北乡。大荆话使用人口占温州户籍人口的 4.56%，按使用人口是温州市第三大语言。

7. 黄南话

永嘉北部紧邻台州仙居县的岩坦镇原黄南、张溪、溪下三个乡的北部部分村庄通行仙居话，通常称为黄南话，属于吴语台州片西区，因为永嘉黄南、张溪等地在清代行政区划上属于仙居乡第 52 都。黄南话分布区域地处括苍山区，人口密度极小，所以使用人口只有 3.37 万人，占全市户籍人口的 0.43%。

8. 南田话

文成南田旧属处州青田县，1946 年 12 月才归入温州文成县，所以南田及其附近地区流行青田话，属于吴语处衢片，与文成县东部的文成温州话差异很大，不能通话。

文成境内流行六种语言，即文成话、南田话、景宁话、莒江话、闽南话、畲客话。换句话说，文成县东部讲文成话，分布在大㟧、百丈漈、玉壶、珊溪、巨屿、凿口六镇和周山畲族乡；西部讲南田话，分布在南田、西坑、黄坦三镇；南部讲莒江话，分布在地缘上紧靠泰顺的珊溪镇的桂山、仰山和黄坦镇的汇溪部分村庄。南田话带有明显的"青田腔"，与青田话能通话，但与温州话不能通话，温州城区人根本听不懂青田话，也听不懂南田话。南田话使用人口 11.35 万人，占文成县户籍人口的 30.15%。

9. 罗阳话

罗阳话指泰顺县北部地区的方言，包括罗阳、司前、黄桥、竹里、里光、黄坑、筱江、包垟、岩上、峰门、新山、联云、南浦、翁山等乡镇的方言。

罗阳话原为一个地域狭小的方言岛，只限于泰顺县城内的居民使用，当地人称为"城底话"，后来逐渐扩散到近郊村落。罗阳话与隔壁的丽水景宁话、云和话能通话，同属吴语丽水片，但与同属丽水话的文成南田话不能通话。罗阳话分布在泰顺县北部地区，包括罗阳镇北部、仙稔北部、碑排、司前畲族镇、乌岩岭自然保护区、竹里、黄桥等地，而且分布到文成县西北部的石蝉、石蝉林场、吴蝉、下蝉等地。罗阳话使用人口 10.56 万人，占全市户籍人口的 1.34%。

10. 筱江话

筱江原是泰顺县百丈区一个著名的乡，曾为泰顺县府驻地。2001 年珊溪水库建成后，原乡政府驻地的筱江村及其周边村庄被水库淹没，"筱江"作为政区名称现已消失，但作为地域名称仍然使用。

筱江话主要分布在泰顺百丈镇和筱村镇东部，具体包括百丈镇的百丈、筱江、包蝉、洪口，司前镇的峰门，筱村镇东部的新浦、联云、翁山、玉溪，泗溪镇东北的横坑，以及文成县南部珊溪镇的桂山、仰山和黄坦镇的汇溪部分村庄。筱江话使用人口约 7 万人，但水库移民后，减至 6.03 万人。

筱江话分布于瓯江片、处衢片、闽东话的交界地带，与文成温州话相差甚远，与处衢片的罗阳话差距更远，更加不属于闽东话的蛮讲，与苍南闽南话不接壤不沾边。筱江话是温州方言研究中的一个空白点，应作为一个独立的片区。

11. 金乡话

苍南金乡旧称金乡卫，明洪武年间为了抗御倭寇侵扰，在金乡筑城置卫，驻军抗倭。金乡话就是明代初期金乡卫驻军使用而流传下来的方言，只在金乡卫内使用，金乡城外的郊外、老城、湖里居民都讲苍南蛮话。金乡话跟周围的闽语、瓯语、蛮话都不能通话。由于明代驻军大多来自浙北和苏皖的江淮地区，所以今天的金乡话既有苏南、浙北的北吴语特征，又夹杂着大量北方官话成分，成为一个典型的混合型方言岛。金乡话使用人口有 3.82 万人。

金乡话和苍南瓯语的不同主要有以下几点：

(1) "歌河贺饿多拖锣"等果摄开口一等字，金乡话读[o]韵，苍南瓯语读[u]韵。

(2) "邪姐蛇写借"等假摄开口三等字和"饥欺齐旗"等止摄开口三等字，金乡话读[ɿ]韵，苍南瓯语读[i]韵。

(3) "祖粗土醋苏"等遇摄合口一等字，金乡话读[u]韵，苍南瓯语读[y]韵。

(4) "类嘴追垂水鬼贵跪"等止摄合口三等字，金乡话读[ai]、[uai]韵，苍南瓯语读[y]韵。

(5) "到道桃脑老糟草告"等效摄字，金乡话读[ɔ]韵，苍南瓯语读[ɛ]韵。

(6) "汉汗岸案"等山摄开口一等字，金乡话读[ɛ]韵，苍南瓯语读[ø]韵。

(7) "办慢反饭"等山摄开口二等字，金乡话读[ɛ]韵，苍南瓯语读[ɔ]或[a]韵。

(8) "群训云运"等臻摄字，金乡话读[yoŋ]韵，苍南瓯语读[yeŋ]韵。

(9) "帮当汤唐浪桑康"等宕摄字，金乡话读[a]韵，苍南瓯语读[o]韵。

12. 汀州话

汀州话属于客家语。汀州话又分为南、北两片，南片包括龙岩市的上杭、武平、永定三县，北片包括龙岩市的长汀、连城和三明市的宁化、清流、明溪五县。

从康熙至乾隆年间，汀州府长汀、上杭、宁化等县农民掀起了移民浙江的大潮。至乾隆四十一年（1776），浙江山区的汀州客家人及其后裔大约有33万人。目前，浙江汀州话分布在丽水市的云和、松阳、青田、莲都、龙泉、遂昌、缙云、景宁，衢州市的江山、龙游、常山、开化，温州市的泰顺、苍南，金华市的汤溪，杭州市的建德、淳安、桐庐等地。

温州汀州话主要分布在泰顺境内。客家人有一警言："宁卖祖宗田，不丢祖宗言。"祖宗的语言成为维系一个族群世代相传的重要纽带。然而，改革开放以来，随着社会经济的发展和与外界交流的增多，很多年轻的汀州人不会讲汀州话，目前泰顺能讲汀州话的多是老年人和部分中年人，估计人数为5000人。泰顺汀州话近似于福建长汀话，与其他地方的客家人交流很困难。

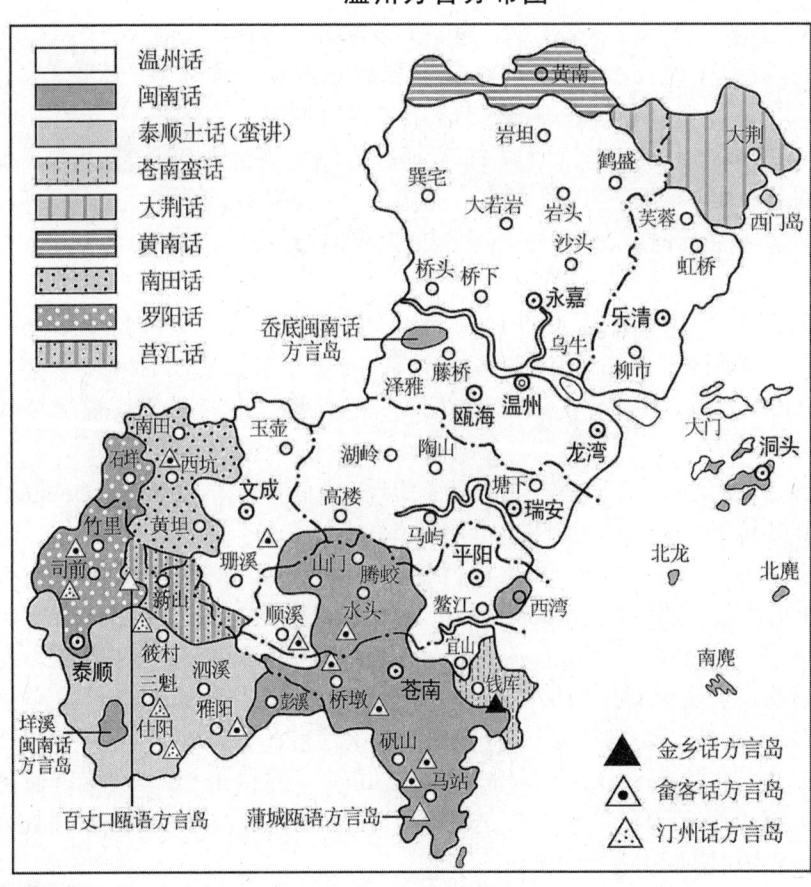

温州方言分布图

第二节 温州方言中的瓯语分26类

温州话中的瓯语使用范围遍及温州市所有11个县市区,主要分布在温州市区、瑞安、乐清、永嘉、平阳和文成。

我们可以粗略地把说温州话的区域分为纯瓯语区、准瓯语区和半瓯语区三类。

纯瓯语区说纯正口音,包括温州三区,人口142万人;永嘉、乐清局部,人口230万。

准瓯语区口音略有偏差,包括瑞安(减去2万左右的人讲闽语)、文成(减去东南少部分讲闽语)、平阳(减去宜山上游闽语区),合计人口320万。

半瓯语区包括乐清市(减去清江以北非瓯语区)95万余人、洞头区(仅大门、元觉等)4万余人,合计人口100万。

瓯语内部一致性很强,但地区差异性也很大,包括语音差异和词汇差异,以至于两种不同温州话之间的通话有时很吃力。温州方言的纷繁复杂程度可谓"三里不同调,十里不同音"。

根据咸摄、山摄字的不同读音,瓯语可以分为南北两区。南北两区的分界线大致可以划在瓯海与瑞安之间。北区瓯语包括鹿城话、瓯海话、永强话、永嘉话、乐清话;南区瓯语包括瑞安话、文成话、平阳温州话、苍南温州话。

瓯语具有吴语的一般特征,同时具有区别于其他吴语的个别特征。

(1)"鱼"韵和"虞"韵瓯语口语有别。如温州音:箸 dzei⑥≠住 dzʅ⑥,猪 tsei①≠朱 tsʅ①,煮 tsei⑦≠主 tsʅ⑦。平阳音:箸 dʑi⑥≠住 dʑy⑥,猪 tɕi①≠朱 tɕy①,煮 tɕi⑤≠主 tɕy⑤。

(2)一等"豪"韵和二等"肴"韵瓯语不混。如温州音:报 pɔ⑤≠豹 puɔ⑤,毛 mɔ②≠茅 muɔ②。平阳音:报 pɛ⑤≠豹 pɔ⑤,毛 mɛ②≠茅 mɔ②。上海话"茅"和"毛"同音,"茅竹"常常写成"毛竹",温州话"茅"和"毛"不同音,只说"茅竹"不说"毛竹"。

(3)"流"摄、"蟹"摄合口一等字带元音韵尾,"偷牛求"读[au]、[iau]韵,"杯灰最"读[ai]韵。如温州音:偷 tʻau①、牛 ŋau②、求 dʑiau②,杯 pai①、灰 fai①、最 tsai⑤。北部吴语这些字多数读成开尾韵,如上海"偷"读 tʻɤ53,"杯"读 pe53。

(4)"侵"韵、"真"韵字瓯语多数读[aŋ]、[iaŋ]韵。如温州音:心辛 saŋ①,寻人 zaŋ②,巾 tɕiaŋ①。除丽水和皖南部分地区外,汉语方言很少有这种读法。北部吴语一般读[əŋ]、[iŋ]韵,主要元音用[ə]不用[a]。如上海音:"针"读 tsəŋ53,"心"读 ɕiŋ53。

(5)"唐"韵、"江"韵、"阳"韵韵尾脱落,"钢江腔枪"等字不带鼻音韵尾。如温州音:钢江 kuɔ①,腔枪 tɕʻi①。平阳音:钢江 ko①,腔枪 tɕʻie①。瓯语通摄锺韵也脱落韵尾鼻音,但"锺"韵和"东冬"韵相异。如温州音:终 tɕioŋ①≠钟 tɕyɔ①,虫 dʑioŋ②≠重 dʑyɔ②,宫 tɕioŋ①≠恭 tɕyɔ①。

(6)入声韵不带喉塞尾。如温州音入声的"搭达"和平声的"丹谈"同为[a]韵,入声的"法罚"和平声的"花华"同为[o]韵。平阳音入声的"搭达法罚"和平声的"丹谈"同为[ɔ]韵。

南北两区瓯语的最主要区别在咸山两摄字,北区读前元音[a]或[ɛ]韵,南区读后元音[ɔ]或[ɑ]韵。例如:

鹿城、瓯海、龙湾、永嘉桥下、桥头、上塘、岩头、乐清柳市等地的咸摄字，三读 sa①、凡读 va②、减读 ka③，山摄字丹读 ta①、扮读 pa⑤、颜读 ŋa②；

乐清乐成、虹桥等地的咸摄字，三读 sɛ①、凡读 vɛ②、减读 kɛ③、丹读 tɛ①、扮读 pɛ⑤、颜读 ŋɛ②。

而瑞安、高楼、大峃、珊溪、昆阳、宜山、龙港等地的咸摄字，三读 sɔ①、凡读 vɔ②、减读 kɔ③、丹读 tɔ①、扮读 pɔ⑤、颜读 ŋɔ②。

瓯语北区的乐清与温州、永嘉又有区别。例如：

(1)人称代词"他"。乐清瓯语用"其"dzi②，温州、永嘉用"佢"gei②。

(2)蟹山摄开口二等字乐清瓯语读[ɛ]韵，温州、永嘉读[a]韵。如"派瓣"字虹桥音 p'ɛ⑤，温州音 p'a⑤。

(3)宕摄开口一等字乐清瓯语读[a]韵，温州、永嘉读[uɔ]韵。如"帮"字虹桥音 pa①，温州音 puɔ①。

(4)宕摄开口三等字乐清瓯语读[ia]韵，温州、永嘉读[i]或[ie]韵。如"娘"字虹桥音 ȵia②，温州音 ȵi②，永强音 ȵie②。

(5)"曲"字乐清读 ts'o⑦，温州读 tɕ'yo⑦。

瓯语南区又可分为飞云片、宜山片、文成片等三片：

(1)飞云片，包括瑞安市和平阳县榆垟、练川及其以北地区。主要乡镇有：瑞安、塘下、马屿、陶山、仙降、宋桥、榆垟等。"蝶"字带[u]介音。如瑞安、陶山读 duɔ⑧。

(2)宜山片，包括平阳县城以南和苍南县东北角的瓯语区。主要乡镇有：昆阳、西塘、宜山、萧江、湖前等。"蝶"字带[y]介音。如昆阳、宜山读 dyø⑧。

(3)文成片，即文成县各乡镇的瓯语。"蝶"字带[i]介音。如大峃、南田读 dia⑧。

仔细辨别，瓯语各片内部还有不少差异：

永嘉县江北岸和温州市区鹿城只有一江之隔，但古"端透定"三母字江北岸读 tɕ、tɕ'、dʑ 声母。如"典"读 tɕie③，"天"读 tɕ'ie①，"电"读 dʑie⑥。

在温州市区，老区鹿城和新区瓯海也有明显差异，如"边骗面店田钱"鹿城读[i]韵，藤桥、瞿溪、梧田读[ie]韵。

宜山片中，宜山镇和昆阳镇的口音不同，"拜败埋太冷"昆阳读[a]韵，宜山及其以南钱仓、萧江等乡镇读[iæ]或[æ]韵。如"冷"字昆阳读 la④，萧江、宜山读 liæ④。

稍细一点，温州话可分为七种，即北区瓯语可分为温州市区话、永嘉话、乐清话，南区瓯语可分为瑞安话、文成话、平阳瓯语、苍南瓯语。由于温州市区和永嘉的旧时行政区划同属永嘉县，所以口音比较接近。由于乐清与永嘉之间相隔高大的北雁荡山脉，乐清与温州市区之间相隔宽广的瓯江河口段，所以温州市区话、永嘉话与乐清话之间的差异较大。它们的语音差异主要是：

(1)咸摄字和山摄字，市区和永嘉读[a]韵，乐清片读[ɛ]韵。如"瓣"字，市区和永嘉读 p'a⑤，乐清读 p'ɛ⑤。

(2)宕摄开口一等字，市区和永嘉读[uɔ]韵，乐清读[a]韵。如"帮"字，市区和永嘉读 puɔ①，乐清读 pa①。

(3)宕摄开口三等字，市区和永嘉读[i]或[ie]韵，乐清读[ia]韵。如"娘"字，市区读 ȵi②，永嘉读 ȵie②，乐清读 ȵia②。

(4)人称代词"渠"字，市区和永嘉读 gei②，乐清读 dʑy②。

在行政区划上，平阳瓯语包括万全、宋埠、昆阳、鳌江等地方言，但在自然地理上，万全、宋埠、昆阳与宜山之间由半天山隔开，两者口音上相差较大。鳌江与宜山之间相隔狭小的鳌江河流，所以平阳的昆阳瓯语与苍南的宜山瓯语差异不大。因此，我们也可以把南区瓯语分为瑞安话、文成话、昆阳话、宜山话四种。

更细一点，温州话可分为 26 类不同的方言，即温州市区话可分为温州城区话、瓯海话、永强话三种，永嘉话又可分为上塘话、西溪话、楠溪话三种，乐清话可分为柳市话、乐成话、虹桥话、芙蓉话四种，瑞安话可分为瑞安城区话、陶山话、高楼话三种，文成话可分为大峃话、玉壶话、珊溪话、顺溪话、百丈口话五种，平阳瓯语可分为万全话、昆阳话、鳌江话三种，苍南县仅宜山、龙港、蒲城以及几个乡镇下办事处等讲瓯语，约 30 万人。苍南瓯语可分为宜山话（龙港话）、蒲城话两种。以上 26 类瓯语方言之间还有为数众多的过渡和变种类型，例如温州城区就有"城底话"和"城外话"之分，翠微山以东的城底话和翠微山以西的城外话，杨府山以西的城底话和杨府山以东的城外话，都有细微的差异。例如"添、典、甜、鞭"等字，城内读[i]韵，城外读[ie]韵。

温州话 26 类方言的分布

分区	语种	语类	分布区域
瓯江北区瓯语	温州话	鹿城话	鹿城区中东部，龙湾区蒲州、状元，瓯海区上河乡、下河乡
		永强话	大罗山以东的龙湾区东部（不包括海域）、洞头霓屿
		瓯海话	瓯海区瞿溪、泽雅，鹿城区藤桥
	永嘉话	上塘话	永嘉县上塘、瓯北、黄田、罗东、乌牛，鹿城区七都
		西溪话	西溪和菇溪流域，即桥下、西溪、徐岙、桥头等地
		楠溪话	大楠溪和小楠溪流域（不包括黄南、张溪、溪下、岭头）
	乐清话	芙蓉话	芙蓉、小芙、雁芙、岭底、岭底林场
		虹桥话	虹桥、蒲岐、南岳、南塘、石帆、天成、淡溪、四都、清江南部
		乐成话	乐成城区、城北、后所、万岙、盐盆、慎海
		柳市话	柳市、翁垟、黄华、七里港、北白象、磐石、白石
		大门话	洞头大门
瓯江南区瓯语	瑞安话	瑞安话	安阳，塘下，飞云，仙降，阁巷，瓯海丽岙，仙岩，龙湾梅头
		陶山话	陶山、湖岭、永安、芳庄、林溪
		高楼话	高楼、营前、东岩、枫岭、马屿、平阳坑
	文成瓯语	大峃话	大峃、龙川、樟台、周壤、金炉、里阳、下百丈
		玉壶话	玉壶、东溪、金星、朱雅、上林
		珊溪话	珊溪、巨屿、峃口、周山
		顺溪话	平阳顺溪、维新、吴垟、苍南莒溪西部
		百丈口话	泰顺百丈口
	平阳瓯语	昆阳话	昆阳城区、临区、石塘、水亭
		万全话	万全、宋桥、郑楼、榆垟、宋埠
		鳌江话	宜山、钱仓、萧江、务垟、墨城
	苍南瓯语	宜山话	苍南宜山
		龙港话	宜山城区、湖前、平等、江山、灵江、沪山、渎浦
		蒲城话	苍南马站、蒲城所城

1. 温州城区话

温州城区话是指鹿城老城区内的温州话，即旧时郡城或府城内的瓯语，是温州市威信最高、影响最大的核心语言，是温州话的代表音，被称为"正宗的温州话"。随着普通话的推广和城市化的发展，地道的温州城区话正受到普通话的冲击，其语音发生变异，使用范围也在逐渐扩大。例如电视的"视"，温州城区话原本读阳去调 22，由于普通话的影响，现在多数人都读作阳平调 31。由于能讲正宗温州城区话的人数较少，很多权威专著中也屡屡错误百出。另一方面，近郊农村变成城区以后，近郊的城外话受到城里话的同化，几近趋同，已听不出它们的差异。所以，今天太平岭以西的双屿和仰义、杨府山以东的蒲州和状元，以及瓯海区的上河乡和下河乡都纳入温州城区话的分布范围，但不包括大罗山以东的龙湾永强，也不包括温州市区西部的藤桥、泽雅等地。

温州话是汉语最难懂的方言，与普通话的相似度只有 39.4%，位居汉语所有方言的末位。但温州话是非常有魅力的语言，特别是温州话具有其他方言无与伦比的词汇量，它的表达性和修辞性的精彩程度远远超过了普通话和汉语所有的方言。2013 年初，中国国际广播电台正式确定温州话为第 61 种对国际传播的语种。温州话语音的区别性特点是：

(1)普通话和闽语没有浊音声母，温州话音节的声母保留浊音，而且浊音声母多达 11 个。温州话清浊搭配，婉然动听。

(2)普通话中最令人讨厌的是卷舌音，这种音如同俄语中的 P 音卷舌且抖动，令人发毛，温州话没有卷舌音，讲话时的舌头始终是平直的。

(3)普通话有为数众多的韵尾鼻音，这种"鼻头孔腔"如同感冒患者讲话一样难听，温州话中出现了大量韵尾鼻音脱落现象，舒声字不带鼻音尾，入声字不带喉塞尾。

(4)普通话只有四个声调，温州话保留古入声系统，但古入声的韵尾 p、t、k 一律消失，完全失去了促音性质，而且入声不短促。温州话声调有八个调类，按古音平、上、去、入分类，清音声母为阴调类，浊音声母为阳调类。温州话有七类声母，类类清浊分明，声声阴阳并立。声之清浊与调之阴阳互相配对，互不交错，充分体现了温州话的汉语古音遗风。

2. 永强话

茅竹岭以东的大罗山东面沿海地区，旧称永嘉场，今称永强。永强话分布范围包括龙湾区的永中、永兴、永昌、海滨、沙城、天河、灵昆、白楼下、龙水、瑶溪等大部分地区。龙湾区的蒲州、状元讲温州城区话，海城讲瑞安话。由于高大的大罗山阻隔，旧时交通不便，永强话与温州城区话相差较大，应分属瓯语的不同类别。永强话与温州城区话的主要区别有：

(1)永强话比温州城区话多一个声母，即全浊摩擦音 z 的清化音 j，例如"威"字，温州城区读 ʔʋu①，永强读 ʔjɥ①。

(2)永强话比温州城区话多一个舌尖圆唇元音[ɥ]，例如"朱租规"、"吹粗窥"、"须苏辉"等字，温州城区不同韵，而永强都同韵为[ɥ]。

(3)在复韵母中，温州城区有[ei]、[øy]、[əu]三韵，而永强没有此三韵；温州城区没有[yə]韵，而永强有[yə]韵。

(4)永强口音最明显的一个特点是[ɛ]韵字很多，凡温州城区读[a]韵的"拜皆客麦"

等开口二等字，永强一律读[ɛ]韵。

3. 瓯海话

瓯海温州话，简称瓯海话，使用范围是瓯海区大部、鹿城区西部、龙湾区的蒲州和状元地区。2001年8月，温州市行政区划调整时，将原瑞安市丽岙和仙岩两镇划归瓯海区，这两地讲的是瑞安话，不属瓯海话。瓯海话的使用地区分为平原和山区两种地域类型，平原瓯海话接近温州城区话，山区瓯海话接近永嘉话。温州城区话、瓯海话、永嘉话三者是瓯语26类方言中最接近的语言，互相之间听起来很轻松，一点也不吃力。这是因为这三地旧属永嘉县，在历史行政区划上同属一地。

改革开放以前，平原瓯海话包括瓯海区上河乡的新桥、娄桥、潘桥、瞿溪、郭溪等地，下河乡的梧田、南白象、茶山、三垟等地，鹿城区的双屿、仰义，龙湾区的蒲州、状元。这些地区位于温州老城区的东、南、西三面近郊，跟城区往来频繁，语言特征很接近温州城区话。近十多年以来，多数地区已成为温州新城区，其口音逐渐向老城区靠拢，尤其是中青年口音越来越多地失去乡音特色，几乎听不出瓯海话的特点，只是一些不大出门的老年人仍较多地保留着一些平原瓯海话的乡音。

平原瓯海话与温州城区话的区别，比较明显的有下列两个方面：

(1)遇蟹止三摄合口三、四等牙喉字，温州城区读[y]韵，而近郊读舌尖的[ɿ]韵。温州城区读tɕ组声母，近郊读ts组声母。如"居专规拘"读tɕy①→tsɿ①；"区窥"读tɕ'y①→ts'ɿ①；"虚挥吁麾"读ɕy①→sɿ①。

(2)山摄开口三、四等仙先韵的帮组端系字如"鞭边骗片辨辫连怜"，温州城区读齐齿的[i]韵，而近郊读开口的[ei]韵。平原瓯海话的这种读法，温州老城区也还遗留着残迹，如温州城区"便宜货"的"便"字读bei②、"眠床头"的"眠"字读mei②。

山区瓯海话包括瓯海区西部的泽雅镇和鹿城区西部的藤桥镇，使用人口只有14.07万人，占两区户籍人口的12.6%。分布地区包括泽雅镇的泽雅、西岸、周岙、五凤蝉、北林蝉，藤桥镇的藤桥、上成、临江、双潮等地。该地区的口音与温州城区话分歧比较明显，而且地处山区，与温州城区话同化不明显。因此，在语言地理分区上，不能归入温州城区话，应独立作为瓯语的一个方言区。本书的瓯海话指的就是这个地区的山区瓯海话。与温州城区话比较，主要区别有下列四个方面。

(1)端透定系四等字，山区瓯海话部分腭化为tɕ组。如：貂tiɛ①→tɕyə①；掋颠ti①→tɕi①；挑t'iɛ①→tɕ'yə①；天添t'iɛ①→tɕ'i①；条diɛ②→dʑyə②；田甜di②→dʑi②；头dəu②→dʑieu②；豆dəu⑥→dʑieu⑥。

(2)温州城区有[øy]韵，瓯海山区没有[øy]韵。凡温州城区[øy]韵的果摄合口三等字、遇摄合口一等和三等字诸韵，瓯海山区分读[u]和[əu]韵。如"布磨夫符、都庐租苏"。

(3)咸山两摄开口一、二等入声字，城区口音在失去塞尾后统一变为开口的[a]韵，而瓯海山区则为合口的[uɔ]韵。如"塔獭蜡辣插察挟甲喝辖"。

(4)蟹摄开口四等和止摄开口三等的见晓两系字，城区读舌尖的[ɿ]韵，而瓯海山区读舌面的[i]韵。如"鸡饥基机奇祁其祈牺希熙"。

4. 永嘉话

永嘉温州话，简称永嘉话，永嘉北部紧靠台州仙居县的岩坦镇北部原黄南、张溪、溪下三个乡的部分村庄讲仙居话，鹤盛镇原岭头乡紧邻台州讲黄岩话，永嘉其他区域都讲永嘉话。永嘉话语言特征与瓯海话相近，温州城区人听起来很轻松，没有沟通困难。永嘉县由于地域辽阔，其内部的口音也有大同小异，按照语音差异，永嘉瓯语内部大致可以分为三片：

(1)上塘话，楠溪江下游地区，县城上塘镇和东岸、罗溪、黄田、三江、乌牛、仁溪、七都等乡镇属这一片，语音接近温州市区话；

(2)楠溪话，楠溪江中上游地区，花坦、枫林、岩头、鲤溪、岳盛等乡镇属这一片，语音特点是古帮组端系字声母为鼻塞音，即塞音声母冠有鼻音；

(3)西溪话，永嘉西南部的西溪和菇溪流域，包括桥下、西溪、徐岙、桥头等地，其口音接近藤桥和泽雅的瓯海话。语音特点是古端系字部分腭化为舌面音，如江北"癫"读如"尖"，"天"读如"牵"，"电"读如"缠"，"调"读如"轿"。

楠溪话分布面积最大，大楠溪和小楠溪流域都讲楠溪话，是永嘉话的核心语言，其口音与温州城区话区别较大，主要分歧有以下七点：

(1)永嘉话有一个其他瓯语无法见到的独特现象，双唇塞音 p、p'、b 和舌尖塞音 t、t'、d 声母发音时，前面带有一个发音部位相同而又发音不完全的冠鼻音，即 p、p'、b 前带 m 音，t、t'、d 前带 n 音。发音时，先有一个成阻阶段，还没有除阻时气流即从口腔出来形成塞音。有人认为这是一个喉塞音，或称缩气音（紧喉作用）。这种紧喉塞音很少见，在仙居话中有这种音，这种现象显然是受永嘉北部的黄南话影响而形成。

(2)温州城区话的见系声母原则上不配撮口韵，多数字的声母腭化为 tɕ、tɕ'、dʑ；而永嘉话见系字不仅配撮口独韵，而且还可配[y]作介音的复合韵。

	居	区	渠	捐	圈	拳
温州城区话	tɕy①	tɕ'y①	dʑy②	tɕy①	tɕ'y①	dʑy②
永嘉楠溪话	ky①	k'y①	gy②	kyø①	k'yø①	gyø②

(3)温州城区话的鼻音韵只有一个[ŋ]，永嘉话[m]、[n]、[ŋ]三者俱全。凡永嘉话读[m]、[n]的字，温州城区话读[ŋ]或[øy]、[o]韵。例如：

	儿	磨魔	母某	暮慕	幕木
温州城区话	ŋ②	møy②	mo④	mo⑥	mo⑧
永嘉楠溪话	n②	m②	m④	m⑥	m⑧

(4)曾摄开口三等和梗摄开口四等的精知照三系字，温州城区话介音脱落，读开口的[eŋ]韵，而永嘉话读齐齿的[ieŋ]韵。而且温州城区 ts 组声母，永嘉读 tɕ 组声母。

	征蒸精正	称清蛏青	升声星
温州城区话	tseŋ①	ts'eŋ①	seŋ①
永嘉楠溪话	tɕieŋ①	tɕ'ieŋ①	ɕieŋ①

(5)效摄开口三、四等宵、萧两韵字，温州城区读齐齿的[ie]韵，永嘉都读撮口的[yø]韵，如"标雕燎聊骄浇消萧妖吆"。

(6)温州城区话的齿唇声母不配圆唇元音，若逢圆唇元音，齿唇声母一律变为喉音[h]或[ɦ]；而永嘉话广泛配圆唇元音。例如：

	方	罚	风	逢	花	虚	欢
温州城区话	hɔ①	ɦo②2	hoŋ①	ɦoŋ②	ho①	ɕy①	ɕy①
永嘉楠溪话	fɔ①	vo②2	foŋ①	voŋ②	fuo①	fy①	fyø①

(7)永嘉话与永强话一样，比温州城区话多了一个舌尖圆唇元音[ɥ]。而且永嘉话读这种[ɥ]韵的字数量众多，如"租粗苏除如，祖癸举著主驻句，趋去吹处暑醋赤，储绪

隧巨跪，酥塑书水鞭毁，儒序树谁余"等字都读[ɥ]韵。

县城上塘是行政文化中心，上塘话可以代表永嘉话：

(1)上塘话浊塞擦音和浊塞音读送气音声母。

(2)上塘话中没有舌尖后音 zh、ch、sh，所有的翘舌都读成平舌。

(3)h 和 f 很难区分，如"西湖"读如"西服"。

(4)上塘话无[ou]韵，大部分的[ou]发成[au]，如"兜斗偷透投走凑搜愁吼后厚够沟钩"等。

(5)普通话中[uo]韵字在永嘉话中分布在[u]、[o]韵中，即双韵母单韵化，只有个别仍读 huo，如"豁霍藿"。读[u]的，如"锅裹果火伙祸"。读[o]的，如"朵躲剁拖唾"。

(6)上塘话中没有前鼻音韵母。

5. 乐清话

乐清温州话，简称乐清话，分布在乐清市清江以南的乐清市中部和南部。清江以北是大荆话，属于台州话，不属温州话，与温州话不能沟通。乐清话与大荆话之间的中间地带的方言，称芙蓉话。芙蓉话分布在芙蓉镇的芙蓉、小芙、雁芙（雁湖）、岭底、岭底林场。芙蓉话与虹桥话相近，属于乐清话的范围。

乐清话的地区差异，可分为芙蓉话、虹桥话、乐成话、柳市话、白象话等五种方言。乐清话的标准音是乐清城区的乐成话，城区以北的乐清中部讲虹桥话，城区以南的乐清南部讲柳市话。柳市的南部讲白象话。乐成话分布在乐清城区、城北、后所、万岙、盐盆、慎海等地。虹桥话分布在虹桥镇的虹桥、瑶岙、南阳、东联、蒲岐、南岳、南塘、石帆（朴湖、西联）、天成、淡溪、四都以及清江南岸的清江镇南部。柳市话分布在柳市平原上的所有村镇，包括柳市镇的柳市、湖头、湖横、茗东、象阳、黄华、七里港，白象话分布在北白象、万家、洪渡桥、茗屿、三山、磐石，以及白石和翁蝉两个街道。乐清万岙与湖横很近，但万岙讲乐成话，湖横讲柳市话。湖横与黄华相距很远，相隔30里地，但口音相近，都讲柳市话。此外，柳市话还分布在洞头北部的一些海岛上。

乐清方言的芙蓉、虹桥、乐成、柳市、白象等几个片区内部略有差异，互相之间是很容易听得出来的。下面简略地指出其差别之处：

(1)蟹摄开口一等咍韵端见系字，乐成、柳市读[e]韵，虹桥读[ai]韵，如"哀孩呆该台抬海害开"。

(2)蟹摄开口二等皆韵全部字，乐成读[e]韵，柳市读[ɛ]韵，虹桥读[a]韵，如"皆斋排埋怀淮"。

(3)效摄开口二等肴韵全部字，乐成读[a]韵，柳市、虹桥读[ɔ]韵，如"交敲鳌包茅孝效爪抄"。

(4)效摄开口三等宵韵全部字，乐成、柳市读[ei]韵，虹桥读[uei]韵，如"娇乔朝超召昭烧韶少焦悄小"。

(5)咸山摄大部分字，乐成读[ɛ]韵，虹桥、柳市均读[a]韵，这是乐清方言地区之间差异最大、区别最明显的地方，如"间眼单滩删关谈担"。

(6)山摄开口一等寒韵见系字，合口一等桓韵帮组端系字，乐成、柳市读[ø]韵，虹桥读[e]韵，如"干看岸汉寒安端团钻酸銮"。

(7)宕摄合口一等唐韵见系字、合口三等阳韵非组字，乐成、柳市读[o]韵，虹桥读

[iɯa]韵，如"房防芳方放芒忙盲"。

(8)通摄合口一等屋入沃入端系字，乐成读[au]韵，柳市、虹桥读[u]韵，如"读犊独鹿麓碌毒笃督"。

乐清城区的乐成话与温州城区话比较接近，两者的声母和声调一模一样，最大区别在于韵母，主要有下列九点：

(1)乐成话的鼻音 m、n、ȵ、ŋ 和边音 l 有清浊两种读法。读阴调时为清鼻音和清边音，发音时稍带紧喉；读阳调时带有浊流，为浊鼻音和浊边音。另外，浊喉塞音 ɦ，温州城区话不能与齐齿、撮口两呼相配，而乐成话能与四呼相配，在齐齿、合口、撮口韵母之前表示浊擦音。

(2)乐成话的四声八调与温州城区话一模一样，只是乐成话多了一个特殊的变调，即非入声字变读入声调，其作用相当于其他方言的儿化。例如乐清话，虾 ho① 改读 ho⑦，表示虾儿，其他如篮 lɛ②→⑧，糖 dɔ②→⑧，缸 kɔ①→⑦，桃 də②→⑧。

(3)乐成话韵母包括 m、n、ŋ 三个自成音节的鼻辅音韵母在内，共有 44 个韵母，比温州城区话多了 11 个韵母。而且有的韵母发音与温州城区话不同，如介音[i]有长短之分；[u]不是标准的圆唇元音，而读唇齿元音；介音[u]很短，带有辅音性质；[y]也不是标准的圆唇元音，而读平唇元音。

(4)在声韵配置上，温州城区话齐齿[i]韵不能与舌尖前音相配，而乐成话则能相配。如乐成话，"奢"读 si①，"写"读 si③，"细"读 si⑤，"息"读 si⑦，"蛇"读 zi②，"社"读 zi④，"射"读 zi⑥，"席"读 zi⑧。

(5)咸山两摄字如"三丹凡扮减颜盼办蛮万慢翻滩炭潭难蓝馋铅衔喊咸"，温州城区读[a]韵，乐成读[ɛ]韵。这类字发音是乐清腔中最明显的地方，而且数量很多。

(6)宕摄开口一等字如"帮饱豹抛跑旁棒网交较敲咬孝校"，温州城区和永嘉读[uɔ]韵，乐成读[a]韵。此外，温州城区话的[ɔu]韵，乐成话有的读[ia]韵，如"抓抄炒"。

(7)温州城区读[i]韵的字，乐成读[ia]韵，如"姜强仰香羊央"。

(8)温州城区读[au]韵的字，乐成读[o]韵，如"多躲椭秃驼奴罗"。此外，乐成话里读[o]韵的字，与温州城区话相差也较大，如"哥"乐成话读 ko①，"可"读 k'o③，"河"读 ɦo②。

(9)温州城区读[a]韵的字如"端答吞贪男南酣含盒"，乐成读[e]韵。另外，温州城区读[y]韵的字如"根鸧"，乐成读[e]韵。

6. 虹桥话

虹桥镇位于温州北部，乐清市中东部。虹桥是一座山海相依的千年古镇，古名新市，明洪武初设新市铺，嘉靖三十七年(1558)已改名虹桥，清末民初置虹桥镇，以后镇境几经变迁，直到 1981 年定为虹桥镇。2011 年调整后，虹桥镇辖 10 个居民区、93 个行政村。虹桥镇是"温州模式"的发祥地之一，以"敢为天下先"闻名四方。这里是乐清市的三大冲积平原之一，土地广袤，土壤肥沃，水网交错，池塘、水墩星罗棋布，盛产水稻，素有"浙南粮仓"之称，是典型的江南水乡。境西部有石垟山，海拔160 米，其余都是海积平原，地势平坦，自西北略向东南倾斜。入境河道 18 条，其中东干河、中干河是西北向东南流，贯穿全境，可以通航。

虹桥方言指虹桥镇所使用的方言，本地人称为"土话"。虹桥话与乐清话比较，有以下区别：

(1)咸山摄开口一二等字如"班攀爿蛮丹坍谈难蓝三谗监嵌衔岩函",乐清话读[ɛ],虹桥话读[a]。

(2)蟹开合二皆韵帮庄组见系字如"排埋怀斋豺皆揩谐埃",虹桥话读[a]韵,乐清话读[e]韵。

(3)蟹开一咍韵、蟹开一泰韵精清母字如"灾猜",虹桥话读[ai],乐清话读[e]。

(4)山开一寒韵、山合一桓韵见系字如"肝刊欢寒安",虹桥话读[e],乐清话读[ø]。

(5)效开二肴韵全部字如"包抛咆矛抓抄梢巢交敲哮肴凹",虹桥话读[ɔ],乐清话读[a]。

(6)效开三宵韵、效开四萧韵字如"标飘嫖苗刁挑条聊焦瞧乔消韶妖姚",虹桥话读[iu],乐清话读[iə]。

(7)宕开一唐韵、宕合三阳韵非组字如"忙方房",虹桥话读[ɯa],乐清话读[ɔ]。

(8)江开二江韵字如"邦庞江",虹桥话读[ɯa],乐清话读[a]。

(9)蟹合二皆韵佳韵夬韵、曾合一德入字如"乖快歪或",虹桥话读[ua],乐清话读[ue]。

(10)宕合一唐韵见系字如"光荒黄汪",虹桥话读[uɔ],乐清话读[ɔ]。

(11)通合三屋入沃入部分字如"六竹逐肃熟",虹桥话读[u],乐清话读[iu]。

(12)通合一屋入沃入端系字,虹桥话读[u],乐清话读[au],如"督秃独鹿"。

(13)遇合三鱼韵虞韵字如"梳锄",虹桥话读[y],乐清话读[o]。

(14)效开一豪韵、流开一侯韵、流开三尤韵非组字如"褒袍毛否浮刀滔桃脑劳曹骚高考熬蒿豪",虹桥话读[øo],乐清话读[ə]。

(15)深开三缉入、臻开三质入、臻合一没入、臻开三术入、臻合三物入、曾开一德入字如"不墨沸物失集",虹桥话读[øo],乐清话读[ə]。

(16)咸开一盍入见系字如"磕瞌",虹桥话读[øo],乐清话读[ə]。

(17)流开三幽韵帮组字如"彪缪",虹桥话读[øo],乐清话读[iɛ]。

(18)流开一侯韵、江开二觉入、通合一屋入帮组字如"剥朴仆母木",虹桥话读[øo],乐清话读[o]。

7. 大门话

洞头区的户籍人口只有12.81万人,使用语言有温州话和闽南话两种,温州话又分为乐清柳市话和永强话两种。按2010年"六普"户籍人口统计,洞头区讲温州话的有4.76万人,占全区的37.16%;讲闽南话的有8.05万人,占全区的62.84%。

洞头的温州话与闽南话交错分布,非常复杂。大体来说,以洞头峡水道为界,北部多讲温州话,南部多讲闽南话。北部温州话分布在大门、小门、鹿西、大三盘、屿仔等五个岛全部、霓屿岛的一半和状元岛的大部,面积占全区陆地面积的52%。南部闽南话分布在洞头岛、半屏岛、大瞿岛、南策岛,以及介于两者之间的霓屿岛和状元岙岛的部分地区。两种语言的中间区域呈犬牙交错分布。

由此看来,洞头温州话分布区域稍大于闽南话,而使用人口闽南话远多于温州话。

由于移民来自不同地方,各岛所通行的温州话也有差别,主要表现在分别保留原居地方言的某些细节。在洞头温州话流行区域,只有霓屿岛的温州话属于永强话,其余地区都属乐清柳市话。洞头永强话分布面积很小,以布袋岙话为代表;洞头乐清话分布面积较大,以大门岛黄岙话为代表。大门岛、小门岛、鹿西岛的温州话与乐清北白象、白石、琯头和永嘉乌牛的口音一致；而大三盘岛、状元岙岛、屿仔方言岛与乐清岐头、黄华、七里港（里隆）的口音一致。读音有新老派之分，但是洞头的年轻一代明显地受到正宗温州话的影响，能说更趋同于正宗的温州城区话。

大门话的声调列表如下：

序号	调号	调类	调值	例字	序号	调号	调类	调值	例字
①	˦	阴平	44	刚知天开批拖	②	˧˩	阳平	31	穷人唐麻难劳
③	˦˥	阴上	45	古纸顶体口起	④	˧˦	阳上	34	坐被是老女马
⑤	˦˨	阴去	42	种店盖怕唱气	⑥	˨	阳去	22	共阵谢帽奴烂
⑦	˧˨˧	阴入	323	铁笔的七曲匹	⑧	˨˩˧	阳入	213	局特杂六月药

8. 瑞安话

瑞安温州话，简称瑞安话，是瑞安市的核心方言，著名的说唱艺术"温州鼓词"就是以瑞安话为标准音的。瑞安话分布很广，几乎遍及整个瑞安市域，而且还分布到瓯海区的仙岩和丽岙，以及龙湾区的梅头。瑞安境内只有极少数地区和极少数人口讲闽南话和畲客话，如邻近平阳的高楼镇龙湖南部、马屿镇大南南部讲闽南话；邻近文成的高楼镇东岩的驮庵村、民族村等讲畲客话，其余瑞安全境都通行瑞安话。

瑞安话内部的一致性很强，不但外地人不能辨别，就是本地人也难以区分。但语音敏感的本地人可以分出瑞安话的内部差异，大致可以分为九大片，即瑞安城区片、莘塍塘下片、丽岙仙岩片、梅头场桥片、湖岭陶山片、营前高楼片、马屿平阳坑片、阁巷林垟片、飞云仙降片。其中东部片区与西部片区的口音有所不同，例如"外"字，东部平原读[ŋ]声母，西部山区读[ʋ]声母。又如"尖"字，东部平原读[i]韵，西部山区读[ie]韵，东部平原"尖"与"鸡"同音，西部山区不同音。再如"铁"字，东部读[i]韵，西部读[ie]韵。"军"字，东部读[ioŋ]韵，中部读[iaŋ]韵，西部读[yŋ]韵。再说，瑞安南部与平阳接壤，北部与瓯海相连，因此瑞安话也存在南北差异，例如北部"水死"同音读 səʉ③，南部"水死"不同音，而"水许"同音读 səy③。又如"梅妹媒昧"字，东北部读[i]韵，中西部读[e]韵，东南部和西南部读[ai]韵。再如"我你"字的声调，靠近平阳的南部读阴上调，与"底体"同调；北部和中西部读阳上调，与"第社"同调。因此我们把瑞安话内部差异分为瑞安城区话、陶山话、高楼话三种。

瑞安话与温州城区话相近，不存在沟通障碍，但也有明显差异，主要区别有下列几点：

(1)瑞安城区话"基欺希"读[i]韵，"朱吹书"读[əʉ]韵，"资雌思"读[ɿ]韵，而温州城区话这三组字都读[ɿ]韵。

(2)瑞安城区话"火虎府"三字同音，都读[u]韵，而温州城区话"火"与"虎"同音，也读[u]韵，但与"府"不同音，读[øy]韵。又如"铺谱葡夫"字，瑞安城区都读[u]韵，而温州城区都读[øy]韵。但"波肤"等字，两地都读[u]韵。

(3)瑞安城区话的[a]韵字，温州城区话一部分也读[a]韵，另一部分读[ɛ]韵、[iɛ]韵或[ai]韵。如"幸杏行为"温州城区都读[ɛ]韵，"盲彭孟冷争生耕坑硬"温州城区都读[iɛ]韵，"佛质侄湿失十七漆不"都读[ai]韵，而瑞安城区这些字全部读[a]韵。又如"急吉橘给级及吸一"等字，瑞安城区都读[ia]韵，而温州城区都读[iai]韵。

(4)瑞安城区话的[ɔ]韵字，温州城区话读[a]或[uɔ]韵。如"班板扮办攀盼蛮丹炭兰"等字，瑞安城区读[ɔ]韵，温州城区读[a]韵。"包豹抛跑猫闹抄教孝咬"等字，瑞安城区读[ɔ]韵，温州城区读[uɔ]韵。

(5)瑞安城区话的[iɔ]韵字，温州城区话读[ia]或[iɛ]韵。如"脚雀嚼削晓弱捏疟约药"等字，瑞安城区读[iɔ]韵，温州城区读[ia]韵。"超宵霄萧箫"等字，瑞安城区读[iɔ]韵，温州城区读[iɛ]韵。

(6)瑞安城区话的[ɛu]韵字，温州城区话读[a]、[i]或[iɛ]韵。如"关惯宽还环换患顽晚万"等字，瑞安城区读[ɛu]韵，温州城区读[a]韵。"叠蝶碟谍贴帖"等字，瑞安城区读[ɛu]韵，温州城区读[i]韵。"貂雕钓掉调挑条跳疗料"等字，瑞安城区读[ɛu]韵，温州城区读[iɛ]韵。

(7)瑞安城区话的[o]韵字，温州城区话读[o]或[ɛu]韵。如"当党荡堂狼浪藏仓桑刚港康杭抗巷"等字，瑞安城区读[o]韵，温州城区读[ɛu]韵。因此，瑞安城区"加光"同音，"夏巷"同音，温州城区都不同音。

(8)瑞安城区话的[uo]韵字，温州城区话读[o]或[ɛu]韵。如"巴爬瓜挂花华八录"等字，瑞安城区读[uo]韵，温州城区读[o]韵。"邦帮榜旁"等字，瑞安城区读[uo]韵，温州城区读[ɛu]韵。

(9)瑞安城区话的[yo]韵字，温州城区话读[yo]或[yɔ]韵。如"桌足俗触浊局曲玉浴"等字，瑞安和温州城区都读[yo]韵。"桩窗床霜框王从种共用"等字，瑞安城区读[yo]韵，温州城区读[yɔ]韵。

(10)瑞安城区话的[ø]韵字，温州城区话读[ø]或[y]两个韵。如"刷渴喝拨勃泼沫末没夺脱突粒"等入声字，瑞安和温州城区话都读[ø]韵。"甘杆赶干寒韩旱汗安案"等字，瑞安城区读[ø]韵，温州城区读[y]韵。

(11)瑞安城区话的[yø]韵字，温州城区话读[y]或[iɛ]韵。如"专捐传篆眷官管雪月绝"等字，瑞安城区读[yø]韵，温州城区读[y]韵。"焦娇侨桥叫笑腰摇要姚"等字，瑞安城区读[yø]韵，温州城区读[iɛ]韵。

(12)瑞安城区的[e]韵字，温州城区读[e]、[y]、[ø]、[ai]韵。如"改开海贼台代才菜德色"等字，瑞安和温州城区都读[e]韵。"敢感杆柑"等字，瑞安城区读[e]韵，温州城区读[y]韵。"杂合盒南男潭庵暗"等字，瑞安城区读[e]韵，温州城区读[ø]韵。"梅枚煤媒霉每妹北国墨"等字，瑞安城区读[e]韵，温州城区读[ai]韵。因此，瑞安城区"改感"同音，"贼杂"同音，"暗爱"同音，而温州城区都不同音。

(13)瑞安城区的[ie]韵字，温州城区读[i]或[iɛ]韵。如瑞安城区"鞭彪"同音，"扁表"同音，"篇飘"同音，"棉苗"同音，"面庙"同音，都读[ie]韵，而温州城区各组字都不同音，前字读[i]韵，后字读[iɛ]韵。

9.陶山话

陶山镇是瑞安市的一个老镇，陶山话是中西部瑞安话的代表。两者读音完全相同的不少，至于差异，主要在韵母方面，声母和声调基本相同。

(1)深开三缉入、山合一末入、臻开三质入、臻合一没入、臻合三术入、臻合三物入、梗开二陌入、梗开二麦入等帮组知系字如"不沸物汁七侄失集"，陶山话读[ɛ]，瑞安话读[a]。

(2)效开一豪韵、流开一侯韵、流开三尤韵字如"褒袍毛浮刀滔逃劳遭操摇曹高熬蒿豪"，陶山话读[ɛ]，瑞安话读[æ]。

(3)咸开四添韵、山开四先韵、宕开三阳韵、江开二江韵字如"掂天田娘良张枪场瓢箱墙央羊"，陶山话读[iɛ]，瑞安话读[iæ]。

(4)咸开一覃韵、咸开一合入、咸开一谈韵、咸开一盍入字如"贪潭男参蚕甘堪酣含庵"，陶山话读[e]，瑞安话读[ɛ]。

(5)三等见系字如"级泣及逆吸乙译"，陶山话读[ie]，瑞安话读[ia]。

(6)咸开一覃韵、深开三侵韵、深开三缉入、山开一寒韵、山开一曷入、山合一桓韵、山合一末入、山合二删韵、山合二辖入、山合三月入、臻开一痕韵、臻合一魂韵、臻合一没入、宕开一铎入字如"般番般瞒端湍团婪簪村酸存干刊韩恩"，陶山话读[ø]，瑞安话读[ə]。

(7)开口三四等精组知系字如"遮妻池些"，陶山话读[i]，瑞安话读[ei]。

(8)遇合一模韵、遇合三鱼韵虞韵、蟹合三祭韵、止合三支脂韵精组知系字如"租粗除"，陶山话读[y]，瑞安话读[ʉ]。

(9)曾合三职入、梗合三昔入影组字如"迂余"，陶山话读[ʉ]，瑞安话读[y]。

(10)止开三支韵、之韵、微韵晓母字如"牺希"，陶山话读[ei]，瑞安话读[i]。

(11)果合一戈韵、遇合一模韵 ts 组字如"措唆座"，陶山话读[əu]，瑞安话读[o]。

(12)果开合一歌韵、果合一戈韵、遇合一模韵、遇合三鱼韵、遇合三虞韵、流开一侯韵、流开三尤韵、通合一屋入、通合一沃入、通合三屋入、通合三烛入字如"多拖头奴罗州秋囚梳锄郁育"，陶山话读[uɛ]，瑞安话读[ou]。

(13)深开三侵韵、臻开三真韵精清母字如"津侵"，陶山话读[iaŋ]，瑞安话读[aŋ]。

(14)臻合三谆韵、臻合三文韵、臻合三物入、梗合三庚韵清韵、梗合四青韵字如"均群勋氲匀"，陶山话读[iəŋ]，瑞安话读[iaŋ]。

(15)臻合三谆韵精组知系字如"遵春询旬"，陶山话读[iəŋ]，瑞安话读[oŋ]。

10. 平阳话

平阳温州话，又称平阳话。平阳东部平原地区讲温州话，平阳中部的鳌江中上游地区讲闽南话，平阳人把平阳闽语称为"北港话"。平阳瓯语与平阳闽语的分界线大致在梅溪流域，即蔡蝉、梅源、梅溪、桃源一带。平阳瓯语分布在昆阳镇的昆阳城区、临区、石塘、水亭，万全镇的宋桥、郑楼、榆垟、宋埠，宜山镇的宜山、钱仓、务垟、西塘、塘川、垂杨、雁门、种玉、河口、下厂、墨城（部分）、西湾（部分）、南麂（部分）、梅源（部分）、梅溪（部分），萧江镇的萧江、桃源（部分）、夏桥（部分）、后林（部分）、渔塘（部分），腾蛟镇的蔡垟（部分），这些地区都讲平阳瓯语，以县城昆阳话为代表。但是平阳西南部紧邻文成的小块区域却流行文成瓯语。讲文成话的有平阳山门镇的山门（部分）、怀溪（部分）、晓坑（部分）、晓阳（部分），顺溪镇的顺溪、维新（部分）、吴垟（部分）、新田（部分）、矾岩（部分），南雁镇的部分和青街乡的部分地区。

平阳瓯语具有温州话的一般特征，因而互相之间能通话。平阳瓯语的基本特点有下列几个方面。

(1)效摄一等字与二等字平阳瓯语不同韵，效摄二等字与山摄二等字同韵。如"堡"读 pɛ③，"饱"读 pɔ③，"板"读 pɔ③，"高"读 kɛ①，"交"读 kɔ①，"艰"读 kɔ①。

(2)宕摄、江摄字今平阳瓯语的韵尾脱落，宕摄开口三等阳韵字与咸摄开口三等盐韵、山摄开口三等仙韵字相同，读开尾韵[ie]。如"葬"读 tɕio⑤，"桩"读 tɕyo①，"仓"读 tɕ'io①，"窗"读 tɕ'yo①，"钢"读 ko①，"康"读 k'o①，"粮"读 lie②，"浆"读 tɕie①，"腔"读 tɕ'ie①，"丈"读 dzie④。

(3) 梗摄开口二等字和蟹摄开口二等字，平阳话同韵，都读[a]或[ia]韵，即"彭"读 ba②，"猛"读 ma④，"争"读 tɕia①。

(4) 梗、蟹两摄开口三四等帮端组舒声字，平阳话读[eŋ]韵。如"兵"读 peŋ①，"岭"读 leŋ③，"萍"读 beŋ②，"丁"读 teŋ①。

(5) 平阳话的声调虽然与温州城区话一样，分为四声八调，但上声次浊声母平阳话归阴上，这与温州城区话、瑞安话都不同。例如"米李吕脑你眼"等字，温州城区话和瑞安话都读"阳上"声调，而平阳话却读"阴上"声调。

昆阳话声调列表如下：

序号	调号	调类	调值	序号	调号	调类	调值
①	˦	阴平	44	②	˨˩	阳平	21
③	˥˦	阴上	54	④	˨˦˧	阳上	243
⑤	˦˨	阴去	42	⑥	˩	阳去	11
⑦	˧˨˧	阴入	323	⑧	˨˩˧	阳入	213

11. 宜山话

苍南温州话，又称苍南瓯语，分布在苍南东北部的宜山下游南岸地区，是苍南经济最发达的区域，所以苍南瓯语分布范围不大，但使用人口较多，达27.8万人，占苍南户籍人口的21.42%。苍南瓯语主要分布在苍南县的东北部宜山、湖前、龙港一带。宜山是80年代新建的农民城，原地本是一个渡口，现在的宜山人大多来自宜山、钱库一带。钱库人说蛮话，宜山人说宜山话。宜山是苍南瓯语区的一个老镇、大镇，苍南瓯语以宜山话为代表是比较适宜的。苍南宜山和平阳萧江只有20华里的路程，但过去交通不便，一江之隔，便有不同的口音。

一个小小的苍南县，十分之一的县域讲温州话，而温州话的种类居然有三种，即宜山瓯语、文成瓯语和蒲城瓯语。宜山瓯语分布在宜山镇的宜山城区、沿江、湖前、龙江、平等、江山、凤江、灵江、铁龙，灵溪镇的沪山、渎浦等地。文成瓯语分布在苍南最西端的天井（部分），这里地处苍南、平阳、文成三县交界处。另外，苍南最南端的马站镇蒲门所城讲的是蒲城瓯语，是四周被闽南话包围的瓯语方言岛。蒲城是我国保存完整的一座明代抗倭所城，现为全国重点文物保护单位。蒲城方圆不过里许，城外人说闽南话，城内约8000人却操一口"城里话"。当地人称这种城里话是"半闽半瓯的蒲城话"。明初戍守蒲门所城的将士主要来自浙北和苏南，经过六百多年的语言交汇融合，形成今天的温州人能听懂的蒲城话。

宜山话是苍南瓯语的代表音，它具有温州话的一般特征，例如塞音、塞擦音声母有清音不送气、清音送气和浊音三套；古平上去入四声因声母的清浊分化为阴调和阳调共8个声调，阴调较高，阳调较低。所以苍南宜山话与平阳话及温州城区话之间能互相通话，但沟通障碍较大，温州城区人听宜山瓯语比较吃力，不是全懂。

现将以宜山话为代表的苍南瓯语与以昆阳话为代表的平阳瓯语作一比较，它们的差异主要在韵母方面：

(1)昆阳话[a]韵字，宜山话分读[a]和[æ]两韵，一般是入声字如"百物"读[a]韵，舒声字如"摆埋冷"读[æ]韵（个别舒声字读[i]、[ɔ]、[ɛ]韵，可视作例外）。

(2)昆阳话[yø]韵字，宜山话分读[yø]和[ø]两韵，多数字如"标甜"读[yø]韵母，声母为k、k'、h的字如"观困欢"和部分零声母字如"温"读[ø]韵母。

(3)昆阳话[ie]韵字，宜山话分读[ie]、[i]、[e]三韵。从舒声字来看，北京话读[-ŋ]韵尾的字如"良"，宜山话读[ie]韵母；北京话读[n]韵尾的字"战盐"，宜山话读[i]韵母。从入声字来看，声母为双唇音p、p'、b、m的如"必灭"，宜山话读[e]韵母；其他声母如"热"读[i]韵母。

(4)昆阳话[ɔ]韵字，宜山话分读[ɔ]、[o]、[a]三韵。舒声字里，北京话读[-ŋ]韵尾的如"方亡"，宜山话读[o]韵母；其余如"抓搭"都读[ɔ]韵母。大部分入声字如"拿袜"读[a]韵母，少数读[o]韵母。

(5)昆阳话[iɔ]韵字，宜山话分读[iɔ]，如"鹊晓"；或[ia]韵，如"脚虐嚼药"。

(6)昆阳话[iu]韵字如"组菊初楚促逐"，宜山话读[u]韵母。

(7)宜山话的8个声调与温州话相似，只是阴上和阴入两声有差异，其余区别不大。宜山话声调列表如下：

序号	调号	调类	调值	例字	序号	调号	调类	调值	例字
①	˧	阴平	44	诗天高专边安	②	˩	阳平	21	龙时穷才唐平
③	˦	阴上	54	宝口古走短比	④	˧	阳上	24	老士近柱是坐
⑤	˨	阴去	42	店太盖正对爱	⑥	˩	阳去	11	帽病共贱大害
⑦	˧	阴入	34	节铁急竹笔一	⑧	˨	阳入	213	热舌月入纳药

注：(1)上声调值比较短促，收音时有紧喉感；阴上是降短调；阳上是升短调；入声不读短促音，不带喉塞尾。

(2)阳平是低降调，实际调值是21，从俗作31。

(3)阴上是高降短，比较短促；阳上是高升调，也比较短促，收音时喉头都带有紧张成分。音程较短，阴上更短。

(4)阴入调和阳入调，收尾都不带喉塞音，也不短促。音出跟平、去调相仿，只是调值不同。

12. 文成话

文成温州话，简称文成话。文成境内流行六种语言，即文成话、南田话、景宁话、莒江话、闽南话、畲客话。

1946年12月始置的文成县，由原瑞安、青田、泰顺三县部分区域组成，因此文成县东部讲文成温州话，西部讲"青田腔"的南田话，西北部讲"景宁腔"的罗阳话，南部讲"莒江腔"的泰顺话。东部文成话分布在大峃、百丈漈、玉壶、珊溪、巨屿、峃口六镇和周山畲族乡。

文成话分布在文成县域人口、城镇和经济最集中的地区，是文成县的强势语言。根据内部的口音差异，又可分为大峃话、玉壶话、珊溪话三种。此外，文成话还包括平阳的顺溪话和泰顺的百丈口话。

泰顺温州话分布面积很小，只有百丈镇的百丈口一地，称为"百丈口话"，是四周被莒江话包围的方言岛。百丈口位于飞云江上游与它的支流洪口溪交汇处，水路交通便利，是泰顺一个著名的古镇，也曾是浙闽交界景宁、寿宁、庆元、龙泉等七县市的物资吞吐口岸，当年的经济地位超过了县城罗阳。

百丈口话是变了调的温州话，当地人称为"下路话"。由于百丈口最初的移民来自文成，所以它的语音与文成话相近，与瑞安人、温州人能够沟通，在语言地理分区中归为文成话。2001年珊溪水库建成后，百丈口被淹没而居民迁移至龙湾、瓯海等地。新建的百丈镇政府驻地往东南方向挪动了1.5千米。百丈口下路话方言岛原有使用人口约3000人，水库移民后，当地讲下路话的人已不到1000人，面临方言灭绝的窘境。本书因篇幅限制，没有收入百丈口话。

文成话在温州话范围内离温州城区最远，与温州城区话的区别也最大，所以初次接触文成话的温州城区人听起来半懂不懂，甚至比听乐清虹桥话还难懂，存在较大的沟通障碍。

文成话以县城大峃话为标准音，大峃话与邻近的瑞安话、平阳瓯语有很多相似之处，具体表现在声母方面的共同特点有：

(1)塞音、塞擦音声母清浊相配，"端探团"三分。

(2)泥母洪音读n声母，如"脑"读nɛ④；细音读ȵ声母，如"纽"读ȵiau④。

(3)疑母洪音多数读ŋ声母，如"牛"读ŋau②；细音读ȵ声母，如"宁"读ȵiaŋ②。

(4)微母白读m声母，如"问路"的"问"读maŋ⑥；文读v声母，如"问题"的"问"读vaŋ⑥。

(5)日母白读n声母，如"日子"的"日"读ne⑦；文读z声母，如"日本"的"日"读za⑦。

(6)"火虎"同音，都读fu③，"陪妹"都读[ai]韵，"斗狗"都读[au]韵，"党桑"都读[o]韵，"新神"都读[aŋ]韵。这些是大峃话、瑞安语、平阳瓯语的相同之处。

大峃话与瑞安话、平阳话声母也有许多不同之处，具体表现在：

(1)塞音、塞擦音声母，大峃话带鼻塞音，或称缩气音，与青田话、景宁话相似，与瑞安话、平阳瓯语不同。如"布pu比pi"声母p的实际音值是mp，"低ti短tø"声母t的实际音值是nt。

(2)宕摄邪母、禅母字，大峃话读ʑ声母。如"详、祥、常、尝"等字读ʑiɛ②，与"羊、杨"不同音；瑞安、平阳"详、常"与"羊、杨"同音，都是零声母。

(3)个别字的声母归类，大峃与瑞安、平阳也有不同，如"要"字瓯语一般读零声母，而大峃读ŋɔu⑦，与疑母洪音字同归ŋ声母。

大峃话与瑞安话、平阳瓯语的韵母差别主要是三点：

(1)蟹摄开口二等字如"拜派埋买债柴界"的元音舌位，大峃话较后。如"拜"读pɔ，"买"读mɔ，"柴"读zɔ，大峃话的[ɔ]韵母，读[a]和[ɔ]的中间音。

(2)深摄开口三等精照组字如"针心沉"，与见系字如"金钦琴"，大峃话不同韵，而瑞安、平阳则同韵。如大峃话，"针"读tseŋ①，"金"读tɕiaŋ①，而瑞安话、平阳瓯语两字同音，都读tɕiaŋ①。"沉"与"琴"同音，都读dʑiaŋ②。

(3)有些入声字韵母读音不同，如"结洁接哲节"与"织职积绩"，大峃话同韵，瑞安话、平阳瓯语不同韵。又如"笔立灭纳"与"北黑勒肋"，大峃话同韵，瑞安话、平阳瓯语也不同韵。再如"消、箫"两字，瑞安、平阳同韵，大峃话不同韵。"消"读ɕyø①，"箫"读ɕyɔ①。"关"字大峃读kaŋ③，瑞安、平阳都是开尾韵。

大峃话的声调也分四声八调，但去声读降升调，如"志欢四闭肺帝"等字尾音上扬。其他调类的字连读时，后字也常常变为升调或降升调，加上语气词的作用，便形成了大岙话难懂的特殊语调。

大岙话的声调列表如下：

序号	调号	调类	调值	例字	序号	调号	调类	调值	例字
①	˥	阴平	55	诗低端	②	˨˦	阳平	13	时题团
③	˥˦	阴上	54	使底短	④	˧	阳上	33	士第断
⑤	˦˧˥	阴去	435	试帝探	⑥	˧˩˨	阳去	312	事地段
⑦	˨˥	阴入	25	识滴答	⑧	˨˩˧	阳入	213	石敌夺

注：阴上调值较短，有紧喉作用。阴去调前平后升，后升比较明显。

第三章　温州话的语音系统

温州话和其他吴语的差异非常明显,和普通话的差异就更大。但是,温州话有自己的语音一般特征,属于温州话语系。

语音由声母、韵母、声调三部分组成。温州话的声母,包括零声母在内,共有八类29个;韵母包括自成音节的鼻辅音韵母在内,共有四呼33个。它们组合成392个基本音节,其中清音音节218个,浊音音节174个。外地人学习温州话的关键是发准这392个音节,实现这一目标就得学好29个声母和33个韵母的正确发音。偏离这个基本功,学习温州话就走入歧途,陷进"南腔北调"的窘境。

第一节　温州话声母

根据汉语声韵学原理,一个汉字音节开头的音称为声母。

古汉语有36个声母,分清音与浊音。发清音时声带不颤动,靠气流冲出或摩擦口腔的某个部位发出声音;而发浊音时,声带是同时颤动的,所以发出的音比清辅音低沉而明显。

温州话共有33个声母。

温州话声母最主要的特点是保持了浊音和清音声母的分别,温州话中的"浊音",不像北吴语中的"清音浊流",而是真正的浊音。普通话中的b、d、g、z则是清音。温州话中所保留的古音的浊声母,其声母发音需要振动声带,如英语的浊辅音b、d、g、w、z等。

温州话没有翘舌音声母,因而比普通话少了四个翘舌音声母。

温州话塞音声母比普通话多了一组浊音b、d、g,塞擦音声母多了两个浊音dz、dʑ。擦音声母多了v、z、j、r四个浊音。鼻音声母多了ȵ、ŋ两个浊音。

一、根据发音清浊,分为4组

1. 浊声母7个:[b、d、g、ɦ、z、dz、dʑ]。

(1)[b、d、g、dz、dʑ、z]是浊塞音和浊塞擦音,有轻微的送气成分。发音时带有不很强的浊气流,是浊音浊流。

(2)[ɦ]是浊音喉擦音,同时代表阳调类零声母字符音同部位的浊擦成分。用在齐齿呼、合口呼、撮口呼韵母之前表示该韵母前的浊擦音。

2. 次浊声母7个:[m、n、ȵ、ŋ、l、v、ʑ]。

次浊声母[m、n、ȵ、ŋ]是鼻音，阴调类发音时声带较紧，不带浊流，阳调类发音时声带较松，带有浊气流。边音[l]也有同样的情形。[ʐ]的摩擦程度较弱。

3. 清声母 14 个：p、p'、f、t、t'、k、k'、h、tɕ、tɕ'、ɕ、ts、ts'、s。

(1)[p、p'、t、t'、k、k']是清塞音，[p、t、k]不送气，[p'、t'、k']送气。发音时肌肉比较紧张，破裂性和送气程度都比较强。

(2)[p、t]发音时带鼻塞成分，[p]的实际音值是[mp]，[t]的实际音值是[nt]。

(3)[h]是喉擦音，发音部位比普通话[x]声母稍后。

(4)[ts]组声母阻塞部位较宽，近似舌叶音。

(5)[tɕ]组声母是舌面音，发音部位比普通话稍前。

4. 紧音声母 5 个：ʔl、ʔm、ʔn、ʔȵ、ʔŋ。

鼻音[m、n、ȵ、ŋ]和边音[l]有清浊两类读音。读阴调时为清鼻音和清边音，发音时带有紧喉动作。读阳调时带有浊流，即为浊界音和浊边音。为简化声母，合为一套标示。

在温州话中，带浊流的[m、n、ȵ、ŋ、l]各母常见，而不带浊流的较少见，我们特意将[m、n、ȵ、l]各母前面加上[ʔ]以示区别。例如 joŋ-muɔ（容貌）和 joŋ-ʔmuɔ（熊猫），其中"貌"与"猫"只是声母不同。

二、根据发音部位分类

大致可分为 p 系、t 系[t、t'、d、n、l]、ts 系[ts、ts'、dz、s、z]、tɕ 系[tɕ、tɕ'、dʑ、ɕ、ʑ]、k 系等五系；p 系又可分为 p 组[p、p'、b、m]和 f 组[f、v]，k 系又可分为 k 组[k、k'、g、ŋ]和 h 组[h、ɦ]，如"温州话声母表"所示。

1. 唇音组，包括双唇音与唇齿音，有 6 个声母：p、p'、b、m、f、v。p 系中[p、p'、b、ʔm、m]是双唇音，f 组三母[f、v、ʋ]是齿唇音，f 组不拼双唇元音[uɔ、o、oŋ]，例如"防风"一词，别的县读 vɔ-foŋ，温州市区读 ɦuɔ-hoŋ。

2. 舌尖齿组，有 5 个声母：t、t'、d、n、l。t 系七母是舌尖音。[t、t'、d、ʔn、n]五母舌尖抵上门齿齿龈缝。[ʔl、l]是比上列五母部位较后的边音，舌尖抵齿龈突起，甚至更后些，舌尖可以触觉到硬腭前边的倾斜面。

3. 舌尖齿龈组，有 5 个声母：ts、ts'、dz、s、z。发音时舌尖松松地对下齿背（不与舌尖元音拼时，也或对上齿背），舌叶两边接触上臼齿，上下门齿自然闭合相碰，气流从两齿缝间流出时，可以感觉到明显的摩擦。

4. 舌面组，有 6 个声母：tɕ、tɕ'、dʑ、ȵ、ɕ、ʑ。tɕ 系八母[tɕ、tɕ'、dʑ、ɕ、ʔȵ、ȵ、ʔj、j]是前舌面音，前舌面上贴的位置大致与上面所说后部位边音的位置相同或稍后，在后齿龈与硬腭之间。[ʔj、j]二母比其他各母略为靠后些，但也有些人把这两个音读成较前的[ʔʑ、ʑ]。

5. 舌根组，包括一个喉音在内，有 6 个声母：k、k'、g、ŋ、h、ɦ。k 系中 k 组五母[k、k'、g、ŋ、ʔŋ]是舌根音（即后舌面软腭音，旧称浅喉音），h 组三母[h、ɦ、ø]是喉音（旧称深喉音）。[ø]表示零声母。有人将[h]标为较前的[x]，但实际[h、ɦ]部位是相差无几的。

[g]母在文读系统中没有什么地位，只有"衔厚戤"等少数几个，而在白读系统里，这却是个常用的声母。例如gi（佢）、ge（个）、ge（徛）、go（架）等常用词都是 g 母字。

[h、ɦ]不拼元音[ʋ]，即由于齿唇元音[ʋ]的影响，声母都齿唇化了。

三、温州话声母的特点

(1)浊声母与清声母对立，是瓯语的一种重要特征。温州各处浊声母的配置相当完整，一般是浊音浊流，不像北吴语那样出现清音浊流的现象。

(2)温州话塞音塞擦音三分，古全浊声母仍读浊音，这是最主要的特点。即"帮滂并(p、p'、b)、端透定(t、t'、d)、见溪群(k、k'、g)"三分，即塞音、塞擦音声母有清音不送气、清音送气和浊音三套。温州话塞音、塞擦音声母比普通话多了一组浊音[d、g、dz、dʑ]。擦音声母也分清浊，多了[v、z]。

(3)鼻音声母比普通话多。普通话读[n]声母字，瓯语细音读[nʑ]声母，洪音读[ŋ]声母。

(4)温州话没有翘舌声母，北京翘舌声母字温州并入 ts 组或 tɕ 组声母。

(5)古"疑"母今读鼻音，洪[ŋ-]，细[nʑ-]，不与"影"母混。

(6)古"微"母今有[ʋ]、[m]文白两读，文读为口音，白读为鼻音。如"味"[ʋi / mi]，"问"[ʋaŋ / maŋ]。

(7)古"日"母今有[z]、[n]文白两读，文读口音，白读鼻音。"儿"作词尾也读鼻音，读[ŋ]。

(8)[m、n、ŋ]能自成音节，"二五"口语多读[ŋ]音。

(9)"鸟"字声母有[n]、[t]文白两读，白读与古音端母"都了切"相合。

温州话声母表

	发音方法	双唇音	齿唇音	舌尖前音	舌面前音	舌根音	喉音
塞音	清，不送气	p 布		t 到		k 架	
	清，送气	p' 怕		t' 太		k' 刻	
	浊，不送气	b 步		d 道		g 街	
	浊，送气						
塞擦音	清，不送气			ts 知	tɕ 贵		
	清，送气			ts' 次	tɕ' 秋		
	浊，不送气			dz 迟	dʑ 拳		
	浊，送气						
鼻音	浊	m 袜		n 南	nʑ 严	ŋ 牛	
边音	浊			l 兰			
擦音	清		f 灰	s 虚	ɕ 休		h 海
	浊		v 胡	z 曹	ʑ 舌		ɦ 岸
零声母				ø 暗约			

第二节 温州话韵母

一个汉字中除声母以外的音素都是韵母。普通话共有 39 个韵母,其中单韵母 10 个,复韵母 13 个,鼻韵母 16 个。

温州话的韵母较少,只有 30 个韵母,但其中单韵母丰富,有 10 个,占元音总数的十分之一,远比普通话多,和普通话的对应关系尤为复杂。复韵母和鼻韵母都比较少,复韵母只有 ai、iai、au、ɪau、iau、uai 等 6 个,鼻韵母也只有 aŋ、iaŋ、əŋ、oŋ、yoŋ 等 5 个,没有鼻化韵,也没有塞音尾韵。

单韵母 10 个:a、ɛ、ə、e、ø、o、ɿ、i、u、y。

复合韵母 12 个:ia、iɛ、uɔ、yɔ、yə、yo、ɣ、ai、iai、au、iau、iəu。

鼻韵母 6 个:aŋ、iaŋ、əŋ、iəŋ、oŋ、yoŋ。

自成音节 1 个:ŋ。

在普通话中,"知、蚩、诗、日、资、雌、思"等 7 个音节的韵母用[i],但在温州话拼音方案中则用[ɿ]表示,以示和"基、欺、希"的韵母[i]的区别。普通话的"资、雌、斯"和温州话的"资、雌、斯"的唯一区别是,温州话把音稍许延长一些。

韵母分四组:开口呼、齐齿呼、合口呼、撮口呼。

[a]的实际发音部位略高。

[a]在单韵母中和韵尾[-u]前,实际音值为[ʌ],在韵尾[i]和[-ŋ]前,实际音值近于[ɐ]。

[ɛ]的舌位偏后。

[i、u、y]的发音比普通话略松。

[i]起音的韵,只有[i]、[iɛ]二韵是元音性的,其余都是辅音性的短[ǐ],但为了服从习惯,一般不加分别;只要知道[a、e、o]三元音前面的[i]是辅音性的就是了。

[ie]韵母中的[e],比标准单元音[e]的舌位略低,接近[ɛ]。

[ieu]韵母中"肉"字韵母近[iu]。

[o]韵的舌位比普通话略低、略后。

[ø]韵是前半高圆唇元音,实际音值介于[ø]和[œ]之间。

[œ]是前半低圆唇元音,实际上唇形不是很圆。

[u]唇形不甚圆,舌位也较低,

[u]韵跟 tɕ 组声母相拼时作[iu]。

[ʋ]作为声母,不仅它的齿唇摩擦部位和声母[v]相同,摩擦也强于元音[u],因此我们很可以把它认为是声母[v]的紧音[ʔv]。这里仍标作[ʋ],道理和[ǐ]标成[i]一样。ʋa、ʋɛ、ʋiɛ、ʋai、ʋaŋ 等个五音缀中的[ʋ]全是辅音性的,前头不能再拼其他辅音声母。

[y]作介音时圆唇。

[yœ]韵的[œ]舌位略高,接近[ø]。

[ʔʋ]、[ʔi]、[ʔau]、[ʔoŋ]是阴韵,[ʋʋ]、[ji]、[ɦau]、[ɦoŋ]是阳韵。

[aŋ]韵里[a]的舌位比[ai、au]韵里的[a]稍后,比普通话 a 韵的[a]又稍前,实际音值是[A]。

[aŋ、iaŋ、eŋ、øŋ、ioŋ]等韵母中的鼻音韵尾[-ŋ],可自由变读为前鼻音[n],新派多读[-n]尾。

[əŋ、yəŋ]韵也读[ən、yen],韵尾鼻音自由变读

第三节　温州话声调

声调是指汉字读音的高低升降的变化。声调贯穿于整个音节之中，是汉语音节不可缺少的组成部分。它除了读音的变化外，还具有区别字义的作用。

古汉语的字音共有四种声调，即：平声、上声、去声、入声，简称"平上去入"。在古汉语中，因为声母清浊不同，又分为阴阳两套共八声。

现代汉语的四声，是由中古时代的平、上、去、入四声发展演变而来的。现代汉语的四声区分明显，名为阴平、阳平、上声、去声。中古入声已全部归并到阴平、阳平、上声、去声里去了。掌握现代汉语的四声音调，可用一个口诀以资帮助："阴阳上去，非常好念，高扬转降，多读几遍。"

温州话基本保留古汉语的声调体系，其声韵和声调要比普通话复杂得多。

温州城区话的声调有八个调类，按古音平、上、去、入分类，清音声母为阴调类，浊音声母为阳调类。清浊各分四声，平上去入四声各分阴阳，阴调只拼清音声母及紧喉鼻流音声母，阳调只拼浊声母(包括带浊流实即后接气嗓音的鼻流音声母)。阴调调值总比阳调高。

温州城区话的声母有七类（除零声母外），类类清浊分明；声调分四声，声声阴阳并立。声之清浊与调之阴阳互相配对，互不交错，充分体现了汉语古音遗风。温州话声调的调值比普通话低许多，例如阴平调，普通话读 55，温州话读 44，有的学者也认为温州话应读 33，甚至出现阳去 11 的调值。温州上声两调特短，绝不能拉长。

现今普通话已无入声，但温州话仍保持有入声，而且保留了古音中全部的入声字，入声多数收喉塞尾；少数读开尾，读音很短促，但自成一调类，不跟其他三声相混。

温州话不仅声调的类型多，而且连读变调比较发达，往往保持更早于单读调的调值，例如阴阳平在连调时合而不分。温州话连调变调的情况要比普通话复杂得多，温州本地人习以为常，而外地人则如坠云里雾中，莫名其妙。

温州各县声调差别不大，只文成话（包括泰顺百丈话）声调尤其变调系统差异较大些，通话就显得不那么方便。各县声韵差别虽不小，如"太阳"温州读 tʻaji，乐清作 tʻeja，而声调读法及连调调型相同，所以通话不难。

我国著名语言大师赵元任（1892-1982）曾于 20 世纪 30 年代创制一种五度制标调法，被国际语言学界公认为最好的一种标调方法。他用一条竖线分成四段五点，五点分别表示高、半高、中、半低、低五种声调高度，在旁边用线表示声调的升降变化。现代汉语中的阴平就用 55 表示，阳平用 35 表示，上声用 214 表示，去声用 51 表示。

今采用赵元任先生的五度标调法，将温州话的四声八调列表如下：

序号	调类	调值	标调	调号	例字
①	阴平	高平调，发音时，前后一样高，不升不降。	44(33)	˧	刚知天开批拖安牵新班颠州尖
②	阳平	低降调	31(21)	˨	穷人唐麻难劳塘钱田羊仇场
③	阴上	高升调，调值比较短促，收音时有紧喉感。	45	˧	古纸顶体口起好草典酒展
④	阳上	音程较短。发音时，起音半低，先降低再往上升。	34	˦	坐被是老女马件厚簟纡件
⑤	阴去	高降调，发音时，由高开始一直降到低。	42	˩	种店盖怕唱气靠汉布店咒战
⑥	阳去		22(11)	˨	共阵谢帽奴烂害岸地电宙强
⑦	阴入	收尾都不带喉塞音，也不短促。音出跟平、去调相仿，只是调值不同。	323	˧	铁笔的七曲匹百八发尺跌竹结
⑧	阳入		213(113)	˦	局特杂六月药力白敌逐杰

瓯语声调调值一致性很强，以下分别说明：

①阴平瓯语读半高平调，一致性很强，调值为 44，有的调查点的实际调值比 44 稍低或稍高，但没有达到阴上调的高度。

②阳平大多数调查点都读低降调，调值为 31，起点比另一降调"阴去"要低。文成读中降升调，调值为 323。

③阴上在所有调查点读高升调，调值为 45。阴上调都升得短促急速，单读时后面还带有特别明显的喉门紧闭现象。因为理论上说的舒声调都不带"紧喉"成分，所以很容易误解其为升降调，特别是当它被勉强拉长时。

④阳上在多数的调查点也属于高升调，调值一般为 34。文成大岙次浊和全浊上声字都读中平调 33。

⑤阴去在大多数的调查点读中降调，一致性较强，和阳平相比起点要高，调值为 42。文成大岙读高降升调，调值为 434，有时候升的部分稍高一些。

⑥阳去在大多数的调查点读低平或半低平调，一致性较强，调值为 11 或 22。在乐清、永嘉和大门，阳去的调值是在 11 和 22 之间，调型没有变化，都是低平调。文成大岙阳去也读曲折调，但是最后还出现一个降尾，因此标为 312。单读时这个降尾很明显，有重要区别性作用。

⑦阴入在多数调查点读中降升调，不带塞音韵尾，调值为 323。因为比较短，所以降升的幅度也不很大。文成大岙读中升调 34。

⑧阳入在几乎所有的调查点都读低降升调，不带塞音韵尾，调值为 212。在单字音中，有时候因为强调或拉长的影响，阳入会升稍微高一些，但在一般情况下都是 212。

温州话四声字例

(一) 阴调类

读音	字例	读音	字例	读音	字例
pa	班①板③扮⑤百⑦	pi	边①扁③变⑤必⑦	po	巴①靶③霸⑤八⑦
pø	般①匾③半⑤钵⑦	fai	灰①悔③诲⑤勿⑦	fu	肤①辅③赴⑤腹⑦
ta	丹①胆③带⑤搭⑦	tai	堆①劯③对⑤咄⑦	tei	低①抵③帝⑤滴⑦
təu	多①躲③剁⑤督⑦	ti	颠①典③店⑤跌⑦	tø	端①短③锻⑤答⑦
t'a	他①毯③泰⑤塔⑦	t'ai	推①腿③退⑤脱⑦	t'ei	梯①体③替⑤踢⑦
t'əu	拖①妥③太⑤秃⑦	t'i	天①舔③掭⑤帖⑦	t'ø	贪①吨③探⑤脱⑦
ka	关①减③界⑤甲⑦	kei	该①改③盖⑤居⑦	ko	家①假③价⑤各⑦
kø	甘①感③贯⑤骨⑦	ku	戈①古③雇⑤谷⑦	k'a	宽①舰③快⑤客⑦
k'ai	奎①傀③块⑤磕⑦	k'e	开①凯③慨⑤刻⑦	k'ø	刊①砍③看⑤渴⑦
k'u	科①苦③库⑤哭⑦	tsa	斋①盏③债⑤责⑦	tsei	支①纸③借⑤积⑦
tse	灾①宰③再⑤则⑦	tso	渣①担③炸⑤作⑦	tsʅ	追①主③记⑤只⑦
tsø	尊①纂③钻⑤匝⑦	ts'ai	崔①脆③翠⑤七⑦	ts'a	差①产③蔡⑤策⑦
ts'ei	妻①鼠③刺⑤尺⑦	ts'əu	初①楚③锉⑤促⑦	ts'e	猜①彩③菜⑤测⑦
ts'ø	村①惨③寸⑤猝⑦	ts'ʅ	吹①齿③次⑤吃⑦	sa	三①伞③帅⑤杀⑦
sai	衰①琐③碎⑤失⑦	sei	西①写③世⑤式⑦	səu	蔬①数③素⑤速⑦
sø	孙①损③算⑤刷⑦	so	沙①所③阆⑤索⑦	tçiəu	周①酒③咒⑤竹⑦
tçi	张①展③见⑤节⑦	tçy	专①举③季⑤决⑦	tç'iəu	秋①丑③臭⑤畜⑦
tç'i	千①浅③唱⑤切⑦	tç'y	川①犬③去⑤屈⑦	çiəu	收①手③秀⑤叔⑦
çi	先①想③向⑤歇⑦	çy	欢①选③汉⑤血⑦	ha	哈①喊③匀⑤赫⑦
ho	花①闯③化⑤法⑦	ʔa	啊①矮③晏⑤压⑦	ʔji	衣①氧③亿⑤页⑦
ʔjy	安①稳③怨⑤郁⑦	ʔo	娃①恶③亚⑤沃⑦	ʔvai	煨①猥③畏⑤颏⑦
ʔʋu	威①委③畏⑤屋⑦	hu	呼①火③货⑤		

(二) 阳调类

读音	字例	读音	字例	读音	字例
ba	排②罢④办⑥白⑧	bø	盘②伴④叛⑥勃⑧	bu	菩②部④捕⑥仆⑧
ma	埋②买④卖⑥麦⑧	mai	梅②每④妹⑥墨⑧	mi	棉②免④面⑥灭⑧
mo	麻②马④幕⑥摸⑧	mø	瞒②满④幔⑥没⑧	da	谈②淡④蛋⑥达⑧
de	台②待④代⑥特⑧	deu	头②惰④豆⑥独⑧	di	田②篆④电⑥敌⑧
dø	团②断④钝⑥凸⑧	la	兰②览④烂⑥辣⑧	lai	雷②磊④泪⑥捋⑧
lei	离②礼④吏⑥力⑧	ləu	刘②柳④馏⑥六⑧	li	良②脸④亮⑥立⑧
liε	辽②冷④料⑥略⑧	na	难②奶④奈⑥拿⑧	nəu	奴②努④怒⑥傉⑧
nø	男②暖④嫩⑥纳⑧	dza	残②湛④站⑥宅⑧	dzei	池②舐④箸⑥直⑧
ze	才②在④儎⑥贼⑧	zei	齐②社④谢⑥席⑧	zø	存②凿④蚕⑥杂⑧
dʑi	场②件④健⑥杰⑧	dʑiəu	绸②纣④宙⑥逐⑧	dʑy	权②跪④具⑥掘⑧
ziəu	柔②受④寿⑥族⑧	zy	全②远④县⑥粤⑧	ɲi	言②你④艺⑥业⑧
ɲia	尧②鸟④尿⑥虐⑧	ɲy	元②语④遇⑥月⑧	ŋa	岩②眼④雁⑥额⑧
ŋo	牙②雅④砑⑥岳⑧	ɦia	鞋②限④陷⑥匣⑧	ɦio	华②下④夏⑥活⑧
ɦvai	回②会④溃⑥佛⑧	va	还②犯④外⑥获⑧	ʋu	韦②雨④卫⑥服⑧
ji	前②演④夜⑥舌⑧				

波兰帕维尔·玛突来维切博士在 2005 年进行了一次细致的调查，他将瓯语系各地方言的声调列表如下：

	①阴平	②阳平	③阴上	④阳上	⑤阴去	⑥阳去	⑦阴入	⑧阳入
温州话	44	31	45	34	42	11	323	212
永强话	44	31	45	34	42	22	323	212
永嘉话	44	31	45	34	42	11	323	212
乐清话	44	31	45	34	42	11	323	212
虹桥话	44	31	45	34	42	11	323	212
瑞安话	44	31	45	34	42	11	323	212
陶山话	44	31	45	34	42	22	323	212
平阳话	44	31	45	34	42	11	323	212
宜山话	44	31	45	34	42	22	323	212
文成话	44	323	45	33	434	312	34	212

第四节　温州话的声韵搭配

(1)清声母都是阴调类。浊声母中，[b、d、dʑ、ʑ、dz、z、g、ɦ]都是阳声类，[m、n、l、ȵ、ŋ]的平声、入声有阴有阳，上声只有阴调，去声只有阳调。[v]声母有阴有阳，不过阴调字较少，阳调字较多。

(2)[əu]韵只拼 t 组和 ts 组声母。

(3)[øŋ]韵只拼 f 组和 ts 组声母。

(4)[ɿ、ai、əu、aŋ、əŋ、øŋ、ie、i、ioŋ]等韵母无零声母字。

(5)[ɿ]韵只拼 ts 组声母。

(6)f 组只拼[a、æ、ɛ、ɔ、ai、aŋ、øŋ、oŋ、i、u]等 10 个韵母。

(7)k 组里的[g]所拼的韵母较少，只拼[i、a、o、e、ɛ、ɔ、ai、au、aŋ]等 9 个韵母。

(8)p 组除了拼齐齿呼的[i]和撮口呼的[yø]外，不拼其他齐齿呼、撮口呼韵母。

(9)在开口呼韵母里，不拼[ɿ、au、əu、øŋ]。

(10)tɕ 组只拼齐齿呼和撮口呼韵母。

(11)tɕ 组声母主要和复合韵拼合，所拼少数单韵除高元音[i、y]外，基本上是入声韵。

(12)ts 组只拼开口呼和合口呼韵母，不拼齐齿呼和撮口呼韵母。

(13)t 组除了拼齐齿呼的[i、ie]韵母和撮口呼的[y、yø]外，不拼其他齐齿呼和撮口呼韵母。在开口呼韵母里，不拼[ɿ、øŋ]。

(14)t 组的[n]和 k 组的[ŋ]，只拼开口呼和合口呼韵母。

(15)齐齿呼韵母除[i、ie]外，撮口呼韵母除[y、yø]外，只拼 tɕ 组声母。

第四章　瓯语的特点和韵母的演变

第一节　瓯语的特点

一、瓯语与吴语相同处

瓯语具有吴语的一般特征，主流学者将其归属吴语瓯江片。

1. 声母方面，瓯语和苏南、浙北吴语一样。

(1)塞音、塞擦音三分，古全浊声母仍读浊音。如"到、套、桃"上海话三个字三个不同声母："到"读tɔ34、"套"读tʻɔ34、"桃"读dɔ13，温州话也是三个声母："到"读tə⑤、"套"读tʻə⑤、"桃"读də②。桃字都读浊声母。

(2)古微母、日母字吴语多数有文白两读，如"问"上海读vəŋ13、məŋ13，温州读vaŋ⑥、maŋ⑥；"日"字上海话读zəʔ2、ȵie2，温州话读zai⑧、ne⑧。

(3)古疑母字吴语读鼻音声母，如"咬"字上海话读ŋɔ13，温州话读ŋuɔ⑧，都是ŋ声母。

2. 韵母方面，瓯语和苏南、浙北吴语一样。

(1)"歌"韵字吴语和瓯语多数读如"模"韵，如"河"读如"湖"，上海读ɦu13，温州读vu②；"哥"读如"姑"：上海读ku53，温州读ku①。

(2)蟹摄合口二等字吴语和瓯语多数读开尾韵，如"快怪"，上海、临海读[ua]韵，温州、瑞安读[a]韵。

(3)咸山摄字吴语和瓯语都是单元音韵，多数不带鼻音韵尾，如咸摄的"三"，上海读sɛ53，温州读sa①；山摄的"丹"，上海读tɛ53，温州读ta①；咸摄的"甘"，上海读kø53，温州读ky①；山摄的"干"，上海读kø53，温州读ky①。

(4)"金、斤、京"古音是三个韵，普通话两个韵，吴语和瓯语合成一个韵，如上海都读tɕiŋ53，温州都读tɕiaŋ①。

(5)"酸、村"吴语和瓯语不带[u]介音，"酸"，上海、温州都读[ø]韵；"村"上海读tsʻəŋ53，温州读tsʻø①。

(6)"打"字读法合于梗韵"德冷切"，不与麻韵相混，只跟"冷"字同韵。普通话多数不同韵，吴语和瓯语多数同韵，如上海"打"读ta34、"冷"读la13，都是[a]韵，温州"打"读tiɛ⑦、"冷"读liɛ⑧，都是[iɛ]韵。

3. 声调方面，瓯语普遍有八个调类，平、上、去、入按声母清浊各分阴阳，如"低底帝滴、题弟地敌"，"端短锻答、团断段夺"等。吴语各地调类多少不一，但声母清浊与阴阳的关系基本上一致。上海话虽然只有五个调类，比温州话少三个调类，但浊上字和清上、清去字基本不混，阴阳按清浊归类与温州话相同。

二、瓯语与吴语不同处

温州有古老的历史文化，西汉初年越王勾践的子孙就曾在这里建立"东瓯国"，受封东瓯王。东汉时温州属会稽郡，三国时温州是东吴的主要开发区。东晋、南朝时，中原名门望族不断南下，郭璞曾在这里"为卜郡城"，王羲之曾在这里"临池作书"，谢灵运、裴松之等先后在这里出任太守。北人南下不断促进了温州经济文化的发展，也使中原汉语在当地产生了深刻的影响。今天的瓯语和中原汉语一脉相承，在历史发展中不仅与《切韵》系统的关系密切，还保留了多个历史语音层次的沉积，新的变异层次也很丰富，因而声韵的变化较多。瓯语和苏南、浙北的吴语有许多不一样的地方：

1. 声母方面温州话清浊分明，古全浊声母今都仍读浊音，泥母与来母、疑母与零声母绝不相混，这虽然是其他吴语也有的特点，但像温州话读得这样分明、与《切韵》一一对应的不多。特别是章组声母《切韵》原属三等 tɕ 组，北部吴语大都读 ts 组洪音。温州除"假、遇、止、深、曾、梗"及"臻（开）"六摄半变 ts 组外，其他都仍保留读 tɕ 组，同《切韵》读法。

有一批字，好些方言声母读法与《广韵》不合，温州的读法则完全符合于《广韵》反切，如："屿"字读 zei，"峻"字读 ɕioŋ，"不"字白读为 fu，"啻"字白读为 sei，"松"白读为 jyɔ。

2. 韵母方面温州话更有特色，《切韵》的一些韵类，吴语已不能分，瓯语却能分，重要者有六（下面皆举平声韵目以赅上去）：

(1) 遇蟹止摄合口三等喻母字如"余榆愉逾卫为维惟遗围"等，瓯语声母读[ʋ]，韵母读[u]。如"围"读 ʋu②，"雨"读 ʋu④，"卫"读 ʋu⑥。

(2) 遇摄口语能分鱼、虞：鱼 ŋøy—愚 ȵy②，锯 køy—句 tɕy⑤，去 kʻei—驱 tɕʻy①，渠 gei—瞿 dʑy②，猪 tsei—株 tsʅ①，苎 dzei—柱 dʑʅ④，箸 dzei—住 dʑʅ⑥，煮 tsei—主 tsʅ③，番薯的薯 zei—殊 zʅ⑥，屿 zei—聚 zʅ④。

(3) 效摄能分豪、肴及部分萧、宵，如：保 pə③—饱 puɔ③，高 kə①—交 kuɔ①，小 ɕiə③—晓 ɕia③，绕 ȵiɛ④—鸟 ȵia④，绕 ȵiɛ④—尿 ȵia⑥。乐清虹桥还能分出：消 ɕiu—萧 ɕiɤ。因此，"茅竹"一词温州话读作 muɔ②tɕiəu⑦，而非 mə②tɕiəu⑦，可见口语说的符合古语的"猫竹、茅竹"，而非通常所写的"毛竹"。

(4) 流摄一等侯韵端见系字，流摄三等尤韵庄组见系字、幽韵见系字，今瓯语读[au]或[iau]韵。如："偷"读 tʻau①，"搜"读 sau①，"愁"读 zau②，"牛"读 ŋau②，"狗"读 kau③，"透"读 tʻau⑤，"救"读 tɕiau⑤，"幼"读 ʔjiau①。

(5) 止摄舌齿字能分之脂与支：止旨 tsʅ—纸 tsei，持迟 dzʅ—池 dzei，时 zʅ—匙 zei。因此，"胭脂"温州话说 ʔji①tsei⑦，而不是 ʔji①tsʅ⑦，表明仍说的是古语"燕支"而非后世的"胭脂"。温州支韵读如齐韵[ei]，永嘉则有些齐韵字读[ai]，不同于支韵，如："鸡"、"泥"。

(6) 咸摄三四等舌齿字，永强话有别，三等读[i]，四等读[iɛ]、[ia]，如"占"读 tɕi，"店"读 tiɛ，"粘"读 ʔȵi，"鲶"口语作 ȵia，从而咸山四等也有别，如："天"读 tʻi，"添"读 tʻiɛ；"田"读 di，"甜"读 diɛ；"颠"读 ti，"踮"读 tiɛ。

(7) 咸、山、宕、江四摄舒声字，瓯语的鼻韵尾全部脱落，鼻音变为口音，都是单元音。如："山"读 sa①，"丹"读 ta①，"糖"读 duɔ②，"讲"读 kuɔ③，"甘"读 kø①，"先"读 ɕi①。

(8) 咸山两摄见系字一二等不同韵，如："肝 ky≠间 ka"，"含 ɦø≠咸 ɦa"。

(9)深臻两摄开口三等字韵母，今读后鼻音韵尾的[aŋ]或[iaŋ]，如："新心身"读 saŋ①，"亲"读 ts'aŋ①，"真"读 tsaŋ①。"音阴"读 ʔjiaŋ①，"今"读 tɕiaŋ①。

(10)山合一桓韵、山合三仙元韵、臻合一魂韵、臻合三文韵见系字，如："温远圆完碗丸院冤辈冤碗捐砖汉唤愿"，今读[y]韵，是瓯语一大特色。

(11)宕摄开口三等知章组字，瓯语读细音，不读洪音。如："张"读 tɕi①，"丈"读 dʑi④，"商"读 ɕi①，"尝"读 ji②。

(12)宕摄唐、江、阳韵韵尾脱落，都不带鼻音韵尾，如"钢江枪腔"等字。

(13)宕、江两摄、通摄锺韵(非、日、影三组除外)舒声字，鼻尾全部脱落，如："帮"读 puɔ①，"章"读 tɕi①，"双"读 ɕyɔ①，"腔"读 tɕ'i①，"锺"读 tɕyɔ①。

(14)梗摄二等白读跟同摄三四等及曾摄不混，即"更坑杏撑生"跟"亘恒称胜"不同韵。

(15)梗摄开口三四等见系字，与帮端知三系字不同韵，如："京"读 tɕiaŋ①，"轻"读 tɕ'iaŋ①，"经"读 tɕiaŋ①，"丙"读 peŋ③，"程"读 dzeŋ②。

(16)通摄及宕摄合口一三等见组字有别：公工 koŋ—弓宫 tɕioŋ，恭供 tɕyɔ，孔 k'oŋ—恐 tɕ'yɔ；汪 ʔuɔ—王 jyɔ，谎 huɔ—况 ɕyɔ，旷 k'uɔ、guɔ—眶 tɕ'yɔ、狂 dʑyɔ。

(17)通摄东锺两韵字，瓯语不同韵。即"冬锺"、"众种"不同，如：中终弓 tɕioŋ①—锺恭 tɕyɔ①，宗 tsoŋ①—纵 tɕyɔ①，虫 dʑioŋ②—重 dʑyɔ②，农 noŋ②—浓 ȵyɔ②，众 tɕioŋ⑤—种 tɕyɔ⑤。

3. 声调方面，温州为四声八调，平上去入各依声母清浊分阴阳，如"丹胆旦搭，谈淡蛋达"。字的平上去入归类也基本上同《切韵》。温州声调的调形，阴上阳上相似，都读升调，阴入阳入相似，都读降升调。阴阳调形相同，只是高低略有区别。照音位观点看，因阴阳调所结合的声母清浊不同。

温州阴调字中，平声读平调33，上声读升调45，去声读降调42，入声读曲调323，连调则读短调。调形基本上跟"平、上、去、入"的字义相当。这表明温州声调系统跟《切韵》基本吻合。

瓯语在用词造句方面也有不少特殊之处，如"菜肴"叫 p'ai⑤（音同"配"），看书看戏的"眙"叫 ts'ŋ⑤（音同"次"）。"死人、棺材、短命、断种"等可以作副词使用，表示形容词程度的加强。如"死人好、死人凶、死人高、死人冷、死人远、死人长、死人燥、死人吵、死人闹热、死人难眙、死人吃力、死人有趣、死人光生、死人调皮"等。瓯语有一个表示惊讶的句首感叹词"嚄天"，《瑞安县志》："失声惊愕貌曰'嚄'，'嚄'音'学'上声，经常与'天'连用。如'嚄天！雨落起。''嚄天！屏墙倒落。'"

第二节　瓯语韵母的演变

一、古阴声韵的演变

（一）果摄歌戈韵

在《切韵》时代，中古音系统中歌韵字只读[ɑ]、[uɑ]，三等为[iɑ]、[iuɑ]，而今温州话竟有十多种读法。

一个统一的歌韵，在瓯语中分布在13个韵里，一等洪音竟分到11个韵，从低元音到高元音，从前元音到后元音，从单韵母到复韵母以至零韵母，复杂到这个程度是相当罕见的。温州歌韵这种复杂情况的形成，有条件音变，有各历史层次读音的积累，有外来影响，还有词汇语法分化的影响等原因，其中前两种是主要的。

果摄开一歌韵在瓯语中总共有 17 个韵母，实足令人惊异。合一戈韵有 6 个韵母，自成音节的[n]、[m]可以看成零韵母。

歌韵字中最古老的读音当为[ai]，[ai]（包括 e、ei、i）是上古音层次，[a]是中古隋唐音层次，[ɛ]是南北朝次老层次，最常见的是[o]和[u]。[o]是渐新近古层次，[u]是次新近代层次，[u]是从[o]后移、高化而成。

这些读法中，[u]、[uɔ]、[oŋ]是从[o]变来的，[ʉ]、[əu]、[øy]是从[u]变来的，归根结底，它们都是从[o]韵分化来的，而且分化过程还在持续而没有结束，因此上述这些读法构成了一个歌韵的近期音变层。其中还可以分三个阶段层次：[o]层、[u]层、[əu]层。[əu]层是最新层，它的出现标志了近一个世纪瓯语音变化较大。

从温州历代诗文用韵可以看出：歌韵的分化是漫长的过程，特别是从[o]分化为[u]。也就是从牙喉音及部分唇音开始，从[o]（如"朵挪锁坐"）高化为[u]（如"倭逶蜗涡莴窝挞火伙夥货锅堝戈果猓裸过科蝌窠棵稞颗课和禾祸和"），部分舌齿音再由[u]演化为[əu]（如"剁惰堕啰骡螺裸擦瘰妥椭挫锉"）。部分唇音或由[u]演化为[øy]，如"魔磨摩婆模破"。

乐清歌韵的读法分布是瓯语中最整齐、规律性最强的一支，除古唇音、喉牙合口读[u]、明疑母读零韵母外，全读[o]韵。

下面我们来分析果摄歌戈韵的今音。

果开一歌韵端组字如"多"，出现单高元音复化现象，在 t、ts 两组声母后，由[u]变[əu]（u→əu）。

果合一戈韵帮组字如"颇普菩"，早期音的[u]，在 t、ts 两组声母后已变为[əu]，在 k 组声母后变为[ʋ]。只有在双唇音后还是[u]。新派 m 母后的[u]先变[o]，青年一代接着把双唇声母 p、p'、b 后的[u]都变为[o]，这样，瓯语中现在就没有真正的[u]元音韵母了（u→o）。

1. 开合口一等字

果摄开合口一等字的韵母最早应为[o]，如永中有部分字读[o]韵，在瑞安和平阳，"那哪"等字都读[o]。

早期的[o]韵至少有六种演变层次：

(1)[o]高化后变为[u]韵。[u]元音是瓯语中很有特点的元音之一。[u]是"唇齿化"音，发音时唇形较展，舌位在[u]和[o]之间而且有点靠前，会带有一定程度的摩擦成分。

(2)在[o]的后边衍生出[u]音，韵母就读成[ou]，如"罗"字读[lou]。[ou]韵母都是由[o]衍生出[u]尾而产生的，而不是由[u]变来的。

(3)在[o]的前边加上附属性的[u]音，韵母就读成[uo]，如"我"字读[ŋuo]。

(4)在[o]韵之前产生[i]音，韵母演变为[io]，如"左"字读[tɕio]。

(5)疑母字的[o]韵脱落变为"零韵母"，剩下自成音节的[ŋ]，[ŋ]可能由[ŋu]变来。

(6)瑞安县和其邻近地区果摄歌戈韵一等多数字读[ʉ]韵母，这是该地区特有的韵母之一。

上述分析中没有列出[a]、[ai]、[ɛ]、[ə]、[əʉ]等几个韵，这些韵母都是以白读为主的韵，文读字极少，并多为外来音。我们认为这些以白读为主的韵代表着更早一层的读法，是历史读音的遗留沉积成分。

2. 开合口三等字

三等字只有[ŋ]、[a]、[y]三种读音。戈韵三等字很少，温州分读[ŋ]、[y]两韵，永强分读[ŋ]、[ɥ]两韵。茄儿的"茄"、伽蓝爷的"伽"读[dʑ]，番茄的"茄"读[ga]，此借沪音。皮靴的"靴"温州读[ɕy]，永强读[sɥ]；瘸手瘸脚的"瘸"，温州读[dʑ]，永强读[dʑɥ]。这两个字的读音保留了较多的演变层次，情况比较复杂。

（二）假摄麻韵

歌麻同音本是汉语语音史中一种古老的语音现象，但现在，除了乐清部分歌韵字与麻韵字读音相同外，温州其他各地歌韵字与麻韵字的读音大多不同，歌韵多读[u]，麻韵多读[o]。

歌韵字多数读如"模"韵，如"河"读如"湖"。

1. 开合口二等字

瓯语假摄开二麻韵字的早期韵母是[o]，开二麻韵与歌戈韵的部分字是同韵的。乐清帮组字读较特殊的经"破裂化"产生的韵母[ɯa][ɯɤ]，合口呼字带介音[u]。部分调查点已经基本上不区分开合口韵母，如宜山、文成开合二等麻韵字读[o]。

开合口二等麻韵字韵母的演变可以归纳为以下几种方向：

(1) [o]韵高化为[u]，或者央化为[ʉ]。

(2) 声母的舌面化引起[o]韵之前产生[i]，韵母变为[io]；此韵母的主要元音可以继续发展变化，高化为[u]，韵母就读成[iu]了。

(3) [o]韵发生"破裂化"，在前头加上附属性的[u]音，韵母就读[uo]。

(4) 合口呼韵母[uo]、[ʉo]中的[u]和[ʉ]弱化，只剩下元音[o]，如宜山、文成"花"字读[ho]。

虹桥和乐清可能发生了这样的演变，首先，开口[o]韵、合口[uo]韵中的主要元音高化演变为[ɯ]，然后继续发展变化，在后头加上附属性的[a]或[ɤ]音。这样产生的韵母仍然保持开合口呼的区别。

2. 开口三等字

上文在讨论"茄"字读音时已经提到了一些开三麻韵字的韵母特点。在此进一步讨论开三麻韵的演变层次。

可以注意到，不只是方言点之间有读音差异，有的方言点如永中、陶山、鳌江，内部也有读音差异，精章组字读三种不同的韵母。我们认为早期音是[ie]，它发展变化的一种方向是单元音化到[ɿ]韵。可以发现它还有另一种演变方向，以上说的[ɿ]韵母在永中发生了舌尖化，韵母读舌尖前元音[ŋ]。

"车"字的韵母多数方言点读同开二麻韵知系字，主要元音[o]可以高化到[u]。关于"车"字，在瓯语里有三种读音。"车"作为象棋棋子之一读[tɕy]；在水车、风车、轿车儿(供幼童站立的手推车)等词汇中读[ts'ei]；在黄包车、脚踏车、汽车、车床等词汇中读[ts'o]。

麻韵开口二等在瓯语中的普遍规律是读[ei]韵，如蛇[zei]、蔗[tsei]。在上海话中读[o]韵，如蛇[zo]、蔗[tso]。温州话中"车"字读[o]韵显然是从上海话借入的，这一类词所代表的事物也正是现代从上海输入温州的。"车"字读[o]这个层次显然是晚近才产生的。

（三）遇摄模鱼虞韵

1. 遇合一模韵帮组见系和遇合三虞韵非组[u][øy]

遇摄合一模韵帮组与见系字同韵，合口三等虞韵非组字与模韵帮见组字同韵。

遇摄部分唇音字在温州地区可分为两类：一部分唇音读[əy]，如"府父补务"，而其他唇音基本上读[u]，如"肤无武讣"等，这说明唇音也是在不断分化的过程中。

在多数调查点，遇合一模韵疑母字的韵母已经脱落，读自成音节的[ŋ]。在部分调查点明母字也丢失了原来的韵母，读自成音节的[m]。

温州城区等调查点的韵母都发生了"破裂化"。温州城区模韵帮端精组字和虞韵非组字基本上同韵，都读[øy]韵。

这种变化出现较晚，如"布都类醋锯鱼"等字，目前部分年龄大的老人还读[u]，即使带有过渡音[ɣ]也还不稳定。在不复化的 k、p 两组，k 后的[u]变齿唇[ʋ]，p 后变[u]，青年更并入[o]音位。这种变化出现较晚，[ʉ]变[øy]出现于 tɕ 组以外的各类声母后，今瑞安音读[əʉ]（əʉ→ʉ→øy）。

复元音韵母单化，并入相近的单元音韵。[øy]、[ei]两韵从产生至今也不过两代人，很快又要趋向消亡了。

值得注意的是，瑞安保留了合口三等虞韵非组字与合一模韵的区别，虞韵非组读[ʮ]，模韵多数字读[ʉ]。

2. 模韵泥组与精组[əu]

多数调查点的模韵端组字韵母原来读[u]，如平阳、宜山、文成。后来[u]韵"破裂化"为[ou]韵，如瑞安。后来[ou]又演化为[əu]，如温州、永嘉、陶山。

[ou]韵中的[u]也可以弱化，弱化以后，韵母读原来造成"破裂"的[o]音，如永嘉"做"读[tso]。

3. 遇合三鱼虞韵见系字[y]

遇摄三等舌齿音和牙喉音的读音，温州城区基本相同，多为[y]。在其他各地，读音虽不完全相同，有如[ŋ]、[y]、[ʮ]、[əy]，但还是可以看出发展过程。部分精组知系字，温州城区读[ŋ]，这当是最晚的音变。[y]为后高元音，[ʮ]为前高元音，与[i]的发音最为接近，[əy]为复合元音。

4. 关于"猪鼠"字的读音[ei]

"猪鼠"两个字在遇摄里是比较特殊的，不只是韵母与其他字有不同的演变方向，而且"鼠"字读送气的舌尖或舌面前声母[tsʻ]、[tɕʻ]。

我们认为瓯语"猪"字早期韵母是[ʮ]，[ʮ]韵通过过渡层次演变为[y]韵，卷舌和摩擦都"渐渐减少"了；[y]韵继续发展变化，失去它的圆唇特征而变为[ɿ]或[i]，[ɿ]、[i]可以引起声母的舌面化，前头加上附属性的[e]音，韵母就读成[ei]了。

"鼠"字与"猪"的韵母基本相同，表明其韵母发生过与"猪"字同样的演变过程。

（四）蟹摄咍泰皆佳祭齐灰韵

1. 蟹摄开合口一二等字

蟹摄一二等在瓯语中可以分为三大类[ai]、[e]、[a]，其中合口呼多读[ai]。

注意蟹摄开合一二泰皆佳夬灰等韵与果摄歌韵的"通转"。

蟹摄二等字不带[-i]尾，读开尾韵，如"排"读 ba。

(1)蟹摄开口一等和二等韵有区别，二等字基本读[a]韵，一等字(除"带赖")多数读[e]韵，永嘉读[ɛ]。

(2)蟹摄开口一等韵母主要元音的变化属于高化现象，[ɛ]高化为[e]。

(3)温州还区分开一泰和咍韵字，泰韵读[a]，咍韵读[e]。咍韵如"胎来财"是由[ei]变为[e]（ei→e）。

(4)蟹摄开口二等韵一律读[a]。

(5)开一、开二见组字韵母会发生"破裂化"，在韵母前头加上[i]或[ɿ]音，如虹桥"界"读[kiɑ]，"开"读[kʻie]。一等的"菜"字昆阳读[tɕʻie]；二等的"债"字，昆阳等地读[tɕia]，宜山读[tɕiɛ]。

(6)蟹摄合二佳夬韵和皆韵见母字在部分调查点韵母单元音化以后，只剩下了一个[u]元音，如虹桥、乐清、瑞安，基本上都保留了[u]介音。

2. 蟹摄开口三四等字[ei][i][ɿ]

蟹摄开合三四等字的韵母一般都和止摄开合三等韵有着密切的联系，在瓯语里也是如此。

(1)蟹开三四祭废齐韵如"梯西低皮齐"等字，原来的韵母是[i]，后出现单高元音复化现象，[i]变[ei]，出现于除 tɕ 组外的各类声母，其开始时是前面带一舌位略低的过渡音[ɪ]，赵元任记作[ɪi]（i→ɪi→ei）。

(2)陶山等地蟹摄开三祭韵字韵母和四等齐韵有区别，三等字如"厉制世"读[ei]，四等字如"闭米弟礼西"读[ei]，虹桥基本上也有这种对立。

(3)在文成等方言点的过渡韵母[ei]表明，韵母正在发生"破裂化"现象，或者韵母中的[e]音开始"弱化"。

(4)在温州，"鸡溪"两字读[ɿ]韵，那是由[i]音变化而来，前高的[i]音，在 ts 组声母的影响下，发音部位从舌面移到舌尖，从而读成[ɿ]。

3. 蟹摄合三四祭废齐韵与止摄合三支脂微韵[ei]

蟹摄合三四等祭废齐韵字不多，我们把它与止摄合三等支脂微韵字进行比较。

瓯语蟹止摄合三祭支脂韵和微韵见组字较早的韵母读音可能是[ʮ]，跟遇摄合三鱼虞韵知见系字相同。[ʮ]韵经过渡层次变为[y]，如"圭闺"。[ʮ]也会引起 ts 组声母的舌化，演变为[ɿ]，如"岁缀赘税"，与合三支脂韵的部分字同韵。

个别字如"脆芮"读[ai]，[uai]等韵母，属于合口灰泰皆夬支脂微韵、歌韵等的"通转"。

（五）止摄开三支脂之微韵和合三支脂微韵

止摄开口三等字韵母演变的规律性较强，不像有的韵摄那样复杂。

(1)帮端组字如"皮离备地梨理"保留了[ɿ]、[eɿ]、[ei]三个演变层次，"眉"还有第四个层次[ɪe]；ts 组声母字中有保留两个层次的，如"资四迟字柿"读[ɿ]、[ɿɤ]，也有保留三个层次的，如"纸"读[ɿ]、[ei]、[i]；见组声母字中也有可以区分三个层次的例子，如"奇器棋气"读[ɿ]、[ɿ]、[i]。

(2)止摄开合三的主元音为复合元音[ei]，但受韵尾的影响，其开口度比单元音要小，因而比较接近[i]元音。

(3)支脂微韵帮端组的[ei]、[ai]韵，跟合口灰泰皆夬韵、歌韵等一样，属于通转韵。

(4)止摄开口三等字的早期韵母是[ɿ]。在 ts 组声母之后变为舌尖元音[ɿ]，最后"高化"为舌尖色彩的[i]。连声母也从 tɕ 组转变为 ts 组，如"戏"字（i→ɿ）。"机起洗"三字，老派读 tɕi、tɕʻi、ɕi，新派读 tsɿ、tsʻɿ、sei（tɕ、tɕʻ、ɕ→ts, tsʻ, s）。

(5)"嬉"字大多读[ɕie]或[ɕi]，温州城区不知道为什么会读[sʅ]。

(6)在永嘉，[ŋ]韵也发生了"破裂化"，由[ɤ]音造成了"破裂"，把它加在[ŋ]音的后面，韵母就读成[ŋɤ]。

(7)也有[ɿ]音"破裂化"的现象，永嘉、文成等调查点常在[ɿ]的前面加上附属性的[e]音，但是[e]也可以附加在[ɿ]的后头，如宜山"眉"读成[mie]。

(8)支脂韵的"儿二"字所有的调查点都读自成音节的[ŋ]。之韵"耳"字有文白异读，可以读[zʅ]或[ŋ]，瓯语区的北部地区[ŋ]韵一般读阳上调，南部多数读阴上调。

(9)止合三脂韵"居龟葵渠女"等字，早期音[yɥ]是个带[ɥ]色彩的缝式单元音[y]，只出现于 tɕ 组后，老派读作舌位偏前的缝式[ʉ]，新派并入圆唇[y]（yɥ→ʉ→y）。

(10)止合三微韵"威雨"等字，早期音[yɥ]是个带[ɥ]色彩的缝式单元音[y]，老派读作舌位偏前的缝式[ʉ]，新派在喉音后并入齿唇元音[ʋ]（yɥ→ʉ→ʋ）。

（六）效摄豪肴宵萧韵

效摄开口一二三四等字韵母发展变化的方向比较多，多数调查点保留了几种不同的演变层次，而且有的还在继续发展变化。在中古音中，豪、肴、宵、萧韵的拟音分别为[ɑu]、[au]、[jæu]、[iæu]。

1. 效摄开一二豪肴韵

几乎所有方言点，开一豪韵和开二肴韵不同韵。豪韵字今读[ə]韵母，如"宝"读 pə，"毛"读 mə，"考"读 k'ə，"报"读 pə；肴韵字读[uɔ]或[ɔ]，如"饱"读 puɔ，"猫"读 ʔmuɔ，"巧"读 k'uɔ。

A. 效摄开一豪韵字较早的韵母是[əɔ]，后单元音化为[ə]。演变过程归纳如下：

(1)[əɔ]韵母单元音化为[ə]，如温州、陶山等地点；

(2)ts 组声母的舌面化引起[ə]韵母前头产生[i]，如乐清、昆阳"早"字读[tsiə]；

(3)[ə]韵可以发生"破裂化"，即在前头加上[ɿ]音，如文成"高"读[kɿə]，"靠"读[k'ɿə]；

(4)[əɔ]中的[ə]弱化，韵母被[ɿ]音"破裂"，演变为[ɿɔ]，如虹桥"高"读[kɿɔ]，"靠"读[k'ɿɔ]；

(5)[əɔ]韵母被"破裂"，在前头加上[ɿ]，如虹桥"宝毛早"等字都读[ɿəɔ]；

B. 肴韵字的韵母没有那么多的变化，主要是[ɔ]韵发生"破裂化"，其前带一开口度略闭的过渡音[o]，复化为[oɔ]，然后变为新派的[uɔ]。乐清肴韵帮组见系字读[a]韵，肴韵知庄组字韵母受声母舌面化的影响，读[iɑ]，如"交光江纺房"等字（ɔ→oɔ→uɔ）。

2. 效摄开三四宵萧韵

效摄开口三四等字的韵母演变情况比较复杂，发展不平衡，保留的演变层次也比较多。

宵韵字的早期韵母可能是[ɿəɔ]或[iœ]。其实[iœ]可能就是从[ɿəɔ]演变过来的，把[ɿəɔ]中的后两个音在发音上"弄缩一点"，同时加上圆唇化，舌位就容易移到[œ]的位置。下面我们来分析[ɿəɔ]、[iœ]的几种演变方向：

(1)[ɿəɔ]韵中的[ɔ]弱化，韵母读成[ɿə]，然后[ɿ]介音丢失，剩下[ə]音，[ə]又腭化成了[ɤ]，[iə]也腭化成了[iɤ]。

(3)[ɿəɔ]中的主要元音弱化，韵母演变为[ɿɔ]，然后[ɿ]圆唇化为[y]，韵母读成[yɔ]。

(4)[iœ]韵中的主要元音失去其"圆唇性"，舌位往前移动，韵母演变为[iɛ]，如温州等方言点宵萧韵字都读[iɛ]韵母。然后[iɛ]的主要元音高化，韵母演变为[ie]，如陶山等地点宵韵帮组字读[ɪe]。

(5)韵母[yœ]还会往两个方向发展。[yœ]中的[œ]高化为[ø]，如陶山"烧"读ɕyø，然后这个[ø]脱落剩下[y]音，如陶山"烧潮桥"等字读[y]。另一个方向是，[yœ]中的[œ]腭化为[ə]或[ø]，韵母读成[yə]，如文成等地点"笑潮烧桥"读[yə]。

(7)部分调查点也发生萧韵韵母被"拉链"到宕通摄合三阳钟韵字韵母里的现象，从而读[yuɔ]。此韵母中的[y]后来弱化了，现在部分字读[uɔ]，如陶山、文成等"条"读[duɔ]，"聊"读[luɔ]。

(8)虹桥的[uɯɐ]韵母也是"拉链"的结果，读同宕摄合三阳韵非组和开三阳韵庄组的韵母。乐清的[ɪɑ]韵也是与宕摄开三阳韵字同韵。

效摄除了一等读[ə]外，其他的三四等多读[ɜ]，各地的音值虽不相同，但多读单元音。

（七）流摄侯尤幽韵

瓯语流摄字都保留了一个元音韵尾[u]，与效摄相同。所有调查点都一样，流摄字的韵母读[au][iau]。演变层次归纳如下：

(1)[au][iau]韵母的主要元音腭化为[ɵ]，再高化为[ə]，韵母读成[əu][iəu]，如昆阳"头"读 dəu，"酒"读 tɕiəu。

(2)陶山和温州读[ou][iou]，可能是同时从[au][iau]发展来的另一个演变层次。我们认为，这可能也是一个较早的层次。陶山流摄开三尤韵来母精组和知系字几乎全读[ou]，[ts]组声母没有舌面化，例外是"绸"读[dʑiou]。瑞安也跟陶山一样，不过瑞安话没有例外，有关例字一律读[ou]韵。

(3)[iəu]或[iou]中的主要元音[ə]、[o]弱化，韵母读[iu]，如温州城区"州"读 tɕiu。

1. 流开一侯韵

在中古音中，流摄侯韵的拟音为[əu]、尤韵的拟音为[iəu]。

(1)流开一侯韵明母字如"某母模木目"，多数调查点读[u]韵母，永强、乐清仍读自成音节的[m]，城区已无读[m̩]的了。这是个低化过程。

(2)流开一侯韵端组"头豆"字，早期音有带尾高元音[iu]。后带上过渡音读作[iəu]，直接低化读[eu]。逢 t 组声母，[iəu]又并入[əu]韵。从"头豆"字的读音可以说明，古代洪音字在后代方言中可以增生介音成分，变为细音（iu→eu→əu→iəu）。

(3)流开一侯韵端组(除"头豆")见系和开三尤韵庄组字，所有的调查点读[au]韵。

2. 流开三尤幽韵

(1)流开三尤韵除唇音部分变为[ə]外，其他洪音多读[əu]或[au]、细音多读[iəu]或[iau]。

(2)流开三尤韵非组字读[ə]或[u]韵。

(3)流开三尤韵见系字，所有调查点一律读[iau]韵，其中"牛"字一律读 ŋau。

(4)流开三幽韵的"彪"字，在所有的地点都与效摄开三宵韵帮组字同韵。

(5)流开三尤韵来母精组和知系字读音稍有分化。

二、古阳声韵的演变

瓯语中部分古阳声韵字已经丢失了鼻音韵尾，其中咸山宕江四摄全部、臻摄合一魂韵部分，梗摄二等庚耕韵等字，韵母都不带鼻尾；深曾通三摄全部、臻（除合一魂韵）梗（除二等庚耕韵）两摄字韵母都只收一个[ŋ]尾。

（一）咸摄开一二覃谈咸衔韵和合三凡韵[a]

瓯语古咸山摄字现今都丢失了鼻音韵尾，读开尾韵。

咸摄开口一二等字的今读中，可以区分三四种不同来历的韵母和演变层次。瑞安、陶山开口一等字多数读[ɛ]，这是一种层次。韵母[ɛ]的基本发展方向是高化为[e]，[e]韵可以发生"破裂化"，在其前头加上附属性的[ɪ]音，读[ɪe]。[e]韵还可以继续高化为[ɪ]，或者[e]韵发生"破裂化"变为[ɪe]，以后[ɪe]韵母中的[e]脱落，韵母单元音化，只剩下[ɪ]音。另一种层次是[ø]，不过[ø]韵大多保留在见溪母字的读音中，在其他声母字中，[ø]韵已经腭化演变为[θ]韵。除了咸摄开一覃感韵字，还有山摄开一寒合一桓韵、臻摄合一魂恩韵等见溪母字在多数调查点保留了[ø]韵母。瓯语这些字的读音情况与性别和年龄有关。

在瑞安，咸摄开口二等字全部读[ɔ]，其他地方全读[a]音，我们把这两个韵母看作两个不同来历的层次。

在陶山，咸摄合三凡韵字保留了[u]介音，其他点则与开口二等字同韵。

（二）咸摄开三四盐严添韵和山摄开三四仙元先韵[i]

在温州、乐清、虹桥等点，咸摄开三四盐严添韵和山摄开三四仙元先韵字都读相同的[i]韵。但永中、文成和瑞安等点，咸摄开口三和山摄开口三四同韵，而咸摄开四韵母有区别。从"典"字的不同读音，可以看出韵母的演变情况。

咸摄开三四盐严添韵和山摄开三四仙元先韵的韵母原来读[ɪe]，如永嘉话、乐清话、虹桥话、平阳话、文成话。韵母[ɪe]单元音化为[ɪ]，如温州话、宜山话就读[ɪ]了。[ɪe]低化为[ɪɛ]，如陶山话。[ɪɛ]韵母发生圆唇化现象，韵母读成[iæ]，如瑞安话。

山开四先韵如"烟厌剪桨染仰"，早期音读[ie]韵，后来变成[iɪ]韵，介音增强了，主元音开口度变小，强度也减弱。新派则干脆读成[i]，原来的介音强化为主元音（ie→iɪ→i）。

（三）深臻曾梗摄开三四侵真殷蒸庚清青韵[aŋ][əŋ]

(1)曾摄开一登韵字如"灯等能层僧肯"在所有的调查点基本上都读[aŋ]韵，但也有调查点读[iaŋ]韵，要区分声母的清浊和声调。

(2)臻摄合一魂韵帮组字如"本门闷"，所有方言点一律读[aŋ]。

(3)臻摄合三文韵非组字，个别的地点如文成等全浊和次浊声母字保留了[u]介音，如"份文闻吻问"等字读[uaŋ]韵，其他调查点都读[aŋ]。

(4)臻摄合一魂韵见组字，部分调查点如虹桥、乐清、文成等都保留了[u]介音，"滚困"等字读[uaŋ]。在其他调查点有关的字丢失了[u]介音，都读[aŋ]。

(5)曾摄开一登韵帮组字"崩朋"，瓯语今天读[oŋ]或[ɔŋ]，属于例外字。可能早期读[əŋ]，后来韵母的主要元音腭化为[o][ɔ]，"崩朋"的韵母就被"拉链"到通摄合一东韵字韵母里了。

(6)深臻曾梗摄开三侵真蒸庚清韵帮组来母、梗摄开四青韵端组、曾梗摄开三蒸清韵和梗摄开四青韵的精组知系字，瓯语今天读[əŋ]或[ɪŋ]。

(7)梗开四青韵字如"清丁"，早期音为带尾高元音的[iŋ]，后带上过渡音读[ieŋ]，或直接低化读[eŋ]，再央化为[əŋ]（tsʻiŋ→tsʻieŋ→tsʻeŋ→tsʻəŋ）。

总之，深臻曾梗摄开三四侵真殷蒸庚清青韵的早期韵母有[iəŋ]、[iaŋ]两种。它们在早期可能发生过这样的演变现象，一方面原来读[iəŋ]韵的部分字主要元音低化为[a]，另一方面原来读[iaŋ]韵的部分字主要元音高化为[ə]。以"心"字的读音演变来说，温州等多数调查点都读[aŋ]，陶山、文成等读[əŋ]。

（四）山摄开一寒韵端精组、开合二山删韵见系、合三元韵非组[a]

(1)在部分调查点，这些字的韵母读音相同，但另一部分保留合口与开口字的区别。

(2)山摄合口二等见组字在乐清、虹桥、瑞安、文成等点保留了[u]介音，其他点的[u]介音脱落了，读单元音韵母，与咸山摄开口一二等字同韵。

(3)山摄合三元韵非组全浊次浊声母部分字，在陶山、大峃等地还保留了[u]介音，其他点都读单元音韵母，与咸山摄开口二等字同韵。

(4)山摄合三元韵微母字有文白异读，但韵母相同。例如"万"字，永嘉、乐清、温州市区等读[va/ma]，没有[u]介音；宜山读[ɦuɑ/muɑ]，文成读[ɦuɑ/muɑ]，保留了[u]介音；陶山读[ɦuɔ/mɔ]，仅文读保留了[u]介音。

(5)山摄开一寒韵端精组字的韵母可能有三种不同来历：一种是[a]韵，如温州等调查点；另一种是[ɔ]韵，如陶山、平阳、宜山等地；第三种是[ɛ]韵，如乐清等点。

（五）山摄合一桓韵帮组、臻摄合一魂韵端精组[ø]

(1)这些字的读音一致性比较强，只有一部分出现了一些变化，帮组字的变化多一些。

(2)它们早期的韵母可能是[uø]，后来[uø]中的[u]介音弱化了，韵母变成[ø]。如昆阳"墩嫩存孙"等字韵母为[ø]，温州"酸"字读[sø]。

(3)声母的舌面化引起[ø]韵的前头产生[i]，韵母读成[iø]，如"村"字乐清读[tɕ'iø]，宜山读[tɕ'iø]。[iø]韵中的[i]可以圆唇化为[y]，韵母读成[yø]，如"村"字昆阳读[tɕ'yø]。

(4)[ø]韵失去其圆唇性，演变为[e]，然后在前头加上附属性的闭音，韵母变为[ɪe]，如虹桥"搬半潘判盘"等字读[ɪe]。

（六）山摄开合一寒桓韵、臻摄开合一痕魂韵和山摄合三四仙元先韵[ø][y]

(1)在瓯语中，山臻摄开合一寒桓痕魂韵见系和山摄合三四仙元先韵字都属于保留演变层次最多的"群体"之一，发展不平衡，变化的方向多，韵母演变情况比较复杂。

(2)山臻摄开一字的早期韵母是[ø]，山臻摄合一字的早期韵母是[uø]，后来[uø]韵中的[u]弱化了，韵母也变为[ø]。

(3)[ø]韵被[y]音"破裂"以后，韵母读[yø]，而[yø]中的主要元音[ø]弱化，剩下[y]音，如温州"温"字读[ʔjy]，"岸汗"读[jy]。(hø→ɕye→ɕy)

(4)山摄合三四仙元先韵字温州城区读音，赵元任(1928)记为[yø]，钱乃荣(1992)记为[y]。[yø]韵母现在还保留在永嘉、陶山、昆阳等地，而温州城区山摄合三四仙元先韵字都读[y]韵。可能是[yø]韵中的[ø]弱化了，韵母读成[y]（ue→ye→yø→ye→yɣ→y）。

（七）臻摄合三谆文韵见系、梗摄合三庚清韵见系、通摄合三东韵知见系[ioŋ][oŋ]

这些字的瓯语读音，赵元任(1928)记为[yuŋ][uŋ]，钱乃荣(1992)记为[yoŋ][oŋ]。

臻摄合三谆文韵见系字较早期的韵母可能是[yøŋ][øŋ]，它们至今保留在瑞安、平阳、苍南等地。这两个韵母发展的变化可以归纳为以下的层次：

(1)[yøŋ][øŋ]韵母中的主要元音[ø]腭化为[ə]，如宜山、文成等"春军熏"等字的韵母读[yəŋ]，"顺"字读[zəŋ]；

(2)韵母[yøŋ][øŋ]中的主要元音[ø]变化为[o]，韵母读成[yoŋ][oŋ]，如温州城区、永嘉等；

(3)在乐清等地，臻摄合三文韵见系字读[iaŋ]，与臻摄开三真殷韵见系字同韵。

梗摄合三庚清韵见系和通摄合三东韵知见系的韵母演变层次与臻摄合三谆韵文韵

见系的部分演变层次相同。

（八）宕摄开合一唐韵、宕摄合三阳韵非组、江摄开二江韵帮见组[uɔ]

据赵元任 1928 年调查，这些字温州城区都读[ɒ]韵母。现在只有乐清话宕摄开合一唐韵、江摄开二江韵的帮组字读[a]韵。目前瓯语中这些字的主要元音几乎都是[ɔ]或[o]。原来的单元音开口呼韵母[ɔ]、[o]的前头加上附属性的[u]音，这样开口与合口呼字就同韵，如温州"帮糖岗光黄放防邦讲项"等字都读[uɔ]。

（九）宕摄开三阳韵崇生母、合三阳韵见系、江摄开二江韵知庄组、通摄合三钟韵精组知见系字[yɔ]

这些字的韵母在瓯语中比较特殊。赵元任(1928)将瓯语中这些字记录为[yɒ]。他的记录无法证明韵母中有[u]音的成分，我们认为比较早期的韵母可能是[uɒ]，声母舌面化引起了在它的前头产生[y]音，韵母读成[ɑuɒ]、[ɜuɒ]、[yuɔ]。

(1)在现代温州话中，江韵字读[uɔ]、[yɔ]或[o]，如"帮邦庞港杠江讲降项巷"、"撞窗双"和"剥朴桌浊捉觉确学握"等。

(2)部分韵母演变层次跟宕摄开合一唐韵、宕摄合三阳韵非组、江摄开二江韵帮见组字相同。韵母[uɔ][uo]中的[u]弱化了以后，声母舌面化引起产生[i]音，韵母就读成[iɔ][io]，如宜山、文成等。少数调查点"爽"字与"床"同韵，其他调查点读单元音韵母。

(3)宕开三阳韵庄组字如"床从双凶"，在 tɕ 组声母后，[uɔ]容易变为[yɔ]，在温州话中，[u]是缝式的，[y]较圆唇（ɔ→oɔ→uɔ→yɔ）。

(4)[uɐ]韵拼舌尖声母时可以被[y]音"破裂"，韵母读成[ɜɯɐ]，如乐清"双"读[ɕɜɯɐ]；

(5)[uɔ]韵中的[u]介音弱化只剩下[ɔ]，声母舌面化引起在[ɔ]音之前产生[i]音，韵母读成[iɔ]，如虹桥"狂"读[dziɔ]。[iɔ]可以高化为[io]，然后[io]韵继续变化，前头的[i]圆唇化为[y]，韵母读成[yo]；

(6)宜山等调查点宕摄开三阳韵崇生母、合三阳韵见系、江摄开二江韵知庄组、通摄合三钟韵精组知见系字一律都读[iɔ]韵母。

(7)在温州城区，通摄部分字读[yɔ]，如"浓纵从诵颂钟种重肿恭供共恐凶胸勇涌踊用"，其他的通摄字读[oŋ]和[yoŋ]。

（十）宕摄开三阳韵、梗摄开二庚耕韵[i][ɛ]

1. 宕摄开三阳韵（除庄组）[i]

宕摄开三阳韵字(除庄组外) 如"香向乡饷"，今天的读音较一致，发展变化不多。乐清读[iɑ]，温州城区读 [i]，其他的调查点都保留了[iɛ]。[ia]韵基本会向[ie]韵发展（ɕia→ɕie→ɕi）。

2. 梗摄开二庚耕韵[ɛ]

据赵元任(1928)记录，梗摄开二庚耕韵字瓯语读[ɛ]韵。韵母的演变层次可以归纳如下：

(1)韵母[ɛ]发生"破裂化"，在它的前头加上附属性的[ɿ]音，然后[ɿ]变为[ɪ]，如温州城区"猛冷生争耕"等字读[iɛ]；

(2)在[ə]韵的后头加上附属性的[a]音，韵母读成[əɐ]，[əɐ]韵中的[ə]再弱化，剩下的[ɐ]音同时腭化为[a]，如乐清"猛冷生更硬耕幸"等字都读[a]；

(3)声母的舌面化引起[a]韵前头产生[i]，韵母读成[ia]，如乐清"争"读[tɕia]；

(4)梗开二庚韵字如"打冷孟生坑"，早期[ɛ]韵无介音，后介音增生，读成[iɛ]。[ɛ]

老派本有[eɛ]和[ɪɛ]韵，新派进一步变为[iɛ]，从而使庚耕韵字混同宵萧韵字。从[ɛ]复化变为[iɛ]不过两代人的时间，增[i]复化的历程历历可见。但这种变化不包括ʔ、h、ɦ三个喉音声母，如"杏亨行"不论早期、老派、新派都这样读，没有变化（ɛ→eɛ→ɪɛ→iɛ）。

（十一）通摄合一东冬韵、合三东韵非组字、钟韵非组泥来母字[oŋ]

这些字在瓯语中的韵母变化不太多，但有一些是值得注意的。它们一般读[ŋɡ]、[oŋ]韵母。声母的舌面化引起这两个韵母前头产生[i]，韵母就读成[iŋɡ]、[ioŋ]，如"总"字，宜山、文成读[tɕiŋɡ]。[ioŋ]韵中的[i]音可以圆唇化为[y]，韵母读成[yoŋ]，如乐清"总宗"等字读[yoŋ]，这样"总宗"字与通摄合三东韵知见系字同韵。

再说明一下瓯语中"龙"字的读音，因为"龙"字韵母发展的变化较多。下面我们来看读音情况。

据赵元任(1928)调查，"龙"字韵母瓯语读[iə]。[iə]的演变可以归纳为以下的层次：
(1)[iə]韵中的[ə]"前化"为[ɛ]，韵母读成[iɛ]；
(2)[iɛ]韵中的[i]圆唇化为[y]，韵母读成[yɛ]，如永中；
(3)[yɛ]韵中的[ɛ]高化为[e]，韵母读成[ye]，如宜山；
(4)[iə]韵中的[ə]圆唇化演变为[œ]，韵母读成[iœ]，如永嘉。

三、古入声韵的演变

在瓯语中，古入声调已经舒声化了，已没有塞音尾，读长调，读中、低降升调。如"月"读ny⑧，"直"读dzei⑧，"独"读dəu⑧，"急"读tɕiai⑦，"竹"读tɕiəu⑦。aŋ、əŋ、øŋ、oŋ、iøŋ、ioŋ等鼻尾韵无入声，只有nəŋ的阴入是例外。

自成音节的[m̩、ŋ̍]以及[æ、ai、au、ie、iau、y]等韵母也无入声。

入声限于ɿ、a、o、ø、e、æ、ɔ、əu、i、ia、iɔ、iəu、u、yo、yø等韵，其中[a]韵（除"爸、妈、也"等少数字外）、[ia]韵全都是入声字。

（一）深开三缉入、臻开三质入[i]

在瓯语里，这两组字韵母中的主要元音相同，有部分点深臻各自变化，或两摄韵母相混。

早期深摄开三缉入和臻开三质入字韵母的主要元音可能是[ə]。如虹桥"十实"字读[zə]，乐清"汁十急实"等字的韵母都读[ə]。[ə]音的变化可以归纳为以下几个层次：
(1)[ə]腭化为[e]，如虹桥"汁"读[tse]，"七"读[tsʻe]，"吉乞"字读[tɕɪe]韵；
(2)[ə]前化为[ɛ]，如陶山"汁十急"字读[ɛ]韵；

"笔"字的韵母赵元任(1928)记录为[ɪe]，现在此韵母已单元音化为[i]，陶山、文成等地单元音化为[e]。

（二）臻摄合三术物入、梗摄合三昔入、曾摄合一三德职入[y] [ai]

1. 较早期的主要元音是[ə]。从[ə]演绎出好多不同的韵母：
(1)[ə]腭化为[e]，韵母读成[ɪe]，如虹桥"出屈橘"等字读[ɪe]；
(2)[ɪe]韵中的主要元音[e]圆唇化为[o]，读成[ɪo]，如虹桥等"疫域"字读[ɪo]；
(3)[ie]韵中的[e]腭化为[ə]，韵母读成[iə]，如乐清"屈橘"读[iə]；
(4)[iə]韵中的[ɪ]圆唇化为[y]，韵母读成[yə]，如文成"疫域国"读[yə]；
(5)[yə]韵中的[o]前化和高化为[e]，韵母读成[ye]，如宜山"出屈"读[ye]；
(6)[yə]韵中的[o]也可以前化和低化为[ɛ]，韵母就读成[yɛ]，如乐清"出"字读[yɛ]；

(7) [ye][yɛ]韵的主要元音受前边音的影响发生圆唇化，韵母读成[yø]，如陶山、昆阳、宜山"出术屈"读[yø]；

(8) [yø][yə]韵中的[ø]、[ə]脱落，韵母读成[y]，陶山"疫域"读[y]，昆阳"国"字读[ky]。温州城区"出"字目前读[y]韵。

2. 臻合三物入的"物"字有文白异读，文读音声母是[v]，白读音声母是[m]。从白读音情况可以推断，"物"字丢失辅音韵尾之后，较早期韵母读音可能是[uə]。我们可以把"物"字[uə]韵的演变层次归纳如下：

(1) [uə]韵中的[u]介音弱化，韵母读成[ə]，如乐清话、虹桥话；

(2) [ə]韵低化为[a]，如瑞安话、陶山话、平阳话、宜山话、文成话；

(3) [ə]韵低化为[a]后，又在其后头衍生出[ɪ]音，韵母读成[ai]，如温州话、永强话、永嘉话。

3. 曾合一德入的"国"字韵母演变过程如下：

(1) [ə]韵前化和高化为[e]，如陶山、宜山话"国"读[ke]；

(2) [uə]韵中的[o]低化为[a]韵母读成[ua]，如乐清、虹桥"或"读[ua]；

(3) [uɐ]韵在后头衍生出[i]音，韵母读成[uaɪ]，如虹桥、乐清"国"读[kuaɪ]；

(4) [uai]韵中的[u]介音脱落，韵母读成[aɪ]，如温州、永强、永嘉"国"读[kai]。

（三）曾摄开一德入、开三职入[e][ei]

1. 曾摄开一德入字早期的韵母是[ə]。

(1) [ə]韵前化和低化为[ɛ]，如乐清"贼"字读[zɛ]。

(2) [ɛ]韵高化为[e]，如陶山、温州"黑色"两字读[e]韵。

(3) [e]韵发生"破裂化"，在其前头加上附属性的[ɪ]音，韵母读成[ie]，如昆阳读[sɪe]（ə→e）。

2. 曾摄开三职入早期的韵母是[i]，如乐清、昆阳"食"字读[zi]。[i]韵发生"破裂化"，在其前头加上附属性的[e]音，韵母读成[ei]，如虹桥"石"字读[zei]，曾开三职入精组知系字如"里力李理礼离笠立"，温州、陶山读[ei]（i→ei）。

（四）梗摄开三四昔锡入端知系字[ei]

这些字韵母的演变层次与臻梗摄合三术物昔入、曾摄开合一三德职入字韵母的演变层次相同。在此我们只说明其他的变化：

(1) 它们原来的韵母是[ei]，如温州话"席石锡"字读[ei]。

(2) [ei]单元音化为[ɪ]，如永嘉、乐清、平阳、宜山、文成话"席石锡"字读[i]。

(3) [i]韵舌尖化为[ɿ]，如永中"席尺石锡"字读[ɿ]，这样就与止摄开三支脂之韵字同韵。

（五）通摄合一三屋烛入[u][əu]

1. 帮非端组字基本上保持一致，读[o]或[u]。明母字"木目"有韵母[u]脱落的现象，部分调查点读自成音节的[m]。

2. 端组字韵母变化比较多，其原始音当为[u]。

(1) [u]韵发生"破裂化"，在其前面加上附属音[ə]，读成[əu]，如温州"独鹿"字读[əu]韵。

(2) [əu]韵中的[ə]央化为[a]，韵母读成[au]，如昆阳"六"读[lau]。

(3) [əu]韵中的[ə]腭化和圆唇化为[o]，韵母读成[ou]，如瑞安"独鹿六"字读[ou]韵。

(4)[u]韵的后面衍生出[o]音，读[uo]，如通合三浊入来母字"绿"，瑞安和陶山读[luo]。

(5)后来[u]音逐渐消失，现今的温州、永强、永嘉、乐清、虹桥、平阳、宜山等地都读[lo]了。

3. 精组知见系字的韵母，据赵元任当年记录，瓯语读[iu]，部分调查点还保留读音[iu]，如昆阳、虹桥等。

瓯语的韵母在[i]和[u]音之间应该还有一个[o]音。从最初的变化开始，韵母在[o]音的基础上"破裂"了，读成[iəu]，然后[ə]腭化和圆唇化为[o]，韵母再演变为[iou]。我们可以注意到，年轻人韵母读[əu]，老年人读[ou]。

通合三屋入如"叔熟"，在 tɕ 组声母后，温州话本读入声[u]韵，但老派新派都读成带有[i]介音的韵，这是[i]介音增强的表现（ɕu→ɕiu、ɕeu→ɕiəu）。

据赵元任记录，瓯语烛入字韵母读[yu]，后来[u]弱化成[o]，而今，温州、永强、永嘉、瑞安、陶山、平阳、宜山、文成等地的烛入字韵母读[yo]。但是，乐清、虹桥等地的韵母读[io]。[io]韵中的[i]圆唇化为[y]，韵母就读成[yo]了。这说明读[io]的要比读[yo]的古老。

从瓯语音韵的演变和发展来看，由于鹿城历来是温州地区政治、经济、文化的中心，外来人口比较多，受官话影响也比较大，因而瓯语的进化是最快的；反之，越乡下越山头的地区，温州话越存古。

南北瓯语最大的区别是：南边开口度小、委婉，北边开口度大、粗犷。如"三谈着弱咸办饭番蓝站产颜喊减"类的同音字，南部读[ɔ]韵，如瑞安、陶山、平阳、宜山、文成；北部读[a]韵，如温州、永强、永嘉、虹桥。南边开口度小；北边开口度大。其他南北无多大区别。

最后，我们可以归结成两点：其一，瓯语在百年前音韵基本是差不多的，后来各地的交通、经济发展的程度不一样，音韵的发展也就不同了。等以后交通都通畅了，语音又会慢慢地接近。其二，乡下音相比市区音基本都算是老派音，相当于一百年前的温州城区话。

第五章　中古音摄韵与瓯语对应关系

第一节　阴声韵

[果摄]

中古音摄韵	温州话	字例
果开一歌韵	[əu]	①差(差不多)搓(搓板)磋(切磋)①多(多少)哆(哆嗦)③躱(躲避)②驼(骆驼)陀(普陀)鸵(鸵鸟)驮(牲口负物)④舵(船舵)⑥大(大小)②罗(罗马)锣(铜锣)萝(萝卜)箩(箩筐)逻(巡逻)①搓(搓绳)①拖(拖拉机)⑤忐(忐不识相)①左(左右)⑤佐(辅佐)
	[a]	①南(南无)那(姓)③哪(疑问代词)⑤那②傩(傩舞)②挪(挪用)④娜(婀娜)⑥那(指示代词)①拖(鞋拖)他(新读)它(新读)她(新读)③哪⑤那①拖(鞋拖)
	[ŋ]	②蛾(飞蛾)俄(俄国)鹅(雁鹅)峨(峨嵋)④我(我们)⑥饿(饥饿)
	[u]	①阿(阿胶)婀(婀娜:轻盈柔美貌)⑤屙(拉屙)①歌(歌曲)哥(哥哥)①柯(姓)苛(苛刻)疴(疴疾)坷(坎坷)②河(河流)何(任何)荷(荷花)⑥贺(祝贺)荷(薄荷)
	[o]	①呵(呵斥)嗬(嗬唷)③可①嗦(哆嗦)②挪
	[ai]	⑤个(一个)⑥饿(肚饿)
果开三戈韵	[ŋ]	②茄(茄儿)伽(伽蓝爷)
果合一戈韵	[o]	③朵(花朵)垛(城垛)②蘑(蘑菇)摩(摩崖)②蘑(蘑菇)摩(摩崖)⑥糯(糯米)①蓑(蓑衣)唆(教唆)梭(梭镖)莎(译音用字)裟(袈裟)婆(婆婆)③锁(封锁)琐(烦琐)唢(唢呐)②矬(矮矬)睉(睉眼)痤(痤疮)④坐(静坐)⑥座(座位)⑤唾(唾沫)②鄱(鄱阳湖)⑥薄(薄荷)①波(波浪)玻(玻璃)菠(菠菜)坡(苏东坡)③跛(足瘸)簸(颠簸)⑤播(播送)①坡(山坡)颇(偏颇)③叵(叵测)②么(什么)
	[øy]	②魔(妖魔)磨(磨刀)摩(摩擦)馍(馍馍)②婆(媒婆)①波(宁波)②模(模子)⑥磨(磨石)⑤破(破坏)
	[əu]	⑤剁(砍)④惰(懒惰)堕(堕落)①啰(啰唆)②骡(骡马)螺(田螺)胴(指纹)④裸(裸体)⑥摞(把东西重叠地往上放)瘰(瘰疬:病名)③妥(妥当)椭(椭圆)⑤挫(挫折)锉(锉刀)
	[ŋ]	②讹(错谬)⑥卧(卧铺)
	[u]	①倭(倭寇)逶(逶迤)蜗(蜗牛)涡(旋涡)莴(莴苣笋)窝(鸟窝)挝(老挝)③火(火灾)伙(合伙)夥(夥计)⑤货(货物)①锅(铁锅)埚(坩埚)戈(兵戈)③果(水果)猓(油炸猓)裹(包裹)⑤过(经过)①科(科学)蝌(蝌蚪)窠(鸟窠)棵(一棵树)稞(青稞)③颗(颗粒)⑤课(功课)②和(和平)禾(禾木)④祸(祸害)⑥和(附和)
	[a]	⑤破(破毛竹)
果合三戈韵	[y]	②瘸①靴(皮靴)

[假摄]

中古音摄韵	温州话	字例
假开二麻韵	[o]	①沙(沙滩)砂(砂石)纱(棉纱)鲨(鲨鱼)①鸦(乌鸦)丫(两丫裤)桠(桠杈)③哑(哑巴)⑤亚(亚洲)挜(强与)娅(人名用字)②爬(爬行)琶(琵琶)杷(枇杷)扒(扒灰)⑥耙(齿耙)鲃(鲃牙)①巴(巴西)芭(芭蕾)疤(伤疤)笆(篱笆)③把(把守)靶(打靶)⑤霸(争霸)坝(堤坝)①叉(叉腰)杈(树杈)衩(裤衩)差(差不多)车(汽车)③姹(姹紫嫣红)⑤岔(岔路口)①家(家庭)傢(傢俱)加(参加)枷(枷锁)嘉(永嘉)笳(胡笳:古乐器)袈(袈裟)迦(迦南)③假(假设)贾(商贾)⑤假(放假)架(衣架)驾(驾驶)嫁(嫁妆)稼(庄稼)价(价格)②霞(红霞)瑕(瑕疵)遐(遐想)哈(哈蟆)④下(上下)⑥下(下降)夏(春夏)厦(大厦)暇(闲暇)①虾(虾儿)⑤吓(人吓人)②麻(麻烦)蔴(麻类作物的总名)嘛(喇嘛)蟆(蝦蟆)④马(牛马)码(编码)蚂(蚂蟥)⑥骂(旧读)②牙(牙齿)芽(豆芽)衙(衙门)伢(小孩)④雅(优雅)⑥砑(碾轧)①查(姓)渣(煤渣)楂(山楂)咤(哪咤)挓(挓挈)拿①⑤榨(压榨)诈(欺骗)炸(炸弹)蚱(蚱蜢)②茶(茶叶)搽(搽粉)查(检查)茬(农作物收割后残留在地里的根茎)
	[a]	⑥骂(漫骂)⑤爸①茄(雪茄)①搭(用力掐)②拿
假开三麻韵	[ei]	①车(水车)③且(而且)扯(拉拉扯扯)⑤笡(斜)①些(些许)奢(奢侈)赊(赊欠)畬(畬族)③写(写作)舍(施舍)⑤泄(泄漏)泻(倾泻)卸(卸鞍)赦(赦免)舍(进舍)②蛇(毒蛇)佘(姓)邪(邪恶)斜(倾斜)④社(社会)屿(岛屿)惹(惹火烧身)⑥射(射击)麝(麝香)谢(感谢)藉(藉故)①遮(遮盖)③姐(姐姐)⑤蔗(甘蔗)借(借口)
	[i]	③野(野蛮)②耶(耶稣)椰(椰树)揶(揶揄)爷(爷爷)邪(莫邪)④也(也是)冶(冶金)⑥夜(夜晚)
	[ɛ]	③者(指代人事物)①咩(羊叫声)③这(代词)
假合二麻韵	[o]	①娃(娃娃)洼(水洼)窪(小水坑)哇(呕吐声)①瓜(西瓜)呱(呱呱叫)③寡(寡妇)剐(千刀万剐)②华(中华)哗(喧哗)划(划龙船)⑥华(华山)桦(白桦)①花(鲜花)哗(哗哗流水)⑤化(化学)①夸(夸张)③垮(垮台)⑤跨(跨越)挎(挎包)④瓦(瓦背头)③傻(傻瓜)②斜(斜视)

[遇摄]

中古音摄韵	温州话	字例
遇合一模韵	[øy]	②蒲(蒲鞋)葡(葡萄)④篰(朗眼篰)⑥步(散步)埠(埠头)缚(腰缚)赙(回赙)①餔(饭送口中)③补(补充)谱(曲谱)⑤布(棉布)怖(恐怖)佈(佈告)播(发播)①粗(粗细)⑤醋(食醋)②徒(徒弟)屠(屠夫)途(路途)涂(涂抹)塗(泥塗)图(图画)④肚(肚皮)杜(杜绝)⑥度(欢度)渡(轮渡)镀(电镀)踱(踱步)①都(都市)③赌(赌博)肚(猪肚)堵(堵塞)睹(目睹)⑤妒(妒忌)②卢(姓)炉(炉灶)芦(芦苇)鸬(鸬鹚)颅(头颅)④卤(盐卤)⑥路(道路)露(暴露)鹭(鹭鸶)①铺(铺被)③浦(下吕浦)⑤铺(床铺)①苏(苏醒)酥(酥糖)稣(耶稣)⑤诉(告诉)塑(塑料)素(吃素)嗉(嗉囊)③土(土地)吐(吐痰)⑤兔(兔子)吐(呕吐)①租(租金)③祖(祖先)②浮(尸骸浮起)凫(凫雁)
	[əu]	④鲁(姓)橹(摇橹)虏(俘虏)②奴(奴隶)④努(努力)⑥怒(愤怒)⑤素(朴素)③组(组织)⑤做(做到)
	[o]	②模(模范)摹(摹仿)无(南无)膜(顶礼膜拜)④姥(老姥)姆(保姆)⑥暮(迟暮)慕(羡慕)墓(坟墓)募(募捐)
	[ŋ]	②吴(吴语)娱(娱乐)蜈(蜈蚣)吾(我)梧(梧桐)捂(支捂)④五(重五)伍(队伍)午(中午)忤(违逆)⑥误(错误)悟(觉悟)晤(晤面)寤(醒寤)
	[u]	①乌(乌鸦)鸣(呜呼)污(污秽)③坞(四面高中间低的地方)钨(钨丝)⑤恶(可恶)②蒲(菖蒲)菩(菩萨)脯(胸脯)匍(匍匐)莆(莆田)④部(部分)簿(簿册)⑥捕(逮捕)哺(哺乳动物)①呼(招呼)③虎(老虎)琥(琥珀)浒(水浒)⑤戽(戽水)①姑(姑娘)沽(买酒)蛄(蟪蛄)菇(香菇)咕(咕噜)诂(训诂)孤(孤单)菰(菌类植物)箍(金箍棒)辜(辜负)③古(古今)估(估计)牯(猪牯)蛊(蛊惑人心)股(股份)鼓(鼓励)瞽(盲人)贾(商贾)⑤故(缘故)固(巩固)痼(痼疾)雇(雇主)顾(照顾)锯(锯末)①枯(枯萎)估(毛估估)骷(骷髅)③苦(痛苦)⑤库(车库)裤(衣裤)③普(普及)浦(浦东)埔(黄埔军校)圃(花圃)②胡(胡琴)湖(湖泊)瑚(珊瑚)糊(糊涂)葫(葫芦)鬍(鬍鬚)狐(狐狸)弧(圆弧)壶(酒壶)乎(语气助词)④户(户口)沪(上海的简称)扈(随从)⑥互(互相)护(爱护)糊(米糊儿)
遇合三鱼韵	[øy]	②庐(庐舍)驴(家畜)榈(棕榈)④吕(姓)侣(伴侣)旅(旅游)⑥虑(考虑)滤(过滤)②鱼(鱼肉)渔(渔家)
	[ei]	①蛆(蛆虫)②徐(姓)④苎(苎麻)⑥箸(筷子)①猪(猪心)③煮(煮饭)③杵(春捣谷物的棒槌)③鼠(老鼠)⑥薯(番薯)
	[əu]	③阻(阻止)⑤诅(诅咒)①初(初步)③楚(清楚)础(基础)②锄(锄头)⑥助(助理)①梳(梳理)疏(疏散)蔬(蔬菜)
	[y]	④女(男女)①居(居住)据(拮据)车(车马炮)③举(检举)⑤锯(弓锯)据(根据)①墟(墟市)①袪(除去)③龃(龃齿)⑤去(来去)②渠(水渠)④巨(巨大)拒(拒绝)炬(火炬)距(距离)④语(语言)⑥御(御用)禦(防禦)①虚(虚伪)墟(废墟)嘘(慢慢地吐气)③许(许多)
	[u]	①於(叹词,表示赞美)淤(清淤)迂(迂回)②余(姓)馀(剩馀)舁(抬扛)④与(参与)⑥誉(荣誉)预(预定)豫(河南的简称)
	[o]	③所(场所)

中古音摄韵	温州话	字例
遇合三虞韵	[øy]	①夫(丈夫)伕(脚伕)麸(白读)③府(政府)俯(俯首)腑(五脏六腑)殕(白殕)⑤付(支付)咐(吩咐)赋(诗词曲赋)傅(姓)②符(符号)芙(芙蓉)④父(父亲)腐(腐败)⑥雾(云雾)务(任务)附(附属)驸(驸马)④缕(千丝万缕)⑥屡(屡次)
	[u]	①夫(人名)肤(皮肤)敷(敷衍)麸(麦麸)孵(孵房)孚(信用)蜉(蚍蜉)孵(禽鸟伏在卵上以体温使胚胎发育成雏鸟)③俯(俯卧撑)甫(刚刚)脯(果脯)斧(斧头)釜(古炊器)辅(辅导)抚(抚摩)⑤赴(奔赴)讣(讣告)②夫(助词)扶(扶助)芙(芙蓉)无(无中生有)芜(芜杂)竽(滥竽充数)巫(巫师)诬(诬陷)毋(无)于(于是)盂(痰盂)俞(姓)榆(榆树)逾(逾越)瑜(美玉)渝(重庆简称)愉(愉快)舆(舆论)臾(须臾)谀(谄媚奉承)④武(武艺)舞(跳舞)侮(欺侮)鹉(鹦鹉)雨(雨水)宇(宇宙)禹(夏禹)羽(羽毛)愈(胜过)癒(痊癒)腐(腐馒)妩(妩媚)予(给予)⑥芋(芋艿)喻(晓喻)裕(富裕)吁(呼吁)⑥孵(孵坊)②无(无有)
	[ɿ]	①趋(趋势)枢(枢纽)③取(争取)娶(娶新妇)⑤趣(兴趣)④聚(聚集)须(必须)鬚(鬍鬚:胡须)需(需要)①诛(口诛笔伐)蛛(蜘蛛)株(植株)朱(姓)硃(硃砂)珠(珍珠)③拄(棒拄)主(主席)⑤驻(驻扎)註(註解)注(注意)蛀(蛀虫)铸(铸造)②厨(厨房)橱(衣橱)④柱(栋柱)砫(砥砫)⑥住(住宿)①输(输出)⑤戍(卫戍)②殊(特殊)④竖(竖立)⑥树(树立)②儒(儒家)蠕(蠕动)孺(孺子牛)④乳(乳房)墅(别墅)
	[əu]	①刍(反刍)②雏(幼禽)③数(数一数)⑤数(数字)
	[y]	①拘(拘留)驹(马驹)③矩(规矩)⑤句(句子)①区(区别)驱(驱赶)躯(身躯)岖(崎岖)②瞿(姓)衢(衢州)⑥具(工具)惧(惧怕)俱(俱全)飓(飓风)②禺(曹禺)虞(姓)娱(文娱)愚(愚蠢)⑥遇(遇险)寓(公寓)①吁(气喘吁吁)⑤煦(温煦)酗(酗酒)

[蟹摄]

中古音摄韵	温州话	字例
蟹开一咍韵	[e]	①唉(唉个磊堆碎)①哀(悲哀)埃(尘埃)③霭(烟霭)乃(欸乃:象声词)⑤爱(爱护)嗳(嗳昧)嫒(令嫒)①猜(猜测)②彩(彩色)采(采集)採(採取)睬(理睬)踩(踩踏)⑤菜(蔬菜)②台(台湾)苔(青苔)抬(抬轿)颱(颱风)④待(等待)怠(怠慢)殆(危亡)⑥代(代表)袋(口袋)玳(玳瑁)逮(逮捕)埭(河埭)⑤戴(姓)①该(应该)赅(赅括)③改(修改)⑤概(梗概)溉(灌溉)①嗨(叹词)哈(嗤笑)③海(上海)②孩(小孩)④亥(地支第十二位)①开(开始)③凯(凯旋)恺(安乐)⑤慨(慷慨)②来(往来)徕(招徕)⑥耐(忍耐)②呆(呆头)⑥碍(妨碍)①鳃(鱼鳃)⑤塞(要塞)赛(比赛)②才(天才)材(木材)财(财富)裁(裁判)④在(存在)⑥儎(舟车等运输工具所装的东西)①胎(胚胎)台(台州)③哈(语气词)⑤苔(舌苔)态(态度)贷(借贷)黛(青黑色)①灾(灾难)栽(栽培)哉(语气助词)③宰(屠宰)崽(牛崽)⑤再(再三)载(载重)宰(宰相)
	[ɿ]	①腮(腮腺炎)
	[a]	⑤刨(钞票刨你)①崽(卵崽)③歹(好歹)傣(傣族)①奶(奶奶头儿)④乃(乃是)

中古音摄韵	温州话	字例
		鼐(大鼎)⑥坦(道坦)
蟹开一泰韵	[ai]	⑤贝(宝贝)狈(狼狈)⑤沛(充沛)
	[a]	⑤带(带领)⑤太(太平)汰(淘汰)泰(泰山)⑥大(大师)汰(汰浪)⑥奈(无奈)⑥赖(依赖)癞(癞头)⑤蔡(姓)
	[e]	⑤盖(遮盖)丐(乞丐)艾(艾青)⑥害(害怕)⑤蔼(和蔼)
蟹开二皆韵	[a]	⑤拜(拜访)湃(澎湃)②排(排除)②埋(埋葬)霾(阴霾)①斋(斋堂)②豺(豺狼)①皆(皆大欢喜)阶(台阶)秸(麦秸)偕(俱)街(街路)③解(讲解)⑤介(介绍)界(世界)解(解钞票)芥(芥菜)尬(尴尬)疥(疥疮)庎(疥厨)戒(戒备)诫(告诫)届(届数)夬(六十四卦之一)①揩(揩油)楷(楷书)②谐(和谐)④骇(惊骇)骸(骸骨)⑥械(机械)①埃(埃及)挨(挨近)
蟹开二佳韵	[a]	③摆(摆动)⑤派(派赖)②牌(品牌)箄(木筏)④罢(吃叉罢)⑥稗(稗子)④买(买卖)⑥卖(买卖)⑥奶(老奶奶)艿(芋艿)①咱(咱们)⑤债(负债)①差(出差)钗(宝钗)叉(叉烧包)②柴(火柴)①筛(筛酒)③洒(洒水)⑤晒(晒太阳)①街③解(讲解)④解(解签诗)④懈(松懈)⑥邂(邂逅)②涯(天涯)崖(山崖)捱(拖延)②鞋(鞋袜)④解(姓氏)③蟹(螃蟹)骇(骇覆蛇)③矮(矮人)⑤隘(狭隘)②癌(癌症)
	[o]	①佳(佳音)娲(女娲)
蟹开二夬韵	[a]	⑥败(失败)迨(力怠叉)⑥迈(迈步)⑥寨(山寨)
蟹开三祭韵	[ei]	⑤蔽(蒙蔽)③毙(枪毙)⑥敝(敝帚自珍)弊(利弊)币(钱币)②厉(厉害)励(勉励)蛎(牡蛎)⑤祭(祭礼)际(交际)穄(穄子)漈(白水漈)⑥滞(停滞)⑤制(法制)製(製造)⑤世(世道)势(形势)⑥誓(发誓)逝(逝世)
	[i]	②例(例子)⑥艺(文艺)呓(说梦话)⑥曳(牵引)
蟹开三废韵	[i]	⑥刈(割取)
蟹开四齐韵	[ei]	①妻(夫妻)凄(凄惨)栖(栖身)⑤砌(砌墙)①西(东西)犀(犀牛)③洗(洗衣)⑤细(仔细)婿(女婿)②齐(整齐)脐(肚脐)④荠(荸荠)⑥剂(发剂)⑤济(救济)挤(排挤)剂(调剂)①苊(蓖麻)⑤闭(封闭)②堤(堤坝)题(题目)提(提高)啼(啼哭)蹄(马蹄)④弟(兄弟)悌(亲近)⑥第(门第)递(投递)缔(缔结)①低(高低)爹(爹爹)③底(彻底)抵(抵抗)砥(砥柱)⑤帝(皇帝)渧(水渧落)谛(注意)蒂(花蒂)②黎(黎明)黧(黧黑)④礼(礼貌)⑥丽(美丽)隶(奴隶)②迷(迷路)④米(米饭)⑥谜(谜语)①批(批评)砒(砒霜)①梯(楼梯)③体(身体)⑤涕(鼻涕)剃(剃头)屉(抽屉)替(代替)
	[i]	④陛(陛下)⑥敝(破旧)鐾(将刀反复摩擦使其锋利)②倪(姓)泥(泥土)霓(霓虹)⑥诣(造诣)⑤缢(勒颈而死)瞖(目疾引起的障膜)②奚(奚落)兮(古代韵文中的助词)⑥系(关系)係(中文係)
	[ŋ]	①溪(溪滩)③启(启发)⑤契(契约)①鸡(鸡鸭)稽(滑稽)⑤计(计划)继(继承)系(系鞋带)
蟹合一灰韵	[ai]	①杯(茶杯)⑤辈(辈分)背(背部)褙(将布一层一层粘在一起)①坯(土坯)胚(胚胎)丕⑤配(配合)②培(培养)陪(陪伴)赔(赔偿)裴(姓)徘(徘徊)④倍(加倍)蓓(蓓蕾)⑥佩(佩服)背(背诵)焙(烘焙)②梅(梅花)霉(倒霉)莓(草莓)枚(枚不

中古音摄韵	温州话	字例
		⑯举)玫(玫瑰)媒(媒体)煤(煤炭)④每(每个人)⑥妹(姊妹)昧(愚昧)①堆(堆积)呆(痴呆)⑤对(对象)碓(水碓)①推(推动)③腿(大腿)⑤退(退步)褪(褪皮)②颓(颓废)⑥队(队伍)②捼(按摩)④馁(饥饿)⑥内(内外)④奶(奶奶)②雷(雷电)擂(擂台)蕾(花蕾)④儡(傀儡)磊(磊落)①崔(姓)催(催促)摧(摧残)璀(璀璨)④罪(犯罪)⑤碎(零碎)①瑰(瑰宝)①盔(头盔)魁(星名)恢(恢复)③傀(傀儡)①块(土块)②桅(桅杆)①灰(灰色)诙(诙谐)③贿(行贿)⑤悔(悔改)晦(晦日)诲(教诲)②回(回来)茴(茴香)迴(迂回)徊(徘徊)蛔(蛔虫)④汇(汇款)⑥溃(崩溃)⑥魏(姓)①偎(亲近)煨(把生的食物放在带火的灰里使烧熟)③猥(猥琐)
蟹合一泰韵	[ai]	⑤蜕(蝉蜕)⑥兑(兑换)⑤兑(兑糖儿)⑤最(某某之最)⑤刽(刽子手)会(会计)绘(绘画)桧(木名)侩(市侩)⑥会(会议)绘(绘图)
	[a]	⑥外(外面)
蟹合二皆韵	[a]	①乖(乖巧)⑤怪(奇怪)②怀(怀念)槐(槐树)淮(淮河)⑥坏(坏蛋)
蟹合二佳韵	[a]	③拐(拐杖)①歪(歪曲)
	[o]	⑤挂(牵挂)卦(八卦)褂(褂子)①蛙(青蛙)⑥画(连环画)
蟹合二夬韵	[a]	⑤快(快慢)筷(筷子)
	[o]	⑥话(讲话)
蟹合三祭韵	[ai]	⑤脆(干脆)⑥芮(姓)⑥锐(锐利)
	[ŋ]	⑤岁(岁数)缀(点缀)⑤赘(累赘)⑤税(税收)
	[y]	①鳜(桂花鱼)
	[u]	⑥卫(保卫)
蟹合三废韵	[ei]	⑤废(报废)肺(心肺)吠(狗叫)
	[ai]	⑤喙⑤秽(形秽)
蟹合四齐韵	[y]	①圭(玉制礼器)硅(硅谷)闺(闺房)鹃(杜鹃)娟(美好)⑤桂(桂花)
	[ai]	①奎(二十八宿之一)
	[u]	②携(携手)畦(菜畦)⑥慧(智慧)惠(恩惠)彗(彗星)

[止摄]

中古音摄韵	温州话	字例
止开三支韵	[ai]	①碑(石碑)卑(卑鄙)
	[ei]	③彼(彼此)①披(披风)②皮(皮肤)疲(疲劳)脾(脾气)④被(被服)婢(婢女)④俾(俾夜作昼)⑥被(被动)避(避免)②糜(糜烂)②弥(弥天大谎)④靡(披靡)②离(离别)篱(篱笆)璃(玻璃)⑥荔(荔枝)离(离开)③玺(玉玺)①池(池塘)①支(支持)枝(树枝)肢(肢体)卮(酒器)栀(栀子花)③纸(纸张)⑤啻(不啻)④舐(以舌取物)豸(无足之虫)②匙(锁匙)
	[ŋ]	③紫(紫色)①雌(雌雄)③此(因此)⑤刺(刺激)①疵(吹毛求疵)①斯(斯文)厮(干粗活的男仆)撕(撕破)③徙(迁移)⑤赐(赐福)①知(知识)蜘(蜘蛛)⑤智(智慧)②驰(奔驰)弛(松弛)①差(参差)①筛(米筛)①只(只有)③咫(咫尺)③侈(奢侈)①施(实施)③豕(猪)⑤翅(翅膀)④是(是非)氏(氏族)⑥豉

中古音摄韵	温州话	字例
		(豆豉)④尔(保尔)①羁(羁押)⑤寄(寄托)⑤企(企业)②奇(奇怪)琦(美玉)崎(崎岖)骑(骑马)歧(歧途)伎(各种技艺)芪(黄芪)④倚(站立)④技(技术)妓(妓女)①牺(牺牲)⑤戏(京戏)①曦(阳光)
	[i]	⑤臂(手臂)⑤譬(譬喻)宜(适宜)②仪(仪表)④蚁(蚂蚁)⑥谊(友谊)义(主义)议(会议)①祎(美)祎(美好)③倚(凭靠)椅(椅子)③漪(涟漪)裔(华裔)②移(转移)⑥易(容易)②蛇(委蛇)迤(逶迤:曲折绵延貌)
	[ŋ]	②宜(旧读)⑥义(旧读)
止开三脂韵	[ai]	①悲(悲惨)②徽(发徽)⑥煝(火煝头)
	[ei]	③鄙(卑鄙)比(比较)秕(中空或不饱满的谷粒)匕(匕首)⑤庇(庇护)痹(麻痹)①丕(大)⑤屁(放屁)②琵(琵琶)枇(枇杷)毗(毗邻)⑥备(预备)鼻(鼻头)篦(篦子)坒(量词,一坒砖)②眉(眉毛)嵋(峨嵋山)楣(门楣)④美(美丽)⑥媚(妩媚)寐(梦寐)魅(魅力)⑥地(地方)②梨(雪梨)犁(犁田)④履(履鞋拖)⑥利(利害)痢(痢疾)莉(茉莉)⑥莅(莅临)
	[i]	⑤秘(秘密)泌(泌尿)辔(驾驭马的缰绳)②尼(尼姑)呢(呢大衣)昵(亲昵)⑥腻(油腻)①伊(伊朗)②夷(夷蛮)姨(姨父)痍(创伤)胰(胰腺)②彝(彝族)颐(颐和园)⑥肄(肄业)⑥懿(司马懿)
	[ɿ]	①资(投资)姿(姿态)咨(咨询)③姊(姊妹)第(床第)⑤次(次序)②瓷(陶瓷)⑥自(自己)①私(公私)③死(死亡)⑤四(数词)肆(作坊)⑤致(一致)緻(细緻)②迟(早迟)④雉(雉鸡)②稚(幼稚)①师(师范)狮(雄狮)蛳(螺蛳)①脂(脂肪)③旨(圣旨)指(指挥)⑤至(甚至)挚(诚挚)⑥示(显示)①尸(尸体)③矢(箭)屎(粪便)⑥视(电视)嗜(爱好)①饥(饥饿)肌(肌肉)③几(茶几)⑤冀(企图)骥(骏马)⑤器(电器)弃(放弃)②祁(祁祁:众多貌)耆(耆宿)鳍(鱼类运动器官)
	[ŋ]	②儿(儿子)⑥二(数词)贰(二的大写)
止开三之韵	[ei]	②狸(狐狸)厘(厘米)俚(俚语)犛(犛清)④李(行李)里(公里)理(道理)鲤(鲤鱼)⑥吏(官吏)
	[ɿ]	①兹(现在)滋(滋润)孳(繁殖)孜(孜孜不倦)③子(子女)仔(幼仔)梓(印书的雕版)②慈(慈悲)磁(磁砖)糍(糍粑)⑥字(文字)①司(公司)丝(丝绸)思(思想)腮(腮腺)⑤伺(伺候)思(意思)②辞(辞典)词(词汇)祠(祠堂)④似(相似)祀(祭礼)巳(地支第六位)⑥寺(寺庙)嗣(继承)饲(饲养)⑤置(布置)①痴(痴呆)③耻(无耻)②持(保持)④痔(痔疮)治(政治)①辎(辎重)缁(黑色)③滓(沉淀的杂质)⑤厕(厕所)④士(战士)仕(任职)柿(柿子)俟(俟机)⑥事(事务)③使(使命)史(历史)驶(驾驶)①之(之江)芝(灵芝)③止(禁止)址(地址)趾(脚趾)祉(福祉)⑤志(意志)誌(标誌)痣(黑痣)嗤(嗤笑)③齿(牙齿)⑤炽(旗帜)①诗(诗歌)③始(始终)⑤试(试验)②时(时间)鲥(鲥鱼)①市(城市)恃(依赖)⑥侍(侍候)②而(而且)④耳(聂耳)⑥饵(诱饵)洱(普洱)①基(基本)箕(粪箕)③己(自己)纪(纪律)⑤记(记录)①欺(欺骗)起(兴起)杞(杞人忧天)②其(其他)棋(象棋)期(学期)旗(红旗)琪麒(麒麟)⑥忌(顾忌)①嘻(嘻笑)嬉(游玩)熹(盛燃)熙(光明)⑤喜(喜欢)蟢(田蟢儿)②祺(幸福)踟(踟躇:徘徊不进貌)瘑(瘑痳妳个脚悤)跐(跐蹋)峙(峙立)痔(痔疮)绪(白读)偈(偈佗)曙(曙光)③答(鞭

中古音摄韵	温州话	字例
		笞)⑤胎(直视)
	[i]	④你(第二人称)②疑(疑心)④拟(虚拟)①医(医疗)⑤意(意志)臆(胸臆)④矣(语气助词)②圯(桥)②饴(甘美食物)怡(心旷神怡)贻(赠送)④已(已经)以(所以)⑥异(奇异)
止开三微韵	[ɿ]	①几(几乎)机(机会)讥(讥讽)姬(姓)③麂(南麂)⑤既(既然)暨(诸暨)③岂(岂有此理)⑤汽(汽车)气(元气)②祈(祈求)祁(姓)①希(希望)稀(稀薄)
	[i]	②沂(沂河)⑥毅(刚毅)①衣(衣服)依(依靠)
止合三支韵	[ɿ]	③嘴(嘴巴)②随(跟随)隋(朝代名)②锤(铁锤)捶(敲打)①吹(吹风)炊(炊饭)②垂(垂直)陲(边境)⑥瑞(瑞安)④蕊(花蕊)
	[y]	①规(圆规)③诡(诡计)①亏(亏你)窥(暗中偷看)④跪(跪地)②危(危险)⑥伪(伪装)①麾(古代用以指挥军队的旗帜)③毁(撕毁)⑤毁(换牙)
	[u]	①萎(阳萎)③委(委员)⑤餧(喂养)②为(作为)⑥为(为什么)
	[ai]	①累(累堆)④累(累积)⑥累(连累)③揣(揣度)⑥睡(睡觉)①亏(亏损)①规(规矩)
	[ei]	③髓(骨髓)
	[ɿ]	瑞蕊
止合三脂韵	[ɿ]	①虽(虽然)绥(安抚)①追(追赶)②槌(榔槌)①锥(圆锥)隹(短尾鸟)椎(颈椎)③水(山水)②谁(疑问代词)⑥遂(功成名遂)隧(隧道)穗(麦穗)⑥坠(坠落)⑤醉(酒吃醉爻)
	[ai]	④垒(堡垒)⑥泪(眼泪)⑤醉(陶醉)⑤翠(青绿色)⑥粹(纯粹)①衰(衰落)⑤摔(摔跤)⑤喟(喟叹)愧(愧对)
	[y]	①龟(乌龟)③轨(轨道)癸(天干第十位)⑤季(季节)悸(余悸)愧(惭愧)②葵(向日葵)揆(阁揆)夔(传说中的兽名)逵(道路四通八达)⑥柜(柜台)匮(匮乏)
	[u]	②维(思维)唯(唯物)帷(帷幕)潍(潍坊)遗(遗产)④惟(惟一)⑥位(地位)
	[øy]	⑥类(种类)
	[a]	⑤帅(元帅)
止合三微韵	[ei]	①飞(飞机)非(非常)菲(芳菲)绯(绯闻)妃(王妃)翡(翡翠)扉(扉页)蜚(蜚声)啡(咖啡)③匪(匪徒)榧(香榧)斐(有文采貌)⑤悱(痱子)费(浪费)②肥(肥沃)(文读)淝(水名)微(微弱)薇(蔷薇)④尾(结尾)⑥未(未来)味(口味)⑥尾(白读)⑥未(白读)味(白读)⑤喂(叹词)
	[ai]	⑥魏(姓)巍(巍然)①归(回归)①挥(挥挥手)徽(徽章)
	[y]	①归(当归)③鬼(魔鬼)⑤贵(尊贵)⑤讳(隐瞒)纬(经纬)卉(花卉)①挥(指挥)辉(光辉)晖(日光)
	[u]	①威(权威)葳(葳蕤:草木茂盛枝叶下垂貌)⑤畏(畏惧)喂(喂奶)尉(上尉)慰(慰问)蔚(蔚为大观)②违(违反)围(包围)韦(姓)玮(玉名)炜(色红而有光泽)④伟(伟大)苇(芦苇)韪(好或正确的言行)⑥纬(经纬)胃(肠胃)谓(称谓)

[效摄]

中古音摄韵	温州话	字例
效开一豪韵	[ə]	①褒(褒奖)③保(保护)堡(碉堡)宝(宝贝)⑤报(报告)②袍(棉袍)④抱(怀抱)⑥暴(暴行)爆(爆炸)曝(曝光)菢(菢小鸡)②毛(毛发)牦(牦牛)④铆(铆钉)⑥冒(冒险)帽(帽子)①刀(刀片)叨(唠叨)③祷(祷告)岛(海岛)捣(捣乱)倒(打倒)⑤到(到达)倒(倒水)①滔(大浪滔天)绦(丝绦)韬(韬光养晦)③讨(讨论)⑤套(圈套)②桃(桃花)逃(逃避)淘(淘米)陶(陶器)淘(淘气)啕(嚎啕)掏(掏腰包)萄(葡萄)涛(浪涛)檮④道(道路)稻(早稻)⑥盗(强盗)导(引导)蹈(赴汤蹈火)悼(悼念)④脑(脑筋)恼(烦恼)瑙(玛瑙)②劳(劳动)捞(打捞)唠(唠叨)涝(洪涝)痨(痨病)牢(牢监)④老(老人)姥(姥爷)佬(厚佬)⑥涝(旱涝)①遭(遭遇)糟(糟糕)③早(早晨)枣(红枣)蚤(跳蚤)澡(洗澡)藻(水藻)⑤躁(急躁)灶(镬灶)噪(噪音)①操(操作)草(潦草)③草(青草)⑤操(体操)糙(粗糙)②曹(姓)槽(马槽)嘈(嘈杂)④皂(肥皂)造(造反)①骚(骚动)搔(搔痒)臊(臊气)缫(缫丝)缲(抽茧出丝)③嫂(嫂子)扫(祭扫)⑤扫(扫帚)燥(干燥)①高(高兴)膏(雪花膏)篙(竹篙)羔(羔羊)糕(年糕)皋(沼泽)睾(睾丸)③稿(文稿)搞(做)镐(十字镐)⑤告(告诉)③考(考试)拷(拷打)烤(烧烤)㧍(头㧍药)⑤靠(依靠)犒(犒劳)②熬(熬夜)遨(遨游)鳌(鳌江)翱(翱翔)⑥傲(高傲)①蒿(蒿草)薅(除田草)③好(爱好)⑤好(喜好)耗(耗费)②豪(豪杰)壕(战壕)毫(丝毫)嚎(嚎叫)号(呼号)④浩(浩大)⑥号(号数)①麈(麈战)爊(爊牛肉)③袄(棉袄)懊(懊恼)⑤奥(奥秘)澳(澳洲)岙(山岙)
效开二肴韵	[uɔ]	①包(包括)苞(含苞欲放)胞(同胞)③饱(吃饱)⑤豹(虎豹)趵(趵突泉)爆(爆米花)①抛(抛弃)泡(泡货)③跑(跑步)⑤炮(炮击)泡(水泡)疱(疱疹)②刨(挖掘)庖(庖丁)咆(咆哮)④鲍(姓)铇(刨床)①猫(猫儿)②茅(茅草)猫(猫狸)锚(抛锚)④卯(地支的第四位)⑥貌(相貌)②铙(古代军中乐器)挠(阻挠)⑥闹(热闹)⑤罩(口罩)①抓(抓紧)③爪(脚爪)找(寻找)⑤笊(笊篱)①抄(抄写)钞(钞票)剿(剿匪)缫(缫丝)③炒(炒菜)吵(争吵)②巢(巢穴)①梢(树梢)捎(捎带)稍(稍微)⑤哨(口哨)稍(稍息)潲①交(交通)郊(城郊)胶(橡胶)茭(茭笋)蛟(蛟龙)鲛(马鲛鱼)跤(摔跤)③绞(绞架)狡(狡辩)佼(佼佼者)铰(铰链)搅(搅拌)⑤教(教育)校(校对)较(比较)珓(珓杯)窖(酒窖)觉(睡觉)①敲(敲诈)敩(江蟹敩)③巧(巧妙)④咬(咬文嚼字)①哮(咆哮)⑤酵(新读)孝(孝敬)②肴(菜肴)淆(混淆是非)爻(卦的符号)⑥校(学校)效(效果)①凹(凹凸)坳(山间的平地)拗(嬉嬉拗起)③拗(棒儿拗断爻)⑤拗(两个人拗搭)
效开三宵韵	[ɛ]	①膘(膘壮)标(标准)膘(肥壮)镖(镖局)③表(外表)婊(婊子)錶(钟錶)①飘(飘扬)漂(漂亮)③漂(漂白)⑤票(车票)②瓢(瓜瓢)嫖(嫖客)④鳔(鱼鳔)②苗(树苗)描(描写)瞄(瞄准)④渺(渺茫)缈(缥缈)秒(分秒)淼(浩淼)藐(藐视)⑥庙(寺庙)妙(巧妙)②燎(燎原)⑥疗(医疗)①焦(焦急)蕉(香蕉)礁(礁石)樵(樵夫)憔(憔悴)谯(谯楼)椒(辣椒)朝(明朝)③剿(围剿)⑤醮(醮祭)①锹(铁锹)缲(缲边)超(高超)橇(雪橇)瞧(瞧见)悄(静悄悄)⑤俏(俏皮)峭(悬崖峭壁)①消(消防)霄(云霄)宵(良宵)硝(硝酸)销(报销)逍(逍遥)肖(姓)③小(小朋友)筱(小竹)⑤肖(生肖)笑(笑话)鞘(鞘里藏刀)②朝(朝

中古音摄韵	温州话	字例
		⑧潮(潮水)嘲(嘲笑)④赵(姓)兆(预兆)肇(肇事)⑥召(召开)①昭(昭彰)招(招呼)③沼(沼泽)⑤照(照顾)诏(诏书)①烧(燃烧)③少(多少)⑤少(少将)②韶(韶山)④绍(介绍)⑥邵(姓)②饶(富饶)桡(船桨)④绕(绕弯)⑥绕(线绕起)①骄(骄傲)娇(娇惯)③矫(矫正)⑤翘(翘舌音)②乔(乔装)侨(侨务)桥(桥梁)荞(荞麦)⑥轿(轿车)①嚣(嚣张)①夭(夭折)妖(妖魔)邀(邀请)腰(裤腰)要(要求)③舀(舀水)⑤要(重要)②摇(动摇)谣(谣言)窑(窑洞)徭(徭役)瑶(瑶族)遥(遥远)姚(姓)④扰(打扰)⑥耀(光耀)鹞(纸鹞)
效开四萧韵	[ɛ]	①刁(刁难)貂(貂皮)雕(雕刻)凋(凋敝)碉(碉堡)③鸟(鸟儿)⑤钓(钓鱼)吊(吊床)①挑⑤跳②条(条件)调(调羹)迢(千里迢迢)笤(笤帚)④掉(掉钞票)调(调头)⑥掉(掉落)调(声调)②聊(无聊)辽(辽宁)燎(燎原)僚(官僚)缭(缭绕)镣(脚镣)嘹(嘹亮)寥(寥廓)④了(了解)瞭(瞭望)⑥料(原料)廖(姓)①萧(姓)箫(玉箫)潇(潇洒)③浇(浇灌)③缴(缴费)侥(侥幸)激(感激)饺(饺儿)铰(铰刀)⑤叫(叫嚣)⑤窍(窍门)①枭(枭雄)骁(骁勇)④嬲(烦扰)①幺(幺二三)吆(吆喝)③杳(杳无音讯)
	[ia]	①蛲(蛲虫动)②尧(尧舜)饶(上饶)蛲(蛲虫)⑥尿(输尿管)③晓(春晓)

[流摄]

中古音摄韵	温州话	字例
流开一侯韵	[au]	①兜(裤兜)③斗(北斗)抖(抖动)蚪(蝌蚪)陡(陡门)⑤斗(斗争)①偷(偷窃)③敨(展开)⑤透(透明)②投(投资)①镂(镂空)搂(搂抱)②楼(楼房)娄(姓)髅(骷髅)喽(喽啰)褛(褴褛)④篓(渔篓)搂(搂抱)⑥漏(漏洞)陋(简陋)③走(走路)⑤奏(演奏)揍(挨揍)③掫(伺机)⑤凑(凑合)③叟(年老的男人)⑤嗽(咳嗽)①勾(勾结)钩(铁钩)沟(沟通)狗(猎狗)苟(苟且)垢(污垢)诟(诟病)枸(枸杞)⑤够(能够)构(结构)购(购买)媾(媾和)篝(篝火)①抠(抠门)③口(口头)⑤扣(折扣)叩(叩门)寇(贼寇)蔻(豆蔻年华)④藕(荷的根茎)偶(偶像)⑥偶(偶然)⑤吼(怒吼)佝(佝背)鲎(虹)②侯(侯爵)喉(喉咙)猴(猴头)④后(皇后)厚(忠厚)後(前後)④厚(厚佬;白读)⑥候(时候)逅(邂逅)①区(姓氏)欧(欧洲)瓯(瓯江)讴(讴歌)殴(殴打)鸥(海鸥)③呕(呕吐)⑤怄(怄气)沤(久浸水中)⑥逗(逗号)腔(圆脂衫)窦(姓)读(句读)
	[əu]	②头(头脑)骰(骰子)⑥豆(黄豆)逗(逗留)痘(痘苗)荳(荳蔻)
	[ə]	③剖(剖白)②掊(敛取)④亩(田亩)牡(牡丹)⑥戊(天干第五位)茂(茂盛)贸(贸易)袤(纵长)
	[o]	④某(某某)母(母亲)拇(拇指)
流开三尤韵	[ə]	③否(否则)②浮(浮肿)蜉(蚍蜉:大蚁)④阜(土山)缶(瓦器)⑥复(复兴)②谋(计谋)蛑(蛑贼)
	[əu]	②流(河流)刘(姓)留(留心)榴(石榴)瘤(肿瘤)硫(硫酸)琉(琉璃)④柳(杨柳)绺(丝缕合成的线)⑥溜(溜梯)馏(蒸馏)
	[iəu]	①溜(滑溜)遛(遛狗)抑(抑痒)①舟(方舟)揪(揪心)③酒(酒店)⑤咒(诅咒)昼(日昼)①秋(秋天)湫(龙湫)鞦(鞦韆)⑤臭(乌焦臭)①修(修理)脩(干肉)羞(害

中古音摄韵	温州话	字例
		羞(馐珍馐)⑤秀(优秀)绣(刺绣)锈(生锈)宿(星宿)兽(野兽)②囚(囚犯)酉(酉长)⑥宙(宇宙)③肘(手肘)①抽(抽象)③丑(地支第二位)②绸(绸缎)稠(稠密)惆(惆怅)遒(遒劲)筹(筹备)踌(踌躇)④纣(纣王)①周(周围)赒(救济)州(温州)洲(澳洲)③帚(扫帚)醜(丑陋)①收(丰收)③手(手段)首(首领)守(守卫)②雠(校雠)仇(仇恨)酬(报酬)④受(接受)授(授权)绶(丝带)②柔(温柔)揉(使木弯曲或伸直)蹂(践踏)泅(泅河儿)⑥袖(衫袖)寿(长寿)授(教授)售(售楼)就(成就)
	[au]	②牛(牛马)①搜(搜索)飕(风声)艘(用于船只计数)馊(酸臭味)⑤瘦(瘦弱)漱(含水洗荡口腔)②愁(忧愁)①邹(姓)⑤皱(皱眉头)绉(绉纱)⑥胄(甲胄)骤(步骤)篘(篘园)
	[iau]	①扭(扭一把)④扭(拧)纽(纽约)钮(钮扣)①赳(雄赳赳)阄(拈阄)鸠(斑鸠)③九(数词)久(永久)玖(九的大写)韭(韭菜)灸(针灸)咎(咎由自取)⑤救(救助)究(究竟)枢(灵枢)厩(马厩)①丘(丘陵)蚯(蚯蚓)邱(姓)③揂(揂新媳妇)②求(要求)球(排球)仇(姓氏)裘(御寒的毛皮衣服)虯(传说中一种无角龙)④臼(捣臼)舅(舅父)⑥旧(新旧)①休(休息)③朽(腐朽)⑤嗅(嗅觉)臭(铜臭)①优(优秀)忧(忧虑)悠(悠久)②尤(尤其)邮(邮政)由(理由)油(石油)犹(犹豫)游(游泳)蝤(蝤蛑儿)蚰(蚰蜒)④有(所有)友(朋友)酉(地支第十位)莠(良莠)诱(引诱)⑥又(副词)右(左右)佑(保佑)柚(柚子)釉(釉陶)鼬(鼬鼠:俗称黄鼠狼)
	[uɔ]	②矛(矛盾)
	[øy]	④妇(妇女)⑤富(富贵)副(副手)
	[u]	④负(胜负)
	[ɛ]	廖
流开三幽韵	[ɛ]	①彪(林彪)②缪(绸缪)⑥谬(荒谬)
	[əu]	①丢(丢弃)
	[iau]	③纠(纠正)①幽(幽默)③黝(黝黑)蚴(蚴虬)⑤幼(幼稚)

第二节 阳声韵

[咸摄]

中古音摄韵	温州话	字例
咸开一覃韵	[a]	①耽(耽心)②谭(姓)函(信函)涵(内涵)
	[ø]	①贪(贪污)⑤探(探索)潭(水潭)②南(南北)男(男女)喃(呢喃)楠(楠溪江)②婪(贪婪)④滲(汁)①参(参加)③惨(悲惨)蚕(蚕桑)③感(感激)①堪(难堪)龛(佛龛)②砍(砍伐)坎(坎坷)侃(侃侃而谈)⑤勘(勘探)瞰(俯视)阚(远看)②含(包含)④颔(面颔)⑥撼(震撼)憾(遗憾)①庵(庵堂)鹌(鹌鹑)谙(熟悉)③揞(揞火)⑤暗(暗暗)黯(深黑)
咸开一谈韵	[a]	①担(负担)③胆(胆量)疸(风疸)⑤担(担子)石(一石米)①坍(坍方)③毯(地毯)②谈(谈话)痰(痰唾)④淡(冲淡)②蓝(蓝色)篮(篮球)岚(山林中的雾气)褴

中古音摄韵	温州话	字例
		(褴褛)幡(幡幞)斓(斓弹)④览(展览)揽(独揽)榄(橄榄)⑥滥(泛滥)缆(电缆)②惭(惭愧)⑥暂(暂时)④錾(小凿)①三(数词)叁(三的大写)
	[ø]	①甘(甘蔗)柑(柑桔)泔(馂泔)③敢(勇敢)橄(橄榄)⑤淦(水名)赣(江西简称)①酣(酣酣沉沉)蚶(花蚶)憨(憨里憨气)③喊(喊采)③揞(掩住,事干揞在底)
咸开二咸韵	[a]	⑥站(车站)④湛(湛江)⑥赚(错也)③斩(处斩)崭(崭新)⑤蘸(将物体浸入水中)①逸(逸言)馋(馋嘴)①杉(杉树)①尴(尴尬)缄(捆扎)③减(减少)碱(碱性)硷(含氢氧根的化合物的统称)②咸(皆)鹹(像盐那样的味道)⑥陷(陷阱)馅(馅饼)
咸开二衔韵	[a]	①搀(搀扶)⑤忏(忏悔)③衫(衫袖)①监(监视)⑤监(太监)鉴(鉴定)①嵌(镶嵌)①槛(门槛)②岩(岩石)③舰(兵舰)②衔(头衔)
咸开三盐韵	[i]	③贬(贬低)①粘(胶合)黏(胶黏)②帘(窗帘)廉(清廉)镰(镰刀)奁(盛梳妆用品的器具)④脸(脸色)敛(收敛)⑥殓(给死者穿衣入棺)①尖(尖锐)歼(歼灭)①签(签名)③谄(谄谀)⑤堑(沟壑)①纤(纤维)①潜(潜伏)④渐(逐渐)①沾(沾边)①詹(姓)瞻(高瞻远瞩)占(占卜)⑤占(占领)③陕(陕西)闪(腰闪着)②蟾(蟾蜍：癞蛤蟆)④染(感染)冉(渐进)髯(胡须)③检(检查)捡(拾捡)睑(眼皮)②钳(火钳)黔(黔驴技穷)钤(铃印)④俭(勤俭)⑥验(试验)③险(冒险)①奄(奄奄一息)淹(淹死)阉(阉割)腌(用盐渍食物)醃(用盐浸渍食物)③掩(掩护)②炎(发炎)②盐(名词)阎(姓)檐(檐头下)⑥艳(鲜艳)盐(动词)焰(火焰)赡(供养)
咸开三严韵	[i]	⑤剑(宝剑)⑤欠(欠账)②严(严格)④俨(恭敬庄重)⑥酽(茶、酒等饮料味厚)③魇(做噩梦)厣(螺类甲壳口圆片状的盖)⑤厌(厌烦)恹(精神萎靡)餍(吃饱)
咸开四添韵	[i]	①掂(掂量)踮(脚踮起)③点(地点)玷(玷污)⑤店(商店)惦(惦记)①添(增添)③舔(舔舌头)忝(忝污：玷污)⑤捻(捻灯芯)棯(棯米)②甜(甜味)恬(恬静)④簟(软簟)①拈(拈花一笑)娘(阿娘)妮(女孩)②鲇(鲇鱼)鲶(鲶鱼)⑥念(纪念)捻(捏揉)①兼(兼并)搛(大量搛菜)①谦(谦虚)①歉(道歉)②嫌(嫌疑)
咸合三凡韵	[a]	⑤泛(广泛)②凡(平凡)帆(船帆)④范(姓)犯(犯罪)⑥梵(梵文)

[深摄]

中古音摄韵	温州话	字例
深开三侵韵	[əŋ]	③禀(禀告)③品(品德)②林(森林)淋(淋巴)琳(琳琅)霖(甘霖)临(光临)④檩(桁条)凛(凛冽)廪(仓库)
	[ø]	①簪(碧玉簪)①参(参差)
	[aŋ]	⑥赁(租赁)⑤浸(浸泡)①侵(侵略)③寝(寝室)⑤吣(胡说)①心(心脏)②寻(寻找)②沉(沉没)岑(山峰)①森(森林)参(人参)⑤渗(渗透)①针(方针)斟(斟酌)①箴(箴言)砧(板砧)③枕(枕头)⑤枕(以头枕物)(动词)④葚(桑树果实)①深(深刻)③沈(姓)③审(审判)婶(大婶)④甚(甚至)⑥任(任务)妊纴(织布帛的丝缕)衽(衣襟)
	[iaŋ]	②任(任性)壬(天干的第九位)①今(今天)金(黄金)禁(弱不禁风)襟(衣襟)③锦(锦绣)⑤禁(禁止)①钦(钦佩)衾(大被)⑤撳(用手按)②琴(钢琴)芩(黄芩)岑(岑寺巷)禽(禽兽)擒(力擒)⑥妗(舅母)噤(噤若寒蝉)①吟(吟唱)①音(音乐)阴(阴阳)荫(树荫)③饮(饮料)⑤窨(窨井)荫(坟荫)②淫(奸淫)

[山摄]

中古音摄韵	温州话	字例
山开一寒韵	[a]	①丹(炼丹)单(单独)③掸(掸新)诞(圣诞)⑤旦(元旦)①摊(饭摊)滩(海滩)瘫(瘫痪)③坦(坦白)袒(袒护)⑤炭(煤炭)碳(碳酸)叹(叹气)②檀(檀香)坛(花坛)弹(弹琴)⑥但(但是)弹(子弹)蛋(鸡蛋)坦(道坦)②难(困难)⑥难(患难)⑧捺(笔捺)②兰(兰花)拦(阻拦)栏(栏杆)阑(门前栅栏)澜(波澜)④懒(懒惰)灡(口灡水)⑥烂(腐烂)⑤赞(赞美)瓒(瓒瓒渧)①餐(用餐)⑤灿(灿烂)璨(璀璨)②残(残暴)①珊(珊瑚)③散(散开)伞(雨伞)⑤散(分散)
	[ø]	①看(看守)刊(刊物)⑤看(看见)
	[y]	①干(干燥)肝(心肝)竿(竹竿)乾(乾燥)③秆(麦秆)杆(电线杆)擀(擀面杖)赶(赶快)⑤干(干活)幹(幹部)①骭(骭起)③罕(稀罕)汉(汉族)罕(穆罕默德)②寒(寒冷)韩(姓)邯(邯郸)④旱(大旱)⑥岸(海岸)汗(汗水)悍(勇敢)捍(捍卫)焊(焊接)翰(翰林)①安(平安)桉(桉树)鞍(马鞍)⑤按(按语)案(档案)
山开二山韵	[a]	⑤扮(扮演)瓣(豆瓣酱)⑥办(办公)⑤盼(盼望)瓣(花瓣)⑤绽(绽开)③盏(灯盏)③产(生产)铲(铁铲)②潺(流水潺潺)孱(薄弱)④鳏(水鳏:龙头鱼)①山(山峰)潸(潸然泪下)③产(生产)①艰(艰难)间(中间)③简(简单)裥(打裥)柬(短柬)拣(拣选)⑤间(间接)①眼(眼眼)③眼(一眼眼)④眼(眼睛)②闲(空闲)娴(娴雅)④限(限制)
山开二删韵	[a]	①班(班级)斑(色斑)颁(颁布)扳(扳手)③板(黑板)版(出版)舨(舢舨)阪(大阪)钣(钣金工)①攀(攀登)⑤襻(系衣裙的带)②片(柴片)①妈(对母亲的面称)吗(助词)蛮(蛮好)③妈(对母亲的面称)⑤妈(对母亲的面称)慢(慢慢走)②蛮(野蛮)⑥慢(快慢)谩(谩骂)⑥栈(客栈)①删(删改)栅(栅栏)①读(白读)疝(疝气)舢(舢舨)①奸(汉奸)姦(强姦)⑤谏(直谏)涧(涧谷)铜(杀手铜)②颜(颜色)⑥雁(雁荡)赝(赝品)⑤晏(晏公殿巷)
山开三仙韵	[i]	①鞭(鞭策)编(编辑)⑤变(变化)①篇(诗篇)偏(偏远)扁(一叶扁舟)翩(翩翩起舞)⑤骗(欺骗)②便(便宜)④辨(辨别)辩(辩论)⑥汴(汴梁:开封别称)下(法度)便(方便)②绵(绵长)棉(棉花)④免(避免)勉(勉励)娩(分娩)鲶(鲶鱼)冕(冠冕)缅(缅甸)湎(沉湎)浘⑥面④碾(碾压)②连(连接)涟(涟漪)联(联合)④辇(人拉的车)①煎(煎熬)③剪(剪刀)翦(斩断)⑤箭(弓箭)溅(飞溅)①迁(迁移)③浅(深浅)阐(阐发)②钱(新读)④践(实践)贱(卑贱)钱(钱别)①仙(仙人)鲜(新鲜)③癣(皮癣)藓(苔藓)⑤线(线路)腺(汗腺)②涎(口水)蜒(蜿蜒)⑥羡(羡慕)③展(展览)辗(辗转)②缠(纠缠)①氈(毛氈)⑤战(战斗)颤(颤抖)①搧(搧动)⑤扇(电扇)②蝉(蝉虫)禅(坐禅)婵(婵娟)焉(语尾助词)沿(沿江)④善(慈善)缮(修缮)单(单于)衍(敷衍)⑥膳(膳食)单(姓氏)擅(擅自)②然(当然)燃(燃烧)③遣(差遣)谴(谴责)②乾(乾坤)虔(虔心)捐(捐客)钱(姓)④件(文件)⑥缠(缠绕)偈(勇武)⑥彦(贤士)谚(谚语)①鄢(食物不新鲜)嫣(嫣然一笑)⑤堰(挡水的低坝)偃(仰卧)②延(延长)筵(酒筵)④演(演出)
山开三元韵	[i]	①犍(犍牛)③建(建设)④键(键盘)⑥健(健康)腱(肌腱)①言(言语)唁(吊唁)①轩(有窗户的长廊)掀(掀翻)⑤宪(宪法)献(贡献)
山开四先韵	[i]	①边(边疆)蝙(蝙蝠)③扁(扁担)匾(匾额)⑤遍(普遍)⑤片(片面)②辫(辫子)②眠(睡眠)④丏(遮蔽)⑥麵(米麵)①颠(颠倒)癫(疯癫)巅(山巅)③典(字典)碘(碘酒)①天(天堂)③腆(腆肚子)觍(羞愧)②田(田地)填(填充)⑥电(电器)

中古音摄韵	温州话	字例
		殿(佛殿)奠(奠基)佃(佃农)甸(伊甸)钿(铜钿)淀(沉淀)癜(白癜风:皮肤病的一种)钱(铜钱)垫(坐垫)②年(年成)④撵(撵走)①怜(怜悯)莲(莲花)⑥炼(锻炼)练(练习)鍊(冶炼)楝(楝树)链(链条)①笺(信笺)⑤荐(推荐)①千(千万)阡(阡陌)纤(纤夫)②前(前进)①先(先后)①肩(肩膀)坚(坚定)③茧(蚕茧)跣(脚跣)筅(筅水)⑤见(看见)牮(撑屋使不倾斜)①牵(牵制)⑤茜(茜草)②研(研究)⑥砚(墨砚)③显(明显)筅(筅帚)②贤(先贤)弦(弓弦)舷(船舷)⑥现(现身)①烟(烟囱)胭(胭脂)湮(埋没)⑤燕(燕子)嚥(吞嚥)宴(宴会)
山合一桓韵	[ø]	①般(一般)③瓯(破瓦)⑤半(对半)绊(绊马索)①潘(姓)番(番禺)拚(拚命)⑤判(审判)②搬(搬运)盘(方向盘)磐(磐石)④伴(伴侣)拌(拌嘴)畔(湖畔)⑥叛(叛徒)②瞒(隐瞒)馒(馒头)鳗(鳗鱼)谩(蒙蔽)④满(满足)螨(螨虫)懑(愤懑)⑥幔(帷幔)漫(漫水)镘(钱币的背面)①端(端正)③短(长短)碫(石碫)⑤断(决断)锻(锻炼)镦(冷镦)①湍(湍急)③疃(村庄)②团(集团)④断(断续)⑥段(段落)缎(绸缎)椴(短木桩)④暖②弯銮(金銮殿)峦(山峦)孪(孪生)滦(开滦)④卵(卵袋)⑥乱(混乱)①钻(钻洞)③纂(编辑)攒(积聚)⑤钻(钻孔)①尒⑤窜①酸(硫酸)⑤算(算术)蒜(大蒜)⑥玩(玩具)
	[y]	①官(官僚)棺(棺材)倌(堂倌)观(观察)冠(皇冠)昆(灵昆)③管(管理)馆(饭馆)莞(东莞)⑤贯(贯彻)灌(灌溉)罐(罐头)观(寺观)冠(冠军)③款(公款)①欢(欢迎)⑤唤(呼叫)焕(焕发光彩)瘓(瘫痪)桓(表柱)垣(矮墙)完(完全)丸(药丸)④缓(缓慢)①豌(豌豆)剜(剜肉补疮)③碗(饭碗)⑤腕(手腕)惋(惋惜)
	[a]	①宽(宽阔)髋(髋骨)⑥换(交换)
	[øy]	玩
山合二山韵	[a]	①鳏(鳏夫)②顽(顽皮)⑤幻(幻灯)
山合二删韵	[ø]	⑤篡(用强力夺取)④撰(编撰)①闩(门闩)拴(捆绑)⑤涮(洗涤)
	[a]	①关(关心)⑤惯(习惯)②还(还原)环(环境)寰(寰球)⑥患(患难)换(交换)豢(豢养)①弯(弯曲)湾(港湾)皖(安徽简称)莞(莞尔而笑)⑤宦(宦官)
山合三仙韵	[y]	②全(全面)泉(泉水)①宣(宣传)萱(萱草:忘忧草)③选(选举)⑤渲(渲染)⑥旋(旋风)璇(美玉)镟(回旋着切削)③转(转眼)⑤转(转移)②传(传播)椽(椽子)④篆(篆字)⑥传(传记)①专(专门)砖(砖头)①穿(贯穿)川(山川)圈(圆圈)③喘(喘息)⑤串(串通)②船(船员)④软(软件)③卷(卷筒)圈(猪圈)⑤眷(家眷)卷(考卷)绢(丝绢)②拳(拳头)权(权利)颧(颧骨)⑥倦(疲倦)蜷(蜷缩)②员(员工)圆(团圆)⑥院(医院)媛(美女)②缘(缘分)①捐(捐献)镌(镌刻)
	[i]	⑥恋(初恋)沿
山合三元韵	[a]	①番(轮番)翻(翻身)③反(反对)返(返回)⑤贩(贩卖)②烦(烦恼)藩(曾国藩)蕃(繁殖)矾(明矾)樊(姓)繁(繁荣)④晚(早晚)挽(挽回)⑥饭(吃饭)万(万年青)④晚(晚稻)挽(挽联)⑥万(千千万万)蔓(蔓菁)曼(柔美)⑥漫(浪漫)
	[y]	⑤劝(劝告)券(契券)②元(公元)原(原来)源(来源)阮(姓)⑥愿(愿望)①喧(喧哗)楦(鞋楦)①冤(冤枉)鸳(鸳鸯)宛(大宛)苑(花苑)⑤怨(埋怨)②袁(姓)辕(辕门)猿(猿猴)园(公园)援(援助)④远(远洋)堯隽(隽永)
山合四先韵	[y]	③犬(军犬)②玄(玄机)悬(悬殊)⑥县(市县)眩(眩目)①渊(渊源)

[臻摄]

中古音摄韵	温州话	字例
臻开一痕韵	[ø]	①吞(吞咽)②痕(痕迹)①恩(恩典)
	[aŋ]	①吞(慢吞吞)①根(根据)跟(脚下跟头)①跟(跟从)⑤艮(八卦之一)③垦(开垦)恳(诚恳)①痕(伤痕)⑥恨(仇恨)③很(甚)狠(凶狠)
臻开三真韵	[əŋ]	①彬(彬彬有礼)宾(贵宾)槟(槟榔)滨(湖滨)缤(缤纷)嫔(嫔妃)髌(膝盖骨)斌(文武兼备)濒(濒临)⑤殡(殡葬)鬓(两鬓)摈(摈弃)②贫(贫穷)频(频率)颦(皱眉)②民(人民)岷(岷山)旻(天空)④闽(福建的简称)悯(怜悯)敏(灵敏)抿(合拢)泯(泯灭)黾(黾勉)②邻(邻居)鳞(鱼鳞)磷(磷矿)麟(麒麟)⑥吝(吝啬)躏(蹂躏)
	[aŋ]	①津(天津)③缙(麻缂)⑤进(进步)晋(晋级)①亲(亲戚)⑤亲(亲家)②秦(秦始皇)④尽(尽量)饪(烹饪)⑥蜃(海市蜃楼)烬(灰烬)刃(刀刃)纫(缝纫)认(认真)①辛(辛苦)莘(莘莘学子)新(新旧)薪(薪水)⑤信(信仰)讯(电讯)汛(江湖定期涨水)迅(迅速)囟(囟门)①珍(珍贵)⑤镇(镇压)⑤趁(趁早)②陈(姓)尘(灰尘)臣(臣子)⑥阵(阵地)①榛臻(达到)⑤衬(衬衫)①真(真正)③诊(门诊)疹(麻疹)⑤振(振动)震(震动)赈(赈灾)②神(神灵)①身(身体)申(申请)伸(伸手)绅(绅士)娠(怀孕)②辰(地支第五位)晨(清晨)娠(妊娠)④肾(肾脏)⑥慎(谨慎)②人(人民)仁(仁义)
	[iaŋ]	②人(新儒人)④忍(忍耐)⑥刃(刀刃)认(认真)韧(坚韧)①巾(毛巾)③紧(紧张)⑥仅(不仅)②银(银行)龈(牙龈)⑤衅(挑衅)①因(因为)姻(婚姻)咽(咽喉)茵(绿茵)⑤印(印刷)②寅(地支第三位)④引(引导)蚓(蚯蚓)
臻开三殷韵	[iaŋ]	①斤(斤两)筋(牛筋)③谨(谨慎)⑤靳(姓)劲(使劲)②勤(勤奋)芹(芹菜)④近(远近)①欣(欢欣)掀(掀开)①殷(殷勤)③隐(隐藏)
臻合一魂韵	[aŋ]	①奔(奔跑)③本(根本)畚(畚斗)①喷(喷水)⑤喷(喷香)⑥笨(愚笨)垒(垒尘)②门(大门)们(我们)扪(扪心自问)①闷(烦闷)焖(焖熟)⑤吨(一吨重)顿(牛顿)扽(猛拉)②饨(馄饨)④沌(混沌)盾(盾牌)①昆(昆仲)崑(崑山)③滚(滚动)衮(帝王穿的礼服)绲(绲花边)⑤棍(棍棒)諢(用秽语骂人)①昆(昆剧)崑(崑崙)坤(乾坤)③捆(成捆)綑(綑缚)⑤困(困难)睏(睏睡)①昏(昏君)②馄(馄饨)④混(混合)浑(浑身)①温(温吞)
	[ø]	②盆(盆碗)溢(水涌溢)①敦(伦敦)墩(蒲墩)①蹲(蹲点)②屯(屯兵)沌(沌沌:水流貌)豚(豚特:小猪)臀(臀部)④囤(囤积)⑥钝(迟钝)遁(遁形)⑥嫩(幼嫩)②论(论语)⑥论(讨论)①尊(尊敬)樽(盛酒器)③撙(撙用)①村(村庄)③忖(揣度)㶷(浮在水面)⑤寸(尺寸)②存(存在)①孙(子孙)③损(损失)⑤逊(谦逊)巽(八卦之一)
	[y]	①昏(黄昏)婚(婚姻)②魂(灵魂)①温(温州)瘟(瘟疫)③稳(稳定)
臻合三谆韵	[aŋ]	②仑(昆仑)伦(伦理)沦(沦陷)轮(轮船)囵(囫囵吞枣)纶(涤纶)⑤迅(迅速)
	[oŋ]	②纯(单纯)莼(莼菜)醇(酒味醇厚)淳(深厚)
	[ioŋ]	①遵(遵守)⑤俊(俊杰)峻(陡峭)骏(骏马)①皴(皴皮)①荀(姓)询(询问)③隼(鸟名)榫(榫头)笋(冬笋)⑤浚(疏浚)②唇(嘴唇)旬(中旬)徇(徇私舞弊)循(循环)巡(巡逻)纭(纷纭)耘(耕耘)⑥殉(以身殉职)⑥顺(顺利)①椿(香椿)

中古音摄韵	温州话	字例
		①肫(鸡肫)③准(准备)準(基準)①春(春秋)③蠢(愚蠢)④盾(矛盾)⑤舜(尧舜)瞬(瞬刻)⑥闰(闰月)润(利润)①均(平均)钧(雷霆万钧)②窘(窘迫)菌(细菌)②匀(均匀)③允(允许)尹(古代官的通称)
臻合三文韵	[aŋ]	①分(分开)吩(吩咐)芬(芬芳)纷(纠纷)氛(气氛)③粉(粉碎)⑤粪(粪坑)奋(奋斗)②文(文化)纹(花纹)蚊(蚊蝇)闻(新闻)焚(焚烧)坟(坟墓)④吻(吻别)刎(自刎)愤(愤怒)忿(气忿)⑥问(提问)份(身份)闻(见闻)分(分格)紊(紊乱)②蚊(白读)明(明年)⑥问(白读)
	[ioŋ]	①君(君子)军(军队)②群(群众)裙(裙带)⑥郡(郡城)①勋(功勋)熏(火烟上出)薰(香草名)⑤训(训练)①熨(用熨斗之类烫平衣物)蕴(蕴藏)恽(姓)⑤酝(酝酿)②云(子曰诗云)雲(云彩)⑥韵(音韵)运(运动)晕(晕车)
	[y]	①荤(荤菜)

[宕摄]

中古音摄韵	温州话	字例
宕开一唐韵	[uɔ]	①帮(帮助)③榜(榜样)膀(翼膀)⑤谤(诽谤)①滂(滂沱)膀(鼓起)③髈(髈蹄)②旁(旁边)螃(螃蟹)膀(膀胱)镑(英镑)磅(磅秤)彷(彷徨)傍(傍大款)②忙(匆忙)芒(光芒)茫(渺茫)氓(流氓)虻(牛虻)④莽(莽撞)蟒(蟒蛇)①当(应当)铛(银铛)裆(裤裆)③党(政党)挡(抵挡)⑤当(典当)档(档案)①汤(菜汤)③倘(倘若)淌(流淌)躺(躺下)⑤烫(烫伤)趟(一趟)②堂(公堂)棠(海棠)膛(胸膛)螳(螳螂)唐(姓)糖(红糖)塘(塘河)溏(溏泄)④荡(荡口)宕(屋宕)⑥宕(宕地)荡(放荡)②囊(胆囊)④曩(先时)②郎(儿郎)廊(走廊)狼(狼狗)琅(琳琅)锒(银铛)螂(蟑螂)④朗(朗读)⑥浪(波浪)①脏(肮脏)赃(赃款)藏(臧否)藏(藏青)⑤葬(埋葬)①仓(仓库)苍(苍蝇)②藏(隐藏)藏(西藏)脏(内脏)①桑(桑叶)丧(婚丧)③嗓(嗓子)搡(推搡)磉(磉础)⑤丧(丧失)①冈(冈子:不高的山)岗(山岗)刚(刚才)纲(纲领)钢(钢铁)缸(水缸)⑤杠(床杠)①康(健康)糠(米糠)慷(慷慨)⑤抗(对抗)炕(火炕)伉(伉俪)亢(亢奋)园(藏)②昂(昂首挺胸)①夯(打夯)②行(银行)航(航海)杭(杭州)①肮(肮脏)
宕开三阳韵	[i]	②娘(姑娘)⑥酿(酿酒)②良(良好)凉(清凉)量(量长短)粮(粮食)梁(桥梁)梁(高梁)④两(斤两)辆(车辆)俩(伎俩)魉(魍魉)⑥亮(光亮)谅(原谅)量(数量)⑥靓(靓妹)①将(将来)浆(浆糊)③蒋(姓)奖(颁奖)桨(船桨)⑤酱(酱油)浆(浆洗)将(大将)①枪(枪支)③抢(抢劫)⑤呛(呛人)②墙(墙壁)蔷(蔷薇)⑥匠(工匠)①相(互相)箱(暗箱)厢(车厢)湘(湖南的简称)①襄(除去)镶(镶嵌)③想(想象)⑤相(宰相)②详(详细)祥(吉祥)④象(想象)像(偶像)橡(橡胶)①张(纸张)③长(生长)涨(潮涨)⑤帐(床帐)账(明细账)胀(肿胀)⑤畅(畅快)②长(长短)肠(肚肠)场(广场)④丈(丈尺寸)仗(打仗)杖(手杖)①章(章程)樟(樟树)彰(表彰)障(障碍)蟑(蟑螂)漳(漳州)⑤幛(寿幛)障(板障)瘴(瘴气)①掌(巴掌)③掌(掌握)①昌(昌盛)菖(菖蒲)娼(娼妓)猖(猖狂)③厂(茅棚厂儿)⑤唱(唱歌)倡(提倡)①商(商店)伤(伤害)殇(未至成年死)③赏(观赏)晌(晌午)饷(军饷)②常(经常)嫦(嫦娥)尝

中古音摄韵	温州话	字例
		(尝试)裳(衣裳)偿(赔偿)④上(上山)⑥尚(高尚)上(上面)②瓤(红瓤)④壤(土壤)攘(排斥)嚷(叫嚷)⑥让(转让)①疆(边疆)僵(倒下)礓(礓石)缰(拴牲口的绳子)姜(生姜)③襁(背负婴儿用的宽带)①羌(羌族)锵(金玉等撞击声)③昶(日长)敞(敞开)②强(强壮)④强(强迫)犟(牛犟)④仰(敬仰)①香(芳香)乡(城乡)③鲞(鳗鲞)③享(享受)响(音响)⑤向(方向)①央(中央)秧(秧歌)殃(遭殃)鸯(鸳鸯)③养(营养)氧(氧气)②羊(羊群)徉(徜徉)洋(海洋)垟(田野)烊(融化)阳(阳光)杨(姓)扬(表扬)旸(日出)疡(溃疡)翔(飞翔)徜(徜徉)④痒(痒痒)⑥样(样板)仗(炮仗)恙(疾病)漾(水流长)
	[uɔ]	①庄(庄严)装(武装)妆(化妆)⑤壮(强壮)①疮(疮疤)沧(沧海)舱(船舱)创(创伤)⑤创(创造)③爽(凉爽)⑤爽(直爽)
	[yɔ]	②床⑥状(告状)①闯①霜(霜冻)孀(寡妇)①妆(妆灵清)装(假装)⑤壮(肥胖)
宕合一唐韵	[uɔ]	①光(光明)胱(膀胱)③广(广阔)⑤旷(旷课)⑤矿(矿产)圹(扩野)①荒(饥荒)慌(慌忙)肓(病入膏肓)③谎(谎言)晃(明亮)幌(幌子)②黄(黄色)簧(双簧)潢(装潢)磺(硫磺)皇(皇帝)蝗(蝗虫)煌(辉煌)惶(惶恐)隍(城隍)凰(凤凰)①汪
宕合三阳韵	[uɔ]	①方(方向)肪(脂肪)芳(芬芳)妨(妨碍)坊(街坊)③倣(做效)仿(仿佛)彷(彷佛)纺(纺织)访(访问)⑤放(解放)②房(房屋)防(消防)亡(流亡)④罔(置若罔闻)惘(惘然)魍(魍魉)⑥忘(健忘)妄(狂妄)望(希望)旺(兴旺)④网(网络)
	[yɔ]	⑥逛(逛街)①匡(端正)筐(篮筐)诓(诓骗)眶(眼眶)框(门框)②狂(疯狂)⑤况(情况)③枉(冤枉)②王④往

[江摄]

中古音摄韵	温州话	字例
江开二江韵	[uɔ]	①邦(联邦)③绑(捆绑)梆(梆子)①胖(肿胀)⑤胖(心宽体胖)(发胖)②庞(庞大)④庞(姓氏)棒(棍棒)蚌(象鼻蚌)①江(瓯江)扛(扛鼎之作)豇(豇豆)肛(肛门)③讲(讲话)港(香港)⑤降(降落)杠(敲竹杠)④项(项目)⑥巷(巷弄)
	[yɔ]	①庄(坐庄)桩(打桩)⑥撞(撞钟)①窗(窗户)①双(双方)
	[i]	①腔(腹腔)②降(投降)

[曾摄]

中古音摄韵	温州话	字例
曾开一登韵	[oŋ]	①崩(崩溃)甏(凸起)⑤迸(白读,迸卵个)嘣(破裂)蹦(怒跳)②朋(朋友)棚(牛棚)鹏(鹏程万里)硼(硼酸)
	[aŋ]	①登(登记)灯(灯笼)③等(等待)⑤凳(矮凳)瞪(瞪大眼睛)蹬(脚蹬)⑤瞪(眼灵珠瞪起)②腾(奔腾)藤(藤椅)滕(姓)誊(誊写)疼(疼痛)⑥邓(姓)②能(能力)②楞(楞角)①曾(姓氏)增(增加)憎(憎恶)⑤蹭(磨蹭)②曾(曾经)层(层次)⑥赠(赠送)①僧(唐僧)⑤亘(亘古)①啃(啃咬)③肯(肯定)恒(永恒)姮(姮娥)
曾开三蒸韵	[əŋ]	①冰(冰冻)凭(凭借)陵(陵园)凌(凌冽)棱(棱镜)绫(绫罗)菱(黄菱)①征(特征)徵(徵兆)蒸(蒸笼)癥(癥结)③拯(拯救)⑤证(证明)症(症状)②澄(澄清)

中古音摄韵	温州话	字例
		橙(橙色)惩(惩罚)澂(水清而静)⑥瞪(瞪目结舌)铛(铛亮)①称(称呼)⑤称(相称)秤(银秤)②乘(加减乘除)绳(绳索)塍(田塍)承(承认)丞(丞相)仍(仍旧)⑥剩(剩余)嵊(嵊州)乘(千乘之国)①升(升迁)胜(不胜)⑤胜(胜利)①扔(扔包)①乒(乒乓)
	[iaŋ]	②凝(凝固)①兴(兴盛)鑫(人名用字)③兴(作兴)⑤兴(高兴)①应(应该)鹰(老鹰)蝇(苍蝇)⑤应(响应)⑥孕(孕妇)
曾合一登韵	[oŋ]	②弘

[梗摄]

中古音摄韵	温州话	字例
梗开二庚韵	[ɛ]	①烹(烹饪)②彭(姓)膨(膨胀)②盲(文盲)虻(牛虻)④猛(凶猛)⑥孟(孟子)③打(打击)④冷(冷冻)①撑(俯卧撑)铛(浅而平的锅)⑤撑(撑客)①生(生产)牲(畜牲)笙(芦笙)甥(外甥)③省(浙江省)①更(更新)粳(粳米)庚(天干第七位)①赓(继续)羹(水果羹)③哽(哽咽)梗(菜梗)⑤更(更加)①坑(泥坑)⑥硬(强硬)①亨②行(行为)⑥行(道行)③杏(杏梅)①訇(訇訇声)③奣(天明亮)潸(水潸清)
	[a]	②衡(平衡)
梗开二耕韵	[ɛ]	①浜(沙家浜)绷(绷儿)⑤迸(线缝迸开)②棚(尿布棚)④蚌(蚌埠)②萌(萌芽)①争(斗争)筝(古筝)挣(挣扎)睁(眼睛开)②争(船多争埠头)⑥争(白眼死争)碾个碾死，饿个饿死)①耕(耕田)③耿(强硬耿直)④幸(幸福)倖(侥幸)①鹦(鹦哥)樱(金樱)
	[əŋ]	②橙(橙子)
	[iaŋ]	①茎(茎秆)①莺(黄莺)鹦(鹦鹉)樱(樱桃)罂(罂粟)
梗开三庚韵	[əŋ]	①兵(兵士)③丙(天干第三位)炳(彪炳)柄(权柄)秉(秉公)②平(生平)评(评论)坪(草坪)枰(棋枰)⑥病(疾病)②鸣(争鸣)明(光明)盟(同盟)④皿(器皿)⑥命(命运)
	[iaŋ]	①京(北京)惊(惊动)荆(荆棘)③境(国境)景(风景)警(警戒)⑤敬(尊敬)竟(毕竟)镜(镜子)①卿(爱卿)⑤庆(庆祝)②擎(擎天)鲸(鲸鱼)⑥竞(竞赛)儆(儆儆快好)②迎(迎接)②柠(柠檬)狞(狰狞)①英(英雄)③影(电影)⑤映(反映)
梗开三清韵	[əŋ]	①并(并州)③饼(饼干)屏(屏墙)⑤并(合并)摒(摒弃)⑤聘(聘请)②名(名字)茗(茗茶)④酩(酩酊大醉)④领(衣领)岭(山岭)⑥令(命令)①精(精神)晶(水晶)睛(眼睛)③井(水井)阱(白读)①清(清楚)③请(请求)②情(情绪)晴(晴朗)婧(苗条美好貌)赆(赆受)④静(安静)靖(安定)⑥净(干净)③省(反省)⑤性(性命)姓(姓名)①贞(贞洁)侦(侦察)帧(装帧)①蛏(鲜蛏)③骋(奔驰)②呈(呈报)程(程序)埕(酒埕)④逞(逞能)⑥郑(姓)程(姓氏)①正(正月)征(出征)旌(旗帜)③整(整齐)⑤正(真正)政(政治)①声(声音)⑤圣(神圣)②成(成功)城(城市)诚(诚恳)盛(盛饭)⑥盛(兴盛)靓(靓妆)
	[iaŋ]	③禁(禁止)颈(头颈)⑤劲(劲道)①轻(轻重)氢(氢气)①婴(婴儿)缨(红缨枪)樱(樱桃)②盈(盈利)楹(楹联)赢(赢取)瀛(瀛洲)

中古音摄韵	温州话	字例
梗开四青韵	[əŋ]	①姘(姘居)拼(拼命)②瓶(空瓶)屏(屏幕)苹(苹果)萍(浮萍)④并並(并且)②铭(铭文)冥(昏暗)螟(螟虫)瞑(闭目)①丁(天干第四位)叮(叮咛)钉(铁钉)疔(疔疮)仃(仃伶)盯(盯视)③顶(头顶)鼎(鼎力)⑤钉(钉板箱)订(修订)①汀(水边平地)听(听觉)厅(厅堂)烃(碳氢化合物)③艇(舰艇)挺(坚挺)⑤听(打听)②亭(路亭)停(停止)婷(婷婷玉立)廷(朝廷)庭(庭院)蜓(蜻蜓)霆(雷霆)④锭(用作货币的铁块)碇(石墩)⑥定(肯定)啶(译音用字)①拎(提)②灵(灵魂)棂(窗棂)铃(电铃)伶(优伶)玲(玲珑)聆(聆听)苓(茯苓)泠(西泠)囹(囹圄)羚(羚羊)龄(年龄)零(零售)翎(翎子)⑥另(另外)①青(青睐)蜻(蜻蜓)①星(明星)腥(血腥)猩(猩猩)③醒(醒悟)
	[iaŋ]	②宁(宁波)咛(叮咛)⑥宁(宁可)①经(曾经)⑤径(路径)⑤磬(磬声)馨(馨竹难书)①馨(温馨)②形(形状)刑(刑罚)型(类型)邢(姓)
梗合二庚韵	[ɛ]	②横(纵横)④擤⑥横(横暴)
	[uɔ]	③矿
梗合二耕韵	[oŋ]	①轰(炮轰)訇(阿訇)⑤轰(轰炸)②宏(宏大)弘(弘扬)
梗合三庚韵	[ioŋ]	①兄(兄弟)②荣(光荣)嵘(峥嵘)③永(永远)⑤泳(游泳)咏(歌咏)
梗合三清韵	[ioŋ]	①倾(倾向)③顷(顷刻)②琼(美玉)②营(军营)莹(晶莹剔透)
	[iaŋ]	②颖(脱颖而出)
梗合四青韵	[ioŋ]	②萤(萤火虫)荧(荧光)萦(萦绕)③炯(火光)迥(遥远)

[通摄]

中古音摄韵	温州话	字例
通合一东韵	[oŋ]	②篷(篷船)蓬(蓬松)縫(缝尘)烽(火烽起)樁(树桩)②蒙(蒙犯)朦(朦胧)檬(柠檬)④懵(懵懂)蒙(蒙古)①东(东方)③董(姓)懂(懂事)⑤冻(冷冻)栋(栋梁)①通(通知)③捅(戳刺)⑤痛(病痛)②同(同事)铜(铜铁)桐(桐油)筒(圆筒)童(儿童)瞳(瞳孔)彤(赤色)④动(运动)桶(木桶)⑥洞(洞穴)恫(恫吓)恸(恸哭)②笼(笼络)聋(耳聋)珑(玲珑)胧(朦胧)咙(喉咙)④拢(收拢)⑥弄(玩弄)①踪(踪迹)棕(棕榈)鬃(鬃毛)③综(综合)总(总结)⑤粽(吃粽)①聪(聪明)匆(匆促)忽(忽忙)葱(洋葱)囱(烟囱)②丛(树丛)⑤送(赠送)①公(公司)蚣(蜈蚣)工(工作)功(功夫)攻(攻击)③汞(通称水银)⑤贡(贡献)①空(空虚)③孔(孔隙)⑤控(控制)空(亏空)①烘(烘烤)③哄(哄骗)⑤哄(起哄)蕻(菜蕻)②红(红色)虹(彩虹)洪(洪水)鸿(鸿图)⑥讧(混乱)哄(吵闹)①翁(主人翁)喻(象声词)③聬(聬聬：耳鸣声)⑤瓮(小口大腹的陶制汲水罐)⑤齆(齆鼻)鎡(脑鎡灸烧鹅头怣)
通合一冬韵	[oŋ]	①冬(冬天)⑤统(统一)②农(农业)脓(脓肿)浓(浓密)哝(咕哝)①宗(祖宗)①松(放松)淞(淞江)鬆(轻松)⑤宋(唐宋)
通合三东韵	[oŋ]	①风(风声)枫(枫树)疯(疯狂)⑤讽(讽刺)①丰(丰收)②冯(姓)⑥凤(龙凤)⑥梦(做梦)②隆(隆重)窿(窟窿)①嵩(山高)②崇(崇拜)②戎(古代兵器的总称)绒(绒线)
	[ioŋ]	①中(中国)忠(忠心)衷(衷心)⑤中(中状元)②虫(昆虫)⑥仲(仲裁)①终(始终)⑤众(群众)①充(充分)⑤铳(打鼻头铳)①弓(弓箭)躬(鞠躬)宫(宫殿)

中古音摄韵	温州话	字例
		②穷(贫穷)②熊(熊猫)雄(英雄)融(金融)①囱(烟囱)穹(天空的代称)⑤串(一串)
通合三锺韵	[oŋ]	①封(封存)①峰(山峰)锋(锋利)蜂(蜜蜂)③捧(捧场)②逢(相逢)缝(裁缝)④奉(奉献)⑥俸(俸禄)缝(裂缝)②浓(浓淡)②龙(龙船)④垅(两垅芥菜)④垄(垄断)陇(陇西)①从(从容)②茸(参茸)④冗(冗长)③拱(拱手)巩(巩固)
	[ioŋ]	③冢(冢土)③宠(宠爱)①冲(冲锋)①春(春米)①雍(雍正)③拥(拥护)②容(容易)蓉(椰蓉)榕(榕树)溶(溶解)熔(熔炉)庸(中庸)佣(雇佣)
	[yɔ]	①纵(纵横)⑤纵(放纵)③怂(怂恿)耸(耸立)②重(重复)④重(轻重)⑥重(重叠)①钟(钟表)锺(姓)盅(无柄小杯)③种(种子)肿(肿胀)⑤种(种植)①恭(恭敬)供(供给)龚(姓)⑤供(供应)③恐(恐惧)⑥共(共同)①凶(凶恶)汹(汹涌)匈(匈牙利)胸(胸膛)①痈(肿疡)③甬(甬江)勇(勇敢)蛹(蚕蛹)俑(兵马俑)涌(泉水、液体上喷)踊(踊跃)⑤壅(粪肥)罋(虎蚁罋罋)

第三节　入声韵

[咸摄]

中古音摄韵	温州话	字例
咸开一合入	[a]	⑦答(答应)搭(搭车)瘩(疙瘩)⑦搨(搨翼)⑧踏(踏步)⑦沓(纷至沓来)⑦垃(垃圾)拉(拖拉)啦(象声词)喇(喇嘛)赖(赖亲)邋(邋遢)⑦喝(喝水)⑦哈(哈腰)
	[ø]	⑧纳(出纳)讷(出言迟钝)⑧杂(杂志)⑦合(十合一升)蛤(蛤蜊)鸽(白鸽)⑧合(合作)盒(纸盒)⑦噆(刺激痛感)匝(一匝十二年)⑦鞜(鞜口内敛)⑦答(回答)
咸开一盍入	[a]	⑦塔(灯塔)榻(狭长而低的坐具)塌(倒坍)溻(浸汗)搨(影摹)遢(邋遢)熻(麦熻镬)拓(拓片)⑧腊(腊月)蜡(蜡烛)鑞(锡鑞)⑦卅(三十的基数词)
	[ø]	⑦磕(磕磕绊绊)瞌(睡觉)
咸开二洽入	[a]	⑦眨(眨眼)⑦插(插队)⑧闸(闸门)煠(在沸水中煮)煠(将食物放进沸水里煮一煮或放进油里炸一炸)⑦夹(夹杂)挟(挟菜)荚(豆荚)峡(三峡)颊(脸颊)⑦恰(恰当)掐(掐指入)⑧狭(狭长)洽(接洽)
咸开二狎入	[a]	⑦甲(天干第一位)胛(肩胛)⑧匣(匣子)⑦鸭(鸭子)押(扣押)压(压迫)
咸开三叶入	[i]	⑧聂(姓)镊(镊子)蹑(放轻脚步)颞(颞骨)⑦接(交接)⑦妾(小妾)⑧捷(捷报)睫(睫毛)⑦摺(摺页)褶(皱褶)靥(酒窝)⑧叶(姓)⑦页(网页)⑧涉(干涉)⑧烨(明亮)晔(闪光貌)
	[ei]	⑦摄(摄影)慑(威慑)
	[ɛ]	⑧猎(打猎)
咸开三业入	[i]	⑦劫(抢劫)⑦怯(胆怯)⑧业(事业)⑦胁(威胁)
咸开四帖入	[i]	⑦跌(跌倒)⑦帖(请帖)贴(贴心)⑧叠(叠稻秆堆)牒(简札)碟(碟片)蝶(蝴蝶)谍(间谍)喋(喋喋不休)⑧茶(发茶)⑦挟(挟菜)惬(惬快)⑧协(协商)侠(侠义)
咸合三乏入	[o]	⑦法(法律)砝(砝码)珐(珐琅)⑧乏(缺乏)

[深摄]

中古音摄韵	温州话	字例
深开三缉入	[i]	⑧立(立正)笠(箬笠)
	[ø]	⑧粒(颗粒)
	[ei]	⑧蛰(惊蛰)
	[ai]	⑦缉(通缉)辑(编辑)葺(修建)⑧集(集合)习(练习)袭(袭击)⑦涩(羞涩)⑦执(执行)汁(浓汁)⑦湿(潮湿)⑧十(数词)什(什么)拾(收拾)入(收入)
	[iai]	⑦急(紧急)级(等级)给(供给)⑦泣(哭泣)⑧及(及格)圾(垃圾)⑦吸(吸引)歙(吸进)⑦揖(作揖)挹(挹取)

[山摄]

中古音摄韵	温州话	字例
山开一曷入	[a]	⑦獭(水獭)挞(鞭挞)⑧达(发达)靼(鞑靼)⑧捺(撒捺)⑧辣(辛辣)癞(同癩)⑦擦(摩擦)刹(佛刹)⑦撒(撒手)萨(拉萨)
	[ø]	⑦割(割切)葛(植物名)⑦渴(渴望)咳(咳嗽)丐(丐儿)钙(钙片)⑦喝(吆喝)(喝彩)⑦遏(遏制)
山开二黠入	[o]	⑦八(八个)捌(八的大写)⑧拔(提拔)跋(跋扈)⑧抹(抹布)
	[a]	⑦札(札记)扎(扎实)紮(驻扎)⑦察(观察)杀(谋杀)煞(结煞)刹(古刹)⑦轧(轧钢)⑦揠(揠苗助长)
山开二辖入	[a]	⑦厄(厄道)砸(砸碎)⑧铡(铡刀)⑦瞎(眼睛失明)⑧辖(辖区)
山开三薛入	[i]	⑦别(别针)⑦鳖(鳖鱼)瘪(瘪三)⑧别(区别)⑧灭(消灭)⑦列(队列)烈(猛烈)裂(分裂)冽(凛冽)咧(咧咧：嚷嚷)⑦哲(哲学)蜇(海蜇)折(折断)⑧彻(彻底)辙(车轮碾过的痕迹)撤(撤退)⑧折(折本)舌(口舌)⑧热(热烈)⑧杰(豪杰)⑧孽(造孽)蘖(分蘖)拽(牵引)
	[ei]	⑦薛(姓)泄(排泄)设(建设)亵(亵渎)⑦浙(浙江)
山开三月入	[i]	⑦谒(谒见)⑦揭(按揭)⑧竭(竭力)碣(圆顶的碑石)⑦揭(揭露)⑦歇(停歇)蝎(蝎子)
山开四屑入	[i]	⑦憋(闷气)⑦撇(撇捺)瞥(目光掠过)⑧蹩(蹩脚)⑦篦(竹皮)蔑(细小)⑦铁(钢铁)⑧迭(更替)⑧戾(戾戾：风声)捩(拗断)⑧臬(箭靶)⑦节(节约)⑦切(一切)⑦窃(盗窃)沏(沏茶)挈(提起)⑦截(割断)⑦结(团结)洁(清洁)拮(拮据)⑦絜(人名)⑦噎(噎下)⑧颉(摘取)缬(染花的丝织品)撷(摘取)
	[ia]	⑦屑(木屑)⑧捏(捏造)
山合一末入	[ø]	⑦钵(衣钵)碎(碎头)拨(挑拨)泼(活泼)⑦泼(泼水)扑(扑拉去)⑧钹(一种打击乐器)⑧末(末代)沫(泡沫)抹(涂抹)茉(茉莉)⑦掇(拾取)⑦脱(脱离)⑧夺(抢夺)
	[o]	⑦括(包括)聒(聒耳朵)⑦阔(广阔)⑦豁(豁免)⑧活(快活)⑦斡(斡旋)
	[ai]	⑦撮(一撮米)⑧捋(捋胡须)
山合二黠入	[o]	⑧猾(狡猾)滑(滑稽)
	[a]	⑦挖(挖苦)
山合二辖入	[ø]	⑦刷(印刷)

中古音摄韵	温州话	字例
	[o]	⑦刮(搜刮)
山合三薛入	[e]	⑧劣(恶劣)
	[y]	⑧绝(绝对)⑦雪(雨雪)⑦拙(死拙)茁(茁壮)⑦说(说话)⑧悦(喜悦)阅(阅读)
山合三月入	[o]	⑦发(发展)髪(头髪)⑧伐(征伐)筏(竹筏)阀(军阀)罚(惩罚)袜(鞋袜)
	[y]	⑦厥(石块)蕨(多年生草本植物)辍(中止)⑧掘(挖掘)橛(短木桩)⑧月(月光)⑦哕(哕起,即恶心)⑧越(越南)曰(说道)粤(广东的简称)
山合四屑入	[y]	⑦决(决定)诀(诀别)抉(抉择)⑦缺(缺乏)⑦血(血案)⑧穴(走穴)

[臻摄]

中古音摄韵	温州话	字例
臻开三质入	[i]	⑦笔(笔记)滗(挡住渣滓把液体倒出来)毕(毕业)必(必须)⑦匹(匹夫)疋(布疋)⑧弼(矫正弓弩的器具)⑧密(秘密) 蜜(蜂蜜)宓(安静)谧(静寂)⑧栗(栗子)溧(溧冽)慄(战慄)
	[ai]	⑦七(数词)漆(油漆)柒(七的大写)⑧疾(疾病)嫉(嫉妒)⑦膝(膝盖)⑧侄(叔侄)窒(窒息)蛭(水蛭)秩(秩序)⑦瑟(琴瑟)虱(虱子)⑧质(质量)实(现实)⑦失(丧失)室(教室)⑧日(日本)
	[iai]	⑦吉(吉祥)⑦一(一个)乙(天干第二位)壹(一的大写)⑧逸(安逸)佚(佚名)
	[ei]	⑦悉(熟悉)蟋(蟋蟀)
臻开三迄入	[iai]	⑦乞(乞丐)讫(讫止)迄(终止)
臻合一没入	[ø]	⑧孛(字老)勃(突然)脖(脖子)渤(渤海)馞(香馞馞)荸(荸荠)悖(悖论)⑧没(淹没)殁(死亡)⑧突(突然)凸(凹凸)⑧呐
	[ai]	⑦不(不仅)卒(兵卒)⑦猝(猝不及防)
	[y]	⑦骨(骨头)⑦窟(窟窿)⑧兀(高耸貌)杌(树杌)⑦忽(忽然)笏(朝笏)惚(恍惚)⑧核(果子核)
臻合三术入	[i]	⑧律(纪律)率(效率)
	[y]	⑦焌(火烧)黢(黢黑)⑦怵(抚怵)戌(地支的第十一位)⑧术(白术)怵(发怵)⑦出(提出)⑧术(手术)述(叙述)秫(谷名)
	[ai]	⑦率(率领)蟀(蟋蟀)
	[iai]	⑦桔(桔梗)橘(果木名)
臻合三物入	[ai]	⑦弗(表示否定之词)拂(擦拭)沸(沸腾)佛(仿佛)氟(气体元素)⑧佛(佛教)勿(别)物(事物)⑧物(物事)
	[y]	⑦屈(屈服)⑧倔(倔强)崛(崛起)

[宕摄]

中古音摄韵	温州话	字例
宕开一铎入	[o]	⑦博(渊博)搏(搏斗)⑦泊(湖泊)舶(船舶)粕(糟粕)⑧薄(厚薄)礴(磅礴)洦(澹泊)箔(锡箔)亳(亳县)⑧莫(切莫)膜(薄膜)幕(屏幕)寞(寂寞)摸(摸索)瞙(瞙睛)漠(沙漠)⑦拓(开拓)托(拜托)讬(讬咐)⑧铎(大铃)⑧诺(承诺)赂(贿赂)烙(烫烙)络(笼络)落(堕落)骆(姓)酪(乳浆食品)洛(洛阳)乐(快乐)⑦作(工作)乍(乍得)⑦错(错愕)⑧昨(昨夜)柞(柞水)⑦索(绳索)⑦各(各别)阁(内阁)搁(搁浅)胳(胳膊)⑦郝(姓)壑(壑谷)⑧鹤(鸟名)噩(噩梦)鄂(湖北简称)腭(口腔的顶壁)鳄(鳄鱼)愕(惊愕)萼(花萼)⑦恶(善恶)
	[ø]	⑧凿(凿子)⑧踱(踱步)
宕开三药入	[ε]	⑧略(侵略)掠(掠夺)
	[ia]	⑦爵(伯爵)⑦雀(麻雀)鹊(喜鹊)⑧嚼(咬文嚼字)⑦削(削弱)⑦着(着衣)⑧着(着火)⑦酌(斟酌)⑦绰(宽绰)焯(焯菜)⑧勺(勺子)芍(芍药)杓(木杓)⑧若(郭沫若)弱(软弱)⑦脚(手脚)斫(斫柴)⑦却(推却)⑧虐(虐待)疟(疟疾)⑦约(节约)⑦谑(戏谑)铄(铄光)⑧药(药房)钥(钥匙)跃(飞跃)⑧箬(竹箬)龠(量器名)
宕合一铎入	[o]	⑦郭(姓)廓(西廓)⑦廓(轮廓)扩(扩充)⑦霍(姓)藿(藿香)⑧镬(煮食物的烹器)
宕合三药入	[o]	⑧缚(缚鞋带)⑧钁

[江摄]

中古音摄韵	温州话	字例
江开二觉入	[o]	⑦剥(剥削)驳(反驳)⑦朴(姓)樸(樸实)璞(璞玉)⑧雹(冷雹)⑦角(三角)觉(觉悟)催(人名)⑦确(确实)榷(商榷)壳(外壳)⑧岳(姓)乐(音乐)狱(监狱)嶽(高峻的大山)⑧学(学问)岇(地名)⑦握(把握)幄(帷幄)齷(齷齪)
	[yo]	⑦卓(卓越)桌(桌子)琢(雕刻加工)啄(啄木鸟)涿(涿州)⑦戳(以尖端触物)齪(齷齪)⑧浊(浊音)镯(手镯)⑦捉(捉贼)⑦朔(朔门)

[曾摄]

中古音摄韵	温州话	字例
曾开一德入	[ai]	⑦北(南北)⑧墨(墨迹)默(沉默)万(万俟)
	[e]	⑦德(道德)得(得到)⑦忒(过于)⑧特(特别)⑧肋(肋骨)勒(勒索)⑦则(原则)⑧贼(盗贼)鲗(乌鲗:墨鱼)⑦塞(堵塞)⑦克(克服)刻(立刻)⑦黑(黑暗)⑧劾(弹劾)
曾开三职入	[i]	⑦逼(逼迫)⑧愎(刚愎自用)⑧匿(匿名)⑦即(立即)疖(疖)⑦亿(亿万)忆(记忆)
	[ei]	⑧力(力量)⑦鲫(鲫鱼)⑦息(休息)熄(熄灭)媳(媳妇)⑧直(直接)值(值日)殖(生殖)植(植物)⑦饬(饬口)⑦测(测量)恻(恻隐)侧(侧面)⑦色(颜色)啬(吝啬)⑦织(纺织)职(职业)⑧食(食物)蚀(腐蚀)⑦识(认识)式(形式)饰(装饰)⑦侧(侧转睏)仄(平仄)
	[iai]	⑦亟(急迫地)棘(荆棘)⑧极(积极)⑦抑(抑制)⑧翼(机翼)
曾合一德入	[ai]	⑦国(中国)帼(巾帼)
	[a]	⑧或(或者)惑(迷惑)
曾合三职入	[y]	⑧域(地域)

[梗摄]

中古音摄韵	温州话	字例
梗开二陌入	[a]	⑦百(千百)柏(松柏)伯(叔伯)迫(迫击炮)⑦拍(拍手)珀(琥珀)迫(迫害)魄(魂魄)⑧白(白色)帛(布帛)舶(舶来品)⑧陌(陌生)⑦拆(拆散)⑧泽(沼泽)择(选择)宅(住宅)⑧翟(姓)⑦窄(狭窄)⑦格(规格)⑦客(客人)搭(卡住)⑧额(额头)⑦赫(显赫)吓(恐吓)
梗开二麦入	[a]	⑦擘(巨擘)檗(黄檗)⑦擘(擘饼)掰⑧麦(小麦)脉(脉搏)⑦摘(摘要)⑦责(责问)簀(楼板簀)⑦策(政策)册(册页)栅(栅栏)⑦革(革命)隔(间隔)⑦厄(迫害)扼(扼杀)轭(车上部件)
梗开三陌入	[i]	⑦碧(碧玉)
	[iai]	⑦戟(古兵器)⑧剧(戏剧)屐(木屐)⑧逆(叛逆)
梗开三昔入	[i]	⑦璧(美玉)辟(大辟)⑦僻(偏僻)辟(开辟)⑦闢(开启门户)
	[ei]	⑦积(积极)迹(事迹)脊(背脊)瘠(贫瘠)⑧籍(籍贯)藉(藉田)⑦惜(可惜)昔(今昔)⑧席(主席)夕(夕阳)汐(潮汐)⑧掷(一掷尿)⑦隻(成隻)炙(烤熟的肉)⑦赤(赤裸裸)斥(排斥)尺(尺寸)刺(刺绒衫)⑧射⑦适(适应)释(释放)⑧石(石头)硕(硕士)
	[iai]	⑦益(利益)溢(满溢)⑧亦(亦工亦农)弈(下棋)译(翻译)驿(驿站)绎(演绎)易(交易)蜴(蜥蜴)液(液体)腋(腋下)掖(奖掖)
梗开四锡入	[i]	⑦壁(墙壁)⑦癖(癖好)劈(刀劈)霹(霹雳)噼(噼里啪啦)⑧觅(寻觅)汨(汨罗江)幂(覆盖)⑧笛(笛子)迪(启迪)狄(姓)敌(仇敌)籴(买进粮食)涤(荡涤)棣(人名用字)
	[ei]	⑦的(的确)滴(点滴)嫡(嫡系)⑦惕(警惕)踢(踢球)剔(挑剔)⑧砾(瓦砾)历(历史)疠(淋巴结核)⑦绩(成绩)⑦戚(亲戚)⑧寂(寂寞)⑦锡(驻锡)析(分析)晰(清晰)
	[iai]	⑧溺(溺水)⑦击(打击)激(激动)⑦吃(口吃)
梗合二陌入	[a]	⑦虢
梗合二麦入	[a]	⑧划(计划)获(收获)画(笔画)
梗合三昔入	[y]	⑧役(兵役)疫(防疫)

[通摄]

中古音摄韵	温州话	字例
通合一屋入	[o]	⑦卜(占卜)⑦仆(仆倒)扑(相扑)⑧仆(仆人)曝(一曝十寒)瀑(瀑布)⑧木(木头)沐(沐浴)
	[əu]	⑦秃(秃头)⑧独(独立)读(读书)牍(尺牍)犊(牛犊)渎(亵渎)⑧鹿(白鹿)麓(山麓)⑧禄(俸禄)碌(碌碌无为)⑦速(速度)⑦蹙(蹙眉)簇(簇拥)⑧族(民族)
	[u]	⑦谷(山谷)穀(穀物)⑦哭(哭泣)⑧斛(草本植物)⑦屋(房屋)
通合一沃入	[əu]	⑦笃(厚道)督(基督)⑧毒(恶毒)⑦夙(夙愿)
	[u]	⑦酷(残酷)
	[o]	⑦沃(肥沃)
通合三屋入	[u]	⑦福(幸福)幅(篇幅)蝠(蝙蝠)复(重复)腹(腹部)蝮(蝮蛇)馥(香气浓郁)覆(覆盖)⑧服(服务)伏(埋伏)袱(包袱)⑧目(目光)穆(肃穆)牧(牧羊)睦(和睦)
	[əu]	⑧六(数词)陆(大陆)
	[iəu]	⑦蹴(一蹴而就)⑦肃(严肃)宿(一宿觉)⑦竹(茅竹)竺(姓)筑(建筑)⑦畜(牲畜)搐(肌肉或筋抽缩牵动)矗(矗立)⑧逐(驱逐)轴(车轴)妯(妯娌)⑦祝(庆祝)粥(稀粥)⑦叔(叔伯)⑧熟(熟悉)塾(私塾)孰(审慎)淑(贤淑)⑧肉菊(菊花)掬(以双手捧取)鞠(鞠躬)⑦曲(酒曲)麴(酒曲)⑦畜(畜牧)蓄(储蓄)⑦育(教育)毓(毓德)郁(郁闷)昱(昱日)煜(盛貌)
	[yo]	⑦宿(宿舍)缩(伸缩)
通合三烛入	[yo]	⑧录(录音)绿(绿色)⑦足(足球)⑦促(促进)⑦粟(粟米)⑧俗(风俗)续(连续)⑦烛(蜡烛)嘱(叮嘱)⑦触(接触)⑧赎(赎买)⑦束(结束)⑧属(属于)蜀(四川的简称)⑧局(当局)侷(侷促)⑦曲(歌曲)⑧玉(宝玉)狱(监狱)⑧欲(欲望)浴(浴血)⑦旭(旭日东升)
	[iəu]	⑧辱(侮辱)褥(被褥)

第六章　瓯语语音的通押

第一节　阴声韵

一、阴声韵效流摄互押之二[iɛ]

效开三宵韵	①标膘飙镖瀌漂(1)(漂亮)飘嘌喵咩椒焦蕉礁朝(2)(明朝)招昭钊瞧超跷锹肖(2)(姓氏)消宵硝销霄迢魈烧娇骄嚣要(1)(要求)腰邀②嫖瓢苗描瞄憔谯樵朝(1)(朝鲜)嘲潮晁韶饶(2)(富饶)娆乔侨桥荞姚窑谣摇遥徭瑶③表(錶)裱婊漂(2)(漂白)瞟剽沼悄小(文)(小朋友)少(1)(少年)矫夭④孚鳔秒渺缈藐淼燎兆赵肇绍扰绕召⑤票剽醮照诏俏峭诮翘肖(1)(生肖)笑鞘少(2)(少将)要(2)(重要)⑥骠妙庙疗瞭召邵轿耀曜鹞
效开四萧韵	①刁叼雕(彫)凋貂碉萧箫潇浇撬橇枭骁吆幺②条迢调(1)(调羹)笤辽聊僚寥撩嘹缭寮镣③鸟(2)(鸟儿)挑筱傀缴佼铰(文 2)(铰刀)皎杳窈④掉(2)(掉钞票)窕了(瞭)潦嬲⑤吊钓跳眺窍叫窍⑥调(2)(声调)掉(1)(掉落)料廖
流开三幽韵	①彪呼⑥谬缪(2)(姓氏)

二、阴声韵效流摄互押之四[ɔ]

效开一豪韵	①褒煲刀叨滔绦韬饕敨遭糟操(1)(操作)草(白)(潦草)搔骚缫高羔膏糕皋睾篙疴尻蒿薅麇獒②袍毛牦髦蚌逃桃涛陶掏萄淘嗥劳牢捞唠痨曹槽漕熬敖遨獒聱翱鳌毫豪嚎蚝嗥壕濠③宝保堡鸨葆裱岛捣倒(1)(打倒)祷讨早枣蚤澡藻草(文)(青草)嫂搞镐稿考拷烤㚻好(1)(爱好)袄媪④抱铆道稻恼脑瑙老姥(1)(姥爷)佬皂造浩皓昊颢灏⑤报到倒(2)(倒水)套灶躁操(2)(曹操)糙扫噪燥告诰铐靠犒好(2)(喜好)耗奥澳懊岙⑥暴曝爆冒帽耄导盗悼蹈焘纛涝傲号
流开一侯韵	③剖④牡亩⑥茂贸袤懋
流开三尤韵	②阜浮(文)(浮肿)蜉谋缪(1)(绸缪)牟眸③否(1)(否则)缶

三、阴声韵流摄开口一三等互押[au]

流开一侯韵	①兜偷勾沟钩篝①抠眍佝①区(2)(姓氏)欧鸥讴瓯②投娄楼偻喽裰蝼髅侯喉猴篌③斗(1)(北斗)抖陡蚪敨走搂叟嗾搜苟狗枸(2)(枸杞)垢诟口犼(许屋合音)呕殴④搂篓厚(白)(厚佬)偶藕耦后(後)厚(文)(忠厚)⑤斗(2)(斗争)透奏揍凑嗽漱构购媾够彀(白)(居屋合音)叩扣寇蔻吼鲎(虹)沤怄塸(埋葬)⑥逗读(2)(句读)窦腘耨陋漏镂瘘候逅
流开三尤韵	①邹驺㤘搜艘馊飕②愁牛③溲④有⑤黥绐瘦⑥胄籀骤

四、阴声韵流摄开口三等互押[iau]

流开三尤韵	①妞鸠阄丘蚯邱休咻优忧悠攸②求球逑裘仇(1)(姓氏)尤犹由邮油游蚰猷蜘髹③九久玖灸韭③搝朽④扭纽钮忸臼舅柏友有酉诱莠⑤究疚救咎厩臭(2)(铜臭)嗅⑥狃(若屋合音)旧枢又右佑祐囿宥柚釉
流开三幽韵	①赳幽②虬③纠黝⑤幼

五、阴声韵果遇流止摄互押[øy]

果合一戈韵	①波(2)(宁波)②婆摩(1)(摩擦)磨(1)(磨刀)魔蠡(2)(河蠡蚌)⑤播(2)(发播)破⑥缚(2)(腰缚)磨(2)(磨石)
遇合一模韵	①舖铺(1)(铺被)都租粗苏酥稣甦②葡蒲(1)(蒲鞋)模(2)(模子)图徒(文)(徒弟)途涂(塗)屠荼卢芦炉颅驴鸬蜈③补谱浦(1)(下吕浦)堵赌睹肚(白)(猪肚)土吐(1)(吐痰)祖④篰(朗眼篰)杜肚(文)(肚皮)卤(滷)(2)(盐卤)⑤布怖铺(2)(床铺)妒蠹吐(2)(呕吐)兔菟醋诉塑溯素(白)(吃素)⑥步埠度渡镀踱路露璐鹭
遇合三鱼韵	②庐驴闾桐鱼渔④吕侣旅铝臂⑥虑滤
遇合三虞韵	①夫(1)(丈夫)②符③府腑焙④父屡缕⑤付咐赋傅⑥附驸芙(白)(芙蓉)腐(白)(腐败)务雾(文)(云雾)婺赙雾(白)(发雾)物(白)(物事)
流开一侯韵	⑥戊
流开三尤韵	②浮(白)(尸骸浮起)④妇⑤富副
止合三脂韵	⑥类

六、阴声韵果遇止摄互押[ŋ]

果开一歌韵	②俄哦峨娥鹅(文)(雁鹅)蛾(文)(飞蛾)④我⑥饿(文)(饥饿)嗯
果合一戈韵	②讹⑥卧
遇合一模韵	②吾吴梧④五午伍作牾⑥误悟娱(2)(娱乐)连仵晤寤唔(唔冇)
止开三支韵	②儿(1)义(白)⑤儿(2)⑥儿(3)
止开三脂韵	⑥二贰
止开三之韵	④耳(白)

第二节　阳声韵

一、阳声韵宕江通摄互押[yɔ]

宕开三阳韵	①妆(2)(妆灵清)庄(2)(坐庄)装(2)(假装)霜孀②床③闯⑤壮(白)(壮显壮)⑥状
宕合三阳韵	①框眶筐匡诳②狂诳王③柱往⑤况⑥逛
江开二江韵	①桩(文)(打桩)窗双②幢(1)(经幢)桩(白)(烂树桩)⑤戇⑥撞幢(2)(楼幢)
通合三锺韵	①钟(鐘鍾)龚供(1)(供销)恭(1)(恭敬)胸凶(文)(凶恶)匈汹痈邕②重(2)(重复)浓(浓淡)从(1)(跟从)松(1)(松树)冢肿种(2)(种子)踵耸(耸立)怂(怂恿)悚竦拱(1)(打拱作揖)恐④重(1)(轻重)勇涌踊甬俑恿蛹⑤纵种(1)(种树)供(2)(供应)甕⑥重(3)(重选)讼诵颂共用佣(2)(佣人)

二、阳声韵深山臻江摄互押[aŋ]

深开三侵韵	①砧针斟箴侵郴琛(1)(珍宝)心芯参(3)(人参)森深琛(2)(人名)②沉寻挦荨岑谌忱任(文 2)(任性)③枕怎寝沈(潘)审婶④恁朕赁蕈葚甚任(文 1)(姓氏)妊(文)妊妇袵⑤浸沁渗⑥鸩任
山合一桓韵	③管(白)(毛管)④断(白)(断气)暖(白)(暖芬芬)卵(白)(卵黄)⑥段(白)(烂树段)
臻开一痕韵	①吞(白)(慢吞吞)根(2)(结根)跟(跟从)哏②痕(2)(伤痕)③垦恳很狠⑤艮⑥恨
臻开三真韵	①津珍蓁榛臻真甄亲(1)(亲戚)抻嗔瞋辛锌新薪莘申伸身呻绅娠②尘陈臣秦神辰晨宸人(文)(人民)仁娠人(白 1)(人来客往)③诊疹缜稹迅哂④尽(儘)肾⑤进晋镇圳振震赈亲(2)(亲家)趁衬齔讯汛信囟⑥阵烬慎蜃刃(1)(刀刃)纫仞
臻合一魂韵	①奔贲犇喷(1)(喷水)吨昆(文 1)(昆仲)昆(白)(昆剧)坤昏(2)(昏君)温(温吞)②门们扪饨仑抡浑馄③本畚苯滚衮绲辊捆④苯盾(1)(盾牌)沌炖(1)(温炖汤)混⑤喷(2)(喷香)顿炖(2)(炖卵糕)氽棍諢困⑥笨坌闷焖诨
臻合三谆韵	②伦沦轮囵纶(1)(涤纶)
臻合三文韵	①分(1)(分开)芬吩纷酚②坟氛焚汾文纹蚊(文)(蚊蝇)雯蚊(白)(蚊虫)明(白)(明朝)③粉④忿愤吻刎⑤粪(白)(粪扫)奋粪(文)(粪坑)⑥分(2)(分格)份问(文)(提问)闻紊问(白)(问问眙)
江开二江韵	①夯(白)(夯实)
曾开一登韵	①灯登蹬瞪曾(文 2)(姓氏)增憎僧②腾誊藤滕能棱曾(白)(曾经)层曾(文 1)(曾经)恒③等凶肯啃⑤凳镫瞪(白)(眼灵珠瞪起)蹭亘⑥邓愣赠
梗开二耕韵	①筝(2)(古筝)
通合一冬韵	②疼(白)(疼痛)

三、阳声韵咸深臻曾梗通摄互押[iaŋ]

咸开二咸韵	④赚(白)(赚钞票)
深开三侵韵	①今金襟钦衾歆鑫阴荫(1)(树荫)音喑②壬琴禽擒芩等噙檎吟淫霪③锦饮④您⑤禁揿荫(2)(荫德)窨⑥任(白)(任何)妊(妊娠)妗喭
臻开三真韵	①巾因茵咽(1)(咽喉)姻氤②人(白2)(新儒人)银鄞垠寅③紧④忍引蚓吲⑤峫印⑥刃(2)(刀刃)认韧仅馑瑾觐胤
臻开三殷韵	①斤筋欣忻掀殷②芹勤龈③谨隐瘾④近⑤靳
曾开三蒸韵	①兴(文 1)(兴盛)应(1)(应该)鹰膺蝇②竞矜凝③兴(白)(作兴)⑤兴(文 2)(高兴)应(2)(响应)⑥孕
梗开二耕韵	①茎莺(1)(黄莺)樱(1)(樱桃)鹦(1)(鹦鹉)罂(1)(罂粟)
梗开三庚韵	①京荆惊粳卿英瑛鎣②擎鲸黥迎③景警璟影行(白)⑤竟敬境镜滰庆映⑥竞
梗开三清韵	①轻氢婴缨璎②盈赢楹瀛③颈④痉⑤劲
梗开四青韵	①经(1)(经济)泾馨②宁(1)(宁波)拧狞柠咛刑形型邢⑤径经(2)(经线)陉胫迳磬馨溁⑥宁(2)(宁可)泞
梗合三清韵	④颖郢颍
通合三锺韵	①兇(白)

四、阳声韵深臻曾梗摄互押之一[əŋ]

深开三侵韵	②林临淋琳霖③禀③品④凛廪
臻开三真韵	①宾彬斌滨缤濒槟②贫频嫔颦民旻岷抿泯邻磷鳞粼嶙遴辚麟繗③腈臏④闽闵悯敏⑤鬓傧摈殡⑥吝躏䚏
曾开三蒸韵	①冰乒扔症(癥)(2)(症结)蒸称(1)(称呼)升昇陞②凭凌陵菱惩澄橙仍缯乘(1)(加减乘除)绳塍承丞③拯⑤甑锃证症(1)(病症)秤称(2)(相称)胜⑥瞪(文)(瞪目结舌)乘(2)(千乘之国)剩嵊
梗开三庚韵	①兵②平评坪苹枰明(文)(光明)鸣盟③丙秉柄炳④皿⑥病命
梗开三清韵	①并(3)(并州)晶睛精菁旌正(2)(正月)征(徵)怔贞侦帧清蜻声②名茗令(2)(令尊)呈程埕情晴饧成诚城盛(2)(盛饭)③饼屏(2)(屏墙)井阱整请骋省(2)(反省)④岭领逞靖静婧⑤并(併)(1)(合并)摒聘娉正(1)(真正)政性姓圣⑥令(1)(命令)郑净靓(1)(靓妆)盛(1)(兴盛)晟
梗开四青韵	①拼姘丁叮钉(1)(铁钉)仃疔厅听(文)(听觉)汀町烃拎铃(2)(铃铛)星猩腥惺青蜻②屏(1)(屏幕)瓶萍铭冥瞑螟廷亭庭停蜓婷霆令(3)(令狐)伶灵玲铃(1)(电铃)聆羚零龄苓囹泠棂蛉翎③顶鼎挺艇醒④并(並)(2)(并且)苹酩⑤订钉(2)(钉板箱)听(白)(打听)⑥定啶腚碇锭另

五、阳声韵臻曾梗通摄互押之二[oŋ]

臻合三谆韵	②纯淳醇钝鹑
曾开一登韵	①崩(1)(崩溃)唪(1)(打唪)②朋棚(1)(牛棚)鹏硼⑤崩(2)(一崩香烟)蹦唪(2)(内胎打唪乏)碰槰
曾合一登韵	①肱薨②弘泓
梗合二耕韵	①轰訇②宏闳竑
通合一东韵	①蒙(2)(蒙人)东通恫棕鬃匆(怱)葱聪偬工公功攻恭(2)(恭候)蚣红(1)(女红)空(1)(空虚)倥崆箜哄(1)(哄动)烘翁嗡滃②蓬篷缝蒙(1)(蒙犯)蒙(朦)(4)(目失明)蒙(濛)(5)(小雨貌)檬朦曚同桐铜筒童瞳僮潼咙胧聋笼茏泷砻癃丛红(1)(红色)虹洪鸿蕻(1)(雪里蕻)③董懂捅总汞孔哄(2)(哄骗)④埲熢蒙(蒙古)蒙(懞)(6)(昏昧无知)懵动桶恸拢⑤冻栋痛粽送贡空(2)(亏空)控哄(3)(起哄)蕻(菜蕻)瓮齆(齆鼻)⑥洞侗恫胴弄讧
通合一冬韵	①冬(鼕)宗综松(鬆)(1)(放松)②彤疼(文)(疼痛)农脓侬哝淙琮⑤统宋
通合三东韵	①风枫疯沨丰葑弓(2)(新读)宫躬(新读)②冯隆窿崇戎绒⑤讽⑥凤梦
通合三锺韵	①兵封峰锋蜂烽踪从(2)(从容)松凇②逢浓(1)(浓密)龙(文)(龙头)茸③捧巩拱(2)(拱桥)④奉垄(文)(垄断)陇冗⑥缝俸

六、阳声韵山臻梗通摄互押之三[ioŋ]

山合三仙韵	①穿(白)(穿针)鬈(白)(鬈发)③卷(白)(一卷)⑤串
臻合三谆韵	①遵谆肫皴春椿询峋洵荀均钧②旬驯巡循徇唇匀筠③准(準)蠢笋隼榫④盾(2)(矛盾)吮菌窘允尹⑤俊骏竣隽峻浚瞬舜⑥殉顺闰润
臻合三文韵	①军君皲勋熏薰氲②裙群云(雲)耘芸纭③蕴恽④殒⑤训⑤熨⑥郡
梗合三庚韵	①兄②荣嵘蝾③泂④永咏泳
梗合三清韵	①倾②琼营茔莹③顷
梗合四青韵	②荧萤萦荥③炅迥炯
通合一东韵	①卤
通合三东韵	①中(1)(中国)忠衷盅终冲(1)(冲锋)忡充弓(1)(弓箭)躬(1)(躬身)宫(1)(宫殿)穹②虫穷熊雄融⑤中(2)(中状元)众铳⑥仲
通合三锺韵	①冲(衝)(2)(对冲)憧舂雍臃②慵佣(傭)(1)(雇佣)庸墉镛容蓉溶榕熔③宠拥

第三节 入声韵

一、入声韵江通摄互押[yo]

江开二觉入	⑦卓桌啄琢诼涿捉戳龊朔搠⑧浊镯擢(文)(擢升)濯
通合三屋入	⑦蠹缩蓿
通合三烛入	⑦足烛嘱瞩触粟僳束曲(1)(弯曲)蛐⑧躅属蜀俗续赎局焗玉狱钰浴欲

二、入声韵深臻曾梗摄互押[iai]

深开三缉入	⑦级急给汲泣吸歙甩邑挹浥揖⑧及岌熠
臻开三质入	⑦吉桔(2)(柑桔)劼诘一(文)(一二三)乙壹溢⑧日(白1)(生日)佶逸佚轶
臻开三迄入	⑦乞吃(2)(口吃)讫迄⑧屹
臻合三物入	⑧掘(白)(掘井)
曾开三职入	⑦棘亟抑⑧极翼弋翌
梗开三陌入	⑦戟隙⑧剧屐逆
梗开三昔入	⑦益⑧亦译易(1)(交易)绎驿弈奕蜴液腋掖
梗开四锡入	⑦击激⑧檄

第四节　阴声韵与阳声韵

阴声韵效流摄与阳声韵宕江两摄通押[uɔ]

效开二肴韵	①包苞胞抛脬猫(2)(熊猫)孬抓抄钞吵捎梢稍(1)(稍微)筲艄飑交郊胶跤茭蛟鲛肴(白)(肴配)敲骹哮凹拗(3)(嬉嬉拗起)②咆庖茅猫(1)(大猫)锚挠桡饶巢爻肴(文)(菜肴)淆③饱跑爪找吵炒狡绞佼姣铰搅巧拗(1)(棒儿拗断爻)④鲍卯咬⑤豹趵泡炮疱罩笊哨稍(2)(消息)睄潲教校(2)(校对)较珓窖孝酵拗(2)(两个人拗搭)坳⑥刨鉋貌闹淖棹烄校(1)(学校)效
效开四萧韵	⑤啸
流开三尤韵	②矛蝥
宕开一唐韵	①帮甫滂当(當)(1)(应当)当(噹)(3)(当啷)铛珰裆汤趟(1)(趟水)囔啷赃脏(髒)(1)(肮脏)藏(3)(藏青)臧仓苍沧舱伧丧(1)(婚丧)桑冈刚岗(1)(山岗)纲钢康慷糠夯(文)(打夯)肮②旁傍膀(1)(膀胱)磅螃彷(1)(彷徨)芒忙氓茫虻唐堂棠塘膛糖搪溏镗螗瞠囊郎狼琅廊榔锒踉螂藏(1)(隐藏)昂卬(卬你)吭杭航笐行(文 2)(银行)③榜膀(2)(翼膀)榜挡党倘淌躺嗓搡磉④莽漭蟒蟒朗⑤谤泵当(當)(2)(典当)档烫趟(2)(一趟)葬丧(2)(丧失)杠(2)(敲竹杠)亢抗炕伉园盎⑥镑荡宕齉浪阆脏(臟)(2)(内脏)藏(2)(西藏)奘
宕开三阳韵	①妆(1)(化妆)庄(1)(庄严)装(1)(武装)创(1)(创伤)疮③爽耍⑤壮(文)(强壮)创(2)(创造)
宕合一唐韵	①光胱荒慌肓汪②旷(白)(课旷爻)皇凰惶煌蝗隍徨黄簧潢璜螗③广谎恍晃幌④犷(该人犷显)昽(田昽儿)⑤矿旷(文)(旷课)扩
宕合三阳韵	①方坊妨肪芳②防房亡③仿纺彷(2)(彷佛)昉④网罔魍惘⑤放舫访⑥妄忘望旺
江开二江韵	①邦桹江扛(文)(扛鼎之作)杠(1)(床杠)肛缸豇②庞③绑讲港岗(2)(岗位)④蚌(1)(象鼻蚌)棒项⑤胖降(文)(降落)绛⑥扛(白)(扛条儿)巷

第五节　阴声韵与入声韵

一、阴声韵假效摄与入声韵咸山宕梗摄通押[ia]

假开二麻韵	①丫(2)(丫环)呀⑤卸
效开四萧韵	①蛲(白)(蛲蛲动)②尧饶(2)(上饶)蛲(文)(蛲虫)③晓④鸟(1)(飞鸟)袅⑥尿(1)(输尿管)
咸开三业入	⑦怯(白)(胆怯)
山开四屑入	⑧捏⑦屑楔
宕开三药入	⑦爵着(白)(着衣)灼酌斫雀鹊绰焯削烁铄脚却谑约⑧着(文 1)(着火)嚄(1)(嚄起)嚼勺芍妁杓若偌弱箬疟虐药钥跃龠
梗开二陌入	⑧搦

二、阴声韵遇蟹摄与入声韵山曾摄通押[e]

遇合三鱼韵	②渠(白1)(第三人称指代词)③许(白)(许个)⑤去(白)(去爻)⑦居(白)(居个)
蟹开一咍韵	①台(2)(台州)苔(2)(舌苔)胎灾哉栽猜腮(文)(两腮)鳃该赅开咳(1)(咳笑)嗨哎哀埃(1)(尘埃)唉(1)(唉声叹气)②台(臺)(1)(台湾)台(檯)(3)(台子)台(颱)(4)(颱风)抬苔(1)(青苔)跆来莱徕俫才(纔)材财裁呆(1)(呆头)皑孩③歹宰崽(文)(牛崽)采(1)(采集)彩睬踩改凯恺海④待怠殆给在亥氦⑤戴(文)(姓氏)态贷再载采(2)(采邑)菜塞(2)(要塞)赛溉概慨忾爱嫒暧⑥代袋岱玳埭(文)(河埭)黛耐睐赍儗碍
蟹开一泰去	⑤丐钙盖蔼霭⑥艾⑥害
蟹合一泰去	⑤最(白)(最高境界)
山合三薛入	⑧劣埒
曾开一德入	⑦得德忒忒(1)(过于)塞(1)(堵塞)则克刻剋黑嘿⑧特肋勒仂贼劾

三、阴声韵果假遇蟹流摄与入声韵咸山宕江梗通摄通押[o]

果开一歌韵	①娿荷呵诃謞②挪傩哪(2)(哪吒)鹅(白)(鹅兜)③可④娜(2)(婀娜)
果合一戈韵	①波(1)(波浪)玻菠坡颇欙唆梭蓑②瘖么(麽)蘑广馍剉痤③跛簸叵朵躲锁唢④垛坐⑤播(1)(播送)唾(文)(唾沫)挫锉(文)(锉刀)⑥薄(薄荷)摩(2)(摩崖)座
假开二麻韵	①巴(1)(巴西)芭吧疤笆粑葩乍查(2)(姓氏)喳渣楂吒叉(2)(叉腰)杈车(白)(汽车)沙纱砂鲨莎痧裟加家嘉迦(1)(迦南)枷(文)(枷锁)笳袈傢茄(1)(雪茄)虾(1)(虾儿)丫(1)(两丫裤)鸦②扒爬耙杷琶巴(下巴)麻嘛蟆茶查(1)(检查)搽苲枷(白)(饭镬枷儿)牙芽衙伢蚜虾(2)(虾蟆)霞遐瑕③把(1)(把守)靶担贾(2)(姓氏)假(1)(假设)哑④马玛码蚂雅下⑤坝把(2)(把柄)霸帕怕诈咋(1)(咋然)炸(1)(炸弹)榨蚱岔汊衩嘎閜价驾架(文)(衣架)假(2)(放假)嫁稼吓亚娅挜⑥鲊讶砑夏厦暇(闲暇)
假合二麻韵	①挝(1)(敲打)瓜呱(2)(呱呱叫)娲蜗夸(誇)花哇洼蛙②斜(2)(斜视)划(1)(划龙船)华(1)(中华)哗骅③傻寡剐垮④瓦⑤挎跨胯化⑥华(2)(华山)桦
遇合一模韵	①姥(3)(老姥)②无(南无)摹模(1)(模范)谟④姥(2)(太姥山)⑤措厝⑥募墓慕暮赂祚
遇合三鱼韵	③所(场所)
蟹开二佳韵	①佳④罢(2)(罢工)
蟹合二佳韵	①娃⑤卦褂挂⑥画(1)(连环画)
蟹合二夬去	⑥话
流开一侯韵	①姆(2)(师姆)④母拇姆(1)(保姆)某
咸合三乏入	⑦法珐砝⑧乏
山开二黠入	⑦八(1)(八个)捌趴⑧拔跋
山合一末入	⑦括阔豁(1)(豁然开朗)斡哟喑⑧活
山合二黠入	⑧猾滑
山合二鎋入	⑦刮(颳)
山合三月入	⑦发(發)(髮)⑧伐罚阀筏袜
宕开一铎入	⑦博搏膊粕泊洦托拓作错索嗦各阁胳(1)(胳膊)搁(文)(搁浅)咯壑郝恶(1)(善恶)⑧薄(1)(厚薄)亳箔礴⑧莫摸幕漠寞膜瘼膜铎诺喏乐(2)(快乐)洛骆络烙落酪昨怍柞胙硓酢硌(硬硌硌)搁(白)(搁臀)鄂愕噩鳄谔萼腭颚鹤涸貉

宕合一铎入	⑦郭椁扩廓霍藿⑧获(穫)⑴(收获庄稼)镬
宕合三药入	⑧缚⑴(缚鞋带)
江开二觉入	⑦驳剥朴(樸)角觉珏壳确榷⑦握喔幄龌⑧雹邈擢(白)(擢起当官)搦乐⑴(音乐)岳嶽学峃
梗开二陌入	⑦舶⑵(船舶)⑧蕃陌⑵(打生陌生)
通合一屋入	⑦卜⑴(占卜)仆⑴(仆倒)扑噗璞濮蹼⑧卜(蔔)⑵(萝卜)仆(僕)⑵(仆人)瀑木沐禄碌
通合一沃入	⑦沃鋈
通合三屋入	⑧目牧睦穆苜
通合三烛入	⑧录绿氯

四、阴声韵果遇蟹止流摄与入声韵臻通摄通押[u]

果开一歌韵	①哥歌苛柯轲疴阿⑴(阿胶)婀②河何⑴(文)(任何)荷⑴(荷花)菏③舸坷④荷⑵(负荷)⑤屙⑥贺
果合一戈韵	①戈锅埚犒科稞颗蝌稞窠髁窝涡莴倭挱⑵(老挱)②禾和⑴(和平)③果裹馃火伙(夥)④祸⑤过课货⑥和⑵(附和)
遇合一模韵	①估咕姑菇轱蛄辜呱⑴(呱呱而泣)菰箍枯骷刳乎呼乌呜钨污②菩脯⑵(胸脯)蒲⑵(菖蒲)匍莆狐弧壶胡(鬍)葫湖蝴蝴猢瑚③圃浦⑵(浦东)普埔古诂牯罟股蛊贾⑴(商贾)鼓臌瞽苦虎唬琥浒坞④部簿户沪扈⑤固沽故痼顾雇库裤绔戽恶⑵(可恶)⑥捕哺互护
遇合三鱼韵	①淤於②余(餘)⑵(剩馀)舆④予与⑴(给予)⑥与⑵(参与)余⑴(姓氏)预誉豫
遇合三虞韵	①夫⑵(人名)肤麸俘孵⑴(文)(孵化)敷乎稃②孵⑵(白)(孵坊)②扶芙⑴(文)(芙蓉)凫无⑴(无中生有)芜巫诬毋于盂竽俞逾渝愉榆揄瑜臾谀腴③甫脯⑴(果脯)辅俯斧釜抚④腐⑴(文)(腐馀)武侮鹉舞妩宇羽雨禹愈⑤赴讣⑥芋吁⑶(呼吁)喻谕裕
蟹合三祭去	⑥卫彗
蟹合四齐韵	②携畦⑥惠慧
止合三支韵	①逶②为⑴(作为)③委萎痿⑥为⑵(为什么)
止合三脂韵	②帷维潍④唯惟⑥位遗
止合三微韵	①威葳②违围韦帏闱炜③尉蔚慰④伟苇玮韪⑤畏喂餵⑥纬胃谓猬
流开三尤韵	④负
臻合一没入	⑦不⑴(文)(不是)
通合一屋入	⑦谷(穀)哭屋⑧斛槲
通合一沃入	⑦酷⑧鹄
通合三屋入	⑦复(複)(復)腹蝮馥覆福幅辐蝠⑧伏服袱茯匐

五、阴声韵果遇蟹止摄，与入声韵深梗摄互押[ŋ]

果开三戈韵	②茄(3)(茄儿)伽(1)(伽蓝爷)
遇合三鱼韵	①沮狙疽诸梳(白)(头梳)书抒舒②除储躇锄(白)(板锄)如茹③咀渚褚础(礓础)处(1)(处理)暑黍④贮伫序叙绪墅汝⑤著处(2)(相处)觑絮恕庶⑥署薯(文)(马铃薯)曙
遇合三虞韵	①株蛛诛朱(侏)珠侏稣(鲦鲷)趋枢须(鬚)需输②厨橱殊儒蠕嚅濡③拄主取娶④柱砫聚竖乳⑤驻炷注蛀铸趣戍⑥住树孺
蟹开一咍韵	①腮(白)(腮腺炎)
蟹开四齐韵	①鸡稽溪蹊③启⑤计系(繫)(4)(系鞋带)继髻契
蟹合三祭去	⑤缀赘岁税
止开三支韵	①髭知蜘雌呲疵差(4)(参差)斯撕嘶厮筛(2)(米筛)施畸羁牺羲曦②弛驰踟篪觚奇崎骑琦歧岐芪③紫訾只(1)(只有)㲿此侈袳豕企(文)(企业)绮④氏是尔技妓伎企(白)(企图)⑤智渍刺(1)(刺激)翅赐寄戏⑥豉
止开三脂韵	①咨姿资脂私师狮(文)(雄狮)狮尸机肌饥(飢)(1)(饥饿)②迟瓷祁鳍耆③姊旨指死矢屎几(文 2)(茶几)麂④雉⑤恣至挚次四肆骥冀致(緻)弃器⑥稚自示谥视嗜
止开三之韵	①吱兹滋孳孜淄缁辎锱之芝痴箸蚩嗤司丝咝鸶思飔诗基箕姬欺熙嬉熹②持慈磁鹚糍词祠辞藜(泥藜)时而其期棋旗其琪蚔麒③子籽仔梓滓第止址趾祉耻齿史使驶始己起杞喜禧蟢④痔峙巳祀似士仕俟市柿恃耳(文)(聂耳)洱⑤置志痣识(2)(标识)帜胎炽伺试弑记纪⑥治字寺侍饲嗣事饵忌
止开三微韵	①几(幾)(文 1)(几何)讥叽饥(饑)(2)(饥荒)畿岂希稀唏②祈③几(幾)(文 3)(几多)⑤气汽既暨
止合三支韵	①吹炊②垂捶锤陲隋随③嘴⑥绝瑞
止合三脂韵	①追椎锥尿(2)(拉尿)虽绥②槌谁③水④蕊⑤醉(2)(酒喝醉爻)崇邃⑥坠遂隧穗
深开三缉入	⑦涩(白)(涩口)
梗开四锡入	⑦吃(1)(吃饭)

六、阴声韵果蟹止效摄，与入声韵深山臻曾梗摄互押[ai]

果开一歌韵	②蛾(白)(打灯蛾)⑤个⑥饿(白)(肚饿)
果合一戈韵	②腡⑤唾(白)(痰唾)
蟹开一咍韵	①呆(2)(痴呆)④倍蓓⑤唉(噯磊堆碎)
蟹开一泰去	⑤贝狈沛霈
蟹开二蟹韵	④奶(白 2)(奶奶)
蟹开四齐韵	⑤细(白)(细姆)
蟹合一灰韵	①杯背(揹)(3)(背心)坏胚呸姆堆推崔催摧瑰恢盔魁诙灰偎煨②陪培徘赔裴玫枚梅媒煤莓酶颓雷擂蕾镭回(迴)徊茴洄蛔桅嵬③腿璀傀贿悔诿猥④每馁磊偏瘣罪汇(匯)(1)(汇款)⑤背(1)(背部)辈褙配对碓退褪焞淬啐碎块诲晦⑥佩背(2)(背诵)焙妹昧队内磕溃(白)(溃疡)溃(文)(崩溃)
蟹合一泰去	⑤脱(2)(脱裤)蜕最(文)(某某之最)拽(2)(拉扯)会(2)(会计)侩剑桧脍荟⑥兑会(1)(会议)绘烩

蟹合三祭去	⑤脆⑥锐睿芮
蟹合三废去	⑤喙秽(淫词秽语)
蟹合四齐韵	①奎
止开三脂韵	②霉⑦狮(白)(狮子)
止开三支韵	①卑碑
止开三脂韵	①悲丕
止合三支韵	①规(2)(规矩)亏②赢③揣④累⑤惴踹⑥睡
止合三脂韵	①衰④垒⑤醉(1)(陶醉)⑤翠愧(2)(愧对)⑥泪悴粹萃瘁
止合三微韵	①归(1)(回归)飯㧱挥(1)(挥挥手)徽②巍③虺⑤喟⑥魏(文)魏(白)汇(彙)(2)(汇报)
效开三宵韵	③小(白)(古方言留下的白读)
深开三缉入	⑦缉(2)(缉合)戢汁执缉(1)(通缉)辑茸涩(文)(羞涩)湿⑧集习袭十什拾入
山合一末入	⑦攮撮⑧夺(白)(赌抢赌夺)抒
臻开三质入	⑦室栉质郅桎蛭七柒漆膝瑟虱失室⑧侄秩帙疾嫉蒺实日(文)(日本)
臻合一没入	⑦不(白)(不仅)卒猝
臻合三术入	⑦率(1)(率领)摔蟀
臻合三物入	⑦苇蔽勱弗佛(2)(仿佛)拂氟⑧佛(1)(佛陀)勿物(文)(事物)
曾合一德入	⑦北国⑧万(文2)(万俟)墨默
梗合二麦入	⑦帼掴蝈

七、阴声韵假遇蟹止摄，与入声韵咸深山臻曾梗摄互押[ei]

假开三麻韵	①爹嗟遮车(文1)(水车)些奢赊畲②邪斜(1)(倾斜)蛇佘③姐这者且扯写舍(捨)(2)(施舍)④社惹⑤借蔗笡(斜)泻卸舍(1)(进舍)赦⑥藉(1)(藉口)榭谢麝
遇合三鱼韵	①猪蛆②徐③煮杵鼠胥④苎屿⑤蓣⑥箸薯(白)(番薯)
蟹开一泰去	⑥大(白)(大官爷)
蟹开三祭去	⑤毙蔽际祭潆制(製)掣世势⑥币弊敝袂厉励砺蛎滞逝誓噬
蟹开四齐韵	①苊裨(2)(裨益)筐尻毳批砒咪眯低梯锑跻妻栖凄西犀茜(2)(人名)②綮迷谜醚犁黎藜鹥齐脐③抵底邸诋砥体济(2)(济南)洗铣④陛米弟悌礼醴蠡(1)(范蠡)荠鲚⑤闭睥媲帝蒂谛剃涕屉替嚏剂(2)(调剂)挤济(1)(救济)霁砌细(文)(仔细)婿⑥鬃递第睇逮棣缔丽隶唳剂(1)(发剂)
蟹合三废去	⑤废肺疿⑥吠
止开三支韵	①陂黑披②皮疲啤脾裨(1)(裨将)弥猕③彼④被婢弭⑤譬⑥鼻避②离漓璃篱缡罹⑥荔詈①支枝肢栀池匙③纸玺④舐⑤刺(2)(生刺)啻
止开三脂韵	①纰②枇毗蚍琵眉帽湄楣③匕比(1)(比较)鄙④否(否极泰来)痞圮美⑤庇痹愍屁⑥比(2)(比邻)备坒媚魅寐②梨蜊④履⑥地⑥利俐莉痢苊
止开三之韵	①里(2)(该里)厘(2)(一厘儿)哩(1)(词曲中作衬字)②厘(1)(厘米)狸喱③李里(裏)(1)(里外)理鲤俚娌浬⑥吏
止开三微韵	①飞非菲(1)(芳菲)啡绯扉蜚霏妃②肥(文)(肥沃)微薇肥(白)(肥肉)③匪诽菲(2)(菲薄)斐榧翡④尾(文)娓尾(白)⑤沸狒费⑥未(文)味(文)未(白)味(白)

止合三支韵	③髓
咸开三叶入	⑦摄慑
咸开四帖入	⑦燮
深开三缉入	⑧笠⑧蛰
山开三薛入	⑦浙泄薛亵设
臻开三质入	⑦叱悉蟋窸
曾开三职入	⑦唧稷陟仄织职饬敕厕侧测恻息媳熄色啬铯穑式识(1)(认识)饰拭轼⑧力直值植殖湜食蚀
梗开三昔入	⑦迹积脊崤瘠鲫只(2)(量词)炙摭刺(3)(刺绒衫)尺斥赤哧昔惜适释⑧掷(文)(一掷屎)踯藉(2)(藉田)籍席夕汐矽射石(1)(石头)硕
梗开四锡入	⑦的嘀滴嫡别惕踢倜绩戚喊析皙淅皙蜥锡⑧历(歷)(曆)沥雳疬砾栎踯鬲寂

八、阴声韵果遇流摄，与入声韵曾通摄互押 [əu]

果开一歌韵	①多哆拖(文)(拖拉机)啰搓(文)(搓板)磋蹉搓(白)(搓绳)②驮驼鸵佗陀沱砣跎罗萝逻锣箩③躲左佐④舵⑥大(文2)(大小)
果合一戈韵	②骡螺③妥椭④堕惰裸瘰⑤跺剁锉(白)(锉刀)⑥懦糯掾
遇合一模韵	①噜②徒(白)(门徒)奴④努弩虏鲁掳橹卤(卤)(1)(卤素)⑥怒
遇合一模韵	③组⑤做素(文)(朴素)愫
遇合三鱼韵	①初梳(文)(梳理)疏蔬②锄(文)(锄头)③阻诅俎础(1)(基础)楚⑥助
遇合三虞韵	①刍②雏③数(2)(数一数)⑤数(1)(数字)
流开一侯韵	②头骰⑥豆荳痘
流开三尤韵	①丢溜②刘留流琉硫馏榴瘤镠鎏④柳绺⑥遛
曾开一德入	⑦忒(2)(忒不识相)
通合一屋入	⑦秃镞簇蔟速⑧独读(1)(读书)渎椟犊牍鹿漉辘麓
通合一沃入	⑦督笃⑧毒
通合三屋入	⑧六陆戮

九、阴声韵流摄与入声韵通摄通押 [iəu]

流开三尤韵	①揪舟州洲周(週)赒秋(鞦)湫鳅抽修羞馐收②囚绸稠惆畴筹踌仇(2)(仇恨)雠酬莤道泅柔揉蹂③酒肘帚瞅丑(醜)手首守狩④纣受绶⑤昼咒臭(1)(乌焦臭)秀绣锈宿(2)(星宿)兽⑥宙轴售就袖寿授
通合一屋入	⑧族
通合三屋入	⑦竹竺筑祝粥蹙蹴畜(1)(牲畜)搐俶肃宿(1)(宿舍)夙叔倏菽菊鞠掬曲(麯)(2)(酒曲)畜(2)(畜牧)蓄郁(1)(郁闷)燠⑧逐妯淑熟孰塾舳肉育昱煜毓鬻
通合三烛入	⑦旭勖⑧辱褥缛

第六节 阳声韵与入声韵

一、阳声韵宕梗摄，与入声韵咸宕摄互押[ɛ]

宕开三阳韵	③厂(1)(工厂)④两(1)(两个)俩(2)(两人)
宕开三药入	⑧掠略撂
梗开二庚韵	①烹撑(1)(俯卧撑)生牲笙甥更庚羹赓坑亨哼②彭嘭蟛澎膨盲行(文1)(行为)珩桁③打省(1)(省略)埂梗哽鲠夼(天明亮)④猛锰蜢艋冷⑤撑(2)(撑客)更(文2)(更加)⑥甏孟硬行(文3)(品行)绗
梗开二耕韵	①绷(1)(藤绷)浜砰抨怦争狰睁筝(1)(古筝)峥耕铿莺(2)(莺哥)樱(2)(金樱)鹦(2)(鹦哥)罂(2)(罂壶)②棚(2)(尿布棚)萌③耿杏④蚌(蚌埠)黾(1)(蛙的一种)幸悻⑤绷(2)(绷紧)迸挣诤
梗合二庚韵	②横
通合三锺韵	②龙(白)(龙船)④垄(白)(菜垄)

二、阳声韵咸深山摄，与入声韵咸深山臻宕摄互押[ø]

咸开一覃韵	①贪囡参(1)(参加)掺堪龛戡庵谙鹌②潭男南(1)(南北)喃楠腩婪蚕含③惨糁感坎砍④颔(白)(面颔)颔颔(文)(颔首)撼⑤探赣勘暗黯⑥憾
咸开一合入	⑦答(1)(报答)匝(1)(一匝十二年)合(2)(三合粉)蛤鸽⑧纳钠衲杂合(1)(合作)盒(文)(纸盒)
咸开一谈韵	①甘柑坩泔痦蚶憨③忐赶敢橄俺⑤阚瞰
咸开一盍入	⑦磕嗑溘瞌⑧盍阖
深开三侵韵	①簪参(2)(参差)⑤潛
深开三缉入	⑧粒
山开一寒韵	①刊看(2)(看守)③侃⑤看(1)(看见)燠
山开一曷入	⑦葛割咳(2)(咳嗽)渴喝(1)(吆喝)遏褐
山合一桓韵	①般搬(1)(搬弄是非)番(2)(番禺)潘端湍钻(1)(钻洞)佘酸②盘搬(2)(搬运)磐澋瘢蹒蟠馒鳗瞒鞔团(團)糰峦孪娈栾鸾寏滦銮③短攒纂④伴拌绊满螨懑断(文1)(断续)暖(文)(温暖)卵(文)(卵袋)⑤半判泮断(文2)(决断)锻钻(2)(钻孔)窜蹿蒜算⑥叛畔幔缦镘段(文)(段落)缎乱玩
山合一末入	⑦拨钵泼掇脱(1)(脱离)⑧钹末抹茉沫夺(文)(抢夺)
山合二删韵	①拴栓闩④撰馔⑤篡涮
山合二辖入	⑦刷
山合三月入	⑧橛(白)(两橛断)
臻开一痕韵	①吞(文)(吞咽)根(1)(根据)跟(1)(脚下跟头)恩②痕(1)(痕迹)⑤摁
臻合一魂韵	①敦墩惇磷镦蹲尊樽村邨孙荪狲②盆屯囤豚臀论(2)(论语)存③忖损⑤寸逊巽(文)(八卦之一)⑥钝遁嫩论(1)(讨论)
臻合一没入	⑦咄⑧勃脖浡荸馞悖没殁凸突桲(3)(桲起算)呐(1)(呐口)讷兀纥
宕开一铎入	⑧凿

第七节　阴声韵、阳声韵与入声韵

一、阴声韵果假蟹止摄，与阳声韵咸山梗摄，与入声韵咸山臻曾梗摄通押[a]

果开一歌韵	①他 它 她 拖(白)(鞋拖) 南(2)(南无) 那(2)(姓氏) 阿(2)(阿舅) 啊(1)(啊呀) ②何(白 1)(何乜) 何(白 2)(何乜) ③娜(1)(人名) 阿(3)(阿门) ⑤啊(2)(叹词) ⑥那(1)(那么) 哪(1)(哪里)
假开二麻韵	①妈 咱 搭 ②吗 拿 ⑤爸 咤 炸(2)(油炸馃) 诧 姹 差(2)(不好) ⑥骂
假开三麻韵	③也(白 1)(也是) ④也(白 2)(也是)
蟹开一咍韵	④乃 艿 氖 ⑥埭(白)(两埭屋) 甂
蟹开一泰去	⑤戴(白)(戴帽) 带 太 泰 傣 汏 蔡 ⑥大(文 1)(大师) 汏 奈 赖 癞 籁
蟹开二皆韵	①掰 斋 崽(白)(卵崽) 差(3)(出差) 阶 皆 偕 揩 埃(2)(埃及) 挨(1)(挨近) ②排 俳 埋 霾 豺 癌 挨(2)(拖延) 谐 ③楷 锴 ④骇 骸 ⑤拜 湃 介 戒 芥 尬 届 界 诫 疥 疘 呃 ⑥憩 械
蟹开二佳韵	①奶(白 1)(奶奶头儿) 差(1)(差错) 叉(1)(叉烧包) 钗 筛(1)(筛酒) 街 ②牌 柴 崖 涯 捱 鞋 ③摆(擺襬) 解(1)(讲解) 蟹 矮 ④罢(1)(吃交罢) 买 奶(文 1)(老奶奶) 豸 解(3)(解签诗) 懈 ⑤派 债 洒 晒 解(2)(解钞票) 廨 隘 蚂(2)(蚂儿) ⑥卖 邂
蟹开二夬去	⑥败 迈 寨
蟹合一泰去	⑥外
蟹合二皆韵	①乖 ②怀(白)(怀闷) 怀(文)(怀念) 淮 槐 ⑤怪 䯒 ⑥坏
蟹合二佳韵	①歪 ③拐
蟹合二夬去	⑤快 筷
止合三脂韵	⑤帅
咸开一覃韵	①耽 眈 ②坛(壜)(2)(酒坛) 谭 昙 岚 函 涵
咸开一合入	⑦搭 答(2)(答应) 瘩 嗒 踏(1)(踢踏舞) 沓(2)(疲沓) 垃 拉(文)(拖拉) 啦 砸 匝(2)(匝道) 飒 喝(2)(喝水) ⑧踏(2)(踏步) 沓(1)(一沓纸) 拉(白)(拉尿) 盒(白)(盒儿)
咸开一谈韵	①担(1)(负担) 聃 坍 三 叁 仨 ②谈 痰 蓝 篮 褴 惭 ③胆 毯 喊 ④淡 氮 啖 澹 览 揽 缆 榄 ⑤石(2)(一石米) 担(2)(重担) ⑥滥 暂
咸开一盍入	⑦耷 塔 塌 蹋 遢 榻 溻 卅 ⑧阖 腊 蜡 邋
咸开二咸韵	①杉 缄 尴 ②馋 谗 咸(鹹) ③斩 崭 减 碱 硷 ④湛 ⑤蘸 ⑥站 赚(文)(赚错) 陷(白)(馅)(白)(馅心) 陷(文)(陷阱) 馅(文)(馅饼)
咸开二洽入	⑦眨 插 歃 夹 挟 颊 荚 峡(1)(长江三峡) 恰 掐 卡(1)(卡口) ⑧溹(白) 煠(白) 闸 溹(文) 蛰 煠(文) 峡(2)(河峡儿) 狭 洽
咸开二衔韵	①搀 衫 监(1)(牢监) ②巉 衔(白)(衔头) 岩 衔(文)(头衔) ③槛 舰 ⑤忏 谶 监(2)(太监) 鉴 嵌
咸开二狎入	⑦霎 啥 甲 钾 胛 呷 压 押 鸭 ⑧匣 狎
咸合三凡韵	②凡 帆 ④犯 范 ⑤泛 ⑥梵
山开一寒韵	①丹 单(1)(单独) 郸 殚 摊 滩 瘫 餐 珊 栅(2)(栅极) 姗 跚 ②坛(壇)(1)(花坛) 弹(2)(弹琴) 檀 难(1)(困难) 兰 拦 栏 澜 谰 阑 残 ③疸 掸 坦(文)(坦白) 伞 散(2)(散漫) 霰 ④袒 懒 斓 ⑤旦 诞 炭 叹 碳 赞 瓒 灿 粲 璨 散(1)(散会) ⑥但 弹(1)(子弹) 蛋 惮 坦(白)(道坦) 难(2)(患难) 烂
山开一曷入	⑦怛 妲 笪 靼 挞 闼 跶 獭 擦 萨 撒 ⑧达 靶 捺 喇 辣 刺 瘌

山开二山韵	①山舢间(1)(房间)艰悭②潺闲娴痫③盏产铲拣柬简铜裥扮④眼限⑤扮瓣盼间(2)(间接)⑥办绽
山开二黠入	⑦八(2)(小八癞子)叭轧(1)(轧钢)扎札察杀刹(2)(刹车)煞咖(1)(咖喱)嘎(1)(鸟鸣声)伽(2)(伽蓝)戛咖(1)(咖啡)卡(2)(磁卡)⑧嘎(2)(嘎嘎抖)轧(3)(轧姘头)茄(2)(番茄)黠⑦揠轧(1)(倾轧)
山开二删韵	①扳班颁斑癍攀删潜奸姦菅②丌蛮颜雁(白)(雁鹅)③反(2)(反转)板(阖)版阪钣版馆④赧莞(2)(莞尔而笑)⑤襻栅(1)(栅栏)汕汕疝谏涧晏⑥漫慢谩栈雁(文)(雁荡)赝
山开二辖入	⑦刹(1)(古刹)瞎哈⑧铡辖
山合一桓韵	①宽髋④皖⑥换
山合一末入	⑦豁(2)(豁拳)
山合二山韵	①纶(2)(纶巾)鳏⑥幻
山合二黠入	⑦挖
山合二删韵	①关弯湾②顽还环(文)(环境)圜寰⑤惯⑥环(白)(门环)宦患豢
山合三仙韵	①铅(1)(铅锅)
山合三元韵	①藩(1)(篱笆)番(1)(番人)翻②矾烦繁蕃樊藩(2)(曾国藩)蘩③反(1)(反对)返④挽(文)(挽回)晚(文)(早晚)挽(白)(挽联)晚(白)(晚稻)⑤贩畈⑥饭曼蔓万(白)(逾千达万)万(文1)(万年青)
臻合一没入	⑧呐(2)(呐喊)
曾合一德入	⑧或惑
梗开二庚韵	②衡
梗开二陌入	⑦百伯迫柏佰拍魄珀擘(白)(擘饼)啪咋(2)(咋舌)窄舴拆格胳(2)(胳肢窝)骼客喀赫⑧白舶(1)(舶来品)帛陌(1)(陌生)宅择泽着(文2)(着色)翟(1)(姓氏)额
梗开二麦入	⑦檗擘(文)(巨擘)摘谪责啧赜册策革隔嗝膈绷扼厄轭⑧麦脉唛
梗合二麦入	⑧划(劃)(2)(笔划)画(2)(笔画)获(獲)(2)(收获)

二、阴声韵假蟹止摄，与阳声韵咸山宕江摄，与入声韵咸深山臻曾梗摄通押[i]

假开三麻韵	②爷椰耶揶③野④也(文)(也是)冶⑥夜
蟹开三祭去	⑤憩⑥偈(2)(偈佗)
蟹开三祭去	⑤裔⑥例艺呓曳
蟹开三废去	⑥刈
蟹开四齐韵	②泥②倪霓䴘兮奚⑤缢翳⑥倪睨诣系(1)(关系)系(係)(2)(中文係)系(繫)(3)(连系)
止开三支韵	①祎猗漪②糜縻仪宜移③椅倚旖④摩蚁迤⑤臂⑥义议谊易(2)(容易)
止开三脂韵	①妮伊咿②尼呢怩夷姨胰痍彝⑤秘(秘鲁)㲈⑥秘(1)(秘书)腻肆懿
止开三之韵	①医②疑怡贻诒饴颐坯④你拟矣已以⑥意异
止开三微韵	①衣依祎②沂③几(幾)(白)(几个)⑥毅
咸开三盐韵	①粘黏尖歼沾占(1)(占卜)瞻詹签(籤)(簽)金纤(纖)(2)(纤维)暹淹奄醃阉忺②帘廉镰奁黔钤箝潜蟾髯钳炎盐阎闫檐③贬谄闪(腰闪着)陕撿检脸险掩魇④脸敛渐冉苒染俭⑤占(佔)(2)(占领)觇厌餍⑥殓赡验艳焰

咸开三业入	⑦劫怯(文)(怯生)胁⑧业
咸开三严韵	①腌②严④俨⑤剑欠⑥酽
咸开三叶入	⑦接婕楫辄妾靥⑧聂镊蹑喋颞捷睫涉烨叶(葉)页晔
咸开四添韵	①掂添拈兼谦②恬甜鲇(鲶)搛(搛菜)嫌③玷点踮舔歉④簟⑤店惦⑥垫念捻
咸开四帖入	⑦跌帖贴惬箧⑧谍叠碟蝶喋牒挟(挟菜)协侠
深开三缉入	⑧廿立
山开三仙韵	①编鞭扁(2)(一叶扁舟)偏篇翩煎馣毡迁千(韆)(2)(秋千)愆仙籼鲜煽搧蔫嫣②便(2)(便宜)绵棉连联涟钱缠涎单(2)(单于)禅蝉婵然燃乾虔捐鄢延蜓筵③剪翦展辗浅阐蕆藓遣谴缱④辨辩免勉缅黾(2)(黾池)娩冕渑渼脠鲩碾撵琏辇践善鳝件衍演⑤变骗溅箭战颤线腺扇⑥便(1)(方便)卞弁汴面(1)(脸面)贱饯羡擅嬗缮膳谚彦
山开三元韵	①犍轩②言③偃④键谳⑤建毽宪献堰⑥健腱踺喭
山开四先韵	①边蝙滇颠巅癫天笺千(1)(千万)仟阡扦先坚肩牵烟胭湮②骈眠田填钿年怜(憐)莲前研妍贤弦舷③扁(1)(扁担)匾典碘腆洗笕臱茧趼显④辨丏⑤遍片荐见茜(1)(茜草)倩纤(縴)(1)(纤夫)宴燕咽(2)(咽气)⑥面(麵)(2)(米面)电佃甸淀奠殿靛癜练炼链现砚
山合三仙韵	②沿铅(2)(铅山)⑥恋
山开三薛入	⑦瘪哲蜇喆折(1)(折扣)褶子⑧别灭乜(文)(眼睛微张)搣列咧烈裂冽洌趔彻撤澈辙舌折(2)(折本)热乜(白)(乜人)杰桀孽蘖拽(1)(拖；拉)
山开三月入	⑦揭(1)(揭露)歇蝎谒⑧揭(2)(掀揭)竭偈(1)(勇武貌)碣
山开四屑入	⑦憋鳖撒瞥铁飱节疖切窃洯锲洁结梏(1)(桔梗)拮噎⑧蟞蔑篾迭垤鳌捩撷缬
臻开三质入	⑦必毕笔哔筚跸滗匹疋一(白)(一个)⑧弼泌密蜜宓谧嘧昵栗傈溧篥溧慄
臻合三术入	⑧律率(2)(效率)
宕开三阳韵	①将(1)(将来)张章彰樟璋蟑枪锵昌猖菖娼相(1)(互相)厢湘箱镶襄商伤殇僵缰疆姜(薑)羌乡香央殃鸯秧②娘孃良梁量(2)(量尺寸)粮粱长(1)(长短)场肠墙蔷樯戕详祥翔尝常偿裳嫦徜嚷瓢强阳扬杨炀旸疡羊洋佯烊(1)(融化)垟徉③奖桨蒋长(2)(生长)涨掌抢昶厂(2)(茅棚厂儿)敞氅响晌赏襁享响缰想鲞养氧④两(2)(斤两)俩(1)(伎俩)辆魉丈仗杖象像橡漾上(1)(上声)壤攘瓤仰痒⑤将(2)(大将)浆酱帐账胀障幛瘴呛畅怅倡唱相(2)(宰相)饷向(嚮)怏⑥酿亮凉谅量(1)(数量)晾靓(2)(靓妹)匠上(1)(上面)尚让糨样漾恙烊(2)(打烊)
江开二江韵	①腔②降(白)(投降)
曾开三职入	⑦逼⑧愎(刚愎自用)匿即亿忆臆癔
梗开三陌入	⑦碧
梗开三昔入	⑦辟(1)(大辟)壁辟(闢)(2)(开辟)僻⑧掷(白)(投掷)
梗开四锡入	⑦壁劈霹噼癖⑧觅汨幂溺迪敌涤笛狄籴荻翟(2)(长尾的野鸡)

三、阴声韵果遇蟹止摄，与阳声韵山臻摄，与入声韵山臻曾梗摄通押[y]

果合三戈平	①靴②瘸
遇合三鱼韵	④女(文)(男女)①车(文 2)(车马炮)居(文)(居住)祛虚嘘墟②渠(文)(水渠)③举许(文)(许多)巨拒炬距语圄齬⑤据锯踞去(文)(来去)⑥蓹御(禦)驭
遇合三虞韵	①拘驹区(1)(区别)岖驱躯吁(1)(气喘吁吁)吁(2)(喝止牲口声)②瞿衢②娱(1)(娱乐)隅愚禺虞③矩枸(1)(枸橼)龋诩栩伛⑤句酗煦妪⑥具俱惧飓遇寓
蟹合四齐韵	①闺硅圭睽暌⑤桂
止合三支韵	①规(1)(圆规)窥麾②危③诡毁④跪⑥伪
止合三脂韵	①龟②葵逵馗夔③轨癸④揆⑤季悸愧(1)(惭愧)⑥柜(櫃)馈匮
止合三微韵	①归(2)(当归)挥(2)(指挥)辉晖③鬼⑤贵卉讳
山开一寒韵	①干(1)(干犯)干(乾)(3)(干燥)杆(1)(笕杆)肝竿鼾安氨鞍桉②韩寒邗邯③杆(2)(电灯杆)秆擀罕④旱⑤干(幹)(2)(干部)汉按案胺⑥岸汗捍悍焊翰瀚
山合一桓韵	①官棺倌观(1)(观察)冠(1)(皇冠)欢豌剜蜿②桓丸完烷③馆琯管(文)(管理)莞(1)(东莞)款碗④缓浣⑤贯灌罐盥观(2)(寺观)冠(2)(冠军)唤涣焕痪奂惋腕
山合三仙韵	①镌专砖痊诠铨川穿(文)(贯穿)宣捐娟鹃涓圈(1)(圆圈)②传(1)(宣传)椽全泉漩船权拳蜷颧员圆鸢③喘舛选卷(文 2)(席卷)④篆软充⑤转啭钏渲卷(文 1)(考卷)眷绢圈(2)(猪圈)⑥传(2)(传记)旋(镟)璇倦院媛缘
山合三薛入	⑦辍啜茁拙雪噱(2)(噱头)说⑧绝蕝阅悦
山合三元韵	①喧萱煊鸳鸾②元原源鼋螈园袁援猿垣辕③绻苑宛婉琬④阮远⑤劝券楦怨⑥愿
山合三月入	⑦孑厥撅蕨噘獗阙哕(哕起，即恶心)曰⑧橛(文)(短木桩)镢月越粤
山合四先韵	①渊②玄悬③犬⑤绚⑥县眩
山合四屑入	⑦决诀抉缺炔阒血⑧穴
臻合一魂韵	①昆(文 2)(灵昆岛)昏(1)(黄昏)婚温(1)(温州)瘟②魂③稳⑤睏巽(白)(巽山)
臻合三文韵	①荤
臻合一没入	⑦骨窟忽笏唿惚瘟⑧核
臻合三术入	⑦绌黜出(黜)戌恤橘⑧怵黜术(1)(白术)术(術)(2)(手术)述聿鹬
臻合三物入	⑦屈郁(2)(郁郁葱葱)⑧倔掘(文)(挖掘)崛
曾合三职入	⑧域阈
梗合三昔入	⑧役疫

第七章 瓯语系各地方言声韵拼合表

一、温州话声韵拼合表

	p组 p,p',b,m	f组 f,v	t组 t,t',d,n,l	ts组 ts,ts',dz,s,z	tɕ组 tɕ,tɕ',dʑ,n,ɕ,z	k组 k,k',g,ŋ,h,ɦ,	零声 ʔ,ʋ,j
a	扮盼办蛮	泛凡	旦炭大难兰	眨插站三柴		夹恰衔岩瞎匣	阿外〇
ɛ	绷烹彭孟	〇〇	打〇〇〇冷	争撑〇生〇		更坑〇硬亨幸	杏横〇
ə	保剖抱毛	否浮	刀讨桃脑牢	早草〇扫曹		高考〇熬好豪	岙〇〇
e	〇〇〇〇	〇〇	德态台耐来	灾猜〇塞在		该开渠呆海孩	哀〇〇
ø	半判伴末	〇〇	答贪团南粒	钻参〇酸杂		感砍颔玩酣含	暗〇〇
o	巴怕爬麻	法乏	朵托铎诺落	作错茶沙昨		家可硌牙虾霞	鸦〇〇
ɿ			〇〇〇〇〇	鸡处除书序		〇〇〇〇〇〇	
ai	杯配培梅	拂佛	对推队内雷	执七侄率罪		个块溃魏灰回	唉猥〇
au	〇〇〇〇		抖偷投否楼	走凑骤搜愁		狗口厚牛吼侯	瓯〇〇
ei	闭批皮迷	非肥	低梯弟〇李	姐且池些徐		〇〇〇〇〇〇	
əu	〇〇〇〇		多拖舵奴罗	左初〇梳助		〇〇〇〇〇〇	
øy	布破婆魔	府父	都土徒〇卢	租粗〇苏〇		〇〇〇鱼〇〇	
aŋ	本喷笨门	分文	灯佘邓能伦	针亲沉心寻		跟恳〇〇很恨	温混〇
eŋ	冰品平民	〇〇	丁听亭〇林	证清呈升承		〇〇〇〇〇〇	〇〇〇
oŋ	崩碰朋蒙	〇〇	东通同农龙	总聪〇送纯		公空〇〇轰红	翁〇〇
i	变片别灭		点天田〇良		将昌丈年相象		央〇羊
ia	〇〇〇〇		〇〇〇〇〇		爵雀着尧晓若		约〇药
iɛ	彪飘嫖苗		刁挑条聊〇		焦瞧赵绕消绍		要〇姚
iai	〇〇〇〇		〇〇〇〇〇		急泣及逆吸〇		乙〇译
iau	〇〇〇〇		〇〇〇〇〇		九丘求扭休〇		优〇尤
iəu	〇〇〇〇		〇〇〇〇〇		酒秋囚肉修就		郁〇育
iaŋ	〇〇〇〇		〇〇〇〇〇		今庆琴银欣〇		音〇引
ioŋ	〇〇〇〇		〇〇〇〇〇		忠春虫〇兄顺		雍〇云
u	〇普菩〇	斧无	〇〇〇〇〇	〇〇〇〇〇	〇〇〇〇〇〇	歌科〇〇火河	乌余〇
cu	包抛刨矛	方防	当汤堂闹郎	抓抄棹桑巢	〇〇〇〇〇〇	交敲犷咬孝杭	凹〇〇
y					居川巨语许全	干窟〇〇〇〇	安〇寒
yɔ					钟窗狂浓双床	〇〇〇〇〇〇	柱〇王
yo					卓曲浊玉粟俗	〇〇〇〇〇〇	〇〇浴

温州话的声、韵、调拼配关系颇有讲究，主要规律是：

(1)双唇音声母 p、p'、b、m 配开口、齐齿、合口韵母，不配撮口韵母。不过同齐齿和合口两呼的相配有较大的限制，只能配[i]、[iɛ]和[u]、[uɔ]四韵，不能配辅音性介音的复合韵。

(2)齿唇音声母 f、v 配开口和合口韵母，不配齐齿和撮口韵母。齐齿的 fiɛ、viɛ 是开口的 fɛ、vɛ 变读产生的。

(3)舌尖前塞擦音、擦音声母 ts、ts'、dz、s、z 配开口和合口韵母，不配齐齿和撮口韵母，跟齿唇音相同，只是 dz 不能配合口韵。

(4)舌尖前塞音、鼻音、边音声母 t、t'、d、n、l 配开口、齐齿、合口韵母，唯独不能配撮口韵。不过跟齐齿和合口两呼的配合与双唇音一样有局限性。

(5)舌面音声母 tɕ、tɕ'、dʑ、ȵ、ɕ、j 配齐齿和撮口韵母，一律不配开口和合口韵母，这是十分严格的。

(6)舌根音声母 k、k'、g、ŋ 配开口和合口韵母，原则上不配齐齿和撮口韵母。音节表中与 i、iɛ、y 的结合是白读和变读的结果。

(7)喉音声母 h、ɦ 配开口和合口韵母，不配齐齿和撮口韵母。在合口韵母中只能与 uɔ 结合。

(8)鼻音韵 ŋ 自成音节，前不能配声，后不能配韵。

(9)yɔ、iai 两韵只配入声，没有平上去三声。

(10)ə、ɛ、ŋ、uɔ、uɛ、yɔ、øy、au、iau、aŋ、eŋ、oŋ、iaŋ、yoŋ 十四韵配平上去三声，不配入声。

二、永强话声韵拼合表

	p 组	f 组	t 组	ts 组	tɕ 组	k 组	零声
	p,p',b,m	f,v	t,t',d,n,l	ts,ts',dz,s,z	tɕ,tɕ',dʑ,n,ɕ,z	k,k',g,ŋ,h,ɦ	ʔ,ʋ,j
a	班盼办蛮	泛凡	旦叹谈难兰	眨插站三潺		夹恰衔岩喊狭	啊换〇
ɛ	百拍排买	〇〇	打泰大乃冷	争蔡寨生柴		介客怀硬亨鞋	矮横〇
ɔ	包泡刨忙	方防	当汤唐闹郎	抓抄棹桑巢		交敲犷咬孝杭	凹〇〇
ɒ	保剖抱毛	否浮	刀讨桃脑劳	早草〇扫曹		高考〇熬好豪	呑〇〇
e	〇〇〇梅	〇〇	德胎台耐来	灾猜〇赛才		该开渠呆海孩	哀〇〇
ø	半判伴满	〇〇	短贪团南婪	钻参〇算杂		甘砍颔玩酣合	暗〇〇
o	巴怕爬麻	〇缚	朵托铎诺落	作错茶沙昨		家可硌牙虾霞	鸦〇〇
ɿ	〇〇〇〇	〇〇	〇〇〇〇〇	制且直洗社		〇〇〇〇〇〇	〇〇〇
ai	杯配培酶	拂佛	对推队内雷	质脆侄失集		个块溃魏灰回	唉猥〇
au	〇〇〇〇	〇〇	斗偷投㕯楼	走凑骤搜愁		勾口厚牛吼后	瓯〇〇
aŋ	本喷笨门	分文	灯氽邓能轮	针亲沉心寻		滚困〇〇很恨	温混〇
eŋ	冰品平民	〇〇	丁听亭〇林			〇〇〇〇〇〇	〇〇〇
oŋ	崩碰朋蒙	〇〇	东通同农龙	棕聪〇送崇		公空〇〇轰宏	翁〇〇
i	闭批皮迷	非未	低梯第念礼		鸡启偈艺仙舌		衣〇移
ia	〇〇〇〇	〇〇	〇〇〇〇〇		脚雀着尧晓若		约〇药
iɛ	〇〇〇〇	〇〇	〇〇〇娘良		将枪丈仰相象		央〇羊
iai	〇〇〇〇	〇〇	〇〇〇〇〇		急泣及逆吸〇		乙〇液
iau	〇〇〇〇	〇〇	〇〇〇〇〇		九丘求纽休〇		优〇尤
iəu	〇〇〇〇	〇〇	丢秃头奴流		周秋仇肉修受		郁〇育
iaŋ	〇〇〇〇	〇〇	〇〇〇〇〇		今钦琴吟欣〇		音〇引
iɐi	〇〇〇〇	〇〇	〇〇〇〇〇		精清郑〇升情		〇〇〇
u	布破部魔	付符	都妥肚懦卢	租粗〇苏〇		歌科蜈〇火河	乌〇〇
ɔu	〇〇〇抹	法罚	〇〇〇〇〇	〇〇〇〇〇		〇〇〇〇〇〇	〇〇〇
y	〇〇〇〇	〇〇	〇〇〇〇〇		决劝权元昏全	骨窟〇〇〇	怨〇完
ʮ	〇〇普菩	肤扶		朱处除书序	〇〇〇〇〇〇		淤余〇
yɔ	〇〇〇〇	〇〇	〇〇〇〇〇		种闯撞浓双床	〇〇〇〇〇〇	枉〇王
yə	表飘嫖苗	〇〇	刁挑条〇聊		焦瞧赵绕消绍		要〇邵
yo	〇〇〇〇	〇〇	〇〇〇〇〇		卓曲浊玉束俗	〇〇〇〇〇〇	〇〇浴
yoŋ	〇〇〇〇	〇〇	〇〇〇〇〇		君春群〇兄顺		雍〇云

三、永嘉话声韵拼合表

	p 组 p,p',b,m	f 组 f,v	t 组 t,t',d,n,l	ts 组 ts,ts',dz,s,z	tɕ 组 tɕ,tɕ',dʑ,ɲ,ɕ,ʑ	k 组 k,k',g,ŋ,h,ɦ	零声 ʔ,v,j
a	扮盼排买	反凡	带太大难兰	斩蔡寨三柴		皆快衔眼蟹谐	阿外〇
ɛ	绷烹彭孟	〇〇	打〇〇〇冷	睁撑〇生〇		更坑〇硬亨幸	杏横〇
ɔ	〇〇〇〇	〇〇	当汤堂闹郎	抓抄棹桑巢		交敲犷咬孝效	凹〇〇
ɜ	保剖抱毛	否浮	刀讨桃脑劳	早草〇扫曹		高考渠熬好豪	峉〇〇
e	〇〇〇〇	〇〇	德胎台耐来	灾猜〇塞在		该开倚碍海孩	哀〇〇
ø	半判伴末	〇〇	端贪团南婪	钻参〇酸蚕		感砍颔玩醋含	恩〇〇
o	巴怕爬麻	〇〇	朵托铎诺落	作错茶沙坐		瓜可硌牙花华	娃〇哠
ɿ	〇〇〇〇	〇〇	〇〇〇〇〇	紫雌持斯是		〇〇〇〇〇〇	〇〇〇
ai	杯配培梅	拂佛	对推队内雷	醉七侄失实		个块溃魏灰回	唉偎〇
au	〇〇〇〇	〇〇	斗偷投有楼	走凑骤搜愁		勾口厚牛吼侯	瓯〇〇
ir	〇〇〇〇	〇〇	〇〇〇〇〇	〇〇〇〇〇	鸡溪奇艺戏〇	几〇〇〇〇〇	伊〇移
əu	〇〇〇〇	〇〇	多妥头奴流	〇〇〇〇〇		〇〇〇〇〇〇	〇〇〇
əy	播破婆魔	夫父	都土图〇卢	租粗〇苏〇		〇〇〇〇蜈〇	〇〇〇
aŋ	本喷笨门	分文	灯佥邓能轮	针侵沉心寻		跟恳〇〇很恨	〇〇〇
əŋ	冰品平民	〇〇	丁听亭〇林	〇〇〇〇〇		〇〇〇〇〇〇	〇〇〇
oŋ	崩碰朋蒙	风凤	东通同农隆	总聪〇送纯		公空〇〇轰红	翁〇〇
i	闭批皮迷	非未	低梯第尼厉	姐且池些徐	〇〇〇〇〇〇		〇〇〇
ia	〇〇〇〇	〇〇	〇〇〇〇〇		爵雀着尧晓嚼		呀〇〇
iɛ	〇〇〇〇	〇〇	〇〇〇娘良		将枪丈让相匠		央〇羊
ie	变片别棉	〇〇	典天田念廉		尖欠钳业仙前		淹〇叶
iai	〇〇〇〇	〇〇	〇〇〇〇〇		急泣及逆吸〇		乙〇译
iau	〇〇〇〇	〇〇	〇〇〇〇〇		九丘求纽休〇		优〇尤
iəu	〇〇〇〇	〇〇	〇〇〇〇〇		周秋宙肉修受		郁〇育
iaŋ	〇〇〇〇	〇〇	〇〇〇〇〇		今庆琴银欣〇		音〇形
iəŋ	〇〇〇〇	〇〇	〇〇〇〇〇		精清呈〇升情		〇〇〇
ioŋ	〇〇〇〇	〇〇	〇〇〇〇〇		均春虫〇笋顺		雍〇云
u	〇普菩〇	斧武				歌科〇〇火河	乌余〇
uɔ	包泡刨矛	方亡				〇〇〇〇〇〇	〇〇〇
ou	玻璞瀑木	法乏				〇〇〇〇〇〇	〇〇〇
y	〇〇〇〇		〇〇〇〇〇	〇〇〇〇〇	专川传元欢全	官窟〇〇〇〇	温〇员
ʮ	〇〇〇〇		〇〇〇〇〇	〇〇〇〇〇	居区巨语虚如	〇〇〇〇〇〇	呼〇〇
yɔ	〇〇〇〇		〇〇〇〇〇	〇〇〇〇〇	钟闯撞浓霜床	〇〇〇〇〇〇	柱〇王
yə	标飘嘌苗		刁挑条〇聊	〇〇〇〇〇	焦瞧赵绕消〇	〇〇〇〇〇〇	夭〇摇
yo	〇〇〇〇		〇〇〇〇〇	〇〇〇〇〇	桌曲浊玉束俗	〇〇〇〇〇〇	〇〇浴

四、乐清话声韵拼合表

	p组 p,p',b,m	f组 f,v	t组 t,t',d,n,l	ts组 ts,ts',dz,s,z	tɕ组 tɕ,tɕ',dʑ,ɲ,ɕ,ʑ	k组 k,k',g,ŋ,h,ɦ	零声 ʔ,ʋ,j
a	包烹彭孟	○○	打塔踏捺冷	○○○杀闸		更恰峡硬亨幸	鸭横○
ɛ	扮盼办蛮	○○	旦叹谈难兰	○○○三馋		减嵌衔眼喊闲	晏○○
ɔ	○○○忙	方房	当汤堂囊郎	○○○桑藏		江康扛昂荒项	凹○○
ɐ	保剖抱毛	否浮	刀讨桃脑劳	○○○扫曹		高考熬好豪○	呑○○
e	百拍排买	○○	戴胎南来	○○○赛在		该开颔呆海孩	哀○○
ø	半判盘没	○○	短脱团暖粒	○○○酸蚕		割看○玩罕寒	安○○
o	博泊拔莫	○缚	朵托铎诺录	○○○沙坐		家可硌牙虾霞	鸦○哟
ɿ	○○○○		紫雌迟斯是			○○○○○	
ɯa	巴怕爬麻			○○○霜床		瓜夸○瓦化华	娃○○
ai	杯配培梅	○○	堆推队内雷	○○○碎罪		个○○饿○○	唉○○
au	○○○有	○○	斗偷投有楼	○○○搜愁		勾口厚牛吼候	瓯○○
aŋ	本喷笨门	分文	灯伞邓能轮	○○○心寻		跟恳○○很恨	○○○
oŋ	崩碰朋蒙	风凤	东通同农龙	○○○送从		公空○○轰红	翁○○
i	闭批皮迷	非肥	低梯第你厉	○○○些社	姐且池艺戏社		衣○夜
ia	○○○○	○○	○○○○○	○○○○○	抓抄强仰香○		央○羊
iɛ	○○○○	○○	○○○○○	○○○○○	斩忏惭○○○		○○○
ɔi	○○○○	○○	○○○○○	○○○○○	壮传○○○○		○○○
ei	○○○○	○○	○○○○○	○○○○○	焦瞧赵逆吸韶		妖○摇
ie	变片别棉	○○	点添田○廉	○○○○○	尖欠钳验险前		厌○炎
iø	○○○○	○○	○○○○○	○○○○○	钻参○○○撰		○○○
io	○○○○	○○	○○○○○	○○○○○	组初茶玉束俗		○○浴
iɯ	○○○○	○○	刁挑条娘良	○○○○○	将枪丈让想象		○○○
ia	○○○○	○○	○○○○○	○○○○○	醉崔○○○○		○○○
iai	○○○○	○○	○○○○○	○○○○○	走凑求纽休○		优○尤
iau	○○○○	○○	丢秃独奴流	○○○○○	酒秋绸○手就		○○○
iu	○○○○	○○	○○○○○	○○○○○	今庆琴银欣○		音○形
iaŋ	冰品平民	○○	丁听亭○林	精清郑升承	○○○○○○		○○○
ioŋ	○○○○	○○	○○○○○	○○○○○	中冲虫○兄慵		雍○荣
u	布破婆魔	夫父		竹搐逐叔熟		过科○○火河	乌○○
ua	○○○网	法乏		○○○○○		括阔○○豁活	斡○○
uɛ	○○○○	泛凡		○○○○○		关宽撮○○○	挖换○
uø	半判伴满	欢○		○○○○○		官款○○欢○	碗○○
ue	○○○○	○○		○○○○○		乖快怀外○○	歪外○
uai	○○○○	○○		○○○○○		归块溃魏灰回	偎○○
uaŋ	○○○○	○○		○○○○○		滚捆○○昏○	温混○
y			都土图○卢	○○○苏如	租粗巨语许如	○○○○○○	迂余○
yə			○○○○○	○○○○○	捐劝权软血全	骨窟○○忽魂	冤○远
yɯ			○○○○○	○○○○○	肿闯撞浓双床	○○○○○○	柱○王

五、虹桥话声韵拼合表

	p 组	f 组	t 组	ts 组	tɕ 组	k 组	零声
	p,p',b,m	f,v	t,t',d,n,l	ts,ts',dz,s,z	tɕ,tɕ',dʑ,ɲ,ɕ,ʑ	k,k',g,ŋ,h,ɦ	ʔ,ʋ,j
a	百拍白埋	反饭	搭塔踏捺兰	眨插寨杀闸		夹恰峡眼瞎狭	鸭〇〇
ɛ	浜烹彭孟	〇〇	打〇〇〇冷	争撑〇三〇		更坑〇〇亨幸	杏横〇
ə	不〇〇〇	拂佛	得忒特〇劣	执七侄失集		居去渠〇许〇	恩〇〇
e	〇〇〇〇	〇〇	答贪潭南来	匝参〇糁蚕		感砍颔兀醰含	恩〇〇
ø	半判盘没	〇〇	端脱团暖粒	钻寸撺酸存		肝〇〇〇罕寒	安〇〇
o	巴怕爬麻	〇〇	朵托铎诺录	渣叉茶沙坐		家可硌牙虾霞	鸦〇〇
ɿ	〇〇〇〇	〇〇	〇〇〇〇	紫雌持斯是		〇〇〇〇〇〇	
øo	〇〇〇〇	花华	〇〇〇〇	〇〇〇		瓜夸瓦〇化华	娃〇〇
ai	保剖抱毛	否浮	刀讨桃脑劳	遭操〇扫曹		高考〇熬好豪	岙〇〇
au	杯配培梅	〇〇	堆推队内雷	醉催〇碎罪		个开〇艾海孩	唉〇〇
ei	〇〇〇冇	〇〇	抖偷投〇楼	走凑骤搜愁		勾口厚牛吼侯	瓯〇〇
aŋ	闭批皮迷	非肥	低梯第〇厉	姐且池些社		〇〇〇〇〇〇	〇〇〇
əŋ	本喷笨门	分文	灯伧邓能轮	针侵沉心寻		跟恳〇〇很恨	〇〇〇
oŋ	冰品平民	〇〇	丁听亭〇林	精清郑升情		〇〇〇〇〇〇	〇〇〇
	崩碰朋蒙	风冯	东通同农笼	宗充虫送丛		公空〇〇轰红	翁〇〇
i	必匹弼密	〇〇	〇〇迪尼立	〇〇〇〇〇	即启奇艺戏〇		衣〇移
ia	〇〇〇〇	〇〇	〇〇〇〇	〇〇〇〇〇	脚却着尞削若		约〇药
iɔ	〇〇〇〇	〇〇	〇〇〇〇	〇〇〇〇〇	钟闯狂浓凶床		往〇王
iə	〇〇〇〇	〇〇	〇〇〇〇	〇〇〇〇〇	急泣及逆吸〇		乙〇译
ie	变片别棉	〇〇	点添田念廉	〇〇〇〇〇	尖欠钳验险前		厌〇炎
io	〇〇〇〇	〇〇	〇〇〇〇	〇〇〇〇〇	卓曲浊玉束俗		〇〇浴
iɤ	〇〇〇网	方房	刁挑条酿疗	〇〇〇〇〇	将枪长壤相墙		〇〇〇
iai	〇〇〇〇	〇〇	〇〇〇〇	〇〇〇〇〇	醉催〇〇〇〇		〇〇〇
iau	〇〇〇〇	〇〇	〇〇〇〇	〇〇〇〇〇	九丘求纽休〇		优〇尤
iu	〇〇〇〇	〇〇	丢〇头〇流	酒秋宙手就	叫超乔〇嚣摇		妖〇姚
iaŋ	〇〇〇〇	〇〇	〇〇〇〇	〇〇〇〇〇	今庆琴银欣〇		音〇引
ioŋ	〇〇〇〇	〇〇	〇〇〇〇	〇〇〇〇〇	中冲虫〇兄〇		雍〇荣
u	布破婆魔	夫胡	丢秃独奴陆	竹搐逐叔熟		果科〇〇火河	乌〇〇
ua	〇〇〇袜	法乏	〇〇〇〇	〇〇〇〇〇		关宽撮〇〇〇	挖换
uai	〇〇〇〇	〇〇	〇〇〇〇	〇〇〇〇〇		国块溃魏灰回	偎〇〇
uaŋ	〇〇〇〇	〇〇	〇〇〇〇	〇〇〇〇〇		滚困〇〇昏	温混
ɔu	包炮刨矛	〇〇	当汤堂闹郎	抓抄槕桑藏		江康犷咬孝效	凹〇〇
ɤ	〇〇〇〇	〇〇	〇〇〇〇	庄窗撞霜床		〇〇〇〇〇〇	〇〇〇
y		〇〇	都土图〇卢	〇〇〇〇〇	租粗除女苏序	〇〇〇〇〇〇	迂〇余
yɔ		〇〇	〇〇〇〇	〇〇〇〇〇	转川传软宣全	官款〇〇忽完	碗〇桓

六、瑞安话声韵拼合表

	p组 p,p',b,m	f组 f,v	t组 t,t',d,n,l	ts组 ts,ts',dz,s,z	tɕ组 tɕ,tɕ',dʑ,ɲ,ɕ,ʑ	k组 k,k',g,ŋ,h,ɦ	零声 ʔ,ʋ,j
a	伯烹排盲	拂佛	带太大奈赖	争钗寨生柴		皆坑怀涯亨鞋	矮横〇
æ	襃剖袍毛	否浮	刀滔桃脑劳	遭草〇骚曹		高靠〇熬好毫	奥〇〇
ɛ	北〇〇梅	〇〇	德胎台南来	栽猜才塞才		该开渠碍黑合	哀〇〇
ɔ	扮盼办蛮	〇〇	丹滩檀难拦	抓抄站山巢		交敲衔颜孝咸	凹〇〇
ø	半潘盘瞒	〇〇	端吞团嫩峦	尊村〇孙存		肝刊〇玩罕寒	安〇〇
o	巴帕爬麻	〇〇	沰托铎诺洛	渣仓茶桑斜		江康硌牙吓夏	鸦〇晤
ɿ	〇〇〇〇	〇〇	〇〇〇〇〇	之雌持司时		〇〇〇〇〇〇	〇〇〇
ai	杯坯陪	〇〇	堆推颓内雷	最催〇碎罪		归魁溃巍灰回	唉偎
au	〇〇〇〇	〇〇	兜偷投有娄	邹凑宙搜愁		沟寇厚牛吼侯	欧〇
ei	比批皮眉	非肥	低梯递〇离	遮妻池西齐		〇〇〇〇〇〇	〇〇
ou	〇〇〇〇	〇〇	多秃陀奴刘	周秋稠修柔		〇〇〇〇〇〇	〇〇
aŋ	本喷笨门	分文	灯夵腾能仑	增亲沉申人		昆坤〇〇很恒	温混
əŋ	冰聘萍名	〇〇	丁听亭〇玲	征清呈升承		〇〇〇〇〇〇	〇〇
oŋ	崩捧蓬蒙	风冯	东通同农咙	中充虫嵩丛		公空〇〇轰洪	翁〇
i	〇〇〇〇		〇〇迪尼立	〇〇〇〇	鸡溪其艺希〇		衣〇移
ia	〇〇〇〇		〇〇〇〇	〇〇〇〇	级泣及逆吸〇		一〇译
iæ	〇〇〇〇		〇〇〇娘良	〇〇〇〇	姜羌强娘香象		央〇羊
iɔ	〇〇〇〇		〇〇〇〇	〇〇〇〇	脚却着虐晓嚼		约〇药
ie	边篇别棉		颠天田〇廉	〇〇〇〇	坚牵钳年轩弦		烟〇夜
iau	〇〇〇〇		〇〇〇〇	〇〇〇〇	鸠丘求纽休由		优〇尤
iou	〇〇〇〇		〇〇〇〇	〇〇〇〇	菊曲〇〇旭〇		郁〇育
iaŋ	〇〇〇〇		〇〇〇〇	〇〇〇〇	君钦勤银勋		音〇形
ioŋ	〇〇〇〇		〇〇〇〇	〇〇〇〇	宫倾琼〇兄〇		雍〇容
u	〇普菩〇	夫扶	〇〇〇〇	〇〇〇〇		哥科〇娥火河	乌〇〇
ua	〇〇〇〇	〇〇	〇〇〇〇	〇〇〇帅		乖快怀〇〇〇	歪外
uɔ	〇〇〇曼	泛凡	刁跳条〇聊	〇〇〇〇		关阔掼顽豁活	挖换
uo	帮颇旁忙	方防	当汤堂囊郎	赃仓〇桑坐		瓜夸旷瓦花华	娃〇〇
ɯ	〇〇〇〇	〇〇	都土途〇炉	租粗除苏如		〇〇〇鱼〇〇	〇〇
y	〇〇〇〇	〇〇	〇〇〇〇	〇〇〇〇	居区渠愚虚〇	〇〇〇〇〇〇	吁〇〇
ʉ	布铺婆魔	府符	〇〇〇〇	〇〇〇〇	〇〇〇〇	〇〇〇〇〇〇	淤余〇
yɛ	标漂嫖苗	〇〇	〇〇〇〇	〇〇〇〇	骄缺乔元宣全	官款〇〇〇〇	要〇姚
yo	〇〇〇〇	〇〇	〇〇〇〇	〇〇〇〇	钟触重浓双床	〇〇〇〇〇〇	柱〇王

七、陶山话声韵拼合表

	p组	f组	t组	ts组	tɕ组	k组	零声
	p,p',b,m	f,v	t,t',d,n,l	ts,ts',dz,s,z	tɕ,tɕ',dʑ,ɲ,ɕ,ʑ	k,k',g,ŋ,h,ɦ	ʔ,ʋ,j
a	百拍白买	拂佛	打太大奈赖	债蔡寨生柴		皆客茄额亨鞋	阿外〇
ɛ	保剖抱毛	否浮	刀讨桃脑劳	早草侄扫曹		高考衔熬好豪	岙〇〇
ɔ	包泡刨矛	〇〇	旦坍谈闹兰	抓抄站三巢		交敲衔眼孝效	凹〇〇
e	〇〇〇梅	〇〇	德胎台耐来	灾猜〇赛才		甘开渠呆醅合	哀〇〇
ø	半判伴满	〇〇	端贪团暖粒	钻参撰酸存		干看〇玩罕岸	安〇〇
o	巴帕爬马	〇〇	沰托铎诺落	作错茶沙坐		家可硌牙虾霞	鸦〇唔
ɿ	〇〇〇〇		〇〇〇〇〇	紫雌迟斯是		〇〇〇〇	
ai	杯配培梅		堆推队内雷	醉崔〇碎罪		个块溃魏灰回	
au	〇〇〇〇		斗偷投有楼	走凑骤搜愁		勾口厚牛吼候	瓯〇〇
ei	闭批皮迷	非肥	低梯第〇厉	〇〇〇些社		〇〇〇〇	
ou	〇〇〇〇	〇〇	多秃头奴罗	左初逐数助		〇〇〇〇	
aŋ	本喷笨门	分文	灯众邓能轮	针侵沉心寻		跟恳〇〇很恨	温混〇
əŋ	冰品平民	〇〇	丁听亭〇林	精清郑升寻		〇〇〇〇	〇唇
oŋ	崩碰朋蒙	风冯	东通同农笼	总聪虫送丛		公空〇〇轰红	翁〇〇
i			〇〇〇〇〇		鸡启奇艺〇〇	〇几〇〇〇〇	衣〇移
iɛ	〇〇〇〇		〇〇〇娘良		将枪丈仰相墙		央〇羊
iɔ	〇〇〇〇		〇〇〇〇〇		爵雀着尧晓若		约〇药
ie	贬撇别灭		跌天田年例		检欠钳染陕前		淹〇叶
iau	〇〇〇〇		〇〇〇〇〇		九丘求纽休〇		优〇尤
ieu	〇〇〇〇		〇〇〇〇〇		菊秋囚肉蓄受		郁〇育
iaŋ	〇〇〇〇		〇〇〇〇〇		今钦琴银欣		音〇形
iəŋ	〇〇〇〇		〇〇〇〇〇		均春盾〇询旬		酝〇云
ioŋ	〇〇〇〇		〇〇〇〇〇		宫顷琼〇兄〇		雍〇荣
u	波破婆目	夫扶	〇〇〇〇〇	〇〇〇〇〇		歌科〇五火河	阿〇〇
uɔ	〇〇〇〇	〇〇	刁挑条〇聊	〇〇〇〇〇		关宽旷〇豁活	挖换〇
uo	帮颇旁忙	方防	当汤堂囊郎	脏仓〇爽床		瓜夸〇瓦花华	蛙〇〇
uɐ	〇〇〇〇	〇〇	都土图〇昌	租粗除〇苏如		〇〇〇鱼〇	〇〇〇
y			〇〇〇〇〇		居处巨语许〇		吁〇〇
ʉ			〇〇〇〇〇		〇〇〇〇〇〇		淤余
yɛ	标飘嫖苗	〇〇	〇〇〇〇〇		焦瞧乔元少绍		要〇姚
yø	〇〇〇〇	〇〇	〇〇〇〇〇		捐劝权元宣全		官款〇完
yo	〇〇〇〇		〇〇〇〇〇		肿闯狂浓凶床		往〇王

八、平阳话声韵拼合表

	p 组	f 组	t 组	ts 组	tɕ 组	k 组	零声
	p,p',b,m	f,v	t,t',d,n,l	ts,ts',dz,s,z	tɕ,tɕ',dʑ,n,ɕ,z	k,k',g,ŋ,h,ɦ	ʔ,ʋ,j
a	绷烹彭孟	拂佛	打他达那冷	○○○生闸		夹客何额赫狭	阿横○
æ	拜派排埋	○○	带太大乃赖	○○○洒柴		阶快怀癌蟹谐	埃外○
ɛ	保剖抱毛	否浮	刀讨道脑劳	早草○扫曹		高考○傲好号	奥○○
ɔ	包抛鲍猫	泛凡	单坍谈闹兰	抓抄站三巢		交巧衔咬孝效	凹换○
e	○○○○	○○	德态代耐来	灾采○赛才		改开隑呆海孩	爱○○
ø	半潘伴没	○○	端贪团男粒	钻参○算存		感看领玩酰含	暗○○
o	巴帕爬麻	○○	当汤堂诺郎	○○○沙昨		家康砣牙荒学	汪○哼
ɿ	○○○○	○○	○○○○○	紫此迟四字		○○○○○○	○○○
ai	贝配培梅	○○	对推队内泪	醉催○碎睡		个块溃魏灰回	○○○
au	斗透投有楼	○○	斗透投有楼	○○○搜愁		狗口厚牛吼后	瓯○○
eu	○○○○	○○	丢○头○流	周抽宙手寿		○○○○○○	○○○
aŋ	奔喷笨门	分文	登佭饨能卵	○○○心寻		跟坤○○很恨	温混○
əŋ	冰品平民	○○	丁厅定○林	○○○升成		○○○○○○	○○○
øŋ	○○○○	云	○○○○○	准春盾笋唇		○○○○○○	○○○
oŋ	崩捧朋梦	风凤	东通同农弄	○○○松崇		公空○○烘红	翁○○
i	比批皮米	飞肥	低梯递尼厉	○○○○○	基起忌艺希耶	○○○○○○	衣○移
ia	○○○○	○○	○○○○○	○○○○○	吉泣及逆吸○	○○○○○○	○○○
iɔ	○○○○	○○	○○○○○	○○○○○	脚却着捏削嚼	○○○○○○	约○药
ie	边片便面	○○	跌天田年良	○○○○○	尖千长研向上	○○○○○○	央○羊
iø	标漂嫖苗	○○	刁挑条○燎	○○○○○	娇超朝韒消绍	○○○○○○	要○姚
io	○○○○	○○	○○○○○	○○○○○	渣叉茶○○○	○○○○○○	○○○
iau	○○○○	○○	○○○○○	○○○○○	九丘求纽休○	○○○○○○	优○尤
iəu	○○○○	○○	○○头○○	○○○○○	酒秋囚○修受	○○○○○○	郁○育
iu	○○○○	○○	○○○○○	组初逐	○○○○○○	○○○○○○	○○○
iaŋ	○○○○	○○	○○○○○	○○○○○	京轻近忍欣○	○○○○○○	音○形
iəŋ	○○○○	○○	○○○○○	○○○○○	正清郑○○○	○○○○○○	○○○
iøŋ	○○○○	○○	○○○○○	○○○○○	均○群○训○	○○○○○○	酝○匀
ioŋ	○○○○	○○	○○○○○	○○○○○	宫冲穷○兄慵	○○○○○○	雍○雄
u	布普步魔	府父	多拖驮怒罗	○○○叔族	○○○○○○	古苦○卧火河	乌○○
uo	卜扑仆袜	法乏	○○○○○	○○○○○	○○○○○○	○○○○○○	○○○
y	○○○○		都土图○目	租粗厨苏谁	○○○鱼○○	○○○○○○	淤余○
yø	○○○○		○○○○○	○○○○○	捐川权原宣全	观款○○昏寒	剜○袁
yo	○○○○		○○○○○	○○○○○	供窗狂玉胸从	○○○○○○	柱○用

九、宜山话声韵拼合表

	p组	f组	t组	ts组	tɕ组	k组	零声
	p,p',b,m	f,v	t,t',d,n,l	ts,ts',dz,s,z	tɕ,tɕ',dʑ,ɲ,ɕ,ʑ	k,k',g,ŋ,h,ɦ	ʔ,ʋ,j
a	百拍白麦	反饭	搭塔达捺辣	摘察泽杀闸		革客轧额赫狭	厄外〇
æ	拜烹彭孟	〇横	打太汏奶冷	争撑寨生柴		更坑怀硬亨幸	杏横〇
ɛ	保剖抱毛	否浮	刀套道脑劳	早草〇扫曹		高靠〇傲好号	呑〇〇
ɔ	包泡鲍矛	〇〇	〇〇〇挠〇	爪抄棹哨巢		交巧〇咬孝效	凹〇〇
e	北〇〇〇	〇〇	德态台耐来	再彩〇赛在		改开渠艾海害	哀〇〇
ø	半潘伴满	〇〇	端贪团暖乱	尊寸〇酸存		感看〇玩憨合	恩〇〇
o	巴怕爬麻	方房	朵托铎诺洛	作叉茶沙坐		家可架牙虾华	沃〇唷
ɿ	〇〇〇〇	〇〇	〇〇〇〇〇	紫此迟斯是		〇〇〇〇〇〇	〇〇〇
ai	悲配倍每	〇〇	对退队内垒	醉翠〇碎罪		个盔溃魏灰回	唉〇猥
au	〇〇〇〇	〇〇	斗偷投㕷楼	走凑骤搜愁		狗口厚牛吼后	瓯〇〇
aŋ	本喷笨门	分文	灯瞪邓能轮	真亲陈心仁		跟肯〇〇很恨	温混
əŋ	兵品平民	〇〇	丁听定〇林	〇〇〇升情	遵春菌〇舜巡	〇〇〇〇〇〇	〇〇〇
øŋ							酝〇允
oŋ	崩捧朋蒙	风冯	东通同农隆	总聪〇宋崇		公空〇〇轰红	翁〇〇
i	变片便棉	非肥	滴天田念连	〇〇〇〇〇	尖千杰艺仙前	〇〇〇〇〇〇	衣〇夜
ia	〇〇〇〇	〇〇	〇〇〇〇〇	〇〇〇〇〇	急泣及逆吸〇	〇〇〇〇〇〇	乙〇翼
iɔ					爵雀着鸟晓嚼		约〇药
ie					将枪长壤相象		央〇羊
iau					九丘求纽休〇		优〇尤
iəu					酒秋绸〇修受		郁〇育
iaŋ					今庆琴银兴〇		音〇形
iəŋ					精勤呈〇〇〇		〇〇〇
iøŋ					君春郡〇训旬		酝〇云
ioŋ					中充虫〇兄慵		永〇荣
u	波普部魔	夫扶	多妥毒奴罗	左初逐素助	菊曲旭〇〇〇	过科则我虎何	乌〇〇
y	〇〇〇〇		都土肚〇卢		居区具语虚如	〇〇〇〇〇〇	淤〇俞
yø	标票嫖庙		刁挑条〇料		焦超赵软小全	官款〇〇忽魂	要〇摇
yo	〇〇〇〇		〇〇〇〇〇		足曲浊玉双床	〇〇〇〇〇〇	枉〇王

十、文成话声韵拼合表

	p组 p,p',b,m	f组 f,v	t组 t,t',d,n,l	ts组 ts,ts',dz,s,z	tɕ组 tɕ,tɕ',dʑ,ɲ,ɕ,ʑ	k组 k,k',g,ŋ,h,ɦ	零声 ʔ,ʋ,j
a	百拍白孟	弗物	打太大捼冷	摘策泽生集		甲客峡硬吓幸	厄横〇
ɛ	保剖抱毛	否浮	刀讨桃脑劳	早草〇扫曹		高考〇熬好豪	岙〇〇
ɔ	扮盼办蛮	泛凡	旦叹谈难兰	斩忏站三柴		关快衔眼喊咸	矮〇〇
e	北〇〇〇	〇〇	德胎台耐来	灾猜〇赛才		该开颔呆海孩	哀〇〇
ø	半判伴满	〇〇	端吞团暖粒	钻参〇酸存		肝刊〇玩罕寒	安〇〇
o	巴怕爬麻	法乏	当托铎诺落	作错茶沙昨		家可柳牙虾霞	鸦〇哟
ɿ	〇〇〇〇	〇〇	〇〇〇〇〇	紫雌持斯是		〇〇〇〇〇〇	唉秽〇
ai	杯配培梅	〇〇	堆推队内雷	醉脆〇碎罪		个亏溃魏灰回	〇〇〇
au	〇〇〇〇	〇〇	抖偷投㕵楼	〇〇〇搜愁		勾口厚牛吼候	瓯〇〇
aŋ	本喷笨门	分文	灯佥邓能轮	〇〇〇心寻		跟恳〇〇很恨	〇混〇
əŋ	〇〇〇〇	〇〇	〇〇〇〇〇	〇〇〇笋唇		〇〇〇〇〇〇	酝〇允
oŋ	崩碰朋蒙	风凤	东通同农笼	〇〇〇送丛		公空〇〇轰红	翁〇〇
i	闭批皮迷	非肥	低梯第尼厉	〇〇〇〇〇	姐且池些社		亿〇移
ia	〇〇〇〇	〇〇	〇〇〇〇〇	〇〇〇〇〇	急泣及念吸勺		乙〇逸
iɛ	标飘嫖苗	〇〇	〇〇〇娘良	〇〇〇〇〇	将枪丈让相象		央〇羊
ie	变片别棉	〇〇	跌天田年廉	〇〇〇〇〇	尖欠钳严险践		淹〇炎
iau	〇〇〇〇	〇〇	〇〇〇〇〇	〇〇〇〇〇	九丘求纽休〇		优〇尤
iəu	〇〇〇〇	〇〇	〇〇头〇〇	〇〇〇〇〇	酒秋宙〇修就		郁〇育
iaŋ	〇〇〇〇	〇〇	〇〇〇〇〇	〇〇〇〇〇	今钦琴银欣〇		音〇形
iŋ	冰品平民	〇〇	丁听亭〇林	精清郑升承			〇〇〇
ioŋ	〇〇〇〇	〇〇	〇〇〇〇〇	〇〇〇〇〇	宫穹穷〇兄〇		雍〇荣
u	波普部暮	夫扶	多秃舵奴罗	左初逐数助		歌科〇卧火河	乌〇〇
cu	包泡刨矛	方房	刁挑条闹聊	抓抄棹哨巢		江康扛昂哮效	凹〇〇
y		虚〇	〇〇〇〇〇	〇〇〇〇〇	居去巨语虚〇	〇〇〇〇〇〇	於〇余
ʉ		〇〇	都土图〇卢	租粗除苏如	〇〇〇〇〇	〇〇〇鱼〇〇	〇〇〇
yɔ		〇〇	〇〇〇〇龙		种闯狂浓双床	官款〇〇欢核	往〇王
yø		〇〇	〇〇〇〇〇		专川传元宣全	〇〇〇〇〇〇	碗〇桓
yo		〇〇	〇〇〇〇〇		卓曲浊玉束俗	〇〇〇〇〇〇	喑〇〇
yəŋ		〇〇	〇〇〇〇〇		均春盾〇训慵	〇〇〇〇〇〇	酝〇〇

第八章 瓯语系各地方音同音字汇

一、温州话

温州话韵母表

开口呼	齐齿呼	合口呼	撮口呼
[a]01 爸白反丹捺斋间阿	[ia]02 脚雀着鸟尧削晓若		
[ɛ]03 彭打冷亨行硬杏幸	[iɛ]04 标漂苗挑条辽焦肖		
		[uɔ]05 包旁方望当光汪黄	[yɔ]06 钟窗共床双勇柱王
[ə]07 宝抱遭曹刀高劳奥			
[e]08 得台来开菜厂改爱			
[ø]09 半判端团尊寸敢合			
[o]10 八爬法朵炸家可落			[yo]11 局曲触浊束玉足俗
[ɿ]12 知机此吹除旗水如	[i]13 笔田帘长电店衣灭	[u]14 部普服哥古科火何	[y]15 专传干贵跪女安员
[ai]16 北梅拂脆对国灰会	[iai]17 吉急泣及逆入乙译		
[au]18 愁斗偷狗侯口楼邹	[iau]19 九丘舅求把休优游		
[ei]20 比皮低地飞梨池尺			
[əu]21 丢初豆留左初头奴	[iəu]22 舟抽绸肉酒秋手寿		
[øy]23 布步赌杜夫租粗苏			
[aŋ]24 本门灯登分棍进文	[iaŋ]25 斤钦近宁银因印形		

开口呼	齐齿呼	合口呼	撮口呼
[əŋ]26 兵病丁林民精清静			
[oŋ]27 崩东动风公宏工梦	[ioŋ]28 军春倾虫穷询顺云		
	[ŋ]29 儿二我吴唔五卧耳		

温州话常用字同音字汇

同音字汇先按韵母列部，依次为 a、ia、ɛ、iɛ、ɔu、yɔ、ə、e、ø、o、yo、ɿ、i、u、y、ai、iai、au、iau、ei、əu、iəu、øy、aŋ、iaŋ、əŋ、oŋ、ioŋ、ŋ。

同韵字按声母次序排列，依次为 p、p'、b、m、f、v、t、t'、d、n、l、ts、ts'、dz、s、z、tɕ、tɕ'、dʑ、ɲ、ɕ、ʑ、k、k'、g、ŋ、h、ɦ、j、ʋ。

同声母的字按声调编号次序用数码表示：即①阴平、②阳平、③阴上、④阳上、⑤阴去、⑥阳去、⑦阴入、⑧阳入。

[a]01

pa	①扳班颁斑瘢③反(2)(反转)板(闆)版阪钣舨摆(攞襬)⑤爸拜湃扮瓣⑦八(2)(小八癞子)叭百伯迫柏佰檗擘(文)(巨擘)
p'a	①掰攀⑤派盼襻⑦拍魄珀擘(白)(擘饼)啪
ba	②排俳牌扒④罢(1)(吃交罢)⑥惫败办⑧白舶(1)(舶来品)帛
ʔma	①妈
ma	②吗埋霾蛮④买挽(文)(挽回)晚(文)(早晚)⑥骂卖迈漫慢谩曼蔓万(白)(逾千达万)⑧陌(1)(陌生)麦脉唛
fa	①藩(1)(篱笆)番(1)(番人)翻③反(1)(反对)返⑤泛贩畈
va	②凡帆矾烦繁蕃樊藩(2)(曾国藩)蘩④犯范挽(白)(挽联)晚(白)(晚稻)⑥梵饭万(文1)(万年青)
ta	①耽眈担(1)(负担)聃丹单(1)(单独)郸殚③胆疸掸⑤戴(白)(戴帽)带石(2)(一石米)担(2)(重担)旦诞⑦搭答(2)(答应)瘩嗒耷怛妲笪靼
t'a	①他它她拖(白)(鞋拖)坍摊滩瘫③毯坦(文)(坦白)⑤太泰傣汰炭叹碳⑦踏(1)(踢踏舞)沓(2)(疲沓)塔塌蹋遢榻溻挞闼跶獭
da	②坛(壜)(2)(酒坛)谭昙谈痰坛(壇)(1)(花坛)弹(2)(弹琴)檀④淡氮啖澹袒⑧达靼埭(白)(两埭屋)大(文1)(大师)沃但弹(子弹)蛋惮坦(白)(道坦)踏(踏步)沓(1)(一沓纸)阘
ʔna	①南(2)(南无)那(2)(姓氏)奶(白1)(奶奶头儿)③娜(1)(人名)
na	②拿难(1)(困难)④女(白)(女儿)乃艿氖奶(文1)(老奶奶)赧⑥那(1)(那么)哪(1)(哪里)鼐奈难(2)(患难)⑧呐(2)(呐喊)捺
ʔla	⑦垃拉(文)(拖拉)啦
la	②岚蓝篮褴兰拦栏澜谰阑④览揽缆榄懒瀬⑥赖癞籁滥烂⑧拉(白)(拉屎)腊蜡邋喇辣剌瘌

第八章　瓯语系各地方音同音字汇

tsa	①咱斋崽(白)(卵崽)③斩崭盏⑤咤炸(2)(油炸粿)债蘸赞瓒⑦砸厍(2)(厍道)眨轧(轧钢)扎札咋(2)(咋舌)窄舴摘谪责啧簀
ts'a	①差(3)(出差)差(1)(差错)叉(1)(叉烧包)钗搽餐③产铲⑤诧姹差(2)(不好)蔡忏儳灿粲璨⑦插擦察刹(1)(古刹)拆册策
dza	②惭残④豸湛⑥寨暂站赚(文)(赚钱)绽栈⑧溨(白)煤(白)宅择泽着(文 2)(着色)翟(1)(姓氏)
sa	①筛(1)(筛酒)三叁仨杉衫珊栅(2)(栅极)姗跚山舢删潸③伞散(2)(散漫)霰⑤洒晒散(1)(散会)栅(1)(栅栏)讪汕疝帅⑦飒卅歃啥萨撒杀刹(2)(刹车)煞
za	②豺柴馋谗巉潺⑧闸煠(文)蚱煤(文)铡
ka	①缄尴监(1)(牢监)间(1)(房间)艰奸姦菅阶皆偕街乖纶(2)(纶巾)鳏关⑤减碱硷栋柬简铜禈价解(1)(讲解)拐⑤监(2)(太监)鉴间(2)(间接)谏涧介戒芥尬届界诫疥屆解(2)(解钞票)廨怪惯⑦夹挟颊荚峡(1)(长江三峡)甲钾胛咖(2)(咖喱)嘎(1)(鸟鸣声)伽(2)(伽蓝)戛格胳(2)(胳肢窝)骼革隔嗝膈
k'a	①搭牼揩宽髋铅(1)(铅锅)③槛舰楷锴⑤嵌龀快筷⑦恰掐卡(1)(卡口)咖(1)(咖啡)卡(2)(磁卡)客喀缂
ga	②衔(白)(衔头)雁(白)(雁鹅)何(白 1)(何乜)怀(白)(怀闷)陷(白)馅(白)(馅心)⑧峡(2)(河峡)儿嘎(嘎嘎抖)轧(3)(轧姌头)茄(2)(番茄)
ŋa	②岩颜癌挨(2)(拖延)崖涯捱④眼⑥雁(文)(雁荡)赝⑧额
ha	③喊蟹⑦呷瞎哈喝(2)(喝水)赫
ɦa	②函涵咸(鹹)衔(文)(头衔)闲娴痫何(白 2)(何乜)谐鞋衡④限也(白 2)(也是)骇骸解(3)(解签诗)懈⑥陷(文)(陷阱)馅(文)(馅饼)械邂⑧狭洽匣狎黠辖盒(白)(盒儿)
gʋa	⑥环(白)(门环)
hʋa	⑦豁(2)(豁拳)
ɦʋa	④莞(2)(莞尔而笑)
ʔʋa	①歪弯湾③绾⑦挖
ʋa	②怀(文)(怀念)淮槐顽还环(文)(环境)圜寰④皖⑥外坏换幻宦患鬟⑧划(劃)(2)(笔划)画(2)(笔画)获(獲)(2)(收获)或惑
ʔa	①阿(2)(阿舅)啊(1)(啊呀)埃(2)(埃及)挨(1)(挨近)③阿(3)(阿门)也(白 1)(也是)矮⑤啊(2)(叹词)晏呃隘蜢(2)(蜢儿)⑦压押鸭揠轧(1)(倾轧)扼厄轭

[ia]02

tɕia	⑦爵着(白)(着衣)灼酌斫脚
tɕ'ia	⑦雀鹊绰焯怯(白)(胆怯)却
dʑia	⑧着(文 1)(着火)噱(1)(噱起)
ʔȵia	①蜺(白)(蜺蜺动)
ȵia	②尧饶(2)(上饶)蛲(文)(蛲虫)④鸟(1)(飞鸟)袅⑥尿(1)(输尿管)⑧捏搦箬疟虐
ɕia	③晓⑤卸⑦屑楔削烁铄谑
ʑia	⑧嚼勺芍妁杓若偌弱
ʔjia	①丫(2)(丫环)呀⑦约
jia	⑧药钥跃龠

[ɛ]03

pɛ	①绷(1)(藤绷)浜⑤绷(2)(绷紧)迸
p'ɛ	①烹砰抨怦
bɛ	②彭嘭蟛澎膨棚(2)(尿布棚)④蚌(2)(蚌埠)⑥甏
mɛ	②盲萌④猛锰蜢艋黾(1)(蛙的一种)⑥孟
dɛ	③打
lɛ	④冷
tsɛ	①争狰睁筝(1)(古筝)峥⑤挣诤
ts'ɛ	①撑(1)(俯卧撑)⑤撑(2)(撑客)
sɛ	①生牲笙甥③省(1)(省略)
kɛ	①更庚羹赓耕③耿埂梗哽鲠⑤更(文2)(更加)
k'ɛ	①坑铿
ŋɛ	⑥硬
hɛ	①亨哼
ɦɛ	②行(文1)(行为)珩桁④幸悻⑥行(文3)(品行)绗
ʔvɛ	③肴(天明亮)
vɛ	②横
ʔɛ	①莺(2)(莺哥)樱(2)(金樱)鹦(2)(鹦哥)罂(2)(罂壶)③杏

[iɛ]04

piɛ	①标膘飙镖瀌彪③表(錶)裱婊
p'iɛ	①漂(1)(漂亮)飘嘌③漂(2)(漂白)瞟⑤票剽
biɛ	②嫖瓢④殍鳔⑥骠
ʔmiɛ	①喵咩哞
miɛ	②苗描瞄④秒渺缈藐淼⑥妙庙谬缪(2)(姓氏)
tiɛ	①刁叼雕(彫)凋貂碉③鸟(2)(鸟儿)⑤吊钓
t'iɛ	③挑⑤跳眺粜
diɛ	②条迢调(1)(调羹)笤④掉(2)(掉钞票)窕⑥调(2)(声调)掉(1)(掉落)
liɛ	②辽聊僚寥撩嘹缭寮镣龙(白)(龙船)④了(瞭)潦燎两(1)(两个)俩(2)(两人)垄(白)(菜垄)⑥料廖疗瞭⑧猎掠略撂
tɕiɛ	①椒焦蕉礁朝(2)(明朝)招昭钊娇骄浇③剿沼矫侥缴饺铰(文2)(铰刀)皎⑤醮照诏叫
tɕ'iɛ	①瞧超跷锹撬橇③悄⑤俏峭诮翘窍
dʑiɛ	②憔谯樵朝(1)(朝鲜)嘲潮晁乔侨桥荞④兆赵肇⑥召轿
ȵiɛ	④绕嬲
ɕiɛ	①肖(2)(姓氏)消宵硝销霄逍魈烧萧箫潇嚣枭骁③筱小(文)(小朋友)少(1)(少年)⑤肖(1)(生肖)笑鞘少(2)(少将)
ziɛ	②韶饶(1)(富饶)娆④绍扰⑥邵
ʔjiɛ	①要(1)(要求)腰邀吆幺③杳窈夭⑤要(2)(重要)
jiɛ	②姚窑谣摇遥徭瑶④舀⑥耀曜鹞

[cɔ]05

pcɔ	①包苞胞帮甭邦梆③饱榜膀(2)(翼膀)绑⑤豹趵谤泵
p'cɔ	①抛脬滂③跑榜⑤泡炮疱胖
bcɔ	②咆庖旁傍膀(1)(膀胱)磅螃彷(1)(彷徨)庞④鲍蚌(1)(象鼻蚌)棒⑥刨鉋镑
ʔmcɔ	①猫(2)(熊猫)
mcɔ	②茅猫(1)(大猫)锚矛蝥芒忙氓茫虻④卯莽漭蟒网冈魍惘⑥貌
fcɔ	①方坊妨肪芳③仿纺彷(2)(彷彿)昉⑤放舫访
vcɔ	②防房亡⑥妄忘望旺
tcɔ	①当(當)(1)(应当)当(噹)(3)(当啷)铛珰裆③挡党⑤当(當)(2)(典当)档
t'cɔ	①汤趟(1)(趟水)③倘淌躺⑤烫趟(2)(一趟)
dcɔ	②唐堂棠塘膛糖搪溏镗螳瞠⑥荡宕
ʔncɔ	①囔孬
ncɔ	②囊桡铙④曩⑥齉闹淖
ʔlcɔ	①啷
lcɔ	②郎狼琅廊榔锒踉螂④朗⑥浪阆
tscɔ	①抓赃脏(髒)(1)(肮脏)藏(3)(藏青)臧妆(1)(化妆)庄(1)(庄严)装(1)(武装)③爪找⑤罩笊葬壮(文)(强壮)
ts'cɔ	①抄钞吵仓苍沧舱伧创(1)(创伤)疮③吵炒⑤创(2)(创造)
dzcɔ	⑥棹
scɔ	①捎梢稍(1)(稍微)筲艄飚丧(1)(婚丧)桑③嗓搡磉爽耍⑤哨稍(2)(稍息)睄淅啸丧(2)(丧失)
zcɔ	②巢藏(1)(隐藏)⑥脏(臟)(2)(内脏)藏(2)(西藏)奘
kcɔ	①交郊胶跤茭蛟鲛肴(白)(看肴)冈刚岗(1)(山岗)纲钢江扛(文)(扛鼎之作)杠(1)(床杠)肛缸豇光胱③狡绞佼姣铰搅讲港岗(2)(岗位)广⑤教校(2)(校对)较珓窖杠(2)(敲竹杠)降(文)(降落)绛
k'cɔ	①敲骹康慷糠③巧⑤亢抗炕伉圆矿旷(文)(旷课)圹
gcɔ	②旷(白)(课旷爻)④犷(该人犷显)吭(田吭儿)⑥扛(白)(扛条儿)
ŋcɔ	②昂卬(卬你)④咬⑥烄
hcɔ	①哮夯(文)(打夯)荒慌肓③谎恍晃幌⑤孝酵
ɦcɔ	②爻肴(文)(菜肴)淆吭杭航笐行(文 2)(银行)皇凰惶煌蝗隍徨黄簧潢璜蟥④项⑥校(1)(学校)效巷
ʔcɔ	①凹拗(3)(嬉嬉拗起)肮汪③拗(1)(棒儿拗断爻)⑤拗(2)(两个人拗搭)坳㟺

[yɔ]06

tɕyɔ	①妆(2)(妆灵清)庄(2)(坐庄)装(2)(假装)桩(文)(打桩)钟(鐘鍾)龚供(1)(供销)恭(1)(恭敬)③冢肿种(2)(种子)踵拱(1)(打拱作揖)⑤壮(白)(壮显壮)戆纵种(1)(种树)供(2)(供应)
tɕ'yɔ	①窗框眶筐匡诓③闯恐
dzyɔ	②幢(1)(经幢)桩(白)(烂树桩)重(2)(重复)狂诳④重(1)(轻重)⑥状撞幢(2)(楼幢)重(3)(重叠)逛共
ɲyɔ	②浓(2)(浓淡)
ɕyɔ	①霜孀双胸凶(文)(凶恶)匈汹③耸(耸立)怂(怂恿)悚竦⑤况
zyɔ	②床从(1)(跟从)松(2)(松树)⑥讼诵颂
ʔjyɔ	①痈邕③枉往⑤壅
jyɔ	②王④勇涌踊甬俑恿蛹⑥用佣(2)(佣人)

[ə]07

pə	①褒煲③宝保堡鸨葆褓⑤报
p'ə	③剖
bə	②袍④抱⑥暴曝爆
mə	②毛牦髦蛑谋缪(1)(绸缪)牟眸④铆牡亩⑥冒帽耄茂贸袤懋
fə	③否(1)(否则)缶
və	②阜浮(文)(浮肿)蜉
tə	①刀叨③岛捣倒(1)(打倒)祷⑤到倒(2)(倒水)
t'ə	①滔绦韬饕弢③讨⑤套
də	②逃桃涛陶掏萄淘啕④道稻⑥导盗悼蹈橐纛
nə	④恼脑瑙
lə	②劳牢捞唠痨④老姥(1)(姥爷)佬⑥涝
tsə	①遭糟③早枣蚤澡藻⑤灶躁
ts'ə	①操(1)(操作)草(白)(燎草)③草(文)(青草)绰(白)(绰号)⑤操(2)(曹操)糙
sə	①搔骚缫③嫂⑤扫噪燥
zə	②曹槽漕④皂造
kə	①高羔膏糕皋睾篙疴③搞镐稿⑤告诰
k'ə	①尻③考拷烤㸛⑤铐靠犒
ŋə	②熬敖遨獒聱翱鳌⑥傲
hə	①蒿薅③好(1)(爱好)⑤好(2)(喜好)耗
ɦə	②毫豪嚎蚝嗥壕濠④浩皓昊颢灏⑥号
ʔə	①麈爊噢③祆媪⑤奥澳懊岙

[e]08

te	③歹⑤戴(文)(姓氏)⑦得德
t'e	①台(2)(台州)苔(2)(舌苔)胎⑤态贷⑦忒忑(1)(过于)
de	②台(臺)(1)(台湾)台(檯)(3)(台子)台(颱)(4)(颱风)抬苔(1)(青苔)跆④待怠殆给⑥代袋岱玳埭(文)(河埭)黛⑧特
ne	⑥耐
le	②来莱徕俫⑥睐赉⑧劣埒肋勒仂
tse	①灾哉栽③宰崽(文)(牛崽)⑤再载最(白)(最高境界)⑦则
ts'e	①猜③采(1)(采集)彩睬踩厂(1)(工厂)⑤采(2)(采邑)菜
se	①腮(文)(两腮)鳃⑤塞(2)(要塞)赛⑦塞(1)(堵塞)
ze	②才(纔)材财裁④在⑥傪⑧贼
ke	①该赅③改颏⑤溉概丐钙盖⑦居(白)(居个)
k'e	①开③凯恺⑤慨忾去(白)(去爻)⑦克刻剋
ge	②渠(白1)(第三人称指代词)
ŋe	②呆(1)(呆头)皑⑥碍艾
he	①咳(1)(咳笑)嗨③海许(白)(许个)⑦黑嘿
ɦe	②孩④亥氦⑥害⑧劾
ʔe	①哎哀埃(1)(尘埃)唉(1)(唉声叹气)⑤爱嫒暧蔼霭

[ø]09

pø	①般搬(1)(搬弄是非)⑤半⑦拨钵
p'ø	①番(2)(番禺)潘⑤判泮⑦泼
bø	②盘搬(2)(搬运)磐漙瘢蹒蟠盆④伴拌绊⑥叛畔⑧钹勃脖渤荸饽悖
mø	②馒鳗瞒鞔④满螨懑⑥幔缦镘⑧末抹茉沫秣没殁
tø	①端敦墩惇磁镦蹲③短⑤断(文2)(决断)锻⑦答(1)(报答)掇咄
t'ø	①贪湍吞(文)(吞咽)③忐⑤探⑦脱(1)(脱离)
dø	②潭团(團糰)屯囤豚臀④断(文1)(断续)⑥段(文)(段落)缎钝遁⑧夺(文)(抢夺)凸突沓(3)(沓起算)
ʔnø	①囡
nø	②男南(1)(南北)喃楠腩④暖(文)(温暖)⑥嫩⑧纳钠衲呐(1)(呐口)讷
lø	②婪峦孪娈栾鸾脔滦銮论(2)(论语)④卵(文)(卵袋)⑥乱论(1)(讨论)⑧粒
tsø	①簪钻(1)(钻洞)尊樽③攒纂⑤譖钻(2)(钻孔)⑦匝(1)(一匝十二年)
ts'ø	①参(1)(参加)掺参(2)(参差)汆村邨③惨忖⑤窜蹿篡寸
sø	①酸拴栓囥孙荪狲③糁损⑤蒜算涮逊巽(文)(八卦之一)⑦刷
zø	②蚕存④撰馔⑧杂凿
kø	①甘柑坩泔疳根(1)(根据)跟(1)(脚下跟头)③感赶敢橄⑤赣⑦合(2)(三合粉)蛤鸽葛割
k'ø	①堪龛裁刊看(2)(看守)③坎砍侃⑤勘阚瞰看(1)(看见)⑦磕嗑溘瞌咳(2)(咳嗽)渴
gø	④颔(白)(面颔)⑧橛(白)(两橛断)
ŋø	⑥玩⑧兀扤
hø	①酣蚶憨⑤熯⑦喝(1)(吆喝)
ɦø	②含痕(1)(痕迹)④颔颔(文)(颔首)撼⑥憾⑧合(1)(合作)盒(文)(纸盒)盇阖
ʔø	①庵谙鹌恩③俺⑤暗黯摁⑦遏褐

[o]10

po	①巴(1)(巴西) 芭吧疤笆粑波(1)(波浪) 玻菠③把(1)(把守) 靶跛簸⑤坝把(2)(把柄) 霸播(1)(播送)⑦八(1)(八个) 捌博搏膊驳剥舶(2)(船舶) 卜(1)(占卜)
p'o	①葩坡颇③叵⑤帕怕⑦趴粕泊朴(樸)仆(1)(仆倒) 扑噗璞濮蹼
bo	②扒爬耙杷琶巴(1)(下巴) 鄱④罢(2)(罢工)⑥薄(2)(薄荷)⑧拔跋薄(1)(厚薄) 亳箔礴雹卜(葡)(2)(萝卜) 仆(僕)(2)(仆人) 瀑
ʔmo	①姆(2)(师姆) 嬷姥(3)(老姥)
mo	②麻嘛蟆么(麽) 蘑庅馍无(2)(南无) 摹模(1)(模范) 谟⑥马玛码蚂母拇姆(1)(保姆) 某姥(2)(太姥山)⑥摩(2)(摩崖) 募墓慕暮⑧莫摸幕漠寞膜瘼瞙邈蓦陌(2)(打生陌生) 袜木沐目牧睦穆苜
fo	⑦法珐砝发(發)(髪)
vo	⑧乏伐罚阀筏缚(1)(缚鞋带)
to	③朵⑦沰
t'o	⑤唾(文)(唾沫)⑦托拓
do	④垛⑧铎擢(白)(擢起当官)
no	②挪傩哪(2)(哪吒)④娜(2)(婀娜)⑧诺喏搦
lo	⑥赂⑧乐(2)(快乐) 洛骆络烙落酪禄碌录绿氯
tso	①乍查(2)(姓氏) 喳渣楂吒挝(1)(敲打)③担⑤诈咋(1)(咋然) 炸(1)(炸弹) 榨蚱⑦作
ts'o	①叉(2)(叉腰) 权车(白)(汽车)⑤岔汊衩挫锉(文)(锉刀) 措厝⑦错
dzo	②茶查(1)(检查) 搽茬
so	①娑挲沙纱砂鲨莎痧裟唆梭蓑③琐锁唢傻所(场所)⑤嗄閷⑦索嗦
zo	②矬痤斜(2)(斜视)④坐⑥鲊柞座⑧昨怍柞胙莋酢
ko	①加家嘉迦(1)(迦南) 枷(文)(枷锁) 笳袈傢茄(1)(雪茄) 佳瓜呱(2)(呱呱叫) 娲蜗③贾(2)(姓氏) 假(1)(假设) 寡剐⑤价驾架(文)(衣架) 假(2)(放假) 嫁稼卦褂挂⑦各阁胳(1)(胳膊) 搁(文)(搁浅) 咯角觉珏括刮(颳) 郭椁
k'o	①夸(誇)③可垮⑤挎跨胯⑦壳确榷阔扩廓
go	②枷(白)(饭镬枷儿)⑧硌(硬硌硌) 搁(白)(搁臀)
ŋo	②鹅(白)(鹅兜) 牙芽苛伢蚜④雅瓦⑥讶砑⑧鄂愕噩鳄谔萼腭颚鹤乐(1)(音乐) 岳嶽
ho	①呵诃嗬虾(1)(虾儿) 花⑤吓化⑦壑郝豁(1)(豁然开朗) 霍藿
ɦo	②虾(2)(虾蟆) 霞遐瑕划(1)(划龙船) 华(1)(中华) 哗骅④下⑥夏厦暇(闲暇) 华(2)(华山) 桦画(1)(连环画) 话⑧涸貉学峃活猾滑获(穫)(1)(收穫庄稼) 镬
ʔjo	⑦哟唷
ʔo	①丫(1)(两丫裤) 鸦哇洼蛙娃③哑⑤亚娅挜⑦恶(1)(善恶) 握喔幄龌斡沃鋈

[yo]11

tɕyo	⑦卓桌啄琢诼涿捉足烛嘱瞩
tɕ'yo	⑦戳觢矗触曲(1)(弯曲) 蛐
dʑyo	⑧浊镯擢(文)(擢升)濯躅属蜀局焗
ȵyo	⑧玉狱钰
ɕyo	⑦朔搠缩蓿粟僳束
ʑyo	⑧俗续赎
jyo	⑧浴欲

[ɿ]12

tsɿ	①髭知蜘咨姿资脂吱兹滋孳孜淄缁辎锱之芝沮狙疽诸株蛛诛朱(硃)珠侏鮢(鮦)追椎锥鸡稽畸羁机肌饥(飢)(1)(饥饿)基箕姬几(幾)(文1)(几何)讥叽饥(饑)(2)(饥荒)畿③紫訾只(1)(只有)呲姊旨指子籽仔梓滓苐止址趾祉咀渚褚拄主嘴几(文2)(茶几)麂己几(幾)(文3)(几多)⑤智渍恣至挚置志痣识(2)(标识)帜著驻炷注蛀铸醉(2)(酒喝醉义)缀赘计系(繫)(4)(系鞋带)继髻寄骥冀致(緻)记纪既暨
ts'ɿ	①雌呲疵差(4)(参差)痴答蚩嗤趋枢吹炊溪蹊欺岂③此侈耻齿础(2)(磋础)处(1)(处理)取娶启企(文)(企业)绮起杞⑤刺(1)(刺激)翅次眙炽处(2)(相处)觑趣契弃器气汽⑦涩(白)(涩口)吃(1)(吃饭)
dzɿ	②除储踌厨橱垂捶锤陲槌茄(3)(茄儿)伽(1)(伽蓝爷)奇崎骑琦歧岐芪祁鳍耆其期棋旗其琪蜞麒祈④贮伫柱硅技妓伎企(白)(企图)⑥署薯(文)(马铃薯)曙住缒坠忌
sɿ	①斯撕嘶厮筛(2)(米筛)施私师狮(文)(雄狮)蛳尸司丝咝鸶思飔诗腮(白)(腮腺炎)梳(白)(头梳)书抒舒须(鬚)需输尿(2)(拉尿)虽绥牺羲曦熙嬉熹希稀唏③徙豕死矢屎史使驶始暑黍水喜禧蟢⑤赐四肆伺试弑絮恕庶岁税祟邃戏
zɿ	②瓷慈磁鹚糍词祠辞邌(泥邌)时而锄(白)(板锄)如茹殊儒蠕嚅濡隋随谁④氏是尔巳祀似士仕俟市柿恃耳(文)(聂耳)洱序叙绪墅汝聚竖乳蕊⑥豉自示谥视嗜字寺侍饲嗣事饵树孺瑞遂隧穗

[i]13

pi	①编鞭边蝙③贬扁(1)(扁担)匾⑤变遍臂秘(2)(秘鲁)辔⑦瘪憋鳖必毕笔哔筚跸滗逼碧辟(1)(大辟)壁璧
p'i	①扁(2)(一叶扁舟)偏篇翩⑤骗片⑦撇瞥匹疋辟(闢)(2)(开辟)僻劈霹噼癖
bi	②便(2)(便宜)骈④辨辩辫⑥便(1)(方便)卞弁汴⑧别蹩弼复(刚复自用)
mi	②绵棉眠糜縻④免勉缅黾(2)(黾池)娩冕渑湎腼鲍丏靡⑥面(1)(脸面)面(麵)(2)(米面)秘(1)(秘书)⑧灭乜(文)(眼睛微张)搣蔑篾泌密蜜宓滵嘧觅汩幂
ti	①掂滇颠巅癫③玷点踮典碘⑤店惦⑦跌
t'i	①添天③舔腆⑦帖贴铁餮
di	②恬甜田填钿④簟⑥垫电佃甸淀奠殿靛癜⑧谍叠碟蝶喋牒迭垤耋迪敌涤笛狄籴荻翟(2)(长尾的野鸡)
li	②帘廉镰奁连联涟怜(憐)莲良梁量(2)(量尺寸)粮梁④脸敛撵琏辇两(2)(斤两)俩(1)(伎俩)辆魉⑥殓练炼链恋亮凉谅量(1)(数量)晾靓(2)(靓妹)例⑧列咧烈裂冽洌趔捩戾

	立栗傈溧篥溧慄律率(2)(效率)
tçi	①尖歼沾占(1)(占卜)瞻詹煎饘毡笺将(1)(将来)张章彰樟璋蟑兼犍坚肩僵缰疆姜(薑)③剪蕑展辗奖桨蒋长(2)(生长)涨掌捡检睑茧跈褯⑤占(佔)(2)(占领)溅箭战颤荐将(2)(大将)浆酱帐账胀障幛瘴剑建健见⑦接婕楫辑哲蜇喆折(1)(折扣)褶节疖即劫揭(1)(揭露)洁结桔(1)(桔梗)拮子
tç'i	①签(籤)(签)佥迁千(韆)(2)(秋千)悭千(1)(千万)仟阡扦枪锵昌猖菖娼谦牵羌腔③诎浅阐抢昶厂(2)(茅棚厂儿)敞氅歉遣谴缱⑤堑呛畅怅倡唱憩欠茜(1)(茜草)倩纤(縴)(1)(纤夫)⑦妾切窃沏挈锲怯(文)(怯生)惬箧
dʑi	②黔钤箝钱缠长(1)(长短)场肠钳强攐(攐菜)乾虔捐④丈仗杖犟俭件键⑥偈(2)(偈佗)健腱踺糨⑧彻撤澈辙掷(白)(投掷)挟(挟菜)杰桀揭(2)(按揭)竭偈(1)(勇武貌)碣
ʔȵi	①粘黏拈妮
ȵi	②鲇(鲶)年娘孃泥尼呢怩馕瓤严言研妍倪霓嵇仪宜疑④碾你染壤攘俨谳仰蚁拟⑥念捻酿伲腻让验酽谚彦唁艺呓睨诣义议谊毅⑧聂镊蹑啮颞廿昵匿溺热乜(白)(乜人)业孽蘖啮镍臬
çi	①纤(纖)(2)(纤维)暹仙籼鲜煽搧先相(1)(互相)厢湘箱镶襄商伤殇轩乡香③闪(腰闪着)陕癣藓冼笅焱想鲞响垧赏险显享响缐⑤线腺扇相(2)(宰相)饷宪献向(嚮)⑦胁歇蝎
zi	②潜蟾髯涎单(2)(单于)禅蝉婵然燃前墙蔷樯戕详祥翔尝常偿裳嫦徜④渐冉苒践善鳝象像橡漾上(2)(上声)⑥赡贱饯羡擅嬗缮膳匠上(1)(上面)尚⑧捷睫涉舌折(2)(折本)截
ki	③几(幾)(白)(几个)
ʔji	①淹奄腌阉恹腌蔫嫣烟胭湮央殃鸯秋袆𧚊漪伊咿医衣依袆③野掩厣偃养氧椅倚旖⑤厌餍堰宴燕咽(2)(咽气)怏裔缢瞖意⑦餍谒噎一(白)(一个)亿忆臆癔
ji	②爷椰耶挪炎盐阎闫檐焉延蜒筵贤弦舷沿铅(2)(铅山)阳扬杨炀旸疡羊洋佯烊(1)(融化)垟徉降(白)(投降)兮奚移夷姨胰痍彝怡贻饴饴颐圯沂嫌④也(文)(也是)冶衍演痒迤矣已以⑥夜艳焰现砚样漾恙烊(2)(打烊)曳刈系(1)(关系)系(係)(2)(中文系)系(繫)(3)(连系)易(2)(容易)肆懿异⑧烨叶(葉)页晔协侠拽(1)(拖,拉)颉撷缬

[u]14

p'u	③圃浦(2)(浦东)普埔
bu	②菩脯(2)(胸脯)蒲(2)(菖蒲)匍莆孵(白)(孵坊)④部簿⑥捕哺
fu	①夫(2)(人名)肤麸俘孵(文)(孵化)敷孚稃③甫脯(1)(果脯)辅俯斧釜抚⑤赴讣⑦不(文)(不是)复(複)(復)腹蝮鲗覆福幅辐蝠
vu	②扶芙(文)(芙蓉)凫无(1)(无中生有)芜巫诬毋④腐(文)(腐儒)武侮鹉舞妩负⑧伏服袱茯匐
ku	①哥歌戈锅埚瘑估咕姑菇轱蛄辜呱(1)(呱呱而泣)菰箍③舸果裹粿古诂牯罟股蛊贾(1)(商贾)鼓臌瞽⑤过固沽故痼顾雇⑦谷(穀)
k'u	①苛柯轲疴科棵颗蝌稞窠髁枯骷刳③坷苦⑤课库裤绔⑦哭酷
hu	①乎呼③火伙(夥)虎唬琥浒⑤货冔
ɦu	②河何(文)(任何)荷(1)(荷花)菏禾和(1)(和平)狐弧壶胡(鬍)葫湖蝴糊猢瑚④荷(2)(负

	荷)祸户沪扈⑥贺和(2)(附和)互护⑧斛槲鹄
ʔʋu	①阿(1)(阿胶)婀窝涡莴倭挞(2)(老挞)乌呜钨污淤於透威葳③坞委萎痿尉蔚慰⑤屙恶(2)(可恶)畏喂馁⑦屋
ʋu	②余(餘)(2)(剩馀)舆于孟竽俞逾渝愉榆揄瑜臾谀腴携畦为(1)(作为)帷维潍违围韦帏闱炜④予与(1)(给予)宇羽雨禹愈唯惟伟苇玮韪⑥与(2)(参与)余(1)(姓氏)预誉豫芋吁(3)(呼吁)喻谕裕卫彗惠慧为(2)(为什么)位遗纬胃谓猬

[y]15

tɕy	①镌专砖车(文 2)(车马炮)居(文)(居住)拘驹闺硅圭规(1)(圆规)龟归(2)(当归)捐娟鹃涓③举矩枸(1)(枸橼)诡轨癸鬼卷(文 2)(席卷)⑤转啭据锯踞句桂季悸愧(1)(惭愧)贵卷(文 1)(考卷)眷绢圈(2)(猪圈)⑦辍啜茁拙绌孓厥撅蕨嘅獗决诀抉橘
tɕ'y	①痊诠铨川穿(文)(贯穿)祛区(1)(区别)岖驱躯暌睽窥圈③喘舛龋绻犬⑤钏去(文)(来去)券⑦黢出(齣)阙缺炔阒屈
dʑy	②传(1)(宣传)橼瘸渠(文)(水渠)瞿衢葵迤馗夔权拳蜷颧④篆巨拒炬距跪揆⑥传(2)(传记)邃具俱惧飓柜(櫃)馈匮倦⑧怵怵术(1)(白术)橛(文)(短木桩)镢倔掘(文)(挖掘)崛
ɲy	②危元原源鼋螈娱(1)(娱乐)隅愚禹虞④女(文)(男女)软语圄龉阮⑥御(禦)驭遇寓伪愿⑧月
ɕy	①宣靴虚嘘墟吁(1)(气喘吁吁)麾挥(2)(指挥)辉晖喧萱煊昏(1)(黄昏)婚荤鼾欢③选许(文)(许多)诩栩毁罕⑤渲酗煦卉讳唤涣焕痪奂楦绚巽(白)(巽山)汉⑦雪噱(2)(噱头)说戌恤血忽笏唿忽窟
zy	②全泉漩船⑥旋(镟)璇⑧绝垫术(術)(2)(手术)述
ky	①官棺倌观(1)(观察)冠(文 2)(灵昆岛)干(1)(干犯)干(乾)(3)(干燥)杆(1)(筢杆)肝竿③馆琯管(文)(管理)莞(1)(东莞)杆(2)(电灯杆)秆擀⑤贯灌罐盥观(2)(寺观)冠(2)(冠军)干(幹)(2)(干部)⑦骨
k'y	③款⑤睏⑦窟
ʔjy	①吁(2)(喝止牲口声)豌剜蜿鸳冤渊温(1)(温州)瘟安氨鞍桉③怄碗苑宛婉琬稳⑤妪悗腕怨按案胺⑦哕(哕起，即恶心)曰郁(2)(郁郁葱葱)
jy	②桓丸完烷员圆鸢园袁援猿垣辕玄悬魂韩寒邗邯④缓浣茺远旱⑥院媛缘县眩岸汗捍悍焊翰瀚⑧阅悦越粤穴核聿鹬域阈役疫

[ai]16

pai	①杯背(揹)(3)(背心)卑碑悲⑤贝狈背(1)(背部)辈褙⑦不(白)(不仅)北
p'ai	①坯胚呸丕⑤沛霈配
bai	②陪培徘赔裴④倍蓓⑥佩背(2)(背诵)焙
ʔmai	①姆
mai	②蛾(白)(打灯蛾)玫枚梅媒煤莓酶霉④每⑥妹昧⑧万(文 2)(万俟)墨默
fai	⑦芾黻髴弗佛(2)(仿佛)拂氟
vai	⑧佛(1)(佛陀)勿物(文)(事物)
tai	①呆(2)(痴呆)堆⑤对碓
t'ai	①推③腿⑤唾(白)(痰唾)退褪煺脱(2)(脱裤)蜕

dai	②颓⑥队兑⑧夺(白)(赌抢赌夺)
nai	④奶(白2)(奶奶)馁⑥内
lai	②朓雷擂蕾镭赢④磊儡癞累垒⑥礌泪⑧捋
tsai	⑤最(文)(某某之最)拽(2)(拉扯)惴淬醉(1)(陶醉)⑦缉(2)(缉合)㦲汁执攥窒栉质郅桎蛭卒
ts'ai	①崔催摧③璀揣⑤啐脆踹翠⑦缉(1)(通缉)辑茸撮七柒漆猝
dzai	⑧伫秩帙
sai	①衰③小(白)(古方言留下的白读)⑤细(白)(细姆)碎⑦狮(白)(狮子)涩(文)(羞涩)湿膝瑟虱失室率(1)(率领)摔蟀
zai	④罪⑥锐睿芮睡悴粹萃瘁⑧集习袭十什拾入疾嫉蒺实日(文)(日本)
kai	①瑰规(2)(规矩)归(1)(回归)皈⑤个会(2)(会计)侩刽桧脍⑦国帼掴蝈
k'ai	①恢盔魁诙奎亏岿③傀⑤块愧(2)(愧对)喟
gai	⑥溃(白)(溃疡)
ŋai	②巍⑥饿(白)(肚饿)魏(文)
huai	①灰挥(1)(挥挥手)徽③贿悔贿⑤海晦荟喙
ɦuai	②桅鬼回(迴)徊茴洄蛔④汇(匯)(1)(汇款)⑥溃(文)(崩溃)会(1)(会议)绘烩魏(白)汇(彙)(2)(汇报)
ʔuai	①偎煨③诿猥⑤秽(淫词秽语)
ʔai	⑤唉(2)(唉磊堆碎)

[iai]17

tɕiai	⑦级急给汲吉桔(2)(柑桔)劼诘棘亟戟击激
tɕ'iai	⑦泣乞吃(2)(口吃)讫迄隙
dʑiai	⑧及圾佶掘(白)(掘井)极剧屐
ɲiai	⑧日(白1)(生日)屹逆
ɕiai	⑦吸歙甩
ʔjiai	⑦邑挹浥揖一(文)(一二三)乙壹溢抑益
jiai	⑧熠逸佚轶翼弋翌亦译易(1)(交易)绎驿弈奕蜴液腋掖檄

[au]18

tau	①兜③斗(1)(北斗)抖陡蚪⑤斗(2)(斗争)
t'au	①偷③敨⑤透
dau	②投⑥逗读(2)(句读)窦脰
nau	④耨⑥耨
lau	②娄楼偻喽褛蝼髅④搂篓⑥陋漏镂瘘
tsau	①邹驺③走⑤奏揍皱绉
ts'au	①诌③掫⑤凑
dzau	⑥胄籀骤
sau	①搜艘馊飕③叟嗾擞溲⑤嗽漱瘦
zau	②愁

kau	①勾沟钩篝③苟狗枸(2)(枸杞)垢诟⑤构购媾够縠(白)(居屋合音)
k'au	①抠眍③口⑤叩扣寇蔻
gau	④厚(白)(厚佬)
ŋau	②牛④偶藕耦
hau	①佝③犼(许屋合音)⑤吼鲎(虹)
ɦau	②侯喉猴篌④后(後)厚(文)(忠厚)⑥候逅
ʔau	①区(2)(姓氏)欧鸥讴瓯③呕殴⑤沤怄墺(埋葬)

[iau]19

tɕiau	①鸠阄赳③九久玖灸韭纠⑤究疚救咎柩
tɕ'iau	①丘蚯邱③搝
dʑiau	②求球逑裘仇(1)(姓氏)虬④臼舅柏⑥旧柩
ʔɲiau	①妞
ɲiau	④扭纽钮忸⑥狃(若屋合音)
ɕiau	①休咻③朽⑤臭(2)(铜臭)嗅
ʔjiau	①优忧悠攸幽③黝⑤幼
jiau	②尤犹由邮油游蚰猷蝤鱿④友有酉诱莠⑥又右佑祐囿宥柚釉

[ei]20

pei	①萆裨(2)(裨益)箅屄毑陂罴③彼匕比(1)(比较)鄙⑤毙蔽闭庇痹毖
p'ei	①批砒披纰⑤睥媲譬屁
bei	②鼙皮疲啤脾裨(1)(裨将)枇毗蚍琵肥(白)(肥肉)④陛被婢否(2)(否去泰来)痞圮⑥币弊敝鐾鼻避比(2)(比邻)备坒
ʔmei	①咪眯
mei	②迷谜醚弥猕眉嵋湄楣④米弭美尾(白)⑥袂媚魅寐未(白)味(白)
fei	①飞非菲(1)(芳菲)啡绯扉蜚霏妃③匪诽菲(2)(菲薄)斐榧翡⑤废肺痱沸狒费
vei	②肥(文)(肥沃)微薇④尾(文)娓⑥吠未(文)味(文)
tei	①爹低③抵底邸诋砥⑤帝蒂谛⑦的嘀滴嫡
t'ei	①梯锑③体⑤剃涕屉替嚏⑦剔惕踢倜
dei	④弟悌⑥大(白)(大官爷)递第睇逮棣缔地
ʔlei	①里(2)(该里)厘(2)(一厘儿)哩(1)(词曲中作衬字)
lei	②犁黎藜鲡离漓璃篱缡罹梨蜊厘(1)(厘米)狸喱④礼醴蠡(1)(范蠡)履李里(裹)(1)(里外)理鲤俚娌浬⑥厉励砺蛎丽隶唳荔詈利俐莉痢苈吏⑧笠力历(歷)(曆)沥雳疬砾栎跞鬲
tsei	①嗟遮猪跻支枝肢栀③姐这者煮济(2)(济南)纸⑤借蔗霁际祭漈制(製)剂(2)(调剂)挤济(1)(救济)霁⑦浙唧稷陟仄织职迹积脊啧瘠鲫只(隻)(2)(量词)炙摭绩
ts'ei	①车(文 1)(水车)蛆妻栖凄③且扯杵鼠⑤笡(斜)掣砌刺(2)(生刺)⑦叱饬敕厕侧测恻刺(3)(刺绒衫)尺斥赤咴戚嘁
dzei	②池④苎舐⑥箸滞⑧垫直值植殖渥掷(文)(一掷尿)踯

sei	①些奢赊畲西犀茜(2)(人名)③写舍(捨)(2)(施舍)胥洗铣玺髓⑤泻卸舍(1)(进舍)赦世势细(文)(仔细)婿窨⑦摄慑燮泄薛亵设悉蟋窸息熄煜色啬铯穑式识(1)(认识)饰拭轼昔惜适释析晰淅皙蜥锡
zei	②邪斜(1)(倾斜)蛇佘徐齐脐匙④社惹屿荠鲚⑥藉(1)(藉口)榭谢麝薯(白)(番薯)逝誓噬剂(1)(发剂)⑧食蚀藉(2)(藉田)籍席夕汐矽射石(1)(石头)硕寂

[əu]21

təu	①多哆丢③躲⑤跺剁⑦督笃
t'əu	①拖(文)(拖拉机)③妥椭⑦忒(2)(忒不识相)秃
dəu	②驮驼鸵佗陀沱砣跎徒(白)(门徒)头骰④舵堕惰⑥大(文 2)(大小)豆荳痘⑧独读(1)(读书)渎椟犊牍毒
nəu	②奴④努弩⑥怒懦糯
ʔləu	①啰噜溜
ləu	②罗萝逻锣箩骡螺刘留流琉硫馏榴瘤镠鎏④裸瘰厉鲁掳橹卤(鹵)(1)(卤素)柳绺⑥摞遛⑧鹿漉辘麓六陆戮
tsəu	③左佐组阻诅俎⑤做⑦镞
ts'əu	①搓(文)(搓板)磋蹉初刍③础(1)(基础)楚⑤锉(白)(锉刀)⑦簇蔟促
səu	①搓(白)(搓绳)梳(文)(梳理)疏蔬③数(2)(数一数)⑤素(文)(朴素)愫数(1)(数字)⑦速
zəu	②锄(文)(锄头)雏⑥助

[iəu]22

tɕiəu	①揪舟州洲周(週)赒③酒肘帚⑤昼咒⑦竹竺筑祝粥菊鞠掬
tɕ'iəu	①秋(鞦)湫鳅抽③瞅丑(醜)⑤臭(1)(乌焦臭)⑦蹙蹴畜(1)(牲畜)搐俶曲(麴)(2)(酒曲)
dziəu	②囚绸稠惆畴筹踌仇(2)(仇恨)雠酬④纣⑥宙轴售⑧逐妯
ɲiəu	⑧衄肉
ɕiəu	①修羞馐收③手首守狩⑤秀绣锈宿(2)(星宿)兽⑦肃宿(1)(宿舍)凤叔倏菽畜(2)(畜牧)蓄旭勖
ziəu	②酋遒泅柔揉蹂④受绶⑥就袖寿授⑧族淑熟孰塾辱褥缛
ʔjiəu	⑦郁(1)(郁闷)燠
jiəu	⑧育昱煜毓鬻

[øy]23

pøy	①波(2)(宁波)鋪③补谱⑤播(2)(发播)布怖
p'øy	①铺(1)(铺被)③浦(1)(下吕浦)⑤破铺(2)(床铺)
bøy	②婆葡蒲(1)(蒲鞋)④簿(朗眼簿)⑥缚(2)(腰缚)步埠赙
møy	②摩(1)(摩擦)磨(1)(磨刀)魔模(模子)⑥磨(2)(磨石)戊雾(白)(发雾)物(白)(物事)
føy	①夫(1)(丈夫)③府腑殕⑤付咐赋傅富副
vøy	②符浮(白)(尸骸浮起)④父妇⑥附驸芙(白)(芙蓉)腐(白)(腐败)务雾(文)(云雾)婺
tøy	①都③堵赌睹肚(白)(猪肚)⑤妒蠹

t'øy	③土吐⑴(吐痰)⑤吐⑵(呕吐)兔菟
døy	②图徒(文)(徒弟)途涂(塗)屠荼④杜肚(文)(肚皮)⑥度渡镀踱
løy	②蠡⑵(河蠡蚌)卢芦炉颅轳鸬庐驴闾橹④卤(滷)⑵(盐卤)吕侣旅铝膂屡缕⑥路露璐鹭虑滤类
tsøy	①租③祖
ts'øy	①粗⑤醋
søy	①苏酥稣甦⑤诉塑溯素(白)(吃素)
ŋøy	②蜈鱼渔

[aŋ]24

paŋ	①奔贲犇③本畚⑤粪(白)(粪扫)
p'aŋ	①喷⑴(喷水)⑤喷⑵(喷香)
baŋ	④苯⑥笨坌
maŋ	②门们扪蚊(白)(蚊虫)明(白)(明朝)⑥闷焖问(白)(问问胎)
faŋ	①分⑴(分开)芬吩纷酚③粉⑤奋粪(文)(粪坑)
vaŋ	②坟氛焚汾文纹蚊(文)(蚊蝇)雯④忿愤吻刎⑥分⑵(分格)份问(文)(提问)闻紊
taŋ	①吨灯登蹬䐜③戥等凶⑤顿炖⑵(炖卵糕)凳镫
t'aŋ	①吞(白)(慢吞吞)⑤氽瞪(白)(眼灵珠瞪起)
daŋ	②饨腾誊藤滕疼(白)(疼痛)④盾⑴(盾牌)沌炖⑴(温炖汤)断(白)(断气)⑥段(白)(烂树段)邓
naŋ	②能人(白1)(人来客往)④恁暖(白)(暖芬芬)
laŋ	②仑抡伦沦轮囵纶⑴(涤纶)棱④卵(白)(卵黄)⑥愣
tsaŋ	①砧针斟箴津珍蓁榛臻真甄曾(文2)(姓氏)增憎等⑵(古筝)③枕怎诊疹缜稹⑤浸进晋镇圳振震赈
ts'aŋ	①侵郴琛⑴(珍宝)亲⑴(亲戚)押嗔瞋③寝⑤沁亲⑵(亲家)趁衬龀蹭
dzaŋ	②沉尘陈臣曾(白)(曾经)④朕⑥鸠阵
saŋ	①心芯参⑶(人参)森深琛⑵(人名)辛锌新薪莘申伸身呻绅娠僧③沈(瀋)审婶迅哂⑤渗⑤讯汛信囟
zaŋ	②寻拇荨岑谌忱任(文2)(任性)秦神辰晨宸人(文)(人民)仁娠层曾(文1)(曾经)④赁蕈葚甚饪尽(儘)肾⑥任(文1)(姓氏)妊(文)(妊妇)衽烬蜃刃⑴(刀刃)纫仞赠
kaŋ	①根⑵(结根)跟⑵(跟从)哏昆(文1)(昆仲)③管(白)(毛管)滚衮绲辊⑤艮亘棍謴
k'aŋ	①昆(白)(昆剧)坤③垦恳肯啃捆⑤困
haŋ	①夯(白)(夯实)③很狠
ɦaŋ	②痕⑵(伤痕)恒⑥恨
huaŋ	①昏⑵(昏君)
ʔvaŋ	①温⑵(温吞)
vaŋ	②浑馄④混⑥诨

[iaŋ]25

tɕiaŋ	①今金襟巾斤筋茎京荆惊粳经(1)(经济)泾③锦紧谨景警璟颈⑤禁靳竟敬境镜滰劲径经(2)(经线)陉胫迳
tɕʻiaŋ	①钦衾卿轻氢⑤揿庆磬罄
dziaŋ	②琴禽擒芩等噙檎芹勤兢矜擎鲸黥④赚(白)(赚钞票)近痉⑥妗噤仅馑瑾觐竞
ȵiaŋ	②宁(1)(宁波)拧狞柠咛壬人(白2)(新儒人)银鄞垠吟龈凝迎④您忍⑥宁(2)(宁可)泞任(白)任何)妊(白)(妊娠)刃(2)(刀刃)认韧
ɕiaŋ	①歆鑫欣忻掀兴(文1)(兴盛)馨凶(白)③兴(白)(作兴)行(白)⑤衅兴(文2)
ʔjiaŋ	①阴荫(1)(树荫)音喑因茵咽(1)(咽喉)姻氤殷应(1)(应该)鹰膺蝇莺(1)(黄莺)樱(1)(樱桃)鹦(1)(鹦鹉)罂(1)(罂粟)英瑛蓥婴缨璎③饮隐瘾影⑤荫(2)(荫德)窨印应(2)(响应)映滢
jiaŋ	②淫霪寅盈赢楹瀛刑形型邢④引蚓吲颖郢颍⑥胤孕

[əŋ]26

pəŋ	①宾彬斌滨缤濒槟冰兵并(3)(并州)③禀膑髌丙秉柄炳饼屏(2)(屏墙)⑤鬓傧摈殡并(併)(1)(合并)摒
pʻəŋ	①乒拼姘③品⑤聘娉
bəŋ	②贫频嫔颦凭平评坪苹枰屏(1)(屏幕)瓶萍④并(並)(2)(并且)荓⑥病
məŋ	②民旻岷抿泯旻明(文)(光明)鸣盟名茗铭冥暝螟④闽闵悯敏皿酩⑥命
təŋ	①丁叮钉(1)(铁钉)仃疔③顶鼎⑤订钉(2)(钉板箱)
tʻəŋ	①厅听(文)(听觉)汀町烃③挺艇⑤听(白)(打听)
dəŋ	②廷亭庭停蜓婷霆⑥定啶腚碇锭
ʔləŋ	①扔拎铃(2)(铃铛)
ləŋ	②林临淋琳霖邻磷鳞獜嶙遴辚麟繗凌陵菱令(2)(令尊)令(3)(令狐)伶灵玲铃(1)(电铃)聆羚零龄苓囹泠棂蛉翎④凛廪岭领⑥吝躏膦令(1)(命令)另
tsəŋ	①症(癥)(2)(症结)蒸晶睛精菁旌正(2)(正月)征(徵)怔贞侦帧③拯井阱整⑤甑锃证症(1)(病症)正(1)(真正)政
tsʻəŋ	①称(1)(称呼)清蜻青蜻③请骋⑤秤称(2)(相称)
dzəŋ	②惩澄橙呈程埕④逞⑥瞪(文)(瞪目结舌)郑
səŋ	①升昇陞声星猩腥惺③省(2)(反省)醒⑤胜性姓圣
zəŋ	②情晴饧成诚城盛(2)(盛饭)仍绳乘(1)(加减乘除)绳塍承丞④靖静婧⑥净靓(1)(靓妆)盛(1)(兴盛)晟乘(2)(千乘之国)剩嵊

[oŋ]27

poŋ	①崩(1)(崩溃)嘣(1)(打嘣)⑤崩(2)(一崩香烟)蹦嘣(2)(内胎打嘣交)
pʻoŋ	①乒③捧⑤碰椪
boŋ	②朋棚(1)(牛棚)鹏硼蓬篷塴④埲烽
ʔmoŋ	①蒙(2)(蒙人)
moŋ	②蒙(1)(蒙犯)蒙(矇)(瞳)(4)(目失明)蒙(濛)(5)(小雨貌)檬朦瞢④蒙(3)(蒙古)蒙(懞)(6)(昏昧无知)懵⑥梦
foŋ	①风枫疯沨丰封峰锋蜂烽⑤讽

voŋ	②冯逢④奉⑥凤缝俸
toŋ	①东冬(鼕)③董懂⑤冻栋
t'oŋ	①通嗵③捅⑤痛统
doŋ	②同桐铜筒童瞳僮潼彤疼(文)(疼痛)④动桶恸⑥洞侗恫胴
noŋ	②农脓侬哝浓⑴(浓密)
loŋ	②咙胧聋笼茏泷珑砻癃隆窿龙(文)(龙头)④拢垄(文)(垄断)陇⑥弄
tsoŋ	①棕鬃宗综踪③总⑤粽
ts'oŋ	①匆(怱)葱聪偬从⑵(从容)
soŋ	①松(鬆)⑴(放松)菘嵩忪淞⑤送宋
zoŋ	②纯淳醇莼鹑丛淙琮崇戎绒茸④冗
koŋ	①肱工公功攻恭⑵(恭候)蚣红⑵(女红)弓⑵(新读)宫⑵(新读)躬⑵(新读)③汞巩拱⑵(拱桥)⑤贡
k'oŋ	①空⑴(空虚)倥崆箜③孔⑤空⑵(亏空)控
hoŋ	①薨轰訇哄⑴(哄动)烘③哄⑵(哄骗)⑤哄⑶(起哄)蕻⑵(菜蕻)
ɦoŋ	②弘泓宏闳竑红⑴(红色)虹洪鸿蕻⑴(雪里蕻)⑥讧
ʔoŋ	①翁嗡滃⑤瓮齆(齆鼻)

[ioŋ]28

tçioŋ	①遵谆肫中⑴(中国)忠衷盅终均钧军君鞚弓⑴(弓箭)躬⑴(躬身)宫⑴(宫殿)③卷(白)(一卷)准(準)囧炅迥炯⑤俊骏竣隽中⑵(中状元)众
tç'ioŋ	①穿(白)(穿针)鬈(白)(鬈发)皴春椿冲⑴(冲锋)忡充冲(衝)⑵(对冲)憧倾囱穹③蠢宠顷⑤串铳
dzioŋ	②虫裙群琼穷④盾⑵(矛盾)菌窘⑥仲郡
çioŋ	①询峋洵荀春勋熏薰兄③笋隼榫⑤峻浚瞬舜训
zioŋ	②旬驯巡循徇唇偱④吮⑥殉顺闰润
ʔjioŋ	①氲雍臃③蕴恽拥⑤酝熨
jioŋ	②匀筠云(雲)耘芸纭荣嵘蝾营茔莹荧萤紫荥熊雄融佣(傭)⑴(雇佣)庸墉镛容蓉溶榕熔④允尹殒永咏泳

[ŋ]29

ʔŋ	⑤儿⑵
ŋ	②儿⑴义(白)俄哦峨娥鹅(文)(雁鹅)蛾(文)(飞蛾)讹吾吴梧④耳(白)我五午伍仵牾⑥儿⑶二贰饿(文)(饥饿)嗯卧误悟娱⑵(娱乐)迕忤晤寤唔(唔卟)

二、永强话

永强话韵母表

开口呼	齐齿呼	合口呼	撮口呼
[a]01 扳攀万担坍搀站三	[ia]02 脚酌雀尧晓若约药		
[ɛ]03 绷彭盲生打更泰争	[iɛ]04 点良将枪长相央阳		
[ɔ]05 帮抛旁浪闹抄唐光		[uɔ]06 袜法发乏伐罚筏	[yɔ]07 钟窗撞狂凶床柱王
[ə]08 宝袍毛老遭曹高夯			[yə]09 标嫖焦桥宵挑条妖
[e]10 戴台来灾财开海哀			
[ø]11 般盘贪团南尊敢安			
[o]12 巴爬茶沙坐家花蛙			[yo]13 卓触曲浊局玉缩俗
[ŋ̍]14 知次迟斯似鸡溪希	[i]15 比臂疲米非低里衣	[u]16 布部服督罗歌夫河	[y]17 女全专院温去巨句
			[ɥ]18 朱租吹粗除跪居书
[ai]19 杯倍堆雷汁对亏颏	[iai]20 急级泣及逆吸益译		
[au]21 斗偷投楼牛邹愁瓯	[iau]22 赳丘扭优由休九求		
	[iəu]23 丢头奴郁周肉酒手		
[aŋ]24 本门分文轮针亲心	[iaŋ]25 今钦近认欣英音形		
[əŋ]26 冰妍平民林丁挺亭	[iəŋ]27 精晶清情呈星升成		
[oŋ]28 崩朋风冯宏东动公			[yoŋ]29 忠军春虫兄顺雍痈
	[ŋ]30 儿二我吴悟五午耳		

永强话常用字同音字汇

同音字汇先按韵母列部，依次为 a、ia、ɛ、iɛ、ɔ、uɔ、yɔ、ə、yə、e、ø、o、yo、ɿ、i、u、y、ʮ、ai、iai、au、iau、iəu、aŋ、iaŋ、əŋ、iəŋ、oŋ、yoŋ、ŋ。

同韵字按声母次序排列，依次为 p、p'、b、m、f、v、t、t'、d、n、l、ts、ts'、dz、s、z、tɕ、tɕ'、dʑ、ȵ、ɕ、ʑ、k、k'、g、ŋ、h、ɦ、j、ʋ。

同声母的字按声调编号次序用数码表示：即①阴平、②阳平、③阴上、④阳上、⑤阴去、⑥阳去、⑦阴入、⑧阳入。

[a]01

pa	①扳班颁斑瘢③反(2)(反转)板(闆)版阪钣舨⑤爸扮瓣⑦八(2)(小八癞子)叭
p'a	①攀⑤盼襻
ba	②爿⑥办
ʔma	①妈
ma	②吗蛮④挽(文)(挽回)晚(文)(早晚)⑥骂漫慢谩曼蔓万(白)(逾千达万)
fa	①藩(1)(篱笆)番(1)(番人)翻③反(1)(反对)返⑤泛贩畈
va	②凡帆矾烦繁蕃樊潘(2)(曾国藩)繁④犯范挽(白)(挽联)晚(白)(晚稻)⑥梵饭万(文 1)(万年青)
ta	①眈眈担(1)(负担)聃丹单(1)(单独)郸殚③胆疸掸⑤石(2)(一石米)担(2)(重担)旦诞⑦搭答(2)(答应)瘩嗒耷怛妲笪靼
t'a	①他它她拖(白)(鞋拖)坍摊滩瘫③毯坦(文)(坦白)⑤炭叹碳⑦踏(1)(踢踏舞)沓(2)(疲沓)塔塌蹋遢榻潚挞闼跶獭
da	②坛(壜)(2)(酒坛)谭昙谈痰坛(壇)(1)(花坛)弹(2)(弹琴)檀④淡氮啖澹袒⑥但弹(1)(子弹)蛋惮坦(白)(道白)⑧踏(2)(踏步)沓(1)(一沓纸)阘达靼
ʔna	①南(2)(南无)那(2)(姓氏)③娜(1)(人名)
na	②拿难(1)(困难)④女(白)(女儿)赧⑥那(1)(那么)哪(1)(哪里)难(2)(患难)⑧呐(1)(呐喊)捺
ʔla	⑦垃拉(文)(拖拉)啦
la	②岚蓝篮褴兰拦栏澜谰阑④览揽缆榄懒斓⑥滥烂⑧拉(白)(拉尿)腊蜡邋喇辣剌瘌
tsa	①咱③斩崭盏⑤咤炸(2)(油炸馃)蘸赞瓒⑦砸匝(2)(匝道)眨轧(2)(轧钢)扎札
ts'a	①搽餐③产铲⑤诧姹差(2)(不好)忏谶灿粲璨⑦插擦察刹(1)(古刹)
dza	②惭残④湛⑥暂站赚(文)(赚钱)绽栈⑧溧(白)煠(白)
sa	①三叁仁杉衫珊栅(2)(栅极)姗跚山舢删潸③伞散(2)(散漫)霰⑤散(1)(散会)栅(1)(栅栏)讪汕疝⑦飒卅歃霎啥萨撒杀刹(2)(刹车)煞
za	②馋逸巉潺⑧闸煠(文)蛰煤(文)铡
ka	①缄尴监(1)(牢监)间(1)(房间)艰奸姦菅纶(2)(纶巾)鳏关③减碱硷拣柬简锏扲⑤监(2)(太监)鉴间(2)(间接)谏涧惯⑦夹挟颊荚峡(2)(长江三峡)甲钾胛咖(2)(咖喱)嘎(1)(鸟鸣声)伽(2)(伽蓝)戛
k'a	①搭悭宽髋铅(1)(铅锅)③槛舰⑤嵌⑦恰掐卡(1)(卡口)咖(1)(咖啡)卡(2)(磁卡)
ga	②衔(白)(衔头)雁(白)(雁鹅)何(白 1)(何乜)⑥陷馅(白)(馅心)环(白)(门环)⑧峡(2)(河峡儿)嘎(2)(嘎嘎抖)轧(3)(轧姘头)茄(2)(番茄)

ŋa	②岩颜④眼⑥雁(文)(雁荡)赝
ha	③喊⑦呷瞎哈
ɦia	②函涵咸(鹹)衔(文)(头衔)闲娴痫何(白2)(何乜)谐鞋④限也(白2)(也是)骇骸解(3)(解签诗)懈⑥陷(文)(陷阱)馅(文)(馅饼)械邂⑧盒(白)(盒儿)狭洽匣狎黠辖
hʋa	⑦豁(2)(豁拳)
ɦʋa	④莞(莞尔而笑)
ʔʋa	①弯湾③绾⑦挖
ʋa	②顽还环(文)(环境)圜寰④皖⑥换幻宦患豢⑧划(劃)(2)(笔划)画(2)(笔画)获(獲)(2)(收获)或惑
ʔa	①阿(2)(阿舅)啊(1)(啊呀)埃(2)(埃及)挨(1)(挨近)③阿(3)(阿门)也(白1)(也是)矮⑤隘蜢(2)(蜢儿)啊(2)(叹词)晏⑤呃⑦压押鸭揠轧(1)(倾轧)扼厄轭

[ia]02

tɕia	⑦爵着(白)(着衣)灼酌斫脚
tɕʻia	⑦雀鹊绰焯怯(白)(胆怯)却
dʑia	⑧着(文1)(着火)嚯(1)(嚯起)
ʔɲia	①蛲(白)(蛲蛲动)
ɲia	②尧饶(2)(上饶)蛲(文)(蛲虫)④鸟(1)(飞鸟)袅⑥尿(1)(输尿管)⑧捏搦箬疟虐
ɕia	③晓⑤卸⑦屑楔削烁铄谑
zia	⑧嚼勺芍妁杓若偌弱
ʔjia	①丫(2)(丫环)呀约
jia	⑧药钥跃龠

[ɛ]03

pɛ	①绷(1)(藤绷)浜③摆(擺襬)⑤拜湃绷(2)(绷紧)迸⑦百伯迫柏佰檗擘(文)(巨擘)
pʻɛ	①掰烹砰抨怦⑤派⑦拍魄珀擘(白)(擘饼)啪
bɛ	②排俳牌彭嘭蟛澎膨棚(2)(尿布棚)④罢(1)(吃乂罢)蚌(2)(蚌埠)⑥惫败薜⑧白舶(1)(舶来品)帛
mɛ	②埋霾盲萌④买猛锰蜢蟆黾(1)(蛙的一种)⑥卖迈孟⑧陌(1)(陌生)麦脉唛
tɛ	③打⑤戴(白)(戴帽)带
tʻɛ	⑤太泰傣汰
dɛ	⑥埭(白)(两埭屋)大(文1)(大师)汏
ʔnɛ	①奶(白1)(奶奶头儿)
nɛ	④乃艿氖奶(文1)(老奶奶)⑥鼐奈
lɛ	④冷⑥赖癞籁
tsɛ	①斋崽(白)(卵崽)争狰睁筝(1)(古筝)峥⑤债挣诤⑦咋(2)(咋舌)窄苲摘谪责啧簀
tsʻɛ	①差(2)(出差)差(1)(差错)叉(1)(叉烧包)钗撑(1)(俯卧撑)⑤蔡撑(2)(撑客)⑦拆册策
dzɛ	④豸⑥寨⑧宅择泽着(文2)(着色)翟(1)(姓氏)
sɛ	①筛(1)(筛酒)生牲笙甥③省(1)(省略)⑤洒晒帅

zɛ	②豺柴
kɛ	①阶皆偕街乖更庚羹赓耕③解(1)(讲解)拐埂梗哽鲠耿⑤介戒芥尬届界诫疥斺解(2)(解钞票)廨怪更(文2)(更加)⑦格胳(2)(胳肢窝)骼革隔嗝膈
kʻɛ	①揩坑铿③楷锴⑤删快筷⑦客喀绛
gɛ	②怀(白)(怀闷)
ŋɛ	②癌挨(2)(拖延)崖涯捱⑥硬⑧额
hɛ	①亨哼③蟹⑦喝(2)(喝水)赫
ɦɛ	②行(文1)(行为)珩桁谐鞋衡④幸悻骇骸解(3)(解签诗)懈⑥行(文3)(品行)衔械邂
ʔvɛ	①歪③斎(天明亮)
vɛ	②怀(文)(怀念)淮槐横⑥外坏
ʔɛ	①莺(2)(莺哥)樱(2)(金樱)鹦(2)(鹦哥)罂(2)(罂壶)埃(2)(埃及)挨(1)(挨近)③杏矮⑤呃隘蚂(2)(蚂儿)⑦扼厄轭

[iɛ]04

niɛ	②娘孃⑥酿
liɛ	②良梁量(2)(量尺寸)粮粱④两(2)(斤两)俩(1)(伎俩)辆魉⑥亮凉谅量(1)(数量)晾靓(2)(靓妹)
tɕiɛ	①将(1)(将来)张章彰樟璋蟑僵缰疆姜(薑)③奖桨蒋长(2)(生长)涨掌禙⑤将(2)(大将)浆酱帐账胀障幛瘴
tɕʻiɛ	①枪锵昌猖菖娼羌腔③抢昶厂(2)(茅棚厂儿)敞氅⑤呛畅怅倡唱
dʑiɛ	②长(1)(长短)场肠强④丈仗杖犟⑥糨
n̠iɛ	②嚷瓤④壤攘仰⑥让
ɕiɛ	①相(1)(互相)厢湘箱镶襄商伤殇乡香③想鲞响垧赏享响飨⑤相(2)(宰相)饷向(嚮)
ziɛ	②墙蔷樯戕详祥翔尝常偿裳嫦徜④象像橡潒上(2)(上声)⑥匠上(1)(上面)尚
ʔjiɛ	①央殃鸯秧③养氧⑤怏
jiɛ	②阳扬杨炀旸疡羊洋佯烊(1)(融化)垟徉降(白)(投降)④痒⑥样漾恙烊(2)(打烊)

[ɔ]05

pɔ	①包苞胞帮甫邦梆③饱榜膀(2)(翼膀)绑⑤豹趵谤泵
pʻɔ	①抛胮滂③跑髈⑤泡炮疱胖
bɔ	②咆庖旁傍膀(1)(膀胱)磅螃彷(1)(彷徨)庞④鲍蚌(1)(象鼻蚌)棒⑥刨鉋镑
ʔmɔ	①猫(2)(熊猫)
mɔ	②茅猫(1)(大猫)锚矛蝥芒忙氓茫虻④卯莽漭蟒网罔魍惘⑥貌
fɔ	①方坊妨肪芳③仿纺彷(2)(彷佛)舫⑤放鲂访
vɔ	②防房亡⑥妄忘望旺
tɔ	①当(當)(1)(应当)当(噹)(3)(当啷)铛珰裆③挡党⑤当(當)(2)(典当)档
tʻɔ	①汤趟(1)(趟水)③倘淌躺⑤烫趟(2)(一趟)
dɔ	②唐堂棠塘膛糖搪溏镗螳瞠⑥荡宕
ʔnɔ	①孬囔

nɔ	②挠桡铙囊④曩⑥闹淖齉
ʔlɔ	①啷
lɔ	②郎狼琅廊榔锒踉螂④朗⑥浪阆
tsɔ	①抓赃脏(髒)⑴(肮脏)藏⑶(藏青)臧妆⑴(化妆)庄⑴(庄严)装⑴(武装)③爪找⑤罩笊葬壮(文)(强壮)
ts'ɔ	①抄钞訬仓苍沧舱伧创⑴(创伤)疮③吵炒⑤创⑵(创造)
dzɔ	⑥棹
sɔ	①捎梢稍⑴(稍微)筲艄飚丧⑴(婚丧)桑③嗓搡磉爽耍⑤哨稍⑵(稍息)睄潲啸丧⑵(丧失)
zɔ	②巢藏⑴(隐藏)⑥脏(臟)⑵(内脏)藏⑵(西藏)奘
kɔ	①交郊胶跤茭蛟鲛肴(白)(肴配)冈刚岗⑴(山岗)纲钢江扛(文)(扛鼎之作)杠⑴(床杠)肛缸豇光胱③狡绞佼姣铰搅讲港岗⑵(岗位)广⑤教校⑵(校对)较珓窖杠⑵(敲竹杠)降(文)(降落)绛
k'ɔ	①敲骹康慷糠③巧⑤亢抗炕伉园矿旷(文)(旷课)圹
gɔ	②旷(白)(课旷交)④犷(该人犷显)肮(田肮儿)⑥扛(白)(扛条儿)
ŋɔ	②昂卬④咬⑥狡
hɔ	①哼夯(文)(打夯)荒慌肓③谎恍晃幌⑤孝酵
ɦɔ	②爻肴(文)(菜肴)淆吭杭航笐行(文 2)(银行)皇凰惶煌蝗隍徨黄簧潢璜蟥④项⑥校⑴(学校)效巷
ʔɔ	①凹拗⑶(嬉嬉拗起)肮汪③拗⑴(棒儿拗断交)⑤拗⑵(两个人拗搭)坳盎

06[uɔ]

muɔ	⑧袜
fuɔ	⑦法珐砝发(發)(髮)
vuɔ	⑧乏伐罚阀筏

07[yɔ]

tɕyɔ	①妆⑵(妆灵清)庄⑵(坐庄)装⑵(假装)桩(文)(打桩)钟(鐘鍾)龚供⑴(供销)恭⑴(恭敬)③冢肿种⑵(种子)踵拱⑴(打拱作揖)⑤壮(白)(壮显壮)戆纵种⑴(种树)供⑵(供应)
tɕ'yɔ	①窗框眶筐匡诓③闯恐
dʑyɔ	②幢⑴(经幢)桩(白)(烂树桩)重(重复)狂诳④重⑴(轻重)⑥状撞幢⑵(楼幢)重⑶(重叠)逛共
ɲyɔ	②浓⑵(浓淡)
ɕyɔ	①霜孀双胸凶(文)(凶恶)匈汹③耸(耸立)怂(怂恿)悚竦⑤况
ʑyɔ	②床从⑴(跟从)松⑵(松树)⑥讼诵颂
ʔjyɔ	①痈邕③枉往⑤壅
jyɔ	②王④勇涌踊甬俑恿蛹⑥用佣⑵(佣人)

[ə]08

pə	①褒煲③宝保堡鸨葆褓⑤报
p'ə	③剖
bə	②袍④抱⑥暴曝爆
mə	②毛牦氂蛑谋缪(1)(绸缪)牟眸④铆牡亩⑥冒帽耄茂贸袤懋
fə	③否(1)(否则)缶
və	②阜浮(文)(浮肿)蜉
tə	①刀叨③岛捣倒(1)(打倒)祷⑤到倒(2)(倒水)
t'ə	①滔绦韬饕弢③讨⑤套
də	②逃桃涛陶掏萄淘啕④道稻⑥导盗悼蹈焘纛
nə	④恼脑瑙
lə	②劳牢捞唠痨④老姥(1)(姥爷)佬⑥涝
tsə	①遭糟③早枣蚤澡藻⑤灶躁
ts'ə	①操(1)(操作)草(白)(潦草)③草(文)(青草)绰(白)(绰号)⑤操(2)(曹操)糙
sə	①搔骚缫③嫂⑤扫噪燥
zə	②曹槽漕④皂造
kə	①高羔膏糕皋睾篙疙③搞镐稿⑤告诰
k'ə	①尻③考拷烤洘⑤铐靠犒
ŋə	②熬敖遨獒聱翱鳌⑥傲
hə	①蒿薅③好(1)(爱好)⑤好(2)(喜好)耗
ɦə	②毫豪嚎蚝嗥壕濠④浩皓昊颢灏⑥号
ʔə	①鏖爊噢③袄媪⑤奥澳懊噢

[yə]09

pyə	①标膘飙镖滮彪③表(錶)裱婊
p'yə	①漂(1)(漂亮)飘嘌③漂(2)(漂白)瞟⑤票剽
byə	②嫖瓢④殍鳔⑥骠
ʔmyə	①喵咩哞
myə	②苗描瞄④秒渺缈藐淼⑥妙庙谬缪(2)(姓氏)
tyə	①刁叼雕(彫)凋貂碉③鸟(2)(鸟儿)⑤吊钓
t'yə	③挑⑤跳眺粜
dyə	②条迢调(1)(调羹)笤④掉(2)(掉钞票)窕⑥调(2)(声调)掉(1)(掉落)
lyə	②辽聊僚寥撩嘹缭寮镣龙(白)(龙船)④了(瞭)潦燎两(1)(两个)俩(2)(两人)垄(白)(菜垄)⑥料廖疗瞭⑧猎掠略撩
tɕyə	①椒焦蕉礁朝(2)(明朝)招昭钊娇骄浇③剿沼矫侥缴饺铰(文2)(铰刀)皎⑤醮照诏叫
tɕ'yə	①瞧超跷锹撬橇③悄⑤俏峭诮翘窍
dzyə	②憔谯樵朝(1)(朝鲜)嘲潮晁乔侨桥荞④兆赵肇⑥召轿
ȵyə	④绕嬲
ɕyə	①肖(2)(姓氏)消宵硝销霄逍魈烧萧箫潇嚣枭骁③小(文)(小朋友)少(1)(少年)筱⑤肖(1)

ʑyə	(生肖)笑鞘少⑵(少将)②韶饶⑴(富饶)娆④绍扰⑥邵
ʔjyə	①要⑴(要求)腰邀吆幺③夭杳窈⑤要⑵(重要)
jyə	②姚窑谣摇徭瑶④肴⑥耀曜鹞

[e]10

ʔme	①姆
me	②蛾(白)(打灯蛾)玫枚梅媒煤莓酶霉④每⑥妹昧⑧万⑵(万俟)墨默
te	③歹⑤戴(文)(姓氏)⑦得德
t'e	①台⑵(台州)苔⑵(舌苔)胎⑤态贷⑦忒忒⑴(过于)
de	②台(臺)⑴(台湾)台(檯)⑶(台子)台(颱)⑷(颱风)抬苔⑴(青苔)跆④待怠殆给⑥代袋岱玳埭(文)(河埭)黛⑧特
ne	⑥耐
le	②来莱徕俫⑥睐赉⑧劣垃肋勒仂
tse	①灾哉栽③宰崽(文)(牛崽)⑤再载最(白)(最高境界)⑦则
ts'e	①猜③采⑴(采集)彩睬踩厂⑴(工厂)⑤采⑵(采邑)菜
se	①腮(文)(两腮)鳃⑤塞⑵(要塞)赛⑦塞⑴(堵塞)
ze	②才(纔)材财裁④在⑥傤⑧贼
ke	①该赅③改颏⑤溉概丐钙盖⑦居(白)(居个)
k'e	①开③凯恺⑤慨忾去(白)(去爻)⑦克刻剋
ge	②渠(白1)(第三人称指代词)
ŋe	②呆⑴(呆头)皑⑥碍艾
he	①咳⑴(咳笑)嗨③海许(白)(许个)⑦黑嘿
ɦe	②孩④亥氦⑥害⑧劾
ʔe	①哎哀埃⑴(尘埃)唉⑴(唉声叹气)⑤爱嫒暧蔼霭

[ø]11

pø	①般搬⑴(搬弄是非)⑤半⑦拨钵
p'ø	①番⑵(番禺)潘⑤判泮⑦泼
bø	②盘搬⑵(搬运)磐濎瘢蹒蟠盆④伴拌绊⑥叛畔⑧钹勃脖渤荸饽悖
mø	②馒鳗瞒鞔④满螨懑⑥幔缦镘⑧末抹茉沫秣没殁
tø	⑦答⑴(报答)端敦墩惇碫镦蹲③短⑤断(文2)(决断)锻⑦掇咄
t'ø	①贪湍吞(文)(吞咽)③忐探⑦脱⑴(脱离)
dø	②潭团(團)糰屯囤豚臀④断(文1)(断续)⑥段(文)(段落)缎钝遁⑧夺(文)(抢夺)凸突沓⑶(沓起算)
ʔnø	①囡
nø	②男南⑴(南北)喃楠腩④暖(文)(温暖)⑥嫩⑧纳钠衲呐⑴(呐口)讷
lø	②婪峦李娈栾鸾胬滦銮论⑵(论语)④卵(文)(卵袋)⑥乱论⑴(讨论)⑧粒
tsø	①簪钻⑴(钻洞)尊樽③攒纂⑤谮钻⑵(钻孔)⑦匝⑴(一匝十二年)

ts'ø	①参(1)(参加)掺参(2)(参差)伞村邨③惨忖⑤窜蹿篡寸
sø	①酸拴栓闩孙荪狲③糁损⑤蒜算涮逊巽(文)(八卦之一)⑦刷
zø	②蚕存④撰馔⑧杂凿
kø	①甘柑坩泔疳根(1)(根据)跟(1)(脚下跟头)干(1)(干犯)干(乾)(3)(干燥)杆(1)(筅杆)肝竿③感赶敢橄杆(2)(电灯杆)秆擀⑤赣干(幹)(2)(干部)⑦合(三合粉)蛤鸽葛割
k'ø	①堪龛戡刊看(2)(看守)③坎砍侃⑤看(1)(看见)勘阚瞰⑦磕嗑溘瞌咳(2)(咳嗽)渴
gø	④颌(白)(面颌)⑧橛(白)(两橛断)
ŋø	⑥玩⑧兀纥
hø	①酣蚶憨鼾③罕⑤憨汉⑦㗨(1)(吆喝)
ɦø	②含痕(1)(痕迹)韩寒邗邯④颔颔(文)(颔首)撼旱⑥憾岸汗捍悍焊翰瀚⑧合(1)(合作)盒(文)(纸盒)盍阖
ʔø	①庵谙鹌恩安氨鞍桉③俺⑤暗黯摁按案胺⑦遏褐

[o]12

po	①巴(1)(巴西)芭吧疤笆粑波(1)(波浪)玻菠③把(1)(把守)靶跛簸⑤坝把(2)(把柄)霸播(1)(播送)⑦八(1)(八个)捌博搏膊驳剥舶(2)(船舶)卜(1)(占卜)
p'o	①葩③叵⑤帕怕坡颇⑦趴粕泊朴(樸)仆(1)(仆倒)扑噗璞濮蹼
bo	②扒爬耙杷琶巴(2)(下巴)鄱④罢(5)(罢工)⑧拔跋⑥薄(2)(薄荷)⑧薄(1)(厚薄)亳箔礴雹卜(葡)(2)(萝卜)仆(僕)(2)(仆人)瀑
ʔmo	①姆(2)(师姆)嬷姥(3)(老姥)
mo	②麻嘛蟆么(麼)蘑庅馍无(2)(南无)摹模(1)(模范)谟④马玛码蚂母拇姆(1)(保姆)某姥(2)(太姥山)⑥摩(2)(摩崖)募墓慕暮木沐⑧莫摸幕漠寞膜瘼瞙邈蓦陌(2)(打生陌)目牧睦穆苜
vo	⑧缚(1)(缚鞋带)
to	③朵⑦笝
t'o	⑤唾(文)(唾沫)⑦托拓
do	④垛⑥大(文2)(大小)⑧铎擢(白)(擢起当官)
no	②挪傩哪(2)(哪吒)④娜(婀娜)⑧诺喏搦
lo	⑥赂⑧乐(2)(快乐)洛骆络烙落酪禄碌录绿氯
tso	①乍查(2)(姓氏)喳渣楂吒挝(1)(敲打)③左佐组阻诅俎担⑤做诈咋(1)(咋然)炸(1)(炸弹)榨蚱⑦作镞
ts'o	①搓(文)(搓板)磋蹉初刍叉(2)(叉腰)杈车(白)(汽车)③础(基础)楚⑤锉(白)(锉刀)岔汉衩挫锉(文)(锉刀)措厝⑦错簇蔟促
dzo	②茶查(1)(检查)搽茬
so	①娑挲沙纱砂鲨莎痧裟唆梭蓑搓(白)(搓绳)梳(文)(梳理)疏蔬③琐锁唢傻所(场所)数(2)(数一数)⑤嗄閪素(文)(朴素)愫数(1)(数字)⑦索嗦速
zo	②矬痤斜(2)(斜视)锄(文)(锄头)雏④坐⑥鲊祚座助⑧昨怍柞胙酢
ko	①加家嘉迦(1)(迦南)枷(文)(枷锁)笳袈傢茄(1)(雪茄)佳瓜呱(1)(呱呱叫)娲蜗③贾(2)(姓氏)假(1)(假设)寡剐⑤价驾架(文)(衣架)假(2)(放假)嫁稼卦褂挂⑦各阁胳(1)(胳膊)搁(文)(搁浅)咯角觉珏括刮(颳)郭椁

kʻo	①夸(誇)③可垮⑤挎跨胯⑦壳确榷阔扩廓
go	②枊(白)(饭镬枊儿)⑧硌(硬硌硌)搁(白)(搁臀)
ŋo	②鹅(白)(鹅兜)牙芽衙伢犽④雅瓦⑥讶砑⑧鄂愕噩鳄谔萼腭颚鹤乐(1)(音乐)岳嶽
ho	①呵诃嗬虾(1)(虾儿)花⑤吓化⑦壑郝豁(1)(豁然开朗)霍藿
ɦo	②虾(2)(虾蟆)霞遐瑕划(1)(划龙船)华(1)(中华)哗骅④下⑥夏厦暇(闲暇)华(2)(华山)桦画(1)(连环画)话⑧涸貉学峃活猾滑获(穫)(1)(收获庄稼)镬
ʔjo	⑦哟唷
ʔo	①丫(1)(两丫裤)鸦哇洼蛙娃③哑⑤亚娅掗⑦恶(1)(善恶)握喔幄龌斡沃鋈

[yo]13

tɕyo	⑦卓桌啄琢诼涿捉足烛嘱瞩
tɕʻyo	⑦戳龊齪触曲(1)(弯曲)蛐
dʑyo	⑧浊镯擢(文)(擢升)濯躅属蜀局焗
ȵyo	⑧玉狱钰
ɕyo	⑦朔搠缩蓿粟僳束
ʑyo	⑧俗续赎
jyo	⑧浴欲

[ɿ]14

tsɿ	①髭知蜘咨姿资脂吱兹滋孳孜淄缁辎锱之芝嗟遮猪跻支枝肢栀鸡稽羁机肌饥(飢)(1)(饥饿)基箕姬几(幾)(文 1)(几何)讥叽饥(饑)(2)(饥荒)畿③紫呰只(1)(只有)咫姊旨指子籽仔梓滓第止址趾祉姐这者煮济(2)(济南)纸己几(文 2)(茶几)麂几(幾)(文 3)(几多)⑤智渍恣至挚置志痣识(2)(标识)帜借蔗嚆际祭漈制(製)剂(2)(调剂)挤济(1)(救济)霁计系(繁)(4)(系鞋带)继髻寄骥冀致(緻)记纪既暨⑦浙唧稷陟仄织职迹积脊嵴瘠鲫只(隻)(2)(量词)炙撠绩
tsʻɿ	①雌呲疵差(4)(参差)痴笞蚩嗤车(文 1)(水车)咀妻栖凄溪蹊欺岂③此侈耻齿且扯杵鼠启企(文)(企业)绮起杞⑤刺(1)(刺激)翅次眙炽箉(斜)掣砌刺(2)(生刺)契弃器气汽涩(白)(涩口)叱饬敕厕侧测恻刺(3)(刺绒衫)尺斥赤哧戚喊吃(吃饭)
dzɿ	②驰驰跐篪龇迟持池茄(3)(茄儿)伽(1)(伽蓝爷)奇崎骑琦歧岐芪祁鲯耆其期棋旗其琪蜞麒祈④雄痔峙舐技妓伎企(白)(企图)⑥稚治滞忌⑧蛰直值植殖踶掷(文)(一掷尿)踯
sɿ	①斯撕嘶厮筛(2)(米筛)施私师狮(文)(雄狮)螄尸司丝咝鸶思飔诗腮(白)(腮腺炎)奢赊畲些西犀茜(2)(人名)牺羲曦熙嘻嬉熹希稀唏③徙冢矢屎史使驶始写舍(2)(施舍)胥洗铣玺髓死喜禧蟢⑤世势赐四肆伺试弑泻卸舍(1)(进舍)赦细(文)(仔细)壻音戏⑦摄慑燮泄薛亵设悉蟋窸息媳熄色啬铯穑式识(1)(认识)饰拭轼昔惜适释析晰淅晢蜥锡
zɿ	②瓷慈磁鹚糍词祠辞鹚(泥糍)时而邪斜(1)(倾斜)蛇佘徐齐脐匙④氏是尔巳祀似士仕俟市柿恃耳(文)(聂耳)洱社惹屿荠鲟⑥豉自示谥视嗜字寺侍饲嗣事饵藉(1)(藉口)榭谢麝薯(白)(番薯)逝誓噬剂(发剂)⑧食蚀藉(2)(藉田)籍席夕汐矽射石(1)(石头)硕寂

[i]15

pi	①编鞭边蝙蓖裨(2)(裨益)笾屁毡陂罴③贬扁(1)(扁担)匾匕比(1)(比较)鄙彼⑤变遍臂秘(2)(秘鲁)臂毙蔽闭庇痹毖⑦瘪憋鳖必毕笔哔筚跸滗逼碧辟(1)(大辟)璧壁
p'i	①扁(2)(一叶扁舟)偏篇翩批砒披纰⑤骗片睥媲譬屁⑦撇氅匹疋辟(闢)(2)(开辟)僻劈霹癖癖
bi	②便(2)(便宜)骈鼙皮疲啤脾裨(1)(裨将)枇毗蚍琵肥(白)(肥肉)④辨辩辫陛被婢否(2)(否去泰来)痞圮⑥便(1)(方便)卞弁汴币弊敝璧鼻避比(2)(比邻)备埤⑧别蹩弼愎(刚愎自用)
ʔmi	①咪眯
mi	②绵棉眠糜麋迷谜醚眉嵋湄楣弥猕④免勉缅黾(2)(黾池)娩冕渑湎腼鳆丏靡米弭美尾(白)⑥面(1)(脸面)面(麵)(2)(米面)秘(1)(秘书)袂媚魅寐未(白)味(白)⑧灭乜(文)(眼睛微张)搣蔑篾泌密蜜宓谧嘧觅汨幂
fi	①飞非菲(1)(芳菲)啡绯扉蜚霏妃③匪诽菲(2)(菲薄)斐榧翡⑤废肺痱沸狒费
vi	②肥(文)(肥沃)微薇④尾(文)娓⑥吠未(文)味(文)
ti	①掂滇颠巅癫爹低③玷点踮典碘抵底邸诋砥⑤店惦帝蒂谛⑦跌的嘀滴嫡
t'i	①添天梯锑③舔腆体⑤剃涕屉替嚏⑦帖贴铁餮剔惕踢倜
di	②恬甜田填钿④簟弟悌⑥垫电佃甸淀奠殿靛癜大(白)(大官爷)递第睇逮棣缔地⑧谍叠碟蝶喋牒迭垤耋迪敌涤笛狄籴荻翟(2)(长尾的野鸡)
ʔni	①粘黏拈妮
ni	②鲇(鲶)泥尼呢怩年④碾你⑥念捻伲腻⑧聂镊蹑嗫颞廿昵匿溺
ʔli	①里(2)(该里)厘(2)(一厘儿)哩(1)(词曲中作衬字)
li	②帘廉镰奁连联涟怜(憐)莲犁黎藜鲡离漓璃篱缡罹厘(1)(厘米)狸喱梨蜊④脸敛撵琏辇礼醴蠡(2)(范蠡)履李里(裏)(1)(里外)理鲤俚娌浬⑥殓练炼链恋例厉励砺蛎丽隶唳荔詈利俐莉痢苈吏⑧列咧烈裂冽洌趔捩戾立栗傈溧篥凓慄律率(2)(效率)笠力历(歷)(曆)沥雳疬砾栎跞鬲
tɕi	①尖歼沾占(1)(占卜)瞻詹煎饘毡笺兼犍坚肩③剪翦展辗捡检睑茧趼⑤占(佔)(2)(占领)溅箭战颤荐剑建健见⑦即接婕楫辑哲蜇喆折(1)(折扣)褶节疖劫揭(1)(揭露)洁结桔(1)(桔梗)拮子
tɕ'i	①签(籤)(簽)佥迁千(韆)(2)(秋千)悭千(1)(千万)仟阡扦谦牵③谄浅阐歉遣谴缱⑤堑慊欠茜(1)(茜草)倩纤(縴)(1)(纤夫)⑦妾切窃沏挈锲怯(文)怯(怯生)惬箧
dzi	②黔钤箝钱缠钳搛(搛菜)乾虔掮④俭件键⑥偈(2)(偈佗)健腱踺⑧掷(白)(投掷)彻撤澈辙挟(挟菜)杰桀揭(2)(按揭)竭偈(1)(勇武貌)碣
ȵi	②严言研妍倪霓秺仪宜疑④染俨谳蚁拟⑥验酽谚彦唁艺呓睨谊义议谊毅⑧热乜(白)(乜人)业孽蘖啮镍臬
ɕi	①纤(纖)(2)(纤维)暹仙籼鲜煽搧先轩③闪(腰闪着)陕癣藓洗筅燹险显⑤线腺扇宪献⑦胁歇蝎
zi	②潜蟾髯涎单(2)(单于)禅蝉婵然燃前④渐冉苒践善鳝⑥赡贱饯羡擅嬗缮膳⑧捷睫涉舌折(2)(折本)截
ki	③几(幾)(白)(几个)
ʔji	①淹奄腌阉恹腌蔫嫣烟胭湮祆猗漪伊咿医衣依祎③掩魇偃野椅倚猗⑤厌餍堰宴燕咽(2)(咽气)裔缢瘗意⑦餍谒噎一(白)(一个)亿忆臆癔

ji	②炎盐阎闫檐嫌焉延蜒筵贤弦舷沿铅(2)(铅山)爷椰耶揶兮奚移夷姨胰痍彝圯沂怡贻诒饴颐④衍演也(文)(也是)冶迤矣已以⑥艳焰现砚夜曳刈系(1)(关系)系(係)(2)(中文係)系(繫)(3)(连系)易(2)(容易)肆懿异⑧烨叶(葉)页晔协侠拽(1)(拖;拉)颉撷缬

[u]16

pu	①波(2)(宁波)铺③补谱⑤播(2)(发播)布怖
p'u	①铺(1)(铺被)③浦(1)(下吕浦)⑤破铺(2)(床铺)
bu	②婆葡蒲(1)(蒲鞋)④箁(朗眼箁)⑥缚(2)(腰缚)步埠赙
ʔmu	①嬷姥(3)(老姥)
mu	②摩(1)(摩擦)磨(1)(磨刀)魔模(2)(模子)么(麽)蘑庅馍摹模(1)(模范)谟④姥(2)(太姥山)⑥磨(2)(磨石)戊雾(白)(发雾)物(白)(物事)摩(2)(摩崖)
fu	①夫(1)(丈夫)③府腑殕⑤付咐赋傅富副
vu	②符浮(白)(尸骸浮起)④父妇⑥附驸芙(白)(芙蓉)腐(白)(腐败)务雾(文)(云雾)媭
tu	①都多哆③堵赌睹肚(白)(猪肚)躲⑤妒蠹跺剁
t'u	①拖(文)(拖拉机)③土吐(1)(吐痰)妥椭⑤吐(2)(呕吐)兔菟
du	②图徒(文)(徒弟)途涂(塗)屠荼驮驼鸵佗陀沱砣跎④杜肚(文)(肚皮)舵堕惰⑥度渡镀踱大(文2)(大小)
nu	⑥懦糯
ʔlu	①啰
lu	②蠡(2)(河蠡蚌)卢芦炉颅轳鸬庐驴闾橹罗萝逻锣箩骡螺④卤(滷)(2)(盐卤)吕侣旅铝膂屡缕裸瘰⑥路露璐鹭虑滤类擦
tsu	①租③祖
ts'u	①粗⑤醋
su	①苏酥稣甦⑤诉塑溯素(白)(吃素)
ku	①哥歌戈锅埚痼估咕姑菇轱蛄辜孤呱(1)(呱呱而泣)菰箍③舸果裹馃古诂牯罟股蛊贾(1)(商贾)鼓臌瞽⑤过固沽故痼顾雇⑦谷(穀)
k'u	①苛柯轲疴科棵颗蝌稞窠髁枯骷刳③坷苦⑤课库裤绔⑦哭酷
ŋu	②蜈
hu	①乎呼③火伙(夥)虎唬琥浒⑤货冔
ɦu	②河何(文)(任何)荷(1)(荷花)菏禾和(1)(和平)狐弧壶胡(鬍)葫湖蝴糊猢瑚④荷(2)(负荷)祸户沪扈⑥贺和(2)(附和)互护⑧斛槲鹄
ʔʋu	①阿(1)(阿胶)婀窝涡萵倭挝(2)(老挝)乌呜钨污③坞⑤屙恶(2)(可恶)⑦屋

[y]17

tɕy	①镌专砖捐娟鹃涓③卷(文2)(席卷)⑤转啭卷(文1)(考卷)眷绢圈(2)(猪圈)⑦辍啜苴拙绌孓厥撅蕨噘獗决诀抉橘
tɕ'y	①痊诠铨川穿(文)(贯穿)圈(1)(圆圈)③喘舛缱犬⑤钏劝券⑦黢出(齣)阙缺炔阕屈
dʑy	②传(1)(宣传)椽权拳蜷颧④篆⑥传(2)(传记)倦⑧怵黜术(1)(白术)橛(文)(短木桩)镢倔掘(文)(挖掘)崛
ɲy	②元原源鼋螈④女(文)(男女)软阮⑥愿⑧月

ɕy	①宣欢喧萱煊昏(1)(黄昏)婚荤③选⑤渲唤涣焕痪奂楦绚巽(白)(巽山)⑦雪噱(2)(噱头)说戌恤血忽笏唢惚窙
zy	②全泉漩船⑥旋(镟)璇⑧绝蛭术(術)(2)(手术)述
ky	①官棺倌观(1)(观察)冠(皇冠)昆(文 2)(灵昆岛)③馆琯管(文)(管理)莞(1)(东莞)⑤贯灌罐盥观(2)(寺观)冠(2)(冠军)⑦骨
k'y	③款⑤睏⑦窟
ʔjy	①豌剜蜿鸳冤渊温(1)(温州)瘟③碗苑宛婉琬稳⑤惋腕怨⑦哕(哕起，即恶心)曰郁(2)(郁郁葱葱)
jy	②员圆鸢园袁援猿垣辕玄悬桓丸完烷魂④充远缓浣⑥院媛缘县眩⑧阅悦越粤穴核聿鹬域阈役疫

[ɥ]18

p'ɥ	③圃浦(2)(浦东)普埔
bɥ	②菩脯(2)(胸脯)蒲(2)(菖蒲)匍莆孵(白)(孵坊)④部簿⑥捕哺
fɥ	①夫(2)(人名)肤麸俘孵(文)(孵化)敷孚稃③甫脯(1)(果脯)辅俯斧釜抚⑤赴讣⑦不(文)(不是)复(複)(復)腹蝮馥覆福幅辐蝠
vɥ	②扶芙(文)(芙蓉)凫无(1)(无中生有)芜巫诬毋④腐(文)(腐饦)武侮鹉舞妩负⑧伏服袱茯匐
tsɥ	①沮狙疽诸株蛛诛朱(硃)珠侏鲗(鮿鯽)追椎锥车(文 2)(车马炮)居(文)(居住)拘驹疽硅圭规(1)(圆规)龟归(2)(当归)③咀渚褚拄主嘴举矩枸(1)(枸橼)诡轨癸鬼⑤著驻炷注蛀铸缀赘醉(2)(酒喝醉爻)据锯踞句桂季悸愧(1)(惭愧)贵
ts'ɥ	①趋枢吹炊祛区(1)(区别)岖驱躯暌睽窥③础(2)(磻础)处(1)(处理)取娶龋⑤处(2)(相处)觑趣去(文)(来去)
dzɥ	②除储躇厨橱垂捶锤陲槌瘸渠(文)(水渠)瞿衢葵逵馗夔④贮伫柱硅巨拒炬距跪揆⑥署薯(文)(马铃薯)曙住缒坠遽具俱惧飓柜(櫃)馈匮
nɥ	②蜈鱼渔娱(1)(娱乐)隅愚禺虞危④语圄龉⑥御(禦)驭遇寓伪
sɥ	①梳(白)(头梳)书抒舒须(鬚)需输尿(2)(拉尿)虽绥靴虚嘘墟呼(1)(气喘吁吁)麾挥(2)(指挥)辉晖③水暑黍许(文)(许多)诩栩毁⑤絮恕庶戍岁税祟邃酗煦卉讳
zɥ	②锄(白)(板锄)如茹殊儒蠕嚅濡隋随谁④序叙绪墅汝聚竖乳蕊⑥树孺瑞遂隧穗
ʔjɥ	①淤於迂威葳吁(2)(喝止牲口声)③委萎痿尉蔚慰伛⑤畏喂餧妪
jɥ	②余(餘)(2)(剩餘)舆于盂竽俞逾渝愉榆揄瑜臾谀腴携畦为(1)(作为)帷维潍违围韦帏闱炜④予与(1)(给予)宇羽雨禹愈唯惟伟苇玮韪⑥与(2)(参与)余(1)(姓氏)预誉豫芋吁(3)(呼吁)喻谕裕卫彗惠慧为(2)(为什么)位遗纬胃谓猬

[ai]19

pai	①杯背(揹)(3)(背心)卑碑悲⑤贝狈背(1)(背部)辈褙⑦不(白)(不仅)北
p'ai	①坏胚呸丕⑤沛霈配
bai	②陪培徘赔裴④倍蓓⑥佩背(2)(背诵)焙
fai	⑦苇黻勃弗佛(2)(仿佛)拂氟
vai	⑧佛(1)(佛陀)勿物(文)(事物)

tai	①呆⑵(痴呆)堆⑤对碓
t'ai	①推③腿⑤唾(白)(痰唾)退褪煺脱⑵(脱裤)蜕
dai	②颓⑥队兑⑧夺(白)(赌抢赌夺)
nai	④奶(白2)(奶奶)馁⑥内
lai	②腿雷擂蕾镭羸④磊儡瘰累垒⑥磊泪⑧捋
tsai	⑤最(文)(某某之最)拽⑵(拉扯)悴淬醉⑴(陶醉)⑦缉⑵(缉合)戢汁执攥窒栉质郅桎蛭卒
ts'ai	①崔催摧③璀揣⑤啐脆踹翠⑦缉⑴(通缉)辑葺撮七柒漆猝
dzai	⑧侄秩帙
sai	①衰③小(白)(古方言留下的白读)⑤细(白)(细姆)碎⑦狮(白)(狮子)涩(文)(羞涩)湿膝瑟虱失室率⑴(率领)摔蟀
zai	④罪⑥锐睿芮睡悴粹萃瘁⑧集习袭十什拾入疾嫉蒺实日(文)(日本)
kai	①瑰规⑵(规矩)归⑷(回归)皈⑤个会⑵(会计)侩剑桧脍⑦国帼掴蝈
k'ai	①恢盔魁诙奎亏岿③傀⑤块愧⑸(愧对)喟
gai	⑥溃(白)(溃疡)
ŋai	②巍⑥饿(白)(肚饿)魏(文)
hvai	①灰挥⑴(挥挥手)徽③贿悔怃⑤诲晦荟喙
ɦvai	②桅鬼回(迴)徊茴洄蛔④汇(匯)⑴(汇款)⑥溃(文)(崩溃)会⑴(会议)绘烩魏(白)汇(彙)⑵(汇报)
ʔvai	①偎煨③诿猥⑤秽(淫词秽语)
ʔai	⑤唉⑵(唉磊堆碎)

[iai]20

tɕiai	⑦级急给汲吉桔⑵(柑桔)劫诘棘亟戟击激
tɕ'iai	⑦泣乞吃⑵(口吃)讫迄隙
dʑiai	⑧及圾佶掘(白)(掘井)极剧屐
ɲiai	⑧日(白1)(生日)屹逆
ɕiai	⑦吸歙甩
ʔjiai	⑦邑挹浥揖一(文)(一二三)乙壹溢抑益
jiai	⑧熠逸佚轶翼弋翌亦译易⑴(交易)绎驿弈奕蜴液腋掖檍

[au]21

tau	①兜③斗⑴(北斗)抖陡蚪⑤斗⑵(斗争)
t'au	①偷③敨⑤透
dau	②投⑥逗读⑵(句读)窦脰
nau	④冇⑥耨
lau	②娄楼偻喽褛蝼髅④搂篓⑥陋漏镂瘘
tsau	①邹驺③走⑤奏揍皱绉
ts'au	①诌③搊⑤凑
dzau	⑥胄籀骤

sau	①搜艘馊飕③曳嗾擞溲⑤嗽漱瘦
zau	②愁
kau	①勾沟钩篝③苟狗枸(2)(枸杞)垢诟⑤构购媾够彀(白)(居屋合音)
kʻau	①抠眍③口⑤叩扣寇蔻
gau	④厚(白)(厚佬)
ŋau	②牛④偶藕耦
hau	①佝③犼(许屋合音)⑤吼鲎(虹)
ɦau	②侯喉猴篌④后(後)厚(文)(忠厚)⑥候逅
ʔau	①区(2)(姓氏)欧鸥讴瓯③呕殴⑤沤怄塸(埋葬)

[iau]22

tɕiau	①鸠阄赳③九久玖灸韭纠⑤究疚救咎厩
tɕʻiau	①丘蚯邱③揂
dʑiau	②求球逑裘仇(1)(姓氏)虬④臼舅柏⑥旧柩
ʔȵiau	①妞
ȵiau	④扭纽钮忸⑥狃(若屋合音)
ɕiau	①休咻③朽⑤臭(2)(铜臭)嗅
ʔjiau	①优忧悠攸幽③黝⑤幼
jiau	②由邮油游蚰猷蝤繇尤犹④友有酉诱莠⑥又右佑祐囿宥柚釉

[iəu]23

tiəu	①丢⑦督笃
tʻiəu	⑦忒(2)(忒不识相)秃
diəu	②徒(白)(门徒)头骰⑥豆荳痘⑧独读(1)(读书)渎椟犊牍毒
niəu	②奴④努弩⑥怒
ʔliəu	①噜溜
liəu	②刘留流琉硫馏榴瘤镠鎏④房鲁掳橹卤(鹵)(1)(卤素)柳绺⑥遛⑧鹿漉辘麓六陆戮
tɕiəu	①揪舟州洲周(週)啁③酒肘帚⑤昼咒⑦竹竺筑祝粥菊鞠掬
tɕʻiəu	①秋(鞦)湫鳅抽③瞅丑(醜)⑤臭(1)(乌焦臭)⑦蹙蹴畜(1)(牲畜)搐俶曲(麴)(2)(酒曲)
dʑiəu	②囚绸稠惆畴筹踌仇(2)(仇恨)雠酬④纣⑥宙轴售⑧逐妯
ȵiəu	⑧衄肉
ɕiəu	①修羞馐收③手首守狩⑤秀绣锈宿(2)(星宿)兽⑦肃宿(1)(宿舍)夙叔俶菽畜(2)(畜牧)蓄旭勖
ziəu	②酋遒泅柔揉蹂④受绶⑥就袖寿授⑧族淑熟孰塾辱褥缛
ʔjiəu	⑦郁(1)(郁闷)燠
jiəu	⑧育昱煜毓鬻

瓯语音系

[aŋ]24

paŋ	①奔贲犇③本畚⑤粪(白)(粪扫)
p'aŋ	①喷(1)(喷水)⑤喷(2)(喷香)
baŋ	④苯⑥笨坌
maŋ	②门们扪蚊(白)(蚊虫)明(白)(明朝)⑥闷焖问(白)(问问眙)
faŋ	①分(1)(分开)芬吩纷酚③粉⑤奋粪(文)(粪坑)
vaŋ	②坟氛焚汾文纹蚊(文)(蚊蝇)雯④忿愤吻刎⑥分(2)(分格)份问(文)(提问)闻紊
taŋ	①吨灯登蹬膯③戥等凼⑤顿炖(2)(炖卵糕)凳镫
t'aŋ	①吞(白)(慢吞吞)⑤伩瞪(白)(眼灵珠瞪起)
daŋ	②饨腾誊藤滕疼(白)(疼痛)④断(白)(断气)盾(1)(盾牌)沌炖(1)(温炖汤)⑥段(白)(烂树段)邓
naŋ	②人(白1)(人来客往)④恁能暖(白)(暖芬芬)
laŋ	②仑抡伦沦轮囵纶(1)(涤纶)棱④卵(白)(卵黄)⑥愣
tsaŋ	①砧针斟箴津珍蓁榛臻真甄曾(文2)(姓氏)增憎筝(2)(古筝)③枕怎诊疹缜积⑤浸进晋镇圳振震赈
ts'aŋ	①侵郴琛(1)(珍宝)亲(1)(亲戚)押嗔瞋③寝⑤沁亲(2)(亲家)趁衬龀蹭
dzaŋ	②沉尘陈臣曾(白)(曾经)④朕⑥鸩阵
saŋ	①心芯参(3)(人参)森深琛(2)(人名)辛锌新薪莘申伸身呻绅娠僧③沈(瀋)审婶迅哂⑤渗讯汛信囟
zaŋ	②寻挦荨岑谌忱任(文2)(任性)秦神辰晨宸人(文)(人民)仁娠层曾(文1)(曾经)④赁覃甚葚钛尽(儘)肾⑥任(文1)(姓氏)妊(文)(妊妇)衽烬慎蜃刃(1)(刀刃)纫仞赠
kaŋ	①根(2)(结根)跟(2)(跟从)垠昆(文1)(昆仲)③滚衮绳辊管(白)(毛管)⑤艮亘棍诨
k'aŋ	①昆(白)(昆剧)坤③垦恳肯啃捆⑤困
haŋ	①夯(白)(夯实)③很狠
ɦaŋ	②痕(2)(伤痕)恒⑥恨
huaŋ	①昏(2)(昏君)
ʔuaŋ	①温(2)(温吞)
uaŋ	②浑馄④混⑥诨

[iaŋ]25

tɕiaŋ	①今金襟巾斤筋茎京荆惊粳经(1)(经济)泾③锦紧谨景警璟颈⑤禁靳竟敬境镜滰劲径经(2)(经线)陉胫迳
tɕ'iaŋ	①钦衾卿轻氢⑤撳庆磬謦
dziaŋ	②琴禽擒芩等噙檎芹勤兢矜擎鲸黥④赚(白)(赚钞票)近痉⑥妗噤仅僅瑾觐竞
ȵiaŋ	②宁(1)(宁波)拧狞柠咛壬人(白2)(新儒人)银鄞垠吟龈凝迎④您忍⑥宁(2)(宁可)泞任(白)(任可)妊(白)(妊娠)刃(2)(刀刃)认韧
ɕiaŋ	①歆鑫欣忻掀兴(文1)(兴盛)馨凶(白)③兴(白)(作兴)行(白)⑤衅兴(文2)(高兴)
ʔjiaŋ	①阴荫(1)(树荫)音喑因茵咽(1)(咽喉)姻氤殷应(1)(应该)鹰膺蝇莺(1)(黄莺)樱(1)(樱桃)鹦(2)(鹦鹉)罂(1)(罂粟)英瑛鹥婴缨瓔③饮隐瘾影⑤荫(2)(荫德)窨印应(2)(响应)映滢
jiaŋ	②淫霪寅盈赢楹瀛刑形型邢④引蚓吲颖郢颖⑥胤孕

[əŋ]26

pəŋ	①宾彬斌滨缤濒槟冰兵并(3)(并州)③禀膑髌丙秉柄炳饼屏(2)(屏墙)⑤鬓傧摈殡并(併)(1)(合并)摒
p'əŋ	①乒拼姘③品⑤聘娉
bəŋ	②贫频嫔颦凭平评坪苹枰屏(1)(屏幕)瓶萍④并(並)(2)(并且)苹⑥病
məŋ	②民旻岷抿泯旻明(文)(光明)鸣盟名茗铭冥瞑螟④闽闵悯敏皿酩⑥命
təŋ	①丁叮钉(1)(铁钉)仃疔③顶鼎⑤订钉(2)(钉板箱)
t'əŋ	①厅听(文)(听觉)汀町烃③挺艇⑤听(白)(打听)
dəŋ	②廷亭庭停蜓婷霆⑥定啶腚碇锭
ʔləŋ	①扔拎铃(2)(铃铛)
ləŋ	②林临淋琳霖邻磷鳞粼嶙遴辚麟繗凌陵菱令(2)(令尊)令(3)(令狐)伶灵玲铃(1)(电铃)聆羚零龄苓囹泠棂蛉翎④凛廪岭领⑥吝躏膦令(1)(命令)另

[iəŋ]27

tɕiəŋ	①症(癥)(2)(症结)蒸晶睛精菁旌正(2)(正月)征(徵)怔贞侦帧③拯井阱整⑤甑铿证症(1)(病症)正(1)(真正)政
tɕ'iəŋ	①称(1)(称呼)清蜻青蜻③请骋⑤秤称(2)(相称)
dʑiəŋ	②惩澄橙呈程埕④逞⑥瞪(文)(瞪目结舌)郑
ɕiəŋ	①升昇陞声星猩腥惺③省(2)(反省)醒⑤胜性姓圣
ziəŋ	②情晴饧成诚城盛(2)(盛饭)仍缯乘(1)(加减乘除)绳塍承丞④靖静婧⑥净靓(1)(靓妆)盛(1)(兴盛)晟乘(2)(千乘之国)剩嵊

[oŋ]28

poŋ	①崩(1)(崩溃)嘣(1)(打嘣)⑤崩(2)(一崩香烟)蹦嘣(2)(内胎打嘣爻)
p'oŋ	①抨③捧⑤碰椪
boŋ	②朋棚(1)(牛棚)鹏硼蓬篷埲④埲烽
ʔmoŋ	①蒙(2)(蒙人)
moŋ	②蒙(1)(蒙犯)蒙(矇)(4)(目失明)蒙(濛)(5)(小雨貌)檬朦薨④蒙(3)(蒙古)蒙(懵)(6)(昏昧无知)懵⑥梦
foŋ	①风枫疯沨丰封峰锋蜂烽⑤讽
voŋ	②冯逢④奉⑥凤缝俸
toŋ	①东冬(鼕)③董懂⑤冻栋
t'oŋ	①通嗵③捅⑤痛统
doŋ	②同桐铜筒童瞳僮潼彤疼(文)(疼痛)④动桶恸⑥洞侗恫胴
noŋ	②农脓侬哝浓(1)(浓密)
loŋ	②咙胧聋笼茏泷珑砻癃隆窿龙(文)(龙头)④垄(文)(垄断)陇⑥弄
tsoŋ	①棕鬃宗综踪③总⑤粽
ts'oŋ	①匆(怱)葱聪偬从(2)(从容)
soŋ	①松(鬆)(1)(放松)菘嵩松淞⑤送宋

zoŋ	②纯淳醇莼鹑丛淙琮崇戎绒茸④冗
koŋ	①肱工公功攻恭(2)(恭候)蚣红(2)(女红)弓(2)(新读)宫(2)(新读)躬(2)(新读)③汞巩拱(2)(拱桥)⑤贡
kʻoŋ	①空(1)(空虚)倥崆箜③孔⑤空(2)(亏空)控
hoŋ	①薨轰訇哄(1)(哄动)烘③哄(哄骗)⑤哄(3)(起哄)蕻(2)(菜蕻)
ɦoŋ	②弘泓宏闳竑红(1)(红色)虹洪鸿蕻(1)(雪里蕻)⑥讧
ʔoŋ	①翁嗡滃⑤瓮齆(齆鼻)

[yoŋ]29

tɕyoŋ	①中(1)(中国)忠衷盅终③卷(白)(一卷)遵谆肫均钧军君鞚弓(1)(弓箭)躬(1)(躬身)宫(1)(宫殿)准(準)囷炅迥炯⑤俊骏竣隽中(2)(中状元)众
tɕʻyoŋ	①穿(白)(穿针)鬈(白)(鬈发)皴春椿冲(1)(冲锋)忡充冲(衝)(2)(对冲)憧倾卤穹③蠢宠顷⑤串铳
dʑyoŋ	②虫裙群琼穷④盾(2)(矛盾)菌窘⑥仲郡
ɕyoŋ	①询岣洵荀春勋熏薰兄③笋隼榫⑤峻浚瞬舜训
ʑyoŋ	②旬驯巡循徇唇慵④吮⑥殉顺闰润
ʔjyoŋ	①氲雍臃③蕴悻拥⑤酝熨
jyoŋ	②匀筠云(雲)耘芸纭荣嵘蝾营茔莹荧萤萦荥熊雄融佣(傭)(1)(雇佣)庸墉镛容蓉溶榕熔④允尹殒永咏泳

[ŋ]30

ʔŋ	⑤儿(2)
ŋ	②儿(1)义(白)俄哦峨娥鹅(文)(雁鹅)蛾(文)(飞蛾)讹吾吴梧④耳(白)我五午伍仵牾⑥儿(3)二贰饿(文)(饥饿)嗯卧误悟娱(2)(娱乐)迕忤晤寤唔(唔冇)

三、永嘉话

永嘉话韵母表

开口呼	齐齿呼	合口呼	撮口呼
[a]01 班排丹谈斋惭艰岩	[ia]02 脚雀着尧晓若约药		
[ɛ]03 烹盲打冷争生更研	[iɛ]04 娘良张枪场相央阳		
[ɔ]05 当唐郎抓抄㧐交凹		[uɔ]06 包邦抛旁矛忙方防	[yɔ]07 钟窗狂浓霜床杠王
[ə]08 袍毛刀逃遭曹高豪			[yə]09 标苗挑条焦乔要姚
[e]10 台耐来灾才该孩哀	[ie]11 编棉天田尖严烟炎		

开口呼	齐齿呼	合口呼	撮口呼
[ø]12 潘盘端男尊酸甘含			
[o]13 巴麻托乐茶沙加哟		[uo]14 玻颇姥摹法乏伐罚	[yo]15 卓触曲浊玉束俗欲
[ɿ]16 知资雌迟斯师瓷恶	[i]17 批皮迷低弟支妻池	[u]18 菩肤扶哥柯乎河乌	[y]19 专川传喧全肝冤员
			[ʉ]20 朱追吹除危书如谁
[ai]21 杯丕堆颓崔衰瑰灰	[iai]22 级泣及逆吸乙益译		
[au]23 偷投邹搜勾牛猴瓯	[iau]24 赳丘求妞纽休优尤		
[ɲi]25 鸡溪奇宜希几衣移			
[əu]26 多丢拖头奴啰罗流	[iəu]27 舟秋囚肉收柔郁育		
[əy]28 婆符都土图租苏鱼			
[aŋ]29 奔门灯能针心跟恒	[iaŋ]30 今钦琴宁迎欣音形		
[əŋ]31 兵乒贫民丁厅亭林	[iəŋ]32 精晶清呈升星情成		
[oŋ]33 朋风东农棕纯工红	[ioŋ]34 中军春虫询旬雍云		
	[ŋ]35 儿俄吾吴耳五卧悟		

永嘉话常用字同音字汇

同音字汇先按韵母列部，依次为 a、ia、ɛ、iɛ、ɔ、uɔ、yɔ、ə、yə、e、ie、ø、o、uo、yo、ɿ、i、u、y、ʉ、ai、iai、au、iau、ɲi、əu、iəu、əy、aŋ、iaŋ、əŋ、iəŋ、oŋ、ioŋ、ŋ。

同韵字按声母次序排列，依次为 p、pʻ、b、m、f、v、t、tʻ、d、n、l、ts、tsʻ、dz、s、z、tɕ、tɕʻ、dʑ、ȵ、ɕ、ʑ、k、kʻ、g、ŋ、h、ɦ、j、ʋ。

同声母的字按声调编号次序用数码表示：即①阴平、②阳平、③阴上、④阳上、⑤阴去、⑥阳去、⑦阴入、⑧阳入。

瓯语音系

[a]01

pa	①扳班颁斑癍③摆(擺襬)反(2)(反转)板(闆)版阪钣版⑤爸拜湃扮瓣⑦八(2)(小八癞子)叭百伯迫柏佰檗擘(文)(巨擘)
p'a	①掰攀⑤派盼襻⑦拍魄珀擘(白)(擘饼)啪
ba	②排俳牌爿④罢(1)(吃爻罢)⑥惫败办⑧白舶(1)(舶来品)帛
ʔma	①妈
ma	②吗埋霾蛮④买挽(文)(挽回)晚(文)(早晚)⑥骂卖迈漫慢谩曼蔓万(白)(逾千达万)⑧陌(1)(陌生)麦脉唛
fa	①藩(1)(篱笆)番(1)(番人)翻③反(1)(反对)返⑤泛贩畈
va	②凡帆矾烦繁蕃樊藩(2)(曾国藩)蘩④犯范挽(白)(挽联)晚(白)(晚稻)⑥梵饭万(文1)(万年青)
ta	①耽眈担(1)(负担)聃丹单(1)(单独)郸殚③胆疸掸⑤戴(白)(戴帽)带石(2)(一石米)担(2)(重担)旦诞⑦搭答(2)(答应)瘩嗒耷怛妲笪靼
t'a	①他它她拖(白)(鞋拖)坍摊滩瘫③毯坦(文)(坦白)⑤太泰傣汰炭叹碳⑦踏(1)(踢踏舞)沓(2)(疲沓)塔塌蹋遢榻溻挞闼跶獭
da	②坛(壜)(2)(酒坛)谭昙谈痰坛(壇)(1)(花坛)弹(2)(弹琴)檀④淡氮啖澹祖⑥埭(白)(两埭屋)大(文1)(大师)汏但弹(1)(子弹)蛋惮坛(白)(道坛)⑧踏(踏步)沓(1)(一沓纸)阘达靼
ʔna	①南(2)(南无)那(2)(姓氏)奶(白1)(奶奶头儿)③娜(1)(人名)
na	②拿难(1)(困难)④女(白)(女儿)乃艿氖奶(文1)(老奶奶)赧⑥那(1)(那么)哪(1)(哪里)鼐奈难(2)(患难)⑧呐(1)(呐喊)捺
ʔla	⑦垃拉(文)(拖拉)啦
la	②岚蓝篮褴兰拦栏澜谰阑④览揽缆榄懒灓⑥滥赖癞籁烂⑧拉(白)(拉尿)腊蜡邋喇辣剌瘌
tsa	①咱斋崽(白)(卵崽)③斩崭盏⑤咋炸(油炸粿)蘸赞瓒债⑦砸匝(2)(匝道)眨轧(2)(轧钢)扎札咋(2)(咋舌)窄舴摘谪责啧簪
ts'a	①差(3)(出差)差(1)(差错)叉(1)(叉烧包)钗搀餐③产铲⑤诧姹差(2)(不好)蔡忏儳灿粲璨⑦插擦察刹(1)(古刹)拆册策
dza	②惭残④豸湛⑥寨暂站赚(文)(赚错)绽栈⑧渫(白)煤(白)宅择泽着(文2)(着色)翟(1)(姓氏)
sa	①筛(1)(筛酒)三叁仁杉衫山舢珊栅(2)(栅极)姗跚删潸③伞散(2)(散漫)霰⑤洒晒散(1)(散会)栅(1)(栅栏)汕汕疝帅⑦飒卅歃霎啥萨撒杀刹(2)(刹车)煞
za	②豺柴馋谗巉潺⑧闸煠(文)蚕煤(文)铡
ka	①缄尴监(1)(车监)间(房间)艰奸姦营阶皆偕街乖纶(2)(纶巾)鳏关③减碱硷拣柬简铜裥扴解(1)(讲解)拐⑤监(2)(太监)鉴间(2)(间接)谏涧介戒芥尬届界诫疥骱解(2)(解钞票)廨怪惯⑦夹挟颊荚峡(1)(长江三峡)甲钾胛咖(1)(咖喱)嘎(1)(鸟鸣声)伽(1)(伽蓝)戛格胳(2)(胳肢窝)骼革隔嗝膈
k'a	①搭牼揩宽髋铅(1)(铅锅)③槛舰楷锴⑤嵌蒯快筷⑦恰掐卡(1)(卡口)咖(1)(咖啡)卡(2)(磁卡)客喀绔
ga	②衔(白)(衔头)雁(白)(雁鹅)何(白1)(何乜)怀(白)(怀闷)⑥陷(白)(馅心)⑧峡(2)(河峡儿)嘎(2)(嘎嘎抖)轧(3)(轧姘头)茄(2)(番茄)

142

ŋa	②岩颜癌挨(2)(拖延)崖涯捱④眼⑥雁(文)(雁荡)赝⑧额
ha	③喊蟹⑦瞎哈呷喝(2)(喝水)赫
ɦa	②函涵咸(鹹)衔(文)(头衔)闲娴痫何(白 2)(何也)谐鞋衡④限也(白 2)(也是)骇骸解(3)(解签诗)懈⑥陷(文)(陷阱)馅(文)(馅饼)械邂⑧狭洽匣狎黠辖盒(白)(盒儿)
kʋa	⑦括刮(颳)
k'ʋa	⑦阔
gʋa	⑥环(白)(门环)
hʋa	⑦豁(2)(豁拳)豁(1)(豁然开朗)
ɦʋa	④莞(2)(莞尔而笑)⑧活猾滑
ʔʋa	①歪弯湾③绾⑦挖斡
ʋa	②怀(文)(怀念)淮槐顽还环(文)(环境)圜寰④皖⑥外坏换幻宦患豢⑧划(劃)(2)(笔划)画(2)(笔画)获(獲)(2)(收获)或惑
ʔa	①阿(2)(阿舅)啊(1)(啊呀)埃(2)(埃及)挨(1)(挨近)③阿(3)(阿门)也(白 1)(也是)矮⑤啊(2)(叹词)晏呃隘蜎(2)(蜎儿)⑦压押鸭揠轧(1)(倾轧)扼厄轭

[ia]02

tɕia	⑦爵着(白)(着衣)灼酌斫脚
tɕ'ia	⑦雀鹊绰焯怯(白)(胆怯)却
dʑia	⑧着(文 1)(着火)噱(1)(噱起)
ʔȵia	①蛲(白)(蛲蛲动)
ȵia	②尧饶(2)(上饶)蛲(文)(蛲虫)④鸟(1)(飞鸟)袅⑥尿(1)(输尿管)⑧捏搦箬疟虐
ɕia	③晓⑤卸⑦屑楔削烁铄谑
ʑia	⑧嚼勺芍妁杓若偌弱
ʔjia	①丫(2)(丫环)呀约
jia	⑧药钥跃龠

[ɛ]03

pɛ	①绷(1)(藤绷)浜⑤绷(2)(绷紧)迸
p'ɛ	①烹砰抨怦
bɛ	②彭嘭蟛澎膨棚(2)(尿布棚)④蚌(2)(蚌埠)⑥鲜
mɛ	②盲萌④猛锰蜢艋黾(1)(蛙的一种)⑥孟
dɛ	③打
lɛ	④冷
tsɛ	①争狰睁筝(1)(古筝)峥⑤挣诤
ts'ɛ	①撑(1)(俯卧撑)⑤撑(2)(撑客)
sɛ	①生牲笙甥③省(1)(省略)
kɛ	①更庚羹赓耕③埂梗哽鲠耿⑤更(文 2)(更加)
k'ɛ	①坑铿
ŋɛ	⑥硬

hɛ	①亨哼
ɦiɛ	②行(文1)(行为)珩桁④幸悻⑥行(文3)(品行)绗
ʔuɛ	③焸(天明亮)
uɛ	②横
ʔɛ	①莺(2)(莺哥)樱(2)(金樱)鹦(2)(鹦哥)罂(2)(罂壶)③杏

[iɛ]04

niɛ	②娘孃⑥酿
liɛ	②良梁量(2)(量尺寸)粮粱④两(2)(斤两)俩(1)(伎俩)辆魉⑥亮凉谅量(1)(数量)晾靓(2)(靓妹)
tɕiɛ	①将(1)(将来)张章彰樟璋蟑僵缰疆姜(薑)③奖桨蒋长(2)(生长)涨掌禐⑤将(2)(大将)浆酱帐账胀障幛瘴
tɕ'iɛ	①枪锵昌猖菖娼羌腔③抢昶厂(2)(茅棚厂儿)敞氅⑤呛畅怅倡唱
dziɛ	②长(1)(长短)场肠强④丈仗杖犟⑥糨
ȵiɛ	②嚷瓢④壤攘仰⑥让
ɕiɛ	①相(1)(互相)厢湘箱镶襄商伤殇乡香③想鲞响垧赏享响飨⑤相(2)(宰相)饷向(嚮)
ziɛ	②墙蔷樯戕详祥翔尝常偿裳嫦徜④象像橡潒上(2)(上声)⑥匠上(1)(上面)尚
ʔjiɛ	①央殃鸯秧③养氧⑤怏
jiɛ	②阳扬杨炀旸疡羊洋佯烊(1)(融化)垟徉④痒⑥样漾恙烊(2)(打烊)

[ɔ]05

tɔ	①当(當)(1)(应当)当(噹)(3)(当啷)铛珰裆③挡党⑤当(當)(2)(典当)档
t'ɔ	①汤趟(1)(趟水)③倘淌躺⑤烫趟(2)(一趟)
dɔ	②唐堂棠塘膛糖搪溏镗螗瞠⑥荡宕
ʔuɔ	①孬齉
nɔ	②挠桡铙囊④曩⑥闹淖齉
ʔlɔ	①啷
lɔ	②郎狼琅廊榔锒踉螂④朗⑥浪阆
tsɔ	①抓赃脏(髒)(1)(肮脏)藏(3)(藏青)臧妆(1)(化妆)庄(1)(庄严)装(1)(武装)③爪找⑤罩笊葬壮(文)(强壮)
ts'ɔ	①抄钞吵仓苍沧舱伧创(1)(创伤)疮③吵炒⑤创(2)(创造)
dzɔ	⑥棹
sɔ	①捎梢稍(1)(稍微)筲艄飕丧(1)(婚丧)桑③嗓搡磉爽耍⑤哨稍(2)(稍息)睄潲啸丧(2)(丧失)
zɔ	②巢藏(1)(隐藏)⑥脏(臟)(2)(内脏)藏(2)(西藏)奘
kɔ	①交郊胶跤茭蛟鲛肴(白)(肴配)冈刚岗(1)(山岗)纲钢江扛(文)(扛鼎之作)杠(1)(床杠)肛缸豇光胱③狡绞佼姣铰搅讲港岗(2)(岗位)广⑤教校(2)(校对)较珓窖杠(2)(敲竹杠)降(文)(降落)绛
k'ɔ	①敲骹康慷糠③巧⑤亢抗炕伉园矿旷(文)(旷课)圹

gɔ	②旷(白)(课旷爻)④犷(该人犷显)眈(田眈儿)⑥扛(白)(扛条儿)
ŋɔ	②昂卬(卬你)④咬⑥炗
hɔ	①哮夯(文)(打夯)荒慌肓③谎恍晃幌⑤孝酵
ɦɔ	②爻肴(文)(菜肴)淆吭杭航笐行(文 2)(银行)皇凰惶煌蝗隍徨黄簧潢璜蟥④项⑥校(1)(学校)效巷
ʔɔ	①凹拗(3)(嬉嬉拗起)肮汪③拗(1)(棒儿拗断爻)⑤拗(2)(两个人拗搭)坳盎

[uɔ]06

puɔ	①包苞胞帮甫邦梆③饱榜膀(2)(翼膀)绑⑤豹趵谤泵
p'uɔ	①抛胮滂③跑耪⑤泡炮疱胖
buɔ	②咆庖旁傍膀(1)(膀胱)磅螃彷(1)(彷徨)庞④鲍蚌(1)(象鼻蚌)棒⑥刨鲍镑
ʔmuɔ	①猫(2)(熊猫)
muɔ	②茅猫(1)(大猫)锚矛虻芒忙氓茫虹④卯莽漭蟒网罔魍惘⑥貌
fuɔ	①方坊妨肪芳③仿纺彷(2)(彷佛)昉⑤放舫访
vuɔ	②防房亡⑥妄忘望旺

[yɔ]07

tɕyɔ	①妆(2)(妆灵清)庄(2)(坐庄)装(2)(假装)桩(文)(打桩)钟(鐘鍾)龚供(1)(供销)恭(1)(恭敬)③冢肿种(2)(种子)踵拱(1)(打拱作揖)⑤壮(白)(壮显壮)戆纵种(1)(种树)供(2)(供应)
tɕ'yɔ	①窗框眶筐匡诓③囱恐
dʑyɔ	②幢(1)(经幢)桩(白)(烂树桩)重(2)(重复)狂诳④重(1)(轻重)⑥状撞幢(2)(楼幢)重(3)(重迭)迋共
ŋyɔ	②浓(2)(浓淡)
ɕyɔ	①霜孀双胸凶(文)(凶恶)匈汹③耸(耸立)悚(怂恿)悚竦⑤怳
zyɔ	②床从(1)(跟从)松(2)(松树)⑥讼诵颂
ʔjyɔ	①痈邕③枉往⑤壅
jyɔ	②王④勇涌踊甬俑恿蛹⑥用佣(2)(佣人)

[ə]08

pə	①褒煲③宝保堡鸨葆褓⑤报
p'ə	③剖
bə	②袍④抱⑥暴曝爆
mə	②毛牦髦蛑谋缪(1)(绸缪)牟眸④铆牡亩⑥冒帽耄茂贸袤懋
fə	③否(1)(否则)缶
və	②阜浮(文)(浮肿)蜉
tə	①刀叨③岛捣倒(1)(打倒)祷⑤到倒(2)(倒水)
t'ə	①滔绦韬饕弢③讨⑤套
də	②逃桃涛陶掏萄淘啕④道稻⑥导盗悼蹈橐纛
nə	④恼脑瑙

lə	②劳牢捞唠痨 ④老姥(1)(姥爷)佬 ⑥涝
tsə	①遭糟 ③早枣蚤澡藻 ⑤灶躁
ts'ə	①操(1)(操作)草(白)(潦草)③草(文)(青草)绰(白)(绰号)⑤操(2)(曹操)糙
sə	①搔骚缫 ③嫂 ⑤扫噪燥
zə	②曹槽漕 ④皂造
kə	①高羔膏糕皋睾篙疙 ③搞镐稿 ⑤告诰
k'ə	①尻 ③考拷烤洘 ⑤铐靠犒
ŋə	②熬敖遨獒聱翱鳌 ⑥傲
hə	①蒿薅 ③好(1)(爱好)⑤好(2)(喜好)耗
ɦə	②毫豪嚎蚝嗥壕濠 ④浩皓昊颢灏 ⑥号
ʔə	①麈熝噢 ③袄媪 ⑤奥澳懊岙

09 [yə]

pyə	①标膘飙镖瀌彪 ③表(錶)裱婊
p'yə	①漂(1)(漂亮)飘嘌 ③漂(2)(漂白)瞟 ⑤票剽
byə	②嫖瓢 ④殍鳔 ⑥骠
ʔmyə	①喵咩哞
myə	②苗描瞄 ④秒渺缈藐淼 ⑥妙庙谬缪(2)(姓氏)
tyə	①刁叼雕(彫)凋貂碉 ③鸟(2)(鸟儿)⑤吊钓
t'yə	③挑 ⑤跳眺粜
dyə	②条迢调(1)(调羹)笤 ④掉(2)(掉钞票)窕 ⑥调(2)(声调)掉(1)(掉落)
lyə	②辽聊僚寥撩嘹缭寮镣龙(白)(龙船)④了(瞭)潦燎两(1)(两个)俩(2)(两人)垄(白)(菜垄)⑥料廖疗瞭 ⑧猎掠略撂
tɕyə	①椒焦蕉礁朝(2)(明朝)招昭钊娇骄浇 ③剿沼矫侥缴饺铰(文2)(铰刀)皎 ⑤醮照诏叫
tɕ'yə	①瞧超跷锹撬橇 ③悄 ⑤俏峭诮翘窍
dzyə	②憔谯樵朝(1)(朝鲜)嘲潮晁乔侨桥荞 ④兆赵肇 ⑥召轿
nyə	④绕嬲
ɕyə	①肖(2)(姓氏)消宵硝销霄逍魈烧萧箫潇嚣枭骁 ③小(文)(小朋友)少(1)(少年)筱 ⑤肖(1)(生肖)笑鞘少(2)(少将)
zyə	②韶饶(1)(富饶)娆 ④绍扰 ⑥邵
ʔjyə	①要(1)(要求)腰邀吆幺 ③夭杳窈 ⑤要(2)(重要)
jyə	②姚窑谣摇遥徭瑶 ④舀 ⑥耀曜鹞

10 [e]

te	③歹 ⑤戴(文)(姓氏)⑦得德
t'e	①台(2)(台州)苔(2)(舌苔)胎 ⑤态贷 ⑦忑忒(1)(过于)
de	②台(臺)(1)(台湾)台(檯)(3)(台子)台(颱)(4)(颱风)抬苔(1)(青苔)跆 ④待怠殆绐 ⑥代袋岱玳埭(文)(河埭)黛 ⑧特
ne	⑥耐

le	②来莱徕俫⑥睐赉⑧劣埒肋勒仂
tse	①灾哉栽③宰崽(文)(牛崽)⑤再载最(白)(最高境界)⑦则
ts'e	①猜③采(1)(采集)彩睬踩厂(1)(工厂)⑤采(2)(采邑)菜
se	①腮(文)(两腮)鳃⑤塞(2)(要塞)赛⑦塞(1)(堵塞)
ze	②才(纔)材财裁④在⑥儎⑧贼
ke	①该赅③改颏⑤溉概丐钙盖⑦居(白)(居个)
k'e	①开③凯恺⑤慨忾去(白)(去爻)⑦克刻剋
ge	②渠(白 1)(第三人称指代词)
ŋe	②呆(1)(呆头)皑⑥碍艾
he	①咳(1)(咳笑)嗨③海许(白)(许个)⑦黑嘿
ɦe	②孩④亥氦⑥害⑧劾
ʔe	①哎哀埃(1)(尘埃)唉(1)(唉声叹气)⑤爱嫒暧薆霭

[ie] 11

pie	①编鞭边蝙③贬扁(1)(扁担)匾⑤变遍⑦瘪憋鳖
p'ie	⑤骗片⑦撇瞥扁(2)(一叶扁舟)偏篇翩
bie	②便(2)(便宜)骈④辨辩辫⑥便(1)(方便)卞弁汴⑧别蹩
mie	②绵棉眠④免勉缅黾(2)(黾池)娩冕渑湎腼鮸丏⑥面(1)(脸面)面(麵)(2)(米面)⑧灭乜(文)(眼睛微张)搣蔑篾
tie	①掂滇颠巅癫③玷点踮典碘⑤店惦⑦跌
t'ie	①添天③舔腆⑦帖贴铁餮
die	②恬甜田填钿④簟⑥垫电佃甸淀奠殿靛癜⑧谍叠碟蝶喋牒迭垤耋
nie	②鲇(鲶)年④碾⑥念捻⑧聂镊蹑嗫颞廿
lie	②帘廉镰奁连联涟怜(憐)莲④脸敛摙琏辇⑥殓练炼链恋⑧列咧烈裂冽洌趔捩戾
tɕie	①尖奸沾占(1)(占卜)瞻詹煎饘毡笺兼犍坚肩③剪翦展辗捡检睑茧趼⑤占(佔)(2)(占领)溅箭战颤荐剑建健见⑦接婕楫辑哲蜇喆折(1)(折扣)褶节疖劫揭(1)(揭露)洁结桔(1)(桔梗)拮子
tɕ'ie	①签(籤)(簽)佥迁千(韆)(2)(秋千)悭千(千万)仟阡扦谦牵③谄浅阐歉遣谴缱⑤堑憩欠茜(1)(茜草)倩纤(縴)(2)(纤夫)⑦妾切窃沏挈锲怯(文)(怯生)惬箧
dʑie	②黔钤箝钱缠钳搛(搛菜)乾虔掮④俭件键⑥偈(2)(偈佗)健腱踺⑧彻撤澈辙挟(挟菜)杰桀揭(2)(按揭)竭偈(1)(勇武貌)碣
ɲie	②严言研妍④染俨谳⑥验酽谚彦唁⑧热乜(白)(乜人)业孽蘖啮镍臬
ɕie	①纤(纖)(2)(纤维)暹仙籼鲜煽搧先轩③闪(腰闪着)陕癣藓洗筅燹险显⑤线腺扇宪献⑦胁歇蝎
zie	②潜蟾髯涎单(2)(单于)禅蝉婵然燃前④渐冉苒践善鳝⑥赡贱饯羡擅嬗缮膳⑧捷睫涉舌折(2)(折本)截
ʔjie	①淹奄醃阉恹腌鄢嫣烟胭湮③野掩魇偃⑤厌餍堰宴燕咽(2)(咽气)⑦餍谒噎
jie	②爷椰耶挪炎盐阎闫檐嫌焉延蜒筵贤弦舷沿铅(2)(铅山)④也(文)(也是)冶衍演⑥夜艳焰现砚⑧烨叶(葉)页晔协侠拽(1)(拖,拉)颉撷缬

[ø]12

pø	①般搬(1)(搬弄是非)⑤半⑦拨钵
p'ø	①番(2)(番禺)潘⑤判泮⑦泼
bø	②盘搬(2)(搬运)磐瀊瘢蹣蟠盆④伴拌绊⑥叛畔⑧钹勃脖渤荸饽悖
mø	②馒鳗瞒鞔④满螨懑⑥幔缦镘⑧末抹茉沫秣没殁
tø	①端敦墩惇磉镦蹲③短⑤断(文2)(决断)锻⑦答(1)(报答)掇咄
t'ø	①贪湍吞(文)(吞咽)③忐⑤探⑦脱(1)(脱离)
dø	②潭团(團糰)屯囤豚臀④断(文1)(断续)⑥段(文)(段落)缎钝遁⑧夺(文)(抢夺)凸突沓(3)(沓起算)
ʔnø	①囡
nø	②男南(1)(南北)喃楠腩④暖(文)(温暖)⑥嫩⑧纳钠衲呐(1)(呐口)讷
lø	②婪②峦李孪栾鸾窝滦銮论(2)(论语)④卵(文)(卵袋)⑥乱论(1)(讨论)⑧粒
tsø	①簪钻(1)(钻洞)尊樽③攒纂⑤儧钻(2)(钻孔)⑦匝(1)(一匝十二年)
ts'ø	①参(1)(参加)掺参(2)(参差)氽村邨③惨忖⑤窜蹿篡寸
sø	①酸拴栓闩孙狲狲③糁损⑤蒜算涮逊巽(文)(八卦之一)⑦刷
zø	②蚕存④撰馔⑧凿杂
kø	①甘柑坩泔疳根(1)(根据)跟(1)(脚下跟头)③感赶敢橄⑤赣⑦合(2)(三合粉)蛤鸽葛割
k'ø	①堪龛戡刊看(2)(看守)③坎砍侃⑤勘阚瞰看(1)(看见)⑦磕嗑溘瞌咳(2)(咳嗽)渴
gø	④颔(白)(面颔)⑧橛(白)(两橛断)
ŋø	⑥玩⑧兀纥
hø	①酣蚶憨⑤㷸⑦喝(1)(吆喝)
ɦø	②含痕(1)(痕迹)④颔颔(文)(颔首)撼⑥憾⑧合(1)(合作)盒(文)(纸盒)盍阖
ʔø	①庵谙鹌恩③俺⑤暗黯摁⑦遏褐

[o]13

po	①巴(1)(巴西)芭吧疤笆粑③把(1)(把守)靶⑤坝把(2)(把柄)霸⑦八(1)(八个)捌博搏膊驳剥舶(2)(船舶)
p'o	⑤帕怕⑦葩趴粕泊朴(樸)
bo	②扒爬耙杷琶巴(2)(下巴)④罢(2)(罢工)⑧拔跋薄(1)(厚薄)亳箔礴雹
ʔmo	①姆(2)(师姆)
mo	②麻嘛蟆④马玛码蚂母拇姆(1)(保姆)某⑧莫摸幕漠寞膜瘼瞙邈蓦陌(2)(打生陌生)
to	③朵⑦沰
t'o	⑤唾(文)(唾沫)⑦托拓
do	④垛⑧铎擢(白)(擢起当官)
no	②挪傩哪(2)(哪吒)④娜(姗娜)⑧诺喏搦
lo	⑥赂⑧乐(2)(快乐)洛骆络烙落酪禄碌录绿氯
tso	①乍查(2)(姓氏)喳渣楂吒挝(1)(敲打)③拃左佐组阻诅俎⑤诈咋(1)(咋然)炸(1)(炸弹)榨蚱做⑦作镞
ts'o	①叉(2)(叉腰)杈车(白)(汽车)初刍③础(1)(基础)楚⑤岔汊衩挫锉(文)(锉刀)措厝锉

	(白)(锉刀)⑦错搓(文)(搓板)磋蹉簇蔟促
dzo	②茶查(1)(检查)搽茬
so	①娑挲沙纱砂鲨莎痧裟唆梭蓑搓(白)(搓绳)梳(文)(梳理)疏蔬③琐锁唢傻所(场所)数(2)(数一数)⑤嗄閛素(文)(朴素)愫数(1)(数字)⑦索嗦速
zo	②矬痤斜(2)(斜视)锄(文)(锄头)雏④坐⑥鲊柞座助⑧昨怍柞胙砟酢
ko	①加家嘉迦(1)(迦南)枷(文)(枷锁)笳袈傢茄(1)(雪茄)佳瓜呱(2)(呱呱叫)娲蜗③贾(2)(姓氏)假(1)(假设)寡剐⑤价驾架(文)(衣架)假(2)(放假)嫁稼卦褂挂⑦各阁胳(1)(胳膊)搁(文)(搁浅)咯角觉珏括刮(颳)郭椁
k'o	①夸(誇)③可垮⑤挎跨胯⑦壳确榷扩廓
go	②枷(白)(饭镬枷儿)⑧硌(硬硌硌)搁(白)(搁臀)
ŋo	②鹅(白)(鹅兜)牙芽衙伢蚜④雅瓦⑥讶砑⑧鄂愕噩鳄谔萼腭颚鹤乐(1)(音乐)岳嶽
ho	①呵诃嗬虾(1)(虾儿)花⑤吓化⑦壑郝霍藿
ɦo	②虾(2)(虾蟆)霞遐瑕划(1)(划龙船)华(1)(中华)哗骅④下⑥夏厦暇(闲暇)华(2)(华山)桦画(1)(连环画)话⑧涸貉学岢获(穫)(1)(收获庄稼)镬
ʔjo	⑦哟唷
ʔo	①丫(1)(两丫裤)鸦哇洼蛙娃③哑⑤亚娅挜⑦恶(1)(善恶)握喔幄龌齷斡沃鏊

[uo]14

puo	①波(1)(波浪)玻菠③跛簸⑤播(1)(播送)⑦卜(1)(占卜)
p'uo	①坡颇③叵⑦仆(1)(仆倒)扑噗璞濮蹼
buo	②鄱⑥薄(2)(薄荷)⑧卜(葡)(2)(萝卜)仆(僕)(2)(仆人)瀑
ʔmuo	①嬷姥(3)(老姥)
muo	②么(麽)蘑庅馍无(2)(南无)摹模(1)(模范)谟④姥(2)(太姥山)⑥摩(2)(摩崖)募墓慕暮⑧袜木沐目牧睦穆苜
fuo	⑦法珐砝发(發)(髪)
vuo	⑧乏伐罚阀筏缚(1)(缚鞋带)

[yo]15

tɕyo	⑦卓桌啄琢诼涿捉足烛嘱瞩
tɕ'yo	⑦戳踔矗触曲(1)(弯曲)蛐
dzyo	⑧浊镯擢(文)(擢升)濯躅属蜀局焗
ɲyo	⑧玉狱钰
ɕyo	⑦朔搠缩蓿粟僳束
ʑyo	⑧俗续赎
jyo	⑧浴欲

[ɿ]16

tsɿ	①髭知蜘咨姿资脂吱兹滋孳孜淄缁辎锱之芝③紫訾只(1)(只有)咫姊旨指子籽仔梓滓第止址趾祉⑤智渍恣至挚置志痣识(2)(标识)帜
ts'ɿ	①雌呲疵差(4)(参差)痴答蚩嗤③此侈耻齿⑤刺(1)(刺激)翅次眙炽⑦涩(白)(涩口)
dzɿ	②弛驰踟篪龀迟持④雉痔峙⑥稚治
sɿ	①斯撕嘶厮筛(2)(米筛)施私师狮(文)(雄狮)蛳尸司丝咝鸶思飔诗腮(白)(腮腺炎)③徙豕死矢屎史使驶始⑤赐四肆伺试弑
zɿ	②瓷慈磁鹚糍词祠辞薋(泥薋)时而④氏是尔巳祀似士仕俟市柿恃耳(文)(聂耳)洱⑥豉自示谥视嗜字寺侍饲嗣事饵

[i]17

pi	①蓖裨(2)(裨益)箄屄毴陂罴③彼匕比(1)(比较)鄙⑤毖蔽闭庇痹毙臂秘(2)(秘鲁)铋⑦必毕笔哔筚跸滗逼碧辟(1)(大辟)壁璧
p'i	①批砒披纰⑤睥媲譬屁⑦匹疋辟(闢)(2)(开辟)僻劈霹噼癖
bi	②鼙皮疲啤脾裨(1)(裨将)枇毗蚍琵肥(白)(肥肉)④陛被婢否(2)(否去泰来)痞圮⑥币弊敝獘鼻避比(2)(比邻)备坒⑧弼愎(刚愎自用)
ʔmi	①咪眯
mi	②迷谜醚弥猕眉湄湄楣糜縻④米弭美尾(白)靡⑥袂媚魅寐未(白)味(白)秘(1)(秘书)⑧泌密蜜宓谧嘧觅汨幂
fi	①飞非菲(1)(芳菲)啡绯扉蜚霏妃③匪诽菲(2)(菲薄)斐榧翡⑤废肺痱沸狒费
vi	②肥(文)(肥沃)微薇④尾(文)娓⑥吠未(文)味(文)
ti	①爹低③抵底邸诋砥⑤帝蒂谛⑦的嘀滴嫡
t'i	①梯锑③体⑤剃涕屉替嚏⑦剔惕踢倜
di	④弟悌⑥大(白)(大官爷)递第睇逮棣缔地⑧迪敌涤笛狄籴荻翟(2)(长尾的野鸡)
ni	②泥尼呢怩④你⑥伲腻⑧昵匿溺
ʔli	①里(2)(该里)厘(2)(一厘儿)哩(1)(词曲中作衬字)
li	②离漓璃篱缡罹犁黎藜鲡梨蜊厘(1)(厘米)狸喱④礼醴蠡(1)(范蠡)履李里(裏)(1)(里外)理鲤俚娌浬⑥例厉励砺蛎丽隶唳荔詈利俐莉痢苈吏⑧立栗傈溧篥溧慄律率(2)(效率)笠力历(歷)(曆)沥雳疬砾栎跞鬲
tsi	①嗟遮猪跻支枝肢枳③姐这者煮济(2)(济南)纸⑤借蔗霁际祭漈制(製)剂(2)(调剂)挤济(1)(救济)霁⑦浙唧稷陟仄织职迹积脊嵴瘠鲫只(隻)(2)(量词)炙撍绩即
ts'i	①车(文 1)(水车)蛆妻栖淒③且扯杵鼠⑤笡(斜)掣砌刺(2)(生刺)⑦叱饬敕厕侧测恻刺(3)(刺绒衫)尺斥赤哧戚嘁
dzi	②池④苎舐⑥筯滞⑧蛰直值植殖湜掷(文)(一掷尿)踯掷(白)(投掷)
si	①些奢赊畲西犀茜(2)(人名)③写舍(捨)(2)(施舍)胥洗铣玺髓⑤泻卸舍(1)(进舍)赦世势细(文)(仔细)婿窸⑦摄慑爕泄薛褻设悉蟋窸息熄媳熄色啬铯稼式识(1)(认识)饰拭轼昔惜适释析皙浙皙蜥锡
zi	②邪斜(1)(倾斜)蛇佘徐齐脐匙④社惹屿荠鲚⑥藉(1)(藉口)榭谢麝薯(白)(番薯)逝誓噬剂(1)(发剂)⑧食蚀藉(2)(藉田)籍席夕汐矽射石(1)(石头)硕寂

[u]18

pʻu	③圃浦(2)(浦东)普埔
bu	②菩脯(2)(胸脯)蒲(2)(菖蒲)匍莆孵(白)(孵坊)④部簿⑥捕哺
fu	①夫(2)(人名)肤麸俘孵(文)(孵化)敷孚稃③甫脯(1)(果脯)辅俯斧釜抚⑤赴讣⑦不(文)(不是)复(複)(復)腹蝮馥覆福幅辐蝠
vu	②扶芙(文)(芙蓉)凫无(1)(无中生有)芜巫诬毋④腐(文)(腐馐)武侮鹉舞妩负⑧伏服袱茯匐
ku	①哥歌戈锅埚痼估咕姑菇轱蛄辜孤呱(1)(呱呱而泣)菰箍③舸果裹餜古诂牯罟股蛊贾(1)(商贾)鼓臌瞽⑤过固涸故痼顾雇⑦谷(穀)
kʻu	①苛柯轲疴科棵颗蝌稞窠髁骷刳③坷苦⑤课库裤绔⑦哭酷
hu	①乎呼③火伙(夥)虎唬琥浒⑤货戽
ɦu	②河何(文)(任何)荷(1)(荷花)菏禾和(1)(和平)狐弧壶胡(鬍)葫湖蝴糊猢瑚④荷(2)(负荷)祸户沪扈⑥贺和(2)(附和)互护⑧斛槲鹄
ʔʋu	①阿(1)(阿胶)婀窝涡莴倭挖(2)(老挖)乌呜钨污淤於逶威葳③坞委萎痿尉蔚慰⑤屙恶(2)(可恶)畏喂饩⑦屋
ʋu	②余(餘)(2)(剩馀)舆于盂竽俞逾渝愉榆揄瑜臾谀腴携畦为(1)(作为)帷维潍违围韦帏闱炜④予与(1)(给予)宇羽雨禹愈唯惟伟苇玮韪⑥与(2)(参与)余(1)(姓氏)预誉豫芋吁(3)(呼吁)喻谕裕卫彗惠慧为(2)(为什么)位遗纬胃谓猬

[y]19

tɕy	①专砖捐娟鹃涓③卷(文2)(席卷)⑤转啭卷(文1)(考卷)眷绢圈(2)(猪圈)⑦镌辍啜苗拙绌了厥撅蕨蹶獗决诀抉橘
tɕʻy	①川穿(文)(贯穿)圈(1)(圆圈)③喘舛绻犬⑤钏劝券⑦痊诠铨駿出(龋)阙缺炔阒屈
dʑy	②传(1)(宣传)椽权拳蜷颧④篆⑥传(2)(传记)倦⑧怵黜术(1)(白术)橛(文)(短木桩)镢倔掘(文)(挖掘)崛
ɲy	②元原源鼋螈④女(文)(男女)软阮⑥愿⑧月
ɕy	①喧萱煊荤鼾③选罕⑤渲唤涣焕痪奂楦绚巽(白)(巽山)汉⑦宣雪噱(2)(噱头)说戌恤欢血昏(黄昏)婚忽笏唿惚窟
zy	②全泉漩船⑥旋(镟)璇⑧绝挺术(術)(2)(手术)述
ky	①昆(文2)(灵昆岛)干(1)(干犯)干(乾)(3)(干燥)杆(1)(筅杆)肝竿③馆琯管(文)(管理)莞(1)(东莞)杆(2)(电灯杆)秆擀⑤贯灌罐盥观(2)(寺观)冠(2)(冠军)干(幹)(2)(干部)⑦官棺倌观(1)(观察)冠(1)(皇冠)骨
kʻy	③款⑤睏⑦窟
ʔjy	①鸳冤渊温(1)(温州)瘟安氨鞍桉③碗苑宛婉琬稳⑤惋腕怨按案胺⑦豌剜蜿哕(哕起, 即恶心)⑧郁(2)(郁郁葱葱)
jy	②员圆鸢园袁援猿垣辕玄悬魂桓丸完烷韩寒邗邯④充远缓浣旱⑥院媛缘县眩岸汗捍悍焊翰瀚⑧阅悦越粤穴核聿鹬域阈役疫

[ʉ]20

tɕʉ	①沮狙疽诸株蛛诛朱(硃)珠侏鵨(鮢鱂)追椎锥车(文 2)(车马炮)居(文)(居住)拘驹闺硅圭规(1)(圆规)龟归(2)(当归)③咀渚褚拄主嘴举矩枸(1)(枸橼)诡轨癸鬼⑤著驻炷注蛀铸醉(2)(酒喝醉爻)绬赘据锯踞句桂季悸愧(1)(惭愧)贵
tɕ'ʉ	①趋枢吹炊祛区(1)(区别)岖驱躯暌瞓窥③础(2)(磉础)处(1)(处理)取娶龋⑤处(2)(相处)觑趣去(文)(来去)
dzʉ	②除储蹰厨橱垂捶锤陲槌瘫渠(文)(水渠)瞿衢葵逵馗夔④贮伫柱砫巨拒炬距跪揆⑥署薯(文)(马铃薯)曙住缒坠邃具俱惧飓柜(櫃)馈匮
ŋʉ	②娱(1)(娱乐)隅愚禺虞危④语圄齬⑥御(禦)驭遇寓伪
ɕʉ	①梳(白)(头梳)书抒舒须(鬚)需输尿(2)(拉尿)虽绥靴虚嘘墟呼(1)(气喘吁吁)麾挥(2)(指挥)辉晖③暑黍水许(文)(许多)诩栩毁⑤絮恕庶戍岁税祟邃酗煦卉讳
zʉ	②锄(白)(板锄)如茹殊儒蠕嚅濡隋随谁④序叙绪墅汝聚竖乳蕊⑥树孺瑞遂隧穗
ʔjʉ	①吁(2)(喝止牲口声)③伛⑤妪

[ai]21

pai	①杯背(揹)(3)(背心)卑碑悲⑤贝狈背(1)(背部)辈褙⑦不(白)(不仅)北
p'ai	①坯胚呸丕⑤沛霈配
bai	②陪培徘赔裴④倍蓓⑥佩背(2)(背诵)焙
ʔmai	①姆
mai	②蛾(白)(打灯蛾)玫枚梅媒煤莓酶霉④每⑥妹昧⑧万(文 2)(万俟)墨默
fai	⑦芾蒯勚弗佛(2)(仿佛)拂氟
vai	⑧佛(1)(佛陀)勿物(文)(事物)
tai	①呆(2)(痴呆)堆⑤对碓
t'ai	①推③腿⑤退褪煺唾(白)(痰唾)脱(2)(脱裤)蜕
dai	②颓⑥队兑⑧夺(白)(赌抢赌夺)
nai	④奶(白 2)(奶奶)馁⑥内
lai	②朘雷擂蕾镭羸④磊儡瘰累垒⑥礌泪⑧捋
tsai	⑤最(文)(某某之最)拽(2)(拉扯)惴淬醉(1)(陶醉)⑦缉(2)(缉合)戢汁执攥窒栉质郅桎蛭卒
ts'ai	①崔催摧③璀揣⑤啐脆踹翠⑦缉(1)(通缉)辑茸撮七柒漆狞
dzai	⑧侄秩帙
sai	①衰③小(白)(古方言留下的白读)⑤细(白)(细姆)碎⑦狮(白)(狮子)涩(文)(羞涩)湿膝瑟虱失室率(1)(率领)摔蟀
zai	④罪⑥锐睿芮睡悴粹萃瘁⑧集习袭十什拾入疾嫉蒺实日(文)(日本)
kai	①瑰规(2)(规矩)归(1)(回归)皈⑤会(2)(会计)侩剑桧脍个⑦国帼掴蝈
k'ai	①恢盔魁诙奎亏岿③傀⑤块愧(2)(愧对)喟
gai	⑥溃(白)(溃疡)
ŋai	②巍⑥饿(白)(肚饿)魏(文)
hʋai	①灰挥(1)(挥挥手)徽③贿悔虺⑤诲晦荟喙

ɦuai	②桅鬼回(迴)徊茴洄蛔④汇(匯)⑴(汇款)⑥溃(文)(崩溃)会⑴(会议)绘烩魏(白)汇(彙)⑵(汇报)
ʔuai	①偎煨③诿猥⑤秽(淫词秽语)
ʔai	⑤唉⑵(唉磊堆碎)

[iai]22

tɕiai	⑦级急给汲吉桔⑵(柑桔)劼诘棘亟戟击激
tɕ'iai	⑦泣乞吃⑵(口吃)讫迄隙
dʑiai	⑧及圾佶掘(白)(掘井)极剧屐
ȵiai	⑧日(白1)(生日)屹逆
ɕiai	⑦吸歙甩
ʔjiai	⑦邑把浥揖一(文)(一二三)乙壹溢抑益
jiai	⑧熠逸佚轶翼弋翌亦译易⑴(交易)绎驿弈奕蝎液腋掖橄

[au]23

tau	①兜③斗⑴(北斗)抖陡蚪⑤斗⑵(斗争)
t'au	①偷③敨⑤透
dau	②投⑥逗读⑵(句读)窦脰
nau	④冇⑥耨
lau	②娄楼偻喽褛蝼髅④搂篓⑥陋漏镂瘘
tsau	①邹驺③走⑤奏揍皱绉
ts'au	①诹③掫⑤凑
dzau	⑥胄籀骤
sau	①搜艘馊飕③叟嗾擞溲⑤嗽漱瘦
zau	②愁
kau	①勾沟钩篝③苟狗枸⑵(枸杞)垢诟⑤构购媾够彀(白)(居屋合音)
k'au	①抠眍③口⑤叩扣寇蔻
gau	④厚(白)(厚佬)
ŋau	②牛④偶藕耦
hau	①佝③犼(许屋合音)⑤吼鲎(虹)
ɦau	②侯喉猴篌④后(後)厚(文)(忠厚)⑥候逅
ʔau	①区⑵(姓氏)欧鸥讴瓯③呕殴⑤沤怄塸(埋葬)

[iau]24

tɕiau	①鸠阄赳③九久玖灸韭纠⑤究疚救咎厩
tɕ'iau	①丘蚯邱③搝
dʑiau	②求球逑裘仇⑴(姓氏)虬④臼舅柏⑥旧柩
ʔȵiau	①妞
ȵiau	④扭纽钮忸⑥狃(若屋合音)

ɕiau	①休咻③朽⑤臭⑵(铜臭)嗅
ʔjiau	①优忧悠攸幽③黝⑤幼
jiau	②由邮油游蚰猷蝣鳘尤犹④友有酉诱莠⑥又右佑祐囿宥柚釉

[ɿi]25

tɿi	①鸡稽畸羁机肌饥(飢)⑴(饥饿)基箕姬几(幾)(文 1)(几何)讥叽饥(饑)⑵(饥荒)畿③几(文 2)(茶几)麂己几(幾)(文 3)(几多)⑤计系(繫)⑷(系鞋带)继髻寄骥冀致(緻)记纪既暨
tɕ'ɿi	①溪蹊欺岂③启企(文)(企业)绮起杞⑤契弃器气汽⑦吃⑴(吃饭)
dzɿi	②茄⑶(茄儿)伽⑴(伽蓝爷)奇崎骑琦歧岐芪祁鳍耆其期棋旗萁琪蜞麒祈④技妓伎企(白)(企图)⑥忌
nɿi	②倪霓嵇仪宜疑④蚁拟⑥艺呓睨诣义议谊毅
ɕɿi	①牺羲曦熙嘻嬉熹希稀唏③喜禧蟢⑤戏
kɿi	③几(幾)(白)(几个)
ʔjɿi	①祎犄漪伊咿医衣依袆③椅倚旖⑤裔缢瘗意⑦一(白)(一个)亿忆臆癔
jɿi	②兮奚移夷姨胰痍彝怡贻诒饴颐圯沂④迆矣已以⑥曳刈系⑴(关系)系(係)⑵(中文系)系(繫)⑶(连系)易⑵(容易)肄懿异

[əu]26

təu	①多哆丢③躲⑤跺剁⑦督笃
t'əu	①拖(文)(拖拉机)③妥椭⑦忒⑵(忒不识相)秃
dəu	②驮驼鸵佗陀沱砣跎徒(白)(门徒)头骰④舵堕惰⑥大(文 2)(大小)豆荳痘⑧独读⑴(读书)渎椟犊牍毒
nəu	②奴④努弩⑥儒糯怒
ʔləu	①啰噜溜
ləu	②罗萝逻锣箩骡螺刘留流琉硫馏榴瘤镠鎏④裸瘰脶鲁掳橹卤(鹵)⑴(卤素)柳绺⑥摞遛⑧鹿漉辘麓六陆戮

[iəu]27

tɕiəu	①揪舟州洲周(週)赒③酒肘帚⑤昼咒⑦竹竺筑祝粥菊鞠掬
tɕ'iəu	①秋(鞦)湫鳅抽③瞅丑(醜)⑤臭⑴(乌焦臭)⑦蹙蹴畜⑴(牲畜)搐俶曲(麯)⑵(酒曲)
dziəu	②囚绸稠惆畴筹踌仇⑵(仇恨)雠酬④纣⑥宙轴售⑧逐妯
ɲiəu	⑧衄肉
ɕiəu	①修羞馐收③手首守狩⑤秀绣锈宿⑵(星宿)兽⑦肃宿⑴(宿舍)夙叔倏菽畜⑵(畜牧)蓄旭勖
ziəu	②酋遒泅柔揉蹂④受绶⑥就袖寿授⑧族淑熟孰塾辱褥缛
ʔjiəu	⑦郁⑴(郁闷)燠
jiəu	⑧育昱煜毓鬻

[əy]28

pəy	①波(2)(宁波)餔③补谱⑤播(2)(发播)布怖
p'əy	①铺(1)(铺被)③浦(1)(下吕浦)⑤破铺(2)(床铺)
bəy	②婆葡蒲(1)(蒲鞋)④簿(朗眼簿)⑥缚(2)(腰缚)步埠赙
məy	②摩(1)(摩擦)磨(1)(磨刀)魔模(模子)⑥磨(2)(磨石)戊雾(白)(发雾)物(白)(物事)
fəy	①夫(1)(丈夫)③府腑殕⑤付咐赋傅富副
vəy	②符浮(白)(尸骸浮起)④父妇⑥附驸芙(白)(芙蓉)腐(白)(腐败)务雾(文)(云雾)婺
təy	①都③堵赌睹肚(白)(猪肚)⑤妒蠹
t'əy	③土吐(1)(吐痰)⑤吐(2)(呕吐)兔菟
dəy	②图徒(文)(徒弟)途涂(塗)屠荼④杜肚(文)(肚皮)⑥度渡镀踱
ləy	②蠡(2)(河蠡蚌)卢芦炉颅轳鸬庐驴闾榈④卤(滷)(2)(盐卤)吕侣旅铝膂屡缕⑥路露璐鹭虑滤类
tsəy	①租③祖
ts'əy	①粗⑤醋
səy	①苏酥稣甦⑤诉塑溯素(白)(吃素)
ŋəy	②蜈鱼渔

[aŋ]29

paŋ	①奔贲犇③本畚⑤粪(白)(粪扫)
p'aŋ	①喷(1)(喷水)⑤喷(2)(喷香)
baŋ	④苯⑥笨坌
maŋ	②门们扪蚊(白)(蚊虫)明(白)(明朝)⑥闷焖问(白)(问问呗)
faŋ	①分(1)(分开)芬吩纷酚③粉⑤奋粪(文)(粪坑)
vaŋ	②坟氛焚汾文纹蚊(文)(蚊蝇)雯④忿愤吻刎⑥分(2)(分格)份问(文)(提问)闻紊
taŋ	①吨灯登蹬膯③戥等凼⑤顿炖(2)(炖卵糕)凳镫
t'aŋ	①吞(白)(慢吞吞)⑤氽瞪(白)(眼灵珠瞪起)
daŋ	②饨腾誊藤滕疼(白)(疼痛)④断(白)(断气)盾(1)(盾牌)沌炖(1)(温炖汤)⑥段(白)(烂树段)邓
naŋ	②能人(白1)(人来客往)④恁暖(白)(暖芬芬)
laŋ	②仑抡伦沦轮囵纶(1)(涤纶)棱④卵(白)(卵黄)⑥愣
tsaŋ	①砧针斟箴津珍蓁榛臻真甄曾(文 2)(姓氏)增憎筝(2)(古筝)③枕怎诊疹缜稹⑤浸进晋镇圳振震赈
ts'aŋ	①侵郴琛(1)(珍宝)亲(1)(亲戚)押嗔瞋③寝⑤沁亲(2)(亲家)趁衬龀蹭
dzaŋ	②沉尘陈臣曾(白)(曾经)④朕⑥鸩阵
saŋ	①心芯参(3)(人参)森深琛(2)(人名)辛锌新薪莘申伸身呻绅娠僧③沈(瀋)审婶迅哂⑤渗讯汛信囟
zaŋ	②寻挦荨岑谌忱任(文 2)(任性)秦神辰晨宸人(文)(人民)仁娠层曾(文 1)(曾经)④赁蕈甚葚衽尽(儘)肾⑥任(文 1)(姓氏)妊(文)(妊妇)衽烬慎蜃刃(1)(刀刃)纫仞赠
kaŋ	①根(2)(结根)跟(2)(跟从)哏昆(文 1)(昆仲)③管(白)(毛管)滚衮绳辊⑤艮亘棍謴

155

kʻaŋ	①昆(白)(昆剧)坤③垦恳肯啃捆⑤困
haŋ	①夯(白)(夯实)③很狠
ɦaŋ	②痕(2)(伤痕)恒⑥恨
huaŋ	①昏(2)(昏君)
ʔuaŋ	①温(2)(温吞)
uaŋ	②浑馄④混⑥诨

[iaŋ]30

tɕiaŋ	①今金襟巾斤筋茎京荆惊粳经(1)(经济)泾③锦紧谨景警璟颈⑤禁靳竟敬境镜澋劲径经(2)(经线)陉胫迳
tɕʻiaŋ	①钦衾卿轻氢⑤掀庆磬罄
dʑiaŋ	②琴禽擒芹等噙檎芹勤競矜擎鲸黥④赚(白)(赚钞票)近痉⑥妗噤仅馑瑾覲竞
ȵiaŋ	②宁(1)(宁波)拧狞柠咛人(白 2)(新儒人)银鄞垠壬吟龈凝迎④您忍⑥宁(2)(宁可)泞任(白)(任可)妊(白)(妊娠)刃(2)(刀刃)认韧
ɕiaŋ	①歆鑫欣忻掀兴(文1)(兴盛)馨凶(白)③兴(白)(作兴)行(白)⑤衅兴(文2)(高兴)
ʔjiaŋ	①阴荫(1)(树荫)音喑因茵咽(1)(咽喉)姻氤殷应(1)(应该)鹰膺蝇莺(1)(黄莺)樱(1)(樱桃)鹦(1)(鹦鹉)罂(1)(罂粟)英瑛鍈婴缨瓔③饮隐瘾影⑤荫(2)(荫德)窨印应(2)(响应)映滢
jiaŋ	②淫霪寅盈赢楹瀛刑形型邢④引蚓呤颖郢颍⑥胤孕

[əŋ]31

pəŋ	①宾彬斌滨缤濒槟冰兵并(3)(并州)禀膑髌丙秉柄炳饼屏(2)(屏墙)⑤鬓傧摈殡并(併)(1)(合并)搿
pʻəŋ	①乒拼姘③品⑤聘娉
bəŋ	②贫频嫔颦凭平评坪苹枰屏(1)(屏幕)瓶萍④并(並)(2)(并且)苹⑥病
məŋ	②民旻岷抿泯旻明(文)(光明)鸣盟名茗铭冥瞑螟④闽闵悯敏皿酩⑥命
təŋ	①丁叮钉(1)(铁钉)仃疔③顶鼎⑤订钉(2)(钉板箱)
tʻəŋ	①厅听(文)(听觉)汀町烃③挺艇⑤听(白)(打听)
dəŋ	②廷亭庭停蜓婷霆⑥定啶腚碇锭
ʔləŋ	①拎拎铃(2)(铃铛)
ləŋ	②林临淋琳霖邻磷鳞粼嶙遴辚麟繗凌陵菱令(2)(令尊)令(3)(令狐)伶灵玲铃(1)(电铃)聆羚零龄苓囹泠棂岭翎④凛廪岭领⑥吝躏膦令(1)(命令)另

[iəŋ]32

tɕiəŋ	①症(癥)(2)(症结)蒸晶睛精菁旌正(2)(正月)征(徵)怔贞侦帧③拯井阱整⑤甑锃证症(1)(病症)正(1)(真正)政
tɕʻiəŋ	①称(1)(称呼)清蜻青蜻③请骋⑤秤称(2)(相称)
dʑiəŋ	②惩澄橙呈程埕④逞⑥瞪(文)(瞪目结舌)郑
ɕiəŋ	①升昇陞声星猩腥惺③省(2)(反省)醒⑤胜性姓圣
ziəŋ	②情晴饧成诚城盛(2)(盛饭)仍缯乘(1)(加减乘除)绳塍承丞④靖静婧⑥净靓(1)(靓妆)盛(1)(兴盛)晟乘(2)(千乘之国)剩嵊

[oŋ]33

poŋ	①崩(1)(崩溃)嘣(1)(打嘣)⑤崩(2)(一崩香烟)蹦嘣(2)(内胎打嘣炁)
p'oŋ	①乓③捧⑤碰椪
boŋ	②朋棚(1)(牛棚)鹏硼蓬篷漨④埄烽
ʔmoŋ	①蒙(2)(蒙人)
moŋ	②蒙(1)(蒙犯)矇(瞢)(4)(目失明)濛(濛)(5)(小雨貌)檬朦薨④蒙(3)(蒙古)幪(懞)(6)(昏昧无知)懵⑥梦
foŋ	①风枫疯沨丰封峰锋蜂烽⑤讽
voŋ	②冯逢④奉⑥凤缝俸
toŋ	①东冬(鼕)③董懂⑤冻栋
t'oŋ	①通嗵③捅⑤痛统
doŋ	②同桐铜筒童瞳僮潼彤疼(文)(疼痛)④动桶恸⑥洞侗恫胴
noŋ	②农脓侬哝浓(1)(浓密)
loŋ	②咙胧聋笼茏泷珑砻癃隆窿龙(文)(龙头)④拢垄(文)(垄断)陇⑥弄
tsoŋ	①棕鬃宗综踪③总⑤粽
ts'oŋ	①匆(怱)葱聪偬从(2)(从容)
soŋ	①松(鬆)(1)(放松)菘嵩忪淞⑤送宋
zoŋ	②纯淳醇莼鹑丛淙琮崇戎绒茸④冗
koŋ	①肱工公功攻恭(2)(恭候)蚣红(2)(女红)弓(2)(新读)宫(2)(新读)躬(2)(新读)③汞巩拱(2)(拱桥)⑤贡
k'oŋ	①空(1)(空虚)倥崆箜③孔⑤空(2)(亏空)控
hoŋ	①薨荴訇哄(1)(哄动)烘③哄(2)(哄骗)⑤哄(3)(起哄)蕻(2)(菜蕻)
ɦoŋ	②弘泓宏闳竑红(1)(红色)虹洪鸿蕻(1)(雪里蕻)⑥讧
ʔoŋ	①翁嗡滃⑤瓮齆(齆鼻)

[ioŋ]34

tçioŋ	①遵谆肫中(1)(中国)忠衷盅终均钧军君鞫弓(1)(弓箭)躬(1)(躬身)宫(1)(宫殿)③卷(白)(一卷)准(準)冏炅迥炯⑤俊骏竣隽中(2)(中状元)众
tç'ioŋ	①穿(白)(穿针)鬈(白)(鬈发)皴春椿冲(1)(冲锋)忡充冲(衝)(2)(对冲)憧倾肜穹③蠢宠顷⑤串铳
dzioŋ	②虫裙群琼穷④盾(2)(矛盾)菌窘⑥仲郡
çioŋ	①询峋洵荀春勋熏薰兄③笋隼榫⑤峻浚瞬舜训
zioŋ	②旬驯巡循徇唇慵④吮⑥殉顺闰润
ʔjioŋ	①氲雍臃③蕴悙拥⑤酝熨
jioŋ	②匀筠云(雲)耘芸纭荣嵘蝾营茔莹荧萤萦荥熊雄融佣(傭)(1)(雇佣)庸墉镛容蓉溶榕熔④允尹殒永咏泳

[ŋ]35

ʔŋ	⑤儿(2)
ŋ	②儿(1)义(白)俄哦峨娥鹅(文)(雁鹅)蛾(文)(飞蛾)吾吴梧讹④耳(白)我五午伍仵悟⑥儿(3)二贰饿(文)(饥饿)嗯卧误悟娱(2)(娱乐)迕忤晤寤唔(唔冇)

四、乐清话

乐清话韵母表

开口呼	齐齿呼	合口呼	撮口呼
[a]01 帮盲打冷生闸交阿	[ia]02 争抄惭尧乡若央阳	[ua]03 网法乏括阔豁活斡	
[ɛ]04 班蛮丹谈难三艰岩		[uɛ]05 翻凡繁关宽环挖还	
[ɔ]06 忙方防当汤捎江凹	[iɔ]07 赃脏装庄仓创疮沧		
[ə]08 袍苗刀逃消曹高豪	[iə]09 遭操乔绕消韶要姚		[yə]10 专川传元宣全官员
[e]11 排埋台男才阶开哀	[ie]12 编棉天田尖钱严淹	[ue]13 乖拐怪快歪槐外坏	
[ø]14 潘盘端男酸存肝安	[iø]15 钻尊纂匦参村惨寸		
[o]16 坡摹多驼罗沙加哟	[io]17 渣初车茶玉束俗欲		
[ɿ]18 知资雌迟斯师瓷恶	[i]19 批迷低尼支池些衣	[u]20 菩魔肤扶竹逐哥河	[y]21 都图租粗苏如淤余
[ɯa]22 巴爬麻瓜夸瓦花华	[iɯa]23 刁挑条辽将枪长墙		[yɯa]24 钟窗狂浓霜床柱王
[ai]25 杯丕梅堆颓罪个哀	[iai]26 最醉翠催崔	[uai]27 归个恢灰傀盔块桅	
[au]28 偷投搜愁勾牛猴瓯	[iau]29 赳丘求妞纽休优尤		
	[iu]30 丢独奴刘舟秋囚收		
[aŋ]31 奔门灯能心寻跟恒	[iaŋ]32 今钦琴宁迎欣音形	[uaŋ]33 昆滚棍坤困昏温混	
[əŋ]34 兵贫民丁亭林精升			
[oŋ]35 朋风东农松纯工红	[ioŋ]36 棕中春虫兄慵雍荣		
	[n̩]37 二贰耳饵	[ŋ̍]38 我吴五午俄悟卧吾	

乐清话常用字同音字汇

同音字汇先按韵母列部,依次为 a、ia、ua、ɛ、uɛ、ɔ、iɔ、ə、iə、yə、e、ie、ue、ø、iø、o、io、ɿ、i、u、y、ɯa、iɯa、yɯa、ai、iai、uai、au、iau、iu、aŋ、iaŋ、uaŋ、iəŋ、oŋ、ioŋ、n̩、ŋ̍。

同韵字按声母次序排列,依次为 p、p'、b、m、f、v、t、t'、d、n、l、ts、ts'、dz、s、z、tɕ、tɕ'、dʑ、ȵ、ɕ、ʑ、k、k'、g、ŋ、h、ɦ、j、ʋ。

同声母的字按声调编号次序用数码表示:即①阴平、②阳平、③阴上、④阳上、⑤阴去、⑥阳去、⑦阴入、⑧阳入。

[a]01

pa	①包苞胞帮甫邦梆绷(1)(藤绷)浜③饱榜膀(2)(翼膀)绑⑤爸豹趵谤泵绷(2)(绷紧)迸⑦八(2)(小八癫子)叭
p'a	①抛脖滂烹砰抨怦③跑耪⑤泡炮疱胖
ba	②咆庖旁傍膀(1)(膀胱)磅螃彷(1)(彷徨)庞彭嘭蟛澎膨棚(2)(尿布棚)④鲍蚌(1)(象鼻蚌)棒蚌(2)(蚌埠)⑥刨鉋镑鳔
ʔma	①妈猫(2)(熊猫)
ma	②吗茅猫(1)(大猫)锚矛蝥盲萌④挽(文)(挽回)晚(文)(早晚)卯猛锰蜢艋鼋(1)(蛙的一种)⑥骂曼蔓万(白)(逾千达万)貌孟
ta	⑦搭答(2)(答应)瘩嗒耷妲笪靼打
t'a	①他它她拖(白)(鞋拖)⑦踏(1)(踢踏舞)沓(2)(疲沓)塌塔蹋遢榻溻挞闼跶獭
da	⑧踏(2)(踏步)沓(1)(一沓纸)阘达鞑
ʔna	①南(2)(南无)那(2)(姓氏)夯③娜(1)(人名)
na	②拿挠桡饶④女(白)(女儿)⑥那(1)(那么)哪(1)(哪里)闹淖⑧呐(2)(呐喊)捺
ʔla	⑦垃拉(文)(拖拉)啦
la	④冷⑧拉(白)(拉尿)腊蜡邋喇辣剌癞
sa	①生牲笙甥③省(1)(省略)⑦飒卅歃霎啥萨撒杀刹(2)(刹车)煞
za	⑧闸渫(文)蛰煠(文)铡
ka	①交郊胶跤茭蛟鲛肴(白)(肴配)更庚羹赓耕③狡绞佼姣铰搅埂梗哽鲠耿⑤教校(2)(校对)较珓窖更(文 2)(更加)⑦夹挟颊荚峡(1)(长江三峡)甲钾胛咖(1)(咖喱)嘎(1)(鸟鸣声)伽(2)(伽蓝)戛
k'a	①搭③槛舰巧⑤嵌⑦恰掐卡(1)(卡口)咖(1)(咖啡)卡(2)(磁卡)
ga	②何(白 1)(何也)⑧峡(2)(河峡儿)嘎(嘎嘎抖)轧(3)(轧姘头)茄(2)(番茄)
ŋa	④咬⑥炙硬
ha	①哮亨哼⑤孝酵⑦呷瞎哈喝(2)(喝水)
ɦa	②何(白 2)(何也)谐鞋爻肴(文)(菜肴)洐行(文 1)(行为)珩桁④也(白 2)(也是)骇骸幸悻解(3)(解签诗)懈⑥械邂校(1)(学校)效行(文 3)(品行)绗⑧狭洽匣狎黠辖盒(白)(盒儿)
ʔʋa	③奤(天明亮)
ʋa	②横
ʔa	①阿(2)(阿舅)啊(1)(啊呀)埃(2)(埃及)挨(1)(挨近)莺(2)(莺哥)樱(金樱)鹦(2)(鹦哥)罂(2)(罂壶)③阿(3)(阿门)矮杏也(白 1)(也是)⑤啊(2)(叹词)呃隘蝘(2)(蝘儿)⑦压押鸭揠轧(1)(倾轧)扼厄轭

[ia]02

tɕia	①咱抓争狰睁筝(1)(古筝)峥僵缰疆姜(薑)③斩崭盏爪找裧⑤咤炸(2)(油炸粿)蘸赞瓒罩笮挣诤⑦砸匝(2)(匝道)眨轧(2)(轧钢)扎札爵着(白)(着衣)灼酌斫脚
tɕ'ia	①搀餐抄钞吵撑(1)(俯卧撑)羌腔③产铲吵炒⑤诧姹差(2)(不好)忏谶灿粲璨撑(2)(撑客)⑦插擦察刹(1)(古刹)雀鹊绰焯怯(白)(胆怯)却
dʑia	②惭残强④湛犟⑥暂站赚(文)(赚错)绽栈棹糙⑧渫(白)煤(白)着(文 1)(着火)嚎(1)(嚎起)
ʔȵia	①蛲(白)(蛲蛲动)
ȵia	②尧饶(2)(上饶)蛲(文)(蛲虫)④鸟(1)(飞鸟)袅仰⑥尿(1)(输尿管)⑧捏搦篛疟虐业孽蘖喏镍臬
ɕia	①乡香③晓享响飨⑤卸向(嚮)⑦屑楔削烁铄谑
zia	⑧嚼勺芍妁杓若偌弱
ʔjia	①丫(2)(丫环)呀央殃鸯秧③养氧⑤怏⑦约
jia	②阳扬杨炀旸疡羊洋佯烊(1)(融化)垟徉降(白)(投降)④痒⑥样漾恙烊(2)(打烊)⑧药钥跃龠

[ua]03

mua	④网罔魍惘⑧袜
fua	⑦法珐砝发(發)(髮)
vua	⑧乏伐罚阀筏
kua	⑦括刮(颳)
k'ua	⑦阔
hua	⑦豁(1)(豁然开朗)
ɦua	⑧活猾滑
ʔʋua	⑦斡

[ɛ]04

pɛ	①扳班颁斑癍③反(2)(反转)板(闆)版阪钣版⑤扮瓣
p'ɛ	①攀⑤盼襻
bɛ	②爿⑥办
mɛ	②蛮⑥漫慢谩
tɛ	①耽眈担(1)(负担)聃丹单(1)(单独)郸殚③胆疸掸⑤石(2)(一石米)担(2)(重担)旦诞
t'ɛ	①坍摊滩瘫③毯坦(文)(坦白)⑤炭叹碳
dɛ	②坛(罎)(2)(酒坛)谭昙谈痰坛(壇)(1)(花坛)弹(2)(弹琴)檀④淡氮啖澹袒⑥但弹(1)(子弹)蛋惮坦(白)(道坦)
nɛ	②难(1)(困难)④赧⑥难(2)(患难)
lɛ	②岚蓝篮褴兰拦栏澜谰阑④览揽缆榄懒澜⑥滥烂
sɛ	①三叁仁杉衫珊栅(2)(栅极)姗跚山舢删潸③伞散(2)(散漫)霰⑤散(1)(散会)栅(1)(栅栏)汕汕疝

zɛ	②馋谗巉潺
kɛ	①缄尴监(1)(牢监)间(1)(房间)艰奸姦菅③减碱硷拣柬简锏扴⑤监(2)(太监)鉴间(2)(间接)谏涧
k'ɛ	①悭③槛舰⑤嵌
gɛ	②衔(白)(衔头)雁(白)(雁鹅)⑥陷(白)馅(白)(馅心)
ŋɛ	②岩颜④眼⑥雁(文)(雁荡)赝
hɛ	③喊
ɦɛ	②函涵咸(鹹)衔(文)(头衔)闲娴痫④限⑥陷(文)(陷阱)馅(文)(馅饼)⑧盒(白)(盒儿)
hʋɛ	⑦豁(2)(豁拳)
ɦʋɛ	④莞(2)(莞尔而笑)
ʔʋɛ	③绾
ʔɛ	⑤晏

[uɛ]05

fuɛ	①藩(1)(篱笆)番(1)(番人)翻③反(1)(反对)返⑤泛贩畈
vuɛ	②凡帆矾烦繁蕃樊藩(2)(曾国藩)繁④犯范挽(文)(挽回)晚(文)(早晚)⑥梵饭万(文 1)(万年青)
kuɛ	①纶(2)(纶巾)鳏关⑤惯
k'uɛ	①宽髋铅(1)(铅锅)
guɛ	⑥环(白)(门环)
ʔʋuɛ	⑦挖弯湾
ʋuɛ	②顽还环(文)(环境)圜寰④皖⑥换幻宦患豢⑧划(劃)(2)(笔划)画(2)(笔画)获(獲)(2)(收获)或惑

[ɔ]06

mɔ	②芒忙氓茫虻④莽漭蟒网罔魍惘
fɔ	①方坊妨芳③仿纺彷(2)(彷彿)昉⑤放舫访
vɔ	②防房亡⑥妄忘望旺
tɔ	①当(當)(1)(应当)当(噹)(当啷)铛珰裆③挡党⑤当(當)(2)(典当)档
t'ɔ	①汤趟(1)(趟水)③倘淌躺⑤烫趟(2)(一趟)
dɔ	②唐堂棠塘膛糖搪溏镗螳瞠⑥荡宕
ʔnɔ	①囔
nɔ	②囊④曩⑥齉
ʔlɔ	①啷
lɔ	②郎狼琅廊榔锒踉螂④朗⑥浪阆
sɔ	①捎梢稍(1)(稍微)筲艄飕丧(1)(婚丧)桑③嗓搡磉爽耍⑤哨稍(2)(稍息)睄潲啸丧(2)(丧失)
zɔ	②巢藏(1)(隐藏)⑥脏(臟)(2)(内脏)藏(2)(西藏)奘
kɔ	①冈刚岗(1)(山岗)纲钢江扛(文)(扛鼎之作)杠(1)(床杠)肛缸豇光胱③讲港岗(2)(岗位)广

瓯语音系

	⑤杠(2)(敲竹杠)降(文)(降落)绛
kʻɔ	①康慷糠⑤亢抗炕伉囥矿旷(文)(旷课)圹
gɔ	②旷(白)(课旷爻)④犷(该人犷显)眍(田眍儿)⑥扛(白)(扛条儿)
ŋɔ	②昂卬(卬你)
hɔ	①夯(文)(打夯)荒慌肓③谎恍晃幌
ɦɔ	②吭杭航笐行(文 2)(银行)皇凤惶煌蝗隍徨黄簧潢璜蟥④项⑥巷
ʔɔ	①凹拗(3)(嬉嬉拗起)肮汪③拗(1)(棒儿拗断爻)⑤拗(2)(两个人拗搭)坳盎

[iɔ]07

tsiɔ	①赃脏(髒)(1)(肮脏)藏(3)(藏青)臧妆(1)(化妆)庄(1)(庄严)装(1)(武装)⑤葬壮(文)(强壮)
tsʻiɔ	①仓苍沧舱伧创(1)(创伤)疮⑤创(2)(创造)

[ə]08

pə	①褒煲标膘飙镖瀌彪③宝保堡鸨葆褓表(錶)褾婊⑤报⑦不(白)(不仅)北
pʻə	①漂(1)(漂亮)飘嘌③剖漂(2)(漂白)瞟⑤票剽
bə	②袍嫖瓢④抱殍鳔⑥暴曝爆骠
ʔmə	①喵咩哞
mə	②毛牦髦蛑谋缪(1)(绸缪)牟眸苗描瞄④铆牡亩秒渺缈藐淼⑥冒帽耄茂贸袤懋妙庙谬缪(2)(姓氏)
fə	③否(1)(否则)缶⑦苻黻黼弗佛(2)(仿佛)拂氟复(複)(復)腹蝮馥覆福幅辐蝠
və	②阜浮(文)(浮肿)蜉⑧佛(1)(佛陀)勿物(文)(事物)伏服袱茯匐
tə	①刀叨③岛捣倒(1)(打倒)祷⑤到倒(2)(倒水)
tʻə	①滔绦韬饕弢③讨⑤套
də	②逃桃涛陶掏萄淘啕④道稻⑥导盗悼蹈焘纛
nə	④恼脑瑙
lə	②劳牢捞唠痨④老姥(1)(姥爷)佬⑥涝
sə	①搔骚缫肖(2)(姓氏)消宵硝销霄逍魈烧蓑③嫂小(文)(小朋友)少(1)(少年)小(白)(古方言留下的白读)⑤扫噪燥肖(1)(生肖)笑鞘少(2)(少将)细(白)(细崽)⑦狮(白)(狮子)涩(文)(羞涩)湿膝瑟虱失室率(1)(率领)摔蟀
zə	②曹槽漕韶饶(1)(富饶)娆④皂造绍扰⑥邵⑧集习袭十什拾入疾嫉蒺实日(文)(日本)
kə	①高羔膏糕皋睾篙疙③搞镐稿⑤告诰
kʻə	①尻③考拷烤栲⑤铐靠犒⑦磕嗑溘瞌
ŋə	②熬敖遨鳌聱翱鳌⑥傲
hə	①蒿薅③好(1)(爱好)⑤好(2)(喜好)耗
ɦə	②毫豪嚎蚝嗥壕濠④浩皓昊颢灏⑥号⑧盍阖
ʔə	①鏖爊噢③袄媪⑤奥澳懊岙

162

[iə]09

tɕiə	①遭糟椒焦蕉礁朝(2)(明朝)招昭钊娇骄浇③早枣蚤澡藻剿沼矫侥缴饺铰(文 2)(铰刀)皎⑤灶躁醮照诏叫⑦缉(2)(缉合)戢汁执攥窒栉质郅桎蛭卒级急给汲吉桔(2)(柑桔)劼诘棘亟戟击激
tɕʻiə	①操(1)(操作)草(白)(潦草)瞧超跷锹撬橇③草(文)(青草)悄⑤操(2)(曹操)糙俏峭诮翘窍⑦缉(1)(通缉)辑茸撮七柒漆猝泣乞吃(2)(口吃)讫迄隙
dziə	②憔谯樵朝(1)(朝鲜)嘲潮晁乔侨桥荞④兆赵肇⑥召轿⑧侄秩帙及圾佶掘(白)(掘井)极剧屐
ȵiə	④绕蹓⑧日(白1)(生日)屹逆
ɕiə	①肖(2)(姓氏)消宵硝销霄逍魈烧嚣枭骁③小(文)(小朋友)少(1)(少年)⑤肖(1)(生肖)笑鞘少(2)(少将)⑦吸歙甩
ziə	②韶饶(1)(富饶)娆④绍扰⑥邵
ʔjiə	①要(1)(要求)腰邀吆幺③夭杳窈⑤要(2)(重要)⑦邑挹浥揖一(文)(一二三)乙壹溢抑益
jiə	②姚窑谣摇遥徭瑶④咼⑥耀曜鹞⑧熠逸佚轶翼弋翌亦译易(1)(交易)绎驿弈奕蜴液腋掖檍

[yə]10

tɕyə	①镌专砖捐娟鹃涓③卷(文 2)(席卷)⑤转啭卷(文1)(考卷)眷绢圈(2)(猪圈)⑦辍啜茁拙绌孑蕨撅噘獗决诀抉橘
tɕʻyə	①痊诠铨川穿(文)(贯穿)圈(1)(圆圈)③喘舛绻犬⑤钏劝券⑦黢出(鹬)阙缺炔阒屈
dzyə	②传(1)(宣传)椽权拳蜷颧④篆⑥传(2)(传记)倦⑧怵黜术(1)(白术)橛(文)(短木桩)镢倔掘(文)(挖掘)崛
ȵyə	②元原源鼋螈④女(文)(男女)软阮⑥愿⑧月
ɕyə	①宣欢喧萱煊③选⑤渲唤涣焕痪奂楦绚⑦雪噱(2)(噱头)说戌恤血
zyə	②全泉漩船⑥旋(镟)璇⑧绝矱术(2)(手术)述
kyə	①官棺倌观(1)(观察)冠(1)(皇冠)昆(文 2)(灵昆岛)③馆琯管(文)(管理)莞(1)(东莞)⑤贯灌罐盥观(2)(寺观)冠(2)(冠军)⑦骨
kʻyə	③款⑤捆⑦窟
hyə	①昏(1)(黄昏)婚⑤巽(白)(巽山)⑦忽笏唿惚窟①荤
ɦyə	②魂⑧核聿鹘
ʔjyə	①温(1)(温州)瘟③碗苑宛婉琬稳⑤惋腕怨⑦豌剜蜿鸳冤渊哕(哕起,即恶心)曰郁(2)(郁郁葱葱)
jyə	②员圆鸢园袁援猿垣辕玄悬桓丸完烷④允远缓浣⑥院媛缘县眩⑧阅悦越粤穴域阈役疫

[e]11

pe	⑤拜湃③摆(擺襬)⑦百伯迫柏佰檗擘(文)(巨擘)
pʻe	①掰⑤派⑦拍魄珀擘(白)(擘饼)啪
be	②排俳牌④罢(1)(吃交罢)⑥惫败⑧白舶(1)(舶来品)帛

me	②埋霾④买⑥卖迈⑧陌⑴(陌生)麦脉唛
te	③歹⑤戴(白)(戴帽)带戴(文)(姓氏)⑦得德答⑴(报答)
t'e	①台⑵(台州)苔⑵(舌苔)胎贪③志⑤太泰傣汰态贷探⑦忒忒⑴(过于)
de	②台(臺)⑴(台湾)台(檯)⑶(台子)台(颱)⑷(颱风)抬苔⑴(青苔)跆潭④待怠殆绐⑥埭(白)(两埭屋)大(文1)(大师)汏代袋岱玳埭(文)(河埭)黛⑧特
ʔne	①奶(白1)(奶奶头儿)囡
ne	②男南⑴(南北)喃楠腩④乃芀氖奶(文1)(老奶奶)⑥鼐奈耐⑧纳钠衲
le	②来莱徕俫婪⑥赖癞籁睐赉⑧劣埒肋勒仂
se	①筛⑴(筛酒)腮(文)(两腮)鳃③糁⑤洒晒塞⑵(要塞)赛帅⑦塞⑴(堵塞)
ze	②豺柴才(纔)材财裁蚕④在⑥傀⑧贼杂
ke	①阶皆偕街该赅甘柑坩泔疳根⑴(根据)跟⑴(脚下跟头)③解⑴(讲解)改颔感赶敢橄⑤介戒芥尬届界诫疥尬解⑵(解钞票)廨溉概丐钙盖赣⑦格胳⑵(胳肢窝)骼革隔嗝膈居(白)(居个)合⑵(三合粉)蛤鸽
k'e	①揩开堪龛戡③楷锴凯恺坎砍⑤慨忾去(白)(去爻)勘阚瞰⑦客喀缂克刻剋
ge	②渠(白1)(第三人称指代词)④颔(白)(面颔)
ŋe	②癌挨⑵(拖延)崖涯捱呆⑴(呆头)皑⑥碍艾⑧额兀纥
he	①咳⑴(咳笑)嗨酣蚶憨③蟹海许(白)(许个)⑦喝⑵(喝水)赫黑嘿
ɦe	②衡孩谐鞋含痕⑴(痕迹)④亥氦解⑶(解签诗)懈骇骸颔颔(文)(颔首)械邂憾撼害⑧劾合⑴(合作)盒(文)(纸盒)
ʔe	①哎哀埃⑴(尘埃)唉⑴(唉声叹气)埃⑵(埃及)挨⑴(挨近)庵谙鹌恩③矮俺⑤爱媛暧蔼霭呃隘蝹⑵(蝹儿)暗黯摁⑦扼厄轭

[ie]12

pie	①编鞭边蝙③贬扁⑴(扁担)匾⑤变遍⑦瘪憋鳖
p'ie	①扁⑵(一叶扁舟)偏篇翩⑤骗片⑦撇瞥
bie	②便⑵(便宜)骈④辨辩辫⑥便⑴(方便)卞弁汴⑧别蹩
mie	②绵棉眠④免勉缅黾⑵(黾池)娩冕湎渑腼鮸丏⑥面⑴(脸面)面(麵)⑵(米面)⑧灭乜(文)(眼睛微张)搣蔑篾
tie	①掂滇颠巅癫③玷点踮典碘⑤店惦⑦跌
t'ie	①添天③舔腆⑦帖贴铁餮
die	②恬甜田填钿④簟⑥垫电佃甸淀奠殿靛癜⑧谍叠碟蝶喋牒迭垤耋
ʔnie	①粘黏拈
nie	②鲇(鲶)年④碾⑥念捻⑧聂镊蹑啮颞廿
lie	②帘廉镰奁连联涟怜(憐)莲④脸敛撵琏辇⑥殓练炼链恋⑧列咧烈裂冽洌趔捩戾
tɕie	①斋崽(白)(卵崽)尖歼沾占⑴(占卜)瞻詹煎饘毡笺灾哉栽兼犍坚肩③剪翦展辗宰崽(文)(牛崽)捡检脸茧趼⑤债占(佔)⑵(占领)溅箭战颤荐再载最(白)(最高境界)剑建毽见⑦咋⑵(咋舌)窄舴摘谪责啧箦接婕楫辑哲蜇喆折⑴(折扣)褶节疖则劫揭⑴(揭露)洁结桔⑴(桔梗)拮子
tɕ'ie	①差⑶(出差)差⑴(差错)叉⑴(叉烧包)钗迁千(韆)⑵(秋千)悭千⑴(千万)仟阡扦猜谦牵

	③诠浅阐采(1)(采集) 彩睬踩厂(1)(工厂) 歉遣谴缱⑤蔡堑采(2)(采邑) 菜欠茜(1)(茜草) 倩纤(縴)(1)(纤夫) 憩⑦拆册策妾切窃沏挈锲签(籤)(签)金慊箧怯(文)(怯生)
dzie	②黔铃箝钱缠钳搛(搛菜)乾虔捐④豸俭件键⑥寨偈(2)(偈佗)健腱踺⑧宅择泽着(文2)(着色)翟(1)(姓氏)彻撤澈辙挟(挟菜)杰桀揭(2)(按揭)竭偈(1)(勇武貌)碣
ɲie	②严言研妍④染俨谳⑥验酽谚彦喭⑧热乜(白)(乜人)
çie	①纤(纖)(2)(纤维) 暹仙籼鲜煽搧先轩③闪(腰闪着)陕癣薛冼筅爇险显⑤线腺扇宪献⑦泄薛亵设胁歇蝎
ʑie	②潜蟾髯涎单(2)(单于)禅蝉婵然燃前④渐冉苒践善鳝⑥赡贱饯羡擅嬗缮膳⑧捷睫涉舌折(2)(折本)截
ʔjie	①淹奄腌阉悕腌蔫嫣烟胭洇③野掩魇偃⑤厌餍堰宴燕咽(2)(咽气)⑦餍谒噎
jie	②爷椰耶揶炎盐阎闫檐嫌焉延蜒筵贤舷沿铅(2)(铅山)④也(文)(也是)冶衍演⑥夜艳焰现砚⑧烨叶(葉)页晔协侠拽(1)(拖;拉)颉撷缬

[ue]13

kue	①乖③拐⑤怪
k'ue	⑤蒯快筷
gue	②怀(白)(怀闷)
ʔʋue	①歪
ʋue	②怀(文)(怀念)淮槐⑥外坏

[ø]14

pø	①般搬(1)(搬弄是非)⑤半⑦拨钵
p'ø	①番(2)(番禺)潘⑤判泮⑦泼
bø	②盘搬(2)(搬运)磐蟠瘢蹒蟠盆④伴拌绊⑥叛畔⑧钹勃脖渤荸饽悖
mø	②馒鳗瞒鞔④满螨懑⑥幔缦镘⑧末抹茉沫秣没殁
tø	①端敦墩惇碓镦蹲③短⑤断(文2)(决断)锻⑦掇咄
t'ø	①湍吞(文)(吞咽)⑦脱(1)(脱离)
dø	②团(團)糰屯囤豚臀④断(文1)(断续)⑥段(文)(段落)缎钝遁⑧夺(文)(抢夺)凸突沓(3)(沓起算)
nø	④暖(文)(温暖)⑥嫩⑧呐(1)(呐口)讷
lø	②峦孪娈栾鸾脔滦銮论(2)(论语)④卵(文)(卵袋)⑥乱论(1)(讨论)⑧粒
sø	①酸拴栓闩孙荪狲③损⑤蒜算涮逊巽(文)(八卦之一)⑦刷
zø	②存④撰馔⑧凿
kø	①干(1)(干犯)干(乾)(3)(干燥)杆(1)(筑杆)肝竿③杆(2)(电灯杆)秆擀⑤干(幹)(2)(干部)⑦葛割
k'ø	①刊看(2)(看守)③侃⑤看(1)(看见)⑦咳(2)(咳嗽)渴
gø	⑧橛(白)(两橛断)
ŋø	⑥玩
hø	①鼾③罕⑤熯汉⑦喝(1)(吆喝)

ɦø	②韩寒邗邯④旱⑥岸汗捍悍焊翰瀚
ʔø	①安氨鞍桉⑤按案胺⑦遏褐

[iø]15

tɕiø	①簪钻(1)(钻洞)尊樽③攒纂⑤譖钻(2)(钻孔)⑦匝(1)(一匝十二年)
tɕ'iø	①参(1)(参加)掺参(2)(参差)佥村邨③惨忏⑤窜蹿篡寸

[o]16

po	①波(1)(波浪)玻菠③跛簸⑤播(1)(播送)⑦卜(1)(占卜)八(1)(八个)捌博搏膊驳剥舶(2)(船舶)
p'o	①坡颇③叵⑦趴粕泊朴(1)(朴)仆(1)(仆倒)扑噗璞濮蹼
bo	②鄱⑥薄(2)(薄荷)⑧拔跋薄(1)(厚薄)亳箔礴雹卜(2)(萝卜)仆(1)(仆人)瀑
mo	②么(麼)蘑广馍无(2)(南无)摹模(1)(模范)谟④姥(2)(太姥山)⑥摩(2)(摩崖)募墓慕暮⑧莫摸幕漠寞膜瘼瞙邈蓦陌(2)(打生陌生)木沐目牧睦穆苜
vo	⑧缚(1)(缚鞋带)
to	①多哆③朵躲⑤跺剁⑦沰
t'o	①拖(文)(拖拉机)③妥椭⑤唾(文)(唾沫)⑦托拓
do	②驮驼鸵佗陀沱砣跎④垛舵堕惰⑥大(文2)(大小)⑧铎擢(白)(擢起当官)
no	②挪傩哪(2)(哪吒)④娜(2)(婀娜)⑥懦糯⑧诺喏搦
ʔlo	①啰
lo	②罗萝逻锣箩骡螺④裸瘰⑥赂摞⑧乐(2)(快乐)洛骆络烙落酪禄碌录绿氯
so	①娑挲沙纱砂鲨莎痧裟唆梭蓑搓(白)(搓绳)梳(文)(梳理)疏蔬③琐锁唢傻所(场所)数(2)(数一数)⑤嗄閦素(文)(朴素)愫数(1)(数字)⑦索嗦速
zo	②矬痤斜(2)(斜视)锄(文)(锄头)雏④坐⑥鲊座助⑧昨作柞胙砟酢
ko	①加家嘉迦(1)(迦南)枷(文)(枷锁)笳袈傢茄(1)(雪茄)佳③贾(2)(姓氏)假(1)(假设)⑤价驾架(文)(衣架)假(2)(放假)嫁稼⑦各阁胳(1)(胳膊)搁(文)(搁浅)咯角觉珏郭椁
k'o	③可⑦壳确榷扩廓
go	②枷(白)(饭镬枷儿)⑧硌(硬硌硌)搁(白)(搁臀)
ŋo	②鹅(白)(鹅兜)牙芽衙伢呀④雅⑥讶砑⑧鄂愕噩鳄谔萼腭颚鹤乐(1)(音乐)岳嶽
ho	①呵诃嗬虾(1)(虾儿)⑤吓⑦壑郝霍藿
ɦo	②虾(2)(虾蟆)霞遐瑕④下⑥夏厦暇(闲暇)⑧涸貉学峃获(穑)(1)(收穑庄稼)鑊
ʔjo	⑦哟唷
ʔo	①丫(1)(两丫裤)鸦③哑⑤亚娅挜⑦恶(1)(善恶)握喔腲齷沃渥

[io]17

tɕio	①乍查(2)(姓氏)喳渣楂吒挓(1)(敲打)③担左佐组阻诅俎⑤诈咋(1)(咋然)炸(1)(炸弹)榨蚱做⑦卓桌啄琢诼涿捉足烛嘱瞩作镞
tɕ'io	①叉(2)(叉腰)杈车(白)(汽车)初刍③础(1)(基础)楚⑤岔汊衩挫锉(文)(锉刀)措厝锉(白)(锉刀)⑦戳龊矗触曲(1)(弯曲)蛐错搓(文)(搓板)磋蹉簇蔟促

dzio	②茶查(1)(检查)搽茬⑧浊镯擢(文)(擢升)濯躅属蜀局焗
ɲio	⑧玉狱钰
ɕio	⑦朔搠缩蓿粟僳束
zio	⑥祚⑧俗续赎
jio	⑧浴欲

[ɿ]18

tsɿ	①髭知蜘咨姿资脂吱兹滋孳孜淄缁辎锱之芝③紫訾只(1)(只有)咫旨指子籽仔梓滓第止址趾祉姊⑤智渍恣至挚置志痣识(2)(标识)帜
ts'ɿ	①雌呲疵差(4)(参差)痴笞蚩嗤③此侈耻齿⑤刺(1)(刺激)翅次眙炽⑦涩(白)(涩口)
dzɿ	②弛驰踟篪龀迟持④雉痔峙⑥稚治
sɿ	①斯撕嘶厮筛(2)(米筛)施私师狮(文)(雄狮)蛳尸司丝咝鸶思飕诗腮(白)(腮腺炎)③徙豕死矢屎史使驶始⑤赐四肆伺试弑
zɿ	②瓷慈磁鹚糍词祠辞餈(泥餈)时而④氏是尔巳祀似士仕俟市柿恃耳(文)(聂耳)洱⑥豉自示谥视嗜字寺侍饲嗣事饵

[i]19

pi	①荸裨(2)(裨益)笓屄毗陂羆③彼匕比(1)(比较)鄙⑤臂秘(2)(秘鲁)箅蓖蔽闭庇痹毙⑦必毕笔哔筚跸滗逼碧辟(1)(大辟)璧壁
p'i	①批砒披纰⑤脾娉譬屁⑦匹疋辟(闢)(2)(开辟)僻劈霹癖癖
bi	②鼙皮疲啤脾裨(1)(裨将)枇毗蚍琵肥(白)(肥肉)④陛被婢否(2)(否去泰来)痞圮⑥币弊敝斃鼻避比(2)(比邻)备坒⑧弼愎(刚愎自用)
ʔmi	①咪眯
mi	②糜麋迷谜醚弥猕眉嵋湄楣④靡米弭美尾(白)⑥秘(1)(秘书)袂媚魅寐未(白)味(白)⑧泌密蜜宓谧嘧觅汨幂
fi	①飞非菲(1)(芳菲)啡绯扉蜚霏妃③匪诽菲(2)(菲薄)斐榧翡⑤废肺痱沸狒费
vi	②肥(文)(肥沃)微薇④尾(文)娓⑥吠未(文)味(文)
ti	①爹低③抵底邸诋砥⑤帝蒂谛⑦的嘀滴嫡
t'i	①梯锑③体⑤剃涕屉替嚏⑦剔惕踢倜
di	④弟悌⑥大(白)(大官爷)递第睇逮棣缔地⑧迪敌涤笛狄籴荻翟(2)(长尾的野鸡)
ʔni	①妮
ni	②泥尼呢怩④你⑥伲腻⑧昵匿溺
ʔli	①里(2)(该里)厘(2)(一厘儿)哩(1)(词曲中作衬字)
li	②犁黎藜鳌离漓璃篱缡罹梨蜊厘(1)(厘米)狸喱④礼醴蠡(1)(范蠡)履李里(裏)(1)(里外)理鲤俚娌浬⑥厉励砺蛎丽隶唳荔詈利俐莉痢苙吏例⑧笠力历(歷)(曆)沥雳疬砾栎跞鬲立栗僳溧篥溧傈律率(2)(效率)
tɕi	①嗟遮猪跻支枝肢栀鸡稽畸羁机肌饥(饑)(1)(饥饿)基箕姬几(幾)(文 1)(几何)讥叽饥(饑)(2)(饥荒)畿③姐这者煮济(济南)纸己几(幾)(文 3)(几多)几(文 2)(茶几)麂⑤借蔗霽际祭漈制(製)剂(2)(调剂)挤济(1)(救济)霁计系(繫)(4)(系鞋带)继髻寄骥冀致(緻)记纪既暨⑦浙唧稷陟仄织职迹积脊嵴瘠鲫只(隻)(2)(量词)炙撼绩即

tɕ'i	①车(文1)(水车)蛆妻栖凄欺岂溪蹊③且扯杵鼠启企(文)(企业)绮起杞⑤筲(斜)掣砌刺(2)(生刺)契弃器气汽⑦叱饬敕厕侧测恻刺(3)(刺绒衫)尺斥赤哧戚喊吃(1)(吃饭)
dʑi	②池茄(3)(茄儿)伽(1)(伽蓝爷)奇崎骑琦歧岐芪祁鳍耆其期棋旗萁琪蜞麒祈④苎舐技妓伎企(白)(企图)⑥箸滞忌⑧蛰直值植殖湜掷(文)(一掷尿)踯掷(白)(投掷)
ȵi	②倪霓嵇仪宜疑④蚁拟⑥艺呓睨诣义议谊毅
ɕi	①些奢赊畲西犀茜(2)(人名)牺羲曦熙嘻嬉熹希稀唏③写舍(捨)(2)(施舍)胥洗铣玺髓喜禧蟢⑤泻卸舍(1)(进舍)赦世势细(文)(仔细)婿啬戏⑦摄慑燮泄薛亵设悉蟋窸息媳熄色啬铯穑式识(1)(认识)饰拭轼昔惜适释析晰渐暂蜥锡
ʑi	②邪斜(1)(倾斜)佘徐蛇齐脐匙④社惹屿荠鲚⑥藉(1)(藉口)榭谢麝薯(白)(番薯)逝誓噬剂(1)(发剂)⑧食蚀藉(2)(藉田)籍席夕汐矽射石(1)(石头)硕寂
ki	③几(幾)(白)(几个)
ʔji	①祎猗漪伊咿医衣依袆③椅倚旖⑤裔缢翳意⑦一(白)(一个)亿忆臆癔
ji	②兮奚移夷姨胰痍彝怡贻饴饴颐圯沂④迤矣已以⑥曳刈系(1)(关系)系(係)(2)(中文系)系(繫)(3)(连系)易(2)(容易)肄懿异

[u]20

pu	①波(2)(宁波)餔③补谱⑤播(2)(发播)布怖
p'u	①铺(1)(铺被)③圃浦(2)(浦东)普埔浦(1)(下吕浦)⑤破铺(2)(床铺)
bu	②菩脯(2)(胸脯)蒲(1)(菖蒲)匍莆孵(白)(孵坊)婆葡蒲(1)(蒲鞋)④部簿箈(朗眼箈)⑥捕哺缚(2)(腰缚)步埠赌
mu	②摩(1)(摩擦)磨(1)(磨刀)魔模(2)(模子)⑥磨(2)(磨石)戊雾(白)(发雾)物(白)(物事)
fu	①夫(1)(丈夫)夫(2)(人名)肤麸俘孵(文)(孵化)敷孚稃③甫脯(1)(果脯)辅俯斧釜抚府腑殕⑤赴讣付咐赋傅富副⑦不(文)(不是)
vu	②扶芙(文)(芙蓉)凫无(1)(无中生有)芜巫诬毋符浮(白)(尸骸浮起)④腐(文)(腐饎)武侮鹉舞妩负父妇⑥附驸芙(白)(芙蓉)腐(白)(腐败)务雾(文)(云雾)婺
tsu	⑦竹竺筑祝粥
ts'u	⑦蹙蹴畜(1)(牲畜)摍俶
dzu	⑧逐妯
su	⑦肃宿(1)(宿舍)夙叔倏菽
zu	⑧族淑熟孰塾辱褥缛衄肉
ku	①哥歌戈锅埚瘑估咕姑菇轱蛄辜孤呱(1)(呱呱而泣)菰箍③舸果裹餜古诂牯罟股蛊贾(商贾)鼓臌瞽⑤过固沽故痼顾雇⑦谷(穀)
k'u	①苛柯轲疴科棵颗蝌稞窠髁枯骷刳③坷苦⑤课库裤绔⑦哭酷
hu	①乎呼③火伙(夥)虎唬琥浒⑤货戽
ɦu	②河何(文)(任何)荷(1)(荷花)菏禾和(1)(和平)狐弧壶胡(鬍)葫湖蝴糊猢瑚④荷(2)(负荷)祸户沪扈⑥贺和(2)(附和)互护⑧斛槲鹄
ʔu	①阿(1)(阿胶)婀窝涡萵倭挝(2)(老挝)乌呜钨污③坞⑤庈恶(2)(可恶)⑦屋

[y]21

ty	①都③堵赌睹肚(白)(猪肚)⑤妒蠹
t'y	③土吐(1)(吐痰)⑤吐(2)(呕吐)兔菟
dy	②图徒(文)(徒弟)途涂(塗)屠荼④杜肚(文)(肚皮)⑥度渡镀踱
ly	②蠡(2)(河蠡蚌)卢芦炉颅轳鸬庐驴闾榈④卤(滷)(2)(盐卤)吕侣旅铝膂屡缕⑥路露璐鹭虑滤类
tɕy	①租沮狙疽诸株蛛诛朱(硃)珠侏稣(鮇鱊)追椎锥车(文 2)(车马炮)居(文)(居住)拘驹闺硅圭规(1)(圆规)龟归(2)(当归)③祖咀渚褚拄主嘴举矩枸(1)(枸橼)诡轨癸鬼⑤著驻炷注蛀铸醉(2)(酒喝醉爻)缀赘据锯踞句桂季悸愧(1)(惭愧)贵
tɕ'y	①粗趋枢吹炊祛区(1)(区别)岖驱躯暌睽窥③础(2)(礎础)处(1)(处理)取娶龋⑤醋处(2)(相处)觑趣去(文)(来去)
dʑy	②除储蹰厨橱垂捶锤陲槌癯渠(文)(水渠)瞿衢葵遽馗夔④贮伫柱矻巨拒炬距跪揆⑥署薯(文)(马铃薯)曙住绳坠邃具俱惧飓柜(櫃)馈匮
ŋy	②娱(1)(娱乐)隅愚禺虞危蜈鱼渔④语圄龉⑥御(禦)驭遇寓伪
ɕy	①苏酥稣甦梳(白)(头梳)书抒舒须(鬚)需输尿(2)(拉尿)虽绥靴虚嘘墟吁(1)(气喘吁吁)麾挥(2)(指挥)辉晖③暑黍水许(文)(许多)诩栩毁⑤诉塑溯素(白)(吃素)絮恕庶戍岁税祟邃醑煦卉讳
zy	②锄(白)(板锄)如茹殊儒蠕嚅濡隋随谁④序叙绪墅汝聚竖乳蕊⑥树孺瑞遂隧穗
ʔjy	①淤於逶葳吁(2)(喝止牲口声)③委萎痿尉蔚慰伛⑤畏喂餧妪
jy	②余(餘)(2)(剩餘)舆于盂竽俞逾愉榆揄瑜臾谀腴携畦为(1)(作为)帷维潍违围韦帏闱炜④予与(1)(给予)宇羽雨禹愈唯惟伟苇玮韪⑥与(2)(参与)余(1)(姓氏)预誉豫芋吁(3)(呼吁)喻谕裕卫彗惠慧为(2)(为什么)位遗纬胃谓猬

[ɯa]22

pɯa	①巴(1)(巴西)芭吧疤笆粑③把(1)(把守)靶⑤坝把(2)(把柄)霸
p'ɯa	①葩⑤帕怕
bɯa	②扒爬耙杷琵巴(2)(下巴)④罢(2)(罢工)
ʔmɯa	①姆(2)(师姆)
mɯa	②麻嘛蟆④马玛码蚂妈母拇姆(1)(保姆)某
kɯa	①瓜呱(2)(呱呱叫)娲蜗③寡剐⑤卦褂挂
k'ɯa	①夸(誇)③垮⑤挎跨胯
ŋɯa	④瓦
hɯa	①花⑤化
ɦɯa	②划(1)(划龙船)华(1)(中华)哗骅⑥华(2)(华山)桦画(1)(连环画)话
ʔɯa	①哇洼蛙娃

[iɯa]23

tiɯa	①刁叼雕(彫)凋貂碉③鸟(2)(鸟儿)⑤吊钓
t'iɯa	③挑⑤跳眺粜
diɯa	②条迢调(1)(调羹)笤④掉(2)(掉钞票)窕⑥调(2)(声调)掉(1)(掉落)

niɯa	②娘孃⑥酿
liɯa	②辽聊僚寥撩嘹缭寮镣龙(白)(龙船)良梁量(2)(量尺寸)粮梁④了(瞭)潦燎两(1)(两个)俩(2)(两人)垄(白)(菜垄)两(2)(斤两)俩(1)(伎俩)辆魉⑥料廖疗瞭亮凉谅量(1)(数量)晾靓(2)(靓妹)⑧猎掠略撂
tɕiɯa	①将(1)(将来)张章彰樟璋蟑③奖桨蒋长(2)(生长)涨掌⑤将(2)(大将)浆酱帐账胀障嶂瘴
tɕ'iɯa	①枪锵昌猖菖娼③抢昶厂(2)(茅棚厂儿)敞氅⑤呛畅怅倡唱
dʑiɯa	②长(1)(长短)场肠④丈仗杖
ɲiɯa	②嚷瓤④壤攘⑥让
ɕiɯa	①萧箫潇相(1)(互相)厢湘箱镶襄商伤殇③筱想鲞晌垧赏⑤相(2)(宰相)饷
ziɯa	②墙蔷樯戕详祥翔尝常偿裳嫦徜④象像橡漾上(2)(上声)⑥匠上(1)(上面)尚

[yɯa]24

tɕyɯa	①妆(2)(妆灵清)庄(2)(坐庄)装(2)(假装)桩(文)(打桩)钟(鐘鍾)龚供(1)(供销)恭(1)(恭敬)③冢肿种(2)(种子)踵拱(1)(打拱作揖)⑤壮(白)(壮显壮)戆纵种(1)(种树)供(2)(供应)
tɕ'yɯa	①窗框眶筐匡诓③闯恐
dʑyɯa	②幢(1)(经幢)桩(白)(烂树桩)重(2)(重复)狂诳④重(1)(轻重)⑥状撞幢(2)(楼幢)重(3)(重迭)逛共
ɲyɯa	②浓(2)(浓淡)
ɕyɯa	①霜孀双胸凶(文)(凶恶)匈汹③耸(耸立)悚(悚惧)悚竦⑤况
zyɯa	②床从(1)(跟从)松(2)(松树)⑥讼诵颂
ʔjyɯa	①痈邕③枉往⑤壅
jyɯa	②王④勇涌踊甬俑恿蛹⑥用佣(2)(佣人)

[ai]25

pai	①杯背(揹)(3)(背心)卑碑悲⑤贝狈背(1)(背部)辈褙
p'ai	①坯胚呸不⑤沛霈配
bai	②陪培徘赔裴④倍蓓⑥佩背(2)(背诵)焙
ʔmai	①姆
mai	②蛾(白)(打灯蛾)玫枚梅媒煤莓酶霉④每⑥妹昧⑧万(文2)(万俟)墨默
tai	①呆(2)(痴呆)堆⑤对碓
t'ai	①推③腿⑤唾(白)(痰唾)退褪煺脱(2)(脱裤)蜕
dai	②颓⑥队兑⑧夺(白)(赌抢赌夺)
nai	④奶(白2)(奶奶)馁⑥内
lai	②朒雷擂蕾镭羸④磊儡瘰累垒⑥礧泪⑧捋
sai	①衰⑤碎
zai	④罪⑥锐睿芮睡悴粹萃瘁
kai	⑤个
ŋai	⑥饿(白)(肚饿)
ʔai	⑤唉(2)(唉磊堆碎)

[iai]26

tɕiai	⑤最(文)(某某之最)拽(2)(拉扯)惴淬醉(1)(陶醉)
tɕʻiai	①崔催摧③璀揣⑤啐脆踹翠

[uai]27

kuai	①瑰规(2)(规矩)归(1)(回归)皈⑤会(2)(会计)侩刽桧脍⑦国帼掴蝈
kʻuai	①恢盔魁诙奎亏岿③傀⑤块愧(2)(愧对)喟
guai	⑥溃(白)(溃疡)
ŋuai	②巍⑥魏(文)
huai	①灰挥(1)(挥挥手)徽③贿悔咄⑤诲晦荟喙
ɦuai	②桅鬼回(迴)徊茴洄蛔④汇(匯)(1)(汇款)⑥溃(文)(崩溃)会(1)(会议)绘烩魏(白)汇(彙)(2)(汇报)
ʔʋuai	①偎煨③诱猥⑤秽(淫词秽语)

[au]28

tau	①兜③斗(1)(北斗)抖陡蚪⑤斗(2)(斗争)
tʻau	①偷③敨⑤透
dau	②投头骰⑥逗读(2)(句读)窦脰豆荳痘
nau	④冇⑥耨
lau	②娄楼偻喽褛蝼髅④搂篓⑥陋漏镂瘘
sau	①搜艘馊飕③叟嗾擞溲⑤嗽漱瘦
zau	②愁
kau	①勾沟钩篝③苟狗枸(2)(枸杞)垢诟⑤构购媾够彀(白)(居屋合音)
kʻau	①抠眍③口⑤叩扣寇蔻
gau	④厚(白)(厚佬)
ŋau	②牛④偶藕耦
hau	①佝③犼(许屋合音)⑤吼鲎(虹)
ɦau	②侯喉猴篌④后(後)厚(文)(忠厚)⑥候逅
ʔau	①区(2)(姓氏)欧鸥讴瓯③呕殴⑤沤怄墢(埋葬)

[iau]29

tɕiau	①邹驺鸠阄赳③走九久玖灸韭纠⑤奏揍皱绉究疚救咎厩⑦菊鞠掬
tɕʻiau	①诌丘蚯邱③掫揿⑤凑⑦曲(麯)(2)(酒曲)
dʑiau	②求球逑裘仇(1)(姓氏)虬④臼舅柏⑥旧籀骤旧柩
ʔȵiau	①妞
ȵiau	④扭纽钮忸⑥狃(若屋合音)
ɕiau	①休咻③朽⑤臭(2)(铜臭)嗅⑦畜(2)(畜牧)蓄旭勖
ʔjiau	①优忧悠攸幽③黝⑤幼⑦郁(1)(郁闷)燠
jiau	②由邮油游蚰猷蝤鲦尤犹④友有酉诱莠⑥又右佑祐囿宥柚釉⑧育昱煜毓鬻

[iu]30

tiu	①丢⑦督笃
t'iu	⑦忕(2)(忕不识相)秃
diu	②徒(白)(门徒)独读(1)(读书)渎椟犊牍毒
niu	②奴④努弩⑥怒
ʔliu	①噜溜
liu	②刘留流琉硫馏榴瘤镠鎏④虏鲁掳橹卤(鹵)(1)(卤素)柳绺⑥遛⑧鹿漉辘麓六陆戮
tɕiu	①揪舟州洲周(週)赒③酒肘帚⑤昼咒
tɕ'iu	①秋(鞦)湫鳅抽③瞅丑(醜)⑤臭(1)(乌焦臭)
dʑiu	②囚绸稠惆畴筹踌仇(2)(仇恨)雠酬④纣⑥宙轴售
ɕiu	①修羞馐收③手首守狩⑤秀绣锈宿(2)(星宿)兽
ʑiu	②酉遒泅柔揉蹂④受绶⑥就袖寿授

[aŋ]31

paŋ	①奔贲犇③本畚⑤粪(白)(粪扫)
p'aŋ	①喷(1)(喷水)⑤喷(2)(喷香)
baŋ	④苯⑥笨坌
maŋ	②门们扪蚊(白)(蚊虫)明(白)(明朝)⑥闷焖问(白)(问问眙)
faŋ	①分(1)(分开)芬吩纷酚③粉⑤奋粪(文)(粪坑)
vaŋ	②坟氛焚汾文纹蚊(文)(蚊蝇)雯④忿愤吻刎⑥分(2)(分格)份问(文)(提问)闻紊
taŋ	①吨灯登蹬瞪③戥等凼⑤顿炖(2)(炖卵糕)凳磴
t'aŋ	①吞(白)(慢吞吞)⑤氽瞪(白)(眼灵珠瞪起)
daŋ	②饨腾誊藤滕疼(白)(疼痛)④断(白)(断气)盾(1)(盾牌)沌炖(1)(温炖汤)⑥段(白)(烂树段)邓
naŋ	②能人(白1)(人来客往)④恁暖(白)(暖芬芬)
laŋ	②仑抡伦沦轮囵纶(1)(涤纶)棱④卵(白)(卵黄)⑥愣
saŋ	①心芯参(3)(人参)森深琛(2)(人名)辛锌新薪莘申伸身呻绅娠僧③沈(瀋)审婶迅哂⑤渗讯汛信囟
zaŋ	②寻挦荨岑谌忱任(文2)(任性)秦神辰晨宸人(文)(人民)仁娠层曾(文1)(曾经)④赁蕈葚甚饪尽(儘)肾⑥任(文1)(姓氏)妊(文)(妊妇)衽烬慎矧刃(1)(刀刃)纫仞赠
kaŋ	①根(2)(结根)跟(2)(跟从)哏⑤艮亘
k'aŋ	③垦恳肯啃
haŋ	①夯(白)(夯实)③很狠
ɦaŋ	②痕(2)(伤痕)恒⑥恨

[iaŋ]32

tɕiaŋ	①砧针斟箴津珍蓁榛臻真甄曾(文 2)(姓氏)增憎筝(2)(古筝)今金襟巾斤筋茎京荆惊粳经(1)(经济)泾均钧军君皲③枕怎诊疹缜积锦紧谨景警璟颈⑤浸进晋镇圳振震赈禁靳竞敬境镜滢劲径经(2)(经线)陉胫迳
tɕ'iaŋ	①侵梣琛(1)(珍宝)亲(1)(亲戚)抻嗔瞋钦衾卿轻氢③寝⑤沁亲(2)(亲家)趁衬龀蹭揿庆磬罄
dziaŋ	②沉尘陈臣曾(白)(曾经)琴禽擒芩等噙檎芹勤兢矜擎鲸鲸裙群④朕赚(白)(赚钞票)近痉菌窘⑥鸩阵妗噤仅馑瑾觐竞郡
ȵiaŋ	②宁(1)(宁波)拧狞柠咛壬人(白 2)(新儒人)银鄞垠吟龂凝迎④您忍⑥宁(2)(宁可)泞任(白)(任可)妊(白)(妊娠)刃(2)(刀刃)认韧
ɕiaŋ	①歆鑫欣忻掀兴(文 1)(兴盛)馨凶(白)勋熏薰③兴(白)(作兴)行(白)⑤衅兴(文 2)(高兴)训
ʔjiaŋ	①阴荫(1)(树荫)音喑因茵咽(1)(咽喉)姻氤殷应(1)(应该)鹰膺蝇莺(1)(黄莺)樱(1)(樱桃)鹦(1)(鹦鹉)罂(1)(罂粟)英瑛罃婴缨璎氲③隐瘾饮影蕴悃⑤荫(2)(荫德)窨印应(2)(响应)映滢醑熨
jiaŋ	②淫霪寅盈赢楹瀛刑形型邢匀筠云(雲)耘芸纭④引蚓吲颖郢颍允尹殒⑥胤孕

[uaŋ]33

kuaŋ	①昆(文 1)(昆仲)③管(白)(毛管)滚衮绲辊⑤棍謴
k'uaŋ	①昆(白)(昆剧)坤③捆⑤困
huaŋ	①昏(2)(昏君)
ʔuaŋ	①温(2)(温吞)
uaŋ	②浑馄④混⑥诨

[əŋ]34

pəŋ	①宾彬斌滨缤濒槟冰兵并(3)(并州)③禀膑髌丙秉柄炳饼屏(2)(屏墙)⑤鬓傧摈殡并(併)(1)(合并)摒
p'əŋ	①乒拼姘③品⑤聘娉
bəŋ	②贫频嫔颦凭平评坪苹枰屏(1)(屏幕)瓶萍④并(並)(2)(并且)苹⑥病
məŋ	②民旻岷抿泯旼明(文)(光明)鸣盟名茗铭冥瞑螟④闽闵悯敏皿酩⑥命
təŋ	①丁叮钉(1)(铁钉)仃疔③顶鼎⑤订钉(2)(钉板箱)
t'əŋ	①厅听(文)(听觉)汀町烃③挺艇⑤听(白)(打听)
dəŋ	②廷亭庭停蜓婷霆⑥定啶腚碇锭
ʔləŋ	①扔拎铃(2)(铃铛)
ləŋ	②林临淋琳霖邻磷鳞辚嶙遴辚麟潾凌陵菱令(2)(令尊)令(3)(令狐)伶灵玲铃(1)(电铃)聆羚零龄苓囹泠棂蛉翎④凛廪岭领⑥吝躏膦令(1)(命令)另
tsəŋ	①症(癥)(2)(症结)蒸晶睛精菁旌正(2)(正月)征(徵)怔贞侦帧③拯井阱整⑤甑锃证症(1)(病症)正(1)(真正)政
ts'əŋ	①称(1)(称呼)清蜻青蜻③请骋⑤秤称(2)(相称)
dzəŋ	②惩澄橙呈程埕④逞⑥瞪(文)(瞪目结舌)郑
səŋ	①升昇陞声星猩腥惺③省(2)(反省)醒⑤胜性姓圣
zəŋ	②情晴饧成诚城盛(2)(盛饭)仍缯乘(1)(加减乘除)绳塍承丞④靖静婧⑥净靓(1)(靓妆)盛(1)(兴盛)晟乘(2)(千乘之国)剩嵊

[oŋ]35

poŋ	①崩(1)(崩溃)嘣(1)(打嘣)⑤崩(2)(一崩香烟)蹦嘣(2)(内胎打嘣炗)
p'oŋ	①乓③捧⑤碰椪
boŋ	②朋棚(1)(牛棚)鹏硼蓬篷埄④埲燧
ʔmoŋ	①蒙(2)(蒙人)
moŋ	②蒙(1)(蒙犯)矇(朦)(4)(目失明)濛(濛)(5)(小雨貌)檬朦瞢④蒙(3)(蒙古)懞(懞)(6)(昏昧无知)懵⑥梦
foŋ	①风枫疯沨丰封峰锋蜂烽⑤讽
voŋ	②冯逢④奉⑥凤缝俸
toŋ	①东冬(鼕)③董懂⑤冻栋
t'oŋ	①通嗵③捅⑤痛统
doŋ	②同桐铜筒童瞳僮潼彤疼(文)(疼痛)④动桶恸⑥洞侗恫胴
noŋ	②农脓侬哝浓(1)(浓密)
loŋ	②咙胧聋笼龙泷珑砻癃隆窿龙(文)(龙头)④拢垄(文)(垄断)陇⑥弄
soŋ	①松(鬆)(1)(放松)菘嵩凇洶峋洵荀③笋隼榫⑤送宋峻浚瞬舜
zoŋ	②纯淳醇莼鹑丛淙琮崇戎绒茸旬驯巡循徇唇④冗吮⑥殉顺闰润
koŋ	①肱①工公功攻恭(2)(恭候)蚣红(2)(女红)弓(2)(新读)宫(2)(新读)躬(2)(新读)③汞巩拱(2)(拱桥)⑤贡
k'oŋ	①空(1)(空虚)倥崆箜③孔⑤空(2)(亏空)控
hoŋ	①薨轰訇哄(1)(哄动)烘③哄(哄骗)⑤哄(3)(起哄)蕻(2)(菜蕻)
ɦoŋ	②弘泓宏闳苰红(1)(红色)虹洪鸿蕻(1)(雪里蕻)⑥讧
ʔoŋ	①翁嗡滃⑤瓮齆(齆鼻)

[ioŋ]36

tɕioŋ	①棕鬃宗综踪遵谆朘中(1)(中国)忠衷盅终弓(1)(弓箭)躬(1)(躬身)宫(1)(宫殿)③总卷(白)(一卷)准(準)冏炅迥炯⑤粽俊骏竣隽中(2)(中状元)众
tɕ'ioŋ	①穿(白)(穿针)鬈(白)(鬈发)皴春椿冲(1)(冲锋)忡充冲(衝)(2)(对冲)憧匆(忽)葱聪偬从(2)(从容)倾囱穹③蠢宠顷⑤串铳
dʑioŋ	②虫琼穷④盾(2)(矛盾)⑥仲
ɕioŋ	①春兄
zioŋ	②慵
ʔjioŋ	①雍臃③拥
jioŋ	②荣嵘蝾营茕莹荧萤萦荣熊雄融佣(傭)(1)(雇佣)庸墉镛容蓉溶榕熔④永咏泳

[n]37

ʔn	⑤儿(2)
n	②儿(1)义(白)④耳(白)⑥儿(3)二贰

[ŋ]38

ŋ	②俄哦峨娥鹅(文)(雁鹅)蛾(文)(飞蛾)讹吾吴梧④我五午伍忤牾⑥饿(文)(饥饿)嗯卧误悟娱(2)(娱乐)迕忤晤寤唔(唔布)

五、虹桥话

虹桥话韵母表

开口呼	齐齿呼	合口呼	撮口呼
[a]01 排翻丹谈斋惭艰岩	[ia]02 脚雀着尧晓若约药	[ua]03 袜泛凡乖宽怀弯槐	
[ɛ]04 烹盲打冷争生更硬			
	[iɔ]05 钟窗狂浓霜床枉王	[uɔ]06 包矛当唐抓捎交凹	
[ə]07 北拂佛得特则侄塞	[iə]08 级泣及逆响乙益译		[yə]09 专川传元宣全官款
[e]10 贪男参蚕甘刊含恩	[ie]11 编棉天田尖迁钱严		
[ø]12 潘盘端男尊酸肝安			
[o]13 巴爬麻多罗茶沙加	[io]14 卓触曲浊玉束俗欲		
[ɿ]15 资知雌刺斯师瓷而	[i]16 必匹密迪立即艺衣	[u]17 菩魔肤扶丢徒竹族	[y]18 都图租粗苏如游余
[ɤ]19 瓜夸瓦花华娃挂化	[iɤ]20 忙方防挑条将枪相		
[øo]21 袍毛刀逃遭曹高豪			
[ai]22 杯丕梅堆颓灾衰该孩		[uai]23 归恢亏溃巍灰桅偎	
[au]24 偷投邹搜勾牛猴瓯	[iau]25 赳丘求妞纽休优尤		
[ei]26 批迷低梨支妻些蛇			
	[iu]27 舟秋囚绕修柔郁育		
[aŋ]28 奔门灯能针心跟恒	[iaŋ]29 今钦琴宁迎欣音形	[uaŋ]30 昆滚棍坤困昏温混	
[əŋ]31 兵贫民丁亭林精升情			
[oŋ]32 朋风东农棕送工红	[ioŋ]33 宫串倾穷琼兄雍荣		
	[n̩]34 儿二贰耳饵洱	[ŋ̍]35 吴娱五午我俄卧吾	

虹桥话常用字同音字汇

同音字汇先按韵母列部，依次为 a、ia、ua、ɛ、iɔ、uɔ、ə、iə、yə、e、ie、ø、o、io、ɿ、i、u、y、ɤ、iɤ、øo、ai、uai、au、iau、ei、iu、aŋ、iaŋ、uaŋ、əŋ、oŋ、ioŋ、n、ŋ。

同韵字按声母次序排列，依次为 p、pʻ、b、m、f、v、t、tʻ、d、n、l、ts、tsʻ、dz、s、z, tɕ、tɕʻ、dʑ、n̠、ɕ、ʑ、k、kʻ、g、ŋ、h、ɦ、j、ʋ。

同声母的字按声调编号次序用数码表示：即①阴平、②阳平、③阴上、④阳上、⑤阴去、⑥阳去、⑦阴入、⑧阳入。

[a]01

pa	①扳班颁斑瘢③反(2)(反转)板(阊)版阪钣舨摆(擺襬)⑤爸拜湃扮瓣⑦八(2)(小八癞子)叭百伯迫柏佰檗擘(文)(巨擘)
pʻa	①掰攀⑤派盼襻⑦拍魄珀擗(白)(擗饼)啪
ba	②排俳牌爿④罢(1)(吃爻罢)⑥惫败办⑧白舶(1)(舶来品)帛
ʔma	①妈
ma	②吗埋霾蛮④买挽(文)(挽回)晚(文)(早晚)⑥骂卖迈漫慢谩曼蔓万(白)(逾千达万)⑧陌(1)(陌生)麦脉唛
fa	①藩(1)(篱笆)番(1)(番人)翻③反(1)(反对)返⑤贩畈
va	④挽(白)(挽联)晚(白)(晚稻)⑥饭万(文 1)(万年青)
ta	①耽眈担(1)(负担)聃丹单(1)(单独)郸殚③胆疸掸⑤戴(白)(戴帽)带石(2)(一石米)担(2)(重担)旦诞⑦搭答(2)(答应)瘩嗒耷怛妲笞靼
tʻa	①他它她拖(白)(鞋拖)坍摊滩瘫③毯坦(文)(坦白)⑤炭叹碳太泰傣汰⑦踏(1)(踢踏舞)沓(2)(疲沓)塔塌蹋遢榻澾挞闼跶獭
da	②坛(壜)(2)(酒坛)谭昙谈痰坛(壇)(1)(花坛)弹(2)(弹琴)檀④淡氮啖澹祖⑥埭(白)(两埭屋)大(文 1)(大师)汏但弹(1)(子弹)蛋惮坦(白)(道坦)⑧踏(2)(踏步)沓(1)(一沓纸)阖达靼
ʔna	①南(2)(南无)那(2)(姓氏)奶(白 1)(奶奶头儿)③娜(1)(人名)
na	②拿难(1)(困难)④女(白)(女儿)乃艿氖奶(文 1)(老奶奶)报⑥那(1)(那么)哪(1)(哪里)鼐奈难(2)(患难)⑧呐(2)(呐喊)捺
ʔla	⑦垃拉(文)(拖拉)啦
la	②岚蓝篮褴兰拦栏澜谰阑④览揽缆榄懒灡⑥赖癞籁滥烂⑧拉(白)(拉尿)腊蜡邋喇辣剌瘌
tsa	①咱斋恩(白)(卵恩)③斩崭盏⑤咋炸(2)(油炸馃)债蘸赞瓒⑦砸匝(2)(匝道)眨轧(2)(轧钢)扎札咋(2)(咋舌)窄舴摘谪责喷簪
tsʻa	①差(3)(出差)差(1)(差错)叉(1)(叉烧包)钗掺餐③产铲⑤诧姹差(2)(不好)蔡忏谶灿粲璨⑦插擦察刹(1)(古刹)拆册策
dza	②惭残④豸湛⑥寨暂站赚(文)(赚错)绽栈⑧渫(白)(煤(白)(宅择泽着(文 2)(着色)翟(1)(姓氏)
sa	①筛(1)(筛酒)三叁仨杉衫珊栅(2)(栅极)姗跚山舢删潸③伞散(1)(散漫)霰⑤洒晒散(1)(散会)栅(1)(栅栏)汕疝疝帅⑦飒卅歃霎啥萨撒杀刹(2)(刹车)煞
za	②豺柴馋谗巉潺⑧闸渫(文)蜇煤(文)铡

ka	①缄尴监(1)(牢监)间(1)(房间)艰奸姦菅阶皆偕街③减碱硷栋柬简铜裥扴解(1)(讲解)⑤监(2)(太监)鉴间(2)(间接)谏涧介戒芥尬届界诫疥疥解(2)(解钞票)廨⑦夹挟颊荚峡(1)(长江三峡)甲钾胛咖(2)(咖喱)嘎(1)(鸟鸣声)伽(2)(伽蓝)戛格胳(2)(胳肢窝)骼革隔嗝膈
k'a	①搳悭揩③槛舰楷锴⑤嵌⑦恰掐卡(1)(卡口)咖(1)(咖啡)卡(2)(磁卡)客喀缂
ga	②衔(白)(衔头)雁(白)(雁鹅)何(白1)(何乜)⑥陷(白)馅(白)(馅心)⑧峡(2)(河峡儿)嘎(2)(嘎嘎抖)轧(3)(轧姘头)茄(2)(番茄)
ŋa	②岩颜癌挨(2)(拖延)崖涯捱④眼⑥雁(文)(雁荡)赝⑧额
ha	③喊蟹⑦呷瞎哈喝(2)(喝水)赫
ɦa	②函涵咸(鹹)衔(文)(头衔)闲娴痫何(白2)(何乜)谐鞋衡④限也(白2)(也是)骇骸解(3)(解签诗)懈⑥陷(文)(陷阱)馅(文)(馅饼)械邂⑧狭洽匣狎黠辖盒(白)(盒儿)
ɦua	④莞(2)(莞尔而笑)
ʔua	③绾
ʔa	①阿(2)(阿舅)啊(1)(啊呀)埃(2)(埃及)挨(1)(挨近)③阿(3)(阿门)也(白1)(也是)矮⑤啊(2)(叹词)晏呃隘蠖(2)(蠖儿)⑦压押鸭揠轧(1)(倾轧)扼厄轭

[ia]02

tɕia	⑦爵着(白)(着衣)灼酌斫脚
tɕ'ia	⑦雀鹊绰焯怯(白)(胆怯)却
dzia	⑧着(文1)(着火)噱(1)(噱起)
ʔȵia	①蟯(白)(蟯蟯动)
ȵia	②尧饶(2)(上饶)蟯(文)(蟯虫)④鸟(1)(飞鸟)袅⑥尿(1)(输尿管)⑧捏搦箬疟虐
ɕia	③晓⑤卸⑦屑楔削烁铄谑
ʑia	⑧嚼勺芍妁杓若偌弱
ʔjia	①丫(2)(丫环)呀⑦约
jia	⑧药钥跃龠

[ua]03

mua	⑧袜
fua	⑤泛⑦法珐砝发(發)(髮)
vua	②凡帆矾烦繁蕃樊藩(2)(曾国藩)蘩④犯范⑥梵⑧乏伐罚阀筏
kua	①乖纶(2)(纶巾)鳏关③拐⑤怪惯⑦括刮(颳)
k'ua	①宽髋铅(1)(铅锅)⑤蒯快筷⑦阔
gua	②怀(白)(怀闷)⑥环(白)(门环)
hua	⑦豁(2)(豁拳)豁(1)(豁然开朗)
ʔʋua	①弯湾⑦挖斡
ʋua	②怀(文)(怀念)淮槐顽还环(文)(环境)圜寰④皖⑥外坏换幻宦患豢玩⑧划(劃)(2)(笔划)画(2)(笔画)获(獲)(2)(收获)或惑活猾滑

[ɛ]04

pɛ	①绷(1)(藤绷)浜⑤绷(2)(绷紧)迸
p'ɛ	①烹砰抨怦
bɛ	②彭嘭蟛澎膨棚(2)(尿布棚)④蚌(2)(蚌埠)⑥鬅
mɛ	②盲萌④猛锰蜢艋黾(1)(蛙的一种)⑥孟
tɛ	③打
lɛ	④冷
tsɛ	①争狰睁筝(1)(古筝)峥⑤挣诤
ts'ɛ	①撑(1)(俯卧撑)⑤撑(2)(撑客)
sɛ	①生牲笙甥③省(1)(省略)
kɛ	①更庚羹赓耕③埂梗哽鲠耿⑤更(文2)(更加)
k'ɛ	①坑铿
ŋɛ	⑥硬
hɛ	①亨哼
ɦɛ	②行(文1)(行为)珩桁④幸悻⑥行(文3)(品行)绗
ʔuɛ	①歪③夼(天明亮)
uɛ	②横
ʔɛ	①莺(2)(莺哥)樱(2)(金樱)鹦(2)(鹦哥)罂(2)(罂壶)③杏

[iɔ]05

tɕiɔ	①妆(2)(妆灵清)庄(2)(坐庄)装(2)(假装)桩(文)(打桩)钟(鐘鍾)龚供(1)(供销)恭(1)(恭敬)③冢肿种(2)(种子)踵拱(1)(打拱作揖)⑤壮(白)(壮显壮)戆纵种(1)(种树)供(2)(供应)
tɕ'iɔ	①窗框眶筐匡诓③闯恐
dʑiɔ	②幢(1)(经幢)桩(白)(烂树桩)重(2)(重复)狂诳④重(1)(轻重)⑥状撞幢(2)(楼幢)重(3)(重迭)逛共
ɲiɔ	②浓(1)(浓淡)
ɕiɔ	①孀孀双胸凶(文)(凶恶)匈汹③耸(耸立)怂(怂恿)悚竦⑤况
ziɔ	②床从(1)(跟从)松(2)(松树)⑥讼诵颂
ʔjiɔ	①痈邕③枉往⑤壅
jiɔ	②王④勇涌踊甬俑恿蛹⑥用佣(2)(佣人)

[uɔ]06

puɔ	①包苞胞帮甫邦梆③饱榜膀(2)(翼膀)绑⑤豹趵谤泵
p'uɔ	①抛胖滂③跑耪⑤泡炮疱胖
buɔ	②咆庖旁傍膀(1)(膀胱)磅螃彷(1)(彷徨)庞④鲍蚌(1)(象鼻蚌)棒⑥刨鉋镑
ʔmuɔ	①猫(2)(熊猫)
muɔ	②茅猫(1)(大猫)锚矛蝥④卯⑥貌
tuɔ	①当(當)(1)(应当)当(噹)(3)(当嘟)铛珰档③挡党⑤当(當)(2)(典当)档
t'uɔ	①汤趟(1)(趟水)③倘淌躺⑤烫趟(2)(一趟)

dɔ	②唐堂棠塘膛糖搪溏镗螳瞠⑥荡宕
ʔnɔ	①孬囔
nɔ	②挠桡铙囊④曩⑥闹淖齉
ʔlɔ	①啷
lɔ	②郎狼琅廊榔锒踉螂④朗⑥浪阆
tsɔ	①抓赃脏(髒)(1)(肮脏)藏(3)(藏青)臧妆(1)(化妆)庄(1)(庄严)装(1)(武装)③爪找⑤罩笊葬壮(文)(强壮)
ts'ɔ	①抄钞吵仓苍沧舱伧创(1)(创伤)疮③吵炒⑤创(2)(创造)
dzɔ	⑥棹
sɔ	①捎梢稍(1)(稍微)筲艄飚丧(1)(婚丧)桑③嗓搡磉爽耎⑤哨稍(2)(稍息)睄潲啸丧(2)(丧失)
zɔ	②巢藏(1)(隐藏)⑥脏(臟)(2)(内脏)藏(2)(西藏)奘
kɔ	①交郊胶跤茭蛟鲛肴(白)(肴配)冈刚岗(1)(山岗)纲钢江扛(文)(扛鼎之作)杠(1)(床杠)肛缸豇光胱③狡绞佼姣铰搅讲港岗(2)(岗位)广⑤教校(2)(校对)较皎窖杠(2)(敲竹杠)降(文)(降落)绛
k'ɔ	①敲骹康慷糠③巧⑤亢抗炕伉园矿旷(文)(旷课)圹
gɔ	②旷(白)(课旷夊)④犷(该人犷显)眶(田眶儿)⑥扛(白)(扛条儿)
ŋɔ	②昂卬④咬⑥炴
hɔ	①哮荒慌肓夯(文)(打夯)③谎恍晃幌⑤孝酵
ɦɔ	②吭杭航筕行(文 2)(银行)皇凰惶煌蝗隍徨黄簧潢璜蟥爻肴(文)(菜肴)淆④项⑥巷校(1)(学校)效
ʔɔ	①凹拗(3)(嬉嬉拗起)肮汪③拗(1)(棒儿拗断夊)⑤拗(2)(两个人拗搭)坳盎

07[ə]

pə	⑦不(白)(不仅)北
fə	⑦芾黻麧弗佛(2)(仿佛)拂氟
və	⑧佛(1)(佛陀)勿物(文)(事物)
tə	⑦得德
t'ə	⑦忒忒(1)(过于)
də	⑧特
lə	⑧劣埒肋勒仂
tsə	⑦则缉(2)(缉合)戢汁执擎窒栉质郅桎蛭卒
ts'ə	③厂(1)(工厂)⑦缉(1)(通缉)辑葺撮七柒漆猝
dzə	⑧侄秩帙
sə	①衰③小(白)(古方言留下的白读)⑤细(白)(细嬷)⑦塞(1)(堵塞)狮(白)(狮子)涩(文)(羞涩)湿膝瑟虱失室率(1)(率领)摔蟀
zə	⑧贼集习袭十什拾入疾嫉蒺实日(文)(日本)
kə	⑦居(白)(居个)
k'ə	⑤去(白)(去夊)

179

gə	②渠(白1)(第三人称指代词)
hə	③许(白)(许个)

[iə]08

tɕiə	⑦级急给汲吉桔(2)(柑桔)劫诘棘亟戟击激
tɕ'iə	⑦泣乞吃(2)(口吃)讫迄隙
dziə	⑧及圾偈掘(白)(掘井)极剧屐
ɲiə	⑧日(白1)(生日)屹逆
ɕiə	⑦吸歙甩
ʔjiə	⑦邑挹浥揖一(文)(一二三)乙壹溢抑益
jiə	⑧熠逸佚轶翼弋翌亦译易(1)(交易)绎驿弈奕蝎液腋掖檍

[yə]09

tɕyə	①镌专砖捐娟鹃涓③卷(文2)(席卷)⑤转啭卷(文1)(考卷)眷绢圈(2)(猪圈)⑦辍啜苗拙绌孓厥撅蕨噘獗决诀抉橘
tɕ'yə	①痊诠铨川穿(文)(贯穿)圈(1)(圆圈)③喘舛绻犬⑤钏劝券⑦踆出(韵)阙缺炔阕屈
dzyə	②传(1)(宣传)椽权拳蜷颧④篆⑥传(2)(传记)倦⑧怵黜术(1)(白术)橛(文)(短木桩)镢倔掘(文)(挖掘)崛
ɲyə	②元原源鼋螈④女(文)(男女)软阮⑥愿⑧月
ɕyə	①宣欢喧萱煊③选⑤渲唤涣焕痪奂楦绚⑦雪噱(2)(噱头)说戌恤血
zyə	②全泉漩船⑥旋(镟)璇⑧绝筵术(术)(2)(手术)述
kyə	①官棺倌观(1)(观察)冠(1)(皇冠)昆(文2)(灵昆岛)③馆琯管(文)(管理)莞(1)(东莞)⑤贯灌罐盥观(2)(寺观)冠(2)(冠军)⑦骨
k'yə	③款⑤睏⑦窟
hyə	①昏(1)(黄昏)婚⑤巽(白)(巽山)⑦忽笏唿惚寙①荤
ɦyə	②魂②桓丸完烷④缓浣⑧核聿鹬
ʔjyə	①豌剜蜿鸳冤渊温(1)(温州)瘟③碗苑宛婉琬稳⑤惋腕怨⑦哕(哕起,即恶心)⑧郁(2)(郁郁葱葱)
jyə	②员圆鸢园袁援猿垣辕玄悬④兖远⑥院媛缘县眩⑧阅悦越粤穴域阈役疫

[e]10

te	⑦答(1)(报答)
t'e	①贪③忐⑤探
de	②潭
ʔne	①囡
ne	②男南(1)(南北)喃楠腩⑧纳钠衲
le	②婪
tse	⑦匝(1)(一匝十二年)
ts'e	①参(1)(参加)掺③惨

se	③糝
ze	②蚕⑧杂
ke	①甘柑坩泔疳根(1)(根据)跟(1)(脚下跟头)③感赶敢橄⑤赣⑦合(2)(三合粉)蛤鸽葛割
kʻe	①堪龛戡刊看(2)(看守)③坎砍侃⑤勘阚瞰看(1)(看见)⑦磕嗑溘瞌咳(2)(咳嗽)渴
ge	④颔(白)(面颔)⑧橄(白)(两橄断)
ŋe	⑧兀纥
he	①酣蚶憨⑤熯⑦喝(1)(吆喝)
ɦe	②含痕(1)(痕迹)④颔颔(文)(颔首)撼⑥憾⑧合(1)(合作)盒(文)(纸盒)盍阖
ʔe	①庵谙鹌恩③俺⑤暗黯摁⑦遏褐

[ie]11

pie	①编鞭边蝙③贬扁(1)(扁担)匾⑤变遍⑦瘪憋鳖
pʻie	①扁(2)(一叶扁舟)偏篇翩⑤骗片⑦撇瞥
bie	②便(2)(便宜)骈④辨辩辫⑥便(1)(方便)卞弁汴⑧别蹩
mie	②绵棉眠④免勉缅黾(2)(黾池)娩冕渑腼鮸丏⑥面(1)(脸面)面(麵)(2)(米面)⑧灭乜(文)(眼睛微张)搣蔑篾
tie	①掂滇颠巅癫③玷点跕典碘⑤店惦⑦跌
tʻie	①添天③舔腆⑦帖贴铁餮
die	②恬甜田填钿④簟⑥垫电佃甸淀奠殿靛癜⑧谍叠碟蝶喋牒迭垤耋
ʔnie	①粘黏拈
nie	②鲇(鲶)年④碾⑥念捻⑧聂镊蹑嗫颞廿
lie	②帘廉镰奁连联涟怜(憐)莲④脸敛撵琏辇⑥殓练炼链恋⑧列咧烈裂冽洌趔捩戾
tɕie	①尖歼沾占(1)(占卜)瞻詹煎馓毡笺犍坚肩兼僵缰疆姜(薑)③剪翦展辗拣检脸茧趼襁⑤占(佔)(2)(占领)溅箭战颤荐剑建健见⑦接婕楫辑哲蛰喆折(1)(折扣)褶节疖劫揭(1)(揭露)洁结桔(1)(桔梗)拮子
tɕʻie	①签(籤)(簽)佥迁千(韆)(2)(秋千)悭千(1)(千万)仟阡扦谦牵羌腔③谄浅阐歉遣谴缱⑤堑慊欠茜(1)(茜草)倩纤(縴)(1)(纤夫)⑦妾切窃沏挈锲怯(文)(怯生)惬箧
dzie	②黔钤箝钱缠钳搛(搛菜)乾虔捐强④俭件键犍⑥倦(2)(倦佗)健腱踺糨⑧彻撤澈辙挟(挟菜)杰桀揭(2)(按揭)竭偈(1)(勇武貌)碣
ȵie	②严言研妍④染俨谳仰⑥验酽谚彦唁⑧热乜(白)(乜人)业孽蘖啮镊臬
ɕie	①纤(纖)(2)(纤维)暹仙籼鲜煸搧先轩乡香③闪(腰闪着)陕癣藓冼筅燹险显享响饷⑤线腺扇宪献向(嚮)⑦胁歇蝎
ʑie	②潜蟾髯涎单(2)(单于)禅蝉婵然燃前④渐冉苒践善鳝⑥赡贱钱羡擅嬗缮膳⑧捷睫涉舌折(2)(折本)截
ʔjie	①淹奄腌阉恹腌蔫嫣烟胭湮央殃鸳秧③野掩魇偃养氧⑤厌餍堰宴燕咽(2)(咽气)怏⑦餍谒噎
jie	②爷椰耶揶炎盐阎闫檐嫌焉延蜒筵贤弦舷沿铅(2)(铅山)阳扬杨炀旸疡羊洋佯烊(1)(融化)垟徉降(白)(投降)④也(文)(也是)冶衍演痒⑥夜艳焰现砚样漾恙烊(2)(打烊)⑧烨叶(葉)页晔协侠拽(1)(拖;拉)颉撷缬

[ø]12

pø	①般搬(1)(搬弄是非)⑤半⑦拨钵
p'ø	①番(2)(番禺)潘⑤判泮⑦泼
bø	②盘搬(2)(搬运)磐溽瘢蹒蟠盆④伴拌绊⑥叛畔⑧钹勃脖渤荸饽悖
mø	②馒鳗瞒鞔④满螨懑⑥幔缦镘⑧末抹茉沫秣没殁
tø	①端敦墩惇磴镦蹲③短⑤断(文2)(决断)锻⑦掇咄
t'ø	①湍吞(文)(吞咽)⑦脱(1)(脱离)
dø	②团(團糰)屯囤豚臀④断(文1)(断续)⑥段(文)(段落)缎钝遁⑧夺(文)(抢夺)凸突沓(3)(沓起算)
nø	④暖(文)(温暖)⑥嫩⑧呐(1)(呐口)讷
lø	②峦李娈栾鸾脔滦銮论(2)(论语)④卵(文)(卵袋)⑥乱论(1)(讨论)⑧粒
tsø	①钻(1)(钻洞)尊樽③攒纂⑤钻(2)(钻孔)
ts'ø	①氽村邨③忖⑤窜蹿篡寸
sø	①酸拴栓闩孙荪狲③损⑤蒜算涮逊巽(文)(八卦之一)⑦刷
zø	②存④撰馔⑧凿
kø	①干(1)(干犯)干(乾)(3)(干燥)杆(1)(筅杆)肝竿③杆(2)(电灯杆)秆擀⑤干(幹)(2)(干部)
hø	①鼾③罕⑤汉
ɦø	②韩寒邗邯④旱⑥岸汗捍悍焊翰瀚
ʔø	①安氨鞍桉⑤按案胺

[o]13

po	①巴(1)(巴西)芭吧疤笆粑波(1)(波浪)玻菠③把(1)(把守)靶跛簸⑤坝把(2)(把柄)霸播(1)(播送)⑦八(1)(八个)捌博搏膊驳剥舶(2)(船舶)卜(1)(占卜)
p'o	①葩坡颇③叵⑤帕怕⑦趴粕泊朴(樸)舶(2)(船舶)仆(1)(仆倒)扑噗璞濮蹼
bo	②扒爬耙杷琶巴(2)(下巴)鄱④罢(2)(罢工)⑥薄(1)(薄荷)⑧拔跋薄(1)(厚薄)亳箔礴雹卜(蔔)(2)(萝卜)仆(僕)(2)(仆人)瀑
ʔmo	①姆(2)(师姆)嬷姥(3)(老姥)
mo	②麻嘛蟆无(2)(南无)摹模(1)(模范)谟么(麼)蘑广馍④马玛码蚂母拇姆(1)(保姆)某姥(2)(太姥山)⑥募墓慕暮摩(2)(摩崖)⑧莫摸幕漠寞膜瘼瞙邈蓦陌(2)(打生陌生)木沐目牧睦穆苜
vo	⑧缚(1)(缚鞋带)
to	③朵躲⑤跺剁⑦沰多哆
t'o	①拖(文)(拖拉机)③妥椭⑤唾(文)(唾沫)⑦托拓
do	②驮驼鸵佗陀沱砣跎④垛舵堕惰⑥大(文2)(大小)⑧铎擢(白)(擢起当官)
no	②挪傩哪(2)(哪吒)④娜(2)(婀娜)⑥懦糯⑧诺喏搦
ʔlo	①啰
lo	②罗萝逻锣箩骡螺④裸瘰⑥赂摞⑧乐(2)(快乐)洛骆络烙落酪禄碌录绿氯
tso	①乍查(2)(姓氏)喳渣楂吒挝(1)(敲打)③拃左佐组阻诅俎⑤诈咋(1)(咋然)炸(1)(炸弹)榨蚱做⑦作镞

ts'o	①叉⑵(叉腰)杈车(白)(汽车)搓(文)(搓板)磋蹉初刍③础⑴(基础)楚⑤岔汊衩挫锉(文)(锉刀)措厝锉(白)(锉刀)错簇蔟促
dzo	②茶查⑴(检查)搽茬
so	①娑挲沙纱砂鲨莎痧裟搓(白)(搓绳)梳(文)(梳理)疏蔬唆梭襄③琐锁唢傻所(所)数⑵(数一数)⑤嗄閛素(文)(朴素)愫数⑴(数字)⑦索嗦速
zo	②矬痤斜⑵(斜视)锄(文)(锄头)雏④坐⑥鲊祚座助⑧昨怍柞胙阼酢
ko	①加家嘉迦⑴(迦南)枷(文)(枷锁)笳袈傢茄⑴(雪茄)佳③贾⑵(姓氏)假⑴(假设)⑤价驾架(文)(衣架)假⑵(放假)嫁稼⑦各阁胳⑴(胳膊)搁(文)(搁浅)咯角觉珏郭椁
k'o	③可⑦壳确榷扩廓
go	②枷(白)(饭镬枷儿)⑧硌(硬硌硌)搁(白)(搁臀)
ŋo	②鹅(白)(鹅兜)牙芽衙伢蚜④雅⑥讶砑⑧鄂愕噩鳄谔萼腭颚鹤乐⑴(音乐)岳嶽
ho	①呵诃嗬虾⑴(虾儿)⑤吓⑦壑郝霍藿
ɦo	②虾⑵(虾蟆)霞遐瑕④下⑥夏厦暇(闲暇)⑧涸貉学峃获(穫)⑴(收获庄稼)镬
ʔjo	⑦哟唷
ʔo	①丫⑴(两丫裤)鸦③哑⑤亚娅扭⑦恶⑴(善恶)握喔幄龌沃鋈

[io]14

tɕio	⑦卓桌啄琢诼涿捉足烛嘱瞩
tɕ'io	⑦戳踀矗触曲⑴(弯曲)蛐
dʑio	⑧浊镯擢(文)(擢升)濯躅属蜀局焗
n̠io	⑧玉狱钰
ɕio	⑦朔搠缩蓿粟僳束
ʑio	⑧俗续赎
jio	⑧浴欲

[ɿ]15

tsɿ	①髭知蜘咨姿资脂吱兹滋孳孜淄缁辎锱之芝③紫訾只⑴(只有)咫姊旨指子籽仔梓滓第止址趾祉⑤智渍恣至挚置志痣识⑵(标识)帜
ts'ɿ	①雌呲疵差⑷(参差)痴笞蚩嗤③此侈耻齿⑤刺⑴(刺激)翅次胎炽⑦涩(白)(涩口)
dzɿ	②弛驰踟篪觚迟持④雉痔峙⑥稚治
sɿ	①斯撕嘶厮筛⑵(米筛)施私师狮(文)(雄狮)蛳尸司丝咝鸶思飔诗腮(白)(腮腺炎)③徙冢死矢屎史使驶始⑤赐四肆伺试弑
zɿ	②慈磁鹚糍词祠辞黎(泥黎)时而瓷④氏是尔巳祀似士仕俟市柿恃耳(文)(聂耳)洱⑥豉自示谥视嗜字寺侍饲嗣事饵

[i]16

pi	⑤臂秘⑵(秘鲁)辔⑦必毕笔哔筚跸滗逼碧辟⑴(大辟)壁壁
p'i	⑦匹疋辟(闢)⑵(开辟)僻劈霹噼癖
bi	⑧弼愎(刚愎自用)

mi	②糜麋④靡⑥秘(1)(秘书)⑧泌密蜜宓谧嘧觅汨幂
di	⑧迪敌涤笛狄籴荻翟(2)(长尾的野鸡)
ʔni	①妮
ni	②泥尼呢怩④你⑥伲腻⑧昵匿溺
li	⑥例⑧立栗傈溧篥溧慄律率(2)(效率)
tɕi	①鸡稽畸羁机肌饥(飢)(1)(饥饿)基箕姬几(幾)(文 1)(几何)讥叽饥(饑)(2)(饥荒)畿③几(文 2)(茶几)麂己几(幾)(文 3)(几多)⑤计系(繫)(4)(系鞋带)继髻寄骥冀致(緻)记纪既暨⑦即
tɕ'i	①溪蹊欺岂③启企(文)(企业)绮起杞⑤契弃器气汽⑦吃(1)(吃饭)
dʑi	②茄(3)(茄儿)伽(1)(伽蓝爷)奇崎骑琦歧岐芪祁鳍耆其期棋旗萁琪蜞麒祈④技妓伎企(白)(企图)⑥忌⑧掷(白)(投掷)
ȵi	②倪霓嵇仪宜疑④蚁拟⑥艺呓睨诣义议谊毅
ɕi	①牺羲曦熙嘻嬉熹希稀唏③喜禧蟢⑤戏
ki	③几(幾)(白)(几个)
ʔji	①祎犄漪伊咿医衣依祎③椅倚旖⑤裔缢瞖意⑦一(白)(一个)亿忆臆癔
ji	②兮奚移夷姨胰痍彝怡贻诒饴颐圯沂④迤矣已以⑥曳刈系(1)(关系)系(係)(2)(中文系)系(繫)(3)(连系)易(2)(容易)肆懿异

[u]17

pu	①波(2)(宁波)餔③补谱⑤播(2)(发播)布怖
p'u	①铺(1)(铺被)③圃浦(2)(浦东)普埔浦(1)(下吕浦)⑤破铺(2)(床铺)
bu	②菩脯(2)(胸脯)蒲(2)(菖蒲)匍莆孵(白)(孵坊)婆葡蒲(1)(蒲鞋)④部簿箁(朗眼箁)⑥捕哺缚(2)(腰缚)步埠赙
mu	②摩(1)(摩擦)磨(1)(磨刀)魔模(模子)⑥磨(2)(磨石)戊雾(白)(发雾)物(白)(物事)
fu	①夫(2)(人名)肤麸俘孵(文)(孵化)敷孚稃夫(1)(丈夫)③甫脯(1)(果脯)辅俯斧釜抚府腑⑤赴讣付咐赋傅富副⑦不(文)(不是)复(複)(復)腹蝮馥覆福幅辐蝠
vu	②扶芙(文)(芙蓉)凫无(1)(无中生有)芜巫诬毋符浮(白)(尸骸浮起)④腐(文)(腐饎)武侮鹉舞妩负父妇⑥附驸芙(白)(芙蓉)腐(白)(腐败)务雾(文)(云雾)婺⑧伏服袱袄酝
tu	①丢⑦督笃
t'u	⑦忒(2)(忒不识相)秃
du	②徒(白)(门徒)⑧独读(1)(读书)渎椟犊牍毒
nu	②奴④努弩⑥怒
ʔlu	①噜溜
lu	②刘留流琉硫馏榴瘤镏鎏④房鲁掳橹卤(鹵)(1)(卤素)柳绺⑥遛⑧鹿漉辘麓六陆戮
tsu	⑦竹竺筑祝粥
ts'u	⑦蹙蹴畜(1)(牲畜)搐俶
dzu	⑧逐妯
su	⑦肃宿(1)(宿舍)夙叔倏菽

zu	⑧族淑熟孰塾辱褥缛衄肉
ku	①哥歌戈锅埚痼估咕姑菇轱蛄辜孤呱(1)(呱呱而泣)菇箍③舸果裹馃古诂牯罟股蛊贾(1)(商贾)鼓臌瞽⑤过固沽故痼顾雇⑦谷(穀)
k'u	①苛柯轲疴科棵颗蝌稞窠髁枯骷刳③坷苦⑤课库裤绔⑦哭酷
hu	①乎呼③火伙(夥)虎唬琥浒⑤货屎
ɦu	②河何(文)(任何)荷(1)(荷花)菏禾和(1)(和平)狐弧壶胡(鬍)葫湖蝴糊猢瑚④荷(2)(负荷)祸户沪扈⑥贺和(2)(附和)互护⑧斛槲鹄
ʔʋu	①阿(1)(阿胶)婀窝涡莴倭挝(2)(老挝)乌呜钨污③坞⑤屙恶(2)(可恶)⑦屋

[y]18

ty	①都③堵赌睹肚(白)(猪肚)⑤妒蠹
t'y	③土吐(1)(吐痰)⑤吐(2)(呕吐)兔菟
dy	②图徒(文)(徒弟)途涂(塗)屠荼④杜肚(文)(肚皮)⑥度渡镀踱
ly	②蠡(2)(河蠡蚌)卢芦炉颅轳鸬庐驴闾橹④卤(滷)(盐卤)吕侣旅铝膂屡缕⑥路露璐鹭虑滤类
tɕy	①租沮狙疽诸株蛛诛朱(硃)珠侏铢(铢鲷)追椎锥车(文 2)(车马炮)居(文)(居住)拘驹闺硅圭规(1)(圆规)龟归(2)(当归)③祖咀渚褚拄主嘴举矩枸(1)(枸橼)诡轨癸鬼⑤著驻炷注蛀铸醉(2)(酒喝醉㐅)缀赘据锯踞句桂季悸愧(1)(惭愧)贵
tɕ'y	①粗趋枢吹炊祛区(1)(区别)岖驱躯暌睽窥③础(2)(磉础)处(1)(处理)取娶龋⑤醋处(2)(相处)觑趣去(文)(来去)
dʑy	②除储躇厨橱垂捶锤陲槌瘸渠(文)(水渠)瞿衢葵逵馗夔④贮伫柱硅巨拒炬距跪揆⑥署薯(文)(马铃薯)曙住缒坠遽具俱惧飓柜(櫃)馈匮
ny	②娱(1)(娱乐)隅愚禺虞危蜈鱼渔④语圄龉⑥御(禦)驭遇寓伪
ɕy	①苏酥稣甦梳(白)(头梳)书抒舒须(鬚)需输尿(2)(拉尿)虽绥靴虚嘘墟吁(1)(气喘吁吁)麾挥(2)(指挥)辉晖③暑黍许(文)(许多)诩栩毁⑤诉塑溯素(白)(吃素)絮恕庶戍岁税祟邃酹煦卉讳
zy	②锄(白)(板锄)如茹殊儒蠕嚅濡随隋谁④序叙绪墅汝聚竖乳蕊⑥树孺瑞遂隧穗
ʔjy	①淤於迂威葳吁(2)(喝止牲口声)③委萎痿尉蔚慰伛⑤畏喂餵妪
jy	②余(餘)(2)(剩馀)舆于盂竽俞逾渝愉榆揄瑜臾谀腴为(1)(作为)帷维潍违围韦帏闱炜④予与(1)(给予)宇羽雨禹愈唯惟伟荠玮韪⑥与(2)(参与)余(1)(姓氏)预誉豫芋吁(3)(呼吁)喻谕裕卫彗为(2)(为什么)位遗纬胃谓猬

[ɤ]19

kɤ	①瓜呱(2)(呱呱叫)娲蜗③寡剐⑤卦褂挂
k'ɤ	①夸(誇)③垮⑤挎跨胯
ŋɤ	④瓦
hɤ	①花⑤化
ɦɤ	②划(1)(划龙船)华(1)(中华)哗骅⑥华(2)(华山)桦画(1)(连环画)话
ʔɤ	①哇洼蛙娃

[iɤ]20

miɤ	②芒忙氓茫虻④莽漭蟒网罔魍惘
fiɤ	①方坊妨肪芳③仿纺彷(2)(彷佛)昉⑤放舫访
viɤ	②防房亡⑥妄忘望旺
tiɤ	①刁叼雕(彫)凋貂碉③鸟(2)(鸟儿)⑤吊钓
t'iɤ	③挑⑤跳眺粜
diɤ	②条迢调(1)(调羹)笤④掉(2)(掉钞票)窕⑥调(2)(声调)掉(1)(掉落)
niɤ	②娘孃⑥酿
liɤ	②辽聊僚寥撩嘹缭寮镣龙(白)(龙船)良梁量(2)(量尺寸)粮粱④了(瞭)潦燎两(1)(两个)俩(2)(两人)垄(白)(菜垄)两(2)(斤两)俩(1)(伎俩)辆魉⑥料廖疗瞭亮凉谅量(1)(数量)晾靓(2)(靓妹)⑧猎掠略摺
tɕiɤ	①将(1)(将来)张章彰樟璋蟑③奖桨蒋长(2)(生长)涨掌⑤将(2)(大将)浆酱帐账胀幛瘴
tɕ'iɤ	①枪锵昌猖菖娼③抢昶厂(2)(茅棚厂儿)敞氅⑤呛畅怅倡唱
dʑiɤ	②长(1)(长短)场肠④丈仗杖
ȵiɤ	②嚷瓤④壤攘⑥让
ɕiɤ	①萧箫潇相(1)(互相)厢湘箱镶襄商伤殇③筱想鲞晌垧赏⑤相(2)(宰相)饷
ziɤ	②墙蔷樯戕详祥翔尝常偿裳嫦徜④象像橡潒上(2)(上声)⑥匠上(1)(上面)尚

[øo]21

pøo	①褒煲标膘飙镖瀌彪③宝保堡鸨葆褓表(錶)裱婊⑤报
p'øo	①漂(1)(漂亮)飘嘌③剖漂(2)(漂白)瞟⑤票剽
bøo	②袍嫖瓢④抱孢鳔⑥暴曝爆骠
møo	①喵咩哞
møo	②毛牦髦蜉谋缪(1)(绸缪)牟眸苗描瞄④铆牡亩秒渺缈藐淼⑥冒帽毷茂贸麦懋妙庙谬缪(2)(姓氏)
føo	③否(1)(否则)缶
vøo	②阜浮(文)(浮肿)蜉
tøo	①刀叨③岛捣倒(1)(打倒)祷⑤到倒(2)(倒水)
t'øo	①滔绦韬饕弢③讨⑤套
døo	②逃桃涛陶掏萄淘啕④道稻⑥导盗悼蹈焘纛
nøo	④恼脑瑙
løo	②劳牢捞唠痨④老姥(1)(姥爷)佬⑥涝
tsøo	①遭糟③早枣蚤澡藻⑤灶躁
ts'øo	①操(1)(操作)草(白)(潦草)③草(文)(青草)⑤操(2)(曹操)糙
søo	①搔骚缫③嫂⑤扫噪燥
zøo	②曹槽漕④皂造
køo	①高羔膏糕皋睾篙疙③搞镐稿⑤告诰
k'øo	①尻③考拷烤洘⑤铐靠犒
ŋøo	②熬敖遨獒謷翱鳌⑥傲

hø o	①蒿薅③好(1)(爱好)⑤好(2)(喜好)耗
ɦø o	②毫豪嚎蚝嗥壕濠④浩皓昊颢灏⑥号
ʔø o	①鏖熝噢③袄媪⑤奥澳懊奡

[ai]22

pai	①杯背(揩)(3)(背心)卑碑悲⑤贝狈背(1)(背部)辈褙
p'ai	①坯胚呸不⑤沛霈配
bai	②陪培徘赔裴④倍蓓⑥佩背(2)(背诵)焙
ʔmai	①姆
mai	②峨(白)(打灯峨)玫枚梅媒煤莓酶霉④每⑥妹昧⑧万(文2)(万俟)墨默
tai	①呆(2)(痴呆)堆③歹⑤对碓戴(文)(姓氏)
t'ai	①推台(2)(台州)苔(2)(舌苔)胎④腿⑤唾(白)(痰唾)退褪煺脱(2)(脱裤)蜕态贷
dai	②颓台(臺)(1)(台湾)台(檯)(3)(台子)台(颱)(4)(飓风)抬苔(1)(青苔)跆④待怠殆给⑥队兑代袋岱玳埭(文)(河埭)黛⑧夺(白)(赌抢赌夺)
nai	④奶(白2)(奶奶)馁⑥内耐
lai	②朥雷擂蕾镭赢来莱徕俫④磊儡瘰累垒⑥礌泪睐赉
tsai	①灾哉栽③宰崽(文)(牛崽)⑤最(文)(某某之最)拽(2)(拉扯)惴淬醉(1)(陶醉)再载最(白)(最高境界)
ts'ai	①崔催摧猜③璀揣采(1)(采集)彩睬踩⑤啐脆踹翠采(2)(采邑)菜
sai	①衰腮(文)(两腮)鳃⑤碎塞(2)(要塞)赛⑦塞(1)(堵塞)
zai	②才(纔)材财裁④罪在⑥锐睿芮睡悴粹萃瘁僾⑧贼
kai	①该赅③改颏⑤个溉概丐钙盖⑦居(白)(居个)
k'ai	①开③凯恺⑤慨忾去(白)(去𠫗)⑦克刻剋
gai	②渠(白1)(第三人称指代词)
ŋai	②呆(1)(呆头)皑⑥饿(白)(肚饿)碍艾
hai	①咳(1)(咳笑)嗨③海许(白)(许个)⑦黑嘿
ɦai	②孩④亥氦⑥害⑧劾
ʔai	①哎哀埃(1)(尘埃)唉(1)(唉声叹气)⑤唉(2)(唉磊堆碎)爱嫒暧蔼霭

[uai]23

kuai	①瑰规(2)(规矩)归(1)(回归)飯⑤会(2)(会计)侩刽桧脍⑦国帼掴蝈
k'uai	①恢盔魁诙奎亏肖③傀⑤块愧(2)(愧对)喟
guai	⑥溃(白)(溃疡)
ŋuai	②巍⑥魏(文)
huai	①灰挥(1)(挥挥手)徽③贿悔虺⑤诲晦荟㖖
ɦuai	②桅鬼回(迴)徊茴洄蛔携哇④汇(匯)(1)(汇款)⑥溃(文)(崩溃)会(1)(会议)绘烩魏(白)汇(彙)(2)(汇报)惠慧
ʔʋuai	①偎煨③诿猥⑤秽(淫词秽语)

[au]24

tau	①兜③斗(1)(北斗)抖陡蚪⑤斗(2)(斗争)
t'au	①偷③敨⑤透
dau	②投头骰⑥逗读(2)(句读)窦脰豆荳痘
nau	④右⑥耨
lau	②娄楼偻喽褛蝼髅④搂篓⑥陋漏镂瘘
tsau	①邹驺③走⑤奏揍皱绉
ts'au	①凑③擞⑤凑
dzau	⑥胄籀骤
sau	①搜艘馊飕③叟嗾擞溲⑤嗽漱瘦
zau	②愁
kau	①勾沟钩篝③苟狗枸(2)(枸杞)垢诟⑤构购媾够彀(白)(居屋合音)
k'au	①抠眍③口⑤叩扣寇蔻
gau	④厚(白)(厚佬)
ŋau	②牛④偶藕耦
hau	①佝③犼(许屋合音)⑤吼鲎(虹)
ɦau	②侯喉猴篌④后(後)厚(文)(忠厚)⑥候逅
ʔau	①区(2)(姓氏)欧鸥讴瓯③呕殴⑤沤怄堰(埋葬)

[iau]25

tɕiau	①鸠阄赳③九久玖灸韭纠⑤究疚救咎厩
tɕ'iau	①丘蚯邱③搝
dʑiau	②求球逑裘仇(1)(姓氏)虬④臼舅柏⑥旧柩
ʔn̠iau	①妞
n̠iau	④扭纽钮忸⑥狃(若屋合音)
ɕiau	①休咻③朽⑤臭(2)(铜臭)嗅
ʔjiau	①优忧悠攸幽③黝⑤幼
jiau	②由邮油游蚰猷蝤鯈尤犹④友有酉诱莠⑥又右佑祐囿宥柚釉

[ei]26

pei	①菎椑(2)(椑益)篦屄毴陂黑③彼比(1)(比较)鄙⑤毕蔽闭庇痹毖
p'ei	①批砒披纰⑤睥媲譬屁
bei	②鼙皮疲啤脾椑(1)(椑将)枇毗蚍琵肥(白)(肥肉)④陛被婢否(2)(否去泰来)痞妣⑥币弊敝鼙鼻避比(2)(比邻)备坒
ʔmei	①咪眯
mei	②迷谜醚弥猕眉嵋湄楣④米弭美尾(白)⑥袂媚魅寐未(白)味(白)
fei	①飞非菲(1)(芳菲)啡绯扉蜚霏妃③匪诽菲(2)(菲薄)斐榧翡⑤废肺痱沸狒费
vei	②肥(文)(肥沃)微薇④尾(文)娓⑥吠未(文)味(文)
tei	①爹低③抵底邸诋砥⑤帝蒂谛⑦的嘀滴嫡

t'ei	①梯锑③体⑤剃涕屉替嚏⑦剔惕踢倜
dei	④弟悌⑥大(白)(大官爷)递第睇逮棣缔地
ʔlei	①里(2)(该里)厘(1)(一厘儿)哩(1)(词曲中作衬字)
lei	②犁黎藜鳌离漓璃篱缡攉梨蜊厘(1)(厘米)狸喱④礼醴蠡(1)(范蠡)履李里(裏)(1)(里外)理鲤俚娌浬⑥厉励砺蛎丽隶唳荔詈利俐莉痢苈吏⑧笠力历(歷)(曆)沥雳疬砾栎跞鬲
tsei	①嗟遮猪跻支枝肢栀③姐这者煮济(2)(济南)纸⑤借蔗霁际祭潆制(製)剂(2)(调剂)挤济(1)(救济)霁⑦浙唧陟仄织职迹积脊崱瘠鲫只(隻)(2)(量词)炙摭绩
ts'ei	①车(文 1)(水车)蛆妻栖凄③且扯杵鼠⑤笡(斜)掣砌刺(2)(生刺)⑦叱饬敕厕侧测恻刺(3)(刺绒衫)尺斥赤哧戚嘁
dzei	②池④苎舐⑥箸滞⑧蛰直值植殖浞掷(文)(一掷屎)踯
sei	①些奢赊畲西犀茜(2)(人名)③写舍(捨)(2)(施舍)胥洗铣玺髓⑤泻卸舍(1)(进舍)赦世势细(文)(仔细)婿䁜⑦摄慑燮泄薛褻设悉蟋窸息媳熄色啬铯稄式识(1)(认识)饰拭弑昔惜适释析晰淅晢蜥锡
zei	②邪斜(1)(倾斜)蛇佘徐齐脐匙④社惹屿荞鲼⑥藉(1)(藉口)榭谢麝薯(白)(番薯)逝誓噬剂(1)(发剂)⑧食蚀藉(2)(藉田)籍席夕汐矽射石(1)(石头)硕寂

[iu]27

tçiu	①揪舟州洲周(週)啁椒焦蕉礁朝(2)(明朝)招昭钊娇骄浇③酒肘帚剿沼矫侥缴饺铰(文 2)(铰刀)皎⑤昼咒醮照诏叫⑦菊鞠掬
tç'iu	①秋(鞦)湫鳅抽瞧超跷锹撬橇③瞅丑(醜)悄⑤臭(1)(乌焦臭)俏峭诮翘窍⑦曲(麯)(2)(酒曲)
dʑiu	②囚绸稠惆畴筹踌仇(2)(仇恨)雠酬憔谯樵朝(1)(朝鲜)嘲潮晁乔侨桥荞④纣兆赵肇⑥宙轴售召轿
ȵiu	④绕蹨
çiu	①修羞馐收肖(2)(姓氏)消宵硝销霄逍魈烧嚣枭骁③手首守狩小(文)(小朋友)少(1)(少年)⑤秀绣锈宿(2)(星宿)兽肖(1)(生肖)笑鞘少(2)(少将)⑦畜(2)(畜牧)蓄旭勖
ziu	②酋道泅柔揉蹂韶饶(1)(富饶)娆④受绶绍扰⑥就袖寿授邵
ʔjiu	①要(1)(要求)腰邀吆幺③夭杳窈⑤要(2)(重要)⑦郁(1)(郁闷)燠
jiu	②姚窑谣摇遥徭瑶④酉⑥耀曜鹞⑧育昱煜毓鬻

[aŋ]28

paŋ	①奔贲犇③本畚⑤粪(白)(粪扫)
p'aŋ	①喷(1)(喷水)⑤喷(2)(喷香)
baŋ	④苯⑥笨坌
maŋ	②门们扪蚊(白)(蚊虫)明(白)(明朝)⑥闷焖问(白)(问问胎)
faŋ	①分(1)(分开)芬吩纷酚③粉⑤奋粪(文)(粪坑)
vaŋ	②坟氛焚汾文纹蚊(文)(蚊蝇)雯④忿愤吻刎⑥分(2)(分格)份问(文)(提问)闻紊
taŋ	①吨灯登蹬膯③戥等凼⑤顿炖(2)(炖卵糕)凳镫
t'aŋ	①吞(白)(慢吞吞)⑤氽瞪(白)(眼灵珠瞪起)

瓯语音系

daŋ	②饨腾誊藤滕疼(白)(疼痛)④断(白)(断气)盾(1)(盾牌)沌炖(1)(温炖汤)⑥段(白)(烂树段)邓
naŋ	②能人(白1)(人来客往)④恁暖(白)(暖芬芬)
laŋ	②仑抡伦沦轮囵纶(1)(涤纶)棱④卵(白)(卵黄)⑥愣
tsaŋ	①砧针斟箴津珍蓁榛臻真甄曾(文 2)(姓氏)增憎筝(2)(古筝)③枕怎诊疹缜稹⑤浸进晋镇圳振震赈
ts'aŋ	①侵梣琛(1)(珍宝)亲(1)(亲戚)抻嗔瞋③寝⑤沁亲(2)(亲家)趁衬龀蹭
dzaŋ	②沉尘陈臣曾(白)(曾经)④朕⑥煭阵
saŋ	①心芯参(3)(人参)森深琛(2)(人名)辛锌新薪莘申伸身呻绅娠僧③沈(潘)审婶迅哂⑤渗讯汛信囟
zaŋ	②寻挦荨岑谌忱任(文 2)(任性)秦神辰晨宸人(文)(人民)仁娠层曾(文 1)(曾经)④赁蕈甚椹饪尽(儘)肾⑥任(文 1)(姓氏)妊(文)(妊妇)衽烬慎蜃刃(1)(刀刃)纫仞赠
kaŋ	①根(2)(结根)跟(2)(跟从)哏⑤艮亘
k'aŋ	③垦恳肯啃
haŋ	①夯(白)(夯实)③很狠
ɦaŋ	②痕(2)(伤痕)恒⑥恨

[iaŋ]29

tɕiaŋ	①今金襟巾斤筋茎京荆惊粳经(1)(经济)泾均钧军君鞿③锦紧谨景警璟颈⑤禁靳竟敬境镜滰劲径经(2)(经线)陉胫迳
tɕ'iaŋ	①钦衾卿轻氢⑤揿庆磬罄
dʑiaŋ	②琴禽擒芩等噙檎芹勤兢矜擎鲸黥裙群④赚(白)(赚钞票)近痉菌窘⑥妗噤仅馑瑾觐竞郡
ɲiaŋ	②宁(1)(宁波)拧狞柠咛壬人(白 2)(新儒人)银鄞垠吟龈凝迎④您忍⑥宁(2)(宁可)泞任(白)(任可)妊(白)(妊娠)刃(2)(刀刃)认韧
ɕiaŋ	①歆鑫欣忻掀兴(文 1)(兴盛)馨凶(白)勋熏薰③兴(白)(作兴)行(白)⑤衅兴(文 2)(高兴)训
ʔjiaŋ	①阴荫(1)(树荫)音喑因茵咽(1)(咽喉)姻氤殷应(1)(应该)鹰膺蝇莺(1)(黄莺)樱(1)(樱桃)鹦(1)(鹦鹉)罂(1)(罂粟)英瑛鍈婴缨璎氲③饮隐瘾影蕴悻⑤荫(2)(荫德)窨印应(2)(响应)映滢酝熨
jiaŋ	②淫霪寅盈赢楹瀛刑形型邢匀筠云(雲)耘芸纭④引蚓吲颖郢颍允尹殒⑥胤孕

[uaŋ]30

kuaŋ	①昆(文 1)(昆仲)③管(白)(毛管)滚衮绲辊⑤棍諢
k'uaŋ	①昆(白)(昆剧)坤③捆⑤困
huaŋ	①昏(2)(昏君)
ʔvaŋ	①温(2)(温吞)
vaŋ	②浑馄④混⑥诨

[əŋ]31

pəŋ	①宾彬斌滨缤濒槟冰兵并(3)(并州)③禀膑髌丙秉柄炳饼屏(2)(屏墙)⑤鬓傧摈殡并(併)(1)(合并)摒
p'əŋ	①乓拼姘③品⑤聘娉
bəŋ	②贫频嫔颦凭平评坪苹枰屏(1)(屏幕)瓶萍④并(並)(2)(并且)苹⑥病
məŋ	②民旻岷抿泯旻明(文)(光明)鸣盟名茗铭冥暝螟④闽闵悯敏皿酩⑥命
təŋ	①丁叮钉(1)(铁钉)仃疔③顶鼎⑤订钉(2)(钉板箱)
t'əŋ	①厅听(文)(听觉)汀町烃③挺艇⑤听(白)(打听)
dəŋ	②廷亭庭停蜓婷霆⑥定啶腚碇锭
ʔləŋ	①扔拎铃(2)(铃铛)
ləŋ	②林临淋琳霖邻磷鳞嶙嶙遴辚麟璘凌陵菱令(2)(令尊)令(3)(令狐)伶灵玲铃(1)(电铃)聆羚零龄苓囹泠棂蛉翎④凛廪岭领⑥吝躏膦令(1)(命令)另
tsəŋ	①症(癥)(2)(症结)蒸晶睛精菁旌正(2)(正月)征(徵)怔贞侦帧③拯井阱整⑤甑铤证症(1)(病症)正(1)(真正)政
ts'əŋ	①称(1)(称呼)清蜻青靖③请骋⑤秤称(2)(相称)
dzəŋ	②惩澄橙呈程埕④逞⑥瞪(文)(瞪目结舌)郑
səŋ	①升昇陞声星猩腥惺③省(2)(反省)醒⑤胜性姓圣
zəŋ	②情晴饧成诚城盛(2)(盛饭)仍缯乘(1)(加减乘除)绳塍承丞④靖静婧⑥净靓(1)(靓妆)盛(1)(兴盛)晟乘(2)(千乘之国)剩嵊

[oŋ]32

poŋ	①崩(1)(崩溃)嘣(1)(打嘣)⑤崩(2)(一崩香烟)蹦嘣(2)(内胎打嘣叕)
p'oŋ	①乓③捧⑤碰椪
boŋ	②朋棚(1)(牛棚)鹏硼蓬篷埄④埲熢
ʔmoŋ	①蒙(2)(蒙人)
moŋ	②蒙(1)(蒙犯)蒙(朦)(4)(目失明)蒙(濛)(5)(小雨貌)檬朦薴④蒙(3)(蒙古)蒙(懞)(6)(昏昧无知)懵⑥梦
foŋ	①风枫疯沨丰封峰锋蜂烽⑤讽
voŋ	②冯逢④奉⑥凤缝俸
toŋ	①东冬(鼕)③董懂⑤冻栋
t'oŋ	①通嗵③捅⑤痛统
doŋ	②同桐铜筒童瞳僮潼彤疼(文)(疼痛)④动桶恫⑥洞侗恫胴
noŋ	②农脓侬哝浓(1)(浓密)
loŋ	②咙胧聋笼茏泷珑砻癃隆窿龙(文)(龙头)④拢垄(文)(垄断)陇⑥弄
tsoŋ	①棕鬃宗综踪遵谆肘中(1)(中国)忠衷盅终③总准(準)⑤粽俊骏竣隽中(2)(中状元)众
ts'oŋ	①匆(怱)葱聪怱从(2)(从容)皴春椿冲(1)(冲锋)忡充冲(衝)(2)(对冲)憧③蠢宠⑤铳
dzoŋ	②虫⑥仲
soŋ	①松(鬆)(1)(放松)菘嵩忪淞询峋洵荀春③笋隼榫⑤送宋峻浚瞬舜

zoŋ	②纯淳醇莼鹑丛淙琮崇戎绒茸旬驯巡循徇唇傭④冗吮⑥殉顺闰润
koŋ	①肱工公功攻恭(2)(恭候)蚣红(2)(女红)弓(2)(新读)宫(2)(新读)躬(2)(新读)③汞巩拱(2)(拱桥)⑤贡
k'oŋ	①空(1)(空虚)倥崆箜③孔⑤空(2)(亏空)控
hoŋ	①薨轰訇哄(1)(哄动)烘③哄(2)(哄骗)⑤哄(3)(起哄)蕻(2)(菜蕻)
ɦoŋ	②弘泓宏闳竑红(1)(红色)虹洪鸿蕻(1)(雪里蕻)⑥訌
ʔoŋ	①翁嗡滃⑤甕齆(齆鼻)

[ioŋ]33

tɕioŋ	①弓(1)(弓箭)躬(1)(躬身)宫(1)(宫殿)③卷(白)(一卷)冏炅迥炯
tɕ'ioŋ	①穿(白)(穿针)鬈(白)(鬈发)倾囱穹③顷⑤串
dzioŋ	②琼穷④盾(2)(矛盾)
ɕioŋ	①兄
ʔjioŋ	①雍臃③拥
jioŋ	②荣嵘蝾营茔莹荧萤萦荣熊雄融佣(傭)(1)(雇佣)庸墉镛容蓉溶榕熔④永咏泳

[n]34

ʔn	⑤儿(2)
n	②儿(1)义(白)④耳(白)⑥儿(3)二贰

[ŋ]35

ŋ	②俄哦峨娥鹅(文)(雁鹅)蛾(文)(飞蛾)讹吾吴梧④我五午伍仵牾⑥饿(文)(饥饿)嗯卧误悟娱(2)(娱乐)迕忤晤寤唔(唔冇)

六、瑞安话

瑞安话韵母表

开口呼	齐齿呼	合口呼	撮口呼
[a]01 排盲打冷斋柴更亨	[ia]02 级泣及逆吸乙益译	[ua]03 帅乖拐快怀歪槐外	
[æ]04 袍毛刀逃遭曹高豪	[iæ]05 娘良章枪长相央阳		
[ɛ]06 梅台男来灾才该孩			
[ɔ]07 包矛丹谈抓三交叭	[iɔ]08 脚雀着尧晓若约药	[uɔ]09 翻凡挑条关宽弯还	
[ə]10 潘盘端男尊存刊玩			[yə]11 标苗专川元官要姚

开口呼	齐齿呼	合口呼	撮口呼
	[ie]12 编棉天田尖千严仙		
[o]13 爬麻托乐渣沙加可		[uo]14 帮旁方防当堂传康	[yo]15 钟窗狂浓霜床柱王
[ɿ]16 知资雌迟斯师瓷而	[i]17 迪立鸡溪奇倪希衣	[u]18 菩肤扶哥科火河乌	[y]19 圭举区渠巨危辉吁
		[əʉ]20 都图卢租粗除苏如	[ʉ]21 波铺婆夫符魔淤余
[ai]22 杯丕堆颓崔衰灰回			
[au]23 偷投搜愁勾牛猴瓯	[iau]24 赳丘求妞纽休优尤		
[ei]25 批迷非低梨支些邪			
[ou]26 多奴罗舟秋囚修柔	[iou]27 菊鞠曲畜旭郁育昱		
[aŋ]28 奔门灯能心寻跟坤	[iaŋ]29 今钦琴宁迎欣音形		
[əŋ]30 兵贫民丁亭林精升			
[oŋ]31 朋风东农棕虫工翁	[ioŋ]32 弓宫倾琼兄雍荣容		
	[ŋu]33 儿耳二贰		

瑞安话常用字同音字汇

同音字先按韵母列部，依次为 a、ia、ua、æ、iæ、ɛ、ɔ、iɔ、uɔ、ə、yə、ie、o、uo、yo、ɿ、i、u、y、əʉ、ʉ、ai、au、iau、ei、ou、iou、aŋ、iaŋ、əŋ、oŋ、ioŋ、ŋu。

同韵字按声母次序排列，依次为 p、p'、b、m、f、v、t、t'、d、n、l、ts、ts'、dz、s、z、tɕ、tɕ'、dʑ、ȵ、ɕ、ʑ、k、k'、g、ŋ、h、ɦ、j、υ。

同声母的字按声调编号次序用数码表示：即①阴平、②阳平、③阴上、④阳上、⑤阴去、⑥阳去、⑦阴入、⑧阳入。

[a]01

pa	①绷(1)(藤绷)浜③摆(擢襬)⑤爸拜湃绷(2)(绷紧)迸⑦八(2)(小八癞子)叭百伯迫柏佰檗擘(文)(巨擘)不(白)(不仅)北
p'a	①掰烹砰抨怦⑤派⑦拍魄珀擘(白)(擘饼)啪
ba	②排俳牌彭嘭蟛澎膨棚(2)(尿布棚)④罢(吃爻罢)蚌(2)(蚌埠)⑥惫败鞁⑧白舶(1)(舶来品)帛
ʔma	①妈

193

ma	②吗埋霾盲萌④买猛锰蜢艋黾(1)(蛙的一种)⑥骂卖迈孟⑧陌(1)(陌生)麦脉唛
fa	⑦芾蔽麷弗佛(2)(仿佛)拂氟
va	⑧佛(1)(佛陀)勿物(文)(事物)
ta	③打⑤戴(白)(戴帽)带⑦搭答(2)(答应)瘩嗒耷怛妲笪鞑
t'a	①他它她拖(白)(鞋拖)⑤太泰傣汰⑦踏(1)(踢踏舞)沓(2)(疲沓)塔塌蹋逿榻溻挞闼跶獭
da	⑥埭(白)(两埭屋)大(文1)(大师)汏⑧踏(2)(踏步)沓(1)(一沓纸)阘达鞑
ʔna	①南(2)(南无)那(2)(姓氏)奶(白1)(奶奶头儿)③娜(1)(人名)
na	②拿④女(白)(女儿)乃艿氖奶(文1)(老奶奶)⑥那(1)(那么)哪(1)(哪里)鼐奈⑧呐(2)(呐喊)捺
ʔla	⑦垃拉(文)(拖拉)啦
la	④冷⑥赖癞籁⑧拉(白)(拉尿)腊蜡邋喇辣剌瘌
tsa	①咱斋崽(白)(卵崽)争狰睁等(1)(古筝)峥⑤咋炸(2)(油炸粿)债挣诤⑦缉(2)(缉合)戢汁执砸匝(2)(匝道)眨轧(2)(轧钢)扎札咋(2)(咋舌)窄苲摘谪责啧箦攥窒栉质郅桎蛭卒
ts'a	①差(3)(出差)差(1)(差错)叉(1)(叉烧包)钗撑(1)(俯卧撑)⑤诧姹差(2)(不好)蔡撑(2)(撑客)⑦拆插擦察刹(1)(古刹)册策缉(1)(通缉)辑葺撮七柒漆猝
dza	④豺⑥寨⑧溂(白)煠(白)宅择泽着(文2)(着色)翟(1)(姓氏)侄秩帙
sa	①筛(1)(筛酒)生牲笙甥③省(1)(省略)⑤洒晒⑦飒卅歃霎啥萨撒杀刹(2)(刹车)煞涩(文)(羞涩)湿膝瑟虱失室率(1)(率领)摔蟀
za	②豺柴⑧闸煠(文)蜇煤(文)铡集习袭十什拾入疾嫉蒺实日(文)(日本)
ka	①阶皆偕街更庚羹赓耕③解(1)(讲解)埂梗哽鲠耿⑤介戒芥尬届界诫疥疥解(2)(解钞票)廨更(文2)(更加)⑦夹挟颊荚峡(1)(长江三峡)甲钾胛咖(2)(咖喱)嘎(1)(鸟鸣声)伽(2)(伽蓝)戛格胳(2)(胳肢窝)骼革隔嗝膈
k'a	①搭揩坑铿③楷锴⑦恰掐卡(1)(卡口)咖(2)(咖啡)卡(2)(磁卡)客喀缂
ga	②何(白1)(何也)⑧峡(2)(河峡儿)嘎(2)(嘎嘎抖)轧(3)(轧姘头)茄(2)(番茄)
ŋa	②癌挨(2)(拖延)崖涯捱⑥硬⑧额
ha	①亨哼③蟹⑦呷瞎哈喝(2)(喝水)赫
ɦa	②何(白2)(何也)谐衡行(文1)(行为)珩桁鞋④也(白2)(也是)骇骸解(3)(解签诗)懈幸悻⑥械邂行(文3)(品行)绗⑧狭洽匣狎黠辖盒(白)(盒儿)
ʔʋa	③奔(天明亮)
ʋa	②横
ʔa	①阿(2)(阿舅)啊(1)(啊呀)埃(2)(埃及)挨(1)(挨近)莺(2)(莺哥)樱(2)(金樱)鹦(2)(鹦哥)罂(2)(罂壶)③阿(3)(阿门)也(白1)(也是)矮杏⑤啊(2)(叹词)呃隘蚂(2)(蚂儿)⑦压押鸭揠轧(1)(倾轧)扼厄轭

[ia]02

tɕia	⑦级急给汲吉桔(2)(柑桔)劼诘棘亟戟击激
tɕ'ia	⑦泣乞吃(2)(口吃)讫迄隙
dʑia	⑧及圾偈掘(白)(掘井)极剧屐
ɲia	⑧日(白1)(生日)屹逆

ɕia	⑦吸歙甩
ʔjia	⑦邑挹浥揖一(文)(一二三)乙壹溢抑益
jia	⑧熠逸佚轶亦译易(1)(交易)绎驿弈奕蝎液腋掖檐翼弋翌

[ua]03

sua	⑤帅
kua	①乖③拐⑤怪
k'ua	⑤蒯快筷
gua	②怀(白)(怀闷)
ʔʋua	①歪
ʋua	②怀(文)(怀念)淮槐⑥外坏⑧划(劃)(2)(笔划)画(2)(笔画)获(獲)(2)(收获)或惑

[æ]04

pæ	①褒煲③宝保堡鸨葆褓⑤报
p'æ	③剖
bæ	②袍④抱⑥暴曝爆
mæ	②毛牦氂蟊谋缪(1)(绸缪)牟眸④铆④牡亩⑥冒帽耄茂贸麦懋
fæ	③否(1)(否则)缶
væ	②阜浮(文)(浮肿)蜉
tæ	①刀叨③岛捣倒(1)(打倒)祷⑤到倒(2)(倒水)
t'æ	①滔绦韬饕弢③讨⑤套
dæ	②逃桃涛陶掏萄淘啕④道稻⑥导盗悼蹈纛纛
næ	④恼脑瑙
læ	②劳牢捞唠痨④老姥(1)(姥爷)佬⑥涝
tsæ	①遭糟③早枣蚤澡藻⑤灶躁
ts'æ	①操(1)(操作)草(白)(潦草)③草(文)(青草)⑤操(2)(曹操)糙
sæ	①搔骚缫③嫂⑤扫噪燥
zæ	②曹槽漕④皂造
kæ	①高羔膏糕皋睾篙疙③搞镐稿⑤告诰
k'æ	①尻③考拷烤洘⑤铐靠犒
ŋæ	②熬敖遨獒聱翱鳌⑥傲
hæ	①蒿薅③好(1)(爱好)⑤好(2)(喜好)耗
ɦæ	②毫豪嚎蚝嗥壕濠④浩皓昊颢灏⑥号
ʔæ	①麈熝噢③祆媪⑤奥澳懊岙

[iæ]05

niæ	②娘孃⑥酿
liæ	②良梁量(2)(量尺寸)粮粱④两(2)(斤两)俩(1)(伎俩)辆魉⑥亮凉谅量(1)(数量)晾靓(1)(靓妹)

tɕiæ	①将(1)(将来)张章彰樟璋蟑僵缰疆姜(薑)③奖桨蒋长(2)(生长)涨掌褯⑤将(2)(大将)浆酱帐账胀障幛瘴
tɕ'iæ	①枪锵昌猖菖娼羌腔③抢昶厂(2)(茅棚厂儿)敞氅⑤呛畅怅倡唱
dʑiæ	②长(1)(长短)场肠强④丈仗杖犟⑥糨
ȵiæ	②嚷瓤④壤攘仰⑥让
ɕiæ	①相(1)(互相)厢湘箱镶襄商伤殇乡香③想鲞晌垧赏享响飨⑤相(2)(宰相)饷向(嚮)
ziæ	②墙蔷樯戕详祥翔尝常偿裳嫦徜④象像橡漾上(2)(上声)⑥匠上(1)(上面)尚
ʔjiæ	①央殃鸯秧③养氧⑤怏
jiæ	②阳扬杨炀旸疡羊洋佯烊(1)(融化)垟徉降(白)(投降)④痒⑥样漾恙烊(2)(打烊)

[ɛ]06

ʔmɛ	①姆
mɛ	②蛾(白)(打灯蛾)玫枚梅媒煤莓酶霉④每⑥妹昧⑧万(文2)(万俟)墨默
tɛ	③歹⑤戴(文)(姓氏)⑦得德答(1)(报答)
t'ɛ	①台(2)(台州)苔(2)(舌苔)胎贪③忒⑤态贷探⑦忑忒(1)(过于)
dɛ	②台(臺)(1)(台湾)台(檯)(3)(台子)台(颱)(4)(颱风)抬苔(1)(青苔)跆潭④待怠殆给⑥代袋岱玳埭(文)(河埭)黛⑧特
ʔnɛ	①囡
nɛ	②男南(1)(南北)喃楠腩⑥耐⑧纳钠衲
lɛ	②来莱徕倈婪⑥睐赍⑧劣埒肋勒仂
tsɛ	①灾哉栽③宰崽(文)(牛崽)⑤再载最(白)(最高境界)⑦则匝(1)(一匝十二年)
ts'ɛ	①猜参(1)(参加)掺③采(1)(采集)彩睬踩厂(1)(工厂)惨⑤采(2)(采邑)菜
sɛ	①腮(文)(两腮)鳃③糁⑤塞(2)(要塞)赛⑦塞(1)(堵塞)
zɛ	②才(纔)材财裁蚕④在⑥傤⑧贼杂
kɛ	①该赅甘柑坩泔疳③改颔感赶敢橄⑤溉概丐钙盖赣⑦居(白)(居个)合(2)(三合粉)蛤鸽国帼掴蝈
k'ɛ	①开堪龛戡③凯恺坎砍⑤慨忾去(白)(去爻)勘阚瞰⑦克刻剋磕嗑溘瞌
gɛ	②渠(白1)(第三人称指代词)④颔(白)(面颔)
ŋɛ	②呆(1)(呆头)皑⑥碍艾
hɛ	①咳(1)(咳笑)嗨酼蚶憨③海许(白)(许个)⑦黑嘿
ɦɛ	②孩含④亥氦颔颌(文)(颔首)撼⑥害憾⑧劾合(1)(合作)盒(文)(纸盒)盍阖
ʔɛ	①哎哀埃(1)(尘埃)唉(1)(唉声叹气)庵谙鹌③俺⑤爱嫒暧蔼霭暗黯

[ɔ]07

pɔ	①扳班颁斑癍包苞胞③反(2)(反转)板(闆)版阪钣舨饱⑤扮瓣豹趵
p'ɔ	①攀抛胚③跑⑤盼襻泡炮疱
bɔ	②爿咆庖④鲍⑥办刨鉋
ʔmɔ	①猫(2)(熊猫)
mɔ	②蛮茅猫(1)(大猫)锚矛蝥④卯⑥漫慢谩貌

tɔ	①耽眈担(1)(负担)聃丹单(1)(单独)郸殚③胆疸掸⑤石(2)(一石米)担(2)(重担)旦诞
t'ɔ	①坍摊滩瘫③毯坦(文)(坦白)⑤炭叹碳
dɔ	②坛(壜)(2)(酒坛)谭昙谈痰坛(壇)(1)(花坛)弹(2)(弹琴)檀④淡氮啖澹袒⑥但弹(1)(子弹)蛋惮坦(白)(道坦)
ʔnɔ	①奻
nɔ	②难(1)(困难)挠桡铙④赧⑥难(2)(患难)闹淖⑧捺
lɔ	②岚蓝篮褴兰拦栏澜谰阑④览揽缆榄懒灡⑥滥烂
tsɔ	①抓③斩崭盏爪找⑤蘸赞瓒罩笮
ts'ɔ	①搀餐抄钞讪③产铲吵炒⑤忏谶灿粲璨
dzɔ	②惭残④湛⑥暂站赚(文)(赚钱)绽栈棹
sɔ	①三叁仨杉衫珊栅(2)(栅极)姗跚山舢删潸捎梢稍(1)(稍微)筲艄颾③伞散(2)(散漫)霰⑤散(1)(散会)栅(1)(栅栏)汕疝哨稍(2)(稍息)睄潲啸
zɔ	②馋逸巉潺巢
kɔ	①缄尴监(1)(牢监)间(1)(房间)艰奸姦菅交郊胶跤茭蛟鲛肴(白)(看配)③减碱硷拣柬简铜裥扻狡绞佼姣铰搅⑤监(2)(太监)鉴间(2)(间接)谏涧教校(2)(校对)较珓窖
k'ɔ	①悭敲骹③槛舰巧⑤嵌
gɔ	②衔(白)(衔头)雁(白)(雁鹅)⑥陷(白)馅(白)(馅心)
ŋɔ	②岩颜④眼咬⑥雁(文)(雁荡)赝炝
hɔ	①哼⑤喊⑦孝酵⑦喝(2)(喝水)
ɦɔ	②函涵咸(鹹)衔(文)(头衔)闲娴痫爻肴(文)(菜肴)淆④限⑥陷(文)(陷阱)馅(文)(馅饼)校(1)(学校)效⑧盒(白)(盒儿)
ʔuɔ	③绾
ɦuɔ	④莞(2)(莞尔而笑)
ʔɔ	①凹拗(3)(嬉嬉拗起)③拗(1)(棒儿拗断爻)⑤晏拗(2)(两个人拗搭)坳

08[iɔ]

tɕiɔ	⑦爵着(白)(着衣)灼酌斫脚
tɕ'iɔ	⑦雀鹊绰焯怯(白)(胆怯)却
dʑiɔ	⑧着(文1)(着火)噱(1)(噱起)
ʔɲiɔ	①蟯(白)(蟯蟯动)
niɔ	②尧饶(2)(上饶)蟯(文)(蟯虫)④鸟(1)(飞鸟)裊⑥尿(1)(输尿管)⑧捏搦箬疟虐
ɕiɔ	①萧箫(玉箫)潇(潇洒)③晓⑤卸⑦屑楔削烁铄谑
ziɔ	⑧嚼勺芍妁杓若偌弱
ʔjiɔ	①丫(2)(丫环)呀约
jiɔ	⑧药钥跃龠

09[uɔ]

muɔ	④挽(文)(挽回)晚(文)(早晚)⑥曼蔓万(白)(逾千达万)
fuɔ	①藩(1)(篱笆)番(1)(番人)翻③反(1)(反对)返⑤泛贩畈

vuɔ	②凡帆矾烦繁蕃樊藩(2)(曾国藩)蘩④犯范挽(文)(挽回)晚(文)(早晚)⑥梵饭万(文 1)(万年青)
tuɔ	①刁叼雕(彫)凋貂碉③鸟(2)(鸟儿)⑤吊钓
t'uɔ	③挑⑤跳眺粜
duɔ	②条迢调(1)(调羹)笤④掉(2)(掉钞票)窕⑥调(2)(声调)掉(1)(掉落)
luɔ	②辽聊僚寥撩嘹缭寮镣龙(白)(龙船)④了(瞭)潦燎两(1)(两个)俩(2)(两人)垄(白)(菜垄)⑥料廖疗瞭⑧猎掠略撂
kuɔ	①纶(2)(纶巾)鳏关⑤惯
k'uɔ	①宽髋铅(1)(铅锅)
guɔ	⑥环(白)(门环)
huɔ	⑦豁(2)(豁拳)
ʔuɔ	①弯湾⑦挖
ɦuɔ	②顽还环(文)(环境)圜寰④皖⑥换幻宦患豢

[ə]10

pə	①般搬(1)(搬弄是非)⑤半⑦拨钵
p'ə	①番(2)(番禺)潘⑤判泮⑦泼
bə	②盘搬(2)(搬运)磐滥瘢蹒蟠盆④伴拌绊⑥叛畔⑧钹勃脖渤荸饽悖
mə	②馒鳗瞒鞔④满螨懑⑥幔缦镘⑧末抹茉沫秣没殁
tə	①端敦墩惇磁镦蹲③短⑤断(文 2)(决断)锻⑦掇咄
t'ə	①湍吞(文)(吞咽)⑦脱(1)(脱离)
də	②团(團糰)屯囤豚臀④断(文 1)(断续)⑥段(文)(段落)缎钝遁⑧夺(文)(抢夺)凸突沓(3)(沓起算)
nə	④暖(文)(温暖)⑥嫩⑧呐(1)(呐口)讷
lə	②峦李娈栾鸾脔滦銮论(2)(论语)④卵(文)(卵袋)⑥乱论(1)(讨论)⑧粒
tsə	①簪钻(1)(钻洞)尊樽③攒纂⑤瓒钻(2)(钻孔)
ts'ə	①参(2)(参差)氽村邨⑦忖⑤窜蹿篡寸
sə	①酸拴栓闩孙荪狲③损⑤蒜算涮逊巽(文)(八卦之一) ⑦刷
zə	②存④撰馔⑧凿
kə	①根(1)(根据)跟(1)(脚下跟头)①干(1)(干犯)干(乾)(3)(干燥)杆(1)(笕杆)肝竿③杆(2)(电灯杆)秆擀⑤干(幹)(2)(干部)⑦葛割
k'ə	①刊看(2)(看守)③侃⑤看(1)(看见)⑦咳(2)(咳嗽)渴
gə	⑧橛(白)(两橛断)
ŋə	⑥玩⑧兀纥
hə	①鼾③罕⑤燠汉⑦喝(1)(吆喝)
ɦə	②痕(1)(痕迹)韩寒邗邯④旱⑥岸汗捍悍焊翰瀚
ʔə	①恩安氨鞍桉⑤摁按案胺⑦遏褐

[yə]11

pyə	①标膘飙镖瀌彪③表(錶)裱娻
p'yə	①漂(1)(漂亮)飘嘌③漂(2)(漂白)瞟⑤票剽
byə	②嫖瓢④殍鳔⑥骠
ʔmyə	①喵咩哶
myə	②苗描瞄④秒渺纱藐淼⑥妙庙谬缪(2)(姓氏)
tɕyə	①朝(2)(明朝)招昭钊镳专砖浇捐娟鹃涓③剿沼矫侥缴饺铰(文2)(铰刀)皎卷(文2)(席卷)醮照诏转啭叫⑤卷(文1)(考卷)眷绢圈(2)(猪圈)⑦椒焦蕉礁辍啜苴拙绌娇骄ㄚ厥撅蕨噘獗决诀抉橘
tɕ'yə	①超跷锹痊诠铨川穿(文)(贯穿)撬橇圈(1)(圆圈)③悄喘舛绻犬⑤俏峭诮翘钏窍劝券⑦瞧駿出(韵)阙缺炔阕屈
dzyə	②憔谯樵朝(1)(朝鲜)嘲潮晁传(1)(宣传)橡乔侨桥荞权拳蜷颧④兆赵肇篆⑥召传(2)(传记)轿倦⑧怵黜术(1)(白术)橛(文)(短木桩)镢倔掘(文)(挖掘)崛
ɲyə	②元原源鼋螈④女(文)(男女)软绕髯阮⑥愿⑧月
ɕyə	①烧宣枭骁喧萱煊昏(1)(黄昏)婚荤③小(文)(小朋友)少(1)(少年)选⑤肖(1)(生肖)笑鞘少(2)(少将) 渲唤涣焕痪奂楦绚巽(白)(巽山)⑦肖(2)(姓氏)消宵硝销霄逍魈雪噱(2)(噱头)说戌恤蓄欢血忽笏唿惚瘸
zyə	②韶饶(1)(富饶)饶全泉漩船④绍扰⑥邵⑥(镟)璇⑧绝踅术(術)(2)(手术)述
kyə	①官棺倌观(1)(观察)冠(1)(皇冠)昆(文2)(灵昆岛)③馆琯管(文)(管理)莞(1)(东莞)⑤贯灌罐盥观(2)(寺观)冠(2)(冠军)⑦骨
k'yə	③款⑤捆⑦窟
ʔjyə	①吆幺鸳冤渊温(1)(温州)瘟③夭杏窈碗苑宛婉琬稳⑤要(2)(重要)惋腕怨⑦要(1)(要求)腰邀豌剜蜿哕(哕起,即恶心)曰郁(2)(郁郁葱葱)
jyə	②姚窑谣摇遥徭瑶员圆鸢园袁援猿垣辕玄悬魂桓丸完烷④舀充远缓浣⑥耀曜鹞院媛缘县眩⑧阅悦越粤穴核聿鹬域阈役疫

[ie]12

pie	①编鞭边蝙③贬扁(1)(扁担)匾⑤变遍⑦瘪憋鳖
p'ie	①扁(2)(一叶扁舟)偏篇翩⑤骗片⑦撇瞥
bie	②便(2)(便宜)骈④辨辩辫⑥便(1)(方便)卞弁汴⑧别蹩
mie	②绵棉眠④免勉缅黾(2)(黾池)娩冕渑湎腼鲼丏⑥面(1)(脸面)面(麵)(2)(米面)⑧灭乜(文)(眼睛微张)搣蔑篾
tie	①掂滇颠巅癫③玷点跕典碘⑤店惦⑦跌
t'ie	①添天③舔腆⑦帖贴铁餮
die	②恬甜田填钿④簟⑥垫电佃甸淀奠殿靛癜⑧谍叠碟蝶喋牒迭垤耋
ʔnie	①粘黏拈
nie	②鲇(鲶)年④碾捻⑧廿聂镊蹑嗫颞
lie	②帘廉镰奁连联涟怜(憐)莲④脸敛撵琏辇⑥殓练炼链恋⑧列咧烈裂冽洌趔捩戾
tɕie	①尖歼沾占(1)(占卜)瞻詹煎馢毡笺兼犍坚肩③剪翦展辗捡检睑茧趼⑤占(佔)(2)

	⑴(占领)溅箭战颤荐剑建键见⑦接婕楫辄哲蜇喆折⑴(折扣)褶节疖劫揭⑴(揭露)洁结桔⑴(桔梗)拮子
tɕ'ie	①签(籤)(簽)佥迁千(韆)⑵(秋千)愆千⑴(千万)仟阡扦谦牵③诠浅阐歉遣谴缱⑤堑慊欠茜⑴(茜草)倩纤(縴)⑴(纤夫) ⑦妾切窃沏挈锲怯(文)(怯生)惬箧
dzie	②黔钤箝钱缠钳搛(搛菜)乾虔掮④俭件键⑥偈⑵(偈佗)健腱踺⑧彻撤澈辙挟(挟菜)杰桀揭⑵(按揭)竭偈⑴(勇武貌)碣
nie	②严言研妍④染俨嬲⑥验酽谚彦唁⑧热乜(白)(乜人)业孽蘖啮镍臬
ɕie	①纤(纖)⑵(纤维)暹仙籼鲜煽搧先轩③闪(腰闪着)陕癣藓洗笕爇险显⑤线腺扇宪献⑦胁歇蝎
zie	②潜蟾燂涎单⑵(单于)禅蝉婵然燃前④渐冉苒践善鳝⑥赡贱饯羡擅嬗缮膳⑧捷睫涉舌折⑵(折本)截
ʔjie	①淹奄醃阉恹腌鹫嫣烟胭湮③野掩魇偃⑤厌餍堰宴燕咽⑵(咽气) ⑦靥谒噎
jie	②爷椰耶揶炎盐阎闫檐嫌焉延蜒筵贤弦舷沿铅⑵(铅山)④也(文)(也是)冶衍演⑥夜艳焰现砚⑧烨叶(葉)页晔协侠⑧拽⑴(拖;拉)颉撷缬

[o]13

po	③把⑴(把守)靶⑤坝把⑵(把柄)霸⑦巴⑴(巴西)芭吧疤笆粑八⑴(八个)捌博搏膊驳剥舶⑵(船舶)
p'o	⑤帕怕⑦葩趴粕泊朴(樸)
bo	②扒爬耙杷琶巴⑵(下巴)④罢⑵(罢工)⑧拔跋薄⑴(厚薄)亳箔礴雹
ʔmo	①姆⑴(师姆)
mo	②麻嘛蟆④马玛码蚂母拇姆⑴(保姆)某⑧莫摸幕漠寞膜瘼瞙邈蓦陌⑵(打生陌生)
to	⑦沰
t'o	⑦托拓
do	⑧铎擢(白)(擢起当官)
no	②挪傩哪⑵(哪吒)④娜⑵(婀娜)⑧诺喏搦
lo	⑧乐⑵(快乐)洛骆络烙落酪
tso	①乍查⑵(姓氏)喳渣楂吒③担⑤诈咋⑴(咋然)炸⑵(炸弹)榨蚱⑦作
ts'o	①叉⑵(叉腰)权车(白)(汽车)⑤岔汊衩⑦错
dzo	②茶查⑴(检查)搽苴
so	①娑挲沙纱砂鲨莎痧裟⑤嗄閊⑦索嗦
zo	⑥鲊⑧昨作柞胙砟酢
ko	①加家嘉迦⑴(迦南)枷(文)(枷锁)笳袈傢茄⑴(雪茄)佳③贾⑵(姓氏)假⑴(假设)⑤价驾架(文)(衣架)假⑵(放假)嫁稼⑦各阁胳⑴(胳膊)搁(文)(搁浅)咯角觉珏
k'o	③可⑦壳确榷
go	②枷(白)(饭镬枷儿)⑧硌(硬硌硌)搁(白)(搁臀)
ŋo	②鹅⑴(鹅兜)牙芽衙伢蚜④雅⑥讶砑⑧鄂愕噩鳄谔萼腭颚鹤乐⑴(音乐)岳嶽
ho	①呵诃嗬虾⑴(虾儿)⑤吓⑦壑郝
ɦo	②虾⑵(虾蟆)霞遐瑕④下⑥夏厦暇(闲暇)⑧涸貉学峃
ʔjo	⑦哟唷
ʔo	①丫⑴(两丫裤)鸦③哑⑤亚娅挜⑦恶⑴(善恶)握喔幄龌

[uo]14

puo	①帮甬邦梆波(1)(波浪)玻菠③榜膀(2)(翼膀)绑跛簸⑤谤泵播(1)(播送)⑦卜(1)(占卜)
p'uo	①滂坡颇③耪叵⑤胖⑦仆(1)(仆倒)扑噗璞濮蹼
buo	②旁傍膀(1)(膀胱)磅螃彷(1)(彷徨)庞鄜④蚌(1)(象鼻蚌)棒⑥镑薄(2)(薄荷)⑧卜(葡)(2)(萝卜)仆(僕)(2)(仆人)瀑
ʔmuo	①嬷①姥(3)(老姥)
muo	②芒忙氓茫虻么(麽)蘑庬馍无(2)(南无)摹模(1)(模范)谟④莽漭蟒网冈魍悯姥(2)(太姥山)⑥摩(2)(摩崖)募墓慕暮⑧袜木沐目牧睦穆苜
fuo	①方坊妨肪芳③仿纺彷(2)(彷佛)昉⑤放舫访⑦法砝砝发(發)(髮)
vuo	②防房亡⑥妄忘望旺⑧乏伐罚阀筏缚(1)(缚鞋带)
tuo	①当(當)(1)(应当)当(噹)(3)(当啷)铛珰裆③挡党朵⑤当(當)(2)(典当)档
t'uo	①汤趟(1)(趟水)③倘淌躺⑤唾(文)(唾沫)烫趟(2)(一趟)
duo	②唐堂棠塘膛糖搪溏铛螗瞠④垾⑥荡宕
ʔnuo	①囔
nuo	②囊④曩⑥齉
ʔluo	①啷
luo	②郎狼琅廊榔锒踉螂④朗⑥浪阆赂⑧禄碌录绿氯
tsuo	①拶(1)(敲打)赃脏(髒)(1)(肮脏)藏③(藏青)藏妆(1)(化妆)庄(1)(庄严)装(1)(武装)⑤葬壮(文)(强壮)
ts'uo	①仓苍沧舱伧创(1)(创伤)疮⑤挫锉(文)(锉刀)措厝创(2)(创造)
suo	①唆梭蓑丧(1)(婚丧)桑③琐锁唢傻所(场所)嗓搡磉爽耍⑤丧(2)(丧失)
zuo	②矬痤斜(2)(斜视)藏(1)(隐藏)④坐⑥祚座脏(臟)(2)(内脏)藏(2)(西藏)奘
kuo	①冈刚岗(1)(山岗)纲钢江扛(文)(扛鼎之作)杠(1)(床杠)肛缸豇瓜呱(2)(呱呱叫)娲蜗光胱③讲港岗(2)(岗位)寡剐广⑤杠(2)(敲竹杠)降(文)(降落)绛卦褂挂⑦括刮(颳)郭椁
k'uo	①康慷糠夸(誇)③垮⑤亢抗炕伉囥挎跨胯矿旷(文)(旷课)圹⑦阔扩廓
guo	②旷(白)(课旷交)④犷(该人犷显)眍(田眍儿)⑥扛(白)(扛条儿)
ŋuo	②昂卬④瓦
huo	①夯(文)(打夯)荒慌肓花③谎恍晃幌⑤化⑦豁(1)(豁然开朗)霍藿
ɦuo	②吭杭航笐行(文 2)(银行)皇凰惶煌蝗隍徨黄簧潢璜蟥划(1)(划龙船)华(1)(中华)哗骅④项⑥巷华(2)(华山)桦画(1)(连环画)话⑧活猾滑获(穫)(1)(收获庄稼)镬
ʔuo	①肮汪哇洼蛙娃⑤盎⑦斡沃鋈

[yo]15

tɕyo	①妆(2)(妆灵清)庄(2)(坐庄)装(2)(假装)桩(文)(打桩)钟(鐘鍾)龚供(1)(供销)恭(1)(恭敬)③冢肿种(2)(种子)踵拱(1)(打拱作揖)⑤壮(白)(壮显壮)戆纵种(1)(种树)供(2)(供应)⑦卓桌啄琢诼涿捉足烛嘱瞩
tɕ'yo	①窗框眶筐匡诓③闯恐⑦戳踀蠢触曲(1)(弯曲)䗿
dzyo	②幢(1)(经幢)桩(白)(烂桩桩)重(1)(重复)狂诳④重(1)(轻重)⑥状撞幢(2)(楼幢)重(3)(重选)逛共⑧浊镯擢(文)(擢升)濯躅属蜀局焗

ȵyo	②浓(2)(浓淡)⑧玉狱钰
ɕyo	①霜孀双胸凶(文)(凶恶)匈汹③耸(耸立)怂(怂恿)悚竦⑤况⑦朔搠缩蓿粟僳束
zyo	②床从(1)(跟从)松(2)(松树)⑥讼诵颂⑧俗续赎
ʔjyo	①痈邕③枉往⑤壅
jyo	②王④勇涌踊甬俑惠蛹⑥用佣(2)(佣人)⑧浴欲

[ɿ]16

tsɿ	①髭知蜘咨姿资脂吱兹滋孳孜淄缁辎锱之芝③紫訾只(1)(只有)咫姊旨指子籽仔梓滓第止址趾祉⑤智渍恣至挚置志痣识(2)(标识)帜
ts'ɿ	①雌呲疵差(4)(参差)痴笞蚩嗤③此侈耻齿⑤刺(1)(刺激)翅次眙炽⑦涩(白)(涩口)
dzɿ	②弛驰踟篪龇迟持④雉痔峙⑥稚治
sɿ	①斯撕嘶厮筛(2)(米筛)施私师狮(文)(雄狮)蛳尸诗腮(白)(腮腺炎)司丝飔鸶思飔③徙豕死矢屎史使驶始⑤赐四肆伺试弑
zɿ	②瓷慈磁鹚糍词祠辞糍(泥糍)时而④氏是尔巳祀似士仕俟市柿恃耳(文)(聂耳)洱⑥豉示谥视嗜字寺侍饲嗣事饵

[i]17

di	⑧迪敌涤笛狄籴翟(2)(长尾的野鸡)
ʔni	①妮
ni	②泥尼呢怩④你⑥伲腻⑧昵匿溺
li	⑥例⑧立栗傈溧篥溧慄律率(2)(效率)
tɕi	①鸡稽畸羁机肌饥(饥)(1)(饥饿)基箕姬几(几)(文 1)(几何)讥叽饥(饥)(2)(饥荒)畿③几(文 2)(茶几)麂己几(几)(文 3)(几多)⑤计系(繫)(4)(系鞋带)继髻寄骥冀致(緻)记纪既暨⑦即
tɕ'i	①溪蹊欺岂③启企(文)(企业)绮起杞⑤契弃器气汽⑦吃(1)(吃饭)
dʑi	②茄(3)(茄儿)伽(1)(伽蓝爷)奇崎骑琦歧岐芪祁鳍耆其期棋旗萁琪蜞祈麒④技妓伎企(白)(企图)⑥忌⑧掷(白)(投掷)
ȵi	②倪霓嵇仪宜疑④蚁拟⑥艺吃睨诣义议谊毅
ɕi	①牺羲曦熙嘻嬉熹希稀唏③喜禧嬉⑤戏
ki	③几(幾)(白)(几个)
ʔji	①祎猗漪伊咿医衣依袆③椅倚旖⑤裔缢瘗意⑦一(白)(一个)亿忆臆癔
ji	②兮奚移夷姨胰痍彝怡贻诒饴颐圯沂④迤矣已以⑥曳刈系(1)(关系)系(係)(2)(中文系)系(繫)(3)(连系)易(2)(容易)肆懿异

[u]18

p'u	③圃浦(2)(浦东)普埔
bu	②菩脯(2)(胸脯)蒲(2)(菖蒲)匍莆孵(白)(孵坊)④部簿⑥捕哺
fu	①夫(2)(人名)肤麸俘孵(文)(孵化)敷孚稃③甫脯(1)(果脯)辅俯斧釜抚⑤赴讣⑦不(文)(不是)复(複)(復)腹蝮馥覆福幅辐蝠
vu	②扶芙(文)(芙蓉)凫无(1)(无中生有)芜巫诬毋④腐(文)(腐餙)武侮鹉舞妩负⑧伏服袱

	茯匐
ku	①哥歌戈锅埚瘑估咕姑菇轱蛄辜孤呱(1)(呱呱而泣)菰箍③觚果裹倮古诂牯罟股蛊贾(1)(商贾)鼓臌瞽⑤过固沽故痼顾雇⑦谷(穀)
kʻu	①苛柯轲疴科棵颗蝌稞窠髁枯骷刳③坷苦⑤课库裤绔⑦哭酷
ŋu	②俄哦峨娥鹅(文)(雁鹅)蛾(文)(飞蛾)讹吾吴梧④我五午伍仵牾⑥饿(文)(饥饿)嗯卧误悟娱(2)(娱乐)迕忤晤寤唔(唔否)
hu	①乎呼③火伙(夥)虎唬琥浒⑤货乭
ɦu	②河何(文)(任何)荷(1)(荷花)菏禾和(1)(和平)狐弧壶胡(鬍)葫湖蝴糊猢瑚④荷(2)(负荷)祸户沪扈⑥贺和(2)(附和)互护⑧斛槲鹄
ʔʋu	①阿(1)(阿胶)婀窝涡萵倭挝(2)(老挝)乌呜钨污③坞⑤屙恶(2)(可恶)⑦屋

[y]19

tɕy	①车(文 2)(车马炮)居(文)(居住)拘驹闺硅圭规(1)(圆规)龟归(2)(当归)③举矩枸(1)(枸橼)诡轨癸鬼⑤据锯踞句桂季悸愧(1)(惭愧)贵
tɕʻy	①祛区(1)(区别)岖驱躯暌睽窥③龋⑤去(文)(来去)
dʑy	②瘸渠(文)(水渠)瞿衢葵馗馗夔④巨拒炬距跪揆⑥遽具俱惧飓柜(櫃)馈匮
ɲy	②娱(1)(娱乐)隅愚禺虞危④语圄龉⑥御(禦)驭遇寓伪
ɕy	①靴虚嘘墟吁(1)(气喘吁吁)麾挥(2)(指挥)辉晖③许(文)(许多)诩栩毁⑤酗煦卉讳
ʔjy	①吁(2)(喝止牲口声)③伛⑤妪

[ɚ]20

tɚ	①都③堵赌睹肚(白)(猪肚)⑤妒蠹
tʻɚ	③土吐(1)(吐痰)⑤吐(2)(呕吐)兔菟
dɚ	②图徒(文)(徒弟)途涂(塗)屠荼④杜肚(文)(肚皮)⑥度渡镀鍍
lɚ	②蠡(2)(河蠡蚌)卢芦炉颅轳鸬庐驴闾橹④卤(滷)(2)(盐卤)吕侣旅铝膂屡缕⑥路露璐鹭虑滤
tsɚ	①租株蛛诛朱(硃)珠侏鮢(鮢鱃)追椎锥③祖诅狙疽诸咀渚褚拄主嘴⑤著驻炷注蛀铸醉(2)(酒喝醉爻)缀赘
tsʻɚ	①粗趋枢吹炊③础(2)(礎础)处(1)(处理)取娶⑤醋处(2)(相处)觑趣
dzɚ	②除储蹰厨橱垂捶锤陲槌④贮伫柱砫⑥署薯(文)(马铃薯)曙住绖坠
sɚ	①苏酥稣甦梳(白)(头梳)书抒舒须(鬚)需输尿(2)(拉尿)虽绥③暑黍水⑤诉塑溯素(白)(吃素)絮恕庶戍岁税祟邃
zɚ	②锄(白)(板锄)如茹殊儒蠕嚅濡隋随谁④序叙绪墅汝聚竖乳蕊⑥树孺瑞遂隧穗
ŋɚ	②蜈鱼渔

[ʉ]21

pʉ	①波(2)(宁波)餔③补谱⑤播(2)(发播)布怖
pʻʉ	①铺(1)(铺被)③浦(1)(下吕浦)⑤破铺(2)(床铺)
bʉ	②婆葡蒲(1)(蒲鞋)④箁(朗眼箁)⑥缚(2)(腰缚)步埠赗

mʉ	②摩⑴(摩擦)磨⑴(磨刀)魔模⑵(模子)⑥磨⑵(磨石)戊雾(白)(发雾)物(白)(物事)
fʉ	①夫⑴(丈夫)③府腑殕⑤付咐赋傅富副
vʉ	②符浮(白)(尸骸浮起)④父妇⑥附驸芙(白)(芙蓉)腐(白)(腐败)务雾(文)(云雾)婺
ʔʋʉ	①淤於迂威葳③委萎痿尉蔚慰⑤畏喂餵
ʋʉ	②余(餘)⑵(剩餘)舆于盂竽俞逾渝愉榆揄瑜臾谀腴为⑴(作为)帷维潍违围韦帏闱炜携畦④予与⑴(给予)宇羽雨禹愈唯惟伟苇玮匙⑥与⑵(参与)余⑴(姓氏)预誉豫芋吁⑶(呼吁)喻谕裕卫彗惠慧为⑵(为什么)位遗纬胃谓猬

[ai]22

pai	①杯背(揹)⑶(背心)卑碑悲⑤贝狈背⑴(背部)辈褙
p'ai	①坏胚呸丕⑤沛霈配
bai	②陪培徘赔裴④倍蓓⑥佩背⑵(背诵)焙
tai	①呆⑵(痴呆)堆⑤对碓
t'ai	①推③腿⑤唾(白)(痰唾)退褪煺脱⑵(脱裤)蜕
dai	②颓⑥队兑⑧夺(白)(赌抢赌夺)
nai	④奶(白2)(奶奶)馁⑥内
lai	②朒雷擂蕾镭赢④磊儡瘰累垒⑥礌泪⑧捋
tsai	⑤最(文)(某某之最)拽⑵(拉扯)惴淬醉⑴(陶醉)
ts'ai	①崔催摧③璀揣⑤啐脆踹翠
sai	①衰③小(白)(古方言留下的白读)⑤细(白)(细姆)碎⑦狮(白)(狮子)
zai	④罪⑥锐睿芮睡悴粹萃瘁
kai	①瑰规⑵(规矩)归⑴(回归)皈⑤个会⑵(会计)侩剑桧脍
k'ai	①恢盔魁诙奎亏岿③傀⑤块愧⑵(愧对)喟
gai	⑥溃(白)(溃疡)
ŋai	②巍⑥饿(白)(肚饿)魏(文)
huai	①灰挥⑴(挥挥手)徽③贿悔尯⑤海晦荟喙
ɦuai	②桅鬼回(迴)徊茴洄蛔④汇(匯)⑴(汇款)⑥溃(文)(崩溃)会⑴(会议)绘烩魏(白)汇(彙)⑵(汇报)
ʔʋai	①偎煨③诿猥⑤秽(淫词秽语)
ʔai	⑤唉⑵(唉磊堆碎)

[au]23

tau	①兜③斗⑴(北斗)抖陡蚪⑤斗⑵(斗争)
t'au	①偷③敨⑤透
dau	②投⑥逗读⑵(句读)窦脰
nau	④冇⑥耨
lau	②娄楼偻喽褛蝼髅④搂篓⑥陋漏镂瘘
tsau	①邹驺③走⑤奏揍皱绉
ts'au	①诌③搊⑤凑

dzau	⑥胄籀骤
sau	①搜艘馊飕③叟嗾擞溲⑤嗽漱瘦
zau	②愁
kau	①勾沟钩篝③苟狗枸(2)(枸杞)垢诟⑤构购媾够彀(白)(居屋合音)
k'au	①抠眍③口⑤叩扣寇蔻
gau	④厚(白)(厚佬)
ŋau	②牛④偶藕耦
hau	①佝③犼(许屋合音)⑤吼鲎(虹)
ɦau	②侯喉猴篌④后(後)厚(文)(忠厚)⑥候逅
ʔau	①区(2)(姓氏)欧鸥讴瓯③呕殴⑤沤怄堛(埋葬)

[iau]24

tɕiau	①鸠阄赳③九久玖灸韭纠⑤究疚救咎厩
tɕ'iau	①丘蚯邱③揪
dʑiau	②求球逑裘仇(1)(姓氏)虬④臼舅柏⑥旧柩
ʔȵiau	①妞
ȵiau	④扭纽钮忸⑥狃(若屋合音)
ɕiau	①休咻③朽⑤臭(2)(铜臭)嗅
ʔjiau	①优忧悠攸幽③黝⑤幼
jiau	②由邮油游蚰猷蝣鞣尤犹④友有酉诱莠⑥又右佑祐囿宥柚釉

[ei]25

pei	①蓖裨(2)(裨益)箅屁毞陂罴③彼匕比(1)(比较)鄙⑤毙蔽闭庇痹愊臂秘(2)(秘鲁)髻⑦必毕笔哔筚跸滗逼碧辟(1)(大辟)璧壁
p'ei	①批砒披纰⑤睥媲譬屁⑦匹疋辟(闢)(2)(开辟)僻劈霹癖癖
bei	②鼙皮疲啤脾裨(1)(裨将)枇毗蚍琵肥(白)(肥肉)④陛被婢否(2)(否去泰来)痞圮⑥币弊敝璧鼻避比(2)(比邻)备坒⑧弼愎(刚愎自用)
ʔmei	①咪眯
mei	②迷谜醚弥猕眉嵋湄楣糜縻④米弭美尾(白)靡⑥袂媚魅寐未(白)味(白)秘(1)(秘书)⑧泌密蜜宓谧嘧觅汨幂
fei	①飞非菲(1)(芳菲)啡绯扉蜚霏妃③匪诽菲(2)(菲薄)斐榧翡⑤废肺痱沸狒费
vei	②肥(文)(肥沃)微薇④尾(文)娓⑥吠未(文)味(文)
tei	①爹低③抵底邸诋砥⑤帝蒂谛⑦的嘀滴嫡
t'ei	①梯锑③体⑤剃涕屉替嚏⑦剔惕踢倜
dei	⑥大(白)(大官爷)④弟悌⑥递第睇逮棣缔地
ʔlei	①里(2)(该里)厘(2)(一厘儿)哩(1)(词曲中作衬字)
lei	②犁黎藜鱧离漓璃篱缡罹梨蜊厘(1)(厘米)狸喱④礼醴蠡(1)(范蠡)履李里(裏)(1)(里外)理鲤俚娌浬⑥厉励砺蛎丽隶唳荔詈利俐莉痢苈吏⑧笠力历(歷)(曆)沥雳疠砾栎跞屫

tsei	①嗟遮猪跻支枝肢栀③姐这者煮济(2)(济南)纸⑤借蔗蔗际祭漈制(製)剂(2)(调剂)挤济(1)(救济)霁⑦浙唧稷陟仄织职迹积脊嵴瘠鲫只(隻)(2)(量词)炙摭绩
ts'ei	①车(文1)(水车)蛆妻栖凄③且扯杵鼠⑤笡(斜)掣砌刺(2)(生刺)⑦叱饬敕厕侧测恻刺(3)(刺绒衫)尺斥赤哧戚喊
dzei	②池④苎舐⑥箸滞⑧蛰直值植殖湜掷(文)(一掷屎)踯
sei	①些奢赊畲西犀茜(2)(人名)③写舍(捨)(2)(施舍)胥洗铣玺髓⑤泻卸舍(1)(进舍)赦世势细(文)(仔细)婿窸⑦摄慑燮泄薛亵设悉蟋窸息媳熄色啬艳稳式识(1)(认识)饰拭轼昔惜适释析晰淅皙蜥锡
zei	②邪斜(1)(倾斜)蛇佘徐齐脐匙④社惹屿荠鲚⑥藉(1)(藉口)榭谢麝薯(白)(番薯)逝誓噬剂(1)(发剂)⑧食蚀藉(2)(藉田)籍席夕汐矽射石(1)(石头)硕寂

[ou]26

tou	①多哆丢③躲⑤跺剁⑦督笃
t'ou	①拖(文)(拖拉机)③妥椭⑦忒(2)(忒不识相)秃
dou	②驮驼鸵佗陀沱砣跎徒(白)(门徒)头骰④舵堕惰⑥大(文2)(大小)豆荳痘⑧独读(1)(读书)渎椟犊牍毒
nou	②奴④努弩⑥懦糯怒
ʔlou	①啰噜溜
lou	②罗萝逻锣箩骡螺刘留流琉硫馏榴瘤镠鎏④裸瘰房鲁掳橹卤(鹵)(1)(卤素)柳绺⑥摞遛⑧鹿漉辘麓六陆戮
tsou	①揪舟州洲周(週)赒③左佐组阻诅俎酒肘帚⑤做昼咒⑦镞竹竺筑祝粥
ts'ou	①初刍秋(鞦)湫鳅抽③础(1)(基础)楚瞅丑(醜)⑤锉(白)(锉刀)臭(1)(乌焦臭)⑦搓(文)(搓板)磋蹉簇蔟促蹙蹴畜(1)(牲畜)搐俶
dzou	②囚绸稠惆畴筹踌仇(2)(仇恨)雠酬④纣⑥宙轴售⑧逐妯
sou	①搓(白)(搓绳)梳(文)(梳理)疏蔬修羞馐收③数(2)(数一数)手首守狩⑤素(文)(朴素)傃数(1)(数字)秀绣锈宿(2)(星宿)兽⑦速肃宿(1)(宿舍)凤叔倏菽
zou	②锄(文)(锄头)雏酉遒泅柔揉蹂④受绶⑥助就袖寿授⑧族淑熟孰塾辱褥缛衄肉

[iou]27

tɕiou	⑦菊鞠掬
tɕ'iou	⑦曲(麴)(2)(酒曲)
ɕiou	⑦畜(2)(畜牧)蓄旭勖
ʔjiou	⑦郁(1)(郁闷)燠
jiou	⑧育昱煜毓鬻

[aŋ]28

paŋ	①奔贲犇③本畚⑤粪(白)(粪扫)
p'aŋ	①喷(1)(喷水)⑤喷(2)(喷香)
baŋ	④苯⑥笨坌
maŋ	②门们扪蚊(白)(蚊虫)明(白)(明朝)⑥闷焖问(白)(问问眙)

faŋ	①分(1)(分开)芬吩纷酚③粉⑤奋粪(文)(粪坑)
vaŋ	②坟氛焚汾文纹蚊(文)(蚊蝇)雯④忿愤吻刎⑥分(2)(分格)份问(文)(提问)闻紊
taŋ	①吨灯登蹬瞪③戥等凼⑤顿炖(2)(炖卵糕)凳磴
t'aŋ	①吞(白)(慢吞吞)⑤氽瞪(白)(眼灵珠瞪起)
daŋ	②饨腾誊藤滕疼(白)(疼痛)④断(白)(断气)盾(白)(盾牌)沌炖(1)(温炖汤)⑥段(白)(烂树段)邓
naŋ	②能人(白1)(人来客往)④恁暖(白)(暖芬芬)
laŋ	②仑抡伦沦轮囵纶(1)(涤纶)棱④卵(白)(卵黄)⑥愣
tsaŋ	①砧针斟箴津珍蓁榛臻真甄曾(文2)(姓氏)增憎筝(2)(古筝)③枕怎诊疹缜积⑤浸进晋镇圳振震赈
ts'aŋ	①侵郴琛(1)(珍宝)亲(1)(亲戚)抻嗔瞋③寝⑤沁亲(2)(亲家)趁衬龀蹭
dzaŋ	②沉尘陈臣曾(白)(曾经)④朕⑥鸩阵
saŋ	①心芯参(3)(人参)森深琛(2)(人名)辛锌新薪莘申伸身呻绅娠僧③沈(潘)审婶迅哂⑤渗讯汛信囟
zaŋ	②寻挦荨岑谌忱任(文2)(任性)秦神辰晨宸人(文)(人民)仁娠层曾(文1)(曾经)④赁甚葚甚饪尽(儘)肾⑥任(文1)(姓氏)妊(文)(妊妇)衽烬慎蜃刃(1)(刀刃)纫仞赠
kaŋ	①根(2)(结根)跟(2)(跟从)哏昆(文1)(昆仲)③管(白)(毛管)滚衮绳辊⑤艮亘棍诳
k'aŋ	①昆(白)(昆剧)坤③垦恳肯啃捆⑤困
haŋ	①夯(白)(夯实)③很狠
ɦaŋ	②痕(2)(伤痕)恒⑥恨
huaŋ	①昏(2)(昏君)
ʔuaŋ	①温(2)(温吞)
uaŋ	②浑馄④混⑥诨

[iaŋ]29

tɕiaŋ	①今金襟巾斤筋茎京荆惊粳经(1)(经济)泾均钧军君鞿③卷(白)(一卷)锦紧谨景警璟颈⑤禁靳竟敬境镜滰劲径经(2)(经线)陉胫迳
tɕ'iaŋ	①穿(白)(穿针)鬈(白)(鬈发)钦衾卿轻氢⑤串揿庆罄磬
dʑiaŋ	②琴禽擒芩芩嗪檎芹勤兢矜擎鲸黥裙群④赚(白)(赚钞票)近痉菌窘⑥妗噤仅馑瑾觐竞郡
ȵiaŋ	②宁(1)(宁波)拧狞柠咛壬人(白2)(新儒人)银鄞垠吟龈凝迎④您忍⑥宁(2)(宁可)泞任(白)(任可)妊(白)(妊娠)刃(2)(刀刃)认韧
ɕiaŋ	①歆鑫欣忻掀兴(文1)(兴盛)馨凶(白)(勋)熏薰③兴(白)(作兴)行(白)⑤衅兴(文2)(高兴)训
ʔjiaŋ	①阴荫(1)(树荫)音喑因茵咽(1)(咽喉)姻氤殷应(1)(应该)鹰膺蝇莺(1)(黄莺)樱(1)(樱桃)鹦(1)(鹦鹉)罂(1)(罂粟)英瑛䁖婴缨璎氲③饮隐瘾影蕴悻⑤荫(2)(荫德)窨印应(2)(响应)映滢酝熨
jiaŋ	②淫霪寅盈赢楹瀛刑形型邢匀筠云(雲)耘芸纭④引蚓吲颖郢颍允尹殒⑥胤孕

[əŋ]30

pəŋ	①宾彬斌滨缤濒槟冰兵并(3)(并州)③禀膑髌丙秉柄炳饼屏(2)(屏墙)⑤鬓傧摈殡并(併)(1)(合并)摒
p'əŋ	①乒拼姘③品⑤聘娉
bəŋ	②贫频嫔颦凭平评坪苹枰屏(1)(屏幕)瓶萍④并(並)(2)(并且)苹⑥病
məŋ	②民旻岷抿泯旼明(文)(光明)鸣盟名茗铭冥瞑螟④闽闵悯敏皿酩⑥命
təŋ	①丁叮钉(1)(铁钉)仃疔③顶鼎⑤订钉(2)(钉板箱)
t'əŋ	①厅听(文)(听觉)汀町烃③挺艇⑤听(白)(打听)
dəŋ	②廷亭庭停蜓婷霆⑥定啶腚碇锭
ʔləŋ	①扔拎铃(2)(铃铛)
ləŋ	②林临淋琳霖邻磷鳞粦嶙遴辚麟繗凌陵菱令(2)(令尊)令(3)(令狐)伶灵玲铃(1)(电铃)聆羚零龄苓囹泠棂蛉翎④凛廪岭领⑥吝躏膦令(5)(命令)另
tsəŋ	①症(癥)(2)(症结)蒸晶睛精菁旌正(2)(正月)征(徵)怔贞侦帧③拯井阱整⑤甑铮证症(1)(病症)正(1)(真正)政
ts'əŋ	①称(1)(称呼)清蛏青蜻③请骋⑤秤称(2)(相称)
dzəŋ	②惩澄橙呈程埕④逞⑥瞪(文)(瞪目结舌)郑
səŋ	①升昇陞声星猩腥惺③省(2)(反省)醒⑤胜性姓圣
zəŋ	②情晴饧成诚城盛(2)(盛饭)仍缯乘(1)(加减乘除)绳塍承丞④靖静婧⑥净靓(1)(靓妆)盛(1)(兴盛)晟乘(2)(千乘之国)剩嵊

[oŋ]31

poŋ	①崩(1)(崩溃)嘣(1)(打嘣)⑤崩(2)(一崩香烟)蹦嘣(2)(内胎打嘣叐)
p'oŋ	①乓③捧⑤碰椪
boŋ	②朋棚(1)(牛棚)鹏硼蓬篷塳④埲燧
ʔmoŋ	①蒙(2)(蒙人)
moŋ	②蒙(1)(蒙犯)蒙(矇)(4)(目失明)蒙(濛)(5)(小雨貌)檬朦瞢④蒙(3)(蒙古)蒙(懜)(6)(昏昧无知)懵⑥梦
foŋ	①风枫疯沨丰封峰锋蜂烽⑤讽
voŋ	②冯逢④奉⑥凤缝俸
toŋ	①东冬(鼕)③董懂⑤冻栋
t'oŋ	①通嗵③捅⑤痛统
doŋ	②同桐铜筒童瞳僮潼彤疼(文)(疼痛)④动桶恸⑥洞侗恫胴
noŋ	②农脓侬哝浓(1)(浓密)
loŋ	②咙胧聋笼龙泷珑砻癃隆窿龙(文)(龙头)④拢垄(文)(垄断)陇⑥弄
tsoŋ	①棕鬃宗综踪遵谆肿中(1)(中国)忠衷盅终③总准(準)⑤粽俊骏竣隽中(2)(中状元)众
ts'oŋ	①匆(怱)葱聪偬从(2)(从容)皱春椿冲(1)(冲锋)忡充冲(衝)(2)(对冲)憧③宠蠢⑤铳
dzoŋ	②虫④盾(2)(矛盾)⑥仲
soŋ	①松(鬆)(1)(放松)菘嵩忪淞询崆洶荀春③笋隼榫⑤送宋峻浚瞬舜

zoŋ	②纯淳醇莼鹑丛淙琮崇戎绒茸旬驯巡循徇唇慵④冗吮⑥殉顺闰润
koŋ	①肱工公功攻恭(2)(恭候)蚣红(2)(女红)弓(新读)宫(2)(新读)躬(2)(新读)③汞巩拱(2)(拱桥)⑤贡
k'oŋ	①空(1)(空虚)倥崆箜③孔⑤空(2)(亏空)控
hoŋ	①薨轰訇哄(1)(哄动)烘③哄(2)(哄骗)⑤哄(3)(起哄)蕻(2)(菜蕻)
ɦoŋ	②弘泓宏闳竑红(1)(红色)虹洪鸿蕻(1)(雪里蕻)⑥讧
ʔoŋ	①翁嗡滃⑤瓮齆(齆鼻)

[ioŋ]32

tɕioŋ	①弓(1)(弓箭)躬(1)(躬身)宫(1)(宫殿)③冏炅迥炯
tɕ'ioŋ	①倾劁穹③顷
dʑioŋ	②琼穷
ɕioŋ	①兄
ijoŋ	①雍臃③拥
jioŋ	②荣嵘蝾营茔莹荧萤萦荣熊雄融佣(傭)(1)(雇佣)庸墉镛容蓉溶榕熔④永咏泳

[ŋ]33

ʔŋu	⑤儿(2)
ŋu	②儿(1)义(白)④耳(白)⑥儿(3)二贰

七、陶山话

陶山话韵母表

开口呼	齐齿呼	合口呼	撮口呼
[a]01 排盲打冷斋生阶亨			
[ɛ]02 袍毛刀逃遭曹高豪	[iɛ]03 娘良章枪相墙央阳		
[ɔ]04 包矛丹难抓三交岩	[iɔ]05 脚雀着尧晓若约药	[uɔ]06 刁挑条宽关阔活挖	
			[yə]07 标苗焦超桥消要姚
[e]08 梅台男来灾才该孩	[ie]09 编棉天田尖严淹盐		
[ø]10 潘盘端团尊酸刊恩			[yø]11 专川传元宣官款员
[o]12 爬麻托乐茶沙加可		[uo]13 帮方当堂赃桑康炕	[yo]14 钟窗狂浓霜床柱王
[ɿ]15 知资雌迟斯师瓷而	[i]16 支机妻池尼几衣移	[u]17 菩魔肤扶哥科火河	[y]18 朱圭吹区除危辉吁

开口呼	齐齿呼	合口呼	撮口呼
		[əʉ]19 都图卢租粗苏如鱼	[ʉ]20 淤尉委畏余宇卫胃
[ai]21 杯丕堆颓崔衰灰回			
[au]22 偷投搜愁勾牛猴瓯	[iau]23 赳丘求妞纽休优尤		
[ei]24 批迷非低梯梨些邪			
[əu]25 多头奴罗左初逐梳	[iəu]26 舟秋囚肉修柔郁育		
[aŋ]27 奔门灯能针心寻跟	[iaŋ]28 今钦琴宁迎欣音形		
[əŋ]29 兵贫丁亭林精清升	[iəŋ]30 遵军春群询句氲匀		
[oŋ]31 朋风东农棕工红翁	[ioŋ]32 弓宫倾琼兄雍荣容		
	[ŋ]33 耳儿二贰		

陶山话常用字同音字汇

同音字汇先按韵母列部，依次为 a、ɛ、iɛ、ɔ、iɔ、uɔ、yə、e、ie、ø、yø、o、uo、yo、ɿ、i、u、y、əʉ、ʉ、ai、au、iau、ei、əu、iəu、aŋ、iaŋ、əŋ、iəŋ、oŋ、ioŋ、ŋ。

同韵字按声母次序排列，依次为 p、pʻ、b、m、f、v、t、tʻ、d、n、l、ts、tsʻ、dz、s、z、tɕ、tɕʻ、dʑ、ȵ、ɕ、z、k、kʻ、g、ŋ、h、ɦ、j、ʋ。

同声母的字按声调编号次序用数码表示：即①阴平、②阳平、③阴上、④阳上、⑤阴去、⑥阳去、⑦阴入、⑧阳入。

[a]01

pa	①绷⑴(藤绷)浜③摆(擺襬)⑤爸拜湃绷⑵(绷紧)迸⑦八⑵(小八癞子)叭百伯迫柏佰檗擘(文)(巨擘)不(白)(不仅)北
pʻa	①掰烹砰抨怦⑤派⑦拍魄珀擘(白)(擘饼)啪
ba	②排俳牌彭嘭蟛澎膨棚⑵(尿布棚)④罢⑴(吃交罢)蚌⑵(蚌埠)⑥惫败鞁⑧白舶⑴(舶来品)帛
ʔma	①妈
ma	②吗埋霾盲萌④买黾⑴(蛙的一种)⑥骂猛锰蜢艋卖迈孟⑧陌⑴(陌生)麦脉唛
fa	⑦芾黻麬弗佛⑵(仿佛)拂氟
va	⑧佛⑴(佛陀)勿物(文)(事物)
ta	③打⑤戴(白)(戴帽)带⑦搭答⑵(答应)瘩嗒耷怛妲笞靼

t'a	①他它她拖(白)(鞋拖)⑤太泰傣汰⑦踏(1)(踢踏舞)沓(2)(疲沓)塔塌蹋遢榻溻挞闼跶獭
da	⑥埭(白)(两埭屋)大(文1)(大师)汏⑧踏(2)(踏步)沓(1)(一沓纸)阘达鞑
ʔna	①南(2)(南无)那(2)(姓氏)奶(白1)(奶奶头儿)③娜(1)(人名)
na	②拿④女(白)(女儿)乃艿氖奶(文1)(老奶奶)⑥那(1)(那么)哪(1)(哪里)鼐奈⑧呐(2)(呐喊)⑧捺
ʔla	⑦垃拉(文)(拖拉)啦
la	④冷⑥赖癞籁⑧拉(白)(拉尿)腊蜡邋喇辣剌瘌
tsa	①咱斋崽(白)(卵崽)争狰睁筝(1)(古筝)峥⑤咤炸(2)(油炸馃)债挣诤⑦砸匝(2)(匝道)眨轧(2)(轧钢)扎札咋(2)(咋舌)窄舴摘谪责啧簀
ts'a	①差(3)(出差)差(1)(差错)叉⑤叉(1)(叉烧包)钗撑(1)(俯卧撑)⑤诧姹差(2)(不好)蔡撑(2)(撑客)⑦插擦察刹(1)(古刹)拆册策
dza	④豸⑥寨⑧渫(白)煤(白)宅择泽着(文2)(着色)翟(1)(姓氏)
sa	①筛(1)(筛酒)生牲笙甥③省(1)(省略)⑤洒晒帅⑦飒卅歃霎啥萨撒杀刹(2)(刹车)煞
za	②豺柴⑧闸渫(文)虿煤(文)铡
ka	①阶皆偕街乖更庚羹赓耕③耿解(1)(讲解)拐埂梗哽鲠⑤介戒芥尬届界诫疥价解(2)(解钞票)廨怪⑤更(文2)(更加)⑦夹挟颊荚峡(1)(长江三峡)甲钾胛咖(2)(咖喱)嘎(1)(鸟鸣声)伽(2)(伽蓝)戛格胳(2)(胳肢窝)骼革隔嗝膈
k'a	①揩揩坑铿③楷锴⑤删快筷⑦恰掐卡(1)(卡口)咖(1)(咖啡)卡(2)(磁卡)客喀缂
ga	②何(白1)(何也)怀(白)(怀闷)⑧峡(2)(河峡儿)嘎(2)(嘎嘎抖)轧(3)(轧姘头)茄(2)(番茄)
ŋa	②癌挨(2)(拖延)崖涯捱⑥硬⑧额
ha	①亨哼③蟹⑦呷瞎哈喝(2)(喝水)赫
ɦa	②何(白2)(何也)谐鞋衡行(文1)(行为)珩桁④也(白2)(也是)骇骸解(3)(解签诗)懈幸悻⑥械邂行(文3)(品行)绗⑧狭洽匣狎黠辖盒(白)(盒儿)
ʔva	①歪③奤(天明亮)
va	②怀(文)(怀念)淮槐横⑥外坏⑧划(割)(2)(笔划)画(2)(笔画)获(獲)(2)(收获)或惑
ʔa	①阿(2)(阿舅)啊(1)(啊呀)埃(2)(埃及)挨(1)(挨近)莺(1)(莺哥)樱(2)(金樱)鹦(2)(鹦哥)罂(罂壶)③阿(3)(阿门)也(白1)(也是)矮杏⑤啊(2)(叹词)呃隘螠(2)(螠儿)⑦压押鸭揠轧(1)(倾轧)扼厄轭

[ε]02

pε	①褒煲③宝保堡鸨葆褓⑤报
p'ε	③剖
bε	②袍④抱⑥暴曝爆
mε	②毛牦髦蛑谋缪(1)(绸缪)牟眸④铆牡亩⑥冒帽耄茂贸麦懋
fε	③否(1)(否则)缶
vε	②阜浮(文)(浮肿)蜉
tε	①刀叨③岛捣倒(1)(打倒)祷⑤到倒(2)(倒水)
t'ε	①滔缘韬饕弢③讨⑤套
dε	②逃桃涛陶掏萄淘啕④道稻⑥导盗悼蹈纛蠹

nɛ	④恼脑瑙
lɛ	②劳牢捞唠痨④老姥(1)(姥爷)佬⑥涝
tsɛ	①遭糟③早枣蚤澡藻⑤灶躁⑦缁(2)(缁合)哉汁执攥室栉质郅桎蛭卒
ts'ɛ	①操(1)(操作)草(白)(潦草)③草(文)(青草)⑤操(2)(曹操)糙⑦缁(1)(通缁)辑茸撮七柒漆猝
dzɛ	⑧侄秩帙
sɛ	①搔骚缫③嫂⑤扫噪燥⑦涩(文)(羞涩)湿膝瑟虱失室率(1)(率领)摔蟀
zɛ	②曹槽漕④皂造⑧集习袭十什拾入疾嫉蒺实日(文)(日本)
kɛ	①高羔膏糕皋睾篙疙③搞镐稿⑤告诰
k'ɛ	①尻③考拷烤洘⑤铐靠犒
ŋɛ	②熬敖遨獒聱翱鳌⑥傲
hɛ	①蒿薅③好(1)(爱好)⑤好(2)(喜好)耗
ɦɛ	②毫豪嚎蚝嗥壕濠④浩皓昊颢灏⑥号
ʔɛ	①鏖熝噢③袄媪⑤奥澳懊岙

[iɛ]03

niɛ	②娘孃⑥酿
liɛ	②良梁量(2)(量尺寸)粮樑④两(2)(斤两)俩(1)(伎俩)辆魉⑥亮凉谅量(1)(数量)晾靓(2)(靓妹)
tɕiɛ	①将(1)(将来)张章彰樟璋蟑僵缰疆姜(薑)③奖桨蒋长(2)(生长)涨掌䘛⑤将(2)(大将)浆酱帐账胀障幛瘴
tɕ'iɛ	①枪锵昌猖菖娼羌腔③抢昶厂(2)(茅棚厂儿)敞氅⑤呛畅怅倡唱
dʑiɛ	②长(1)(长短)场肠强④丈仗杖犟⑥糨
ɲiɛ	②嚷瓤④壤攘仰⑥让
ɕiɛ	①相(1)(互相)厢湘箱镶襄商伤殇乡香③想鲞晌垧赏享响飨⑤相(2)(宰相)饷向(嚮)
ziɛ	②墙蔷樯戕详祥翔尝常偿裳嫦徜④象像橡漾上(2)(上声)⑥匠上(1)(上面)尚
ʔjiɛ	①央殃鸯秧③养氧⑤怏
jiɛ	②阳扬杨炀旸疡羊洋佯烊(1)(融化)垟徉降(白)(投降)④痒⑥样漾恙烊(2)(打烊)

[ɔ]04

pɔ	①扳班颁斑瘢包苞胞③反(2)(反转)板(闆)版阪钣舨饱⑤扮瓣豹趵
p'ɔ	①攀抛胚③跑⑤盼襻泡炮疱
bɔ	②爿咆庖④鲍⑥办刨鉋
ʔmɔ	①猫(2)(熊猫)
mɔ	②蛮茅猫(1)(大猫)锚矛蟊④挽(文)(挽回)晚(文)(早晚)卯⑥漫慢谩曼蔓万(白)(逾千达万)貌
fɔ	①藩(1)(篱笆)番(1)(番人)翻③反(1)(反对)返⑤泛贩畈
vɔ	②凡帆矾烦繁蕃樊藩(2)(曾国藩)蘩④犯范挽(文)(挽回)晚(文)(早晚)⑥梵饭万(文1)(万年青)
tɔ	①耽眈担(1)(负担)聃丹单(1)(单独)郸殚③胆疸掸⑤石(2)(一石米)担(2)(重担)旦诞

tʻɔ	①坍摊滩瘫③毯坦(文)(坦白)⑤炭叹碳
dɔ	②坛(壜)(2)(酒坛)谭昙谈痰坛(壇)(1)(花坛)弹(2)(弹琴)檀④淡氮啖澹袒⑥但弹(1)(子弹)蛋惮坦(白)(道坛)
ʔnɔ	①孬
nɔ	②难(1)(困难)挠桡铙④赧⑥难(2)(患难)闹淖⑧捺
lɔ	②岚蓝篮褴兰拦栏澜谰阑④览揽缆榄懒斓⑥滥烂
tsɔ	①抓③斩崭盏爪找⑤蘸赞瓒罩笊
tsʻɔ	①搀餐抄钞毿③产铲吵炒⑤忏谶灿粲璨
dzɔ	②惭残④湛⑥暂站赚(文)(赚错)绽栈桚
sɔ	①三叁仨杉衫珊栅(2)(栅极)姗跚山舢删潸捎梢稍(1)(稍微)筲艄颾③伞散(2)(散漫)霰⑤散(1)(散会)栅(1)(栅栏)讪汕疝哨稍(2)(稍息)睄潲啸
zɔ	②馋镵巉潺巢
kɔ	①缄尴①监(1)(牢监)间(1)(房间)艰奸姦菅交郊胶跤茭蛟鲛看(白)(看配)③减碱硷拣柬简锏扴狡绞佼姣铰搅⑤监(2)(太监)鉴间(2)(间接)谏涧教校(2)(校对)较珓窖
kʻɔ	①悭敲骹③槛舰巧⑤嵌
gɔ	②衔(白)(衔头)雁(白)(雁鹅)⑥陷(白)馅(白)(馅心)
ŋɔ	②岩颜④眼咬⑥雁(文)(雁荡)赝炏
hɔ	①哮③喊⑤孝酵⑦喝(2)(喝水)
ɦɔ	②函涵咸(鹹)衔(文)(头衔)闲娴痫爻肴(文)(菜肴)淆④限⑥陷(文)(陷阱)馅(文)(馅饼)⑥校(1)(学校)效⑧盒(白)(盒儿)
ʔuɔ	③绾
ɦuɔ	④莞(2)(莞尔而笑)
ɔ	①凹拗(3)(嬉嬉拗起)③拗(1)(棒儿拗断爻)⑤晏拗(2)(两个人拗搭)坳

[iɔ]05

tɕiɔ	⑦爵着(白)(着衣)灼酌斫脚
tɕʻiɔ	⑦雀鹊绰焯怯(白)(胆怯)却
dʑiɔ	⑧着(文1)(着火)噱(1)(噱起)
ʔniɔ	①蛲(白)(蛲蛲动)
niɔ	②尧饶(2)(上饶)蛲(文)(蛲虫)④鸟(1)(飞鸟)裊⑥尿(1)(输尿管)⑧捏搦箬疟虐
ɕiɔ	①萧箫(玉箫)潇(潇洒)③晓⑤卸⑦屑楔削烁铄谑
ziɔ	⑧嚼勺芍妁杓若偌弱
ʔjiɔ	①丫(2)(丫环)呀⑦约
jiɔ	⑧药钥跃龠

[uɔ]06

tuɔ	①刁叼雕(彫)凋貂碉③鸟(2)(鸟儿)⑤吊钓
tʻuɔ	③挑⑤跳眺窕
duɔ	②条迢调(1)(调羹)笤④掉(2)(掉钞票)窕⑥调(2)(声调)掉(1)(掉落)

luɔ	②辽聊僚寥撩嘹缭寮镣龙(白)(龙船) ④了(瞭)潦燎两(1)(两个)俩(2)(两人)垄(白)(菜垄) ⑥料廖疗瞭 ⑧猎掠略撂
kuɔ	①纶(2)(纶巾)鳏关⑤惯⑦括刮(颳)
k'uɔ	①宽髋铅(1)(铅锅)⑦阔
guɔ	⑥环(白)(门环)
huɔ	⑦豁(2)(豁拳)
ɦuɔ	⑧活猾滑
ʔʋuɔ	⑦挖弯湾⑦斡
ʋuɔ	②顽还环(文)(环境)圜寰④皖⑥换幻宦患豢

[yə]07

pyə	①标膘飙镖瀌彪③表(錶)裱婊
p'yə	①漂(1)(漂亮)飘嘌③漂(2)(漂白)瞟⑤票剽
byə	②嫖瓢④殍鳔⑥骠
ʔmyə	①喵咩哖
myə	②苗描瞄④秒渺缈藐淼⑥妙庙谬缪(2)(姓氏)
tɕyə	①椒焦蕉礁朝(2)(明朝)招昭钊娇骄浇③剿沼矫侥缴饺铰(文2)(铰刀)皎⑤醮照诏叫
tɕ'yə	①瞧超跷锹撬橇③悄⑤俏峭诮翘窍
dzyə	②憔谯樵朝(1)(朝鲜)嘲潮晁乔侨桥荞④兆赵肇⑥召轿
ŋyə	④绕嬲
çyə	①肖(2)(姓氏)消宵硝销霄逍魈烧嚣枭骁③小(文)(小朋友)少(1)(少年)⑤肖(1)(生肖)笑鞘少(2)(少将)
zyə	②韶饶(1)(富饶)娆④绍扰⑥邵
ʔjyə	①要(1)(要求)腰邀吆幺③夭杳窈⑤要(2)(重要)
jyə	②姚窑谣摇遥徭瑶④舀⑥耀曜鹞

[e]08

ʔme	①姆
me	②蛾(白)(打灯蛾)玫枚梅媒煤莓酶霉④每⑥妹昧⑧万(文2)(万俟)墨默
te	③歹⑤戴(文)(姓氏)⑦得德答(1)(报答)
t'e	①台(2)(台州)苔(2)(舌苔)胎贪③忐⑤态贷探⑦忒忒(1)(过于)
de	②台(臺)(1)(台湾)台(檯)(3)(台子)台(颱)(4)(颱风)抬苔(1)(青苔)跆潭④待怠殆绐⑥代袋岱玳埭(文)(河埭)黛⑧特
ʔne	①囡
ne	②男南(1)(南北)喃楠腩⑥耐⑧纳钠衲
le	②来莱徕俫棶⑥睐赉⑧劣垇肋勒仂
tse	①灾哉栽③宰崽(文)(牛崽)⑤再载最(白)(最高境界)⑦则
ts'e	①猜③采(1)(采集)彩睬踩厂(工厂)⑤采(2)(采邑)菜
se	①腮(文)(两腮)鳃⑤塞(2)(要塞)赛⑦塞(1)(堵塞)

ze	②才(纔)材财裁④在⑥俄⑧贼
ke	①该赅甘柑坩泔痈③改颏感赶敢橄⑤溉概丐钙盖赣⑦居(白)(居个)国帼掴蝈合(2)(三合粉)蛤鸽
k'e	①开堪龛戡③凯恺坎砍⑤慨忾去(白)(去爻)勘阚瞰⑦克刻剋磕嗑溘瞌
ge	②渠(白1)(第三人称指代词)④颔(白)(面颔)
ŋe	②呆(1)(呆头)皑⑥碍艾
he	①咳(咳笑)嗨酣蚶憨③海⑦黑嘿⑧许(白)(许个)
ɦie	②孩含④亥氦颔颔(文)(颔首)撼⑥害憾⑧劾合(1)(合作)盒(文)(纸盒)盍阖
ʔe	①哎哀埃(1)(尘埃)唉(1)(唉声叹气)庵谙鹌③俺⑤爱媛暧蔼霭暗黯

[ie]09

pie	①编鞭边蝙③贬扁(1)(扁担)匾⑤变遍⑦瘪憋鳖
p'ie	①扁(2)(一叶扁舟)偏篇翩⑤骗片⑦撇瞥
bie	②便(2)(便宜)骈④辨辩辫⑥便(1)(方便)卞弁汴⑧别⑧蹩
mie	②绵棉眠④免勉缅黾(2)(黾池)娩冕渑湎腼鮸丏⑥面(1)(脸面)面(麵)(2)(米面)⑧灭乜(文)(眼睛微张)搣蔑篾
tie	①掂滇颠巅癫③玷点踮典碘⑤店惦⑦跌
t'ie	①添天③舔腆⑦帖贴铁餮
die	②恬甜田填钿④簟⑥垫电佃甸淀奠殿靛癜⑧谍叠碟蝶喋牒迭垤耋
ʔnie	①粘黏拈
nie	②鲇(鲶)年④碾⑥念捻⑧聂镊蹑嗫颞廿
lie	②帘廉镰奁连联涟怜(憐)莲④脸敛撵琏辇⑥殓练炼链恋⑧列咧烈裂冽洌趔捩戾
tɕie	①尖奸沾占(1)(占卜)瞻詹煎饘毡笺兼犍坚肩③剪翦展辗捡检睑茧趼⑤占(佔)(2)(占领)溅箭战颤荐剑建健见⑦接婕楫辑哲蜇喆折(1)(折扣)褶节疖劫揭(1)(揭露)洁结桔(1)(桔梗)拮子级急给汲吉桔(2)(柑桔)劼诘棘亟戟击激
tɕ'ie	①签(籤)(簽)金迁千(韆)(2)(秋千)愆千(1)(千万)仟阡扦谦牵③谄浅阐歉遣谴缱⑤堑慊欠茜(1)(茜草)倩纤(縴)(1)(纤夫)⑦妾切窃沏挈锲怯(文)(怯生)惬箧泣乞吃(2)(口吃)讫迄隙
dzie	②黔钤箝钱缠钳搛(搛菜)乾虔掮④俭件键⑥偈(2)(偈佗)健踺键⑧彻撤澈辙挟(挟菜)杰桀揭(2)(按揭)竭偈(1)(勇武貌)碣及圾佶掘(白)(掘井)极剧屐
ȵie	②严言研妍④染俨㽞⑥验酽谚彦唁⑧热乜(白)(乜人)日(白1)(生日)业孽蘖啮镊臬屹逆
ɕie	①纤(纖)(2)(纤维)暹仙籼鲜煽搧先轩③闪(腰闪着)陕癣藓洗筅燹险显⑤线腺扇宪献⑦胁歇蝎吸歙甩
zie	②潜蟾髯涎单(2)(单于)禅蝉婵然燃前③渐冉苒践善鳝⑥赡贱饯羡擅嬗缮膳⑧捷睫涉舌折(2)(折本)截
ʔjie	①淹奄醃阉恹腌蔫嫣烟胭湮③野掩魇偃⑤厌餍堰宴燕咽(2)(咽气)⑦餍谒噎邑挹浥揖一(文)(一二三)乙壹溢抑益
jie	②爷椰耶揶炎盐阎闫檐嫌焉延蜒筵贤弦舷沿铅(2)(铅山)④也(文)(也是)冶衍演

	⑥夜艳焰现砚⑧烨叶(葉)页晔协侠拽(1)(拖；拉)颉撷缬熠逸佚轶翼弋翌亦译易(1)(交易)绎驿弈奕蜴液腋掖檥

[ø]10

pø	①般搬(1)(搬弄是非)⑤半⑦拨钵
p'ø	①番(2)(番禺)潘⑤判泮⑦泼
bø	②盘搬(2)(搬运)磐瀊瘢蹒蟠盆④伴拌绊⑥叛畔⑧钹勃脖渤莩馞悖
mø	②馒鳗瞒鞔④满螨懑⑥幔缦镘⑧末抹茉沫秣没殁
tø	①端敦墩惇碜镦蹲③短⑤断(文2)(决断)锻⑦掇咄
t'ø	①湍吞(文)(吞咽)⑦脱(1)(脱离)
dø	②团(團)糰屯囤豚臀④断(文1)(断续)⑥段(文)(段落)缎钝遁⑧夺(文)(抢夺)凸突沓(3)(沓起算)
nø	④暖(文)(温暖)⑥嫩⑧呐(1)(呐口)讷
lø	②峦栾娈栾鸾脔滦銮论(2)(论语)④卵(文)(卵袋)⑥乱论(1)(讨论)⑧粒
tsø	①簪钻(1)(钻洞)尊樽③攒纂⑤儹钻(2)(钻孔)⑦匝(1)(一匝十二年)
ts'ø	①参(1)(参加)掺参(2)(参差)邨村郴③惨忖⑤窜蹿篡寸
sø	①酸拴栓闩孙荪狲③糁损⑤蒜算涮逊巽(文)(八卦之一)⑦刷
zø	②蚕存④撰馔⑧杂凿
kø	①根(1)(根据)跟(1)(脚下跟头)干(1)(干犯)干(乾)(3)(干燥)杆(1)(筦杆)肝竿③杆(2)(电灯杆)秆擀⑤干(幹)(2)(干部)⑦葛割
k'ø	①刊看(2)(看守)③侃⑤看(1)(看见)⑦咳(2)(咳嗽)渴
gø	⑧橛(白)(两橛断)
ŋø	⑥玩⑧兀纥
hø	①鼾③罕⑤熯汉⑦喝(1)(吆喝)
ɦø	②痕(1)(痕迹)韩寒邗邯④旱⑥岸汗捍悍焊翰瀚
ʔø	①恩安氨鞍桉⑤摁按案胺⑦遏褐

[yø]11

tɕyø	①镌专砖捐娟鹃涓③卷(文2)(席卷)⑤转啭卷(文1)(考卷)眷绢圈(2)(猪圈)⑦辍啜苣拙绌孑厥撅蕨噘獗决诀抉橘
tɕ'yø	①痊诠铨川穿(文)(贯穿)圈(1)(圆圈)③喘舛绻犬⑤钏劝券⑦黢出(黜)阙缺炔阒屈
dʑyø	②传(1)(宣传)椽权拳蜷颧④篆⑥传(2)(传记)倦⑧怵黜术(1)(白术)橛(文)(短木桩)镢倔掘(文)(挖掘)崛
ɲyø	②元原源鼋螈④女(文)(男女)软阮⑥愿⑧月
ɕyø	①喧萱煊荤昏(1)(黄昏)欢③选⑤渲唤涣焕痪奂楦绚巽(白)(巽山)⑦宣雪噱(2)(噱头)说戌恤血婚忽笏唿惚窟
zyø	②全泉漩船⑥旋(镟)璇⑧绝趌术(術)(2)(手术)述
kyø	①官棺倌观(1)(观察)冠(1)(皇冠)昆(文2)(灵昆岛)③馆琯管(文)(管理)莞(1)(东莞)⑤贯灌罐盥观(2)(寺观)冠(2)(冠军)⑦骨

k'yø	③款⑤䀹⑦窟
ʔjyø	①鸳冤渊温⑴(温州)瘟③苑宛婉琬碗稳⑤惋腕怨⑦豌剜蜿哕(哕起,即恶心)曰郁⑵(郁郁葱葱)
jyø	②员圆鸢园袁援猿垣辕玄悬魂桓丸完烷④兖远缓浣⑥院媛缘县眩⑧阅悦越粤穴核聿鹬域阈役疫

[o]12

po	③把⑴(把守)靶⑤坝把⑵(把柄)霸⑦巴⑴(巴西)芭吧疤笆粑八⑴(八个)捌博搏膊驳剥舶⑵(船舶)
p'o	⑤帕怕趴粕泊朴(樸)⑦葩
bo	②扒爬耙杷琶巴⑵(下巴)④罢⑵(罢工)⑧拔跋薄⑴(厚薄)亳箔礴雹
ʔmo	①姆⑵(师姆)
mo	②麻蟆蟆④马玛码蚂母拇姆⑴(保姆)某⑧莫摸幕漠寞膜瘼膜邈蓦陌⑵(打生陌生)
to	⑦汏
t'o	⑦托拓
do	⑧铎擢⑻(擢起当官)
no	②挪傩哪⑵(哪吒)④娜⑵(婀娜)⑧诺喏搦
lo	⑧乐⑵(快乐)洛骆络烙落酪
tso	①乍查⑵(姓氏)喳渣楂吒③拃⑤诈咋⑴(咋然)炸⑴(炸弹)榨蚱⑦作
ts'o	①叉⑵(叉腰)杈车⑴(汽车)⑤岔汊衩⑦错
dzo	②茶查⑴(检查)搽苴
so	①娑挲沙纱砂鲨莎痧裟⑤嗄閗⑦索嗦
zo	⑥鲊⑧昨作柞胙砟酢
ko	①加家嘉迦⑴(迦南)枷(文)(枷锁)笳袈傢茄⑴(雪茄)佳③贾⑵(姓氏)假⑴(假设)⑤价驾架(文)(衣架)假⑵(放假)嫁稼⑦各阁胳⑴(胳膊)搁(文)(搁浅)咯角觉珏
k'o	③可⑦壳确榷
go	②枷(白)(饭镬枷儿)⑧硌(硬硌硌)搁(白)(搁臀)
ŋo	②鹅(白)(鹅兜)牙芽衙伢岈④雅⑥讶砑⑧鄂愕噩鳄谔萼腭颚鹤乐⑴(音乐)岳嶽
ho	①呵诃嗬虾⑴(虾儿)⑤吓⑦壑郝
ɦo	②虾⑵(虾蟆)霞遐瑕④下⑥夏厦暇(闲暇)⑧涸貉学岢
ʔjo	⑦哟唷
ʔo	①丫⑴(两丫裤)鸦③哑⑤亚娅掗⑦恶⑴(善恶)握喔喔齷

[uo]13

puo	①帮甭邦梆波⑴(波浪)玻菠③榜膀⑵(翼膀)绑跘簸⑤谤泵播⑴(播送)⑦卜⑴(占卜)
p'uo	①滂坡颇③耪叵⑤胖⑦仆⑴(仆倒)扑噗璞濮蹼
buo	②旁傍膀⑴(膀胱)磅螃彷⑴(彷徨)庞鄱④蚌⑴(象鼻蚌)棒⑥镑薄⑵(薄荷)⑧卜(葡)⑵(萝卜)仆(僕)⑵(仆人)瀑
ʔmuo	①嬷姥⑶(老姥)

muo	②芒忙氓茫虻么(麼)蘑広馍无(2)(南无)摹模(1)(模范)谟④莽漭蟒网罔魍惘姥(2)(太姥山)⑥摩(2)(摩崖)募墓慕暮⑧袜木沐目牧睦穆首
fuo	①方坊妨肪芳③仿纺彷(2)(彷彿)昉⑤放舫访⑦法珐砝发(發)(髮)
vuo	②防房亡⑥妄忘望旺⑧乏伐罚阀筏缚(1)(缚鞋带)
tuo	①当(當)(1)(应当)当(嚐)(3)(当啷)铛珰裆③挡党朵⑤当(當)(2)(典当)档
t'uo	①汤趟(1)(趟水)③倘淌躺⑤唾(文)(唾沫)烫趟(2)(一趟)
duo	②唐堂棠塘膛糖搪溏镗螳瞠④垛⑥荡宕
ʔnuo	①曩
nuo	②囊④曩⑥齉
ʔluo	①啷
luo	②郎狼琅廊榔锒踉螂④朗⑥浪阆赂⑧禄碌录绿氯
tsuo	①赃脏(髒)(1)(肮脏)藏(3)(藏青)臓妆(1)(化妆)庄(1)(庄严)装(1)(武装)⑤葬壮(文)(强壮)
ts'uo	①仓苍沧舱伧创(1)(创伤)疮⑤创(2)(创造)
suo	①丧(1)(婚丧)桑③嗓搡磉爽③耍⑤丧(2)(丧失)
zuo	②藏(1)(隐藏)⑥脏(臟)(2)(内脏)藏(2)(西藏)奘
kuo	①冈刚岗(1)(山岗)纲钢江扛(文)(扛鼎之作)杠(1)(床杠)肛缸豇瓜呱(2)(呱呱叫)娲蜗光胱③讲港岗(2)(岗位)寡剐广⑤杠(2)(敲竹杠)降(文)(降落)绛卦褂挂⑦郭椁
k'uo	①康慷糠夸(誇)③垮⑤亢抗炕伉园挎跨胯矿圹(文)(圹课)圹⑦扩廓
guo	②旷(白)(课旷交)④狂(该人狂显)眅(田眅儿)⑥扛(白)(扛条儿)
ŋuo	②昂印④瓦
huo	①夯(文)(打夯)荒慌肓花③谎恍晃幌⑤化⑦豁(1)(豁然开朗)霍藿
ɦuo	②吭杭航笐行(文 2)(银行)皇凰惶煌蝗隍徨黄簧潢璜蟥划(1)(划龙船)华(1)(中华)哗骅④项⑥巷华(2)(华山)桦画(1)(连环画)话⑧获(穫)(1)(收获庄稼)鑊
ʔuo	①肮汪哇洼蛙娃⑤盎⑦斡沃鎏

[yo]14

tɕyo	①妆(2)(妆灵清)庄(2)(坐庄)装(2)(假装)桩(文)(打桩)钟(鐘鍾)龚供(1)(供销)恭(1)(恭敬)③冢肿种(2)(种子)踵拱(1)(打拱作揖)⑤壮(白)(壮显壮)戆纵种(1)(种树)供(2)(供应)⑦卓桌啄琢诼涿捉足烛嘱瞩
tɕ'yo	①窗框眶筐匡诓③闯恐⑦戳䂮蠢触曲(1)(弯曲)蛐
dʑyo	②幢(1)(经幢)桩(白)(烂树桩)重(2)(重复)狂诳④重(1)(轻重)⑥状撞幢(2)(楼幢)重(3)(重迭)逛共⑧浊镯擢(文)(擢升)濯躅属蜀局焗
ɲyo	②浓(2)(浓淡)⑧玉狱钰
ɕyo	①霜孀双胸凶(文)(凶恶)匈汹③耸(耸立)怂(怂恿)悚竦⑤况⑦朔搠缩蓿粟僳束
zyo	②床从(1)(跟从)松(2)(松树)⑥讼诵颂⑧俗续赎
ʔjyo	①痈邕③枉往⑤壅
jyo	②王④勇涌踊甬俑恿蛹⑥用佣(2)(佣人)⑧浴欲

[ɿ]15

tsɿ	①毕知蜘咨姿资脂吱兹滋孳孜淄缁辎锱之芝③紫訾只(1)(只有)咫姊旨指子籽仔梓滓③第止址趾祉⑤智渍恣至挚置志痣识(2)(标识)帜
ts'ɿ	①雌呲疵差(4)(参差)痴答蚩嗤③此侈耻齿⑤刺(1)(刺激)翅次眙炽⑦涩(白)(涩口)
dzɿ	②弛驰踟篪龇迟持④雉痔峙⑥稚治
sɿ	①斯撕嘶厮筛(2)(米筛)施私师狮(文)(雄狮)螄尸司丝咝鸶思飔诗腮(白)(腮腺炎)③徙豕死矢屎史使驶始⑤赐四肆伺试弑
zɿ	②瓷慈磁鹚糍词祠辞餈(泥餈)时而④氏是尔巳祀似士仕俟市柿恃耳(文)(聂耳)洱⑥豉自示谥视嗜字寺侍饲嗣事饵

[i]16

tɕi	①遮猪跻支枝肢栀鸡稽畸羁机肌饥(飢)(1)(饥饿)基箕姬几(幾)(文 1)(几何)讥叽饥(饑)(2)(饥荒)畿③姐这者煮济(2)(济南)纸几(文 2)(茶几)麂已几(幾)(文 3)(几多)⑤借蔗际祭潦齑制(製)剂(2)(调剂)挤济(1)(救济)霁计系(繫)(4)(系鞋带)继髻寄骥冀致(緻)记纪既暨⑦嗟浙唧稷陟仄织职迹积脊嵴瘠鲫只(隻)(2)(量词)炙撅绩即
tɕ'i	①车(文 1)(水车)蛆妻栖凄溪蹊欺岂③且扯杵鼠启企(文)(企业)绮起杞⑤笡(斜)掣砌刺(2)(生刺)契弃器气汽⑦叱饬敕厕侧测恻刺(3)(刺绒衫)尺斥赤赈戚喊吃(1)(吃饭)
dʑi	②池茄(3)(茄儿)伽(1)(伽蓝爷)奇崎骑琦歧岐芪祁鳍耆其期棋旗萁琪蜞麒祈④苎舐技妓伎企(白)(企图)⑥箸滞忌⑧蛰直值植殖溻掷(文)(一掷尿)踯掷(白)(投掷)
ʔɲi	①妮
ɲi	②泥尼呢怩倪霓秜仪宜疑④你蚁拟⑥伲腻艺吃睨谊义议谊毅⑧昵匿溺
ki	③几(幾)(白)(几个)
ʔji	①祎犄漪伊咿医衣依祎③椅倚旖⑤裔缢殪意⑦一(白)(一个)亿忆臆癔
ji	②兮奚移夷姨胰痍彝怡贻诒饴颐坭沂④迤矣已以⑥曳刈系(1)(关系)系(係)(2)(中文系)系(繫)(3)(连系)易(2)(容易)肆懿异

[u]17

pu	①波(2)(宁波)餔③补谱⑤播(2)(发播)布怖
p'u	①铺(1)(铺被)③圃浦(2)(浦东)普埔浦(1)(下吕浦)⑤破铺(2)(床铺)
bu	②菩脯(2)(胸脯)蒲(2)(菖蒲)匍莆孵(白)(孵坊)婆葡蒲(1)(蒲鞋)④部簿篰(朗眼篰)⑥捕哺缚(2)(腰缚)步埠赔
mu	②摩(1)(摩擦)磨(1)(磨刀)魔模(2)(模子)⑥磨(2)(磨石)戊雾(白)(发雾)物(白)(物事)
fu	①夫(2)(人名)肤麸俘孵(文)(孵化)敷孚释夫(1)(丈夫)③甫脯(1)(果脯)辅俯斧釜抚府腑殕⑤赴计付咐赋傅富副⑦不(文)(不是)复(複)(復)腹蝮馥覆福幅辐蝠
vu	②扶芙(文)(芙蓉)凫无(1)(无中生有)芜巫诬毋符浮(白)(尸骸浮起)④腐(文)(腐餸)武侮鹉舞妩负父妇⑥附驸芙(白)(芙蓉)腐(白)(腐败)务雾(文)(云雾)婺⑧伏服袱茯匐
ku	①哥歌戈锅埚痼估咕姑菇轱蛄辜呱(1)(呱呱而泣)菰箍③舸果裹餜古诂牯罟股蛊贾(1)(商贾)鼓臌瞽⑤过固沽故痼顾雇⑦谷(榖)
k'u	①苦柯轲疴科棵颗蝌稞窠髁枯骷刳③坷苦⑤课库裤绔⑦哭酷
ŋu	②俄哦峨娥鹅(文)(雁鹅)蛾(文)(飞蛾)讹吾吴梧④我五午伍仵悟⑥饿(文)(饥饿)嗯卧

hu	误悟娱(2)(娱乐)迕忤晤寤唔(唔冇)①乎呼③火伙(夥)虎唬琥浒⑤货戽
ɦu	②河何(文)(任何)荷(1)(荷花)菏禾和(1)(和平)狐弧壶胡(鬍)葫湖蝴糊猢瑚④荷(2)(负荷)祸户沪扈⑥贺和(2)(附和)互护⑧斛槲鹄
ʔʋu	①阿(1)(阿胶)婀窝涡莴倭挝(2)(老挝)乌呜钨污③坞⑤恶(2)(可恶)⑦屋

[y]18

tɕy	①沮狙疽诸株蛛诛朱(硃)珠侏鮢(鮢鰡)追椎锥③咀渚褚拄主嘴⑤著驻炷注蛀铸醉(2)(酒喝醉爻)缀赘①车(文 2)(车马炮)居(文)(居住)拘驹疽硅圭规(1)(圆规)龟归(2)(当归)③矩枸(1)(枸橼)举诡轨癸鬼⑤据锯踞句桂季悸愧(1)(惭愧)贵
tɕ'y	①趋枢吹炊③础(2)(礓础)处(1)(处理)取娶⑤处(2)(相处)觑趣①祛区(1)(区别)岖驱躯䁖䁖窥③龋⑤去(文)(来去)
dʑy	②除储蹰厨橱垂捶锤陲槌④贮伫柱矽⑥署薯(文)(马铃薯)曙住绪坠②瘸渠(文)(水渠)瞿衢葵迡馗夔④巨拒炬距跪揆⑥遽具俱惧飓柜(櫃)馈匮
ɲy	②娱(1)(娱乐)隅愚禺虞危④语圄齬⑥御(禦)驭遇寓伪
ɕy	①靴虚嘘墟吁(1)(气喘吁吁)麾挥(2)(指挥)辉晖③许(文)(许多)诩栩毁⑤酗煦卉讳
ʔjy	①吁(2)(喝止牲口声)③伛⑤妪

[əʉ]19

təʉ	①都③堵赌睹肚(白)(猪肚)⑤妒蠹
t'əʉ	③土吐(1)(吐痰)⑤吐(2)(呕吐)兔菟
dəʉ	②图徒(文)(徒弟)途涂(塗)屠荼④杜肚(文)(肚皮)⑥度渡镀踱
ləʉ	②蠡(河蠡蚌)卢芦炉颅舻鸬庐驴闾榈④卤(滷)(2)(盐卤)吕侣旅铝膂屡缕⑥路露璐鹭虑滤类
tsəʉ	①租③祖
ts'əʉ	①粗⑤醋
səʉ	①苏酥稣甦梳(白)(头梳)书抒舒须(鬚)需输尿(2)(拉尿)虽绥③暑黍水⑤诉塑溯素(白)(吃素)絮恕庶成岁税祟邃
zəʉ	②锄(白)(板锄)如茹殊儒蠕嚅濡隋随谁④序叙绪墅汝聚竖乳蕊⑥树孺瑞遂隧穗
ŋəʉ	②蜈鱼渔

[ʉ]20

ʔʋʉ	①淤於迀威葳③尉蔚慰委萎痿⑤畏喂餵
ʋʉ	②余(餘)(2)(剩馀)舆于孟竽俞逾渝愉榆揄瑜奕谀腴为(1)(作为)帷维潍违围韦帏炜④予与(1)(给予)携哇宇羽雨禹愈唯惟伟苇玮韪⑥与(2)(参与)余(1)(姓氏)预誉豫芋吁(3)(呼吁)喻谕裕卫彗惠慧为(2)(为什么)位遗纬胃谓猬

[ai]21

pai	①杯背(揹)(3)(背心)卑碑悲⑤贝狈背(1)(背部)辈褙
p'ai	①坏胚呸不⑤沛霈配
bai	②陪培徘赔裴④倍蓓⑥佩背(2)(背诵)焙
tai	①呆(2)(痴呆)堆⑤对碓
t'ai	①推③腿⑤唾(白)(痰唾)退褪煺脱(2)(脱裤)蜕
dai	②颓⑥队兑⑧夺(白)(赌抢赌夺)
nai	④奶(白 2)(奶奶)馁⑥内
lai	②胭雷擂蕾镭羸④磊儡癗累垒⑥礌泪⑧捋
tsai	⑤最(文)(某某之最)拽(2)(拉扯)惴淬醉(1)(陶醉)
ts'ai	①崔催摧③璀揣⑤啐脆踹翠
sai	①衰③小(白)〈古方言留下的白读〉⑤细(白)(细崽)碎⑦狮(白)(狮子)
zai	④罪⑥锐睿芮睡悴粹萃瘁
kai	①瑰规(2)(规矩)归(1)(回归)皈⑤个会(2)(会计)侩剑桧脍
k'ai	①恢盔魁诙奎亏岿③傀⑤块愧(2)(愧对)喟
gai	⑥溃(白)(溃疡)
ŋai	②巍⑥魏(文)⑥饿(白)(肚饿)
hʋai	①灰挥(1)(挥挥手)徽③贿悔虺⑤诲晦荟喙
ɦʋai	②桅鬼回(迴)徊茴洄蛔④汇(匯)(1)(汇款)⑥溃(文)(崩溃)会(1)(会议)绘烩魏(白)汇(彙)(2)(汇报)
ʔʋai	①偎煨③诿猥⑤秽(淫词秽语)
ʔai	⑤唉(2)(唉磊堆碎)

[au]22

tau	①兜③斗(1)(北斗)抖陡蚪⑤斗(2)(斗争)
t'au	①偷③敨⑤透
dau	②投⑥逗读(2)(句读)窦脰
nau	④扭⑥耨
lau	②娄楼偻喽褛蝼髅④搂篓⑥陋漏镂瘘
tsau	①邹驺③走⑤奏揍皱绉
ts'au	①诌③搊⑤凑
dzau	⑥胄籀骤
sau	①搜艘馊飕③叟嗾擞溲⑤嗽漱瘦
zau	②愁
kau	①勾沟钩篝③苟狗枸(2)(枸杞)垢诟⑤构购媾够榖(白)(居屋合音)
k'au	①抠眍③口⑤叩扣寇蔻
gau	④厚(白)(厚佬)
ŋau	②牛④偶藕耦
hau	①㐷③犼(许屋合音)⑤吼鲎(虹)
ɦau	②侯喉猴篌④后(後)厚(文)(忠厚)⑥候逅
ʔau	①区(2)(姓氏)欧鸥讴瓯③呕殴⑤沤怄堛(埋葬)

[iau]23

tɕiau	①鸠阄赳③九久玖灸韭纠⑤究疚救咎厩
tɕʻiau	①丘蚯邱③揿
dʑiau	②求球逑裘仇(1)(姓氏)④臼舅柏⑥旧柩②虬
ʔn̠iau	①妞
n̠iau	④扭纽钮忸⑥狃(若屋合音)
ɕiau	①休咻③朽⑤臭(2)(铜臭)嗅
ʔjiau	①优忧悠攸幽③黝⑤幼
jiau	②由邮油游蚰猷蝤柔尤犹④友有酉诱莠⑥又右佑祐囿宥柚釉

[ei]24

pei	①蓖裨(2)(裨益)箅屁毵陂罴③彼匕比(1)(比较)鄙⑤毙蔽闭庇痹悶臂秘(2)(秘鲁)嬖⑦必毕笔哗笪跸泫逼碧辟(1)(大辟)壁璧
pʻei	①批砒披纰⑤睥媲譬屁⑦匹疋辟(閩)(2)(开辟)僻劈霹癖癖
bei	②鼙皮疲啤脾裨(1)(裨将)枇毗蚍琵肥(白)(肥肉)④陛被婢否(2)(否去泰来)痞圯⑥币弊敝鐾鼻避比(2)(比邻)备坒⑧弼愎(刚愎自用)
ʔmei	①咪眯
mei	②迷谜醚弥猕眉嵋湄楣糜麋④米弭美靡尾(白)⑥袂媚魅寐未(白)味(白)秘(1)(秘书)⑧泌密蜜宓谧嘧觅汨幂
fei	①飞非菲(1)(芳菲)啡绯扉蜚霏妃③匪诽菲(2)(菲薄)斐榧翡⑤废肺痱沸狒费
vei	②肥(文)(肥沃)微薇④尾(文)娓⑥吠未(文)味(文)
tei	①爹低③抵底邸诋砥⑤帝蒂谛⑦的嘀滴嫡
tʻei	①梯锑③体⑤剃涕屉替嚏⑦剔惕踢倜
dei	④弟悌⑥大(白)(大官爷)递第睇逮棣缔地⑧迪敌涤笛狄籴荻翟(2)(长尾的野鸡)
ʔlei	①里(2)(该里)厘(一厘儿)哩(词曲中作衬字)
lei	②犁黎藜鲡离漓璃篱缡罹梨蜊厘(1)(厘米)狸喱④礼醴蠡(1)(范蠡)履李里(裏)(1)(里外)理鲤俚娌浬⑥厉励砺蛎丽隶唳荔詈利俐莉痢苈吏例⑧笠力历(歷)(曆)沥雳疬砾栎跞鬲立栗傈溧策溧慄律率(2)(效率)
sei	①些奢赊畲西犀茜(2)(人名)熙嘻嬉熹牺羲曦希稀唏③写舍(捨)(2)(施舍)胥洗铣玺髓喜禧蟢⑤泻卸舍(1)(进舍)赦世势细(文)(仔细)婿舋戏⑦摄慑燮泄薛亵设悉蟋窸息媳熄色嗇铯穑式识(1)(认识)饰拭轼昔惜适释析晰浙晢蜥锡
zei	②邪斜(1)(倾斜)蛇佘徐齐脐匙④社惹屿荠鲚⑥藉(1)(藉口)榭谢麝薯(白)(番薯)逝誓噬剂(1)(发剂)⑧食蚀藉(2)(藉田)籍席夕汐矽射石(1)(石头)硕寂

[əu]25

təu	①多哆丢③躲⑤跺剁⑦督笃
tʻəu	①拖(文)(拖拉机)③妥椭⑦忒(2)(忒不识相)秃
dəu	②驮驼鸵佗陀沱砣跎徒(白)(门徒)头骰④舵堕惰⑥大(文 2)(大小)豆荳痘⑧独读(1)(读书)渎椟犊牍毒
nəu	②奴④努弩⑥懦糯怒

ʔuɛ	①啰噜溜
lɛu	②罗萝逻锣箩骡螺刘留流琉硫馏榴瘤镠鎏④裸瘰虏鲁掳橹卤(鹵)⑴(卤素)柳绺⑥摞遛⑧鹿漉辘麓六陆戮
tsɛu	①挝⑴(敲打)③左佐组阻诅俎⑤做⑦镞竹竺筑祝粥
ts'ɛu	①初刍③础⑴(基础)楚⑤锉(白)(锉刀)挫锉(文)(锉刀)措厝⑦搓(文)(搓板)磋蹉簇蔟促蹙蹴畜⑴(牲畜)搐俶
dzɛu	⑧逐妯
sɛu	①搓(白)(搓绳)梳(文)(梳理)疏蔬唆梭蓑③数⑵(数一数)琐锁唢傻所(场所)⑤素(文)(朴素)愫数⑴(数字)⑦速
zɛu	②锄(文)(锄头)雏矬痤斜⑵(斜视)④坐⑥助座柞

[iəu]26

tɕiəu	①揪舟州洲周(週)赒③酒肘帚⑤昼咒⑦菊鞠掬
tɕ'iəu	①秋(鞦)湫鳅抽③瞅丑(醜)⑤臭⑴(乌焦臭)⑦曲(麯)⑵(酒曲)
dʑiəu	②囚绸稠惆畴筹踌仇⑵(仇恨)雠酬④纣⑥宙轴售
niəu	⑧衄肉
ɕiəu	①修羞馐收③手首守狩⑤秀绣锈宿⑵(星宿)兽⑦肃宿⑴(宿舍)夙叔俶菽畜⑵(畜牧)蓄旭勖
ziəu	②酋遒泅柔揉蹂④受绶⑥就袖寿授⑧族淑熟孰塾辱褥缛
ʔjəu	⑦郁⑴(郁闷)燠
jəu	⑧育昱煜毓鬻

[aŋ]27

paŋ	①奔贲犇③本畚⑤粪(白)(粪扫)
p'aŋ	①喷⑴(喷水)⑤喷⑵(喷香)
baŋ	④苯⑥笨坌
maŋ	②门们扪⑥闷焖⑵蚊(白)(蚊虫)明(白)(明朝)问(白)(问问眙)
faŋ	①分⑴(分开)芬吩纷酚③粉⑤奋粪(文)(粪坑)
vaŋ	②坟氛焚汾文纹蚊(文)(蚊蝇)雯④忿愤吻刎⑥分⑵(分格)份问(文)(提问)闻紊
taŋ	①吨灯登蹬磴③戥等凼⑤顿炖⑵(炖卵糕)凳镫
t'aŋ	①吞(白)(慢吞吞)⑤氽瞪(白)(眼灵珠瞪起)
daŋ	②饨腾誊藤滕疼(白)(疼痛)④断(白)(断气)盾⑴(盾牌)沌炖⑴(温炖汤)⑥段(白)(烂树段)邓
naŋ	②能人(白1)(人来客往)④恁暖(白)(暖芬芬)
laŋ	②仑抡伦沦轮囵纶⑴(涤纶)棱④卵(白)(卵黄)⑥愣
tsaŋ	①砧针斟箴津珍蓁榛臻真甄曾(文 2)(姓氏)增憎筝⑵(古筝)③枕怎诊疹缜积⑤浸进晋镇圳振震赈
ts'aŋ	①侵棽琛⑴(珍宝)亲⑴(亲戚)押嗔瞋③寝⑤沁亲⑵(亲家)趁衬龀蹭
dzaŋ	②沉尘陈臣曾(白)(曾经)④朕⑥鸩阵

saŋ	①心芯参(3)(人参)森深琛(2)(人名)辛锌新薪莘申伸身呻绅娠僧③沈(潘)审婶迅哂⑤渗讯汛信囟
zaŋ	②寻挦荨岑谌忱任(文2)(任性)秦神辰晨宸人(文)(人民)仁娠层曾(文1)(曾经)④赁覃葚甚饪尽(儘)肾⑥任(文1)(姓氏)妊(文)(妊妇)袵烬慎蜃刃(1)(刀刃)纫仞赠
kaŋ	①根(2)(结根)跟(2)(跟从)哏昆(文1)(昆仲)③管(白)(毛管)滚衮绳辊⑤艮亘棍謍
k'aŋ	①昆(白)(昆剧)坤③垦恳肯啃捆⑤困
haŋ	①夯(白)(夯实)③很狠
ɦaŋ	②痕(2)(伤痕)恒⑥恨
huaŋ	①昏(2)(昏君)
ʔvaŋ	①温(2)(温吞)
vaŋ	②浑馄④混⑥讳

[iaŋ]28

tɕiaŋ	①今金襟巾斤筋茎京荆惊粳经(1)(经济)泾③卷(白)(一卷)锦紧谨景警璟颈⑤禁靳竟敬境镜滰劲径经(2)(经线)陉胫迳
tɕ'iaŋ	①穿(白)(穿针)鬈(白)(鬈发)钦衾卿轻氢⑤串揿庆磬罄
dziaŋ	②琴禽擒芩等噙檎芹勤兢矜擎鲸黥④赚(白)(赚钞票)近痉⑥妗噤仅馑瑾觐竞
ȵiaŋ	②宁(1)(宁波)拧狞柠咛壬人(白2)(新儒人)银鄞垠吟龈凝迎④您忍⑥宁(2)(宁可)泞任(白)(任可)妊(白)(妊娠)刃(2)(刀刃)认韧
ɕiaŋ	①歆鑫欣忻掀兴(文1)(兴盛)馨凶(白)③兴(白)(作兴)行(白)⑤衅兴(文2)(高兴)
ʔjiaŋ	①阴荫(1)(树荫)音喑因茵咽(1)(咽喉)姻氤殷应(1)(应该)鹰膺蝇莺(1)(黄莺)樱(1)(樱桃)鹦(1)(鹦鹉)罂(1)(罂粟)英瑛鎣婴缨璎③饮隐瘾影⑤荫(2)(荫德)窨印应(2)(响应)映滢
jiaŋ	②淫霪寅盈赢楹瀛刑形型邢④引蚓吲颖郢颖⑥胤孕

[əŋ]29

pəŋ	①宾彬斌滨缤濒槟冰兵并(3)(并州)③禀膑髌丙秉柄炳饼屏(2)(屏墙)⑤鬓傧摈殡并(倂)(1)(合并)摒
p'əŋ	①乒拼姘③品⑤聘娉
bəŋ	②贫频嫔颦凭平评坪苹枰屏(1)(屏幕)瓶萍④并(並)(2)(并且)荓⑥病
məŋ	②民旻岷抿泯旻明(文)(光明)鸣盟名茗铭冥瞑螟④闽闵悯敏皿酩⑥命
təŋ	①丁叮钉(1)(铁钉)仃疔③顶鼎⑤订钉(2)(钉板箱)
t'əŋ	①厅听(文)(听觉)汀町烃③挺艇⑤听(白)(打听)
dəŋ	②廷亭庭停蜓婷霆⑥定啶腚碇锭
ʔləŋ	①扔拎铃(2)(铃铛)
ləŋ	②林临淋琳霖邻磷鳞辚嶙遴辚麟鳞凌陵菱令(2)(令尊)令(3)(令狐)伶灵玲铃(1)(电铃)聆羚零龄苓囹泠棂蛉翎④凛廪岭领⑥吝躏膦令(1)(命令)另
tsəŋ	①症(癥)(2)(症结)蒸晶睛精菁旌正(2)(正月)征(徵)怔贞侦帧③拯井阱整⑤甑铿证症(1)(病症)正(1)(真正)政
ts'əŋ	①称(1)(称呼)清蜻青蜻③请骋⑤秤称(2)(相称)

dzəŋ	②惩澄橙呈程埕④逞⑥瞪(文)(瞪目结舌)郑
səŋ	①升昇陞声星猩腥惺③省(2)(反省)醒⑤胜性姓圣
zəŋ	②情晴饧成诚城盛(2)(盛饭)仍缯乘(1)(加减乘除)绳塍承丞④靖静婧⑥净靓(1)(靓妆)盛(1)(兴盛)晟乘(2)(千乘之国)剩嵊

[iəŋ]30

tɕiəŋ	①遵谆肫均钧军皲③准(準)⑤俊骏竣隽
tɕ'iəŋ	①皴春椿③蠢
dziəŋ	②裙群④盾(2)(矛盾)菌窘⑥郡
ɕiəŋ	①询峋洵荀勋薰③笋隼榫⑤峻浚瞬舜训
ziəŋ	②旬驯巡循徇唇④吮⑥殉顺闰润
ʔjiəŋ	①氲③蕴恽⑤酝熨
jiəŋ	②匀筠云(雲)耘芸纭④允尹殒

[oŋ]31

poŋ	①崩(1)(崩溃)嘣(1)(打嗝)⑤崩(2)(一崩香烟)蹦嘣(2)(内胎打嘣爻)
p'oŋ	①乓③捧⑤碰椪
boŋ	②朋棚(1)(牛棚)鹏硼蓬篷埲④埄燯
ʔmoŋ	①蒙(2)(蒙人)
moŋ	②蒙(1)(蒙犯)蒙(矇)(4)(目失明)蒙(濛)(5)(小雨貌)檬朦瞢④蒙(3)(蒙古)蒙(懞)(6)(昏昧无知)懵⑥梦
foŋ	①风枫疯沨丰封峰锋蜂烽⑤讽
voŋ	②冯逢④奉⑥凤缝俸
toŋ	①东冬(鼕)③董懂⑤冻栋
t'oŋ	①通嗵③捅⑤痛统
doŋ	②同桐铜筒童瞳僮潼彤疼(文)(疼痛)④动桶恸⑥洞侗恫胴
noŋ	②农脓侬哝浓(1)(浓密)
loŋ	②咙胧聋笼茏泷珑砻癃隆窿龙(文)(龙头)④拢垄(文)(垄断)陇⑥弄
tsoŋ	①棕鬃宗综踪中(1)(中国)忠衷盅终③总⑤粽中(2)(中状元)众
ts'oŋ	①匆(怱)葱聪偬从(2)(从容)冲(1)(冲锋)忡充冲(衝)(2)(对冲)憧⑤宠铳
dzoŋ	②虫⑥仲
soŋ	①松(鬆)(1)(放松)菘嵩忪淞春⑤送宋
zoŋ	②纯淳醇莼鹑丛淙琮崇戎绒茸慵④冗
koŋ	①肱工公功攻恭(2)(恭候)蚣红(2)(女红)弓(新读)宫(2)(新读)躬(新读)③汞巩拱(2)(拱桥)⑤贡
k'oŋ	①空(1)(空虚)倥崆箜③孔⑤空(2)(亏空)控
hoŋ	①薨訇訇哄(1)(哄动)烘③哄(2)(哄骗)⑤哄(3)(起哄)蕻(2)(菜蕻)
ɦoŋ	②弘泓宏闳竑红(1)(红色)虹洪鸿蕻(1)(雪里蕻)⑥讧
ʔoŋ	①翁嗡渲⑤瓮齆(齆鼻)

[ioŋ]32

tɕioŋ	①弓(1)(弓箭)躬(1)(躬身)宫(1)(宫殿)③囧炅迥炯
tɕʻioŋ	①倾卤穹③顷
dʑioŋ	②琼芎
ɕioŋ	①兄
ʔjoŋ	①雍臃③拥
jioŋ	②荣嵘蝾营茔莹荧萤萦荥熊雄融佣(傭)(1)(雇佣)庸墉镛容蓉溶榕熔④永咏泳

[ŋ]33

ʔŋ	⑤儿(2)
ŋ	②儿(1)义(白)④耳(白)⑥儿(3)二贰

八、平阳话

平阳话韵母表

开口呼	齐齿呼	合口呼	撮口呼
[a]01 彭盲打冷生闸更硬	[ia]02 斋争级差泣寨及逆		
[æ]03 排埋带乃柴阶揩歪			
[ɛ]04 袍毛刀逃遭曹高豪			
[ɔ]05 包矛丹谈抓三交岩	[iɔ]06 脚雀着尧晓若约药		
[e]07 台来灾才该开呆哀	[ie]08 编棉天田章昌仙盐		
[ø]09 潘盘端男尊蚕甘玩	[iø]10 标苗条辽焦消要姚		[yø]11 专川传元全款宽员
[o]12 爬麻当唐沙斜加可	[io]13 渣赃作仓岔错茶柞	[uo]14 帮坡胖旁棒忙方防	[yo]15 钟窗狂浓霜床柱王
[ɿ]16 知资雌迟斯师瓷而	[i]17 批迷低梯支妻池衣	[u]18 菩魔肤多奴梳哥河	[y]19 都图租粗除苏淤余
[ai]20 杯丕堆颓崔衰灰回			
[au]21 偷投搜愁勾牛猴瓯	[iau]22 赳丘其妞纽休优尤		
	[iəu]23 头舟秋囚修柔郁育		
	[iu]24 左做竹祝初楚促逐		

开口呼	齐齿呼	合口呼	撮口呼
[aŋ]25 奔门灯能心寻跟坤	[iaŋ]26 今钦琴宁迎欣音形		
[əŋ]27 兵贫民丁亭林升情	[iəŋ]28 精井政清请秤呈郑		
[øŋ]29 遵俊春盾询笋纯闰	[iøŋ]30 均军群菌勋训氲云		
[oŋ]31 朋风东农松工红翁	[ioŋ]32 棕中冲倾虫慵雍荣		
	[ŋ]33 儿耳二贰		

平阳话常用字同音字汇

同音字汇先按韵母列部，依次为 a、ia、æ、ɛ、ɔ、iɔ、e、ie、ø、iø、yø、o、io、uo、yo、ɿ、i、u、y、ai、au、iau、iəu、iu、aŋ、iaŋ、əŋ、iəŋ、øŋ、iøŋ、oŋ、ioŋ、ŋ。

同韵字按声母次序排列，依次为 p、p'、b、m、f、v、t、t'、d、n、l、ts、ts'、dz、s、z、tɕ、tɕ'、dʑ、ȵ、ɕ、ʑ、k、k'、g、ŋ、h、ɦ、j、ʋ。

同声母的字按声调编号次序用数码表示：即①阴平、②阳平、③阴上、④阳上、⑤阴去、⑥阳去、⑦阴入、⑧阳入。

[a]01

pa	①绷(1)(藤绷)浜⑤爸绷(2)(绷紧)迸⑦八(2)(小八癞子)叭不(白)(不仅)北
p'a	①烹砰抨怦
ba	②彭嘭蟛澎膨棚(2)(尿布棚)④蚌(2)(蚌埠)⑥氆
ʔma	①妈
ma	②鸣盲萌④猛锰蜢艋黾(1)(蛙的一种)⑥骂孟⑧陌(1)(陌生)麦脉唛
fa	⑦苝蘇麬弗佛(2)(仿佛)拂氟
va	⑧佛(1)(佛陀)勿物(文)(事物)
ta	③打⑦搭答(2)(答应)瘩嗒耷怛妲笪靼
t'a	①他它她拖(白)(鞋拖)⑦踏(1)(踢踏舞)沓(2)(疲沓)塔塌蹋遢榻濌挞囚跶獭
da	⑧踏(2)(踏步)沓(1)(一沓纸)阘达鞑
ʔna	①南(2)(南无)那(2)(姓氏)③娜(1)(人名)
na	②拿④女(白)(女儿)⑥那(1)(那么)哪(1)(哪里)⑧呐(2)(呐喊)捺
ʔla	⑦垃拉(文)(拖拉)啦
la	④冷⑧拉(白)(拉尿)腊蜡邋喇辣剌瘌
sa	①生牲笙甥③省(1)(省略)⑦飒卅歃霎啥萨撒杀刹(2)(刹车)煞涩(文)(羞涩)湿膝瑟虱失室率(1)(率领)摔蟀
za	⑧闸溁(文)蛰煠(文)铡集习袭十什拾入疾嫉蒺实日(文)(日本)
ka	①更庚羹赓耕③埂梗哽鲠耿⑤更(文 2)(更加)⑦夹挟颊荚峡(1)(长江三峡)甲钾胛咖(2)(咖喱)嘎(1)(鸟鸣声)伽(2)(伽蓝)戛格胳(2)(胳肢窝)骼革隔嗝膈

k'a	①搭坑铿⑦恰掐卡(1)(卡口)咖(1)(咖啡)卡(2)(磁卡)客喀绯
ga	②何(白1)(何乜)⑧峡(2)(河峡儿)嘎(2)(嘎嘎抖)轧(3)(轧姘头)茄(2)(番茄)
ŋa	⑥硬⑧额
ha	①亨哼⑦呷瞎哈赫
ɦa	②何(白2)(何乜)谐鞋衡行(文1)(行为)珩桁④也(白2)(也是)骇骸解(3)(解签诗)懈幸悻⑥械邂行(文3)(品行)绗⑧狭洽匣狎黠辖盒(白)(盒儿)
ʔʋa	③奤(天明亮)
ʋa	⑧划(劃)(2)(笔划)画(2)(笔画)获(獲)(2)(收获)②横
ʔa	①阿(2)(阿舅)啊(1)(啊呀)埃(2)(埃及)挨(1)(挨近)莺(2)(莺哥)樱(2)(金樱)鹦(2)(鹦哥)罂(2)(罂壶)③阿(3)(阿门)也(白1)(也是)矮杏⑤啊(2)(叹词)呃隘蚱(2)(蚱儿)⑦压押鸭挜轧(1)(倾轧)扼厄轭

[ia]02

tɕia	①咱斋崽(白)(卵崽)争狰睁筝(1)(古筝)峥⑤咤炸(2)(油炸馃)债挣诤⑦砸匝(2)(匝道)眨轧(2)(轧钢)扎札咋(2)(咋舌)窄舴摘谪责啧簀缉(2)(缉合)戢汁执攥窒柣郅桎蛭卒级急给汲吉桔(2)(柑桔)劼诘棘亟戟击激
tɕ'ia	①差(3)(出差)差(1)(差错)叉(1)(叉烧包)钗撑(1)(俯卧撑)⑤诧奼差(2)(不好)蔡撑(2)(撑客)⑦插擦察刹(1)(古刹)拆册策缉(2)(通缉)辑茸撮七柒漆猝泣乞吃(2)(口吃)讫迄隙
dʑia	④豸⑥寨⑧溧(白)煤(白)宅择泽着(文2)(着色)翟(1)(姓氏)侄秩帙及圾佶掘(白)(掘井)极剧屐
ȵia	⑧日(白1)(生日)屹逆

[æ]03

pæ	③摆(擺襬)⑤拜湃⑦百伯迫柏佰檗擘(文)(巨擘)
p'æ	①掰⑤派⑦拍魄珀擘(白)(擘饼)啪
bæ	②排俳牌④罢(1)(吃叉罢)⑥惫败⑧白舶(1)(舶来品)帛
mæ	②埋霾④买⑥卖迈⑧陌(1)(陌生)麦脉唛
tæ	⑤戴(白)(戴帽)带
t'æ	⑤太泰傣汰
dæ	⑥埭(白)(两埭屋)大(文1)(大师)汏
ʔnæ	①奶(白1)(奶奶头儿)
næ	④乃艿氖奶(文1)(老奶奶)⑥鼐奈
læ	⑥赖癞籁
sæ	①筛(1)(筛酒)⑤洒晒帅
zæ	②豺柴
kæ	①阶皆偕街乖③解(1)(讲解)拐⑤介戒芥尬届界诫疥齐解(2)(解钞票)廨怪⑦格胳(2)(胳肢窝)骼革隔嗝膈
k'æ	①揩③楷锴⑤蒯快筷⑦客喀绯

gæ	②怀(白)(怀闷)
ŋæ	②癌挨(2)(拖延)崖涯捱⑧额
hæ	③蟹⑦喝(2)(喝水)赫
ɦæ	②谐鞋④骇骸解(3)(解签诗)懈⑥械邂
ʔʋæ	①歪
ʋæ	②怀(文)(怀念)淮槐⑥外坏
ʔæ	①埃(2)(埃及)挨(1)(挨近)③矮⑤呃隘蚂(2)(蚂儿)

[ɛ]04

pɛ	①褒煲③宝保堡鸨葆褓⑤报
pʻɛ	③剖
bɛ	②袍④抱⑥暴曝爆
mɛ	②毛牦氂蛑谋缪(1)(绸缪)牟眸④铆牡亩⑥冒帽耄茂贸袤懋
fɛ	③否(1)(否则)缶
vɛ	②阜浮(文)(浮肿)蜉
tɛ	①刀叨③岛捣倒(1)(打倒)祷⑤到倒(2)(倒水)
tʻɛ	①滔绦韬饕弢③讨⑤套
dɛ	②逃桃涛陶掏萄淘啕④道稻⑥导盗悼蹈焘纛
nɛ	④恼脑瑙
lɛ	②劳牢捞唠痨④老姥(1)(姥爷)佬⑥涝
tsɛ	①遭糟③早枣蚤澡藻⑤灶躁
tsʻɛ	①操(1)(操作)草(白)(潦草)③草(文)(青草)⑤操(2)(曹操)糙
sɛ	①搔骚缫③嫂⑤扫噪燥
zɛ	②曹槽漕④皂造
kɛ	①高羔膏糕皋睾篙疙③搞镐稿⑤告诰
kʻɛ	①尻③考拷烤洘⑤铐靠犒
ŋɛ	②熬敖遨獒聱翱鳌⑥傲
hɛ	①蒿薅③好(1)(爱好)⑤好(2)(喜好)耗
ɦɛ	②毫豪嚎蚝嗥壕濠④浩皓昊颢灏⑥号
ʔɛ	①鏖熝噢③袄媪⑤奥澳懊岙

[ɔ]05

pɔ	①包苞胞扳班颁斑癍③饱反(2)(反转)板(闆)版阪钣舨⑤豹趵扮瓣
pʻɔ	①抛胖攀③跑⑤泡炮疱盼襻
bɔ	②咆庖爿④鲍⑥刨刨办
ʔmɔ	①猫(2)(熊猫)
mɔ	②茅猫(1)(大猫)锚矛蛮蛮④卯挽(文)(挽回)晚(文)(早晚)⑥貌漫慢谩曼蔓万(白)(逾千达万)
fɔ	①藩(1)(篱笆)番(1)(番人)翻③反(1)(反对)返⑤泛贩畈

瓯语音系

vɔ	②凡帆矾烦繁蕃樊藩(2)(曾国藩)蘩④犯范挽(文)(挽回)晚(文)(早晚)⑥梵饭万(文 1)(万年青)
tɔ	①耽眈担(1)(负担)聃丹单(1)(单独)郸殚③胆疸掸⑤石(2)(一石米)担(2)(重担)旦诞
t'ɔ	①坍摊滩瘫③毯坦(文)(坦白)⑤炭叹碳
dɔ	②坛(壜)(2)(酒坛)谭昙谈痰坛(壇)(1)(花坛)弹(2)(弹琴)檀④淡氮啖澹袒⑥但弹(1)(子弹)蛋惮坦(白)(道坦)
ʔnɔ	①孬
nɔ	②难(1)(困难)挠桡铙④赧⑥难(2)(患难)闹淖⑧捺
lɔ	②岚蓝篮褴兰拦栏澜谰阑④览揽缆榄懒瀬⑥滥烂
tsɔ	①抓③斩崭盏爪找⑤蘸赞瓒罩笮
ts'ɔ	①搀餐抄钞忏③产铲吵炒⑤忏讖灿粲璨
dzɔ	②惭残④湛⑥暂站赚(文)(赚错)绽栈棹
sɔ	①三叁仨杉衫珊栅(2)(栅极)姗跚山舢删潸捎梢稍(1)(稍微)筲艄飔③伞散(2)(散漫)霰⑤散(1)(散会)栅(1)(栅栏)汕疝哨稍(2)(稍息)睄潲啸
zɔ	②馋谗巉潺巢
kɔ	①缄尴监(1)(牢监)间(1)(房间)艰奸姦菅纶(2)(纶巾)鳏关交郊胶跤茭蛟鲛肴(白)(看配)③减碱硷楝柬简锏扴狡绞佼姣铰搅⑤监(2)(太监)鉴间(2)(间接)谏涧惯教校(校对)较玹窖
k'ɔ	①悭宽髋铅(1)(铅锅)敲骹③槛舰巧⑤嵌
gɔ	②衔(白)(衔头)雁(白)(雁鹅)⑥陷(白)馅(白)(馅心)
ŋɔ	②岩颜④眼咬⑥雁(文)(雁荡)赝炗
hɔ	①哮③喊⑤孝酵⑦喝(2)(喝水)
ɦɔ	②函涵咸(鹹)衔(文)(头衔)闲娴痫爻肴(文)(菜肴)淆④限⑥陷(文)(陷阱)馅(文)(馅饼)校(1)(学校)效⑧盒(白)(盒儿)
guɔ	⑥环(白)(门环)
huɔ	⑦豁(2)(豁拳)
ɦuɔ	④莞(2)(莞尔而笑)
ʔuɔ	①弯湾③绾⑦挖
uɔ	②顽还环(文)(环境)圜寰④皖⑥换幻宦患豢⑧或惑
ʔɔ	①凹拗(3)(嬉嬉拗起)③拗(1)(棒儿拗断爻)⑤晏拗(2)(两个人拗搭)坳

[iɔ]06

tɕiɔ	⑦爵着(白)(着衣)灼酌斫脚
tɕ'iɔ	⑦雀鹊绰焯怯(白)(胆怯)却
dʑiɔ	⑧着(文 1)(着火)噱(1)(噱起)
ʔniɔ	①蛲(白)(蛲蛲动)
niɔ	②尧饶(2)(上饶)蛲(文)(蛲虫)④鸟(1)(飞鸟)袅⑥尿(1)(输尿管)⑧捏搦箬疟虐
ɕiɔ	③晓⑤卸⑦屑楔削烁铄谑吸歙甩
ziɔ	⑧嚼勺芍妁杓若偌弱

ʔji	①丫⑵(丫环)呀⑦约邑挹洇挹一(文)(一二三)乙壹溢抑益
ji	⑧药钥跃龠熠逸佚轶翼弋翌亦译易⑴(交易)绎驿弈奕蜴液腋掖檹

[e]07

te	③歹⑤戴(文)(姓氏)⑦得德
tʻe	①台⑵(台州)苔⑵(舌苔)胎⑤态贷⑦忒忒⑴(过于)
de	②台(臺)⑴(台湾)台(檯)⑶(台子)台(颱)⑷(颱风)抬苔⑴(青苔)跆④待怠殆给⑥代袋岱玳埭(文)(河埭)黛⑧特
ne	⑥耐
le	②来莱俫侎⑥睐赉⑧劣垃肋勒仂
tse	①灾哉栽③宰崽(文)(牛崽)⑤再载最(白)(最高境界)⑦则
tsʻe	①猜③采⑴(采集)彩睬踩厂⑴(工厂)⑤采⑵(采邑)菜
se	①腮(文)(两腮)鳃⑤塞⑵(要塞)赛⑦塞⑴(堵塞)
ze	②才(纔)材财裁④在⑥儕⑧贼
ke	①该赅③改颏⑤溉概丐钙盖⑦居(白)(居个)
kʻe	①开③凯恺⑤慨忾去(白)(去㐅)⑦克刻剋
ge	②渠(白1)(第三人称指代词)
ŋe	②呆⑴(呆头)皑⑥碍艾
he	①咳⑴(咳笑)嗨③海许(白)(许个)⑦黑嘿
ɦe	②孩④亥氦⑥害⑧劾
ʔe	①哎哀埃⑴(尘埃)唉⑴(唉声叹气)⑤爱嫒暧蔼霭

[ie]08

pie	①编鞭边蝙③贬扁⑴(扁担)匾⑤变遍⑦瘪憋鳖
pʻie	①扁⑵(一叶扁舟)偏篇翩⑤骗片⑦撇瞥
bie	②便⑵(便宜)骈④辨辩辫⑥便⑴(方便)卞弁汴⑧别蹩
mie	②绵棉眠④免勉缅黾⑵(黾池)娩冕渑湎腼鮸丏⑥面⑴(脸面)面(麵)⑵(米面)⑧灭乜(文)(眼睛微张)搣蔑篾
tie	①掂滇颠巅癫③玷点踮典碘⑤店惦⑦跌
tʻie	①添天③舔腆⑦帖贴铁餮
die	②恬甜田填钿④簟⑥垫电佃甸淀奠殿靛癜⑧谍叠碟蝶喋牒迭垤耋
ʔnie	①粘黏拈妮
nie	②鲇(鲶)年娘孃④碾⑥念捻酿⑧廿聂镊蹑嗫颞
lie	②帘廉镰奁连联涟怜(憐)莲良梁量⑵(量尺寸)粮粱④脸敛撵琏辇两⑵(斤两)俩⑴(伎俩)辆魉⑥殓练炼链恋亮凉谅量⑴(数量)晾靓⑵(靓妹)⑧列咧烈裂冽洌趔捩戾
tɕie	①沾占⑴(占卜)瞻詹煎饘毡笺将⑴(将来)张章彰樟蟑兼犍坚肩僵缰疆姜(薑)③剪翦展辗奖桨蒋长⑵(生长)涨掌捡检睑茧趼襁⑤占(佔)⑵(占领)溅箭战颤荐将⑵(大将)浆酱帐账胀障幛瘴剑建健见⑦接婕楫辑哲蜇喆折⑴(折扣)褶节疖尖歼劫揭⑴(揭露)洁结桔⑴(桔梗)拮子

tɕ'ie	①迁千(韆)(2)(秋千)悛千(1)(千万)仟阡扦枪锵昌猖菖娼谦牵羌腔③诒浅阐抢昶厂(2)(茅棚厂儿)敞氅歉遣谴缱⑤堑呛畅怅倡唱憩欠茜(1)(茜草)倩纤(縴)(1)(纤夫)⑦妾切窃沏挈锲签(籤)(簽)佥怯(文)(怯生)惬箧
dzie	②黔钤箝钱缠长(1)(长短)场肠钳搛(搛菜)乾虔捐强④丈仗杖俭件键犍⑥偈(2)(偈佗)健腱踺糨⑧彻撤澈辙挟(挟菜)杰桀揭(2)(按揭)竭偈(1)(勇武貌)碣
ȵie	②嚷瓢严言研妍④染壤攘俨谳仰⑥让验酽谚彦唁⑧热乜(白)(乜人)业孽蘗啮镍臬
ɕie	①仙鲜籼煽膻搧先相(1)(互相)厢湘箱镶襄商伤殇轩乡香③闪(腰闪着)陕癣藓洗燹冼想鲞晌垧赏险显享响飨⑤线腺扇相(2)(宰相)饷宪献向(嚮)⑦纤(纖)(2)(纤维)暹胁歇蝎
zie	②潜蟾髯涎单(2)(单于)禅蝉婵然燃前墙蔷樯戕详祥翔尝常偿裳嫦徜④渐冉苒践善鳝象像橡潒上(2)(上声)⑥赡贱饯羡擅嬗缮膳匠上(1)(上面)尚⑧捷睫涉舌折(2)(折本)截
ʔjie	①淹奄腌阉恹腌蔫嫣烟胭湮央殃鸯秧③野掩魇偃养氧⑤厌餍堰宴燕咽(2)(咽气)怏⑦餍谒噎
jie	②爷椰耶揶炎盐阎闫檐焉延蜓筵嫌贤弦舷阳扬杨炀旸疡羊洋佯烊(1)(融化)垟徉降(白)(投降)沿铅(2)(铅山)④也(文)(也是)冶衍演痒⑥夜艳焰现砚样漾恙烊(1)(打烊)⑧烨叶(葉)页晔协侠拽(1)(拖、拉)颉撷缬

[ø]09

pø	①般搬(1)(搬弄是非)⑤半⑦拨钵
p'ø	①番(2)(番禺)潘⑤判泮⑦泼
bø	②盘搬(2)(搬运)磐瀊瘢蹒蟠盆④伴拌绊⑥叛畔⑧钹勃脖渤荸饽悖
mø	②馒鳗瞒鞔④满螨懑⑥幔缦镘⑧末抹茉沫秣没殁
tø	①端敦墩惇礅镦蹲③短⑤断(文2)(决断)锻⑦答(1)(报答)掇咄
t'ø	①贪湍吞(文)(吞咽)③忐⑤探⑦脱(1)(脱离)
dø	②潭团(團糰)屯囤豚臀④断(文1)(断续)⑥段(文)(段落)缎钝遁⑧夺(文)(抢夺)凸突沓(3)(沓起算)
ʔnø	①囡
nø	②男南(1)(南北)喃楠腩④暖(文)(温暖)⑥嫩⑧纳钠衲呐(1)(呐口)讷
lø	②婪峦孪娈栾鸾脔滦銮论(2)(论语)④卵(文)(卵袋)⑥乱论(1)(讨论)⑧粒
tsø	①簪钻(1)(钻洞)尊樽③攒纂⑤潜钻(2)(钻孔)⑦匝(一匝十二年)
ts'ø	①参(1)(参加)掺参(2)(参差)氽村邨③惨忖⑤窜蹿篡寸
sø	①酸拴栓闩孙荪狲③糁损⑤蒜算涮逊巽(文)(八卦之一)⑦刷
zø	②蚕存④撰馔⑧杂凿
kø	①甘柑坩泔疳根(1)(根据)跟(1)(脚下跟头)③感赶敢橄⑤赣⑦合(2)(三合粉)蛤鸽葛割
k'ø	①堪龛戡刊看(2)(看守)③坎砍侃⑤勘阚瞰看(1)(看见)⑦磕嗑溘瞌咳(2)(咳嗽)渴
gø	④颔(白)(面颔)⑧橛(白)(两橛断)
ŋø	⑥玩⑧兀纥
hø	①酣蚶憨⑤蚶⑦喝(1)(吆喝)

ɦø	②含痕(1)(痕迹)④颔颌(文)(颔首)撼⑥憾⑧合(1)(合作)盒(文)(纸盒)盍阖
ʔø	①庵谙鹌恩③俺⑤暗黯摁⑦遏褐

[iø]10

piø	①标膘飙镖滮彪③表(錶)裱婊
p'iø	①漂(1)(漂亮)飘嘌③漂(2)(漂白)瞟⑤票剽
biø	②嫖瓢④殍鳔⑥骠
ʔmiø	①喵咩哞
miø	②苗描瞄④秒渺缈藐淼⑥妙庙谬缪(2)(姓氏)
tiø	①刁叼雕(彫)凋貂碉③鸟(2)(鸟儿)⑤吊钓
t'iø	③挑⑤跳眺粜
diø	②条迢调(1)(调羹)笤④掉(2)(掉钞票)窕⑥调(2)(声调)掉(1)(掉落)
liø	②辽聊僚寥撩嘹缭寮镣龙(白)(龙船)④了(瞭)潦燎两(1)(两个)俩(2)(两人)垄(白)(菜垄)⑥料廖疗瞭⑧猎掠略撂
tɕiø	①椒焦蕉礁朝(2)(明朝)招昭钊娇骄浇③剿沼矫侥缴饺铰(文2)(铰刀)皎⑤醮照诏叫
tɕ'iø	①瞧超跷锹撬橇③悄⑤俏峭诮翘窍
dʑiø	②憔谯樵朝(1)(朝鲜)嘲潮晁乔侨桥荞④兆赵肇⑥召轿
ȵiø	④绕蹑
ɕiø	①肖(2)(姓氏)消宵硝销霄逍魈烧萧箫潇嚣枭骁③小(文)(小朋友)少(1)(少年)筱⑤肖(1)(生肖)笑鞘⑤少(2)(少将)
ziø	②韶饶(1)(富饶)娆④绍扰⑥邵
ʔjiø	①要(1)(要求)腰邀吆幺③夭杳窈⑤要(2)(重要)
jiø	②姚窑谣摇遥徭瑶④舀⑥耀曜鹞

[yø]11

tɕyø	①专砖拘驹闺硅圭规(1)(圆规)龟归(2)(当归)捐娟鹃涓③举诡轨癸鬼卷(文2)(席卷)矩枸(1)(枸橼)⑤转啭据锯踞句桂季悸愧(1)(惭愧)贵⑤卷(文1)(考卷)眷绢圈(2)(猪圈)⑦镌辍啜苣拙绌了厥撅蕨噘獗决诀抉橘车(文2)(车马炮)居(文)(居住)
tɕ'yø	①川穿(文)(贯穿)区(1)(区别)岖驱躯暌睽窥圈(1)(圆圈)③喘舛龋绻犬⑤钏去(文)(来去)劝券⑦痊诠铨竣出(齣)祛阙缺炔阕屈
dʑyø	②传(1)(宣传)椽瘸渠(文)(水渠)瞿衢葵迹馗夔权拳蜷颧④篆巨拒炬距跪揆⑥传(2)(传记)遽具俱惧飓柜(櫃)馈匮倦⑧伏黜术(1)(白术)橛(文)(短木桩)镢倔掘(文)(挖掘)崛
ȵyø	②娱(1)(娱乐)隅愚禺虞危元原源鼋螈④女(文)(男女)软语圄龉阮⑥御(禦)驭遇寓伪愿⑧月
ɕyø	①虚嘘墟吁(1)(气喘吁吁)麾挥(2)(指挥)辉晖欢喧萱煊③选许(文)(许多)诩栩毁⑤渲唤涣焕痪奂酗煦卉讳楦绚⑦宣雪噱(2)(噱头)说戍恤靴血
zyø	②全泉漩船⑥旋(镟)璇⑧绝埑术(術)(2)(手术)述
kyø	①昆(文2)(灵昆岛)干(1)(干犯)干(乾)(3)(干燥)杆(1)(筑杆)肝竿③馆琯管(文)(管理)莞(1)(东莞)杆(2)(电灯杆)秆擀⑤贯灌罐盥观(2)(寺观)冠(1)(冠军)干(幹)(2)(干部)⑦官棺倌观(1)(观察)冠(1)(皇冠)骨国帼掴蝈
k'yø	③款⑤捆⑦窟

hyø	①昏(1)(黄昏)婚荤鼾③罕⑤巽(白)(巽山)汉⑦忽笏唿惚瘖
ɦyø	②韩寒邗邯④旱⑥岸汗捍悍焊翰瀚
ʔjyø	①鸳冤③苑宛婉琬渊安氨鞍桉③伛碗稳⑤妪惋腕怨按案胺⑦吁(2)(喝止牲口声)豌剜蜿哕(哕起，即恶心)曰温(1)(温州)瘟郁(2)(郁郁葱葱)
jyø	②员圆鸢园袁援猿垣辕玄悬桓丸完烷魂④充远缓浣⑥院媛缘县眩⑧阅悦越粤穴核聿鹬域阈役疫

[o]12

po	③把(1)(把守)靶⑤坝把(2)(把柄)霸⑦巴(1)(巴西)芭吧疤笆粑八(1)(八个)捌博搏膊驳剥舶(2)(船舶)
p'o	⑤帕怕⑦葩趴粕泊朴(樸)
bo	②扒爬耙杷琶巴(2)(下巴)④罢(2)(罢工)⑧拔跋薄(1)(厚薄)亳箔礴雹
ʔmo	①姆(2)(师姆)
mo	②麻嘛蟆④马玛码蚂母拇姆(1)(保姆)某⑧莫摸幕漠寞膜瘼瞙邈蓦陌(2)(打生陌生)
to	①当(當)(1)(应当)当(噹)(3)(当啷)铛珰裆③朵挡党⑤当(當)(2)(典当)档⑦沰
t'o	①汤趟(1)(趟水)③倘淌躺⑤唾(文)(唾沫)烫趟(2)(一趟)⑦托拓
do	②唐堂棠塘膛糖搪溏镗螳瞠④垛⑥荡宕⑧铎擢(白)(擢起当官)
ʔno	①曩
no	②挪傩哪(2)(哪吒)囊④娜(2)(婀娜)曩⑥齉⑧诺喏搦
ʔlo	①啷
lo	②郎狼琅廊榔锒踉螂④朗⑥赂浪阆⑧乐(2)(快乐)洛骆络烙落酪禄碌录绿氯
so	①娑挲沙纱砂鲨莎痧裟唆梭鞔丧(1)(婚丧)桑③琐锁唢傻所(场所)嗓搡磉爽耍⑤嗄閖丧(2)(丧失)⑦索嗦
zo	②锉痤斜(2)(斜视)藏(1)(隐藏)④坐⑥鲊座祚脏(臟)(2)(内脏)藏(2)(西藏)奘⑧昨咋柞胙砟酢
ko	①加家嘉迦(1)(迦南)枷袈傢茄(1)(雪茄)佳瓜呱(2)(呱呱叫)娲蜗冈刚岗(1)(山岗)纲钢江扛(文)(扛鼎之作)杠(1)(床杠)肛缸豇光胱③贾(姓氏)假(1)(假设)寡剐讲港岗(2)(岗位)广⑤价驾架(文)(衣架)假(2)(放假)嫁稼卦褂挂杠(敲竹杠)降(文)(降落)绛⑦各阁胳(1)(胳膊)搁(文)(搁浅)咯角觉珏括刮(颳)郭椁
k'o	①夸(誇)康慷糠③可⑤挎跨胯亢抗炕伉囥矿圹(文)(圹课)圹⑦壳确榷垮阔扩廓
go	②枊(白)(饭镫枊儿)圹(课圹爻)④犷(该人犷显)眖(田眖儿)⑥扛(白)(扛条儿)⑧硌(硬硌硌)搁(白)(搁臀)
ŋo	②鹅(白)(鹅兜)牙芽衙伢砑昂卬(卬你)④雅瓦⑥讶砑⑧鄂愕噩鳄谔萼腭颚鹤乐(1)(音乐)岳嶽
ho	①呵诃嗬虾(1)(虾儿)花夯(文)(打夯)荒慌肓③谎恍晃幌⑤吓化⑦壑郝豁(1)(豁然开朗)霍藿
ɦo	②虾(2)(虾蟆)霞遐瑕划(1)(划龙船)华(1)(中华)哗骅吭杭航笎行(文 2)(银行)皇凰惶煌蝗隍徨黄簧潢璜蟥④下项⑥夏厦暇(闲暇)华(华山)桦画(1)(连环画)话巷⑧涸貉学峃活猾滑获(穫)(1)(收获庄稼)镬
ʔjo	⑦哟唷
ʔo	①丫(1)(两丫裤)鸦哇洼蛙娃肮汪③哑⑤亚娅挜盎⑦恶(1)(善恶)握喔幄龌斡沃鏊

[io]13

tɕio	①乍查⑵₍姓氏₎喳渣楂吒挝₍₁₎₍敲打₎赃脏₍髒₎₍₁₎₍肮脏₎藏⑶₍藏青₎臧妆₍₁₎₍化妆₎庄₍₁₎₍庄严₎装₍₁₎₍武装₎③担⑤诈咋₍₁₎₍咋然₎炸₍₁₎₍炸弹₎榨蚱葬壮₍文₎₍强壮₎⑦作
tɕ'io	①叉⑵₍叉腰₎权车₍白₎₍汽车₎仓苍沧舱伧创₍₁₎₍创伤₎疮⑤岔汊衩挫锉₍文₎₍锉刀₎措厝创⑵₍创造₎⑦错
dʑio	②茶查₍₁₎₍检查₎搽苴
zio	⑥祚

[uo]14

puo	①波₍₁₎₍波浪₎玻菠帮甬邦梆③跛簸榜膀⑵₍翼膀₎绑⑤播₍₁₎₍播送₎谤泵⑦卜₍₁₎₍占卜₎
p'uo	①坡颇滂③叵耪⑤胖⑦仆₍₁₎₍仆倒₎扑噗璞濮蹼
buo	②鄱旁傍膀₍₁₎₍膀胱₎磅螃彷₍₁₎₍彷徨₎庞④蚌₍₁₎₍象鼻蚌₎棒⑥薄⑵₍薄荷₎镑⑧卜₍葡₎⑵₍萝卜₎仆₍僕₎⑵₍仆人₎瀑
ʔmuo	①嬷姥⑶₍老姥₎
muo	②么₍麽₎蘑庑馍无⑵₍南无₎摹模₍₁₎₍模范₎谟芒忙氓茫虻④姥⑵₍太姥山₎莽漭蟒网罔魍惘⑥摩⑵₍摩崖₎募墓慕暮⑧袜木沐目牧睦穆苜
fuo	①方坊妨肪芳③仿纺彷⑵₍彷佛₎昉⑤放舫访⑦法珐砝发₍發₎₍髮₎
vuo	②防房亡⑥妄忘望旺⑧乏伐罚阀筏缚₍₁₎₍缚鞋带₎

[yo]15

tɕyo	①妆⑵₍妆灵清₎庄⑵₍坐庄₎装⑵₍假装₎桩₍文₎₍打桩₎钟₍鐘鍾₎龚供₍₁₎₍供销₎恭₍₁₎₍恭敬₎③冢肿种⑵₍种子₎踵拱₍₁₎₍打拱作揖₎⑤壮₍白₎₍壮显壮₎戆纵种₍₁₎₍种树₎供⑵₍供应₎⑦卓桌啄琢诼涿捉足烛嘱瞩
tɕ'yo	①窗框眶筐匡诓③闯恐⑦戳龊龌触曲₍₁₎₍弯曲₎蛐
dʑyo	②幢₍₁₎₍经幢₎桩₍白₎₍烂树桩₎重⑵₍重复₎狂诳④重₍₁₎₍轻重₎⑥状撞橦⑵₍楼橦₎重⑶₍重迭₎逛共⑧浊镯擢₍文₎₍擢升₎濯躅属蜀局焗
ɲyo	②浓₍₁₎₍浓淡₎⑧玉狱钰
ɕyo	①霜孀双胸凶₍文₎₍凶恶₎匈汹③耸₍耸立₎怂₍怂恿₎悚竦⑤况⑦朔搠缩蓿粟僳束
zyo	②床从₍₁₎₍跟从₎松⑵₍松树₎⑥讼诵颂⑧俗续赎
ʔjyo	①痈邕③枉往⑤壅
jyo	②王④勇涌踊甬俑恿蛹⑥用佣⑵₍佣人₎⑧浴欲

[ɿ]16

tsɿ	①髭知蜘咨姿资脂吱兹滋孳孜淄缁辎锱之芝③紫訾只₍₁₎₍只有₎怩姊旨指子籽仔梓滓第止址趾祉⑤智渍恣至挚置志痣识⑵₍标识₎帜
ts'ɿ	①雌呲疵差⑷₍参差₎痴笞蚩嗤③此侈耻齿⑤刺₍₁₎₍刺激₎翅次胎炽⑦涩₍白₎₍涩口₎
dzɿ	②弛驰踟篪龇迟持④雉痔峙⑥稚治
sɿ	①斯撕嘶厮筛⑵₍米筛₎施私师狮₍文₎₍雄狮₎鲺尸司丝眯鸶思飔诗腮₍白₎₍腮腺炎₎③徙豕死矢屎史使驶始⑤赐四肆伺试弑
zɿ	②瓷慈磁鹚糍词祠辞蔾₍泥蔾₎时而④氏是尔巳祀似士仕俟市柿恃耳₍文₎₍聂耳₎洱⑥彧示谥视嗜字寺侍饲嗣事饵

[i]17

pi	①蓖裨(2)(裨益)箆屄毡陂罴③彼匕比(1)(比较)鄙⑤毙蔽闭庇痹毖臂秘(2)(秘鲁)辔
p'i	①批砒披纰⑤睥媲譬屁
bi	②鼙皮疲啤脾裨(1)(裨将)枇毗蚍琵肥(白)(肥肉)④陛被婢否(2)(否去泰来)痞圮⑥币弊敝髀鼻避比(2)(比邻)备坒
ʔmi	①咪眯
mi	②迷谜醚弥猕眉帽湄楣糜縻④米弭美尾(白)靡⑥袂媚魅寐未(白)味(白)秘(1)(秘书)⑧泌密蜜宓谧嘧觅汨幂
fi	①飞非菲(1)(芳菲)啡绯扉蜚霏妃③匪诽菲(2)(菲薄)斐榧翡⑤废肺痱沸狒费
vi	②肥(文)(肥沃)微薇④尾(文)娓⑥吠未(文)味(文)
ti	①爹低③抵底邸诋砥⑤帝蒂谛⑦的嘀滴嫡
t'i	①梯锑③体⑤剃涕屉替嚏⑦剔惕踢倜
di	④弟悌⑥大(白)(大官爷)递第睇逮棣缔地⑧迪敌涤笛狄籴荻翟(2)(长尾的野鸡)
ni	②泥尼呢怩④你⑥伲腻⑧昵匿溺
ʔli	①里(2)(该里)厘(2)(一厘儿)哩(1)(词曲中作衬字)
li	②犁黎藜鲡离漓璃篱缡罹梨蜊厘(1)(厘米)狸喱④礼醴蠡(1)(范蠡)履李里(裏)(1)(里外)理鲤俚娌浬⑥厉励砺蛎丽隶唳荔詈利俐莉痢苈吏例⑧笠力历(歷)(曆)沥雳疬砾栎跞鬲立栗傈溧篥凓慄律率(2)(效率)
tɕi	①嗟遮猪跻支枝肢栀鸡稽畸羁机肌饥(飢)(1)(饥饿)基箕姬几(幾)(文1)(几何)讥叽饥(饑)(2)(饥荒)畿③姐这者煮济(2)(济南)纸几(文2)(茶几)庋己几(幾)(文3)(几多)⑤借蔗薹际祭漈制(製)剂(2)(调剂)挤济(1)(救济)霁计系(繫)(4)(系鞋带)继髻寄骥冀致(緻)记纪既暨⑦浙唧稷陟仄织职迹积脊崱瘠鲫只(隻)(2)(量词)炙摭绩即
tɕ'i	①车(文1)(水车)蛆妻栖凄溪蹊欺岂③且扯杵鼠启企(文)(企业)绮起杞⑤笪(斜)擎砌刺(2)(生刺)契弃器气汽⑦叱饬敕厕侧测恻刺(3)(刺绒衫)尺斥赤哧戚喊吃(1)(吃饭)
dʑi	②池茄(3)(茄儿)伽(1)(伽蓝爷)奇崎骑琦歧岐芪祁鳍耆其期棋旗萁琪蜞麒祈④苎舐技妓伎企(白)(企图)⑥箸滞忌⑧蛰直值植殖溍掷(文)(一掷屎)踯掷(白)(投掷)
ɲi	②倪霓秇仪宜疑④蚁拟⑥艺呓睨诣义议谊毅
ɕi	①些奢赊畲西犀茜(2)(人名)牺羲曦熙嘻嬉熹希稀唏③写舍(捨)(2)(施舍)胥洗铣玺髓喜禧蟢⑤泻卸舍(1)(进舍)赦世势细(文)(仔细)婿窸戏⑦摄慑燮泄薛亵设悉蟋窸息媳熄色啬铯稀(1)(认识)饰拭轼昔惜适释析晰淅晢蜥锡
zi	②邪斜(1)(倾斜)蛇徐齐脐匙佘④社惹屿荠鲚⑥藉(1)(藉口)榭谢麝薯(白)(番薯)逝誓噬剂(1)(发剂)⑧食蚀藉(2)(藉田)籍席夕汐矽射石(1)(石头)硕寂
ki	③几(幾)(白)(几个)
ʔji	①祎旖漪伊咿医衣依袆③椅倚旖⑤裔缢瞖意⑦一(白)(一个)亿忆臆癔
ji	②兮奚移夷姨胰痍彝怡贻诒饴颐圯沂④迤矣已以⑥曳刈系(1)(关系)系(係)(2)(中文系)系(繫)(3)(连系)易(2)(容易)肄懿异

[u]18

pu	①波⑵(宁波)鯆③补谱⑤播⑵(发播)布怖
p'u	①铺⑴(铺被)③圃浦⑵(浦东)普埔浦⑴(下吕浦)⑤破铺⑵(床铺)
bu	②菩脯⑵(胸脯)蒲⑵(菖蒲)匍莆孵(白)(孵坊)婆葡蒲⑴(蒲鞋)④部簿箁(朗眼箁)⑥捕哺缚⑵(腰缚)步埠赙
mu	②摩⑴(摩擦)磨⑴(磨刀)魔模⑵(模子)⑥磨⑵(磨石)戊雾(白)(发雾)物(白)(物事)
fu	①夫⑵(人名)肤麸俘孵(文)(孵化)敷乎稃夫⑴(丈夫)③甫脯⑴(果脯)辅俯斧釜抚府腑殍⑤赴讣付咐赋傅富副⑦不(文)(不是)复(複)(復)腹蝮馥覆福幅辐蝠
vu	②扶芙(文)(芙蓉)凫无⑴(无中生有)芜巫诬毋符浮(白)(尸骸浮起)④腐(文)(腐馕)武侮鹉舞妩负父妇⑥附驸芙(白)(芙蓉)腐(白)(腐败)务雾(文)(云雾)婺⑧伏服袱茯莓
tu	①多哆丢③躲⑤跥剁⑦督笃
t'u	③妥椭⑦拖(文)(拖拉机)忒⑵(忒不识相)秃
du	②驮驼鸵佗陀沱砣跎徒(白)(门徒)④舵堕惰⑥大(文 2)(大小)⑧独读⑴(读书)渎椟犊牍毒
nu	②奴④努弩⑥懦糯怒
ʔlu	①啰噜溜
lu	②罗萝逻锣箩骡螺刘留流琉硫馏榴瘤镠鎏④裸瘰房鲁掳橹卤(鹵)⑴(卤素)柳绺⑥摞遛⑧鹿漉辘麓六陆戮
su	①梳(文)(梳理)疏蔬③数⑵(数一数)⑤素(文)(朴素)愫数⑴(数字)⑦搓(白)(搓绳)速肃宿⑴(宿舍)夙叔倏菽
zu	②锄(文)(锄头)雏⑥助⑧族淑熟孰塾辱褥缛衄肉
ku	①哥歌戈锅埚疴估咕姑菇轱蛄辜孤呱⑴(呱呱而泣)菰箍③舸果裹馃古诂牯罟股蛊贾⑴(商贾)鼓臌瞽⑤过固沽故痼顾雇⑦谷(穀)
k'u	①苛柯轲疴科棵蝌稞窠髁枯骷刳③坷苦⑤课库裤绔⑦哭酷
ŋu	②俄哦峨娥鹅(文)(雁鹅)蛾(文)(飞蛾)讹吾吴梧④我五午伍仵牾⑥饿(文)(饥饿)噁卧误悟娱⑵(娱乐)迕忤晤寤唔(唔冇)
hu	①乎呼③火伙(夥)虎唬琥浒⑤货冔
ɦu	②河何(文)(任何)荷⑴(荷花)菏禾和⑴(和平)狐弧壶胡(鬍)葫湖蝴糊猢瑚④荷⑵(负荷)祸户沪扈⑥贺和⑵(附和)互护⑧斛槲鹄
ʔʋu	①阿⑴(阿胶)妸窝涡萎倭挝⑵(老挝)乌呜钨污③坞⑤恶⑵(可恶)⑦屋

[y]19

ty	①都③堵赌睹肚(白)(猪肚)⑤妒蠹
t'y	③土吐⑴(吐痰)⑤吐⑵(呕吐)兔菟
dy	②图徒(文)(徒弟)途涂(塗)屠荼④杜肚(文)(肚皮)⑥度渡镀踱
ly	②蠡⑵(河蠡蚌)卢芦炉颅轳鸬庐驴闾栌④卤(滷)⑵(盐卤)吕侣旅铝膂屡缕⑥路露璐鹭虑滤类
tsy	①租苴狙疽诸株蛛诛朱(硃)珠侏鲦(鲦鳉)追椎锥③祖咀渚褚拄主嘴⑤著驻炷注蛀铸醉⑵(酒喝醉爻)缀赘
ts'y	①粗趋枢吹炊③础⑵(磋础)处⑴(处理)取娶⑤醋处⑵(相处)觑趣

dzy	②除储蹰厨橱 垂捶锤陲槌 ④贮伫柱砫 ⑥署薯(文)(马铃薯)曙住绽坠
sy	①苏酥稣甦梳(白)(头梳) 书抒舒须(鬚)需输尿(2)(拉尿) 虽绥靴虚嘘墟吁(1)(气喘吁吁)麾挥(2)(指挥) 辉晖 ③暑黍许(文)(许多) 诩栩毁 ⑤诉塑溯素(白)(吃素) 絮恕庶戍岁税祟遂酗煦卉讳
zy	②锄(白)(板锄) 如茹殊儒蠕嚅濡谁隋随 ④序叙绪墅汝聚竖乳蕊 ⑥树孺瑞遂隧穗
ny	②蜈鱼渔
ʔjy	①淤於迂威葳 ③委萎痿尉蔚慰 ⑤畏喂餵
jy	②余(餘)(2)(剩餘) 舆于盂竽俞逾渝愉榆揄瑜臾谀腴携眭为(1)(作为) 帷维潍违围韦帏闱炜 ④予与(1)(给予) 宇羽雨禹愈唯惟伟苇玮鲔 ⑥与(2)(参与) 余(1)(姓氏) 预誉豫芋吁(3)(呼吁) 喻谕裕卫彗惠慧为(2)(为什么) 位遗纬胃谓猬

[ai]20

pai	①杯背(揹)(3)(背心) 卑碑悲 ⑤贝狈背(1)(背部) 辈褙
pʻai	①坯胚呸丕 ⑤沛霈配
bai	②陪培徘赔裴 ④倍蓓 ⑥佩背(2)(背诵) 焙
ʔmai	①姆
mai	②蛾(白)(打灯蛾) 玫枚梅媒煤莓酶霉 ④每 ⑥妹昧 ⑧万(文2)(万俟)墨默
tai	①呆(2)(痴呆) 堆 ⑤对碓
tʻai	①推 ③腿 ⑤唾(白)(痰唾) 退褪煺脱(2)(脱裤)蜕
dai	②颓 ⑥队兑 ⑧夺(白)(赌抢赌夺)
nai	④奶(白2)(奶奶) 馁 ⑥内
lai	②胭雷擂蕾镭羸 ④磊儡瘰累垒 ⑥礌泪 ⑧捋
tsai	⑤最(文)(某某之最) 拽(2)(拉扯) 惴淬醉(1)(陶醉)
tsʻai	①崔催摧 ③璀揣 ⑤啐脆踹翠
sai	①衰 ③小(白)(古方言留下的白读) ⑤细(白)(细姆) 碎 ⑦狮(白)(狮子)
zai	④罪 ⑥锐睿芮睡悴粹萃瘁
kai	①瑰规(2)(规矩) 归(1)(回归) 皈 ⑤个会(2)(会计) 侩刽桧脍
kʻai	①恢盔魁诙奎亏岿 ③傀 ⑤块愧(2)(愧对) 喟
gai	⑥溃(白)(溃疡)
ŋai	②巍 ⑥饿(白)(肚饿) 魏(文)
huai	①灰挥(1)(挥手) 徽 ③贿悔虺 ⑤诲晦荟哕
ɦuai	②桅鬼回(迴) 徊茴洄蛔 ④汇(匯)(1)(汇款) ⑥溃(文)(崩溃) 会(1)(会议) 绘烩魏(白) 汇(彙)(2)(汇报)
ʔuai	①偎煨 ③诿猥 ⑤秽(淫词秽语)
ʔai	⑤唉(2)(唉磊堆碎)

[au]21

tau	①兜③斗(1)(北斗)抖陡蚪⑤斗(2)(斗争)
tʻau	①偷③敨⑤透
dau	②投⑥逗读(2)(句读)窦脰
nau	④有⑥耨
lau	②娄楼偻喽褛蝼髅④搂篓⑥陋漏镂瘘
sau	①搜艘馊飕③叟嗾擞溲⑤嗽漱瘦
zau	②愁
kau	①勾沟钩篝③苟狗枸(2)(枸杞)垢诟⑤构购媾够穀(白)(居屋合音)
kʻau	①抠眍③口⑤叩扣寇蔻
gau	④厚(白)(厚佬)
ŋau	②牛④偶藕耦
hau	①佝③犼(许屋合音)⑤吼鲎(虹)
ɦau	②侯喉猴篌④后(後)厚(文)(忠厚)⑥候逅
ʔau	①区(2)(姓氏)欧鸥讴瓯③呕殴⑤沤怄堰(埋葬)

[iau]22

tɕiau	①邹驺鸠阄赳③走九久玖灸韭纠⑤奏揍皱绉究疚救咎厩
tɕʻiau	①㐬丘蚯邱③揪揂⑤凑
dʑiau	②求球逑裘仇(1)(姓氏)虬④臼舅柏⑥舊籀骤旧柩
ʔȵiau	①妞
ȵiau	④扭纽钮忸⑥狃(若屋合音)
ɕiau	①休咻③朽⑤臭(2)(铜臭)嗅
ʔjiau	①优忧悠攸幽③黝⑤幼
jiau	②由邮油游蚰猷蝣鰌尤犹④友有酉诱莠⑥又右佑祐囿宥柚釉

[iəu]23

diəu	②头骰⑥豆荳痘
tɕiəu	①揪舟州洲周(週)赒③酒肘帚⑤昼咒⑦菊鞠掬
tɕʻiəu	①秋(鞦)湫鳅抽③瞅丑(醜)⑤臭(1)(乌焦臭)⑦曲(麹)(2)(酒曲)
dʑiəu	②囚绸稠惆畴筹踌仇(2)(仇恨)雠酬④纣⑥宙轴售
ɕiəu	①修羞馐收③手首守狩⑤秀绣锈宿(2)(星宿)兽⑦畜(2)(畜牧)蓄旭勖
ziəu	②酋道泅柔揉蹂④受绶⑥就袖寿授
ʔjiəu	⑦郁(1)(郁闷)燠
jiəu	⑧育昱煜毓鬻

[iu]24

tɕiu	③左佐组阻诅俎⑤做⑦镞竹竺筑祝粥
tɕʻiu	①初刍③础(1)(基础)楚⑤锉(白)(锉刀)⑦搓(文)(搓板)磋蹉簇蔟促蹙蹴畜(1)(牲畜)搐俶
dʑiu	⑧逐妯

[aŋ]25

paŋ	①奔贲犇③本畚⑤粪(白)(粪扫)
pʻaŋ	①喷(1)(喷水)⑤喷(2)(喷香)
baŋ	④苯⑥笨坌
maŋ	②门们扪蚊(白)(蚊虫)明(白)(明朝)⑥闷焖问(白)(问问眙)
faŋ	①分(1)(分开)芬吩纷酚③粉⑤奋粪(文)(粪坑)
vaŋ	②坟氛焚汾文纹蚊(文)(蚊蝇)雯④忿愤吻刎⑥分(2)(分格)份问(文)(提问)闻紊
taŋ	①吨灯登蹬噔③戥等凼⑤顿炖(2)(炖卵糕)凳磴
tʻaŋ	①吞(白)(慢吞吞)⑤氽瞪(白)(眼灵珠瞪起)
daŋ	②饨腾誊藤滕疼(白)(疼痛)④断(白)(断气)盾(1)(盾牌)沌炖(1)(温炖汤)⑥段(白)(烂树段)邓
naŋ	②能人(白1)(人来客往)④恁暖(白)(暖芬芬)
laŋ	②仑抡伦沦轮囵纶(1)(涤纶)棱④卵(白)(卵黄)⑥愣
saŋ	①心芯参(3)(人参)森深琛(2)(人名)辛锌新薪莘申伸身呻绅娠僧③沈(潘)审婶迅哂⑤渗讯汛信囟
zaŋ	②寻挦荨岑谌忱任(文2)(任性)秦神辰晨宸人(文)(人民)仁娠层曾(文1)(曾经)④赁蕈葚甚饪尽(儘)肾⑥任(文1)(姓氏)妊(文)(妊妇)衽烬慎蜃刃(1)(刀刃)纫仞赠
kaŋ	①根(2)(结根)跟(2)(跟从)哏昆(文1)(昆仲)③滚衮绳辊管(白)(毛管)⑤艮亘棍諢
kʻaŋ	①昆(白)(昆剧)坤③垦恳肯啃捆⑤困
haŋ	①夯(白)(夯实)③很狠
ɦaŋ	②痕(2)(伤痕)恒⑥恨
huaŋ	①昏(2)(昏君)
ʔvaŋ	①温(2)(温吞)
vaŋ	②浑馄④混⑥诨

[iaŋ]26

tɕiaŋ	①砧针斟箴津珍榛榛臻真甄曾(文2)(姓氏)增憎筝(文2)(古筝)今金襟巾斤筋茎京荆惊粳经(1)(经济)泾③枕怎诊疹缜积锦紧谨景警璟颈⑤浸进晋镇圳振震赈禁靳竟敬境镜滰劲径经(2)(经线)陉胫迳
tɕʻiaŋ	①侵郴琛(1)(珍宝)亲(1)(亲戚)抻嗔瞋钦衾卿轻氢③寝⑤沁亲(2)(亲家)趁衬龀蹭撽庆磬馨
dʑiaŋ	②沉尘陈臣曾(白)(曾经)琴禽擒芩等噙檎芹勤兢矜擎鲸黥④朕赚(白)(赚钞票)近痉⑥鸩阵妗噤仅僅瑾觐竞
ɲiaŋ	②宁(1)(宁波)拧狞柠咛壬人(白2)(新儒人)银鄞垠吟龈凝迎④您忍⑥宁(2)(宁可)泞任(白)(任可)妊(白)(妊娠)刃(2)(刀刃)认韧
ɕiaŋ	①歆鑫欣忻掀兴(文1)(兴盛)馨凶(白)③兴(白)(作兴)行(白)⑤衅兴(文2)(高兴)
ʔjiaŋ	①阴荫(1)(树荫)音喑因茵咽(1)(咽喉)姻氤殷应(1)(应该)鹰膺蝇莺(1)(黄莺)樱(1)(樱桃)鹦(1)(鹦鹉)罂(1)(罂粟)英瑛䓨婴缨璎③饮隐瘾影⑤荫(2)(荫德)窨印应(2)(响应)映滢
jiaŋ	②淫霪寅盈赢楹瀛刑形型邢④引蚓吲颖郢颍⑥胤孕

[əŋ]27

pəŋ	①宾彬斌滨缤濒槟冰兵并(3)(并州)③禀膑髌丙秉柄炳饼屏(2)(屏墙)⑤鬓傧摈殡并(併)(1)(合并)摒
p'əŋ	①乒拼妍③品⑤聘娉
bəŋ	②贫频嫔颦凭平评坪苹枰屏(1)(屏幕)瓶萍④并(並)(2)(并且)苹⑥病
məŋ	②民旻岷抿泯旻明(文)(光明)鸣盟名茗铭冥瞑螟④闽闵悯敏皿酩⑥命
təŋ	①丁叮钉(1)(铁钉)仃疔③顶鼎⑤订钉(2)(钉板箱)
t'əŋ	①厅听(文)(听觉)汀町烃③挺艇⑤听(白)(打听)
dəŋ	②廷亭庭停蜓婷霆⑥定啶腚碇锭
ʔləŋ	①扔拎铃(2)(铃铛)
ləŋ	②林临淋琳霖邻磷鳞粼嶙遴辚麟缭凌陵菱令(2)(令尊)令(3)(令狐)伶灵玲铃(1)(电铃)聆羚零龄苓囹泠棂蛉翎④凛廪岭领⑥吝躏膦令(1)(命令)另
səŋ	①升昇陞声星猩腥惺③省(2)(反省)醒⑤胜性姓圣
zəŋ	②情晴饧成诚城盛(2)(盛饭)仍缯乘(1)(加减乘除)绳塍承丞④靖静婧⑥净靓(1)(靓妆)盛(1)(兴盛)晟乘(2)(千乘之国)剩嵊

[iəŋ]28

tsiəŋ	①症(癥)(2)(症结)蒸晶睛精菁旌正(2)(正月)征(徵)怔贞侦帧③拯井阱整⑤甑铛证症(1)(病症)正(1)(真正)政
ts'iəŋ	①称(1)(称呼)清蜻青蜻③请骋⑤秤称(2)(相称)
dziəŋ	②惩澄橙呈程埕④逞⑥瞪(文)(瞪目结舌)郑

[øŋ]29

tsøŋ	①遵谆肫③准(準)⑤俊骏竣隽
ts'øŋ	①皴春椿③蠢
dzøŋ	④盾(2)(矛盾)
søŋ	①询峋洵荀③笋隼榫⑤峻浚瞬舜
zøŋ	②纯淳醇莼鹑旬驯巡循徇唇④吮⑥殉顺闰润

[iøŋ]30

tɕiøŋ	①均钧军君皲
dʑiøŋ	②裙群④菌窘⑥郡
ɕiøŋ	①勋熏薰⑤训
ʔjiøŋ	①氲③蕴恽⑤酝熨
jiøŋ	②匀筠云(雲)耘芸纭④允尹殒

[oŋ]31

poŋ	①崩(1)(崩溃)嘣(1)(打嘣)⑤崩(2)(一崩香烟)蹦嘣(2)(内胎打嘣叉)
pʻoŋ	①乓③捧⑤碰椪
boŋ	②朋棚(1)(牛棚)鹏硼蓬篷篷④埲熢
ʔmoŋ	①蒙(2)(蒙人)
moŋ	②蒙(1)(蒙犯)蒙(矇)(4)(目失明)蒙(濛)(5)(小雨貌)檬朦曹④蒙(3)(蒙古)蒙(懞)(6)(昏昧无知)懵⑥梦
foŋ	①风枫疯沨丰封峰锋蜂烽⑤讽
voŋ	②冯逢④奉⑥凤缝俸
toŋ	①东冬(鼕)③董懂⑤冻栋
tʻoŋ	①通唷③捅⑤痛⑤统
doŋ	②同桐铜筒童瞳僮潼彤疼(文)(疼痛)④动桶恸⑥洞侗恫胴
noŋ	②农脓侬哝浓(1)(浓密)
loŋ	②咙胧聋笼茏泷珑砻癃隆隆龙(文)(龙头)④拢垄(文)(垄断)陇⑥弄
soŋ	①松(鬆)(1)(放松)菘嵩忪淞⑤送宋
zoŋ	②丛淙琮崇戎绒茸④冗
koŋ	①肱工公功攻恭(2)(恭候)蚣红(2)(女红)弓(2)(新读)宫(2)(新读)躬(2)(新读)③汞巩拱(2)(拱桥)⑤贡
kʻoŋ	①空(1)(空虚)倥崆箜③孔⑤空(2)(亏空)控
hoŋ	①薨轰訇哄(1)(哄动)烘③哄(2)(哄骗)⑤哄(3)(起哄)蕻(2)(菜蕻)
ɦoŋ	②弘泓宏闳竑红(1)(红色)虹洪鸿蕻(1)(雪里蕻)⑥讧
ʔoŋ	①翁嗡滃⑤瓮齆(齆鼻)

[ioŋ]32

tɕioŋ	①棕鬃宗综踪中(1)(中国)忠衷盅终弓(1)(弓箭)躬(1)(躬身)宫(1)(宫殿)③卷(白)(一卷)总囧炅迥炯⑤粽中(2)(中状元)众
tɕʻioŋ	①穿(白)(穿针)鬃(白)(鬓发)匆(怱)葱聪偬从(2)(从容)冲(1)(冲锋)忡充冲(衝)(2)(对冲)憧倾囱穹③宠顷⑤串铳
dʑioŋ	②虫琼穷⑥仲
ɕioŋ	①春兄
zioŋ	②慵
ʔjioŋ	①雍臃③拥
jioŋ	②荣嵘蝾营茔莹荧萤萦荣熊雄融佣(傭)(1)(雇佣)庸墉镛容蓉溶榕熔④永咏泳

[ŋ]33

ʔŋ	⑤儿(2)
ŋ	②儿(1)义(白)④耳(白)⑥儿(3)二贰

九、宜山话

宜山话韵母表

开口呼	齐齿呼	合口呼	撮口呼
[a]01 白格客陌拍或	[ia]02 乙急及逆吸跃		
[æ]03 排埋打冷斋生阶亨			
[ɛ]04 保刀草好毛老			
包谈担交校敲	[iɔ]06 晓脚约鹊抓站		
[e]07 北代得该开来	[ie]08 烟别边田尖密		
[ø]09 半盘团汉合岸			[yø]10 要调店昏传燎
[o]11 可家鸦爬霞朵			[yo]12 窗共从床霜重
[ɿ]13 迟时司知志治斯瓷子	[i]14 亿被闭敌支迷臂疲非	[u]15 乌步波独虎歌部普罗	[y]16 途都居卢水土车巨虚
[ai]17 杯堆归倍对罪			
[au]18 斗口沟欧楼牛	[iau]19 九求走友休骤		
	[iəu]20 周秋仇育酒售		
[aŋ]21 分能心狠深新	[iaŋ]22 金影庆认音银		
[əŋ]23 兵平亭丁林升	[iəŋ]24 政称程		
	[iøŋ]25 君菌春训运酝		
[oŋ]26 朋通公风空东	[ioŋ]27 中永虫兄荣聪		
	[ŋ]28 儿二五悟我吴		

宜山话常用字同音字汇

同音字汇先按韵母列部，依次为 a、ia、ε、ɔ、iɔ、e、ie、ø、yø、o、yo、ɿ、i、u、y、ai、au、iau、iəu、aŋ、iaŋ、əŋ、iəŋ、iøŋ、oŋ、ioŋ、ŋ。

同韵字按声母次序排列，依次为 p、pʻ、b、m、f、v、t、tʻ、d、n、l、ts、tsʻ、dz、s、z、tɕ、tɕʻ、dʑ、ȵ、ɕ、ʑ、k、kʻ、g、ŋ、h、ɦ、j、ʋ。

同声母的字按声调编号次序用数码表示：即①阴平、②阳平、③阴上、④阳上、⑤阴去、⑥阳去、⑦阴入、⑧阳入。

[a]01

pa	⑤爸⑦八(2)(小八癞子)叭⑦不(白)(不仅)
ʔma	①妈
ma	②吗⑥骂⑧袜
fa	⑦苢黻髮弗佛(2)(仿佛)拂氟⑦法珐砝⑦发(發)(髪)
va	⑧佛(1)(佛陀)勿物(文)(事物)⑧乏⑧伐罚阀筏
ta	⑦搭答(2)(答应)瘩嗒⑦耷⑦怛妲笪靼
tʻa	①他它她拖(白)(鞋拖)⑦踏(1)(踢踏舞)沓(2)(疲沓)⑦塔塌蹋遢榻溻⑦挞闼跶獭
da	⑧踏(2)(踏步)沓(1)(一沓纸)⑧阖⑧达靼
ʔna	①南(2)(南无)那(2)(姓氏)③娜(1)(人名)
na	⑥那(1)(那么)哪(1)(哪里)②拿④女(白)(女儿)⑧呐(2)(呐喊)⑧捺
ʔla	⑦垃拉(文)(拖拉)啦
la	⑧拉(白)(拉尿)⑧腊蜡邋⑧喇辣剌瘌
tsa	①咱⑤咤炸(2)(油炸粿)⑦砸匝(2)(匝道)⑦眨⑦轧(2)(轧钢)扎札⑦缉(2)(缉合)戢汁执⑦攃⑦窒栉质郅栝蛭⑦卒
tsʻa	⑤诧姹差(2)(不好)⑦插⑦擦⑦察⑦刹(1)(古刹)⑦缉(1)(通缉)辑茸⑦撮⑦七柒漆⑧侄秩帙⑦猝
dza	⑧煠(白)煤(白)⑧铡
sa	⑦飒⑦卅⑦歃⑦霎唼⑦萨撒⑦杀刹(2)(刹车)煞⑦涩(文)(羞涩)湿⑦膝瑟虱失室⑦率(1)(率领)摔蟀
za	⑧闸煠(文)蚱煤(文)⑧集习袭十什拾入⑧疾嫉蒺实日(文)(日本)
ka	⑦夹挟颊荚峡(1)(长江三峡)⑦甲钾胛⑦咖(2)(咖喱)嘎(1)(鸟鸣声)伽(2)(伽蓝)戛
kʻa	①搭⑦恰掐卡(1)(卡口)⑦咖(1)(咖啡)卡(2)(磁卡)
ga	⑧峡(2)(河峡儿)⑧嘎(2)(嘎嘎抖)轧(3)(轧姘头)茄(2)(番茄)
ha	⑦呷⑦瞎哈
ɦa	⑧狭洽⑧匣狎⑧黠⑧辖
hʋa	⑦豁(2)(豁拳)
ɦʋa	
ʔʋa	⑦挖
ʋa	⑧划(劃)(2)(笔划)画(2)(笔画)获(獲)(2)(收获)⑧或惑
ʔa	①阿(2)(阿舅)啊(1)(啊呀)③阿(3)(阿门)⑤啊(2)(叹词)⑦压押鸭⑦揠轧(1)(倾轧)

[ia]02

tɕia	⑦级急给汲⑦吉桔(2)(柑桔)劫诘⑦棘亟⑦戟⑦击激
tɕʻia	⑦泣⑦乞吃(2)(口吃)讫迄⑦隙
dʑia	⑧及圾⑧佶⑧掘(白)(掘井)⑧极⑧剧屐
ȵia	⑧日(白1)(生日)⑧屹⑧逆
ɕia	⑦吸歙甩
ʔjia	⑦邑挹浥揖⑦一(文)(一二三)乙壹⑦溢⑦抑
jia	⑧熠⑧逸佚轶⑧翼弋翌⑧檄

[æ]03

pæ	①绷(1)(藤绷)①浜⑤绷(2)(绷紧)⑤迸⑤拜⑤湃③摆(攞襬)⑦百伯迫柏佰⑦檗擘(文)(巨擘)
pʻæ	①烹①砰抨怦①掰⑤派⑦拍魄珀擗(白)(擗饼)啪
bæ	②彭嘭蟛澎膨⑥甏②棚(2)(尿布棚)④蚌(2)(蚌埠)②排俳⑥焙②牌④罢(1)(吃交罢)⑥败⑧白舶(1)(舶来品)帛
mæ	②盲④猛锰蜢艋⑥孟②萌④虻(1)(蛙的一种)②埋霾④买⑥卖⑥迈⑧陌(1)(陌生)⑧麦脉唛
tæ	③打⑤戴(白)(戴帽)⑤带
tʻæ	⑤太泰傣汰
dæ	⑥埭(白)(两埭屋)⑥大(文)(大师)汏
ʔnæ	①奶(白1)(奶奶头儿)
næ	④乃艿氖⑥鼐⑥奈④奶(文1)(老奶奶)
læ	④冷⑥赖癞籁
tsæ	①争狰睁筝(1)(古筝)峥⑤挣诤①斋崽(白)(卵崽)⑤债⑦咋(2)(咋舌)窄舴⑦摘谪责啧簀
tsʻæ	①撑(1)(俯卧撑)⑤撑(2)(撑客)⑤蔡①差(3)(出差)①差(1)(差错)叉(1)(叉烧包)钗⑦拆⑦册策
dzæ	⑥寨④豸⑧宅择泽着(文2)(着色)翟(1)(姓氏)
sæ	①生牲笙甥③省(1)(省略)①筛(2)(筛酒)⑤洒晒⑤帅
zæ	②豺②柴
kæ	①更庚羹赓③埂梗哽鲠⑤更(文2)(更加)①耕③耿①乖⑤怪③拐①阶皆偕⑤介戒芥尬届界诫疥疥①街③解(1)(讲解)⑤解(2)(解钞票)廨⑦格胳(2)(胳肢窝)骼⑦革隔嗝膈
kʻæ	①坑①铿⑤刏⑤快筷①揩③楷锴⑦客喀⑦绔
gæ	②怀(白)(怀闷)②何(白1)(何乜)
ŋæ	⑥硬⑥外⑥癌挨(2)(拖延)②崖涯捱⑧额
hæ	①亨哼③蟹⑦喝(2)(喝水)⑦赫
ɦæ	②行(文1)(行为)珩桁⑥行(文3)(品行)绗④幸悻②何(白2)(何乜)④也(白2)(也是)②谐④骸骇⑥械②鞋④解(3)(解签诗)懈⑥邂⑧盒(白)(盒儿)②衡
ʔʋæ	③崴(天明亮)①歪

væ	②横②怀(文)(怀念)淮槐⑥坏
ʔæ	①莺(2)(莺哥)樱(2)(金樱)鹦(2)(鹦哥)罂(2)(罂壶)③杏③也(白 1)(也是)①埃(2)(埃及)挨(1)(挨近)⑤呃③矮⑤隘蝧(2)(蝧儿)⑦扼厄轭

[ɛ]04

pɛ	①褒煲③宝保堡鸨葆褓⑤报
p'ɛ	③剖
bɛ	②袍④抱⑥暴曝爆
mɛ	②毛牦髦蚝④铆⑥冒帽耄④牡亩⑥茂贸袤懋②谋缪(1)(绸缪)②牟眸
fɛ	③否(1)(否则)缶
vɛ	②阜浮(文)(浮肿)蜉
tɛ	①刀叨③岛捣倒(1)(打倒)裯⑤到倒(2)(倒水)
t'ɛ	①滔绦韬饕弢③讨⑤套
dɛ	②逃桃涛陶掏萄淘啕④道稻⑥导盗悼蹈焘纛
nɛ	④恼脑瑙
lɛ	②劳牢捞唠痨④老姥(1)(姥爷)佬⑥涝
tsɛ	①遭糟③早枣蚤澡藻⑤灶躁
ts'ɛ	①操(1)(操作)草(白)(潦草)③草(文)(青草)⑤操(2)(曹操)糙
sɛ	①搔骚缫③嫂⑤扫噪燥
zɛ	②曹槽漕④皂造
kɛ	①高羔膏糕皋睾篙疙③搞镐稿⑤告诰
k'ɛ	①尻③考拷烤洘⑤铐靠犒
ŋɛ	②熬敖遨獒聱翱鳌⑥傲
hɛ	①蒿薅③好(1)(爱好)⑤好(2)(喜好)耗
ɦɛ	②毫豪嚎蚝嗥壕濠④浩皓昊颢灏⑥号
ʔɛ	①鏖爊噢③袄媪⑤奥澳懊岙

[ɔ]05

pɔ	①包苞胞③饱⑤豹趵⑤扮瓣①扳班颁斑瘢③反(2)(反转)板(闆)版阪钣皈
p'ɔ	①抛胚③跑⑤泡炮疱⑤盼①攀⑤襻
bɔ	②咆庖④鲍⑥刨鉋⑥办②爿
ʔmɔ	①猫(2)(熊猫)
mɔ	②茅猫(1)(大猫)锚④卯⑥貌②矛蝥①曼蔓万（白）(逾千达万)④挽(文)(挽回)晚(文)(早晚)⑥万(文 1)(万年青)②蛮⑥漫慢谩
fɔ	⑤泛①藩(1)(篱笆)番(1)(番人)翻③反①(反对)返⑤贩畈
vɔ	②凡帆④犯范⑥梵②矾烦繁蕃樊藩(2)(曾国藩)繁⑥饭④挽(白)(挽联)晚(白)(晚稻)
tɔ	①耽眈①担(1)(负担)聃③胆⑤石(2)(一石米)担(2)(重担)①丹单(1)(单独)郸殚③疸掸⑤旦诞
t'ɔ	①坍③毯①摊滩瘫③坦(文)(坦白)⑤炭叹碳

dɔ	②坛(壜)(2)(酒坛)谭昙②谈痰④淡氮啖澹②坛(壇)(1)(花坛)弹(2)(弹琴)檀④袒⑥但弹(1)(子弹)蛋惮坦(白)(道坦)
ʔnɔ	①孬
nɔ	②挠桡铙⑥闹淖②难(1)(困难)⑥难(2)(患难)④赧
lɔ	②岚②蓝篮褴④览揽缆榄⑥滥②兰拦栏澜谰阑④懒瀾⑥烂
tsɔ	①抓③爪找⑤罩⑤笊⑤斩崭⑤蘸⑤赞瓒③盏
tsʻɔ	①抄钞訬③吵炒①搀⑤忏讖①餐⑤灿粲璨③产铲
dzɔ	⑥棹②惭⑥暂④湛站赚(文)(赚错)②残⑥绽⑥栈
sɔ	①捎梢稍(1)(稍微)筲艄颵⑤哨稍(2)(稍息)睄潲⑤啸①三叁仨①杉①衫①珊栅(2)(栅极)姗跚③伞散(2)(散漫)霰⑤散(1)(散会)①山舢①删潜⑤栅(1)(栅栏)汕疝疬
zɔ	②巢②馋谗②巉②潺
kɔ	①交郊胶跤茭蛟鲛肴(白)(看配)③狡绞佼姣铰搅⑤教校(2)(校对)较珓窖①缄尴③减碱硷①监(1)(牢监)⑤监(2)(太监)鉴①间(1)(房间)艰③拣柬简锏挗⑤间(2)(间接)①奸姦菅⑤谏涧①纶(2)(纶巾)鳏①关⑤惯
kʻɔ	①敲骹③巧③槛③舰⑤嵌①悭①宽髋①铅(1)(铅锅)
gɔ	⑥陷(白)馅(白)(馅心)②衔(白)(衔头)②雁(白)(雁鹅)⑥环(白)(门环)
ŋɔ	④咬⑥狡②岩④眼②颜雁(文)(雁荡)赝
hɔ	①哮⑤孝酵③喊
ɦɔ	②爻肴(文)(菜肴)淆⑥校(1)(学校)效②函涵②咸(鹹)⑥陷(文)(陷阱)馅(文)(馅饼)②衔(文)(头衔)②闲娴痫④限
ʔuɔ	③绾⑤晏①弯湾
uɔ	④莞(2)(莞尔而笑)④皖⑥换⑥幻②顽还环(文)(环境)圜寰⑥宦患豢
ʔɔ	①凹拗(3)(嬉嬉拗起)③拗(1)(棒儿拗断爻)⑤拗(2)(两个人拗搭)坳

06 [iɔ]

tɕiɔ	⑦爵着(白)(着衣)⑦灼酌⑦斫⑦脚
tɕʻiɔ	⑦雀鹊⑦绰焯⑦怯(白)(胆怯)⑦却
dʑiɔ	⑧着(文1)(着火)噱(1)(噱起)
ʔniɔ	①蟯(白)(蟯蟯动)
niɔ	④鸟(1)(飞鸟)袅⑥尿(1)(输尿管)⑧捏⑧搦⑧箬②尧饶(2)(上饶)蟯(文)(蟯虫)⑧疟虐
ɕiɔ	⑤卸⑦屑楔⑦削⑦烁铄③晓⑦谑
ziɔ	⑧嚼⑧勺芍妁杓⑧若偌弱
ʔjiɔ	①丫(2)(丫环)呀⑦约
jiɔ	⑧药钥跃龠

07 [e]

pe	⑦北
ʔme	①姆
me	②蛾(白)(打灯蛾)②玫枚梅媒煤莓酶④每⑥妹昧②霉⑧万(文2)(万俟)墨默

te	③歹⑤戴(文)(姓氏)⑦得德
tʻe	①台(2)(台州)苔(2)(舌苔)胎⑤态贷⑦忒忑(1)(过于)
de	②台(臺)(1)(台湾)台(檯)(3)(台子)台(颱)(4)(颱风)抬苔(1)(青苔)跆④待怠殆给⑥代袋岱玳埭(文)(河埭)黛⑧特
ne	⑥耐
le	②来莱徕俫⑥睐赉⑧劣垏⑧肋勒仂
tse	①灾哉栽③宰崽(文)(牛崽)⑤再载⑤最(白)(最高境界)⑦则
tsʻe	①猜③采(1)(采集)彩睬踩⑤采(2)(采邑)菜
se	①腮(文)(两腮)鳃⑤塞(2)(要塞)赛⑦塞(1)(堵塞)
ze	②才(纔)材财裁④在⑥傆⑧贼
ke	①该赅③改颏⑤溉概⑤丐钙盖⑦居(白)(居个)
kʻe	①开③凯恺⑤慨忾⑦克刻剋⑥去(白)(去爻)
ge	②渠(白1)(第三人称指代词)
ŋe	②呆(1)(呆头)皑⑥碍⑥艾
he	①咳(1)(咳笑)嗨③海⑦黑嘿③许(白)(许个)
ɦe	②孩④亥氦⑥害⑧劾
ʔe	①哎哀埃(1)(尘埃)唉(1)(唉声叹气)⑤爱嫒暧⑤蔼霭

[ie]08

ȵie	②娘孃⑥酿
lie	②良梁量(2)(量尺寸)粮粱④两(2)(斤两)俩(1)(伎俩)辆魉⑥亮凉谅量(1)(数量)晾靓(2)(靓妹)
tɕie	①将(1)(将来)①张①章彰樟璋蟑③奖桨蒋③长(2)(生长)涨③掌⑤将(2)(大将)浆酱⑤帐账胀⑤障幛瘴①僵缰疆姜(薑)③糨
tɕʻie	①枪①锵①昌猖菖娼③抢③昶③厂(2)(茅棚厂儿)敞氅⑤呛⑤畅怅⑤倡唱①羌①腔
dzie	②长(1)(长短)场肠④丈仗杖②强④犟⑥糨
ȵie	②嚷瓤④壤攘⑥让④仰
ɕie	①相(1)(互相)厢湘箱镶襄①商伤殇③想鲞③晌垧赏⑤相(2)(宰相)⑤饷①乡香③享响飨⑤向(嚮)
zie	②墙蔷樯②戕详祥翔尝常偿裳嫦徜④象像橡潒④上(2)(上声)⑥匠⑥上(1)(上面)尚
ʔjie	①央殃鸯秧③养氧⑤怏
jie	②阳扬杨炀旸疡羊洋佯烊⑤(融化)垟徉④痒⑥样漾恙烊(2)(打烊)②降(白)(投降)

[ø]09

pø	①般搬(1)(搬弄是非)⑤半⑦拨钵
pʻø	①番(2)(番禺)潘⑤判泮⑦泼
bø	②盘搬(2)(搬运)磐澋瘢蹒蟠④伴拌绊⑥叛畔⑧钹②盆⑧勃脖渤荸馞悖

mø	②馒鳗瞒鞔④满螨懑⑥幔缦镘⑧末抹茉沫秣⑧没殁
tø	⑦答(1)(报答)①端③短⑤断(文2)(决断)锻⑦掇①敦墩惇磴镦蹲⑦咄
t'ø	①贪⑤探③忐①湍⑦脱(1)(脱离)①吞(文)(吞咽)
dø	②潭②团(團糰)④断(文1)(断续)⑥段(文)(段落)缎⑧夺(文)(抢夺)②屯囤豚臀⑥钝遁⑧凸突沓(3)(沓起算)
ʔnø	①囡
nø	②男南(1)(南北)喃楠腩⑧纳钠衲④暖(文)(温暖)⑥嫩⑧呐(呐口)讷
lø	②棽⑧粒②峦李娈栾鸾胬滦銮④卵(文)(卵袋)⑥乱②论(2)(论语)⑥论(1)(讨论)
tsø	⑦匝(1)(一匝十二年)①簪⑤昝①钻(1)(钻洞)③攒纂⑤钻(2)(钻孔)①尊樽
ts'ø	①参(1)(参加)掺③惨①参(2)(参差)①氽⑤窜蹿⑤篡①村邨③忖⑤寸
sø	③糁①酸⑤蒜算①拴栓闩⑤涮⑦刷①孙荪狲③损⑤逊巽(文)(八卦之一)
zø	②蚕⑧杂④攥馔②存⑧凿
kø	③感⑤赣⑦合(2)(三合粉)蛤鸽①甘柑坩泔疳③赶敢橄⑦葛割①根(1)(根据)跟(1)(脚下跟头)①干(1)(干犯)干(乾)(3)(干燥)杆(1)(笕杆)肝竿③杆(2)(电灯杆)秆擀⑤干(幹)(2)(干部)⑦国⑦帼掴蝈
k'ø	①堪龛戡③坎砍⑤勘⑤阚瞰⑦磕嗑溘瞌①刊看(2)(看守)③侃⑤看(1)(看见)⑦咳(2)(咳嗽)渴
gø	④颔(白)(面颔)⑧㮋(白)(两㮋断)
ŋø	⑥玩⑧兀纥
hø	①酣蚶①憨⑤煠⑦喝(1)(吆喝)①鼾③罕⑤汉
ɦø	②含④颔颌(文)(颔首)⑥撼⑥憾⑧合(1)(合作)盒(文)(纸盒)⑧盍阖②痕(1)(痕迹)②韩寒邗邯④旱⑥岸⑥汗捍悍焊翰瀚
ʔø	①庵谙鹌⑤暗黯③俺⑦遏褐①恩⑤摁①安氨鞍桉⑤按案胺

[yø]10

pyø	①标膘飙镖瀌③表(錶)裱婊①彪
p'yø	①漂(1)(漂亮)飘嘌③漂(2)(漂白)瞟⑤票剽
byø	②嫖瓢④殍鳔⑥骠
ʔmyø	①喵咩①哞
myø	②苗描瞄④秒渺缈藐淼⑥妙庙⑥谬缪(2)(姓氏)
tyø	①刁叼雕(彫)凋貂碉③鸟(2)(鸟儿)⑤吊钓
t'yø	③挑⑤跳眺粜
dyø	②条迢调(1)(调羹)笤④掉(2)(掉钞票)窕⑥调(2)(声调)掉(1)(掉落)
lyø	②辽聊僚寥撩嘹缭寮镣④了(瞭)潦⑥料廖④燎⑥疗瞭⑧猎⑧掠略撂④两(1)(两个)俩(2)(两人)②龙(白)(龙船)④垄(白)(菜垄)
tɕyø	①椒焦蕉礁①朝(2)(明朝)①招昭钊③剿③沼醮⑤照诏①镌①专砖⑤转啭⑦辍啜⑦苗拙⑦绌①娇骄③矫①浇③侥缴饺铰(文2)(铰刀)皎①叫①捐娟鹃涓③卷(文2)(席卷)⑤卷(文1)(考卷)眷绢圈(2)(猪圈)⑦孑厥撅蕨噘獗⑦决诀抉⑦橘
tɕ'yø	①瞧①超①跷锹③悄⑤俏峭诮⑤翘①痊诠铨①川穿(文)(贯穿)③喘舛⑤钏⑦黢

dzyø	出(齣)①撬橇⑤窍①圈(1)(圆圈)③绻⑤劝券⑦阙③犬⑦缺炔⑦阕⑦屈②憔谯樵②朝(1)(朝鲜)嘲潮晁④兆赵肇⑥召②传(1)(宣传)椽④篆⑥传(2)(传记)⑧怵黜⑧术(1)(白术)②乔侨桥荞⑥轿②权拳蜷颧⑥倦⑧橛(文)(短木桩)镢⑧倔掘(文)(挖掘)崛
nyø	④女(文)(男女)④软④绕④蠕②元原源鼋螈④阮⑥愿⑧月
çyø	①肖(姓氏)消宵硝销霄逍魈①烧③小(文)(小朋友)少(1)(少年)⑤肖(1)(生肖)⑤笑鞘⑤少(2)(少将)①萧箫潇③筱①宣⑤选⑤渲②雪⑦嗉(嗉头)②说⑦戌恤①嚣①枭骁①欢⑤唤涣焕痪奂①喧萱煊①楦⑤绚⑦血
ʑyø	②韶⑥饶(1)(富饶)娆④绍④扰⑥邵②全泉⑥隽(1)(隽永)②漩②船⑥旋(镟)璇⑧绝⑧踅⑧术(術)(2)(手术)述
kyø	①官棺倌观(1)(观察)冠(1)(皇冠)③馆琯管(文)(管理)莞(1)(东莞)⑤贯灌罐盥观(2)(寺观)冠(2)(冠军)①昆(文 2)(灵昆岛)⑦骨
k'yø	③款⑤捆⑦窟
hyø	①昏(1)(黄昏)婚⑤巽(白)(巽山)⑦忽笏唿惚寣①荤
ɦyø	②魂⑧核⑧聿鹬
ʔjyø	①要(1)(要求)腰邀③夭⑤要(2)(重要)①吆幺③杏窈①踠剜蜿③碗⑤惋腕①鸳冤③苑宛婉琬⑤怨⑦哕(哕起，即恶心)⑦曰①渊①温(1)(温州)瘟③稳⑦郁(2)(郁郁葱葱)
jyø	②姚窑谣摇遥徭瑶④舀⑥耀曜鹞②员圆鸢④充⑥院媛缘⑧阅悦②园袁援猿垣辕④远⑧越粤②玄悬⑥县眩⑧穴②桓丸完烷⑤缓浣⑧域阈⑧役疫

[o]11

po	①巴(1)(巴西)芭吧疤笆粑③把(1)(把守)靶⑤坝把(2)(把柄)霸⑦八(1)(八个)捌⑦博搏膊⑦驳剥⑦舶(2)(船舶)⑦卜①占卜①帮甭③榜膀(2)(翼膀)⑤谤泵①邦梆③绑
p'o	①葩⑤帕怕⑦趴⑦粕泊⑦朴(樸)⑦仆(1)(仆倒)扑噗璞濮蹼①滂③耪⑤胖
bo	②扒爬耙杷琶巴(2)(下巴)④罢②(罢工)⑧拔跋⑧薄(1)(厚薄)亳箔礴⑧雹⑧卜(葡)(2)(萝卜)仆(僕)(2)(仆人)瀑②旁傍膀(1)(膀胱)磅螃彷(1)(彷徨)⑥镑②庞④蚌(1)(象鼻蚌)棒
ʔmo	①姆(2)(师姆)
mo	②麻嘛蟆④马玛码蚂④母拇姆(1)(保姆)某⑧莫摸幕漠寞膜瘼膜⑧邈⑧蓦陌(2)(打生陌生)②么(麼)蘑庑馍⑥摩(2)(摩崖)⑧木沐⑧目牧睦穆苜②芒忙氓茫虻④莽漭蟒④网罔魍惘
fo	①方坊妨肪芳③仿纺彷(2)(彷佛)舫⑤放舫访
vo	⑧缚(1)(缚鞋带)②防房亡⑥妄忘望
to	⑦沰③朵①当(當)(1)(应当)当(噹)(3)(当啷)铛珰裆③挡党⑤当(當)(2)(典当)档
t'o	⑦托拓⑤唾(文)(唾沫)①汤趟(1)(趟水)⑥倘淌躺⑤烫趟(2)(一趟)
do	⑧铎⑧擢(白)(擢起当官)④垛②唐堂棠塘膛糖搪溏铛螳瞠⑥荡宕
ʔno	①曩
no	②挪傩哪(1)(哪吒)④娜(2)(婀娜)⑧诺喏⑧搦②囊④曩⑥齉
ʔlo	①啷
lo	⑧乐(2)(快乐)洛骆络烙落酪⑥赂⑧禄碌⑧录绿氯②郎狼琅廊榔锒踉螂④朗⑥浪阆

第八章 瓯语系各地方音同音字汇

tso	①乍查(2)(姓氏)喳渣楂吒③挝⑤诈咋(1)(咋然)炸(1)(炸弹)榨蚱⑦作①挝(1)(敲打)①赃脏(髒)(1)(肮脏)藏(3)(藏青)臧⑤葬①妆(1)(化妆)庄(1)(庄严)装(1)(武装)⑤壮(文)(强壮)
ts'o	①叉(2)(叉腰)权车(白)(汽车)⑤岔汊衩⑦错⑤挫锉(文)(锉刀)⑤措厝①仓苍沧舱伧①创(1)(创伤)疮⑤创(2)(创造)
dzo	②茶查(1)(检查)搽②苴
so	①娑挲①沙纱砂鲨莎痧裟⑤嗄閕⑦索嗦①唆梭蓑③琐锁唢③傻③所①丧(1)(婚丧)桑③嗓搡磉⑤丧(2)(丧失)③爽③耍
zo	⑥鲊⑧昨柞胙砟酢⑥衪②矬痤④坐⑥座②斜(2)(斜视)②藏(1)(隐藏)⑥脏(臟)(2)(内脏)藏(2)(西藏)奘
ko	①加家嘉迦(1)(迦南)枷(文)(枷锁)笳袈傢茄(1)(雪茄)③贾(2)(姓氏)假(1)(假设)⑤价驾架(文)(衣架)假(2)(放假)嫁稼①佳⑦各阁胳(胳膊)搁(文)(搁浅)咯⑦角觉珏①瓜呱(2)(呱呱叫)娲蜗③寡剐⑤卦褂挂⑦括⑦刮(颳)⑦郭椁①冈刚岗(1)(山岗)纲钢⑤杠(2)(敲竹杠)①江扛(文)(扛鼎之作)杠(1)(床杠)肛缸豇③讲港岗(2)(岗位)⑤降(文)(降落)绛①光胱③广
k'o	③可⑦壳确榷①夸(誇)③垮⑤挎跨胯⑦阔⑦扩廓①康慷糠⑤亢抗炕伉圹⑤矿旷(文)(旷课)扩
go	②枷(白)(饭镬枷儿)⑧硌(硬硌硌)搁(白)(搁臀)②旷(白)(课旷夂)④犷(该人犷显)眶(田眶儿)⑥扛(白)(扛条儿)
ŋo	②鹅(白)(鹅兜)②牙芽荷伢蚜④雅⑥讶砑⑧鄂愕噩鳄谔萼腭颚鹤⑧乐(1)(音乐)岳嶽④瓦②昂卬(卬你)
ho	①呵诃嗬①虾(1)(虾儿)⑤吓⑦壑郝①花⑤化⑦豁(1)(豁然开朗)⑦霍藿①夯(文)(打夯)①荒慌肓③谎恍晃幌
ɦo	②虾(2)(虾蟆)霞遐瑕④下⑥夏厦暇(闲暇)⑧涸貉⑧学黉⑧划(1)(划龙船)华(1)(中华)哗骅⑥华(2)(华山)桦⑥画(1)(连环画)⑥话⑧活⑧猾滑⑧获(穫)(1)(收获庄稼)镬②吭杭航笎行(文 2)(银行)④项⑥巷②皇凰惶煌蝗隍徨黄簧潢璜蟥⑥旺
ʔjo	⑦哟唷
ʔo	①丫(1)(两丫裤)鸦③哑⑤亚娅挜⑦恶(1)(善恶)⑦握喔幄龌①哇洼蛙①娃⑦斡⑦沃鋈①肮⑤盎①汪

[yo]12

tɕyo	⑦卓桌啄琢诼涿捉⑦足⑦烛嘱瞩①妆(2)(妆灵清)庄(2)(坐庄)装(2)(假装)⑤壮(白)(壮显壮)①桩(文)(打桩)⑤憃①钟(鐘鍾)龚③冢③肿种(2)(种子)踵⑤纵种(1)(种树)①供(1)(供销)恭(1)(恭敬)③拱(1)(打拱作揖)⑤供(2)(供应)
tɕ'yo	⑦戳⑦踔⑦矗触⑦曲(1)(弯曲)蛐③闯①窗①框眶筐匡诓③恐
dʑyo	⑧浊镯⑧擢(文)(擢升)濯⑧躅属蜀⑧局焗⑥状②幢(经幢)②桩(白)(烂树桩)⑥撞幢(2)(楼幢)⑥重(1)(重复)⑥重(轻重)⑥重(3)(重选)②狂诳⑥迸⑥共
ɲyo	⑧玉狱钰②浓(2)(浓淡)
ɕyo	⑦朔搠⑦缩蓿⑦粟僳⑦束①霜孀①双③耸(耸立)怂(怂恿)悚竦⑤况①胸凶(文)(凶恶)匈汹
ʑyo	⑧俗续⑧赎②床②从(1)(跟从)②松(2)(松树)⑥讼诵颂

| ʔjyo | ③柱往①痈邕⑤甕 |
| jyo | ⑧浴欲②王④勇涌踊甬俑恿蛹⑥用佣(2)(佣人) |

[ɿ]13

tsɿ	①觜①知蜘③紫訾⑤只(1)(只有)呲⑤智⑤渍①咨姿资①脂③姊③旨指⑤恣⑤至挚①吱①兹滋孳①孜淄缁辎锱①之芝③子籽仔梓滓③第③止址趾祉⑤置⑤志痣⑤识(2)(标识)帜
tsʻɿ	①雌呲疵①差(4)(参差)③此③侈⑤刺(1)(刺激)⑤翅⑤次①痴①答①蚩嗤③耻③齿⑤眙炽⑦涩(白)(涩口)
dzɿ	②弛驰②踟篪觗②迟④雉⑥稚④持④痔峙⑥治
sɿ	斯撕嘶厮①筛(2)(米筛)①施③徙③豕⑤赐①私①师狮(文)(雄狮)蛳①尸③死③矢屎⑤四肆①司丝咝鸶思飔①诗③史使驶③始⑤伺⑤试弑①腮(白)(腮腺炎)
zɿ	④氏是④尔⑥或②瓷⑥自⑥示谥⑥视嗜②慈磁鹚糍①词祠辞瓷(泥瓷)②时②而④巳祀似④士仕俟市柿恃①耳(文)(聂耳)洱⑥字寺侍⑥饲嗣⑥事⑥饵

[i]14

pi	⑤臂⑤秘(2)(秘鲁)嗶⑦必毕笔哔筚跸滗⑦逼⑦碧⑦辟(1)(大辟)璧⑦壁⑦瘪⑦憋鳖⑦贬①编鞭⑤变①边蝙③扁(1)(扁担)匾⑤遍⑤髟蔽①荜裨(2)(裨益)筚屄毴⑤闭①陂罴③彼③匕比(1)(比较)鄙⑤庇痹怭
pʻi	⑦匹疋⑦辟(闢)(2)(开辟)僻⑦劈霹噼癖⑦撇瞥①扁(2)(一叶扁舟)偏篇翩⑤骗⑤片①批砒⑤睥媲①披⑤譬①纰⑤屁
bi	⑧弼⑧愎(刚愎自用)⑧别⑧鳖②便(2)(便宜)④辨辩⑥便(1)(方便)卞弁汴②骈④辫⑥币弊敝②擎④陛②鐾②皮疲啤脾裨(1)(裨将)④被婢⑥鼻避②枇毗蚍琵④否(2)(否去泰来)痞圮⑥比(2)(比邻)备坒②肥(白)(肥肉)
ʔmi	①咪眯
mi	②糜麋④靡⑥秘(1)(秘书)⑧泌密蜜宓谧嘧⑧觅汨幂⑧灭乜(文)(眼睛微张)搣⑧蔑篾②绵棉④免勉缅黾(2)(黾池)娩冕渑湎腼鲵⑥面(1)(脸面)②眠④丐⑥面(麵)(2)(米面)⑥袂①迷谜醚④米②弥猕④弭②眉嵋湄楣④美④媚魅寐④尾(白)⑥未(白)味(白)
fi	⑤废肺疿①飞非菲(1)(芳菲)啡绯扉蜚霏妃③匪诽菲(2)(菲薄)斐榧翡⑤沸狒费
vi	⑥吠②肥(文)(肥沃)微薇④尾(文)娓⑥未(文)味(文)
ti	⑦跌①掂③玷点跕⑤店惦①滇颠巅癫③典碘①爹①低③抵底邸诋砥⑤帝蒂谛⑦的嘀滴嫡
tʻi	⑦帖贴⑦铁餮①添③舔①天③腆①梯锑③体⑤剃涕屉替嚏⑦剔惕踢倜
di	⑧谍叠碟蝶喋牒⑧迭垤耋②恬甜①簟②垫②田填钿⑥电佃甸淀奠殿靛癜⑧迪敌涤笛狄籴荻翟(2)(长尾的野鸡)⑥大(白)(大官爷)②题提蹄啼④弟悌⑥递第睇逮棣缔⑥地
ʔȵi	①粘黏①拈①妮
ȵi	⑧聂镊蹑啮颞②鲇(鲶)⑥念捻⑧廿④碾②年①泥⑥伲②尼呢怩⑥腻④你⑧昵⑧匿⑧溺

ʔli	①里⑵(该里) 厘⑵(一厘儿) 哩⑴(词曲中作衬字)
li	⑧列咧烈裂冽洌趔⑧捩戾②帘廉镰奁④脸敛⑥殓②连联涟④撵琏辇②怜(憐)莲⑥练炼链⑥恋⑥例⑧立⑧栗傈溧篥溧慄⑧律率⑵(效率)⑥厉励砺蛎②犁黎藜鹜④礼醴蠡⑴(范蠡)⑥丽隶唳②离漓璃篱缡骊⑥荔詈②梨蜊④履⑥利俐莉痢莅②厘⑴(厘米) 狸喱④李里(裏)⑴(里外)理鲤俚娌浬⑥吏⑧笠⑧力⑧历(歷)(曆)沥雳疠砾栎跞呖
tɕi	⑦接婕楫⑦辑⑦哲蜇喆⑦折⑴(折扣) 褶⑦节疖⑦劫⑦揭⑴(揭露)⑦洁结桔⑴(桔梗)拮⑦子①尖歼①沾占⑴(占卜)①瞻詹⑤占(佔)⑵(占领)①煎饘毡③剪剪③展辗⑤溅箭⑤战颤①笺⑤荐①嗟③姐⑤借③遮①这者⑤蔗①猪③煮⑤煮⑤际祭漈⑤制(製)①跻③济⑵(济南)⑤剂⑵(调剂)挤济⑴(救济)霁①支枝肢栀③纸⑦浙⑦唧稷陟仄⑦织职⑦迹积脊崎瘠⑦鲫⑦只(隻)⑵(量词)炙搛⑦绩③捡检睑⑤剑①兼①犍⑤建健⑤坚肩③茧跰⑤见⑦即①鸡稽⑤计系(繫)⑷(系鞋带)继髻①畸羁⑤寄①机肌饥(飢)⑴(饥饿)③几(文 2)(茶几)麂⑤骥冀致(緻)①基箕姬③己⑤记纪①几(幾)(文 1)(几何)讥叽饥(饑)⑵(饥荒)畿③几(幾)(文 3)(几多)⑤既暨
tɕ'i	⑦妾⑦切窃沏⑦挈锲⑤憩⑦怯(文)(怯生)⑦悭箧⑦签(籤)⑦金③诐⑤堑①迁千(韆)⑵(秋千)悭③浅阐①千⑴(千万)仟阡扦③且⑤箐(斜)①车(文 1)(水车)③扯①蛆③杵③鼠⑤掣①妻栖凄⑤砌⑤刺⑵(生刺)⑦叱⑦饬敕⑦厕侧测恻⑦刺⑶(刺绒衫)⑦尺斥赤咴⑦戚喊⑤欠①谦③歉⑤遣谴缱①牵⑤茜⑴(茜草)倩纤(縴)⑴(纤夫)①溪蹊③启⑤契③企(文)(企业)绮⑤弃器①欺③起杞①岂⑤气汽⑦吃⑴(吃饭)
dʑi	⑧彻撤澈辙⑥偈⑵(偈佗)⑧挟(挟菜)⑧杰桀⑧揭⑵(按揭)竭偈⑴(勇武貌)碣②黔钤箝②钱②缠④苎⑥箸⑥滞②池④舐⑧蛰⑧直值⑧植殖⑧湜⑧捉(文)(一捉尿)蹀⑧掷(白)(投掷)②钳⑥俭②搛(搛菜)⑥乾虔捐④件⑥键⑥健腱踺②茄⑶(茄儿)伽⑴(伽蓝爷)②奇崎骑琦歧岐芪④技妓伎企(白)(企图)②祈鲯耆②其期棋旗其琪蜞麒⑥忌②祈
ɲi	⑧热乜⑧(白)(乜人)⑧业⑧孽糵⑧啮镍臬④染⑥验②严④俨⑥酽⑥谚彦②言④谳③几(幾)(白)(几个)⑥唸②研妍⑥艺呓②倪霓㨃⑥睨诣②仪宜④蚁⑥义议谊②疑④拟⑥毅
ɕi	⑦胁⑦歇蝎①纤(纖)⑵(纤维)暹③闪陕①仙籼鲜①煽搧③癣藓⑤线腺⑤扇①先③洗筅燹①些③写⑤泻卸①奢赊畲③舍(捨)⑵(施舍)⑤舍⑴(进舍)赦③胥⑤世势①西犀茜⑵(人名)③洗铣⑤细(文)(仔细)婿玺⑤啻髓⑤摄慑⑤燮⑦泄薛亵⑦设⑦悉蟋窸⑦息熄熄⑦色啬铯穑⑦式识⑴(认识)饰拭轼⑦昔惜⑦适释⑦析晰浙晳蜥锡③险①轩⑤宪献③显①牺羲曦⑤戏①熙嘻嬉熹③喜禧蟢①希稀唏
zi	⑧捷睫⑧涉⑧舌⑧折⑵(折本)⑧截②潜②蟾②髯④渐④冉苒⑥赡②涎⑥单⑵(单于)禅蝉婵②然燃④践④善鳝④贱饯⑥羡⑥擅嬗缮膳②前⑥藉⑴(藉口)②邪斜⑴(倾斜)⑥榭谢②蛇⑥麝佘④社④惹②徐屿⑥薯(白)(番薯)⑥逝誓噬②齐脐④荠鲚⑥剂⑴(发剂)②匙⑧食蚀⑧藉⑵(藉田)籍⑧席夕汐矽⑧射⑧石⑴(石头)硕⑧寂
ʔji	③野⑦腌⑦谒⑦噎①淹奄醃阉⑦馍③掩③魇⑤厌餍①腌⑤蔫嫣③偃⑤堰①烟胭洇⑤宴燕咽⑵(咽气)⑤裔⑤缢瘗①祎犄㬋③椅倚旖①伊咿①医⑤意①衣依袆⑦一(白)(一个)⑦亿忆臆癔⑦益

ji	②爷椰耶揶④也(文)(也是)冶⑥夜⑧烨叶(葉)页晔⑧协侠⑧拽(1)(拖；拉)⑧颉撷缬②炎②盐阎闫檐⑥艳焰②嫌②焉②延蜒筵④衍④演②贤弦舷⑥现砚沿铅(2)(铅山)⑥曳⑥刈②兮奚⑥系(1)(关系)系(係)(2)(中文系)系(繫)(3)(连系)②移④迤⑥易(2)(容易)②夷姨胰痍彝⑥肄⑥懿②怡贻诒饴颐⑥圯④矣④已以⑥异②沂⑧亦译易(1)(交易)绎驿弈奕蜴液腋掖

[u]15

pu	①波(2)(宁波)⑤播(2)(发播)①餔③补谱⑤布怖①波(1)(波浪)玻菠③跛簸⑤播(1)(播送)
p'u	③圃浦(2)(浦东)普埔⑤破①铺(1)(铺被)③浦(1)(下吕浦)⑤铺(床铺)①坡颇③叵
bu	②菩脯(2)(胸脯)蒲(2)(菖蒲)匍莆④部簿⑥捕哺⑦孵(白)(孵坊)②婆⑥缚(2)(腰缚)②葡蒲(1)(蒲鞋)④箁(朗眼箁)⑥步埠⑥赙②鄱⑥薄(2)(薄荷)
ʔmu	①嬷①姥(3)(老姥)
mu	②摩(1)(摩擦)磨(1)(磨刀)魔⑥磨(2)(磨石)②模(模子)⑥戊⑥雾(白)(发雾)物(白)(物事)②么(麼)蘑广馍⑥摩(2)(摩崖)②无(南无)②摹模(1)(模范)谟④姥(2)(太姥山)⑥募墓慕暮
fu	①夫(2)(人名)肤麸俘孵(文)(孵化)敷孚稃③甫脯(1)(果脯)辅俯斧釜抚⑤赴讣⑦不(文)(不是)⑦复(複)(復)腹蝮馥覆福幅辐蝠①夫(1)(丈夫)③府腑殕⑤付咐赋傅⑤富副
vu	②扶芙(文)(芙蓉)凫无(1)(无中生有)芜巫诬毋④腐(文)(腐儒)武侮鹉舞妩④负⑧伏服袱茯匐②符④父⑥附驸芙(白)(芙蓉)腐(白)(腐败)务雾(文)(云雾)婺②浮(白)(尸骸浮起)④妇
tu	①多哆③躲⑤跺剁①丢⑦督笃
t'u	①拖(文)(拖拉机)③妥椭⑦忒(2)(忒不识相)⑦秃
du	②驮驼鸵佗陀沱砣跎④舵⑥大(文 2)(大小)④堕惰②徒(白)(门徒)⑧独读(1)(读书)渎椟犊牍⑧毒②头骰⑥豆荳痘
nu	⑥懦糯②奴④努弩⑥怒
ʔlu	①啰①噜①溜
lu	②罗萝逻锣箩②骡螺④裸瘰⑥摞④臜鲁掳橹卤(鹵)(1)(卤素)②刘留流琉硫馏榴瘤镠鎏④柳绺⑥遛⑧鹿漉辘麓⑧六陆戮
tsu	③左佐③组⑤做③阻诅俎⑦镞⑦竹竺筑⑦祝粥⑦菊鞠掬
ts'u	①搓(文)(搓板)磋蹉⑤锉(白)(锉刀)①初③础(1)(基础)楚①刍⑦簇蔟⑦促⑦蹙蹴⑦畜(1)(牲畜)搐⑦俶⑦曲(麯)(2)(酒曲)
dzu	⑧逐妯
su	①搓(白)(搓绳)⑤素(文)(朴素)愫①梳(文)(梳理)疏蔬③数(2)(数一数)⑤数(1)(数字)⑦速⑦肃宿(1)(宿舍)夙叔倏莤⑦畜(2)(畜牧)蓄⑦旭勖
zu	②锄(文)(锄头)⑥助②雏⑧族⑧淑熟孰塾⑧辱褥缛⑧衄肉
ku	①哥歌③舸①戈锅埚瘑③果裹粿⑤过①估咕姑菇轱蛄辜孤呱(1)(呱呱而泣)菰箍③古诂牯罟股蛊贾(1)(商贾)⑤鼓膕瞽⑤固沽故痼顾雇⑦谷(穀)
k'u	①苛柯轲疴①坷①科棵颗蝌稞窠髁⑤课①枯骷刳③苦⑤库裤绔⑦哭⑦酷
ŋu	②俄哦峨娥鹅(文)(雁鹅)蛾(文)(飞蛾)④我⑥饿(文)(饥饿)⑥嗯②讹⑥卧②吾吴梧④

	五午伍仵牾⑥误悟娱(2)(娱乐)迕忤晤寤⑥唔(唔冇)
hu	③火伙(夥)⑤货①乎呼③虎唬琥浒⑤戽
ɦu	②河何(文)(任何)荷(1)(荷花)菏④荷(2)(负荷)⑥贺②禾和(1)(和平)⑥祸⑥和(2)(附和)②狐弧壶胡(鬍)葫湖蝴糊猢瑚④户沪扈⑥互护⑧斛槲⑧鹄
ʔʋu	①阿(1)(阿胶)婀⑤屙①窝涡莴①倭挝(2)(老挝)①乌呜钨污③坞⑤恶(2)(可恶)⑦屋

[y]16

ty	①都③堵赌睹肚(白)(猪肚)⑤妒蠹
t'y	③土吐(1)(吐痰)⑤吐(2)(呕吐)兔菟
dy	②图徒(文)(徒弟)途涂(塗)屠荼④杜肚(文)(肚皮)⑥度渡镀踱
ly	②蠡(2)(河蠡蚌)②卢芦炉颅轳鸬④卤(滷)(2)(盐卤)⑥路露璐鹭②庐驴闾榈④吕侣旅铝膂⑥虑滤④屡缕⑥类
tsy	①租③祖①沮狙疽诸③咀③渚褚⑤著①株蛛诛①朱(硃)珠侏铢(鮢鮪)③拄③主⑤驻炷⑤注蛀铸③嘴①追①椎锥⑤醉(2)(酒喝醉了)⑤缀⑤赘
ts'y	①粗⑤醋③础(2)(礎础)处(1)(处理)⑤处(2)(相处)⑤觑①趋枢③取娶⑤趣①吹炊
dzy	②除储躇④贮伫⑥署薯(文)(马铃薯)曙②厨橱④柱砫⑥住②垂捶锤陲⑥缒②槌⑥坠
sy	①苏酥稣甦⑤诉塑溯素(白)(吃素)①梳(白)(头梳)书抒舒③暑黍⑤絮⑤恕庶①须(鬚)需①输⑤戍⑤岁⑤税①尿(2)(拉尿)①虽绥③水⑤祟邃
zy	②锄(白)(板锄)②如茹④序叙绪②墅②汝②殊②儒蠕嚅濡④聚④竖④乳⑥树⑥孺②隋随⑥瑞②谁④蕊⑥遂隧穗
tɕy	①车(文 2)(车马炮)居(文)(居住)③举⑤据锯踞①拘驹③矩枸(1)(枸橼)⑤句①闺硅圭⑤桂①规(1)(圆规)③诡①龟③轨癸⑤季悸愧(2)(惭愧)①归(2)(当归)③鬼⑤贵
tɕ'y	①祛⑤去(文)(来去)①区(1)(区别)岖驱躯③龋①睽睽①窥
dʑy	②瘸②渠(文)(水渠)④巨拒炬距⑥遽②瞿衢⑥具俱惧飓④跪②葵逵馗夔④揆⑥柜(櫃)馈匮
ɲy	④语圄龉⑥御(禦)驭②娱(1)(娱乐)隅愚禺虞⑥遇寓②危⑥伪②蜈②鱼渔
ɕy	①靴①虚嘘墟③许(文)(许多)①吁(1)(气喘吁吁)①诩栩⑤酗煦①麾③毁①挥(2)(指挥)辉晖⑤卉讳
ʔjy	①淤於①迂①逶③委萎痿①威葳③尉蔚慰⑤畏喂餵①吁(2)(喝止牲口声)③伛⑤妪
jy	②余(餘)(2)(剩馀)舆④予与(1)(给予)⑥与(2)(参与)余(1)(姓氏)⑥预誉豫②于盂竽②俞逾渝愉榆揄瑜臾谀腴②宇羽雨禹④愈⑥芋吁(3)(呼吁)⑥喻谕裕⑥卫彗②携畦⑥惠慧②为(1)(作为)⑥为(2)(为什么)②帷维潍④唯惟⑥位⑥遗②违围韦帏闱炜④伟苇玮韪⑥纬⑥胃谓猬

[ai]17

pai	⑤贝狈①杯背(揹)(3)(背心)⑤背(1)(背部)辈褙①卑碑①悲
p'ai	⑤沛霈①坯胚呸⑤配①丕
bai	④倍蓓②陪培徘赔裴⑥佩背(2)(背诵)焙
tai	①呆(2)(痴呆)①堆⑤对碓

tʻai	⑤唾(白)(痰唾)①推③腿⑤退褪煺⑤脱(2)(脱裤)蜕
dai	②頹⑥队⑥兑⑧夺(白)(赌抢赌夺)
nai	④奶(白2)(奶奶)④馁⑥内
lai	②脶②雷擂蕾镭④磊儡癗⑥礌④累②赢④垒⑥泪⑧捋
tsai	⑤最(文)(某某之最)拽(2)(拉扯)⑤悴淬⑤醉(1)(陶醉)
tsʻai	①崔催摧③璀⑤啐⑤脆揣③揣⑤踹⑤翠
sai	⑤细(白)(细姆)⑤碎⑦狮(白)(狮子)①衰③小(白)(古方言留下的白读)
zai	④罪⑥锐睿芮⑥睡⑥悴粹萃瘁
kai	⑤个①瑰⑤会(2)(会计)侩剑桧脍①规(2)(规矩)①归(1)(回归)瓯
kʻai	①恢盔魁诙③傀⑤块①奎①亏⑤愧(2)(愧对)①峀⑤喟
gai	⑥溃(白)(溃疡)
ŋai	⑥饿(白)(肚饿)②巍⑥魏(文)
huai	①灰③贿悔⑤海晦⑤荟①喙①挥(1)(挥挥手)徽③虺
ɦuai	②桅鬼②回(迴)徊茴洄蛔④汇(匯)(1)(汇款)⑥溃(文)(崩溃)⑥会(1)(会议)绘烩⑥魏(白)⑥汇(彙)(2)(汇报)
ʔuai	①偎煨③诿猥⑤秽(淫词秽语)
ʔai	⑤唉(2)(唉磊堆碎)

[au]18

tau	①兜③斗(1)(北斗)抖陡蚪⑤斗(2)(斗争)
tʻau	①偷③敨⑤透
dau	②投⑥逗读(2)(句读)窦胫
nau	⑥耨④冇
lau	②娄楼偻喽褛蝼髅④搂篓⑥陋漏镂瘘
tsau	③走⑤奏揍①邹驺⑤皱绉
tsʻau	③撖⑤凑①鯫
dzau	⑥胄籀骤
sau	③叟嗾擞⑤嗽漱①搜艘馊飕③溲⑤瘦
zau	②愁
kau	①勾沟钩篝③苟狗枸(2)(枸杞)垢诟⑤构购媾够彀(白)(居屋合音)
kʻau	①抠眍③口⑤叩扣寇蔻
gau	④厚(白)(厚佬)
ŋau	④偶藕耦②牛
hau	①佝③犼(许屋合音)⑤吼鲎(虹)
ɦau	②侯喉猴篌④后(後)厚(文)(忠厚)⑥候逅
ʔau	①区(2)(姓氏)欧鸥讴瓯③呕殴⑤沤怄塸(埋葬)

[iəu]19

tɕiau	①鸠阄③九久玖灸韭⑤究疚救咎厩①赳③纠
tɕʻiau	①丘蚯邱③揪
dʑiau	②求球逑裘仇(1)(姓氏)④臼舅柏⑥旧柩②虬
ʔɲiau	①妞
ɲiau	④扭纽钮忸⑥狃(若屋合音)
ɕiau	①休咻③朽⑤臭(2)(铜臭)嗅
ʔjiau	①优忧悠攸②尤犹①幽③黝⑤幼
jiau	②由邮油游蚰猷蝣輶④友有④酉诱莠⑥又右佑祐⑥囿宥柚釉

[iəu]20

tsiəu	①揪①舟州洲周(週)啁③酒③肘③帚⑤昼⑤咒
tsʻiəu	①秋(鞦)湫鳅①抽③瞅③丑(醜)⑤臭(1)(乌焦臭)
dziəu	②囚②绸稠惆畴筹踌②仇(2)(仇恨)雠酬④纣⑥宙轴⑥售
siəu	①修羞馐①收③手首守狩⑤秀绣锈宿(2)(星宿)⑤兽
ziəu	②酋遒泅④受绶⑥就⑥袖⑥寿授②柔揉蹂
ʔjiəu	⑦郁(1)(郁闷)燠
jiəu	⑧育昱煜毓鬻

[aŋ]21

paŋ	①奔贲犇③本畚⑤粪(白)(粪扫)
pʻaŋ	①喷(1)(喷水)⑤喷(2)(喷香)
baŋ	④苯⑥笨坌
maŋ	②门们扪⑥闷焖②蚊(白)(蚊虫)明(白)(明朝)⑥问(白)(问问胎)
faŋ	①分(1)(分开)芬吩纷酚③粉⑤奋粪(文)(粪坑)
vaŋ	②坟氛焚汾文纹蚊(文)(蚊蝇)雯④忿愤吻刎⑥分(2)(分格)份问(文)(提问)闻紊
taŋ	①吨③窀⑤顿炖(2)(炖卵糕)①灯登蹬噔③等凼⑤凳镫
tʻaŋ	①吞(白)(慢吞吞)⑤氽⑤瞪(白)(眼灵珠瞪起)
daŋ	④断(白)(断气)⑥段(白)(烂树段)②饨④盾(1)(盾牌)沌炖(1)(温炖汤)②腾誊藤滕⑥邓②疼(白)(疼痛)
naŋ	④恁④暖(白)(暖芬芬)②能②人(白1)(人来客往)
laŋ	④卵(白)(卵黄)②仑抡②伦沦轮囵纶(1)(涤纶)②棱⑥愣
tsaŋ	①砧针斟箴③枕怎⑤浸①津珍蓁榛臻真甄③诊疹缜稹⑤进晋镇圳振震赈①曾(文2)(姓氏)增憎①筝(2)(古筝)
tsʻaŋ	①侵梣琛(1)(珍宝)③寝⑤沁①亲(1)(亲戚)抻嗔瞋⑤亲(2)(亲家)趁衬龀⑤蹭
dzaŋ	②沉④朕⑥鸩②尘陈臣⑥阵②曾(白)(曾经)
saŋ	①心芯参(3)(人参)森深琛(2)(人名)③沈(瀋)审婶⑤渗①辛锌新薪莘申伸身呻绅娠③迅哂⑤讯汛信囟①僧
zaŋ	②寻捋荨岑谌忱任(文2)(任性)④赁蕈葚甚饪⑥任(文1)(姓氏)妊(文)(妊妇)衽②秦神辰晨宸人(文)(人民)仁赈④尽(儘)肾⑥烬慎蜃刃(1)(刀刃)纫仞②层曾(文1)(曾经)⑥赠

kaŋ	①根⑵(结根)跟⑵(跟从)哏⑤艮⑤亘③管(白)(毛管)①昆(文 1)(昆仲)③滚衮绲辊⑤棍謴
kʻaŋ	③垦恳③肯啃①昆(白)(昆剧)坤③捆⑤困
haŋ	③很狠①夯(白)(夯实)
ɦaŋ	②痕⑵(伤痕)⑥恨②恒
huaŋ	①昏⑵(昏君)
ʔuaŋ	①温⑵(温吞)
uaŋ	②浑馄④混⑥诨

[iaŋ]22

tɕiaŋ	①今金襟③锦⑤禁①巾③紧①斤筋③谨⑤靳①茎①京荆惊粳③景警璟⑤竟敬境镜滰③颈⑤劲①经⑴(经济)泾⑤径经⑵(经线)陉胫迳
tɕʻiaŋ	①钦衾⑤揿①卿①轻氢⑤庆⑤磬罄
dʑiaŋ	④赚(白)(赚钞票)②琴禽擒芩等噙檎⑥妗噤⑥仅馑瑾觐②芹勤④近②兢矜②擎鲸鲵⑥竞④痉
ȵiaŋ	②宁⑴(宁波)拧狞柠咛⑥宁⑵(宁可)泞②壬④您⑥任(白)(任可)妊(白)(妊娠)②人(白 2)(新儒人)银鄞垠④忍⑥刃⑵(刀刃)认韧②吟②龈②凝②迎
ɕiaŋ	①歆鑫⑤衅①欣忻掀①兴(文 1)(兴盛)③兴(白)(作兴)⑤兴(文 2)高兴)③行(白)①馨①凶(白)
ʔjiaŋ	①阴荫⑴(树荫)音喑③饮⑤荫⑵(荫德)窨①因茵咽⑴(咽喉)姻氤⑤印①殷③隐瘾①应⑴(应该)鹰膺⑤应⑵(响应)①蝇①莺⑴(黄莺)樱⑴(樱桃)鹦⑴(鹦鹉)罂⑴(罂粟)①英瑛莹③影⑤映①婴缨璎⑤滢
jiaŋ	②淫霪②寅④引蚓吲⑥胤⑥孕②盈赢楹瀛②刑形型邢④颖郢颍

[əŋ]23

pəŋ	③禀①宾彬斌滨缤濒槟③膑髌⑤鬓傧摈殡①冰①兵③丙秉柄炳①并⑶(并州)③饼屏⑵(屏墙)⑤并(併)⑴(合并)摒
pʻəŋ	③品①乒⑤聘娉①拼姘
bəŋ	②贫频嫔颦②凭②平评坪苹枰⑥病②屏⑴(屏幕)瓶萍④并(並)⑵(并且)苹
məŋ	②民旻岷抿泯旻④闽闵悯敏②明(文)(光明)鸣盟④皿⑥命②名茗②铭冥瞑螟④酩
təŋ	①丁叮钉⑴(铁钉)仃疔③顶鼎⑤订钉⑵(钉板箱)
tʻəŋ	①厅听(文)(听觉)汀町烃③挺艇⑤听(白)(打听)
dəŋ	②廷亭庭停蜓婷霆⑥定啶腚碇锭
ʔləŋ	①扔①拎铃⑵(铃铛)
ləŋ	②林临淋琳霖④凛廪②邻磷鳞粼嶙遴辚麟繗⑥吝躏膦②凌陵菱②令⑵(令尊)④岭领⑥令⑴(命令)②令⑶(令狐)伶灵玲铃⑴(电铃)聆羚零龄苓图泠棂蛉翎⑥另
səŋ	①升昇陞⑤胜①声③省⑵(反省)⑤性姓圣①星猩腥惺③醒
zəŋ	②情晴饧成诚城盛⑵(盛饭)④靖静婧⑥净靓⑴(靓妆)盛⑴(兴盛)晟②仍②缯乘⑴(加减乘除)绳滕承丞⑥乘⑵(千乘之国)剩嵊

[iəŋ]24

tsiəŋ	①症(癥)②(症结)蒸③拯⑤甑铚证症①(病症)①晶睛精菁旌正②(正月)征(徵)怔③井阱整⑤正①(真正)政①贞侦帧
ts'iəŋ	①称①(称呼)⑤秤称②(相称)①清蜻③请骋①青蜻
dziəŋ	②惩澄橙⑥瞪(文)(瞪目结舌)②呈程埕④逞⑥郑

[iøŋ]25

tɕiøŋ	①遵谆肫③准(準)⑤俊骏竣隽②(隽秀)①均钧①军君皲
tɕ'iøŋ	①皴春椿③蠢
dʑiøŋ	④盾②(矛盾)④菌窘②裙群⑥郡
ɕiøŋ	①询峋洵荀③笋隼榫⑤峻浚瞬舜①勋熏薰⑤训
ziøŋ	②旬驯巡循徇唇④吮⑥殉顺闰润
ʔjiøŋ	①氲③蕴恽⑤酝熨
jiøŋ	②匀筠④允尹②云(雲)耘芸纭④殒

[oŋ]26

poŋ	①崩①(崩溃)嘣①(打嘣)⑤绷②(一绷香烟)蹦嘣②(内胎打嘣叉)
p'oŋ	⑤碰椪①乓③捧
boŋ	②朋棚①(牛棚)鹏硼②蓬篷塳④埲燯
ʔmoŋ	①蒙②(蒙人)
moŋ	②蒙①(蒙犯)蒙(矇)④(目失明)蒙(濛)⑤(小雨貌)檬朦薨④蒙③(蒙古)蒙(懞)⑥(昏昧无知)懵⑥梦
foŋ	①风枫疯沨丰⑤讽①封峰锋蜂烽
voŋ	②冯⑥凤②逢④奉⑥缝俸
toŋ	①东③董懂⑤冻栋①冬(鼕)
t'oŋ	①通痌③捅⑤痛⑤统
doŋ	②同桐铜筒童瞳僮潼④动桶恸④洞侗恫胴②彤疼(文)(疼痛)
noŋ	②农脓侬哝②浓①(浓密)
loŋ	②咙胧聋笼茏泷珑硥癃④拢⑥弄②隆窿②龙(文)(龙头)④垄(文)(垄断)陇
tsoŋ	①棕鬃③总⑤粽①宗综①踪
ts'oŋ	①匆(忽)葱聪偬①从②(从容)
soŋ	⑤送①松(鬆)①(放松)⑤宋①菘嵩①忪凇
zoŋ	②纯淳醇莼鹑②丛②淙琮②崇戎绒②茸④冗
koŋ	①肱①工公功攻恭②(恭候)蚣红②(女红)③汞⑤贡①弓②(新读)宫②(新读)躬②(新读)③巩拱②(拱桥)
k'oŋ	①空①(空虚)倥崆箜③孔⑤空②(亏空)控
hoŋ	①薨①轰訇①哄①(哄动)烘③哄②(哄骗)⑤哄③(起哄)蕻②(菜蕻)
ɦoŋ	②弘泓②宏闳竑②红①(红色)虹洪鸿蕻①(雪里蕻)⑥讧
ʔoŋ	①翁嗡滃⑤瓮齆(齆鼻)

259

	[ioŋ]27
tɕioŋ	①中(1)(中国)忠衷盅终⑤中(2)(中状元)众③卷(白)(一卷)③囧③炅迥炯①弓(1)(弓箭)躬(1)(躬身)宫(1)(宫殿)
tɕ'ioŋ	①冲(1)(冲锋)忡充⑤铳①冲(衝)(2)(对冲)憧③宠①穿(白)(穿针)鬆(白)(鬆发)⑤串①倾③顷①囱①穹
dʑioŋ	②虫⑥仲②琼②穷
ɕioŋ	①春①兄
ʑioŋ	②慵
ʔjioŋ	①雍臃③拥
jioŋ	②荣嵘蝾④永咏泳②营茔莹②荧萤萦荣②熊雄融②佣(傭)(1)(雇佣)庸墉镛容蓉溶榕熔

	[ŋ]28
ʔŋ	⑤儿(2)
ŋ	②儿(1)义(白)⑥儿(3)⑥二贰④耳(白)

十、文成话

文成话韵母表

开口呼	齐齿呼	合口呼	撮口呼
[a]01 排买打冷斋生更硬	[ia]02 爵雀极尧削若约药		
[ɛ]03 抱毛刀逃遭曹高豪	[iɛ]04 标苗娘良枪相央阳		
[ɔ]05 板蛮凡担难斩三间		[uɔ]06 包矛方条辽抓交凹	[yɔ]07 钟窗狂浓霜床枉王
[e]08 北得来灾才该开哀	[ie]09 编棉天帝尖严仙盐		
[ø]10 潘盘端团尊酸刊恩			[yø]11 娇超朝元消官款员
[o]12 巴麻当唐渣沙加牙			[yo]13 卓触曲浊玉束俗欲
[ɿ]14 知资雌迟斯师瓷而	[i]15 批美飞低尼离支邪	[u]16 菩肤多奴初哥河乌	[y]17 圭区渠危辉委淤余
			[ʉ]18 都图卢租粗除苏鱼
[ai]19 杯丕堆颓崔衰灰回			

开口呼	齐齿呼	合口呼	撮口呼
[au]20 偷投搜愁勾牛猴瓯	[iau]21 赳丘求妞纽休优尤		
	[iəu]22 头州秋囚修柔郁育		
[aŋ]23 奔门灯能心寻跟坤	[iaŋ]24 针今侵琴迎欣音形		
[əŋ]25 询舜巡闰酝蕴匀允			[yəŋ]26 遵中春宠虫仲勋慵
	[iŋ]27 兵贫丁亭精清升情		
[oŋ]28 朋风东农松工空翁	[ioŋ]29 棕宫匆顷琼兄雍荣		
	[ŋ]30 儿耳二贰		

文成话常用字同音字汇

同音字汇先按韵母列部，依次为 a、ia、ɛ、iɛ、ɔ、uɔ、yɔ、e、ie、ø、yø、o、yo、ๅ、i、u、y、ʉ、ai、au、iau、iəu、aŋ、iaŋ、əŋ、yəŋ、iŋ、oŋ、ioŋ、ŋ。

同韵字按声母次序排列，依次为 p、p'、b、m、f、v、t、t'、d、n、l、ts、ts'、dz、s、z、tɕ、tɕ'、dʑ、ȵ、ɕ、ʑ、k、k'、g、ŋ、h、ɦ、j、ʋ。

同声母的字按声调编号次序用数码表示：即①阴平、②阳平、③阴上、④阳上、⑤阴去、⑥阳去、⑦阴入、⑧阳入。

[a]01

pa	①绷(1)(藤绷)浜③摆(摆襬)⑤爸拜湃绷(2)(绷紧)迸⑦八(2)(小八癞子)叭百伯迫柏佰檗擘(文)(巨擘)不(白)(不仅)
p'a	①掰烹砰抨怦⑤派⑦拍魄珀擘(白)(擘饼)啪
ba	②排俳牌彭嘭蟛澎膨棚(2)(尿布棚)④罢(1)(吃交罢)蚌(2)(蚌埠)⑥悖败鲅⑧白舶(1)(舶来品)帛
ʔma	①妈
ma	②吗埋霾盲萌④买猛锰蜢艋黾(1)(蛙的一种)⑥骂卖迈孟⑧陌(1)(陌生)麦脉唛
fa	⑦苻馛麫弗佛(2)(仿佛)拂氟
va	⑧佛(1)(佛陀)勿物(文)(事物)
ta	③打⑤戴(白)(戴帽)带⑦搭答(2)(答应)瘩嗒耷怛妲笪靼
t'a	①他它她拖(白)(鞋拖)⑤太泰傣汰⑦踏(1)(踢踏舞)沓(2)(疲沓)塔塌蹋邋榻潚挞闼趿獭
da	⑥埭(白)(两埭屋)大(文)(大师)汏⑧踏(2)(踏步)沓(1)(一沓纸)阘达靼
ʔna	①南(2)(南无)那(2)(姓氏)奶(白)(奶奶头儿)③娜(1)(人名)
na	②拿④女(白)(女儿)乃艿氖奶(文)(老奶奶)⑥那(1)(那么)哪(1)(哪里)鼐奈⑧呐(2)(呐喊)捺

ʔla	⑦垃拉(文)(拖拉)啦
la	④冷⑥赖癞籁⑧拉(白)(拉尿)腊蜡邋喇辣剌瘌
tsa	①咱斋崽(白)(卵崽)争狰睁筝(1)(古筝)峥⑤咋炸(2)(油炸粿)债挣诤⑦砸匝(2)(匝道)眨轧(2)(轧钢)扎札咋(2)(咋舌)窄舴摘谪责啧簀缉(2)(缉合)戢汁执攥窒栟质郅柽蛭卒
tsʻa	①差(3)(出差)差(1)(差错)叉(1)(叉烧包)钗撑(1)(俯卧撑)⑤侘姹差(2)(不好)蔡撑(2)(撑客)⑦插擦察刹(1)(古刹)拆册策缉(1)(通缉)辑茸撮七柒漆猝
dza	④豺⑥寨⑧渫(白)煤(白)宅择泽着(文2)(着色)翟(1)(姓氏)伫秩帙
sa	①筛(1)(筛酒)生牲笙甥③省(1)(省略)⑤洒晒⑦飒卅歃霎啥萨撒杀刹(2)(刹车)煞涩(文)(羞涩)湿膝瑟虱失室率(1)(率领)摔蟀
za	②豺柴⑧闸渫(文)蛰煤(文)铡集习袭十什拾入疾嫉蒺实日(文)(日本)
ka	①更庚羹赓耕③埂梗哽鲠耿⑤更(文2)(更加)⑦夹挟颊荚峡(1)(长江三峡)甲钾胛咖(2)(咖喱)嘎(1)(鸟鸣声)伽(2)(伽蓝)戛格胳(2)(胳肢窝)骼
kʻa	①掐⑦恰掐卡(1)(卡口)坑铿咖(1)(咖啡)卡(2)(磁卡)客喀绔
ga	②何(白1)(何乜)⑧峡(2)(河峡儿)嘎(2)(嘎嘎抖)轧(3)(轧姘头)茄(2)(番茄)
ŋa	⑥硬
ha	①亨哼⑦呷瞎哈赫
ɦa	②何(白2)(何乜)谐鞋衡行(文1)(行为)珩桁④也(白2)(也是)骇骸解(3)(解签诗)懈幸悻⑥械邂行(文3)(品行)绗⑧狭洽匣狎黠辖盒(白)(盒儿)
ʔʋa	③旮(天明亮)
ʋa	②横⑧划(劃)(2)(笔划)画(2)(笔画)获(獲)(2)(收获)
ʔa	①阿(2)(阿舅)啊(1)(啊呀)埃(2)(埃及)挨(1)(挨近)莺(2)(莺哥)樱(2)(金樱)鹦(2)(鹦哥)罂(2)(罂壶)③阿(3)(阿门)也(白1)(也是)杏⑤啊(2)(叹词)⑦压押鸭揠轧(1)(倾轧)扼厄轭

[ia]02

tɕia	⑦爵着(白)(着衣)灼酌斫脚级急给汲吉桔(2)(柑桔)劼诘棘亟戟击激
tɕʻia	⑦雀鹊绰焯怯(白)(胆怯)却泣乞吃(2)(口吃)讫迄隙
dʑia	⑧着(文1)(着火)噱(1)(噱起)及圾佶掘(白)(掘井)极剧屐
ʔȵia	①蛲(白)(蛲蛲动)
ȵia	②尧饶(2)(上饶)蛲(文)(蛲虫)④鸟(1)(飞鸟)袅⑥尿(1)(输尿管)念捻⑧捏搦箬日(白1)(生日)疟虐屹逆
ɕia	③晓⑤卸⑦屑楔削烁铄谑吸歙甩
ʑia	⑧嚼勺芍妁灼若偌弱
ʔjia	①丫(2)(丫环)呀⑦约邑挹浥揖一(文)(一二三)乙壹溢抑益
jia	⑧药钥跃龠熠逸佚轶翼弋翌亦译易(1)(交易)绎驿弈奕蜴液腋掖掖

[ɛ]03

pɛ	①褒煲③宝保堡鸨葆褓⑤报
pʻɛ	③剖
bɛ	②袍④抱⑥暴曝爆

mε	②毛牦髦蛑谋缪(1)(绸缪)牟眸④铆牡亩⑥冒帽毷茂贸袤懋
fε	③否(1)(否则)缶
vε	②阜浮(文)(浮肿)蜉
tε	①刀叨③岛捣倒(1)(打倒)祷⑤到倒(2)(倒水)
t'ε	①滔绦韬饕弢③讨⑤套
dε	②逃桃涛陶掏萄淘啕④道稻⑥导盗悼蹈焘纛
nε	④恼脑瑙
lε	②劳牢捞唠痨④老姥(1)(姥爷)佬⑥涝
tsε	①遭糟③早枣蚤澡藻⑤灶躁
ts'ε	①操(1)(操作)草(白)(潦草)③草(文)(青草)绰(白)(绰号)⑤操(2)(曹操)糙
sε	①搔骚缫③嫂⑤扫噪燥
zε	②曹槽漕④皂造
kε	①高羔膏糕皋睾篙疙③搞镐稿⑤告诰
k'ε	①尻③考拷烤洘⑤铐靠犒
ŋε	②熬敖遨獒聱翱鳌⑥傲
hε	①蒿薅③好(1)(爱好)⑤好(2)(喜好)耗
ɦε	②毫豪嚎蚝嗥壕濠④浩皓昊颢灏⑥号
ʔε	①鏖爊噢③袄媪⑤奥澳懊忞

[iɛ]04

piε	①标膘飙镖瀌彪③表(錶)裱婊
p'iε	①漂(1)(漂亮)飘嘌③漂(2)(漂白)瞟⑤票剽
biε	②嫖瓢④殍鳔⑥骠
ʔmiε	①喵咩哞
miε	②苗描瞄④秒渺缈藐淼⑥妙庙谬缪(2)(姓氏)
ȵiε	②娘孃⑥酿
liε	②良梁量(2)(量尺寸)粮梁④两(2)(斤两)俩(1)(伎俩)辆魉⑥亮凉谅量(1)(数量)晾靓(2)(靓妹)
tɕiε	①将(1)(将来)张章彰樟璋蟑僵缰疆姜(薑)③奖桨蒋长(2)(生长)涨掌褃⑤将(2)(大将)浆酱帐账胀障幛瘴
tɕ'iε	①枪锵昌猖菖娼羌腔③抢昶厂(2)(茅棚厂儿)敞氅⑤呛畅怅倡唱
dziε	②长(1)(长短)场肠强④丈仗杖犟⑥糨
ȵiε	②嚷瓤④壤攘仰⑥让
ɕiε	①相(1)(互相)厢湘箱镶襄商伤殇乡香③想鲞响垧赏享响饷⑤相(2)(宰相)饷向(嚮)
ziε	②墙蔷樯戕详祥翔尝偿裳嫦徜④象像橡漾上(2)(上声)⑥匠上(1)(上面)尚
ʔjiε	①央殃鸯秧③养氧⑤怏
jiε	②阳扬杨炀旸疡羊洋佯烊(1)(融化)垟徉降(白)(投降)④痒⑥样漾恙烊(2)(打烊)

[ɔ]05

pɔ	①扳班颁斑癍③反⑵(反转)板(闆)版阪钣舨⑤扮瓣
p'ɔ	①攀⑤盼襻
bɔ	②爿⑥办
mɔ	②蛮④挽(文)(挽回)晚(文)(早晚)⑥漫慢谩曼蔓万(白)(逾千达万)
fɔ	①藩(1)(篱笆)番(1)(番人)翻③反(1)(反对)返⑤泛販畈
vɔ	②凡帆矾烦繁蕃樊藩(2)(曾国藩)蘩④犯范挽(文)(挽回)晚(文)(早晚)⑥梵饭万(文 1)(万年青)
tɔ	①耽眈担(1)(负担)聃丹单(1)(单独)郸殚③胆疸掸⑤石(2)(一石米)担(2)(重担)旦诞
t'ɔ	①坍摊滩瘫③毯坦(文)(坦白)⑤炭叹碳
dɔ	②坛(壜)(2)(酒坛)谭昙谈痰坛(壇)(1)(花坛)弹(2)(弹琴)檀④淡氮啖澹袒⑥但弹(1)(子弹)蛋惮坦(白)(道坦)
nɔ	②难(1)(困难)④赧⑥难(2)(患难)
lɔ	②岚蓝篮褴兰拦栏澜谰阑④览揽缆榄懒瀾⑥滥烂
tsɔ	③斩崭盏⑤蘸赞瓒
ts'ɔ	①搀餐③产铲⑤忏谶灿粲璨
dzɔ	②惭残④湛⑥暂站赚(文)(赚错)绽栈
sɔ	①三叁仨杉衫珊栅(2)(栅极)姗跚山舢删潸③伞散(2)(散漫)霰⑤散(1)(散会)栅(1)(栅栏)讪汕疝帅
zɔ	②馋谗巉潺
kɔ	①缄尴监(1)(牢监)间(1)(房间)艰奸姦菅阶皆偕街乖纶(2)(纶巾)鳏关③减碱硷拣柬简铜裥扴解(1)(讲解)拐⑤监(2)(太监)鉴间(2)(间接)谏涧介戒芥尬届界诫疥矸解(2)(解钞票)廨怪惯⑦格胳(2)(胳肢窝)骼革隔嗝膈
k'ɔ	①悭揩宽髋铅(1)(铅锅)夸(誇)③槛舰楷锴垮⑤嵌崭快筷挎跨胯⑦客喀缂
gɔ	②衔(白)(衔头)雁(白)(雁鹅)怀(白)(怀闷)⑥陷(白)(馅)(馅心)
ŋɔ	②岩颜癌挨(2)(拖延)崖涯捱④眼⑥雁(文)(雁荡)赝⑧额
hɔ	③喊蟹⑦喝(2)(喝水)赫
ɦɔ	②函涵咸(鹹)衔(文)(头衔)闲娴痫谐鞋④限骇骸解(3)(解签诗)懈⑥陷(文)(陷阱)馅(文)(馅饼)械邂⑧盒(白)(盒儿)
guɔ	⑥环(白)(门环)
huɔ	⑦豁(2)(豁拳)
ɦuɔ	④莞(2)(莞尔而笑)
ʔuɔ	①歪弯湾③绾⑦挖斡
uɔ	②怀(文)(怀念)淮槐顽还环(文)(环境)圜寰④皖⑥外坏换幻宦患豢⑧或惑
ʔɔ	①埃(2)(埃及)挨(1)(挨近)③矮⑤晏呃隘蜑(2)(蜑儿)

[uɔ]06

puɔ	①包苞胞帮甫邦梆③饱榜膀(2)(翼膀)绑⑤豹趵谤泵
p'uɔ	①抛脬滂③跑髈⑤泡炮疱胖
buɔ	②咆庖旁傍膀(1)(膀胱)磅螃彷(1)(彷徨)庞④鲍蚌(1)(象鼻蚌)棒⑥刨鉋镑
ʔmuɔ	①猫(2)(熊猫)
muɔ	②茅猫(1)(大猫)锚矛蝥芒忙氓茫虻④卯莽漭蟒网罔魍惘⑥貌
fuɔ	①方坊妨肪芳③仿纺彷(2)(彷彿)昉⑤放舫访
vuɔ	②防房亡⑥妄忘望
tuɔ	①刁叼雕(彫)凋貂碉③鸟(2)(鸟儿)⑤吊钓
t'uɔ	③挑⑤跳眺粜
duɔ	②条迢调(1)(调羹)笤④掉(2)(掉钞票)窕⑥调(2)(声调)掉(1)(掉落)
ʔnuɔ	①孬
nuɔ	②挠桡铙⑥闹淖
luɔ	②辽聊僚寥撩嘹缭寮镣龙(白)(龙船)④了(瞭)潦燎两(1)(两个)俩(2)(两人)垄(白)(菜垄)⑥料廖疗瞭⑧猎掠略撂
tsuɔ	①抓③爪找⑤罩笊
ts'uɔ	①抄钞弨③吵炒
dzuɔ	⑥棹
suɔ	①捎梢稍(1)(稍微)筲艄飑⑤哨稍(2)(稍息)睄潲啸
zuɔ	②巢
kuɔ	①交郊胶跤茭蛟鲛看(白)(看配)冈刚岗(1)(山岗)纲钢江扛(文)(扛鼎之作)杠(1)(床杠)肛缸豇光胱③狡绞佼姣铰搅讲港岗(2)(岗位)广⑤教校(2)(校对)较玠窖杠(2)(敲竹杠)降(文)(降落)绛
k'uɔ	①敲髚康慷糠③巧⑤亢抗炕伉园矿旷(文)(旷课)圹
guɔ	②旷(白)(课旷爻)④犷(该人犷显)肮(田肮儿)⑥扛(白)(扛条儿)
ŋuɔ	②昂卬(卬你)④咬⑥焹
huɔ	①哮⑤孝酵
ɦuɔ	②爻肴(文)(菜肴)淆⑥校(1)(学校)效
ʔuɔ	①凹拗(3)(嬉拗拗起)③拗(1)(棒儿拗断爻)⑤拗(2)(两个人拗搭)坳

[yɔ]07

tɕyɔ	①妆(2)(妆灵清)庄(2)(坐庄)装(2)(假装)桩(文)(打桩)钟(鐘鍾)龚供(1)(供销)恭(1)(恭敬)③冢肿种(2)(种子)踵拱(1)(打拱作揖)⑤壮(白)(壮显壮)戆纵种(1)(种树)供(2)(供应)
tɕ'yɔ	①窗框眶筐匡诓③闯恐
dʑyɔ	②幢(1)(经幢)桩(白)(烂树桩)重(重复)狂诳④重(1)(轻重)⑥状撞幢(2)(楼幢)重(3)(重迭)逛共
ɲyɔ	②浓(2)(浓淡)
ɕyɔ	①霜孀双胸凶(文)(凶恶)匈汹③耸(耸立)悚(怂恿)悚竦⑤况
zyɔ	②床从(1)(跟从)松(2)(松树)⑥讼诵颂
ʔjyɔ	①痈邕③枉往⑤壅
jyɔ	②王④勇涌踊甬俑恿蛹⑥用佣(2)(佣人)

[e]08

pe	⑦北
te	③歹⑤戴(文)(姓氏)⑦得德答(1)(报答)
t'e	①台(2)(台州)苔(2)(舌苔)胎贪③忲⑤态贷探⑦忒忑(1)(过于)
de	②台(臺)(1)(台湾)台(檯)(3)(台子)台(颱)(4)(颱风)抬苔(1)(青苔)跆潭④待怠殆绐⑥代袋岱玳埭(文)(河埭)黛⑧特
ʔne	①囡
ne	②男南(1)(南北)喃楠腩⑥耐⑧纳钠衲
le	②来莱徕俫婪⑥睐赉⑧劣垃肋勒仂
tse	①灾哉栽③宰崽(文)(牛崽)⑤再载最(白)(最高境界)⑦则
ts'e	①猜③采(1)(采集)彩睬踩厂(1)(工厂)⑤采(2)(采邑)菜
se	①腮(文)(两腮)鳃⑤塞(2)(要塞)赛⑦塞(1)(堵塞)
ze	②才(纔)材财裁蚕④在⑥傤⑧贼杂
ke	①该赅甘柑坩泔痁③改颏感赶敢橄⑤溉概丐钙盖赣⑦居(白)(居个)合(2)(三合粉)蛤鸽
k'e	①开堪龛戡③凯恺坎砍⑤慨忾去(白)(去㳄)勘阚瞰⑦克刻剋磕嗑溘瞌
ge	②渠(白1)(第三人称指代词)④颔(白)(面额)
ŋe	②呆(1)(呆头)皑⑥碍艾
he	①咳(1)(咳笑)嗨醅蚶憨③海许(白)(许个)⑦黑嘿
ɦe	②孩含④亥氦颔颔(文)(颔首)撼⑥害憾⑧劾合(1)(合作)盒(文)(纸盒)盍阖
ʔe	①哎哀埃(1)(尘埃)唉(1)(唉声叹气)庵谙鹌③俺⑤爱媛暧蔼霭暗黯

[ie]09

pie	①编鞭边蝙③贬扁(1)(扁担)匾⑤变遍⑦瘪憋鳖
p'ie	①扁(2)(一叶扁舟)偏篇翩⑤骗片⑦撇瞥
bie	②便(2)(便宜)骈④辨辩辫⑥便(1)(方便)卞弁汴⑧别蹩
mie	②绵棉眠④免勉缅黾(2)(黾池)娩冕渑湎腼鮸丏⑥面(1)(脸面)面(麵)(2)(米面)⑧灭乜(文)(眼睛微张)搣蔑篾
tie	①掂滇颠巅癫③玷点跕典碘⑤店惦⑦跌
t'ie	①添天③舔腆⑦帖贴铁餮
die	②恬甜田填钿④簟⑥垫电佃甸淀奠殿靛癜⑧谍叠碟蝶喋牒迭垤耋
ʔnie	①粘黏拈
nie	②鲇(鲶)年④碾⑧聂镊蹑嗫颞廿
lie	②帘廉镰奁连联涟怜(憐)莲脸敛撵琏琏殓练炼链恋⑧列咧烈裂冽洌趔捩戾
tɕie	①尖歼沾占(1)(占卜)瞻詹煎馓毡笺兼犍坚肩③剪翦展辗捡检睑茧趼⑤占(佔)(2)(占领)溅箭战颤荐剑建健见⑦接婕楫辑蛰喆折(1)(折扣)褶节疖劫揭(1)(揭露)洁结桔(1)(桔梗)拮子
tɕ'ie	①签(籤)(签)金迁千(韆)(2)(秋千)愆千(1)(千万)仟阡扦谦牵③诰浅阐歉遣谴缱⑤堑慊欠茜(1)(茜草)倩纤(縴)(1)(纤夫)⑦妾切窃沏挈锲怯(文)(怯生)惬箧

dzie	②黔钤筘钱缠钳搛(搛菜)乾虔捐④俭件键⑥偈(2)(偈佗)健腱踺⑧彻撤澈辙挟(挟菜)杰桀揭(2)(按揭)竭偈(1)(勇武貌)碣
ȵie	②严言研妍④染俨谳⑥验酽谚彦唁⑧热乜(白)(乜人)业孽蘖啮镍臬
ɕie	①纤(纖)(2)(纤维)暹仙籼鲜煽搧先轩③闪(腰闪着)陕癣藓洗筅燹险显⑤线腺扇宪献⑦胁歇蝎
zie	②潜蟾髯涎单(2)(单于)禅蝉婵然燃前④渐冉苒践善鳝⑥赡贱饯羡擅嬗缮膳⑧捷睫涉舌折(2)(折本)截
ʔjie	①淹奄醃阉悁腌蔫嫣烟胭湮③野掩魇偃⑤厌餍堰宴燕咽(2)(咽气)⑦靥谒噎
jie	②爷椰耶揶炎盐阎闫檐嫌焉延蜓筵贤舷沿铅(2)(铅山)④也(文)(也是)冶衍演⑥夜艳焰现砚⑧烨叶(葉)页晔协侠拽(1)(拖；拉)颉撷缬

[ø]10

pø	①般搬(1)(搬弄是非)⑤半⑦拨钵
p'ø	①番(2)(番禺)潘⑤判泮⑦泼
bø	②盘搬(2)(搬运)磐溎瘢蹒蟠盆④伴拌绊⑥叛畔⑧钹勃脖渤荸饽悖
mø	②馒鳗瞒鞔④满螨懑⑥幔缦镘⑧末抹茉沫秣没殁
tø	①端敦墩惇磴镦蹲③短⑤断(文2)(决断)锻⑦掇咄
t'ø	①湍吞(文)(吞咽)⑦脱(1)(脱离)
dø	②团(團糰)屯囤豚臀④断(文1)(断续)⑥段(文)(段落)缎钝遁⑧夺(文)(抢夺)凸突沓(3)(沓起算)
nø	④暖(文)(温暖)⑥嫩⑧呐(1)(呐口)讷
lø	②论(2)(论语)峦挛孪栾鸾脔滦銮④卵(文)(卵袋)⑥乱论(1)(讨论)⑧粒
tsø	①簪钻(1)(钻洞)尊樽③攒纂⑤譖钻(2)(钻孔)⑦匝(1)(一匝十二年)
ts'ø	①参(1)(参加)掺参(2)(参差)汆村邨③惨忖⑤窜蹿篡寸
sø	①酸拴栓闩孙荪狲③糁损⑤蒜算涮逊巽(文)(八卦之一)⑦刷
zø	②存④撰馔⑧凿
kø	①根(1)(根据)跟(1)(脚下跟头)干(1)(干犯)干(乾)(3)(干燥)杆(1)(筅杆)肝竿③杆(2)(电灯杆)秆擀⑤干(幹)(2)(干部)⑦葛割国帼掴蝈
k'ø	①刊看(2)(看守)③侃⑤看(1)(看见)⑦咳(咳嗽)渴
gø	⑧橛(白)(两橛断)
ŋø	⑥玩⑧兀纥
hø	①鼾③罕⑤熯汉⑦喝(1)(吆喝)
ɦø	②痕(1)(痕迹)韩寒邗邯④旱⑥岸汗捍悍焊翰瀚
ʔø	①恩安氨鞍桉⑤摁按案胺⑦遏褐

[yø]11

tɕyø	①椒焦蕉礁朝(2)(明朝)招昭钊镳专砖娇骄浇捐娟鹃涓③剿沼矫侥缴饺铰(文2)(铰刀)皎卷(文2)(席卷)⑤醮照诏转哢叫卷(文1)(考卷)眷绢圈(2)(猪圈)⑦辍啜茁拙绌孑厥撅蕨蹶獗决诀抉橘

tɕ'yø	①瞧超跷锹痊诠铨川穿(文)(贯穿)撬橇圈(1)(圆圈)③悄喘舛绻犬⑤俏峭诮翘钏窍劝券⑦黢出(齣)阙缺炔阒屈
dzyø	②憔谯樵朝(1)(朝鲜)嘲潮晁传(1)(宣传)椽权拳蜷颧乔侨桥荞④兆赵肇篆⑥召传(2)(传记)倦轿⑧怵黜术(1)(白术)橛(文)(短木桩)镢倔掘(文)(挖掘)
nyø	②元原源鼋螈④女(文)(男女)软绕蠕阮⑥愿⑧月
ɕyø	①肖(2)(姓氏)消宵硝销霄逍魈烧萧箫潇宣喧萱煊嚣枭骁③小(文)(小朋友)少(1)(少年)筱选⑤肖(1)(生肖)笑鞘少(2)(少将)渲楦绚⑦雪噱(2)(噱头)说戌恤血
zyø	②韶饶(1)(富饶)娆全泉漩船④绍扰隽(1)(隽永)⑥邵旋(镟)璇⑧绝靸术(術)(2)(手术)述
kyø	①官棺倌观(1)(观察)冠(1)(皇冠)昆(文 2)(灵昆岛)③馆琯管(文)(管理)莞(1)(东莞)⑤贯灌罐盥观(2)(寺观)冠(2)(冠军)⑦骨
k'yø	③款⑤捆⑦窟
hyø	①欢昏(1)(黄昏)婚荤⑤唤涣焕痪奂巽(白)(巽山)⑦忽笏唿惚瘚
ɦyø	②魂⑧核聿鹬
ʔjyø	①豌剜蜿鸳冤渊温(1)(温州)瘟要(1)(要求)腰邀吆幺③碗苑宛婉琬稳夭杳窈⑤惋腕怨要(2)(重要)⑦哕(哕起，即恶心)曰郁(2)(郁郁葱葱)
jyø	②员圆鸢园袁援猿垣辕玄悬桓丸完烷姚窑谣摇遥徭瑶④允远缓浣舀⑥院媛缘县眩耀曜鹞⑧阅悦越粤穴域阈役疫

[o]12

po	①巴(1)(巴西)芭吧疤笆粑③把(1)(把守)靶⑤坝把(2)(把柄)霸⑦八(1)(八个)捌博搏膊驳剥舶(2)(船舶)卜(1)(占卜)
p'o	①葩⑤帕怕⑦趴粕泊朴(樸)仆(1)(仆倒)扑噗璞濮蹼
bo	②扒爬耙杷琶巴(2)(下巴)④罢(罷工)⑧拔跋薄(1)(厚薄)亳箔礴雹卜(葡)(2)(萝卜)仆(僕)(2)(仆人)瀑
ʔmo	①姆(2)(师姆)
mo	②麻嘛蟆④马玛码蚂母拇姆(1)(保姆)某⑧莫摸幕漠寞膜瘼瞙邈蓦陌(2)(打生陌生)袜木沐目牧睦穆苜
fo	⑦法珐砝发(發)(髮)
vo	⑧乏伐罚阀筏缚(1)(缚鞋带)
to	①当(當)(1)(应当)当(噹)(3)(当啷)铛珰裆③朵挡党⑤当(當)(2)(典当)档⑦洊
t'o	⑤唾(文)(唾沫)⑦托拓
do	②唐堂棠塘膛糖搪溏镗螳瞠④垛⑥荡宕⑧铎擢(白)(擢起当官)
ʔno	①孬囔
no	②挪傩哪(1)(哪吒)挠桡铙囊④娜(2)(姗娜)馕⑥闹淖臑⑧诺喏搦
ʔlo	①啰
lo	②郎狼琅廊榔锒踉螂④朗⑥浪阆赂⑧乐(2)(快乐)洛骆络烙落酪禄碌录绿氯
tso	①乍查(2)(姓氏)喳渣楂吒挝(1)(敲打)赃脏(髒)(1)(肮脏)藏(3)(藏青)臧妆(1)(化妆)庄(1)(庄严)装(1)(武装)③拶⑤诈咋(1)(咋然)炸(1)(炸弹)榨蚱葬壮(文)(强壮)⑦作
ts'o	①叉(2)(叉腰)杈车(白)(汽车)仓苍沧舱伧创(1)(创伤)疮⑤岔汊衩挫锉(文)(锉刀)措厝创

	⑵(创造)⑦错
dzo	②茶查⑴(检查)搽苴
so	①娑挲沙纱砂鲨莎挱袋丧⑴(婚丧)桑③傻所嗓搡磉爽耍⑤嗄閜丧⑵(丧失)⑦索嗦
zo	②矬痤斜⑵(斜视)藏⑴(隐藏)④坐⑥鲊苲座脏(臟)⑵(内脏)藏⑵(西藏)奘⑧昨怍柞胙砟酢
ko	①加家嘉迦⑴(迦南)枷(文)(枷锁)笳袈傢茄⑴(雪茄)佳瓜呱⑴(呱呱叫)娲蜗③贾⑵(姓氏)假⑴(假设)寡剐⑤价驾架(文)(衣架)假⑵(放假)嫁稼卦褂挂⑦各阁胳⑴(胳膊)搁(文)(搁浅)咯角觉珏括刮(颳)郭椁
k'o	③可⑦壳确榷阔扩廓
go	②枷(白)(饭镬枷儿)⑧硌(硬硌硌)搁(白)(搁臀)
ŋo	②鹅(白)(鹅兜)牙芽荷伢岈④雅瓦⑥讶砑⑧鄂愕噩鳄谔萼腭颚鹤乐⑴(音乐)岳嶽
ho	①呵诃嗬虾⑴(虾儿)花荒慌肓夯⑵(文)(打夯)③谎恍晃幌⑤吓化⑦壑郝豁⑴(豁然开朗)霍藿
ɦo	②虾⑵(虾蟆)霞遐瑕划⑴(划龙船)华⑴(中华)哗骅吭杭航笐行(文2)(银行)皇凰惶煌蝗隍徨黄簧潢璜螨④下项⑥夏厦暇(闲暇)华⑵(华山)桦画⑴(连环画)话旺巷⑧湖貉学峃活猾滑获(穫)⑴(收穫庄稼)镬
ʔjo	⑦哟唷
ʔo	①丫⑴(两丫裤)鸦哇洼蛙娃肮汪③哑⑤亚娅揠盍⑦恶⑴(善恶)握喔幄龌斡沃鋈

[yo]13

tɕyo	⑦卓桌啄琢诼涿捉足烛嘱瞩
tɕ'yo	⑦戳觇矗触曲⑴(弯曲)蛐
dʑyo	⑧浊镯擢(文)(擢升)濯躅属蜀局焗
ȵyo	⑧玉狱钰
ɕyo	⑦朔搠缩蓿粟僳束
ʑyo	⑧俗续赎
jyo	⑧浴欲

[ɿ]14

tsɿ	①髭知蜘咨姿资脂吱兹滋孳孜淄缁辎锱之芝③紫訾只⑴(只有)咫姊旨指子籽仔梓滓第止址趾祉⑤智渍恣至挚置志痣识⑵(标识)帜
ts'ɿ	①雌呲疵差⑷(参差)痴笞蚩嗤③此侈耻齿⑤刺⑴(刺激)翅次胎炽⑦涩(白)(涩口)
dzɿ	②弛驰踟籇龇迟持④雉痔峙⑥稚治
sɿ	①斯撕嘶厮筛⑵(米筛)施私师狮(文)(雄狮)蛳尸司丝咝鸶思飔诗腮(白)(腮腺炎)③徙豕死矢屎史使驶始⑤赐四肆伺试弑
zɿ	②瓷慈磁鹚糍词祠辞鹚(泥鳌)时而④氏是尔巳祀似士仕俟市柿恃耳(文)(聂耳)洱⑥豉自示谥视嗜字寺侍饲嗣事饵

[i] 15

pi	①蓖裨(2)(裨益)篦屄毴陂黑③彼匕比(1)(比较)鄙⑤臂秘(2)(秘鲁)轡毖蔽闭庇痹毙⑦必毕笔哔筚跸滗逼碧辟(1)(大辟)壁璧
p'i	①批砒披纰⑤睥媲譬屁⑦匹疋辟(闢)(2)(开辟)僻劈霹噼癖
bi	②鼙皮疲啤脾裨(1)(裨将)枇毗蚍琵肥(白)(肥肉)④被婢陛否(2)(否去泰来)痞圮⑥币弊敝弊鼻避比(2)(比邻)备坒⑧弼愎(刚愎自用)
ʔmi	①眯眯
mi	②麋麇迷谜醚弥猕眉嵋湄楣④靡米弭美⑥秘(1)(秘书)袂媚魅寐未(白)味(白)⑧泌密蜜宓谧嘧觅泪幂
fi	①飞非菲(1)(芳菲)啡绯扉蜚霏妃③匪诽菲(2)(菲薄)斐榧翡⑤废肺痱沸狒费
vi	②肥(文)(肥沃)微薇⑥吠未(文)味(文)
ti	①爹低③抵底邸诋砥⑤帝蒂谛⑦的嘀滴嫡
t'i	①梯锑③体⑤剃涕屉替嚏⑦剔惕踢倜
di	②题提蹄啼④弟悌⑥大(白)(大官爷)递第睇逮棣缔地⑧迪敌涤笛狄籴荻翟(2)(长尾的野鸡)
ʔni	①妮
ni	②泥尼呢怩④你⑥伲腻⑧昵匿溺
ʔli	①里(2)(该里)厘(2)(一厘儿)哩(1)(词曲中作衬字)
li	②犁黎藜鲡离漓璃篱缡欐梨蜊厘(1)(厘米)狸喱④礼醴蠡(1)(范蠡)履李里(裏)(1)(里外)理鲤俚娌浬⑥厉励砺蛎丽隶唳荔詈利俐莉痢苈吏例⑧笠力历(歷)(曆)沥雳疬砺栎跞鬲立栗傈溧篥溧慄律率(2)(效率)
tɕi	①嗟遮猪跻支枝肢栀鸡稽畸羁机肌饥(飢)(1)(饥饿)基箕姬几(幾)(文 1)(几何)讥叽饥(饑)(2)(饥荒)畿③姐这者煮济(2)(济南)纸几(文 2)(茶几)麂己几(幾)(文 3)(几多)⑤借蔗藉际祭漈制(製)剂(2)(调剂)挤济(1)(救济)霁记纪计系(繫)(4)(系鞋带)继髻寄骥冀致(緻)既暨⑦浙唧稷陟仄织职迹积脊嵴瘠鲫只(隻)(2)(量词)炙摭绩即
tɕ'i	①车(文 1)(水车)蛆妻栖凄溪蹊欺岂③且扯杵鼠启企(文)(企业)绮起杞⑤箅(斜)掣砌刺(2)(生刺)契弃器气汽⑦叱饬敕厕侧测恻刺(3)(刺绒衫)尺斥赤哧戚喊吃(1)(吃饭)
dʑi	②池茄(3)(茄儿)伽(1)(伽蓝爷)奇崎骑琦歧岐芪祁鳍耆其期棋旗祺琪蜞麒祈④苎舐技妓伎企(白)(企图)⑥箸滞忌⑧蛰直值植殖混掷(文)(一掷屎)踯掷(白)(投掷)
ȵi	②倪霓嵇仪宜疑④蚁拟⑥艺呓睨诣义议谊毅
ɕi	①些奢赊畲西犀茜(2)(人名)牺羲曦熙嘻嬉熹希稀晞③写舍(捨)(2)(施舍)胥洗铣玺髓喜禧蟢⑤泻卸舍(1)(进舍)赦世势细(文)(仔细)婿音戏⑦摄慑燮泄薛亵设悉蟋窸息媳熄色啬铯稀识(1)(认识)饰拭轼昔惜适释析晰浙皙蜥锡
zi	②邪斜(1)(倾斜)蛇佘徐齐脐匙④社惹屿荠鲚⑥藉(1)(藉口)榭谢麝薯(白)(番薯)逝誓噬剂(1)(发剂)⑧食蚀藉(2)(藉田)籍席夕汐矽射石(1)(石头)硕寂
ki	③几(幾)(白)(几个)
ʔji	①祎犄漪伊咿医衣依祎③椅倚旖⑤裔缢瘗意⑦一(白)(一个)亿忆臆癔
ji	②兮奚移夷姨胰痍彝怡贻饴饴颐圯沂④迤矣已以⑥曳刈系(1)(关系)系(係)(2)(中文系)系(繫)(3)(连系)易(2)(容易)肆懿异

[u]16

pu	①波(2)(宁波)餔波(1)(波浪)玻菠③补谱跛簸⑤播(2)(发播)布怖播(1)(播送)
pʻu	①铺(1)(铺被)坡颇③圃浦(2)(浦东)普埔浦(1)(下吕浦)巨⑤破铺(2)(床铺)
bu	②菩脯(2)(胸脯)蒲(2)(菖蒲)匍莆孵(白)(孵坊)婆葡蒲(1)(蒲鞋)鄱④部簿箁(朗眼箁)⑥捕哺缚(2)(腰缚)步埠赙薄(2)(薄荷)
ʔmu	①嬷姥(3)(老姥)
mu	②摩(1)(摩擦)磨(1)(磨刀)魔模(2)(模子)么(麼)蘑庅馍无(2)(南无)摹模(1)(模范)谟④姥(2)(太姥山)⑥磨(2)(磨石)戊雾(白)(发雾)物(白)(物事)摩(2)(摩崖)募墓慕暮
fu	①夫(2)(人名)肤麸俘孵(文)(孵化)敷乎稃夫(1)(丈夫)③甫脯(1)(果脯)辅俯斧釜抚府腑殕⑤赴讣付咐赋傅富副⑦不(文)(不是)复(複)(復)腹蝮馥覆福幅辐蝠
vu	②扶芙(文)(芙蓉)虎无(1)(无中生有)芜巫诬毋符浮(白)(尸骸浮起)④腐(文)(腐儒)武侮鹉舞妩负父妇⑥附驸芙(白)(芙蓉)腐(白)(腐败)务雾(文)(云雾)媭⑧伏服袱茯匐
tu	①多哆丢③躲⑤跺剁⑦督笃
tʻu	①拖(文)(拖拉机)③妥椭⑦忒(2)(忒不识相)秃
du	②驮驼鸵佗陀沱砣跎徒(白)(门徒)④舵堕惰⑥大(文 2)(大小)⑧独读(1)(读书)渎椟犊牍毒
nu	②奴④努弩⑥懦糯怒
ʔlu	①啰噜溜
lu	②罗萝逻锣箩骡螺刘留流琉硫馏榴瘤镠鎏④裸瘰㾖鲁掳橹卤(鹵)(1)(卤素)柳绺⑥摞遛⑧鹿漉辘麓六陆戮
tsu	③左佐组阻诅俎⑤做⑦镞竹竺筑祝粥
tsʻu	①搓(文)(搓板)磋蹉初刍③础(1)(基础)楚⑤锉(白)(锉刀)⑦簇蔟促蹙蹴畜(1)(牲畜)搐俶
dzu	⑧逐妯
su	①搓(白)(搓绳)梳(文)(梳理)疏蔬唆梭簑③数(2)(数一数)琐锁唢⑤素(文)(朴素)愫数(1)(数字)⑦速肃宿(1)(宿舍)凤叔倏莤
zu	②锄(文)(锄头)雏⑥助⑧族淑熟孰塾辱褥缛衄肉
ku	①哥歌戈锅埚瘑估咕姑菇轱蛄辜孤呱(1)(呱呱而泣)菰箍③舸果裹馃古诂牯罟股蛊贾(1)(商贾)鼓臌瞽⑤过固沽故痼顾雇⑦谷(穀)
kʻu	①苛柯轲疴科棵颗蝌稞窠髁枯骷刳③坷苦⑤课库裤绔⑦哭酷
ŋu	②俄哦峨娥鹅(文)(雁鹅)蛾(文)(飞蛾)讹吾吴梧④我五午伍仵牾⑥饿(文)(饥饿)噁卧误悟娱(2)(娱乐)迕仵晤寤唔(唔有)
hu	①乎呼③火伙(夥)虎唬琥浒⑤货戽
ɦu	②河何(文)(任何)荷(1)(荷花)菏禾和(1)(和平)狐弧壶胡(鬍)葫湖蝴糊猢瑚④荷(2)(负荷)祸户沪扈⑥贺和(2)(附和)互护⑧斛槲鹄
ʔvu	①阿(1)(阿胶)婀窝涡莴倭挝(2)(老挝)乌呜钨污③坞⑤屙恶(2)(可恶)⑦屋

[y]17

tɕy	①车(文 2)(车马炮)居(文)(居住)拘驹闺硅圭规(1)(圆规)龟归(2)(当归)③举矩枸(1)(枸橼)诡轨癸鬼⑤据锯踞句桂季悸愧(1)(惭愧)贵
tɕʻy	①祛区(1)(区别)岖驱躯暌睽窥③龋⑤去(文)(来去)

dzy	②瘸渠(文)(水渠)瞿衢葵逵馗夔④巨拒炬距跪揆⑥遽具俱惧飓柜(櫃)馈匮
ny	②娱(1)(娱乐)隅愚禺虞危④语圄龉⑥御(禦)驭遇寓伪
ɕy	①靴虚嘘墟吁(1)(气喘吁吁)麾挥(2)(指挥)辉晖③许(文)(许多)诩栩毁⑤酗煦卉讳
ʔjy	①淤於迂逶威葳吁(2)(喝止牲口声)③委萎痿尉蔚慰伛⑤畏喂餧妪
jy	②余(餘)(2)(剩餘)舆于盂竽俞逾渝愉榆揄瑜臾谀腴携畦为(1)(作为)帷维潍违围韦帏闱炜④予与(1)(给予)宇羽雨禹愈唯惟伟苇玮匙⑥与(2)(参与)余(1)(姓氏)预誉豫芋吁(3)(呼吁)喻谕裕卫彗惠慧为(2)(为什么)位遗纬胃谓猬

[ʉ]18

tʉ	①都③堵赌睹肚(白)(猪肚)⑤妒蠹
t'ʉ	③土吐(1)(吐痰)⑤吐(2)(呕吐)兔菟
dʉ	②图徒(文)(徒弟)途涂(塗)屠荼④杜肚(文)(肚皮)⑥度渡镀踱
lʉ	②蠡(2)(河蠡蚌)卢芦炉颅轳鸬庐驴闾橹④卤(滷)(2)(盐卤)吕侣旅铝膂屡缕⑥路露璐鹭虑滤类
tsʉ	①租沮狙疽诸株蛛诛朱(硃)珠侏鱿(鱿鯂)追椎锥③祖咀渚褚拄主嘴⑤著驻炷注蛀铸醉(2)(酒喝醉爻)缀赘
ts'ʉ	①粗趋枢吹炊③础(2)(磋础)处(1)(处理)取娶⑤醋处(2)(相处)觑趣
dzʉ	②除储蹰厨橱垂捶锤陲槌④贮伫柱硂⑥署薯(文)(马铃薯)曙住绺坠
sʉ	①苏酥稣甦梳(白)(头梳)书抒舒须(鬚)需输尿(2)(拉尿)虽绥③暑黍水⑤诉塑溯素(白)(吃素)絮恕庶戍岁税祟邃
zʉ	②锄(白)(板锄)如茹殊儒蠕嚅濡隋随谁④序叙绪墅汝聚竖乳蕊⑥树孺瑞遂隧穗
ŋʉ	②蜈鱼渔

[ai]19

pai	①杯背(揹)(3)(背心)卑碑悲⑤贝狈背(1)(背部)辈褙
p'ai	①坯胚呸丕⑤沛霈配
bai	②陪培徘赔裴④倍蓓⑥佩背(2)(背诵)焙
ʔmai	①姆
mai	②蛾(白)(打灯蛾)玫枚梅媒煤莓酶霉④每尾(文)(结尾)娓尾(白)(尾巴)⑥妹昧⑧万(文2)(万俟)墨默
tai	①呆(2)(痴呆)堆⑤对碓
t'ai	①推③腿⑤唾(白)(痰唾)退褪煺脱(2)(脱裤)蜕
dai	②颓⑥队兑⑧夺(白)(赌抢赌夺)
nai	④奶(白2)(奶奶)馁⑥内
lai	②脶雷擂蕾镭羸④磊儡瘰累垒⑥礌泪⑧捋
tsai	⑤最(文)(某某之最)拽(2)(拉扯)惴淬醉(1)(陶醉)
ts'ai	①崔催摧③璀揣⑤啐脆踹翠
sai	①衰③小(白)(古方言留下的白读)⑤细(白)(细姆)碎⑦狮(白)(狮子)
zai	④罪⑥锐睿芮睡悴粹萃瘁

kai	①瑰规⑵(规矩)归⑴(回归)飯⑤个会⑵(会计)侩剑桧脍
kʻai	①恢盔魁诙奎亏岿③傀⑤块愧⑵(愧对)喟
gai	⑥溃(白)(溃疡)
ŋai	②巍⑥饿(白)(肚饿)魏(文)
hᵘai	①灰挥⑴(挥手)徽③贿悔虺⑤海晦荟喙
ɦᵘai	②桅鬼回(迴)徊茴洄蛔④汇(匯)⑴(汇款)⑥溃(文)(崩溃)会⑴(会议)绘烩魏(白)汇(彙)⑵(汇报)
ʔᵘai	①偎煨③诶猥⑤秽(淫词秽语)
ʔai	⑤唉⑵(唉磊堆碎)

[au]20

tau	①兜③斗⑴(北斗)抖陡蚪⑤斗⑵(斗争)
tʻau	①偷③敨⑤透
dau	②投⑥逗读⑵(句读)窦脰
nau	④冇⑥耨
lau	②娄楼偻喽褛蝼髅④搂篓⑥陋漏镂瘘
sau	①搜艘馊飕③叟嗾擞溲⑤嗽潄瘦
zau	②愁
kau	①勾沟钩篝③苟狗枸⑵(枸杞)垢诟⑤构购媾够彀(白)(居屋合音)
kʻau	①抠眍③口⑤叩扣寇蔻
gau	④厚(白)(厚佬)
ŋau	②牛④偶藕耦
hau	①佝③犼(许屋合音)⑤吼䘓(虹)
ɦau	②侯喉猴篌④后(後)厚(文)(忠厚)⑥候逅
ʔau	①区⑵(姓氏)欧鸥讴瓯③呕殴⑤沤怄堰(埋葬)

[iau]21

tɕiau	①邹驺鸠阄赳③走九久玖灸韭纠⑤奏揍皱绉究疚救咎厩
tɕʻiau	①诌丘蚯邱③搊揂⑤凑
dʑiau	②求球述裘仇⑴(姓氏)虬④臼舅柏⑥旧籀骤旧枢
ʔɲiau	①妞
ɲiau	④扭纽钮忸⑥狃(若屋合音)
ɕiau	①休咻③朽⑤臭⑵(铜臭)嗅
ʔjiau	①优忧悠攸幽③黝⑤幼
jiau	②尤犹由邮油游蚰猷蝤鲧④友有酉诱莠⑥又右佑祐囿宥柚釉

[iəu]22

diəu	②头骰⑥豆荳痘
tɕiəu	①揪舟州洲周(週)赒③酒肘帚⑤昼咒⑦菊鞠掬

tɕʰieu	①秋(鞦)湫鰍抽③瞅丑(醜)⑤臭(1)(乌焦臭)⑦曲(麯)(2)(酒曲)
dzieu	②囚绸稠惆畴筹踌仇(2)(仇恨)雠酬④纣⑥宙轴售
ɕieu	①修羞馐收③手首守狩⑤秀绣锈宿(2)(星宿)兽⑦畜(2)(畜牧)蓄旭勖
zieu	②酉莠泅柔揉蹂④受绶⑥就袖寿授
ʔjieu	⑦郁(1)(郁闷)燠
jieu	⑧育昱煜毓鬻

[aŋ]23

paŋ	①奔贲锛③本畚⑤粪(白)(粪扫)
pʰaŋ	①喷(1)(喷水)⑤喷(2)(喷香)
baŋ	④苯⑥笨坌
maŋ	②门们扪蚊(白)(蚊虫)明(白)(明朝)⑥闷焖问(白)(问问眙)
faŋ	①分(1)(分开)芬吩纷酚③粉⑤奋粪(文)(粪坑)
vaŋ	②坟氛焚汾文纹蚊(文)(蚊蝇)雯④忿愤吻刎⑥分(2)(分格)份问(文)(提问)闻紊
taŋ	①吨灯登蹬瞪③戥等凼⑤顿炖(2)(炖卵糕)凳磴
tʰaŋ	①吞(白)(慢吞吞)⑤仒瞪(白)(眼灵珠瞪起)
daŋ	②饨腾誊藤滕疼(白)(疼痛)④断(白)(断气)盾(1)(盾牌)沌炖(1)(温炖汤)⑥段(白)(烂树段)邓
naŋ	②能人(白1)(人来客往)④恁暖(白)(暖芬芬)
laŋ	②仑抡伦沦轮囵纶(1)(涤纶)棱④卵(白)(卵黄)⑥愣
saŋ	①心芯参(3)(人参)森深琛(2)(人名)辛锌新薪莘申伸身呻绅娠僧③沈(瀋)审婶迅哂⑤渗讯汛信囟
zaŋ	②寻挦荨岑谌忱任(文2)(任性)秦神辰晨宸人(文)(人民)仁娠层曾(文1)(曾经)④赁蕈葚甚饪尽(儘)肾⑥任(文1)(姓氏)妊(文)(妊妇)衽烬慎蜃刃(1)(刀刃)纫仞赠
kaŋ	①根(2)(结根)跟(2)(跟从)哏昆(文1)(昆仲)③管(白)(毛管)滚衮绳辊⑤艮亘棍謴
kʰaŋ	①昆(白)(昆剧)坤③垦恳肯啃捆⑤困
haŋ	①夯(白)(夯实)③很狠
ɦaŋ	②痕(2)(伤痕)⑥恨
hvaŋ	①昏(2)(昏君)
ʔvaŋ	①温(2)(温吞)
vaŋ	②浑馄④混⑥诨

[iaŋ]24

tɕiaŋ	①砧针斟箴津珍蓁榛臻真甄曾(文2)(姓氏)增憎筝(2)(古筝)今金襟巾斤筋茎京荆惊粳经(1)(经济)泾③枕怎诊疹缜积锦紧谨景警璟颈⑤浸进晋镇圳振震赈禁靳竟敬境镜潀劲径经(2)(经线)陉胫迳
tɕʰiaŋ	①侵郴琛(1)(珍宝)亲(1)(亲戚)抻嗔瞋钦衾卿轻氢③寝⑤沁亲(2)(亲家)趁衬龀蹭撑庆磬罄
dziaŋ	②沉尘陈臣曾(白)(曾经)琴禽擒芩等噙檎芹勤兢矜擎鲸黥④朕赚(白)(赚钞票)近痉

	⑥鸠阵妗噤仅馑瑾觐竞
ȵiaŋ	②宁(1)(宁波)拧狞柠咛壬人(白 2)(新儒人)银鄞垠吟龈凝迎④您忍⑥宁(2)(宁可)泞任(白)(任可)妊(白)(妊娠)刃(2)(刀刃)认韧
ɕiaŋ	①歆鑫欣忻掀兴(文1)(兴盛)馨凶(白)③兴(白)(作兴)行(白)⑤衅兴(文2)高兴
ʔjiaŋ	①阴荫(1)(树荫)音喑因茵咽(1)(咽喉)姻氤殷应(1)(应该)鹰膺蝇莺(1)(黄莺)樱(1)(樱桃)鹦(1)(鹦鹉)罂(1)(罂粟)英瑛鍈婴缨璎③饮隐瘾影⑤荫(2)(荫德)窨印应(2)(响应)映滢
jiaŋ	②淫霪寅盈赢楹瀛刑形型邢④引蚓吲颖郢颖⑥胤孕

[əŋ]25

səŋ	①询峋洵荀③笋隼榫⑤峻浚瞬舜
zəŋ	②旬驯巡循徇唇④吮⑥殉顺闰润
ʔjəŋ	①氲③蕴恽⑤酝熨
jəŋ	②匀筠云(雲)耘芸纭④允尹殒

[yəŋ]26

tɕyəŋ	①遵谆肫中(1)(中国)忠衷盅终均钧军君鞫③准(準)⑤俊骏竣隽(2)(隽秀)中(2)(中状元)众
tɕ'yəŋ	①皴春椿冲(1)(冲锋)忡充冲(衝)(2)(对冲)憧③蠢宠⑤铳
dzyəŋ	②虫裙群④盾(2)(矛盾)菌窘⑥仲郡
ɕyəŋ	①春勋熏薰⑤训
zyəŋ	②慵

[iŋ]27

piŋ	①宾彬斌滨缤濒槟冰兵并(3)(并州)③禀膑髌丙秉柄炳饼屏(2)(屏墙)⑤鬓傧摈殡并(併)(1)(合并)摒
p'iŋ	①乒拼姘③品⑤聘娉
biŋ	②贫频嫔颦凭平评坪苹枰屏(1)(屏幕)瓶萍④并(並)(2)(并且)苹⑥病
miŋ	②民旻岷抿泯旻明(文)(光明)鸣盟名茗铭冥瞑螟④闽闵悯敏皿酩⑥命
tiŋ	①丁叮钉(1)(铁钉)仃疔③顶鼎⑤订钉(2)(钉板箱)
t'iŋ	①厅听(文)(听觉)汀町烃③挺艇⑤听(白)(打听)
diŋ	②廷亭庭停蜓婷霆⑥定啶腚碇锭
ʔliŋ	①扔拎铃(2)(铃铛)
liŋ	②林临淋琳霖邻磷鳞粼嶙遴辚麟繗凌陵菱令(2)(令尊)令(3)(令狐)伶灵玲铃(1)(电铃)聆羚零龄苓囹泠棂蛉翎④凛廪岭领⑥吝蔺膦令(4)(命令)另
tsiŋ	①症(癥)(2)(症结)蒸晶睛精菁旌正(2)(正月)征(徵)怔贞侦帧③拯阱阱整⑤甑锃证症(1)(病症)正(1)(真正)政
ts'iŋ	①称(1)(称呼)清蛏青蜻③请骋⑤秤称(2)(相称)
dziŋ	②惩澄橙呈程埕④逞⑥瞪(文)(瞪目结舌)郑
siŋ	①升昇陞声星猩腥惺③省(2)(反省)醒⑤胜性姓圣

| zin | ②情晴饧成诚城盛(2)(盛饭)仍缯乘(1)(加减乘除)绳塍承丞④靖静婧⑥净靓(1)(靓妆)盛(1)(兴盛)晟乘(2)(千乘之国)剩嵊 |

[oŋ]28

poŋ	①崩(1)(崩溃)嘣(1)(打嘣)⑤崩(2)(一崩香烟)蹦嘣(2)(内胎打嘣夊)
p'oŋ	①乓③捧⑤碰椪
boŋ	②朋棚(1)(牛棚)鹏硼蓬篷塳④埲烽
ʔmoŋ	①蒙(2)(蒙人)
moŋ	②蒙(1)(蒙犯)蒙(矇)(4)(目失明)蒙(濛)(5)(小雨貌)檬朦瞢④蒙(3)(蒙古)蒙(懞)(6)(昏昧无知)懵⑥梦
foŋ	①风枫疯沨丰封峰锋蜂烽⑤讽
voŋ	②冯逢④奉⑥凤缝俸
toŋ	①东冬(鼕)③董懂⑤冻栋
t'oŋ	①通嗵③捅⑤痛统
doŋ	②同桐铜筒童瞳僮潼彤疼(文)(疼痛)④动桶恸⑥洞侗恫胴
noŋ	②农脓侬哝浓(1)(浓密)
loŋ	②昽胧聋笼茏泷珑砻癃隆窿龙(文)(龙头)④拢垄(文)(垄断)陇⑥弄
soŋ	①松(鬆)(1)(放松)菘嵩忪凇⑤送宋
zoŋ	②纯淳醇莼鹑丛淙琮崇戎绒茸④冗
koŋ	①肱工公功攻恭(2)(恭候)蚣红(2)(女红)弓(2)(新读)宫(2)(新读)躬(2)(新读)③汞巩拱(2)(拱桥)⑤贡
k'oŋ	①空(1)(空虚)倥崆箜③孔⑤空(2)(亏空)控
hoŋ	①薨轰訇哄(1)(哄动)烘③哄(2)(哄骗)⑤哄(3)(起哄)蕻(2)(菜蕻)
ɦoŋ	②弘泓宏闳竑红(1)(红色)虹洪鸿蕻(1)(雪里蕻)⑥讧
ʔoŋ	①翁嗡滃⑤瓮齆(齆鼻)

[ioŋ]29

tɕioŋ	①棕鬃宗综踪弓(1)(弓箭)躬(1)(躬身)宫(1)(宫殿)③总卷(白)(一卷)冏炅迥炯⑤粽
tɕ'ioŋ	①匆(怱)葱聪偬从(2)(从容)穿(白)(穿针)鬃(白)(鬃发)倾肉穹③顷⑤銃
dzioŋ	②琼穷
ɕioŋ	①兄
ʔjioŋ	①雍臃③拥
jioŋ	②荣嵘蝾营茔莹荧萤萦荥熊雄融佣(傭)(1)(雇佣)庸墉镛容蓉溶榕熔④永咏泳

[ŋ]30

| ʔŋ | ⑤儿(2) |
| ŋ | ②儿(1)义(白)④耳(白)⑥儿(3)二贰 |

第九章 瓯语系各地方音与温州话比较

一、永强话与温州话比较

(一)相同部分

01. 普通话读 a，永强话读[a]，温州话读[a]。

果开一歌韵	①他它她拖(白)(鞋拖)①南(2)(南无)那(2)(姓氏)③娜(1)(人名)⑥那(1)(那么)哪(1)(哪里)①阿(2)(阿舅)啊(1)(啊呀)③阿(3)(阿门)⑤啊(2)(叹词)
假开二麻韵	⑤爸①妈②吗⑥骂拿①咱⑤咋炸(2)(油炸粿)⑤诧姹差(2)(不好)①搭
咸开一合入	⑦搭答(2)(答应)瘩嗒⑦踏(1)(踢踏舞)沓(2)(疲沓)⑧踏(2)(踏步)沓(1)(一沓纸)⑦垃拉(文)(拖拉)啦⑧拉(白)(拉屎)⑦砸匝(2)(匝道)⑦飒
咸开一盍入	⑦耷⑦塔塌蹋遢榻溻⑧阖⑧腊蜡邋⑦卅
咸开二洽入	⑦眨⑦插⑧渫(白)煤(白)⑦歃⑧闸渫(文)蚱煤(文)⑦夹挟颊荚峡(1)(长江三峡)⑦恰掐卡(1)(卡口)⑧峡(2)(河峡儿)⑧狭洽
咸开二狎入	⑦霎啥⑦甲钾胛⑦呷⑦匣狎⑦压押鸭
山开一曷入	⑦怛妲笪鞑⑦挞闼跶獭⑧达靼⑧捺⑧喇辣剌瘌⑦擦⑦萨撒
山开二黠入	⑦八(2)(小八癫子)叭⑦轧(2)(轧钢)扎札⑦察⑦杀刹(2)(刹车)煞⑦咖(2)(咖喱)嘎(1)(鸟鸣声)伽⑧咖(1)(咖啡)卡(2)(磁卡)⑧嘎(2)(嘎嘎抖)轧(3)(轧姘头)茄(2)(番茄)⑧黠⑦揠轧(1)(倾轧)
山开二辖入	⑦刹(1)(古刹)⑧铡⑦瞎哈⑧辖
臻合一没入	⑧呐(2)(呐喊)

01. 普通话读 an，永强话读[a]，温州话读[a]。

咸开一覃韵	①耽眈②坛(壜)(2)(酒坛)谭昙②岚②函涵
咸开一谈韵	①担(1)(负担)聃③胆⑤石(2)(一石米)担(2)(重担)①坍③毯②谈痰④淡氮啖澹②蓝篮褴④览揽缆榄⑥滥②惭⑥暂①三叁仨③喊
咸开二咸韵	③斩崭⑤蘸②湛⑥站赚(文)(赚错)①杉②馋谗①缄鹻③减碱碸⑥陷(白)馅(白)(馅心)②咸(鹹)⑥陷(文)(陷阱)馅(文)(馅饼)
咸开二衔韵	①搀⑤忏谶①衫①巉①监(1)(牢监)⑤监(2)(太监)鉴③槛③舰⑤嵌②衔(白)(衔头)②岩衔(文)(头衔)
山开一寒韵	①丹单(1)(单独)郸殚③疸掸⑤旦诞①摊滩瘫③坦(文)(坦白)⑤炭叹碳②坛(壜)(1)(花坛)弹(2)(弹琴)檀④袒⑥但弹(1)(子弹)蛋惮坦(白)(道坦)②难(1)(困

山开二山韵	难)⑥难(2)(患难)②兰拦栏澜谰阑④懒澜⑥烂⑤赞瓒①餐⑤灿粲璨②残①珊栅(栅极)姗跚③伞散(2)(散漫)霰⑤散(1)(散会)
山开二山韵	⑤扮瓣⑤盼⑥办③盏③产铲⑥绽①山舢②潺①间(1)(房间)艰③拣柬简锏裥扴⑤间(2)(间接)①悭④眼②闲娴痫④限
山开二删韵	①扳班颁斑癍③反(2)(反转)板(闆)版阪钣舨①攀⑤襻②爿②蛮⑥漫慢谩④赧⑥栈①删湔⑤栅(1)(栅栏)疝汕疝①奸姦菅⑤谏涧②雁(白)(雁鹅)②颜⑥雁(文)(雁荡)赝④莞(2)(莞尔而笑)③绾⑤晏

01. 普通话读 ua，永强话读[a]，温州话读[a]。

山合一末入	⑦豁(2)(豁拳)
山合二黠入	⑦挖
梗合二麦入	⑧划(劃)(2)(笔划)画(2)(笔画)获(獲)(2)(收获)

01. 普通话读 uan，永强话读[a]，温州话读[a]。

咸合三凡韵	⑤泛②凡帆④犯范⑥梵
山合一桓韵	①宽髋④皖⑥换
山合二山韵	①纶(2)(纶巾)鳏⑥幻
山合二删韵	①关⑤惯⑥环(白)(门环)①弯湾②顽还环(文)(环境)圜寰⑥宦患豢
山合三仙韵	①铅(1)(铅锅)
山合三元韵	①藩(1)(篱笆)番(1)(番人)翻③反(1)(反对)返⑤贩畈②矾烦繁蕃樊藩(2)(曾国藩)蘩⑥饭④挽(白)(挽联)晚(白)(晚稻)⑥曼蔓⑥万(白)(逾千达万)④挽(文)(挽回)晚(文)(早晚)⑥万(文1)(万年青)

01. 普通话读 uo，永强话读[a]，温州话读[a]。

曾合一德入	⑧或惑

02. 永强话读[ia]，温州话读[ia]。

假开二麻韵	⑤卸①丫(2)(丫环)呀
效开四萧韵	④鸟(1)(飞鸟)袅⑥尿(1)(输尿管)①蛲(白)(蛲蛲动)②尧饶(2)(上饶)蛲(文)(蛲虫)③晓
咸开三业入	⑦怯(白)(胆怯)
山开四屑入	⑧捏⑦屑楔
梗开二陌入	⑧搦
宕开三药入	⑦爵着(白)(着衣)⑦灼酌⑦斫⑦雀鹊⑦绰焯⑧着(文1)(着火)嚛(1)(嚛起)⑦削⑦烁铄⑧嚼⑧勺芍妁构⑧若偌弱⑧箬⑦脚⑦却⑧疟虐⑦谑⑦约⑧药钥跃龠

03. 永强话读[ɛ]，温州话读[ɛ]。

梗开二庚韵	①烹②彭蟛澎膨⑥甏②盲④猛锰蜢艋⑥孟③打④冷①撑(1)(俯卧撑)⑤撑(2)(撑客)①生牲笙甥③省(1)(省略)①更庚羹赓③埂梗哽鲠⑤更(文2)(更加)

	①坑⑥硬①亨哼②行(文1)(行为)珩桁⑥行(文3)(品行)绗③齌(天明亮)
梗开二耕韵	①绷(1)(藤绷)①浜⑤绷(2)(绷紧)⑤迸①砰抨怦②棚(2)(尿布棚)④蚌(2)(蚌埠)②萌④黾(1)(蛙的一种)①争狰睁筝(1)(古筝)峥⑤挣狰①耕③耿①铿④幸悻①莺(2)(莺哥)樱(2)(金樱)鹦(2)(鹦哥)罂(2)(罂壶)③杏
梗合二庚韵	②横

07. 永强话读[yɔ]，温州话读[yo]。

宕开三阳韵	①妆(2)(妆灵清)庄(2)(坐庄)装(2)(假装)⑤壮(白)(壮显壮)③闯⑥状①霜孀②床①框眶筐匡诓②狂诳⑥逛⑤况③枉往②王
江开二江韵	①桩(文)(打桩)⑤戆①窗②幢(2)(经幢)②桩(白)(烂树桩)⑥撞幢(2)(楼幢)①双
通合三锺韵	①钟(鐘鍾)龚③冢③肿种(2)(种子)踵⑤纵种(1)(种树)②重(2)(重复)④重(1)(轻重)⑥重(3)(重迭)②浓(2)(浓淡)③耸(耸立)怂(怂恿)悚竦②从(1)(跟从)②松(2)(松树)⑥讼诵颂①供(供销)恭(1)(恭敬)③拱(1)(打拱作揖)⑤供(2)(供应)③恐⑥共①胸凶(文)(凶恶)匈汹①痈邕⑤壅④勇涌踊甬俑恿蛹⑥用佣(2)(佣人)

08. 永强话读[ə]，温州话读[ə]。

效开一豪韵	①襃煲③宝保堡鸨葆褓⑤报②袍④抱⑥暴曝爆②毛牦髦蚨④铆⑥冒帽耄①刀叨③岛捣倒(1)(打倒)祷⑤到倒(2)(倒水)①滔绦韬饕弢③讨⑤套②逃桃涛陶掏萄淘啕④道稻⑥导盗悼蹈泰纛①恼脑瑙②劳牢捞唠痨④老姥(1)(姥爷)佬⑥涝①遭糟③早枣蚤澡藻⑤灶躁①操(1)(操作)草(白)(潦草)②草(文)(青草)⑤操(2)(曹操)糙①搔骚缫③嫂⑤扫噪燥②曹槽漕④皂造①高羔膏糕皋睾篙疙③搞镐稿⑤告诰①尻③考拷烤栲⑤铐靠犒②熬敖遨鳌鏊翱鳖③傲①蒿薅③好(1)(爱好)⑤好(2)(喜好)耗②毫豪嚎蚝嗥壕濠④浩皓昊颢灏⑥号①鏖燠噢③袄媪⑤奥澳懊岙
流开一侯韵	③剖④牡亩⑥茂贸袤懋
流开三尤韵	③否(1)(否则)缶②阜浮(文)(浮肿)蜉②谋缪(1)(绸缪)②牟眸

10. 永强话读[e]，温州话读[e]。

遇合三鱼韵	⑦居(白)(居个)⑤去(白)(去爻)②渠(白)(第三人称指代词)③许(白)(许个)
蟹开一咍韵	③歹⑤戴(文)(姓氏)①台(2)(台州)苔(舌苔)胎⑤态贷②台(臺)(1)(台湾)台(檯)(3)(台子)台(颱)(4)(颱风)抬苔(1)(青苔)跆④待怠殆给⑥代袋岱玳埭(文)(河埭)黛⑥耐②来莱徕俫⑥睐赍①灾哉栽③宰崽(文)(牛崽)⑤再载①猜③采(1)(采集)彩睬踩⑤采(2)(采邑)菜①腮(文)(两腮)鳃⑤塞(2)(要塞)赛②才(纔)材财裁④在⑥傤①该赅③改颏⑤溉概①开③凯恺⑤慨忾②呆(1)(呆头)皑⑥碍①咳(1)(咳笑)嗨②海孩④亥氦①哎哀埃(1)(尘埃)唉(咳声叹气)⑤爱嫒嗳
蟹开一泰去	⑤丐钙盖⑥艾⑤害⑤蔼霭
蟹合一泰去	⑤最(白)(最高境界)
山合三薛入	⑧劣埒
宕开三阳韵	③厂(1)(工厂)
曾开一德入	⑦得德⑦忑忒(1)(过于)⑧特⑧肋勒仂⑦则⑦塞(堵塞)⑧贼⑦克刻剋⑦黑嘿⑧劲

瓯语音系

11. 永强话读[ø]，温州话读[ø]。

咸开一覃韵	①贪⑤探②潭①囡②男南(1)(南北)喃楠腩②婪①参(1)(参加)掺③惨③糁②蚕⑤感⑤赣①堪龛戡③坎砍⑤勘④颔(白)(面颔)②含④颔颔(文)(颔首)④撼⑥憾①庵谙鹌⑤暗黯
咸开一合入	⑦答(1)(报答)⑧纳钠衲⑦匣(1)(一匣十二年)⑧杂⑦合(2)(三合粉)蛤鸽⑧合(1)(合作)盒(文)(纸盒)
咸开一谈韵	③忐①甘柑坩泔痁③赶敢橄⑤阚瞰①酣蚶①憨③俺
咸开一盍入	⑦磕嗑溘瞌⑧盍阖
深开三侵韵	①簪⑤譖①参(2)(参差)
深开三缉入	⑧粒
山开一寒韵	①刊看(2)(看守)③侃⑤看(1)(看见)⑤熯
山开一曷入	⑦葛割⑦咳(2)(咳嗽)渴⑦喝(1)(吆喝)⑦遏褐
山合一桓韵	①般搬(1)(搬弄是非)⑤半①番(2)(番禺)潘⑤判泮②盘搬(2)(搬运)磐瀿瘢蹒蟠④伴拌绊⑥叛畔②馒鳗瞒鞔④满螨懑⑥幔缦镘①端③短⑤断(文 2)(决断)锻①湍②团(團糰)④断(文 1)(断续)⑥段(文)(段落)缎④暖(文)(温暖)②峦㝈娈栾鸾胬滦銮④卵(文)(卵袋)⑥乱⑦掇⑦脱(脱离)⑧夺(文)(抢夺)①钻(1)(钻洞)③攒纂⑤钻(2)(钻孔)①汆⑤窜蹿①酸⑤蒜算⑥玩
山合一末入	⑦拨钵⑦泼⑧钹⑧末抹茉沫秣
山合二删韵	⑤篡①拴栓闩⑤涮④撰馔
山合二鎋入	⑦刷
山合三月入	⑧橛(白)(两橛断)
臻开一痕韵	①吞(文)(吞咽)①根(1)(根据)跟(1)(脚下跟头)②痕(1)(痕迹)①恩⑤摁
臻合一魂韵	②盆①敦墩惇礅镦蹲②屯饨豚臀⑥钝遁⑥嫩②论(2)(论语)⑥论(1)(讨论)①尊樽①村邨③忖⑤寸①孙荪狲⑤损⑤逊巽(文)(八卦之一)②存
臻合一没入	⑧勃脖渤荸馞饽⑧没殁⑦咄⑧凸突⑦酋(3)(酋起算)⑧呐(1)(呐口)讷⑧兀圪
宕开一铎入	⑧凿

12. 永强话读[o]，温州话读[o]。

果开一歌韵	②挪傩哪(2)(哪吒)④娜(2)(婀娜)①娿挲③可⑤鹅(白)(鹅兜)①呵诃嗬
果合一戈韵	③朵⑤唾(文)(唾沫)④垛①波(1)(波浪)玻菠③跛簸⑤播(1)(播送)①坡颇①叵②鄱⑥薄(2)(薄荷)①嬷么(麼)蘑广馍⑥摩(2)(摩崖)⑤挫锉(文)(锉刀)①唆梭羧①琐锁唢②矬痤④坐⑥座
假开二麻韵	①巴(1)(巴西)芭吧疤笆粑③把(1)(把守)靶⑤坝把(2)(把柄)霸①葩⑤帕怕②扒爬耙杷琶巴(2)(下巴)②麻嘛蟆④马玛码蚂①乍查(1)(姓氏)喳渣楂吒③揸⑤诈咋(1)(咋然)炸(1)(炸弹)榨蚱①叉②(叉腰)权车(白)(汽车)⑤岔汊衩②茶查(1)(检查)搽②苴①沙纱砂鲨莎痧裟⑤嗄閛⑥鲊①加家嘉迦①(迦南)枷(文)(枷锁)笳袈傢茄(1)(雪茄)③贾(2)(姓氏)假(1)(假设)⑤价驾架(文)(衣架)假(2)(放假)嫁稼②枷(白)(饭镬枷儿)①牙芽衙伢呀④雅⑥讶砑①虾(1)(虾儿)⑤吓②虾(2)(虾蟆)霞遐瑕④下⑥夏厦暇(闲暇)①丫(2)(两丫裤)鸦①哑⑤亚娅挜
假合二麻韵	①挝(1)(敲打)③傻②斜(2)(斜视)①瓜呱(1)(呱呱叫)蜗蛞③寡剐①夸(誇)③垮

	⑤挎跨胯④瓦①花⑤化②划(1)(划龙船)华(1)(中华)哗骅⑥华(2)(华山)桦①哇洼蛙
遇合一模韵	①姥(3)(老姥)②无(2)(南无)②摹模(1)(模范)谟④姥(2)(太姥山)⑥募墓慕暮⑥赂⑤措厝⑥祚
遇合三鱼韵	③所(场所)
蟹开二佳韵	④罢(2)(罢工)①佳
蟹合二佳韵	⑤卦褂挂⑥画(1)(连环画)①娃
蟹合二夬去	⑥话
流开一侯韵	①姆(2)(师姆)④母拇姆(1)(保姆)某
山开二黠入	⑦八(1)(八个)捌⑦趴⑧拔跋
山合一末入	⑦括⑦阔⑦豁(1)(豁然开朗)⑧活⑦斡⑦哟唒
山合二黠入	⑧猾滑
山合二辖入	⑦刮(颳)
宕开一铎入	⑦博搏膊⑦粕泊⑧薄(1)(厚薄)亳箔礴⑧莫摸幕漠寞膜瘼膜⑦泊⑦托拓⑧铎⑧诺喏⑧乐(2)(快乐)洛骆络烙落酪⑦作⑦错⑧索嗦⑧昨怍柞胙㛲酢⑦各阁胳(1)(胳膊)搁(文)(搁浅)咯⑧硌(硬硌硌)搁(白)(搁臀)⑧鄂愕噩鳄谔萼腭颚鹤⑦壑郝⑧涸貉⑧恶(1)(善恶)
宕合一铎入	⑦郭椁⑦扩廓⑦霍藿⑧获(穫)(1)(收获庄稼)镬
宕合三药入	⑧缚(1)(缚鞋带)
江开二觉入	⑦驳剥⑦朴(樸)⑧雹⑧邈⑧擢(白)(擢起当官)⑧搦⑦角觉珏⑦壳确榷⑧乐(1)(音乐)岳嶽⑧学斈⑦握喔幄渥
梗开二陌入	⑦舶(2)(船舶)⑧蓦陌(2)(打生陌生)
通合一屋入	⑦卜(1)(占卜)⑦仆(1)(仆倒)扑噗璞濮蹼⑧卜(箙)(2)(萝卜)仆(僕)(2)(仆人)瀑⑧木沐⑧禄碌
通合一沃入	⑦沃鋈
通合三屋入	⑧目牧睦穆苜
通合三烛入	⑧录绿氯

13. 永强话读[yo]，温州话读[yo]。

江开二觉入	⑦卓桌啄琢诼涿捉⑦戳⑦龊⑧浊镯⑧擢(文)(擢升)濯⑦朔槊
通合三屋入	⑦蓄⑦缩宿
通合三烛入	⑦足⑦烛嘱瞩⑦触⑧躅属蜀⑦粟僳⑦束⑧俗续⑧赎⑧曲(1)(弯曲)蛐⑧局焗⑧玉狱钰⑧浴欲

14. 永强话读[ɿ]，温州话读[ɿ]。

果开三戈韵	②茄(3)(茄儿)伽(1)(伽蓝爷)
蟹开一咍韵	①腮(白)(腮腺炎)
蟹开四齐韵	①鸡稽⑤计系(繫)(4)(系鞋带)继髻①溪蹊③启⑤契
止开三支韵	①髭①知蜘③紫訾③只(1)(只有)咫⑤智⑤渍①雌呲疵①差(4)(参差)③此③侈⑤刺(1)(刺激)翅②弛驰②踟篪齝①斯撕嘶厮①筛(2)(米筛)①施③徙

	③豕⑤赐④氏是④尔⑥豉①畸羁⑤寄③企(文)(企业)绮②奇崎骑琦歧岐芪④技妓伎企(白)(企图)①牺羲曦⑤戏
止开三脂韵	①咨姿资①脂③姊③旨指⑤恣⑤至挚⑤次④雉⑥稚①私①师狮(文)(雄狮)螄①尸③死③矢屎⑤四肆②瓷⑥自⑥示谥⑥视嗜①机肌饥(飢)(1)(饥饿)③几(文2)(茶几)麂⑤骥冀致(緻)⑤弃器②祁鳍耆
止开三之韵	①吱①兹滋孳①孜淄缁辎镏①之芝③子籽仔梓滓③第③止址趾祉⑤置⑤志痣⑤识(2)(标识)帜①痴①笞①蚩嗤③耻③齿⑤眙炽②持④痔峙⑥治①司丝咝鸶思飔①诗③史使驶③始⑤伺⑤试弑②慈磁鹚糍②词祠辞辞(泥辞)②时②而④巳祀似④士仕俟市柿恃④耳(文)(聂耳)洱⑥字寺侍⑥饲嗣⑥事⑥饵①基箕姬③己⑤记纪①欺③起杞②其期棋旗萁琪蜞麒⑥忌①熙嘻嬉熹③喜禧嬉
止开三微韵	①几(幾)(文1)(几何)讥叽饥(饑)(2)(饥荒)畿③几(幾)(文3)(几多)⑤既暨①岂⑤气汽④祈①希稀唏
深开三缉入	⑦涩(白)(涩口)
梗开四锡入	⑦吃(1)(吃饭)

15. 普通话读 ie，永强话读[i]，温州话读[i]。

假开三麻韵	③野②爷椰耶揶④也(文)(也是)冶⑥夜
蟹开三祭去	⑤憩⑥偈(2)(偈佗)
咸开三叶入	⑧聂镊蹑嗫颞⑦接婕楫⑦辄⑦妾⑧捷睫⑧涉⑦靥⑧烨叶(葉)⑧页晔
咸开三业入	⑦劫⑦怯(文)(怯生)⑧业⑦胁
咸开四帖入	⑦跌⑦帖贴⑧谍叠碟蝶喋牒⑦惬箧⑧挟(挟菜)⑧协侠
山开三薛入	⑦瘪⑧别⑧灭乜(文)(眼睛微张)搣⑧列咧烈裂洌冽趔⑦哲蜇喆⑦折①(折扣)褶⑧彻撤澈辙⑧舌⑦折(2)(折本)⑧热乜(白)(乜人)⑦孑⑧杰桀⑧蘖糵⑧拽(1)(拖；拉)
山开三月入	⑦揭(1)(揭露)⑧揭(2)(按揭)竭偈(1)(勇武貌)碣⑦歇蝎⑦谒
山开四屑入	⑦憋鳖⑦撇瞥⑧蹩⑧蔑篾⑦铁餮⑧迭垤耋⑧捩戾⑦节疖⑦切窃沏⑦挈锲⑧截⑦洁结桔(1)(桔梗)拮⑧啮镍臬⑦噎⑧颉撷缬

15. 普通话读 ian，永强话读[i]，温州话读[i]。

咸开三盐韵	③贬②帘廉镰奁④脸敛⑥殓①粘黏①尖歼①沾占(1)(占卜)①瞻詹⑤占(佔)(2)(占领)①签(籤)(签)佥③谄⑤堑②黔钤箝①纤(纖)(2)(纤维)暹③闪(腰闪着)陕②潜②蟾②髯④渐②冉苒⑥赡④染③捡检睑②钳④俭⑥验③险①淹奄醃阉①愿③掩③魇⑤厌餍②炎②盐阎闫檐⑥艳焰
咸开三严韵	⑤剑⑤欠②严④俨⑥酽①腌
咸开四添韵	①掂③玷点踮⑤店惦①添③舔②恬甜④簟⑥垫①拈①鲇(鲶)⑥念捻①兼①谦③歉②搛(搛菜)②嫌
深开三缉入	⑧廿
山开三仙韵	①编鞭⑤变①扁(2)(一叶扁舟)偏篇翩⑤骗②便③(便宜)④辨辩⑥便(1)(方便)卞弁汴②绵棉④免勉缅黾(2)(黾池)娩冕渑浼腼鮸⑥面(1)(脸面)④碾②连联涟

282

	④撵琏辇①煎①氆毡③剪蕑③展辗⑤溅箭⑤战颤①迁千(韆)(2)(秋千)愆③浅闸②钱②缠①仙籼鲜①煽搧③癣藓⑤线腺⑤扇②涎②单(单于)禅蝉婵②然燃④践④善鳝⑥贱饯⑥羡⑥擅嬗缮膳③遣谴缱②乾虔捐④件⑥谚彦①鄢嫣②焉②延蜒筵④衍④演
山开三元韵	①犍⑤建健④键⑥健腱踺②言④谳⑥喭①轩⑤宪献③堰⑤堰
山开四先韵	①边蝙③扁(1)(扁担)匾⑤遍⑤片②骈②辫②眠④丏⑥面(麵)(2)(米面)①滇颠巅癫③典碘①天③腆②田填钿⑥电佃甸淀奠殿靛癜②年②怜(憐)莲⑥练炼链①笺⑤荐①千(1)(千万)仟阡扦②前①先③洗筅筅①坚肩③茧趼⑤见①牵⑤茜(1)(茜草)倩纤(縴)(1)(纤夫)②研妍③显①烟胭湮⑤宴燕咽(2)(咽气)②贤弦舷⑥现砚
山合三仙韵	⑥恋②沿铅(2)(铅山)

15. 普通话读 i，永强话读[i]，温州话读[i]。

蟹开三祭去	⑥例⑥艺呓⑤裔⑥曳
蟹开三废去	⑥刈
蟹开四齐韵	②泥⑥伲②倪霓稊⑥睨诣⑤缢瘗②兮奚⑥系(1)(关系)系(係)(2)(中文係)系(繫)(3)(连系)
止开三支韵	⑤臂②糜縻④靡②仪宜④蚁⑥义议谊①祎犄漪③椅倚旖②移④迤⑥易(2)(容易)
止开三脂韵	⑤秘(2)(秘鲁)辔⑥秘(1)(秘书)①妮②尼呢怩⑥腻①伊咿②夷姨胰痍彝⑥肆⑥懿
止开三之韵	④你②疑④拟①医⑤意②怡贻诒饴颐②圯④矣④已以⑥异
止开三微韵	③几(幾)(白)(几个)⑥毅①衣依祎②沂
深开三缉入	⑧立
臻开三质入	⑦必毕笔哔筚跸滗⑦匹疋⑧弼⑧泌密蜜宓谧嘧⑧眤⑧栗傈溧篥溧慄⑦一(白)(一个)
曾开三职入	⑦逼⑧愎(刚愎自用)⑧匿⑦即⑦亿忆臆癔
梗开三陌入	⑦碧
梗开三昔入	⑦辟(1)(大辟)璧⑦辟(闢)(2)(开辟)僻⑧掷(白)(投掷)
梗开四锡入	⑦壁⑦劈霹噼癖⑧觅汨幂⑧溺⑧迪敌涤笛狄籴荻翟(2)(长尾的野鸡)

15. 普通话读 lǜ，永强话读[i]，温州话读[i]。

臻合三术入	⑧律率(2)(效率)

16. 永强话读[u]，温州话读[u]。

果开一歌韵	①哥歌③舸①苛柯轲疴③坷②河何(文)(任何)荷(1)(荷花)菏④荷(2)(负荷)⑥贺①阿(1)(阿胶)娿⑤屙
果合一戈韵	①戈锅埚瘑③果裹蜾⑤过①科棵颗蝌稞窠髁⑤课③火伙(夥)⑤货②禾和(1)(和平)④祸⑥和(2)(附和)①窝涡莴①倭挝(2)(老挝)
遇合一模韵	①估咕姑菇轱蛄辜孤呱(1)(呱呱而泣)菰箍③古诂牯罟股盅贾(1)(商贾)鼓臌

瓯语音系

	瞽⑤固沽故痼顾雇①枯骷刳③苦⑤库裤绔①乎呼③虎唬琥浒⑤戽②狐弧壶胡(鬍)葫湖蝴糊猢瑚④户沪扈⑥互护①乌呜钨污③坞⑤恶(2)(可恶)
通合一屋入	⑦谷(穀)⑦哭⑧斛槲⑦屋
通合一沃入	⑦酷⑧鹄

17. 永强话读[y]，温州话读[y]。

遇合三鱼韵	④女(文)(男女)
山合一桓韵	①官棺倌观(1)(观察)冠(1)(皇冠)③馆琯管(文)(管理)莞(1)(东莞)⑤贯灌罐盥观(2)(寺观)冠(2)(冠军)③款①欢⑤唤涣焕痪夬②桓丸完皖④缓浣①豌剜蜿③碗⑤惋腕
山合三仙韵	①镌①专砖⑤转啭①痊诠铨①川穿(文)(贯穿)③喘舛⑤钏②传(1)(宣传)椽④篆⑥传(2)(传记)①宣③选⑤渲②全泉③漩②船⑥旋(镟)璇④软①捐娟鹃涓③卷(文 2)(席卷)⑤卷(文 1)(考卷)眷绢圈(2)(猪圈)①圈(1)(圆圈)②权拳蜷颧⑥倦④员圆鸢④兖⑥院媛缘
山合三薛入	⑦辍啜⑦茁拙⑦雪⑦嗺(2)(嗺头)⑦说⑧绝⑧蕝⑧阅悦
山合三元韵	③绻⑤劝券②元原源鼋螈④阮⑥愿①喧萱煊⑤楦①鸳鸳③苑宛婉琬⑤怨②园袁援猿垣辕④远
山合三月入	⑦乙厥撅蕨噘獗⑦阙⑧橛(文)(短木桩)镢⑧月⑦哕(哕起，即恶心)⑦曰⑧越粤
山合四先韵	③犬⑤绚①渊②玄悬⑥县眩
山合四屑入	⑦决诀抉⑦缺阕⑦阒⑦血⑧穴
臻合一魂韵	①昆(文 2)(灵昆岛)⑤睏①昏(1)(黄昏)婚⑤巽(白)(巽山)①温(1)(温州)瘟③稳⑥魂
臻合一没入	⑦骨⑦窟⑦忽笏唿惚窸⑧核
臻合三术入	⑦绌⑦黜出(齣)⑧怵黜⑧术(1)(白术)⑦戌恤⑧术(術)(2)(手术)述⑦橘⑧聿鹬
臻合三文韵	①荤
臻合三物入	⑦屈⑧倔掘(文)(挖掘)崛⑦郁(2)(郁郁葱葱)
曾合三职入	⑧域阈
梗合三昔入	⑧役疫

19. 永强话读[ai]，温州话读[ai]。

果开一歌韵	⑤个⑥饿(白)(肚饿)
果合一戈韵	⑤唾(白)(痰唾)②脶
蟹开一咍韵	④倍蓓①呆(2)(痴呆)⑤嗀(2)(嗀磊堆碎)
蟹开一泰去	⑤贝狈⑤沛霈
蟹开二蟹韵	④奶(白 2)(奶奶)
蟹开四齐韵	⑤细(白)(细姆)
蟹合一灰韵	①杯背(揹)(3)(背心)⑤背(1)(背部)辈褙①坏胚呸⑤配②陪培徘赔裴⑥佩背(2)(背诵)焙①堆⑤对碓①推③腿⑤退褪煺②颓⑥队④馁⑥内②雷擂蕾镭④磊僽瘰⑥礧⑤淬①崔催摧③璀⑤啐碎④罪①瑰①恢盔魁诙③傀⑤块⑥溃(白)(溃疡)②灰③贿悔⑤诲晦①偎煨③诿猥②桅鬼②回(迴)徊茴

284

	洄蚘④汇(匯)⑴(汇款)⑥溃(文)(崩溃)⑤会⑵(会计)侩刽桧脍⑤荟⑥会⑴(会议)绘烩
蟹合一泰去	⑤脱⑵(脱裤)蜕⑥兑⑤最(文)(某某之最)拽⑵(拉扯)
蟹合三祭去	⑤脆⑥锐睿芮
蟹合三废去	⑤喙⑥秽(淫词秽语)
蟹合四齐韵	①奎
止开三支韵	①卑碑
止开三脂韵	①悲①丕⑦狮(白)(狮子)
止合三支韵	④累②羸⑤惴③揣⑤踹⑥睡①规⑵(规矩)①亏
止合三脂韵	④垒⑥泪⑤醉⑴(陶醉)⑤翠①衰⑥悴粹萃瘁⑤愧⑵(愧对)
止合三微韵	①归⑴(回归)岯①岿⑤喟②巍⑥魏(文)①挥⑴(挥挥手)徽③虺⑥魏(白)⑥汇(彙)⑵(汇报)
效开三宵韵	③小(白)(古方言留下的白读)
深开三缉入	⑦缉⑵(缉合)戢汁执⑦缉⑴(通缉)辑茸⑦涩(文)(羞涩)湿⑧集习袭十什拾入
山合一末入	⑧夺(白)(赌抢赌夺)⑧捋⑦攥⑦撮
臻开三质入	⑦室栉质郅桎蛭⑦七柒漆⑧侄秩帙⑦膝瑟虱失室⑧疾嫉蒺实日(文)(日本)
臻合一没入	⑦不(白)(不仅)⑦卒⑦猝
臻合三术入	⑦率⑴(率领)摔蟀
臻合三物入	⑦芾黻魃弗佛⑵(仿佛)拂氟⑧佛⑴(佛陀)勿物(文)(事物)
曾开一德入	⑦北
曾合一德入	⑦国
梗合二麦入	⑦帼掴蝈

20. 永强话读[iai]，温州话读[iai]。

深开三缉入	⑦级急给汲⑦泣⑧及圾⑦吸歙甩⑦邑挹浥揖⑧熠
臻开三质入	⑧日(白 1)(生日)⑦吉桔⑵(柑桔)劼诘⑧佶⑦一(文)(一二三)乙壹⑦溢逸佚轶
臻开三迄入	⑦乞吃⑵(口吃)讫⑦迄⑧屹
臻合三物入	⑧掘(白)(掘井)
曾开三职入	⑦棘亟⑧极⑦抑⑧翼弋翌
梗开三陌入	⑦戟⑦隙⑦剧屐⑧逆
梗开三昔入	⑦益⑧亦译易⑴(交易)绎驿弈奕蜴液腋掖
梗开四锡入	⑦击激⑧檄

21. 永强话读[au]，温州话读[au]。

流开一侯韵	①兜③斗⑴(北斗)抖陡蚪⑤斗⑵(斗争)①偷③敨⑤透②投⑥逗读⑵(句读)窦脰⑥耧②娄楼偻喽褛蝼髅④搂篓⑥陋漏镂瘘③走⑤奏揍③搜⑤凑③叟嗾擞⑤嗽漱①勾沟钩篝③苟狗枸⑵(枸杞)垢诟⑤构购媾够彀(白)(居屋合音)①抠眍③口⑤叩扣寇蔻④厚(白)(厚佬)④偶藕耦①佝③犼(许屋合音)⑤吼齁

	(虹)②侯喉猴篌④后(後)厚(文)(忠厚)⑥候逅①区(2)(姓氏)欧鸥讴瓯③呕殴⑤沤怄堰(埋葬)
流开三尤韵	④有①邹驺⑤皱绉①诌⑥胄籀骤①搜艘馊飕③溲⑤瘦②愁②牛

23. 永强话读[iəu]，温州话读[iɛu]。

流开三尤韵	①揪①舟州洲周(週)赒③酒③肘③帚⑤昼⑤咒①秋(鞦)湫鳅①抽③瞅③丑(醜)⑤臭(1)(乌焦臭)②囚③绸稠惆畴筹踌②仇(2)(仇恨)雠酬④纣⑥宙轴⑥售①修羞馐①收③手首守狩⑤秀绣锈宿(2)(星宿)⑤兽②酉诱泅④受绶⑥就⑥袖⑥寿授②柔揉蹂
通合一屋入	⑧族
通合三屋入	⑦竹竺筑⑦祝粥⑦蹙蹴⑦畜(1)(牲畜)搐⑦俶⑧逐妯⑦肃宿(1)(宿舍)凤叔倏菽⑧淑熟孰塾⑧衄肉⑦菊鞠掬⑦曲(麯)(2)(酒曲)⑦畜(2)(畜牧)蓄⑦郁(1)(郁闷)燠⑧育昱煜毓鬻
通合三烛入	⑧辱褥缛⑦旭勖

24. 永强话读[aŋ]，温州话读[aŋ]。

深开三侵韵	④恁①砧针斟箴③枕怎⑤浸①侵郴琛(1)(珍宝)③寝⑤沁②沉④朕⑥鸩①心芯参(3)(人参)③森深琛(2)(人名)③沈(瀋)审婶⑤渗①寻掊荨岑谌忱任(文2)(任性)④赁覃葚甚任⑥任(文1)(姓氏)妊(文)(妊妇)衽
山合一桓韵	④断(白)(断气)⑥段(白)(烂树段)④暖(白)(暖芬芬)④卵(白)(卵黄)③管(白)(毛管)
臻开一痕韵	①吞(白)(慢吞吞)①根(2)(结根)跟(2)(跟从)哏⑤艮①垦恳③很狠②痕(2)(伤痕)⑥恨
臻开三真韵	①津珍蓁榛臻真甄③诊疹缜朕⑤进晋镇圳振震赈①亲(1)(亲戚)抻嗔瞋⑤亲(2)(亲家)趁衬龀②尘陈臣⑥阵①辛锌新薪莘申伸身呻绅娠③迅哂⑤讯汛信囟②秦神辰晨宸人(文)(人民)仁娠④尽(儘)肾⑥烬慎蜃刃(1)(刀刃)纫仞②人(白1)(人来客往)
臻合一魂韵	①奔贲犇③本畚①喷(1)(喷水)⑤喷(2)(喷香)④苯⑥笨坌②门们扪⑥闷焖①吨③盹②顿炖(2)(炖卵糕)⑤忿②饨④盾(1)(盾牌)沌炖(1)(温炖汤)②仑抡①昆(文1)(昆仲)③滚衮绲辊⑤棍謴①昆(白)(昆剧)坤③捆⑤困①昏(2)(昏君)①温(2)(温吞)②浑馄④混⑥诨
臻合三谆韵	②伦沦轮囵纶(1)(涤纶)
臻合三文韵	⑤粪(白)(粪扫)①分(1)(分开)芬吩纷酚③粉⑤奋粪(文)(粪坑)②坟氛焚汾文纹蚊(文)(蚊蝇)雯④忿愤吻刎①分(2)(分格)份问(文)(提问)闻紊②蚊(白)(蚊虫)明(白)(明朝)⑥问(白)(问问胎)
江开二江韵	①夯(白)(夯实)
曾开一登韵	①灯登蹬膯③等冚⑤凳镫⑤瞪(白)(眼灵珠瞪起)②腾誊藤滕⑥邓②能④棱⑥愣①曾(文2)(姓氏)增憎⑤蹭②曾(白)(曾经)①僧②层曾(文1)(曾经)⑥赠⑤亘③肯啃②恒
梗开二耕韵	①筝(2)(古筝)
通合一冬韵	②疼(白)(疼痛)

第九章 瓯语系各地方音与温州话比较

25. 永强话读[iaŋ]，温州话读[iaŋ]。

咸开二咸韵	④赚(白)(赚钞票)
深开三侵韵	②壬④您⑥任(白)(任何)妊(白)(妊娠)①今金襟③锦⑤禁①钦衾⑤撳②琴禽擒芩噙檎⑥妗喑①歆鑫②吟①阴荫(1)(树荫)音喑③饮⑤荫(2)(荫德)窨②淫霪
臻开三真韵	②人(白2)(新儒人)银鄞垠④忍⑥刃(2)(刀刃)认韧①巾③紧⑥仅谨瑾觐⑤衅①因茵咽(1)(咽喉)姻氤⑤印②寅④引蚓呁⑥胤
臻开三殷韵	①斤筋③谨⑤靳②芹勤④近①欣忻掀②龈①殷③隐瘾
曾开三蒸韵	②兢矜①兴(文1)(兴盛)③兴(白)(作兴)⑤兴(文2)(高兴)②凝①应(1)(应该)鹰膺⑤应(2)(响应)①蝇⑥孕
梗开二耕韵	①茎①莺(1)(黄莺)樱(1)(樱桃)鹦(1)(鹦鹉)罂(1)(罂粟)
梗开三庚韵	①京荆惊粳③景警璟⑤竟敬境镜泷①卿⑤庆②擎鲸黥⑥竞②迎①英瑛鎣③影⑤映③行(白)
梗开三清韵	③颈⑤劲①轻氢④痉①婴缨璎②盈赢楹瀛
梗开四青韵	②宁(1)(宁波)拧狞柠咛⑥宁(2)(宁可)泞①经(1)(经济)泾⑤径经(2)(经线)陉胫迳⑤磬罄①馨泂②刑形型邢
梗合三清韵	④颖郢颍
通合三锺韵	①凶(白)

26. 永强话读[əŋ]，温州话读[əŋ]。

深开三侵韵	③禀③品②林临淋琳霖④凛廪
臻开三真韵	①宾彬斌滨缤濒槟③膑髌⑤鬓傧摈殡②贫频嫔颦②民旻岷抿泯旼④闽闵悯敏②邻磷鳞粼嶙遴辚麟鳞⑥吝躏膦
曾开三蒸韵	①冰①兵②凭①扔②凌陵菱
梗开三庚韵	①兵③丙秉柄炳②平评坪苹枰⑥病②明(文)(光明)鸣盟④皿⑥命
梗开三清韵	①并(3)(并州)③饼屏(2)(屏墙)⑤并(併)(1)(合并)摒⑤聘娉②名茗②令(2)(令尊)④岭领⑥令(1)(命令)
梗开四青韵	①拼姘②屏(1)(屏幕)瓶萍④并(並)(2)(并且)苹②铭冥瞑螟④酩①丁叮钉(1)(铁钉)仃疔③顶鼎⑤订钉(2)(钉板箱)①厅听(文)(听觉)汀町烃③挺艇⑤听(白)(打听)②廷亭庭停蜓婷霆⑥定啶腚碇锭①拎铃(2)(铃铛)②令(3)(令狐)伶灵玲铃(1)(电铃)聆羚零龄苓囹泠棂蛉翎⑥另

28. 永强话读[oŋ]，温州话读[oŋ]。

臻合三谆韵	②纯淳醇莼鹑
曾开一登韵	①崩(1)(崩溃)嘣(1)(打嘣)⑤崩(2)(一崩香烟)蹦嘣(2)(内胎打嘣爻)⑤碰椪②朋棚(1)(牛棚)鹏硼①肱①薨②弘泓
梗合二耕韵	①薨訇②宏闳竑
通合一东韵	②蓬篷逢④埲烽①蒙(2)(蒙人)②蒙(1)(蒙犯)蒙(朦)(4)(目失明)蒙(濛)(5)(小雨貌)檬朦曹④蒙(3)(蒙古)蒙(懞)(6)(昏昧无知)懵①东③董懂⑤冻栋①通啴③捅⑤痛②同桐铜筒童瞳僮潼④动桶恸⑥洞侗恫胴②咙胧聋笼茏泷珑砻癃

	④拢⑥弄①棕鬃③总⑤粽①匆(忽)葱聪偬⑤送②从①工公功攻恭⑵(恭候)蚣红⑵(女红)③汞⑤贡①空⑴(空虚)倥崆箜③孔⑤空⑵(亏空)控①哄⑴(哄动)烘③哄⑵(哄骗)⑤哄⑶(起哄)蕻②(菜蕻)②红⑴(红色)虹洪鸿蕻⑴(雪里蕻)⑥讧①翁螉滃⑤瓮齆(齆鼻)
通合一冬韵	①冬(鼕)⑤统②彤疼(文)(疼痛)②农脓侬哝①宗综①松(鬆)⑴(放松)⑤宋②淙琮
通合三东韵	①风枫疯沨丰⑤讽②冯⑥凤⑥梦②隆窿①菘嵩②崇戎绒①弓⑵(新读)宫⑵(新读)躬⑵(新读)
通合三锺韵	①乓③捧①封峰锋蜂烽②逢④奉⑥缝俸②浓⑴(浓密)②龙(文)(龙头)④垄(文)(垄断)陇①踪①从②(从容)①松淞②茸④冗③巩拱⑵(拱桥)

30. 永强话读[ŋ]，温州话读[ŋ]。

果开一歌韵	②俄哦峨娥鹅(文)(雁鹅)蛾(文)(飞蛾)④我⑥饿(文)(饥饿)⑥嗯
果合一戈韵	②讹⑥卧
遇合一模韵	②吾吴梧④五午伍仵牾⑥误悟娱⑵(娱乐)迕忤晤寤⑥唔(唔哸)
止开三支韵	②儿⑴义(白)⑤儿⑵⑥儿⑶
止开三脂韵	⑥二贰
止开三之韵	④耳(白)

(二)不同部分

03. 普通话读 ai，永强话读[ɛ]，温州话读[a]。

蟹开一咍韵	⑥埭(白)(两埭屋)④乃艿氖⑥鼐
蟹开一泰去	⑤戴(白)(戴帽)⑤带⑤太泰傣汰⑥大(文 1)(大师)汏⑥奈⑥赖癞籁⑤蔡
蟹开二皆韵	⑤拜⑤湃①掰②排俳⑥惫②埋霾①斋崽(白)(卵崽)①差⑶(出差)②豺
蟹开二佳韵	③摆(擺襬)⑤派①牌④罢⑴(吃爻罢)④买⑥卖①奶(白 1)(奶奶头儿)④奶(文 1)(老奶奶)⑤债①差⑴(差错)叉(叉烧包)钗④豸①筛⑴(筛酒)⑤洒晒②柴
蟹开二夬去	⑥败⑥迈⑥寨
梗开二陌入	⑦百伯迫柏佰⑦拍魄珀擘(白)(擘饼)啪⑧白舶⑴(舶来品)帛⑧陌⑴(陌生)⑦咋⑵(咋舌)窄痄⑦拆⑧宅择泽着(文 2)(着色)翟⑴(姓氏)
梗开二麦入	⑦檗擘(文)(巨擘)⑧麦脉唛⑦摘谪责啧帻⑦册策

03. 普通话读 e，永强话读[ɛ]，温州话读[a]。

果开一歌韵	②何(白 1)(何乜)②何(白 2)(何乜)
假开三麻韵	④也(白 2)(也是)③也(白 1)(也是)
蟹开二皆韵	①阶皆偕⑤介戒芥尬届界诫疥岕①揩③楷锴②癌挨⑵(拖延)②谐④骇骸⑥械①埃⑵(埃及)挨⑴(挨近)⑤呃
蟹开二佳韵	①街②解⑴(讲解)⑤解⑵(解钞票)廨②崖涯捱③蟹②鞋④解③(解签诗)懈⑥邂③矮⑤隘蚂⑵(蚂儿)
咸开一合入	⑦喝⑵(喝水)⑧盒(白)(盒儿)

| 梗开二陌入 | ⑦格胳⑵(胳肢窝)骼⑦客喀⑧额⑦赫 |
| 梗开二麦入 | ⑦革隔嗝膈⑦绠⑦扼厄轭 |

03. 普通话读 eng，永强话读[ɛ]，温州话读[a]。

| 梗开二庚韵 | ②衡 |

03. 普通话读 uai，永强话读[ɛ]，温州话读[a]。

蟹合一泰去	⑥外
蟹合二皆韵	①乖⑤怪⑤蒯②怀(白)(怀闷)②怀(文)(怀念)淮槐⑥坏
蟹合二佳韵	③拐①歪
蟹合二夬去	⑤快筷
止合三脂韵	⑤帅

04. 普通话读-ŋ 韵尾，永强话读[iɛ]，温州话读[i]。

| 宕开三阳韵 | ②娘孃⑥酿②良梁量⑵(量尺寸)粮粱④两⑵(斤两)俩⑴(伎俩)辆魉⑥亮凉谅量⑴(数量)晾靓⑵(靓妹)①将⑴(将来)①张①章彰樟璋蟑③奖桨蒋③长⑵(生长)涨③掌⑤将⑵(大将)浆酱⑤帐账胀⑤障幛瘴①枪①锵①昌猖菖娼①抢③昶③厂⑵(茅棚厂儿)敞氅⑤呛⑤畅怅⑤倡唱②长⑴(长短)场肠④丈仗杖①相⑴(互相)厢湘箱镶襄①商伤殇①想鲞③响晌赏⑤相⑵(宰相)⑤饷②墙蔷樯②戕详祥翔尝常偿裳嫦徜④象像橡潒④上⑵(上声)⑥匠⑥上⑴(上面)尚②嚷瓤④壤攘⑥让①僵缰疆姜(薑)③襁①羌①强④羟⑥糠①乡香③享响飨⑤向(嚮)④仰①央殃鸯秧③养氧⑤怏②阳扬杨炀旸疡羊洋佯烊⑴(融化)垟徉④痒⑥样漾恙烊⑵(打烊) |
| 江开二江韵 | ①腔②降(白)(投降) |

05. 永强话读[ɔ]，温州话读[uɔ]。

效开二肴韵	①包苞胞③饱⑤豹趵①抛脬③跑⑤泡炮疱②咆庖④鲍⑥刨鲍①猫⑵(熊猫)②茅猫⑴(大猫)锚④卯⑥貌①孬②挠桡铙⑥闹淖①抓③爪找⑤罩笊①抄钞吵③吵炒⑥棹①捎梢稍⑴(稍微)筲艄飕⑤哨稍⑵(稍息)睄潲②巢①交郊胶跤茭蛟鲛肴(白)(看配)③狡绞佼姣铰搅⑤教校⑵(校对)较珓窖①敲敲③巧④咬⑥狡①哮⑤孝酵②爻肴(文)(菜肴)淆⑥校⑴(学校)效①凹拗⑶(嬉嬉拗起)③拗⑴(棒儿拗断交)⑤拗⑵(两个人拗搭)坳
效开四萧韵	⑤啸
流开三尤韵	②矛蟊
宕开一唐韵	①帮甭③榜膀⑵(翼膀)⑤谤泵①滂③耪②旁傍膀⑴(膀胱)磅螃彷⑴(彷徨)⑥镑②芒忙氓茫虻④莽漭蟒①当(當)⑴(应当)当(噹)⑶(当啷)铛珰裆③挡党⑤当(當)⑵(典当)档①汤趟⑴(趟水)③倘淌躺⑤烫趟⑵(一趟)②唐堂棠塘膛糖搪溏镗螳瞠⑥荡宕①囔②囊曩⑥齉①铛②郎狼琅廊榔锒跟螂朗⑥浪阆①赃脏(髒)⑴(肮脏)藏③(藏青)臧⑤葬①仓苍沧舱伧①丧⑴(婚丧)桑③嗓搡磉⑤丧⑵(丧失)②藏⑴(隐藏)脏(臟)⑵(内脏)藏⑵(西藏)奘①冈刚岗

	⑴(山岗)纲钢⑤杠⑵(敲竹杠)①康慷糠⑤亢抗炕伉园②昂卬(卬你)①夯(文)(打夯)②吭杭航笁行(文2)(银行)①肮⑤盎
宕合一唐韵	①光胱③广⑤矿旷(文)(旷课)扩②旷(白)(课旷爻)④犷(该人犷显)眈(田眈儿)①荒慌肓③谎恍晃幌②皇凰惶煌蝗隍徨黄簧潢璜蟥①汪
宕合三阳韵	①方坊妨肪芳③仿纺彷(2)(彷佛)昉⑤放舫访②防房亡⑥妄忘望旺④网罔魍惘①妆(1)(化妆)庄(1)(庄严)装(1)(武装)⑤壮(文)(强壮)①创(1)(创伤)疮⑤创(2)(创造)③爽③耍
江开二江韵	①邦梆③绑⑤胖②庞④蚌(1)(象鼻蚌)棒①江扛(文)(扛鼎之作)杠(1)(床杠)肛缸豇③讲港岗(2)(岗位)⑤降(文)(降落)绛⑥扛(白)(扛条儿)④项⑥巷

06. 永强话读[uɔ]，温州话读[o]。

咸合三乏入	⑦法珐砝⑧乏
山合三月入	⑦发(發)(髪)⑧伐罚阀筏⑧袜

09. 永强话读[yə]，温州话读[iɛ]。

效开三宵韵	①标膘飙镖瀌③表(錶)裱婊①漂(1)(漂亮)飘嘌③漂(2)(漂白)瞟⑤票剽②嫖瓢④殍鳔⑥骠①喵咩②苗描瞄④秒渺缈藐淼⑥妙庙④燎⑥疗瞭①椒焦蕉礁①朝(2)(明朝)①招昭钊③剿③沼⑤醮⑤照诏①瞧①超①跷锹③悄⑤俏峭诮⑤翘②憔谯樵②朝(1)(朝鲜)嘲潮晁④兆赵肇⑥召④绕①肖(2)(姓氏)消宵硝销霄逍魈①烧③小(文)(小朋友)少(1)(少年)⑤肖(1)(生肖)⑤笑鞘⑤少(2)(少将)②韶②饶(1)(富饶)娆④绍④扰⑥邵①娇骄①矫②乔侨桥荞⑥轿①嚣①要(1)(要求)腰邀③夭⑤要(2)(重要)②姚窑谣摇遥徭瑶④舀⑥耀曜鹞
效开四萧韵	①刁叼雕(彫)凋貂碉③鸟(2)(鸟儿)⑤吊钓③挑⑤跳眺祟②条迢调(1)(调羹)笤④掉(2)(掉钞票)窕⑥调(2)(声调)掉(1)(掉落)②辽聊僚寮撩嘹缭寮镣④了(瞭)潦⑥料廖①萧箫潇③筱①浇③侥缴饺铰(文2)(铰刀)皎⑤叫①撬橇⑤窍④嬲①枭骁①吆幺③杳窈
流开三幽韵	①彪①哞⑥谬缪(2)(姓氏)
咸开三叶入	⑧猎
宕开三阳韵	④两(1)(两个)俩(2)(两人)
宕开三药入	⑧掠略撂
通合三锺韵	②龙(白)(龙船)④垄(白)(菜垄)

10. 永强话读[e]，温州话读[ai]。

果开一歌韵	②蛾(白)(打灯蛾)
蟹合一灰韵	①姆②玫枚梅媒煤莓酶④每⑥妹昧
止开三脂韵	②霉
曾开一德入	⑧万(文2)(万俟)墨默

11. 永强话读[ø]，温州话读[y]。

山开一寒韵	①干(1)(干犯)干(乾)(3)(干燥)杆(1)(筅杆)肝竿③杆(2)(电灯杆)秆擀⑤干(幹)(2)(干部)①鼾③罕⑤汉①安氨鞍桉⑤按案胺②韩寒邗邯④旱⑥岸⑥汗捍悍焊翰瀚

12. 永强话读[o]，温州话读[əu]。

果开一歌韵	③左佐①搓(文)(搓板)磋蹉①搓(白)(搓绳)
果合一戈韵	⑤锉(白)(锉刀)
遇合一模韵	③组⑤做⑤素(文)(朴素)愫
遇合三鱼韵	③阻诅俎①初③础(1)(基础)楚①梳(文)(梳理)疏蔬②锄(文)(锄头)⑥助
遇合三虞韵	①刍③数(2)(数一数)⑤数(1)(数字)②雏
通合一屋入	⑦镞⑦簇蔟⑦速
通合三烛入	⑦促

14. 永强话读[ʅ]，温州话读[ei]。

假开三麻韵	①嗟③姐⑤借①遮③这者⑤蔗③且⑤笡(斜)①车(文1)(水车)③扯①些③写⑤泻卸①奢赊畬③舍(捨)(2)(施舍)⑤舍(1)(进舍)赦⑥藉(1)(藉口)②邪斜(1)(倾斜)⑥榭谢②蛇⑥麝②佘④社④惹
遇合三鱼韵	①猪③煮⑤煮①蛆③杵③鼠④苎⑥箸②胥①徐④屿⑥薯(白)(番薯)
蟹开三祭去	⑤际祭潦⑤制(製)⑤掣⑥滞⑤世势⑥逝誓噬
蟹开四齐韵	①跻③济(2)(济南)⑤剂(2)(调剂)挤济(1)(救济)霁①妻栖凄⑤砌①西犀茜(2)(人名)③洗铣⑤细(文)(仔细)婿②齐脐②荠鲚⑥剂(1)(发剂)
止开三支韵	①支枝肢栀③纸⑤刺(2)(生刺)②池④舐⑤玺⑤瓷②匙
咸开三叶入	⑦摄慑
咸开四帖入	⑦燮
深开三缉入	⑧蛰
山开三薛入	⑦浙⑦泄薛亵⑦设
臻开三质入	⑦叱⑦悉蟋窸
曾开三职入	⑦唧稷陟仄⑦织职⑦饬敕⑦厕侧测恻⑧直值⑧植殖⑧湜⑦息媳熄⑦色啬铯稿⑦式识(1)(认识)饰拭轼⑧食蚀
梗开三昔入	⑦迹积脊崎瘠⑦鲫⑦只(隻)(2)(量词)炙摭⑦刺(3)(刺绒衫)⑦尺斥赤哧⑧掷(文)(一掷屎)踯⑦昔惜⑦适释⑧藉(2)(藉田)籍⑧席夕汐矽⑧射⑧石(1)(石头)硕
梗开四锡入	⑦绩戚蹙⑦析晳淅皙蜥锡⑧寂

15. 普通话读 ei 或 i，永强话读[i]，温州话读[ei]。

蟹开三祭去	⑤毙蔽⑥币弊敝⑥袂
蟹开四齐韵	①蓖裨(2)(裨益)篦屄毗⑤闭①批砒⑤睥媲②鼙④陛⑥鼙①咪眯②迷谜醚④米
蟹合三废去	⑤废肺痱⑥吠
止开三支韵	①陂羆③彼①披⑤譬②皮疲啤脾裨(1)(裨将)④被婢⑥鼻避②弥猕④弭

止开三脂韵	③匕比⑴(比较)鄙⑤庇痹屁①纰⑤尾②枇毗蚍琵④否⑵(否去泰来)痞圮⑥比⑵(比邻)备坒②眉嵋湄楣④美⑥媚魅寐
止开三微韵	①飞非菲⑴(芳菲)啡绯扉蜚霏妃③匪诽菲⑵(菲薄)斐棐翡⑤沸狒费②肥(文)(肥沃)微薇④尾(文)娓⑥未(文)味(文)②肥(白)(肥肉)④尾(白)⑥未(白)味(白)

15. 普通话读 ie，永强话读 [i]，温州话读 [ei]。

假开三麻韵	①爹

15. 普通话读 i，永强话读 [i]，温州话读 [ei]。

蟹开一泰去	⑥大(白)(大官爷)
蟹开三祭去	⑥厉励砺蛎
蟹开四齐韵	①低③抵底邸诋砥⑤帝蒂谛①梯锑③体⑤剃涕屉替嚏④弟悌⑥递第睇逮棣缔②犁黎藜鳌④礼醴蠡⑴(范蠡)⑥丽隶唳
止开三支韵	②离漓璃篱缡罹⑥荔詈
止开三脂韵	⑥地②梨蜊④履⑥利俐莉痢苢
止开三之韵	①里⑵(该里)厘⑵(一厘儿)哩⑴(词曲中作衬字)②厘⑴(厘米)狸喱④李里(裏)⑴(里外)理鲤俚娌浬⑥吏
深开三缉入	⑧笠
曾开三职入	⑧力
梗开四锡入	⑦的嘀滴嫡⑦剔惕踢倜⑧历(歷)(曆)沥雳疬砾栎跞鬲

16. 永强话读 [u]，温州话读 [øy]。

果合一戈韵	①波⑵(宁波)⑤播⑵(发播)⑤破②婆⑥缚⑵(腰缚)②摩⑴(摩擦)磨⑴(磨刀)魔⑥磨⑵(磨石)②蠡⑵(河蠡蚌)
遇合一模韵	①铺③补谱⑤布怖①铺⑴(铺被)③浦(下吕浦)⑤铺⑵(床铺)②葡蒲⑴(蒲鞋)④簿(朗眼簿)⑥步埠②模⑵(模子)①都③堵赌睹肚(白)(猪肚)⑤妒蠹③土吐⑴(吐痰)⑤吐⑵(呕吐)兔菟②图徒(文)(徒弟)途涂(塗)屠荼④杜肚(文)(肚皮)⑥度渡镀踱②卢芦炉颅轳鸬④卤(滷)⑵(盐卤)⑥路露璐鹭①租③祖①粗⑤醋①苏酥稣甦⑤诉塑溯素(白)(吃素)②蜈
遇合三鱼韵	②庐驴闾桐④吕侣旅铝膂⑥虑滤②鱼渔
遇合三虞韵	①夫⑴(丈夫)③府腑殕⑤付咐赋傅②符④父⑥附驸芙(白)(芙蓉)腐(白)(腐败)务雾(文)(云雾)婺⑥赙⑥雾(白)(发雾)物(白)(物事)④屡缕
流开一侯韵	⑥戊
流开三尤韵	⑤富副②浮(白)(尸骸浮起)④妇
止合三脂韵	⑥类

18. 普通话读 uo，永强话读 [u]，温州话读 [əu]。

果开一歌韵	①多哆③躲①拖(文)(拖拉机)②驮驼鸵佗陀沱砣跎④舵⑥大(文2)(大小)①啰②罗萝逻锣箩
果合一戈韵	⑤跺剁③妥椭④堕惰⑥懦糯②骡螺④裸瘰⑥挼

18. 永强话读[ɿ]，温州话读[u]。

遇合一模韵	③圃浦⑵(浦东)普埔②菩脯⑵(胸脯)蒲⑵(菖蒲)匍莆④部簿⑥捕哺
遇合三鱼韵	①淤於②余(餘)⑵(剩餘)舆④予与⑴(给予)⑥与⑵(参与)余⑴(姓氏)⑥预誉豫
遇合三虞韵	②孵(白)(孵坊)①夫⑵(人名)肤麸俘孵(文)(孵化)敷孚稃③甫脯⑴(果脯)辅俯斧釜抚⑤赴讣②扶芙(文)(芙蓉)凫无⑴(无中生有)芜巫诬毋④腐(文)(腐儴)武侮鹉舞妩②于盂竽②俞逾渝愉榆瑜瑜臾谀腴④宇羽雨禹④愈⑥芋吁⑶(呼吁)⑥喻谕裕
蟹合三祭去	⑥卫彗
蟹合四齐韵	②携畦⑥惠慧
止合三支韵	①逶③委萎痿②为⑴(作为)⑥为⑵(为什么)
止合三脂韵	②帷维潍④唯惟⑥位⑥遗
止合三微韵	①威葳③尉蔚慰⑤畏喂餧②违围韦帏闱炜④伟苇玮韪⑥纬⑥胃谓猬
流开三尤韵	④负
臻合一没入	⑦不(文)(不是)
通合三屋入	⑦复(複)(復)腹蝮馥覆福幅辐蝠⑧伏服袱茯匐

18. 永强话读[ɿ]，温州话读[ʅ]。

遇合三鱼韵	①沮狙疽诸③咀③渚褚⑤著③础⑵(礎础)处⑴(处理)⑤处⑵(相处)⑥觑②除储蹰④贮伫⑥署薯(文)(马铃薯)曙①梳(白)(头梳)书抒舒③暑黍⑤絮⑤恕庶②锄(白)(板锄)②如茹④序叙绪④墅④汝
遇合三虞韵	①株蛛诛①朱(硃)珠侏鈇(鮇鮹)③拄③主⑤驻炷⑤注蛀铸①趋枢③取娶⑤趣②厨橱④柱砫⑥住①须(鬚)需①输⑤戍②殊②儒蠕嚅濡⑤聚④竖④乳⑥树⑥孺
蟹合三祭去	⑤缀⑤赘⑤岁⑤税
止合三支韵	③嘴①吹炊②垂捶锤陲⑥缒②隋随⑥瑞
止合三脂韵	①追①椎锥⑤醉⑵(酒喝醉②)②槌⑥坠①尿⑵(拉尿)①虽绥③水⑤崇邃②谁④蕊⑥遂隧穗

18. 永强话读[ɿ]，温州话读[y]。

果合三戈平	②瘸①靴
遇合三鱼韵	①车(文 2)(车马炮)居(文)(居住)③举⑤据锯踞①祛⑤去(文)(来去)②渠(文)(水渠)④巨拒炬距⑥遽①虚嘘墟③许(文)(许多)④语圄龉⑥御(禦)驭
遇合三虞韵	①拘驹③矩枸⑴(枸橼)⑤句①区⑴(区别)岖驱躯③龋②瞿衢⑥具俱惧飓②娱(娱乐)③隅愚禺虞⑥遇寓①吁⑴(气喘吁吁)③诩栩⑤酗煦①吁⑵(喝止牲口声)③岖⑤妪
蟹合四齐韵	①闺硅圭⑤桂①睽瞆
止合三支韵	①规⑴(圆规)③诡①窥④跪②危⑥伪①麾③毁
止合三脂韵	①龟③轨癸⑤季悸愧⑴(惭愧)②葵逵馗夔④揆⑥柜(櫃)馈匮
止合三微韵	①归⑵(当归)③鬼⑤贵①挥⑵(指挥)辉晖⑤卉讳

22. 永强话读[iau]，温州话读[iau]。

流开三尤韵	①妞④扭纽忸⑥狃(若屋合音)①鸠阄③九久玖灸韭⑤究疚救咎厩①丘蚯邱③揪②求球逑裘仇(1)(姓氏)④臼舅柏⑥旧柩①休咻③朽⑤臭(2)(铜臭)嗅①优忧悠攸②尤犹②由邮油游蚰猷蝤鳅④友有④酉诱莠⑥又右佑祐⑥囿宥柚釉
流开三幽韵	①赳③纠②虬①幽③黝⑤幼

23. 普通话读 u 或 iu，永强话读[iəu]，温州话读[əu]。

遇合一模韵	②徒(白)(门徒)②奴④努弩⑥怒①噜④虏鲁掳橹卤(鹵)(1)(卤素)
流开三尤韵	①丢①溜②刘留流琉硫馏榴瘤镠鎏④柳绺⑥遛
曾开一德入	⑦忒(2)(忒不识相)
通合一屋入	⑦秃⑧独读(1)(读书)渎椟犊牍⑧鹿漉辘麓
通合一沃入	⑦督笃⑧毒
通合三屋入	⑧六陆戮

23. 普通话读 ou，永强话读[iəu]，温州话读[əu]。

流开一侯韵	②头骰⑥豆荳痘

27. 永强话读[iəŋ]，温州话读[əŋ]。

曾开三蒸韵	①症(癥)(2)(症结)蒸③拯⑤甑铻证症(1)(病症)①称(1)(称呼)⑤秤称(2)(相称)②惩澄橙⑥瞪(文)(瞪目结舌)①升昇陞⑤胜②仍②缯乘(1)(加减乘除)绳塍承丞⑥乘(2)(千乘之国)剩嵊
梗开三清韵	①晶睛精菁旌正(2)(正月)征(徵)怔③井阱整⑤正(1)(真正)政①贞侦帧①清蜻③请骋②呈程埕④逞⑥郑①声③省(2)(反省)⑤性姓圣②情晴饧成诚城盛(2)(盛饭)④靖静婧⑥净靓(1)(靓妆)盛(1)(兴盛)晟
梗开四青韵	①星猩腥惺③醒①青蜻

29. 永强话读[yoŋ]，温州话读[ioŋ]。

山合三仙韵	③卷(白)(一卷)①穿(白)(穿针)鬈(白)(鬈发)⑤串
臻合三谆韵	①遵谆肫③准(準)⑤俊骏竣隽①皴春椿③蠢④盾(2)(矛盾)①询峋洵荀③笋隼桦⑤峻浚瞬舜②旬驯巡循徇唇④吮⑥殉顺闰润①均钧④菌窘②匀筠④允尹
臻合三文韵	①军君皲①裙群⑥郡①勋熏薰⑤训①氲③蕴愠⑤酝熨②云(雲)耘芸纭④殒
梗合三庚韵	③同①兄②荣嵘蝾④永咏泳
梗合三清韵	①倾③顷②琼②营茔莹
梗合四青韵	③扃迥炯②荧萤萦荥
通合一东韵	①囱
通合三东韵	①中(1)(中国)忠衷盅终⑤中(2)(中状元)众①冲(1)(冲锋)忡充⑤铳②虫⑥仲①弓(1)(弓箭)躬(1)(躬身)宫(1)(宫殿)①穹②穷②熊雄融

| 通合三锺韵 | ①冲(衝)(2)(对冲)憧③宠①春②慵①雍臃③拥②佣(傭)(1)(雇佣)庸墉镛容蓉溶榕熔 |

30. 永强话读[ŋ]，温州话读[øy]。

| 遇合一模韵 | ②蜈 |
| 遇合三鱼韵 | ②鱼渔 |

二、永嘉话与温州话比较

(一)相同部分

01. 普通话读 a，永嘉话读[a]，温州话读[a]。

果开一歌韵	①他它她拖(白)(鞋拖)①南(2)(南无)那(2)(姓氏)③娜(1)(人名)⑥那(1)(那么)哪(1)(哪里)①阿(2)(阿舅)啊(1)(啊呀)③阿(3)(阿门)⑤啊(2)(叹词)
假开二麻韵	⑤爸①妈②吗⑥骂①拿①咱⑤咤炸(2)(油炸粿)⑤诧姹差(2)(不好)①搭
遇合三鱼韵	④女(白)(女儿)
咸开一合入	⑦砸匝(2)(匝道)⑦飒⑦搭答(2)(答应)瘩嗒⑦踏(1)(踢踏舞)沓(2)(疲沓)⑧踏(2)(踏步)沓(1)(一沓纸)⑦垃拉(文)(拖拉)啦⑧拉(白)(拉尿)
咸开一盍入	⑦耷⑦塌塔蹋遢榻溻⑧闒⑦腊蜡邋⑦卅
咸开二洽入	⑦眨⑧插⑧溹(白)煠(白)⑦歃⑧闸溹(文)䗮煠(文)⑦夹挾颊荚峡(1)(长江三峡)⑦恰掐卡(1)(卡口)⑧峡(2)(河峡儿)⑧狭洽
咸开二狎入	⑦霎啥⑦甲钾胛⑦呷⑧匣狎⑦压押鸭
山开一曷入	⑦怛妲笪靼⑦挞闼⑦轧(2)(轧钢)扎札⑦察⑦杀刹(2)(刹车)煞趿獭⑧达鞑⑧捺⑧喇辣剌瘌⑦擦⑦萨撒
山开二黠入	⑦八(2)(小八獭子)叭⑦咖(1)(咖喱)嘎(1)(鸟鸣声)伽(2)(伽蓝)夏⑦咖(1)(咖啡)卡(2)(磁卡)⑧嘎(2)(嘎嘎抖)轧(3)(轧姘头)茄(2)(番茄)⑧點⑦揠轧(1)(倾轧)
山开二鎋入	⑦刹(1)(古刹)⑧铡⑦瞎哈⑧辖
臻合一没入	⑧呐(2)(呐喊)

01. 普通话读 ai，永嘉话读[a]，温州话读[a]。

蟹开一咍韵	⑥埭(白)(两埭屋)④乃艿氖⑥鼐
蟹开一泰去	⑤戴(白)(戴帽)⑤带⑤太泰傣汰⑥大(文1)(大师)汏⑥奈⑥赖癞籁⑤蔡
蟹开二皆韵	⑤拜⑤湃①掰②排俳⑥惫②埋霾①斋崽(白)(卵崽)①差(3)(出差)②豺
蟹开二佳韵	③摆(攦襬)⑤派②牌④罢(1)(吃叉罢)④买⑥卖①奶(白1)(奶奶头儿)④奶(文1)(老奶奶)⑤债①差(1)(差错)叉(1)(叉烧包)钗④豸①筛(1)(筛酒)⑤洒晒②柴
蟹开二夬去	⑥败⑥迈⑥寨
梗开二陌入	⑦百伯迫柏佰⑦拍魄珀擘(白)(擘饼)啪⑧白舶(1)(舶来品)帛⑧陌(1)(陌生)⑦咋(2)(咋舌)窄胙⑦拆⑧宅择泽着(文2)(着色)翟(1)(姓氏)
梗开二麦入	⑦檗擘(文)(巨擘)⑧麦脉唛⑧摘谪责啧簀⑦册策

01. 普通话读 an，永嘉话读[a]，温州话读[a]。

咸开一覃韵	①耽眈②坛(壜)(2)(酒坛)谭昙②岚②函涵
咸开一谈韵	①担(1)(负担)聃③胆⑤石(2)(一石米)担(2)(重担)①坍③毯②谈痰④淡氮啖澹②蓝篮褴④览揽缆榄⑥滥②惭⑥暂①三叁仨③喊
咸开二咸韵	③斩崭⑤蘸④湛⑥站赚(文)(赚错)①杉②馋谗①缄尴③减碱硷⑥陷(白)馅(白)(馅心)②咸(鹹)⑥陷(文)(陷阱)馅(文)(馅饼)
咸开二衔韵	①搀⑤忏谶①衫②巉①监(1)(牢监)⑤监(2)(太监)鉴③槛③舰⑤嵌②衔(白)(衔头)②岩②衔(文)(头衔)
山开一寒韵	①丹单(1)(单独)郸殚③疸掸⑤旦诞①摊滩瘫③坦(文)(坦白)⑤炭叹碳②坛(壇)(1)(花坛)弹(2)(弹琴)檀④袒⑥但弹(1)(子弹)蛋惮坦(白)(道坦)②难(1)(困难)⑥难(2)(患难)②兰拦栏澜谰阑④懒瀬⑥烂⑤赞瓒①餐⑤灿粲璨②残①珊栅(2)(栅极)姗跚③伞散(2)(散漫)霰⑤散(1)(散会)
山开二山韵	⑤扮瓣⑤盼⑥办③盏③产铲⑥绽①山舢②潺①间(1)(房间)艰③栈柬简锏裥挧⑤间(2)(间接)①悭④眼②闲娴痫④限
山开二删韵	①扳班颁斑瘢③反(2)(反转)板(闆)版阪钣舨①攀⑤襻②爿②蛮⑥漫慢谩④赧⑥栈①删潸⑤栅(1)(栅栏)汕疝疝①奸姦萱⑤谏涧②雁(白)(雁鹅)②颜⑥雁(文)(雁荡)赝④莞(2)(莞尔而笑)③绾⑤晏

01. 普通话读 e，永嘉话读[a]，温州话读[a]。

果开一歌韵	②何(白1)(何乜)②何(白2)(何乜)
假开三麻韵	④也(白2)(也是)③也(白1)(也是)
蟹开二皆韵	①阶皆偕⑤介戒芥尬届界诫疥疥①揩③楷锴②癌挨(2)(拖延)②谐④骇骸⑥械①埃(埃及)挨(1)(挨近)⑤呃
蟹开二佳韵	①街③解(1)(讲解)⑤解(2)(解钞票)廨②崖涯捱③蟹②鞋④解(3)(解签诗)懈⑥邂③矮⑤隘蚂(2)(蚂儿)
咸开一合入	⑦喝(2)(喝水)⑧盒(白)(盒儿)
梗开二陌入	⑦格胳(胳肢窝)骼⑦客咯⑧额⑦赫
梗开二麦入	⑦革隔嗝膈⑦绎⑦扼厄轭

01. 普通话读 eng，永嘉话读[a]，温州话读[a]。

梗开二庚韵	②衡

01. 普通话读 ua，永嘉话读[a]，温州话读[a]。

山合一末入	⑦豁(2)(豁拳)
山合二黠入	⑦挖
梗合二麦入	⑧划(劃)(2)(笔划)画(2)(笔画)获(獲)(2)(收获)

01. 普通话读 uai，永嘉话读[a]，温州话读[a]。

蟹合一泰去	⑥外
蟹合二皆韵	①乖⑤怪⑤蒯②怀(白)(怀闷)②怀(文)(怀念)淮槐⑥坏
蟹合二佳韵	③拐①歪
蟹合二夬去	⑤快筷
止合三脂韵	⑤帅

01. 普通话读 uan，永嘉话读[a]，温州话读[a]。

咸合三凡韵	⑤泛②凡帆④犯范⑥梵
山合一桓韵	①宽髋④皖⑥换
山合二山韵	①纶(2)(纶巾)鳏⑥幻
山合二删韵	①关⑤惯⑥环(白)(门环)①弯湾②顽还环(文)(环境)圜寰⑥宦患豢
山合三仙韵	①铅(1)(铅锅)
山合三元韵	①藩(1)(篱笆)番(1)(番人)翻③反(1)(反对)返⑤贩畈②矾烦繁蕃樊藩(2)(曾国藩)蘩⑥饭④挽(白)(挽联)晚(白)(晚稻)⑥曼蔓万(白)(逾千达万)④挽(文)(挽回)晚(文)(早晚)⑥万(文1)(万年青)

01. 普通话读 uo，永嘉话读[a]，温州话读[a]。

曾合一德入	⑧或惑

02. 永嘉话读[ia]，温州话读[ia]。

假开二麻韵	⑤卸①丫(2)(丫环)呀
效开四萧韵	④鸟(1)(飞鸟)袅⑥尿(1)(输尿管)①烧(白)(烧烧动)②尧饶(2)(上饶)烧(文)(烧虫)③晓
咸开三业入	⑦怯(白)(胆怯)
山开四屑入	⑧捏⑦屑楔
宕开三药入	⑦爵着(白)(着衣)⑦灼酌⑦斫⑦雀鹊⑦绰焯⑧着(文1)(着火)嚷(1)(嚷起)⑦削⑦烁铄⑧嚼⑧勺芍妁⑧若偌弱⑧箬⑦脚⑧却⑧疟虐⑦谑⑦约⑧药钥跃龠
梗开二陌入	⑧搦

03. 永嘉话读[ε]，温州话读[ε]。

梗开二庚韵	①烹②彭嘭蟛澎膨⑥甏②盲④猛锰蜢艋⑥孟③打④冷①撑(1)(俯卧撑)⑤撑(2)(撑客)①生牲笙甥③省(1)(省略)①更庚羹赓③埂梗哽鲠⑥更(文2)(更加)①坑⑥硬①亨哼②行(文1)(行为)珩桁⑥行(文3)(品行)绗③斋(天明亮)
梗开二耕韵	①绷(1)(藤绷)①浜⑤绷(2)(绷紧)⑤迸①砰抨怦②棚(2)(尿布棚)④蚌(2)(蚌埠)②萌④黾(1)(蛙的一种)①争狰睁筝⑦峥⑤挣诤①耕③耿⑥铿④幸悻①莺(2)(莺哥)樱(1)(金樱)鹦(2)(鹦哥)罂(2)(罂壶)③杏
梗合二庚韵	②横

06. 永嘉话读[uɔ]，温州话读[uɔ]。

效开二肴韵	①包苞胞③饱⑤豹趵①抛脬③跑⑤泡炮疱②咆庖④鲍⑥刨鉋①猫(2)(熊猫)②茅猫(1)(大猫)锚④卯⑥貌
流开三尤韵	②矛蝥
宕开一唐韵	①帮甫③榜膀(2)(翼膀)⑤谤泵①滂③耪②旁傍膀(1)(膀胱)磅螃彷(1)(彷徨)⑥镑②芒忙氓茫虻④莽漭蟒
宕合三阳韵	①方坊妘肪芳③仿纺彷(2)(彷佛)昉⑤放舫访②防房亡⑥妄忘望旺④网罔魍惘
江开二江韵	①邦梆③绑⑤胖②庞④蚌(1)(象鼻蚌)棒

07. 永嘉话读[yɔ]，温州话读[yɔ]。

宕开三阳韵	①妆(2)(妆灵清)庄(2)(坐庄)装(2)(假装)⑤壮(白)(壮显壮)③闯⑥状①霜孀②床
宕合三阳韵	①框眶筐匡诓②狂诳⑥逛⑤况③枉往②王
江开二江韵	①桩(文)(打桩)⑤戆①窗②幢(1)(经幢)②桩(白)(烂树桩)⑥撞幢(2)(楼幢)①双
通合三锺韵	①钟(鐘鍾)龚③冢③肿种(2)(种子)踵⑤纵种(1)(种树)②重(2)(重复)④重(1)(轻重)⑥重(3)(重迭)②浓(2)(浓淡)③筚(耸立)怂(怂恿)悚竦②从(1)(跟从)②松(2)(松树)⑥讼诵颂①供(1)(供销)恭(1)(恭敬)③拱(1)(打拱作揖)⑤供(2)(供应)③恐⑥共①胸凶(文)(凶恶)匈汹①痈邕⑤壅④勇涌踊甬俑恿蛹⑥用佣(2)(佣人)

08. 永嘉话读[ə]，温州话读[ə]。

效开一豪韵	①襃煲③宝保堡鸨葆褓⑤报②袍④抱⑥暴曝爆②毛牦氂蛑④铆⑥冒帽耄①刀叨③岛捣倒(1)(打倒)裯⑤到倒(2)(倒水)①滔绦韬饕涛③讨⑤套①逃桃涛陶掏萄淘啕④道稻⑥导盗悼蹈焘纛②恼脑瑙②劳牢捞唠痨④老姥(1)(姥爷)佬⑥涝①遭糟③早枣蚤澡藻⑤灶躁①操(1)(操作)草(白)(潦草)③草(文)(青草)⑤操(2)(曹操)糙①搔骚缫③嫂⑤扫噪燥②曹槽漕④皂造①高羔膏糕皋睪篙疙③搞镐稿⑤告诰①尻③考拷烤㤅⑤铐靠犒②熬敖遨獒謷翱鳌⑥傲①蒿薅③好(1)(爱好)⑤好(2)(喜好)耗②毫豪嚎蚝嗥壕濠④浩皓昊颢灏⑥号①爊熰噢③袄媪⑤奥澳懊岙
流开一侯韵	③剖④牡亩⑥茂贸袤懋
流开三尤韵	③否(1)(否则)缶②阜浮(文)(浮肿)蜉②谋缪(1)(绸缪)②牟眸

10. 永嘉话读[e]，温州话读[e]。

遇合三鱼韵	⑦居(白)(居个)⑤去(白)(去父)②渠(白)(第三人称指代词)③许(白)(许个)
蟹开一咍韵	③歹⑤戴(文)(姓氏)①台(2)(台州)苔(2)(舌苔)胎⑤态贷②台(臺)(1)(台湾)台(檯)(3)(台子)台(颱)(4)(颱风)抬苔(1)(青苔)跆④待怠殆给⑥代袋岱玳埭(文)(河埭)黛⑥耐②来莱徕俫⑥睐赉①灾哉栽③宰崽(文)(牛崽)⑤再载①猜③采(1)(采集)彩睬踩⑤采(2)(采邑)菜①腮(文)(两腮)鳃②塞(2)(要塞)赛②才(纔)材财裁④在⑥儎①该赅③改颏⑤溉概①开③凯恺⑤慨忾②呆(1)(呆头)皑⑥碍①咳(1)(咳笑)嗨⑤海③孩④亥氦①哎哀埃(1)(尘埃)唉(1)(咳声叹气)⑤爱嫒暖
蟹合一泰去	⑤最(白)(最高境界)⑤丐钙盖⑥艾⑥害⑤蔼霭

山合三薛入	⑧劣埒
宕开三阳韵	③厂⑴(工厂)
曾开一德入	⑦得德⑦忒忒⑴(过于)⑧特⑧肋勒仂⑦则⑦塞⑴(堵塞)⑧贼⑦克刻剋⑦黑嘿⑧劾

12. 永嘉话读[ø]，温州话读[ø]。

咸开一覃韵	①贪⑤探②潭①囝②男南⑴(南北)喃楠腩②婪①参⑴(参加)掺③惨③糁②蚕③感⑤赣①堪龛戡③坎砍⑤勘④颔⑴(面颔)②含④颔颔⑵(颔首)④撼⑥憾①庵谙鹌⑤暗黯
咸开一合入	⑦答⑴(报答)⑧纳钠衲⑦匝⑴(一匝十二年)⑧杂⑦合⑵(三合粉)蛤鸽⑧合⑴(合作)盒⑵(纸盒)
咸开一谈韵	③忐①甘柑坩泔疳③赶敢橄⑤阚瞰①酣蚶①憨③俺
咸开一盍入	⑦磕嗑溘瞌⑧盍阖
深开三侵韵	①簪⑤譖①参⑵(参差)
深开三缉入	⑧粒
山开一寒韵	①刊看⑵(看守)③侃⑤看⑴(看见)⑤燠
山开一曷入	⑦葛割⑦咳⑵(咳嗽)渴⑦喝⑴(吆喝)⑦遏褐
山合一桓韵	①般搬⑴(搬弄是非)⑤半①番⑵(番禺)潘⑤判泮②盘搬⑵(搬运)磐滂瘢蹒蟠④伴拌绊⑥叛畔②馒鳗瞒鞔④满螨㒼⑥幔缦镘①端③短⑤断⑵(文2)(决断)锻①湍②团(團糥)④断⑵文1)(断续)⑥段⑶(文)(段落)缎④暖⑶(文)(温暖)②峦孪娈栾鸾脔滦銮④卵⑶(文)(卵袋)⑥乱①钻⑵(钻洞)③攒纂⑤钻⑵(钻孔)①㽑⑤窜蹿①酸⑤蒜算⑥玩
山合一末入	⑦拨钵⑦泼⑧钹⑧末抹茉沫秣⑦掇⑦脱⑴(脱离)⑧夺⑶(文)(抢夺)
山合二删韵	⑤篡①拴栓闩⑤涮④撰馔
山合二辖入	⑦刷
山合三月入	⑧橛⑶(白)(两橛断)
臻开一痕韵	①吞⑶(文)(吞咽)①根⑴(根据)跟⑴(脚下跟头)②痕⑴(痕迹)①恩⑤摁
臻合一魂韵	②盆①敦墩礅镦蹲②屯囤豚臀⑥钝遁⑥嫩②论⑵(论语)⑥论⑴(讨论)①尊樽①村邨③忖⑤寸①孙荪狲③损⑤逊巽⑶(文)(八卦之一)②存
臻合一没入	⑧勃脖渤荸饽悖⑧没殁⑦咄⑧凸突㷸⑶(㷸起算)⑧呐⑴(呐口)讷⑧兀仡
宕开一铎入	⑧凿

13. 永嘉话读[o]，温州话读[o]。

果开一歌韵	②挪傩哪⑵(哪吒)④娜⑴(婀娜)①娿挲③可②鹅⑶(白)(鹅兜)①呵诃嗬
果合一戈韵	③朵⑤唾⑶(文)(唾沫)④垛⑤挫锉⑶(文)(锉刀)①咳梭蓑③琐锁唢②矬痤④坐⑥座
假开二麻韵	①巴⑴(巴西)芭吧疤笆粑③把⑴(把守)靶⑤坝把⑵(把柄)霸①葩帕怕②扒爬耙杷琶皅②麻嘛蟆④马玛码蚂①乍查⑵(姓氏)喳渣楂吒③抯⑤诈咋⑴(咋然)炸⑴(炸弹)榨蚱①叉②叉⑵(叉腰)杈车⑶(白)(汽车)⑤岔汊衩②茶查⑴(检查)搽②苴①沙纱砂鲨莎痧裟⑤嗄閜⑥鲊①加家嘉迦⑴(迦南)枷⑶(文)(枷锁)

假合二麻韵	笳袈傢茄⑴(雪茄)③贾⑵(姓氏)假⑴(假设)⑤价驾架(文)(衣架)假⑵(放假)嫁稼②枷(白)(饭镬枷儿)②牙芽衙伢蚜④雅⑥讶砑①虾⑴(虾儿)⑤吓②虾⑵(虾蟆)霞遐瑕④下⑥夏厦暇(闲暇)①丫⑴(两丫裤)鸦③哑⑤亚娅挜①挞⑴(敲打)③傻②斜⑵(斜视)①瓜呱⑵(呱呱叫)娲蜗③寡剐①夸(誇)③垮⑤挎跨胯④瓦①花⑤化②划⑴(划龙船)华⑴(中华)哗骅⑥华⑵(华山)桦①哇洼蛙
遇合一模韵	⑥赂⑤措厝⑥祚
遇合三鱼韵	③所(场所)
蟹开二佳韵	④罢⑵(罢工)①佳
蟹合二佳韵	⑤卦褂挂⑥画⑴(连环画)①娃
蟹合二夬去	⑥话
流开一侯韵	①姆⑵(师姆)④母拇姆⑴(保姆)某
山开二黠入	⑦八⑴(八个)捌⑦趴⑧拔跋
宕开一铎入	⑦博搏膊⑦粕泊⑧薄⑴(厚薄)亳箔礴⑧莫摸幕漠寞膜瘼膜⑦泊⑦托拓⑧铎⑧诺喏⑦乐⑵(快乐)洛骆络烙落酪⑦作⑦错⑦索嗦⑧昨怍胙祚酢⑦各阁胳⑴(胳膊)搁(文)(搁浅)咯⑧硌⑴(硬硌硌)搁(白)(搁臀)⑧鄂愕噩鳄谔萼腭颚鹤⑦壑郝⑧涸貉⑦恶⑴(善恶)
宕合一铎入	⑦郭椁⑦扩廓⑦霍藿⑧获(穫)⑴(收稼庄稼)镬
江开二觉入	⑦驳剥⑦朴(樸)⑥雹⑧邈⑧擢(白)(擢起当官)⑦捔⑦角觉珏⑦壳确榷⑧乐⑴(音乐)岳嶽⑧学峃⑦握喔龌龊
梗开二陌入	⑦舶⑵(船舶)⑧蓦陌⑵(打生陌生)
通合一屋入	⑧禄碌
通合一沃入	⑦沃鋈
通合三烛入	⑧录绿氯

15. 永嘉话读[yo]，温州话读[yo]。

江开二觉入	⑦卓桌啄琢诼涿捉⑦戳⑦龊⑧浊镯⑧擢(文)(擢升)濯⑦朔槊
通合三屋入	⑦蓄⑦缩蓿
通合三烛入	⑦足⑦烛嘱瞩⑦触⑧躅属蜀⑦粟僳⑦束⑧俗续⑧赎⑦曲⑴(弯曲)蛐⑧局焗⑧玉狱钰⑧浴欲

16. 永嘉话读[ɿ]，温州话读[ɿ]。

蟹开一咍韵	①腮(白)(腮腺炎)
止开三支韵	①匙①知蜘③紫訾③只⑴(只有)呮⑤智⑤渍①雌呲疵①差⑷(参差)③此③侈⑤刺⑴(刺激)⑤翅②弛驰②踟篪龇①斯撕嘶厮①筛⑵(米筛)①施③徙豕⑤赐④氏是④尔⑥彝
止开三脂韵	①咨姿资①脂③姊③旨指⑤恣⑤至挚⑤次②迟④雉⑥稚①私①师狮(文)(雄狮)蛳①尸③死③矢屎⑤四肆②瓷⑥自⑥示谥⑥视嗜
止开三之韵	①吱①兹滋孳①孜淄缁辎锱①之芝①子籽仔梓滓③第③止址趾祉⑤置⑤志痣⑤识⑵(标识)帜①痴①笞①蚩嗤③耻③齿①贻炽②持④痔峙⑥治

第九章 瓯语系各地方音与温州话比较

	①司丝咝鸶思飔①诗③史使驶③始⑤伺⑤试弑②慈磁鹚糍(泥糍)②时②而④巳祀似④士仕俟市柿恃④耳(文)(聂耳)洱⑥字寺侍⑥饲嗣⑥事⑥饵
深开三缉入	⑦涩(白)(涩口)

17. 普通话读 i，永嘉话读 [i]，温州话读 [i]。

蟹开三祭去	⑥例
蟹开四齐韵	②泥⑥伲
止开三支韵	⑤臂②糜縻④攠
止开三脂韵	⑤秘(2)(秘鲁)綮⑥秘(1)(秘书)①妮②尼呢怩⑥腻
止开三之韵	④你
深开三缉入	⑧立
臻开三质入	⑦必毕笔哔筚跸滗⑦匹⑧弼⑧泌密蜜宓谧嘧⑧昵⑧栗傈溧篥溧慄
曾开三职入	⑦逼⑧愎(刚愎自用)⑧匿⑦即
梗开三陌入	⑦碧
梗开三昔入	⑦辟(1)(大辟)璧⑦辟(闢)(2)(开辟)僻⑧掷(白)(投掷)
梗开四锡入	⑦壁⑦劈霹噼癖⑧觅汨幎⑧溺⑧迪敌涤笛狄籴荻翟(2)(长尾的野鸡)

17. 普通话读 lǜ，永嘉话读 [i]，温州话读 [i]。

臻合三术入	⑧律率(2)(效率)

18. 永嘉话读 [u]，温州话读 [u]。

果开一歌韵	①哥歌③舸①苛柯轲疴③坷②河何(文)(任何)荷(1)(荷花)菏④荷(2)(负荷)⑥贺①阿(1)(阿胶)娿⑤屙
果合一戈韵	①戈锅埚犒③果裹馃⑤过①科棵颗蝌稞窠髁⑤课③火伙(夥)⑤货②禾和(1)(和平)④祸⑥和(2)(附和)①窝涡莴①倭挝(2)(老挝)
遇合一模韵	③圃(2)(浦东)浦②菩脯②菩脯(2)(胸脯)蒲(2)(菖蒲)匍莆④部簿⑥捕哺①估咕姑菇轱蛄辜孤呱(1)(呱呱而泣)菰箍③古诂牯罟股盅贾(1)(商贾)鼓臌瞽⑤固沽故痼顾雇①枯骷刳③苦⑤库裤绔①乎呼③虎唬琥浒⑤戽③狐弧壶胡(鬍)葫湖蝴糊猢瑚④户沪扈⑥互护①乌呜钨污③坞⑤恶(2)(可恶)
遇合三鱼韵	①淤於②余(餘)(2)(剩余)舆④予与(1)(给予)⑥与(参与)余(1)(姓氏)⑥预誉豫
遇合三虞韵	②孵(白)(孵坊)①夫(2)(人名)肤麸俘孵(文)(孵化)敷孚稃③甫脯(1)(果脯)辅俯斧釜抚⑤赴讣②扶芙(文)(芙蓉)凫无(无中生有)芜巫诬毋④腐(文)(腐馕)武侮鹉舞妩②于盂竽②俞逾渝愉榆揄瑜臾谀腴④宇羽雨禹④愈⑥芋吁(3)(呼吁)⑥喻谕裕
蟹合三祭去	⑥卫彗
蟹合四齐韵	②携畦⑥惠慧
止合三支韵	①逶③委萎痿②为(1)(作为)⑥为(2)(为什么)
止合三脂韵	②帷维潍④唯惟⑥位⑥遗
止合三微韵	①威葳③尉蔚慰⑤畏喂餵②违围韦帏闱炜⑥伟苇玮韪⑥纬⑥胃谓猬

流开三尤韵	④负
臻合一没入	⑦不(文)(不是)
通合一屋入	⑦谷(穀)⑦哭⑧斛槲⑦屋
通合一沃入	⑦酷⑧鹄
通合三屋入	⑦复(複)(復)腹蝮馥覆福幅辐蝠⑧伏服袱茯匐

19. 永嘉话读[y]，温州话读[y]。

遇合三鱼韵	④女(文)(男女)
山开一寒韵	①干(1)(干犯)干(乾)(3)(干燥)杆(1)(筷杆)肝竿③杆(2)(电灯杆)秆擀⑤干(幹)(2)(干部)①骭③罕⑤汉①安氨鞍桉⑤按案胺②韩寒邗邯④旱⑥岸⑥汗捍悍焊翰瀚
山合一桓韵	①官棺倌观(1)(观察)冠(1)(皇冠)③馆琯管(文)(管理)莞(1)(东莞)⑤贯灌罐盥观(2)(寺观)冠(2)(冠军)③款①欢⑤唤涣焕痪奂②桓丸完烷④缓浣①豌剜蜿③碗⑤惋腕
山合三仙韵	①镌①专砖⑤转啭①痊诠铨①川穿(文)(贯穿)③喘舛⑤钏②传(1)(宣传)椽④篆⑥传(2)(传记)①宣③选⑤渲①全泉②漩①船⑥旋(镟)璇④软①捐娟鹃涓③卷(文2)(席卷)⑤卷(文1)(考卷)眷绢圈(2)(猪圈)①圈(1)(圆圈)②权拳蜷颧⑥倦①员圆鸢④充⑥院媛缘
山合三薛入	⑦辍啜⑦茁拙⑦雪⑦嗉(2)(嗉头)⑦说⑧绝⑧蕝⑧阅悦
山合三元韵	③绻⑤劝券②元原源鼋螈④阮⑥愿①喧萱煊⑤楦①鸳冤③苑宛婉琬⑤怨②园袁援猿垣辕④远
山合三月入	⑦ 厥撅蕨噘獗⑦阙⑧橛(文)(短木桩)镢⑧月⑦哕(哕起，即恶心)⑦曰⑧越粤
山合四先韵	③犬⑤绚①渊②玄悬⑥县眩
山合四屑入	⑦决诀抉⑦缺炔⑦阕⑦血⑧穴
臻合一魂韵	①昆(文2)(灵昆岛)⑤睏①昏(1)(黄昏)婚⑤巽(白)(巽山)①温(1)(温州)瘟③稳②魂
臻合一没入	⑦骨⑦窟⑦忽笏唿惚瘒⑧核
臻合三术入	⑦绌⑦黢出(齣)⑧怵黜⑧术(1)(白术)⑦戌恤⑧术(術)(2)(手术)述⑦橘聿鹬
臻合三文韵	①荤
臻合三物入	⑦屈⑧倔掘(文)(挖掘)崛⑦郁(2)(郁郁葱葱)
曾合三职入	⑧域阈
梗合三昔入	⑧役疫

21. 永嘉话读[ai]，温州话读[ai]。

果开一歌韵	②蛾(白)(打灯蛾)⑤个⑥饿(白)(肚饿)
果合一戈韵	⑤唾(白)(痰唾)②脶
蟹开一咍韵	④倍蓓①呆(2)(痴呆)⑤唉(2)(唉磊堆碎)
蟹开一泰去	⑤贝狈⑤沛霈
蟹开二蟹韵	④奶(白2)(奶奶)
蟹开四齐韵	⑤细(白)(细姆)

蟹合一灰韵	①杯背(揹)(3)(背心)⑤背(1)(背部)辈褙①坯胚吥⑤配②陪培徘赔裴⑥佩背(2)(背诵)焙①姆②玫枚梅媒煤莓酶④每⑥妹昧①堆⑤对碓①推③腿⑤退褪煺②颓⑥队④馁⑥内②雷擂蕾镭④磊儡瘰⑥礌⑤淬①崔催摧③璀⑤啐⑤碎④罪①瑰①恢盔魁诙③傀⑤块⑥溃(白)(溃疡)①灰③贿悔⑤诲晦①偎煨③诿猥②桅鬼②回(迴)徊茴洄蛔④汇(匯)(1)(汇款)⑥溃(文)(崩溃)
蟹合一泰去	⑤脱(2)(脱裤)蜕⑥兑⑤最(文)(某某之最)拽(2)(拉扯)⑤会(2)(会计)侩剑桧脍⑤荟⑥会(1)(会议)绘烩
蟹合三祭去	⑤脆⑥锐睿芮
蟹合三废去	⑤哕⑤秽(淫词秽语)
蟹合四齐韵	①奎
止开三支韵	①卑碑
止开三脂韵	①悲①丕②霉⑦狮(白)(狮子)
止合三支韵	④累②羸⑤惢③揣⑤踹⑥睡①规(2)(规矩)①亏
止合三脂韵	④垒⑥泪⑤醉(1)(陶醉)⑤翠①衰⑥悴粹萃瘁⑤愧(2)(愧对)
止合三微韵	①归(1)(回归)皈①岿⑤喟②巍⑥魏(文)①挥(1)(挥挥手)徽③虺⑥魏(白)⑥汇(彙)(2)(汇报)
效开三宵韵	③小(白)(古方言留下的白读)
深开三缉入	⑦缉(2)(缉合)戢汁执⑦缉(1)(通缉)辑茸⑦涩(文)(羞涩)湿⑧集习袭十什拾入
山合一末入	⑧夺(白)(赌抢赌夺)⑧捋⑦攫⑦撮
臻开三质入	⑦窒栉质郅桎蛭⑦七柒漆⑧侄秩帙⑦膝瑟虱失室⑧疾嫉蒺实日(文)(日本)
臻合一没入	⑦不(白)(不仅)⑦卒猝
臻合三术入	⑦率(1)(率领)摔蟀
臻合三物入	⑦芾黻髴弗佛(2)(仿佛)拂氟⑧佛(1)(佛陀)勿物(文)(事物)
曾合一德入	⑦北⑧万(文2)(万俟)墨默⑦国
梗合二麦入	⑦帼掴蝈

22. 永嘉话读[iai]，温州话读[iai]。

深开三缉入	⑦级急给汲⑦泣⑧及圾⑦吸歙甩⑦邑挹浥揖⑧熠
臻开三质入	⑧日(白 1)(生日)⑦吉桔(2)(柑桔)劼诘⑧佶⑦一(文)(一二三)乙壹⑦溢⑧逸佚轶
臻开三迄入	⑦乞吃(2)(口吃)讫⑦迄⑧屹
臻合三物入	⑧掘(白)(掘井)
曾开三职入	⑦棘亟⑧极⑦抑⑧翼弋翌
梗开三陌入	⑦戟⑦隙⑧剧屐⑧逆
梗开三昔入	⑦益⑧亦译易(1)(交易)绎驿弈奕蜴液腋掖
梗开四锡入	⑦击激⑧檄

23. 永嘉话读[au]，温州话读[au]。	
流开一侯韵	①兜③斗(1)(北斗)抖陡蚪⑤斗(2)(斗争)①偷③敨⑤透②投⑥逗读(2)(句读)窦脰⑥耨②娄楼偻喽褛蝼髅④搂嵝⑥陋漏镂瘘③走⑤奏揍③掫⑤凑③叟嗾擞⑤擞漱①勾沟钩篝②苟狗枸(2)(枸杞)垢诟⑤构购媾够觳(白)(居屋合音)①抠眍③口⑤叩扣寇蔻④厚(白)(厚佬)④偶藕耦①佝③狗(许屋合音)⑤吼鲎(虹)②侯喉猴篌④后(後)厚(文)(忠厚)⑥候逅①区(2)(姓氏)欧鸥讴瓯③呕殴⑤沤怄墲(埋葬)
流开三尤韵	④疛①邹驺⑤皱绉①诌⑥胄籀骤①搜艘馊飕③溲⑤瘦②愁②牛

24. 永嘉话读[iau]，温州话读[iau]。	
流开三尤韵	①妞④扭纽钮忸⑥狃(若屋合音)①鸠阄③九久玖灸韭⑤究疚救咎厩①丘蚯邱③揂④求球逑裘仇(1)(姓氏)④臼舅柏⑥旧柩①休咻③朽⑤臭(2)(铜臭)嗅①优忧悠攸②尤犹②由邮油游蚰猷蝣⑤友有④酉诱莠⑥又右佑祐⑥囿宥柚釉
流开三幽韵	①赳③纠②虬①幽③黝⑤幼

25. 普通话读uo，永嘉话读[əu]，温州话读[əu]。	
果开一歌韵	①多哆③躲①拖(文)(拖拉机)②驮驼鸵佗陀沱砣跎④舵⑥大(文2)(大小)①啰②罗萝逻锣箩
果合一戈韵	⑤跺剁③妥椭④堕惰⑥懦糯②骡螺④裸瘰⑥撮

26. 普通话读u或iu，永嘉话读[əu]，温州话读[əu]。	
遇合一模韵	②徒(白)(门徒)②奴④努弩⑥怒①噜④房鲁掳橹卤(卤)(1)(卤素)
流开三尤韵	①丢①溜②刘留流琉硫馏榴瘤镠鎏④柳绺⑥遛
曾开一德入	⑦忒(2)(忒不识相)
通合一屋入	⑦秃⑧独读(1)(读书)渎椟犊牍⑧鹿漉辘麓
通合一沃入	⑦督笃⑧毒
通合三屋入	⑧六陆戮

26. 普通话读ou，永嘉话读[əu]，温州话读[əu]。	
流开一侯韵	②头骰⑥豆荳痘

27. 永嘉话读[iəu]，温州话读[iɛu]。	
流开三尤韵	①揪①舟州洲周(週)赒③酒③肘③帚⑤昼⑤咒①秋(鞦)湫鳅①抽③瞅③丑(醜)⑤臭(1)(乌焦臭)②囚②绸稠惆畴筹踌②仇(2)(仇恨)雠酬④纣宙轴⑥售①修羞馐①收③手首守狩⑤秀绣锈宿(2)(星宿)⑤兽②酋遒泅④受绶⑥就⑥袖⑥寿授②柔揉蹂
通合一屋入	⑧族
通合三屋入	⑦竹竺筑⑦祝粥⑦蹙蹴⑦畜(1)(牲畜)搐⑦俶⑧逐妯⑦肃宿(1)(宿舍)夙叔倏菽⑧淑熟孰塾⑧衄肉⑦菊鞠掬⑦曲(2)(麴)(酒曲)⑦畜(2)(畜牧)蓄⑦郁(1)(郁闷)燠⑧育昱煜毓鬻
通合三烛入	⑧辱褥缛⑦旭勖

29. 永嘉话读[aŋ]，温州话读[aŋ]。

深开三侵韵	④恁①砧针斟箴③枕怎⑤浸①侵郴琛(1)(珍宝)③寝⑤沁②沉④朕⑥鸠①心芯参(3)(人参)森深琛(2)(人名)③沈(瀋)审婶⑤渗②寻挦荨岑谌忱任(文2)(任性)④赁葚葚饪⑥任(文1)(姓氏)妊(文)(妊妇)衽
山合一桓韵	④断(白)(断气)⑥段(白)(烂树段)④暖(白)(暖芬芬)④卵(白)(卵黄)③管(白)(毛管)
臻开一痕韵	①吞(白)(慢吞吞)①根(2)(结根)跟(2)(跟从)哏⑤艮③垦恳③很狠②痕(2)(伤痕)⑥恨
臻开三真韵	①津珍蓁榛臻真甄③诊疹缜稹⑤进晋镇圳振震赈①亲(1)(亲威)捵嗔瞋⑤亲(2)(亲家)趁衬龀②尘陈臣⑥阵①辛锌新薪莘申伸身呻绅娠③迅哂⑤讯汛信囟②秦神辰晨宸人(文)(人民)仁娠④尽(儘)肾⑥烬慎蜃刃(1)(刀刃)纫仞②人(白1)(人来客往)
臻合一魂韵	①奔贲犇③本畚①喷(1)(喷水)⑤喷(2)(喷香)④苯⑥笨坌②门们扪⑥闷焖①吨③豚⑤顿炖(2)(炖卵糕)⑤佘②饨④盾(1)(盾牌)沌炖(1)(温炖汤)②仑抡①昆(文1)(昆仲)③滚衮绳辊⑤棍諢①昆(白)(昆剧)坤③捆⑤困①昏(2)(昏君)①温(2)(温吞)②浑馄④混⑥诨
臻合三谆韵	②伦沦轮囵纶(1)(涤纶)
臻合三文韵	⑤粪(白)(粪扫)①分(1)(分开)芬吩纷酚③粉⑤奋粪(文)(粪坑)②坟氛焚汾文纹蚊(文)(蚊蝇)雯④忿愤吻刎⑥分(2)(分格)份问(文)(提问)闻紊②蚊(白)(蚊虫)明(白)(明朝)⑥问(白)(问问胎)
江开二江韵	①夯(白)(夯实)
曾开一登韵	①灯登蹬噔③等凼⑤凳磴⑤瞪(白)(眼灵珠瞪起)②腾誊藤滕⑥邓②能②棱⑥愣①曾(文2)(姓氏)增憎⑤蹭②曾(白)(曾经)①僧②层曾(文1)(曾经)⑥赠⑤亘③肯啃②恒
梗开二耕韵	①筝(2)(古筝)
通合一冬韵	②疼(白)(疼痛)

30. 永嘉话读[iaŋ]，温州话读[iaŋ]。

咸开二咸韵	④赚(白)(赚钞票)
深开三侵韵	②壬④恁⑥任(白)(任何)妊(白)(妊娠)①今金襟③锦⑤禁①钦衾⑤捡②琴禽擒芩噙檎⑥妗噤①歆鑫②吟①阴荫(1)(树荫)音喑③饮⑤荫(2)(荫德)窨②淫霪
臻开三真韵	②人(白2)(新儒人)银鄞垠④忍⑥刃(2)(刀刃)认韧①巾③紧⑤仅馑瑾觐⑤衅①因茵咽(1)(咽喉)姻氤⑤印②寅④引蚓呦⑥胤
臻开三殷韵	①斤筋③谨⑤靳②芹勤⑥近①欣忻掀②龈①殷③隐瘾
曾开三蒸韵	②兢矜①兴(文1)(兴盛)③兴(白)(作兴)⑤兴(文2)(高兴)②凝①应(1)(应该)鹰膺⑤应(2)(响应)①蝇⑥孕
梗开二耕韵	①茎①莺(黄莺)樱(1)(樱桃)鹦(1)(鹦鹉)罂(1)(罂粟)
梗开三庚韵	①京荆惊粳③景警璟⑤竟敬境镜滰①卿⑤庆②擎鲸黥⑥竟②迎①英瑛莹③影⑤映③行(白)
梗开三清韵	③颈⑤劲①轻氢④痉①婴缨璎②盈赢楹瀛

梗开四青韵	②宁⑴(宁波)拧狞柠咛⑥宁⑵(宁可)泞①经⑴(经济)泾⑤径经⑵(经线)陉胫迳⑤磬罄①馨⑤滢②刑形型邢
梗合三清韵	④颖郢颍
通合三锺韵	①凶(白)

31. 永嘉话读[əŋ]，温州话读[əŋ]。

深开三侵韵	③禀③品②林临淋琳霖④凛廪
臻开三真韵	①宾彬斌滨缤濒槟③膑髌⑤鬓傧摈殡②贫频嫔颦②民旻岷抿泯旻④闽闵悯敏②邻磷鳞辚嶙遴辚麟璘⑥吝蔺膦
曾开三蒸韵	①冰①乒②凭①扔②凌陵菱
梗开三庚韵	①兵③丙秉柄炳②平评坪苹枰⑥病②明(文)(光明)鸣盟④皿⑥命
梗开三清韵	①并⑶(并州)③饼屏⑵(屏墙)⑤并(併)⑴(合并)摒⑤聘娉②名茗②令⑵(令尊)④岭领⑥令⑴(命令)
梗开四青韵	①拼姘②屏⑴(屏幕)瓶萍④并(並)⑵(并且)苹②铭冥瞑螟④酩①丁叮钉⑴(铁钉)仃疔③顶鼎⑤订钉⑵(钉板箱)①厅听(文)(听觉)汀町烃③挺艇⑤听(白)(打听)②廷亭庭停蜓婷霆⑥定啶腚碇锭①拎铃⑵(铃铛)②令⑶(令狐)伶灵玲铃⑴(电铃)聆羚零龄苓图泠棂蛉翎⑥另

33. 永嘉话读[oŋ]，温州话读[oŋ]。

臻合三谆韵	②纯淳醇莼鹑
曾开一登韵	①崩⑴(崩溃)嘣⑴(打嘣)⑤崩⑵(一崩香烟)蹦嘣⑵(内胎打嘣叉)⑤碰椪②朋棚⑴(牛棚)鹏硼
曾合一登韵	①肱①薨②弘泓
梗合二耕韵	①轰訇②宏闳竑
通合一东韵	②蓬篷堼④埲烽①蒙⑵(蒙人)②蒙⑴(蒙犯)蒙(矇)④(目失明)蒙(濛)⑸(小雨貌)檬朦曚④蒙⑶(蒙古)蒙(懞)⑹(昏昧无知)懵①东③董懂⑤冻栋①通嗵③捅⑤痛②同桐铜筒童瞳僮潼④动桶恸⑥洞恫恸胴①咙胧聋笼龙泷珑砻癃④拢⑥弄①棕鬃③总⑤粽①夂(忽)葱聪偬⑤送②从①工公功攻恭⑵(恭候)蚣红⑵(女红)①汞⑤贡①空⑴(空虚)倥崆箜③孔⑤空⑵(亏空)控①哄⑴(哄动)烘③哄⑵(哄骗)⑤哄⑶(起哄)蕻⑵(菜蕻)②红⑴(红色)虹洪鸿蕻⑴(雪里蕻)⑥讧①翁嗡滃⑤瓮齆(齆鼻)
通合一冬韵	①冬(鼕)⑤统②彤疼(文)(疼痛)②农脓侬哝①宗综①松(鬆)⑴(放松)⑤宋②淙琮
通合三东韵	①风枫疯讽丰⑤讽②冯⑥凤⑥梦②隆窿①菘嵩②崇戎绒①弓⑵(新读)宫⑵(新读)躬④(新读)
通合三锺韵	①乒③捧①封峰锋蜂烽②逢④奉⑥缝俸②浓⑴(浓密)②龙(文)(龙头)④垄(文)(垄断)陇①踪①从⑵(从容)①松凇②茸④冗③巩拱⑵(拱桥)

34. 永嘉话读[ioŋ]，温州话读[ioŋ]。

山合三仙韵	③卷(白)(一卷)①穿(白)(穿针)鬈(白)(鬈发)⑤串
臻合三谆韵	①遵谆肫③准(準)⑤俊骏竣隽①皴春椿③蠢④盾(2)(矛盾)①询峋洵荀③笋隼榫⑤峻浚瞬舜②旬驯巡循徇唇④吮⑥殉顺闰润①均钧④菌窘②匀筠④允尹
臻合三文韵	①军君皲②裙群⑥郡①勋熏薰⑤训①氲②蕴恽⑤酝熨②云(雲)耘芸纭④殒
梗合三庚韵	③冏①兄②荣嵘蝾④永咏泳
梗合三清韵	①倾③顷①琼②营茔莹
梗合四青韵	③炯迥炯②荧萤萦荥
通合一东韵	①肉
通合三东韵	①中(1)(中国)忠衷盅终⑤中(2)(中状元)众①冲(1)(冲锋)忡充⑤铳②虫⑥仲①弓(1)(弓箭)躬(1)(躬身)宫(1)(宫殿)①穹②穷②熊雄融
通合三钟韵	①冲(衝)(2)(对冲)憧③宠①春②慵①雍臃③拥②佣(傭)(1)(雇佣)庸墉镛容蓉溶榕熔

35. 永嘉话读[ŋ]，温州话读[ŋ]。

果开一歌韵	②俄哦峨娥鹅(文)(雁鹅)蛾(文)(飞蛾)④我⑥饿(文)(饥饿)⑥嗯
果合一戈韵	②讹⑥卧
遇合一模韵	②吾吴梧④五午伍忤悟⑥误悟娱(2)(娱乐)䢔忤晤寤⑥唔(唔冇)
止开三支韵	②儿(1)义(白)⑤儿(2)⑥儿(3)
止开三脂韵	⑥二贰
止开三之韵	④耳(白)

(二) 不同部分

01. 永嘉话读[a]，温州话读[o]。

山合一末入	⑦括⑦阔⑦豁(1)(豁然开朗)⑧活⑦斡⑦哟唒
山合二黠入	⑧猾滑
山合二辖入	⑦刮(颳)

04. 普通话读-ŋ韵尾，永嘉话读[iɛ]，温州话读[i]。

宕开三阳韵	②娘孃⑥酿②良梁量(2)(量尺寸)粮粱④两(2)(斤两)俩(1)(伎俩)辆魉⑥亮凉谅量(1)(数量)踉靓(2)(靓妹)①将(1)(将来)①张①章彰樟璋蟑③奖桨蒋③长(2)(生长)涨③掌⑤将(2)(大将)浆酱⑤帐账胀⑤障幛瘴①枪①锵①昌猖菖娼③抢③昶③厂(2)(茅棚厂屋)敞氅⑤呛⑤畅怅⑤倡唱②长(1)(长短)场肠④丈仗杖①相(1)(互相)厢湘箱镶襄①商伤殇③想鲞③响晌赏⑤相(2)(宰相)⑤饷②墙蔷樯②戕详祥翔尝常偿裳嫦徜④象像橡潒⑤上(2)(上声)⑥匠⑥上(1)(上面)尚②嚷瓢④壤攘⑥让①僵缰疆姜(薑)③襁①羌②强④犟⑥糨①乡香③享响飨⑤向(嚮)④仰①央殃鸯秧③养氧⑤怏②阳扬杨炀旸疡羊洋徉烊(1)(融化)垟徉④痒⑥样漾恙烊(2)(打烊)
江开二江韵	①腔②降(白)(投降)

05. 永嘉话读[ɔ]，温州话读[uɔ]。

效开二肴韵	①夯②挠桡铙⑥闹淖①抓③爪找⑤罩⑤笊①抄钞吵③吵炒⑥棹①捎梢稍(1)(稍微)筲艄飚⑤哨稍(2)(稍息)睄潲②巢①交郊胶跤茭蛟鲛看(白)(看配)③狡绞佼姣铰搅⑤教校(2)(校对)较珓窖①敲骹③巧④咬⑥烋①哮⑤孝酵②爻肴(文)(菜肴)淆⑥校(1)(学校)效①凹拗(1)(嬉嬉拗起)③拗(1)(棒儿拗断爻)⑤拗(2)(两个人拗搭)坳
效开四萧韵	⑤啸
宕开一唐韵	①当(當)(1)(应当)当(噹)(3)(当啷)铛珰裆③挡党⑤当(當)(2)(典当)档①汤趟(1)(趟水)③倘淌躺⑤烫趟(2)(一趟)②唐堂棠塘膛糖搪溏镗螳瞠⑥荡宕①囔②囊④曩⑥戆①啷②郎狼琅廊榔锒踉螂④朗⑥浪阆①赃脏(髒)(1)(肮脏)藏(3)(藏青)臧⑤葬①仓苍沧舱伧①丧(1)(婚丧)桑嗓搡磉⑤丧(2)(丧失)②藏(1)(隐藏)⑥脏(臟)(2)(内脏)藏(2)(西藏)奘①冈刚岗(1)(山岗)纲钢⑤杠(2)(敲竹杠)①康慷糠⑤亢抗炕伉囥②昂卬(卬你)①夯(文)(打夯)②吭杭航笐行(文 2)(银行)①肮⑤盎
宕开三阳韵	①妆(1)(化妆)庄(1)(庄严)装(1)(武装)⑤壮(文)(强壮)①创(1)(创伤)疮⑤创(2)(创造)③爽③耍
宕合一唐韵	①光胱③广⑤矿圹(文)(圹课)圹②圹(白)(课圹爻)④犷(该人犷显)眈(田眈儿)①荒慌肓③谎恍晃幌②皇凰惶煌蝗隍徨黄簧潢璜蟥①汪
江开二江韵	①江扛(文)(扛鼎之作)杠(5)(床杠)肛缸豇③讲港岗(2)(岗位)⑤降(文)(降落)绛⑥扛(白)(扛条儿)④项⑥巷

09. 永嘉话读[yə]，温州话读[iɛ]。

效开三宵韵	①标膘飙镖瀌③表(錶)裱婊①漂(1)(漂亮)飘嘌③漂(2)(漂白)瞟⑤票剽②嫖瓢④殍鳔⑥骠①喵咩②苗描瞄④秒渺缈藐淼⑥妙庙④燎⑥疗瞭①椒焦蕉礁①朝(2)(明朝)①招昭钊③剿③沼⑤醮⑤照诏①瞧①超③跷锹③悄⑤俏峭诮⑤翘②憔谯樵②朝(1)(朝鲜)嘲潮晁④兆赵肇⑥召④绕①肖(2)(姓氏)消宵硝销霄道魈①烧④小(文)(小朋友)少(1)(少年)⑤肖(1)(生肖)⑤笑鞘⑤少(2)(少将)②韶②饶(1)(富饶)娆④绍④扰⑥邵①娇骄③矫②乔侨桥荞⑥轿①鹞①要(1)(要求)腰邀③夭⑤要(2)(重要)②姚窑谣摇遥徭瑶④窅⑥耀曜鹞
效开四萧韵	①刁叼雕(彫)凋貂碉③鸟(鸟儿)⑤吊钓③挑⑤跳眺粜②条迢调(1)(调羹)笤④掉(2)(掉钞票)窕⑥调(2)(声调)掉(1)(掉落)②辽聊僚寥撩嘹缭寮镣④了(瞭)潦⑥料廖①萧箫潇③筱①浇③侥缴饺铰(文 2)(铰刀)皎⑤叫①撬翘⑤窍④鹏①枭骁①吆么③杳窈
流开三幽韵	①彪①哞⑥谬缪(2)(姓氏)
咸开三叶入	⑧猎
宕开三阳韵	④两(1)(两个)俩(2)(两人)
宕开三药入	⑧掠略撂
通合三锺韵	②龙(白)(龙船)④垄(白)(菜垄)

第九章 瓯语系各地方音与温州话比较

11. 普通话读 ie，永嘉话读[ie]，温州话读[i]。

假开三麻韵	③野②爷椰耶揶④也(文)(也是)冶⑥夜
蟹开三祭去	⑤憩⑥偈(2)(偈佗)
咸开三叶入	⑧聂镊蹑嗫颞⑦接婕楫⑦辄⑦妾⑧捷睫⑧涉⑦靥⑧烨叶(葉)页晔
咸开三业入	⑦劫⑦怯(文)(怯生)⑧业⑦胁
咸开四帖入	⑦跌⑦帖贴⑧谍叠碟蝶喋牒⑦惬箧⑧挟(挟菜)⑧协侠
山开三薛入	⑦瘪⑧别⑧灭乜(文)(眼睛微张)搣⑧列咧烈裂冽洌趔⑦哲蜇喆⑦折(1)(折扣)褶⑧彻撤澈辙⑧舌⑦折(2)(折本)⑧热乜(白)(乜人)⑦孑⑧杰桀⑧孽蘖⑧拽(1)(拖；拉)
山开三月入	⑦揭(1)(揭露)⑧揭(2)(按揭)竭偈(1)(勇武貌)碣⑦歇蝎⑦谒
山开四屑入	⑦憋鳖⑦撇瞥⑧蹩篾⑦铁餮⑧迭垤耋⑧捩戾⑦节疖⑦切窃沏⑦挈锲⑧截⑦洁结桔(1)(桔梗)拮⑧啮镍臬⑦噎⑧颉撷缬

11. 普通话读 ian，永嘉话读[ie]，温州话读[i]。

咸开三盐韵	③贬②帘廉镰奁④脸敛⑥殓①粘黏①尖歼①沾占(1)(占卜)①瞻詹⑤占(佔)(2)(占领)①签(籤)(签)佥③诌⑤堑②黔钤箝①纤(纖)(2)(纤维)暹③闪(腰闪着)陕②潜②蟾②髯④渐④冉苒⑥赡④染③捡检脸②钳④俭⑥验③险①淹奄腌阉①恹③掩③魇⑤厌餍②炎③盐阎闫檐⑥艳焰
咸开三严韵	⑤剑⑤欠②严④俨⑥酽①腌
咸开四添韵	①掂③玷点踮⑤店恬①添③舔⑥恬甜④簟⑥垫①拈②鲇(鲶)⑥念捻①兼①谦③歉②搛(搛菜)②嫌
深开三缉入	⑧廿
山开三仙韵	①编鞭⑤变①扁(2)(一叶扁舟)偏篇翩⑤骗②便(2)(便宜)④辨辩⑥便(1)(方便)卞弁汴②绵棉④免勉缅黾(2)(黾池)娩冕渑湎腼鮸⑥面(1)(脸面)④碾②连联涟④辇琏辇①煎①毡毡③剪翦③展辗⑤溅箭⑤战颤①迁千(韆)(2)(秋千)悭③浅阐②钱②缠①仙籼鲜①煽搧②癣藓⑤线腺②扇②涎②单(2)(单于)禅蝉婵②然燃④践④善鳝⑥贱饯⑥羡②擅嬗缮膳③遣谴缱②乾虔捐④件⑥谚彦①蔫嫣②焉②延蜒筵④衍④演
山开三元韵	①犍⑤建健④键⑥健腱踺②言④谳⑥唁①轩⑤宪献③偃⑤堰
山开四先韵	①边蝙③扁(1)(扁担)匾⑤遍⑤片②骈④辫②眠④丏⑥面(麵)(2)(米面)①滇颠巅癫③典碘①天③腆②田填钿⑥电佃甸淀奠殿靛癜②年②怜(憐)莲⑥练炼链①笺⑤荐①千(1)(千万)仟阡扦②前①先③洗筅燹①坚肩③茧趼⑤见①牵⑤茜(1)(茜草)倩纤(縴)(1)(纤夫)②研妍③显①烟胭湮⑤宴燕咽(2)(咽气)②贤弦舷⑥现砚
山合三仙韵	⑥恋②沿铅(2)(铅山)

13. 永嘉话读[o]，温州话读[əu]。

果开一歌韵	③左佐①搓(文)(搓板)磋蹉①搓(白)(搓绳)
果合一戈韵	⑤锉(白)(锉刀)
遇合一模韵	③组⑤做⑤素(文)(朴素)愫
遇合三鱼韵	③阻诅俎①初③础(1)(基础)楚①梳(文)(梳理)疏蔬②锄(文)(锄头)⑥助
遇合三虞韵	①刍③数(2)(数一数)⑤数(1)(数字)②雏
通合一屋入	⑦镞⑦簇蔟⑦速
通合三烛入	⑦促

14. 永嘉话读[uo]，温州话读[o]。

果合一戈韵	①波(1)(波浪)玻菠③跛簸⑤播(1)(播送)①坡颇③巨②酂⑥薄(2)(薄荷)①嬷②么(麼)蘑庅馍⑥摩(2)(摩崖)
遇合一模韵	①姥(3)(老姥)②无(2)(南无)②摹模(1)(模范)谟④姥(2)(太姥山)⑥募墓慕暮
咸合三乏入	⑦法珐砝⑧乏
山合三月入	⑦发(發)(髮)⑧伐罚阀筏⑧袜
宕合三药入	⑧缚(1)(缚鞋带)
通合一屋入	⑦卜(1)(占卜)⑦仆(1)(仆倒)扑噗璞濮蹼⑧卜(葡)(2)(萝卜)仆(僕)(2)(仆人)瀑⑧木沐
通合三屋入	⑧目牧睦穆苜

17. 永嘉话读[i]，温州话读[ei]。

假开三麻韵	①爹①嗟③姐⑤借①遮③这者⑤蔗③且⑤笡(斜)①车(文 1)(水车)③扯①些③写⑤泻卸①奢赊畲③舍(捨)(2)(施舍)⑤舍(1)(进舍)赦⑥藉(1)(藉口)②邪斜(1)(倾斜)⑥榭谢②蛇⑥麝②佘④社④惹
遇合三鱼韵	①猪①煮⑤蓣①蛆③杵③鼠④苎⑥箸③胥②徐④屿⑥薯(白)(番薯)
蟹开一泰去	⑥大(白)(大官爷)
蟹开三祭去	⑤毙蔽⑥币弊敝⑥袂⑥厉励砺蛎⑤际祭瘵⑤制(製)⑤掣⑤滞⑤世势⑥逝誓噬
蟹开四齐韵	①蓖粊(2)(粊益)箆屁毙⑤闭①批砒⑤睥媲②鼙④陛⑥陛①眯眯②迷谜醚④米①低③抵底邸诋砥⑤帝蒂谛①梯锑③体⑤剃涕屉替嚏④弟悌⑥递第睇逮棣缔②犁黎藜鬎④礼醴蠡(1)(范蠡)⑥丽隶唳①跻③济(2)(济南)⑤剂(2)(调剂)挤济(1)(救济)霁①妻栖凄⑤砌①西犀茜(2)(人名)③洗铣⑤细(文)(仔细)婿②齐脐④荠鲚⑥剂(1)(发剂)
蟹合三废去	⑤废肺怫⑥吠
止开三支韵	①陂羆③彼①披⑤譬②皮疲啤脾裨(1)(裨将)④被婢⑥鼻避②弥狝④弭②离漓璃篱缡羅⑥荔萬①支枝肢栀③纸⑤刺(2)(生刺)②池④舐③玺⑤啻匙
止开三脂韵	③匕比(1)(比较)鄙⑤庇痹瘁①纰⑤屁②枇毗蚍琵④否(2)(否去泰来)痞圮⑥比(2)(比邻)备坒②眉嵋湄楣④美⑥媚魅寐⑥地②梨蜊④履⑥利俐莉痢苈

止开三之韵	①里⑵(该里)厘⑵(一厘儿)哩⑴(词曲中作衬字)②厘⑴(厘米)狸喱④李里(裏)⑴(里外)理鲤俚娌浬⑥吏
止开三微韵	①飞非菲⑴(芳菲)啡绯扉蜚霏妃③匪诽菲⑵(菲薄)斐榧翡⑤沸狒费②肥(文)(肥沃)微薇④尾(文)娓⑥未(文)味(文)②肥(白)(肥肉)④尾(白)⑥未(白)味(白)
止合三支韵	③髓
咸开三叶入	⑦摄慑
咸开四帖入	⑦燮
深开三缉入	⑧笠⑧蛰
山开三薛入	⑦浙⑦泄薛亵⑦设
臻开三质入	⑦叱⑦悉蟋窸
曾开三职入	⑧力⑦唧稷陟仄⑦织职⑦饬敕⑦厕侧测恻⑧直值⑧植殖⑧湜⑦息媳熄⑦色啬铯穑⑦式识⑴(认识)饰拭轼⑧食蚀
梗开三昔入	⑦迹积脊崤瘠⑦鲫⑦只(隻)⑵(量词)炙摭⑦刺⑶(刺绒衫)⑦尺斥赤昳⑧掷(文)(一掷尿)踯⑦昔惜⑦适释⑧藉⑵(藉田)籍⑧席夕汐矽⑧射⑧石⑴(石头)硕
梗开四锡入	⑦的嘀滴嫡⑦剔惕踢倜⑧历(歷)(曆)沥雳疬砾栎跞鬲⑦绩⑦戚喊⑦析晰淅皙蜥锡⑧寂

20. 永嘉话读[ʮ]，温州话读[ɿ]。

果合三戈平	②瘸①靴
遇合三鱼韵	①沮狙疽诸③咀③渚褚⑤著③础⑵(礁础)处⑴(处理)⑤处⑵(相处)⑤觑②除储蹰④贮伫⑥署薯(文)(马铃薯)曙①梳(白)(头梳)书抒舒⑤暴泰⑤絮⑤恕庶②锄(白)(板锄)②如茹④序叙绪④墅④汝①车(文 2)(车马炮)居(文)(居住)③举⑤据锯踞①祛⑤去(文)(来去)②渠(文)(水渠)④巨拒炬距⑥䢺①虚嘘墟③许(文)(许多)④语圄龉⑥御(禦)驭
遇合三虞韵	①株蛛诛①朱(硃)珠侏鲦(鲦鲌)③拄③主⑤驻炷⑤注蛀铸①趋枢③取娶⑤趣②厨橱④柱砫⑥住①须(鬚)需①输⑤戍②殊②儒蠕嚅濡④聚④竖④乳⑥树⑥孺①拘驹③矩枸⑴(枸橼)⑤句①区⑴(区别)岖驱躯③龋②瞿衢⑥具俱惧飓②娱⑴(娱乐)隅愚禺虞⑥遇寓①吁⑴(气喘吁吁)③诩栩⑤酗煦①吁⑵(喝止牲口声)③伛⑤妪
蟹合三祭去	⑤缀⑤赘⑤岁⑤税
蟹合四齐韵	①闺硅圭⑤桂①睽睽
止合三支韵	③嘴①吹炊②垂捶锤陲⑥缒②隋随②瑞①规⑴(圆规)③诡①窥④跪②危⑥伪①麾③毁
止合三脂韵	①追①椎锥⑤醉⑵(酒喝醉爻)②槌⑥坠①尿⑵(拉尿)①虽绥③水⑤崇邃②谁④蕊⑥遂隧穗①龟③轨癸⑤季悸愧⑴(惭愧)②葵逵馗夔④揆⑥柜(櫃)馈匮
止合三微韵	①归⑵(当归)③鬼⑤贵①挥⑵(指挥)辉晖⑤卉讳

25. 永嘉话读[ɿi]，温州话读[ɿ]。

果开三戈韵	②茄(3)(茄儿)伽(1)(伽蓝爷)
蟹开四齐韵	①鸡稽⑤计系(繫)(4)(系鞋带)继髻①溪蹊③启⑤契
止开三支韵	①畸羁⑤寄③企(文)(企业)绮②奇崎骑琦歧岐芪④技妓伎企(白)(企图)①牺羲曦⑤戏
止开三脂韵	①机肌饥(飢)(1)(饥饿)③几(文2)(茶几)麂⑤骥冀致(緻)⑤弃器②祁鳍耆
止开三之韵	①基箕姬③己⑤记纪①欺③起杞②其期棋旗萁琪蜞麒⑥忌①熙嘻嬉熹③喜禧蟢
止开三微韵	①几(幾)(文1)(几何)讥叽饥(饑)(2)(饥荒)畿③几(幾)(文3)(几多)⑤既暨①岂⑤气汽②祈①希稀晞
梗开四锡入	⑦吃(1)(吃饭)

25. 普通话读i，永嘉话读[ɿi]，温州话读[i]。

蟹开三祭去	⑥艺呓⑤裔⑥曳
蟹开三废去	⑥刈
蟹开四齐韵	②倪霓䴂⑥睨诣⑤缢臀②兮奚⑥系(1)(关系)系(係)(2)(中文係)系(繫)(3)(连系)
止开三支韵	②仪宜④蚁⑥义议谊①祂犄漪③椅倚旖②移④迤⑥易(2)(容易)
止开三脂韵	①伊咿②夷姨胰痍彝⑥肄⑥懿
止开三之韵	②疑④拟①医⑤意②怡贻诒饴颐②坻④矣④已以⑥异
止开三微韵	③几(幾)(白)(几个)⑥毅①衣依祎②沂
臻开三质入	⑦一(白)(一个)
曾开三职入	⑦亿忆臆癔

28. 永嘉话读[əy]，温州话读[øy]。

果合一戈韵	①波(2)(宁波)⑤播(2)(发播)⑤破②婆⑥缚(2)(腰缚)②蠢(2)(河蠢蚌)
遇合一模韵	①鯆③补谱⑤布怖①铺(1)(铺被)③浦(1)(下吕浦)⑤铺(2)(床铺)②葡蒲(1)(蒲鞋)④箅(朗眼箅)⑥步埠①都③堵赌睹肚(白)(猪肚)⑤妒蠹③土吐(1)(吐痰)⑤吐(2)(呕吐)兔菟②图徒(文)(徒弟)途涂(塗)屠荼④杜肚(文)(肚皮)⑥度渡镀踱②卢芦炉颅轳鸬④卤(滷)(2)(盐卤)⑥路露璐鹭①租③祖①粗⑤醋①苏酥稣甦⑤诉塑溯素(白)(吃素)②螟
遇合三鱼韵	②庐驴闾榈④吕侣旅铝膂⑥虑滤②鱼渔
遇合三虞韵	①夫(1)(丈夫)③府腑殕⑤付咐赋傅②符④父⑥附驸芙(白)(芙蓉)腐(白)(腐败)务雾(文)(云雾)婺⑥赙⑥雾(白)(发雾)物(白)(物事)④屡缕
止合三脂韵	⑥类
流开一侯韵	⑥戊
流开三尤韵	⑤富副②浮(白)(尸骸浮起)④妇

32. 永嘉话读[iəŋ]，温州话读[əŋ]。

曾开三蒸韵	①症(癥)(2)症结 蒸③拯⑤甄锃证症(1)病症①称(1)称呼⑤秤称(2)相称②惩澄橙⑥瞪(文)(瞪目结舌)①升昇陞⑤胜②仍②缯乘(1)(加减乘除)绳塍承丞⑥乘(2)(千乘之国)剩嵊
梗开三清韵	①晶睛精菁旌正(2)(正月)征(徵)怔③井阱整⑤正(1)(真正)政①贞侦帧①清蜻③请骋②呈程埕④逞⑥郑①声③省(2)(反省)⑤性姓圣②情晴饧成诚城盛(2)(盛饭)④靖静婧⑥净靓(1)(靓妆)盛(1)(兴盛)晟
梗开四青韵	①星猩腥惺③醒①青蜻

三、乐清话与温州话比较

(一)相同部分

01. 普通话读a，乐清话读[a]，温州话读[a]。

果开一歌韵	①他它她拖(白)(鞋拖)①南(2)(南无)那(2)(姓氏)③娜(1)(人名)⑥那(1)(那么)哪(1)(哪里)①阿(2)(阿舅)啊(1)(啊呀)③阿(3)(阿门)⑤啊(2)(叹词)
假开二麻韵	⑤爸①妈②吗⑥骂②拿①搭
遇合三鱼韵	④女(白)(女儿)
咸开一合入	⑦搭答(2)(答应)瘩嗒⑦踏(1)(踢踏舞)沓(2)(疲沓)⑧踏(2)(踏步)沓(1)(一沓纸)⑦垃拉(文)(拖拉)啦⑧拉(白)(拉尿)⑦飒
咸开一盍入	⑦耷⑦塔塌蹋遢榻溻⑧阖⑧腊蜡邋⑦卅
咸开二洽入	⑦歃⑧闸溚(文)蚻煠(文)⑦夹挟颊荚峡(1)(长江三峡)⑦恰掐卡(1)(卡口)⑧峡(2)(河峡儿)⑧狭洽
咸开二狎入	⑦霎啥⑦甲钾胛⑦呷⑧匣狎⑦压押鸭
山开一曷入	⑦怛妲笪靼⑦挞闼跶獭⑧达靼⑧捺⑧喇辣剌瘌⑦萨撒
山开二黠入	⑦八(2)(小八癞子)叭⑦杀刹(1)(刹车)煞⑦咖(2)(咖喱)嘎(1)(鸟鸣声)伽(2)(伽蓝)戛⑦咖(1)(咖啡)卡(2)(磁卡)⑦嘎(嘎嘎抖)轧(3)(轧姘头)茄(2)(番茄)⑧黠⑦挜轧(1)(倾轧)
山开二鎋入	⑦刹(1)(古刹)⑧铩⑦瞎哈⑧辖
臻合一没入	⑧呐(2)(呐喊)

01. 乐清话读[a]，温州话读[a]。

山合三元韵	④挽(白)(挽联)晚(白)(晚稻)⑥曼蔓万(白)(逾千达万)④挽(文)(挽回)晚(文)(早晚)⑥万(文1)(万年青)

02. 乐清话读[ia]，温州话读[ia]。

假开二麻韵	⑤卸①丫(2)(丫环)呀
效开四萧韵	④鸟(1)(飞鸟)袅⑥尿(1)(输尿管)①蛲(白)(蛲蛲动)②尧饶(2)(上饶)蛲(文)(蛲虫)③晓

瓯语音系

咸开三业入	⑦怯(白)(胆怯)
山开四屑入	⑧捏⑦屑楔
宕开三药入	⑦爵着(白)(着衣)⑦灼酌⑦斫⑦雀鹊⑦绰焯⑧着(文 1)(着火)⑦嚯(1)(嚯起)⑦削⑦烁铄⑧嚼⑧勺芍妁杓⑧若偌弱⑧箬⑦脚⑦却⑧疟虐⑦谑⑦约⑧药钥跃龠
梗开二陌入	⑧搦

08. 乐清话读[ə]，温州话读[ə]。

效开一豪韵	①褒煲③宝保堡鸨葆裸⑤报②袍④抱⑥暴曝爆②毛牦髦蜂④铆⑥冒帽耄①刀叨③岛捣倒(1)(打倒)祷⑤到倒(2)(倒水)①滔绦韬饕殳③讨⑤套②逃桃涛陶掏萄淘啕④道稻⑥导盗悼蹈焘纛④恼脑瑙②劳牢捞唠痨④老姥(1)(姥爷)佬⑥涝①搔骚缫③嫂⑤扫噪燥②曹槽漕④皂造①高羔膏糕皋睪篙疙③搞镐稿⑤告诰①尻③考拷烤㧏⑤铐靠犒②熬敖遨獒謷翱鳌⑥傲①蒿薅噢③好(1)(爱好)⑤好(2)(喜好)耗②毫豪嚎蚝嗥壕濠④浩皓昊颢灏⑥号①麈熓噢③袄媪⑤奥澳懊岙
流开一侯韵	③剖④牡亩⑥茂贸袤懋
流开三尤韵	③否(1)(否则)缶②阜浮(文)(浮肿)蜉②谋缪(1)(绸缪)②牟眸

11. 乐清话读[e]，温州话读[e]。

遇合三鱼韵	⑦居(白)(居个)⑤去(白)(去爻)②渠(白 1)(第三人称指代词)③许(白)(许个)
蟹开一咍韵	③歹⑤戴(文)(姓氏)①台(2)(台州)苔(2)(舌苔)胎⑤态贷②台(臺)(1)(台湾)台(檯)(3)(台子)台(颱)(4)(颱风)抬苔(1)(青苔)跆④待怠殆绐⑥代袋岱玳埭(文)河⑥黛⑥耐②来莱徕俫⑥睐赉①腮(文)(两腮)鳃⑤塞(2)(要塞)赛②才(纔)材财裁④在⑥倳①该赅③改颏⑤溉概①开③凯恺⑤慨忾②呆(1)(呆头)皑⑥硋①咳(1)(咳笑)嗨③海②孩④亥氦①哎哀埃(1)(尘埃)唉(唉声叹气)⑤爱嫒暧
蟹开一泰去	⑤丐钙盖⑥艾⑥害⑤蔼霭
山合三薛入	⑧劣埒
曾开一德入	⑦得德⑦忑忒(1)(过于)⑧特⑧肋勒仂⑦塞(1)(堵塞)⑧贼⑦克刻尅⑦黑嘿⑧劾

14. 乐清话读[ø]，温州话读[ø]。

深开三缉入	⑧粒
山开一寒韵	①刊看(2)(看守)③侃⑤看(1)(看见)⑤㦞
山开一曷入	⑦葛割⑦咳(2)(咳嗽)渴⑦喝(1)(吆喝)⑦遏褐
山合一桓韵	①端③短⑤断(文 2)(决断)锻①湍②团(團)糰④断(文 1)(断续)⑥段(文)(段落)缎④暖(文)(温暖)②峦挛娈栾鸾胬滦銮④卵(文)(卵袋)⑥乱①酸⑤蒜算⑥玩
山合一末入	⑦掇⑦脱(1)(脱离)⑧夺(文)(抢夺)
山合二删韵	①拴栓闩⑤涮④撰馔
山合二辖入	⑦刷
山合三月入	⑧橛(白)(两橛断)

臻开一痕韵	①吞(文)(吞咽)
臻合一魂韵	①敦墩惇磴镦蹲②屯囤豚臀⑥钝遁⑥嫩②论(2)(论语)⑥论(1)(讨论)①孙荪狲③损⑤逊巽(文)(八卦之一)②存
臻合一没入	⑦咄⑧凸突沓(3)(沓起算)⑧呐(1)(呐口)讷
宕开一铎入	⑧凿

16. 乐清话读[o]，温州话读[o]。

果开一歌韵	②挪傩哪(2)(哪吒)④娜(2)(婀娜)①娿挙③可②鹅(白)(鹅兜)①呵诃嗬
果合一戈韵	①波(1)(波浪)玻菠③跛簸⑤播(1)(播送)①坡颇③叵②鄱⑥薄(2)(薄荷)①嚤②么(麽)蘑庅馍⑥摩(2)(摩崖)③朵⑤唾(文)(唾沫)④埵①唆梭蓑③琐锁唢②矬痤④坐⑥座
假开二麻韵	①沙纱砂鲨莎痧裟⑤嘎閜⑥鲊①加家嘉迦(1)(迦南)枷(文)(枷锁)笳袈傢茄(1)(雪茄)③贾(2)(姓氏)假(1)(假设)⑤价驾架(文)(衣架)假(2)(放假)嫁稼②枷(白)(饭镬枷儿)②牙芽衙伢蚜④雅⑥讶砑①虾(1)(虾儿)⑤吓②虾(2)(虾蟆)霞遐瑕④下⑥夏厦暇(闲暇)①丫(1)(两丫裤)鸦③哑⑤亚娅挜
假合二麻韵	③傻②斜(2)(斜视)
遇合一模韵	①姥(3)(老姥)②无(2)(南无)②摹模(1)(模范)谟④姥(2)(太姥山)⑥募墓慕暮⑥赂
遇合三鱼韵	③所(场所)
蟹开二佳韵	①佳
山开二黠入	⑦八(1)(八个)捌⑦趴⑧拔跋
宕开一铎入	⑦博搏膊⑦粕泊⑧薄(1)(厚薄)亳箔礴⑧莫摸幕漠寞膜瘼瞙⑦洦⑦托拓⑧铎⑧诺喏⑧乐(2)(快乐)洛骆络烙落酪⑦索嗦⑧昨怍柞胙砟酢⑦各阁胳(1)(胳膊)搁(文)搁浅)咯⑧硌(硬硌硌)搁(白)(搁臀)⑧鄂愕噩鳄谔萼腭颚鹤⑦壑郝⑧涸貉⑦恶(1)(善恶)
宕合一铎入	⑦郭椁⑦扩廓⑦霍藿⑧获(穫)(1)(收获庄稼)镬
宕合三药入	⑧缚(1)(缚鞋带)
江开二觉入	⑦驳剥⑦朴(樸)⑧雹⑧邈⑧擢(白)(擢起当官)⑧摞⑦角觉珏⑦壳确榷⑧乐(1)(音乐)岳嶽⑧学斆⑦握喔幄龌
梗开二陌入	⑦舶(2)(船舶)⑧蓦陌(2)(打生陌生)
通合一屋入	⑦卜(1)(占卜)⑦仆(1)(仆倒)扑噗璞濮蹼⑧卜(葡)(2)(萝卜)仆(僕)(2)(仆人)瀑⑧木沐⑧禄碌
通合一沃入	⑦沃鋈
通合三屋入	⑧目牧睦穆苜
通合三烛入	⑧录绿氯

18. 乐清话读[ɿ]，温州话读[ɿ]。

蟹开一咍韵	①腮(白)(腮腺炎)
止开三支韵	①髭①知蜘③紫呰⑤只(1)(只有)咫⑤智⑤渍①雌呲疵①差(4)(参差)③此③㐌⑤刺(1)(刺激)⑤翅②弛驰②踟篪齝①斯撕嘶厮①筛(2)(米筛)①施⑤徙③豕⑤赐④氏是④尔⑥弭

止开三脂韵	①咨姿资①脂③姊③旨指⑤恣⑤至挚⑤次②迟④雉⑥稚①私①师狮(文)(雄狮)蛳①尸③死③矢屎⑤四肆②瓷⑥自⑥示谥⑥视嗜
止开三之韵	①吱①兹滋孳①孜淄缁辎锱①之芝③子籽仔梓滓③第③止址趾祉⑤置⑤志痣⑤识(2)(标识)帜①痴①笞①蚩嗤③耻③齿⑤胎炽②持④痔峙⑥治①司丝咝鸶思飔①诗①史使驶③始⑤伺⑤试弑⑤慈磁鹚糍②词祠辞鹚(泥鳌)②时②而④巳祀似④士仕俟市柿恃④耳(文)(聂耳)洱⑥字寺侍⑥饲嗣⑥事⑥饵
深开三缉入	⑦涩(白)(涩口)

19. 普通话读 i，乐清话读[i]，温州话读[i]。

蟹开三祭去	⑥例⑥艺呓⑤裔⑥曳
蟹开三废去	⑥刈
蟹开四齐韵	②泥⑥伲②倪霓秝⑥睨诣⑤缢瞖②兮奚⑥系(1)(关系)系(係)(2)(中文係)系(繫)(3)(连系)
止开三支韵	⑤臂②麋糜④靡仪宜④蚁⑥义议谊①祎犄漪③椅倚旖②移④迤⑥易(2)(容易)
止开三脂韵	⑤秘(2)(秘鲁)毖⑥秘(1)(秘书)①妮②尼呢怩⑥腻①伊咿②夷姨胰痍彝⑥肄⑥懿
止开三之韵	④你②疑④拟①医⑤意②怡贻诒饴颐②坁④矣④已以⑥异
止开三微韵	③几(幾)(白)(几个)⑥毅①衣依祎②沂
深开三缉入	⑧立
臻开三质入	⑦必毕笔哔筚跸滗⑦匹疋⑧弼⑧泌密蜜宓谧嘧⑧昵⑧栗傈溧篥溧⑦一(白)(一个)
曾开三职入	⑦逼⑧愎(刚愎自用)⑧匿⑦即⑦亿忆臆癔
梗开三陌入	⑦碧
梗开三昔入	⑦辟(1)(大辟)璧⑦辟(闢)(2)(开辟)僻⑧掷(白)(投掷)
梗开四锡入	⑦壁⑦劈霹噼癖⑧觅汨幂⑧溺⑧迪敌涤笛狄籴荻翟(2)(长尾的野鸡)

19. 普通话读 lǜ，乐清话读[i]，温州话本读[i]。

臻合三术入	⑧律率(2)(效率)

20. 乐清话读[u]，温州话读[u]。

果开一歌韵	①哥歌③舸①苛柯轲疴③坷②河何(文)(任何)荷(1)(荷花)菏④荷(2)(负荷)贺①阿(1)(阿胶)婀⑤屙
果合一戈韵	①戈锅埚㾮③果裹馃⑤过①科棵颗蝌稞窠髁⑤课③火伙(夥)⑤货②禾和(1)(和平)④祸⑥和(2)(附和)①窝涡莴①倭挝(2)(老挝)
遇合一模韵	③圃浦(2)(浦东)普埔②菩脯(2)(胸脯)蒲(2)(菖蒲)匍莆④部簿⑥捕哺①估咕姑菇轱鸪辜孤呱(1)(呱呱而泣)菰箍③古诂牯罟股盅贾(1)(商贾)鼓臌瞽⑤固涸故痼顾雇①枯骷刳③苦⑤库裤绔①乎呼③虎唬琥浒⑤戽②狐弧壶胡(鬍)葫湖蝴糊猢瑚④户沪扈⑥互护①乌鸣钨污③坞⑤恶(2)(可恶)

遇合三虞韵	②孵(白)(孵坊)①夫(2)(人名)肤麸俘孵(文)(孵化)敷孚桴③甫脯(1)(果脯)辅俯斧釜抚⑤赴讣②扶芙(文)(芙蓉)凫无(1)(无中生有)芜巫诬毋④腐(文)(腐饦)武侮鹉舞妩
流开三尤韵	④负
臻合一没入	⑦不(文)(不是)
通合一屋入	⑦谷(榖)⑦哭⑧斛槲⑦屋
通合一沃入	⑦酷⑧鹄

21. 乐清话读[y]，温州话读[y]。

果合三戈平	②瘸①靴
遇合三鱼韵	①车(文 2)(车马炮)居(文)(居住)③举⑤据锯踞①祛⑤去(文)(来去)②渠(文)(水渠)④巨拒炬距⑥遽①虚嘘墟③许(文)(许多)④语圄龉⑥御(禦)驭
遇合三虞韵	①拘驹③矩枸(1)(枸橼)⑤句①区(1)(区别)岖驱躯③龋②瞿衢⑥具俱惧飓②娱(1)(娱乐)隅愚禺虞⑥遇寓①吁(1)(气喘吁吁)③诩栩⑤酗煦①吁(2)(喝止牲口声)③伛⑤妪
蟹合四齐韵	①闺硅圭⑤桂①暌睽
止合三支韵	①规(1)(圆规)③诡①窥④跪②危⑥伪①麾③毁
止合三脂韵	①龟③轨癸⑤季悸愧(1)(惭愧)②葵逵馗夔④揆⑥柜(櫃)馈匮
止合三微韵	①归(2)(当归)③鬼⑤贵①挥(2)(指挥)辉晖⑤卉讳

25. 乐清话读[ai]，温州话读[ai]。

果开一歌韵	②蛾(白)(打灯蛾)⑤个⑥饿(白)(肚饿)
果合一戈韵	⑤唾(白)(痰唾)②脶
蟹开一咍韵	④倍蓓①呆(2)(痴呆)⑤唉(2)(唉磊堆碎)
蟹开一泰去	⑤贝狈⑤沛霈
蟹开二蟹韵	④奶(白 2)(奶奶)
蟹合一灰韵	①杯背(揹)(3)(背心)⑤背(1)(背部)辈褙①坯胚呸⑤配②陪培徘赔裴⑥佩背(2)(背诵)焙昧①峔②玫枚梅媒煤莓酶④每⑥妹昧①堆⑤对碓①推③腿⑤退褪煺②颓⑥队④馁⑥内②雷擂蕾镭⑥磊儡癗⑥礌⑤碎④罪
蟹合一泰去	⑤脱(2)(脱裤)蜕⑥兑
蟹合三祭去	⑥锐睿芮
止开三支韵	①卑碑
止开三脂韵	①悲①丕②霉
止合三支韵	④累②羸⑥睡
止合三脂韵	④垒⑥泪①衰⑥悴粹萃瘁
山合一末入	⑧夺(白)(赌抢赌夺)⑧捋
曾开一德入	⑧万(文 2)(万俟)墨默

28. 乐清话读[au]，温州话读[au]。

| 流开一侯韵 | ①兜③斗⑴(北斗)抖陡蚪⑤斗⑵(斗争)①偷③敨⑤透②投⑥逗读⑵(句读)窦脰⑥耨②娄楼偻喽褛蝼髅④搂篓⑥陋漏镂瘘③叟嗾擞⑤嗽漱①勾沟钩篝③苟狗枸⑵(枸杞)垢诟⑤构购媾够彀(白)(居屋合音)①抠眍③口⑤叩扣寇蔻④厚(白)(厚佬)④偶藕耦①呴③犼(许屋合音)⑤吼鲎(虹)②侯喉猴篌④后(後)厚(文)(忠厚)⑥候逅①区⑵(姓氏)欧鸥讴瓯③呕殴⑤沤怄堰(埋葬) |
| 流开三尤韵 | ④有①搜艘馊飕③溲⑤瘦②愁②牛 |

29. 乐清话读[iau]，温州话读[iau]。

流开一侯韵	③走⑤奏揍③掫⑤凑
流开三尤韵	①妞④扭纽忸⑥狃(若屋合音)①邹驺⑤皱绉①诌⑥胄簉骤①鸠阄③九久玖灸韭⑤究疚救咎厩①丘蚯邱③揫②求球逑裘仇⑴(姓氏)④臼舅柏⑥旧柩①休咻③朽⑤臭⑵(铜臭)嗅①优忧悠攸②尤犹②由邮油游蚰猷蝤楺④友有④酉诱莠⑥又右佑祐⑥囿宥柚釉
流开三幽韵	①赳③纠②虬①幽③黝⑤幼

31. 乐清话读[aŋ]，温州话读[aŋ]。

深开三侵韵	④恁①心芯参⑶(人参)森深琛⑵(人名)③沈(瀋)审婶⑤渗②寻挦荨岑谌忱任(文 2)(任性)④赁覃葚甚饪⑥任(文 1)(姓氏)妊(文)(妊妇)衽
山合一桓韵	④断(白)(断气)⑥段(白)(烂树段)④暖(白)(暖芬芬)④卵(白)(卵黄)
臻开一痕韵	①吞(白)(慢吞吞)①根⑵(结根)跟⑵(跟从)哏⑤艮①垦恳③很狠②痕⑵(伤痕)⑥恨
臻开三真韵	②人(白 1)(人来客往)①辛锌新薪莘申伸身呻绅娠③迅哂⑤讯汛信囟②秦神辰晨宸人(文)(人民)仁娠④尽(儘)肾⑥烬慎蜃刃⑴(刀刃)纫仞
臻合一魂韵	①奔贲犇③本畚①喷⑴(喷水)⑤喷⑵(喷香)④苯⑥笨坌②门们扪⑥闷焖①吨③趸⑤顿炖⑵(炖卵糕)⑤余⑤饨④盾⑴(盾牌)沌炖⑴(温炖汤)②仑抡
臻合三谆韵	②伦沦轮囵纶⑴(涤纶)
臻合三文韵	⑤粪(白)(粪扫)①分⑴(分开)芬吩纷酚③粉⑤奋粪(文)(粪坑)②坟氛焚汾文纹蚊(文)(蚊蝇)雯④忿愤吻刎⑥分⑵(分格)份问(文)(提问)闻絻②蚊(白)(蚊虫)明(白)(明朝)⑥问(白)(问问胎)
江开二江韵	①夯(白)(夯实)
曾开一登韵	①灯登蹬瞪③等冚⑤凳镫⑤瞪(白)(眼灵珠瞪起)②腾誊藤滕⑥邓②能②棱⑥愣①僧②层曾(文)(曾经)⑥赠⑤亘③肯啃②恒
通合一冬韵	②疼(白)(疼痛)

32. 乐清话读[iaŋ]，温州话读[iaŋ]。

| 咸开二咸韵 | ④赚(白)(赚钞票) |
| 深开三侵韵 | ②壬④恁⑥任(白)(任何)妊(白)(妊娠)①今金襟③锦⑤禁①钦衾⑤撍②琴禽擒芩噙檎⑥妗噤①歆鑫②吟①阴荫⑴(树荫)音喑③饮⑤荫⑵(荫德)窨②淫霪 |

臻开三真韵	②人(白 2)(新儒人)银鄞垠④忍⑥刃(2)(刀刃)认韧①巾③紧⑥仅馑瑾觐⑤衅①因茵咽(1)(咽喉)姻氤⑤印②寅④引蚓呦⑥胤
臻开三殷韵	①斤筋③谨⑤靳②芹勤④近①欣忻掀②龈①殷③隐瘾
曾开三蒸韵	②兢矜①兴(文1)(兴盛)③兴(白)(作兴)⑤兴(文2)高兴)②凝①应(1)(应该)鹰膺⑤应(2)(响应)①蝇⑥孕
梗开二耕韵	①茎①莺(1)(黄莺)樱(1)(樱桃)鹦(1)(鹦鹉)罂(1)(罂粟)
梗开三庚韵	①京荆惊粳③景警璟⑤竟敬境镜䁆①卿⑤庆②擎鲸黥⑥竞①迎①英瑛鍈③影⑤映③行(白)
梗开三清韵	③颈⑤劲①轻氢④痉①婴缨璎②盈赢楹瀛
梗开四青韵	②宁(1)(宁波)拧狞柠咛⑥宁(2)(宁可)泞①经(1)(经济)泾⑤径经(2)(经线)陉胫迳⑤罄磬①馨⑤滢②刑形型邢
梗合三清韵	④颖郢颍
通合三锺韵	①凶(白)

35. 乐清话读[oŋ]，温州话读[oŋ]。

臻合三谆韵	②纯淳醇莼鹑
曾开一登韵	①崩(1)(崩溃)嘣(1)(打嘣)⑤崩(2)(一崩香烟)蹦嘣(2)(内胎打嘣爻)⑤碰椪②朋棚(1)(牛棚)鹏硼①肱①薨②弘泓
梗合二耕韵	①轰訇②宏闳纮
通合一东韵	②蓬篷塳④埲烽①蒙(2)(蒙人)②蒙(1)(蒙犯)蒙(矇)(4)(目失明)蒙(濛)(5)(小雨貌)檬朦曚④蒙(3)(蒙古)蒙(懞)(6)(昏昧无知)憕①东③董懂⑤冻栋①通嗵③捅⑤痛②同桐铜筒童瞳僮潼④动桶恸⑥洞侗恫胴⑥咙胧聋笼茏泷珑砻癃拢⑥弄⑤送②从①工公功攻恭(恭候)蚣红(2)(女红)③汞⑤贡①空(1)(空虚)倥崆箜③孔⑤空(2)(亏空)控①哄(1)(哄动)烘③哄(2)(哄骗)⑤哄(3)(起哄)蕻(菜蕻)②红(1)(红色)虹洪鸿蕻(1)(雪里蕻)⑥讧①翁嗡滃⑤瓮齆(齆鼻)
通合一冬韵	①冬(鼕)⑤统②彤疼(文)(疼痛)②农脓侬哝①松(鬆)(1)(放松)⑤宋淙琮
通合三东韵	①风枫疯沨丰⑤讽②冯⑥凤⑥梦①隆窿②崧嵩②崇戎绒①弓(2)(新读)宫(2)(新读)躬(2)(新读)
通合三锺韵	①乓③捧①封峰锋蜂烽②逢④奉⑥缝俸②浓(1)(浓密)②龙(文)(龙头)④垄(文)(垄断)陇①松淞④茸④冗②巩拱(2)(拱桥)

36. 乐清话读[ioŋ]，温州话读[ioŋ]。

梗合三庚韵	③冏①兄②荣嵘蝾④永咏泳
梗合三清韵	①倾③顷②琼②营茔莹
梗合四青韵	③炅迥炯②荧萤萦荥
通合一东韵	①卤
通合三东韵	①中(1)(中国)忠衷盅终⑤中(2)(中状元)众①冲(1)(冲锋)忡充⑤铳②虫⑥仲①弓(1)(弓箭)躬(1)(躬身)宫(1)(宫殿)①穹②穷②熊雄融
通合三锺韵	①从(2)(从容)①冲(衝)(2)(对冲)憧③宠①春①慵①雍雝③拥②佣(傭)(1)(雇佣)庸墉镛容蓉溶榕熔

38. 乐清话读[ŋ]，温州话读[ŋ]韵。

果开一歌韵	②俄哦峨娥鹅(文)(雁鹅)蛾(文)(飞蛾)④我⑥饿(文)(饥饿)⑥嗯
果合一戈韵	②讹⑥卧
遇合一模韵	②吾吴梧④五午伍仵牾⑥误悟娱(2)(娱乐)迕忤晤寤⑥唔(唔有)

(二)不同部分

01. 乐清话读[a]，温州话读[uɔ]。

效开二肴韵	①包苞胞③饱⑤豹趵①抛脬③跑⑤泡炮疱②咆庖④鲍⑥刨鉋①猫(2)(熊猫)②茅猫(1)(大猫)锚④卯⑥貌①交郊胶跤茭蛟鲛肴(白)(看配)③狡绞佼姣铰搅⑤教校(2)(校对)较珓窖①敲骹③巧④咬⑥烄①哮⑤孝酵②爻肴(文)(菜肴)淆⑥校(1)(学校)效
流开三尤韵	②矛蟊
宕开一唐韵	①帮甫③榜膀(2)(翼膀)⑤谤泵①滂③耪②旁傍膀(1)(膀胱)磅螃彷(1)(彷徨)⑥镑
江开二江韵	①邦梆③绑⑤胖②庞④蚌(1)(象鼻蚌)棒

01. 乐清话读[a]，温州话读[ɛ]。

梗开二庚韵	①烹②彭嘭蟛澎膨⑥甏②盲④猛锰蜢艋⑥孟③打④冷①生牲笙甥③省(1)(省略)①更庚羹赓③埂梗哽鲠⑤更(文 2)(更加)①坑⑥硬①亨哼②行(文 1)(行为)珩桁⑥行(文 3)(品行)绗③亯(天明亮)
梗开二耕韵	①绷(1)(藤绷)①浜⑤绷(2)(绷紧)⑤迸①砰抨怦②棚(2)(尿布棚)④蚌(2)(蚌埠)②萌④黾(1)(蛙的一种)①耕③耿①铿④幸悻①莺②(莺哥)樱(2)(金樱)鹦(2)(鹦哥)罃(2)(罂壶)③杏
梗合二庚韵	②横

02. 普通话读 ai，乐清话读[ia]，温州话读[a]。

假开二麻韵	①咱⑤咤炸(2)(油炸馃)⑤诧姹差(2)(不好)
咸开一合入	⑦砸匝(2)(匝道)
咸开二洽入	⑦眨⑦插⑧渫(白)煤(白)
山开一曷入	⑦擦
山开二黠入	⑦轧(2)(轧钢)扎札⑦察

02. 普通话读 an，乐清话读[ia]，温州话读[a]。

咸开一谈韵	②惭⑥暂
咸开二咸韵	③斩崭⑤蘸④湛⑥站赚(文)(赚错)
咸开二衔韵	①搀⑤忏谶
山开一寒韵	⑤赞瓒①餐灿粲璨②残
山开二山韵	③盏③产铲⑥绽
山开二删韵	⑥栈

02. 乐清话读[ia]，温州话读[uɔ]。

效开二肴韵	①抓③爪找⑤罩⑤笊①抄钞鈔③吵炒⑥棹

02. 乐清话读[ia]，温州话读[ɛ]。

梗开二庚韵	①撑(1)(俯卧撑)⑤撑(2)(撑客)
梗开二耕韵	①争狰睁筝(1)(古筝)峥⑤挣诤

02. 普通话读 ie，乐清话读[ia]，温州话读[i]。

咸开三业入	⑧业
山开三薛入	⑧孽蘖
山开四屑入	⑧啮镍臬

03. 乐清话读[ua]，温州话读[o]。

咸合三乏入	⑦法珐砝⑧乏
山合一末入	⑦括⑦阔⑦豁(1)(豁然开朗)⑧活⑦斡⑦哟唷
山合二黠入	⑧猾滑
山合二辖入	⑦刮(颳)
山合三月入	⑦发(發)(髮)⑧伐罚阀筏⑧袜

03. 乐清话读[ua]，温州话读[uɔ]。

宕合三阳韵	④网罔魍惘

04. 普通话读 an，乐清话读[ɛ]，温州话读[a]。

咸开一覃韵	①耽眈②谭昙②坛(壜)(2)(酒坛)②岚②函涵
咸开一谈韵	①担(1)(负担)聃③胆⑤石(2)(一石米)担(2)(重担)①坍③毯②谈痰④淡氮啖澹②蓝篮襤④览揽缆榄⑥滥①三叁仨③喊
咸开二咸韵	①杉②馋谗①缄尴③减碱硷⑥陷(白)馅(白)(馅心)②咸(鹹)⑥陷(文)(陷阱)馅(文)(馅饼)
咸开二衔韵	①衫②巉①监(1)(牢监)⑤监(2)(太监)鉴③槛③舰⑤嵌①衔(白)(衔头)②岩②衔(文)(头衔)
山开一寒韵	①丹单(1)(单独)郸殚③疸掸⑤旦诞①摊滩瘫③坦(文)(坦白)⑤炭叹碳②坛(壇)(1)(花坛)弹(2)(弹琴)檀④袒⑥但弹(1)(子弹)蛋惮坦(白)(道坦)②难(1)(困难)⑥难(2)(患难)②兰拦栏澜谰阑④懒灡⑥烂①珊栅(2)(栅极)姗蹒③伞散(2)(散漫)霰⑤散(1)(散会)
山开二山韵	⑤扮瓣⑤盼⑥办①山舢②潺①间(1)(房间)艰③栋柬简锏涧⑤间(2)(间接)①悭④眼②闲娴痫④限
山开二删韵	①扳班颁斑癍③反(2)(反转)板(闆)版阪钣舨①攀⑤襻②片②蛮⑥漫慢谩④赧①删潸⑤栅(1)(栅栏)疝汕疝①奸姦菅⑤谏涧②雁(白)(雁鹅)②颜⑥雁(文)(雁荡)赝④莞(2)(莞尔而笑)绾⑤晏

321

05. 普通话读 an，乐清话读[uɛ]，温州话读[a]。

咸合三凡韵	⑤泛②凡帆④犯范⑥梵
山合三元韵	①藩(1)(篱笆)番(1)(番人)翻③反(1)(反对)返⑤贩畈②矾烦繁蕃樊藩(2)(曾国藩)繁⑥饭④挽(白)(挽联)晚(白)(晚稻)⑥曼蔓万(白)(逾千达万)④挽(文)(挽回)晚(文)(早晚)⑥万(文1)(万年青)

05. 普通话读 ua，乐清话读[uɛ]，温州话读[a]。

山合一末入	⑦豁(2)(豁拳)
山合二黠入	⑦挖
梗合二麦入	⑧划(劃)(2)(笔划)画(2)(笔画)获(獲)(2)(收获)

05. 普通话读 uan，乐清话读[uɛ]，温州话读[a]。

山合一桓韵	①宽髋④皖⑥换
山合二山韵	①纶(2)(纶巾)鳏⑥幻
山合二删韵	①关⑤惯⑥环(白)(门环)①弯湾②顽还环(文)(环境)圜寰⑥宦患豢
山合三仙韵	①铅(1)(铅锅)

05. 普通话读 uo，乐清话读[uɪ]，温州话读[a]。

曾合一德入	⑧或惑

06. 乐清话读[ɔ]，温州话读[uɔ]。

效开二肴韵	①奅②挠桡铙⑥闹淖①捎梢稍(1)(稍微)筲艄飚⑤哨稍(2)(稍息)睄潲②巢①凹拗(3)(嬉嬉拗起)③拗(1)(棒儿拗断爻)⑤拗(2)(两个人拗搭)坳
效开四萧韵	⑤啸
宕开一唐韵	②芒忙氓茫虻④莽漭蟒①当(當)(1)(应当)当(噹)(3)(当啷)铛珰裆③挡党⑤当(當)(2)(典当)档①汤趟(1)(趟水)③倘淌躺⑤烫趟(2)(一趟)②唐堂棠塘膛糖搪溏镗螳瞠⑥荡宕①囔②囊④曩⑥馕①啷②郎狼琅廊榔锒跟螂④朗⑥浪阆①丧(1)(婚丧)桑③嗓搡磉⑤丧(2)(丧失)②藏(1)(隐藏)脏(臟)(2)(内脏)藏(2)(西藏)奘①冈刚岗(1)(山岗)纲钢⑤杠(2)(敲钉杠)①康慷糠⑤亢抗炕伉闶②昂卬(印你)①夯(文)(打夯)②吭杭航笎行(文2)(银行)①航⑤盎
宕开三阳韵	③爽⑤要
宕合一唐韵	①光胱③广⑤矿圹(文)(圹课)圹②旷(白)(课旷爻)④犷(该人犷显)眖(田眖儿)①荒慌肓③谎恍晃幌②皇凰惶煌蝗隍徨黄簧潢璜蟥①汪
宕合三阳韵	①方坊妨肪芳③仿纺彷(2)(彷彿)昉⑤放舫访②防房亡⑥妄忘望旺④网罔魍惘
江开二江韵	①江扛(文)(扛鼎之作)杠(1)(床杠)肛缸豇③讲港岗(2)(岗位)⑤降(文)(降落)绛⑥扛(白)(扛条儿)④项⑥巷

07. 乐清话读[iɔ]，温州话读[uɔ]。

宕开一唐韵	①赃脏(髒)(1)(肮脏)藏(3)(藏青)臧⑤葬①仓苍沧舱伧
宕开三阳韵	①妆(1)(化妆)庄(1)(庄严)装(1)(武装)⑤壮(文)(强壮)①创(1)(创伤)疮⑤创(2)(创造)

08. 乐清话读[ə]，温州话读[iɛ]。

| 效开三宵韵 | ①标膘飙镖瀌③表(錶)裱婊①漂(1)(漂亮)飘嘌③漂(2)(漂白)瞟⑤票剽②嫖瓢④殍鳔⑥骠①喵咩②苗描瞄④秒渺缈藐淼⑥妙庙①肖(2)(姓氏)消宵硝销霄逍魈烧③小(文)(小朋友)少(1)(少年)⑤肖(1)(生肖)笑鞘少(2)(少将)②韶饶(1)(富饶)娆④绍扰⑥邵 |
| 流开三幽韵 | ①彪①哔⑥谬缪(2)(姓氏) |

08. 乐清话读[ə]，温州话读[ai]。

蟹开四齐韵	⑤细(白)(细姆)
止开三脂韵	⑦狮(白)(狮子)
效开三宵韵	③小(白)(古方言留下的白读)
深开三缉入	⑦涩(文)(羞涩)湿⑧集习袭十什拾入
臻开三质入	⑦膝瑟虱失室⑧疾嫉蒺实日(文)(日本)
臻合一没入	⑦不(白)(不仅)
臻合三术入	⑦率(1)(率领)摔蟀
臻合三物入	⑦苐黻劼弗佛(2)(仿佛)拂氟⑧佛(1)(佛陀)勿物(文)(事物)
曾开一德入	⑦北

08. 乐清话读[ə]，温州话读[u]。

通合三屋入	⑦复(複)(復)腹蝮馥覆福幅辐蝠⑧伏服袱栿匐

08. 乐清话读[ə]，温州话读[ø]。

咸开一盍入	⑦磕嗑溘瞌⑧盍阖

09. 乐清话读[iə]，温州话读[ə]。

效开一豪韵	①遭糟③早枣蚤澡藻⑤灶躁①操(1)(操作)草(白)(潦草)③草(文)(青草)⑤操(2)(曹操)糙
臻开三质入	⑧日(白1)(生日)

09. 乐清话读[iə]，温州话读[iɛ]。

| 效开三宵韵 | ①椒焦蕉礁①朝(2)(明朝)①招昭钊③剿沼⑤醮⑤照诏①瞧①超①跷锹③悄⑤俏峭诮⑤翘②憔谯樵②朝(1)(朝鲜)嘲潮晁④兆赵肇⑥召④绕①肖(2)(姓氏)消宵硝销霄逍魈①烧③小(文)(小朋友)少(1)(少年)⑤肖(1)(生肖)⑤笑鞘少(2)(少将)②韶②饶(1)(富饶)娆④绍④扰⑥邵①娇骄①矫②乔侨桥荞⑥轿①嚣①要(1)(要求)腰邀③夭⑤要(2)(重要)②姚窑谣摇遥徭瑶④舀⑥耀曜鹞 |
| 效开四萧韵 | ①浇③佬缴饺铰(文2)(铰刀)皎⑤叫①撬橇⑤窍④翘①枭骁①吆幺③杳窈 |

09. 乐清话读[iə]，温州话读[ai]。

深开三缉入	⑦缉(2)(缉合)戢汁执⑦缉(1)(通缉)辑茸
山合一末入	⑦攥⑦撮
臻开三质入	⑦窒栉质郅桎蛭⑦七柒漆⑧侄秩帙
臻合一没入	⑦卒⑦猝

09. 乐清话读[iə]，温州话读[iai]。

深开三缉入	⑦级急给汲⑦泣⑧及圾⑦吸歙甩⑦邑挹浥揖⑧熠
臻开三质入	⑦吉桔(2)(柑桔)劼诘⑧佶⑦一(文)(一二三)乙壹⑦溢⑧逸佚轶
臻开三迄入	⑦乞吃(2)(口吃)讫⑦迄⑦屹
臻合三物入	⑧掘(白)(掘井)
曾开三职入	⑦棘亟⑧极⑦抑⑧翼弋翌
梗开三陌入	⑦戟⑦隙⑧剧屐⑧逆
梗开三昔入	⑦益⑧亦译易(1)(交易)绎驿弈奕蜴液腋掖
梗开四锡入	⑦击激⑧檄

10. 乐清话读[yə]，温州话读[y]。

遇合三鱼韵	④女(文)(男女)
山合一桓韵	①官棺倌观(1)(观察)冠(1)(皇冠)③馆琯管(文)(管理)莞(1)(东莞)⑤贯灌罐盥观(2)(寺观)冠(2)(冠军)③款①欢⑤唤涣焕痪奂②桓丸完烷④缓浣①豌剜蜿③碗⑤惋腕
山合三仙韵	①镌①专砖⑤转啭①痊诠铨①川穿(文)(贯穿)③喘舛⑤钏②传(1)(宣传)椽④篆⑥传(2)(传记)①宣③选⑤渲②全泉②漩②船⑥旋(镟)璇④软①捐娟鹃涓③卷(文2)(席卷)⑤卷(文1)(考卷)眷绢圈(2)(猪圈)①圈(1)(圆圈)②权拳蜷颧⑥倦②员圆鸢④兖⑥院媛缘
山合三薛入	⑦辍啜⑦茁拙⑦雪⑦嚄(2)(嚄头)⑦说⑧绝⑧臬⑧阅悦
山合三元韵	③绻⑤劝券②元原源鼋螈④阮⑥愿①喧萱煊⑤楦①鸳鸯③苑宛婉琬⑤怨②园袁援猿垣辕④远
山合三月入	⑦厥蹶撅蕨噘獗⑦阙⑧橛(文)(短木桩)镢⑧月⑦哕(哕起，即恶心)⑦曰⑧越粤
山合四先韵	③犬⑤绚①渊②玄悬⑥县眩
山合四屑入	⑦决诀抉⑦缺阙⑦阅⑦血⑧穴
臻合一魂韵	①昆(文2)(灵昆岛)⑤睏①昏(1)(黄昏)婚⑤巽(白)(巽山)①温(1)(温州)瘟③稳②魂
臻合一没入	⑦骨⑦窟⑦忽笏唿惚窟⑧核
臻合三术入	⑦绌⑦黢出(龊)⑧怵黜⑧术(1)(白术)⑦戌恤⑧术(术)(2)(手术)述⑦橘⑧聿鹬
臻合三文韵	①荤
臻合三物入	⑦屈⑧倔掘(文)(挖掘)崛⑦郁(2)(郁郁葱葱)

10. 乐清话读[iau]，温州话读[y]。

曾合三职入	⑧域阈
梗合三昔入	⑧役疫

11. 普通话读 ai，乐清话读[e]，温州话读[a]。

蟹开一咍韵	⑥埭(白)(两埭屋)④乃艿氖⑥鼐
蟹开一泰去	⑤戴(白)(戴帽)⑤带⑤太泰傣汰⑥大(文1)(大师)汰⑥奈⑥赖癞籁
蟹开二皆韵	⑤拜⑤湃①掰②排俳⑥惫②埋霾②豸
蟹开二佳韵	③摆(攞襬)⑤派②牌④罢①(吃乂罢)④买⑥卖①奶(白1)(奶奶头儿)④奶(文1)(老奶奶)①筛①(筛酒)⑤洒晒②柴
蟹开二夬去	⑥败⑥迈
梗开二陌入	⑦百伯迫柏佰⑦拍魄珀擘(白)(擘饼)啪⑧白舶①(舶来品)帛⑧陌①(陌生)
梗开二麦入	⑦檗擘(文)(巨擘)⑧麦脉唛

11. 普通话读 e，乐清话读[e]，温州话读[a]。

果开一歌韵	②何(白1)(何乜)②何(白2)(何乜)
假开三麻韵	④也(白2)(也是)③也(白1)(也是)
蟹开二皆韵	①阶皆偕⑤介戒芥尬届界诫疥疥①揩③楷锴②癌挨(2)(拖延)②谐④骸骇⑥械①埃(2)(埃及)挨(1)(挨近)⑤呃
蟹开二佳韵	①街③解(1)(讲解)⑤解(2)(解钞票)廨②崖涯捱③蟹②鞋④解(3)(解签诗)懈⑥邂③矮⑤隘蠮(2)(蠮儿)
咸开一合入	⑦喝(2)(喝水)⑧盒(白)(盒儿)
梗开二陌入	⑦格胳(2)(胳肢窝)骼⑦客喀⑧额⑦赫
梗开二麦入	⑦革隔嗝膈⑦绩⑦扼厄轭

11. 普通话读 eng，乐清话读[e]，温州话读[a]。

梗开二庚韵	②衡

11. 普通话读 an，乐清话读[e]，温州话读[ø]。

咸开一覃韵	①贪⑤探②潭①囡②男南(1)(南北)喃楠腩②婪②蚕③感⑤赣①堪龛戡③坎砍⑤勘④颔(白)(面颔)②含④颔颔(文)(颔首)④撼⑥憾①庵谙鹌⑤暗黯
咸开一合入	⑦答(1)(报答)⑧纳钠衲⑧杂⑦合(2)(三合粉)蛤鸽⑧合(1)(合作)盒(文)(纸盒)
咸开一谈韵	③忐①甘柑坩泔疳③赶敢橄⑤阚瞰①酣蚶①憨③俺

11. 乐清话读[e]，温州话读[ø]。

臻开一痕韵	①根(1)(根据)跟(1)(脚下跟头)②痕(1)(痕迹)①恩⑤摁
臻合一没入	⑧兀纥

12. 普通话读 ie，乐清话读 [ie]，温州话读 [i]。

假开三麻韵	③野②爷椰耶挪④也(文)(也是)冶⑥夜
蟹开三祭去	⑤憩⑥偈(2)(偈佗)
咸开三叶入	⑧聂镊蹑嗫颞⑦接婕楫⑦辄⑦妾⑧捷睫⑧涉⑦餍⑧烨叶(葉)页晔
咸开三业入	⑦劫⑦怯(文)(怯生)⑦胁
咸开四帖入	⑦跌⑦帖贴⑧谍叠碟蝶喋牒⑦箧筷⑧挟(挟菜)⑧协侠
山开三薛入	⑦瘪⑧别⑧灭乜(文)(眼睛微张)搣⑧列咧烈裂洌冽趔⑦哲蜇喆⑦折(1)(折扣)褶⑧彻撤澈辙⑧舌⑧折(2)(折本)⑧热乜(白)(乜人)⑦孑⑧杰桀⑧拽(1)(拖;拉)
山开三月入	⑦揭(1)(揭露)⑧揭(2)(按揭)竭偈(1)(勇武貌)碣⑦歇蝎⑦谒
山开四屑入	⑦憋鳖⑦撒瞥⑧蹩⑧蔑篾⑦铁餮⑧迭垤耋⑧捩戾⑦节疖⑦切窃沏⑦挈锲⑧截⑦洁结桔(1)(桔梗)拮⑦噎⑧颉撷缬

12. 普通话读 ian，乐清话读 [ie]，温州话读 [i]。

咸开三盐韵	③贬②帘廉镰奁④脸敛⑥殓①粘黏①尖歼①沾占(1)(占卜)①瞻詹⑤占(佔)(2)(占领)①签(籤)(簽)佥③谄⑤堑②黔钤箝①纤(纖)(2)(纤维)暹③闪(腰闪着)陕②潜②蟾②髯④渐④冉苒⑥赡④染③捡检脸②钳④俭⑥验③险①淹奄腌阉①恹③掩③魇⑤厌餍②炎②盐阎闫檐⑥艳焰
咸开三严韵	⑤剑⑤欠②严④俨⑥酽①腌
咸开四添韵	①掂玷点踮⑤店惦①添③舔②恬甜④簟⑥垫①拈②鲇(鲶)⑥念捻①兼①谦③歉②搛(搛菜)②嫌
深开三缉入	⑧廿
山开三仙韵	①编鞭⑤变①扁(2)(一叶扁舟)偏篇翩⑤骗②便(2)(便宜)④辨辩⑥便(1)(方便)下弁汴①绵棉④免勉缅黾(2)(黾池)娩冕渑湎腼鲩⑥面(1)(脸面)④碾②连联涟④撵琏辇③遣谴缱②乾虔掮④件⑥谚彦①蔫嫣②焉②延蜒筵④衍④演
山开三元韵	①犍⑤建健④键⑥健腱踺②言④谳⑥唁①轩⑤宪献③偃⑤堰
山开四先韵	①边蝙③扁(1)(扁担)匾⑤遍⑤片②骈④辫②眠④丏⑥面(麵)(2)(米面)①滇颠巅癫③典碘①天③腆②田填钿⑥电佃甸淀奠殿靛癜②年②怜(憐)莲⑥练炼链①笺⑤荐⑤千(1)(千万)仟阡扦⑦前①先⑥洗筅冼①坚肩③茧趼⑤见①牵⑤茜(1)(茜草)倩纤(縴)(2)(纤夫)②研妍③显①烟胭湮⑤宴燕咽(2)(咽气)②贤弦舷⑥现砚
山合三仙韵	⑥恋①煎①毡毡③剪翦③展辗⑤溅箭⑤战颤①迁千(韆)(2)(秋千)悠③浅阐②钱②缠①仙籼鲜①煽搧③藓癣⑤线腺⑤扇②涎②单(2)(单于)禅蝉婵②然燃④践④善鳝⑥贱饯⑥羡⑥擅嬗缮膳②沿铅(2)(铅山)

12. 乐清话读 [ie]，温州话读 [e]。

蟹开一咍韵	①灾哉栽③宰崽(文)(牛崽)⑤再载①猜③采(1)(采集)彩睬踩⑤采(2)(采邑)菜
蟹合一泰去	⑤最(白)(最高境界)
宕开三阳韵	③厂(1)(工厂)
曾开一德入	⑦则

12. 普通话读 ai，乐清话读[ie]，温州话读[a]。

蟹开一泰去	⑤蔡
蟹开二皆韵	①斋崽(白)(卵崽)①差(3)(出差)
蟹开二佳韵	⑤债①差(1)(差错)叉(1)(叉烧包)钗④豸
蟹开二夬韵	⑥寨
梗开二陌入	⑦咋(2)(咋舌)窄舴⑦拆⑧宅择泽着(文2)(着色)翟(1)(姓氏)
梗开二麦入	⑦摘谪责啧簀⑦册策

13. 普通话读 uai，乐清话读[ue]，温州话读[a]。

蟹合一泰去	⑥外
蟹合二皆韵	①乖⑤怪⑤蒯②怀(白)(怀闷)②怀(文)(怀念)淮槐⑥坏
蟹合二佳韵	③拐①歪
蟹合二夬去	⑤快筷
止合三脂韵	⑤帅

14. 乐清话读[uə]，温州话读[ø]。

山合一桓韵	①般搬(1)(搬弄是非)⑤半①番(2)(番禺)潘⑤判泮②盘搬(2)(搬运)磐瀖瘢蹒蟠④伴拌绊⑥叛畔②馒鳗瞒鞔④满螨㿸⑥幔缦镘
山合一末入	⑦拨钵⑦泼⑧钹⑧末抹茉沫秣
臻合一魂韵	②盆
臻合一没入	⑧勃脖渤荸饽悖⑧没殁

14. 乐清话读[ø]，温州话读[y]。

山开一寒韵	①干(1)(干犯)干(乾)(3)(干燥)杆(1)(笕杆)肝竿③杆(2)(电灯杆)秆擀⑤干(幹)(2)(干部)①鼾③罕⑤汉①安氨鞍桉⑤按案胺②韩寒邗邯④旱⑥岸⑥汗捍悍焊翰瀚

15. 乐清话读[iø]，温州话读[ø]。

咸开一覃韵	①参(1)(参加)掺③惨
咸开一合入	⑦匝(1)(一匝十二年)
深开三侵韵	①簪⑤谮①参(2)(参差)
山合一桓韵	①钻(1)(钻洞)③攒纂⑤钻(2)(钻孔)①氽⑤窜蹿⑥
山合二删韵	⑤篡
臻合一魂韵	①尊樽①村邨③忖⑤寸

16. 普通话读 uo，乐清话读[o]，温州话读[yo]。

果开一歌韵	①多哆③躲①拖(文)(拖拉机)②驮驼鸵佗陀沱砣跎④舵⑥大(文2)(大小)①啰②罗萝逻锣箩
果合一戈韵	⑤跺剁③妥椭④堕惰⑥懦糯②骡螺④裸瘰⑥摞

16. 乐清话读[o]，温州话读[əu]。

果开一歌韵	①搓(白)(搓绳)
遇合一模韵	⑤素(文)(朴素)愫
遇合三鱼韵	①梳(文)(梳理)疏蔬②锄(文)(锄头)⑥助
遇合三虞韵	③数(2)(数一数)⑤数(1)(数字)②雏
通合一屋入	⑦速

17. 乐清话读[io]，温州话读[yo]。

江开二觉入	⑦卓桌啄琢诼涿捉⑦戳⑦龊⑧浊镯⑧擢(文)(擢升)濯⑦朔槊
通合三屋入	⑦蠹⑦缩蓿
通合三烛入	⑦足⑦烛嘱瞩⑦触⑧躅属蜀⑦粟僳⑧束⑧俗续⑧赎⑦曲(1)(弯曲)蛐⑧局焗⑧玉狱钰⑧浴欲

17. 乐清话读[io]，温州话读[o]。

果合一戈韵	⑤挫锉(文)(锉刀)
假开二麻韵	①乍查(2)(姓氏)喳渣楂吒③抯⑤诈咋(1)(咋然)炸(1)(炸弹)榨蚱①叉(2)(叉腰)权车(白)(汽车)⑤岔汊杈②茶查(1)(检查)搽②苴
假合二麻韵	①挝(1)(敲打)
遇合一模韵	⑤措厝⑥祚
宕开一铎入	⑦作⑦错

17. 乐清话读[io]，温州话读[əu]。

果开一歌韵	③左佐①搓(文)(搓板)磋蹉
果合一戈韵	⑤锉(白)(锉刀)
遇合一模韵	③组⑤做
遇合三鱼韵	③阻诅俎①初③础(1)(基础)楚
遇合三虞韵	①刍
通合一屋入	⑦镞⑦簇蔟
通合三烛入	⑦促

19. 乐清话读[i]，温州话读[ei]。

假开三麻韵	①爹①嗟③姐⑤借①遮③这者⑤蔗③且⑤笡(斜)①车(文 1)(水车)③扯①些③写⑤泻卸①奢赊畲③舍(捨)(2)(施舍)⑤舍(1)(进舍)赦⑥藉(1)(藉口)②邪斜(1)(倾斜)⑥榭谢②蛇⑥麝②佘④社④惹
遇合三鱼韵	①猪③煮⑤蓍①蛆③杵③鼠④苎⑥箸③胥②徐④屿⑥薯(白)(番薯)
蟹开一泰去	⑥大(白)(大官爷)
蟹开三祭去	⑤毙蔽⑥币弊敝⑥袂⑥厉励砺蛎⑤际祭漈⑤制(製)⑤掣⑥滞⑤世势⑥逝誓噬
蟹开四齐韵	①苾褉(2)(神益)篦屁毯⑤闭①批砒⑤睥媲⑧鼙④陛⑥蔽①咪眯②迷谜醚

	④米①低③抵底邸诋砥⑤帝蒂谛①梯锑③体⑤剃涕屉替嚏④弟悌⑥递第睇逮棣缔②犁黎藜鳌④礼醴蠡(1)(范蠡)⑥丽隶唳①跻③济(2)(济南)⑤剂(2)(调剂)挤济(1)(救济)霁①妻栖凄⑤砌①西犀茜(2)(人名)③洗铣⑤细(文)(仔细)婿②齐脐④荠鲚⑥剂(1)(发剂)
蟹合三废去	⑤废肺疿⑥吠
止开三支韵	①陂羆③彼①披⑤譬②皮疲啤脾裨(1)(裨将)④被婢⑥鼻避②弥猕④弭②离漓璃篱缡羅⑥荔詈①支枝肢栀③纸⑤刺(2)(生刺)②池④舐③玺⑤豉②匙
止开三脂韵	③匕比(1)(比较)鄙⑤庇痹毖①纰⑤屁②枇毗蚍琵④否(2)(否去泰来)痞圮⑥比(2)(比邻)备坒②眉嵋湄楣④美⑥媚魅寐⑥地②梨蜊④履⑥利俐莉痢莅
止开三之韵	①里(2)(该里)厘(2)(一厘儿)哩(1)(词曲中作衬字)②厘(1)(厘米)狸喱④李里(裏)(1)(里外)理鲤俚娌浬⑥吏
止开三微韵	①飞非菲(1)(芳菲)啡绯扉蜚霏妃③匪诽菲(2)(菲薄)斐榧翡⑤沸狒费②肥(文)(肥沃)微薇④尾(文)娓⑥未(文)味(文)②肥(白)(肥肉)④尾(白)⑥未(白)味(白)
止合三支韵	③髓
咸开三叶入	⑦摄慑
咸开四帖入	⑦燮
深开三缉入	⑧笠⑧蛰
山开三薛入	⑦浙⑦泄薛亵⑦设
臻开三质入	⑦叱⑦悉蟋窸
曾开三职入	⑧力⑦唧稷陟仄⑦织职⑦饬敕⑦厕侧测恻⑧直值⑧植殖⑧溭⑦息媳熄⑦色啬铋稽⑦式识(1)(认识)饰拭轼⑧食蚀
梗开三昔入	⑦迹积脊崤瘠⑦鲫⑦只(隻)(2)(量词)炙摭⑦刺(3)(刺绒衫)⑦尺斥赤呎⑧掷(文)(一掷尿)踯⑦昔惜⑦适释⑧藉(2)(藉田)籍⑧席夕汐矽⑧射⑧石(1)(石头)硕
梗开四锡入	⑦的嘀滴嫡⑦剔惕踢倜⑧历(歷)(暦)沥雳病砾栎跞鬲⑦绩⑦戚嘁⑦析晳淅皙蜥锡⑧寂

19. 乐清话读[i]，温州话读[ɿ]。

果开三戈韵	②茄(3)(茄儿)伽(1)(伽蓝爷)
蟹开四齐韵	①鸡稽⑤计系(繫)(4)(系鞋带)继髻①溪蹊③启⑤契
止开三支韵	①畸羁⑤寄③企(文)(企业)绮②奇崎骑琦歧岐芪④技妓伎企(白)(企图)①牺羲曦⑤戏
止开三脂韵	①机肌饥(飢)(1)(饥饿)③几(文 2)(茶几)麂⑤骥冀致(緻)⑤弃器②祁鳍耆
止开三之韵	①基箕姬③己⑤记纪①欺③起杞②其期棋旗其琪蜞麒⑥忌①熙嘻嬉熹③喜禧蟢
止开三微韵	①几(幾)(文 1)(几何)讥叽饥(饑)(2)(饥荒)畿③几(幾)(文 3)(几多)⑤既暨①岂⑤气汽②祈①希稀唏
梗开四锡入	⑦吃(1)(吃饭)

20. 乐清话读[u]，温州话读[øy]。

果合一戈韵	①波(2)(宁波)⑤播(2)(发播)⑤破②婆⑥缚(2)(腰缚)②摩(1)(摩擦)磨(1)(磨刀)魔⑥磨(2)(磨石)
遇合一模韵	①鋪补谱⑤布怖①铺(1)(铺被)③浦(1)(下吕浦)⑤铺(2)(床铺)②葡蒲(1)(蒲鞋)④箃(朗眼箃)⑥步埠②模(模子)
遇合三虞韵	①夫(1)(丈夫)③府腑殕⑤付咐赋傅②符④父⑥附驸芙(白)(芙蓉)腐(白)(腐败)务雾(文)(云雾)娿⑥赙⑥雾(白)(发雾)物(白)(物事)
流开一侯韵	⑥戊
流开三尤韵	⑤富副②浮(白)(尸骸浮起)④妇

20. 乐清话读[u]，温州话读[iəu]。

通合一屋入	⑧族
通合三屋入	⑦竹竺筑⑦祝粥⑦蹙蹴⑦畜(1)(牲畜)摍⑦俶⑧逐妯⑦肃宿(1)(宿舍)夙叔倏菽⑧淑熟孰塾⑧衄肉
通合三烛入	⑧辱褥缛

21. 乐清话读[y]，温州话读[øy]。

果合一戈韵	②蠡(2)(河蠡蚌)
遇合一模韵	①都③堵赌睹肚(白)(猪肚)⑤妒蠹③土吐(1)(吐痰)⑤吐(2)(呕吐)兔菟②图徒(文)(徒弟)途涂(塗)屠荼④杜肚(文)(肚皮)⑥度渡镀踱②卢芦炉颅轳鸬④卤(滷)(2)(盐卤)⑥路露璐鹭①租③祖①粗⑤醋①苏酥稣甦⑤诉塑溯素(白)(吃素)②蜈
遇合三鱼韵	②庐驴闾橺④吕侣旅铝膂⑥虑滤②鱼渔
遇合三虞韵	④屡缕
止合三脂韵	⑥类

21. 乐清话读[y]，温州话读[ɿ]。

遇合三鱼韵	①沮狙疽诸③咀③渚褚⑤著③础(2)(礌础)处(1)(处理)⑤处(2)(相处)⑤觑②除储躇④贮伫⑥署薯(文)(马铃薯)曙①梳(白)(头梳)书抒舒③暑黍⑤絮⑤恕庶②锄(白)(板锄)②如茹④序叙绪④墅④汝
遇合三虞韵	①株蛛诛①朱(侏)珠侏鯳(鳅鲔)③拄③主⑤驻炷⑤注蛀铸①趋枢③取娶⑤趣②厨橱④柱砫⑥住①须(鬚)需①输⑤戍②殊②儒蠕嚅濡④聚④竖④乳⑥树⑥孺
蟹合三祭去	⑤缀⑤赘⑤岁⑤税
止合三支韵	③嘴①吹炊②垂捶锤陲⑥缒②隋随⑥瑞
止合三脂韵	①追①椎锥⑤醉(2)(酒喝醉义)②槌⑥坠①尿(2)(拉尿)①虽绥③水⑤崇邃②谁④蕊⑥遂隧穗

21. 乐清话读[y]，温州话读[u]。

遇合三鱼韵	①淤於②余(餘)(2)(剩餘)舆④予与(1)(给予)⑥与(2)(参与)余(1)(姓氏)⑥预誉豫
遇合三虞韵	②于盂竽②俞逾渝愉榆揄瑜臾谀腴④宇羽雨禹④愈⑥芋吁(3)(呼吁)⑥喻谕裕
蟹合三祭去	⑥卫彗
蟹合四齐韵	②携畦⑥惠慧
止合三支韵	①逶③委萎痿②为(1)(作为)⑥为(2)(为什么)
止合三脂韵	②帷维潍④唯惟⑥位⑥遗
止合三微韵	①威葳③尉蔚慰⑤畏喂餧②违围韦帏闱炜④伟苇玮韪⑥纬⑥胃谓猬

22. 乐清话读[ɯa]，温州话读[o]。

假开二麻韵	①巴(1)(巴西)芭吧疤笆粑③把(1)(把守)靶⑤坝把(2)(把柄)霸①葩⑤帕怕②扒爬耙杷琶巴(2)(下巴)②麻嘛蟆④马玛码蚂①瓜呱(2)(呱呱叫)娲蜗③寡剐①夸(誇)③垮⑤挎跨胯④瓦①花⑤化划(1)(划龙船)华(1)(中华)哗骅⑥华(2)(华山)桦①哇洼蛙
蟹开二佳韵	④罢(2)(罢工)
蟹合二佳韵	⑤卦褂挂⑥画(1)(连环画)①娃
蟹合二夬去	⑥话
流开一侯韵	①姆(2)(师姆)④母拇姆(1)(保姆)某

23. 乐清话读[iɯa]，温州话读[iɛ]。

效开三宵韵	④燎⑥疗瞭
效开四萧韵	①刁叼雕(彫)凋貂碉③鸟(2)(鸟儿)⑤吊钓③挑⑤跳眺窕②条迢调(1)(调羹)笤④掉(2)(掉钞票)窕⑥调(2)(声调)掉(掉落)②辽聊僚寥撩嘹缭寮獠④了(瞭)潦⑥料廖①萧箫潇③筱
咸开三叶入	⑧猎
宕开三阳韵	④两(1)(两个)俩(2)(两人)
宕开三药入	⑧掠略撂
通合三锺韵	②龙(白)(龙船)④垄(白)(菜垄)

23. 普通话读-ŋ韵尾，乐清话读[iɯa]，温州话读[i]。

宕开三阳韵	②娘孃⑥酿②良梁量(2)(量尺寸)粮梁④两(2)(斤两)俩(1)(伎俩)辆魉⑥亮凉谅量(1)(数量)晾靓(2)(靓妹)①将(1)(将来)①张①章彰樟璋蟑③奖桨蒋③长(2)(生长)涨③掌⑤将(2)(大将)浆酱⑤帐账胀⑤障幛瘴①枪①锖①昌猖菖娼③抢③敞③厂(2)(茅棚厂儿)敞氅⑤呛⑤畅怅⑤倡唱②长(1)(长短)场肠④丈仗杖①相(1)(互相)厢湘箱镶襄①商伤殇③想鲞③响晌赏⑤相(2)(宰相)⑤饷②墙蔷樯②戕详祥翔尝偿常裳嫦徜⑥象像橡潒④上(2)(上声)⑥匠⑥上(1)(上面)尚②嚷瓤④壤攘⑥让①僵缰疆姜(薑)③褯①羌①强①犟⑥糨①乡香③享响饷⑤向(嚮)④仰①央殃鸯秧③养氧⑤怏②阳扬杨炀旸疡羊洋徉烊(1)(融化)垟徉④痒⑥样漾恙烊(2)(打烊)
江开二江韵	①腔②降(白)(投降)

24. 乐清话读[yua]，温州话读[yɔ]。

宕开三阳韵	①妆(2)(妆灵清)庄(2)(坐庄)装(2)(假装)⑤壮(白)(壮显壮)③闯⑥状①霜孀②床
宕合三阳韵	①框眶筐匡诓②狂诳⑥逛⑤况③枉往①王
江开二江韵	①桩(文)(打桩)⑤戆①窗②幢(1)(经幢)②桩(白)(烂树桩)⑥撞幢(2)(楼幢)①双
通合三锺韵	①钟(鐘鍾)龚③冢③肿种(2)(种子)踵⑤纵种(1)(种树)②重(2)(重复)④重(1)(轻重)⑥重(3)(重迭)②浓(2)(浓淡)③耸耸立忪⑤悚竦②从(1)(跟从)②松(2)(松树)⑥讼诵颂①供(1)(供销)恭(1)(恭敬)③拱(1)(打拱作揖)⑤供(2)(供应)③恐⑥共①胸凶(文)(凶恶)匈汹①痈邕⑤壅④勇涌踊甬俑恿蛹⑥用佣(2)(佣人)

26. 乐清话读[iai]，温州话读[ai]。

蟹合一灰韵	⑤淬①崔催摧③璀⑤啐
蟹合一泰去	⑤最(文)(某某之最)拽(2)(拉拽)
蟹合三祭去	⑤脆
止合三支韵	⑤惴③揣⑤踹
止合三脂韵	⑤醉(1)(陶醉)⑤翠

27. 乐清话读[uai]，温州话读[ai]。

蟹合一灰韵	①瑰①恢盔魁诙③傀⑤块⑥溃(白)(溃疡)①灰③贿悔⑤诲晦①偎煨③诿猥②桅鬼②回(迴)徊茴洄蛔④汇(匯)(1)(汇款)⑥溃(文)(崩溃)
蟹合一泰去	⑤会(2)(会计)侩刽桧脍⑤荟⑥会(1)(会议)绘烩
蟹合三废去	⑤喙⑤秽(淫词秽语)
蟹合四齐韵	①奎
止合三支韵	①规(2)(规矩)①亏
止合三脂韵	⑤愧(2)(愧对)
止合三微韵	①归(1)(回归)皈①岿⑤喟②巍⑥魏(文)①挥(1)(挥挥手)徽③虺⑥魏(白)⑥汇(彙)(2)(汇报)
曾合一德入	⑦国
梗合二麦入	⑦帼掴蝈

28. 普通话读ou，乐清话读[au]，温州话读[əu]。

流开一侯韵	②头骰⑥豆荳痘

29. 乐清话读[iau]，温州话读[iəu]。

通合三屋入	⑦菊鞠掬⑦曲(麯)(2)(酒曲)⑦畜(畜牧)蓄⑦郁(1)(郁闷)燠⑧育昱煜毓鬻
通合三烛入	⑦旭勖

30. 乐清话读[iu]，温州话读[əu]。

遇合一模韵	②徒(白)(门徒)②奴④努弩⑥怒①噜④房鲁掳橹卤(鹵)(1)(卤素)
流开三尤韵	①丢①溜②刘留流琉硫馏榴瘤镠鎏④柳绺⑥遛①揪①舟州洲周(週)赒③酒③肘③寻⑤昼⑤咒①秋(鞦)湫鳅①抽③瞅③丑(醜)⑤臭(1)(乌焦臭)②囚②绸稠惆畴筹踌②仇(2)(仇恨)雠酬④纣⑥宙轴⑥售①修羞馐①收

	③手首守狩⑤秀绣锈宿(2)(星宿)⑤兽②酉遒泅④受绶⑥就⑥袖⑥寿授②柔揉蹂
曾开一德入	⑦忒(2)(忒不识相)
通合一屋入	⑦秃⑧独读(1)(读书)渎椟犊牍⑧鹿漉辘麓
通合一沃入	⑦督笃⑧毒
通合三屋入	⑧六陆戮

32. 乐清话读[iaŋ]，温州话读[ioŋ]。

臻合三谆韵	①均钧④菌窘②匀筠④允尹
臻合三文韵	①军君皲②裙群⑥郡①勋熏薰⑤训①氲③蕴愠⑤酝熨②云(雲)耘芸纭④殒

32. 乐清话读[iaŋ]，温州话读[aŋ]。

深开三侵韵	①砧针斟箴③枕怎⑤浸①侵郴琛(1)(珍宝)③寝⑤沁②沉④朕⑥鸩
臻开三真韵	①津珍蓁榛臻真甄③诊疹缜稹⑤进晋镇圳②振震赈①亲(1)(亲戚)押嗔瞋⑤亲(2)(亲家)趁衬龀②尘陈臣⑥阵
曾开一登韵	①曾(文2)(姓氏)增憎⑤蹭②曾(白)(曾经)
梗开二耕韵	①筝(2)(古筝)

33. 乐清话读[uaŋ]，温州话读[aŋ]。

山合一桓韵	③管(白)(毛管)
臻合一魂韵	①昆(文1)(昆仲)③滚衮绲辊⑤棍諢①昆(白)(昆剧)坤③捆⑤困①昏(2)(昏君)①温(2)(温吞)②浑馄④混⑥溷

34. 乐清话读[ioŋ]，温州话读[əŋ]。

深开三侵韵	③禀③品②林临淋琳霖④凛廪
臻开三真韵	①宾彬斌滨缤濒槟③膑髌⑤鬓傧摈殡②贫频嫔颦②民旻岷抿泯旻④闽闵悯敏②邻磷鳞粼嶙遴辚麟繗⑥吝蔺膦
曾开三蒸韵	①冰①乒②凭①扔②凌陵菱①症(癥)(2)(症结)蒸③拯⑤甑铿证症(1)(病症)①称(1)(称呼)⑤秤称(2)(相称)②惩澄橙⑥瞪(文)(瞪目结舌)①升昇陞⑤胜②仍②缯乘(1)(加减乘除)绳塍承丞⑥乘(2)(千乘之国)剩嵊
梗开三庚韵	①兵③丙秉柄炳②平评坪苹枰⑥病②明(文)(光明)鸣盟④皿⑥命
梗开三清韵	①并(3)(并州)③饼屏(2)(屏墙)⑤并(併)(1)(合并)摒⑤聘娉②名茗②令(2)(令尊)④岭领⑥令(1)(命令)⑤晶睛精菁旌正(2)(正月)征(徵)怔③井阱整⑤正(1)(真正)政③贞侦帧①清蜻③请骋②呈程珵④逞⑥郑①声③省(2)(反省)⑤性姓圣②情晴饧成诚城盛(2)(盛饭)④靖静婧⑥净靓(1)(靓妆)盛(1)(兴盛)晟
梗开四青韵	①拼妍②屏(1)(屏幕)瓶萍④并(並)(2)(并且)苹②铭冥瞑螟④酩①丁叮钉(1)(铁钉)仃疔③顶鼎⑤订钉(2)(钉板箱)①厅听(文)(听觉)汀町烃③挺艇⑤听(白)(打听)②廷亭庭停蜓婷霆⑥定啶腚碇锭①拎铃(2)(铃铛)②令(3)(令狐)伶灵玲铃(1)(电铃)聆羚零龄苓囹泠棂蛉翎⑥另①星猩腥惺③醒①青蜻

35. 乐清话读[oŋ]，温州话读[ioŋ]。

山合三仙韵	③卷(白)(一卷)①穿(白)(穿针)鬈(白)(鬈发)⑤串
臻合三谆韵	①遵谆肫③准(準)⑤俊骏竣隽①皴春椿⑤蠢④盾(2)(矛盾)①询峋洵荀①笋隼榫⑤峻浚瞬舜②旬驯巡循徇唇④吮⑥殉顺闰润

36. 乐清话读[ioŋ]，温州话读[oŋ]。

通合一东韵	①棕鬃③总⑤粽①匆(忽)葱聪偬
通合一冬韵	①宗综
通合三锺韵	①踪①从(2)(从容)

37. 乐清话读[n]，温州话读[ŋ]。

止开三支韵	②儿(1)义(白)⑤儿(2)⑥儿(3)
止开三脂韵	⑥二贰
止开三之韵	④耳(白)

四、虹桥话与温州话比较

(一)相同部分

01. 普通话读a，虹桥话读[a]，温州话读[a]。

果开一歌韵	①他它她拖(白)(鞋拖)①南(2)(南无)那(2)(姓氏)③娜(1)(人名)⑥那(1)(那么)哪(1)(哪里)①阿(2)(阿舅)啊(1)(啊呀)③阿(3)(阿门)⑤啊(2)(叹词)
假开二麻韵	⑤爸①妈②吗⑥骂②拿①咱⑤咤炸(2)(油炸馃)⑤诧姹差(2)(不好)①搭
遇合三鱼韵	④女(白)(女儿)
咸开一合入	⑦搭答(2)(答应)瘩嗒⑦踏(1)(踢踏舞)沓(2)(疲沓)⑧踏(2)(踏步)沓(1)(一沓纸)⑦垃拉(文)(拖拉)啦⑧拉(白)(拉尿)⑦砸匝(2)(匝道)⑦飒
咸开一盍入	⑦耷⑦塌塔蹋遢榻溻⑧阖⑧腊蜡邋⑦卅
咸开二洽入	⑦眨⑦插⑧㿜(白)煤(白)⑦歃⑧闸㿜(文)虿煤(文)⑦夹挟颊荚峡(1)(长江三峡)⑦恰掐卡(1)(卡口)⑧峡(2)(河峡儿)⑧狭洽
咸开二狎入	⑦窨啥⑦甲钾胛⑦呷⑧匣狎⑦压押鸭
山开一曷入	⑦怛妲笪靼⑦挞闼跶獭⑧达跶⑧捺⑧喇辣剌瘌⑦擦⑦萨撒
山开二黠入	⑦八(2)(小八癞子)叭⑦轧(2)(轧钢)扎札⑦察⑦杀刹(1)(刹车)煞⑦咖(2)(咖喱)嘎(1)(鸟鸣声)伽(2)(伽蓝)戛⑦咖(1)(咖啡)卡(2)(磁卡)⑧嘎(2)(嘎嘎抖)轧(3)(轧姘头)茄(2)(番茄)⑧點⑦揠轧(1)(倾轧)
山开二辖入	⑦刹(1)(古刹)⑧铡⑦瞎哈⑧辖
臻合一没入	⑧呐(2)(呐喊)

01. 普通话读 ai，虹桥话读[a]，温州话读[a]。

蟹开一咍韵	⑥埭(白)(两埭屋)④乃艿氖⑥鼐
蟹开一泰去	⑤戴(白)(戴帽)⑤带⑤太泰傣汰⑥大(文1)(大师)汏⑥奈⑥赖癞籁⑤蔡
蟹开二皆韵	⑤拜⑤湃①掰②排俳⑥惫②埋霾①斋崽(白)(卵崽)①差(3)(出差)②豺
蟹开二佳韵	③摆(擺襬)⑤派②牌④罢(1)(吃乂罢)④买⑥卖④奶(白 1)(奶奶头儿)④奶(文1)(老奶奶)⑤债①差(1)(差错)叉(1)(叉烧包)钗④豸①筛(1)(筛酒)⑤洒晒②柴
蟹开二夬去	⑥败⑥迈⑥寨
梗开二陌入	⑦百伯迫柏佰⑦拍魄珀擘(白)(擘饼)啪⑧白舶(1)(舶来品)帛⑧陌(1)(陌生)⑦咋(2)(咋舌)窄苲⑦拆⑧宅择泽着(文2)(着色)翟(1)(姓氏)
梗开二麦入	⑦檗擘(文)(巨擘)⑧麦脉唛⑦摘谪责啧箦⑦册策

01. 普通话读 an，虹桥话读[a]，温州话读[a]。

咸开一覃韵	①眈眈②坛(壜)(2)(酒坛)谭昙②岚函涵
咸开一谈韵	①担(1)(负担)聃③胆⑤石(2)(一石米)担(2)(重担)①坍③毯②谈痰④淡氮啖澹②蓝篮褴④览揽缆榄⑥滥②惭⑥暂①三叁仁③喊
咸开二咸韵	③斩崭⑤蘸④湛⑥站赚(文)(赚错)①杉②馋谗①缄减③减碱碜⑥陷(白)馅(白)(馅心)②咸(鹹)⑥陷(文)(陷阱)馅(文)(馅饼)
咸开二衔韵	①搀⑤忏谶①衫②巉①监(1)(牢监)⑤监(2)(太监)鉴③槛②舰⑤嵌②衔(白)(衔头)②岩②衔(文)(头衔)
山开一寒韵	①丹单(1)(单独)郸殚③疸掸⑤旦诞①摊滩瘫③坦(文)⑤炭叹碳②坛(壇)(1)(花坛)弹(2)(弹琴)檀④袒⑥但弹(1)(子弹)蛋惮坦(白)(道坦)②难(1)(困难)⑥难(2)(患难)②兰拦栏澜谰阑④懒㦨⑤烂⑥赞瓒①餐⑤灿粲璨②残①珊栅(2)(栅极)姗跚③伞散(2)(散漫)霰⑤散(1)(散会)
山开二山韵	⑤扮瓣⑤盼⑥办③盏③产铲⑥绽①山舢②潺①间(1)(房间)艰③栋柬简铜裥扴⑤间(2)(间接)①悭④眼②闲娴痫④限
山开二删韵	①扳班颁斑瘢③反(2)(反转)板(闆)版阪钣舨①攀⑤襻②片②蛮⑥漫慢谩④赧⑥栈①删潜⑤栅(1)(栅栏)汕汕疝①奸姦菅⑤谏涧②雁(白)(雁鹅)②颜⑥雁(文)(雁荡)赝④莞(2)(莞尔而笑)③绾⑤晏

01. 普通话读 e，虹桥话读[a]，温州话读[a]。

果开一歌韵	②何(白1)(何咋)②何(白2)(何咋)
假开三麻韵	④也(白2)(也是)③也(白1)(也是)
蟹开二皆韵	①阶皆偕⑤介戒芥尬届界诫疥玠①揩③楷锴②癌挨(2)(拖延)②谐④骇骸⑥械①埃(2)(埃及)挨(1)(挨近)⑤呃
蟹开二佳韵	①街③解(1)(讲解)⑤解(2)(解钞票)㾭②崖涯捱③蟹②鞋④解(3)(解签诗)懈⑥邂③矮⑤隘蜢(2)(蜢儿)
咸开一合入	⑦喝(2)(喝水)⑧盒(白)(盒儿)
梗开二陌入	⑦格胳(2)(胳肢窝)骼⑦客喀⑧额⑦赫
梗开二麦入	⑦革隔嗝膈⑦绠⑦扼厄轭

335

瓯语音系

01. 普通话读 eng，虹桥话读[a]，温州话读[a]。

梗开二庚韵	②衡

02. 虹桥话读[ia]，温州话读[ia]。

假开二麻韵	⑤卸①丫(2)(丫环)呀
效开四萧韵	④鸟(1)(飞鸟)袅⑥尿(1)(输尿管)①蟯(白)(蟯蟯动)②尧饶(2)(上饶)蟯(文)(蟯虫)③晓
咸开三业入	⑦怯(白)(胆怯)
山开四屑入	⑧捏⑦屑楔
宕开三药入	⑦爵着(白)(着衣)⑦灼酌⑦斫⑦雀鹊⑦绰焯⑧着(文1)(着火)嚗⑴(嚗起)⑦削⑦烁铄⑧嚼⑧勺芍妁灼⑧若偌弱⑧箬⑦脚⑦却⑧疟虐⑦谑⑦约⑦药钥跃龠
梗开二陌入	⑧搦

04. 虹桥话读[ɛ]，温州话读[ɛ]。

梗开二庚韵	①烹②彭嘭蟛澎膨⑥甏②盲④猛锰蜢艋⑥孟③打④冷①撑(1)(俯卧撑)⑤撑(2)(撑客)①生牲笙甥③省(1)(省略)①更庚羹赓③埂梗哽鲠⑤更(文2)(更加)①坑⑥硬①亨哼②行(文1)(行为)珩桁⑥行(文3)(品行)绗③夼(天明亮)
梗开二耕韵	①绷(1)(藤绷)①浜⑤绷(2)(绷紧)⑤迸①伻抨怦②棚(2)(尿布棚)④蚌(蚌埠)②萌④黾(1)(蛙的一种)①争狰睁筝(1)(古筝)峥⑤挣净①耕③耿①铿④幸悻①莺(2)(莺哥)樱(2)(金樱)鹦(2)(鹦哥)罂(2)(罂壶)③杏
梗合二庚韵	②横

06. 虹桥话读[uɔ]，温州话读[uɔ]。

效开二肴韵	①包苞胞③饱⑤豹趵①抛脬③跑⑤泡炮疱②咆庖④鲍⑥刨鉋①猫(2)(熊猫)②茅猫(1)(大猫)锚④卯①貌①孬②挠桡挠⑥闹淖①抓③爪找⑤罩笊①抄钞吵③吵炒⑥棹①捎梢稍(1)(稍微)筲艄颵⑤哨稍(2)(稍息)睄潲②巢①交郊胶跤茭蛟鲛肴(白)(肴配)①狡绞佼姣铰搅⑤教校(2)(校对)较珓窖①敲骹③巧④咬⑥狡①哮⑤孝酵②爻肴(文)(菜肴)淆⑥校(1)(学校)效①凹拗(3)(嬉嬉拗起)拗(1)(棒儿拗断交)⑤拗(2)(两个人拗搭)坳
效开四萧韵	⑤啸
流开三尤韵	②矛蛑
宕开一唐韵	①帮甫③榜膀(2)(翼膀)⑤谤泵①滂③榜②旁傍膀(1)(膀胱)磅螃彷(1)(彷徨)⑥镑①当(當)(1)(应当)当(噹)(3)(当啷)铛珰裆③挡党⑤当(當)(2)(典当)档①汤趟(1)(趟水)③倘淌躺⑤烫趟(2)(一趟)②唐堂棠塘膛糖搪溏镗螳瞠⑥荡宕①囔②囊④曩⑥齉①哪②郎狼琅廊榔银跟蜋④朗⑥浪阆①赃脏(髒)(1)(肮脏)藏(3)(藏青)臧⑤葬①仓苍沧舱伧①丧(1)(婚丧)桑③嗓搡磉⑤丧(2)(丧失)②藏(1)(隐藏)⑥脏(臟)(2)(内脏)藏(2)(西藏)奘①冈刚岗(1)(山岗)纲钢⑤杠(2)(敲竹杠)①康慷糠⑤亢抗炕伉①昂②昂印(卬你)①夯(文)(打夯)②吭杭航笕行(文2)(银行)①肮⑤盎

宕开三阳韵	①妆(1)(化妆)庄(1)(庄严)装(1)(武装)⑤壮(文)(强壮)①创(1)(创伤)疮⑤创(2)(创造)③爽③耍
宕合一唐韵	①光胱③广⑤矿旷(文)(旷课)圹②旷(白)(课旷爻)④犷(该人犷显)眶(田眶儿)①荒慌肓③谎恍晃幌②皇凰惶煌蝗隍徨黄簧潢璜蟥①汪
江开二江韵	①邦梆③绑⑤胖②庞④蚌(1)(象鼻蚌)棒①江扛(文)(扛鼎之作)杠(1)(床杠)肛缸豇③讲港岗(2)(岗位)⑤降(文)(降落)绛⑥扛(白)(扛条儿)④项⑥巷

12. 虹桥话读[ø]，温州话读[ø]。

深开三缉入	⑧粒
山合一桓韵	①般搬(1)(搬弄是非)⑤半①番(2)(番禺)潘⑤判泮②盘搬(2)(搬运)磐瀿瘢蹒蟠④伴拌绊⑥叛畔②馒鳗瞒鞍④满螨㵎⑥幔缦镘①端③短⑤断(文 2)(决断)锻①湍②团(團糰)④断(文 1)(断续)⑥段(文)(段落)缎④暖(文)(温暖)②峦孪娈栾鸾脔滦鸾④卵(文)(卵袋)⑥乱①钻(1)(钻洞)③攒纂⑤钻(2)(钻孔)①厶⑤窜蹿①酸⑤蒜算
山合一末入	⑦拨钵⑦泼⑧钹⑧末抹茉沫秣⑦掇⑦脱(1)(脱离)⑧夺(文)(抢夺)
山合二删韵	⑤纂①拴栓闩⑤涮④撰馔
山合二辖入	⑦刷
臻合一魂韵	②盆①敦墩惇磴镦蹲②屯囤豚臀⑥钝遁②嫩②论(2)(论语)⑥论(1)(讨论)①尊樽①村邨③忖⑤寸①孙荪狲③损⑤逊巽(文)(八卦之一)②存
臻合一没入	⑧勃脖渤荸悖⑧没殁⑦咄⑧凸突㐃(3)(㐃起算)⑧呐(1)(呐口)讷

13. 虹桥话读[o]，温州话读[o]。

果开一歌韵	②挪傩哪(2)(哪吒)④娜(婀娜)①娑挲③可②鹅(白)(鹅兜)①呵诃嗬
果合一戈韵	①波(1)(波浪)玻菠③跛簸⑤播(1)(播送)①坡颇③叵②鄱⑥薄(2)(薄荷)①嬷②么(麼)蘑广馍⑥摩(摩崖)③朵⑤唾(文)(唾沫)④垛⑤挫锉(文)(锉刀)①唆梭蓑③琐锁唢④矬痤④坐⑥座
假开二麻韵	①巴(1)(巴西)芭吧疤笆粑③把(1)(把守)靶⑤坝把(2)(把柄)霸①葩⑤帕怕②扒爬耙杷琶巴(2)(下巴)②麻嘛蟆④马玛码蚂①乍查(2)(姓氏)喳渣楂吒③拃⑤诈咋(1)(咋然)炸(1)(炸弹)榨蚱⑦叉(叉腰)权车(白)(汽车)⑤岔汊衩②茶查(1)(检查)搽②苴①沙纱砂鲨莎痧裟⑤嘎閪⑥鲊①加家嘉迦(1)(迦南)枷(文)(枷锁)笳袈傢茄(1)(雪茄)③贾(2)(姓氏)假(1)(假设)⑤价驾架(文)(衣架)假(2)(放假)嫁稼②枷(白)(饭镬柳儿)②牙芽衙伢岈④雅⑥讶砑①虾(1)(虾儿)⑤吓②虾(2)(虾蟆)霞遐瑕④下⑥夏厦暇(闲暇)①丫(1)(两丫裤)鸦③哑⑤亚娅挜
假合二麻韵	①挝(1)(敲打)③傻④斜(2)(斜视)
遇合一模韵	①姥(3)(老姥)②无(南无)②摹模(1)(模范)谟④姥(2)(太姥山)⑥募墓慕暮⑥赂⑤措厝⑥祚
遇合三鱼韵	③所(场所)
蟹开二佳韵	④罢(2)(罢工)①佳
流开一侯韵	①姆(2)(师姆)④母拇姆(1)(保姆)某
山开二黠入	⑦八(1)(八个)捌⑦趴⑧拔跋

宕开一铎入	⑦博搏膊⑦粕泊⑧薄(1)(厚薄)亳箔礴⑧莫摸幕漠寞膜瘼瞙⑦沰⑦托拓⑧铎⑧诺喏⑧乐(2)(快乐)洛骆络烙落酪⑦作⑦错⑦索嗦⑧昨怍柞胙酢⑦各阁胳(1)(胳膊)搁(文)(搁浅)咯⑧硌(硬硌硌)搁(白)(搁臀)⑧鄂愕噩鳄谔萼腭颚鹤⑦壑郝⑧涸貉⑦恶(1)(善恶)
宕合一铎入	⑦郭椁⑦扩廓⑦霍藿⑧获(稼)(1)(收穫庄稼)镬
宕合三药入	⑧缚(1)(缚鞋带)
江开二觉入	⑦驳剥⑦朴(樸)⑧雹⑧邈⑧擢(白)(擢起当官)⑧摸⑦角觉珏⑦壳确榷⑧乐(1)(音乐)岳嶽⑧学峃⑦握喔幄龌
梗开二陌入	⑦舶(2)(船舶)⑧蓦陌(2)(打生陌生)
通合一屋入	⑦卜(1)(占卜)⑦仆(1)(仆倒)扑噗璞濮蹼⑧卜(葡)(2)(萝卜)仆(僕)(2)(仆人)瀑⑧木沐⑧禄碌
通合一沃入	⑦沃鋈
通合三屋入	⑧目牧睦穆苜
通合三烛入	⑧录绿氯

15. 虹桥话读[ɿ]，温州话读[ɿ]。

蟹开一咍韵	①腮(白)(腮腺炎)
止开三支韵	①髭①知蜘③紫訾③只(1)(只有)咫⑤智⑤渍①雌呲疵①差(4)(参差)③此③侈⑤刺(1)(刺激)⑤翅②弛驰②踟篪舐①斯撕嘶蟴①筛(2)(米筛)①施③徙③豕⑤赐④氏是④尔⑥豉
止开三脂韵	①咨姿资①脂③姊③旨指⑤恣⑤至挚⑤次②迟④雉⑥稚①私①师狮(文)(雄狮)狮①尸③死③矢屎⑤四肆②瓷⑥自⑥示谥⑥视嗜
止开三之韵	①吱①兹滋孳①孜淄缁辎锱①之芝③子籽仔梓滓③第③止址趾祉⑤置⑤志痣⑤识(2)(标识)帜①痴①笞①蚩嗤③耻③齿⑤胎炽④持④痔峙⑥治①司丝咝鸶思飔①诗③史使驶③始⑤伺⑤试弑②慈磁鹚糍②词祠辞蔡(泥蔡)②时②而④巳祀似④士仕俟市柿恃④耳(文)(聂耳)洱⑥字寺恃⑥饲嗣⑥事⑥饵
深开三缉入	⑦涩(白)(涩口)

16. 普通话读i，虹桥话读[i]，温州话读[i]。

蟹开三祭去	⑥例⑥艺呓⑤裔⑥曳
蟹开三废去	⑥刈
蟹开四齐韵	②泥⑥伲②倪霓嵇⑥睨诣⑤缢瘗②兮奚⑥系(1)(关系)系(係)(2)(中文係)系(繫)(3)(连系)
止开三支韵	⑤臂②糜麇④靡②仪宜④蚁⑥义议谊①祎犄漪③椅倚旖④移迤⑥易(2)(容易)
止开三脂韵	⑤秘(2)(秘鲁)瑟⑥秘(1)(秘书)①妮②尼呢怩⑥腻①伊咿②夷姨胰痍彝⑥肆⑥懿
止开三之韵	④你②疑④拟①医⑤意②怡贻诒饴颐②坯④矣④已以⑥异
止开三微韵	③几(幾)(白)(几个)⑥毅①衣依祎②沂

深开三缉入	⑧立
臻开三质入	⑦必毕笔哔筚跸滗⑦匹疋⑧弼⑧泌密蜜宓谧嘧⑧昵⑧栗傈溧篥深慄⑦一(白)(一个)
曾开三职入	⑦逼⑧愎(刚愎自用)⑧匿⑦即⑦亿忆臆癔
梗开三陌入	⑦碧
梗开三昔入	⑦辟(1)(大辟)璧⑦辟(闢)(2)(开辟)僻⑧掷(白)(投掷)
梗开四锡入	⑦壁⑦劈霹癖癖⑧觅汩幂⑧溺⑧迪敌涤笛狄籴荻翟(2)(长尾的野鸡)

16. 普通话读 lǜ，虹桥话读[ei]，温州话本读[i]。

臻合三术入	⑧律率(2)(效率)

17. 虹桥话读[u]，温州话读[u]。

果开一歌韵	①哥歌③舸①苛柯轲疴③坷②河何(文)(任何)荷(1)(荷花)菏④荷(2)(负荷)⑥贺①阿(1)(阿胶)婀⑤屙
果合一戈韵	①戈锅埚瘑③果裹馃⑤过①科棵颗蝌稞窠髁⑤课③火伙(夥)⑤货②禾和(1)(和平)④祸⑥和(2)(附和)①窝涡莴①倭挝(2)(老挝)
遇合一模韵	③圃浦(2)(浦东)普埔②菩脯(2)(胸脯)蒲(2)(菖蒲)匍莆④部簿⑥捕哺①估咕姑菇轱蛄辜孤呱(1)(呱呱而泣)苽菰③古诂牯罟股盅贾(1)(商贾)鼓臌瞽⑤固沽故痼顾雇①枯骷刳③苦⑤库裤绔①乎呼③虎唬琥浒⑤岵①狐弧壶胡(鬍)葫湖蝴糊猢瑚④户沪扈⑥互护①乌呜钨污③坞⑤恶(2)(可恶)
遇合三虞韵	②孵(白)(孵坊)①夫(2)(人名)肤麸稃孵(文)(孵化)敷莩稃③甫脯(1)(果脯)辅俯斧釜抚⑤赴讣②扶芙(文)(芙蓉)凫无(1)(无中生有)芜巫诬毋④腐(文)(腐儒)武侮鹉舞妩
流开三尤韵	④负
臻合一没入	⑦不(文)(不是)
通合一屋入	⑦谷(榖)⑦哭⑧斛槲⑦屋
通合一沃入	⑦酷⑧鹄
通合三屋入	⑦复(複)(復)腹蝮馥覆福幅辐蝠⑧伏服袱栿匐

18. 虹桥话读[y]，温州话读[y]。

果合三戈平	②瘸①靴
遇合三鱼韵	①车(文 2)(车马炮)居(文)(居住)③举⑤据锯踞①祛⑤去(文)(来去)②渠(文)(水渠)④巨拒炬距⑥遽①虚嘘墟④许(文)(许多)④语圄龉⑥御(禦)驭
遇合三虞韵	①拘驹③矩枸(1)(枸橼)⑤句①区(2)(区别)岖驱躯③龋②瞿衢①具俱惧飓②娱(1)(娱乐)隅愚禺虞⑥遇寓①吁(1)(气喘吁吁)③诩栩⑤酗煦①吁(2)(喝止牲口声)③伛⑤妪
蟹合四齐韵	①闺硅圭⑤桂①暌睽
止合三支韵	①规(1)(圆规)③诡①窥④跪②危⑥伪①麾③毁
止合三脂韵	①龟③轨癸⑤季悸愧(1)(惭愧)②葵逵馗夔④揆⑥柜(櫃)馈匮
止合三微韵	①归(2)(当归)③鬼⑤贵①挥(2)(指挥)辉晖⑤卉讳

22. 虹桥话读[ai]，温州话读[ai]。

果开一歌韵	②蛾(白)(打灯蛾)⑤个⑥饿(白)(肚饿)
果合一戈韵	⑤唾(白)(痰唾)②脶
蟹开一咍韵	④倍蓓①呆(2)(痴呆)⑤唉(2)(唉磊堆碎)
蟹开一泰去	⑤贝狈⑤沛霈
蟹开二蟹韵	④奶(白2)(奶奶)
蟹开四齐韵	⑤细(白)(细姆)
蟹合一灰韵	①杯背(揹)(3)(背心)⑤背(1)(背部)辈褙①坏胚呸⑤配②陪培徘赔裴⑥佩背(2)(背诵)焙①娒②玫枚梅媒煤莓酶④每⑥妹昧①堆⑤对碓①推③腿⑤退褪煺②颓⑥队④馁⑥内②雷擂蕾镭④磊儡瘰⑥磪⑤淬①崔催摧③璀⑤啐⑤碎④罪
蟹合一泰去	⑤脱(2)(脱裤)蜕⑥兑⑤最(文)(某某之最)拽(2)(拉扯)
蟹合三祭去	⑤脆⑥锐睿芮
止开三支韵	①卑碑
止开三脂韵	①悲①丕②霉⑦狮(白)(狮子)
止合三支韵	④累②赢⑤惴③揣⑤踹⑥睡
止合三脂韵	④垒⑥泪⑤醉(1)(陶醉)⑤翠①衰⑥悴粹萃瘁
效开三宵韵	③小(白)(古方言留下的白读)
山合一末入	⑧夺(白)(赌抢赌夺)⑧捋
曾开一德入	⑧万(文2)(万俟)墨默

24. 虹桥话读[au]，温州话读[au]。

流开一侯韵	①兜③斗(1)(北斗)抖陡蚪⑤斗(2)(斗争)①偷③敨⑤透投⑥逗读(2)(句读)窦脰⑥耨②娄楼偻喽褛蝼髅④搂篓⑥陋漏镂瘘③走⑤奏揍③掫⑤凑③叟嗾擞⑤嗽漱①勾沟钩篝③苟狗枸(2)(枸杞)垢诟⑤构购媾够彀(白)(居屋合音)①抠眍③口⑤叩扣寇蔻④厚(白)(厚佬)④偶藕耦①㐂狃(许屋合音)⑤吼齵(虹)②侯喉猴篌④后(後)厚(文)(忠厚)⑥候逅①区(2)(姓氏)欧鸥讴瓯③呕殴⑤沤怄堀(埋葬)
流开三尤韵	④㾕①邹驺⑤皱绉①诌⑥胄籀骤①搜艘馊飕③溲⑤瘦②愁②牛

25. 虹桥话读[iau]，温州话读[iau]。

流开三尤韵	①妞④扭纽钮忸①狃(若屋合音)①鸠阄③九久玖灸韭①究疚救咎厩①丘蚯邱③揂②求球逑裘仇(1)(姓氏)④臼舅柏⑥旧柩①休咻③朽⑤臭(2)(铜臭)嗅①优忧悠攸②尤犹②由邮油游蚰猷蝤繇④友有④酉诱莠⑥又右佑祐⑥囿宥柚釉
流开三幽韵	①赳③纠②虬①幽③黝⑤幼

26. 虹桥话读[ei]，温州话读[ei]。

假开三麻韵	①爹①嗟③姐⑤借①遮③这者⑤蔗③且⑤笡(斜)①车(文 1)(水车)③扯①些③写⑤泻卸①奢赊畲③舍(捨)(2)(施舍)⑤舍(1)(进舍)赦⑥藉(1)(藉口)②邪斜(1)(倾斜)⑥榭谢②蛇⑥麝②佘④社④惹
遇合三鱼韵	①猪③煮⑤煮①蛆③杵③鼠④苎⑥箸⑤胥②徐④屿⑥薯(白)(番薯)
蟹开一泰去	⑥大(白)(大官爷)
蟹开三祭去	⑤毙蔽⑥币弊敝⑥袂⑥厉励砺蛎⑤际祭漈⑤制(製)⑤掣⑥滞⑤世势⑥逝誓噬
蟹开四齐韵	①蓖箅(2)(箅益)篦屁毡⑤闭①批砒⑤睥媲②鼙陛⑥薜①眯眯②迷谜醚米①低③抵底邸诋砥⑤帝蒂谛①梯锑③体⑤剃涕屉替嚏④弟悌⑥递第睇逮棣缔②犁黎藜鲡④礼醴蠡(1)(范蠡)⑥丽隶唳①跻济(2)(济南)⑤剂(2)(调剂)挤济(1)(救济)霁①妻栖凄⑤砌①西犀茜(2)(人名)③洗铣⑤细(文)(仔细)婿②齐脐④荠鲚⑤剂(1)(发剂)
蟹合三废去	⑤废肺疿⑥吠
止开三支韵	①陂罴③彼①披⑤譬①皮疲啤脾裨(1)(裨将)④被婢⑥鼻避②弥猕④弭②离漓璃篱缡罹⑥荔丽①支枝肢栀③纸⑤刺(2)(生刺)①池④舐③玺⑤啻②匙
止开三脂韵	③匕比(1)(比较)鄙⑤庇痹毖①纰⑤屁②枇毗蚍琵④否(2)(否去泰来)痞圮⑥比(2)(比邻)备坒②眉楣湄楣④美⑥媚魅寐⑥地②梨蜊④履⑥利俐莉痢苙
止开三之韵	①里(2)(该里)厘(2)(一厘儿)哩(1)(词曲中作衬字)②厘(1)(厘米)狸嫠④李里(裏)(1)(里外)理鲤俚娌浬⑥吏
止开三微韵	①飞非菲(1)(芳菲)啡绯扉蜚霏妃③匪诽菲(2)(菲薄)斐棐翡⑤沸狒费②肥(文)(肥沃)微薇④尾娓⑥未(文)味(文)②肥(白)(肥肉)④尾(白)⑥未(白)味(白)
止合三支韵	③髓
咸开三叶入	⑦摄慑
咸开四帖入	⑦燮
深开三缉入	⑧笠⑧垫
山开三薛入	⑦浙⑦泄薛亵⑦设
臻开三质入	⑦叱⑦悉蟋窸
曾开三职入	⑧力⑦唧稷陟仄⑦织职⑦饬敕⑦厕侧测恻⑧直值⑧植殖⑧湜⑦息媳熄⑦色啬铯稿⑦式识(1)(认识)饰拭轼⑧食蚀
梗开三昔入	⑦迹积脊崎瘠⑦鲫⑦只(隻)(2)(量词)炙摭⑦刺(3)(刺绒衫)⑦尺斥赤哧⑧掷(文)(一掷尿)踯⑦昔惜⑦适释⑧藉(2)(藉田)籍⑧席夕汐矽⑦射⑧石(1)(石头)硕
梗开四锡入	⑦的嘀滴嫡⑦剔惕踢倜⑧历(歷)(曆)沥雳疬砾栎跞鬲⑦绩⑦戚槭⑦析晰淅晳蜥锡⑧寂

28. 虹桥话读[aŋ]，温州话读[aŋ]。

深开三侵韵	④恁①砧针斟篯③枕怎⑤浸①侵郴琛(1)(珍宝)③寝⑤沁②沉④朕⑥鸩①心芯参(3)(人参)森深琛(2)(人名)③沈(潘)审婶⑤渗②寻挦蕁岑谌忱任(文2)(任性)④赁覃葚甚饪⑥任(文1)(姓氏)妊(文)(妊妇)衽
山合一桓韵	④断(白)(断气)⑥段(白)(烂树段)④暖(白)(暖芬芬)④卵(白)(卵黄)
臻开一痕韵	①吞(白)(慢吞吞)①根(2)(结根)跟(2)(跟从)哏⑤艮③垦恳③很狠②痕(2)(伤痕)⑥恨
臻开三真韵	①津珍蓁榛臻真甄③诊疹缜稹⑤进晋镇圳振震赈①亲(1)(亲戚)押嗔瞋⑤亲(2)(亲家)趁衬龀②尘陈臣⑥阵①辛锌新薪莘申伸身呻绅娠③迅哂⑤讯汛信囟②秦神辰晨宸人(文)(人民)仁娠④尽(儘)肾⑥烬慎蜃刃(1)(刀刃)纫仞②人(白1)(人来客往)
臻合一魂韵	①奔贲犇③本畚①喷(1)(喷水)⑤喷(2)(喷香)④苯⑥笨坌②门们扪⑥闷焖①吨③窀⑤顿炖(2)(炖卵糕)⑤伅②饨④盾(1)(盾牌)沌炖(1)(温炖汤)②仑抡
臻合三谆韵	②伦沦轮囵纶(1)(涤纶)
臻合三文韵	⑤粪(白)(粪扫)①分(1)(分开)芬吩纷酚③粉⑤奋粪(文)(粪坑)①坟氛焚汾文纹蚊(文)(蚊蝇)雯④忿愤吻刎③分(2)(分格)份问(文)(提问)闻紊②蚊(白)(蚊虫)明(白)(明朝)⑥问(白)(问问胎)
江开二江韵	①夯(白)(夯实)
曾开一登韵	①灯登蹬镫③等肮⑤凳镫⑤瞪(白)(眼灵珠瞪起)②腾誊藤滕⑥邓②能②棱⑥愣①曾(文2)(姓氏)增憎⑤蹭②曾(白)(曾经)①僧②层曾(文1)(曾经)⑥赠⑤亘③肯啃②恒
梗开二耕韵	①筝(2)(古筝)
通合一冬韵	②疼(白)(疼痛)

29. 虹桥话读[iaŋ]，温州话读[iaŋ]。

咸开二咸韵	④赚(白)(赚钞票)
深开三侵韵	②壬④您⑥任(白)(任何)妊(白)(妊娠)①今金襟③锦⑤禁①钦衾⑤揿②琴禽擒芩噙檎⑥妗噤①歆鑫②吟③阴荫(1)(树荫)音喑③饮⑤荫(2)(荫德)窨②淫霪
臻开三真韵	②人(白2)(新儒人)银鄞垠④忍⑥刃(2)(刀刃)认韧①巾③紧⑥仅馑瑾觐⑤衅①因茵咽(1)(咽喉)姻氤⑤印②寅④引蚓呓⑥胤
臻开三殷韵	①斤筋③谨⑤靳①芹勤④近①欣忻掀②龈①殷③隐瘾
曾开三蒸韵	②兢矜①兴(文1)(兴盛)③兴(白)(作兴)⑤兴(文2)高兴)②凝①应(1)(应该)鹰膺⑤应(2)(响应)①蝇⑥孕
梗开二耕韵	①茎①莺(1)(黄莺)樱(1)(樱桃)鹦(1)(鹦鹉)罂(1)(罂粟)
梗开三庚韵	①京荆惊粳①景警璟⑤竟敬境镜泾①卿⑤庆②擎鲸黥⑥竞②迎①英瑛鹾③影⑤映③行(白)
梗开三清韵	③颈⑤劲①轻氢④痉①婴缨璎②盈赢楹瀛
梗开四青韵	②宁(1)(宁波)拧狞柠咛⑥宁(2)(宁可)泞①经(1)(经济)泾⑤径经(2)(经线)陉胫迳⑤馨罄①馨⑤滢②刑形型邢
梗合三清韵	④颖郢颍
通合三锺韵	①凶(白)

31. 虹桥话读[əŋ]，温州话读[oŋ]。

深开三侵韵	③禀③品②林临淋琳霖④凛廪
臻开三真韵	①宾彬斌滨缤濒槟③膑髌⑤鬓傧摈殡②贫频嫔颦②民旻岷抿泯垊④闽闵悯敏②邻磷鳞粼嶙遴辚麟璘⑥吝蔺膦
曾开三蒸韵	①冰①兵②凭①扔②凌陵菱①症(癥)(2)(症结)蒸③拯⑤甑铛证症(1)(病症)①称(1)(称呼)⑤秤称(2)(相称)②惩澄橙⑥瞪(文)(瞪目结舌)①升昇陞⑤胜②仍②缯乘(1)(加减乘除)绳塍承丞⑥乘(2)(千乘之国)剩嵊
梗开三庚韵	①兵③丙秉柄炳②平评坪苹枰⑥病②明(文)(光明)鸣盟④皿⑥命
梗开三清韵	①并(3)(并州)③饼屏(2)(屏墙)⑤并(併)(1)(合并)摒⑤聘娉②名茗②令(2)(令尊)④岭领⑥令(1)(命令)①晶睛精菁旌正(2)(正月)征(徵)怔②井阱整⑤正(1)(真正)政①贞侦帧①清蜻③请骋②呈程埕④逞⑥郑①声③省(2)(反省)⑤性姓圣①情晴饧成诚城盛(2)(盛饭)④靖静婧⑥净靓(1)(靓妆)盛(1)(兴盛)晟
梗开四青韵	①拼姘②屏(1)(屏幕)瓶萍④并(並)(2)(并且)苹②铭冥瞑螟④酩①丁叮钉(1)(铁钉)仃疔③顶鼎⑤订钉(2)(钉板箱)①厅听(文)(听觉)汀町烃③挺艇⑤听(白)(打听)②廷亭庭停蜓婷霆⑥定啶腚碇锭①拎铃(2)(铃铛)②令(3)(令狐)伶灵玲铃(1)(电铃)聆羚零龄苓囹泠棂蛉翎⑥另①星猩腥惺③醒①青蜻

32. 虹桥话读[oŋ]，温州话读[oŋ]。

臻合三谆韵	②纯淳醇莼鹑
曾开一登韵	①崩(1)(崩溃)嘣(1)(打嘣)⑤崩(2)(一崩香烟)蹦嘣(2)(内胎打嘣了)⑤碰椪②朋棚(1)(牛棚)鹏硼
曾合一登韵	①肱①薨②弘泓
梗合二耕韵	①轰訇②宏闳竑
通合一东韵	②蓬篷逢④埲烽①蒙(2)(蒙人)②蒙(1)(蒙犯)蒙(朦)(4)(目失明)蒙(濛)(5)(小雨貌)檬朦蕠④蒙(3)(蒙古)蒙(懞)(6)(昏昧无知)懵①东③董懂⑤冻栋①通痌③捅⑤痛②同桐铜筒童瞳僮潼④动桶恸⑥洞侗恫胴②咙胧聋笼茏泷砻癃④拢⑥弄①棕鬃③总⑤粽①匆(怱)葱聪偬⑤送②丛①工公功攻恭(2)(恭候)蚣红(2)(女红)③汞⑤贡①空(1)(空虚)倥崆箜③孔⑤空(2)(亏空)控①哄(1)(哄动)烘③哄(2)(哄骗)⑤哄(3)(起哄)蕻②红(1)(红色)虹洪鸿蕻(1)(雪里蕻)⑥讧①翁嗡滃⑤瓮齉(齅鼻)
通合一冬韵	①冬氡⑤统②彤疼(文)(疼痛)②农脓侬哝①宗综①松(鬆)(1)(放松)⑤宋②淙琮
通合三东韵	①风枫疯沨丰⑤讽②冯⑥凤⑥梦②隆窿①菘嵩②崇戎绒①弓(2)(新读)宫(2)(新读)躬(2)(新读)
通合三锺韵	①兵③捧①封峰锋蜂烽②逢④奉⑥缝俸⑥浓(1)(浓密)②龙(文)(龙头)④垄(文)(垄断)陇①踪①从(2)(从容)①淞凇②茸④冗③巩拱(2)(拱桥)

33. 虹桥话读[ioŋ]，温州话读[ioŋ]。

山合三仙韵	③卷(白)(一卷)①穿(白)(穿针)鬈(白)(鬈发)⑤串
臻合三谆韵	④盾(2)(矛盾)
梗合三庚韵	③问①兄②荣嵘蝾④永咏泳
梗合三清韵	①倾③顷②琼②营茕莹
梗合四青韵	③炅迥炯②荧萤萦荥
通合一东韵	①卤
通合三东韵	①弓(1)(弓箭)躬(1)(躬身)宫(1)(宫殿)①穹②穷②熊雄融
通合三锺韵	①雍臃③拥②佣(傭)①(雇佣)庸埇镛容蓉溶榕熔

35. 虹桥话读[ŋ]，温州话读[ŋ]韵。

果开一歌韵	②俄哦峨娥鹅(文)(雁鹅)蛾(文)(飞蛾)④我⑥饿(文)(饥饿)⑥嗯
果合一戈韵	②讹⑥卧
遇合一模韵	②吾吴梧④五午伍仵牾⑥误悟娱(2)(娱乐)迕忤晤寤⑥唔(唔冇)

(二)不同部分

01. 普通话读 uai，虹桥话读[ua]，温州话读[a]。

蟹合一泰去	⑥外
蟹合二皆韵	①乖⑤怪⑤掴
蟹合二佳韵	③拐
蟹合二夬去	⑤快筷
止合三脂韵	⑤帅

03. 普通话读 ua，虹桥话读[ua]，温州话读[a]。

山合一末入	⑦豁(2)(豁拳)
山合二黠入	⑦挖
梗合二麦入	⑧划(劃)(2)(笔划)画(2)(笔画)获(獲)(2)(收获)

03. 普通话读 uan，虹桥话读[ua]，温州话读[a]。

咸合三凡韵	⑤泛②凡帆④犯范⑥梵
山合一桓韵	①宽髋④皖⑥换
山合二山韵	①纶(2)(纶巾)鳏⑥幻
山合二删韵	①关⑤惯⑥环(白)(门环)①弯湾②顽还环(文)(环境)圜寰⑥宦患豢
山合三仙韵	①铅(1)(铅锅)
山合三元韵	①藩(1)(篱笆)番(1)(番人)翻③反(1)(反对)返⑤贩畈②矾烦繁蕃樊藩(2)(曾国藩)蘩⑥饭④挽(白)(挽联)晚(白)(晚稻)⑥曼蔓万(白)(逾千达万)④挽(文)(挽回)晚(文)(早晚)⑥万(文1)(万年青)

03. 普通话读 uo，虹桥话读[ua]，温州话读[a]。

曾合一德入	⑧或惑

03. 虹桥话读[ua]，温州话读[o]。

咸合三乏入	⑦法珐砝⑧乏
山合一末入	⑦括⑦阔⑦豁(1)(豁然开朗)⑧活⑦斡⑦哕唠
山合二黠入	⑧猾滑
山合二辖入	⑦刮(颳)
山合三月入	⑦发(發)(髮)⑧伐罚阀筏⑧袜

03. 虹桥话读[ua]，温州话读[ø]。

山合一桓韵	⑥玩

04. 虹桥话读[ɛ]，温州话读[a]。

蟹合二皆韵	②怀(白)(怀闷)②怀(文)(怀念)淮槐⑥坏
蟹合二佳韵	①歪

05. 虹桥话读[iɔ]，温州话读[yɔ]。

宕开三阳韵	①妆(2)(妆灵清)庄(2)(坐庄)装(2)(假装)⑤壮(白)(壮实壮)③闯⑥状①霜孀②床
宕合三阳韵	①框眶筐匡诓②狂诳⑥逛⑤况③枉往②王
江开二江韵	①桩(文)(打桩)⑤戆①窗②幢(1)(经幢)②桩(白)(烂树桩)⑥撞幢(2)(楼幢)①双
通合三锺韵	①钟(鐘鍾)龚③冢③肿种(2)(种子)踵⑤纵种(1)(种树)②重(2)(重复)④重(1)(轻重)⑥重(3)(重迭)②浓(2)(浓淡)③舂(舂立)怂(怂恿)悚竦②从(1)(跟从)②松(2)(松树)⑥讼诵颂①供(1)(供销)恭(1)(恭敬)⑤供(2)(供应)③恐⑥共①胸凶(文)(凶恶)匈汹①痈邕⑤雍④勇涌踊甬俑恿蛹⑥用佣(2)(佣人)

07. 虹桥话读[ə]，温州话读[e]。

遇合三鱼韵	⑦居(白)(居个)⑤去(白)(去爻)②渠(白)(第三人称指代词)③许(白)(许个)
山合三薛入	⑧劣埒
宕开三阳韵	③厂(1)(工厂)
曾开一德入	⑦得德⑦忒忑(1)(过于)⑧特⑧肋勒仂⑦则⑦塞(1)(堵塞)⑧贼

07. 虹桥话读[ə]，温州话读[ai]。

深开三缉入	⑦缉(2)(缉合)戢汁执⑦缉(1)(通缉)辑茸⑦涩(文)(羞涩)湿⑧集习袭十什拾入
山合一末入	⑦攥⑦撮
臻开三质入	⑦室栉质郅桎蛭⑦七柒漆⑧侄秩帙⑦膝瑟虱失室⑧疾嫉蒺实日(文)(日本)
臻合一没入	⑦不(白)(不仅)⑦卒⑦猝
臻合三术入	⑦率(1)(率领)摔蟀
臻合三物入	⑦芾黻黼弗佛(2)(仿佛)拂氟⑧佛(1)(佛陀)勿物(文)(事物)
曾开一德入	⑦北

08. 虹桥话读[iə]，温州话读[iai]。

深开三缉入	⑦级急给汲⑦泣⑧及圾⑦吸歙甩⑦邑挹浥揖⑧熠
臻开三质入	⑧日(白 1)(生日)⑦吉桔(2)(柑桔)劼诘⑧佶⑦一(文)(一二三)乙壹⑦溢⑧逸佚轶
臻开三迄入	⑦乞吃(2)(口吃)讫⑦迄⑧屹
臻合三物入	⑧掘(白)(掘井)
曾开三职入	⑦棘亟⑧极⑦抑⑧翼弋翌
梗开三陌入	⑦戟⑦隙⑧剧展⑧逆
梗开三昔入	⑦益⑧亦译易(1)(交易)绎驿弈奕蜴液腋掖
梗开四锡入	⑦击激⑧檄

09. 虹桥话读[yə]，温州话读[y]。

遇合三鱼韵	④女(文)(男女)
山合三仙韵	①镌①专砖⑤转啭①痊诠铨①川穿(文)(贯穿)③喘舛⑤钏②传(1)(宣传)椽④篆⑥传(2)(传记)①宣③选⑤渲②全泉②漩②船⑥旋(镟)璇④软
山合一桓韵	①官棺倌观(1)(观察)冠(1)(皇冠)③馆琯管(文)(管理)莞(1)(东莞)⑤贯灌罐盥观(2)(寺观)冠(2)(冠军)③款①欢⑤唤浣焕瘓奂②桓丸完烷④缓浣①豌剜蜿③碗⑤惋腕
山合三仙韵	①捐娟鹃涓③卷(文 2)(席卷)⑤卷(文 1)(考卷)眷绢圈(2)(猪圈)①圈(1)(圆圈)②权拳蜷颧⑥倦②员圆鸢④兖⑥院媛缘
山合三薛入	⑦辍啜⑦茁拙⑦雪⑦噱(2)(噱头)⑦说⑧绝⑧蛰⑧阅悦
山合三元韵	③棬⑤劝券②元原源鼋螈④阮⑥愿①喧萱煊⑤楦①鸳冤③苑宛婉惋⑤怨②园袁援猿垣辕④远
山合三月入	⑦厥撅蕨橛獗⑦阙⑧橛(文)(短木桩)镢⑧月⑦哕(哕起，即恶心)⑦曰⑧越粤
山合四先韵	③犬⑤绚①渊②玄悬⑥县眩
山合四屑入	⑦决诀抉⑦缺炔⑦阅⑦血⑧穴
臻合一魂韵	①昆(文2)(灵昆岛)⑤晜①昏(黄昏)婚⑤巽(白)(巽山)①温(1)(温州)瘟③稳②魂
臻合一没入	⑦骨⑦窟⑦忽笏唿惚窨⑧核
臻合三术入	⑦绌⑦黜出(黜)⑧怵黜⑧术(1)(白术)⑦戌恤⑧术(術)(2)(手术)述⑦橘⑧聿鹬
臻合三文韵	①荤
臻合三物入	⑦屈⑧倔掘(文)(挖掘)崛⑦郁(2)(郁郁葱葱)
曾合三职入	⑧域阈
梗合三昔入	⑧役疫

10. 虹桥话读[e]，温州话读[ø]。

咸开一覃韵	①贪⑤探②潭①罱②男南(1)(南北)喃楠腩②婪①参(1)(参加)掺①惨③糁②蚕③感⑤赣①堪龛戡③坎砍⑤勘④颔(白)(面颔)②含④颔颔(文)(颔首)④撼⑥憾①庵谙鹌⑤暗黯
咸开一合入	⑦答(1)(报答)⑧纳钠衲⑦匝(1)(一匝十二年)⑧杂⑦合(2)(三合粉)蛤鸽⑧合(1)(合作)盒(文)(纸盒)
咸开一谈韵	③忐①甘柑坩泔疳③赶敢橄⑤阚瞰①酣蚶①憨③俺
咸开一盍入	⑦磕嗑溘瞌⑧盍阖
山开一寒韵	①刊看(2)(看守)③侃⑤看(1)(看见)⑤燸
山开一曷入	⑦葛割⑦咳(2)(咳嗽)⑦渴⑦喝(1)(吆喝)⑦遏褐
山合三月入	⑧橛(白)(两橛断)
臻开一痕韵	①根(1)(根据)跟(1)(脚下跟头)②痕(1)(痕迹)①恩⑤摁
臻合一没入	⑧兀纥

11. 普通话读 ie，虹桥话读[ie]，温州话读[i]。

假开三麻韵	③野②爷椰耶揶④也(文)(也是)冶⑥夜
蟹开三祭去	⑤憩⑥偈(2)(偈佗)
咸开三叶入	⑧聂镊蹑喋颞⑦接婕楫⑦辄⑦妾⑧捷睫⑧涉⑦靥⑧烨叶(葉)页晔
咸开三业入	⑦劫⑦怯(文)(怯生)⑧业⑦胁
咸开四帖入	⑦跌⑦帖贴⑧谍叠碟蝶喋牒⑦惬箧⑧挟(挟菜)⑧协侠
山开三薛入	⑦瘪⑧别⑧灭乜(文)(眼睛微张)搣⑧列咧烈裂洌冽趔⑦哲蜇喆⑦折(1)(折扣)褶⑧彻撒澈辙⑧舌⑦折(2)(折本)⑧热乜(白)(乜人)⑦孑⑧杰桀⑧孽蘖⑦拽(拖；拉)
山开三月入	⑦揭(1)(揭露)⑧揭(2)(按揭)竭偈(1)(勇武貌)碣⑦歇蝎⑦谒
山开四屑入	⑦憋鳖⑦撇瞥⑧蹩⑧蔑篾⑦铁餮⑧迭垤耋⑧捩戾⑦节疖⑦切窃沏⑦挈锲⑧截⑦洁结桔(1)(桔梗)拮⑧啮镍臬⑦噎⑧颉撷缬

11. 普通话读 ian，虹桥话读[ie]，温州话读[i]。

咸开三盐韵	③贬②帘廉镰奁④脸敛⑤殓①粘黏①尖歼①沾占(1)(占卜)①瞻詹⑤占(佔)(2)(占领)①签(籤)(签)佥③诎⑤蛰②黔钤箝①纤(纖)(2)(纤维)暹③闪(腰闪着)陕②潜②蟾②髯④冉苒⑥赡④染③捡检脸②钳④俭⑥验③险①淹奄醃阉①恹③掩③魇⑤厌餍②炎②盐阎闫檐⑥艳焰
咸开三严韵	⑤剑③欠②严④俨⑥酽①腌
咸开四添韵	①掂③玷点踮⑤店惦①添③舔②恬甜①簟⑥垫①拈②鲇(鲶)⑥念捻①兼①谦③歉②撩(撩菜)②嫌
深开三缉入	⑧廿
山开三仙韵	①编鞭⑤变①扁(2)(一叶扁舟)偏篇翩⑤骗②便(便宜)④辨辩⑥便(1)(方便)卞弁汴②绵棉④免勉缅黾(2)(黾池)娩冕渑湎腼鮸⑥面(1)脸面)④碾②连联涟④搴琏辇①煎①馇毡③剪翦③展辗③溅箭⑤战颤①迁千(韆)(2)(秋千)愆③浅阐②钱②缠②仙籼鲜①煽搧③癣藓①线腺⑤扇②涎②单(2)(单于)禅

瓯语音系

	蝉婵②然燃④践④善鳝⑥贱饯⑥羡⑥擅嬗缮膳③遣谴缱②乾虔捐④件⑥谚彦①蔫嫣②焉②延蜓筵④衍④演
山开三元韵	①犍⑤建健④键⑥健腱踺②言④谳⑥唁①轩⑤宪献③偃⑤堰
山开四先韵	①边蝙③扁(1)(扁担)匾⑤遍⑤片②骈④辫②眠④丏⑥面(麵)(2)(米面)①滇颠巅癫③典碘①天③腆②田填钿⑥电佃甸淀奠殿靛癜②年②怜(憐)莲⑥练炼链①笺⑤荐①千(1)(千万)仟阡扦②前①先③洗筅燹①坚肩⑥茧趼⑤见①牵⑤茜(1)(茜草)倩纤(纖)(1)(纤夫)②研妍③显①烟胭湮⑤宴燕咽(2)(咽气)②贤弦舷⑥现砚
山合三仙韵	⑥恋②沿铅(2)(铅山)

12. 虹桥话读[ø]，温州话读[y]。

山开一寒韵	①干(1)(干犯)干(乾)(3)(干燥)杆(1)(笔杆)肝竿③杆(2)(电灯杆)秆擀⑤干(幹)(2)(干部)①骭③罕⑤汉①安氨鞍桉⑤按案胺②韩寒邗邯④旱⑥岸⑥汗捍悍焊翰瀚

13. 普通话读 uo，虹桥话读[o]，温州话读[əu]。

果开一歌韵	①多哆③躲①拖(文)(拖拉机)②驮驼鸵佗陀沱砣跎④舵⑥大(文2)(大小)①啰②罗萝逻锣箩
果合一戈韵	⑤跺剁③妥椭④堕惰⑥懦糯②骡螺④裸瘰⑥擦

13. 虹桥话读[o]，温州话读[əu]。

果开一歌韵	③左佐①搓(文)(搓板)磋蹉①搓(白)(搓绳)
果合一戈韵	⑤锉(白)(锉刀)
遇合一模韵	③组⑤做⑤素(文)(朴素)愫
遇合三鱼韵	③阻诅俎①初③础(1)(基础)楚①梳(文)(梳理)疏蔬②锄(文)(锄头)⑥助
遇合三虞韵	①刍③数(2)(数一数)⑤数(1)(数字)②雏
通合一屋入	⑦镞⑦簇蔟⑦速
通合三烛入	⑦促

14. 虹桥话读[io]，温州话读[yo]。

江开二觉入	⑦卓桌啄琢诼涿捉⑦戳⑦艇⑧浊镯⑧擢(文)(擢升)濯⑦朔搠
通合三屋入	⑦蠹⑦缩蓿
通合三烛入	⑦足⑦烛瞩嘱⑦触⑧躅属蜀⑦粟傈⑦束⑧俗续⑧赎⑦曲(1)(弯曲)蛐⑧局焗⑧玉狱钰⑧浴欲

16. 虹桥话读[i]，温州话读[ŋ]。

果开三戈韵	②茄(3)(茄儿)伽(1)(伽蓝爷)
蟹开四齐韵	①鸡稽⑤计系(繫)(4)(系鞋带)继髻①溪蹊③启⑤契
止开三支韵	①畸羁⑤寄③企(文)(企业)绮②奇崎骑琦歧岐芪④技妓伎企(白)(企图)①牺羲曦⑤戏

止开三脂韵	①机肌饥(飢)⑴(饥饿)③几(文2)(茶几)麂⑤骥冀致(緻)⑤弃器②祁鳍耆
止开三之韵	①基箕姬③已⑤记纪①欺③起杞②其期棋旗萁琪蜞麒⑥忌①熙嘻嬉熹③喜禧蟢
止开三微韵	①几(幾)(文1)(几何)讥叽饥(饑)⑵(饥荒)畿③几(幾)(文3)(几多)⑤既暨①岂⑤气汽②祈①希稀唏
梗开四锡入	⑦吃⑴(吃饭)

17. 虹桥话读[u]，温州话读[øy]。

果合一戈韵	①波⑵(宁波)⑤播⑵(发播)⑤破②婆⑥缚⑵(腰缚)②摩⑴(摩擦)磨⑴(磨刀)魔⑥磨⑵(磨石)
遇合一模韵	①餔③补谱⑤布怖①铺⑴(铺被)③浦⑴(下吕浦)⑤铺⑵(床铺)②葡蒲⑴(蒲鞋)④箁(朗眼箁)⑥步埠②模⑵(模子)
遇合三虞韵	①夫⑴(丈夫)③府(政府)腑(内脏器官)殕(白殕)⑤付(支付)咐(吩咐)赋(诗词曲赋)傅②符④父⑥附驸芙(白)(芙蓉)腐(白)(腐败)务雾(文)(云雾)婺⑥赗雾(白)(发雾)物(白)(物事)
流开一侯韵	⑥戊
流开三尤韵	⑤富副②浮(白)(尸骸浮起)④妇

17. 普通话读 u 或 iu，虹桥话读[u]，温州话读[əu]。

遇合一模韵	②徒(白)(门徒)②奴④努弩⑥怒①噜④房鲁掳橹卤(鹵)⑴(卤素)
流开三尤韵	①丢①溜②刘留流琉硫馏榴瘤镠鎏④柳绺⑥遛
曾开一德入	⑦忒⑵(忒不识相)
通合一屋入	⑦秃⑧独读⑴(读书)渎椟犊牍⑧鹿漉辘麓
通合一沃入	⑦督笃⑧毒
通合三屋入	⑧六陆戮

17. 虹桥话读[u]，温州话读[iəu]。

通合一屋入	⑧族
通合三屋入	⑦竹竺筑⑦祝粥⑦蹙蹴⑦畜⑴(牲畜)搐⑦俶⑧逐妯⑦肃宿⑴(宿舍)凤叔倏莰⑧淑熟孰塾⑧衄肉
通合三烛入	⑧辱褥缛

18. 虹桥话读[y]，温州话读[øy]。

果合一戈韵	②蠡⑵(河蠡蚌)
遇合一模韵	①都③堵赌睹肚(白)(猪肚)⑤妒蠹③土吐⑴(吐痰)⑤吐⑵(呕吐)兔菟②图徒(文)(徒弟)途涂(塗)屠荼④杜肚(文)(肚皮)⑥度渡镀跿②卢芦炉颅驴鸬④卤(滷)⑵(盐卤)⑥路露璐鹭①租③祖①粗⑤醋①苏酥稣甦⑤诉塑溯素(白)(吃素)②蜈
遇合三鱼韵	②庐驴闾榈④吕侣旅铝膂⑥虑滤②鱼渔
遇合三虞韵	④屡缕
止合三脂韵	⑥类

18. 虹桥话读[y]，温州话读[ɿ]。

遇合三鱼韵	①沮狙疽诸③咀③渚褚⑤著③础⑵(礳础)处⑴(处理)⑤处⑵(相处)⑤觑②除储躇④贮伫⑥署薯(文)(马铃薯)曙①梳(白)(头梳)书抒舒③暑黍⑤絮⑤恕庶②锄(白)(板锄)②如茹④序叙绪④墅④汝
遇合三虞韵	①株蛛诛①朱(硃)珠侏鯀(鱼鯀)③拄③主⑤驻炷⑤注蛀铸①趋枢③取娶⑤趣②厨橱④柱砫⑥住①须(鬚)需①输戍②殊②儒蠕嚅濡④聚④竖④乳⑥树⑥孺
蟹合三祭去	⑤缀⑤赘⑤岁⑤税
止合三支韵	③嘴①吹炊②垂捶锤陲⑥缒②隋随⑥瑞
止合三脂韵	①追①椎锥④醉⑵(酒喝醉)艾②槌⑥坠①尿⑵(拉尿)①虽绥③水⑤祟邃②谁④蕊⑥遂隧穗

18. 虹桥话读[y]，温州话读[u]。

遇合三鱼韵	①淤於②余(餘)⑵(剩餘)舆④予与⑴(给予)⑥与⑵(参与)余⑴(姓氏)⑥预誉豫
遇合三虞韵	①迂②于盂竽②俞逾渝愉榆揄瑜臾谀腴④宇羽雨禹④愈⑥芋吁⑶(呼吁)⑥喻谕裕
蟹合三祭去	⑥卫彗
止合三支韵	①逶②委萎痿②为⑴(作为)⑥为⑵(为什么)
止合三脂韵	②帷维潍④唯惟⑥位⑥遗
止合三微韵	①威葳③尉蔚慰⑤畏喂馁②违围韦帏闱炜④伟苇玮韪⑥纬⑥胃谓猬

19. 虹桥话读[ɤ]，温州话读[o]。

假合二麻韵	①瓜呱⑵(呱呱叫)娲蜗③寡剐①夸(誇)③侉⑤挎跨胯④瓦①花⑤化②划⑴(划龙船)华⑴(中华)哗骅⑥华⑵(华山)桦①哇洼蛙
蟹合二佳韵	⑤卦褂挂⑥画⑵(连环画)①娃
蟹合二夬去	⑥话

20. 虹桥话读[iɤ]，温州话读[iɛ]。

效开三宵韵	④燎⑥疗瞭
效开四萧韵	①刁叼雕(彫)凋貂碉③鸟⑵(鸟儿)⑤吊钓③挑⑤跳眺粜②条迢调⑴(调羹)笤④掉⑵(掉钞票)窕⑥调⑵(声调)掉⑴(掉落)②辽聊僚寥撩嘹缭寮镣④了(瞭)潦⑥料廖①萧箫潇③筱
咸开三叶入	⑧猎
宕开三阳韵	④两⑴(两个)俩⑵(两人)
宕开三药入	⑧掠略撂
通合三钟韵	②龙(白)(龙船)④垄(白)(菜垄)

20. 普通话读-ŋ 韵尾，虹桥话读[iɤ]，温州话读[i]。

宕开三阳韵	②娘孃⑥酿②良梁量⑵(量尺寸)粮梁②两⑵(斤两)俩⑴(伎俩)辆魉⑥亮凉谅量⑴(数量)晾靓⑵(靓妹)①将⑴(将来)①张①章彰樟璋蟑③奖桨蒋④长⑵(生长)涨③掌⑤将⑵(大将)浆酱⑤帐账胀⑤障幛瘴①枪①锵①昌猖菖娼③抢

	③昶③厂(2)(茅棚厂儿)敞氅⑤呛⑤畅怅⑤倡唱②长(1)(长短)场肠④丈仗杖①相(1)(互相)厢湘箱镶襄①商伤殇③想鲞⑤晌垧赏⑤相(2)(宰相)⑤饷②墙蔷樯②戕详祥翔尝常偿裳嫦徜④象像橡潒④上(2)(上声)⑥匠⑥上(1)(上面)尚②嚷瓤④壤攘⑥让①僵缰疆姜(薑)③襁①羌②强④犟⑥糨①乡香③享响饷⑤向(嚮)④仰①央殃鸯秧③养氧⑤怏②阳扬杨炀旸疡羊洋佯烊(1)(融化)垟徉④痒⑥样漾恙烊(2)(打烊)
江开二江韵	①腔②降(白)(投降)

20. 虹桥话读[iɤ]，温州话读[uɔ]。

宕开一唐韵	②芒忙氓茫虻④莽漭蟒
宕合三阳韵	①方坊妨肪芳③仿纺彷(2)(彷佛)昉⑤放舫访②防房亡⑥妄忘望旺④网罔魍惘

21. 虹桥话读[øo]，温州话读[ə]。

效开一豪韵	①褒煲③宝保堡鸨葆褓⑤报②袍④抱⑥暴曝爆②毛牦髦蚝④铆⑥冒帽耄①刀叨③岛捣倒(1)(打倒)祷⑤到倒(2)(倒水)①滔绦韬饕弢③讨⑤套②逃桃涛陶掏萄淘啕④道稻⑥导盗悼蹈焘纛①恼脑瑙②劳牢捞唠痨④老姥(1)(姥爷)佬⑥涝①遭糟③早枣蚤澡藻⑤灶躁①操(1)(操作)草(白)(潦草)③草(文)(青草)⑤操(2)(曹操)糙①搔骚缫③嫂⑤扫噪燥②曹槽漕④皂造①高羔膏糕皋睾篙疙③搞镐稿⑤告诰①尻③考拷烤尬⑤铐靠犒②熬敖遨獒聱翱鳌⑥傲①蒿薅③好(1)(爱好)⑤好(2)(喜好)耗②毫豪嚎蚝嗥壕濠④浩皓昊颢灏⑥号①麈燒噢③祆媪⑤奥澳懊岙
流开一侯韵	③剖④牡亩⑥茂贸袤懋
流开三尤韵	③否(1)(否则)缶④阜浮(文)(浮肿)蜉②谋缪(1)(绸缪)②牟眸

21. 虹桥话读[øo]，温州话读[iɛ]。

效开三宵韵	①标膘飙镖瀌③表(錶)裱婊①漂(1)(漂亮)飘嘌③漂(2)(漂白)瞟⑤票剽②嫖瓢④殍鳔⑥骠①喵咩①苗描瞄④秒渺缈藐淼⑥妙庙
流开三幽韵	①彪①呴⑥谬缪(2)(姓氏)

22. 虹桥话读[ai]，温州话读[e]。

遇合三鱼韵	⑦居(白)(居个)⑤去(白)(去爻)②渠(白)(第三人称指代词)③许(白)(许个)
蟹开一咍韵	③歹⑤戴(文)(姓氏)①台(2)(台州)苔(2)(舌苔)胎⑤态贷②台(臺)(1)(台湾)台(檯)(3)(台子)台(颱)(4)(颱风)抬苔(1)(青苔)跆④待怠殆给⑥代袋岱玳埭(文)(河埭)黛⑥耐②来莱徕倈⑥睐赉①灾哉栽③宰崽(文)(牛崽)⑤再载①猜③采(1)(采集)彩睬踩⑤采(2)(采邑)菜①腮(文)(两腮)鳃⑤塞(2)(要塞)赛②才(纔)材财裁④在⑥傶①该赅③改颏⑤溉概①开③凯恺⑤慨忾②呆(1)(呆头)皑⑥碍①咳(1)(咳笑)嗨③海②孩④亥氦①哎哀埃(1)(尘埃)唉(1)(唉声叹气)⑤爱嫒暧
蟹开一泰去	⑤丐钙盖⑥艾⑥害⑤濑癞
蟹合一泰去	⑤最(白)(最高境界)
曾开一德入	⑦塞(1)(堵塞)⑧贼⑦克刻尅⑦黑嘿⑧劾

23. 虹桥话读[uai]，温州话读[ai]。

蟹合一灰韵	①瑰①恢盔魁诙③傀⑤块⑥溃(白)(溃疡)①灰③贿悔⑤诲晦①偎煨③逶猥②桅鬼②回(迴)徊茴洄蛔④汇(匯)(1)(汇款)⑥溃(文)(崩溃)
蟹合一泰去	⑤会(2)(会计)侩刽桧脍⑤荟⑥会(1)(会议)绘烩
蟹合三废去	⑤喙⑤秽(淫词秽语)
蟹合四齐韵	①奎
止合三支韵	①规(2)(规矩)①亏
止合三脂韵	⑤愧(2)(愧对)
止合三微韵	①归(1)(回归)皈①岿⑤喟②巍⑥魏(文)①挥(1)(挥挥手)徽③虺⑥魏(白)⑥汇(彙)(2)(汇报)
曾合一德入	⑦国
梗合二麦入	⑦帼掴蝈

23. 虹桥话读[uai]，温州话读[u]。

蟹合四齐韵	②携畦⑥惠慧

24. 普通话读 ou，虹桥话读[au]，温州话读[əu]。

流开一侯韵	②头骰⑥豆荳痘

27. 虹桥话读[iu]，温州话读[iəu]。

流开三尤韵	①揪①舟州洲周(週)赒③酒③肘③帚⑤昼⑤咒①秋(鞦)湫鳅①抽③瞅③丑(醜)⑤臭(1)(乌焦臭)②囚②绸稠惆畴筹踌②仇(2)(仇恨)雠酬④纣⑥宙轴⑥售①修羞馐①收③手首守狩⑤秀绣锈宿(2)(星宿)⑤兽②酋遒泅④受绶⑥就⑥袖⑥寿授②柔揉蹂
通合三屋入	⑦菊鞠掬⑦曲(麯)(2)(酒曲)⑦畜(2)(畜牧)蓄⑦郁(1)(郁冈)燠⑧育昱煜毓鹬
通合三烛入	⑦旭勖

27. 虹桥话读[iu]，温州话读[iɛ]。

效开三宵韵	①椒焦蕉礁①朝(2)(明朝)①招昭钊③剿③沼⑤醮⑤照诏①瞧①超①跷锹③悄⑤俏峭诮⑤翘②憔谯樵②朝(3)(朝鲜)嘲潮晁④兆赵肇⑥召绕①肖(2)(姓氏)消宵硝销霄逍魈①烧③小(文)(小朋友)少(1)(少年)⑤肖(1)(生肖)⑤笑鞘⑤少(2)(少将)②韶②饶(1)(富饶)娆④绍⑥扰④邵①娇骄③矫②乔侨桥荞⑥轿①嚣①要(1)(要求)腰邀③夭⑤要(2)(重要)②姚窑谣摇遥徭瑶④舀⑥耀曜鹞
效开四萧韵	①浇③侥缴饺铰(文2)(铰刀)皎⑤叫①撬橇⑤窍④翘①枭骁①吆幺③杳窈

29. 虹桥话读[iaŋ]，温州话读[ioŋ]。

臻合三谆韵	①均钧④菌窘②匀筠④允尹
臻合三文韵	①军君皲②裙群⑥郡①勋熏薰⑤训①氲③蕴愠⑤酝熨②云(雲)耘芸纭④殒

30. 虹桥话读[uaŋ]，温州话读[aŋ]。

山合一桓韵	③管(白)(毛管)
臻合一魂韵	①昆(文 1)(昆仲)③滚衮绲辊⑤棍諢①昆(白)(昆剧)坤③捆⑤困①昏(2)(昏君)①温(2)(温吞)②浑馄④混⑥诨

32. 虹桥话读[oŋ]，温州话读[ioŋ]。

臻合三谆韵	①遵谆肫③准(準)⑤俊骏竣隽①皴春椿③蠢①询峋洵荀③笋隼榫⑤峻浚瞬舜②旬驯巡循徇唇④吮⑥殉顺闰润
通合三东韵	①中(1)(中国)忠衷盅终⑤中(2)(中状元)众①冲(1)(冲锋)忡充⑤铳②虫⑥仲
通合三锺韵	①冲(衝)(2)(对冲)憧③宠①舂②慵

34. 虹桥话读[n]，温州话读[ŋ]。

止开三支韵	②儿(1)义(白)⑤儿(2)⑥儿(3)
止开三脂韵	⑥二贰
止开三之韵	④耳(白)

五、瑞安话与温州话比较

(一)相同部分

01. 普通话读a，瑞安话读[a]，温州话读[a]。

果开一歌韵	①他它她拖(白)(鞋拖)①南(南无)那(2)(姓氏)③娜(1)(人名)⑥那(1)(那么)哪(1)(哪里)①阿(1)(阿舅)啊(1)(啊呀)③阿(3)(阿门)⑤啊(2)(叹词)
假开二麻韵	⑤爸①妈②吗⑥骂②拿①咱⑤咤炸(2)(油炸粿)⑤诧姹差(2)(不好)①搭
遇合三鱼韵	④女(白)(女儿)
咸开一合入	⑦搭答(2)(答应)瘩嗒⑦踏(1)(踢踏舞)沓(2)(疲沓)⑧踏(2)(踏步)沓(1)(一沓纸)⑦垃拉(文)(拖拉)啦⑧拉(白)(拉尿)⑦砸匝(匝道)⑦趿
咸开一盍入	⑦耷⑦塔塌蹋遢榻溻⑧闼⑧腊蜡邋⑦卅
咸开二洽入	⑦眨⑦插⑧喋(白)煠(白)⑦歃⑧闸喋(文)蚻煠(文)⑦夹挟颊荚峡(1)(长江三峡)⑦恰掐卡(1)(卡口)⑦峡(2)(河峡儿)⑧狭洽
咸开二狎入	⑦霎唼⑦甲钾胛⑦呷⑧匣狎⑦压押鸭
山开一曷入	⑦怛妲笪靼⑦挞闼跶獭⑧达鞑⑧捺⑧剌辣剌瘌⑦擦⑦萨撒
山开二黠入	⑦八(2)(小八癞子)叭⑦轧(2)(轧钢)扎札⑦察⑦杀刹(2)(刹车)煞⑦咖(2)(咖喱)嘎(1)(鸟鸣声)伽(1)(伽蓝)戛⑤咖(1)(咖啡)卡(2)(磁卡)⑧嘎(2)(嘎嘎抖)轧(3)(轧姘头)茄(2)(番茄)⑧黠⑦擖轧(1)(倾轧)
山开二鎋入	⑦刹(1)(古刹)⑧铡⑦瞎哈⑧辖
臻合一没入	⑧呐(2)(呐喊)

01. 普通话读 ai，瑞安话读[a]，温州话读[a]。

蟹开一咍韵	⑥埭(白)(两埭屋)④乃艿氖⑥藁
蟹开一泰去	⑤戴(白)(戴帽)⑤带⑤太泰傣汰⑥大(文1)(大师)汏⑥奈⑥赖癞籁⑤蔡
蟹开二皆韵	⑤拜⑤湃①掰②排俳⑥薆②埋霾①斋崽(白)(卵崽)①差(3)(出差)②豺
蟹开二佳韵	③摆(擺襬)⑤派②牌④罢(1)(吃爻罢)④买⑥卖①奶(白1)(奶奶头儿)④奶(文)(老奶奶)⑤债①差(1)(差错)叉(1)(叉烧包)钗④豸①筛(1)(筛酒)⑤洒晒②柴
蟹开二夬去	⑥败⑥迈⑥寨
梗开二陌入	⑦百伯迫柏佰⑦拍魄珀擘(白)(擘饼)啪⑧白舶(1)(舶来品)帛⑧陌(1)(陌生)⑦咋(2)(咋舌)窄舴⑦拆⑧宅择泽着(文2)(着色)翟(1)(姓氏)
梗开二麦入	⑦檗擘(文)(巨擘)⑧麦脉唛⑦摘谪责啧簀⑦册策

01. 普通话读 e，瑞安话读[a]，温州话读[a]。

果开一歌韵	②何(白1)(何也)②何(白2)(何也)
假开三麻韵	④也(白2)(也是)③也(白1)(也是)
蟹开二皆韵	①阶皆偕⑤介戒芥尬届界诫疥岕①揩③楷锴②癌挨(2)(拖延)②谐④骇骸⑥械①埃(2)(埃及)挨(1)(挨近)⑤呝
蟹开二佳韵	①街③解(1)(讲解)⑤解(2)(解钞票)廨②崖涯捱③蟹②鞋④解(3)(解签诗)懈⑥邂③矮⑤隘蠲(2)(蠲儿)
咸开一合入	⑦喝(2)(喝水)⑧盒(白)(盒儿)
梗开二陌入	⑦格胳(2)(胳肢窝)骼⑦客喀⑧额⑦赫
梗开二麦入	⑦革隔膈膈⑦绩⑦扼厄轭

01. 普通话读 eng，瑞安话读[a]，温州话读[a]。

梗开二庚韵	②衡

13. 瑞安话读[o]，温州话读[o]。

果开一歌韵	②挪傩哪(2)(哪吒)④娜②(婀娜)①娑挲③可②鹅(白)(鹅兜)①呵诃嚆
假开二麻韵	①巴(1)(巴西)芭吧疤笆粑③把(1)(把守)靶⑤坝把(2)(把柄)霸①葩⑤帕怕②扒爬耙杷琶巴(2)(下巴)②麻嘛蟆④马玛码蚂①乍查(2)(姓氏)喳渣楂吒③担⑤诈咋(1)(咋然)炸(1)(炸弹)榨蚱①叉(2)(叉腰)杈车(白)(汽车)⑤岔汊衩②茶查(1)(检查)搽②荼①沙纱砂鲨莎痧裟⑤嗄閜⑥鲊①加家嘉迦(1)(迦南)枷(文)(枷锁)笳袈傢茄(1)(雪茄)③贾(2)(姓氏)假(1)(假设)⑤价驾架(文)(衣架)假(2)(放假)嫁稼②枷(白)(饭镬枷儿)②牙芽衙伢蚜④雅⑥讶砑①虾(1)(虾儿)⑤吓②虾(2)(虾蟆)霞遐瑕④下⑥夏厦暇(闲暇)①丫(1)(两丫裤)鸦③哑⑤亚娅挜
蟹开二佳韵	④罢(2)(罢工)①佳
流开一侯韵	①姆(2)(师姆)④母拇姆(1)(保姆)某
山开二黠入	⑦八(1)(八个)捌⑦趴⑧拔跋
宕开一铎入	⑦博搏膊⑦粕泊⑧薄(1)(厚薄)亳箔礴⑧莫摸幕漠寞膜瘼膜⑦洦⑦托拓⑧铎⑧诺喏⑧乐(2)(快乐)洛骆络烙落酪⑦作⑦错⑦索嗦⑧昨怍柞胙砟酢⑦各阁胳(1)(胳膊)搁(文)(搁浅)咯⑧硌(硬硌硌)搁(白)(搁臀)⑧鄂愕噩鳄谔萼腭颚

江开二觉入	鹤⑦壑郝⑧涸貉⑦恶(1)(善恶)
	⑦驳剥⑦朴(樸)⑧雹⑧邈⑦擢(白)(擢起当官)⑧摸⑦角觉珏⑦壳确榷⑧乐(1)(音乐)岳嶽⑧学峃⑦握喔幄龌
梗开二陌入	⑦舶(2)(船舶)⑧蓦陌(2)(打生陌生)

15. 瑞安话读[yo]，温州话读[yo]。

江开二觉入	⑦卓桌啄琢诼涿捉⑦戳⑧镦⑧浊镯⑧擢(文)(擢升)濯⑦朔搠
通合三屋入	⑦蠢⑦缩蓿
通合三烛入	⑦足⑦烛嘱瞩⑦触⑧躅属蜀⑦粟傈⑦束⑧俗续⑧赎⑦曲(1)(弯曲)蛐⑧局焗⑧玉狱钰⑧浴欲

16. 瑞安话读[ɿ]，温州话读[ɿ]。

蟹开一咍韵	①腮(白)(腮腺炎)
止开三支韵	①髭①知蜘③紫訾③只(1)(只有)㫄⑤智⑤渍①雌呲疵①差(4)(参差)③此③佽⑤刺(1)(刺激)⑤翅弛驰②踟篪魑①斯撕嘶厮②筛(2)(米筛)①施③徙③豕⑤赐④氏是④尔⑥豉
止开三脂韵	①咨姿资①脂③姊③旨指⑤恣⑤至挚⑤次②迟④雉⑥稚①私①师狮(文)(雄狮)鲺①尸③死③矢屎⑤四肆②瓷⑥自⑥示谥⑥视嗜
止开三之韵	①吱①兹滋孳①孜淄缁辎锱①之芝①子籽仔梓滓③第①止址趾祉⑤置⑤志痣⑤识(2)(标识)帜①痴①笞蚩嗤③耻③齿⑤胎炽②持④痔峙⑥治①司丝咝鸶思飔①诗①史使驶③始⑤伺⑤试弑②慈磁鹚糍②词祠辞鹚(泥鳅)②时②而④已祀似④士仕俟市柿恃④耳(文)(聂耳)洱⑥字寺侍⑥饲嗣⑥事⑥饵
深开三缉入	⑦涩(白)(涩口)

17. 普通话读 i，瑞安话读[i]，温州话读[i]。

蟹开三祭去	⑥例⑥艺呓⑤裔⑥曳
蟹开三废去	⑥刈
蟹开四齐韵	②泥⑥伲②倪霓稊⑥睨诣⑤缢瘗②兮奚⑥系(1)(关系)系(係)(2)(中文係)系(繫)(3)(连系)
止开三支韵	②仪宜④蚁⑥义议谊①祎猗漪③椅倚旖②移④迤⑥易(2)(容易)
止开三脂韵	①妮②尼呢怩⑥腻①伊咿②夷姨胰痍彝⑥肆⑥懿
止开三之韵	④你②疑④拟①医⑤意②怡贻饴饴颐②坯④矣④已以⑥异
止开三微韵	③几(幾)(白)(几个)⑥毅①衣依祎②沂
深开三缉入	⑧立
臻开三质入	⑧昵⑧栗傈溧篥溧⑦一(白)(一个)
曾开三职入	⑧匿⑧即⑦亿忆臆癔
梗开三昔入	⑧掷(白)(投掷)
梗开四锡入	⑧溺⑧迪敌涤笛狄籴荻翟(2)(长尾的野鸡)

18. 瑞安话读[u]，温州话读[u]。

果开一歌韵	③哥歌②舸①苛柯轲疴③坷②河何(文)(任何)荷(1)(荷花)菏④荷(2)(负荷)⑥贺①阿(1)(阿胶)娿⑤屙
果合一戈韵	①戈锅埚犐③果裹馃⑤过①科棵颗蝌稞窠髁⑤课③火伙(夥)⑤货②禾和(1)(和平)④祸⑥和(2)(附和)①窝涡萵①倭挝(2)(老挝)
遇合一模韵	③圃浦(2)(浦东)普埔②菩脯(2)(胸脯)蒲(2)(菖蒲)匍莆④部簿⑥捕哺①估咕姑菇轱蛄辜孤呱(1)(呱呱而泣)苽箍③古诂牯罟股盅贾(1)(商贾)鼓臌瞽⑤固沽故痼顾雇①枯骷刳③苦⑤库裤绔①乎呼③虎唬琥浒⑤戽②狐弧壶胡(鬍)葫湖蝴糊猢瑚④户沪扈⑥互护①乌呜钨污③坞⑤恶(2)(可恶)
遇合三虞韵	②孵(白)(孵坊)①夫(2)(人名)肤麸俘孵(文)(孵化)敷孚稃③甫脯(1)(果脯)辅俯斧釜抚⑤赴讣②扶芙(文)(芙蓉)凫无(1)(无中生有)芜巫诬毋④腐(文)(腐馐)武侮鹉舞妩
流开三尤韵	④负
臻合一没入	⑦不(文)(不是)
通合一屋入	⑦谷(穀)⑦哭⑧斛槲⑦屋
通合一沃入	⑦酷⑧鹄
通合三屋入	⑦复(複)(復)腹蝮馥覆福幅辐蝠⑧伏服袱茯匐

19. 瑞安话读[y]，温州话读[y]。

果合三戈平	②瘸①靴
遇合三鱼韵	①车(文 2)(车马炮)居(文)(居住)③举⑤据锯踞①祛⑤去(文)(来去)②渠(文)(水渠)④巨拒炬距⑥遽①虚嘘墟③许(文)(许多)④语圄龉⑥御(禦)驭
遇合三虞韵	①拘驹③矩枸(1)(枸櫞)⑤句①区(1)(区别)岖驱躯③龋②瞿衢⑥具俱惧飓②娱(1)(娱乐)隅愚禺虞⑥遇寓①吁(1)(气喘吁吁)③诩栩⑤酗煦①吁(2)(喝止牲口声)③伛⑤妪
蟹合四齐韵	①闺硅圭⑤桂①暌睽
止合三支韵	①规(1)(圆规)③诡①窥④跪②危⑥伪①麾③毁
止合三脂韵	①龟③轨癸⑤季悸愧(1)(惭愧)②葵逵馗夔④揆⑥柜(櫃)馈匮
止合三微韵	①归(2)(当归)③鬼⑤贵①挥(2)(指挥)辉晖⑤卉讳

22. 瑞安话读[ai]，温州话读[ai]。

果开一歌韵	⑤个⑥饿(白)(肚饿)
果合一戈韵	⑤唾(白)(痰唾)②脶
蟹开一咍韵	④倍蓓①呆(2)(痴呆)⑤唉(唉磊堆碎)
蟹开一泰去	⑤贝狈⑤沛霈
蟹开二蟹韵	④奶(白2)(奶奶)
蟹开四齐韵	⑤细(白)(细姆)
蟹合一灰韵	①杯背(揹)(3)(背心)⑤背(1)(背部)辈褙①坏胚呸⑤配②陪培徘赔裴⑥佩背(2)(背诵)焙①堆⑤对碓①推③腿⑤退褪煺②颓⑥队④馁⑥内②雷擂蕾镭④磊儡瘰⑥礌⑤淬①崔催摧③璀⑤啐⑤碎④罪①瑰①恢盔魁诙③傀⑤

	块⑥溃(白)(溃疡)①灰③贿悔⑤诲晦①偎煨③诿猥②桅鬼②回(迴)徊茴洄蛔④汇(匯)(1)(汇款)⑥溃(文)(崩溃)
蟹合一泰去	⑤脱(2)(脱裤)蜕⑥兑⑤最(文)(某某之最)拽(2)(拉扯)⑤会(2)(会计)侩剑桧脍⑤荟⑥会(1)(会议)绘烩
蟹合三祭去	⑤脆⑥锐睿芮
蟹合三废去	⑤喙⑤秽(淫词秽语)
蟹合四齐韵	①奎
止开三支韵	①卑碑
止开三脂韵	①悲①丕⑦狮(白)(狮子)
止合三支韵	④累②赢⑤惴③揣⑤踹⑥睡①规(2)(规矩)①亏
止合三脂韵	④垒⑥泪⑤醉(1)(陶醉)⑤翠③衰⑥悴粹萃瘁⑤愧(2)(愧对)
止合三微韵	①归(1)(回归)飯①岿⑤喟③巍⑥魏(文)①挥(1)(挥挥手)徽③虺⑥魏(白)⑥汇(彙)(2)(汇报)
效开三宵韵	③小(白)(古方言留下的白读)
山合一末入	⑧夺(白)(赌抢赌夺)⑧捋

23. 瑞安话读[au]，温州话读[au]。

流开一侯韵	①兜③斗(1)(北斗)抖陡蚪⑤斗(2)(斗争)①偷③敨⑤透②投⑥逗读(2)(句读)窦脰⑥耨②娄楼偻喽褛蝼髅④搂篓⑥陋漏镂瘘③走⑤奏揍③搊⑤凑③叟嗾擞⑤嗽漱①勾沟钩篝③苟狗枸(2)(枸杞)垢诟⑤构购媾够彀(白)(居屋合音)①抠眍③口⑤叩扣寇蔻④厚(白)(厚佬)④偶藕耦①佝③猴(许屋合音)⑤吼鲎(虹)②侯喉猴篌④后(後)⑥厚(文)(忠厚)⑥候逅①区(2)(姓氏)欧鸥讴瓯③呕殴⑤沤怄堁(埋葬)
流开三尤韵	④有①邹驺⑤皱绉①甾⑥胄籀骤①搜艘馊飕③溲⑤瘦②愁②牛

24. 瑞安话读[iau]，温州话读[iau]。

流开三尤韵	①妞④扭纽钮忸⑥狃(若屋合音)①鸠阄③九久玖灸韭⑤究疚救咎厩①丘蚯邱③搝②求球述裘仇(1)(姓氏)④臼舅柏⑥旧柩①休咻③朽⑤臭(2)(铜臭)嗅①优忧悠攸②尤犹②由邮油游蚰猷蝣④友有④酉诱莠⑥又右佑祐⑥囿宥柚釉
流开三幽韵	①赳③纠②虬①幽③黝⑤幼

25. 瑞安话读[ei]，温州话读[ei]。

假开三麻韵	①爹①嗟③姐⑤借①遮③这者⑤蔗③且⑤笡(斜)①车(文 1)(水车)③扯①些③写⑤泻卸①奢赊畲③舍(捨)(2)(施舍)⑤舍(1)(进舍)赦⑥藉(1)(藉口)②邪斜(1)(倾斜)⑥榭谢②蛇⑥麝②余④社④惹
遇合三鱼韵	①猪③煮⑤薯①蛆③杵③鼠④苎③箸②胥②徐④屿⑥薯(白)(番薯)
蟹开一泰去	⑥大(白)(大官爷)
蟹开三祭去	⑤毙蔽⑥币弊敝⑥袂⑥厉励砺蛎⑤际祭漈⑤制(製)⑤掣⑥滞⑤世势⑥逝誓噬

蟹开四齐韵	①蓖箅⑵(箅益)篦屁毴⑤闭①批砒⑤睥媲②甓④陛⑥鐾①眯眯②迷谜醚米①低③抵底邸诋砥⑤帝蒂谛①梯锑③体⑤剃涕屉替嚏④弟悌⑥递第睇逮棣缔②犁黎藜鲡④礼醴蠡⑴(范蠡)⑥丽隶咴①跻③济⑵(济南)⑤剂⑵(调剂)挤济⑴(救济)霁①妻栖凄⑤砌①西犀茜⑵(人名)③洗铣⑤细(文)(仔细)婿②齐脐④荠鲚⑥剂⑴(发剂)
蟹合三废去	⑤废肺疿⑥吠
止开三支韵	①陂羆③彼①披⑤臂①皮疲啤脾裨⑴(裨将)④被婢⑥鼻避②弥猕④羋②离漓璃篱缡羁⑥荔羸①支枝肢栀③纸⑤刺⑵(生刺)②池④舐③玺⑤瓷②匙
止开三脂韵	③匕比⑴(比较)鄙⑤庇痹屄①纰⑤屁②枇毗蚍琵④否⑵(否去泰来)痞圮⑥比⑵(比邻)备坒②眉嵋湄楣④美⑥媚魅寐⑥地②梨蜊④履⑥利俐莉痢荔
止开三之韵	①里⑵(该里)厘⑵(一厘儿)哩⑴(词曲中作衬字)②厘⑴(厘米)狸喱④李里(裏)⑴(里外)理鲤俚娌浬⑥吏
止开三微韵	①飞非菲⑴(芳菲)啡绯扉蜚霏妃③匪诽菲⑵(菲薄)斐榧翡⑤沸狒费②肥(文)(肥沃)微薇④尾(文)娓⑥未(文)味(文)②肥(白)(肥肉)④尾(白)⑥未(白)味(白)
止合三支韵	③髓
咸开三叶入	⑦摄慑
咸开四帖入	⑦燮
深开三缉入	⑧笠⑧蛰
山开三薛入	⑦浙⑦泄薛亵⑦设
臻开三质入	⑦叱⑦悉蟋窸
曾开三职入	⑧力⑦唧稷陟仄⑦织职⑦饬敕⑦厕侧测恻⑧直值⑧植殖⑧混⑦息媳熄⑦色啬铯穑⑦式识⑴(认识)饰拭轼⑧食蚀
梗开三昔入	⑦迹积脊嵴瘠⑦鲫⑦只(隻)⑵(量词)炙摭⑦刺⑶(刺绒衫)⑦尺斥赤哧⑧掷(文)(一掷尿)踯⑦昔惜⑦适释⑧藉⑵(藉田)籍⑧席夕汐矽⑧射⑧石⑴(石头)硕
梗开四锡入	⑦的嘀滴嘀⑦剔惕踢倜⑧历(歷)(曆)沥雳疬砾栎跞鬲⑦绩⑦戚嘁⑦析晳淅皙蜥锡⑧寂

28. 瑞安话读[aŋ]，温州话读[aŋ]。

深开三侵韵	④恁①砧针斟箴③枕怎⑤浸①侵梣琛⑴(珍宝)②寝⑤沁②沉④朕⑥鸩①心芯参⑶(人参)森深琛⑵(人名)③沈(瀋)审婶⑤渗②寻挦蕈岑谌忱任(文2)(任性)④赁覃葚甚饪⑥任(文1)(姓氏)妊(文)(妊妇)衽
山合一桓韵	④断(白)(断气)⑥段(白)(烂树段)④暖(白)(暖芬芬)④卵(白)(卵黄)③管(白)(毛管)
臻开一痕韵	①吞(白)(慢吞吞)①根⑵(结根)跟⑵(跟从)哏⑤艮③垦恳③很狠②痕⑵(伤痕)⑥恨
臻开三真韵	①津珍蓁榛臻真甄③诊疹缜②进晋镇圳振震赈①亲⑴(亲戚)嗔嗔瞋⑤亲⑵(亲家)趁衬龀②尘陈臣⑥阵①辛锌新薪莘申伸身呻绅娠③迅哂⑤讯汛信囟②秦神辰晨宸人(文)(人民)仁袗④尽(儘)肾⑥烬慎蜃刃⑴(刀刃)纫仞②人(白1)(人来客往)

臻合一魂韵	①奔贲犇③本畚①喷(1)(喷水)⑤喷(2)(喷香)④苯⑥笨垒②门们扪⑥闷焖①吨③遁⑤顿炖(2)(炖卵糕)⑤伅②饨④盾(1)(盾牌)沌炖(1)(温炖汤)②仑抡①昆(文 1)(昆仲)③滚衮绳辊⑤棍諢①昆(白)(昆剧)坤③捆⑤困①昏(2)(昏君)①温(2)(温吞)②浑馄④混⑥诨
臻合三谆韵	②伦沦轮囵纶(1)(涤纶)
臻合三文韵	⑤粪(白)(粪扫)①分(1)(分开)芬吩纷酚③粉⑤奋粪(文)(粪坑)①坟氛焚汾文纹蚊(文)(蚊蝇)雯④忿愤吻刎⑥分(2)(分格)份问(文)(提问)闻紊②蚊(白)(蚊虫)明(白)(明朝)⑥问(白)(问问晗)
江开二江韵	①夯(白)(夯实)
曾开一登韵	①灯登蹬瞪③等凼⑤凳镫①瞪(白)(眼灵珠瞪起)②腾誊藤縢⑥邓②能②棱⑥愣①曾(文 2)(姓氏)增憎⑤蹭①曾(白)(曾经)①僧②层曾(文 1)(曾经)⑥赠⑤亘③肯啃②恒
梗开二耕韵	①筝(2)(古筝)
通合一冬韵	②疼(白)(疼痛)

29. 瑞安话读[iaŋ]，温州话读[iaŋ]。

咸开二咸韵	④赚(白)(赚钞票)
深开三侵韵	②壬④您⑥任(白)(任何)妊(白)(妊娠)①今金襟③锦⑤禁①钦衾⑤掀②琴禽擒芩噙檎⑥妗噤①歆鑫②吟①阴荫(1)(树荫)音喑③饮⑤荫(2)(荫德)窨②淫霪
臻开三真韵	②人(白 2)(新儒人)银鄞垠④忍⑥刃(2)(刀刃)认韧①巾③紧⑥仅僅瑾觐①衅因茵咽(1)(咽喉)姻氤⑤印②寅④引蚓吲⑥胤
臻开三殷韵	①斤筋③谨⑤靳②芹勤④近①欣忻掀②龈①殷③隐瘾
曾开三蒸韵	②兢矜①兴(文 1)(兴盛)③兴(白)(作兴)⑤兴(文 2)(高兴)②凝①应(1)(应该)鹰膺⑤应(2)(响应)①蝇⑥孕
梗开二耕韵	①茎①莺(1)(黄莺)樱(1)(樱桃)鹦(1)(鹦鹉)罂(1)(罂粟)
梗开三庚韵	①京荆惊粳③景警璟⑤竟敬境镜獍①卿⑤庆②擎鲸黥⑥竞②迎①英瑛鹦③影⑤映③行(白)
梗开三清韵	③颈⑤劲①轻氢④痉①婴缨瓔②盈赢楹瀛
梗开四青韵	②宁(1)(宁波)拧狞柠咛⑥宁(2)(宁可)泞①经(1)(经济)泾⑤径经(2)(经线)陉胫迳⑤磬罄①馨⑤滢②刑形型邢
梗合三清韵	④颖郢颍
通合三锺韵	①凶(白)

30. 瑞安话读[əŋ]，温州话读[əŋ]。

深开三侵韵	③禀③品②林临淋琳霖④凛廩
臻开三真韵	①宾彬斌滨缤濒槟③膑髌⑤鬓傧摈殡②贫频嫔颦②民旻岷抿泯旻④闽闵悯敏②邻磷鳞獜嶙遴辚麟繗⑥吝蹸蹸
曾开三蒸韵	①冰①乒②凭①扔②凌陵菱①症(癥)(2)(症结)蒸③拯⑤甑铒证症(1)(病症)①称(1)(称呼)⑤秤称(2)(相称)②惩澄橙⑥瞪(文)(瞪目结舌)①升昇陞⑤胜②

	仍②缯乘⑴(加减乘除)绳塍承丞⑥乘⑵(千乘之国)剩嵊
梗开三庚韵	①兵③丙秉柄炳②平评坪苹枰⑥病②明(文)(光明)鸣盟④皿⑥命
梗开三清韵	①并(3)(并州)③饼屏(2)(屏墙)⑤并(併)(1)(合并)摒⑤聘娉②名茗②令(2)(令尊)④岭领⑥令(1)(命令)①晶睛精菁旌正(2)(正月)征(徵)怔③井阱整⑤正(1)(真正)政①贞侦帧①清蜻③请骋②呈程埕④逞⑥郑①声③省(2)(反省)⑤性姓圣②情晴饧成诚城盛(2)(盛饭)④靖静婧⑥净靓(1)(靓妆)盛(1)(兴盛)晟
梗开四青韵	①拼姘①屏(1)(屏幕)瓶萍④并(並)(2)(并且)苹②铭冥瞑螟④酩①丁叮钉(铁钉)仃疗③顶鼎⑤订钉(2)(钉板箱)①厅听(文)(听觉)汀町烃③挺艇⑤听(白)(打听)②廷亭庭停蜓婷霆⑥定啶腚碇锭①拎铃(1)(铃铛)②令(3)(令狐)伶灵玲铃(1)(电铃)聆羚零龄苓囹冷棂蛉翎⑥另①星猩腥惺③醒①青蜻

31. 瑞安话读[oŋ]，温州话读[oŋ]。

臻合三谆韵	②纯淳醇莼鹑
曾开一登韵	①崩(1)(崩溃)嘣(1)(打嘣)⑤崩(2)(一崩香烟)蹦嘣(2)(内胎打嘣叐)⑤碰椪②朋棚(1)(牛棚)鹏硼
曾合一登韵	①肱①薨②弘泓
梗合二耕韵	①轰訇②宏闳竑
通合一东韵	②蓬篷縫④埲烽①蒙(2)(蒙人)②蒙(1)(蒙犯)蒙(曚)(4)(目失明)蒙(濛)(5)(小雨貌)檬朦瞢④蒙(3)(蒙古)蒙(懵)(6)(昏昧无知)懵①东③董懂⑤冻栋①通嗵③捅⑤痛②同桐铜筒童瞳僮潼④动桶恸⑥洞侗恫胴②咙胧聋笼茏泷珑砻癃④拢⑥弄②棕鬃③总⑤粽①匆(怱)葱聪偬⑤送⑥从①工公功攻恭(2)(恭候)蚣红(2)(女红)③汞⑤贡①空(1)(空虚)倥崆箜③孔⑤空(2)(亏空)控①哄(1)(哄动)烘③哄(2)(哄骗)⑤哄(3)(起哄)蕻②(菜蕻)②红(1)(红色)虹洪鸿蕻(1)(雪里蕻)⑥讧①翁嗡滃⑤瓮齆(齆鼻)
通合一冬韵	①冬(鼕)⑤统②彤疼(文)(疼痛)②农脓侬哝①宗综①松(鬆)(1)(放松)⑤宋②淙琮
通合三东韵	①风枫疯渢丰⑤讽②冯⑥凤⑥梦①隆窿①蒿嵩②崇戎绒①弓(2)(新读)宫(2)(新读)躬(2)(新读)
通合三锺韵	①兵③捧①封峰锋蜂烽②逢④奉⑥缝俸②浓(1)(浓密)②龙(文)(龙头)④垄(文)(垄断)陇①踪①从(2)(从容)①忪淞②茸④冗③巩拱(2)(拱桥)

32. 瑞安话读[ioŋ]，温州话读[ioŋ]。

梗合三庚韵	③同①兄②荣嵘蝾④永咏泳
梗合三清韵	①倾③顷②琼②营茔莹
梗合四青韵	③炅迥炯②荧萤萦潆
通合一东韵	①卤
通合三东韵	①弓(1)(弓箭)躬(1)(躬身)宫(1)(宫殿)①穹②穷②熊雄融
通合三锺韵	①雍廱③拥②佣(傭)(1)(雇佣)庸墉镛容蓉溶榕熔

(二)不同部分

01. 瑞安话读[a]，温州话读[ɛ]。

梗开二庚韵	①烹②彭嘭蟛澎膨⑥耄②盲④猛锰蜢艋⑥孟③打④冷①撑⑴(俯卧撑)⑤撑⑵(撑客)①生牲笙甥③省⑴(省略)①更庚羹赓③埂梗哽鲠⑤更(文 2)(更加)①坑⑥硬①亨哼②行(文 1)(行为)珩桁⑥行(文 3)(品行)绗③奣(天明亮)
梗开二耕韵	①绷⑴(藤绷)①浜⑤绷⑵(绷紧)⑤迸①砰抨怦②棚⑵(尿布棚)④蚌⑵(蚌埠)②萌④黾⑴(蛙的一种)①争狰睁筝⑴(古筝)峥⑤挣诤①耕③耿①铿④幸悻①莺⑵(莺哥)樱⑵(金樱)鹦⑵(鹦哥)罂⑵(罂壶)③杏
梗合二庚韵	②横

01. 瑞安话读[a]，温州话读[ai]。

深开三缉入	⑦缉⑵(缉合)戢汁执⑦缉⑴(通缉)辑茸⑦涩(文)(羞涩)湿⑧集习袭十什拾入
山合一末入	⑦攥⑦撮
臻开三质入	⑦室梐质郅桎蛭⑦七柒漆⑧侄秩帙⑦膝瑟虱失室⑧疾嫉蒺实日(文)(日本)
臻合一没入	⑦不(白)(不仅)⑦卒⑦猝
臻合三术入	⑦率⑴(率领)摔蟀
臻合三物入	⑦芾黻勒弗佛⑵(仿佛)拂氟⑧佛⑴(佛陀)勿物(文)(事物)
曾开一德入	⑦北

02. 瑞安话读[ia]，温州话读[iai]。

深开三缉入	⑦级急给汲⑦泣⑧及圾⑦吸歙甩⑦邑挹浥揖⑧熠
臻开三质入	⑧日(白 1)(生日)⑦吉桔⑵(柑桔)劼诘⑧佶⑦一(文)(一二三)乙壹⑦溢⑧逸佚轶
臻开三迄入	⑦乞吃⑵(口吃)讫⑦迄⑧屹
臻合三物入	⑧掘(白)(掘井)
曾开三职入	⑦棘殛⑧极⑦抑⑧翼弋翌
梗开三陌入	⑦戟⑦隙⑧剧屐⑧逆
梗开三昔入	⑦益⑧亦译易⑴(交易)绎驿弈奕蜴液腋掖
梗开四锡入	⑦击激⑧檄

03. 普通话读 uai，瑞安话读[ua]，温州话读[a]。

蟹合一泰去	⑥外
蟹合二皆韵	①乖⑤怪⑤蒯②怀(白)(怀闷)②怀(文)(怀念)淮槐⑥坏
蟹合二佳韵	③拐①歪
蟹合二夬去	⑤快筷
止合三脂韵	⑤帅

03. 普通话读 uo，瑞安话读[ua]，温州话读[a]。

曾合一德入	⑧或惑

04. 瑞安话读[æ]，温州话读[ə]。

效开一豪韵	①褒煲③宝保堡鸨葆褓⑤报②袍④抱⑥暴曝爆②毛牦髦蛑④铆⑥冒帽耄①刀叨③岛捣倒(1)(打倒)祷⑤到倒(2)(倒水)①滔绦韬饕弢③讨⑤套②逃桃涛陶掏萄淘啕④道稻⑥导盗悼蹈橐纛④恼脑瑙②劳牢捞唠痨④老姥(1)(姥爷)佬⑥涝①遭糟③早枣蚤澡藻⑤灶躁①操(1)(操作)草(白)(潦草)③草(文)(青草)⑤操(2)(曹操)糙①搔骚缫③嫂⑤扫噪燥曹槽漕④皂造①高羔膏糕皋睾篙疙③搞镐稿⑤告诰①尻③考拷烤栲⑤铐靠犒②熬敖遨獒鳌翱鳌⑥傲①蒿薅③好(1)(爱好)⑤好(2)(喜好)耗②毫豪嚎蚝嗥壕濠④浩皓昊颢灏⑥号①麋爊噢③袄媪⑤奥澳懊岙
流开一侯韵	③剖④牡亩⑥茂贸袤懋
流开三尤韵	③否(1)(否则)缶②阜浮(文)(浮肿)蜉②谋缪(1)(绸缪)②牟眸

05. 普通话读 -ŋ 韵尾，瑞安话读[iæ]，温州话读[i]。

宕开三阳韵	②娘孃⑥酿②良梁量(2)(量尺寸)粮梁④两(2)(斤两)俩(1)(伎俩)辆魉⑥亮凉谅量(1)(数量)晾靓(2)(靓妹)①将(1)(将来)①张①章彰樟璋獐③奖桨蒋②长(2)(生长)涨③掌⑤将(2)(大将)浆酱⑤帐账胀⑤障幛瘴①枪锵①昌猖菖娼③抢③昶③厂(2)(茅棚厂儿)敞氅⑤呛⑤畅怅⑤倡唱②长(1)(长短)场肠④丈仗杖①相(1)(互相)厢湘箱镶襄①商伤殇③想鲞③响垧赏⑤相(2)(宰相)⑤饷②墙蔷樯②戕详祥翔尝常偿裳嫦徜④象像橡潒⑥上(2)(上声)⑥匠⑥上(1)(上面)尚②嚷瓤④壤攘⑥让⑥僵缰疆姜(薑)③襁⑤羌④强④戆⑥糨①乡香③享响饷⑤向(嚮)④仰①央殃鸯秧③养氧⑤怏②阳扬杨炀旸疡羊洋佯烊(1)(融化)垟徉④痒⑥样漾恙烊(2)(打烊)
江开二江韵	①腔②降(白)(投降)

06. 瑞安话读[ɛ]，温州话读[e]。

遇合三鱼韵	⑦居(白)(居个)⑤去(白)(去爻)②渠(白1)(第三人称指代词)③许(白)(许个)
蟹开一咍韵	③歹⑤戴(文)(姓氏)①台(2)(台州)苔(2)(舌苔)胎⑤态贷②台(臺)(1)(台湾)台(檯)(3)(台子)台(颱)(4)(颱风)抬苔(1)(青苔)跆④待怠殆给⑥代袋岱玳埭(文)(河埭)黛⑥耐②来莱徕俫⑥睐赉①灾哉栽③宰崽(文)(牛崽)⑤再载①猜③采(1)(采集)彩睬踩⑤采(2)(采邑)菜①腮(文)(两腮)鳃⑤塞(2)(要塞)赛②才(纔)材财裁④在⑥傤①该赅③改颏⑤溉概①开③凯恺⑤慨忾②呆(1)(呆头)皑⑥碍①咳(1)(咳笑)嗨⑥海②孩④亥氦①哎哀埃(1)(尘埃)唉②唉(2)(唉声叹气)⑤爱媛暧
蟹开一泰去	⑤丐钙盖⑥艾⑥害⑤蔼霭
蟹合一泰去	⑤最(白)(最高境界)
山合三薛入	⑧劣埒
宕开三阳韵	③厂(1)(工厂)
曾开一德入	⑦得德⑦忒忒(1)(过于)⑧特⑧肋勒仂⑦则⑦塞(1)(堵塞)⑧贼⑦克刻剋⑦黑嘿⑧劾

06. 瑞安话读[ɛ]，温州话读[ø]。

咸开一覃韵	①贪⑤探②潭①囡②男南(1)(南北)喃楠腩②婪①参(1)(参加)掺③惨③糁②蚕③感⑤赣①堪龛戡③坎砍⑤勘④颔(白)(面颔)②含④颔颔(文)(颔首)④撼⑥憾①庵谙鹌⑤暗黯
咸开一合入	⑦答(1)(报答)⑧纳钠衲⑦匝(1)(一匝十二年)⑧杂⑦合(2)(三合粉)蛤鸽⑧合(1)(合作)盒(文)(纸盒)
咸开一谈韵	③忐①甘柑坩泔疳③赶敢橄⑤阚瞰①酣蚶①憨③俺
咸开一盍入	⑦磕嗑溘瞌⑧盍阖

06. 瑞安话读[ɛ]，温州话读[ai]。

果开一歌韵	②蛾(白)(打灯蛾)
蟹合一灰韵	①姆②玫枚梅媒煤莓酶④每⑥妹昧
止开三脂韵	②霉
曾开一德入	⑧万(文2)(万俟)墨默

06. 瑞安话读[ɛ]，温州话读[ai]。

曾合一德入	⑦国
梗合二麦入	⑦帼掴蝈

07. 普通话读an，瑞安话读[ɔ]，温州话读[a]。

咸开一覃韵	①耽眈②坛(壜)(2)(酒坛)谭昙②岚②函涵
咸开一谈韵	①担(1)(负担)聃③胆⑤石(2)(一石米)担(2)(重担)①坍③毯②谈痰④淡氮啖澹②蓝篮褴④览揽缆榄⑥滥②惭⑥暂①三叁仁③喊
咸开二咸韵	③斩崭⑤蘸④湛⑥站赚(文)(赚错)①杉②馋谗①缄尴①减碱硷⑥陷(白)(馅心)②咸(鹹)⑥陷(文)(陷阱)馅(文)(馅饼)
咸开二衔韵	①搀⑤忏谶①衫②巉①监(1)(牢监)⑤监(2)(太监)鉴③槛⑥舰⑤嵌②衔(白)(衔头)②岩②衔(文)(头衔)
山开一寒韵	①丹单(1)(单独)郸弹③疸掸⑤旦诞①摊滩瘫③坦(文)(坦白)⑤炭叹碳②坛(壇)(1)(花坛)弹(2)(弹琴)檀④袒⑥但弹(1)(子弹)蛋惮坦(白)(道坦)②难(1)(困难)⑥难(2)(患难)②兰拦栏澜谰阑④懒瀬⑥烂⑤赞瓒①餐⑤灿粲璨②残①珊栅(2)(栅板)姗跚③伞散(2)(散漫)霰⑤散(1)(散会)
山开二山韵	⑤扮瓣⑤盼⑥办③盏③产铲⑥绽①山舢②潺①间(1)(房间)艰③栋柬简铜裥扴⑤间(2)(间接)①悭④眼②闲娴痫④限
山开二删韵	①扳班颁斑癍③反(2)(反转)板(闆)版阪钣舨①攀⑤襻②片②蛮⑥漫慢谩④赧⑥栈①删潸⑤栅(1)(栅栏)汕汕疝①奸姦萱⑤谏涧②雁(白)(雁鹅)②颜⑥雁(文)(雁荡)赝④莞(2)(莞尔而笑)③绾⑤晏

363

瓯语音系

07. 瑞安话读[ɔ]，温州话读[uɔ]。

效开二肴韵	①包苞胞③饱⑤豹趵①抛脬③跑⑤泡炮疱②咆庖④鲍⑥刨钹①猫(2)(熊猫)②茅猫(1)(大猫)锚④卯⑥貌①奅②挠桡铙⑥闹淖①抓③爪找⑤罩⑤笊①抄钞吵③吵炒⑥棹①捎梢稍(1)(稍微)筲艄飑⑤哨稍(2)(稍息)睄潲②巢①交郊胶跤茭蛟鲛肴(白)(肴配)③狡绞佼姣铰搅⑤教校(2)(校对)较珓窖①敲敲③巧④咬⑥狡①哮⑤孝酵②爻肴(文)(菜肴)淆⑥校(1)(学校)效①凹拗(3)(嬉嬉拗起)③拗(1)(棒儿拗断爻)⑤拗(2)(两个人拗搭)坳
效开四萧韵	⑤啸
流开三尤韵	②矛蟊

08. 瑞安话读[iɔ]，温州话读[ia]。

假开二麻韵	⑤卸①丫(2)(丫环)呀
效开四萧韵	④鸟(1)(飞鸟)袅⑥尿(1)(输尿管)①蛲(白)(蛲蛲动)②尧饶(2)(上饶)蛲(文)(蛲虫)③晓
咸开三业入	⑦怯(白)(胆怯)
山开四屑入	⑧捏⑦屑楔
宕开三药入	⑦爵着(白)(着衣)⑦灼酌⑦斫⑦雀鹊⑦绰焯⑧着(文1)(着火)嚁(1)(嚁起)⑦削⑦烁铄⑧嚼⑧勺芍妁杓⑧若偌弱⑧箬⑦脚⑦却⑧疟虐⑦谑⑦约⑧药钥跃龠
梗开二陌入	⑧搦

08. 瑞安话读[iɔ]，温州话读[iɛ]。

| 效开四萧韵 | ①萧箫(玉箫)潇(潇洒) |

09. 普通话读 an，瑞安话读[uɔ]，温州话读[a]。

| 咸合三凡韵 | ⑤泛②凡帆④犯范⑥梵 |
| 山合三元韵 | ①藩(1)(篱笆)番(1)(番人)翻③反(1)(反对)返⑤贩畈②矾烦繁蕃樊藩(2)(曾国藩)蘩⑥饭④挽(白)(挽联)晚(白)(晚稻)⑥曼蔓万(白)(逾千达万)④挽(文)(挽回)晚(文)(早晚)⑥万(文1)(万年青) |

09. 普通话读 ua，瑞安话读[uɔ]，温州话读[a]。

山合一末入	⑦豁(2)(豁拳)
山合二黠入	⑦挖
梗合二麦入	⑧划(劃)(2)(笔划)画(2)(笔画)获(獲)(2)(收获)

09. 普通话读 uan，瑞安话读[uɔ]，温州话读[a]。

山合一桓韵	①宽髋④皖⑥换
山合二山韵	①纶(2)(纶巾)鳏⑥幻
山合二删韵	①关⑤惯⑥环(白)(门环)①弯湾②顽还环(文)(环境)圜寰⑥宦患豢
山合三仙韵	①铅(1)(铅锅)

第九章 瓯语系各地方音与温州话比较

09. 瑞安话读[uɔ]，温州话读[iɛ]。

效开三宵韵	④燎⑥疗瞭
效开四萧韵	①刁叼雕(彫)凋貂碉③鸟(2)(鸟儿)⑤吊钓③挑⑤跳眺窱②条迢调(1)(调羹)笤④掉(2)(掉钞票)窕⑥调(2)(声调)掉(1)(掉落)②辽聊僚寥撩嘹缭寮镣④了(瞭)潦⑥料廖
咸开三叶入	⑧猎
宕开三药入	⑧掠略撂
宕开三阳韵	④两(1)(两个)俩(2)(两人)
通合三锺韵	②龙(白)(龙船)④垄(白)(菜垄)

10. 瑞安话读[ə]，温州话读[ø]。

深开三侵韵	①簪⑤潜①参(2)(参差)
深开三缉入	⑧粒
山开一寒韵	①刊看(2)(看守)③侃⑤看(1)(看见)⑤礥
山开一曷入	⑦葛割⑦咳(2)(咳嗽)渴⑦喝(1)(吆喝)⑦遏褐
山合一桓韵	①般搬(1)(搬弄是非)⑤半①番(2)(番禺)潘⑤判泮②盘搬(2)(搬运)磐瀿瘢螨蟠④伴拌绊⑥叛畔②馒鳗瞒鞥④满螨㵧⑥幔缦镘①端③短⑤断(文2)(决断)锻①湍②团(團糰)④断(文1)(断续)⑥段(文)(段落)缎④暖(文)(温暖)②峦鸾奱滦鋆④卵(文)(卵袋)⑥乱①钻(1)(钻洞)③攒纂⑤钻(2)(钻孔)①㒇⑤窜蹿①酸⑤蒜算⑥玩
山合一末入	⑦拨钵⑦泼⑧钹⑧末抹茉沫秣⑦掇⑦脱(1)(脱离)⑧夺(文)(抢夺)
山合二删韵	⑤篡①拴栓闩⑤涮④撰馔
山合二辖入	⑦刷
山合三月入	⑧橛(白)(两橛断)
臻开一痕韵	①吞(文)(吞咽)①根(1)(根据)跟(1)(脚下跟头)②痕(1)(痕迹)①恩⑤摁
臻合一魂韵	②盆①敦墩惇礅镦蹲②屯囤豚臀⑥钝遁②嫩②论(2)(论语)⑥论(1)(讨论)①尊樽①村邨③忖⑤寸①孙荪狲③损⑤逊巽(文)(八卦之一)②存
臻合一没入	⑧勃脖渤荸饽悖⑧没殁⑦咄⑧凸突(3)(奀起算)⑧呐(1)(呐口)讷⑧兀屼
宕开一铎入	⑧凿

10. 瑞安话读[ə]，温州话读[y]。

| 山开一寒韵 | ①干(1)(干犯)干(乾)(3)(干燥)杆(1)(筎杆)肝竿③杆(2)(电灯杆)秆擀⑤干(幹)(2)(干部)①豻③罕⑤汉①安氨鞍桉⑤按案胺②韩寒邗邯④旱⑥岸⑥汗捍悍焊翰瀚 |

11. 瑞安话读[yə]，温州话读[iɛ]。

| 效开三宵韵 | ①标膘飙镖瀌③表(錶)裱婊①漂(1)(漂亮)飘嫖③漂(2)(漂白)瞟⑤票剽②嫖瓢④殍鳔⑥骠①喵咩②苗描瞄④秒渺缈藐淼⑥妙庙①椒焦蕉礁①朝(2)(明朝)①招昭钊③劁③沼⑤醮⑤照诏①瞧①超①跷锹③悄⑤俏峭诮⑤翘②憔谯樵②朝(1)(朝鲜)嘲潮晁④兆赵肇⑥召④绕①肖(2)(姓氏)消宵硝销霄 |

	逍魈①烧③小(文)(小朋友)少①(少年)⑤肖①(生肖)⑤笑鞘⑤少②(少将)②韶②饶①(富饶)娆④绍④扰⑥邵①娇骄③矫②乔侨桥荞⑥轿①嚣①要①(要求)腰邀③夭⑤要②(重要)②姚窑谣摇遥徭瑶④舀⑥耀曜鹞
效开四萧韵	①浇③侥缴佼铰(文2)(铰刀)皎⑤叫①撬橇⑤窍④嘹①枭骁①吆幺③杳窈
流开三幽韵	①彪①唿⑥谬缪②(姓氏)

11. 瑞安话读[yə]，温州话读[y]。

遇合三鱼韵	④女(文)(男女)
山合一桓韵	①官棺倌观①(观察)冠①(皇冠)③馆琯管(文)(管理)莞①(东莞)⑤贯灌罐盥观②(寺观)冠②(冠军)③款①欢⑤唤涣焕痪奂②桓丸完烷④缓浣①豌剜蜿③碗⑤惋腕
山合三仙韵	①镌①专砖⑤转啭①痊诠铨①川穿(文)(贯穿)①喘舛⑤钏②传①(宣传)椽④篆⑥传②(传记)①宣③选⑤渲②全泉②漩船⑥旋(镟)璇④软①捐娟鹃涓③卷(文2)(席卷)⑤卷(文1)(考卷)眷绢圈②(猪圈)①圈①(圆圈)②权拳蜷颧⑥倦②员圆鸢④充⑥院媛缘
山合三薛入	⑦缀啜⑦茁拙⑦雪⑦噱②(噱头)⑦说⑧绝⑧阅悦
山合三元韵	③绻⑤劝券②元原源鼋螈④阮⑥愿①喧萱煊⑤楦①鸳鸯③苑宛婉琬⑤怨②园袁援猿垣辕④远
山合三月入	⑦了厥撅蕨噘獗⑦阙⑧橛(文)(短木桩)镢⑧月⑦哕(哕起，即恶心)⑦曰⑧越粤
山合四先韵	③犬⑤绚①渊②玄悬⑥县眩
山合四屑入	⑦决诀抉⑦缺炔⑦阒⑦血⑧穴
臻合一魂韵	①昆(文2)(灵昆岛)⑤睏①昏①(黄昏)婚⑤巽①(巽山)①温①(温州)瘟③稳②魂
臻合一没入	⑦骨⑦窟⑦忽笏唿惚窟⑧核
臻合三术入	⑦绌⑦黜出(麯)⑧怵黜⑧术①(白术)⑦戍恤⑧术(術)②(手术)述⑦橘⑧聿鹬
臻合三文韵	①荤
臻合三物入	⑦屈⑧倔掘(文)(挖掘)崛⑦郁②(郁郁葱葱)
曾合三职入	⑧域阈
梗合三昔入	⑧役疫

12. 普通话读 ie，瑞安话读[ie]，温州话读[i]。

假开三麻韵	③野②爷椰耶揶④也(文)(也是)冶⑥夜
蟹开三祭去	⑤憩⑥偈②(偈佗)
咸开三叶入	⑧聂镊蹑喼颞⑦接婕楫⑦辄⑦妾⑧捷睫⑧涉⑦靥⑧烨叶(葉)页晔
咸开三业入	⑦劫⑦怯(文)(怯生)⑧业⑦胁
咸开四帖入	⑦跌⑦帖贴⑧谍叠碟蝶喋牒⑦惬箧⑦挟(挟菜)⑧协侠
山开三薛入	⑦瘪⑧别⑧灭乜②(文)(眼睛微张)搣⑧列咧烈裂洌冽趔⑦哲蜇喆⑦折①(折扣)褶⑧彻撤澈辙⑧舌⑦折②(折本)⑧热乜①(白)(乜人)⑦孑杰桀⑧孽蘖⑧拽①(拖；拉)
山开三月入	⑦揭①(揭露)⑧揭②(按揭)竭偈①(勇武貌)碣⑦歇蝎⑦谒

山开四屑入	⑦憋鳖⑦撇瞥⑧蹩⑧蔑篾⑦铁餮⑧迭垤耋⑧捩戾⑦节疖⑦切窃沏⑦挈锲⑧截⑦洁结桔(1)(桔梗)拮⑧喆镍臬⑦噎⑧颉撷缬

12. 普通话读 ian, 瑞安话读[ie], 温州话读[i]。

咸开三盐韵	③贬②帘廉镰奁④脸敛⑥殓①粘黏①尖歼①沾占(1)(占卜)①瞻詹⑤占(佔)(2)(占领)①签(籤)(签)金③谄⑤埏②黔钤箝①纤(纤)(2)(纤维)暹③闪(腰闪着)陕②潜②蟾②髯④渐④冉苒④瞻④染③捡检睑②钳④俭⑥验③险①淹奄腌阉①忺③掩③魇⑤厌餍②炎②盐阎闫檐⑥艳焰
咸开三严韵	⑤剑②欠②严④俨⑥酽①腌
咸开四添韵	①掂③玷点踮⑤店惦①添③舔②恬甜④簟⑥垫①拈②鲇(鲶)⑥念捻①兼①谦③歉②搛(搛菜)②嫌
深开三缉入	⑧廿
山开三仙韵	①编鞭⑤变①扁(2)(一叶扁舟)偏篇翩⑤骗②便(2)(便宜)④辨辩⑥便(1)(方便)卞弁汴②绵棉④免勉缅黾(2)(黾池)娩冕渑湎腼鮸⑥面(1)(脸面)④碾②连联涟④撵琏辇①煎①籛毡④剪翦③展辗③溅箭⑤战颤①迁千(韆)(2)(秋千)愆③浅阐②钱②缠①仙籼鲜①煽搧③癣藓⑤线腺⑤扇②涎②单(2)(单于)禅蝉婵②然燃④践④善鳝⑥贱饯⑥羡④擅嬗缮膳③遣谴缱②乾虔捐④件⑥谚彦①鄢嫣②焉②延蜒筵④衍④演
山开三元韵	①犍⑤建毽④键⑥健腱踺②言④讞⑥唁①轩⑤宪献③偃⑤堰
山开四先韵	①边蝙③扁(1)(扁担)匾⑤遍⑤片②骈④辫②眠④丏⑥面(麵)(2)(米面)①滇颠巅癫③典碘①天③腆②田填钿⑥电佃甸淀奠殿靛癜②年②怜(憐)莲⑥练炼链①笺⑤荐①千(1)(千万)仟阡扦①前①先③洗筅霰①坚肩③茧趼⑤见①牵⑤茜(1)(茜草)倩纤(縴)(1)(纤夫)②研妍③显①烟胭洇⑤宴燕咽(2)(咽气)②贤弦舷⑥现砚
山合三仙韵	⑥恋②沿铅(2)(铅山)

14. 瑞安话读[uo], 温州话读[uɔ]。

宕开一唐韵	①帮甫③榜膀(2)(翼膀)⑤谤泵①滂③耪②旁傍膀(1)(膀胱)磅螃彷(1)(彷徨)⑥镑②芒忙氓茫虻④莽漭蟒①当(當)(1)(应当)当(噹)(3)(当啷)铛珰裆③挡党⑤当(當)(2)(典当)档①汤(1)(趟水)③倘淌躺⑤烫趟(2)(一趟)②唐堂棠塘膛糖搪溏镗螳瞠⑥荡宕①囔②囊④曩⑥齉①啷②郎狼琅廊榔锒跟螂④朗⑥浪阆①赃脏(髒)(1)(肮脏)藏(3)(藏青)臧⑤葬①仓苍沧舱伧①丧(1)(婚丧)桑③嗓搡磉⑤丧(2)(丧失)藏(2)(隐藏)⑥脏(臟)(2)(内脏)藏(西藏)奘①冈刚岗(1)(山岗)纲钢⑤杠(2)(敲竹杠)①康慷糠⑤亢抗炕伉闶②昂卬(你)①夯(文)(打夯)②吭杭航笐行(文2)(银行)①肮⑤盎
宕开三阳韵	①妆(1)(化妆)庄(1)(庄严)装(1)(武装)⑤壮(文)(强壮)①创(1)(创伤)疮⑤创(2)(创造)③爽③耍
宕合一唐韵	①光胱③广⑤矿圹(文)(旷课)圹②旷(白)(课旷交)④犷(该人犷显)眖(田眖儿)①荒慌肓③谎恍晃幌②皇凰惶煌蝗隍徨黄簧潢璜蟥①汪

宕合三阳韵	①方坊妨肪芳③仿纺彷⑵(彷彿)舫⑤放舫访②防房亡⑥妄忘望旺④网罔魍惘
江开二江韵	①邦梆③绑⑤胖②庞④蚌⑴(象鼻蚌)棒①江扛(文)(扛鼎之作)杠⑴(床杠)肛缸豇③讲港岗⑵(岗位)⑤降(文)(降落)绛⑥扛(白)(扛条儿)④项⑥巷

14. 瑞安话读[uo]，温州话读[o]。

果合一戈韵	①波⑴(波浪)玻菠③跛簸⑤播⑴(播送)①坡颇③叵②鄱⑥薄⑵(薄荷)①蘑②么(麽)蘑广馍⑥摩⑵(摩崖)③朵⑤唾(文)(唾沫)④垛⑤挫锉(文)(锉刀)①唆梭蓑③琐锁嗦②痤痤④坐⑥座
假合二麻韵	①挝⑴(敲打)③傻②斜⑵(斜视)①瓜呱⑵(呱呱叫)娲蜗③寡剐①夸(誇)③垮⑤挎跨胯④瓦①花⑤化②划⑴(划龙船)华⑴(中华)哗骅⑥华⑵(华山)桦①哇洼蛙
遇合一模韵	①姥⑶(老姥)②无⑵(南无)②摹模⑴(模范)谟④姥⑵(太姥山)⑥募墓慕暮⑥贮⑤措厝⑥祚
遇合三鱼韵	③所(场所)
蟹合二佳韵	⑤卦褂挂⑥画⑴(连环画)①娃
蟹合二夬去	⑥话
咸合三乏入	⑦法珐砝⑧乏
山合一末入	⑦括⑦阔⑦豁⑴(豁然开朗)⑧活⑦斡⑦哟唷
山合二黠入	⑧猾滑
山合二辖入	⑦刮(颳)
山合三月入	⑦发(發)(髮)⑧伐罚阀筏⑧袜
宕合一铎入	⑦郭椁⑦扩廓⑦霍藿⑧获(穫)⑴(收穫庄稼)镬
宕合三药入	⑧缚⑴(缚鞋带)
通合一屋入	⑦卜⑴(占卜)⑦仆⑴(仆倒)扑噗璞濮蹼⑧卜(蔔)⑵(萝卜)仆(僕)⑵(仆人)瀑⑧木沐⑧禄碌
通合一沃入	⑦沃鋈
通合三屋入	⑧目牧睦穆苜
通合三烛入	⑧录绿氯

15. 瑞安话读[yo]，温州话读[yɔ]。

宕开三阳韵	①妆⑵(妆灵清)庄⑵(坐庄)装⑵(假装)⑤壮(白)(壮显壮)③闯⑥状①霜孀②床
宕合三阳韵	①框眶筐匡诓②狂诳⑥逛⑤况③枉往②王
江开二江韵	①桩(文)(打桩)⑤戆①窗②幢⑴(经幢)②桩(白)(烂树桩)⑥撞幢⑵(楼幢)①双
通合三锺韵	①钟(鐘鍾)龚③冢③肿种⑵(种子)踵⑤纵种⑴(种树)②重⑵(重复)④重⑴(轻重)⑥重⑶(重迭)②浓⑵(浓淡)③耸⑵(耸立)怂(怂恿)悚竦②从⑴(跟从)②松⑵(松树)⑥讼诵颂
通合三锺韵	①供⑴(供销)恭⑴(恭敬)③拱⑴(打拱作揖)⑤供⑵(供应)③恐⑥共①胸凶(文)(凶恶)匈汹①痈邕⑤壅④勇涌踊甬俑恿蛹⑥用佣⑵(佣人)

17. 普通话读 lǜ，瑞安话读[ie]，温州话本读[i]。

臻合三术入	⑧律率⑵(效率)

17. 瑞安话读[i]，温州话读[ŋ]。

果开三戈韵	②茄⑶(茄儿)伽⑴(伽蓝爷)
蟹开四齐韵	①鸡稽⑤计系(繫)⑷(系鞋带)继髻①溪蹊③启⑤契
止开三支韵	①畸羁⑤寄③企(文)(企业)绮②奇崎骑琦歧岐芪④技妓伎企(白)(企图)①牺羲曦⑤戏
止开三脂韵	①机肌饥(飢)⑴(饥饿)③几(文2)(茶几)麂⑤骥冀致(緻)⑤弃器②祁鳍耆
止开三之韵	①基箕姬③己⑤记纪①欺①起杞②其期棋旗其琪蜞麒⑥忌①熙嘻嬉熹③喜禧蟢
止开三微韵	①几(幾)(文1)(几何)讥叽饥(饑)⑵(饥荒)畿③几(幾)(文3)(几多)⑤既暨①岂⑤气汽②祈①希稀唏
梗开四锡入	⑦吃⑴(吃饭)

18. 瑞安话读[nu]，温州话读[ŋ]。

果开一歌韵	②俄哦峨娥鹅(文)(雁鹅)蛾(文)(飞蛾)④我⑥饿(文)(饥饿)⑥嗯
果合一戈韵	②讹⑥卧
遇合一模韵	②吾吴梧④五午伍仵牾⑥误悟娱⑵(娱乐)迕忤晤寤⑥唔(唔冇)

20. 瑞安话读[əʉ]，温州话读[øy]。

果合一戈韵	②蠡⑵(河蠡蚌)
遇合一模韵	①都③堵赌睹肚(白)(猪肚)⑤妒蠹③土吐⑴(吐痰)⑤吐⑵(呕吐)兔菟②图徒(文)(徒弟)途涂(塗)屠荼④杜肚(文)(肚皮)⑥度渡镀踱②卢芦炉颅驴鸬④卤(滷)⑵(盐卤)⑥路露璐鹭①租③祖①粗⑤醋①苏酥稣甦⑤诉塑溯素(白)(吃素)②蜈
遇合三鱼韵	②庐驴闾榈④吕侣旅铝膂⑥虑滤②鱼渔
遇合三虞韵	④屡缕
止合三脂韵	⑥类

20. 瑞安话读[əʉ]，温州话读[ŋ]。

遇合三鱼韵	①沮狙疽诸③咀③渚褚⑤著③础⑵(磉础)处⑴(处理)⑤处⑵(相处)⑤觑②除储躇④贮伫⑥署薯(文)(马铃薯)曙①梳(白)(头梳)书抒舒③暑黍⑤絮⑤恕庶②锄(白)(板锄)②如茹④序叙绪④墅④汝
遇合三虞韵	①株蛛诛①朱(侏)珠侏鉌(鮇鮋)③拄③主⑤驻炷⑤注蛀铸②趋枢③取娶⑤趣②厨橱④柱砫⑥住①须(鬚)需①输戍②殊②儒蠕嚅濡④聚④竖④乳⑥树⑥孺
蟹合三祭去	⑤缀⑤赘⑤岁⑤税
止合三支韵	③嘴①吹炊②垂捶锤陲⑥缒②隋随⑥瑞
止合三脂韵	①追①椎锥⑤醉⑵(酒喝醉爻)②槌⑥坠②尿⑵(拉尿)①虽绥③水⑤祟遂②谁④蕊⑥遂隧穗

瓯语音系

21. 瑞安话读[ɥ]，温州话读[øy]。

果合一戈韵	①波⑵(宁波)⑤播⑵(发播)⑤破②婆⑥缚⑵(腰缚)②摩⑴(摩擦)磨⑴(磨刀)魔⑥磨⑵(磨石)
遇合一模韵	①鯆③补谱⑤布怖①铺⑴(铺被)③浦⑴(下吕浦)⑤铺⑵(床铺)②葡蒲⑴(蒲鞋)④篰(朗眼篰)⑥步埠②模⑵(模子)
遇合三虞韵	①夫⑴(丈夫)③府腑踣⑤付咐赋傅②符④父⑥附驸芙(白)(芙蓉)腐(白)(腐败)务雾(文)(云雾)婺⑤赗⑥雾(白)(发雾)物(白)(物事)
流开一侯韵	⑥戊
流开三尤韵	⑤富副②浮(白)(尸骸浮起)④妇

21. 瑞安话读[ɥ]，温州话读[u]。

遇合三鱼韵	①淤於②余(餘)⑵(剩餘)舆④予与⑴(给予)⑥与⑵(参与)余⑴(姓氏)⑥预誉豫
遇合三虞韵	①迂②于盂竽②俞逾渝愉榆揄瑜臾諛腴④宇羽雨禹④愈⑥芋吁⑶(呼吁)⑥喻谕裕
蟹合三祭去	⑥卫彗
蟹合四齐韵	②携畦⑥惠慧
止合三支韵	①逶②委萎瘘②为⑴(作为)⑥为⑵(为什么)
止合三脂韵	②帷维潍④唯惟⑥位⑥遗
止合三微韵	①威葳③尉蔚慰⑤畏喂餵②违围韦帏闱炜④伟苇玮韪⑥纬⑥胃谓猬

25. 普通话读 i，瑞安话读[ei]，温州话读[i]。

止开三支韵	⑤臂②糜麋④靡
止开三脂韵	⑤秘⑵(秘鲁)辔⑥秘⑴(秘书)
臻开三质入	⑦必毕笔哔筚跸滗⑦匹疋⑧弼⑧泌密蜜宓谧嘧
曾开三职入	⑦逼⑧愎(刚愎自用)
梗开三陌入	⑦碧
梗开三昔入	⑦辟⑴(大辟)璧⑦辟(闢)⑵(开辟)僻
梗开四锡入	⑦壁⑦劈霹噼癖⑧觅汨幂

25. 瑞安话读[ei]，温州话读[øy]。

止合三脂韵	⑥类

26. 普通话读 uo，瑞安话读[ou]，温州话读[əu]。

果开一歌韵	①多哆③躲①拖(文)(拖拉机)②驮驼鸵佗陀沱砣跎④舵⑥大(文2)(大小)①啰②罗萝逻锣箩
果合一戈韵	⑤跺剁③妥椭④堕惰⑥懦糯②骡螺④裸瘰⑥撮

26. 普通话读 u 或 iu，瑞安话读[ou]，温州话读[əu]。

遇合一模韵	②徒(白)(门徒)②奴④努弩⑥怒①噜④房鲁掳橹卤(鹵)⑴(卤素)
流开三尤韵	①丢①溜②刘留流琉硫馏榴瘤镏鎏④柳绺⑥遛
曾开一德入	⑦忒⑵(忒不识相)

通合一屋入	⑦秃⑧独读(1)(读书)渎椟犊犊⑧鹿漉辘麓
通合一沃入	⑦督笃⑧毒
通合三屋入	⑧六陆戮

26. 普通话读 ou，瑞安话读[ou]，温州话读[əu]。

| 流开一侯韵 | ②头骰⑥豆荳痘 |

26. 瑞安话读[ou]，温州话读[əu]。

果开一歌韵	③左佐①搓(文)(搓板)磋蹉①搓(白)(搓绳)
果合一戈韵	⑤锉(白)(锉刀)
遇合一模韵	③组⑤做⑤素(文)(朴素)愫
遇合三鱼韵	③阻诅俎①初③础(1)(基础)楚①梳(文)(梳理)疏蔬②锄(文)(锄头)⑥助
遇合三虞韵	①刍③数(2)(数一数)⑤数(1)(数字)②雏
通合一屋入	⑦镞⑦簇蔟
通合三烛入	⑦促
通合一屋入	⑦速

26. 瑞安话读[ou]，温州话读[iəu]。

流开三尤韵	①揪①舟州洲周(週)赒③酒③肘③帚⑤昼⑤咒①秋(鞦)湫鳅①抽③瞅③丑(醜)⑤臭(1)(乌焦臭)②囚②绸稠惆畴筹踌②仇(2)(仇恨)雠酬④纣⑥宙轴⑥售①修羞馐①收③手首守狩⑤秀绣锈宿(2)(星宿)⑤兽②酋遒泅④受绶⑥就⑥袖⑥寿授②柔揉蹂
通合一屋入	⑧族
通合三屋入	⑦竹竺筑⑦祝粥⑦蹙蹴⑦畜(1)(牲畜)搐⑦俶⑧逐妯⑦肃宿(1)(宿舍)夙叔倏菽⑧淑熟孰塾⑧衄肉
通合三烛入	⑧辱褥缛

27. 瑞安话读[iou]，温州话读[iəu]。

| 通合三屋入 | ⑦菊鞠掬⑦曲(麯)(2)(酒曲)⑦畜(2)(畜牧)蓄⑦郁(1)(郁闷)燠⑧育昱煜毓鬻 |
| 通合三烛入 | ⑦旭勖 |

29. 瑞安话读[iaŋ]，温州话读[ioŋ]。

山合三仙韵	③卷(白)(一卷)①穿(白)(穿针)鬈(白)(鬈发)⑤串
臻合三谆韵	①均钧④菌窘②匀筠④允尹
臻合三文韵	①军君皸②裙群⑥郡①勋熏薰⑤训①氲③蕴愠⑤酝熨②云(雲)耘芸纭④殒

31. 瑞安话读[oŋ]，温州话读[ioŋ]。

臻合三谆韵	①遵谆肫③准(準)⑤俊骏竣隽①皴春椿③蠢④盾(2)(矛盾)①询峋洵荀③笋隼榫⑤峻浚瞬舜②旬驯巡循徇唇④吮⑥殉顺闰润
通合三东韵	①中(1)(中国)忠衷盅终⑤中(2)(中状元)众①冲(1)(冲锋)忡充⑤铳②虫⑥仲
通合三锺韵	①冲(衝)(2)(对冲)憧③宠①舂②憃

33. 瑞安话读[ŋu]，温州话读[ŋ]。

止开三支韵	②儿⑴ 义(白)⑤儿⑵ ⑥儿⑶
止开三脂韵	⑥二 贰
止开三之韵	④耳(白)

六、陶山话与温州话比较

(一)相同部分

01. 普通话读 a，陶山话读[a]，温州话读[a]。

果开一歌韵	①他 它 她 拖(白)(鞋拖)①南⑵(南无)那⑵(姓氏)③娜⑴(人名)⑥那⑴(那么)哪⑴(哪里)①阿(阿舅)啊⑴(啊呀)③阿⑶(阿门)⑤啊⑵(叹词)
假开二麻韵	⑤爸①妈②吗⑥骂②拿①咱⑤咤炸⑵(油炸粿)⑤诧 姹 差⑵(不好)①搭
遇合三鱼韵	④女(白)(女儿)
咸开一合入	⑦搭 答⑵(答应)瘩 嗒⑦踏⑴(踢踏舞)沓⑵(疲沓)⑧踏⑵(踏步)沓⑴(一沓纸)⑦垃 拉(文)(拖拉)啦⑧拉(白)(拉尿)⑦砸 匝⑵(匝道)⑧飒
咸开一盍入	⑦耷⑦塌 塔 蹋 遢 榻 溻⑧阖⑧腊 蜡 邋⑦卅
咸开二洽入	⑦眨⑦插⑧煤(白)⑧(白)⑦歃⑧闸 煤(文)⑧(文)⑦夹 挟 颊 荚 峡⑴(长江三峡)⑦恰 掐 卡⑴(卡口)⑧峡⑵(河峡儿)⑧狭 洽
咸开二狎入	⑦霎 啥⑦甲 钾 胛⑦呷⑧匣 狎⑦压 押 鸭
山开一曷入	⑦怛 妲 笪 靼⑦挞 闼 跶 獭⑧达 靼⑧捺⑧喇 辣 剌 瘌⑦擦⑦萨 撒
山开二黠入	⑦八⑵(小八瘌子)叭⑦轧⑵(轧钢)扎 札⑦察⑦杀 刹⑵(刹车)煞⑦咖⑵(咖喱)嘎⑴(鸟鸣声)伽⑴(伽蓝)戛⑦咖⑴(咖啡)卡⑵(磁卡)⑧嘎⑵(嘎嘎抖)轧⑶(轧姘头)茄⑵(番茄)⑧黠⑦揠 轧⑴(倾轧)
山开二辖入	⑦刹⑴(古刹)⑧铡⑦瞎 哈⑧辖
臻合一没入	⑧呐⑵(呐喊)

01. 普通话读 ai，陶山话读[a]，温州话读[a]。

蟹开一咍韵	⑥埭(白)(两埭屋)④乃 艿 氖⑥鼐
蟹开一泰去	⑤戴(白)(戴帽)⑤带⑤太 泰 傣 汰⑥大(文1)(大师)汏⑥奈⑥赖 癞 籁⑤蔡
蟹开二皆韵	⑤拜⑤湃①掰②排 俳⑥惫②埋 霾①斋 崽(白)(卵崽)①差⑶(出差)②豺
蟹开二佳韵	③摆(摆襦)⑤派②牌④罢⑴(吃交罢)④买⑥卖⑥奶(白1)(奶奶儿)④奶(文)(老奶奶)⑤债①差⑴(差错)叉①(叉烧包)钗④豸①筛⑴(筛酒)⑤洒 晒②柴
蟹开二夬去	⑥败⑥迈⑥寨
梗开二陌入	⑦百 伯 迫 柏 佰⑦拍 魄 珀 擘(白)(擘饼)啪⑧白 舶⑴(舶来品)帛⑧陌⑴(陌生)⑦咋⑵(咋舌)窄 迮⑦拆⑧宅 择 泽 着(文2)(着色)翟⑴(姓氏)
梗开二麦入	⑦檗 擘(文)(巨擘)⑧麦 脉 唛⑦摘 谪 责 喷 簀⑦册 策

01. 普通话读 e，陶山话读[a]，温州话读[a]。

果开一歌韵	②何(白1)(何乜)②何(白2)(何乜)
假开三麻韵	④也(白2)(也是)③也(白1)(也是)
蟹开二皆韵	①阶皆偕⑤介戒芥尬届界诫疥疥①揩③楷锴②癌挨(2)(拖延)②谐④骇骸⑥械①埃(2)(埃及)挨(1)(挨近)⑤呃
蟹开二佳韵	①街③解(1)(讲解)⑤解(2)(解钞票)廨②崖涯捱③蟹②鞋④解(3)(解签诗)懈⑥邂③矮⑤隘蜢(2)(蜢儿)
咸开一合入	⑦喝(2)(喝水)⑧盒(白)(盒儿)
梗开二陌入	⑦格胳(2)(胳肢窝)骼⑦客咯⑧额⑦赫
梗开二麦入	⑦革隔膈膈⑦绵⑦扼厄轭

01. 普通话读 eng，陶山话读[a]，温州话读[a]。

梗开二庚韵	②衡

01. 普通话读 uai，陶山话读[a]，温州话读[a]。

蟹合一泰去	⑥外
蟹合二皆韵	①乖⑤怪⑤拐②怀(白)(怀囥)②怀(文)(怀念)淮槐⑥坏
蟹合二佳韵	③拐①歪
蟹合二夬去	⑤快筷
止合三脂韵	⑤帅

01. 普通话读 uo，陶山话读[a]，温州话读[a]。

曾合一德入	⑧或惑

08. 陶山话读[e]，温州话读[e]。

遇合三鱼韵	⑦居(白)(居个)⑤去(白)(去爻)②渠(白1)(第三人称指代词)③许(白)(许个)
蟹开一咍韵	③歹⑤戴(文)(姓氏)①台(2)(台州)苔(2)(舌苔)胎⑤态贷②台(臺)(1)(台湾)台(檯)(3)(台子)台(颱)(4)(颱风)抬苔(1)(青苔)跆④待怠殆给⑥代袋岱玳埭(文)(河埭)黛⑥耐②来莱徕俫⑥睐赉①灾哉栽③宰崽(文)(牛崽)⑤再载①猜③采(1)(采集)彩睬踩⑤采(2)(采邑)菜①腮(文)(两腮)鳃⑤塞(2)(要塞)赛②才(纔)材财裁④在⑥傤①该赅③改颏⑤溉概①开③凯恺⑤慨忾②呆(1)(呆头)皑⑥碍①咳(1)(咳笑)嗨③海②孩④亥氦①哎哀埃(1)(尘埃)唉(1)(唉声叹气)⑤爱嫒嗳
蟹合一泰去	⑤最(白)(最高境界)⑤丐钙盖⑥艾⑥害⑤蔼霭
山合三薛入	⑧劣埒
宕开三阳韵	③厂(1)(工厂)
曾开一德入	⑦得德⑦忒忒(1)(过于)⑧特⑦肋勒仂⑦则⑦塞(1)(堵塞)⑧贼⑦克刻剋⑦黑嘿⑧劾

瓯语音系

10. 陶山话读[ø]，温州话读[ø]。

咸开一覃韵	①参⑴(参加)掺③惨③糁②蚕
咸开一合入	⑦匝⑴(一匝十二年)⑧杂
深开三侵韵	①簪⑤谮①参⑵(参差)
深开三缉入	⑧粒
山开一寒韵	①刊看⑵(看守)③侃⑤看⑴(看见)⑤煤
山开一曷入	⑦葛割⑦咳⑵(咳嗽)渴⑦喝⑴(吆喝)⑦遏褐
山合一桓韵	①般搬⑴(搬弄是非)⑤半①番⑵(番禺)潘⑤判泮②盘搬⑵(搬运)磐滂瘢蹒蟠④伴拌绊⑥叛畔②馒鳗瞒鞔④满螨瞒⑥幔缦镘①端③短⑤断(文 ²)(决断)锻①湍②团(團糰)④断(文 ¹)(断续)⑥段(文)(段落)缎④暖(文)(温暖)②峦李娈栾鸾胬滦銮④卵(文)(卵袋)⑥乱①钻⑴(钻洞)③攒纂⑤钻⑵(钻孔)①余⑤窜蹿①酸⑤蒜算⑥玩
山合一末入	⑦拨钵⑦泼钹⑧末抹茉沫秣⑦掇⑦脱⑴(脱离)⑧夺(文)(抢夺)
山合二删韵	⑤篡①拴栓闩⑤涮④撰馔
山合二鎋入	⑦刷
山合三月入	⑧橛(白)(两橛断)
臻开一痕韵	①吞(文)(吞咽)①根⑴(根据)跟⑴(脚下跟头)②痕⑴(痕迹)①恩⑤摁
臻合一魂韵	②盆①敦墩惇磴镦蹲②屯囤豚臀⑥钝遁⑥嫩②论⑵(论语)⑥论⑴(讨论)①尊樽①村邨③忖⑤寸①孙狲⑤损⑤逊巽(文)(八卦之一)②存
臻合一没入	⑧勃脖渤孛馞悖⑧没殁⑦咄⑧凸突㔉⑶(㔉起算)⑧呐⑴(呐口)讷⑧兀仡
宕开一铎入	⑧凿

12. 陶山话读[o]，温州话读[o]。

果开一歌韵	②挪傩哪⑵(哪吒)④娜⑵(婀娜)①娑挲③可②鹅(白)(鹅兜)①呵诃嗬
假开二麻韵	①巴⑴(巴西)芭吧疤笆粑③把⑴(把守)靶⑤坝把⑵(把柄)霸①葩⑤帕怕②扒爬耙杷琶巴⑵(下巴)②麻嘛蟆④马玛码蚂①乍查⑵(姓氏)喳渣楂吒③拃⑤诈咋⑴(咋然)炸⑵(炸弹)榨蚱①叉⑵(叉腰)杈车(白)(汽车)⑤岔汊衩②茶查⑴(检查)搽②苴①沙纱砂鲨莎痧裟⑤嗄哕⑥鲊①加家嘉迦⑴(迦南)枷(文)(枷锁)笳袈像茄⑴(雪茄)③贾⑵(姓氏)假⑴(假设)⑤价驾架(文)(衣架)假⑵(放假)嫁稼②枷(白)(饭镬枷儿)②牙芽衙伢蚜④雅⑥讶砑①虾⑴(虾儿)⑤吓②虾⑵(虾蟆)霞遐瑕④下⑥夏厦暇⑴(闲暇)①丫⑴(两丫裤)鸦③哑⑤亚娅挜
蟹开二佳韵	④罢⑵(罢工)①佳
流开一侯韵	①姆⑵(师姆)④母拇姆⑴(保姆)某
山开二黠入	⑦八⑴(八个)捌⑦趴⑧拔跋
宕开一铎入	⑦博搏膊⑦粕泊⑧薄⑴(厚薄)亳箔礴⑧莫摸幕漠寞膜瘼膜⑦洦⑦托拓⑧铎⑧诺喏⑧乐⑵(快乐)洛骆络烙落酪⑦作⑦错①索嗦⑧昨作柞胙昨⑦各阁胳⑴(胳膊)搁(文)咯⑧硌(硬硌硌)搁(白)(搁臀)⑧鄂愕噩鳄谔萼腭颚鹤⑦壑郝⑧涸貉④恶⑴(善恶)
江开二觉入	⑦驳剥⑦朴(樸)⑧雹⑧邈⑧擢(白)(擢起当官)⑧搦⑦角觉珏⑦壳确榷⑧乐⑴(音乐)岳嶽⑧学學⑦握喔偓龌
梗开二陌入	⑦舶⑴(船舶)⑧蓦陌⑵(打生陌生)

14. 陶山话读[yo]，温州话读[yo]。

江开二觉入	⑦卓桌啄琢诼涿捉⑦戳⑦擉⑧浊镯⑧擢(文)(擢升)濯⑦朔搠
通合三屋入	⑦矗⑦缩蓿
通合三烛入	⑦足⑦烛嘱瞩⑦触⑧躅属蜀⑦粟僳⑦束⑧俗续⑧赎⑦曲(1)(弯曲)蛐⑧局焗⑧玉狱钰⑧浴欲

15. 陶山话读[ŋ]，温州话读[ŋ]。

蟹开一咍韵	①腮(白)(腮腺炎)
止开三支韵	①匙①知蜘③紫訾③只(1)(只有)咫⑤智⑤渍①雌呲疵①差(4)(参差)③此③侈⑤刺(1)(刺激)⑤翅②弛驰②踟篪訑①斯撕嘶澌①筛(2)(米筛)①施③徙③豕⑤赐④氏是④尔⑥豉
止开三脂韵	①咨姿资①脂③姊③旨指⑤恣⑤至挚⑤次②迟④雉⑥稚①私①师狮(文)(雄狮)螄①尸③死③矢屎⑤四肆②瓷⑥自⑥示谥⑥视嗜
止开三之韵	①吱①兹滋孳①孜淄缁辎锱①之芝①子籽仔梓滓③笫③止址趾祉⑤置⑤志痣⑤识(2)(标识)帜①痴①笞①蚩嗤③耻③齿⑤胎炽②持④痔峙⑥治①司丝咝鸶思飔①诗③史使驶③始⑤伺⑤试弑②慈磁鹚糍②词祠辞藜(泥藜)②时②而④巳祀似④士仕俟市柿峙④耳(文)(聂耳)洱⑥字寺侍⑥饲嗣⑥事⑥饵
深开三缉入	⑦涩(白)(涩口)

16. 普通话读 i，陶山话读[i]，温州话读[i]。

蟹开三祭去	⑥艺呓⑤裔⑥曳
蟹开三废去	⑥刈
蟹开四齐韵	②倪霓秕⑥睨诣⑤缢瘗②兮奚⑥系(1)(关系)系(係)(2)(中文係)系(繫)(3)(连系)
止开三支韵	②仪宜④蚁⑥义议谊①袆犄漪③椅倚旖②移②迤⑥易(2)(容易)
止开三脂韵	①伊咿②夷姨胰痍彝⑥肄⑥懿
止开三之韵	②疑④拟①医⑤意②怡贻诒饴颐②坥④矣⑤已以⑥异
止开三微韵	③几(幾)(白)(几个)⑥毅①衣依祎②沂
臻开三质入	⑦一(白)(一个)
曾开三职入	⑦即⑦亿忆臆癔
梗开三昔入	⑧掷(白)(投掷)

16. 普通话读 lǜ，陶山话读[ie]，温州话本读[i]。

臻合三术入	⑧律率(2)(效率)

17. 陶山话读[u]，温州话读[u]。

果开一歌韵	①哥歌③舸①苛柯轲疴③坷②河何(文)(任何)荷(1)(荷花)菏④荷(2)(负荷)⑥贺①阿(1)(阿胶)婀⑤屙
果合一戈韵	①戈锅埚瘑③果裹猓⑤过①科棵颗蝌稞窠髁⑤课③火伙(夥)⑤货②禾和(1)(和平)④祸⑥和(2)(附和)①窝涡萵①倭挝(2)(老挝)
遇合一模韵	③圃浦(1)(浦东)普埔②菩脯(2)(胸脯)蒲(2)(菖蒲)匍莆④部簿⑥捕哺①估咕姑菇轱蛄辜孤呱(1)(呱呱而泣)菰箍③古诂牯罟股蛊贾(1)(商贾)鼓臌瞽⑤固沽故痼顾雇①枯骷刳③苦⑤库裤绔①乎呼③虎唬琥浒⑤戽②狐弧壶胡(鬍)葫湖蝴糊猢瑚④户沪扈⑥互护①乌呜钨污③坞⑤恶(2)(可恶)
遇合三虞韵	②孵(白)(孵坊)①夫(2)(人名)肤麸俘孵(文)(孵化)敷孚稃③甫脯(1)(果脯)辅俯斧釜抚⑤赴讣②扶芙(文)(芙蓉)凫无(1)(无中生有)芜巫诬毋④腐(文)(腐儒)武侮鹉舞妩
流开三尤韵	④负
臻合一没入	⑦不(文)(不是)
通合一屋入	⑦谷(穀)⑦哭⑧斛槲⑦屋
通合一沃入	⑦酷⑧鹄
通合三屋入	⑦复(複)(復)腹蝮馥覆福幅辐蝠⑧伏服袱茯匐

18. 陶山话读[y]，温州话读[y]。

果合三戈平	②瘸①靴
遇合三鱼韵	①车(文 2)(车马炮)居(文)(居住)③举⑤据锯踞①祛⑤去(文)(来去)②渠(文)(水渠)④巨拒炬距⑥遽①虚嘘墟③许(文)(许多)④语圄龉⑥御(禦)驭
遇合三虞韵	①拘驹③矩枸(1)(枸橼)⑤句①区(1)(区别)岖驱躯③龋②瞿衢⑥具俱惧飓②娱(1)(娱乐)隅愚禺虞⑥遇寓①吁(1)(气喘吁吁)③诩栩⑤酗煦①吁(2)(喝止牲口声)③伛⑤妪
蟹合四齐韵	①闺硅圭⑤桂①睽暌
止合三支韵	①规(1)(圆规)③诡①窥④跪②危⑥伪①麾③毁
止合三脂韵	①龟③轨癸⑤季悸愧(1)(惭愧)②葵逵馗夔④揆⑥柜(櫃)馈匮
止合三微韵	①归(2)(当归)③鬼⑤贵①挥(2)(指挥)辉晖⑤卉讳

21. 陶山话读[ai]，温州话读[ai]。

果开一歌韵	⑤个⑥饿(白)(肚饿)
果合一戈韵	⑤唾(白)(痰唾)②腡
蟹开一咍韵	④倍蓓①呆(2)(痴呆)⑤唉(2)(唉磊堆碎)
蟹开一泰去	⑤贝狈⑤沛霈
蟹开二蟹韵	④奶(白 2)(奶奶)
蟹开四齐韵	⑤细(白)(细姆)
蟹合一灰韵	①杯背(揹)(3)(背心)⑤背(1)(背部)辈褙①坯胚呸⑤配②陪培徘赔裴⑥佩背(2)(背诵)焙①堆⑤对碓①推③腿⑤退褪煺②颓队④馁⑥内②雷擂蕾镭④磊儡瘣⑥磥⑤淬①崔催摧③璀⑤啐⑤碎①罪②瑰①恢盔魁诙③傀

	⑤块⑥溃(白)(溃疡)①灰③贿悔⑤诲晦①偎煨③诶猥②桅鬼②回(迴)徊茴洄蛔④汇(匯)(1)(汇款)⑥溃(文)(崩溃)
蟹合一泰去	⑤脱(2)(脱裤)蜕⑥兑⑤最(文)(某某之最)拽(2)(拉扯)⑤会(2)(会计)侩剑桧脍⑤荟⑥会(1)(会议)绘烩
蟹合三祭去	⑤脆⑥锐睿芮
蟹合三废去	⑤啄⑤秽(淫词秽语)
蟹合四齐韵	①奎
止开三支韵	①卑碑④累②羸
止开三脂韵	①悲①丕④垒⑥泪⑦狮(白)(狮子)
止合三支韵	⑤惴③揣⑤踹⑥睡①规(2)(规矩)①亏
止合三脂韵	⑤醉(1)(陶醉)⑤翠①衰⑥悴粹萃瘁⑤愧(2)(愧对)
止合三微韵	①归(1)(回归)皈①岿⑤喟②巍⑥魏(文)①挥(1)(挥挥手)徽⑩魋⑥魏(白)⑥汇(彙)(2)(汇报)
效开三宵韵	③小(白)(古方言留下的白读)
山合一末入	⑧夺(白)(赌抢赌夺)⑧捋

22. 陶山话读[au]，温州话读[au]。

流开一侯韵	①兜③斗(1)(北斗)抖陡蚪⑤斗(2)(斗争)①偷③敨⑤透②投⑥逗读(2)(句读)窦胫⑥耨②娄楼偻喽瘘蝼髅④搂婆⑥陋漏镂瘘③走⑤奏揍③搜⑤嗾擞①勾沟钩篝③苟狗枸(2)(枸杞)垢诟⑤构购媾够彀(白)(居屋合音)①抠眍③口⑤叩扣寇蔻④厚(白)(厚佬)④偶藕耦①佝③狗(许屋合音)⑤吼鲎(虹)②侯喉猴篌④后(後)⑤厚(文)(忠厚)⑥候逅①区(2)(姓氏)欧鸥讴瓯③呕殴⑤沤怄塸(埋葬)
流开三尤韵	④肴①邹驺⑤皱绉①诌⑥骤籀骤①搜艘馊飕③溲⑤瘦②愁②牛

23. 陶山话读[iau]，温州话读[iau]。

流开三尤韵	①妞④扭纽钮忸⑥狃(若屋合音)①鸠阄③九久玖灸韭⑤究疚救咎厩①丘蚯邱③搝②求球逑裘仇(1)(姓氏)④臼舅柏⑥旧柩①休咻③朽⑤臭(2)(铜臭)嗅①优忧悠攸②尤犹②由邮油游蚰猷蝣④友有④酉诱莠⑥又右佑祐⑥囿宥柚釉
流开三幽韵	①赳③纠②虬①幽③黝⑤幼

24. 陶山话读[ei]，温州话读[ei]。

假开三麻韵	①爹①些③写⑤泻卸①奢赊畬③舍(捨)(2)(施舍)⑤舍(1)(进舍)赦⑥藉(1)(藉口)②邪斜(1)(倾斜)⑥榭谢②蛇⑥麝②余④社④惹
遇合三鱼韵	③胥②徐④屿⑥薯(白)(番薯)
蟹开一泰去	⑥大(白)(大官爷)
蟹开三祭去	⑤毙蔽⑥币弊敝⑥袂⑥厉励砺蛎⑤世势⑥逝誓噬
蟹开四齐韵	①蓖裨(2)(裨益)篦屄毽⑤闭①批砒⑤睥媲②鼙④陛⑥睥①咪眯②迷谜醚④米①低③抵底邸诋砥⑤帝蒂谛①梯锑③体⑤剃涕屉替嚏④弟悌⑥递

	第睇逮棣缔②犁黎藜鬁④礼醴蠡⑴(范蠡)⑥丽隶唳①西犀茜⑵(人名)③洗铣⑤细(文)(仔细)婿②齐脐荠鲚⑥剂⑴(发剂)
蟹合三废去	⑤废肺疿⑥吠
止开三支韵	①陂羆③彼①披⑤譬②皮疲啤脾裨⑴(裨将)④被婢⑥鼻避②弥狝④弭②离漓璃篱缡羁⑥荔詈③玺⑤徛②匙
止开三脂韵	③匕比⑴(比较)鄙⑤庀痞庀①纰⑤屁②枇毗蚍琵④否⑵(否去泰来)痞圮⑥比⑵(比邻)备坒②眉嵋湄楣④美⑥媚魅寐⑥地②梨蜊④履⑥利俐莉痢苈
止开三之韵	①里⑵(该里)厘⑵(一厘儿)哩⑴(词曲中作衬字)②厘⑴(厘米)狸喱④李里(裹)⑴(里外)理鲤俚娌浬⑥吏
止开三微韵	①飞非菲⑴(芳菲)啡绯扉蜚霏妃③匪诽菲⑵(菲薄)斐榧翡⑤沸狒费②肥(文)(肥沃)微薇④尾(文)娓⑥未(文)味(文)②肥(白)(肥肉)④尾(白)⑥未(白)味(白)
止合三支韵	③髓
咸开三叶入	⑦摄慑
咸开四帖入	⑦燮
深开三缉入	⑧笠⑧蛰
山开三薛入	⑦泄薛亵⑦设
臻开三质入	⑦悉蟋窸
曾开三职入	⑧力⑦息媳熄⑦色嗇铯穑⑦式识⑴(认识)饰拭轼⑧食蚀
梗开三昔入	⑦昔惜⑦适释⑧藉⑵(藉田)籍⑧席夕汐矽⑧射⑧石⑴(石头)硕
梗开四锡入	⑦的嘀滴嫡⑦剔惕踢倜⑧历(歷)(曆)沥雳疬砾栎跞鬲⑦析晰淅皙蜥锡⑧寂

24. 陶山话读[i]，温州话读[i]。

蟹开三祭去	⑥例
蟹开四齐韵	②泥⑥伲
止开三脂韵	①妮②尼呢怩⑥腻
止开三之韵	④你
深开三缉入	⑧立
臻开三质入	⑧昵⑧栗傈溧篥溧慄
曾开三职入	⑧匿
梗开四锡入	⑧溺⑧迪敌涤笛狄籴荻翟⑵(长尾的野鸡)

25. 普通话读uo，陶山话读[əu]，温州话读[əu]。

果开一歌韵	①多哆③躲①拖(文)(拖拉机)②驮驼鸵佗陀沱砣跎④舵⑥大(文2)(大小)①啰②罗萝逻锣箩
果合一戈韵	⑤跺剁③妥椭④堕惰⑥懦糯②骡螺④裸瘰⑥摞

25. 普通话读 u 或 iu，陶山话读[əu]，温州话读[əu]。

遇合一模韵	②徒(白)(门徒)②奴④努弩⑥怒①噜④庯鲁掳橹卤(鹵)(1)(卤素)
流开三尤韵	①丢①溜②刘留流琉硫馏榴瘤镠鎏④柳绺⑥遛
曾开一德入	⑦忒(2)(忒不识相)
通合一屋入	⑦秃⑧独读(1)(读书)渎椟犊牍⑧鹿漉辘麓
通合一沃入	⑦督笃⑧毒
通合三屋入	⑧六陆戮

25. 普通话读 ou，陶山话读[əu]，温州话读[əu]。

流开一侯韵	②头骰⑥豆荳痘

25. 陶山话读[əu]，温州话读[əu]。

果开一歌韵	③左佐①搓(文)(搓板)磋蹉①搓(白)(搓绳)
果合一戈韵	⑤锉(白)(锉刀)
遇合一模韵	③组⑤做⑤素(文)(朴素)愫
遇合三鱼韵	③阻诅俎①初③础(1)(基础)楚①梳(文)(梳理)疏蔬②锄(文)(锄头)⑥助
遇合三虞韵	①刍③数(2)(数一数)⑤数(1)(数字)②雏
通合一屋入	⑦速

25. 陶山话读[əu]，温州话读[iəu]。

通合一屋入	⑦镞⑦簇蔟
通合三烛入	⑦促
通合三屋入	⑦竹竺筑⑦祝粥⑦蹙蹴⑦畜(1)(牲畜)搐⑦俶⑧逐妯

25. 陶山话读[əu]，温州话读[o]。

果合一戈韵	⑤挫锉(文)(锉刀)①唆梭蓑③琐锁唢②矬痤④坐⑥座
假合二麻韵	①挝(1)(敲打)③傻②斜(2)(斜视)
遇合一模韵	⑤措厝⑥祚
遇合三鱼韵	③所(场所)

26. 陶山话读[iəu]，温州话读[uei]。

流开三尤韵	①揪①舟州洲周(週)赒③酒③肘③帚⑤昼⑤咒①秋(鞦)湫鳅①抽③瞅③丑(醜)⑤臭(1)(乌焦臭)②囚⑤绸稠惆畴筹踌②仇(2)(仇恨)雠酬④纣⑥宙轴⑥售①修羞馐①收③手首守狩⑤秀绣锈宿(2)(星宿)⑤兽②酋道泅④受绶⑥就⑥袖⑥寿授②柔揉蹂
通合一屋入	⑧族
通合三屋入	⑦肃宿(1)(宿舍)夙叔菽⑧淑熟孰塾⑧衄肉⑦菊鞠掬⑦曲(麯)(2)(酒曲)⑦畜(2)(畜牧)蓄⑦郁(1)(郁闷)燠⑧育昱煜毓鬻
通合三烛入	⑧辱褥缛⑦旭勖

27. 陶山话读[aŋ]，温州话读[aŋ]。

深开三侵韵	④恁①砧针斟箴③枕怎⑤浸①侵郴琛(1)(珍宝)③寝⑤沁②沉④朕⑥鸩①心芯参(3)(人参)森深琛(2)(人名)③沈(瀋)审婶⑤渗②寻挦岑谌忱任(文2)(任性)④赁覃甚甚饪⑥任(文1)(姓氏)妊(文)(妊妇)衽
山合一桓韵	④断(白)(断气)⑥段(白)(烂树段)④暖(白)(暖芬芬)④卵(白)(卵黄)③管(白)(毛管)
臻开一痕韵	①吞(白)(慢吞吞)①根(2)(结根)跟(2)(跟从)哏⑤艮⑤垦恳③很狠②痕(2)(伤痕)⑥恨
臻开三真韵	①津珍蓁榛臻真甄③诊疹缜稹⑤进晋镇圳振震赈①亲(1)(亲戚)䜄嗔瞋⑤亲(2)(亲家)趁衬龀②尘陈臣⑥阵①辛锌新薪莘申伸身呻绅娠③迅哂⑤讯汛信囟②秦神辰晨宸人(文)(人民)仁娠④尽(儘)肾⑥烬慎蜃刃(1)(刀刃)纫仞②人(白1)(人来客往)
臻合一魂韵	①奔贲犇③本畚①喷(1)(喷水)⑤喷(2)(喷香)④苯⑥笨坌②门们扪⑥闷焖①吨墩⑤顿炖(2)(炖卵糕)⑤余②饨④盾(1)(盾牌)沌炖(1)(温炖汤)②仑抡①昆(文1)(昆仲)③滚衮绲辊⑤棍諢①昆(白)(昆剧)坤③捆⑤困①昏(2)(昏君)①温(2)(温吞)②浑馄④混⑥诨
臻合三谆韵	②伦沦轮囵纶(1)(涤纶)
臻合三文韵	⑤粪(白)(粪扫)①分(1)(分开)芬吩纷酚③粉⑤奋粪(文)(粪坑)②坟氛焚汾文纹蚊(文)(蚊蝇)雯④忿愤吻刎⑥分(2)(分格)份问(文)(提问)闻紊②蚊(白)(蚊虫)明(白)(明朝)⑥问(白)(问问晗)
江开二江韵	①夯(白)(夯实)
曾开一登韵	①灯登蹬膯③等阄⑤凳镫⑤瞪(白)(眼灵珠瞪起)②腾誊藤縢⑥邓②能②棱⑥愣①曾(文2)(姓氏)增憎⑤蹭②曾(白)(曾经)①僧②层曾(文1)(曾经)⑥赠⑤亘③肯啃②恒

28. 陶山话读[iaŋ]，温州话读[iaŋ]。

咸开二咸韵	④赚(白)(赚钞票)
深开三侵韵	②壬④您⑥任(白)(任何)妊(白)(妊娠)①今金襟③锦⑤禁①钦衾⑤揿②琴禽擒芩噙檎⑥妗⑤歆鑫②吟①阴荫(1)(树荫)音喑③饮⑤荫(2)(荫德)窨②淫霪
臻开三真韵	②人(白2)(新儒人)银鄞垠④忍⑥刃(2)(刀刃)认韧①巾③紧⑥仅馑瑾觐⑤衅①因茵咽(1)(咽喉)姻氤⑤印②寅④引蚓呁⑥胤
臻开三殷韵	①斤筋③谨⑤靳①芹勤④近①欣忻掀②垠①殷③隐瘾
曾开三蒸韵	②兢矜①兴(文1)(兴盛)③兴(白)(作兴)⑤兴(文2)(高兴)②凝①应(1)(应该)鹰膺⑤应(2)(响应)①蝇⑥孕
梗开二耕韵	①茎①莺(1)(黄莺)樱(1)(樱桃)鹦(1)(鹦鹉)罂(1)(罂粟)
梗开三庚韵	①京荆惊粳③景警憬⑤竟敬境镜滰①卿⑤庆②擎鲸黥⑥竞②迎①英瑛鹾③影⑤映③行(白)
梗开三清韵	③颈⑤劲①轻氢④痉①婴缨璎②盈赢楹瀛
梗开四青韵	②宁(1)(宁波)拧狞柠咛⑥宁(2)(宁可)泞①经(1)(经济)泾⑤径经(2)(经线)陉胫迳⑤磬罄①馨⑤濴②刑形型邢

梗合三清韵	④颖郢颖
通合三锺韵	①凶(白)

29. 陶山话读[oŋ]，温州话读[əŋ]。

深开三侵韵	③禀③品②林临淋琳霖④凛廪
臻开三真韵	①宾彬斌滨缤濒槟③膑髌⑤鬓傧摈殡②贫频嫔颦②民旻岷抿泯旻④闽闵悯敏②邻磷鳞粼嶙遴辚麟鳞⑥吝躏膦
曾开三蒸韵	①冰①兵②凭②扔②凌陵菱①症(癥)(2)(症结)蒸③拯⑤甑铿证症(1)(病症)①称(1)(称呼)⑤秤称(2)(相称)②惩澄橙⑥瞪(文)(瞪目结舌)①升昇陞⑤胜②仍②缯乘(1)(加减乘除)绳塍承丞⑥乘(2)(千乘之国)剩嵊
梗开三庚韵	①兵③丙秉柄炳②平评坪苹枰⑥病②明(文)(光明)鸣盟④皿⑥命
梗开三清韵	①并(3)(并州)③饼屏(2)(屏墙)⑤并(併)(1)(合并)摒⑤聘娉②名茗②令(2)(令尊)④岭领⑥令(1)(命令)①晶睛精菁旌正(2)(正月)征(徵)怔③井阱整⑤正(1)(真正)政①贞侦帧①清蜻③请骋②呈程埕④逞⑥郑①声③省(2)(反省)⑤性姓圣②情晴饧成诚城盛(2)(盛饭)④靖静婧⑥净靓(1)(靓妆)盛(1)(兴盛)晟
梗开四青韵	①拼姘②屏(1)(屏幕)瓶萍④并(並)(2)(并且)苹②铭冥瞑螟④酩①丁叮钉(1)(铁钉)仃疔③顶鼎⑤订钉(2)(钉板箱)①厅听(文)(听觉)汀町烃③挺艇⑤听(白)(打听)②廷亭庭停蜓婷霆⑥定啶腚碇锭①拎铃(2)(铃铛)②令(3)(令狐)伶灵玲铃(1)(电铃)聆羚零龄苓图冷棂蛉翎⑥另①星猩腥惺③醒①青蜻

31. 陶山话读[oŋ]，温州话读[oŋ]。

臻合三谆韵	②纯淳醇莼鹑
曾开一登韵	①崩(1)(崩溃)嘣(1)(打嘣)⑤崩(2)(一崩香烟)蹦嘣(2)(内胎打嘣爻)⑤碰椪②朋棚(1)(牛棚)鹏硼
曾合一登韵	①肱①薨②弘泓
梗合二耕韵	①轰訇②宏闳竑
通合一东韵	②蓬篷埲④埲烽①蒙(2)(蒙人)②蒙(1)(蒙犯)蒙(曚)(4)(目失明)蒙(濛)(5)(小雨貌)檬朦瞢④蒙(3)(蒙古)蒙(懞)(6)(昏昧无知)懵①东②董懂⑤冻栋①通嗵③捅⑤痛②同桐铜筒童瞳僮潼④动桶恸⑥洞侗恫②咙胧聋笼茏泷珑砻癃④拢⑥弄①棕鬃③总⑤粽①匆(怱)葱聪偬⑤送②从①工公功攻恭(2)(恭候)蚣红(2)(女红)③汞⑤贡①空(1)(空虚)倥崆箜③孔⑤空(2)(亏空)控①哄(1)(哄动)烘③哄(2)(哄骗)⑤哄(3)(起哄)蕻(菜蕻)②红(1)(红色)虹洪鸿蕻(1)(雪里蕻)⑥讧①翁嗡滃⑤瓮氇(氇鼻)
通合一冬韵	①冬(鼕)⑤统②彤疼(文)(疼痛)②农脓侬哝①宗综①松(鬆)(1)(放松)⑤宋②淙琮
通合三东韵	①风枫疯沨丰⑤讽②冯⑥凤⑥梦②隆窿①菘嵩②崇戎绒①弓(2)(新读)宫(2)(新读)躬(2)(新读)
通合三锺韵	①兵③捧①封峰锋蜂烽②逢④奉⑥缝俸②浓(1)(浓密)②龙(文)(龙头)④垄(文)(垄断)陇①踪①从(2)(从容)①松淞②茸④冗③巩拱(2)(拱桥)

32. 陶山话读[ioŋ]，温州话读[ioŋ]。

梗合三庚韵	③冋①兄②荣嵘蝾④永咏泳
梗合三清韵	①倾③顷②琼②营茔莹
梗合四青韵	③炅迥炯②荧萤萦荥
通合一东韵	①囪
通合三东韵	①弓(白)(弓箭)躬(白)(躬身)宫(白)(宫殿)①穹②穷②熊雄融
通合三锺韵	①雍臃③拥②佣(傭)(白)(雇佣)庸墉镛容蓉溶榕熔

33. 陶山话读[ŋ]，温州话读[ŋ]。

止开三支韵	②儿(白)义(白)⑤儿(白)⑥儿(白)
止开三脂韵	⑥二贰
止开三之韵	④耳(白)

(二)不同部分

01. 陶山话读[a]，温州话读[ɛ]。

梗开二庚韵	①烹②彭嘭蟛澎膨⑥甏②盲④猛锰蜢艋⑥孟③打④冷①撑(白)(俯卧撑)⑤撑(撑客)①生牲笙甥③省(白)(省略)①更庚羹赓③埂梗哽鲠⑤更(文2)(更加)①坑⑥硬①亨哼②行(文1)(行为)珩桁⑥行(文3)(品行)绗③斋(天明亮)
梗开二耕韵	①绷(白)(藤绷)①浜⑤绷(白)(绷紧)⑤迸①砰抨怦②棚(白)(尿布棚)④蚌(白)(蚌埠)②萌④黾(白)(蛙的一种)①争狰睁筝(白)(古筝)峥⑤挣诤①耕③耿①铿④幸悻①莺(白)(莺哥)樱(白)(金樱)鹦(白)(鹦哥)罂(白)(罂壶)③杏
梗合二庚韵	②横

01. 陶山话读[a]，温州话读[ai]。

臻合一没入	⑦不(白)(不仅)
臻合三物入	⑦芾韨勚弗佛(白)(仿佛)拂氟⑧佛(白)(佛陀)勿物(文)(事物)
曾开一德入	⑦北

02. 陶山话读[ɛ]，温州话读[ə]。

效开一豪韵	①褒煲③宝保堡鸨葆褓⑤报②袍④抱⑥暴曝爆②毛牦氂蚝④铆⑥冒帽耄①刀叨③岛捣倒(白)(打倒)祷⑤到倒(2)(倒水)①滔绦韬饕叨③讨⑤套②逃桃涛陶掏萄淘啕④道稻⑥导盗悼蹈焘纛④恼脑瑙②劳牢捞唠痨④老姥(白)(姥爷)佬⑥涝①遭糟③早枣蚤澡藻⑤灶躁①操(白)(操作)草(白)(潦草)③草(文)(青草)⑤操(2)(曹操)糙①搔骚缫③嫂⑤扫噪燥②曹槽漕④皂造①高羔膏糕皋睾篙疙③搞镐稿⑤告诰①尻③考拷烤尻⑤铐靠犒②熬敖遨獒鳌翱鳌⑥傲①蒿薅③好(白)(爱好)⑤好(2)(喜好)耗②毫豪嚎蚝嗥壕濠④浩皓昊颢灏⑥号①麋熓噢③袄媪⑤奥澳懊岙
流开一侯韵	③剖④牡亩⑥茂贸袤懋
流开三尤韵	③否(白)(否则)缶②阜浮(文)(浮肿)蜉②谋缪(白)(绸缪)②牟眸

02. 陶山话读[ɛ]，温州话读[ai]。

深开三缉入	⑦缉(2)(缉合)戢汁执⑦缉(1)(通缉)辑茸⑦涩(文)(羞涩)湿⑧集习袭十什拾入
山合一末入	⑦攥⑦撮
臻开三质入	⑦窒栉质郅桎蛭⑦七柒漆⑧侄秩帙⑦膝瑟虱失室⑧疾嫉蒺实日(文)(日本)
臻合一没入	⑦卒⑦猝
臻合三术入	⑦率(1)(率领)摔蟀

03. 普通话读-ŋ韵尾，陶山话读[iɛ]，温州话读[i]。

宕开三阳韵	②娘孃⑥酿②良梁量(2)(量尺寸)粮粱④两(2)(斤两)俩(1)(伎俩)辆魉⑥亮凉谅量(1)(数量)晾靓(2)(靓妹)①将(1)(将来)①张①章彰樟獐③奖桨蒋③长(2)(生长)涨③掌⑤将(2)(大将)浆酱⑤帐账胀⑤障幛瘴①枪①锵①昌猖菖娼③抢③昶③厂(2)(茅棚厂儿)敞氅⑤呛⑤畅怅⑤倡唱②长(1)(长短)场肠④丈仗杖①相(1)(互相)厢湘箱镶襄①商伤殇③想鲞⑤晌垧赏⑤相(2)(宰相)⑤饷②墙蔷樯②戕详祥翔尝常偿裳嫦徜④象像橡潒④上(2)(上声)⑥匠⑥上(1)(上面)尚②嚷瓤④壤攘⑥让①僵缰疆姜(薑)③襁⑨羌②强④犟⑥糨①乡香③享响飨⑤向(嚮)④仰①央殃鸯秧③养氧⑤快⑧阳扬杨炀旸疡羊洋佯烊(1)(融化)垟徉④痒⑥样漾恙烊(2)(打烊)
江开二江韵	①腔②降(白)(投降)

04. 普通话读an，陶山话读[ɔ]，温州话读[a]。

咸开一覃韵	①眈眈②坛(壜)(2)(酒坛)谭昙②岚②函涵
咸开一谈韵	①担(1)(负担)聃③胆⑤石(2)(一石米)担(2)(重担)①坍③毯②谈痰④淡氮啖澹②蓝篮襤④览揽缆榄⑥滥②惭⑥暂①三叁仨③喊
咸开二咸韵	③斩崭⑤蘸④湛⑥站赚(文)(赚错)①杉②馋谗①缄鹹③减碱硷⑥陷(白)馅(白)(馅心)②咸(鹹)⑥陷(文)(陷阱)馅(文)(馅饼)
咸开二衔韵	①挦⑤忏谶①衫②巉①监(1)(牢监)⑤监(2)(太监)鉴③槛③舰⑤嵌②衔(白)(衔头)②岩②衔(文)(头衔)
山开一寒韵	①丹单(1)(单独)郸殚③疸掸⑤旦诞①摊滩瘫⑤坦(文)(坦白)⑤炭叹碳②坛(壇)(1)(花坛)弹(2)(弹琴)檀④袒⑥但弹(1)(子弹)蛋惮坦(白)(道坦)②难(1)(困难)⑥难(2)(患难)②兰拦栏澜谰阑④懒瀾⑥烂⑤赞瓚①餐⑤灿粲璨②残①珊栅(2)(栅极)姗跚③伞散(2)(散漫)霰⑤散(1)(散会)
山开二山韵	⑤扮瓣⑤盼⑥办③盏③产铲⑥绽①山舢②潺①间(1)(房间)艰③栋柬简铜裥扴⑤间(2)(间接)①悭④眼②闲娴痫④限
山开二删韵	①扳班颁斑癍③反(2)(反转)板(闆)版阪钣舨①攀⑤襻②爿②蛮⑥漫慢谩④报⑥栈①删漕⑤栅(1)(栅栏)汕汕疝①奸姦菅⑤谏涧②雁(白)(雁鹅)②颜⑥雁(文)(雁荡)赝④莞(2)(莞尔而笑)③绾⑤晏

04. 陶山话读[ɔ]，温州话读[uɔ]。

效开二肴韵	①包苞胞③饱⑤豹趵①抛脬③跑⑤泡炮疱②咆庖④鲍⑥刨铇①猫(2)(熊猫)②茅猫(1)(大猫)锚④卯⑥貌①孬②挠桡铙⑥闹淖①抓③爪找⑤罩⑤笊①抄钞訬③吵炒⑥棹①捎梢稍(1)(稍微)筲艄飕⑤哨稍(2)(稍息)睄潲②巢①交郊胶跤茭蛟鲛肴(白)(肴配)③狡绞佼姣铰搅⑤教校(2)(校对)较珓窖①敲骹③巧④咬⑥狡①哮⑤孝酵②爻肴(文)(菜肴)淆⑥校(1)(学校)效①凹拗(3)(嬉嬉拗起)③拗(1)(棒儿拗断爻)⑤拗(2)(两个人拗搭)坳
效开四萧韵	⑤啸
流开三尤韵	②矛蝥

05. 陶山话读[iɔ]，温州话读[ia]。

假开二麻韵	⑤卸①丫(2)(丫环)呀①蛲(白)(蛲蛲动)②尧饶(2)(上饶)蛲(文)(蛲虫)③晓
效开四萧韵	④鸟(1)(飞鸟)袅⑥尿(1)(输尿管)
咸开三业入	⑦怯(白)(胆怯)
山开四屑入	⑧捏⑦屑楔
宕开三药入	⑦爵着(白)(着衣)⑦灼酌⑦斫⑦雀鹊⑦绰焯⑧着(文1)(着火)噱(1)(噱起)⑦削⑦烁铄⑧嚼⑧勺芍妁⑧若偌弱⑧箬⑦脚⑦却⑧疟虐⑦谑⑧约药钥跃龠
梗开二陌入	⑧搦

05. 陶山话读[iɔ]，温州话读[iɛ]。

效开四萧韵	①萧箫(玉箫)潇(潇洒)

06. 陶山话读[uɔ]，温州话读[iɛ]。

效开三宵韵	④燎⑥疗瞭
效开四萧韵	①刁叼雕(彫)凋貂碉③鸟(2)(鸟儿)⑤吊钓③挑⑤跳眺粜②条迢调(1)(调羹)笤④掉(2)(掉钞票)窎⑥调(2)(声调)掉(1)(掉落)②辽聊僚寥撩嘹缭寮镣④了(瞭)潦⑥料廖
咸开三叶入	⑧猎
宕开三阳韵	④两(1)(两个)俩(2)(两人)
宕开三药入	⑧掠略撂
通合三锺韵	②龙(白)(龙船)④垄(白)(菜垄)

06. 普通话读ua，陶山话读[uɔ]，温州话读[a]。

山合一末入	⑦豁(2)(豁拳)
山合二黠入	⑦挖
梗合二麦入	⑧划(劃)(2)(笔划)画(2)(笔画)获(獲)(2)(收获)

06. 普通话读 uan，陶山话读[uɔ]，温州话读[a]。

咸合三凡韵	⑤泛②凡帆④犯范⑥梵
山合一桓韵	①宽髋④皖⑥换
山合二山韵	①纶⑵(纶巾)鳏⑥幻
山合二删韵	①关⑤惯⑥环(白)(门环)①弯湾②顽还环(文)(环境)圜寰⑥宦患豢
山合三仙韵	①铅⑴(铅锅)
山合三元韵	①藩⑴(篱笆)番⑴(番人)翻③反⑴(反对)返⑤贩畈②矾烦繁蕃樊藩⑵(曾国藩)蘩⑥饭④挽(白)(挽联)晚(白)(晚稻)⑥曼蔓万(白)(逾千达万)④挽(文)(挽回)晚(文)(早晚)⑥万(文 1)(万年青)

07. 陶山话读[yə]，温州话读[iɛ]。

效开三宵韵	①标膘飙镖瀌③表(錶)裱婊①漂⑴(漂亮)飘嘌③漂⑵(漂白)瞟⑤票剽②嫖瓢④浮鳔⑥骠①喵咩②苗描瞄④秒渺缈藐淼⑥妙庙①椒焦蕉礁①朝⑵(明朝)①招昭钊③剿③沼⑤醮⑤照诏①瞧①超①跷锹③悄⑤俏峭消⑤翘②憔谯樵②朝⑴(朝鲜)嘲潮晁④兆赵肇⑥召绕①肖⑵(姓氏)消宵硝销霄逍魈①烧③小(文)(小朋友)少⑴(少年)⑤肖⑴(生肖)⑤笑鞘⑤少⑵(少将)②韶②饶⑴(富饶)娆④绍④扰⑥邵①娇骄③矫②乔侨桥荞⑥轿①嚣①要⑴(要求)腰邀③夭⑤要⑵(重要)②姚窑谣摇遥徭瑶④舀⑥耀曜鹞
流开三幽韵	①彪①哗⑥谬缪⑵(姓氏)①浇③侥缴饺铰(文 2)(铰刀)皎⑤叫①撬橇⑤窍④鄡①枭骁①吆幺③杳窈

08. 陶山话读[e]，温州话读[ai]。

果开一歌韵	②蛾(白)(打灯蛾)
蟹合一灰韵	①姆②玫枚梅媒煤莓酶④每⑥妹昧
止开三脂韵	②霉
曾开一德入	⑧万(文 2)(万俟)墨默
曾合一德入	⑦国
梗合二麦入	⑦帼掴蝈

08. 陶山话读[e]，温州话读[ø]。

咸开一覃韵	①贪⑤探②潭①因②男南⑴(南北)喃楠腩②婪③感⑤赣①堪龛戡③坎砍⑤勘④颔(白)(面额)②含④颔颔(文)(颔首)④撼憾①庵谙鹌⑤暗黯
咸开一合入	⑦答⑴(报答)⑧纳钠衲⑦合⑵(三合粉)蛤鸽⑧合⑴(合作)盒(文)(纸盒)
咸开一谈韵	③忐①甘柑坩泔疳③赶敢橄⑤阚瞰①酣蚶①憨③俺
咸开一盍入	⑦磕嗑溘瞌⑧盍阖

09. 普通话读 ie，陶山话读[ie]，温州话读[i]。

假开三麻韵	③野②爷椰耶揶④也(文)(也是)冶⑥夜
蟹开三祭去	⑤憩⑥偈⑵(偈佗)
咸三叶入	⑧聂镊蹑嗫颞⑦接婕楫⑦辄⑦妾⑧捷睫⑧涉⑦靥⑧烨叶(葉)页晔

咸开三业入	⑦劫⑦怯(文)(怯生)⑧业⑦胁
咸开四帖入	⑦跌⑦帖贴⑧喋叠碟蝶喋牒⑦箧箧⑧挟(挟菜)⑧协侠
山开三薛入	⑦瘪⑧别⑧灭乜(文)(眼睛微张)搣⑧列咧烈裂冽趔⑦哲蜇喆⑦折(1)(折扣)褶⑧彻撤澈辙⑧舌⑦折(2)(折本)⑧热乜(白)(乜人)⑦孑⑧杰桀⑧孽蘖⑧拽(1)(拖；拉)
山开三月入	⑦揭(1)(揭露)⑧揭(2)(按揭)竭偈(1)(勇武貌)碣⑦歇蝎⑦谒
山开四屑入	⑦憋鳖⑦撇瞥⑧蹩⑧蔑篾⑦铁餮⑧迭垤耋⑧捏苶⑦节疖⑦切窃沏⑦挈锲⑧截⑦洁结桔(1)(桔梗)拮⑧啮镍臬⑦噎⑧颉撷缬

09. 普通话读 ian，陶山话读[ie]，温州话读[i]。

咸开三盐韵	③贬②帘廉镰佥④脸敛⑥殓①粘黏①尖歼③沾占(1)(占卜)①瞻詹⑤占(佔)(2)(占领)①签(籤)(签)佥③谄⑤觇②黔钤箝①纤(纖)(2)(纤维)暹③闪(腰闪着)陕②潜②蟾②髯④渐④冉苒⑥赡④染③捡检脸②钳①佥⑥验③险①淹奄醃阉①恹③掩③魇⑤厌餍②炎③盐阎闫檐⑥艳焰
咸开三严韵	⑤剑⑤欠②严④俨⑥酽①腌
咸开四添韵	①掂③玷点踮⑤店惦①添③舔②恬甜④簟⑥垫①拈②鲇(鲶)⑥念捻①兼①谦③歉②搛(搛菜)②嫌
深开三缉入	⑧廿
山开三仙韵	①编鞭⑤变①扁(2)(一叶扁舟)偏篇翩⑤骗②便(2)(便宜)④辨辩⑥便(1)(方便)下弁汴②绵棉④免勉缅黾(2)(黾池)娩冕渑沔腼鮸⑥面(1)(脸面)④碾②连联涟④攒琏辇①煎①馆毡③剪翦③展辗⑤溅箭⑤战颤①迁千(韆)(2)(秋千)悠②浅阐②钱②缠①仙籼鲜①煽搧③癣藓③遣谴缱②乾虔掮④件⑥谚彦①蔫嫣②焉②延蜒筵④衍②演⑤线腺⑤扇②涎②单(2)(单于)禅蝉婵②然燃④践④善鳝⑥贱饯⑥羡⑥擅嬗缮膳
山开三元韵	①犍⑤建健④键⑥健腱踺②言④谳⑥唁①轩⑤宪献③偃⑤堰
山开四先韵	①边蝙③扁(1)(扁担)匾⑤遍⑤片④骈④辫②眠④丏⑥面(麵)(2)(米面)①滇颠巅癫③典碘①天③腆②田填钿⑥电佃甸淀奠殿靛癜②年②怜(憐)莲⑥练炼链①笺⑤荐①千(1)(千万)仟阡扦②前①先③洗筅笺①坚肩③茧趼⑤见①牵⑤茜(1)(茜草)倩纤(縴)(1)(纤夫)②研妍③显①烟胭湮⑤宴燕咽(2)(咽气)②贤弦舷⑥现砚
山合三仙韵	⑥恋②沿铅(2)(铅山)

09. 陶山话读[ie]，温州话读[iai]。

深开三缉入	⑦级急给汲⑦泣⑧及岌⑦吸歙甩⑦邑挹浥揖⑧熠
臻开三质入	⑧日(白 1)(生日)⑦吉桔(2)(柑桔)劼诘⑧佶⑦一(文)(一二三)乙壹⑦溢⑧逸佚轶
臻开三迄入	⑦乞吃(2)(口吃)讫⑦迄⑧屹
臻合三物入	⑧掘(白)(掘井)
曾开三职入	⑦棘亟⑧极⑦抑⑧翼弋翌
梗开三陌入	⑦戟⑦隙⑧剧屐⑧逆

梗开三昔入	⑦益⑧亦译易(1)(交易)绎驿弈奕蜴液腋掖
梗开四锡入	⑦击激⑧檄

10. 陶山话读[ø]，温州话读[y]。

山开一寒韵	①干(1)(干犯)干(乾)(3)(干燥)杆(1)(筅杆)肝竿③杆(2)(电灯杆)秆擀⑤干(幹)(2)(干部)①鼾③罕⑤汉①安氨鞍桉⑤按案胺②韩寒邗邯④旱⑥岸⑥汗捍悍焊翰瀚

11. 陶山话读[yø]，温州话读[y]。

遇合三鱼韵	④女(文)(男女)
山合一桓韵	①官棺倌观(1)(观察)冠(1)(皇冠)③馆琯管(文)(管理)莞(1)(东莞)⑤贯灌罐盥观(2)(寺观)冠(2)(冠军)③款①欢⑤唤涣焕痪奂②桓丸完烷④缓浣①豌剜蜿③碗⑤惋腕
山合三仙韵	①镌①专砖⑤转啭①痊诠铨①川穿(文)(贯穿)③喘舛⑤钏②传(1)(宣传)椽②篆⑥传(2)(传记)①宣③选⑤渲②全泉②漩②船⑥旋(镟)璇④软①捐娟鹃涓③卷(文 2)(席卷)⑤卷(文 1)(考卷)眷绢圈(2)(猪圈)①圈(1)(圆圈)②权拳蜷颧⑥倦②员圆鸢④充⑥院媛缘
山合三薛入	⑦辍啜⑦茁拙⑦雪⑦噱(2)(噱头)⑦说⑧绝⑧蜇⑧阅悦
山合三元韵	③绻⑤劝券②元原源鼋螈④阮⑥愿①喧萱煊⑤楦①鸳冤⑤苑宛婉琬⑤怨②园袁援猿垣辕④远
山合三月入	⑦氒厥撅蕨噘獗⑦阙⑧橛(文)(短木桩)镢⑧月⑦哕(哕起，即恶心)⑦曰⑧越粤
山合四先韵	③犬⑤绚①渊②玄悬⑥县眩
山合四屑入	⑦决诀抉⑦缺炔⑦阒⑦血⑧穴
臻合三术入	⑦绌⑦黜出(齣)⑧怵黜⑧术(1)(白术)⑦戌恤⑧术(術)(2)(手术)述

11. 陶山话读[yø]，温州话读[y]。

臻合一魂韵	①昆(文2)(灵昆岛)⑤捆①昏(1)(黄昏)婚⑤巽(白)(巽山)①温(1)(温州)瘟③稳②魂
臻合一没入	⑦骨⑦窟⑦忽笏唿惚寱⑧核
臻合三术入	⑦橘⑧聿鹬
臻合三文韵	①荤
臻合三物入	⑦屈⑧倔掘(文)(挖掘)崛⑦郁(2)(郁郁葱葱)
曾合三职入	⑧域阈
梗合三昔入	⑧役疫

13. 陶山话读[uo]，温州话读[uɔ]。

宕开一唐韵	①帮甬③榜膀(2)(翼膀)⑤谤泵①滂③榜②旁傍膀(1)(膀胱)磅螃彷(1)(彷徨)⑥镑②芒忙氓茫虻④莽漭蟒①当(當)(1)(应当)当(噹)(3)(当啷)铛珰裆③挡党⑤当(當)(2)(典当)档①汤趟(1)(趟水)③倘淌躺⑤烫趟(2)(一趟)②唐堂棠塘螳糖搪溏镗螗瞠⑥荡宕①曭②囊④曩⑥齉①啷②郎狼琅廊榔锒跟螂④朗⑥浪阆①赃脏(髒)(1)(肮脏)藏(3)(藏青)臧⑤葬①仓苍沧舱伧①丧(1)(婚丧)桑③嗓搡磉⑤丧(2)(丧失)②藏(1)(隐藏)⑥脏(臟)(2)(内脏)藏(2)(西藏)奘①冈刚岗

	⑴(山岗)纲钢⑤杠⑵(敲竹杠)①康慷糠⑤亢抗炕伉⑵昂印(卬你)①夯(文)(打夯)⑵吭杭航笐行(文2)(银行)①肮⑤盎
宕开三阳韵	①妆⑴(化妆)庄⑴(庄严)装⑴(武装)⑤壮(文)(强壮)①创⑴(创伤)疮⑤创⑵(创造)③爽③耍
宕合一唐韵	①光胱③广⑤矿圹(文)(圹课)圹②圹(白)(课圹爻)④犷(该人犷显)吭(田吭儿)①荒慌肓③谎恍晃幌②皇凰惶煌蝗隍徨黄簧潢璜蟥①汪
宕合三阳韵	①方坊妨肪芳③仿纺彷⑵(彷彿)昉⑤放舫访②防房亡⑥妄忘望旺④网罔魍惘
江开二江韵	①邦梆③绑⑤胖②庞④蚌⑴(象鼻蚌)棒①江扛(文)(扛鼎之作)杠⑴(床杠)肛缸豇③讲港岗⑵(岗位)⑤降(文)(降落)绛⑥扛(白)(扛条儿)④项⑥巷

13. 陶山话读[uo]，温州话读[o]。

果合一戈韵	①波⑴(波浪)玻菠③跛簸⑤播⑴(播送)①坡颇③叵②鄱⑥薄⑵(薄荷)①嬷②么(麼)蘑庅馍⑥摩⑵(摩崖)③朵⑤唾(文)(唾沫)④垛
假合二麻韵	①瓜呱⑵(呱呱叫)娲蜗③寡剐⑤夸(誇)③垮⑤挎跨胯④瓦①花⑤化②划⑴(划龙船)华⑴(中华)哗骅⑥华⑵(华山)桦①哇洼蛙
遇合一模韵	①姥⑶(老姥)②无⑵(南无)②摹模⑴(模范)谟④姥⑵(太姥山)⑥募墓慕暮⑥贻
蟹合二佳韵	⑤卦褂挂⑥画⑴(连环画)①娃
蟹合二夬去	⑥话
咸合三乏入	⑦法珐砝⑧乏
山合一末入	⑦括⑦阔⑦豁⑴(豁然开朗)⑧活⑦斡⑦哟唷
山合二黠入	⑧猾滑
山合二辖入	⑦刮(颳)
山合三月入	⑦发(發)(髮)⑧伐罚阀筏⑧袜
宕合一铎入	⑦郭椁⑦扩廓⑦霍藿⑧获(穫)⑴(收获庄稼)镬
宕合三药入	⑧缚⑴(缚鞋带)
通合一屋入	⑦卜⑴(占卜)⑦仆⑴(仆倒)扑噗璞濮蹼⑧卜⑵(萝卜)仆(僕)⑵(仆人)瀑⑧木沐
通合一沃入	⑦沃鋈
通合三屋入	⑧目牧睦穆苜⑧禄碌
通合三烛入	⑧录绿氯

14. 陶山话读[yo]，温州话读[yɔ]。

宕开三阳韵	①妆⑵(妆灵清)庄⑵(坐庄)装⑵(假装)⑤壮(白)(壮显壮)③闯⑥状①霜孀②床①框眶筐匡诓②狂诳⑥逛⑤况③杜往②王
江开二江韵	①桩(文)(打桩)⑤戆①窗②幢⑴(经幢)桩(白)(烂树桩)⑥撞幢⑵(楼幢)①双
通合三锺韵	①钟(鐘锺)龚③冢③肿种⑵(种子)踵⑤纵种⑴(种树)②重⑵(重复)④重⑴(轻重)⑥重⑷(重选)②浓⑵(浓淡)③耸(耸立)怂⑵(怂恿)悚竦②从⑴(跟从)②松⑴(松树)⑥讼诵颂①供⑴(供销)恭⑴(恭敬)③拱⑴(打拱作揖)⑤供⑵(供应)③恐⑥共①胸凶(文)(凶恶)匈汹①痈邕⑤壅④勇涌踊甬俑恿蛹⑥用佣⑵(佣人)

388

第九章 瓯语系各地方音与温州话比较

16. 陶山话读[i]，温州话读[ei]。

假开三麻韵	①嗟③姐⑤借①遮③这者⑤蔗③且⑤笡(斜)①车(文1)(水车)③扯
遇合三鱼韵	①猪③煮⑤蠩①蛆③杵③鼠④苎⑥箸
蟹开三祭去	⑤际祭漈⑤制(製)⑤掣⑥滞⑤世势⑥逝誓噬
蟹开四齐韵	①跻③济(2)(济南)⑤剂(2)(调剂)挤济(1)(救济)霁①妻栖凄⑤砌
止开三支韵	①支枝肢栀③纸⑤刺(2)(生刺)②池④舐
深开三缉入	⑧蛰
山开三薛入	⑦浙
臻开三质入	⑦叱
曾开三职入	⑦唧稷陟仄⑦织职⑦饬敕⑦厕侧测恻⑧直值⑧植殖⑧湜
梗开三昔入	⑦迹积脊嵴瘠⑦鲫⑦只(隻)(2)(量词)炙摭⑦刺(3)(刺绒衫)⑦尺斥赤味⑧掷(文)(一掷尿)踯
梗开四锡入	⑦绩⑦戚嘁

16. 陶山话读[i]，温州话读[ɿ]。

果开三戈韵	②茄(3)(茄儿)伽(1)(伽蓝爷)
蟹开四齐韵	①鸡稽⑤计系(繋)(4)(系鞋带)继髻①溪蹊③启⑤契
止开三支韵	①崎羁⑤寄③企(文)(企业)绮②奇崎骑琦歧岐芪④技妓伎企(白)(企图)
止开三脂韵	①机肌饥(飢)(1)(饥饿)③几(文2)(茶几)麂⑤骥冀致(緻)⑤弃器②祁鳍耆
止开三之韵	①基箕姬③己⑤记纪①欺③起杞②其期棋旗萁琪蜞麒⑥忌①熙嘻嬉熹③喜禧蟢
止开三微韵	①几(幾)(文1)(几何)讥叽饥(饑)(2)(饥荒)畿③几(幾)(文3)(几多)⑤既暨①岂⑤气汽②祈
梗开四锡入	⑦吃(1)(吃饭)

17. 陶山话读[u]，温州话读[øy]。

果合一戈韵	①波(2)(宁波)⑤播(2)(发播)⑤破②婆⑥缚(2)(腰缚)②摩(1)(摩擦)磨(1)(磨刀)魔⑥磨(2)(磨石)
遇合一模韵	①餔③补谱⑤布怖①铺(1)(铺被)③浦(1)(下吕浦)⑤铺(2)(床铺)②葡蒲(1)(蒲鞋)④篰(朗眼篰)⑥步埠②模(2)(模子)
遇合三虞韵	①夫(1)(丈夫)③府腑殕⑤付咐赋傅②符④父⑥附驸芙(白)(芙蓉)腐(白)(腐败)务雾(文)(云雾)婺⑥赙⑥雾(白)(发雾)物(白)(物事)
流开一侯韵	⑥戊
流开三尤韵	⑤富副②浮(白)(尸骸浮起)④妇

17. 陶山话读[u]，温州话读[ŋ]。

果开一歌韵	②俄哦峨娥鹅(文)(雁鹅)蛾(文)(飞蛾)④我⑥饿(文)(饥饿)⑥嗯
果合一戈韵	②讹⑥卧
遇合一模韵	②吾吴梧④五午伍仵牾⑥误悟娱(2)(娱乐)迕忤晤寤⑥唔(唔冇)

18. 陶山话读[y]，温州话读[ɿ]。

遇合三鱼韵	①沮狙疽诸③咀③渚褚⑤著③础⑵(礓础)处⑴(处理)⑤处⑵(相处)⑤觑②除储踌④贮伫⑥署薯(文)(马铃薯)曙
遇合三虞韵	①株蛛诛①朱(硃)珠侏稣(鲑鯸)③拄③主⑤驻炷⑤注蛀铸①趋枢③取娶⑤趣②厨橱④柱砫⑥住
蟹合三祭去	⑤缀⑤赘
止合三支韵	③嘴①吹炊②垂捶锤陲⑥缒
止合三脂韵	①追①椎锥⑤醉⑵(酒喝醉爻)②槌⑥坠

19. 陶山话读[əʉ]，温州话读[øy]。

果合一戈韵	②蠹⑵(河蠹蚌)
遇合一模韵	①都③堵赌睹肚(白)(猪肚)⑤妒蠹③土吐⑴(吐痰)⑤吐(呕吐)兔菟②图徒(文)(徒弟)途涂(塗)屠荼④杜肚(文)(肚皮)⑥度渡镀踱③卢芦炉颅舻鸬④卤(滷)⑵(盐卤)⑥路露璐鹭①租③祖①粗⑤醋①苏酥稣甦⑤诉塑溯素(白)(吃素)②蜈
遇合三鱼韵	②庐驴闾榈④吕侣旅铝膂⑥虑滤②鱼渔
遇合三虞韵	④屡缕
止合三脂韵	⑥类

19. 陶山话读[əʉ]，温州话读[ɿ]。

遇合三鱼韵	①梳(白)(头梳)书抒③暑黍⑤絮⑤恕庶②锄(白)(板锄)②如茹④序叙绪④墅④汝
遇合三虞韵	①须(鬚)需①输⑤戍②殳②儒蠕嚅濡④聚④竖④乳⑥树⑥孺
蟹合三祭去	⑤岁⑤税
止合三支韵	②隋随⑥瑞
止合三脂韵	①尿⑵(拉尿)①虽绥③水⑤崇邃②谁④蕊⑥遂隧穗

20. 陶山话读[ʉ]，温州话读[u]。

遇合三鱼韵	①淤於②余(餘)⑵(剩馀)舆④予与⑴(给予)⑥与⑵(参与)余⑴(姓氏)⑥预誉豫
遇合三虞韵	①迂②于盂竽②俞逾渝愉榆揄瑜臾谀腴④宇羽雨禹⑥愈⑥芋吁⑶(呼吁)⑥喻谕裕
蟹合三祭去	⑥卫彗
蟹合四齐韵	②携畦⑥惠慧
止合三支韵	①逶③委萎痿②为⑴(作为)⑥为⑵(为什么)
止合三脂韵	②帷维潍④唯惟⑥位⑥遗
止合三微韵	①威葳③尉蔚慰⑤畏喂餧②违围韦帏闱炜④伟苇玮韪⑥纬⑥胃谓猬

24. 普通话读 i，陶山话读 [ei]，温州话读 [i]。

止开三支韵	⑤臂②糜縻④靡
止开三脂韵	⑤秘(2)(秘鲁)绺⑥秘(1)(秘书)
臻开三质入	⑦必毕笔哔筚跸滗⑦匹疋⑧弼⑧泌密蜜宓谧嘧
曾开三职入	⑦逼⑧愎(刚愎自用)
梗开三陌入	⑦碧
梗开三昔入	⑦辟(1)(大辟)璧⑦辟(闢)(2)(开辟)僻
梗开四锡入	⑦壁⑦劈霹噼癖⑧觅汨幂

24. 陶山话读 [ei]，温州话读 [ŋ̍]。

止开三支韵	①牺羲曦⑤戏
止开三之韵	①熙嘻嬉熹③喜禧蟢
止开三微韵	①希稀唏

28. 陶山话读 [iaŋ]，温州话读 [aŋ]。

| 臻开三真韵 | ①津(天津)⑤进(进步)晋(晋级) |

28. 陶山话读 [iaŋ]，温州话读 [ioŋ]。

| 山合三仙韵 | ③卷(白)(一卷)①穿(白)(穿针)鬈(白)(鬈发)⑤串 |

30. 陶山话读 [iəŋ]，温州话读 [ioŋ]。

| 臻合三谆韵 | ①遵谆肫③准(準)⑤俊骏竣隽①皴春椿③蠢④盾(2)(矛盾)①询峋洵荀③笋隼榫⑤峻浚瞬舜②旬驯巡循徇唇④吮⑥殉顺闰润①均钧④菌窘②匀筠④允尹 |
| 臻合三文韵 | ①军君皲②裙群⑥郡①勋熏薰⑤训①氲③蕴愠⑤酝熨②云(雲)耘芸纭④殒 |

31. 陶山话读 [oŋ]，温州话读 [ioŋ]。

| 通合三东韵 | ①中(1)(中国)忠衷盅终⑤中(2)(中状元)众①冲(1)(冲锋)忡充⑤铳②虫⑥仲 |
| 通合三锺韵 | ①冲(衝)(2)(对冲)憧③宠①舂②慵 |

七、平阳话与温州话比较

(一) 相同部分

01. 普通话读 a，平阳话读 [a]，温州话读 [a]。

| 果开一歌韵 | ①他它她拖(白)(鞋拖)①南(2)(南无)那(2)(姓氏)③娜①那(1)(人名)⑥那(1)(么)哪(1)(哪里)①阿(2)(阿舅)啊(1)(啊呀)③阿(3)(阿门)⑤啊(2)(叹词) |
| 假开二麻韵 | ⑤爸①妈②吗⑥骂②拿①搭 |

遇合三鱼韵	④女(白)(女儿)
咸开一合入	⑦搭答(2)(答应)瘩嗒⑦踏(1)(踢踏舞)沓(2)(疲沓)⑧踏(2)(踏步)沓(1)(一沓纸)⑦垃拉(文)(拖拉)啦⑧拉(白)(拉屎)⑦飒
咸开一盍入	⑦耷⑦塌榻蹋遢榻溻⑧阖⑧腊蜡邋⑦卅
咸开二洽入	⑦歃⑧闸霎(文)蛰煠(文)⑦夹挟颊荚峡(1)(长江三峡)⑦恰掐卡(1)(卡口)⑧峡(2)(河峡儿)⑧狭洽
咸开二狎入	⑦霎唼⑦甲钾胛⑦呷⑧匣狎⑦压押鸭
山开一曷入	⑦怛妲笪靼⑦挞闼跶獭⑧达鞑⑧捺⑧喇辣剌瘌⑦萨撒
山开二黠入	⑦杀刹(2)(刹车)煞⑦咖(2)(咖喱)嘎(1)(鸟鸣声)伽(2)(伽蓝)戛⑦咖(1)(咖啡)卡(2)(磁卡)⑧嘎(2)(嘎嘎抖)轧(3)(轧姘头)茄(番茄)⑧黠⑦揠轧(1)(倾轧)
山开二辖入	⑦八(2)(小八癞子)叭⑦刹(1)(古刹)⑧铡⑦瞎哈⑧辖
臻合一没入	⑧呐(2)(呐喊)

07. 平阳话读[e]，温州话读[e]。

遇合三鱼韵	⑦居(白)(居个)⑤去(白)(去交)②渠(白)(第三人称指代词)③许(白)(许个)
蟹开一咍韵	③歹⑤戴(文)(姓氏)①台(2)(台州)苔(2)(舌苔)胎⑤忔贷②台(臺)(1)(台湾)台(檯)(3)(台子)台(颱)(4)(颱风)抬苔(1)(青苔)跆④待怠殆给⑥代袋岱玳埭(文)(河埭)黛⑥耐②来莱徕俫⑥睐赉①灾哉栽③宰崽(文)(牛崽)⑤再载①猜③采(1)(采集)彩睬踩⑤采(2)(采邑)菜①腮(文)(两腮)鳃⑤塞(2)(要塞)赛②才(纔)材财裁④在⑥傀①该赅③改颏⑤溉概①开③凯恺⑤慨忾②呆(1)(呆头)皑⑥碍①咳(1)(咳笑)嗨③海孩④亥氦①哎哀埃(1)(尘埃)唉(咳声叹气)⑤爱媛嗳
蟹开一泰去	⑤丐钙盖⑥艾⑥害⑤蔼霭
蟹合一泰去	⑤最(白)(最高境界)
山合三薛入	⑧劣埒
宕开三阳韵	③厂(1)(工厂)
曾开一德入	⑦得德⑦忒忒(1)(过于)⑧特⑧肋勒仂⑦则⑦塞(1)(堵塞)⑧贼⑦克刻尅⑦黑嘿⑧劾

09. 平阳话读[ø]，温州话读[ø]。

咸开一覃韵	①贪⑤探②潭①囡②男南(1)(南北)喃楠腩②婪①参(1)(参加)掺③惨③糁②蚕③感⑤赣①堪龛戡③坎砍⑤勘④颔(白)(面颔)②含④颔颔(文)(颔首)④撼⑥憾①庵谙鹌⑤暗黯
咸开一合入	⑦答(1)(报答)⑧纳钠衲⑦匝(1)(一匝十二年)⑧杂⑦合(2)(三合粉)蛤鸽⑧合(1)(合作)盒(文)(纸盒)
咸开一谈韵	③毯①甘柑坩泔苷③赶敢橄⑤阚瞰①酣蚶①憨③俺
咸开一盍入	⑦磕嗑溘瞌⑧盍阖
深开三侵韵	①簪⑤潜①参(2)(参差)
深开三缉入	⑧粒
山开一寒韵	①刊看(2)(看守)③侃⑤看(1)(看见)⑤燠
山开一曷入	⑦葛割⑦咳(2)(咳嗽)渴⑦喝(1)(吆喝)⑦遏褐

山合一桓韵	①般搬(1)(搬弄是非)⑤半①番(2)(番禺)潘⑤判泮②盘搬(2)(搬运)磐澯瘢蹒蟠④伴拌绊⑥叛畔②馒鳗瞒鞯④满螨懑⑥幔缦镘①端③短⑤断(文 2)(决断)锻①湍②团(團糰)④断(文 1)(断续)⑥段(文)(段落)缎④暖(文)(温暖)②峦挛娈栾鸾窝滦銮④卵(文)(卵袋)⑥乱⑥玩①钻(1)(钻洞)③攒纂⑤钻(2)(钻孔)①尕⑤窜蹿①酸⑤蒜算
山合一末入	⑦拨钵⑦泼⑧钹⑧末抹茉沫秣⑦掇⑦脱(1)(脱离)⑧夺(文)(抢夺)
山合二删韵	⑤篡①拴栓闩⑤涮④撰馔
山合二黠入	⑦刷
山合三月入	⑧橛(白)(两橛断)
臻开一痕韵	①吞(文)(吞咽)①根(1)(根据)跟(1)(脚下跟头)②痕(1)(痕迹)①恩⑤摁
臻合一魂韵	②盆①敦墩惇磴镦蹲②屯囤豚臀⑥钝遁⑥嫩②论(2)(论语)⑥论(1)(讨论)①尊樽①村邨③忖⑤寸①孙荪狲③损⑤逊巽(文)(八卦之一)②存
臻合一没入	⑧勃脖浡饽悖⑧没殁⑦咄⑧凸突沓(3)(沓起算)⑧呐(1)(呐口)讷⑧兀圪
宕开一铎入	⑧凿

12. 平阳话读[o]，温州话读[o]。

果开一歌韵	②挪傩哪(2)(哪吒)④娜(2)(婀娜)①娿挈③可⑤鹅(白)(鹅兜)①呵诃嗬
果合一戈韵	③朵⑤唾(文)(唾沫)④垛①唆梭蓑③琐锁唢②矬痤④坐⑥座
假开二麻韵	①巴(1)(巴西)芭吧疤笆粑③把(1)(把守)靶⑤坝把(2)(把柄)霸①葩⑤帕怕②扒爬耙杷琶巴(2)(下巴)②麻嘛蟆④马玛码蚂①沙纱砂鲨莎痧裟⑤嗄閠⑥鲊①加家嘉迦(1)(迦南)枷(文)(枷锁)笳袈傢茄(1)(雪茄)③贾(姓氏)①假(1)(假设)⑤价驾架(文)(衣架)假(2)(放假)嫁稼②枷(白)(饭镬枷儿)②牙芽衙伢蚜④雅⑥讶砑①虾(1)(虾儿)⑤吓②虾(2)(虾蟆)霞遐瑕④下⑥夏厦暇(闲暇)①丫(两丫裤)鸦③哑⑤亚娅挜
假合二麻韵	③傻②斜(2)(斜视)①瓜呱(1)(呱呱叫)娲蜗③寡剐①夸(誇)③垮⑤挎跨胯④瓦①花⑤化②划(1)(划龙船)华(1)(中华)哗骅⑥华(2)(华山)桦①哇洼蛙
遇合一模韵	⑥貉
遇合三鱼韵	③所(场所)
蟹开二佳韵	④罢(2)(罢工)①佳
蟹合二佳韵	⑤卦挂挂⑥画(1)(连环画)①娃
蟹合二夬去	⑥话
流开一侯韵	①姆(2)(师姆)④母拇姆(1)(保姆)某
山开二黠入	⑦八(1)(八个)捌⑦趴⑧拔跋
山合一末入	⑦括⑦阔⑦豁(1)(豁然开朗)⑧活⑦斡⑦哕唪
山合二黠入	⑧猾滑
山合二辖入	⑦刮(颳)
宕开一铎入	⑦博搏膊⑦粕泊⑧薄(1)(厚薄)亳箔礴⑧莫摸幕漠寞膜瘼膜⑦洦⑦托拓⑧铎⑧诺喏⑧乐(2)(快乐)洛骆络烙落酪⑦索嗦⑧昨作柞胙莋酢⑦各阁胳(1)(胳膊)搁(文)(搁浅)咯⑧硌(硬硌硌)搁(白)(搁臀)⑧鄂愕噩鳄谔萼腭颚鹤⑦壑郝⑧涸貉⑦恶(1)(善恶)

宕合一铎入	⑦郭椁⑦扩廓⑦霍藿⑧获(穫)(1)(收穫庄稼)镬
江开二觉入	⑦驳剥⑦朴(樸)⑧雹⑧邈⑧擢(白)(擢起当官)⑧捋⑦角觉珏⑦壳确榷⑧乐(1)(音乐)岳嶽⑧学噱⑦握喔幄龌
梗开二陌入	⑦舶(2)(船舶)⑧蓦陌(2)(打生陌生)
通合一屋入	⑧禄碌
通合一沃入	⑦沃鋈
通合三烛入	⑧录绿氯

15. 平阳话读[yo]，温州话读[yo]。

江开二觉入	⑦卓桌啄琢诼涿捉⑦戳⑦龊⑧浊镯⑧擢(文)(擢升)濯⑦朔搠
通合三屋入	⑦蠢⑦缩稸
通合三烛入	⑦足⑦烛嘱瞩⑦触⑧躅属蜀⑦粟僳⑦束⑧俗续⑧赎⑦曲(1)(弯曲)蛐⑧局焗⑧玉狱钰⑧浴欲

16. 平阳话读[ɿ]，温州话读[ɿ]。

蟹开一咍韵	①腮(白)(腮腺炎)
止开三支韵	①髭①知蜘③紫訾③只(1)(只有)咫⑤智⑤渍①雌呲疵①差(4)(参差)③此③侈⑤刺(1)(刺激)⑤翅②弛驰②踟篪舐①斯撕嘶厮①筛(2)(米筛)①施③徙③豕⑤赐④氏是④尔⑥豉
止开三脂韵	①咨姿资①脂③姊③旨指⑤恣⑤至挚⑤次②迟④雉⑥稚①私①师狮(文)(雄狮)蛳①尸③死③矢屎⑤四肆②瓷⑥自⑥示谥⑥视嗜
止开三之韵	①吱①兹滋孳①孜淄缁辎锱①之芝③子籽仔梓滓③第③止址趾祉⑤置⑤志痣⑤识(2)(标识)帜①痴①答①蚩嗤③耻③齿⑤贻炽②持④痔峙⑥治①司丝咝鹭思飔①诗③史使驶③始⑤伺⑤试弑②慈磁鹚糍②词祠辞䴰(泥䴰)②时②而④巳祀似④士仕俟市柿恃④耳(文)(聂耳)洱⑥字寺侍⑥饲嗣⑥事⑥饵
深开三缉入	⑦涩(白)(涩口)

17. 普通话读i，平阳话读[i]，温州话读[i]。

蟹开三祭去	⑥例⑥艺呓⑤裔⑥曳
蟹开三废去	⑥刈
蟹开四齐韵	②泥⑥倪②倪霓秜⑥睨诣⑤缢瞖②兮奚⑥系(1)(关系)系(係)(2)(中文係)系(繫)(3)(连系)
止开三支韵	⑤臂②縻麋④麾②仪宜④蚁⑥义议谊①祎犄漪③椅倚旖②移④迤⑥易(2)(容易)
止开三脂韵	⑤秘(2)(秘鲁)辔⑥秘(1)(秘书)①妮②尼呢怩⑥腻①伊咿②夷姨胰痍彝⑥肆⑥懿
止开三之韵	④你②疑④拟①医⑤意⑤怡贻诒饴颐②坯④矣④已以⑥异
止开三微韵	③几(幾)(白)(几个)⑥毅①衣依祎②沂
深开三缉入	⑧立

臻开三质入	⑦必毕笔哔筚跸滗⑦匹疋⑧弼⑧泌密蜜宓谧嘧⑧昵⑧栗傈溧篥溧慄⑦一(白)(一个)
曾开三职入	⑦逼⑧愎(刚愎自用)⑧匿⑦即⑦亿忆臆癔
梗开三陌入	⑦碧
梗开三昔入	⑦辟(1)(大辟)璧⑦辟(闢)(2)(开辟)僻⑧掷(白)(投掷)
梗开四锡入	⑦壁⑦劈霹噼癖⑧觅汨幂⑧溺⑧迪敌涤笛狄籴荻翟(2)(长尾的野鸡)

17. 普通话读 lǜ，平阳话读[ie]，温州话读[i]。

臻合三术入	⑧律率(2)(效率)

18. 平阳话读[u]，温州话读[u]。

果开一歌韵	①哥歌③舸①苛柯轲疴③坷②河何(文)(任何)荷(1)(荷花)菏④荷(2)(负荷)⑥贺①阿(1)(阿胶)婀⑤屙
果合一戈韵	①戈锅埚瘑③果裹馃⑤过①科棵颗蝌稞窠髁⑤课③火伙(夥)⑤货②禾和(1)(和平)④祸⑥和(2)(附和)①窝涡莴①倭挝(2)(老挝)
遇合一模韵	③圃浦(2)(浦东)普埔②菩脯(1)(胸脯)蒲(2)(菖蒲)匍莆④部簿⑥捕哺①估咕姑菇轱蛄辜孤呱(1)(呱呱而泣)菰箍③古诂牯罟股盅贾(1)(商贾)鼓臌瞽⑤固沽故痼顾雇①枯骷刳⑤苦⑤库裤绔①乎呼③虎唬琥浒⑤戽②狐弧壶胡(鬍)葫湖蝴糊猢瑚④户沪扈⑥互护①乌呜钨污③坞⑤恶(2)(可恶)
遇合三虞韵	②孵(白)(孵坊)①夫(2)(人名)肤麸俘孵(文)(孵化)敷孚稃③甫脯(1)(果脯)辅俯斧釜抚⑤赴讣②扶芙(文)(芙蓉)凫无(1)(无中生有)芜巫诬毋④腐(文)(腐馔)武侮鹉舞妩
流开三尤韵	④负
臻合一没入	⑦不(文)(不是)
通合一屋入	⑦谷(穀)⑦哭⑧斛槲⑦屋
通合一沃入	⑦酷⑧鹄
通合三屋入	⑦复(複)(復)腹蝮馥覆福幅辐蝠⑧伏服袱茯匐

20. 平阳话读[ai]，温州话读[ai]。

果开一歌韵	②蛾(白)(打灯蛾)⑤个⑥饿(白)(肚饿)
果合一戈韵	⑤唾(白)(痰唾)②脶
蟹开一咍韵	④倍蓓①呆(2)(痴呆)⑤唉(2)(唉磊堆碎)
蟹开一泰去	⑤贝狈⑤沛霈
蟹开二蟹韵	④奶(白2)(奶奶)
蟹开四齐韵	⑤细(白)(细崽)
蟹合一灰韵	①杯背(揹)(3)(背心)⑤背(1)(背部)辈褙①坏胚呸⑤配②陪培徘赔裴⑥佩背(2)(背诵)焙①痗②玫枚梅媒煤莓酶④每⑥妹昧①堆⑤对碓①推③腿⑤退褪煺②颓⑥队④馁⑥内②雷擂蕾镭④磊儡瘰⑥礌淬①崔催摧③璀⑤啐⑤碎④罪①瑰①恢盔魁诙③傀⑤块⑥溃(白)(溃疡)①灰③贿悔⑤海晦①偎煨③诶猥②桅鬼②回(迴)徊茴洄蛔④汇(匯)(1)(汇款)⑥溃(文)(崩溃)

蟹合一泰去	⑤脱(2)(脱裤)蜕⑥兑⑤最(文)(某某之最)拽(2)(拉扯)⑤会(2)(会计)侩剑桧脍⑤荟⑥会(1)(会议)绘烩
蟹合三祭去	⑤脆⑥锐睿芮
蟹合三废去	⑤喙⑤秽(淫词秽语)
蟹合四齐韵	①奎
止开三支韵	①卑碑
止开三脂韵	①悲①丕②霉⑦狮(白)(狮子)
止合三支韵	④累②羸⑤惴③揣⑤踹⑥睡①规(2)(规矩)①亏
止合三脂韵	④垒⑥泪⑤醉(1)(陶醉)⑤翠①衰⑥悴粹萃瘁⑤愧(2)(愧对)
止合三微韵	①归(1)(回归)皈①岿⑤喟②巍⑥魏(文)①挥(1)(挥挥手)徽③虺⑥魏(白)⑥汇(汇)(2)(汇报)
效开三宵韵	③小(白)(古方言留下的白读)
山合一末入	⑧夺(白)(赌抢赌夺)⑧捋
曾开一德入	⑧冇(文 2)(冇侯)墨默

21. 平阳话读[au]，温州话读[au]。

流开一侯韵	①兜③斗(1)(北斗)抖陡蚪⑤斗(2)(斗争)①偷③敨⑤透②投⑥逗读(2)(句读)窦脰⑥耨②娄楼偻喽褛蝼髅④搂篓⑥陋漏镂瘘③叟嗖擞⑤嗽漱①勾沟钩篝③苟狗枸(2)(枸杞)垢诟⑤构购媾够彀(白)(居屋合音)①抠眍③口⑤叩扣寇蔻④厚(白)(厚佬)④偶藕耦①佝③犼(许屋合音)⑤吼鲎(虹)②侯喉猴篌④后(俊)厚(文)(忠厚)⑥候逅①区(2)(姓氏)欧鸥讴瓯③呕殴⑤沤怄塸(埋葬)
流开三尤韵	④有①搜艘馊飕③溲⑤瘦②愁②牛

22. 平阳话读[iau]，温州话读[iau]。

流开三尤韵	①妞④扭纽钮忸⑥狃(若屋合音)①鸠阄③九久玖灸韭⑤究疚救咎厩①丘蚯邱③揂②求球逑裘仇(1)(姓氏)④臼舅柏⑥旧柩①休咻③朽⑤臭(2)(铜臭)嗅①优忧悠攸②尤犹②由邮油游蚰猷蝤鱿④友有④酉诱莠⑥又右佑祐⑥囿宥柚釉
流开三幽韵	①赳③纠①虬①幽③黝⑤幼

25. 平阳话读[aŋ]，温州话读[aŋ]。

深开三侵韵	④恁①心芯参(3)(人参)森深琛(2)(人名)③沈(潘)审婶⑤渗②寻挦荨岑谌忱任(文 2)(任性)④赁覃葚甚饪⑥任(文 1)(姓氏)妊(文)(妊妇)衽
山合一桓韵	④断(白)(断气)段(白)(烂树段)④暖(白)(暖芬芬)④卵(白)(卵黄)③管(白)(毛管)
臻开一痕韵	①吞(白)(慢吞吞)①根(2)(结根)跟(2)(跟从)哏⑤艮③垦恳③很狠②痕(2)(伤痕)⑥恨
臻开三真韵	①辛锌新薪莘申伸身呻绅娠③迅哂⑤讯汛信囟②秦神辰晨宸人(文)(人民)仁妊④尽(儘)肾⑥烬慎屒刃(1)(刀刃)纫仞②人(白 1)(人来客往)
臻合一魂韵	①奔贲犇③本畚①喷(1)(喷水)⑤喷(2)(喷香)④苯⑥笨坌②门们扪⑥闷焖①吨③炖⑤顿炖(2)(炖卵糕)⑤氽②饨④盾(1)(盾牌)沌炖(1)(温炖汤)②仑抡①昆(文

	1)(昆仲)③滚衮绲辊⑤棍諢①昆(白)(昆剧)坤③捆⑤困①昏(2)(昏君)①温(温吞)②浑馄④混⑥诨
臻合三谆韵	②伦沦轮囵纶(1)(涤纶)
臻合三文韵	⑤粪(白)(粪扫)①分(1)(分开)芬吩纷酚③粉⑤奋粪(文)(粪坑)②坟氛焚汾文纹蚊(文)(蚊蝇)雯④忿愤吻刎⑥分(2)(分格)份问(文)(提问)闻紊②蚊(白)(蚊虫)明(白)(明朝)⑥问(白)(问问胎)
江开二江韵	①夯(白)(夯实)
曾开一登韵	①灯登蹬磴③等凼⑤凳磴⑤瞪(白)(眼灵珠瞪起)②腾誊藤滕⑥邓②能②棱⑥愣①僧②层曾(文 1)(曾经)⑥赠⑤亘③肯啃②恒
通合一冬韵	②疼(白)(疼痛)

26. 平阳话读[iaŋ]，温州话读[iaŋ]。

咸开二咸韵	④赚(白)(赚钞票)
深开三侵韵	②壬④您⑥任(白)(任何)妊(白)(妊娠)①今金襟③锦⑤禁①钦衾⑤揿②琴禽擒芩噙檎⑥妗噤①欣鑫②吟①阴荫(1)(树荫)音暗③饮⑤荫(2)(荫德)窨②淫霪
臻开三真韵	②人(白 2)(新儒人)银鄞垠④忍⑥刃(2)(刀刃)认韧①巾③紧⑥仅僅瑾觐⑤衅①因茵咽(1)(咽喉)姻氤⑤印②寅④引蚓吲⑥胤
臻开三殷韵	①斤筋③谨⑤靳②芹勤④近①欣忻掀②龈①殷③隐瘾
曾开三蒸韵	②兢矜①兴(文 1)(兴盛)③兴(白)(作兴)⑤兴(文 2)高兴)②凝①应(1)(应该)鹰膺⑤应(2)(响应)①蝇⑥孕
梗开二耕韵	①茎②莺(1)(黄莺)樱(1)(樱桃)鹦(1)(鹦鹉)罂(1)(罂粟)
梗开三庚韵	①京荆惊粳③景警璟⑤竟敬境镜滰①卿⑤庆②擎鲸黥⑥竞②迎①英瑛鎣①影⑤映③行(白)
梗开三清韵	③颈⑤劲①轻氢④婞①婴缨璎②盈赢楹瀛
梗开四青韵	②宁(1)(宁波)拧狞柠咛⑥宁(2)(宁可)泞①经⑤(1)(经济)泾⑤径经(2)(经线)陉胫迳⑤磬罄①馨⑤滢②刑形型邢
梗合三清韵	④颖郢颍
通合三锺韵	①兇(白)

27. 平阳话读[əŋ]，温州话读[əŋ]。

深开三侵韵	③禀③品②林临淋琳霖④凛廪
臻开三真韵	①宾彬斌滨缤濒槟③膑髌⑤鬓傧摈殡②贫频嫔颦②民旻岷抿泯旻④闽闵悯敏②邻磷鳞粼嶙遴辚麟繗⑥吝蔺膦
曾开三蒸韵	①冰①乒②凭①扔②凌陵菱①升昇陞⑤胜②仍⑤缯乘(1)(加减乘除)绳塍承丞⑥乘(2)(千乘之国)剩嵊
梗开三庚韵	①兵③丙秉柄炳②平评坪苹枰⑥病②明(文)(光明)鸣盟④皿⑥命
梗开三清韵	①并(3)(并州)③饼屏(2)(屏墙)⑤并(併)(1)(合并)摒⑤聘娉②名茗⑥令(2)(令尊)④岭领⑥令(1)(命令)①声③省(反省)⑤性姓圣②情晴饧成诚城盛(2)(盛饭)④靖静婧⑥净靓(1)(靓妆)盛(1)(兴盛)晟

| 梗开四青韵 | ①拼姘②屏⑴(屏幕)瓶萍④并(並)⑵(并且)苹②铭冥瞑螟④酩①丁叮钉⑴(铁钉)仃疔③顶鼎⑤订钉⑵(钉板箱)①厅听(文)(听觉)汀町烃③挺艇⑤听⑴(白)(打听)②廷亭庭停蜓婷霆⑥定啶腚碇锭①拎铃⑵(铃铛)②令⑶(令狐)伶灵玲铃⑴(电铃)聆羚零龄苓囹泠棂蛉翎⑥另①星猩腥惺③醒 |

31. 平阳话读[oŋ]，温州话读[oŋ]。

曾开一登韵	①崩⑴(崩溃)嘣⑴(打嘣)⑤崩⑵(一崩香烟)蹦嘣⑵(内胎打嘣爻)⑤碰椪②朋棚⑴(牛棚)鹏硼
曾合一登韵	①肱①薨②弘泓
梗合二耕韵	①轰訇②宏闳竑
通合一东韵	②蓬篷塳④埲烽①蒙⑵(蒙人)②蒙⑴(蒙犯)蒙(矇)⑷(目失明)蒙(濛)⑸(小雨貌)檬朦曚④蒙⑶(蒙古)蒙(懞)⑹(昏昧无知)懵①东③董懂⑤冻栋①通嗵③捅⑤痛②同桐铜筒童瞳僮潼④动桶恫⑥洞侗恫胴②咙胧聋笼茏泷珑砻癃④拢⑥弄⑤送②丛①工公功攻恭⑵(恭候)蚣红②(女红)③汞⑤贡①空⑴(空虚)倥崆箜③孔⑤空⑵(亏空)控①哄⑴(哄动)烘③哄⑵(哄骗)⑤哄⑶(起哄)蕻②(菜蕻)②红⑴(红色)虹洪鸿蕻⑴(雪里蕻)⑥讧①翁嗡滃⑤瓮齆(齆鼻)
通合一冬韵	①冬(鼕)⑤统②彤疼(文)(疼痛)②农脓侬哝①松(鬆)⑴(放松)⑤宋②淙琮
通合三东韵	①风枫疯讽丰⑤讽②冯⑥凤②梦②隆窿①菘嵩②崇戎绒①弓⑵(新读)宫⑵(新读)躬⑵(新读)
通合三锺韵	①乓③捧①封峰锋蜂烽②逢④奉⑥缝俸②浓⑴(浓密)②龙(文)(龙头)④垄(文)(垄断)陇①松淞②茸④冗③巩拱⑵(拱桥)

32. 平阳话读[ioŋ]，温州话读[oŋ]。

通合一东韵	①棕鬃③总⑤粽①匆(悤)葱聪傯
通合一冬韵	①宗综
通合三锺韵	①踪①从⑵(从容)

32. 平阳话读[ioŋ]，温州话读[ioŋ]。

山合三仙韵	③卷(白)(一卷)①穿(白)(穿针)鬈(白)(鬈发)⑤串
梗合三庚韵	③囧①兄②荣嵘蝾④永咏泳
梗合三清韵	①倾③顷②琼②营茔莹
梗合四青韵	③炅迥炯②荧萤荥荣
通合一东韵	①肉
通合三东韵	①中⑴(中国)忠衷盅终⑤中⑵(中状元)众①冲⑴(冲锋)忡充⑤铳②虫⑥仲①弓⑴(弓箭)躬⑴(躬身)宫⑴(宫殿)①穹②穷②熊雄融
通合三锺韵	①冲(衝)⑵(对冲)憧③宠①春②憉①雍臃③拥②佣(傭)⑴(雇佣)庸墉镛容蓉溶榕熔

33. 平阳话读[ŋ]，温州话读[ŋ]。

止开三支韵	②儿(1)义(白)⑤儿(2)⑥儿(3)
止开三脂韵	⑥二贰
止开三之韵	④耳(白)

(二)不同部分

01. 平阳话读[a]，温州话读[ɛ]。

梗开二庚韵	①烹②彭嘭蟛澎膨⑥氆②盲④猛锰蜢艋⑥孟③打④冷①生牲笙甥③省(1)(省略)①更庚羹赓③埂梗哽鲠⑤更(文2)(更加)①坑⑥硬①亨哼②行(文1)(行为)珩桁⑥行(文3)(品行)绗③亮(天明亮)
梗开二耕韵	①绷(1)(藤绷)①浜⑤绷(2)(绷紧)⑤迸①砰抨怦②棚(2)(尿布棚)④蚌(蚌埠)②萌④黾(1)(蛙的一种)①耕③耿①铿④幸悻①莺(2)(莺哥)樱(2)(金樱)鹦(2)(鹦哥)罃(2)(罃壶)③杏
梗合二庚韵	②横

01. 平阳话读[a]，温州话读[ai]。

深开三缉入	⑦涩(文)(羞涩)湿⑧集习袭十什拾入
臻开三质入	⑦膝瑟虱失室⑧疾嫉蒺实日(文)(日本)
臻合一没入	⑦不(白)(不仅)
臻合三术入	⑦率(1)(率领)摔蟀
臻合三物入	⑦茀黻髴弗佛(2)(仿佛)拂氟⑧佛(1)(佛陀)勿物(文)(事物)
曾开一德入	⑦北

02. 普通话读a，平阳话读[ia]，温州话读[a]。

假开二麻韵	①咱⑤咤炸(2)(油炸馃)⑤诧姹差(2)(不好)
咸开一合入	⑦砸匝(2)(匝道)
咸开二洽入	⑦眨⑦插⑧渫(白)煠(白)
山开一曷入	⑦擦
山开二黠入	⑦轧(2)(轧钢)扎札⑦察

02. 普通话读ai，平阳话读[ia]，温州话读[a]。

蟹开一泰去	⑤蔡
蟹开二皆韵	①斋崽(白)(卵崽)①差(3)(出差)
蟹开二佳韵	⑤债①差(1)(差错)叉(1)(叉烧包)钗④豸
蟹开二夬去	⑥寨
梗开二陌入	⑦咋(2)(咋舌)窄舴⑦拆⑧宅择泽着(文2)(着色)翟(1)(姓氏)
梗开二麦入	⑦摘谪责啧簀⑦册策

02. 平阳话读[ia]，温州话读[ɛ]。

梗开二庚韵	①撑(1)(俯卧撑)⑤撑(2)(撑客)
梗开二耕韵	①争狰睁筝(1)(古筝)峥⑤挣诤

02. 平阳话读[ia]，温州话读[ai]。

深开三缉入	⑦缉(2)(缉合)戢汁执⑦缉(1)(通缉)辑茸
山合一末入	⑦攥⑦撮
臻开三质入	⑦室栉质郅桎蛭⑦七柒漆⑧侄秩帙
臻合一没入	⑦卒⑦猝

02. 平阳话读[ia]，温州话读[iai]。

深开三缉入	⑦级急给汲⑦泣⑧及圾
臻开三质入	⑧日(白1)(生日)⑦吉桔(2)(柑桔)劼诘⑧佶
臻开三迄入	⑦乞吃(2)(口吃)讫迄⑧屹
臻合三物入	⑧掘(白)(掘井)
曾开三职入	⑦棘亟⑧极
梗开三陌入	⑦戟⑦隙⑧剧屐⑧逆
梗开四锡入	⑦击激

03. 普通话读 ai，平阳话读[æ]，温州话读[a]。

蟹开一咍韵	⑥埭(白)(两埭屋)④乃艿氖⑥鼐
蟹开一泰去	⑤戴(白)(戴帽)⑤带⑤太泰傣汰⑥大(文1)(大师)汏⑥奈⑥赖癞籁
蟹开二皆韵	⑤拜⑤湃①掰②排俳⑥惫②埋霾②豸
蟹开二佳韵	③摆(擺襬)⑤派②牌④罢(1)(吃文罢)④买⑥卖①奶(白1)(奶奶头儿)④奶(文1)(老奶奶)①筛(1)(筛酒)⑤洒晒②柴
蟹开二夬去	⑥败⑥迈
梗开二陌入	⑦百伯迫柏佰⑦拍魄珀擘(白)(擘饼)啪⑧白舶(1)(舶来品)帛⑧陌(1)(陌生)
梗开二麦入	⑦檗擘(文)(巨擘)⑧麦脉唛

03. 普通话读 e，平阳话读[æ]，温州话读[a]。

果开一歌韵	②何(白1)(何乜)②何(白2)(何乜)
假开三麻韵	④也(白2)(也是)③也(白1)(也是)
蟹开二皆韵	①阶皆偕⑤介戒芥尬届界诫疥疥①揩③楷锴②癌挨(2)(拖延)②谐④骇骸⑥械①埃(2)(埃及)挨(1)(挨近)⑤呃
蟹开二佳韵	①街③解(1)(讲解)⑤解(2)(解钞票)廨②崖涯睚③蟹②鞋④解(3)(解签诗)懈⑥邂③矮⑤隘蚎(2)(蚎儿)
咸开一合入	⑦喝(2)(喝水)⑧盒(白)(盒儿)
梗开二陌入	⑦格胳(2)(胳肢窝)骼⑦客喀⑧额⑦赫
梗开二麦入	⑦革隔嗝膈⑦绠⑦扼厄轭

03. 普通话读 eng，平阳话读[æ]，温州话读[a]。

梗开二庚韵	②衡

03. 普通话读 uai，平阳话读[æ]，温州话读[a]。

蟹合一泰去	⑥外
蟹合二皆韵	①乖⑤怪⑤蒯②怀(白)(怀闷)②怀(文)(怀念)淮槐⑥坏
蟹合二佳韵	③拐①歪
蟹合二夬去	⑤快筷
止合三脂韵	⑤帅

04. 平阳话读[ɛ]，温州话读[ə]。

效开一豪韵	①褒煲③宝保堡鸨葆褓⑤报②袍④抱⑥暴曝爆②毛牦髦蛑④铆⑥冒帽耄①刀叨③岛捣倒(1)(打倒)祷⑤到倒(2)(倒水)①滔绦韬饕弢③讨⑤套②逃桃涛陶掏萄淘啕④道稻⑥导盗悼蹈焘纛④恼脑瑙②劳牢捞唠痨④老姥(1)(姥爷)佬⑥涝①遭糟③早枣蚤澡藻⑤灶躁①操(1)(操作)草(白)(漅草)③草(文)(青草)⑤操(2)(曹操)糙①搔骚缫③嫂⑤扫噪燥曹槽漕④皂造①高羔膏糕皋睾篙疙③搞镐稿⑤告诰⑥尻③考拷烤㤉⑤铐靠犒②熬敖遨獒謷翱鳌⑥傲①蒿薅③好(1)(爱好)⑤好(2)(喜好)耗②毫豪嚎蚝嗥壕濠④浩皓昊颢灏⑥号①鏖爊噢③祆媼⑤奥澳懊吞
流开一侯韵	③剖④牡亩⑥茂贸袤懋
流开三尤韵	③否(1)(否则)缶②阜浮(文)(浮肿)蜉②谋缪(1)(绸缪)②牟眸

05. 平阳话读[ɔ]，温州话读[uɔ]。

效开二肴韵	①包苞胞③饱⑤豹趵①抛脬③跑⑤泡炮疱②咆庖④鲍⑥刨鉋①猫(2)(熊猫)茅猫(1)(大猫)锚④卯⑥貌②奀③挠桡铙⑥闹淖①抓③爪找⑤罩笊①抄钞吵③吵炒④棹①捎梢稍(1)(稍微)筲艄颾⑤哨稍(2)(稍息)睄潲②巢①交郊胶胶茭蛟鲛看(白)(看配)③狡绞佼姣铰搅⑤教校(2)(校对)较珓窖①敲骹③巧④咬⑥校①哮⑤孝酵②爻肴(文)(菜肴)淆⑥校(1)(学校)效①凹拗(3)(嬉嬉拗起)③拗(1)(棒儿拗断爻)⑤拗(2)(两个人拗搭)坳
效开四萧韵	⑤啸
流开三尤韵	②矛蝥

05. 普通话读 an，平阳话读[ɔ]，温州话读[a]。

咸开一覃韵	①耽眈②坛(壜)(2)(酒坛)谭昙②岚②函涵
咸开一谈韵	①担(1)(负担)聃③胆⑤石(2)(一石米)担(重担)①坍③毯②谈痰④淡氮啖澹②蓝篮襤④览揽缆槛⑥滥①三叁仨③喊
咸开二咸韵	②馋逸①杉①缄尴③减碱硷⑥陷(白)馅(白)(馅心)②咸(鹹)⑥陷(文)(陷阱)馅(文)(馅饼)
咸开二衔韵	①衫②巉①监(1)(牢监)⑤监(2)(太监)鉴③槛③舰⑤嵌②衔(白)(衔头)②岩②衔(文)(头衔)

瓯语音系

山开一寒韵	①丹单⑴(单独)郸弹③疸掸⑤旦诞①摊滩瘫③坦(文)(坦白)⑤炭叹碳④坛(壇)⑴(花坛)弹⑵(弹琴)檀④袒⑥但弹⑴(子弹)蛋惮坦(白)(道坦)②难⑴(困难)⑥难⑵(患难)②兰拦栏澜谰阑④懒瀬⑥烂①珊栅⑵(栅极)姗跚③伞散⑵(散漫)霰⑤散⑴(散会)
山开二山韵	⑤扮瓣⑤盼⑥办①山舢②潺①间⑴(房间)艰③栋柬简铜扴⑤间⑵(间接)①悭④眼②闲娴癎④限
山开二删韵	①扳班颁斑瘢③反⑵(反转)板(闆)版阪钣舨①攀⑤襻②片②蛮⑥漫慢谩④赧①删渗⑤栅⑴(栅栏)汕汕疝①奸姦菅⑤谏润②雁(白)(雁鹅)②颜⑥雁(文)(雁荡)赝④莞⑵(莞尔而笑)③绾⑤晏

05. 普通话读 ua，平阳话读[ɔ]，温州话读[a]。

山合一末入	⑦豁⑵(豁拳)
山合二黠入	⑦挖
梗合二麦入	⑧划(劃)⑵(笔划)画⑵(笔画)获(獲)⑵(收获)

05. 普通话读 uan，平阳话读[ɔ]，温州话读[a]。

咸合三凡韵	⑤泛②凡帆④犯范⑥梵
山合一桓韵	①宽髋④皖⑥换
山合二山韵	①纶⑵(纶巾)鳏⑥幻
山合二删韵	①关⑤惯⑥环(白)(门环)①弯湾②顽还环(文)(环境)圜寰⑥宦患豢
山合三仙韵	①铅⑴(铅锅)
山合三元韵	①藩⑴(篱笆)番⑴(番人)翻③反⑴(反对)返⑤贩畈②矾烦繁蕃樊藩⑵(曾国藩)蘩⑥饭④挽(白)(挽联)晚(白)(晚稻)⑥曼蔓万(白)(逾千达万)④挽(文)(挽回)晚(文)(早晚)⑥万(文1)(万年青)

05. 普通话读 uo，平阳话读[ɔ]，温州话读[a]。

曾合一德入	⑧或惑

06. 平阳话读[iɔ]，温州话读[ia]。

假开二麻韵	⑤卸①丫⑵(丫环)呀
效开四萧韵	④鸟⑴(飞鸟)裊⑥尿⑴(输尿管)①蛲(白)(蛲蛲动)②尧饶⑵(上饶)蛲(文)(蛲虫)③晓
咸开三业入	⑦怯(白)(胆怯)
山开四屑入	⑧捏⑦屑楔
臻开三质入	⑧日(白1)(生日)
宕开三药入	⑦爵着(白)(着衣)⑦灼酌⑦斫⑦雀鹊⑦绰焯⑧着(文1)(着火)嚓⑴(嚓起)⑦削⑦烁铄⑧嚼⑧勺芍妁杓⑧若偌弱⑧箬⑦脚⑦却⑧疟虐⑦谑⑦约⑧药钥跃龠
梗开二陌入	⑧掴

06. 平阳话读[iɔ]，温州话读[iai]。

深开三缉入	⑦吸歙甩⑦邑挹浥揖⑧熠
臻开三质入	⑦一(文)(一二三)乙壹⑦溢⑧逸佚轶
臻开三迄入	⑧屹
曾开三职入	⑦抑⑧翼弋翌
梗开三昔入	⑦益⑧亦译易(1)(交易)绎驿弈奕蜴液腋掖
梗开四锡入	⑧檄

06. 普通话读 an，平阳话读[iɔ]，温州话读[a]。

咸开一谈韵	②惭⑥暂
咸开二咸韵	③斩崭⑤蘸④湛⑥站赚(文)(赚错)
咸开二衔韵	①搀⑤忏谶
山开一寒韵	⑤赞瓒①餐⑤灿粲璨②残
山开二山韵	③盏③产铲⑥绽
山开二删韵	⑥栈

08. 普通话读 ie，平阳话读[ie]，温州话读[i]。

假开三麻韵	③野②爷椰耶揶④也(文)(也是)冶⑥夜
蟹开三祭去	⑤憩⑥偈(2)(偈佗)
咸开三叶入	⑧聂镊蹑喏颞⑦接婕楫⑦辄⑦妾⑧捷睫⑧涉⑦靥⑧烨叶(葉)页晔
咸开三业入	⑦劫⑦怯(文)(怯生)⑧业⑦胁
咸开四帖入	⑦跌⑦帖贴⑧谍叠碟蝶喋牒⑦惬箧⑧挟(挟菜)⑧协侠
山开三薛入	⑦瘪⑧别⑧灭乜(文)(眼睛微张)搣⑧列咧烈裂冽洌趔⑦哲蜇喆⑦折(1)(折扣)褶⑧彻撤澈辙⑧舌⑦折(2)(折本)⑧热乜(白)(乜人)⑦孑⑧杰桀⑧孽蘖⑧拽(1)(拖；拉)
山开三月入	⑦揭(1)(揭露)⑧揭(2)(按揭)竭偈(1)(勇武貌)碣⑦歇蝎⑦谒
山开四屑入	⑦憋鳖⑦撇瞥⑧蹩蔑篾⑦铁餮⑧迭垤耋⑧捩戾⑦节疖⑦切窃沏⑦挈锲⑧截⑦洁结桔(1)(桔梗)拮⑧啮镍臬⑦噎⑧颉撷缬

08. 普通话读 ian，平阳话读[ie]，温州话读[i]。

咸开三盐韵	③贬②帘廉镰奁④脸敛⑥殓①粘黏①尖歼①沾占(1)(占卜)①瞻詹⑤占(佔)(2)(占领)①签(籖)(簽)佥③诂⑤埝②黔钤箝①纤(纎)(2)(纤维)暹③闪(腰闪着)陕②潜②蟾②髯④渐④冉苒⑥赡②染③捡检脸②钳④俭⑥验险⑥淹奄醃阉①恹③掩③魇⑤厌餍②炎②盐阎闫檐⑥艳焰
咸开三严韵	⑤剑⑤欠②严④俨⑥酽①腌
咸开四添韵	①掂③玷点踮⑤店惦①添③舔②恬甜④簟⑥垫①拈②鲇(鲶)⑥念捻①兼①谦③歉①撩(撩菜)②嫌
深开三缉入	⑧廿
山开三仙韵	①编鞭⑤变①扁(2)(一叶扁舟)偏篇翩⑤骗②便(2)(便宜)④辨辩⑥便(1)(方便)卞弁汴②绵棉④免勉缅黾(2)(黾池)娩冕㳽渑腼鮸⑥面(1)(脸面)④碾②连联涟④搌琏辇②煎①馢毡③剪翦③展辗⑤溅箭⑤战颤①迁千(韆)(2)(秋千)愆

403

瓯语音系

	③浅阐②钱①缠①仙籼鲜①煽搧③癣藓⑤线腺⑤扇②涎②单(2)(单于)禅蝉婵②然燃④践④善鳝⑥贱饯⑥羡⑥擅嬗缮膳③遣谴缱②乾虔捐④件⑥谚彦①嫣媽②焉④延蜒筵④衍④演
山开三元韵	①犍⑤建健④键⑥健踺蹇②言④谳⑥唁①轩⑤宪献③偃⑤堰
山开四先韵	①边蝙③扁(1)(扁担)匾⑤遍⑤片②骈④辫②眠④丏⑥面(麵)(2)(米面)①滇颠巅癫②典碘①天③腆②田填钿⑥电佃甸淀奠殿靛癜②年②怜(憐)莲⑥练炼链①笺⑤荐①千(1)(千万)仟阡扦②前①先⑤洗笕霰①坚肩③茧趼⑤见①牵⑤茜(1)(茜草)倩纤(縴)(1)(纤夫)②研妍③显①烟胭湮⑤宴燕咽(2)(咽气)②贤弦舷⑥现砚
山合三仙韵	⑥恋②沿铅(2)(铅山)

08. 普通话读-ŋ韵尾，平阳话读[ie]，温州话读[i]。

宕开三阳韵	②娘嬢⑥酿②良梁量(2)(量尺寸)粮梁④两(2)(斤两)俩(1)(伎俩)辆魉⑥亮凉谅量(1)(数量)晾靓(2)(靓妹)①将(1)(将来)①张①章彰樟璋蟑③奖桨蒋③长(2)(生长)涨③掌⑤将(2)(大将)浆酱⑤帐账胀①障幛瘴①枪①锵①昌猖菖娼③抢③昶③厂(2)(茅棚厂儿)敞氅⑤呛⑤畅怅⑤倡唱②长(1)(长短)场肠④丈仗杖①相(1)(互相)厢湘箱镶襄①商伤殇③想鲞③响垧赏⑤相(2)(宰相)⑤饷②墙蔷樯②戕详祥翔尝常偿裳嫦徜④象像橡潒④上(2)(上声)⑥匠⑥上(1)(上面)尚②嚷瓤④壤攘⑥让①僵缰疆姜(薑)③襁①羌②强④犟⑥糨①乡香享响飨⑤向(嚮)④仰①央殃鸯秧③养氧⑤怏②阳扬杨炀旸疡羊洋佯烊(1)(融化)垟徉④痒⑥样漾恙烊(2)(打烊)
江开二江韵	①腔②降(白)(投降)

10. 平阳话读[iø]，温州话读[iɛ]。

效开三宵韵	①标膘飙镖瀌③表(錶)裱婊①漂(1)(漂亮)飘嘌③漂(2)(漂白)瞟⑤票剽②嫖瓢④殍鳔⑥骠①喵咩②苗描瞄④秒渺缈藐淼⑥妙庙④燎⑥疗瞭①椒焦蕉礁①朝(2)(明朝)①招昭钊③剿③沼⑤醮①照诏①瞧①超①跷锹③悄⑤俏峭诮⑤翘②憔谯樵②朝(1)(朝鲜)嘲潮晁④兆赵肇⑥召④绕①肖(2)(姓氏)消宵硝销霄逍魈①烧③小(文)(小朋友)少(1)(少年)⑤肖(1)(生肖)⑤笑鞘⑤少(2)(少将)②韶②饶(1)(富饶)娆④绍④扰⑥邵①娇骄③矫②乔侨桥荞④轿①嚣①要(1)(要求)腰邀③夭④要(2)(重要)②姚窑谣摇徭瑶④舀⑥耀曜鹞
效开四萧韵	①刁叼雕(彫)凋貂碉③鸟(2)(鸟儿)⑤吊钓③挑⑤跳眺粜②条迢调(1)(调羹)笤④掉(2)(掉钞票)窎⑥调(2)(声调)掉(1)(掉落)②辽聊僚寮撩嘹缭寮镣④了(瞭)潦⑥料廖①萧箫潇①筱①浇③侥缴饺铰(文2)(铰刀)皎⑤叫①撬橇⑤窍④鹨①枭骁①吆幺③杳窈
流开三幽韵	①彪①哞⑥谬缪(2)(姓氏)
咸开三叶入	⑧猎
宕开三阳韵	④两(1)(两个)俩(2)(两人)
宕开三药入	⑧掠略撂
通合三锺韵	②龙(白)(龙船)④垄(白)(菜垄)

11. 平阳话读[yø]，温州话读[y]。

果合三戈平	②瘸①靴
遇合三鱼韵	④女(文)(男女)①车(文 2)(车马炮)居(文)(居住)③举⑤据锯踞①祛⑤去(文)(来去)②渠(文)(水渠)④巨拒炬距⑥遽①虚嘘墟③许(文)(许多)④语圄龉⑥御(禦)驭
遇合三虞韵	①拘驹③矩枸(1)(枸橼)⑤句①区(1)(区别)岖驱躯③麌②瞿衢⑥具俱惧飓②娱(1)(娱乐)隅愚禺虞⑥遇寓①吁(1)(气喘吁吁)③诩栩⑤酗煦①吁(2)(喝止牲口声)③伛⑤妪
蟹合四齐韵	①闺硅圭⑤桂①暌睽
止合三支韵	①规(1)(圆规)③诡①窥④跪②危⑥伪①麾③毁
止合三脂韵	①龟③轨癸⑤季悸愧(1)(惭愧)②葵逵馗夔④揆⑥柜(櫃)馈匮
止合三微韵	①归(2)(当归)③鬼⑤贵①挥(2)(指挥)辉晖⑤卉讳
山开一寒韵	①干(1)(干犯)干(乾)(3)(干燥)杆(1)(笇杆)肝竿③杆(2)(电灯杆)秆擀⑤干(幹)(2)(干部)①靬③罕⑤汉①安氨鞍桉⑤按案胺②韩寒邗邯④旱⑥岸⑥汗捍悍焊翰瀚
山合一桓韵	①官棺倌观(1)(观察)冠(1)(皇冠)③馆琯管(文)(管理)莞(1)(东莞)⑤贯灌罐盥观(2)(寺观)冠(2)(冠军)③款①欢唤涣焕痪奂②桓丸完烷④缓浣①豌剜蜿③碗⑤惋腕
山合三仙韵	①镌①专砖⑤转啭①痊诠铨①川穿(文)(贯穿)③喘舛⑤钏②传(1)(宣传)椽④篆⑥传(2)(传记)①宣③选⑤渲②全泉②漩④船⑥旋(镟)璇④软①捐娟鹃涓③卷(文 2)(席卷)⑤卷(文 1)(考卷)眷绢圈(2)(猪圈)①圈(1)(圆圈)②权拳蜷颧⑥倦②员圆鸢④宛⑥院媛缘
山合三薛入	⑦辍啜⑦茁拙⑦雪⑦噱(2)(噱头)⑦说⑧绝⑧蕝⑧阅悦
山合三元韵	③绻⑤劝券②元原源鼋螈④阮⑥愿①喧萱煊⑤楦①鸳冤③苑宛婉琬⑤怨①园袁援猿垣辕④远
山合三月入	⑦乄厥撅蕨噘獗⑦阙⑧橛(文)(短木桩)镢⑧月⑦哕(哕起，即恶心)⑦曰⑧越粤
山合四先韵	③犬⑤绚①渊②玄悬⑥县眩
山合四屑入	⑦决诀抉⑦缺阕⑦阕⑦血⑧穴
臻合一魂韵	①昆(文 2)(灵昆岛)⑤焜①昏(1)(黄昏)婚⑤巽(白)(巽山)①温(1)(温州)瘟⑤稳②魂
臻合一没入	⑦骨⑦窟⑦忽笏唿惚瘀⑧核
臻合三术入	⑦绌⑦黜出(齣)⑧怵黜⑧术(1)(白术)⑦戌恤⑧术(術)(2)(手术)述⑦橘⑧聿鹬
臻合三文韵	①荤
臻合三物入	⑦屈⑧倔掘(文)(挖掘)崛⑦郁(2)(郁郁葱葱)
曾合三职入	⑧域阈
梗合三昔入	⑧役疫

11. 平阳话读[yø]，温州话读[ai]。

曾合一德入	⑦国
梗合二麦入	⑦幅摑蝈

瓯语音系

12. 平阳话读[o]，温州话读[uɔ]。

宕开一唐韵	①当(當)⑴(应当)当(噹)⑶(当啷)铛珰裆③挡党⑤当(當)⑵(典当)档①汤趟⑴(趟水)③倘淌躺⑤烫趟⑵(一趟)②唐堂棠塘膛糖搪溏镗螳瞠⑥荡宕①嚷②囔④攮⑥齉①啷②郎狼琅廊榔锒踉螂④朗⑥浪阆①丧⑴(婚丧)桑③嗓搡磉⑤丧⑵(丧失)②藏⑴(隐藏)⑥脏(臟)⑵(内脏)藏⑵(西藏)奘①冈刚岗⑴(山岗)纲钢⑤杠⑵(敲竹杠)①康慷糠⑤亢抗炕伉囥②昂卬⑴(卬你)①夯(文)(打夯)②吭杭航笐行(文2)(银行)①肮⑤盎
宕开三阳韵	③爽③耍
宕合一唐韵	①光胱③广⑤矿旷(文)(旷课)圹②旷(白)(课旷文)④犷(该人犷显)眦(田眦儿)①荒慌肓③谎恍晃幌②皇凰惶煌蝗隍徨黄簧潢璜蟥①汪
江开二江韵	①江扛(文)(扛鼎之作)杠⑴(床杠)肛缸豇③讲港岗⑵(岗位)⑤降(文)(降落)绛⑥扛(白)(扛条儿)④项⑥巷

13. 平阳话读[io]，温州话读[o]。

果合一戈韵	⑤挫锉(文)(锉刀)
假开二麻韵	①乍查⑵(姓氏)喳渣楂吒③揸⑤诈咋⑴(咋然)炸⑴(炸弹)榨蚱①叉②(叉腰)杈车(白)(汽车)⑤岔汊衩②茶查⑴(检查)搽②苴
假合二麻韵	①挝⑴(敲打)
遇合一模韵	⑤措厝
宕开一铎入	⑦作⑦错

13. 平阳话读[io]，温州话读[uɔ]。

宕开一唐韵	①赃脏(髒)⑴(肮脏)藏⑶(藏青)臧⑤葬①仓苍沧舱伧
宕开三阳韵	①妆⑴(化妆)庄⑴(庄严)装⑴(武装)⑤壮(文)(强壮)①创⑴(创伤)疮⑤创⑵(创造)

14. 平阳话读[uo]，温州话读[o]。

果合一戈韵	①波⑴(波浪)玻菠③跛簸⑤播⑴(播送)①坡颇③叵②鄱⑥薄⑵(薄荷)①嬷②么(麼)蘑广馍⑥摩⑵(摩崖)
遇合一模韵	①姥⑶(老姥)②无⑴(南无)②摹模⑴(模范)谟④姥⑵(太姥山)⑥募墓慕暮
咸合三乏入	⑦法珐砝⑧乏
山合三月入	⑦发(發)(髪)⑧伐罚阀筏⑧袜
宕合三药入	⑧缚⑴(缚鞋带)
通合一屋入	⑦卜⑴(占卜)⑦仆⑴(仆倒)扑噗璞濮蹼⑧卜(蔔)⑵(萝卜)仆(僕)⑵(仆人)瀑⑧木沐
通合三屋入	⑧目牧睦穆苜

14. 平阳话读[uo]，温州话读[uɔ]。

宕开一唐韵	①帮甬③榜膀⑵(翼膀)⑤谤泵①滂③榜②旁傍膀⑴(膀胱)磅螃彷⑴(彷徨)⑥镑②芒忙氓茫虻④莽漭蟒
宕合三阳韵	①方坊妨肪芳③仿纺彷⑵(彷佛)昉⑤放舫访②防房亡⑥妄忘望旺④网罔魍惘
江开二江韵	①邦梆③绑⑤胖②庞④蚌⑴(象鼻蚌)棒

15. 平阳话读[yo]，温州话读[yɔ]。

宕开三阳韵	①妆⑵(妆灵清)庄⑵(坐庄)装⑵(假装)⑤壮(白)(壮显壮)③闯⑥状①霜孀②床
宕合三阳韵	①框眶筐匡诓②狂诳⑥逛⑤况③枉往②王
江开二江韵	①桩(文)(打桩)⑤戆①窗②幢⑴(经幢)②桩(白)(烂树桩)⑥撞幢⑵(楼幢)①双
通合三锺韵	①钟(鍾锺)龚③冢③肿种⑵(种子)踵⑤纵种⑴(种树)④重⑵(重复)④重⑴(轻重)⑥重⑶(重迭)②浓⑵(浓淡)③耸(耸立)怂(怂恿)悚竦②从⑴(跟从)②松⑵(松树)⑥讼诵颂①供⑴(供销)恭⑴(恭敬)③拱(打拱作揖)⑤供⑵(供应)③恐⑥共①胸凶(文)(凶恶)匈汹①痈邕⑤壅④勇涌踊甬俑恿蛹⑥用佣⑵(佣人)

17. 平阳话读[i]，温州话读[ei]。

假开三麻韵	①爹①嗟③姐⑤借①遮③这者⑤蔗③且⑤笡(斜)①车(文1)(水车)③扯①些③写⑤泻卸①奢赊畲③舍(捨)⑵(施舍)⑤舍⑴(进舍)赦⑥藉⑴(藉口)②邪斜⑴(倾斜)⑥榭谢②蛇⑥麝②佘④社④惹
遇合三鱼韵	①猪③煮⑤煮①蛆③杵③鼠④苎⑥箸③胥②徐④屿⑥薯(白)(番薯)
蟹开一泰去	⑥大(白)(大官爷)
蟹开三祭去	⑤毙蔽⑥币弊敝⑥袂⑥厉励砺蛎⑤际祭瘵⑤制(製)⑤掣⑥滞⑤世势⑥逝誓噬
蟹开四齐韵	①蓖稗⑵(稗益)篦屎毵⑤闭①批砒⑤睥媲②鼙④陛⑥髀①咪眯②迷谜醚④米①低③抵底邸诋砥⑤帝蒂谛①梯锑③体⑤剃涕屉替嚏④弟悌⑥递第睇逮棣缔②犁黎藜鲡④礼醴蠡⑴(范蠡)⑥丽隶唳①跻③济⑵(济南)⑤剂⑵(调剂)挤济⑴(救济)霁①妻栖凄⑤砌①西犀茜⑵(人名)③洗铣⑤细(文)(仔细)婿②齐脐④荠鲯⑥剂①(发剂)
蟹合三废去	⑤废肺疿⑥吠
止开三支韵	①陂羆③彼①披⑤譬②皮疲啤脾裨⑴(裨将)④被婢⑥鼻避②弥猕④弭②离漓璃篱缡欐⑥荔蒚①支枝肢栀③纸⑤刺⑵(生刺)②池④舐③玺⑤匙
止开三脂韵	③匕比⑴(比较)鄙⑤庀痞仳①纰⑤屁②秕毕蚍琵④否⑵(否去泰来)痞圮⑥比⑵(比邻)备坒②眉嵋湄楣④美⑥媚魅寐⑥地②梨蜊④履⑥利俐莉痢荔
止开三之韵	①里③(这里)厘⑵(一厘儿)哩⑴(词曲中作衬字)②厘⑴(厘米)狸喱④李里(裏)⑴(里外)理鲤俚娌浬⑥吏
止开三微韵	①飞非菲⑴(芳菲)啡绯扉蜚霏妃③匪诽菲⑵(菲薄)斐榧翡⑤沸狒费②肥(文)(肥沃)微薇④尾(文)娓⑥未(文)味(文)②肥(白)(肥肉)④尾(白)⑥未(白)味(白)

止合三支韵	③髓
咸开三叶入	⑦摄慑
咸开四帖入	⑦燮
深开三缉入	⑧笠⑧蛰
山开三薛入	⑦浙⑦泄薛亵⑦设
臻开三质入	⑦叱⑦悉蟋窸
曾开三职入	⑧力⑦唧稷陟仄⑦织职⑦饬敕⑦厕侧测恻⑧直值⑧植殖⑧湜⑦息熄媳⑦色啬铯穑⑦式识(1)(认识)饰拭轼⑧食蚀
梗开三昔入	⑦迹积脊嵴瘠⑦鲫⑦只(隻)(2)(量词)炙摭⑦剌(3)(刺绒衫)⑦尺斥赤咏⑧掷(文)(一掷尿)跖⑦昔惜⑦适释⑦藉(2)(藉田)籍⑧席夕汐矽⑦射⑧石(1)(石头)硕
梗开四锡入	⑦的嘀滴嫡⑦剔惕踢倜⑧历(歷)(曆)沥雳疬砾栎跞鬲⑦绩⑦戚嘁⑦析晰淅皙蜥锡⑧寂

17. 平阳话读[i]，温州话读[ɿ]。

果开三戈韵	②茄(3)(茄儿)伽(1)(伽蓝爷)
蟹开四齐韵	①鸡稽⑤计系(繋)(4)(系鞋带)继髻①溪蹊③启⑤契
止开三支韵	①畸羁⑤寄③企(文)(企业)绮②奇崎骑琦歧岐芪④技妓伎企(白)(企图)①牺羲曦⑤戏
止开三脂韵	①机肌饥(飢)(1)(饥饿)③几(文 2)(茶几)麂⑤骥冀致(緻)⑤弃器②祁鳍耆
止开三之韵	①基箕姬③己⑤记纪①欺③起杞②其期棋旗其琪蜞麒⑥忌①熙嘻嬉熹③喜禧蟢
止开三微韵	①几(幾)(文 1)(几何)讥叽饥(饑)(2)(饥荒)畿③几(幾)(文 3)(几多)⑤既暨①岂⑤气汽②祈①希稀唏
梗开四锡入	⑦吃(1)(吃饭)

18. 平阳话读[u]，温州话读[øy]。

果合一戈韵	①波(2)(宁波)⑤播(2)(发播)⑤破②婆⑥缚(2)(腰缚)②摩(1)(摩擦)磨(1)(磨刀)魔⑥磨(2)(磨石)
遇合一模韵	①舖③补谱⑤布怖①铺(1)(铺被)③浦(1)(下吕浦)⑤铺(2)(床铺)②葡蒲(1)(蒲鞋)④箻(朗眼箻)⑥步埠②模(2)(模子)
遇合三虞韵	①夫(1)(丈夫)③府腑殕⑤付咐赋傅②符④父⑥附驸芙(白)(芙蓉)腐(白)(腐败)务雾(文)(云雾)婺⑥贿⑥雾(白)(发雾)物(白)(物事)
流开一侯韵	⑥戊
流开三尤韵	⑤富副②浮(白)(尸骸浮起)④妇

18. 普通话读 uo，平阳话读[u]，温州话读[əu]。

果开一歌韵	①多哆③躲①拖(文)(拖拉机)②驮驼鸵佗陀沱砣跎④舵⑥大(文 2)(大小)①啰②罗萝逻锣箩
果合一戈韵	⑤跥剁③妥椭④堕惰⑥懦糯②骡螺④裸瘰⑥㿃

18. 普通话读 u 或 iu，平阳话读[u]，温州话读[əu]。

遇合一模韵	②徒(白)(门徒)②奴④努弩⑥怒①噜④㧍鲁掳橹卤(卤)(1)(卤素)
流开三尤韵	①丢①溜②刘留流琉硫馏榴瘤镠鎏④柳绺⑥遛
曾开一德入	⑦忒(2)(忒不识相)
通合一屋入	⑦秃⑧独读(1)(读书)渎椟犊牍⑧鹿漉辘麓
通合一沃入	⑦督笃⑧毒
通合三屋入	⑧六陆戮

18. 平阳话读[u]，温州话读[əu]。

果开一歌韵	①搓(白)(搓绳)
遇合一模韵	⑤素(文)(朴素)愫
遇合三鱼韵	①梳(文)(梳理)疏蔬②锄(文)(锄头)⑥助
遇合三虞韵	③数(2)(数一数)⑤数(1)(数字)②雏
通合一屋入	⑦速

18. 平阳话读[u]，温州话读[iəu]。

通合一屋入	⑧族
通合三屋入	⑦肃宿(1)(宿舍)夙叔倏菽⑧淑熟孰塾⑧衄肉
通合三烛入	⑧辱褥缛

18. 平阳话读[ŋu]，温州话读[ŋ]韵。

果开一歌韵	②俄哦峨娥鹅(文)(雁鹅)蛾(文)(飞蛾)④我⑥饿(文)(饥饿)⑥哦
果合一戈韵	②讹⑥卧
遇合一模韵	②吾吴梧④五午伍仵牾⑥误悟娱(2)(娱乐)迕忤晤寤⑥唔(唔冇)

19. 平阳话读[y]，温州话读[øy]。

果合一戈韵	②蠡(2)(河蠡蚌)
遇合一模韵	①都③堵赌睹肚(白)(猪肚)⑤妒蠹③土吐(1)(吐痰)⑤吐(2)(呕吐)兔菟②图徒(文)(徒弟)途涂(塗)屠荼④杜肚(文)(肚皮)⑥度渡镀踱②卢芦炉颅轳鸬④卤(滷)(2)(盐卤)⑥路露璐鹭①租③祖①粗⑤醋①苏酥稣甦⑤诉塑溯素(白)(吃素)②蜈
遇合三鱼韵	②庐驴闾榈④吕侣旅铝膂⑥虑滤②鱼渔
遇合三虞韵	④屡缕
止合三脂韵	⑥类

19. 平阳话读[y]，温州话读[ɿ]。

遇合三鱼韵	①沮狙疽诸③咀③渚褚⑤著③础(2)(磉础)处(1)(处理)⑤处(2)(相处)⑤觑②除储躇④贮伫⑥署薯(文)(马铃薯)曙①梳(白)(头梳)书抒舒③暑黍⑤絮⑤恕庶②锄(白)(板锄)②如茹④序叙绪④墅④汝
遇合三虞韵	①株蛛诛①朱(硃)珠侏稣(鲧鲔)③拄③主⑤驻炷⑤注蛀铸①趋枢③取娶

	⑤趣②厨橱④柱砫⑥住①须(鬚)需①输⑤戍②殊②儒蠕嚅濡④聚④竖④乳⑥树⑥孺
蟹合三祭去	⑤缀⑤赘⑤岁税
止合三支韵	③嘴①吹炊②垂捶锤陲⑥缞②隋随⑥瑞
止合三脂韵	①追①椎锥⑤醉(2)(酒喝醉爻)⑥槌⑥坠①尿(2)(拉尿)①虽绥③水⑤祟邃②谁④蕊⑥遂隧穗

19. 平阳话读[y]，温州话读[u]。

遇合三鱼韵	①淤於②余(餘)(2)(剩馀)舆④予与(1)(给予)⑥与(2)(参与)余(1)(姓氏)⑥预誉豫
遇合三虞韵	①迂②于盂竽②俞逾渝愉榆揄瑜臾谀腴④宇羽雨禹④愈⑥芋吁(3)(呼吁)⑥喻谕裕
蟹合三祭去	⑥卫彗
蟹合四齐韵	②携畦⑥惠慧
止合三支韵	①逶③委萎痿②为(1)(作为)⑥为(2)(为什么)
止合三脂韵	②帷维潍④唯惟⑥位⑥遗
止合三微韵	①威葳③尉蔚慰⑤畏喂餵②违围韦帏闱炜④伟苇玮韪⑥纬⑥胃谓猬

22. 平阳话读[iau]，温州话读[au]。

流开一侯韵	③走⑤奏揍③擞⑤凑
流开三尤韵	①邹驺⑤皱绉①诌⑥骤籀骤

23. 普通话读 ou，平阳话读[iəu]，温州话读[əu]。

流开一侯韵	②头骰⑥豆荳痘

23. 平阳话读[iəu]，温州话读[iəu]。

流开三尤韵	①揪①舟州洲周(週)赒③酒③肘③帚⑤昼⑤咒①秋(鞦)湫鳅①抽③瞅③丑(醜)⑤臭(1)(乌焦臭)②囚②绸稠惆畴筹踌②仇(2)(仇恨)雠酬④纣⑥宙轴⑥售④修羞馐①收③手首守狩⑤秀绣锈宿(2)(星宿)⑤兽②酋遒泅⑥受绶⑥就⑥袖⑥寿授②柔揉蹂
通合三屋入	⑦菊鞠掬⑦曲(麴)(2)(酒曲)⑦畜(2)(畜牧)蓄⑦郁(1)(郁冈)燠⑧育昱煜毓鬻
通合三烛入	⑦旭勖

24. 平阳话读[iu]，温州话读[əu]。

果开一歌韵	③左佐①搓(文)(搓板)磋蹉
果合一戈韵	⑤锉(白)(锉刀)
遇合一模韵	③组⑤做
遇合三鱼韵	③阻诅俎①初③础(1)(基础)楚
遇合三虞韵	①刍
通合一屋入	⑦镞⑦簇蔟
通合三烛入	⑦促

24. 平阳话读[iu]，温州话读[iəu]。

通合三屋入	⑦竹竺筑⑦祝粥⑦蹙蹴⑦畜(1)(牲畜)搐⑦俶⑧逐妯

26. 平阳话读[iaŋ]，温州话读[aŋ]。

深开三侵韵	①砧针斟箴③枕怎⑤浸①侵棽琛(1)(珍宝)③寝⑤沁②沉④朕⑥鸠
臻开三真韵	①津珍蓁榛臻真甄③诊疹缜稹⑤进晋镇圳振震赈①亲(1)(亲戚)抻嗔瞋⑤亲(2)(亲家)趁衬龀②尘陈臣⑥阵
曾开一登韵	①曾(文 2)(姓氏)增憎⑤蹭②曾(白)(曾经)
梗开二耕韵	①筝(2)(古筝)

28. 平阳话读[iəŋ]，温州话读[əŋ]。

曾开三蒸韵	①症(癥)(2)(症结)蒸③拯⑤甑铛证症(1)(病症)①称(1)(称呼)⑤秤称(2)(相称)②惩澄橙⑥瞪(文)(瞪目结舌)
梗开三清韵	①晶睛精菁旌正(2)(正月)征(徵)怔③井阱整⑤正(1)(真正)政①贞侦帧①清蜻③请骋②呈程埕④逞⑥郑
梗开四青韵	①青蜻

29. 平阳话读[øŋ]，温州话读[ioŋ]。

臻合三谆韵	①遵谆肫③准(準)⑤俊骏竣隽①皴春椿③蠢④盾(2)(矛盾)①询峋洵荀③笋隼榫⑤峻浚瞬舜②旬驯巡循徇唇④吮②纯淳醇莼鹑⑥殉顺闰润

30. 平阳话[iøŋ]，温州话读[ioŋ]。

臻合三谆韵	①均钧④菌窘②匀筠④允尹
臻合三文韵	①军君皲②裙群⑥郡①勋熏薰⑤训①氲③蕴愠⑤酝熨②云(雲)耘芸纭④殒

八、宜山话与温州话比较

(一)相同部分

01. 普通话读 a，宜山话、温州话读[a]。

果开一歌韵	①他它她拖(白)(鞋拖)①南(2)(南无)那(2)(姓氏)③娜(1)(人名)⑥那(1)(那么)哪(1)(哪里)①阿(2)(阿舅)啊(1)(啊呀)③阿(3)(阿门)⑤啊(2)(叹词)
假开二麻韵	⑤爸①妈②吗⑥骂②拿①咱⑤咋炸(2)(油炸粿)⑤诧姹差(2)(不好)①搭
遇合三鱼韵	④女(白)(女儿)
咸开一合入	⑦搭答(2)(答应)瘩嗒⑦踏(1)(踢踏舞)沓(2)(疲沓)⑧踏(2)(踏步)沓(1)(一沓纸)⑦垃拉(文)(拖拉)啦拉(白)(拉尿)⑧砸匝(2)(匝道)⑦飒
咸开一盍入	⑦耷⑦塔塌蹋遢榻溻⑧阖⑧腊蜡邋⑦卅
咸开二洽入	⑦眨⑦插⑧煠(白)煤(白)⑦歃⑧闸煠(文)蛰煤(文)⑦夹挟颊荚峡(1)(长江三峡)

咸开二狎入	⑦恰掐卡(1)(卡口) ⑧峡(2)(河峡儿) ⑧狭洽
咸开二狎入	⑦霎啥⑦甲钾胛⑦呷⑧匣狎⑦压押鸭
山开一曷入	⑦怛妲笪靼⑦挞闼跶獭⑧达靼⑧捺⑧剌辣刺瘌
山开一曷入	⑦擦⑦萨撒
山开二黠入	⑦八(2)(小八癫子)叭⑦轧(2)(轧钢)扎札⑦察⑦杀刹(2)(刹车)煞⑦咖(1)(咖喱)嘎(1)(鸟鸣声)伽(2)(伽蓝)戛⑦咖(1)(咖啡)卡(2)(磁卡)⑧嘎(2)(嘎嘎抖)轧(3)(轧姘头)茄(2)(番茄)⑧黠⑦揠轧(1)(倾轧)
山开二辖入	⑦刹(1)(古刹)⑧铡⑦瞎哈⑧辖
臻合一没入	⑧呐(2)(呐喊)

01. 普通话读 ua，宜山话、温州话读[a]。

山合一末入	⑦豁(2)(豁拳)
山合二黠入	⑦挖
梗合二麦入	⑧划(劃)(2)(笔划)画(2)(笔画)获(獲)(2)(收获)

01. 普通话读 uo，宜山话、温州话读[a]。

曾合一德入	⑧或惑

07. 宜山话、温州话读[e]。

遇合三鱼韵	⑦居(白)(居个)⑤去(白)(去爻)②渠(白1)(第三人称指代词)③许(白)(许个)
蟹开一咍韵	③歹⑤戴(文)(姓氏)①台(2)(台州)苔(2)(舌苔)胎⑤态贷②台(臺)(1)(台湾)台(檯)(3)(台子)台(颱)(4)(颱风)抬苔(1)(青苔)跆④待怠殆给⑥代袋岱玳埭(文)(河埭)黛⑥耐②来莱徕侽⑥睐赉①灾哉栽③宰崽(文)(牛崽)⑤再载①猜③采(1)(采集)彩睬踩⑤采(2)(采邑)菜①腮(文)(两腮)鳃⑤塞(2)(要塞)赛②才(纔)材财裁④在⑥俟①该赅③改颏⑤溉概①开③凯恺⑤慨忾②呆(1)(呆头)皑⑥碍①咳(1)(咳笑)嗨③海②孩④亥氦①哎哀埃(1)(尘埃)唉(1)(唉声叹气)⑤爱嫒暖
蟹开一泰去	⑤丐钙盖⑥艾⑥害⑤蔼霭
蟹合一泰去	⑤最(白)(最高境界)
山合三薛入	⑧劣埒
宕开三阳韵	③厂(1)(工厂)
曾开一德入	⑦得德⑦忒忒(1)(过于)⑧特⑧肋勒仂⑦则⑦塞(1)(堵塞)⑧贼⑦克刻剋⑦黑嘿⑧劾

09. 宜山话、温州话读[ø]。

咸开一覃韵	①贪⑤探②潭①囡②男南(1)(南北)喃楠腩②婪①参(1)(参加)掺③惨③糁②蚕③感⑤贛①堪龛戡③坎砍⑤勘④颔(白)(面颔)②含④颔颔(文)(颔首)④撼⑥憾①庵谙鹌⑤暗黯
咸开一合入	⑦答(1)(报答)⑧纳钠衲⑦匝(1)(一匝十二年)⑧杂⑦合(2)(三合粉)蛤鸽⑧合(1)(合作)盒(文)(纸盒)
咸开一谈韵	③忐①甘柑坩泔痒③赶敢橄⑤阚瞰①酣蚶③憨③俺

咸开一盍入	⑦磕嗑溘瞌⑧盍阖
深开三侵韵	①簪⑤谮①参(2)(参差)
深开三缉入	⑧粒
山开一寒韵	①刊看(2)(看守)③侃⑤看(1)(看见)⑤蕻
山开一曷入	⑦葛割⑦咳(2)(咳嗽)渴⑦喝(1)(吆喝)⑦遏褐
山合一桓韵	①般搬(1)(搬弄是非)⑤半①番(2)(番禺)潘⑤判泮②盘搬(2)(搬运)磐澹瘢蹒蟠④伴拌绊⑥叛畔②馒鳗瞒鞔④满螨潢⑥幔缦镘①端③短⑤断(文 2)(决断)锻①湍②团(团糯)④断(文 1)(断续)⑥段(文)(段落)缎④暖(文)(温暖)②峦孪娈栾鸾脔滦銮④卵(文)(卵袋)⑥乱①钻(1)(钻洞)③攒纂⑤钻(2)(钻孔)①尊⑤窜蹿①酸⑤蒜算⑥玩
山合一末入	⑦拨钵⑦泼⑧钹⑧末抹茉沫秣⑦掇⑦脱(1)(脱离)⑧夺(文)(抢夺)
山合二删韵	⑤篡①拴栓闩⑤涮④撰馔
山合二辖入	⑦刷
山合三月入	⑧橛(白)(两橛断)
臻开一痕韵	①吞(文)(吞咽)①根(1)(根据)跟①(脚下跟头)②痕(1)(痕迹)①恩⑤摁
臻合一魂韵	②盆①敦墩惇磴镦蹲②屯囤豚臀⑥钝遁⑥嫩②论(2)(论语)⑥论(1)(讨论)①尊樽①村邨③忖⑤寸孙荪狲③损⑤逊巽(文)(八卦之一)②存
臻合一没入	⑧勃脖渤荸饽悖⑧没殁⑦咄⑧凸突杳(3)(杳起算)⑧呐(1)(呐口)讷⑧兀纥
宕开一铎入	⑧凿

11. 宜山话、温州话读[o]。

果开一歌韵	②挪傩哪(2)(哪吒)④娜(婀娜)①娑挲③可②鹅(白)(鹅兜)①呵诃嗬
果合一戈韵	③朵⑤唾(文)(唾沫)④垛⑤挫锉(文)(锉刀)①唆梭蓑③琐锁唢②矬痤④坐⑥座
假开二麻韵	①巴(1)(巴西) 芭吧疤笆粑③把(1)(把守) 靶⑤坝把(2)(把柄)霸①葩⑤帕怕②扒爬耙杷琶巴(2)(下巴)②麻嘛蟆④马玛码蚂①乍查(姓氏)喳渣楂吒③拃⑤诈咋(1)(咋然)炸(炸弹)榨蚱①叉(2)(叉腰)权车(白)(汽车)⑤岔汊衩②茶查(1)(检查)搽②茬①沙纱砂鲨莎痧裟⑤嘎阋⑥鲊①加家嘉迦(1)(迦南)枷(文)(枷锁)笳袈傢茄(1)(雪茄)③贾(姓氏)假(1)(假设)⑤价驾架(文)(衣架)假(2)(放假)嫁稼②枷(白)(饭镬枷儿)②牙芽衙伢呀④雅⑥讶砑①虾(1)(虾儿)⑤吓虾(2)(虾蟆)霞遐瑕④下⑥夏厦暇(闲暇)①丫(1)(两丫裤)鸦③哑⑤亚娅挜
假合二麻韵	①挝(1)(敲打)③傻②斜(2)(斜视)①瓜呱(2)(呱呱叫)娲蜗③寡剐①夸(誇)③胯⑤挎跨胯④瓦①花⑤化②划(1)(划龙船)华(中华)哗骅⑥华(2)(华山)桦①哇洼蛙
遇合一模韵	⑥赂⑤厝厝⑥祚
遇合三鱼韵	③所(场所)
蟹开二佳韵	④罢(2)(罢工)①佳
蟹合二佳韵	⑤卦褂挂⑥画(1)(连环画)①娃
蟹合二夬去	⑥话
流开一侯韵	①姆(2)(师姆)④母拇姆(1)(保姆)某

山开二黠入	⑦八⑴(八个)捌⑦趴⑧拔跋
山合一末入	⑦括⑦阔⑦豁⑴(豁然开朗)⑧活⑦斡⑦哟唷
山合二辖入	⑦刮(颳)
山合二黠入	⑧猾滑
宕开一铎入	⑦博搏膊⑦粕泊⑧薄⑴(厚薄)亳箔礴⑧莫摸幕漠寞膜瘼瞙⑦沰托拓⑧铎⑧诺喏⑧乐⑵(快乐)洛骆络烙落酪⑦作⑦错⑦索嗦⑦昨怍柞胙砟酢⑦各阁胳⑴(胳膊)搁(文)(搁浅)咯⑧硌(硬硌硌)搁(白)(搁臀)⑧鄂愕噩鳄谔萼腭颚鹤⑦壑郝⑧涸貉⑦恶⑴(善恶)
宕合一铎入	⑦郭椁⑦扩廓⑦霍藿⑧获(穫)⑴(收穫庄稼)镬
宕合三药入	⑧缚⑴(缚鞋带)
江开二觉入	⑦驳剥⑦朴(樸)⑧雹⑧邈⑧擢(白)(擢起当官)⑧捂⑦角觉珏⑦壳确榷⑧乐⑴(音乐)岳嶽⑧学斅⑦握喔幄龌
梗开二陌入	⑦舶⑵(船舶)⑧驀陌⑵(打生陌生)
通合一屋入	⑦卜⑴(占卜)⑦仆⑴(仆倒)扑噗璞濮蹼⑧卜(菔)⑵(萝卜)仆(僕)⑵(仆人)瀑⑧木沐⑧禄碌
通合一沃入	⑦沃鋈
通合三屋入	⑧目牧睦穆苜
通合三烛入	⑧录绿氯

12. 宜山话、温州话读 [yo]。

江开二觉入	⑦卓桌啄琢诼涿捉⑦斲⑦齪⑧浊镯⑧擢(文)(擢升)濯⑦朔搠
通合三屋入	⑦壴⑦缩蓿
通合三烛入	⑦足⑦烛嘱瞩⑦触⑧躅属蜀⑧粟傈⑦束⑧俗续⑧赎⑦曲⑴(弯曲)蛐⑧局焗⑧玉狱钰⑧浴欲

13. 宜山话、温州话读 [ɿ]。

蟹开一咍韵	①腮(白)(腮腺炎)
止开三支韵	①髭①知蜘③紫呰③只⑴(只有)咫⑤智⑤渍①雌呲疵①差⑷(参差)③此③侈⑤刺⑴(刺激)⑤翅②弛驰③踟篪龇①斯撕嘶厮①筛⑵(米筛)③施③褫豕⑤赐④氏是④尔⑥豉
止开三脂韵	①咨姿资①脂③姊③旨指⑤恣⑤至挚⑤次②迟④雉⑥稚①私①师狮(文)(雄狮)蛳①尸③死③矢屎⑤四肆②瓷①自⑥示谥⑥视嗜
止开三之韵	①吱①兹滋孳①孜淄缁辎锱①之芝③子籽仔梓滓③第③止址趾祉⑤置⑤志痣⑤识⑵(标识)帜①痴①笞①蚩嗤①耻③齿⑤胎炽②持④痔峙⑥治①司丝咝鸶思飔①诗③史使驶③始⑤伺⑤试弑②慈磁鹚糍②词祠辞糍(泥糍)②时②而④巳祀似④士仕俟市柿恃④耳(文)(聂耳)洱⑥字寺侍嗣⑥事⑥饵
深开三缉入	⑦涩(白)(涩口)

14. 普通话读 ie，宜山话、温州话读 [i]。

假开三麻韵	③野②爷椰耶揶④也(文)(也是)冶⑥夜
蟹开三祭去	⑤憩⑥偈(2)(偈佗)
咸开三叶入	⑧聂镊蹑喢颞⑦接婕楫⑦辄⑦妾⑧捷睫⑧涉⑦厣⑧烨叶(葉)页晔
咸开三业入	⑦劫⑦怯(文)(怯生)⑧业⑦胁
咸开四帖入	⑦跌⑦帖贴⑧谍叠碟蝶喋牒⑦惬箧⑧挟(挟菜)⑧协侠
山开三薛入	⑦瘪⑧别⑧灭乜(文)(眼睛微张)搣⑧列咧烈裂冽洌趔⑦哲蜇喆⑦折(1)(折扣)褶⑧彻撤澈辙⑧舌⑧折(2)(折本)⑧热乜(白)(乜人)⑦孑⑧杰桀⑧孽蘖⑧拽(1)(拖；拉)
山开三月入	⑦揭(1)(揭露)⑧揭(2)(按揭)竭偈(1)(勇武貌)碣⑦歇蝎⑦谒
山开四屑入	⑦憋鳖⑦撇瞥⑧蹩⑧蔑篾⑦铁餮⑧迭垤耋⑧捩戾⑦节疖⑦切窃沏⑦挈锲⑧截⑦洁结桔(1)(桔梗)拮⑧龁镍臬⑦噎⑧颉撷缬

14. 普通话读 ian，宜山话、温州话读 [i]。

咸开三盐韵	③贬②帘廉镰奁④脸敛⑥殓①粘黏①尖歼①沾占(1)(占卜)①瞻詹⑤占(佔)(2)(占领)①签(籤)(簽)佥③谄⑤埏②黔钤箝①纤(纖)(2)(纤维)遥③闪(腰闪着)陕②潜②蟾②髯④渐④冉苒⑥赡④染④捡检睑②钳④俭⑥验③险①淹奄腌阉①恹③掩③魇⑤厌餍②炎②盐阎闫檐⑥艳焰
咸开三严韵	⑤剑⑤欠②严④俨④酽①腌
咸开四添韵	①掂③玷点踮⑤店惦①添③舔②恬甜④簟⑥垫①拈②鲇(鲶)⑥念捻①兼①谦③歉②搛(搛菜)②嫌
深开三缉入	⑧廿
山开三仙韵	①编鞭⑤变①扁(2)(一叶扁舟)偏篇翩⑤骗②便(便宜)④辨辩⑥便(1)(方便)下弁汴②绵棉④免勉缅黾(2)(黾池)娩冕汅沔腼鮸⑥面(1)(脸面)④碾②连联涟④攀琏辇①煎①馓毡③剪翦①展辗⑤溅箭⑤战颤①迁千(韆)(2)(秋千)悭③浅阐②钱②缠①仙籼鲜①煽搧③癣藓⑤线腺⑤扇②涎②单(2)(单于)禅蝉婵②然燃④践④善鳝⑥贱饯⑥羡⑥擅嬗缮膳③遣谴缱②乾虔捐④件⑥谚彦①蔫嫣②焉②延蜒筵④衍④演
山开三元韵	①犍⑤建健④键⑥健腱踺②言④谳⑥唁①轩⑤宪献③偃⑤堰
山开四先韵	①边蝙③扁(1)(扁担)匾⑤遍⑤片②骈④辫②眠④丐⑥面(麵)(2)(米面)①滇颠巅癫③典碘①天③腆②田填钿⑥电佃甸淀奠殿靛癜②年②怜(憐)莲⑥练炼链①笺⑤荐①千(1)(千万)仟阡扦②前①先③洗笺燹①坚肩③茧趼⑤见①牵⑤茜(1)(茜草)倩纤(纖)(1)(纤夫)②研妍③显①烟胭湮⑤宴燕咽(2)(咽气)②贤弦舷⑥现砚
山合三仙韵	⑥恋②沿铅(2)(铅山)

14. 普通话读 i，宜山话、温州话读 [i]。

蟹开三祭去	⑥例⑥艺呓⑤裔⑥曳
蟹开三废去	⑥刈
蟹开四齐韵	②泥⑥伲②倪霓稔⑥睨诣⑤缢瘗②兮奚⑥系(1)(关系)系(係)(2)(中文係)系(繫)(3)(连系)
止开三支韵	⑤臂②糜縻④靡②仪宜④蚁⑥义议谊①祎猗漪③椅倚旖②移④迤⑥易(2)(容易)

止开三脂韵	⑤秘(2)(秘鲁)愁⑥秘(1)(秘书)①妮②尼呢怩⑥腻①伊咿②夷姨胰痍彝⑥肆⑥懿
止开三之韵	④你②疑④拟①医⑤意②怡贻诒饴颐②圯④矣④已以⑥异
止开三微韵	③几(幾)(白)(几个)⑥毅①衣依祎②沂
深开三缉入	⑧立
臻开三质入	⑦必毕笔哔筚跸滗⑦匹疋⑧弼⑧泌密蜜宓谧嘧⑧昵⑧栗傈溧篥溧慄⑦一(白)(一个)
曾开三职入	⑦逼⑧愎(刚愎自用)⑧匿⑦即⑦亿忆臆癔
梗开三陌入	⑦碧
梗开三昔入	⑦辟(1)(大辟)璧⑦辟(闢)(2)(开辟)僻⑧掷(白)(投掷)
梗开四锡入	⑦壁⑦劈霹噼癖⑧觅泊幂⑧溺⑧迪敌涤笛狄籴荻翟(2)(长尾的野鸡)

14. 普通话读 lü，宜山话、温州话读[i]。

臻合三术入	⑧律率(2)(效率)

15. 宜山话、温州话读[u]。

果开一歌韵	①哥歌③舸①苛柯轲疴①坷②河何(文)(任何)荷(1)(荷花)菏④荷(2)(负荷)⑥贺①阿(1)(阿胶)娿⑤屙
果合一戈韵	①戈锅埚瘑③果裹馃⑤过①科棵颗蝌稞窠髁⑤课③火伙(夥)⑤货②禾和(1)(和平)④祸⑥和(2)(附和)①窝涡莴①倭挝(2)(老挝)
遇合一模韵	③圃(2)(浦东)普埔②菩脯(2)(胸脯)蒲(菖蒲)匍莆④部簿⑥捕哺①估咕姑菇轱蛄辜孤呱(1)(呱呱而泣)苽箍③古诂牯罟股蛊贾(1)(商贾)鼓臌瞽⑤固沽故痼顾雇①枯骷刳③苦⑤库裤绔①乎呼③虎唬琥浒⑤戽②狐弧壶胡(鬍)葫湖蝴糊猢瑚④户沪扈⑥互护①乌鸣钨污③坞⑤恶(2)(可恶)
遇合三虞韵	②孵(白)(孵坊)①夫(2)(人名)肤麸俘孵(文)(孵化)敷乎稃③甫脯(1)(果脯)辅俯斧釜抚⑤赴讣②扶芙(文)(芙蓉)凫无(无中生有)芜巫诬毋④腐(文)(腐儒)武侮鹉舞妩
流开三尤韵	④负
臻合一没入	⑦不(文)(不是)
通合一屋入	⑦谷(穀)⑦哭⑧斛槲⑦屋
通合一沃入	⑦酷⑧鹄
通合三屋入	⑦复(複)(復)腹蝮馥覆福幅辐蝠⑧伏服袱茯匐

16. 宜山话、温州话读[y]。

果合三戈平	②瘸①靴
遇合三鱼韵	①车(文 2)(车马炮)居(文)(居住)③举⑤据锯踞①祛⑤去(文)(来去)②渠(文)(水渠)④巨拒炬距⑥遽①虚嘘墟③许(文)(许多)④语圄龉⑥御(禦)驭
遇合三虞韵	①拘驹③矩枸(1)(枸橼)⑤句①区(1)(区别)岖驱躯③龋②瞿衢⑥具俱惧飓②娱(1)(娱乐)隅愚禺虞⑥遇寓①吁(1)(气喘吁吁)③诩栩⑤酗煦①吁(2)(喝止牲口声)③呕③妪
蟹合四齐韵	①闺硅圭⑤桂①暌睽
止合三支韵	①规(1)(圆规)③诡①窥④跪②危⑥伪①麾③毁

止合三脂韵	①龟③轨癸⑤季悸愧⑴(惭愧)②葵逵馗夔④揆⑥柜(櫃)馈匮
止合三微韵	①归⑵(当归)③鬼⑤贵①挥⑵(指挥)辉晖⑤卉讳

17. 宜山话、温州话读[ai]。

果开一歌韵	②蛾(白)(打灯蛾)⑤个⑥饿(白)(肚饿)
果合一戈韵	⑤唾(白)(痰唾)②腡
蟹开一咍韵	④倍蓓①呆⑵(痴呆)⑤唉⑵(唉磊堆碎)
蟹开一泰去	⑤贝狈⑤沛霈
蟹开二蟹韵	④奶(白2)(奶奶)
蟹开四齐韵	⑤细(白)(细姆)
蟹合一灰韵	①杯背(揩)⑶(背心)⑤背⑴(背部)辈褙①坏胚呸⑤配②陪培徘赔裴⑥佩背⑵(背诵)焙昧①堆⑤对碓①推③腿⑤褪煺②颓⑥队④馁⑥内②雷擂蕾镭④磊儡瘰⑥礧⑤淬①崔催摧③璀⑤啐⑤碎④罪①瑰①恢盔魁诙③傀⑤块⑥溃(白)(溃疡)①灰③贿悔⑤海晦①偎煨⑤诶猥②桅鬼②回(迴)徊茴洄蚘④汇(匯)⑴(汇款)⑥溃(文)(崩溃)
蟹合一泰去	⑤脱⑵(脱裤)蜕⑥兑⑤最(文)(某某之最)拽⑵(拉扯)⑤会⑵(会计)侩刽桧脍⑤荟⑥会⑴(会议)绘烩
蟹合三祭去	⑤脆⑥锐睿芮
蟹合三废去	⑤喙⑤秽(淫词秽语)
蟹合四齐韵	①奎
山合一末入	⑧夺(白)(赌抢赌夺)⑧捋
止开三脂韵	⑦狮(白)(狮子)
止合三支韵	⑤惴③揣⑤踹⑥睡①规⑵(规矩)①亏
止合三脂韵	⑤醉⑴(陶醉)⑤翠①衰⑥悴粹萃瘁⑤愧⑵(愧对)
止合三微韵	①归⑴(回归)馈①岢⑤喟②巍⑥魏(文)①挥⑴(挥挥手)徽③虺⑥魏(白)⑥汇(彙)⑵(汇报)
效开三宵韵	③小(白)(古方言留下的白读)

18. 宜山话、温州话读[au]。

流开一侯韵	③走⑤奏揍③揪⑤凑①兜③斗⑴(北斗)抖陡蚪⑤斗⑵(斗争)①偷③敨⑤透②投⑥逗读⑵(句读)窦脰⑥耨②娄楼偻喽褛蝼髅④搂篓⑥陋漏镂瘘③叟嗾擞⑤嗽漱①勾沟钩篝③苟狗枸⑵(枸杞)垢诟⑤构购媾够毂(白)(居屋合音)①抠瓯③口⑤叩扣寇蔻④厚(白)(厚佬)④偶藕耦③佝③犼(许屋合音)⑤吼鲎(虹)②侯喉猴篌④后(後)厚(文)(忠厚)⑥候逅①区⑵(姓氏)欧鸥讴瓯③呕殴⑤沤怄堰(埋葬)
流开三尤韵	①邹驺⑤皱绉①诌⑥胄籀骤④宥①搜艘馊飕③溲⑤瘦②愁②牛

19. 宜山话、温州话读[iau]。

流开三尤韵	①妞④扭纽钮忸⑥狃(若屋合音)①鸠阄③九久玖灸韭⑤究疚救咎厩①丘蚯邱③揂②求球逑裘仇(1)(姓氏)④臼舅柏⑥旧柩①休咻③朽⑤臭(2)(铜臭)嗅①优忧悠攸②尤犹②由邮油游蚰猷蝣楺④友有④酉诱莠⑥又右佑祐⑥囿宥柚釉
流开三幽韵	①赳③纠②虬①幽③黝⑤幼

20. 宜山话、温州话读[iəu]。

流开三尤韵	①揪①舟州洲周(週)賙③酒③肘③帚⑤昼⑤咒①秋(鞦)湫鳅①抽①瞅③丑(醜)⑤臭(1)(乌焦臭)②囚②绸稠惆畴筹踌②仇(2)(仇恨)雠酬④纣⑥宙轴⑥售①修羞馐①收③手首守狩⑤秀绣锈宿(2)(星宿)⑤兽②酋遒泅④受绶⑥就⑥袖⑥寿授②柔揉蹂
通合三屋入	⑦郁(1)(郁闷)燠⑧育昱煜毓鬻

21. 宜山话、温州话读[aŋ]。

深开三侵韵	④恁①砧针斟箴③枕怎⑤浸①侵郴琛(1)(珍宝)③寝⑤沁②沉④朕⑥鸩①心芯参(3)(人参)森深琛(2)(人名)③沈(瀋)审婶⑤渗②寻捪荨岑谌忱任(文2)(任性)④赁覃葚甚饪⑥任(文1)(姓氏)妊(文)(妊妇)衽
山合一桓韵	④断(白)(断气)⑥段(白)(烂树段)④暖(白)(暖芬芬)④卵(白)(卵黄)③管(白)(毛管)
臻开一痕韵	①吞(白)(慢吞吞)①根②(结根)跟②(跟从)哏⑤艮③垦恳③很狠②痕(2)(伤痕)⑥恨
臻开三真韵	①津珍蓁榛臻真甄③诊疹缜积⑤进晋镇圳振震赈①亲(1)(亲戚)押嗔瞋⑤亲(2)(亲家)趁衬齓②尘陈臣⑥阵①辛锌新薪莘申伸身呻绅娠③迅哂⑤讯汛信囟②秦神辰晨宸人(文)(人民)仁赈④尽(儘)肾⑥烬慎蜃刃(1)(刀刃)纫仞②人(白1)(人来客往)
臻合一魂韵	①奔贲犇③本畚①喷(1)(喷水)⑤喷(2)(喷香)④苯⑥笨坌②门们扪⑥闷焖①吨③炖⑤顿炖(2)(炖卵糕)⑤炖②饨④盾(1)(盾牌)沌炖(1)(温炖汤)②仑抡①昆(文1)(昆仲)③滚衮绲辊⑤棍謴①昆(白)(昆剧)坤③捆⑤困①昏(2)(昏君)①温(2)(温吞)②浑馄④混⑥诨
臻合三文韵	⑤粪(白)(粪扫)①分(1)(分开)芬吩纷酚③粉⑤奋粪(文)(粪坑)②坟氛焚汾文纹蚊(文)(蚊蝇)雯④忿愤吻刎⑥分(2)(分格)份问(文)(提问)闻紊②蚊(白)(蚊虫)明(白)(明朝)⑥问(白)(问问呣)
臻合三谆韵	②伦沦轮囵纶(1)(涤纶)
江开二江韵	①夯(白)(夯实)
曾开一登韵	①灯登蹬䳭③等崚⑤凳橙⑤瞪(白)(眼灵珠瞪起)②腾誊藤滕⑥邓②能②棱⑥愣①曾(文2)(姓氏)增憎③蹭②曾(白)(曾经)①僧②层曾(文1)(曾经)⑥赠⑤亘③肯啃②恒
梗开二耕韵	①筝(2)(古筝)
通合一冬韵	②疼(白)(疼痛)

22. 宜山话、温州话读[iaŋ]。

咸开二咸韵	④赚(白)(赚钞票)
深开三侵韵	②壬④您⑥任(白)(任何)妊(白)(妊娠)①今金襟③锦⑤禁①钦衾⑤撳②琴禽擒芩噙檎⑥妗噤①歆鑫②吟①阴荫(1)(树荫)音喑③饮⑤荫(2)(荫德)窨②淫霪
臻开三真韵	②人(白2)(新儒人)银鄞垠④忍⑥刃(2)(刀刃)认韧①巾③紧⑥仅馑瑾觐⑤岻①因茵咽(1)(咽喉)姻氤⑤印②寅④引蚓呁⑥胤
臻开三殷韵	①斤筋③谨⑤靳②芹勤④近①欣忻掀②龈①殷③隐瘾
曾开三蒸韵	②兢矜①兴(文1)(兴盛)③兴(白)(作兴)⑤兴(文2)(高兴)②凝①应(1)(应该)鹰膺⑤应(2)(响应)①蝇⑥孕
梗开二耕韵	①茎莺(1)(黄莺)樱(1)(樱桃)鹦(1)(鹦鹉)罂(1)(罂粟)
梗开三庚韵	①京荆惊粳③景警璟⑤竟敬境镜漧①卿⑤庆②擎鲸黥⑥竞②迎①英瑛鎣③影⑤映③行(白)
梗开三清韵	③颈⑤劲①轻氢④痉①婴缨瓔②盈嬴楹瀛
梗开四青韵	②宁(1)(宁波)拧狞柠咛⑥宁(2)(宁可)泞①经(1)(经济)泾⑤径经(2)(经线)陉胫迳⑤磬罄①馨⑤滢②刑形型邢
梗合三清韵	④颖郢颍
通合三锺韵	①凶(白)

23. 宜山话、温州话读[əŋ]。

深开三侵韵	③禀③品②林临淋琳霖④凛廪
臻开三真韵	①宾彬斌滨缤濒槟③膑髌⑤鬓傧摈殡②贫频嫔颦②民旻岷抿泯旻④闽闵悯敏②邻磷鳞粼嶙遴辚麟繗⑥吝蔺膦
曾开三蒸韵	①冰①乒②凭①扔②凌陵菱①升昇陞⑤胜②仍②缯乘(1)(加减乘除)绳塍承丞⑥乘(2)(千乘之国)剩嵊
梗开三庚韵	①兵③丙秉柄炳②平评坪苹枰⑥病②明(文)(光明)鸣盟④皿⑥命
梗开三清韵	①并(3)(并州)③饼屏(2)(屏墙)⑤并(併)(1)(合并)摒⑤聘娉②名茗②令(2)(令尊)④岭领⑥令(1)(命令)①声③省(2)(反省)⑤性姓圣②情晴饧成诚城盛(2)(盛饭)④靖静婧⑥净靓(1)(靓妆)盛(1)(兴盛)晟
梗开四青韵	①拼姘②屏(1)(屏幕)瓶萍④并(並)(2)(并且)苹②铭冥瞑螟④酩①丁叮钉(1)(铁钉)仃疔③顶鼎⑤订钉(2)(钉板箱)①厅听(文)(听觉)汀町烃③挺艇⑤听(白)(打听)②廷亭庭停蜓婷霆⑥定啶腚碇锭①拎铃(2)(铃铛)②令(3)(令狐)伶灵玲铃(1)(电铃)聆羚零龄苓囹泠棂蛉翎⑥另①星猩腥惺③醒

26. 宜山话、温州话读[oŋ]。

曾开一登韵	①崩(1)(崩溃)绷(1)(打绷)⑤绷(2)(一绷香烟)蹦嘣(2)(内胎打嘣𫠠)⑤碰掽②朋棚(1)(牛棚)鹏硼①肱①薨②弘泓
梗合二耕韵	①轰訇②宏闳竑
通合一东韵	②蓬篷堸④埲烽①蒙(2)(蒙人)②蒙(1)(蒙犯)蒙(曚)(4)(目失明)蒙(濛)(5)(小雨貌)檬朦瞢④蒙(3)(蒙古)蒙(懜)(6)(昏昧无知)懵①东③董懂⑤冻栋①通痌③捅

	⑤痛②同桐铜筒童瞳僮潼④动桶㤂⑥洞侗恫胴②咙胧聋笼茏泷珑砻癃④拢⑥弄①棕鬃③总⑤粽①匆(忽)葱聪偬⑤送②从①工公功攻恭(2)(恭候)蚣红(2)(女红)③汞⑤贡①空(1)(空虚)倥崆箜③孔⑤空(2)(亏空)控①哄(1)(哄动)烘③哄(2)(哄骗)⑤哄(3)(起哄)蕻(菜蕻)②红(1)(红色)虹洪鸿蕻(1)(雪里蕻)⑥讧①翁嗡滃⑤瓮齆(齆鼻)
通合一冬韵	①冬(鼕)⑤统②彤疼(文)(疼痛)②农脓侬哝①宗综①松(鬆)(1)(放松)⑤宋②淙琮
通合三东韵	①风枫疯讽丰⑤讽②冯⑥凤⑥梦②隆窿①菘嵩②崇戎绒①弓(2)(新读)宫(2)(新读)躬(2)(新读)
通合三锺韵	①乓③捧①封峰锋蜂烽②逢④奉⑥缝俸②浓(1)(浓密)②龙(文)(龙头)④垄(文)(垄断)陇①踪①从(2)(从容)①松淞②茸冗③巩拱(2)(拱桥)

27. 宜山话、温州话读[ioŋ]。

山合三仙韵	③卷(白)(一卷)①穿(白)(穿针)鬈(白)(鬈发)⑤串
梗合三庚韵	③冏①兄②荣嵘蝾④永咏泳
梗合三清韵	①倾③顷②琼②营茔莹
梗合四青韵	③炅迥炯②荧萤萦荥
通合一东韵	①函
通合三东韵	①中(1)(中国)忠衷盅终⑤中(2)(中状元)众①冲(1)(冲锋)忡充⑤铳②虫⑥仲①弓(1)(弓箭)躬(1)(躬身)宫(1)(宫殿)①穹②穷②熊雄融
通合三锺韵	①冲(衝)(2)(对冲)憧③宠①舂②慵①雍臃①拥②佣(傭)(1)(雇佣)庸墉镛容蓉溶榕熔

28. 宜山话、温州话读[ŋ]。

止开三支韵	②儿(1)义(白)⑤儿(2)⑥儿(3)
止开三脂韵	⑥二贰
止开三之韵	④耳(白)

(二)不同部分

01. 宜山话读[a]，温州话读[ai]。

深开三缉入	⑦缉(2)(缉合)戢汁执⑦缉(1)(通缉)辑葺⑦涩(文)(羞涩)湿⑧集习袭十什拾入
山合一末入	⑦撮⑦撮
臻开三质入	⑦窒桎质郅栉蛭⑦七柒漆⑧侄秩帙⑦膝瑟虱失室⑧疾嫉蒺实日(文)(日本)
臻合一没入	⑦不(白)(不仅)⑦卒⑦猝
臻合三术入	⑦率(1)(率领)摔蟀
臻合三物入	⑦苻黻勿弗佛(2)(仿佛)拂氟⑧佛(1)(佛陀)勿物(文)(事物)

01. 宜山话读[a]，温州话读[o]。

咸合三乏入	⑦法珐砝⑧乏
山合三月入	⑦发(發)(髮)⑧伐罚阀筏⑧袜

02. 宜山话读[ia]，温州话读[iai]。

深开三缉入	⑦级急给汲⑦泣⑧及圾⑦吸歙甩⑦邑挹浥揖⑧熠
臻开三质入	⑧日(白1)(生日)⑦吉桔(2)(柑桔)劼诘⑧佶⑦一(文)(一二三)乙壹⑦溢⑧逸佚轶
臻开三迄入	⑦乞吃(2)(口吃)讫⑦迄⑧屹
臻合三物入	⑧掘(白)(掘井)
曾开三职入	⑦棘亟⑧极⑦抑⑧翼弋翌
梗开三陌入	⑦戟⑦隙⑧剧展⑧逆
梗开三昔入	⑦益⑧亦译易(1)(交易)绎驿弈奕蜴液腋掖
梗开四锡入	⑦击激⑧檄

03. 普通话读 ai，宜山话读[æ]，温州话读[a]。

蟹开一咍韵	⑥埭(白)(两埭屋)④乃艿氖⑥鼐
蟹开一泰去	⑤戴(白)(戴帽)⑤带⑤太泰傣汰⑥大(文1)(大师)汏⑥奈⑥赖癞籁⑤蔡
蟹开二皆韵	⑤拜⑤湃①掰②排俳⑥惫②埋霾①斋崽(白)(卵崽)①差(3)(出差)②豺
蟹开二佳韵	③摆(擺襬)⑤派②牌④罢(1)(吃交罢)④买⑥卖①奶(白1)(奶奶头儿)④奶(文1)(老奶奶)⑤债①差(1)(差错)叉①(叉烧包)钗④豺①筛(1)(筛酒)⑤洒晒②柴
蟹开二夬去	⑥败⑥迈⑥寨
梗开二陌入	⑦百伯迫柏佰⑦拍魄珀擘(白)(擘饼)啪⑧白舶(1)(舶来品)帛⑧陌(1)(陌生)⑦咋(2)(咋舌)窄舴⑦拆⑧宅择泽着(文2)(着色)翟(1)(姓氏)
梗开二麦入	⑦擘擘(文)(巨擘)⑧麦脉唛⑦摘谪责啧簀⑦册策

03. 普通话读 uai，宜山话读[æ]，温州话读[a]。

蟹合一泰去	⑥外
蟹合二皆韵	①乖⑤怪⑤蒯②怀(白)(怀囥)②怀(文)(怀念)淮槐⑥坏
蟹合二佳韵	③拐①歪
蟹合二夬去	⑤快筷
止合三脂韵	⑤帅

03. 普通话读 e，宜山话读[æ]，温州话读[a]。

果开一歌韵	②何(白1)(何乜)②何(白2)(何乜)
假开三麻韵	④也(白2)(也是)③也(白1)(也是)
蟹开二皆韵	①阶皆偕⑤介戒芥尬届界诫疥疥①揩③楷锴②癌挨②(拖延)②谐④骇骸⑥械①埃②(埃及)挨(1)(挨近)⑤呃
蟹开二佳韵	①街③解(1)(讲解)⑤解(2)(解钞票)廨②崖涯捱③蟹④鞋④解(3)(解签诗)懈⑥邂③矮⑤罃蜢(2)(蜢儿)

咸开一合入	⑦喝(2)(喝水)⑧盒(白)(盒儿)
梗开二陌入	⑦格胳(2)(胳肢窝)骼⑦客喀⑧额⑦赫
梗开二麦入	⑦革隔嗝膈⑦绠⑦扼厄轭

03. 普通话读 eng，宜山话读[æ]，温州话读[a]。

梗开二庚韵	②衡

03. 宜山话读[æ]，温州话读[ɛ]。

宕开三阳韵	④两(两个)
梗开二庚韵	①烹②彭嘭蟛澎膨⑥甏②盲④猛锰蜢艋⑥孟③打④冷①撑(1)(俯卧撑)⑤撑(2)(撑客)①生牲笙甥②省(1)(省略)①更庚羹赓③埂梗哽鲠⑤更(文 2)(更加)①坑⑥硬①亨哼②行(文 1)(行为)珩桁⑥行(文 3)(品行)绗③斎(天明亮)
梗开二耕韵	①绷(1)(藤绷)①浜⑤绷(2)(绷紧)⑤迸①砰抨怦②棚(2)(尿布棚)④蚌(2)(蚌埠)②萌④黾(1)(蛙的一种)①争狰睁筝(1)(古筝)峥⑤挣诤①耕③耿⑤铿④幸悻①莺(2)(莺哥)樱(2)(金樱)鹦(2)(鹦哥)罂(2)(罂壶)③杏
梗合二庚韵	②横

04. 宜山话读[ɛ]，温州话读[ə]。

效开一豪韵	①褒煲③宝保堡鸨葆褓⑤报②袍④抱⑥暴曝爆②毛牦髦蚄④铆⑥冒帽耄①刀叨③岛捣倒(1)(打倒)裯⑤到倒(2)(倒水)①滔绦韬饕弢③讨⑤套②逃桃涛陶掏萄淘峒④道稻⑥导盗悼蹈焘纛④恼脑瑙②劳牢捞唠痨④老姥(1)(姥爷)佬⑥涝①遭糟③早枣蚤澡藻⑤灶躁①操(1)(操作)草(白)(潦草)③草(文)(青草)⑤操(2)(曹操)糙①搔骚缲③嫂⑤扫噪燥②曹槽漕④皂造①高羔膏糕皋皐篙疙③搞镐稿⑤告诰①尻③考拷烤洘⑤铐靠犒②熬敖遨獒謷翱鳌⑥傲①蒿薅③好(1)(爱好)⑤好(2)(喜好)耗②毫豪嚎蚝嗥壕濠④浩皓昊颢灏⑥号①鏖熇噢③袄媪⑤奥澳懊夰
流开一侯韵	③剖④牡亩⑥茂贸袤懋
流开三尤韵	③否(1)(否则)缶②阜浮(文)(浮肿)蜉②谋缪(1)(绸缪)②牟眸

05. 普通话读 an，宜山话读[ɔ]，温州话读[a]。

咸开一覃韵	①眈躭②坛(壜)(2)(酒坛)谭昙②岚函涵
咸开一谈韵	①担(1)(负担)聃③胆⑤石(2)(一石米)担(2)(重担)①坍③毯②谈痰④淡氮啖澹②蓝篮褴④览揽缆槛⑥滥②惭⑥暂①三叁仨③喊
咸开二咸韵	③斩崭⑤蘸④湛⑥站赚(文)(赚错)①杉②馋谗①缄尴③减碱硷⑥陷(白)馅(白)(馅心)②咸(鹹)⑥陷(文)(陷阱)馅(文)(馅饼)
咸开二衔韵	①搀⑤忏谶①衫②巉①监(1)(牢监)⑤监(2)(太监)鉴④槛③舰⑤嵌②衔(白)(衔头)②岩②衔(文)(头衔)
山开一寒韵	①丹单(1)(单独)郸殚③疸掸⑤旦诞①摊滩瘫③坦(文)(坦白)⑤炭叹碳②坛(壜)(1)(花坛)弹(2)(弹琴)檀④袒⑥但弹(1)(子弹)蛋惮坦(白)(道坦)②难(1)(困难)⑥难(2)(患难)②兰拦栏澜谰阑④懒㜮⑥烂②赞瓒①餐⑤灿粲璨②残

	①珊栅⑵(栅极)姗姗③伞散⑵(散漫)霰⑤散⑴(散会)
山开二山韵	⑤扮瓣⑤盼⑥办③盏⑤产铲⑥绽①山舢②潺①间⑴(房间)艰③栋柬简铜祠扮⑤间⑵(间接)①悭④眼②闲娴痫④限
山开二删韵	①扳班颁斑癍③反⑵(反转)板(闆)版阪钣舨①攀⑤襻②片②蛮⑥漫慢谩④赧⑥栈①删潜⑤栅⑴(栅栏)讪汕疝①奸姦菅⑤谏涧⑥雁(白)(雁鹅)②颜⑥雁(文)(雁荡)脏④莞⑵(莞尔而笑)③绾⑤晏

05. 普通话读 uan，宜山话读[ɔ]，温州话读[a]。

咸合三凡韵	⑤泛②凡帆④犯范⑥梵
山合一桓韵	①宽髋④皖⑥换
山合二山韵	①纶⑵(纶巾)鳏⑥幻
山合二删韵	①关⑤惯⑥环(白)(门环)①弯湾②顽还环(文)(环境)圜寰⑥宦患豢
山合三仙韵	①铅⑴(铅锅)
山合三元韵	①藩⑴(篱笆)番⑴(番人)翻③反⑴(反对)返⑤贩畈②矾烦繁蕃樊藩⑵(曾国藩)繁⑥饭④挽(白)(挽联)晚(白)(晚稻)⑥曼蔓万(白)(逾千达万)④挽(文)(挽回)晚(文)(早晚)⑥万(文1)(万年青)

05. 宜山话读[ɔ]，温州话读[uɔ]。

效开二肴韵	①包苞胞③饱⑤豹趵①抛脬③跑⑤泡炮疱②咆庖④鲍⑥刨铇①猫⑵(熊猫)②茅猫⑴(大猫)锚④卯⑥貌①孬②挠桡铙⑥闹淖①抓③爪找⑤罩笊①抄钞吵③吵炒⑥棹①捎梢稍⑴(稍微)筲艄飕⑤哨稍⑵(稍息)睄潲②巢①交郊胶跤茭蛟鲛看(白)(看配)③狡绞佼姣铰搅⑤教校⑵(校对)较珓窖①敲敲③巧④咬⑥狡①哮⑤孝酵②爻肴(文)(菜肴)淆⑥校⑴(学校)效①凹拗⑶(嬉嬉拗起)③拗⑴(棒儿拗断爻)⑤拗⑵(两个人拗搭)坳
效开四萧韵	⑤啸
流开三尤韵	②矛蝥

06. 宜山话读[iɔ]，温州话读[ia]。

假开二麻韵	①丫⑵(丫环)呀⑤卸
效开四萧韵	④鸟⑴(飞鸟)袅⑥尿⑴(输尿管)①蛲(白)(蛲蛲动)②尧饶⑵(上饶)蛲(文)(蛲虫)③晓
咸开三业入	⑦怯(白)(胆怯)
山开四屑入	⑧捏⑦屑楔
宕开三药入	⑦爵着(白)(着衣)⑦灼酌⑦斫⑦雀鹊⑦绰焯⑧着(文1)(着火)嚯⑴(嚯起)⑦削⑦烁铄⑧嚼⑧勺芍妁构⑧若偌弱⑧箬⑦脚⑦却⑧疟虐⑦谑⑦约⑧药钥跃龠
梗开二陌入	⑧搦

07. 宜山话读[e]，温州话读[ai]。

果开一歌韵	②蛾(白)(打灯蛾)
蟹合一灰韵	①姆②玫枚梅媒煤莓酶④每⑥妹昧
止开三脂韵	②霉
曾开一德入	⑧万(文2)(万俟)墨默
曾合一德入	⑦北

08. 普通话读-ŋ韵尾，宜山话读[ie]，温州话读[i]。

宕开三阳韵	②娘孃⑥酿②良梁量(2)(量尺寸)粮梁④两(2)(斤两)俩(1)(伎俩)辆魉⑥亮凉谅量(1)(数量)晾靓(2)(靓妹)①将(1)(将来)①张①章彰樟獐③奖桨蒋③长(2)(生长)涨③掌⑤将(2)(大将)浆酱⑤帐账胀⑤障幛瘴①枪①锵①昌猖菖娼③抢③昶③厂(2)(茅棚厂儿)敞氅⑤呛⑤畅怅⑤倡唱⑥长(1)(长短)场肠④丈仗杖①相(1)(互相)厢湘箱镶襄①商伤殇③想鲞③饷垧赏⑤相(2)(宰相)⑤饷②墙蔷樯②戕详祥翔尝常偿裳嫦徜④象像橡潒④上(2)(上声)⑥匠⑥上(1)(上面)尚②嚷瓤④壤攘⑥让①僵缰疆姜(薑)③襁①羌④强④襁⑥糠①乡香③享响饷⑤向(响)④仰①央殃鸯秧③养氧⑤怏②阳扬杨炀旸疡羊洋佯烊(1)(融化)垟徉④痒⑥样漾恙烊(2)(打烊)
江开二江韵	①腔②降(白)(投降)

09. 宜山话读[ø]，温州话读[y]。

| 山开一寒韵 | ①干(1)(干犯)干(乾)(3)(干燥)杆(1)(筅杆)肝竿③杆(2)(电灯杆)秆擀⑤干(幹)(2)(干部)①鼾③罕⑤汉①安氨鞍桉⑤按案胺②韩寒邗邯④旱⑥岸⑥汗捍悍焊翰瀚 |

09. 宜山话读[ø]，温州话读[ai]。

曾合一德入	⑦国
梗合二麦入	⑦帼掴蝈

10. 宜山话读[yø]，温州话读[iɛ]。

效开三宵韵	①标膘飙镖瀌③表(錶)裱婊①漂(1)(漂亮)②漂飘嘌③漂(2)(漂白)瞟⑤票剽②嫖瓢④殍鳔⑥骠①喵咩②苗描瞄④秒渺缈藐淼⑥妙庙④燎⑥疗瞭①椒焦蕉礁①朝(2)(明朝)①招昭钊③剿③沼⑤醮⑤照诏①瞧①超①跷锹③悄⑤俏峭诮⑤翘②憔谯樵②朝(1)(朝鲜)嘲潮晁④兆赵肇⑥召④绕①肖(2)(姓氏)消宵硝销霄逍魈①烧③小(文)(小朋友)少(1)(少年)⑤肖(1)(生肖)⑤笑鞘⑤少(2)(少将)①韶②饶(1)(富饶)娆④绍④扰⑥邵①娇骄②乔侨桥荞⑥轿①器①要(1)(要求)腰邀③夭⑤要(2)(重要)②姚窑谣摇遥瑶④舀⑥耀曜鹞
效开四萧韵	①刁叼雕(彫)凋貂碉③鸟(2)(鸟儿)⑤吊钓③挑⑤跳眺粜②条迢调(1)(调羹)笤④掉(2)(掉钞票)窕⑥调(2)(声调)掉(1)(掉落)②辽聊僚寥撩嘹缭寮镣④了(瞭)潦⑥料廖①萧箫潇筱①浇③佻缴饺铰(文2)(铰刀)皎⑤叫①撬橇⑤窍④鹞①枭骁①吆幺③杳窈

流开三幽韵	①彪①哮⑥谬缪(2)(姓氏)
咸开三叶入	⑧猎
宕开三阳韵	④两(1)(两个)俩(2)(两人)
宕开三药入	⑧掠略撂
通合三锺韵	②龙(白)(龙船)④垄(白)(菜垄)

10. 宜山话读[yø]，温州话读[y]。

遇合三鱼韵	④女(文)(男女)
山合一桓韵	①官棺倌观(1)(观察)冠(1)(皇冠)③馆琯管(文)(管理)莞(1)(东莞)⑤贯灌罐盥观(2)(寺观)冠(2)(冠军)③款①欢⑤唤涣焕痪奂②桓丸完绾④缓浣①豌剜蜿③碗⑤惋腕
山合三仙韵	①镌①专砖⑤转啭①痊诠铨①川穿(文)(贯穿)③喘舛⑤钏②传(1)(宣传)橡④篆⑥传(2)(传记)①宣③选⑤渲②全泉②漩②船⑥旋(镟)璇④软①捐娟鹃涓③卷(文 2)(席卷)⑤卷(文 1)(考卷)眷绢圈(2)(猪圈)①圈(1)(圆圈)②权拳蜷颧⑥倦②员圆鸢④充⑥院媛缘
山合三薛入	⑦辍啜⑦苗拙⑦雪⑦噱(2)(噱头)⑦说⑧绝⑧踅⑧阅悦
山合三元韵	③绻⑤劝券②元原源鼋螈④阮⑥愿①喧萱煊⑤楦①鸳冤③苑宛婉琬⑤怨②园袁援猿垣辕④远
山合三月入	⑦孑厥撅蕨橛獗⑦阙⑧橛(文)(短木桩)镢⑧月⑦哕(哕起，即恶心)⑦曰⑧越粤
山合四先韵	③犬⑤绚①渊②玄悬⑥县眩
山合四屑入	⑦决诀抉⑦缺炔⑦阕⑦血⑧穴
臻合一魂韵	①昆(文 2)(灵昆岛)⑤睏⑤昏(1)(黄昏)婚⑤巽(白)(巽山)①温(1)(温州)瘟③稳②魂
臻合一没入	⑦骨⑦窟⑦忽笏唿惚㫚⑧核
臻合三术入	⑦绌⑦黜出(黢)⑧怵黜⑧术(1)(白术)⑦戌恤⑧术(术)(2)(手术)述⑦橘⑧聿鹬
臻合三文韵	①荤
臻合三物入	⑦屈⑧倔掘(文)(挖掘)崛⑦郁(2)(郁郁葱葱)
曾合三职入	⑧域阈
梗合三昔入	⑧役疫

11. 宜山话读[o]，温州话读[uɔ]。

宕开一唐韵	①帮邦③榜膀(2)(翼膀)⑤谤泵①滂③耪①旁傍膀(1)(膀胱)磅螃彷(1)(彷徨)⑥镑②芒忙氓茫虻④莽漭蟒①当(当)(1)(应当)当(噹)(3)(当啷)铛珰裆③挡党⑤当(当)(2)(典当)档①汤趟(1)(趟水)③倘淌躺⑤烫趟(2)(一趟)②唐堂棠塘膛糖溏溏镗螳瞠⑥荡宕①囔②囊④曩⑥馕①啷②郎狼琅廊榔银踉螂④朗⑥浪阆①赃脏(髒)(1)(肮脏)藏(3)(藏青)臧⑤葬①仓苍沧舱伧①丧(1)(婚丧)桑③嗓搡磉⑤丧(丧失)②藏(1)(隐藏)⑥脏(臟)(2)(内脏)藏(西藏)奘①冈刚岗(1)(山岗)纲钢⑤杠(2)(敲竹杠)①康慷糠⑤亢抗炕伉①昂印②夯(1)(夯你)⑥夯(文)(打夯)②吭杭航笐行(文 2)(银行)①肮⑤盎
宕开三阳韵	①妆(1)(化妆)庄(1)(庄严)装(1)(武装)⑤壮(文)(强壮)①创(创伤)疮⑤创(2)(创造)③爽③耍

宕合一唐韵	①光胱③广⑤矿圹(文)(圹课)圹②旷(白)(课旷爻)④犷(该人犷显)肮(田肮儿)①荒慌肓③谎恍晃幌②皇凰惶煌蝗隍徨黄簧潢璜蟥①汪
宕合三阳韵	①方坊妨肪芳③仿纺彷(2)(彷佛)昉⑤放舫访②防房亡⑥妄忘望旺④网罔魍惘
江开二江韵	①邦梆③绑⑤胖②庞④蚌(1)(象鼻蚌)棒①江扛(文)(扛鼎之作)杠(1)(床杠)肛缸豇③讲港岗(2)(岗位)⑤降(文)(降落)绛⑥扛(白)(扛条儿)④项⑥巷

12. 宜山话读[yo]，温州话读[yɔ]。

宕开三阳韵	①妆(2)(妆灵清)庄②(坐庄)装(2)(假装)⑤壮(白)(壮显壮)③闯⑥状①霜孀②床
宕合三阳韵	①框眶筐匡诓②狂诳⑥逛⑤况③枉往②王
江开二江韵	①桩(文)(打桩)⑤戆①窗幢(1)(经幢)②桩(白)(烂树桩)⑥撞幢(2)(楼幢)①双
通合三锺韵	①钟(鐘锺)龚③冢⑤肿种(2)(种子)踵⑤纵种(1)(种树)④重(2)(重复)④重(1)(轻重)⑥重(3)(重迭)③浓(2)(浓淡)③耸(耸立)怂(怂恿)悚竦②从(1)(跟从)②松(松树)⑥讼诵颂①供(1)(供销)恭(1)(恭敬)③拱(1)(打拱作揖)⑤供(2)(供应)③恐⑥共①胸凶(文)(凶恶)匈汹②痈邕⑤壅④勇涌踊甬俑恿蛹⑥用佣(2)(佣人)

14. 宜山话读[i]，温州话读[ei]。

假开三麻韵	①爹①嗟③姐⑤借①遮③这者⑤蔗③且⑤筶(斜)①车(文 1)(水车)③扯①些③写⑤泻卸①奢赊畲③舍(捨)(2)(施舍)⑤舍(1)(进舍)赦⑥藉(1)(藉口)②邪斜(1)(倾斜)⑥榭谢②蛇⑥麝②佘④社④惹
遇合三鱼韵	①猪③煮⑤煮①蛆③杵③鼠④苎⑥箸③胥②徐⑥屿⑥薯(白)(番薯)
蟹开一泰去	⑥大(白)(大官爷)
蟹开三祭去	⑤毙蔽⑥币弊敝⑥袂⑥厉励砺蛎⑤际祭潏⑤制(製)⑤掣⑥滞⑤世势⑥逝誓噬
蟹开四齐韵	①芘祎(2)(祎益)篦屁毡⑤闭①批砒⑤睥媲②髀④陛⑥鷿①咪眯②迷谜醚④米①低③抵底邸诋砥⑤帝蒂谛①梯锑③体⑤剃涕屉替嚏④弟悌⑥递第睇逮棣缔②犁黎藜鲡④礼醴蠡(1)(范蠡)⑥丽隶唳①跻③济(2)(济南)⑤剂(2)(调剂)挤济(1)(救济)霁①妻栖凄⑤砌①西犀茜(2)(人名)③洗铣⑤细(文)(仔细)婿②齐脐④荠鲚⑥剂(1)(发剂)
蟹合三废去	⑤废肺痱⑥吠
止开三支韵	①陂羆③彼①披⑤譬②皮疲啤脾裨(1)(裨将)④被婢⑥鼻避②弥猕④弭②离漓璃篱缡罹⑥荔蠃①支枝肢栀③纸⑤刺(2)(生刺)②池④舐③玺⑤奇②匙
止开三脂韵	③匕比(1)(比较)鄙⑤庇痹秕①纰⑤屁②枇毗蚍琵④否(2)(否去泰来)痞圮⑥比(2)(比邻)备坒②眉嵋湄楣④美⑥媚魅寐④地②梨蜊④履⑥利俐莉痢苈
止开三之韵	①里(2)(该里)厘(2)(一厘儿)哩(1)(词曲中作衬字)②厘(1)(厘米)狸喱④李里(裹)(1)(里外)理鲤俚娌浬⑥吏
止开三微韵	①飞非菲(1)(芳菲)啡绯扉萉霏妃③匪诽菲(2)(菲薄)斐榧翡⑤沸狒费②肥(文)(肥沃)微薇④尾(文)娓⑥未(文)味(文)②肥(白)(肥肉)④尾(白)⑥未(白)味(白)

止合三支韵	③髓
咸开三叶入	⑦摄慑
咸开四帖入	⑦燮
深开三缉入	⑧笠⑧蛰
山开三薛入	⑦浙⑦泄薛亵⑦设
臻开三质入	⑦叱⑦悉蟋密
曾开三职入	⑧力⑦唧稷陟仄⑦织职⑦饬敕⑦厕侧测恻⑧直值⑧植殖⑧淔⑦息媳熄⑦色啬铯穑⑦式识(1)(认识)饰拭轼⑧食蚀
梗开三昔入	⑦迹积脊嵴瘠⑦鲫⑦只(隻)(2)(量词)炙摭⑦刺(3)(刺绒衫)⑦尺斥哧⑧掷(文)(一掷尿)踯⑦昔惜⑦适释⑧藉(2)(藉田)籍⑧席夕汐矽⑧射⑧石(1)(石头)硕
梗开四锡入	⑦的嘀滴嫡⑦剔惕踢倜⑧历(歷)(曆)沥雳疬砾栎跞鬲⑦绩⑦戚嘁⑦析晳淅皙蜥锡⑧寂

14. 宜山话读[i]，温州话读[ʅ]。

果开三戈韵	②茄(3)(茄儿)伽(1)(伽蓝爷)
蟹开四齐韵	①鸡稽⑤计系(繋)(4)(系鞋带)继髻①溪蹊③启⑤契
止开三支韵	①畸羁⑤寄③企(文)(企业)绮②奇崎骑琦歧岐芪④技妓伎企(白)(企图)①牺羲曦⑤戏
止开三脂韵	①机肌饥(飢)(1)(饥饿)③几(文2)(茶几)麂⑤骥冀致(緻)⑤弃器②祁鳍耆
止开三之韵	①基箕姬③己⑤记纪①欺③起杞②其期棋旗其琪蜞麒⑥忌①熙嘻嬉熹③喜禧蟢
止开三微韵	①几(幾)(文1)(几何)讥叽饥(饑)(2)(饥荒)畿③几(幾)(文3)(几多)⑤既暨①岂⑤气汽②祈①希稀唏
梗开四锡入	⑦吃(1)(吃饭)

15. 普通话读 ou，宜山话读[u]，温州话读[əu]。

流开一侯韵	②头骰⑥豆荳痘

15. 普通话读 u 或 iu，宜山话读[u]，温州话读[əu]。

遇合一模韵	②徒(白)(门徒)②奴④努弩⑥怒①噜④房鲁掳橹卤(鹵)(1)(卤素)
流开三尤韵	①丢①溜②刘留流琉硫馏榴瘤镠鎏④柳绺⑥遛
曾开一德入	⑦忒(2)(忒不识相)
通合一屋入	⑦秃⑧独读(1)(读书)渎椟犊牍⑧鹿漉辘麓
通合一沃入	⑦督笃⑧毒
通合三屋入	⑧六陆戮

瓯语音系

15. 普通话读 uo，宜山话读[u]，温州话读[əu]。

果开一歌韵	①多哆③躲①拖(文)(拖拉机)②驮驼佗陀沱砣跎④舵⑥大(文 2)(大小)①啰②罗萝逻锣箩
果合一戈韵	⑤跺剁③妥椭④堕惰⑥懦糯②骡螺④裸瘰⑥撮

15. 宜山话读[u]，温州话读[əu]。

果开一歌韵	③左佐①搓(文)(搓板)磋蹉①搓(白)(搓绳)
果合一戈韵	⑤锉(白)(锉刀)
遇合一模韵	③组⑤做⑤素(文)(朴素)愫
遇合三鱼韵	③阻诅俎①初③础(1)(基础)楚①梳(文)(梳理)疏蔬②锄(文)(锄头)⑥助
遇合三虞韵	①刍③数(2)(数一数)⑤数(1)(数字)②雏
通合一屋入	⑦镞⑦簇蔟⑦速
通合三烛入	⑦促

15. 宜山话读[u]，温州话读[iəu]。

通合一屋入	⑧族
通合三屋入	⑦竹竺筑⑦祝粥⑦蹙蹴⑦畜(1)(牲畜)搐⑦俶⑧逐妯⑦肃宿(1)(宿舍)夙叔倏菽⑧淑熟孰塾⑧衄肉⑦菊鞠掬⑦曲(麯)(2)(酒曲)⑦畜(2)(畜牧)蓄
通合三烛入	⑧辱褥缛⑦旭勖

15. 宜山话读[u]，温州话读[øy]。

果合一戈韵	①波(2)(宁波)⑤播(2)(发播)⑤破②婆⑥缚(2)(腰缚)②摩(1)(摩擦)磨(1)(磨刀)魔⑥磨(2)(磨石)
遇合一模韵	①铺③补谱⑤布怖①铺(1)(铺被)③浦(1)(下吕浦)⑤铺(床铺)②葡蒲(1)(蒲鞋)④篰(朗眼篰)⑥步埠②模(2)(模子)
遇合三虞韵	①夫(1)(丈夫)③府腑殕⑤付咐赋傅②符④父⑥附驸芙(白)(芙蓉)腐(白)(腐败)务雾(文)(云雾)嫠⑥赙⑥雾(白)(发雾)物(白)(物事)
流开一侯韵	⑥戊
流开三尤韵	⑤富副②浮(白)(尸骸浮起)④妇

15. 宜山话读[u]，温州话读[o]韵。

果合一戈韵	①波(1)(波浪)玻菠③跛簸⑤播(1)(播送)①坡颇③叵②鄱⑥薄(2)(薄荷)①嬷②么(麽)蘑广馍⑥摩(2)(摩崖)
遇合一模韵	①姥(3)(老姥)②无(2)(南无)③摹模(1)(模范)谟④姥(2)(太姥山)⑥募墓慕暮

15. 宜山话读[ŋu]，温州话读[ŋ]韵。

果开一歌韵	②俄哦峨娥鹅(文)(雁鹅)蛾(文)(飞蛾)④我⑥饿(文)(饥饿)⑥嗯
果合一戈韵	②讹⑥卧
遇合一模韵	②吾吴梧④五午伍仵牾⑥误悟娱(2)(娱乐)迕忤晤寤⑥唔(唔布)

16. 宜山话读[y]，温州话读[øy]。

果合一戈韵	②蠡(2)(河蠡蚌)
遇合一模韵	①都③堵赌睹肚(白)(猪肚)⑤炉蠹③土吐(1)(吐痰)⑤吐(呕吐)兔菟②图徒(文)(徒弟)途涂(塗)屠荼④杜肚(文)(肚皮)⑥度渡镀踱②卢芦炉颅轳鸬④卤(滷)(2)(盐卤)⑥路露璐鹭①租③祖①粗⑤醋①苏酥稣甦⑤诉塑溯素(白)(吃素)②蜈
遇合三鱼韵	②庐驴闾榈④吕侣旅铝膂⑥虑滤②鱼渔
遇合三虞韵	④屡缕
止合三脂韵	⑥类

16. 宜山话读[y]，温州话读[ɿ]。

遇合三鱼韵	①沮狙疽诸③咀③渚褚⑤著③础(2)(礴础)处(1)(处理)⑤处(2)(相处)⑤觑②除储躇④贮伫⑥署薯(文)(马铃薯)曙①梳(白)(头梳)书抒舒①暑黍⑤絮⑤恕庶②锄(白)(板锄)②如茹④序叙绪④墅②汝
遇合三虞韵	①株蛛诛①朱(硃)珠侏铢(鲦鲉)③拄③主⑤驻炷⑤注蛀铸①趋枢③取娶⑤趣②厨橱④柱砫⑥住①须(鬚)需①输⑤戍②殳儒蠕嚅濡④聚④竖④乳⑥树⑥孺
蟹合三祭去	⑤缀⑤赘⑤岁⑤税
止合三支韵	③嘴①吹炊②垂捶锤陲⑥缒①隋随⑥瑞
止合三脂韵	①追①椎锥⑤醉(2)(酒喝醉义)②槌⑥坠①尿(2)(拉尿)①虽绥③水⑤崇邃②谁④蕊⑥遂隧穗

16. 宜山话读[y]，温州话读[u]。

遇合三鱼韵	①淤於②余(餘)(2)(剩餘)舆予与(1)(给予)⑥与(2)(参与)余(1)(姓氏)⑥预誉豫
遇合三虞韵	①迂②于盂竽②俞逾渝愉榆揄瑜臾谀腴④宇羽雨禹④愈⑥芋吁(3)(呼吁)⑥喻谕裕
蟹合三祭去	⑥卫彗
蟹合四齐韵	②携畦⑥惠慧
止合三支韵	①逶③委萎痿②为(1)(作为)⑥为(2)(为什么)
止合三脂韵	②帷维潍④唯惟⑥位⑥遗
止合三微韵	①威葳③尉蔚慰⑤畏喂餧②违围韦帏闱炜④伟苇玮韪⑥纬⑥胃谓猬

24. 宜山话读[iəŋ]，温州话读[əŋ]。

曾开三蒸韵	①症(癥)(2)(症结)蒸③拯⑤甄锃证症(1)(病症)①称(1)(称呼)⑤秤称(2)(相称)②惩澄橙⑥瞪(文)(瞪目结舌)
梗开三清韵	①晶睛精菁旌正(2)(正月)征(徵)怔③井阱整⑤正(1)(真正)政①贞侦帧①清蜻③请骋②呈程埕④逞⑥郑
梗开四青韵	①青蜻

25. 宜山话读[iøŋ]，温州话读[ioŋ]。

臻合三谆韵	①遵谆肫③准(準)⑤俊骏竣隽①皴春椿③蠢⑥盾(2)(矛盾)①均钧④菌窘②匀筠④允尹①询峋洵荀③笋隼榫⑤峻浚瞬舜②旬驯巡循徇唇④吮②纯淳醇莼鹑⑥殉顺闰润
臻合三文韵	①军君皸②裙群⑥郡①勋熏薰⑤训①氲③蕴恽⑤酝熨②云(雲)耘芸纭④殒

九、文成话与温州话比较

(一) 相同部分

01. 普通话读 a，文成话读[a]，温州话读[a]。

果开一歌韵	①他它她拖(白)(鞋拖)①南(2)(南无)那(2)(姓氏)③娜(1)(人名)⑥那(1)(那么)哪(1)(哪里)①阿(2)(阿舅)啊(1)(啊呀)③阿(3)(阿门)⑤啊(2)(叹词)
假开二麻韵	⑤爸①妈②吗⑥骂①拿①咱⑤咤炸(2)(油炸㸖)⑤诧姹差(2)(不好)①搭
遇合三鱼韵	④女(白)(女儿)
咸开一合入	⑦搭答(2)(答应)瘩嗒⑦踏(1)(踢踏舞)沓(2)(疲沓)⑧踏(2)(踏步)沓(1)(一沓纸)⑦垃拉(文)(拖拉)啦⑧拉(白)(拉尿)⑦砸匝(2)(匝道)⑦飒
咸开一盍入	⑦耷⑦塌塔蹋遢榻溻⑧阖⑧腊蜡邋⑦卅
咸开二洽入	⑦眨⑦插⑧溠(白)煤(白)⑦歃⑧闸溠(文)蛰煤(文)⑦夹挟颊荚峡(1)(长江三峡)⑦恰掐卡(1)(卡口)⑧峡(2)(河峡儿)⑧狭洽
咸开二狎入	⑦霎啥⑦甲钾胛⑦呷⑧匣狎⑦压押鸭
山开一曷入	⑦怛妲笪靼⑦挞闼跶獭⑧达靼⑧捺⑧喇辣剌瘌⑦擦⑦萨撒
山开二黠入	⑦八(2)(小八癞子)叭⑦轧(2)(轧钢)扎札⑦察⑦杀刹(2)(刹车)煞⑦咖(2)(咖喱)嘎(1)(鸟鸣声)伽(2)(伽蓝)戛⑦咖(1)(咖啡)卡(2)(磁卡)⑧嘎(2)(嘎嘎抖)轧(3)(轧姘头)茄(2)(番茄)⑧黠⑦揠轧(1)(倾轧)
山开二辖入	⑦刹(1)(古刹)⑧铡⑦瞎哈⑧辖
臻合一没入	⑧呐(2)(呐喊)

01. 普通话读 ai，文成话读[a]，鹿城话读[a]。

蟹开一咍韵	⑥埭(白)(两埭屋)④乃艿氖⑥鼐
蟹开一泰去	⑤戴(白)(戴帽)⑤带⑤太泰傣汰⑥大(文1)(大师)汏⑥奈⑥赖癞籁⑤蔡
蟹开二皆韵	⑤拜⑤湃①掰②排俳⑥惫②埋霾①斋㿯①差(3)(出差)②豺
蟹开二佳韵	③摆(擺襬)⑤派②牌④罢(1)(吃交罢)④买⑥卖①奶(白1)(奶奶头儿)④奶(文1)(老奶奶)⑤债①差(1)(差错)叉(1)(叉烧包)钗①豸①筛(1)(筛酒)⑤洒晒②柴
蟹开二夬去	⑥败⑥迈⑥寨
梗开二陌入	⑦百伯迫柏佰⑦拍魄珀擘(白)(擘饼)啪⑧白舶(1)(舶来品)帛⑧陌(1)(陌生)⑦咋(2)(咋舌)窄苲⑦拆⑧宅择泽着(文2)(着色)翟(1)(姓氏)
梗开二麦入	⑦檗擘(文)(巨擘)⑧麦脉唛⑦摘谪责啧簀⑦册策

第九章　瓯语系各地方音与温州话比较

01. 普通话读 eng，文成话读[a]，温州话读[a]。

梗开二庚韵	②衡

02. 文成话读[ia]，温州话读[ia]。

假开二麻韵	⑤卸①丫(2)(丫环)呀
效开四萧韵	④鸟(1)(飞鸟)袅⑥尿(1)(输尿管)①蛲(白)(蛲蛲动)②尧饶(2)(上饶)蛲(文)(蛲虫)③晓
咸开三业入	⑦怯(白)(胆怯)
山开四屑入	⑧捏⑦屑楔
宕开三药入	⑦爵着(白)(着衣)⑦灼酌⑦斫⑦雀鹊⑦绰焯⑧着(文 1)(着火)噱(1)(噱起)⑦削⑦烁铄⑧嚼⑧勺芍妁杓⑧若偌弱⑧箬⑦脚⑦却⑧疟虐⑦谑⑦约药钥跃龠
梗开二陌入	⑧搦

04. 文成话读[iɛ]，温州话读[iɛ]。

| 效开三宵韵 | ①标膘飙镖瀌③表(錶)裱婊①漂(1)(漂亮)飘嘌③漂(2)(漂白)瞟⑤票剽②嫖瓢④殍鳔⑥骠①喵咩②苗描瞄④秒渺缈藐淼⑥妙庙 |
| 流开三幽韵 | ①彪①哗⑥谬缪(2)(姓氏) |

06. 文成话读[uɔ]，温州话读[uɔ]。

效开二肴韵	①包苞胞③饱⑤豹趵①抛脬③跑⑤泡炮疱②咆庖④鲍⑥刨铇①猫(2)(熊猫)②茅猫(1)(大猫)锚④卯⑥貌①孬②挠桡铙⑥闹淖①抓③爪找⑤罩⑤笊①抄钞吵③吵炒⑥棹①捎梢稍(1)(稍微)筲艄飕⑤哨稍(2)(稍息)睄潲②巢①交郊胶跤茭蛟鲛看(白)(看配)③狡绞佼姣铰搅⑤教校(2)(校对)较珓窖①敲磽③巧④咬⑥狡①哮⑤孝酵②爻肴(文)(菜肴)洧⑥校(1)(学校)效①凹拗(3)(嬉嬉拗起)③拗(1)(棒儿拗断爻)⑤拗(2)(两个人拗搭)坳
效开四萧韵	⑤啸
流开三尤韵	②矛蝥
宕开一唐韵	①帮甫③榜膀(2)(翼膀)⑤谤泵①滂③榜②旁傍膀(1)(膀胱)磅螃彷(1)(彷徨)⑥镑②芒忙氓茫虻④莽漭蟒①冈刚岗(1)(山岗)纲钢⑤杠(2)(敲竹杠)①康慷糠⑤亢抗炕伉园②昂卬(印你)
宕合一唐韵	①光胱③广⑤矿旷(文)(旷课)圹②旷(白)(课旷爻)④犷(该人犷显)眂(田眂儿)
宕合三阳韵	①方坊妨防芳③仿纺彷(2)(彷彿)昉⑤放舫访②防房亡⑥妄忘望④网罔魍惘
江开二江韵	①邦梆③绑⑤胖②庞④蚌(1)(象鼻蚌)棒①江扛(文)(扛鼎之作)杠(1)(床杠)肛缸豇③讲港岗(2)(岗位)⑤降(文)(降落)绛⑥扛(白)(扛条儿)

07. 文成话读[yɔ]，温州话读[yɔ]。

| 宕开三阳韵 | ①妆(2)(妆灵清)庄(2)(坐庄)装(2)(假装)⑤壮(白)(壮显壮)③闯⑥状①霜孀②床①框眶筐匡诓②狂诳⑥逛⑤况③枉往②王 |

瓯语音系

江开二江韵	①桩(文)(打桩) ⑤戆①窗②幢(1)(经幢)②桩(白)(烂树桩)⑥撞幢(2)(楼幢)①双
通合三锺韵	①钟(鐘鍾)龚③冢③肿种(2)(种子)踵⑤纵种(1)(种树)②重(重复)④重(1)(轻重)⑥重(3)(重迭)②浓(浓淡)③耸(耸立)怂(怂恿)悚竦②从(1)(跟从)②松(2)(松树)⑥讼诵颂①供(1)(供销)恭(1)(恭敬)③拱(打拱作揖)⑤供(2)(供应)③恐⑥共①胸凶(文)(凶恶)匈汹①痈邕⑤壅④勇涌踊甬俑恿蛹⑥用佣(2)(佣人)

08. 文成话读[e]，温州话读[e]。

遇合三鱼韵	⑦居(白)(居个)⑤去(白)(去爻)②渠(白1)(第三人称指代词)③许(白)(许个)
蟹开一咍韵	③歹⑤戴(文)(姓氏)①台(2)(台州)苔(2)(舌苔)胎⑤态贷②台(臺)(1)(台湾)台(檯)(3)(台子)台(颱)(4)(颱风)抬苔(1)(青苔)跆④待怠殆绐⑥代袋岱玳埭(文)(河埭)黛⑥耐②来莱徕俫⑥睐赉①灾哉栽③宰崽(文)(牛崽)⑤再载①猜③采(1)(采集)彩睬踩⑤采(2)(采邑)菜①腮(文)(两腮)鳃⑤塞(2)(要塞)赛②才(纔)材财裁④在⑥傆①该赅③改颏⑤溉概①开③凯恺⑤慨忾②呆(1)(呆头)皑⑥碍①咳(1)(咳笑)嗨③海②孩③亥氦①哎哀埃(1)(尘埃)唉(1)(唉声叹气)⑤爱嫒暧
蟹开一泰去	⑤丐钙盖⑥艾⑥害⑤蔼霭
蟹合一泰去	⑤最(白)(最高境界)
山合三薛入	⑧劣埒
宕开三阳韵	③厂(1)(工厂)
曾开一德入	⑦得德⑦忑忒(1)(过于)⑧特⑧肋勒仂⑦塞(1)(堵塞)⑧贼⑦则⑦克刻剋⑦黑嘿⑧劾

12. 文成话读[o]，温州话读[o]。

果开一歌韵	②挪傩哪(2)(哪吒)④娜(婀娜)①娑挲③可②鹅(白)(鹅兜)①呵诃嚄
果合一戈韵	③朵⑤唾(文)(唾沫)④垛⑤挫锉(文)(锉刀)①唆梭簑③琐锁唢②矬痤④坐⑥座
假开二麻韵	①巴(1)(巴西)芭吧疤笆粑③把(1)(把守)靶⑤坝把(2)(把柄)霸①葩⑤帕怕②扒爬耙钯琶巴(2)(下巴)②麻嘛蟆④马玛码蚂①乍查(姓氏)喳渣楂吒③揸⑤诈咋(1)(咋然)炸(1)(炸弹)榨蚱①叉(2)(叉腰)杈车(白)(汽车)⑤岔汊衩②茶查(1)(检查)搽②苴①沙纱砂鲨莎痧裟⑤嗄閜⑥鲊①加家嘉迦(1)(迦南)枷(文)(枷锁)笳袈傢茄(1)(雪茄)③贾(2)(姓氏)假(1)(假设)⑤价驾架(文)(衣架)假(2)(放假)嫁稼②枷(白)(饭镬枷儿)②牙芽衙伢岈④雅⑥讶砑①虾(1)(虾儿)⑤吓②虾(2)(虾蟆)霞遐瑕④下⑥夏厦暇(闲暇)①丫(1)(两丫裤)鸦③哑⑤亚娅挜
假合二麻韵	①挝(1)(敲打)③傻②斜(2)(斜视)①瓜呱(1)(呱呱叫)娲蜗③寡剐①夸(誇)③侉⑤挎跨胯④瓦①花⑤化划(1)(划龙船)华(1)(中华)哗骅⑥华(2)(华山)桦①哇洼蛙
遇合一模韵	⑥贺
遇合三鱼韵	⑤措厝⑥祚③所
蟹开二佳韵	④罢(2)(罢工)①佳
蟹合二佳韵	⑤卦褂挂⑥画(1)(连环画)①娃
蟹合二夬去	⑥话

流开一侯韵	①姆(2)(师姆)④母拇姆(1)(保姆)某
咸合三乏入	⑦法珐砝⑧乏
山开二黠入	⑦八(1)(八个)捌⑦趴⑧拔跋
山合一末入	⑦括⑦阔⑦豁(1)(豁然开朗)⑧活⑦斡⑦哟哼
山合二黠入	⑧猾滑
山合二辖入	⑦刮(颳)
山合三月入	⑦发(發)(髮)⑧伐罚阀筏⑧袜
宕开一铎入	⑦博搏膊⑦粕泊⑧薄(1)(厚薄)亳箔礴⑧莫摸幕漠寞膜瘼瞙⑦沰⑦托拓⑧铎⑧诺喏⑧乐(2)(快乐)洛骆络烙落酪⑦作⑦错⑦索嗦⑧昨怍柞胙祚酢⑦各阁胳(1)(胳膊)搁(文)(搁浅)咯⑧硌(硬硌硌)搁(白)(搁臀)⑦鄂愕噩鳄谔萼腭颚鹤⑦壑郝⑧涸貉⑦恶(1)(善恶)
宕合一铎入	⑦郭椁⑦扩廓⑦霍藿⑧获(穫)(1)(收穫庄稼)镬
宕合三药入	⑧缚(1)(缚鞋带)
江开二觉入	⑦驳剥⑦朴(樸)⑧雹⑧邈⑧擢(白)(擢起当官)⑧搦⑦角觉珏⑦壳确榷⑧乐(1)(音乐)岳嶽⑧学嶨⑦握喔幄龌
梗开二陌入	⑦舶(2)(船舶)⑧蓦陌(2)(打生陌生)
通合一屋入	⑦卜(1)(占卜)⑦仆(1)(仆倒)扑噗璞濮蹼⑧卜(葡)(2)(萝卜)仆(僕)(2)(仆人)瀑⑧木沐⑧禄碌
通合一沃入	⑦沃鋈
通合三屋入	⑧目牧睦穆苜
通合三烛入	⑧录绿氯

13. 文成话读[yo]，温州话读[yo]。

江开二觉入	⑦卓桌啄琢诼涿捉⑦戳⑦龊⑧浊镯⑧擢(文)(擢升)濯⑦朔搠
通合三屋入	⑦蓄⑦缩蓿
通合三烛入	⑦足⑦烛嘱瞩⑦触⑧躅属蜀⑦粟傈⑦束⑧俗续⑧赎⑦曲(1)(弯曲)蛐⑧局焗⑧玉狱钰⑧浴欲

14. 文成话读[ɿ]，温州话读[ɿ]。

蟹开一咍韵	①腮(白)(腮腺炎)
止开三支韵	①髭①知蜘③紫訾③只(1)(只有)咫⑤智⑤渍①雌呲疵①差(4)(参差)此③佽⑤刺(1)(刺激)⑤翅②弛驰②踟篪龇①斯撕嘶厮①筛(2)(米筛)①施③徙③豕⑤赐④氏是④尔⑥豉
止开三脂韵	①咨姿资①脂③姊③旨指⑤恣⑤至挚⑤次②迟④雉⑥稚①私①师狮(文)(雄狮)蛳①尸③死③矢屎⑤四肆②瓷⑥自⑥示谥⑥视嗜
止开三之韵	①吱①兹滋孳①孜淄缁辎锱①之芝③子籽仔梓滓③第③止址趾祉⑤置⑤志痣⑤识(2)(标识)帜①痴①笞①蚩嗤①耻①齿⑤眙炽②持④痔峙⑥治①司丝咝鸶思飔①诗③史使驶③始⑤伺⑤试弑②慈磁鹚糍(2)(词祠辞辞(泥糍))②时②而④巳祀似②士仕俟市柿恃④耳(文)(聂耳)洱⑥字寺侍⑥饲嗣⑥事⑥饵
深开三缉入	⑦涩(白)(涩口)

15. 普通话读 i，文成话读[i]，温州话读[i]。

蟹开三祭去	⑥例⑥艺呓⑤裔⑥曳
蟹开三废去	⑥刈
蟹开四齐韵	②泥⑥伲②倪霓稽⑥睨诣⑤缢瘗②兮奚⑥系(1)(关系)系(係)(2)(中文係)系(繋)(3)(连系)
止开三支韵	⑤臂②糜縻④靡②仪宜④蚁⑥义议谊①祎犄漪③椅倚猗②移④迤⑥易(2)(容易)
止开三脂韵	⑤秘(2)(秘鲁)悉⑥秘(1)(秘书)①妮②尼呢怩⑥腻①伊咿②夷姨胰痍彝⑥肆⑥懿
止开三之韵	④你②疑④拟①医⑤意⑦怡贻饴怡颐②圯④矣④已以⑥异
止开三微韵	③几(幾)(白)(几个)⑥毅①衣依祎②沂
深开三缉入	⑧立
臻开三质入	⑦必毕笔哔筚跸泌⑦匹疋⑧弼⑧泌密蜜宓谧嘧⑧昵⑧栗傈溧篥溧慄⑦一(白)(一个)
曾开三职入	⑦逼⑧愎(刚愎自用)⑧匿⑦即⑦亿忆臆癔
梗开三陌入	⑦碧
梗开三昔入	⑦辟(1)(大辟)璧⑦辟(闢)(2)(开辟)僻⑧掷(白)(投掷)
梗四锡入	⑦壁⑦劈霹噼癖⑧觅汨幂⑧溺⑧迪敌涤笛狄籴荻翟(2)(长尾的野鸡)

15. 普通话读 lǜ，文成话读[i]，温州话本读[i]。

臻合三术入	⑧律率(2)(效率)

16. 文成话读[u]，温州话读[u]。

果开一歌韵	①哥歌③舸①苛柯轲疴③坷②河何(文)(任何)荷(1)(荷花)菏②荷(2)(负荷)⑥贺①阿(1)(阿胶)娿⑤屙
果合一戈韵	①戈锅埚瘑③果裹馃⑤过①科棵颗蝌稞窠髁⑤课③火伙(夥)⑤货②禾和(1)(和平)④祸⑥和(2)(附和)①窝涡莴①倭捼(2)(老挝)
遇合一模韵	③圃浦(2)(浦东)普埔②菩脯(2)(胸脯)蒲(2)(菖蒲)匍莆④部簿⑥捕哺①估咕姑菇轱蛄辜孤呱(1)(呱呱而泣)菰箍③古诂牯罟股盅贾(1)(商贾)鼓臌瞽⑤固沽故痼顾雇①枯骷刳③苦⑤库裤绔①乎呼③虎唬琥浒⑤戽②狐弧壶胡(鬍)葫湖蝴糊猢瑚④户沪扈⑥互护①乌鸣钨污③坞⑤恶(2)(可恶)
遇合三虞韵	②孵(白)(孵坊)①夫(2)(人名)肤麸俘孵(文)(孵化)敷稃⑦甫脯(1)(果脯)辅俯斧釜抚⑤赴讣②扶芙(文)(芙蓉)凫无(1)(无中生有)芜巫诬毋④腐(文)(腐儒)武侮鹉舞妩
流开三尤韵	④负
臻合一没入	⑦不(文)(不是)
通合一屋入	⑦谷(穀)⑦哭⑧斛槲⑦屋
通合一沃入	⑦酷⑧鹄
通合三屋入	⑦复(複)(复)腹蝮馥覆福幅辐蝠⑧伏服袱茯匐

17. 文成话读[y]，温州话读[y]。

果合三戈平	②瘸①靴
遇合三鱼韵	①车(文 2)(车马炮)居(文)(居住)③举⑤据锯踞①祛⑤去(文)(来去)②渠(文)(水渠)④巨拒炬距⑥邌①虚嘘墟③许(文)(许多)④语圄龉⑥御(禦)驭
遇合三虞韵	①拘驹③矩枸(1)(枸橼)⑤句①区(1)(区别)岖驱躯③龋②瞿衢⑥具俱惧飓②娱(1)(娱乐)隅愚禹虞⑥遇寓①吁(1)(气喘吁吁)③诩栩⑤酗煦①吁(2)(喝止牲口声)③伛⑤妪
蟹合四齐韵	①闺硅圭⑤桂①暌睽
止合三支韵	①规(1)(圆规)③诡①窥④跪②危⑥伪①麾③毁
止合三脂韵	①龟③轨癸⑤季悸愧(1)(惭愧)②葵逵馗夔④揆⑥柜(櫃)馈匮
止合三微韵	①归(2)(当归)③鬼⑤贵①挥(2)(指挥)辉晖⑤卉讳

19. 文成话读[ai]，温州话读[ai]。

果开一歌韵	②蛾(白)(打灯蛾)⑤个⑥饿(白)(肚饿)
果合一戈韵	⑤唾(白)(痰唾)②脶
蟹开一咍韵	④倍蓓①呆(2)(痴呆)⑤唉(2)(唉磊堆碎)
蟹开一泰去	⑤贝狈⑤沛霈
蟹开二蟹韵	④奶(白 2)(奶奶)
蟹开四齐韵	⑤细(白)(细姆)
蟹合一灰韵	①杯背(揹)(3)(背心)⑤背(1)(背部)辈褙①坯胚呸⑤配②陪培徘赔裴⑥佩背(2)(背诵)焙①姆②玫枚梅媒煤莓酶④每⑥妹昧①堆⑤对碓①推③腿⑤退褪煺②颓⑥队⑥馁⑥内②雷擂蕾镭④磊儡瘰⑥礧淬①催催摧③璀⑤啐⑤碎④罪①瑰①恢盔魁诙③傀⑤块⑥溃(白)(溃疡)①灰③贿悔⑤悔晦①偎煨③诶猥②桅鬼②回(迴)徊洄蚘蛔④汇(匯)(1)(汇款)⑥溃(文)(崩溃)
蟹合一泰去	⑤脱(2)(脱裤)蜕⑥兑⑤最(文)(某某之最)拽(2)(拉扯)⑤会(2)(会计)侩刽桧脍⑤荟⑥会(1)(会议)绘烩
蟹合三祭去	⑤脆⑥锐睿芮
蟹合三废去	⑤喙⑤秽(淫词秽语)
蟹合四齐韵	①奎
止开三支韵	①卑碑
止开三脂韵	①悲①丕②霉⑦狮(白)(狮子)
止合三支韵	④累②羸⑤惴③揣⑤踹⑥睡①规(2)(规矩)①亏
止合三脂韵	④垒⑥泪⑤醉(1)(陶醉)⑤翠①衰⑥悴粹萃瘁⑤愧(2)(愧对)
止合三微韵	①归(1)(回归)皈①岿⑤喟②巍⑥魏(文)①挥(1)(挥挥手)徽③虺⑥魏(白)⑥汇(彚)(2)(汇报)
效开三宵韵	③小(白)(古方言留下的白读)
山合一末入	⑧夺(白)(赌抢赌夺)⑧捋
曾开一德入	⑧万(文 2)(万俟)墨默

20. 文成话读[au]，温州话读[au]。

流开一侯韵	①兜③斗(1)(北斗)抖陡蚪⑤斗(2)(斗争)①偷③敨⑤透②投⑥逗读(2)(句读)窦胜⑥耨①娄楼偻喽褛蝼髅④搂篓⑥陋漏镂瘘③叟嗾擞⑤嗽潄①勾沟钩篝③苟狗枸(2)(枸杞)垢诟⑤构购媾够彀(白)(居屋合音)①抠眍③口⑤叩扣寇蔻④厚(白)(厚佬)④偶藕耦①㑳③狐(许屋合音)⑤吼鲎(虹)②侯喉猴篌④后(後)厚(文)(忠厚)⑥候逅①区(2)(姓氏)欧鸥讴瓯③呕殴⑤沤怄塸(埋葬)
流开三尤韵	④宥①搜艘馊飕③溲⑤瘦②愁②牛

21. 文成话读[iau]，温州话读[iau]。

流开一侯韵	③走⑤奏揍③掫⑤凑
流开三尤韵	①妞④扭纽钮忸⑥狃(若屋合音)①邹驺⑤皱绉①㑳⑥胄籀骤①鸠阄⑨九久玖灸韭⑤究疚救咎厩①丘蚯邱③揉②求球逑裘仇(1)(姓氏)④臼舅柏⑥旧柩①休咻③朽⑤臭(2)(铜臭)嗅①优忧悠攸②尤犹②由邮油游蚰猷蝤鱿④友有④酉诱莠⑥又右佑祐⑥囿宥柚釉
流开三幽韵	①赳③纠②虬①幽③黝⑤幼

22. 文成话读[iəu]，温州话读[iəu]。

流开三尤韵	①揪①舟州洲周(週)赒③酒③肘⑤帚⑤昼⑤咒①秋(鞦)湫鳅①抽③瞅③丑(醜)⑤臭(1)(乌焦臭)②囚②绸稠惆畴筹踌②仇(2)(仇恨)雠酬④纣⑥宙轴⑥售①修羞馐①收③手首守狩⑤秀绣锈宿(2)(星宿)⑤兽②酋遒泅④受绶⑥就⑥袖⑥寿授②柔揉蹂
通合三屋入	⑦菊鞠掬⑦曲(麴)(2)(酒曲)⑦畜(2)(畜牧)蓄⑦郁(1)(郁闷)燠⑧育昱煜毓鬻
通合三烛入	⑦旭勖

23. 文成话读[aŋ]，温州话读[aŋ]。

深开三侵韵	④恁①心芯参(3)(人参)森深琛(2)(人名)③沈(瀋)审婶⑤渗②寻挦荨岑谌忱任(文2)(任性)④赁蕈甚什饪⑥任(文1)(姓氏)妊(文)(妊妇)衽
山合一桓韵	④断(白)(断气)⑥段(白)(烂树段)④暖(白)(暖芬芬)④卵(白)(卵黄)③管(白)(毛管)
臻开一痕韵	①吞(白)(慢吞吞)①根(2)(结根)跟(2)(跟从)哏⑤艮③垦恳③很狠②痕(2)(伤痕)⑥恨
臻开三真韵	①辛锌新薪莘申伸身呻绅娠③迅哂⑤讯汛信囟②秦神辰晨宸人(文)(人民)仁振④尽(儘)肾⑥烬慎蜃刃(1)(刀刃)纫仞②人(白1)(人来客往)
臻合一魂韵	①奔贲犇③本畚①喷(1)(喷水)⑤喷(喷香)④苯⑥笨坌②门们扪⑥闷焖①吨③趸⑤顿炖(2)(炖卵糕)⑤伨②饨⑤盾(1)(盾牌)沌炖(1)(温炖汤)②仑抡①昆(文1)(昆仲)①滚衮绳辊⑤梱謴①昆(白)(昆剧)坤③捆⑤困①昏(昏君)①温(2)(温吞)②浑馄④混⑥诨
臻合三谆韵	②伦沦轮囵纶(1)(涤纶)
臻合三文韵	⑤粪(白)(粪扫)①分(1)(分开)芬吩纷酚③粉⑤奋粪(文)(粪坑)②坟氛焚汾文纹蚊(文)(蚊蝇)雯④忿愤吻刎⑥分(2)(分格)份问(文)(提问)闻紊②蚊(白)(蚊虫)明(白)(明朝)⑥问(白)(问问跆)

江开二江韵	①夯(白)(夯实)
曾开一登韵	①灯登蹬膪③等凶⑤凳磴⑤瞪(白)(眼灵珠瞪起)②腾誊藤縢⑥邓②能②棱⑥愣①僧②层曾(文1)(曾经)⑥赠⑤亘③肯啃②恒
通合一冬韵	②疼(白)(疼痛)

24. 文成话读[iaŋ]，温州话读[iaŋ]。

咸开二咸韵	④赚(白)(赚钞票)
深开三侵韵	②壬④您⑥任(白)(任何)妊(白)(妊娠)①今金襟③锦⑤禁①钦衾⑤揿②琴禽擒芩噙檎⑥妗唫①欽鑫②吟①阴荫(1)(树荫)音暗③饮⑤荫(2)(荫德)窨②淫霪
臻开三真韵	②人(白 2)(新儒人)银鄞垠④忍⑥刃(2)(刀刃)认韧①巾③紧⑥仅馑瑾觐⑤蓳①因茵咽(1)(咽喉)姻氤⑤印②寅④引蚓吲⑥胤
臻开三殷韵	①斤筋③谨⑤靳②芹勤④近①欣忻掀②垠①殷③隐瘾
曾开三蒸韵	②兢矜①兴(文1)(兴盛)③兴(白)(作兴)⑤兴(文2)(高兴)②凝①应(1)(应该)鹰膺⑤应(2)(响应)①蝇⑥孕
梗开二耕韵	①茎①莺(1)(黄莺)樱(1)(樱桃)鹦(1)(鹦鹉)罂(1)(罂粟)
梗开三庚韵	①京荆惊粳③景警璟⑤竟敬境镜滰①卿⑤庆②擎鲸黥⑥竞②迎①英瑛鍈③影⑤映③行(白)
梗开三清韵	③颈⑤劲①轻氢④痉①婴缨璎②盈赢楹瀛
梗开四青韵	②宁(1)(宁波)拧狞柠咛⑥宁(2)(宁可)泞①经(1)(经济)泾⑤径经(2)(经线)陉胫迳⑤磬馨①馨⑤滢②刑形型邢
梗合三清韵	④颖郢颍
通合三锺韵	①凶(白)

28. 文成话读[oŋ]，温州话读[oŋ]。

臻合三谆韵	②纯淳醇莼鹑
曾开一登韵	①崩(1)(崩溃)嘣(1)(打嘣)⑤崩(2)(一崩香烟)蹦嘣(2)(内胎打嘣爻)⑤碰椪②朋棚(1)(牛棚)鹏硼
曾合一登韵	①肱①薨②弘泓
梗二耕韵	①轰訇②宏闳竑
通合一东韵	②蓬篷逢④埲燧①蒙(2)(蒙人)②蒙(1)(蒙犯)蒙(曚)(4)(目失明)蒙(濛)(5)(小雨貌)檬朦曹④蒙(3)(蒙古)蒙(懞)(6)(昏昧无知)懵①东②董懂⑤冻栋①通恫③捅⑤痛②同桐铜筒童瞳僮潼④动桶恸⑥洞侗恫胴①咙胧聋笼茏泷珑礐癃④拢⑥弄⑤送②丛①工公功攻恭(2)(恭候)蚣红(2)(女红)③汞⑤贡①空(1)(空虚)倥崆箜③孔⑤空(2)(亏空)控①哄(1)(哄动)烘哄(2)(哄骗)⑤哄(3)(起哄)蕻(2)(菜蕻)②红(1)(红色)虹洪鸿蕻(1)(雪里蕻)⑥讧①翁嗡滃⑤瓮罋(罋鼻)
通合一冬韵	①冬(鼕)⑤统②彤疼(文)(疼痛)②农脓侬哝①松(鬆)(1)(放松)⑤宋②淙琮
通合三东韵	①风枫疯沨丰⑤讽②冯①凤⑥梦②隆窿①崧嵩②崇戎绒①弓(2)(新读)宫(2)(新读)躬②(新读)
通合三锺韵	①乓③捧①封峰锋蜂烽②逢④奉⑥缝俸②浓(1)(浓密)②龙(文)(龙头)④垄(文)(垄断)陇①松淞②茸④冗③巩拱(2)(拱桥)

29. 文成话读[ioŋ]，温州话读[ioŋ]。

山合三仙韵	③卷(白)(一卷)①穿(白)(穿针)鬈(白)(鬈发)⑤串
梗合三庚韵	③冋①兄②荣嵘蝾④永咏泳
梗合三清韵	①倾③顷②琼②营茔莹
梗合四青韵	③夐迥炯②荧萤濴荥
通合一东韵	①卤
通合三东韵	①弓(1)(弓箭)躬(1)(躬身)宫(1)(宫殿)①穹②穷②熊雄融
通合三锺韵	①雍臃③拥②佣(傭)(1)(雇佣)庸墉镛容蓉溶榕熔

(二)不同部分

01. 文成话读[a]，温州话读[ɛ]。

梗开二庚韵	①烹②彭嘭蟛澎膨⑥甏②盲④猛锰蜢艋⑥孟③打④冷①撑(1)(俯卧撑)⑤撑(2)(撑客)①生牲笙甥③省(1)(省略)①更庚羹赓③埂梗哽鲠⑤更(文 2)(更加)①坑⑥硬①亨哼②行(文 1)(行为)珩桁⑥行(文 3)(品行)绗③旮(天明亮)
梗开二耕韵	①绷(1)(藤绷)①浜⑤绷(2)(绷紧)⑤迸①砰抨怦②棚(2)(尿布棚)④蚌(2)(蚌埠)②萌④黾(1)(蛙的一种)①争狰睁筝(1)(古筝)峥⑤挣诤①耕①耿①铿④幸悻①莺(2)(莺哥)樱(2)(金樱)鹦(2)(鹦哥)罂(2)(罂壶)③杏
梗合二庚韵	②横

01. 文成话读[a]，温州话读[ai]。

臻合一没入	⑦不(白)(不仅)
臻合三物入	⑦芾黻黼弗佛(2)(仿佛)拂氟⑧佛(1)(佛陀)勿物(文)(事物)

01. 文成话读[ia]，温州话读[ai]。

深开三缉入	⑦缉(2)(缉合)戢汁执⑦缉(1)(通缉)辑葺⑦涩(文)(羞涩)湿⑧集习袭十什拾入
山合一末入	⑦攥⑦撮
臻开三质入	⑦室桎质郅栉蛭⑦七柒漆⑧侄秩帙⑦膝瑟虱失室⑧疾嫉蒺实日(文)(日本)
臻合一没入	⑦卒⑦猝
臻合三术入	⑦率(1)(率领)摔蟀

02. 文成话读[ia]，温州话读[iai]。

深开三缉入	⑦级急给汲⑦泣⑧及圾⑦吸歙甩⑦邑挹浥揖⑧熠
臻开三质入	⑧日(白1)(生日)⑦吉桔(2)(柑桔)劼诘⑧佶⑦一(文)(一二三)乙壹⑦溢⑧逸佚轶
臻开三迄入	⑦乞吃(2)(口吃)讫⑦迄⑧屹
臻合三物入	⑧掘(白)(掘井)
曾开三职入	⑦棘亟⑧极⑦抑⑧翼弋翌
梗开三陌入	⑦戟⑦隙⑧剧屐⑧逆
梗开三昔入	⑦益⑧亦译易(1)(交易)绎驿弈奕蜴液腋掖
梗开四锡入	⑦击激⑧檄

02. 文成话读[ia]，温州话读[i]。

咸开四添韵	⑥念捻

03. 文成话读[ɛ]，温州话读[ə]。

效开一豪韵	①褒煲③宝保堡鸨葆褓⑤报②袍④抱⑥暴曝爆②毛牦髦蛑④铆⑥冒帽耄①刀叨③岛捣倒(1)(打倒)裯⑤到倒(2)(倒水)①滔绦韬饕叨③讨⑤套②逃桃涛陶掏萄淘啕④道稻⑥导盗悼蹈焘纛④恼脑瑙②劳牢捞唠痨④老姥(1)(姥爷)佬⑥涝①遭糟③早枣蚤澡藻⑤灶躁①操(1)(操作)草(白)(潦草)③草(文)(青草)⑤操(2)(曹操)糙①搔骚缫③嫂⑤扫噪燥②曹槽漕④皂造①高羔膏糕皋睾篙疙③搞镐稿⑤告诰①尻③考拷烤洘⑤铐靠犒②熬敖遨獒螯翱鳌⑥傲①蒿薅③好(1)(爱好)⑤好(2)(喜好)耗②毫豪嚎蚝嗥壕濠④浩皓昊颢灏⑥号①鏖熝噢④袄媪⑤奥澳懊岙
流开一侯韵	③剖④牡亩⑥茂贸袤懋
流开三尤韵	③否(1)(否则)缶②阜浮(文)(浮肿)蜉②谋缪(1)(绸缪)②牟眸

04. 普通话读-ŋ韵尾，文成话读[iɛ]，温州话读[i]。

宕开三阳韵	②娘孃⑥酿②良梁量(2)(量尺寸)粮梁④两(2)(斤两)俩(1)(伎俩)辆魉⑥亮凉谅量(1)(数量)晾靓(2)(靓妹)①将(1)(将来)①张①章彰樟璋蟑③奖桨蒋③长(2)(生长)涨③掌⑤将(2)(大将)浆酱⑤帐账胀⑤障幛瘴①枪锵①昌猖菖娼③抢③昶③厂(2)(茅棚厂儿)敞氅⑤怆⑤畅怅⑤倡唱②长(1)(长短)场肠④丈仗杖①相(1)(互相)厢湘箱镶襄①商伤殇③想颡③晌垧赏⑤相(2)(宰相)⑤饷②墙蔷樯②戕详祥翔尝常偿裳嫦徜④象像橡潒④上(2)(上声)⑥匠⑥上(1)(上面)尚②嚷瓤④壤攘⑥让①僵缰疆姜(薑)③襁①羌②强④犟⑥糨①乡香③享响饷⑤向(响)④仰①央殃鸯秧③养氧⑤怏阳扬杨炀旸瘍羊洋伴烊(1)(融化)垟⑤痒⑥样漾恙烊(2)(打烊)
江开二江韵	①腔②降(白)(投降)

05. 普通话读an，文成话读[ɔ]，温州话读[a]。

咸开一覃韵	①耽眈②坛(壜)(2)(酒坛)谭昙②岚②函涵
咸开一谈韵	①担(1)(负担)聃③胆⑤石(2)(一石米)担(2)(重担)①坍③毯②谈痰④淡氮啖澹②蓝篮襤④览揽缆榄⑥滥惭⑥暂①三叁仨③喊
咸开二咸韵	③斩崭⑤蘸④湛⑥站赚(文)(赚错)①杉②馋谗①缄尴③减碱硷⑥陷(白)(馅(白)(馅心)②咸(鹹)⑥陷(陷阱)馅(文)(馅饼)
咸开二衔韵	①搀⑤忏谶①衫①巉①监(1)(牢监)⑤监(2)(太监)鉴③槛③舰⑤嵌①衔(白)(衔头)②岩②衔(文)(头衔)
咸合三凡韵	⑤泛②凡帆④犯范⑥梵
山开一寒韵	①丹单(1)(单独)郸殚①疸掸⑤旦诞①摊滩瘫③坦(文)(坦白)⑤炭叹碳②坛(壇)(1)(花坛)弹(2)(弹琴)檀④袒⑥但弹(1)(子弹)蛋惮坦(白)(道坦)②难(1)(困难)⑥难(2)(患难)②兰拦栏澜谰阑④懒懒⑥烂⑤赞瓒①餐灿粲璨②残①珊栅(2)(栅极)姗跚③伞散(2)(散漫)霰⑤散(1)(散会)

山开二山韵	⑤扮瓣⑤盼⑥办③盏③产铲⑥绽①山舢②潺①间(1)(房间)艰③栋柬简铜裥扴⑤间(2)(间接)①悭④眼②闲娴癎④限
山开二删韵	①扳班颁斑癍③反(2)(反转)板(闆)版阪钣舨①攀⑤襻②乑②蛮⑥漫慢谩④赧⑥栈①删潸⑤栅(栅栏)汕汕疝①奸姦菅⑤谏涧②雁(白)(雁鹅)②颜⑥雁(文)(雁荡)赝④莞(2)(莞尔而笑)③绾⑤晏
山合三元韵	①藩(1)(篱笆)番(1)(番人)翻③反(1)(反对)返⑤贩畈②矾烦繁蕃樊藩(2)(曾国藩)蘩⑥饭④挽(白)(挽联)晚(白)(晚稻)⑥曼蔓万(白)(逾千达万)④挽(文)(挽回)晚(文)(早晚)⑥万(文1)(万年青)

05. 普通话读 e，文成话读[ɔ]，温州话读[a]。

果开一歌韵	②何(白1)(何乜)②何(白2)(何乜)
假开三麻韵	④也(白2)(也是)③也(白1)(也是)
蟹开二皆韵	①阶皆偕⑤介戒芥尬届界诫疥玠①揩③楷锴②癌挨(2)(拖延)②谐④骇骸⑥械①埃(2)(埃及)挨(1)(挨近)⑤呃
蟹开二佳韵	①街③解(1)(讲解)⑤解(2)(解钞票)廨②崖涯捱③蟹②鞋④解(3)(解签诗)懈⑥邂③矮⑤隘蚂(2)(蚂儿)
咸开一合入	⑦喝(2)(喝水)⑧盒(白)(盒儿)
梗开二陌入	⑦格胳(2)(胳肢窝)骼⑦客咯⑧额⑦赫
梗开二麦入	⑦革隔嗝膈⑦绠⑦扼厄轭

05. 普通话读 uai，文成话读[ɔ]，温州话读[a]。

蟹合一泰去	⑥外
蟹合二皆韵	①乖⑤怪⑤夬②怀(白)(怀闷)②怀(文)(怀念)淮槐⑥坏
蟹合二佳韵	③拐①歪
蟹合二夬去	⑤快筷
止合三脂韵	⑤帅

05. 普通话读 ua，文成话读[ɔ]，温州话读[a]。

山合一末入	⑦豁(2)(豁拳)
山合二黠入	⑦挖
梗合二麦入	⑧划(劃)(2)(笔划)画(2)(笔画)获(獲)(2)(收获)

05. 普通话读 uan，文成话读[ɔ]，温州话读[a]。

山合一桓韵	①宽髋④皖⑥换
山合二山韵	①纶(2)(纶巾)鳏⑥幻
山合二删韵	①关⑤惯⑥环(白)(门环)①弯湾②顽还环(文)(环境)圜寰⑥宦患豢
山合三仙韵	①铅(1)(铅锅)

05. 普通话读 uo，文成话读[ɔ]，温州话读[a]。

曾合一德入	⑧或惑

第九章 瓯语系各地方音与温州话比较

05. 文成话读[ɔ]，温州话读[o]。

假合二麻韵	①夸(誇)③侉⑤挎跨胯

06. 文成话读[uɔ]，温州话读[iɛ]。

效开三宵韵	④燎⑥疗瞭
效开四萧韵	①刁叼雕(彫)凋貂碉③鸟⑵(鸟儿)⑤吊钓③挑⑤跳眺粜②条迢调⑴(调羹)笤④掉⑵(掉钞票)窕⑥调⑵(声调)掉⑴(掉落)②辽聊僚寥撩嘹缭寮镣④了(瞭)潦⑥料廖
咸开三叶入	⑧猎
宕开三药入	⑧掠略撂
宕开三阳韵	④两⑴(两个)俩⑵(两人)
通合三锺韵	②龙(白)(龙船)④垄(白)(菜垄)

08. 文成话读[e]，温州话读[ø]。

咸开一覃韵	①贪⑤探②潭①囡②男南⑴(南北)喃楠腩②婪②蚕③感⑤赣①堪龛戡③坎砍⑤勘④颔(白)(面颔)⑤颔⑵(含④颔颔⑵(文)(颔首)④撼⑥憾①庵谙鹌⑤暗黯
咸开一合入	⑦答⑴(报答)⑧纳钠衲⑧杂⑦合⑵(三合粉)蛤鸽⑧合⑴(合作)盒(文)(纸盒)
咸开一谈韵	③忐①甘柑坩泔疳③赶敢橄⑤阚瞰①酣蚶①憨③俺
咸开一盍入	⑦磕嗑溘瞌⑧盍阖

08. 文成话读[e]，温州话读[ai]。

曾开一德入	⑦北

09. 普通话读 ie，文成话读[ie]，温州话读[i]。

假开三麻韵	③野②爷椰耶揶④也(文)(也是)冶⑥夜
蟹开三祭去	⑤憩⑥偈⑵(偈佗)
咸开三叶入	⑧聂镊蹑喏颞⑦接婕椄⑦辄⑦妾⑧捷睫⑧涉⑦靥⑧烨叶(葉)页晔
咸开三业入	⑦劫⑦怯(文)(怯生)⑧业⑦胁
咸开四帖入	⑦跌⑦帖贴⑧谍叠碟蝶喋牒⑦惬箧⑧挟(挟菜)⑧协侠
山开三薛入	⑦瘪⑧别⑧灭乜(文)(眼睛微张)搣⑧列咧烈裂冽洌趔⑦哲蜇喆⑦折⑴(折扣)褶⑧彻撤澈辙⑧舌⑧折⑵(折本)⑧热乜(白)(乜人)⑦孑杰桀⑧孽蘖⑧拽⑴(拖；拉)
山开三月入	⑦揭⑴(揭露)⑧揭⑵(按揭)竭偈⑴(勇武貌)碣⑦歇蝎⑦谒
山开四屑入	⑦憋鳖⑦撇瞥⑧蟞⑧蔑篾⑦铁餮⑧迭垤耋⑧捏苶⑦节疖⑦切窃沏⑦挈锲⑧截⑦洁结桔⑴(桔梗)拮⑦喈镍臬⑦噎⑧颉撷缬

09. 普通话读 ian，文成话读[ie]，温州话读[i]。

咸开三盐韵	③贬②帘廉镰苫④脸敛⑥殓①粘黏
咸开三严韵	⑤剑⑤欠②严④俨⑥酽①腌
咸开四添韵	①掂③玷点踮⑤店惦①添③舔②恬甜④簟⑥垫①拈③鲇(鲶)①兼①谦③歉②搛(搛菜)②嫌

深开三缉入	⑧廿
山开三仙韵	①编鞭⑤变①扁⑵(一叶扁舟)偏篇翩⑤骗②便⑵(便宜)④辨辩⑥便⑴(方便)卞弁汴②绵棉④免勉缅黾⑵(黾池)娩冕湎腼鮸⑥面⑴(脸面)④碾②连联涟④挛琏辇①尖歼①沾占⑴(占卜)①瞻詹⑤占(佔)⑵(占领)①签(籤)(簽)佥③谄⑤蟶②黔铃箝①纤(纖)⑵(纤维)遥③闪(腰闪着)陕②潜②蟾②髯④渐④冉苒⑥赡④染①煎①馓毡③剪翦③展辗⑤溅箭⑤战颤①迁千(韆)⑵(秋千)愆③浅阐②钱②缠①仙籼鲜①煽搧③癣藓⑤线腺⑤扇②涎②单(单于)禅蝉婵②然燃④践④善鳝⑥贱饯⑥羡⑥擅嬗缮膳③捡检脸②钳④俭⑥验⑤险①淹奄醃阉①恹③掩③魇厌餍②炎②盐阎闫檐⑥艳焰③遣谴缱②乾虔捐④件⑥谚彦①鄢嫣②焉①延蜒筵④衍④演
山开三元韵	①犍⑤建建④键⑥健腱踺②言④谳⑥唁①轩⑤宪献③偃⑤堰
山开四先韵	①边蝙③扁⑴(扁担)匾⑤遍⑤片②骈④辫④眠④丏⑥面(麵)⑵(米面)①滇颠巅癫③典碘①天③膑②田填钿⑥电佃甸淀奠殿靛癜②年②怜(憐)莲⑥练炼链①笺⑤荐①千⑴(千万)仟阡扦②前①先③洗筅燹①坚肩③茧趼⑤见①牵⑤茜⑴(茜草)倩纤(縴)⑴(纤夫)②研妍③显①烟胭湮⑤宴燕咽⑵(咽气)②贤弦舷⑥现砚
山合三仙韵	⑥恋②沿铅⑵(铅山)

10. 文成话读[ø]，温州话读[ø]。

咸开一覃韵	①参⑴(参加)掺③惨③糁②蚕
咸开一合入	⑦匝⑴(一匝十二年)⑧杂
深开三侵韵	①簪⑤譖①参⑵(参差)
深开三缉入	⑧粒
山开一寒韵	①刊看⑵(看守)③侃⑤看⑴(看见)⑤熯
山开一曷入	⑦葛割⑦咳⑵(咳嗽)渴⑦喝⑴(吆喝)⑦遏褐
山合一桓韵	①般搬⑴(搬弄是非)⑤半①番⑵(番禺)潘⑤判泮②盘搬⑵(搬运)磐瀊瘢蹒蟠④伴拌绊⑥叛畔②馒鳗瞒鞔④满螨㵵⑥幔缦镘①端③短⑤断(文 2)(决断)锻①湍②团(團)糰④断(文 1)(断续)⑥段(文)(段落)缎④暖(文)(温暖)②恋孪孿挛鸾鸾滦銮④卵(文)(卵袋)⑥乱①钻⑴(钻洞)③攒纂⑤钻⑵(钻孔)①尒⑤窜蹿①酸⑤蒜算⑥玩
山合一末入	⑦拨钵⑦泼⑧钹⑧末抹茉沫秣⑦掇⑦脱⑴(脱离)⑧夺(文)(抢夺)
山合二删韵	⑤篡①拴栓闩⑤涮④撰馔
山合二辖入	⑦刷
山合三月入	⑧橛(白)(两橛断)
臻开一痕韵	①吞(文)(吞咽)①根⑴(根据)跟⑴(脚下跟头)①痕⑴(痕迹)①恩⑤摁
臻合一魂韵	②盆①敦墩惇礅镦蹲②屯囤豚臀⑥钝遁⑥嫩②论⑵(论语)⑥论⑴(讨论)①尊樽①村邨③忖⑤寸①孙荪狲③损⑤逊巽(文)(八卦之一)②存
臻合一没入	⑧勃脖渤饽悖⑧没殁⑦咄⑧凸突㘬⑶(嗒起算)⑧呐⑴(呐口)讷⑧兀纥
宕开一铎入	⑧凿

10. 文成话读[ø]，温州话读[y]。

山开一寒韵	①干(1)(干犯)干(乾)(3)(干燥)杆(1)(笕杆)肝竿③杆(2)(电灯杆)秆擀⑤干(幹)(2)(干部)①鼾③罕⑤汉①安氨鞍桉⑤按案胺②韩寒邗邯④旱⑥岸⑥汗捍悍焊翰瀚

10. 文成话读[ø]，温州话读[ai]。

曾合一德入	⑦国
梗合二麦入	⑦帼掴蝈

11. 文成话读[yø]，温州话读[y]。

遇合三鱼韵	④女(文)(男女)
山合一桓韵	①官棺倌观(1)(观察)冠(1)(皇冠)③馆琯管(文)(管理)莞(1)(东莞)⑤贯灌罐盥观(2)(寺观)冠(2)(冠军)③款①欢⑤唤涣焕痪奂②桓丸完烷④缓浣①豌剜蜿③碗⑤惋腕
山合三仙韵	①镌①专砖⑤转啭①痊诠铨①川穿(文)(贯穿)③喘舛⑤钏②传(1)(宣传)椽④篆⑥传(2)(传记)①宣③选⑤渲②全泉④隽(1)(隽永)③漩②船⑥旋(镟)璇④软①捐娟鹃涓③卷(文 2)(席卷)⑤卷(文 1)(考卷)眷绢圈(2)(猪圈)①圈(1)(圆圈)②权拳蜷颧⑥倦②员圆鸢充⑥院媛缘
山合三薛入	⑦辍啜⑦茁拙⑦雪⑦噱(雪)(噱头)⑦说⑧绝⑧蕝⑧阅悦
山合三元韵	③绻⑤劝券②元原源鼋螈④阮⑥愿①喧萱煊⑤楦①鸳冤③苑宛婉琬⑤怨②园袁援猿垣辕④远
山合三月入	⑦厥撅蕨噘獗⑦阙⑧橛(文)(短木桩)镢⑧月⑦哕(哕起，即恶心)⑦曰⑧越粤
山合四先韵	③犬⑤绚①渊②玄悬⑥县眩
山合四屑入	⑦决诀抉⑦缺炔⑦阕⑦血⑧穴
臻合一魂韵	①昆(文 2)(灵昆岛)⑤捆①昏(黄昏)婚⑤巽(白)(巽山)①温(1)(温州)瘟③稳②魂
臻合一没入	⑦骨⑦窟⑦忽笏唿惚寣⑧核
臻合三术入	⑦䘏⑦黜出(鹬)⑧怵黜⑧术(1)(白术)⑦戌恤⑧术(術)(2)(手术)述⑦橘⑧聿鹬
臻合三文韵	①荤
臻合三物入	⑦屈⑧倔掘(文)(挖掘)崛⑦郁(2)(郁郁葱葱)
曾合三职入	⑧域阈
梗合三昔入	⑧役疫

11. 文成话读[yø]，温州话读[iɛ]。

效开三宵韵	①椒焦蕉礁①朝(2)(明朝)①招昭钊③剿③沼⑤醮⑤照诏①瞧①超①跷锹③悄⑤俏峭诮⑤翘②憔谯樵①朝(1)(朝鲜)嘲潮晁④兆赵肇⑥召④绕①肖(2)(姓氏)消宵硝销霄道魈⑤烧③小(文)(小朋友)少①(少年)⑤肖(1)(生肖)⑤笑鞘⑤少(2)(少将)②韶⑤饶(1)(富饶)娆④绍④扰⑥邵①娇骄①矫②乔侨桥荞⑥轿①嚣①要(1)(要求)腰邀③夭⑤要(2)(重要)②姚窑谣摇遥徭瑶④舀⑥耀曜鹞
效开四萧韵	①萧箫潇③筱①浇③侥缴饺铰(文 2)(铰刀)皎⑤叫①撬橇⑤窍④翘①枭骁①吆幺③杳窈

12. 文成话读[o]，温州话读[uɔ]。

宕开一唐韵	①当(當)(1)(应当)当(噹)(3)(当啷)铛珰裆③挡党⑤当(當)(2)(典当)档①汤趟(1)(趟水)③倘淌躺⑤烫趟(2)(一趟)②唐堂棠塘膛糖搪溏铛螳瞠⑥荡宕①囔②囊④曩⑥齉①啷②郎狼琅廊椰银跟螂④朗⑥浪阆①赃脏(髒)(1)(肮脏)藏(3)(藏青)臧⑤葬①仓苍沧舱伧①丧(1)(婚丧)桑③嗓操磙⑤丧(2)(丧失)②藏(1)(隐藏)⑥脏(臟)(2)(内脏)藏(2)(西藏)奘①夯(文)(打夯)②吭杭航笐行(文 2)(银行)①肮⑤盎
宕开三阳韵	①妆(1)(化妆)庄(1)(庄严)装(1)(武装)⑤壮(文)(强壮)①创(1)(创伤)疮⑤创(2)(创造)③爽③耍⑥旺
宕合一唐韵	①荒慌肓③谎恍晃幌②皇凰惶煌蝗隍徨黄簧潢璜蟥①汪
江开二江韵	④项⑥巷

15. 文成话读[i]，温州话读[ei]。

假开三麻韵	①爹①嗟③姐⑤借①遮③这者⑤蔗③且⑤笡(斜)①车(文 1)(水车)③扯①些③写⑤泻卸①奢赊畲③舍(捨)(2)(施舍)⑤舍(1)(进舍)赦⑥藉(1)(藉口)②邪斜(1)(倾斜)⑥榭谢②蛇⑥麝②佘④社④惹
遇合三鱼韵	①猪③煮⑤翥①蛆③杵③鼠④苎⑤箸⑤胥②徐④屿⑥薯(白)(番薯)
蟹开一泰去	⑥大(白)(大官爷)
蟹开三祭去	⑤毙蔽⑥币弊敝⑥袂⑥厉励砺蛎⑤际祭漈⑤制(製)⑤掣⑤滞⑤世势⑥逝誓噬
蟹开四齐韵	①蓖箅(2)(箅益)篦屄毴⑤闭①批砒⑤睥媲②鼙④陛⑥薜①咪眯②迷谜醚④米①低③抵底邸诋砥⑤帝蒂谛①梯锑③体⑤剃涕屉替嚏②题提蹄啼④弟悌⑥递第睇逮棣缔②犁黎藜鲡④礼醴蠡(1)(范蠡)⑥丽隶唳①跻③济(2)(济南)⑤剂(2)(调剂)挤济(1)(救济)雾①妻栖凄⑤砌①西犀茜(2)(人名)③洗铣⑤细(文)(仔细)婿②齐脐④荠鲚⑥剂(1)(发剂)
蟹合三废去	⑤废肺痱⑥吠
止开三支韵	①陂黑③彼①披⑤譬②皮疲啤脾裨(1)(裨将)④被婢⑥鼻避②弥猕④弭②离漓璃篱缡罹⑥荔詈①支枝肢栀③纸⑤刺(2)(生刺)②池④舐③玺⑤螭②匙
止开三脂韵	③匕比(1)(比较)鄙⑤庇痹毖①纰⑤屁②枇毗蚍琵④否(2)(否去泰来)痞圮⑥比(2)(比邻)备坒②眉嵋湄楣④美⑥媚魅寐⑥地②梨蜊④履⑥利俐莉痢苈
止开三之韵	①里(2)(该里)厘(2)(一厘儿)哩(1)(词曲中作衬字)②厘(1)(厘米)狸喱④李里(裏)(1)(里外)理鲤俚娌浬⑥吏
止开三微韵	①飞非菲(1)(芳菲)啡绯扉蜚霏妃③匪诽菲(2)(菲薄)斐榧翡⑤沸狒费②肥(文)(肥沃)微薇⑥未(文)味(文)②肥(白)(肥肉)⑥未(白)味(白)
止合三支韵	③髓
咸开三叶入	⑦摄慑
咸开四帖入	⑦燮
深开三缉入	⑧笠⑧蛰
山开三薛入	⑦浙⑦泄薛裻⑦设
臻开三质入	⑦叱⑦悉蟋窸

曾开三职入	⑧力⑦唧稷陟仄⑦织职⑦饬敕⑦厕侧测恻⑧直值⑧植殖⑧湜⑦息熄熄⑦色啬铯稿⑦式识(1)(认识)饰拭轼⑧食蚀
梗开三昔入	⑦迹积脊嵴瘠⑦鲫⑦只(隻)(2)(量词)炙撠⑦刺(3)(刺绒衫)⑦尺斥赤哧⑧掷(文)(一掷屎)踯⑦昔惜⑦适释⑧藉(2)(藉田)籍⑧席夕汐矽⑧射⑧石(1)(石头)硕
梗开四锡入	⑦的嘀滴嫡⑦剔惕踢倜⑦历(歷)(曆)沥雳病砾栎跞鬲⑦绩⑦戚喊⑦析晰浙晳蜥锡⑧寂

15. 文成话读[i]，温州话读[ɿ]。

果开三戈韵	②茄(3)(茄儿)伽(1)(伽蓝爷)
蟹开四齐韵	①鸡稽⑤计系(繫)(4)(系鞋带)继髻①溪蹊③启⑤契
止开三支韵	①畸羁⑤寄③企(文)(企业)绮②奇崎骑琦歧岐芪④技妓伎企(白)(企图)①牺羲曦⑤戏
止开三脂韵	①机肌饥(飢)(1)(饥饿)③几(文 2)(茶儿)麂⑤骥冀致(緻)⑤弃器②祁鳍耆
止开三之韵	①基箕姬③己⑤记纪①欺③起杞②其期棋旗其琪蜞麒⑥忌①熙嘻嬉熹③喜禧蟢
止开三微韵	①几(幾)(文 1)(几何)讥叽饥(饑)(2)(饥荒)畿③几(幾)(文 3)(几多)⑤既暨①岂⑤气汽②祈①希稀唏
梗开四锡入	⑦吃(1)(吃饭)

16. 文成话读[u]，温州话读[əu]。

果开一歌韵	①多哆③躲①拖(文)(拖拉机)②驮驼鸵佗陀沱砣跎④舵⑥大(文 2)(大小)①啰②罗萝逻锣箩②左佐①搓(文)(搓板)磋蹉①搓(白)(搓绳)
果合一戈韵	⑤跺刴③妥椭④堕惰⑥懦糯②骡螺④裸瘰⑥撮⑤锉(白)(锉刀)
遇合一模韵	②徒(白)(门徒)②奴④努弩⑥怒①噜④房鲁掳橹卤(鹵)(1)(卤素)③组⑤做⑤素(文)(朴素)愫
遇合三鱼韵	③阻俎姐①初③础(1)(基础)楚①梳(文)(梳理)疏蔬②锄(文)(锄头)⑥助
遇合三虞韵	①刍③数(2)(数一数)⑤数(1)(数字)②雏
流开三尤韵	①丢①溜②刘留流琉硫馏榴瘤镠鎏④柳绺⑥遛
曾开一德入	⑦忒(2)(忒不识相)
通合一屋入	⑦秃⑧独读(1)(读书)渎椟犊牍⑧鹿漉辘麓⑦镞⑦簇蔟⑦速
通合一沃入	⑦督笃⑧毒
通合三屋入	⑧六陆戮
通合三烛入	⑦促

16. 文成话读[u]，温州话读[iəu]。

通合一屋入	⑧族
通合三屋入	⑦竹竺筑⑦祝粥⑦蹙蹴⑦畜(1)(牲畜)搐⑦俶⑧逐妯⑦肃宿(1)(宿舍)夙叔倏菽⑧淑熟孰塾⑧衄肉
通合三烛入	⑧辱褥缛

瓯语音系

16. 文成话读[u]，温州话读[øy]。

果合一戈韵	①波(2)(宁波)⑤播(2)(发播)⑤破②婆⑥缚(2)(腰缚)②摩(1)(摩擦)磨(1)(磨刀)魔⑥磨(2)(磨石)
遇合一模韵	①铺③补谱⑤布怖①铺(1)(铺被)③浦(1)(下吕浦)⑤铺(2)(床铺)②葡蒲(1)(蒲鞋)④箅(朗眼箅)⑥步埠②模(2)(模子)
遇合三虞韵	①夫(1)(丈夫)③府腑殕⑤付咐赋傅②符④父⑥附驸芙(白)(芙蓉)腐(白)(腐败)务雾(文)(云雾)婺⑥赙⑥雾(白)(发雾)物(白)(物事)
流开一侯韵	⑥戊
流开三尤韵	⑤富副②浮(白)(尸骸浮起)④妇

16. 文成话读[u]，温州话读[o]。

| 果合一戈韵 | ①波(1)(波浪)玻菠③跛簸⑤播(1)(播送)①坡颇③叵②鄱⑥薄(2)(薄荷)①嬷②么(麽)蘑广馍⑥摩(2)(摩崖)①唆梭蓑③琐锁唢 |
| 遇合一模韵 | ①姥(3)(老姥)②无(2)(南无)②摹模(1)(模范)谟④姥(2)(太姥山)⑥募墓慕暮 |

16. 文成话读[ŋu]，温州话读[ŋ]。

果开一歌韵	②俄哦峨娥鹅(文)(雁鹅)蛾(文)(飞蛾)④我⑥饿(文)(饥饿)⑥嗯
果合一戈韵	②讹⑥卧
遇合一模韵	②吾吴梧④五午伍忤牾⑥误悟娱(2)(娱乐)迕仵晤寤⑥唔(唔有)

17. 文成话读[y]，温州话读[u]。

遇合三鱼韵	①淤於②余(馀)(2)(剩馀)舆④予与(1)(给予)⑥与(2)(参与)余(1)(姓氏)⑥预誉豫
遇合三虞韵	①迂②于盂竽②俞逾渝愉榆揄瑜臾谀腴④宇羽雨禹④愈⑥芋吁(3)(呼吁)⑥喻谕裕
蟹合三祭去	⑥卫彗
蟹合四齐韵	②携畦⑥惠慧
止合三支韵	①逶③委萎瘘⑤为(1)(作为)⑥为(2)(为什么)
止合三脂韵	②帷维潍④唯惟⑥位⑥遗
止合三微韵	①威葳③尉蔚慰⑤畏喂餧②违围韦帏闱炜④伟苇玮韪⑥纬⑥胃谓猬

18. 文成话读[ʉ]，温州话读[øy]。

果合一戈韵	②蠡(2)(河蠡蚌)
遇合一模韵	①都③堵赌睹肚(白)(猪肚)⑤妒蠹③土吐(1)(吐痰)⑤吐(2)(呕吐)兔菟②图徒(文)(徒弟)途涂(塗)屠荼④杜肚(文)(肚皮)⑥度渡镀踱⑥卢芦炉颅轳鸬④卤(滷)(2)(盐卤)⑥路露璐鹭①租③祖①粗⑤醋①苏酥稣甦⑤诉塑溯素(白)(吃素)②蜈
遇合三鱼韵	②庐驴闾榈④吕侣旅铝膂⑥虑滤②鱼渔
遇合三虞韵	④屡缕
止合三脂韵	⑥类

18. 文成话读[ʉ]，温州话读[ŋ]。

遇合三鱼韵	①沮狙疽诸③咀③渚褚⑤著③础(2)(磉础)处(1)(处理)⑤处(2)(相处)⑤觑②除储躇④贮伫⑥署薯(文)(马铃薯)曙①梳(白)(头梳)书抒舒③暑黍⑤絮⑤恕庶②锄(白)(板锄)②如茹④序叙绪④墅④汝
遇合三虞韵	①株蛛诛①朱(硃)珠侏铢(鲯鲐)③拄③主⑤驻炷⑤注蛀铸①趋枢③取娶⑤趣②厨橱④柱砫⑥住①须(鬚)需①输⑤戍②殊②儒蠕嚅濡④聚④竖④乳⑥树⑥孺
蟹合三祭去	⑤缀⑤赘⑤岁⑤税
止合三支韵	③嘴①吹炊⑤垂捶锤陲⑥缞②隋随⑥瑞
止合三脂韵	①追①椎锥⑤醉(2)(酒喝醉艾)②槌⑥坠①尿(2)(拉尿)①虽绥③水⑤崇邃②谁④蕊⑥遂隧穗

19. 止开三微韵微母字，文成话读[ai]，温州话读[ei]。

止开三微韵	④尾(文)(结尾)娓④尾(白)(尾巴)

22. 普通话读 ou，文成话读[iəu]，温州话读[əu]。

流开一侯韵	②头骰⑥豆荳痘

24. 文成话读[iaŋ]，温州话读[aŋ]。

深开三侵韵	①砧针斟箴③枕怎⑤浸①侵郴琛(1)(珍宝)③寝⑤沁②沉④朕⑥鸩
臻开三真韵	①津珍蓁榛臻真甄③诊疹缜稹⑤进晋镇圳振震赈①亲(1)(亲戚)押嗔瞋⑤亲(2)(亲家)趁衬龀②尘陈臣⑥阵
曾开一登韵	①曾(文2)(姓氏)增憎⑤蹭②曾(白)(曾经)
梗开二耕韵	①筝(2)(古筝)

25. 文成话读[əŋ]，温州话[ioŋ]。

臻合三谆韵	①询峋洵荀③笋隼槆⑤峻浚瞬舜①旬驯巡循徇唇④吮⑥殉顺闰润②匀筠④允尹
臻合三文韵	①氲③蕴悫⑤酝熨②云(雲)耘芸纭④殒

26. 文成话读[yəŋ]，温州话读[ioŋ]。

臻合三谆韵	①遵谆肫③准(準)⑤俊骏竣隽(2)(隽秀)①皴春椿③蠢④盾(2)(矛盾)①均钧④菌箘
臻合三文韵	①军君皲②裙群⑥郡①勋熏薰⑤训
臻合三物入	⑦熨
通合三东韵	①中(1)(中国)忠衷盅终⑤中(2)(中状元)众①冲(1)(冲锋)忡充⑤铳②虫⑥仲
通合三锺韵	①冲(衝)(2)(对冲)憧③宠①舂②慵

27. 文成话读[iŋ]，温州话读[əŋ]。

深开三侵韵	③禀③品②林临淋琳霖④凛廪
臻开三真韵	①宾彬斌滨缤濒槟③膑髌⑤鬓傧摈殡②贫频嫔颦②民旻岷抿泯昬④闽闵悯敏②邻磷鳞辚嶙遴辚麟遴⑥吝蔺膦
曾开三蒸韵	①冰①兵②凭①扔②凌陵菱①症(癥)(2)(症结)蒸③拯⑤甑锃证症(1)(病症)①称(1)(称呼)⑤秤称(2)(相称)②惩澄橙⑥瞪(文)(瞪目结舌)①升昇陞⑤胜②仍②缯乘(1)(加减乘除)绳塍承丞⑥乘(2)(千乘之国)剩嵊
梗开三庚韵	①兵③丙秉柄炳②平评坪苹枰⑥病②明(文)(光明)鸣盟④皿⑥命
梗开三清韵	①并(3)(并州)③饼屏(2)(屏墙)⑤并(併)(1)(合并)摒⑤聘娉②名茗②令(2)(令尊)④岭领⑥令(1)(命令)①晶睛精菁旌正(2)(正月)征(徵)怔③井阱整⑤正(1)(真正)②政①贞侦帧①清蜻③请骋②呈程埕④逞⑥郑①声③省(2)(反省)⑤性姓圣②情晴饧成诚城盛(2)(盛饭)④靖静婧⑥净靓(1)(靓妆)盛(1)(兴盛)晟
梗开四青韵	①拼姘②屏(1)(屏幕)瓶萍④并(並)(2)(并且)苹②铭冥瞑螟④酩①丁叮钉(1)(铁钉)仃疔③顶鼎⑤订钉(2)(钉板箱)①厅听(文)(听觉)汀町烃③挺艇⑤听(白)(打听)②廷亭庭停蜓婷霆⑥定啶腚碇锭①拎铃(2)(铃铛)②令(3)(令狐)伶灵玲铃(1)(电铃)聆羚零龄苓囹泠棂蛉翎⑥另①星猩腥惺③醒①青蜻

29. 文成话读[ioŋ]，温州话读[oŋ]。

通合一东韵	①棕鬃③总⑤粽①匆(怱)葱聪偬
通合一冬韵	①宗综
通合三锺韵	①踪①从(2)(从容)

30. 文成话读[ŋ]，温州话读[ŋ]。

止开三支韵	②儿(1)义(白)⑤儿(2)⑥儿(3)
止开三脂韵	⑥二贰
止开三之韵	④耳(白)

第十章　瓯语系各地方音对照表

第一节　阴声韵

[果摄]

	多	躲	剁	拖拖拉	妥椭	驼	舵	惰	大驮
	果开一 平歌端	果合一 上果端	果合一 去过端	果开一 平歌透	果合一 上果透	果开一 平歌定	果开一 上哿定	果合一 上果定	果开一 去箇定
鹿城话	təu①	təu③	təu⑤	tʻəu①	tʻəu③	dəu②	dəu④	dəu④	dəu⑥
永强话	tu	tu	tu	tʻu	tʻu	du	du	du	du
永嘉话	təu	təu	təu	tʻəu	tʻəu	dəu	dəu	dəu	dəu
乐清话	to	to	to	tʻo	tʻo	do	do	do	do
虹桥话	to	to	to	tʻo	tʻo	do	do	do	do
瑞安话	tou	tou	tou	tʻou	tʻou	dou	dou	dou	dou
陶山话	təu	təu	təu	tʻəu	tʻəu	dəu	dəu	dəu	dəu
平阳话	tu	tu	tu	tʻu	tʻu	du	du	du	du
宜山话	tu	tu	tu	tʻu	tʻu	du	du	du	du
文成话	tu	tu	tu	tʻu	tʻu	du	du	du	du

	糯	罗锣箩	骡螺	裸	左	佐	搓搓板	波菠玻	跛簸
	果合一 去过泥	果开一 平歌来	果合一 平戈来	果合一 上果来	果开一 上哿精	果开一 去箇精	果开一 平歌清	果合一 平戈帮	果合一 上果帮
鹿城话	nəu⑥	ləu②	ləu②	ləu④	tsəu③	tsəu⑤	tsʻəu①	po①	po③
永强话	nu	lu	lu	lu	tso	tso	tsʻo	po	po
永嘉话	nəu	ləu	ləu	ləu	tso	tso	tsʻo	puo	puo
乐清话	no	lo	lo	lo	tɕio	tɕio	tɕʻio	po	po
虹桥话	no	lo	lo	lo	tso	tso	tsʻo	po	po
瑞安话	nou	lou	lou	lou	tsou	tsou	tsʻou	puo	puo
陶山话	nəu	ləu	ləu	ləu	tsəu	tsəu	tsʻəu	puo	puo
平阳话	nu	lu	lu	lu	tɕiu	tɕiu	tɕʻiu	puo	puo
宜山话	nu	lu	lu	lu	tsu	tsu	tsʻu	po	po
文成话	nu	lu	lu	lu	tsu	tsu	tsʻu	pu	pu

	颇坡	薄薄荷	挪	朵	唾	挫锉	索	梭俊蓑	锁琐
	果合一	果合一	果开一	果合一	果合一	果合一	果开一	果合一	果合一
	平戈滂	去过並	平歌泥	上果端	去过透	去过清	平歌心	平戈心	上果心
鹿城话	p'o①	bo⑥	no②	to③	t'o⑤	ts'o⑤	so①	so①	so③
永强话	p'o	bo	no	to	t'o	ts'o	so	so	so
永嘉话	p'uo	bo	no	to	t'o	ts'o	so	so	so
乐清话	p'o	bo	no	to	t'o	tɕ'io	so	so	so
虹桥话	p'o	bo	no	to	t'o	ts'o	so	so	so
瑞安话	p'uo	bo	no	tuo	t'uo	ts'uo	suo	suo	suo
陶山话	p'uo	bo	no	tuo	t'uo	ts'əu	so	səu	səu
平阳话	p'uo	bo	no	to	t'o	tɕ'io	so	so	so
宜山话	p'o	bo	no	to	t'o	ts'o	so	so	so
文成话	p'u	bo	no	to	t'o	ts'o	so	su	su

	坐	座	可	哪娜	那那么	阿阿舅	个	哥歌	锅戈
	果合一	果合一	果开一	果开一	果开一	果开一	果开一	果开一	果合一
	上果从	去过从	上哿溪	上哿泥	去箇泥	平歌影	去箇见	平歌见	平戈见
鹿城话	zo④	zo⑥	k'o③	na④	na⑥	ʔa①	kai⑤	ku①	ku①
永强话	zo	zo	k'o	na	na	ʔa	kai	ku	ku
永嘉话	zo	zo	k'o	na	na	ʔa	kai	ku	ku
乐清话	zo	zo	k'o	na	na	ʔa	kai	ku	ku
虹桥话	zo	zo	k'o	na	na	ʔa	kai	ku	ku
瑞安话	zuo	zuo	k'o	na	na	ʔa	kai	ku	ku
陶山话	zəu	zəu	k'o	na	na	ʔa	kai	ku	ku
平阳话	zo	zo	k'o	na	na	ʔa	kai	ku	ku
宜山话	zo	zo	k'o	na	na	ʔa	kai	ku	ku
文成话	zo	zo	k'o	na	na	ʔa	kai	ku	ku

	果	过	柯坷	科窠棵	颗	课	火夥	货	河何
	果合一	果合一	果开一	果合一	果开一	果开一	果合一	果合一	果开一
	上果见	上过见	平歌溪	平戈溪	上果溪	去过溪	上果晓	去过晓	平歌匣
鹿城话	ku③	ku③	k'u①	k'u①	k'u③	k'u⑤	hu③	hu⑤	ɦu②
永强话	ku	ku	k'u	k'u	k'u	k'u	hu	hu	ɦu
永嘉话	ku	ku	k'u	k'u	k'u	k'u	hu	hu	ɦu
乐清话	ku	ku	k'u	k'u	k'u	k'u	ho	ho	ɦo
虹桥话	ku	ku	k'u	k'u	k'u	k'u	ho	ho	ɦo
瑞安话	ku	ku	k'u	k'u	k'u	k'u	hu	hu	ɦu
陶山话	ku	ku	k'u	k'u	k'u	k'u	hu	hu	ɦu
平阳话	ku	ku	k'u	k'u	k'u	k'u	hu	hu	ɦu
宜山话	ku	ku	k'u	k'u	k'u	k'u	hu	hu	ɦu
文成话	ku	ku	k'u	k'u	k'u	k'u	hu	hu	ɦu

	禾和	祸	贺	阿阿胶	窝倭	破	婆	魔	磨
	果合一 平戈匣	果合一 上果匣	果开一 去箇匣	果开一 平歌影	果合一 平戈影	果合一 去过滂	果合一 平歌并	果合一 平戈明	果合一 去过明
鹿城话	ɦu②	ɦu④	ɦu⑥	ʔʋu①	ʔʋu①	pʻøy⑤	bøy②	møy②	møy⑥
永强话	ɦu	ɦu	ɦu	ʔʋu	ʔʋu	pʻu	bu	mu	mu
永嘉话	ɦu	ɦu	ɦu	ʔʋu	ʔʋu	pʻəy	bəy	məy	məy
乐清话	ɦu	ɦu	ɦu	ʔʋu	ʔʋu	pʻu	bu	mu	mu
虹桥话	ɦu	ɦu	ɦu	ʔʋu	ʔʋu	pʻu	bu	mu	mu
瑞安话	ɦu	ɦu	ɦu	ʔʋu	ʔʋu	pʻʉ	bʉ	mʉ	mʉ
陶山话	ɦu	ɦu	ɦu	ʔʋu	ʔʋu	pʻu	bu	mu	mu
平阳话	ɦu	ɦu	ɦu	ʔʋu	ʔʋu	pʻu	bu	mu	mu
宜山话	ɦu	ɦu	ɦu	ʔʋu	ʔʋu	pʻu	bu	mu	mu
文成话	ɦu	ɦu	ɦu	ʔʋu	ʔʋu	pʻu	bu	mu	mu

	摩摩擦	茄茄儿	瘸	靴	蛾鹅俄	讹	我	饿	卧
	果合一 去过明	果开三 平歌群	果合三 平戈群	果合三 平戈晓	果开一 平歌疑	果合一 平戈疑	果开一 上哿疑	果开一 去箇疑	果合一 去过疑
鹿城话	møy⑥	dʑɿ②	dʑy②	ɕy①	ŋ②	ŋ②	ŋ④	ŋ⑥	ŋ⑥
永强话	mu	dʑɿ	dʑɥ	sɿ	ŋ	ŋ	ŋ	ŋ	ŋ
永嘉话	məy	dʑi	dʑʉ	ɕʉ	ŋ	ŋ	ŋ	ŋ	ŋ
乐清话	mu	dʑi	dʑy	ɕy	ŋ	ŋ	ŋ	ŋ	ŋ
虹桥话	mu	dʑi	dʑy	ɕy	ŋ	ŋ	ŋ	ŋ	ŋ
瑞安话	mʉ	dʑi	dʑy	ɕy	ŋu	ŋu	ŋu	ŋu	ŋu
陶山话	mu	dʑi	dʑy	ɕy	ŋu	ŋu	ŋu	ŋu	ŋu
平阳话	mu	dʑi	dʑyø	ɕyø	ŋu	ŋu	ŋu	ŋu	ŋu
宜山话	mu	dʑi	dʑy	ɕy	ŋu	ŋu	ŋu	ŋu	ŋu
文成话	mu	dʑi	dʑy	ɕy	ŋu	ŋu	ŋu	ŋu	ŋu

[假摄]

	爸	骂	妈	妷	巴芭疤	把把守	霸坝	怕	爬琶杷
	假开二 去祃帮	假开二 去祃明	假开二 平麻明	假开二 平麻彻	假开二 平麻帮	假开二 上马帮	假开二 去祃帮	假开二 去码滂	假开二 平麻并
鹿城话	pa⑤	ma⑥	mʻa①	tsʻa①	po①	po③	po⑤	pʻo⑤	bo②
永强话	pa	ma	mʻa	tsʻa	po	po	po	pʻo	bo
永嘉话	pa	ma	mʻa	tsʻa	po	po	po	pʻo	bo
乐清话	pa	ma	mʻa	tɕʻia	pɯa	pɯa	pɯa	pʻɯa	bɯa
虹桥话	pa	ma	mʻa	tsʻa	po	po	po	pʻo	bo
瑞安话	pa	ma	mʻa	tsʻa	po	po	po	pʻo	bo
陶山话	pa	ma	mʻa	tsʻa	po	po	po	pʻo	bo
平阳话	pa	ma	mʻa	tɕʻia	po	po	po	pʻo	bo
宜山话	pa	ma	mʻa	tsʻa	po	po	po	pʻo	bo
文成话	pa	ma	mʻa	tsʻa	po	po	po	pʻo	bo

	耙	麻蟆	马码	渣	担	诈榨	乍炸	叉杈	车
	假开二	假开二	假开二	假开二	假开二	假开二	假开二	假开二	假开二
	去祃並	平麻明	上马明	平麻庄	上马庄	去祃庄	去祃崇	平麻初	平麻昌
鹿城话	bo⑥	mo②	mo④	tso①	tso③	tso⑤	tso⑤	tsʻo①	tsʻo①
永强话	bo	mo	mo	tso	tso	tso	tso	tsʻo	tsʻo
永嘉话	bo	mo	mo	tso	tso	tso	tso	tsʻo	tsʻo
乐清话	bɯa	mɯa	mɯa	tɕio	tɕio	tɕio	tɕio	tɕʻio	tɕʻio
虹桥话	bo	mo	mo	tso	tso	tso	tso	tsʻo	tsʻo
瑞安话	bo	mo	mo	tso	tso	tso	tso	tsʻo	tsʻo
陶山话	bo	mo	mo	tso	tso	tso	tso	tsʻo	tsʻo
平阳话	bo	mo	mo	tɕio	tɕio	tɕio	tɕio	tɕʻio	tɕʻio
宜山话	bo	mo	mo	tso	tso	tso	tso	tsʻo	tsʻo
文成话	bo	mo	mo	tso	tso	tso	tso	tsʻo	tsʻo

	岔	茶搽	查	沙纱	傻	斜斜视	加家嘉	瓜	架驾嫁
	假开二	假开二	假开二	假开二	假合二	假开三	假开二	假合二	假开二
	去祃初	平麻澄	平麻崇	平麻生	上马生	平麻邪	平麻见	平麻见	去祃见
鹿城话	tsʻo⑤	dzo②	dzo②	so①	so③	zo②	ko①	ko①	ko⑤
永强话	tsʻo	dzo	dzo	so	so	zo	ko	ko	ko
永嘉话	tsʻo	dzo	dzo	so	so	zo	ko	ko	ko
乐清话	tɕʻio	dʑio	dʑio	so	so	zo	ko	ko	ko
虹桥话	tsʻo	dzo	dzo	so	so	zo	ko	ko	ko
瑞安话	tsʻo	dzo	dzo	so	suo	zuo	ko	kuo	ko
陶山话	tsʻo	dzo	dzo	so	sɘu	zɘu	ko	kuo	ko
平阳话	tɕʻio	dʑio	dʑio	so	so	zo	ko	ko	ko
宜山话	tsʻo	dzo	dzo	so	so	zo	ko	ko	ko
文成话	tsʻo	dzo	dzo	so	so	zo	ko	ko	ko

	寡	夸	跨	牙芽衙	雅	瓦瓦背	砑	虾	花鲜花
	假合二	假合二	假合二	假开二	假开二	假合二	假开二	假开二	假合二
	上马见	平麻溪	去祃溪	平麻疑	上马疑	上马疑	去祃疑	平麻晓	平麻晓
鹿城话	ko③	kʻo①	kʻo⑤	ŋo①	ŋo④	ŋo④	ŋo⑥	ho①	ho①
永强话	ko	kʻo	kʻo	ŋo	ŋo	ŋo	ŋo	ho	ho
永嘉话	ko	kʻo	kʻo	ŋo	ŋo	ŋo	ŋo	ho	ho
乐清话	ko	kʻɯa	kʻɯa	ŋo	ŋo	ŋɯa	ŋo	ho	hɯa
虹桥话	ko	kʻɤ	kʻɤ	ŋo	ŋo	ŋo	ŋo	ho	hɤ
瑞安话	kuo	kʻuo	kʻuo	ŋo	ŋo	ŋuo	ŋo	ho	huo
陶山话	kuo	kʻuo	kʻuo	ŋo	ŋo	ŋuo	ŋo	ho	huo
平阳话	ko	kʻo	kʻo	ŋo	ŋo	ŋo	ŋo	ho	ho
宜山话	ko	kʻo	kʻo	ŋo	ŋo	ŋo	ŋo	ho	ho
文成话	ko	kʻɔ	kʻɔ	ŋo	ŋo	ŋo	ŋo	ho	ho

	吓恐吓	化	霞	夏厦	下下降	华中华	华华山	鸦	蛙
	假开二 上马晓	假合二 去祃晓	假开二 平麻匣	假开二 上马匣	假开二 去祃匣	假合二 平麻匣	假合二 去祃匣	假开二 平麻影	假合二 平麻影
鹿城话	ho③	ho⑤	ɦo②	ɦo④	ɦo⑥	ɦo②	ɦo⑥	ʔo①	ʔo①
永强话	ho	ho	ɦo	ɦo	ɦo	ɦo	ɦo	ʔo	ʔo
永嘉话	ho	ho	ɦo	ɦo	ɦo	ɦo	ɦo	ʔo	ʔo
乐清话	hɯa	hɯa	ɦo	ɦo	ɦo	ɦɯa	ɦɯa	ʔo	ʔɯa
虹桥话	hɤ	hɤ	ɦo	ɦo	ɦo	ɦɤ	ɦɤ	ʔo	ʔɤ
瑞安话	huo	huo	ɦo	ɦo	ɦo	ɦuo	ɦuo	ʔo	ʔuo
陶山话	huo	huo	ɦo	ɦo	ɦo	ɦuo	ɦuo	ʔo	ʔuo
平阳话	ho	ho	ɦo	ɦo	ɦo	ɦo	ɦo	ʔo	ʔo
宜山话	ho	ho	ɦo	ɦo	ɦo	ɦo	ɦo	ʔo	ʔo
文成话	ho	ho	ɦo	ɦo	ɦo	ɦo	ɦo	ʔo	ʔo

	哑	亚	者	爹	遮	姐	借借债	蔗	车水车
	假开二 上马影	假开二 去祃影	假开三 上马章	假开三 平麻知	假开三 平麻章	假开三 上马精	假开三 去祃精	假开三 去祃章	假开三 平麻昌
鹿城话	ʔo③	ʔo⑤	tsɛ③	tei①	tsei①	tsei③	tsei⑤	tsei⑤	tsʻei①
永强话	ʔo	ʔo	tsɛ	ti	tsʅ	tsʅ	tsʅ	tsʅ	tsʻʅ
永嘉话	ʔo	ʔo	tsɛ	ti	tsi	tsʅi	tsi	tsʅi	tsʻi
乐清话	ʔo	ʔo	tɕia	ti	tɕi	tɕi	tɕi	tɕi	tɕʻi
虹桥话	ʔo	ʔo	tsɛ	tei	tsei	tsei	tsei	tsei	tsʻei
瑞安话	ʔo	ʔo	tsa	tei	tsei	tsei	tsei	tsei	tsʻei
陶山话	ʔo	ʔo	tsa	tei	tɕi	tɕi	tɕi	tɕi	tɕʻi
平阳话	ʔo	ʔo	tɕia	ti	tɕi	tɕi	tɕi	tɕi	tɕʻi
宜山话	ʔo	ʔo	tsæ	ti	tɕi	tɕi	tɕi	tɕi	tɕʻi
文成话	ʔo	ʔo	tsa	ti	tɕi	tɕi	tɕi	tɕi	tɕʻi

	且	扯	笡	些	奢赊	写	舍施舍	泻卸	赦
	假开三 上马清	假开三 上马昌	假开三 去祃清	假开三 平麻心	假开三 平麻书	假开三 上马心	假开三 上马书	假开三 去祃心	假开三 去祃书
鹿城话	tsʻei③	tsʻei③	tsʻei⑤	sei①	sei①	sei③	sei③	sei⑤	sei⑤
永强话	tsʻʅ	tsʻʅ	tsʻʅ	sʅ	sʅ	sʅ	sʅ	sʅ	sʅ
永嘉话	tsʻʅi	tsʻi	tsʻʅi	sʅi	si	sʅi	si	sʅi	si
乐清话	tɕʻi	tɕʻi	tɕʻi	ɕi	ɕi	ɕi	ɕi	ɕi	ɕi
虹桥话	tsʻei	tsʻei	tsʻei	sei	sei	sei	sei	sei	sei
瑞安话	tsʻei	tsʻei	tsʻei	sei	sei	sei	sei	sei	sei
陶山话	tɕʻi	tɕʻi	tɕʻi	sei	sei	sei	sei	sei	sei
平阳话	tɕʻi	tɕʻi	tɕʻi	ɕi	ɕi	ɕi	ɕi	ɕi	ɕi
宜山话	tɕʻi	tɕʻi	tɕʻi	ɕi	ɕi	ɕi	ɕi	ɕi	ɕi
文成话	tɕʻi	tɕʻi	tɕʻi	ɕi	ɕi	ɕi	ɕi	ɕi	ɕi

	邪邪恶	蛇	佘	社	惹	藉藉口	谢	射麝	野
	假开三	假开三	假开三	假开三	假开三	假开三	假开三	假开三	假开三
	平麻邪	平麻船	平麻禅	上马禅	上马日	去祃从	去祃邪	去祃船	上马影
鹿城话	zei②	zei②	zei②	zei④	zei④	zei⑥	zei⑥	zei⑥	ʔji③
永强话	zɿ	zɿ	zɿ	zɿ	zɿ	zɿ	zɿ	zɿ	ʔji
永嘉话	zᶯi	zi	zi	zi	zi	zᶯi	zᶯi	zi	ʔjie
乐清话	ʑi	ʑi	ʑi	ʑi	ʑi	ʑi	zi	ʑi	ʔjie
虹桥话	zei	zei	zei	zei	zei	zei	zei	zei	ʔjie
瑞安话	zei	zei	zei	zei	zei	zei	zei	zei	ʔjie
陶山话	zei	zei	zei	zei	zei	zei	zei	zei	ʔjie
平阳话	ʑi	ʑi	ʑi	ʑi	ʑi	ʑi	ʑi	ʑi	ʔjie
宜山话	ʑi	ʑi	ʑi	ʑi	ʑi	ʑi	ʑi	ʑi	ʔji
文成话	ʑi	ʑi	ʑi	ʑi	ʑi	ʑi	ʑi	ʑi	ʔjie

[假摄][遇摄]

	爷耶	也也是	夜	补谱	布	铺铺设	浦吕浦	铺店铺	蒲
	假开三	假开三	假开三	遇合一	遇合一	遇合一	遇合一	遇合一	遇合一
	平麻以	上马以	去祃以	上姥帮	去暮帮	平模滂	上姥滂	去暮滂	平模並
鹿城话	ji②	ji④	ji⑥	pøy③	pøy⑤	p'øy①	p'øy③	p'øy⑤	bøy②
永强话	ji	ji	ji	pu	pu	p'u	p'u	p'u	bu
永嘉话	jie	jie	jie	pəy	pəy	p'əy	p'əy	p'əy	bəy
乐清话	jie	jie	jie	pu	pu	p'u	p'u	p'u	bu
虹桥话	jie	jie	jie	pu	pu	p'u	p'u	p'u	bu
瑞安话	jie	jie	jie	pʉ	pʉ	p'ʉ	p'ʉ	p'ʉ	bʉ
陶山话	jie	jie	jie	pu	pu	p'u	p'u	p'u	bu
平阳话	jie	jie	jie	pu	pu	p'u	p'u	p'u	bu
宜山话	ji	ji	ji	pu	pu	p'u	p'u	p'u	bu
文成话	jie	jie	jie	pu	pu	p'u	p'u	p'u	bu

	步埠	模模子	夫丈夫	府腑俯	付赋傅	符	父腐	附	务雾
	遇合一	遇合一	遇合三	遇合三	遇合三	遇合三	遇合三	遇合三	遇合三
	去暮並	平模明	平语非	上虞非	去遇非	平虞奉	上虞奉	去遇奉	去遇微
鹿城话	bøy⑥	møy②	føy①	føy③	føy⑤	vøy②	vøy④	vøy⑥	vøy⑥
永强话	bu	mu	fu	fu	fu	vu	vu	vu	vu
永嘉话	bəy	məy	fəy	fəy	fəy	vəy	vəy	vəy	vəy
乐清话	bu	mu	fu	fu	fu	vu	vu	vu	vu
虹桥话	bu	mu	fu	fu	fu	vu	vu	vu	vu
瑞安话	bʉ	mʉ	fʉ	fʉ	fʉ	vʉ	vʉ	vʉ	vʉ
陶山话	bu	mu	fu	fu	fu	vu	vu	vu	vu
平阳话	bu	mu	fu	fu	fu	vu	vu	vu	vu
宜山话	bu	mu	fu	fu	fu	vu	vu	vu	vu
文成话	bu	mu	fu	fu	fu	vu	vu	vu	vu

	都	堵睹	妒	土	兔	徒屠途	杜肚	度渡镀	卢炉芦
	遇合一	遇合一	遇合一	遇合一	遇合一	遇合一	遇合一	遇合一	遇合一
	平模端	上姥端	去暮端	上姥透	去暮透	平模定	上姥定	去暮定	平模来
鹿城话	tøy①	tøy③	tøy⑤	tʻøy③	tʻøy⑤	døy②	døy④	døy⑥	løy②
永强话	tu	tu	tu	tʻu	tʻu	du	du	du	lu
永嘉话	təy	təy	təy	tʻəy	tʻəy	dəy	dəy	dəy	ləy
乐清话	ty	ty	ty	tʻy	tʻy	dy	dy	dy	ly
虹桥话	ty	ty	ty	tʻy	tʻy	dy	dy	dy	ly
瑞安话	təʉ	təʉ	təʉ	tʻəʉ	tʻəʉ	dəʉ	dəʉ	dəʉ	ləʉ
陶山话	təʉ	təʉ	təʉ	tʻəʉ	tʻəʉ	dəʉ	dəʉ	dəʉ	ləʉ
平阳话	ty	ty	ty	tʻy	tʻy	dy	dy	dy	ly
宜山话	ty	ty	ty	tʻy	tʻy	dy	dy	dy	ly
文成话	tʉ	tʉ	tʉ	tʻʉ	tʻʉ	dʉ	dʉ	dʉ	lʉ

	驴庐	卤盐卤	吕旅	缕丝缕	路鹭露	虑	屡	租	祖
	遇合三	遇合三	遇合三	遇合三	遇合一	遇合三	遇合三	遇合一	遇合一
	平鱼来	上姥来	上语来	上虞来	去暮来	去御来	去遇来	平模精	上姥精
鹿城话	løy②	løy④	løy④	løy④	løy⑥	løy⑥	løy⑥	tsøy①	tsøy③
永强话	lu	lu	lu	lu	lu	lu	lu	tsu	tsu
永嘉话	ləy	ləy	ləy	ləy	ləy	ləy	ləy	tsəy	tsəy
乐清话	ly	ly	ly	ly	ly	ly	ly	tɕy	tɕy
虹桥话	ly	ly	ly	ly	ly	ly	ly	tɕy	tɕy
瑞安话	ləʉ	ləʉ	ləʉ	ləʉ	ləʉ	ləʉ	ləʉ	tsəʉ	tsəʉ
陶山话	ləʉ	ləʉ	ləʉ	ləʉ	ləʉ	ləʉ	ləʉ	tsəʉ	tsəʉ
平阳话	ly	ly	ly	ly	ly	ly	ly	tɕy	tɕy
宜山话	ly	ly	ly	ly	ly	ly	ly	tɕy	tɕy
文成话	lʉ	lʉ	lʉ	lʉ	lʉ	lʉ	lʉ	tɕʉ	tɕʉ

	粗	醋	苏酥稣	诉塑	蜈蜈蚣	鱼渔	姥姆	摹模	暮慕墓
	遇合一	遇合一	遇合一	遇合一	遇合一	遇合三	遇合一	遇合一	遇合一
	平模清	去暮清	平模心	去暮心	平模疑	平鱼疑	上姥明	平模明	去暮明
鹿城话	tsʻøy①	tsʻøy⑤	søy①	søy⑤	ŋøy②	ŋøy②	ʔmo③	mo②	mo⑥
永强话	tsʻou	tsʻou	su	su	ŋu	n̩	ʔmo	mo	mo
永嘉话	tsʻəy	tsʻəy	səʉ	səʉ	ŋəy	ŋəy	ʔmuo	muo	muo
乐清话	tɕʻy	tɕʻy	çy	çy	ɲy	ɲy	ʔmo	mo	mo
虹桥话	tɕʻy	tɕʻy	çy	çy	ɲy	ɲy	ʔmo	mo	mo
瑞安话	tsʻəʉ	tsʻəʉ	səʉ	səʉ	ŋəʉ	ŋəʉ	ʔmuo	muo	muo
陶山话	tsʻəʉ	tsʻəʉ	səʉ	səʉ	ŋəʉ	ŋəʉ	ʔmuo	muo	muo
平阳话	tɕʻy	tɕʻy	çy	çy	ɲy	ɲy	ʔmuo	muo	muo
宜山话	tɕʻy	tɕʻy	çy	çy	ɲy	ɲy	ʔmo	mo	mo
文成话	tɕʻʉ	tɕʻʉ	sʉ	sʉ	ɲʉ	ɲʉ	ʔmo	mo	mo

	赂	措错	所	奴	努	怒	鲁房	卤卤素	做
	遇合一 去暮来	遇合一 去暮清	遇合三 上语生	遇合一 平模泥	遇合一 上姥泥	遇合一 去暮泥	遇合一 上姥来	遇合一 上姥来	遇合一 去暮精
鹿城话	lo⑥	ts'o⑤	so③	nəu②	nəu④	nəu⑤	ləu④	ləu④	tsəu⑤
永强话	lo	ts'o	so	niəu	niəu	niəu	liəu	liəu	tso
永嘉话	lo	ts'o	so	nəu	nəu	nəu	ləu	ləu	tso
乐清话	lo	tɕ'io	so	niu	niu	niu	liu	liu	tɕio
虹桥话	lo	ts'o	so	nu	nu	nu	lu	lu	tso
瑞安话	luo	ts'o	suo	nou	nou	nou	lou	lou	tsou
陶山话	luo	ts'o	səu	nəu	nəu	nəu	ləu	ləu	tsəu
平阳话	lo	tɕ'o	so	nu	nu	nu	lu	lu	tɕiu
宜山话	lo	ts'o	so	nu	nu	nu	lu	lu	tsu
文成话	lo	ts'o	so	nu	nu	nu	lu	lu	tsu

	阻阻止	初	楚础	梳疏蔬	数(动词)	素朴素	数(名词)	锄锄头	雏
	遇合三 上语庄	遇合三 平鱼初	遇合三 上语初	遇合三 平鱼生	遇合三 上虞生	遇合一 去暮心	遇合三 去遇生	遇合三 平鱼崇	遇合三 平虞崇
鹿城话	tsəu③	ts'əu①	ts'əu③	səu①	səu③	səu⑤	səu⑤	zəu②	zəu②
永强话	tso	ts'o	ts'o	so	so	so	so	zo	zo
永嘉话	tso	ts'o	ts'o	so	so	so	so	zo	zo
乐清话	tɕio	tɕ'io	tɕ'io	so	so	so	so	zo	zo
虹桥话	tso	ts'o	ts'o	so	so	so	so	zo	zo
瑞安话	tsou	ts'ou	ts'ou	sou	sou	sou	sou	zou	zou
陶山话	tsəu	ts'əu	ts'əu	səu	səu	səu	səu	zəu	zəu
平阳话	tsiu	ts'iu	ts'iu	su	su	su	su	zu	zu
宜山话	tsu	ts'u	ts'u	su	su	su	su	zu	zu
文成话	tsu	ts'u	ts'u	su	su	su	su	zu	zu

	助	猪	煮煮饭	蛆	杵	鼠	苎	箸	胥
	遇合三 去御崇	遇合三 平鱼知	遇合三 上语章	遇合三 平鱼清	遇合三 上语昌	遇合三 上语书	遇合三 上语澄	遇合三 去御澄	遇合三 平鱼心
鹿城话	zəu⑥	tsei①	tsei③	ts'ei①	ts'ei③	ts'ei③	dzei④	dzei⑤	sei①
永强话	zo	tsʮ	tsʮ	ts'ʮ	ts'ʮ	ts'ʮ	dzei	dzei	sʮ
永嘉话	zo	tsi	tsi	ts'i	ts'i	ts'i	dʑi	dʑi	si
乐清话	zo	tɕi	tɕi	tɕ'i	tɕ'i	tɕ'i	dʑi	dʑi	ɕi
虹桥话	zo	tsei	tsei	ts'ei	ts'ei	ts'ei	dzei	dzei	sei
瑞安话	zou	tsei	tsei	ts'ei	ts'ei	ts'ei	dzei	dzei	sei
陶山话	zəu	tɕi	tɕi	tɕ'i	tɕ'i	tɕ'i	dʑi	dʑi	ɕi
平阳话	zu	tɕi	tɕi	tɕ'i	tɕ'i	tɕ'i	dʑi	dʑi	ɕi
宜山话	zu	tɕi	tɕi	tɕ'i	tɕ'i	tɕ'i	dʑi	dʑi	ɕi
文成话	zu	tɕi	tɕi	tɕ'i	tɕ'i	tɕ'i	dʑi	dʑi	ɕi

	徐	屿	狙	诸诸侯	蛛诛株	朱硃珠	拄	主	著
	遇合三	遇合三	遇合三	遇合三	遇合三	遇合三	遇合三	遇合三	遇合三
	平鱼邪	上语邪	平鱼精	平鱼章	平虞知	平虞章	上虞知	上虞章	去御知
鹿城话	zei②	zei④	tsɿ①	tsɿ①	tsɿ①	tsɿ①	tsɿ③	tsɿ③	tsɿ⑤
永强话	zʮ	zʮ	tsʮ	tsʮ	tsʮ	tsʮ	tsʮ	tsʮ	tsʮ
永嘉话	zi	zi	tsʉ	tsʉ	tsʉ	tsʉ	tsʉ	tsʉ	tsʉ
乐清话	ʑi	ʑi	tɕy	tɕy	tɕy	tɕy	tɕy	tɕy	tɕy
虹桥话	zei	zei	tɕy	tɕy	tɕy	tɕy	tɕy	tɕy	tɕy
瑞安话	zei	zei	tsəʉ	tsəʉ	tsəʉ	tsəʉ	tsəʉ	tsəʉ	tsəʉ
陶山话	zei	zei	tɕy	tɕy	tɕy	tɕy	tɕy	tɕy	tɕy
平阳话	ʑi	ʑi	tsy	tsy	tsy	tsy	tsy	tsy	tsy
宜山话	ʑi	ʑi	tɕy	tɕy	tɕy	tɕy	tɕy	tɕy	tɕy
文成话	ʑi	ʑi	tɕʉ	tɕʉ	tɕʉ	tɕʉ	tɕʉ	tɕʉ	tɕʉ

	驻	注蛀铸	趋	枢	褚	处相处	取	处处所	趣
	遇合三	遇合三	遇合三	遇合三	遇合三	遇合三	遇合三	遇合三	遇合三
	去遇知	去遇章	平虞清	平虞昌	上语彻	上语昌	上虞清	去御昌	去遇清
鹿城话	tsɿ⑤	tsɿ⑤	tsʻɿ①	tsʻɿ①	tsʻɿ③	tsʻɿ③	tsʻɿ③	tsʻɿ⑤	tsʻɿ⑤
永强话	tsʮ	tsʮ	tsʻʮ	tsʻʮ	tsʻʮ	tsʻʮ	tsʻʮ	tsʻʮ	tsʻʮ
永嘉话	tsʉ	tsʉ	tsʻʉ	tsʻʉ	tsʻʉ	tsʻʉ	tsʻʉ	tsʻʉ	tsʻʉ
乐清话	tɕy	tɕy	tɕʻy	tɕʻy	tɕʻy	tɕʻy	tɕʻy	tɕʻy	tɕʻy
虹桥话	tɕy	tɕy	tɕʻy	tɕʻy	tɕʻy	tɕʻy	tɕʻy	tɕʻy	tɕʻy
瑞安话	tsəʉ	tsəʉ	tsʻəʉ	tsʻəʉ	tsʻəʉ	tsʻəʉ	tsʻəʉ	tsʻəʉ	tsʻəʉ
陶山话	tɕy	tɕy	tɕʻy	tɕʻy	tɕʻy	tɕʻy	tɕʻy	tɕʻy	tɕʻy
平阳话	tsy	tsy	tsʻy	tsʻy	tsʻy	tsʻy	tsʻy	tsʻy	tsʻy
宜山话	tɕy	tɕy	tɕʻy	tɕʻy	tɕʻy	tɕʻy	tɕʻy	tɕʻy	tɕʻy
文成话	tɕʉ	tɕʉ	tɕʻʉ	tɕʻʉ	tɕʻʉ	tɕʻʉ	tɕʻʉ	tɕʻʉ	tɕʻʉ

	除储	厨	贮	柱	署薯	住	书舒	须需	输
	遇合三	遇合三	遇合三	遇合三	遇合三	遇合三	遇合三	遇合三	遇合三
	平鱼澄	平虞澄	上语澄	上虞澄	去御禅	去遇澄	平鱼书	平虞心	平虞书
鹿城话	dzɿ②	dzɿ②	dzɿ④	dzɿ④	dzɿ⑥	dzɿ⑥	sɿ①	sɿ①	sɿ①
永强话	dzʮ	dzʮ	dzʮ	dzʮ	dzʮ	dzʮ	sʮ	sʮ	sʮ
永嘉话	dzʉ	dzʉ	dzʉ	dzʉ	dzʉ	dzʉ	sʉ	sʉ	sʉ
乐清话	dʑy	dʑy	dʑy	dʑy	dʑy	dʑy	ɕy	ɕy	ɕy
虹桥话	dʑy	dʑy	dʑy	dʑy	dʑy	dʑy	ɕy	ɕy	ɕy
瑞安话	dzəʉ	dzəʉ	dzəʉ	dzəʉ	dzəʉ	dzəʉ	səʉ	səʉ	səʉ
陶山话	dʑy	dʑy	dʑy	dʑy	dʑy	dʑy	ɕəʉ	ɕəʉ	ɕy
平阳话	dzy	dzy	dzy	dzy	dzy	dzy	sy	sy	sy
宜山话	dʑy	dʑy	dʑy	dʑy	dʑy	dʑy	ɕy	ɕy	ɕy
文成话	dʑʉ	dʑʉ	dʑʉ	dʑʉ	dʑʉ	dʑʉ	sʉ	sʉ	sʉ

	暑黍	絮棉絮	庶恕	戍	如茹	殊	儒	序叙绪	汝
	遇合三	遇合三	遇合三	遇合三	遇合三	遇合三	遇合三	遇合三	遇合三
	上语书	去御心	去御书	去遇书	平鱼日	平虞禅	平虞日	上语邪	上语日
鹿城话	sʅ③	sʅ⑤	sʅ⑤	sʅ⑤	zʅ②	zʅ②	zʅ②	zʅ④	zʅ④
永强话	sʮ	sʮ	sʮ	sʮ	zʮ	zʮ	zʮ	zʮ	zʮ
永嘉话	sʉ	sʉ	sʉ	sʉ	zʉ	zʉ	zʉ	zʉ	zʉ
乐清话	ɕy	ɕy	ɕy	ɕy	ʑy	ʑy	ʑy	ʑy	ʑy
虹桥话	ɕy	ɕy	ɕy	ɕy	ʑy	ʑy	ʑy	ʑy	ʑy
瑞安话	səʉ	səʉ	səʉ	səʉ	zəʉ	zəʉ	zəʉ	zəʉ	zəʉ
陶山话	səʉ	səʉ	səʉ	ɕy	zəʉ	zəʉ	zəʉ	zəʉ	zəʉ
平阳话	sy	ɕy	sy	sy	zy	zy	zy	zy	zy
宜山话	ɕy	ɕy	ɕy	ɕy	ʑy	ʑy	ʑy	ʑy	ʑy
文成话	sʉ	sʉ	sʉ	sʉ	zʉ	zʉ	zʉ	zʉ	zʉ

	聚	竖	乳	树	普浦	部簿	捕	肤	敷俘孵
	遇合三	遇合三	遇合三	遇合三	遇合一	遇合一	遇合一	遇合三	遇合三
	上虞从	上虞禅	上虞日	去遇禅	上姥滂	上姥並	去暮並	平虞非	平虞敷
鹿城话	zʅ④	zʅ④	zʅ④	zʅ⑥	pʻu③	bu④	bu⑤	fu①	fu①
永强话	zʮ	zʮ	zʮ	zʮ	pʻʮ	bʮ	bʮ	fʮ	fʮ
永嘉话	zʉ	zʉ	zʉ	zʉ	pʻu	bu	bu	fu	fu
乐清话	ʑy	ʑy	ʑy	ʑy	pʻu	bu	bu	fu	fu
虹桥话	ʑy	ʑy	ʑy	ʑy	pʻu	bu	bu	fu	fu
瑞安话	zəʉ	zəʉ	zəʉ	zəʉ	pʻu	bu	bu	fu	fu
陶山话	ʑy	ʑy	ʑy	ʑy	pʻu	bu	bu	fu	fu
平阳话	zy	zy	zy	zy	pʻu	bu	bu	fu	fu
宜山话	ʑy	ʑy	ʑy	ʑy	pʻu	bu	bu	fu	fu
文成话	zʉ	zʉ	zʉ	zʉ	pʻu	bu	bu	fu	fu

	抚斧辅	赴讣	扶芙	无巫诬	武舞侮	姑孤箍	古股鼓	故固雇	枯
	遇合三	遇合三	遇合三	遇合三	遇合三	遇合一	遇合一	遇合一	遇合一
	上虞见	去遇敷	平虞奉	平虞微	上虞微	平模见	上姥见	去暮见	平模溪
鹿城话	fu③	fu⑤	vu②	vu②	vu④	ku①	ku③	ku⑤	kʻu①
永强话	fʮ	fʮ	vʮ	vʮ	vʮ	ku	ku	ku	kʻu
永嘉话	fu	fu	vu	vu	vu	ku	ku	ku	kʻu
乐清话	fu	fu	vu	vu	vu	ku	ku	ku	kʻu
虹桥话	fu	fu	vu	vu	vu	ku	ku	ku	kʻu
瑞安话	fu	fu	vu	vu	vu	ku	ku	ku	kʻu
陶山话	fu	fu	vu	vu	vu	ku	ku	ku	kʻu
平阳话	fu	fu	vu	vu	vu	ku	ku	ku	kʻu
宜山话	fu	fu	vu	vu	vu	ku	ku	ku	kʻu
文成话	fu	fu	vu	vu	vu	ku	ku	ku	kʻu

	苦	库裤	呼招呼	虎浒	戽	胡湖狐	户沪	互护	污乌
	遇合一 上姥溪	遇合一 去暮溪	遇合一 平模晓	遇合一 上姥晓	遇合一 去暮晓	遇合一 平模匣	遇合一 上姥匣	遇合一 去暮匣	遇合一 平模影
鹿城话	kʻu③	kʻu⑤	hu①	hu③	hu⑤	ɦu②	ɦu④	ɦu⑥	ʔʋu①
永强话	kʻu	kʻu	hu	hu	hu	ɦu	ɦu	ɦu	ʔʋu
永嘉话	kʻu	kʻu	hu	hu	hu	ɦu	ɦu	ɦu	ʔʋu
乐清话	kʻu	kʻu	hu	hu	hu	ɦu	ɦu	ɦu	ʔʋu
虹桥话	kʻu	kʻu	hu	hu	hu	ɦu	ɦu	ɦu	ʔʋu
瑞安话	kʻu	kʻu	hu	hu	hu	ɦu	ɦu	ɦu	ʔʋu
陶山话	kʻu	kʻu	hu	hu	hu	ɦu	ɦu	ɦu	ʔʋu
平阳话	kʻu	kʻu	hu	hu	hu	ɦu	ɦu	ɦu	ʔʋu
宜山话	kʻu	kʻu	hu	hu	hu	ɦu	ɦu	ɦu	ʔʋu
文成话	kʻu	kʻu	hu	hu	hu	ɦu	ɦu	ɦu	ʔʋu

	坞	於淤	迂迂回	恶可恶	余剩余	于盂	愉榆逾	与	雨宇禹
	遇合一 上姥影	遇合三 平鱼影	遇合三 平虞影	遇合一 去暮影	遇合三 平鱼以	遇合三 平虞云	遇合三 平虞以	遇合三 上语以	遇合三 上麌云
鹿城话	ʔʋu③	ʔʋu①	ʔʋu①	ʔʋu⑤	ʋu②	ʋu②	ʋu②	ʋu④	ʋu④
永强话	ʔʋu	ʔʋʅ	ʔʋʅ	ʔʋu	ʋʅ	ʋʅ	ʋʅ	ʋʅ	ʋʅ
永嘉话	ʔʋu	ʔʋu	ʔʋu	ʔʋu	ʋu	ʋu	ʋu	ʋu	ʋu
乐清话	ʔʋu	ʔjy	ʔjy	ʔʋu	jy	jy	jy	jy	jy
虹桥话	ʔʋu	ʔjy	ʔjy	ʔʋu	jy	jy	jy	jy	jy
瑞安话	ʔʋu	ʔʋʉ	ʔʋʉ	ʔʋu	ʋʉ	ʋʉ	ʋʉ	ʋʉ	ʋʉ
陶山话	ʔʋu	ʔʋʉ	ʔʋʉ	ʔʋu	ʋʉ	ʋʉ	ʋʉ	ʋʉ	ʋʉ
平阳话	ʔʋu	ʔjy	ʔjy	ʔʋu	jy	jy	jy	jy	jy
宜山话	ʔʋu	ʔjy	ʔjy	ʔʋu	jy	jy	jy	jy	jy
文成话	ʔʋu	ʔjy	ʔjy	ʔʋu	jy	jy	jy	jy	jy

	愈	誉	芋	裕喻	居居住	拘驹	举	矩	据锯
	遇合三 上麌以	遇合三 去御以	遇合三 去遇云	遇合三 去遇以	遇合三 平鱼见	遇合三 平虞见	遇合三 上语见	遇合三 上麌见	遇合三 去御见
鹿城话	ʋu④	ʋu⑥	ʋu⑥	ʋu⑥	tɕy①	tɕy①	tɕy③	tɕy③	tɕy⑤
永强话	ʋʅ	ʋʅ	ʋʅ	ʋʅ	tsʅ	tsʅ	tsʅ	tsʅ	tsʅ
永嘉话	ʋu	ʋu	ʋu	ʋu	tɕʉ	tɕʉ	tɕʉ	tɕʉ	tɕʉ
乐清话	jy	jy	jy	jy	tɕy	tɕy	tɕy	tɕy	tɕy
虹桥话	jy	jy	jy	jy	tɕy	tɕy	tɕy	tɕy	tɕy
瑞安话	ʋʉ	ʋʉ	ʋʉ	ʋʉ	tɕy	tɕy	tɕy	tɕy	tɕy
陶山话	ʋʉ	ʋʉ	ʋʉ	ʋʉ	tɕy	tɕy	tɕy	tɕy	tɕy
平阳话	jy	jy	jy	jy	tɕyø	tɕyø	tɕyø	tɕyø	tɕyø
宜山话	jy	jy	jy	jy	tɕy	tɕy	tɕy	tɕy	tɕy
文成话	jy	jy	jy	jy	tɕy	tɕy	tɕy	tɕy	tɕy

瓯语音系

	句	墟墟市	区驱	去	渠	瞿	巨拒距	具惧	女
	遇合三	遇合三	遇合三	遇合三	遇合三	遇合三	遇合三	遇合三	遇合三
	去遇见	平鱼溪	平虞溪	去御溪	平鱼群	平虞群	上语群	去遇章	上语泥
鹿城话	tɕy⑤	tɕʻy①	tɕʻy①	tɕʻy⑤	dzy②	dzy②	dzy④	dzy⑥	ȵy④
永强话	tsʮ	tsʻʮ	tsʻʮ	tsʻʮ	dzʮ	dzʮ	dzʮ	dzʮ	ȵʮ
永嘉话	tɕʉ	tɕʻʉ	tɕʻʉ	tɕʻʉ	dʑʉ	dʑʉ	dʑʉ	dʑʉ	ȵʉ
乐清话	tɕy	tɕʻy	tɕʻy	tɕʻy	dʑy	dʑy	dʑy	dʑy	ȵyə
虹桥话	tɕy	tɕʻy	tɕʻy	tɕʻy	dʑy	dʑy	dʑy	dʑy	ȵyə
瑞安话	tɕy	tɕʻy	tɕʻy	tɕʻy	dʑy	dʑy	dʑy	dʑy	ȵyə
陶山话	tɕy	tɕʻy	tɕʻy	tɕʻy	dʑy	dʑy	dʑy	dʑy	ȵyø
平阳话	tɕyø	tɕʻyø	tɕʻyø	tɕʻyø	dzyø	dzyø	dzyø	dzyø	ȵyø
宜山话	tɕy	tɕʻy	tɕʻy	tɕʻy	dzy	dzy	dzy	dzy	ȵy
文成话	tɕy	tɕʻy	tɕʻy	tɕʻy	dʑy	dʑy	dʑy	dʑy	ȵyø

	愚虞	语语言	遇寓	御	虚嘘	吁	许	栩	煦
	遇合三	遇合三	遇合三	遇合三	遇合三	遇合三	遇合三	遇合三	遇合三
	平虞疑	上语疑	去遇疑	去御疑	平鱼晓	平语晓	上语晓	上虞晓	去遇晓
鹿城话	ȵy②	ȵy④	ȵy⑥	ȵy⑥	ɕy①	ɕy①	ɕy③	ɕy③	ɕy⑤
永强话	zʮ	zʮ	zʮ	zʮ	sʮ	sʮ	sʮ	sʮ	sʮ
永嘉话	ȵʉ	ȵʉ	ȵʉ	ȵʉ	ɕʉ	ɕʉ	ɕʉ	ɕʉ	ɕʉ
乐清话	ȵy	ȵy	ȵy	ȵy	ɕy	ɕy	ɕy	ɕy	ɕy
虹桥话	ȵy	ȵy	ȵy	ȵy	ɕy	ɕy	ɕy	ɕy	ɕy
瑞安话	ȵy	ȵy	ȵy	ȵy	ɕy	ɕy	ɕy	ɕy	ɕy
陶山话	ȵy	ȵy	ȵy	ȵy	ɕy	ɕy	ɕy	ɕy	ɕy
平阳话	ȵyø	ȵyø	ȵyø	ȵyø	ɕyø	ɕyø	ɕyø	ɕyø	ɕyø
宜山话	ȵy	ȵy	ȵy	ȵy	ɕy	ɕy	ɕy	ɕy	ɕy
文成话	ȵy	ȵy	ȵy	ȵy	ɕy	ɕy	ɕy	ɕy	ɕy

[遇摄][蟹摄]

	吴吾梧	娱娱乐	五伍午	误悟	戴姓氏	胎胚胎	态贷	台抬苔	待怠殆
	遇合三	遇合三	遇合一	遇合一	蟹开一	蟹开一	蟹开一	蟹开一	蟹开一
	平虞疑	平虞疑	上姥疑	去暮疑	去代端	平咍透	去代透	平咍定	上海定
鹿城话	ŋ②	ŋ②	ŋ④	ŋ⑥	te⑤	tʻe①	tʻe⑤	de②	de④
永强话	ŋ	ŋ	ŋ	ŋ	te	tʻe	tʻe	de	de
永嘉话	ŋ	ŋ	ŋ	ŋ	te	tʻe	tʻe	de	de
乐清话	ŋ	ŋ	ŋ	ŋ	te	tʻe	tʻe	de	de
虹桥话	ŋ	ŋ	ŋ	ŋ	tai	tʻai	tʻai	dai	dai
瑞安话	ŋu	ŋu	ŋu	ŋu	te	tʻɛ	tʻɛ	de	de
陶山话	ŋu	ŋu	ŋu	ŋu	te	tʻe	tʻe	de	de
平阳话	ŋu	ŋu	ŋu	ŋu	te	tʻe	tʻe	de	de
宜山话	ŋu	ŋu	ŋu	ŋu	te	tʻe	tʻe	de	de
文成话	ŋu	ŋu	ŋu	ŋu	te	tʻe	tʻe	de	de

第十章 瓯语系各地方音对照表

	代袋	耐忍耐	来	灾栽	宰	再载	猜	彩採	菜
	蟹开一 去代定	蟹开一 上海泥	蟹开一 平咍来	蟹开一 平咍精	蟹开一 上海精	蟹开一 去代精	蟹开一 平咍清	蟹开一 上海清	蟹开一 去代清
鹿城话	de⑤	ne④	le②	tse①	tse③	tse⑤	ts'e①	ts'e③	ts'e⑤
永强话	de	ne	le	tse	tse	tse	ts'e	ts'e	ts'e
永嘉话	de	ne	le	tse	tse	tse	ts'e	ts'e	ts'e
乐清话	de	ne	le	tɕie	tɕie	tɕie	tɕ'ie	tɕ'ie	tɕ'ie
虹桥话	dai	nai	lai	tsai	tsai	tsai	ts'ai	ts'ai	ts'ai
瑞安话	dɛ	nɛ	lɛ	tsɛ	tsɛ	tsɛ	ts'ɛ	ts'ɛ	ts'ɛ
陶山话	de	ne	le	tse	tse	tse	ts'e	ts'e	ts'e
平阳话	de	ne	le	tse	tse	tse	ts'e	ts'e	ts'e
宜山话	de	ne	le	tse	tse	tse	ts'e	ts'e	ts'e
文成话	de	ne	le	tse	tse	tse	ts'e	ts'e	ts'e

	鳃鱼鳃	赛	才材财	在	该	改	概溉	盖丐	开
	蟹开一 平咍心	蟹开一 去代心	蟹开一 平咍从	蟹开一 上海从	蟹开一 平咍见	蟹开一 上海见	蟹开一 去代见	蟹开一 去泰见	蟹开一 平咍溪
鹿城话	se①	se⑤	ze②	ze④	ke①	ke③	ke⑤	ke⑤	k'e①
永强话	se	se	ze	ze	ke	ke	ke	ke	k'e
永嘉话	se	se	ze	ze	ke	ke	ke	ke	k'e
乐清话	se	se	ze	ze	ke	ke	ke	ke	k'e
虹桥话	sai	sai	zai	zai	kai	kai	kai	kai	k'ai
瑞安话	sɛ	sɛ	zɛ	zɛ	kɛ	kɛ	kɛ	kɛ	k'ɛ
陶山话	se	se	ze	ze	ke	ke	ke	ke	k'e
平阳话	se	se	ze	ze	ke	ke	ke	ke	k'e
宜山话	se	se	ze	ze	ke	ke	ke	ke	k'e
文成话	se	se	ze	ze	ke	ke	ke	ke	k'e

	凯	慨	呆	碍	艾	海	孩	亥	害
	蟹开一 上海溪	蟹开一 去代溪	蟹开一 平咍疑	蟹开一 去代疑	蟹开一 去泰疑	蟹开一 上海晓	蟹开一 平咍匣	蟹开一 上海匣	蟹开一 去泰匣
鹿城话	k'e③	k'e⑤	ŋe②	ŋe⑥	ŋe⑥	he③	ɦe②	ɦe④	ɦe⑤
永强话	k'e	k'e	ŋe	ŋe	ŋe	he	ɦie	ɦie	ɦie
永嘉话	k'e	k'e	ŋe	ŋe	ŋe	he	ɦie	ɦie	ɦie
乐清话	k'e	k'e	ŋe	ŋe	ŋe	he	ɦie	ɦie	ɦai
虹桥话	k'ai	k'ai	ŋai	ŋai	ŋai	hai	ɦai	ɦai	ɦe
瑞安话	k'ɛ	k'ɛ	ŋɛ	ŋɛ	ŋɛ	hɛ	ɦɛ	ɦɛ	ɦɛ
陶山话	k'e	k'e	ŋe	ŋe	ŋe	he	ɦe	ɦe	ɦe
平阳话	k'e	k'e	ŋe	ŋe	ŋe	he	ɦie	ɦie	ɦie
宜山话	k'e	k'e	ŋe	ŋe	ŋe	he	ɦie	ɦie	ɦie
文成话	k'e	k'e	ŋe	ŋe	ŋe	he	ɦie	ɦie	ɦie

	哀悲哀	爱	蔼和蔼	摆摆动	拜	派	排	牌	罢
	蟹开一平咍影	蟹开一去代影	蟹开一去泰影	蟹开二上蟹帮	蟹开二去怪帮	蟹开二去卦滂	蟹开二平皆並	蟹开二平佳並	蟹开二上蟹並
鹿城话	ʔe①	ʔe⑤	ʔe⑤	pa③	pa⑤	pʻa⑤	ba②	ba②	ba④
永强话	ʔe	ʔe	ʔe	pɛ	pɛ	pʻɛ	bɛ	bɛ	bɛ
永嘉话	ʔe	ʔe	ʔe	pa	pa	pʻa	ba	ba	ba
乐清话	ʔe	ʔe	ʔai	pe	pe	pʻe	be	be	be
虹桥话	ʔai	ʔai	ʔe	pa	pa	pʻa	ba	ba	ba
瑞安话	ʔɛ	ʔɛ	ʔɛ	pa	pa	pʻa	ba	ba	ba
陶山话	ʔe	ʔe	ʔe	pa	pa	pʻa	ba	ba	ba
平阳话	ʔe	ʔe	ʔe	pæ	pæ	pʻæ	bæ	bæ	bæ
宜山话	ʔe	ʔe	ʔe	pæ	pæ	pʻæ	bæ	bæ	bæ
文成话	ʔe	ʔe	ʔe	pa	pa	pʻa	ba	ba	ba

	稗	败失败	埋	买	卖	迈	带	太泰	大大家
	蟹开二去卦並	蟹开二去夬並	蟹开二平皆明	蟹开二上蟹明	蟹开二去卦明	蟹开二去夬明	蟹开一去泰端	蟹开一去泰透	蟹开一去泰定
鹿城话	ba⑥	ba⑥	ma②	ma④	ma⑥	ma⑥	ta⑤	tʻa⑤	da⑤
永强话	bɛ	bɛ	mɛ	mɛ	mɛ	mɛ	tɛ	tʻɛ	dɛ
永嘉话	ba	ba	ma	ma	ma	ma	ta	tʻa	da
乐清话	be	be	me	me	me	me	te	tʻe	de
虹桥话	ba	ba	ma	ma	ma	ma	ta	tʻa	de
瑞安话	ba	ba	ma	ma	ma	ma	ta	tʻa	da
陶山话	ba	ba	ma	ma	ma	ma	ta	tʻa	da
平阳话	bæ	bæ	mæ	mæ	mæ	mæ	tæ	tʻæ	dæ
宜山话	bæ	bæ	mæ	mæ	mæ	mæ	tæ	tʻæ	dæ
文成话	ba	ba	ma	ma	ma	ma	ta	tʻa	da

	乃乃是	奶	奈	赖癞	斋	咱	债	差钗	蔡
	蟹开一上海泥	蟹开二上蟹泥	蟹开一去泰泥	蟹开一去泰来	蟹开二平皆庄	蟹开二平佳庄	蟹开二去卦庄	蟹开二平佳初	蟹开一去泰清
鹿城话	na④	na④	na⑥	la⑤	tsa①	tsa①	tsa⑤	tsʻa①	tsʻa⑤
永强话	nɛ	nɛ	nɛ	lɛ	tsɛ	tsa	tsa	tsʻɛ	tsʻɛ
永嘉话	na	na	na	la	tsa	tsa	tsa	tsʻa	tsʻa
乐清话	ne	ne	ne	le	tɕie	tɕia	tɕia	tɕʻia	tɕʻie
虹桥话	na	na	na	la	tsa	tsa	tsa	tsʻa	tsʻa
瑞安话	na	na	na	la	tsa	tsa	tsa	tsʻa	tsʻa
陶山话	na	na	na	la	tsa	tsa	tsa	tsʻa	tsʻa
平阳话	næ	næ	næ	læ	tɕia	tɕia	tɕia	tɕʻia	tɕʻia
宜山话	næ	næ	næ	læ	tsæ	tsa	tsa	tsʻa	tsʻæ
文成话	na	na	na	la	tsa	tsa	tsa	tsʻa	tsʻa

	寨	筛筛酒	洒	晒	豺	柴柴火	皆阶	街街路	乖乖巧
	蟹开二去夬崇	蟹开二平佳生	蟹开二上蟹生	蟹开二去卦生	蟹开二平皆崇	蟹开二平佳崇	蟹开二平皆见	蟹开二平佳见	蟹合二平皆见
鹿城话	dza⑤	sa①	sa③	sa⑤	za②	za②	ka①	ka①	ka①
永强话	dzɛ	sɛ	sɛ	sɛ	zɛ	zɛ	kɛ	kɛ	kɛ
永嘉话	dza	sa	sa	sa	za	za	ka	ka	ka
乐清话	dzie	se	se	se	ze	ze	ke	ke	kue
虹桥话	dza	sa	sa	sa	za	za	ka	ka	kua
瑞安话	dza	sa	sa	sa	za	za	ka	ka	kua
陶山话	dza	sa	sa	sa	za	za	ka	ka	ka
平阳话	dzia	sæ	sæ	sæ	za	zæ	kæ	kæ	kæ
宜山话	dzæ	sæ	sæ	sæ	zæ	zæ	kæ	kæ	kæ
文成话	dza	sa	sa	sa	za	za	kɔ	kɔ	kɔ

	解讲解	拐	介界届	怪	揩	楷	蒯	快快慢	涯崖
	蟹开二上蟹见	蟹合二上蟹见	蟹开二去怪见	蟹合二去怪见	蟹开二平皆溪	蟹开二上骇溪	蟹合二去怪溪	蟹合二去夬溪	蟹开二平佳疑
鹿城话	ka③	ka③	ka⑤	ka⑤	k'a①	k'a③	k'a⑤	k'a⑤	ŋa②
永强话	kɛ	kɛ	kɛ	kɛ	k'ɛ	k'ɛ	k'ɛ	k'ɛ	ŋɛ
永嘉话	ka	ka	ka	ka	k'a	k'a	k'a	k'a	ŋa
乐清话	ke	kue	ke	kue	k'e	k'e	k'ue	k'ue	ŋe
虹桥话	ka	kua	ka	kua	k'a	k'a	k'ua	k'ua	ŋa
瑞安话	ka	kua	ka	kua	k'a	k'a	k'a	k'a	ŋa
陶山话	ka	ka	ka	ka	k'a	k'a	k'a	k'a	ŋa
平阳话	kæ	kæ	kæ	kæ	k'æ	k'æ	k'æ	k'æ	ŋæ
宜山话	kæ	kæ	kæ	kæ	k'æ	k'æ	k'æ	k'æ	ŋæ
文成话	kɔ	kɔ	kɔ	kɔ	k'ɔ	k'ɔ	k'ɔ	k'ɔ	ŋɔ

	蟹	谐	鞋	骇	解姓	械	懈	挨埃	矮
	蟹开二上蟹匣	蟹开二平皆匣	蟹开二平佳匣	蟹开二上骇匣	蟹开二上蟹匣	蟹开二去怪匣	蟹开二去卦见	蟹开二平皆影	蟹开二上蟹影
鹿城话	ha③	ɦia②	ɦia②	ɦia④	ɦia④	ɦia⑥	ɦia⑥	ʔa①	ʔa③
永强话	hɛ	ɦiɛ	ɦiɛ	ɦiɛ	ɦiɛ	ɦiɛ	ɦiɛ	ʔɛ	ʔɛ
永嘉话	ha	ɦia	ɦia	ɦia	ɦia	ɦia	ɦia	ʔa	ʔa
乐清话	he	ɦie	ɦie	ɦie	ɦie	ɦie	ɦie	ʔe	ʔe
虹桥话	ha	ɦia	ɦia	ɦia	ɦia	ɦia	ɦia	ʔa	ʔa
瑞安话	ha	ɦia	ɦia	ɦia	ɦia	ɦia	ɦia	ʔa	ʔa
陶山话	ha	ɦia	ɦia	ɦia	ɦia	ɦia	ɦia	ʔa	ʔa
平阳话	hæ	ɦiæ	ɦiæ	ɦiæ	ɦiæ	ɦiæ	ɦiæ	ʔæ	ʔæ
宜山话	hæ	ɦiæ	ɦiæ	ɦiæ	ɦiæ	ɦiæ	ɦiæ	ʔæ	ʔæ
文成话	hɔ	ɦiɔ	ɦiɔ	ɦiɔ	ɦiɔ	ɦiɔ	ɦiɔ	ʔɔ	ʔɔ

	呃	隘	歪歪曲	怀槐淮	外外科	坏	蔽毙	闭	批
	蟹开二去怪影	蟹开二去卦影	蟹合二平佳晓	蟹合二平皆匣	蟹合一去泰疑	蟹合二去怪匣	蟹开三去祭帮	蟹开四去霁帮	蟹开四平齐滂
鹿城话	ʔa⑤	ʔa⑤	ʔʋa①	ʋa②	ʋa⑥	ʋa⑥	pei⑤	pei⑤	pʻei①
永强话	ʔɛ	ʔɛ	ʔʋɛ	ʋɛ	ʋɛ	ʋɛ	pi	pi	pʻi
永嘉话	ʔa	ʔa	ʔʋa	ʋa	ʋa	ʋa	pi	pi	pʻi
乐清话	ʔe	ʔe	ʔʋue	ʋue	ʋue	ʋue	pi	pi	pʻi
虹桥话	ʔa	ʔa	ʔʋɛ	ʋua	ʋua	ʋua	pei	pei	pʻei
瑞安话	ʔa	ʔa	ʔʋua	ʋua	ʋua	ʋua	pei	pei	pʻei
陶山话	ʔa	ʔa	ʔʋa	ʋa	ʋa	ʋa	pei	pei	pʻei
平阳话	ʔæ	ʔæ	ʔʋæ	ʋæ	ʋæ	ʋæ	pi	pi	pʻi
宜山话	ʔæ	ʔæ	ʔʋæ	ʋæ	ʋæ	ʋæ	pi	pi	pʻi
文成话	ʔɔ	ʔɔ	ʔʋɔ	ʋɔ	ʋɔ	ʋɔ	pi	pi	pʻi

	蓖蓖麻	陛	弊	币弊	迷迷路	米	谜	废报废	肺
	蟹开四平齐并	蟹开四上荠并	蟹开四去霁并	蟹开三去祭并	蟹开四平齐明	蟹开四上荠明	蟹开四去霁明	蟹合三去废非	蟹合三去废敷
鹿城话	bei②	bei④	bei⑥	bei⑥	mei②	mei④	mei⑥	fei⑤	fei⑤
永强话	bi	bi	bi	bi	mi	mi	mi	fi	fi
永嘉话	bi	bi	bi	bi	mi	mi	mi	fi	fi
乐清话	bi	bi	bi	bi	mi	mi	mi	fi	fi
虹桥话	bei	bei	bei	bei	mei	mei	mei	fei	fei
瑞安话	bei	bei	bei	bei	mei	mei	mei	fei	fei
陶山话	bei	bei	bei	bei	mei	mei	mei	fei	fei
平阳话	bi	bi	bi	bi	mi	mi	mi	fi	fi
宜山话	bi	bi	bi	bi	mi	mi	mi	fi	fi
文成话	bi	bi	bi	bi	mi	mi	mi	fi	fi

	吠	低高低	底抵	帝缔	梯	体	替涕剃	题提蹄	弟
	蟹合三去废奉	蟹开四平齐端	蟹开四上荠端	蟹开四去霁端	蟹开四平齐透	蟹开四上荠透	蟹开四上荠透	蟹开四平齐定	蟹开四上荠定
鹿城话	vei⑥	tei①	tei③	tei⑤	tʻei①	tʻei③	tʻei③	dei②	dei④
永强话	vi	ti	ti	ti	tʻi	tʻi	tʻi	di	di
永嘉话	vi	ti	ti	ti	tʻi	tʻi	tʻi	di	di
乐清话	vi	ti	ti	ti	tʻi	tʻi	tʻi	di	di
虹桥话	vei	tei	tei	tei	tʻei	tʻei	tʻei	dei	dei
瑞安话	vei	tei	tei	tei	tʻei	tʻei	tʻei	dei	dei
陶山话	vei	tei	tei	tei	tʻei	tʻei	tʻei	dei	dei
平阳话	vi	ti	ti	ti	tʻi	tʻi	tʻi	di	di
宜山话	vi	ti	ti	ti	tʻi	tʻi	tʻi	di	di
文成话	vi	ti	ti	ti	tʻi	tʻi	tʻi	di	di

	第递	黎犁	礼	厉励	丽隶	济救济	祭际	制	剂济
	蟹开四	蟹开四	蟹开四	蟹开三	蟹开四	蟹开四	蟹开三	蟹开三	蟹开四
	去霁定	平齐来	平齐来	去祭来	去霁来	去霁精	去祭精	去祭章	去霁精
鹿城话	dei⑥	lei②	lei②	lei⑥	lei⑥	tsei⑤	tsei⑤	tsei⑤	tsei⑤
永强话	di	li	li	li	li	tsɿ	tsɿ	tsɿ	tsɿ
永嘉话	di	li	li	li	li	tsi	tsi	tsi	tsi
乐清话	di	li	li	li	li	tɕi	tɕi	tɕi	tɕi
虹桥话	dei	lei	lei	lei	lei	tsei	tsei	tsei	tsei
瑞安话	dei	lei	lei	lei	lei	tsei	tsei	tsei	tsei
陶山话	dei	lei	lei	lei	lei	tɕi	tɕi	tɕi	tɕi
平阳话	di	li	li	li	li	tɕi	tɕi	tɕi	tɕi
宜山话	di	li	li	li	li	tɕi	tɕi	tɕi	tɕi
文成话	di	li	li	li	li	tɕi	tɕi	tɕi	tɕi

	妻	栖	砌	滞	西犀	洗	世势	细婿	齐脐
	蟹开四	蟹开四	蟹开四	蟹开三	蟹开四	蟹开四	蟹开三	蟹开四	蟹开四
	平齐清	平齐心	去霁清	去祭澄	平齐心	上荠心	去祭书	去霁心	平齐从
鹿城话	ts'ei①	ts'ei①	ts'ei⑤	dzei⑥	sei①	sei③	sei⑤	sei⑤	zei②
永强话	ts'ɿ	ts'ɿ	ts'ɿ	dzɿ	sɿ	sɿ	sɿ	sɿ	zɿ
永嘉话	ts'i	ts'i	ts'i	dzi	si	si	si	si	zi
乐清话	tɕ'i	tɕ'i	tɕ'i	dʑi	ɕi	ɕi	ɕi	ɕi	ʑi
虹桥话	ts'ei	ts'ei	ts'ei	dzei	sei	sei	sei	sei	zei
瑞安话	ts'ei	ts'ei	ts'ei	dzei	sei	sei	sei	sei	zei
陶山话	tɕ'i	tɕ'i	tɕ'i	dʑi	ɕi	ɕi	ɕi	ɕi	ʑi
平阳话	tɕ'i	tɕ'i	tɕ'i	dʑi	ɕi	ɕi	ɕi	ɕi	ʑi
宜山话	tɕ'i	tɕ'i	tɕ'i	dʑi	ɕi	ɕi	ɕi	ɕi	ʑi
文成话	tɕ'i	tɕ'i	tɕ'i	dʑi	ɕi	ɕi	ɕi	ɕi	ʑi

	荠	誓逝	鸡稽	计继	缀	赘	溪	启	契
	蟹开四	蟹开三	蟹开四	蟹开四	蟹合三	蟹合三	蟹开四	蟹开四	蟹开四
	上荠从	去祭禅	平齐见	平齐见	去祭知	去祭章	平齐见	上荠溪	去霁溪
鹿城话	zei④	zei⑥	tsɿ①	tsɿ①	tsʮ⑤	tsʮ⑤	ts'ɿ①	ts'ɿ③	ts'ɿ⑤
永强话	zɿ	zɿ	tsɿ	tsɿ	tsʮ	tsʮ	ts'ɿ	ts'ɿ	ts'ɿ
永嘉话	zi	zi	tɕi	tɕi	tsʉ	tsʉ	tɕ'i	tɕ'i	tɕ'i
乐清话	ʑi	ʑi	tɕi	tɕi	tɕy	tɕy	tɕ'i	tɕ'i	tɕ'i
虹桥话	zei	zei	tɕi	tɕi	tɕy	tɕy	tɕ'i	tɕ'i	tɕ'i
瑞安话	zei	zei	tɕi	tɕi	tsəʉ	tsəʉ	tɕ'i	tɕ'i	tɕ'i
陶山话	zei	zei	tɕi	tɕi	tɕy	tɕy	tɕ'i	tɕ'i	tɕ'i
平阳话	ʑi	ʑi	tɕi	tɕi	tɕy	tɕy	tɕ'i	tɕ'i	tɕ'i
宜山话	ʑi	ʑi	tɕi	tɕi	tɕy	tɕy	tɕ'i	tɕ'i	tɕ'i
文成话	ʑi	ʑi	tɕi	tɕi	tsʉ	tsʉ	tɕ'i	tɕ'i	tɕ'i

| | 腮腮腺 | 岁岁数 | 税 | 泥 | 倪 | 艺文艺 | 例例子 | 翳 | 奚兮 |
| | 蟹开一 | 蟹合三 | 蟹合三 | 蟹开四 | 蟹开四 | 蟹开三 | 蟹开三 | 蟹开四 | 蟹开四 |
	平哈心	去祭清	去祭书	平齐泥	平齐疑	去祭疑	去祭来	去霁影	平齐匣
鹿城话	sʅ①	sʅ⑤	sʅ⑤	ȵi②	ȵi②	ȵi⑥	li⑥	ʔji⑤	ji②
永强话	sʅ	sɿ	sɿ	ȵi	ȵi	ȵi	li	ʔji	ji
永嘉话	sʅ	sʉ	sʉ	ȵi	ȵŋi	ȵŋi	li	ʔȵŋi	ȵŋi
乐清话	sʅ	çy	çy	ȵi	ȵi	ȵi	li	ʔji	ji
虹桥话	sʅ	çy	çy	ȵi	ȵi	ȵi	li	ʔji	ji
瑞安话	sʅ	səɯ	səɯ	ȵi	ȵi	ȵi	li	ʔji	ji
陶山话	sʅ	səɯ	səɯ	ȵi	ȵi	ȵi	lei	ʔji	ji
平阳话	sʅ	sy	çy	ȵi	ȵi	ȵi	li	ʔji	jie
宜山话	sʅ	çy	çy	ȵi	ȵi	ȵi	li	ʔji	ji
文成话	sʅ	sʉ	sʉ	ȵi	ȵi	ȵi	li	ʔji	ji

| | 曳 | 刈 | 系连系 | 杯 | 贝 | 辈背 | 胚坯 | 沛 | 配 |
| | 蟹开三 | 蟹开三 | 蟹开四 | 蟹合一 | 蟹开一 | 蟹合一 | 蟹合一 | 蟹开一 | 蟹合一 |
	去祭以	去废疑	去霁匣	平灰帮	去泰帮	去队帮	平灰滂	去泰滂	去队滂
鹿城话	ji⑥	ji⑥	ji⑥	pai①	pai⑤	pai⑤	p'ai①	p'ai⑤	p'ai⑤
永强话	ji	ji	ji	pai	pai	pai	p'ai	p'ai	p'ai
永嘉话	ȵŋi	jie	ȵŋi	pai	pai	pai	p'ai	p'ai	p'ai
乐清话	ji	ji	ji	pai	pai	pai	p'ai	p'ai	p'ai
虹桥话	ji	ji	ji	pai	pai	pai	p'ai	p'ai	p'ai
瑞安话	ji	ji	ji	pai	pai	pai	p'ai	p'ai	p'ai
陶山话	ji	ji	ji	pai	pai	pai	p'ai	p'ai	p'ai
平阳话	jie	ji	ji	pai	pai	pai	p'ai	p'ai	p'ai
宜山话	ji	ji	ji	pai	pai	pai	p'ai	p'ai	p'ai
文成话	ji	ji	ji	pai	pai	pai	p'ai	p'ai	p'ai

| | 陪培赔 | 倍 | 佩 | 梅媒煤 | 每 | 妹 | 堆 | 对碓 | 推 |
| | 蟹合一 | 蟹合一 | 蟹合一 | 蟹合一 | 蟹合一 | 蟹合一 | 蟹合一 | 蟹合一 | 蟹合一 |
	平灰並	上贿並	去队並	平灰明	上贿明	去队明	平灰端	去队端	平灰透
鹿城话	bai②	bai④	bai⑥	mai②	mai④	mai⑥	tai①	tai⑤	t'ai①
永强话	bai	bai	bai	me	me	me	tai	tai	t'ai
永嘉话	bai	bai	bai	mai	mai	mai	tai	tai	t'ai
乐清话	bai	bai	bai	mai	mai	mai	tai	tai	t'ai
虹桥话	bai	bai	bai	mai	mai	mai	tai	tai	t'ai
瑞安话	bai	bai	bai	mɛ	mɛ	mɛ	tai	tai	t'ai
陶山话	bai	bai	bai	me	me	me	tai	tai	t'ai
平阳话	bai	bai	bai	mai	mai	mai	tai	tai	t'ai
宜山话	bai	bai	bai	me	me	me	tai	tai	t'ai
文成话	bai	bai	bai	mai	mai	mai	tai	tai	t'ai

第十章 瓯语系各地方音对照表

	腿	退	蜕	颓	队	兑	内	雷	儡
	蟹合一 上贿透	蟹合一 去队透	蟹合一 去泰透	蟹合一 平灰定	蟹合一 去队定	蟹合一 去泰定	蟹合一 去队泥	蟹合一 平灰来	蟹合一 上贿来
鹿城话	tʻai③	tʻai⑤	tʻai⑤	dai②	dai⑥	dai⑥	nai⑥	lai②	lai④
永强话	tʻai	tʻai	tʻai	dai	dai	dai	nai	lai	lai
永嘉话	tʻai	tʻai	tʻai	dai	dai	dai	nai	lai	lai
乐清话	tʻai	tʻai	tʻai	dai	dai	dai	nai	lai	lai
虹桥话	tʻai	tʻai	tʻai	dai	dai	dai	nai	lai	lai
瑞安话	tʻai	tʻai	tʻai	dai	dai	dai	nai	lai	lai
陶山话	tʻai	tʻai	tʻai	dai	dai	dai	nai	lai	lai
平阳话	tʻai	tʻai	tʻai	dai	dai	dai	nai	lai	lai
宜山话	tʻai	tʻai	tʻai	dai	dai	dai	nai	lai	lai
文成话	tʻai	tʻai	tʻai	dai	dai	dai	nai	lai	lai

	累	最	催崔	脆干脆	碎	罪	芮	锐	瑰
	蟹合一 去队来	蟹合一 去泰精	蟹合一 平灰清	蟹合三 去祭清	蟹合一 去队心	蟹合一 上贿从	蟹合三 去祭日	蟹合三 去祭以	蟹合一 平灰见
鹿城话	lai⑥	tsai⑤	tsʻai①	tsʻai⑤	sai⑤	zai④	zai⑥	zai⑥	kai①
永强话	lai	tsai	tsʻai	tsʻai	sai	zai	zai	zai	kai
永嘉话	lai	tsai	tsʻai	tsʻai	sai	zai	zai	zai	kai
乐清话	lai	tɕiai	tsʻai	tɕʻiai	sai	zai	zai	zai	kai
虹桥话	lai	tsai	tsʻai	tsʻai	sai	zai	zai	zai	kai
瑞安话	lai	tsai	tsʻai	tsʻai	sai	zai	zai	zai	kai
陶山话	lai	tsai	tsʻai	tsʻai	sai	zai	zai	zai	kai
平阳话	lai	tsai	tsʻai	tsʻai	sai	zai	zai	zai	kai
宜山话	lai	tsai	tsʻai	tsʻai	sai	zai	zai	zai	kai
文成话	lai	tsai	tsʻai	tsʻai	sai	zai	zai	zai	kai

	刽桧会	盔魁恢	奎	傀	块	灰灰色	贿悔	晦	桅桅杆
	蟹合一 去泰见	蟹合一 平灰溪	蟹合四 平齐溪	蟹合一 上贿溪	蟹合一 去队溪	蟹合一 平灰晓	蟹合一 上贿晓	蟹合一 去队晓	蟹合一 平灰疑
鹿城话	kai⑤	kʻai①	kʻai①	kʻai③	kʻai⑤	hʋai①	hʋai③	hʋai⑤	ɦʋai②
永强话	kai	kʻai	kʻai	kʻai	kʻai	hʋai	hʋai	hʋai	ɦʋai
永嘉话	kai	kʻai	kʻai	kʻai	kʻai	hʋai	hʋai	hʋai	ɦʋai
乐清话	kuai	kʻai	kʻuai	kʻai	kʻai	huai	huai	huai	ɦuai
虹桥话	kuai	kʻai	kʻuai	kʻai	kʻai	huai	huai	huai	ɦuai
瑞安话	kai	kʻai	kʻai	kʻai	kʻai	hʋai	hʋai	hʋai	ɦʋai
陶山话	kai	kʻai	kʻai	kʻai	kʻai	hʋai	hʋai	hʋai	ɦʋai
平阳话	kai	kʻai	kʻai	kʻai	kʻai	hʋai	hʋai	hʋai	ɦʋai
宜山话	kai	kʻai	kʻai	kʻai	kʻai	hʋai	hʋai	hʋai	ɦʋai
文成话	kai	kʻai	kʻai	kʻai	kʻai	huai	huai	huai	ɦʋai

	回茴	汇	溃	会绘	煨	秽污秽	挂卦	画版画	话讲话
	蟹合一	蟹合一	蟹合一	蟹合一	蟹合一	蟹合三	蟹合二	蟹合二	蟹合二
	平灰匣	上贿匣	去队匣	去泰匣	平灰影	去废影	平卦见	去卦匣	去夬匣
鹿城话	ɦuai②	ɦuai④	ɦuai⑥	ɦuai⑥	ʔuai①	ʔuai⑤	ko①	ɦo⑥	ɦo⑥
永强话	ɦuai	ɦuai	ɦuai	ɦuai	ʔuai	ʔuai	ko	ɦo	ɦo
永嘉话	ɦuai	ɦuai	ɦuai	ɦuai	ʔuai	ʔuai	ko	ɦo	ɦo
乐清话	ɦuai	ɦuai	ɦuai	ɦuai	ʔuuai	ʔuuai	kɯa	ɦɯa	ɦɯa
虹桥话	ɦuai	ɦuai	ɦuai	ɦuai	ʔuai	ʔuuai	kɤ	ɦɤ	ɦɤ
瑞安话	ɦuai	ɦuai	ɦuai	ɦuai	ʔuai	ʔuai	kuo	ɦuo	ɦuo
陶山话	ɦuai	ɦuai	ɦuai	ɦuai	ʔuai	ʔuai	kuo	ɦuo	ɦuo
平阳话	ɦuai	ɦuai	ɦuai	ɦuai	ʔuai	ʔuai	ko	ɦo	ɦo
宜山话	ɦuai	ɦuai	ɦuai	ɦuai	ʔuai	ʔuai	ko	ɦo	ɦo
文成话	ɦuai	ɦuai	ɦuai	ɦuai	ʔuai	ʔuai	ko	ɦo	ɦo

[蟹摄][止摄]

	闺圭	桂	携畦	惠慧	卫保卫	碑卑	悲	不不仅	丕
	蟹合四	蟹合四	蟹合四	蟹合四	蟹合三	止开三	止开三	止合三	止开三
	平齐见	去霁见	平齐匣	去霁匣	去祭云	平支帮	平脂帮	去真帮	平脂滂
鹿城话	tɕy①	tɕy⑤	ʋu②	ʋu⑥	ʋu⑥	pai①	pai①	pai⑤	p'ai①
永强话	tsɿ	tsɿ	ʋɿ	ʋɿ	ʋɿ	pai	pai	pai	p'ai
永嘉话	tɕʉ	tɕʉ	ʋu	ʋu	ʋu	pai	pai	pai	p'ai
乐清话	tɕy	tɕy	jy	jy	jy	pai	pai	pə	p'ai
虹桥话	tɕy	tɕy	ʋuai	ʋuai	jy	pai	pai	pə	p'ai
瑞安话	tɕy	tɕy	ʋʉ	ʋʉ	ʋʉ	pai	pai	pa	p'ai
陶山话	tɕy	tɕy	ʋʉ	ʋʉ	ʋʉ	pai	pai	pa	p'ai
平阳话	tɕyø	tɕyø	jy	jy	jy	pai	pai	pai	p'ai
宜山话	tɕy	tɕy	jy	jy	jy	pai	pai	pa	p'ai
文成话	tɕy	tɕy	jy	jy	jy	pai	pai	pa	p'ai

	累累积	垒	累连累	泪	醉	揣揣摸	翠	衰	睡
	止合三	止合三	止合三	止合三	止合三	止合三	止合三	止合三	止合三
	上纸来	上旨来	去寘来	去至来	去至精	上纸初	去至清	平脂生	去寘禅
鹿城话	lai④	lai④	lai⑥	lai⑥	tsai⑤	ts'ai③	ts'ai⑤	sai①	zai⑥
永强话	lai	lai	lai	lai	tsai	ts'ai	ts'ai	sai	zai
永嘉话	lai	lai	lai	lai	tsai	ts'ai	ts'ai	sai	zai
乐清话	lai	lai	lai	lai	tsai	tɕ'iai	ts'ai	sai	zai
虹桥话	lai	lai	lai	lai	tsai	ts'ai	ts'ai	sai	zai
瑞安话	lai	lai	lai	lai	tsai	ts'ai	ts'ai	sai	zai
陶山话	lai	lai	lai	lai	tsai	ts'ai	ts'ai	sai	zai
平阳话	lai	lai	lai	lai	tsai	ts'ai	ts'ai	sai	zai
宜山话	lai	lai	lai	lai	tsai	ts'ai	ts'ai	sai	zai
文成话	lai	lai	lai	lai	tsai	ts'ai	ts'ai	sai	zai

	粹	魏	彼彼此	比比较	痹麻痹	披	屁	皮疲脾	枇琶
	止合三 去至心	止合三 去未疑	止开三 上纸帮	止开三 上旨帮	止开三 去至帮	止开三 平支滂	止开三 去至滂	止开三 平支並	止开三 平脂並
鹿城话	zai⑥	ŋai⑥	pei③	pei③	pei⑤	pʻei①	pʻei⑤	bei②	bei②
永强话	zai	ŋai	pi	pi	pi	pʻi	pʻi	bi	bi
永嘉话	zai	ŋai	pi	pi	pi	pʻi	pʻi	bi	bi
乐清话	zai	ŋuai	pi	pi	pi	pʻi	pʻi	bi	bi
虹桥话	zai	ŋuai	pei	pei	pei	pʻei	pʻei	bei	bei
瑞安话	zai	ŋai	pei	pei	pei	pʻei	pʻei	bei	bei
陶山话	zai	ŋai	pei	pei	pei	pʻei	pʻei	bei	bei
平阳话	zai	ŋai	pi	pi	pi	pʻi	pʻi	bi	bi
宜山话	zai	ŋai	pi	pi	pi	pʻi	pʻi	pi	pi
文成话	zai	ŋai	pi	pi	pi	pʻi	pʻi	bi	bi

	被	避	备鼻	弥糜	眉楣	靡	美	媚寐	非飞
	止开三 上纸並	止开三 去寘並	止开三 去至並	止开三 平支明	止开三 平脂明	止开三 上纸明	止开三 上旨明	止开三 去至明	止合三 平微非
鹿城话	bei④	bei⑥	bei⑥	mei②	mei②	mei④	mei④	mei⑥	fei①
永强话	bi	bi	bi	mi	mi	mi	mi	mi	fi
永嘉话	bi	bi	bi	mi	mi	mi	mi	mi	fi
乐清话	bi	bi	bi	mi	mi	mi	mi	mi	fi
虹桥话	bei	bei	bei	mei	mei	mei	mei	mei	fei
瑞安话	bei	bei	bei	mei	mei	mei	mei	mei	fei
陶山话	bei	bei	bei	mei	mei	mei	mei	mei	fei
平阳话	bi	bi	bi	mi	mi	mi	mi	mi	fi
宜山话	pi	pi	bi	mi	mi	mi	mi	mi	fi
文成话	bi	bi	bi	mi	mi	mi	mi	mi	fi

	妃	匪	痱	费翡	肥肥料	微	尾	未味	地地方
	止合三 平微敷	止合三 上尾非	止合三 去未非	止合三 去未敷	止合三 平微奉	止合三 平微微	止合三 上尾微	止合三 去未微	止开三 去至定
鹿城话	fei①	fei③	fei⑤	fei⑤	vei②	vei②	vei④	vei⑥	dei⑥
永强话	fi	fi	fi	fi	vi	vi	vi	vi	di
永嘉话	fi	fi	fi	fi	vi	vi	vi	vi	di
乐清话	fi	fi	fi	fi	vi	vi	vi	vi	di
虹桥话	fei	fei	fei	fei	vei	vei	vei	vei	dei
瑞安话	fei	fei	fei	fei	vei	vei	vei	vei	dei
陶山话	fei	fei	fei	fei	vei	vei	vei	vei	dei
平阳话	fi	fi	fi	fi	vi	vi	vi	vi	di
宜山话	fi	fi	fi	fi	vi	vi	vi	vi	di
文成话	fi	fi	fi	fi	vi	vi	vi	vi	di

	离璃篱	梨	狸	履	李里理	荔	利痢	吏	支肢枝
	止开三 平支来	止开三 平脂来	止开三 平之来	止开三 上旨来	止开三 上止来	止开三 去霁来	止开三 去至来	止开三 去志来	止开三 平支章
鹿城话	lei②	lei②	lei②	lei④	lei④	lei⑥	lei⑥	lei⑥	tsei①
永强话	li	li	li	li	li	li	li	li	tsɿ
永嘉话	li	li	li	li	li	li	li	li	tsi
乐清话	li	li	li	li	li	li	li	li	tɕi
虹桥话	lei	lei	lei	lei	lei	lei	lei	lei	tsei
瑞安话	lei	lei	lei	lei	lei	lei	lei	lei	tsei
陶山话	lei	lei	lei	lei	lei	lei	lei	lei	tɕi
平阳话	li	li	li	li	li	li	li	li	tɕi
宜山话	li	li	li	li	li	li	li	li	tɕi
文成话	li	li	li	li	li	li	li	li	tɕi

	纸纸张	池池塘	舐	玺	髓	嚍	匙锁匙	臂手臂	秘秘鲁
	止开三 上纸章	止开三 平支澄	止开三 上纸船	止开三 上纸心	止合三 上纸心	止开三 去霁书	止开三 平支禅	止开三 去霁帮	止开三 去至帮
鹿城话	tsei③	dzei②	dzei④	sei③	sei③	sei⑤	zei②	pi⑤	pi⑤
永强话	tsɿ	dzɿ	dzɿ	sɿ	sɿ	sɿ	zɿ	pi	pi
永嘉话	tsi	dzi	dzi	si	si	si	zi	pi	pi
乐清话	tɕi	dʑi	dʑi	ɕi	ɕi	ɕi	zi	pi	pi
虹桥话	tsei	dzei	dzei	sei	sei	sei	zei	pi	pi
瑞安话	tsei	dzei	dzei	sei	sei	sei	zei	pei	pei
陶山话	tɕi	dʑi	dʑi	sei	sei	sei	zei	pei	pei
平阳话	tɕi	dʑi	dʑi	ɕi	ɕi	ɕi	zi	pi	pi
宜山话	tɕi	dʑi	dʑi	ɕi	ɕi	ɕi	zi	pi	pi
文成话	tɕi	dʑi	dʑi	ɕi	ɕi	ɕi	zi	pi	pi

	譬	尼	你	腻	宜仪	疑怀疑	蚁蚂蚁	拟	谊义议
	止开三 去霁滂	止开三 平脂泥	止开三 上止泥	止开三 去至泥	止开三 平支疑	止开三 平之疑	止开三 上纸疑	止开三 上止疑	止开三 去霁疑
鹿城话	pʻi⑤	ŋi②	ŋi④	ŋi⑥	ŋi②	ŋi②	ŋi④	ŋi④	ŋi⑥
永强话	pʻi	ŋi	ŋi	ŋi	ŋi	ŋi	ŋi	ŋi	ŋi
永嘉话	pʻi	ŋi	ŋi	ŋi	ŋi	ŋi	ŋi	ŋi	ŋi
乐清话	pʻi	ŋi	ŋi	ŋi	ŋi	ŋi	ŋi	ŋi	ŋi
虹桥话	pʻei	ŋi	ŋi	ŋi	ŋi	ŋi	ŋi	ŋi	ŋi
瑞安话	pʻei	ŋi	ŋi	ŋi	ŋi	ŋi	ŋi	ŋi	ŋi
陶山话	pʻei	ŋi	ŋi	ŋi	ŋi	ŋi	ŋi	ŋi	ŋi
平阳话	pʻi	ŋi	ŋi	ŋi	ŋi	ŋi	ŋi	ŋi	ŋi
宜山话	pʻi	ŋi	ŋi	ŋi	ŋi	ŋi	ŋi	ŋi	ŋi
文成话	pʻi	ŋi	ŋi	ŋi	ŋi	ŋi	ŋi	ŋi	ŋi

	毅	伊伊朗	医医疗	衣依	椅倚	意	移转移	饴	沂
	止开三 去未疑	止开三 平脂影	止开三 平之影	止开三 平微影	止开三 上纸影	止开三 去志影	止开三 平支以	止开三 平之以	止开三 平微疑
鹿城话	ȵi⑥	ʔji①	ʔji①	ʔji①	ʔji③	ʔji⑤	ji②	ji②	ji②
永强话	ȵi	ʔji	ʔji	ʔji	ʔji	ʔji	ji	ji	ji
永嘉话	ȵi	ʔɲi	ʔɲi	ʔɲi	ʔɲi	ʔɲi	ɲi	ɲi	ɲi
乐清话	ȵi	ʔji	ʔji	ʔji	ʔji	ʔji	ji	ji	ji
虹桥话	ȵi	ʔji	ʔji	ʔji	ʔji	ʔji	ji	ji	ji
瑞安话	ȵi	ʔji	ʔji	ʔji	ʔji	ʔji	ji	ji	ji
陶山话	ȵi	ʔji	ʔji	ʔji	ʔji	ʔji	ji	ji	ji
平阳话	ȵi	ʔji	ʔji	ʔji	ʔji	ʔji	ji	ji	ji
宜山话	ȵi	ʔji	ʔji	ʔji	ʔji	ʔji	ji	ji	ji
文成话	ȵi	ʔji	ʔji	ʔji	ʔji	ʔji	ji	ji	ji

	夷姨颐	矣	已以	易容易	肄懿	异	知蜘	羁	资恣咨
	止开三 平脂以	止开三 上止云	止开三 上止以	止开三 去寘以	止开三 去至以	止开三 去志以	止开三 平支知	止开三 平支见	止开三 平脂精
鹿城话	ji②	ji④	ji④	ji⑥	ji⑥	ji⑥	tsɿ①	tsɿ①	tsɿ①
永强话	ji	ji	ji	ji	ji	ji	tsɿ	tsɿ	tsɿ
永嘉话	ɲi	ɲi	ɲi	ɲi	ɲi	ɲi	tsɿ	tsɿi	tsɿ
乐清话	ji	ji	ji	ji	ji	ji	tsɿ	tɕi	tsɿ
虹桥话	ji	ji	ji	ji	ji	ji	tsɿ	tɕi	tsɿ
瑞安话	ji	ji	ji	ji	ji	ji	tsɿ	tɕi	tsɿ
陶山话	ji	ji	ji	ji	ji	ji	tsɿ	tɕi	tsɿ
平阳话	ji	ji	ji	ji	ji	ji	tsɿ	tɕi	tsɿ
宜山话	ji	ji	ji	ji	ji	ji	tsɿ	tɕi	tsɿ
文成话	ji	ji	ji	ji	ji	ji	tsɿ	tɕi	tsɿ

	脂	饥肌	兹滋	锱	之芝	基箕	机讥	追	锥椎
	止开三 平脂章	止开三 平脂见	止开三 平之精	止开三 平之庄	止开三 平之章	止开三 平之见	止开三 平微见	止合三 平脂知	止合三 平脂章
鹿城话	tsɿ①	tsɿ①	tsɿ①	tsɿ①	tsɿ①	tsɿ①	tsɿ①	tsɿ①	tsɿ①
永强话	tsɿ	tsɿ	tsɿ	tsɿ	tsɿ	tsɿ	tsɿ	tsʮ	tsʮ
永嘉话	tsɿ	tɕɿi	tsɿ	tsɿ	tsɿ	tɕɿi	tɕɿi	tsʉ	tsʉ
乐清话	tsɿ	tɕi	tsɿ	tsɿ	tsɿ	tɕi	tɕi	tɕy	tɕy
虹桥话	tsɿ	tɕi	tsɿ	tsɿ	tsɿ	tɕi	tɕi	tɕy	tɕy
瑞安话	tsɿ	tɕi	tsɿ	tsɿ	tsɿ	tɕi	tɕi	tsəu	tsəu
陶山话	tsɿ	tɕi	tsɿ	tsɿ	tsɿ	tɕi	tɕi	tɕy	tɕy
平阳话	tsɿ	tɕi	tsɿ	tsɿ	tsɿ	tɕi	tɕi	tɕy	tɕy
宜山话	tsɿ	tɕi	tsɿ	tsɿ	tsɿ	tɕi	tɕi	tɕy	tɕy
文成话	tsɿ	tɕi	tsɿ	tsɿ	tsɿ	tɕi	tɕi	tsʉ	tsʉ

	紫	只只有	姊	旨指	子籽	滓	止址趾	己纪	几几个
	止开三	止开三	止开三	止开三	止开三	止开三	止开三	止开三	止开三
	上纸精	上纸章	上旨精	上旨章	上止精	上止庄	上止章	上止见	上尾见
鹿城话	tsɿ③	tsɿ③	tsɿ③	tsɿ③	tsɿ③	tsɿ③	tsɿ③	tsɿ③	tsɿ③
永强话	tsɿ	tsɿ	tsɿ	tsɿ	tsɿ	tsɿ	tsɿ	tsɿ	tsɿ
永嘉话	tsʮ	tsɿ	tsɿ	tsɿ	tsɿ	tsɿ	tsɿ	tɕi	tɕi
乐清话	tsɿ	tsɿ	tsɿ	tsɿ	tsɿ	tsɿ	tsɿ	tɕi	tɕi
虹桥话	tsɿ	tsɿ	tsɿ	tsɿ	tsɿ	tsɿ	tsɿ	tɕi	tɕi
瑞安话	tsɿ	tsɿ	tsɿ	tsɿ	tsɿ	tsɿ	tsɿ	tɕi	tɕi
陶山话	tsɿ	tsɿ	tsɿ	tsɿ	tsɿ	tsɿ	tsɿ	tɕi	tɕi
平阳话	tsɿ	tsɿ	tsɿ	tsɿ	tsɿ	tsɿ	tsɿ	tɕi	tɕi
宜山话	tsɿ	tsɿ	tsɿ	tsɿ	tsɿ	tsɿ	tsɿ	tɕi	tɕi
文成话	tsɿ	tsɿ	tsɿ	tsɿ	tsɿ	tsɿ	tsɿ	tɕi	tɕi

	嘴嘴巴	智	寄	致	至挚	冀	置	志痣	记
	止合三	止开三	止开三	止开三	止开三	止开三	止开三	止开三	止开三
	上纸精	去寘知	去寘见	去至知	去至章	去至见	去志知	去志章	去志见
鹿城话	tsɿ③	tsɿ⑤	tsɿ⑤	tsɿ⑤	tsɿ⑤	tsɿ⑤	tsɿ⑤	tsɿ⑤	tsɿ⑤
永强话	tsʮ	tsɿ	tsɿ	tsɿ	tsɿ	tsɿ	tsɿ	tsɿ	tsɿ
永嘉话	tsʮ	tsɿ	tsɿi	tsɿ	tsɿ	tɕi	tsɿ	tsɿ	tɕi
乐清话	tɕy	tɕi	tɕi	tɕi	tɕi	tɕi	tɕi	tɕi	tɕi
虹桥话	tɕy	tɕi	tɕi	tɕi	tɕi	tɕi	tɕi	tɕi	tɕi
瑞安话	tsəʮ	tsɿ	tɕi	tsɿ	tsɿ	tɕi	tsɿ	tsɿ	tɕi
陶山话	tɕy	tsɿ	tɕi	tsɿ	tsɿ	tɕi	tsɿ	tsɿ	tɕi
平阳话	tɕy	tsɿ	tɕi	tsɿ	tsɿ	tɕi	tsɿ	tsɿ	tɕi
宜山话	tɕy	tsɿ	tɕi	tsɿ	tsɿ	tɕi	tsɿ	tsɿ	tɕi
文成话	tsʮ	tsɿ	tɕi	tsɿ	tsɿ	tɕi	tsɿ	tsɿ	tɕi

	既	雌	疵	差参差	眵䐑	痴	欺	吹炊	此
	止开三	止开三	止开三	止开三	止开三	止开三	止开三	止合三	止开三
	去未见	平支清	平支从	平支初	平之昌	平之彻	平之溪	平支昌	上纸清
鹿城话	tsɿ⑤	ts'ɿ①	ts'ɿ①	ts'ɿ①	ts'ɿ①	ts'ɿ①	ts'ɿ①	ts'ɿ①	ts'ɿ③
永强话	tsɿ	ts'ɿ	ts'ɿ	ts'ɿ	ts'ɿ	ts'ɿ	ts'ɿ	ts'ʮ	ts'ɿ
永嘉话	tɕi	ts'ɿ	ts'ɿ	ts'ɿ	ts'ɿ	ts'ɿ	tɕ'ɿi	ts'ʮ	ts'ɿ
乐清话	tɕi	ts'ɿ	ts'ɿ	ts'ɿ	ts'ɿ	ts'ɿ	tɕ'i	tɕ'y	ts'ɿ
虹桥话	tɕi	ts'ɿ	ts'ɿ	ts'ɿ	ts'ɿ	ts'ɿ	tɕ'i	tɕ'y	ts'ɿ
瑞安话	tɕi	ts'ɿ	ts'ɿ	ts'ɿ	ts'ɿ	ts'ɿ	tɕ'i	ts'əʮ	ts'ɿ
陶山话	tɕi	ts'ɿ	ts'ɿ	ts'ɿ	ts'ɿ	ts'ɿ	tɕ'i	tɕ'y	ts'ɿ
平阳话	tɕi	ts'ɿ	ts'ɿ	ts'ɿ	ts'ɿ	ts'ɿ	tɕ'i	tɕ'y	ts'ɿ
宜山话	tɕi	ts'ɿ	ts'ɿ	ts'ɿ	ts'ɿ	ts'ɿ	tɕ'i	tɕ'y	ts'ɿ
文成话	tɕi	ts'ɿ	ts'ɿ	ts'ɿ	ts'ɿ	ts'ɿ	tɕ'i	ts'ʮ	ts'ɿ

	侈	企	耻	齿	起	岂	刺	翅	次
	止开三	止开三	止开三	止开三	止开三	止开三	止开三	止开三	止开三
	上纸昌	上纸溪	上止彻	上止昌	上止溪	上尾溪	去寘清	去寘书	去至清
鹿城话	tsʻɿ③	tsʻɿ③	tsʻɿ③	tsʻɿ③	tsʻɿ③	tsʻɿ③	tsʻɿ⑤	tsʻɿ⑤	tsʻɿ⑤
永强话	tsʻɿ	tsʻɿ	tsʻɿ	tsʻɿ	tsʻɿ	tsʻɿ	tsʻɿ	tsʻɿ	tsʻɿ
永嘉话	tsʻɿ	tsʻɿi	tsʻɿ	tsʻɿ	tɕʻi	tɕʻi	tsʻɿ	tsʻɿ	tsʻɿ
乐清话	tsʻɿ	tɕʻi	tsʻɿ	tsʻɿ	tɕʻi	tɕʻi	tsʻɿ	tsʻɿ	tsʻɿ
虹桥话	tsʻɿ	tɕʻi	tsʻɿ	tsʻɿ	tɕʻi	tɕʻi	tsʻɿ	tsʻɿ	tsʻɿ
瑞安话	tsʻɿ	tɕʻi	tsʻɿ	tsʻɿ	tɕʻi	tɕʻi	tsʻɿ	tsʻɿ	tsʻɿ
陶山话	tsʻɿ	tɕʻi	tsʻɿ	tsʻɿ	tɕʻi	tɕʻi	tsʻɿ	tsʻɿ	tsʻɿ
平阳话	tsʻɿ	tɕʻi	tsʻɿ	tsʻɿ	tɕʻi	tɕʻi	tsʻɿ	tsʻɿ	tsʻɿ
宜山话	tsʻɿ	tɕʻi	tsʻɿ	tsʻɿ	tɕʻi	tɕʻi	tsʻɿ	tsʻɿ	tsʻɿ
文成话	tsʻɿ	tɕʻi	tsʻɿ	tsʻɿ	tɕʻi	tɕʻi	tsʻɿ	tsʻɿ	tsʻɿ

	弃器	炽	气汽	弛	奇骑岐	迟	祁鳍	持	其棋旗
	止开三	止开三	止开三	止开三	止开三	止开三	止开三	止开三	止开三
	去至溪	去志昌	去未溪	平支澄	平支群	平脂澄	平脂群	平之澄	平之群
鹿城话	tsʻɿ⑤	tsʻɿ⑤	tsʻɿ⑤	dzɿ②	dzɿ②	dzɿ②	dzɿ②	dzɿ②	dzɿ②
永强话	tsʻɿ	tsʻɿ	tsʻɿ	dzɿ	dzɿ	dzɿ	dzɿ	dzɿ	dzɿ
永嘉话	tɕʻɿi	tsʻɿ	tɕʻɿi	dzɿ	dzɿi	dzɿ	dzɿ	dzɿ	dzɿi
乐清话	tɕʻi	tsʻɿ	tɕʻi	dzɿ	dʑi	dzɿ	dʑi	dzɿ	dʑi
虹桥话	tɕʻi	tsʻɿ	tɕʻi	dzɿ	dʑi	dzɿ	dʑi	dzɿ	dʑi
瑞安话	tɕʻi	tsʻɿ	tɕʻi	dzɿ	dʑi	dzɿ	dʑi	dzɿ	dʑi
陶山话	tɕʻi	tsʻɿ	tɕʻi	dzɿ	dʑi	dzɿ	dʑi	dzɿ	dʑi
平阳话	tɕʻi	tsʻɿ	tɕʻi	dzɿ	dʑi	dzɿ	dʑi	dzɿ	dʑi
宜山话	tɕʻi	tsʻɿ	tɕʻi	dzɿ	dʑi	dzɿ	dʑi	dzɿ	dʑi
文成话	tɕʻi	tsʻɿ	tɕʻi	dzɿ	dʑi	dzɿ	dʑi	dzɿ	dʑi

	祈	捶	垂	槌	技妓	雉	痔峙	稚	治
	止开三	止合三	止合三	止合三	止开三	止开三	止开三	止开三	止开三
	平微群	平支澄	平支禅	平脂澄	上纸群	上旨澄	上止澄	去至澄	去志澄
鹿城话	dzɿ②	dzɿ②	dzɿ②	dzɿ②	dzɿ④	dzɿ④	dzɿ④	dzɿ⑥	dzɿ⑥
永强话	dzɿ	dzʮ	dzʮ	dzʮ	dzɿ	dzɿ	dzɿ	dzɿ	dzɿ
永嘉话	dzɿi	dzʉ	dzʉ	dzʉ	dzɿi	dzɿ	dzɿ	dzɿ	dzɿ
乐清话	dʑi	dʑy	dʑy	dʑy	dʑi	dzɿ	dzɿ	dzɿ	dzɿ
虹桥话	dʑi	dʑy	dʑy	dʑy	dʑi	dzɿ	dzɿ	dzɿ	dzɿ
瑞安话	dʑi	dzʉ	dzʉ	dzʉ	dʑi	dzɿ	dzɿ	dzɿ	dzɿ
陶山话	dʑi	dʑy	dʑy	dʑy	dʑi	dzɿ	dzɿ	dzɿ	dzɿ
平阳话	dʑi	dʑy	dʑy	dʑy	dʑi	dzɿ	dzɿ	dzɿ	dzɿ
宜山话	dʑi	dʑy	dʑy	dʑy	dʑi	dzɿ	dzɿ	dzɿ	dzɿ
文成话	dʑi	dzʉ	dzʉ	dzʉ	dʑi	dzɿ	dzɿ	dzɿ	dzɿ

	忌	坠	斯撕澌	筛米筛	施实施	牺曦	私	师狮	尸
	止开三 去志群	止合三 去至澄	止开三 平支心	止开三 平支生	止开三 平支书	止开三 平支晓	止开三 平脂心	止开三 平脂生	止开三 平脂书
鹿城话	dzɿ⑥	dzɿ⑥	sɿ①	sɿ①	sɿ①	sɿ①	sɿ①	sɿ①	sɿ①
永强话	dzɿ	dzʉ	sɿ	sɿ	sɿ	sɿ	sɿ	sɿ	sɿ
永嘉话	dʑi	dzʉ	sɿ	sɿ	sɿ	sɿ	sɿ	sɿ	sɿ
乐清话	dʑi	dzy	sɿ	sɿ	sɿ	sɿ	sɿ	sɿ	sɿ
虹桥话	dʑi	dzy	sɿ	sɿ	sɿ	sɿ	sɿ	sɿ	sɿ
瑞安话	dʑi	dzəʉ	sɿ	sɿ	sɿ	sɿ	sɿ	sɿ	sɿ
陶山话	dʑi	dzy	sɿ	sɿ	sɿ	sɿ	sɿ	sɿ	sɿ
平阳话	dʑi	dzy	sɿ	sɿ	sɿ	sɿ	sɿ	sɿ	sɿ
宜山话	dʑi	dzy	sɿ	sɿ	sɿ	sɿ	sɿ	sɿ	sɿ
文成话	dʑi	dzʉ	sɿ	sɿ	sɿ	sɿ	sɿ	sɿ	sɿ

	司丝思	诗	嬉熙	希稀	虽绥尿	徙	豕	死	矢屎
	止开三 平之心	止开三 平之书	止开三 平之晓	止开三 平微晓	止合三 平脂心	止开三 上纸心	止开三 上纸书	止开三 上旨心	止开三 上旨书
鹿城话	sɿ①	sɿ①	sɿ①	sɿ①	sɿ①	sɿ③	sɿ③	sɿ③	sɿ③
永强话	sɿ	sɿ	sɿ	sɿ	sʮ	sɿ	sɿ	sɿ	sɿ
永嘉话	sɿ	sɿ	sɿ	ɕi	sʉ	sɿ	sɿ	sɿ	sɿ
乐清话	sɿ	sɿ	sɿ	ɕi	ɕy	sɿ	sɿ	sɿ	sɿ
虹桥话	sɿ	sɿ	sɿ	ɕi	ɕy	sɿ	sɿ	sɿ	sɿ
瑞安话	sɿ	sɿ	sɿ	ɕi	səʉ	sɿ	sɿ	sɿ	sɿ
陶山话	sɿ	sɿ	sɿ	sei	səʉ	sɿ	sɿ	sɿ	sɿ
平阳话	sɿ	sɿ	sɿ	ɕi	ɕy	sɿ	sɿ	sɿ	sɿ
宜山话	sɿ	sɿ	sɿ	ɕi	ɕy	sɿ	sɿ	sɿ	sɿ
文成话	sɿ	sɿ	sɿ	ɕi	sʉ	sɿ	sɿ	sɿ	sɿ

	始	喜	史使驶	水	赐	戏	四肆	试	瓷
	止开三 上止书	止开三 上止晓	止开三 上止生	止合三 上旨书	止开三 去寘心	止开三 去寘晓	止开三 去寘晓	止开三 去志书	止开三 平脂从
鹿城话	sɿ③	sɿ③	sɿ③	sɿ③	sɿ⑤	sɿ⑤	sɿ⑤	sɿ⑤	zɿ②
永强话	sɿ	sɿ	sɿ	sʮ	sɿ	sɿ	sɿ	sɿ	zɿ
永嘉话	sɿ	ɕi	sɿ	sʉ	sɿ	ɕi	ɕi	sɿ	zɿ
乐清话	sɿ	ɕi	sɿ	ɕy	sɿ	ɕi	ɕi	sɿ	zɿ
虹桥话	sɿ	ɕi	sɿ	ɕy	sɿ	ɕi	ɕi	sɿ	zɿ
瑞安话	sɿ	ɕi	sɿ	səʉ	sɿ	ɕi	ɕi	sɿ	zɿ
陶山话	sɿ	sei	sɿ	səʉ	sɿ	sei	sei	sɿ	zɿ
平阳话	sɿ	ɕi	sɿ	ɕy	sɿ	ɕi	ɕi	sɿ	zɿ
宜山话	sɿ	ɕi	sɿ	ɕy	sɿ	ɕi	ɕi	sɿ	zɿ
文成话	sɿ	ɕi	sɿ	sʉ	sɿ	ɕi	ɕi	sɿ	zɿ

	慈	辞词祠	时	而	随跟随	谁	是氏	尔	似祀巳
	止开三	止开三	止开三	止开三	止合三	止合三	止开三	止开三	止开三
	平之从	平之邪	平之禅	平之日	平支邪	平脂禅	上纸禅	上纸日	上止邪
鹿城话	zŋ②	zŋ②	zŋ②	zŋ②	zŋ②	zŋ②	zŋ④	zŋ④	zŋ④
永强话	zŋ	zŋ	zŋ	zŋ	zɿ	zɿ	zŋ	zŋ	zŋ
永嘉话	zŋ	zŋ	zŋ	zŋ	zʉ	zʉ	zŋ	zŋ	zŋ
乐清话	zŋ	zŋ	zŋ	zŋ	ʑy	ʑy	zŋ	zŋ	zŋ
虹桥话	zŋ	zŋ	zŋ	zŋ	ʑy	ʑy	zŋ	zŋ	zŋ
瑞安话	zŋ	zŋ	zŋ	zŋ	zəʉ	zəʉ	zŋ	zŋ	zŋ
陶山话	zŋ	zŋ	zŋ	zŋ	zəʉ	zəʉ	zŋ	zŋ	zŋ
平阳话	zŋ	zŋ	zŋ	zŋ	ʑy	ʑy	zŋ	zŋ	zŋ
宜山话	zŋ	zŋ	zŋ	zŋ	ʑy	ʑy	zŋ	zŋ	zŋ
文成话	zŋ	zŋ	zŋ	zŋ	zʉ	zʉ	zŋ	zŋ	zŋ

	士什柿	市恃	耳	蕊	豉	自	示	视嗜	字
	止开三	止开三	止开三	止合三	止开三	止开三	止开三	止开三	止开三
	上止崇	上止禅	上止日	上纸日	去寘禅	去至从	去至船	去至禅	去志从
鹿城话	zŋ④	zŋ④	zŋ④	zŋ④	zŋ⑥	zŋ⑥	zŋ⑥	zŋ⑥	zŋ⑥
永强话	zŋ	zŋ	zŋ	zɿ	zŋ	zŋ	zŋ	zŋ	zŋ
永嘉话	zŋ	zŋ	zʉ	zʉ	zŋ	zŋ	zŋ	zŋ	zŋ
乐清话	zŋ	zŋ	ʑy	ʑy	zŋ	zŋ	zŋ	zŋ	zŋ
虹桥话	zŋ	zŋ	ʑy	ʑy	zŋ	zŋ	zŋ	zŋ	zŋ
瑞安话	zŋ	zŋ	zəʉ	zəʉ	zŋ	zŋ	zŋ	zŋ	zŋ
陶山话	zŋ	zŋ	zəʉ	zəʉ	zŋ	zŋ	zŋ	zŋ	zŋ
平阳话	zŋ	zŋ	ʑy	ʑy	zŋ	zŋ	zŋ	zŋ	zŋ
宜山话	zŋ	zŋ	ʑy	ʑy	zŋ	zŋ	zŋ	zŋ	zŋ
文成话	zŋ	zŋ	zʉ	zʉ	zŋ	zŋ	zŋ	zŋ	zŋ

	寺伺饲	事	侍	饵洱	瑞	遂隧	规圆规	龟	归当归
	止开三	止开三	止开三	止开三	止合三	止合三	止合三	止合三	止合三
	去志邪	去志崇	去志禅	去志日	去寘禅	去至邪	平支见	平脂见	平微见
鹿城话	zŋ⑥	zŋ⑥	zŋ⑥	zŋ⑥	zŋ⑥	zŋ⑥	tɕy①	tɕy①	tɕy①
永强话	zŋ	zŋ	zŋ	zŋ	zɿ	zɿ	tsɿ	tsɿ	tsɿ
永嘉话	zŋ	zŋ	zŋ	zŋ	zʉ	zʉ	tɕʉ	tɕʉ	tɕʉ
乐清话	zŋ	zŋ	zŋ	zŋ	ʑy	ʑy	tɕy	tɕy	tɕy
虹桥话	zŋ	zŋ	zŋ	zŋ	ʑy	ʑy	tɕy	tɕy	tɕy
瑞安话	zŋ	zŋ	zŋ	zŋ	zəʉ	zəʉ	tɕy	tɕy	tɕy
陶山话	zŋ	zŋ	zŋ	zŋ	zəʉ	zəʉ	tɕy	tɕy	tɕy
平阳话	zŋ	zŋ	zŋ	zŋ	ʑy	ʑy	tɕyø	tɕyø	tɕyø
宜山话	zŋ	zŋ	zŋ	zŋ	ʑy	ʑy	tɕy	tɕy	tɕy
文成话	zŋ	zŋ	zŋ	zŋ	zʉ	zʉ	tɕy	tɕy	tɕy

瓯语音系

	诡	轨癸	鬼	愧季	贵	窥亏	葵逵	跪	柜
	止合三 上纸见	止合三 上旨见	止合三 上尾见	止合三 去至见	止合三 去未见	止合三 平支溪	止合三 平脂群	止合三 上纸群	止合三 去至群
鹿城话	tɕy③	tɕy③	tɕy③	tɕy⑤	tɕy⑤	tɕ'y①	dzy②	dzy④	dzy⑥
永强话	tsʅ	tsʅ	tsʅ	tsʅ	tsʅ	ts'ʅ	dzʅ	dzʅ	dzʅ
永嘉话	tɕʉ	tɕʉ	tɕʉ	tɕʉ	tɕʉ	tɕ'ʉ	dzʉ	dzʉ	dzʉ
乐清话	tɕy	tɕy	tɕy	tɕy	tɕy	tɕ'y	dzy	dzy	dzy
虹桥话	tɕy	tɕy	tɕy	tɕy	tɕy	tɕ'y	dzy	dzy	dzy
瑞安话	tɕy	tɕy	tɕy	tɕy	tɕy	tɕ'y	dzy	dzy	dzy
陶山话	tɕy	tɕy	tɕy	tɕy	tɕy	tɕ'y	dzy	dzy	dzy
平阳话	tɕyø	tɕyø	tɕyø	tɕyø	tɕyø	tɕ'yø	dzyø	dzyø	dzyø
宜山话	tɕy	tɕy	tɕy	tɕy	tɕy	tɕ'y	dzy	dzy	dzy
文成话	tɕy	tɕy	tɕy	tɕy	tɕy	tɕ'y	dzy	dzy	dzy

	危危险	伪	麾	辉挥	毁	讳	萎萎缩	威权威	委
	止合三 平支疑	止合三 去寘疑	止合三 平支晓	止合三 平微晓	止合三 上纸晓	止合三 去未晓	止合三 平支影	止合三 平微影	止合三 上纸影
鹿城话	ȵy②	ȵy⑥	ɕy①	ɕy①	ɕy③	ɕy⑤	ʔʋu①	ʔʋu①	ʔʋu③
永强话	zʅ	zʅ	ɕy	sʅ	ɕy	sʅ	ʔʋʅ	ʔʋʅ	ʔʋʅ
永嘉话	ȵʉ	ȵʉ	ɕʉ	ɕʉ	ɕʉ	ɕʉ	ʔʋu	ʔʋu	ʔʋu
乐清话	ȵy	ȵy	ɕy	ɕy	ɕy	ɕy	ʔjy	ʔjy	ʔjy
虹桥话	ȵy	ȵy	ɕy	ɕy	ɕy	ɕy	ʔjy	ʔjy	ʔjy
瑞安话	ȵy	ȵy	ɕy	ɕy	ɕy	ɕy	ʔʋʉ	ʔʋʉ	ʔʋʉ
陶山话	ȵy	ȵy	ɕy	ɕy	ɕy	ɕy	ʔʋʉ	ʔʋʉ	ʔʋʉ
平阳话	ȵyø	ȵyø	ɕø	ɕyø	ɕø	ɕyø	ʔjy	ʔjy	ʔjy
宜山话	ȵy	ȵy	ɕy	ɕy	ɕy	ɕy	ʔjy	ʔjy	ʔjy
文成话	ȵy	ȵy	ɕy	ɕy	ɕy	ɕy	ʔjy	ʔjy	ʔjy

	喂	畏慰	为	维遗	违围	唯	伟苇	位	胃谓纬
	止合三 去寘影	止合三 去未影	止合三 平支云	止合三 平脂以	止合三 平微云	止合三 上旨以	止合三 上尾云	止合三 去至云	止合三 去未疑
鹿城话	ʔʋu⑤	ʔʋu⑤	ʋu②	ʋu②	ʋu②	ʋu④	ʋu④	ʋu⑥	ʋu⑥
永强话	ʔʋʅ	ʔʋʅ	ʋʅ	ʋʅ	ʋʅ	ʋʅ	ʋʅ	ʋʅ	ʋʅ
永嘉话	ʔʋu	ʔʋu	ʋu	ʋu	ʋu	ʋu	ʋu	ʋu	ʋu
乐清话	ʔjy	ʔjy	jy	jy	jy	jy	jy	jy	jy
虹桥话	ʔjy	ʔjy	jy	jy	jy	jy	jy	jy	jy
瑞安话	ʔʋʉ	ʔʋʉ	ʋʉ	ʋʉ	ʋʉ	ʋʉ	ʋʉ	ʋʉ	ʋʉ
陶山话	ʔʋʉ	ʔʋʉ	ʋʉ	ʋʉ	ʋʉ	ʋʉ	ʋʉ	ʋʉ	ʋʉ
平阳话	ʔjy	ʔjy	jy	jy	jy	jy	jy	jy	jy
宜山话	ʔjy	ʔjy	jy	jy	jy	jy	jy	jy	jy
文成话	ʔjy	ʔjy	jy	jy	jy	jy	jy	jy	jy

[止摄][效摄]

	儿	二贰	帅	类	褒	保堡宝	报	袍	抱
	止开三 平支日	止开三 去至日	止合三 去至生	止合三 去至来	效开一 平豪帮	效开一 上皓帮	效开一 去号帮	效开一 平豪并	效开一 上皓并
鹿城话	ŋ②	ŋ⑥	sa⑤	løy⑥	pə①	pə③	pə⑤	bə②	bə④
永强话	ŋ	ŋ	sɛ	lu	pə	pə	pə	bə	bə
永嘉话	n	ŋ	sa	løy	pə	pə	pə	bə	bə
乐清话	n	n	se	ly	pə	pə	pə	bə	bə
虹桥话	ŋ	n	sa	ly	pøo	pøo	pøo	bøo	bøo
瑞安话	ŋu	ŋu	sua	løʉ	pæ	pæ	pæ	bæ	bæ
陶山话	ŋ	ŋ	sa	løʉ	pɛ	pɛ	pɛ	bɛ	bɛ
平阳话	ŋ	ŋ	sɛ	ly	pɛ	pɛ	pɛ	bɛ	bɛ
宜山话	ŋ	ŋ	sæ	ly	pɛ	pɛ	pɛ	bɛ	bɛ
文成话	ŋ	ŋ	sa	lʉ	pɛ	pɛ	pɛ	bɛ	bɛ

	暴	毛	冒帽	刀叨	岛祷倒	到	滔掏	讨	套
	效开一 去号并	效开一 平豪明	效开一 去号明	效开一 平豪端	效开一 上皓端	效开一 去号端	效开一 平豪透	效开一 上皓透	效开一 去号透
鹿城话	bə⑥	mə②	mə⑥	tə①	tə③	tə⑤	tʰə①	tʰə③	tʰə⑤
永强话	bə	mə	mə	tə	tə	tə	tʰə	tʰə	tʰə
永嘉话	bə	mə	mə	tə	tə	tə	tʰə	tʰə	tʰə
乐清话	bə	mə	mə	tə	tə	tə	tʰə	tʰə	tʰə
虹桥话	bøo	møo	møo	tøo	tøo	tøo	tʰøo	tʰøo	tʰøo
瑞安话	bæ	mæ	mæ	tæ	tæ	tæ	tʰæ	tʰæ	tʰæ
陶山话	bɛ	mɛ	mɛ	tɛ	tɛ	tɛ	tʰɛ	tʰɛ	tʰɛ
平阳话	bɛ	mɛ	mɛ	tɛ	tɛ	tɛ	tʰɛ	tʰɛ	tʰɛ
宜山话	bɛ	mɛ	mɛ	tɛ	tɛ	tɛ	tʰɛ	tʰɛ	tʰɛ
文成话	bɛ	mɛ	mɛ	tɛ	tɛ	tɛ	tʰɛ	tʰɛ	tʰɛ

	桃逃陶	道稻	导盗悼	脑恼	劳捞牢	老姥	涝	遭糟	早枣蚤
	效开一 平豪定	效开一 上皓定	效开一 去号定	效开一 上皓泥	效开一 平豪来	效开一 上皓来	效开一 去号来	效开一 平豪精	效开一 上皓精
鹿城话	də②	də④	də⑥	nə④	lə②	lə④	lə⑥	tsə①	tsə③
永强话	də	də	də	nə	lə	lə	lə	tsə	tsə
永嘉话	də	də	də	nə	lə	lə	lə	tsə	tsə
乐清话	də	də	də	nə	lə	lə	lə	tɕiə	tɕiə
虹桥话	døo	døo	døo	nøo	løo	løo	løo	tsøo	tsøo
瑞安话	dæ	dæ	dæ	næ	læ	læ	læ	tsæ	tsæ
陶山话	dɛ	dɛ	dɛ	nɛ	lɛ	lɛ	lɛ	tsɛ	tsɛ
平阳话	dɛ	dɛ	dɛ	nɛ	lɛ	lɛ	lɛ	tsɛ	tsɛ
宜山话	dɛ	dɛ	dɛ	nɛ	lɛ	lɛ	lɛ	tsɛ	tsɛ
文成话	dɛ	dɛ	dɛ	nɛ	lɛ	lɛ	lɛ	tsɛ	tsɛ

	灶躁	操	草	糙	骚臊	嫂	扫	曹槽	造皂
	效开一 去号精	效开一 平豪清	效开一 上皓清	效开一 去号清	效开一 平豪心	效开一 上皓心	效开一 去号心	效开一 平豪从	效开一 上皓从
鹿城话	tsə⑤	tsʻə①	tsʻə③	tsʻə⑤	sə①	sə③	sə⑤	zə②	zə④
永强话	tsə	tsʻə	tsʻə	tsʻə	sə	sə	sə	zə	zə
永嘉话	tsə	tsʻə	tsʻə	tsʻə	sə	sə	sə	zə	zə
乐清话	tɕiɑ	tɕʻiɑ	tɕʻiɑ	tɕʻiɑ	sə	sə	sə	zə	zə
虹桥话	tsøo	tsʻøo	tsʻøo	tsʻøo	søo	søo	søo	zøo	zøo
瑞安话	tsæ	tsʻæ	tsʻæ	tsʻæ	sæ	sæ	sæ	zæ	zæ
陶山话	tsɛ	tsʻɛ	tsʻɛ	tsʻɛ	sɛ	sɛ	sɛ	zɛ	zɛ
平阳话	tsɛ	tsʻɛ	tsʻɛ	tsʻɛ	sɛ	sɛ	sɛ	zɛ	zɛ
宜山话	tsɛ	tsʻɛ	tsʻɛ	tsʻɛ	sɛ	sɛ	sɛ	zɛ	zɛ
文成话	tsɛ	tsʻɛ	tsʻɛ	tsʻɛ	sɛ	sɛ	sɛ	zɛ	zɛ

	高膏糕	稿搞	告	考烤	靠犒	熬	傲	蒿	好
	效开一 平豪见	效开一 上皓见	效开一 去号见	效开一 上皓溪	效开一 去号溪	效开一 平豪疑	效开一 去号疑	效开一 平豪晓	效开一 上皓晓
鹿城话	kə①	kə③	kə⑤	kʻə③	kʻə⑤	ŋə②	ŋə⑥	hə①	hə③
永强话	kə	kə	kə	kʻə	kʻə	ŋə	ŋə	hə	hə
永嘉话	kə	kə	kə	kʻə	kʻə	ŋə	ŋə	hə	hə
乐清话	kə	kə	kə	kʻə	kʻə	ŋə	ŋə	hə	hə
虹桥话	køo	køo	køo	kʻøo	kʻøo	ŋøo	ŋøo	høo	høo
瑞安话	kæ	kæ	kæ	kʻæ	kʻæ	ŋæ	ŋæ	hæ	hæ
陶山话	kɛ	kɛ	kɛ	kʻɛ	kʻɛ	ŋɛ	ŋɛ	hɛ	hɛ
平阳话	kɛ	kɛ	kɛ	kʻɛ	kʻɛ	ŋɛ	ŋɛ	hɛ	hɛ
宜山话	kɛ	kɛ	kɛ	kʻɛ	kʻɛ	ŋɛ	ŋɛ	hɛ	hɛ
文成话	kɛ	kɛ	kɛ	kʻɛ	kʻɛ	ŋɛ	ŋɛ	hɛ	hɛ

	耗	豪壕毫	浩	号	懊袄	奥	包胞	饱	豹
	效开一 去号晓	效开一 平豪匣	效开一 上皓匣	效开一 去号匣	效开一 去号影	效开一 去号影	效开二 平肴帮	效开二 上巧帮	效开二 去效帮
鹿城话	hə⑤	ɦə②	ɦə④	ɦə⑥	ʔə⑤	ʔə⑤	puɔ①	puɔ③	puɔ⑤
永强话	hə	ɦə	ɦə	ɦə	ʔə	ʔə	pɔ	pɔ	pɔ
永嘉话	hə	ɦə	ɦə	ɦə	ʔə	ʔə	puɔ	puɔ	puɔ
乐清话	hə	ɦə	ɦə	ɦə	ʔə	ʔə	pa	pa	pa
虹桥话	høo	ɦøo	ɦøo	ɦøo	ʔøo	ʔøo	puɔ	puɔ	puɔ
瑞安话	hæ	ɦæ	ɦæ	ɦæ	ʔæ	ʔæ	pɔ	pɔ	pɔ
陶山话	hɛ	ɦɛ	ɦɛ	ɦɛ	ʔɛ	ʔɛ	pɔ	pɔ	pɔ
平阳话	hɛ	ɦɛ	ɦɛ	ɦɛ	ʔɛ	ʔɛ	pɔ	pɔ	pɔ
宜山话	hɛ	ɦɛ	ɦɛ	ɦɛ	ʔɛ	ʔɛ	pɔ	pɔ	pɔ
文成话	hɛ	ɦɛ	ɦɛ	ɦɛ	ʔɛ	ʔɛ	puɔ	puɔ	puɔ

	抛泡	跑	炮	刨	鲍	猫	茅矛	卯	貌
	效开二 平肴滂	效开二 上巧滂	效开二 去效滂	效开二 平肴並	效开二 上巧並	效开二 平肴明	效开二 平肴明	效开二 上巧明	效开二 去效明
鹿城话	pʻuɔ①	pʻuɔ③	pʻuɔ⑤	buɔ②	buɔ④	ʔmuɔ①	muɔ②	muɔ④	muɔ⑥
永强话	pʻɔ	pʻɔ	pʻɔ	bɔ	bɔ	ʔmɔ	mɔ	mɔ	mɔ
永嘉话	pʻuɔ	pʻuɔ	pʻuɔ	buɔ	buɔ	ʔmuɔ	muɔ	muɔ	muɔ
乐清话	pʻa	pʻa	pʻa	ba	ba	ʔma	ma	ma	ma
虹桥话	pʻuɔ	pʻuɔ	pʻuɔ	buɔ	buɔ	ʔmuɔ	muɔ	muɔ	muɔ
瑞安话	pʻɔ	pʻɔ	pʻɔ	bɔ	bɔ	ʔmɔ	mɔ	mɔ	mɔ
陶山话	pʻɔ	pʻɔ	pʻɔ	bɔ	bɔ	ʔmɔ	mɔ	mɔ	mɔ
平阳话	pʻɔ	pʻɔ	pʻɔ	bɔ	bɔ	ʔmɔ	mɔ	mɔ	mɔ
宜山话	pʻɔ	pʻɔ	pʻɔ	bɔ	bɔ	ʔmɔ	mɔ	mɔ	mɔ
文成话	pʻuɔ	pʻuɔ	pʻuɔ	buɔ	buɔ	ʔmuɔ	muɔ	muɔ	muɔ

	挠阻挠	闹	抓	爪	罩	笊	抄钞	炒吵	棹
	效开二 平肴泥	效开二 去效泥	效开二 平肴庄	效开二 上巧庄	效开二 去效知	效开二 去效庄	效开二 平肴初	效开二 上巧初	效开二 去效澄
鹿城话	nuɔ②	nuɔ⑥	tsuɔ①	tsuɔ③	tsuɔ⑤	tsuɔ⑤	tsʻuɔ①	tsʻuɔ③	dzuɔ⑥
永强话	nɔ	nɔ	tsɔ	tsɔ	tsɔ	tsɔ	tsʻɔ	tsʻɔ	dzɔ
永嘉话	nɔ	nɔ	tsɔ	tsɔ	tsɔ	tsɔ	tsʻɔ	tsʻɔ	dzɔ
乐清话	na	na	tɕia	tɕia	tɕia	tɕia	tɕʻia	tɕʻia	dʑia
虹桥话	nuɔ	nuɔ	tsuɔ	tsuɔ	tsuɔ	tsuɔ	tsʻuɔ	tsʻuɔ	dzuɔ
瑞安话	nɔ	nɔ	tsɔ	tsɔ	tsɔ	tsɔ	tsʻɔ	tsʻɔ	dzɔ
陶山话	nɔ	nɔ	tsɔ	tsɔ	tsɔ	tsɔ	tsʻɔ	tsʻɔ	dzɔ
平阳话	nɔ	nɔ	tsɔ	tsɔ	tsɔ	tsɔ	tsʻɔ	tsʻɔ	dzɔ
宜山话	nɔ	nɔ	tsɔ	tsɔ	tsɔ	tsɔ	tsʻɔ	tsʻɔ	dzɔ
文成话	nuɔ	nuɔ	tsuɔ	tsuɔ	tsuɔ	tsuɔ	tsʻuɔ	tsʻuɔ	dzuɔ

	梢捎	稍潲	巢	交郊胶	绞狡铰	教较	酵	校上校	敲
	效开二 平肴生	效开二 去效生	效开二 平肴崇	效开二 平肴见	效开二 上巧见	效开二 去效见	效开二 去效见	效开二 去效匣	效开二 平肴溪
鹿城话	suɔ①	suɔ⑤	zuɔ②	kuɔ①	kuɔ③	kuɔ⑤	kuɔ⑤	kuɔ⑤	kʻuɔ①
永强话	sɔ	sɔ	zɔ	kɔ	kɔ	kɔ	kɔ	kɔ	kʻɔ
永嘉话	sɔ	sɔ	zɔ	kɔ	kɔ	kɔ	kɔ	kɔ	kʻɔ
乐清话	sa	sa	za	ka	ka	ka	ka	ka	kʻa
虹桥话	suɔ	suɔ	zuɔ	kuɔ	kuɔ	kuɔ	kuɔ	kuɔ	kʻuɔ
瑞安话	sɔ	sɔ	zɔ	kɔ	kɔ	kɔ	kɔ	kɔ	kʻɔ
陶山话	sɔ	sɔ	zɔ	kɔ	kɔ	kɔ	kɔ	kɔ	kʻɔ
平阳话	sɔ	sɔ	zɔ	kɔ	kɔ	kɔ	kɔ	kɔ	kʻɔ
宜山话	sɔ	sɔ	zɔ	kɔ	kɔ	kɔ	kɔ	kɔ	kʻɔ
文成话	sɔ	sɔ	zo	kuɔ	kuɔ	kuɔ	kuɔ	kuɔ	kʻuɔ

	巧	咬	孝	淆	校学校	凹垇	标	表	飘
	效开二	效开二	效开二	效开二	效开二	效开二	效开三	效开三	效开三
	上巧溪	上巧疑	去效晓	平肴匣	去效匣	平肴影	平宵帮	上小帮	平宵滂
鹿城话	k'uɔ③	ŋuɔ④	huɔ⑤	ɦuɔ②	ɦuɔ⑥	ʔuɔ①	piɛ①	piɛ③	p'iɛ①
永强话	k'ɔ	ŋɔ	hɔ	ɦɔ	ɦɔ	ʔɔ	pyə	pyə	p'yə
永嘉话	k'ɔ	ŋɔ	hɔ	ɦɔ	ɦɔ	ʔɔ	pyə	pyə	p'yə
乐清话	k'a	ŋa	ha	ɦa	ɦa	ʔa	pə	pə	p'ə
虹桥话	k'uɔ	ŋuɔ	huɔ	ɦuɔ	ɦuɔ	ʔuɔ	pøo	pøo	p'øo
瑞安话	k'ɔ	ŋɔ	hɔ	ɦɔ	ɦɔ	ʔɔ	pyø	pyø	p'yø
陶山话	k'ɔ	ŋɔ	hɔ	ɦɔ	ɦɔ	ʔɔ	pyø	pyø	p'yø
平阳话	k'ɔ	ŋɔ	hɔ	ɦɔ	ɦɔ	ʔɔ	piø	piø	p'iø
宜山话	k'ɔ	ŋɔ	hɔ	ɦɔ	ɦɔ	ʔɔ	pyø	pyø	p'yø
文成话	k'uɔ	ŋuɔ	huɔ	ɦuɔ	ɦuɔ	ʔuɔ	piɛ	piɛ	p'iɛ

	漂	票	嫖瓢剽	鳔	苗描	秒渺藐	庙妙缪	雕刁貂	鸟
	效开三	效开三	效开三	效开三	效开三	效开三	效开三	效开四	效开四
	上小滂	去笑滂	平宵並	上小並	平宵明	上小明	去笑明	平萧端	上筱端
鹿城话	p'iɛ③	p'iɛ⑤	biɛ②	biɛ④	miɛ②	miɛ④	miɛ⑥	tiɛ①	tiɛ③
永强话	p'yə	p'yə	byə	byə	myə	myə	myə	tyə	tyə
永嘉话	p'yə	p'yə	byə	byə	myə	myə	myə	tyə	tyə
乐清话	p'ə	p'ə	bə	bə	mə	mə	mə	tiɯa	tiɯa
虹桥话	p'øo	p'øo	bøo	bøo	møo	møo	møo	tiɤ	tiɤ
瑞安话	p'yø	p'yø	byø	byø	myø	myø	myø	tuɔ	tuɔ
陶山话	p'yø	p'yø	byø	byø	myø	myø	myø	tuɔ	tuɔ
平阳话	p'iø	p'iø	biø	biø	miø	miø	miø	tiø	tiø
宜山话	p'yø	p'yø	byø	byø	myø	myø	myø	tyø	tyø
文成话	p'iɛ	p'iɛ	biɛ	biɛ	miɛ	miɛ	miɛ	tuɔ	tuɔ

	钓吊	挑	跳粜	条	掉调	嬲	燎	聊辽撩	了瞭
	效开四	效开四	效开四	效开四	效开四	效开四	效开三	效开四	效开四
	去啸端	平萧透	去啸透	平萧定	去啸定	上筱泥	平宵来	平萧来	上筱来
鹿城话	tiɛ⑤	t'iɛ①	t'iɛ⑤	diɛ②	diɛ⑥	niɛ④	liɛ②	liɛ②	liɛ④
永强话	tyə	t'yə	t'yə	dyə	dyə	ŋyə	lyə	lyə	lyə
永嘉话	tyə	t'yə	t'yə	dyə	dyə	ŋyə	lyə	lyə	lyə
乐清话	tiɯa	t'iɯa	t'iɯa	diɯa	diɯa	ŋiɯa	liɯa	liɯa	liɯa
虹桥话	tiɤ	t'iɤ	t'iɤ	diɤ	diɤ	ŋiɤ	liɤ	liɤ	liɤ
瑞安话	tuɔ	t'uɔ	t'uɔ	duɔ	duɔ	nuɔ	luɔ	luɔ	luɔ
陶山话	tuɔ	t'uɔ	t'uɔ	duɔ	duɔ	nuɔ	luɔ	luɔ	luɔ
平阳话	tiø	t'iø	t'iø	diø	diø	ŋiø	liø	liø	liø
宜山话	tyø	t'yø	t'yø	dyø	dyø	ŋyø	lyø	lyø	lyø
文成话	tuɔ	t'uɔ	t'uɔ	duɔ	duɔ	ŋyɔ	luɔ	luɔ	luɔ

	疗	料	焦蕉椒	朝今朝	昭招	骄娇	浇	剿	沼
	效开三	效开四	效开三	效开三	效开三	效开三	效开四	效开三	效开三
	去笑来	去啸来	平宵精	平宵知	平宵章	平宵见	平萧见	上小精	上小章
鹿城话	liɛ⑥	liɛ⑥	tɕiɛ①	tɕiɛ①	tɕiɛ①	tɕiɛ①	tɕiɛ①	tɕiɛ③	tɕiɛ③
永强话	lyə	lyə	tɕyə	tɕyə	tɕyə	tɕyə	tɕyə	tɕyə	tɕyə
永嘉话	lyə	lyə	tɕyə	tɕyə	tɕyə	tɕyə	tɕyə	tɕyə	tɕyə
乐清话	liɯa	liɯa	tɕiə	tɕiə	tɕiə	tɕiə	tɕiɯa	tɕiə	tɕiə
虹桥话	liɤ	liɤ	tɕiu	tɕiu	tɕiu	tɕiu	tɕiɤ	tɕiu	tɕiu
瑞安话	luɔ	luɔ	tɕyɔ	tɕyɔ	tɕyɔ	tɕyɔ	tɕiɔ	tɕyɔ	tɕyɔ
陶山话	luɔ	luɔ	tɕyɔ	tɕyɔ	tɕyɔ	tɕyɔ	tɕiɔ	tɕyɔ	tɕyɔ
平阳话	liø	liø	tɕiø	tɕiø	tɕiø	tɕiø	tɕiø	tɕiø	tɕiø
宜山话	lyø	lyø	tɕyø	tɕyø	tɕyø	tɕyø	tɕyø	tɕyø	tɕyø
文成话	luɔ	luɔ	tɕyɔ	tɕyɔ	tɕyɔ	tɕyɔ	tɕyɔ	tɕyɔ	tɕyɔ

	矫	缴侥	醮	照诏	叫	锹	超	悄	俏
	效开三	效开四	效开三	效开三	效开四	效开三	效开三	效开三	效开三
	上小见	上筱见	去笑精	去笑章	去啸见	平宵清	平宵彻	上小清	去笑清
鹿城话	tɕiɛ③	tɕiɛ③	tɕiɛ⑤	tɕiɛ⑤	tɕiɛ⑤	tɕʻiɛ①	tɕʻiɛ①	tɕʻiɛ③	tɕʻiɛ⑤
永强话	tɕyə	tɕyə	tɕyə	tɕyə	tɕyə	tɕʻyə	tɕʻyə	tɕʻyə	tɕʻyə
永嘉话	tɕyə	tɕyə	tɕyə	tɕyə	tɕyə	tɕʻyə	tɕʻyə	tɕʻyə	tɕʻyə
乐清话	tɕiə	tɕiɯa	tɕiə	tɕiə	tɕiɯa	tɕʻiə	tɕʻiə	tɕʻiə	tɕʻiə
虹桥话	tɕiu	tɕiɤ	tɕiu	tɕiu	tɕiɤ	tɕʻiu	tɕʻiu	tɕʻiu	tɕʻiu
瑞安话	tɕyɔ	tɕiɔ	tɕyɔ	tɕyɔ	tɕiɔ	tɕʻyɔ	tɕʻyɔ	tɕʻyɔ	tɕʻyɔ
陶山话	tɕyɔ	tɕiɔ	tɕyɔ	tɕyɔ	tɕiɔ	tɕʻyɔ	tɕʻyɔ	tɕʻyɔ	tɕʻyɔ
平阳话	tɕiø	tɕiø	tɕiø	tɕiø	tɕiø	tɕʻiø	tɕʻiø	tɕʻiø	tɕʻiø
宜山话	tɕyø	tɕyø	tɕyø	tɕyø	tɕyø	tɕʻyø	tɕʻyø	tɕʻyø	tɕʻyø
文成话	tɕyø	tɕyø	tɕyø	tɕyø	tɕyø	tɕʻyø	tɕʻyø	tɕʻyø	tɕʻyø

	翘	窍	憔	朝潮	桥侨乔	赵兆	召	轿	绕围绕
	效开三	效开四	效开三	效开三	效开三	效开三	效开三	效开三	效开三
	去笑溪	去啸溪	平宵从	平宵澄	平宵群	上小澄	去笑澄	去笑群	去笑日
鹿城话	tɕʻiɛ⑤	tɕʻiɛ⑤	dziɛ②	dziɛ②	dziɛ②	dziɛ④	dziɛ⑥	dziɛ⑥	ɲiɛ⑥
永强话	tɕʻyə	tɕʻyə	dzyə	dzyə	dzyə	dzyə	dzyə	dzyə	zyə
永嘉话	tɕʻyə	tɕʻyə	dzyə	dzyə	dzyə	dzyə	dzyə	dzyə	ɲyə
乐清话	tɕʻiə	tɕʻiɯa	dziə	dziə	dziə	dziə	dziə	dziə	zə
虹桥话	tɕʻiu	tɕʻiɤ	dziu	dziu	dziu	dziu	dziu	dziu	ziu
瑞安话	tɕʻyɔ	tɕʻiɔ	dzyɔ	dzyɔ	dzyɔ	dzyɔ	dzyɔ	dzyɔ	ɲyɔ
陶山话	tɕʻyɔ	tɕʻiɔ	dzyɔ	dzyɔ	dzyɔ	dzyɔ	dzyɔ	dzyɔ	ɲyɔ
平阳话	tɕʻiø	tɕʻiø	dziø	dziø	dziø	dziø	dziø	dziø	ɲiø
宜山话	tɕʻyø	tɕʻyø	dzyø	dzyø	dzyø	dzyø	dzyø	dzyø	ɲyø
文成话	tɕʻyø	tɕʻyø	dzyø	dzyø	dzyø	dzyø	dzyø	dzyø	ɲyø

瓯语音系

	消宵霄	烧	嚣	箫萧	枭	小	少多少	笑鞘	少少年
	效开三	效开三	效开三	效开四	效开四	效开三	效开三	效开三	效开三
	平宵心	平宵书	平宵晓	平萧心	平萧晓	上小心	上小书	去笑心	去笑书
鹿城话	ɕiɛ①	ɕiɛ①	ɕiɛ①	ɕiɛ①	ɕiɛ①	ɕiɛ③	ɕiɛ③	ɕiɛ⑤	ɕiɛ⑤
永强话	ɕyə	ɕyə	ɕyə	ɕyə	ɕyə	ɕyə	ɕyə	ɕyə	ɕyə
永嘉话	ɕyə	ɕyə	ɕyə	ɕyə	ɕyə	ɕyə	ɕyə	ɕyə	ɕyə
乐清话	ɕiə	ɕiə	ɕiə	ɕiɯa	ɕiə	ɕiə	ɕiə	ɕiə	ɕiə
虹桥话	ɕiu	ɕiu	ɕiu	ɕiɤ	ɕiu	ɕiu	ɕiu	ɕiu	ɕiu
瑞安话	ɕyə	ɕyə	ɕyə	ɕiɔ	ɕyə	ɕyə	ɕyə	ɕyə	ɕyə
陶山话	ɕyə	ɕyə	ɕyə	ɕyə	ɕyə	ɕyə	ɕyə	ɕyə	ɕyə
平阳话	ɕiø	ɕiø	ɕiø	ɕiø	ɕiø	ɕiø	ɕiø	ɕiø	ɕiø
宜山话	ɕyø	ɕyø	ɕyø	ɕyø	ɕyø	ɕyø	ɕyø	ɕyø	ɕyø
文成话	ɕyø	ɕyø	ɕyø	ɕyø	ɕyø	ɕyø	ɕyø	ɕyø	ɕyø

	韶	饶富饶	绍	扰	邵	腰妖	幺	杳	要
	效开三	效开三	效开三	效开三	效开三	效开三	效开四	效开四	效开三
	平宵禅	平宵日	上小禅	上小日	去笑禅	平宵影	平萧影	上筱影	去笑影
鹿城话	ziɛ②	ziɛ②	ziɛ④	ziɛ④	ziɛ⑥	ʔjiɛ①	ʔjiɛ①	ʔjiɛ③	ʔjiɛ⑤
永强话	zyə	zyə	zyə	zyə	zyə	ʔjyə	ʔjyə	ʔjyə	ʔjyə
永嘉话	zyə	zyə	zyə	zyə	zyə	ʔjyə	ʔjyə	ʔjyə	ʔjyə
乐清话	zə	zə	zə	zə	zə	ʔjiə	ʔjiə	ʔjiə	ʔjiə
虹桥话	ziu	ziu	ziu	ziu	ziu	ʔjiu	ʔjiu	ʔjiu	ʔjiu
瑞安话	zyə	zyə	zyə	zyə	zyə	ʔjyə	ʔjyə	ʔjyə	ʔjyə
陶山话	zyə	zyə	zyə	zyə	zyə	ʔjyə	ʔjyə	ʔjyə	ʔjyə
平阳话	ziø	ziø	ziø	ziø	ziø	ʔjiø	ʔjiø	ʔjiø	ʔjiø
宜山话	zyø	zyø	zyø	zyø	zyø	ʔjyø	ʔjyø	ʔjyø	ʔjyø
文成话	zyø	zyø	zyø	zyø	zyø	ʔjyø	ʔjyø	ʔjyø	ʔjyø

[效摄][流摄]

	摇谣窑	舀	耀鹞	尧	尿输尿	晓春晓	剖	亩牡	贸茂
	效开三	效开三	效开三	效开四	效开四	效开四	流开一	流开一	流开一
	平宵以	上小以	去笑以	平萧疑	去啸泥	上筱晓	上厚滂	上厚明	去候明
鹿城话	jiɛ②	jiɛ④	jiɛ⑥	ȵia②	ȵia⑥	ɕia③	pʻə③	mə④	mə⑥
永强话	jyə	jyə	jyə	ȵia	ȵia	ɕia	pʻə	mə	mə
永嘉话	jyə	jyə	jyə	ȵia	ȵia	ɕia	pʻə	mə	mə
乐清话	jiə	jiə	jiə	ȵia	ȵia	ɕia	pʻə	mə	mə
虹桥话	jiu	jiu	jiu	ȵia	ȵia	ɕia	pʻøo	møo	møo
瑞安话	jyə	jyə	jyə	ȵia	ȵia	ɕia	pʻæ	mæ	mæ
陶山话	jyə	jyə	jyə	ȵiɔ	ȵiɔ	ɕiɔ	pʻɛ	mɛ	mɛ
平阳话	jiø	jiø	jiø	ȵiɔ	ȵiɔ	ɕiɔ	pʻɛ	mɛ	mɛ
宜山话	jyø	jyø	jyø	ȵiɔ	ȵiɔ	ɕiɔ	pʻɛ	mɛ	mɛ
文成话	jyø	jyø	jyø	ȵia	ȵia	ɕia	pʻɛ	mɛ	mɛ

	否否则	浮浮肿	阜	复复兴	谋	某母拇	富富贵	副	妇
	流开三 上有非	流开三 平尤奉	流开三 上有奉	流开三 去宥奉	流开三 平尤明	流开一 上厚明	流开三 去宥非	流开三 去宥敷	流开三 上有奉
鹿城话	fə③	və②	və④	və⑥	mə②	mo④	føy⑤	føy⑤	vøy④
永强话	fə	və	və	və	mə	mo	fu	fu	vu
永嘉话	fə	və	və	və	mə	mo	fəy	fəy	vəy
乐清话	fə	və	və	və	mə	mɯa	fu	fu	vu
虹桥话	føo	vøo	vøo	vøo	møo	mo	fu	fu	vu
瑞安话	fæ	væ	væ	væ	mæ	mo	fʉ	fʉ	vʉ
陶山话	fɛ	vɛ	vɛ	vɛ	mɛ	mo	fu	fu	vu
平阳话	fɛ	vɛ	vɛ	vɛ	mɛ	mo	fu	fu	vu
宜山话	fɛ	vɛ	vɛ	vɛ	mɛ	mo	fu	fu	vu
文成话	fɛ	vɛ	vɛ	vɛ	mɛ	mo	fu	fu	vu

	负胜负	彪	缪	谬	兜	陡抖	斗斗争	偷	敨
	流开三 上有奉	流开三 平幽帮	流开三 平幽明	流开三 去幼明	流开一 平侯端	流开一 上厚端	流开一 上厚端	流开一 平侯透	流开一 上厚透
鹿城话	vu④	piɛ①	miɛ②	miɛ⑥	tau①	tau③	tau③	tʻau①	tʻau③
永强话	vʮ	pyə	myə	myə	tau	tau	tau	tʻau	tʻau
永嘉话	vu	pyə	myə	myə	tau	tau	tau	tʻau	tʻau
乐清话	vu	pə	mə	mə	tau	tau	tau	tʻau	tʻau
虹桥话	vu	pøo	møo	møo	tau	tau	tau	tʻau	tʻau
瑞安话	vu	pyə	myə	myə	tau	tau	tau	tʻau	tʻau
陶山话	vu	pyə	myə	myə	tau	tau	tau	tʻau	tʻau
平阳话	vu	piø	miø	miø	tau	tau	tau	tʻau	tʻau
宜山话	vu	pyø	myø	myø	tau	tau	tau	tʻau	tʻau
文成话	vu	pyø	myø	myø	tau	tau	tau	tʻau	tʻau

	透	投	楼	篓	漏陋	邹	走走路	奏	皱绉
	流开一 去候透	流开一 平侯定	流开一 平侯来	流开一 上厚来	流开一 去候来	流开三 平尤庄	流开一 上厚精	流开一 去候精	流开三 去宥庄
鹿城话	tʻau⑤	dau②	lau②	lau④	lau⑥	tsau①	tsau③	tsau⑤	tsau⑤
永强话	tʻau	dau	lau	lau	lau	tsau	tsau	tsau	tsau
永嘉话	tʻau	dau	lau	lau	lau	tsau	tsau	tsau	tsau
乐清话	tʻau	dau	lau	lau	lau	tɕiau	tɕiau	tɕiau	tɕiau
虹桥话	tʻau	dau	lau	lau	lau	tsau	tsau	tsau	tsau
瑞安话	tʻau	dau	lau	lau	lau	tsau	tsau	tsau	tsau
陶山话	tʻau	dau	lau	lau	lau	tsau	tsau	tsau	tsau
平阳话	tʻau	dau	lau	lau	lau	tɕiau	tɕiau	tɕiau	tɕiau
宜山话	tʻau	dau	lau	lau	lau	tsau	tsau	tsau	tsau
文成话	tʻau	dau	lau	lau	lau	tɕiau	tɕiau	tɕiau	tɕiau

	凑	骤簉	骤步骤	搜飕	叟	瘦	嗽	愁	勾钩沟
	流开一 去候清	流开三 去宥澄	流开三 去宥崇	流开三 平尤生	流开一 上厚心	流开三 去宥生	流开一 去候心	流开三 平尤崇	流开一 平侯见
鹿城话	tsʻau⑤	dzau⑥	dzau⑥	sau①	sau③	sau⑤	sau⑤	zau②	kau①
永强话	tsʻau	dzau	dzau	sau	sau	sau	sau	zau	kau
永嘉话	tsʻau	dzau	dzau	sau	sau	sau	sau	zau	kau
乐清话	tɕʻiau	dʑiau	dʑiau	sau	sau	sau	sau	zau	kau
虹桥话	tsʻau	dzau	dzau	sau	sau	sau	sau	zau	kau
瑞安话	tsʻau	dzau	dzau	sau	sau	sau	sau	zau	kau
陶山话	tsʻau	dzau	dzau	sau	sau	sau	sau	zau	kau
平阳话	tɕʻiau	dʑiau	dʑiau	sau	sau	sau	sau	zau	kau
宜山话	tsʻau	dzau	dzau	sau	sau	sau	sau	zau	kau
文成话	tɕʻiau	dʑiau	dʑiau	sau	sau	sau	sau	zau	kau

	狗苟	够构购	抠	口	叩寇	牛	藕	偶	吼
	流开一 上厚见	流开一 去候见	流开一 平侯溪	流开一 上厚溪	流开一 上厚溪	流开三 平尤疑	流开一 上厚疑	流开一 去候疑	流开一 上厚晓
鹿城话	kau③	kau⑤	kʻau①	kʻau③	kʻau③	ŋau②	ŋau④	ŋau⑥	hau③
永强话	kau	kau	kʻau	kʻau	kʻau	ŋau	ŋau	ŋau	hau
永嘉话	kau	kau	kʻau	kʻau	kʻau	ŋau	ŋau	ŋau	hau
乐清话	kau	kau	kʻau	kʻau	kʻau	ŋau	ŋau	ŋau	hau
虹桥话	kau	kau	kʻau	kʻau	kʻau	ŋau	ŋau	ŋau	hau
瑞安话	kau	kau	kʻau	kʻau	kʻau	ŋau	ŋau	ŋau	hau
陶山话	kau	kau	kʻau	kʻau	kʻau	ŋau	ŋau	ŋau	hau
平阳话	kau	kau	kʻau	kʻau	kʻau	ŋau	ŋau	ŋau	hau
宜山话	kau	kau	kʻau	kʻau	kʻau	ŋau	ŋau	ŋau	hau
文成话	kau	kau	kʻau	kʻau	kʻau	ŋau	ŋau	ŋau	hau

	喉侯猴	后厚	候	欧瓯殴	呕	沤	鸠	九久灸	臼
	流开一 平侯匣	流开一 上厚匣	流开一 去候匣	流开一 平侯影	流开一 上厚影	流开一 去候影	流开三 平尤见	流开三 上有见	流开三 上有见
鹿城话	ɦau②	ɦau④	ɦau⑥	ʔau①	ʔau③	ʔau⑤	tɕiau①	tɕiau③	tɕiau③
永强话	ɦau	ɦau	ɦau	ʔau	ʔau	ʔau	tɕiau	tɕiau	tɕiau
永嘉话	ɦau	ɦau	ɦau	ʔau	ʔau	ʔau	tɕiau	tɕiau	tɕiau
乐清话	ɦau	ɦau	ɦau	ʔau	ʔau	ʔau	tɕiau	tɕiau	tɕiau
虹桥话	ɦau	ɦau	ɦau	ʔau	ʔau	ʔau	tɕiau	tɕiau	tɕiau
瑞安话	ɦau	ɦau	ɦau	ʔau	ʔau	ʔau	tɕiau	tɕiau	tɕiau
陶山话	ɦau	ɦau	ɦau	ʔau	ʔau	ʔau	tɕiau	tɕiau	tɕiau
平阳话	ɦau	ɦau	ɦau	ʔau	ʔau	ʔau	tɕiau	tɕiau	tɕiau
宜山话	ɦau	ɦau	ɦau	ʔau	ʔau	ʔau	tɕiau	tɕiau	tɕiau
文成话	ɦau	ɦau	ɦau	ʔau	ʔau	ʔau	tɕiau	tɕiau	tɕiau

	纠	救究	丘	糗	求球仇	虬	舅臼	旧
	流开三 上黝见	流开三 去宥见	流开三 平尤溪	流开三 上有溪	流开三 平尤群	流开三 平幽群	流开三 上有群	流开三 去宥群
鹿城话	tɕiau③	tɕiau⑤	tɕ'iau①	tɕ'iau③	dʑiau②	dʑiau②	dʑiau④	dʑiau⑥
永强话	tɕiau	tɕiau	tɕ'iau	tɕ'iau	dʑiau	dʑiau	dʑiau	dʑiau
永嘉话	tɕiau	tɕiau	tɕ'iau	tɕ'iau	dʑiau	dʑiau	dʑiau	dʑiau
乐清话	tɕiau	tɕiau	tɕ'iau	tɕ'iau	dʑiau	dʑiau	dʑiau	dʑiau
虹桥话	tɕiau	tɕiau	tɕ'iau	tɕ'iau	dʑiau	dʑiau	dʑiau	dʑiau
瑞安话	tɕiau	tɕiau	tɕ'iau	tɕ'iau	dʑiau	dʑiau	dʑiau	dʑiau
陶山话	tɕiau	tɕiau	tɕ'iau	tɕ'iau	dʑiau	dʑiau	dʑiau	dʑiau
平阳话	tɕiau	tɕiau	tɕ'iau	tɕ'iau	dʑiau	dʑiau	dʑiau	dʑiau
宜山话	tɕiau	tɕiau	tɕ'iau	tɕ'iau	dʑiau	dʑiau	dʑiau	dʑiau
文成话	tɕiau	tɕiau	tɕ'iau	tɕ'iau	dʑiau	dʑiau	dʑiau	dʑiau

	纽扭	休	朽	嗅	忧优	幽	幼	尤邮
	流开三 上有泥	流开三 平尤晓	流开三 上有晓	流开三 去宥晓	流开三 平尤影	流开三 平幽影	流开三 去幼影	流开三 平尤云
鹿城话	ɲiau④	ɕiau①	ɕiau③	ɕiau⑤	ʔjiau①	ʔjiau①	ʔjiau⑤	jiau②
永强话	ɲiau	ɕiau	ɕiau	ɕiau	ʔjiau	ʔjiau	ʔjiau	jiau
永嘉话	ɲiau	ɕiau	ɕiau	ɕiau	ʔjiau	ʔjiau	ʔjiau	jiau
乐清话	ɲiau	ɕiau	ɕiau	ɕiau	ʔjiau	ʔjiau	ʔjiau	jiau
虹桥话	ɲiau	ɕiau	ɕiau	ɕiau	ʔjiau	ʔjiau	ʔjiau	jiau
瑞安话	ɲiau	ɕiau	ɕiau	ɕiau	ʔjiau	ʔjiau	ʔjiau	jiau
陶山话	ɲiau	ɕiau	ɕiau	ɕiau	ʔjiau	ʔjiau	ʔjiau	jiau
平阳话	ɲiau	ɕiau	ɕiau	ɕiau	ʔjiau	ʔjiau	ʔjiau	jiau
宜山话	ɲiau	ɕiau	ɕiau	ɕiau	ʔjiau	ʔjiau	ʔjiau	jiau
文成话	ɲiau	ɕiau	ɕiau	ɕiau	ʔjiau	ʔjiau	ʔjiau	jiau

	油由游	有友	诱莠酉	右又祐	柚釉	丢	头头脑	豆逗
	流开三 平尤以	流开三 上有云	流开三 上有以	流开三 去宥云	流开三 去宥以	流开三 平尤端	流开一 平侯定	流开一 去候定
鹿城话	jiau②	jiau④	jiau④	jiau⑥	jiau⑥	təu①	dəu②	dəu⑥
永强话	jiau	jiau	jiau	jiau	jiau	tiəu	diəu	diəu
永嘉话	jiau	jiau	jiau	jiau	jiau	təu	dəu	dəu
乐清话	jiau	jiau	jiau	jiau	jiau	tiu	dau	dau
虹桥话	jiau	jiau	jiau	jiau	jiau	tu	dau	dau
瑞安话	jiau	jiau	jiau	jiau	jiau	tou	dou	dou
陶山话	jiau	jiau	jiau	jiau	jiau	təu	dəu	dəu
平阳话	jiau	jiau	jiau	jiau	jiau	tu	diəu	diəu
宜山话	jiau	jiau	jiau	jiau	jiau	tu	du	du
文成话	jiau	jiau	jiau	jiau	jiau	tu	diəu	diəu

	溜	流刘留	柳	馏	州洲周	酒酒店	肘手肘
	流开三 去宥来	流开三 平尤来	流开三 上有来	流开三 去宥来	流开三 平尤章	流开三 上有精	流开三 上有知
鹿城话	ʔləu⑤	ləu②	ləu④	ləu⑥	tɕiəu①	tɕiəu③	tɕiəu③
永强话	ʔliəu	liəu	liəu	liəu	tɕiəu	tɕiəu	tɕiəu
永嘉话	ʔləu	ləu	ləu	ləu	tɕiəu	tɕiəu	tɕiəu
乐清话	ʔliu	liu	liu	liu	tsiu	tsiu	tziu
虹桥话	ʔlu	lu	lu	lu	tɕiu	tɕiu	tɕiu
瑞安话	ʔlou	lou	lou	lou	tsou	tsou	tsou
陶山话	ʔləu	ləu	ləu	ləu	tɕiəu	tɕiəu	tɕiəu
平阳话	ʔlu	lu	lu	lu	tɕiəu	tɕiəu	tɕiəu
宜山话	ʔlu	lu	lu	lu	tsiəu	tɕiəu	tziəu
文成话	ʔlu	lu	lu	lu	tɕiəu	tɕiəu	tɕiəu

	帚	昼	咒	秋	抽	丑	醜	臭香臭
	流开三 上有章	流开三 去宥知	流开三 去宥章	流开三 平尤清	流开三 平尤彻	流开三 上有彻	流开三 上有昌	流开三 去宥昌
鹿城话	tɕiəu③	tɕiəu⑤	tɕiəu⑤	tɕʻiəu①	tɕʻiəu①	tɕʻiəu③	tɕʻiəu③	tɕʻiəu⑤
永强话	tɕiəu	tɕiəu	tɕiəu	tɕʻiəu	tɕʻiəu	tɕʻiəu	tɕʻiəu	tɕʻiəu
永嘉话	tɕiəu	tɕiəu	tɕiəu	tɕʻiəu	tɕʻiəu	tɕʻiəu	tɕʻiəu	tɕʻiəu
乐清话	tsiu	tziu	tsiu	tsʻiu	tsʻiu	tsʻiu	tsʻiu	tsʻiu
虹桥话	tɕiu	tɕiu	tɕiu	tɕʻiu	tɕʻiu	tɕʻiu	tɕʻiu	tɕʻiu
瑞安话	tsou	tsou	tsou	tsʻou	tsʻou	tsʻou	tsʻou	tsʻou
陶山话	tɕiəu	tɕiəu	tɕiəu	tɕʻiəu	tɕʻiəu	tɕʻiəu	tɕʻiəu	tɕʻiəu
平阳话	tɕiəu	tɕiəu	tɕiəu	tɕʻiəu	tɕʻiəu	tɕʻiəu	tɕʻiəu	tɕʻiəu
宜山话	tsiəu	tziəu	tsiəu	tɕʻiəu	tsʻiəu	tɕʻiəu	tɕʻiəu	tsʻiəu
文成话	tɕiəu	tɕiəu	tɕiəu	tɕʻiəu	tɕʻiəu	tɕʻiəu	tɕʻiəu	tɕʻiəu

	囚	绸稠筹	酬仇	纣	宙	修羞	收丰收	手首守
	流开三 平尤邪	流开三 平尤澄	流开三 平尤禅	流开三 上有澄	流开三 去宥澄	流开三 平尤心	流开三 平尤书	流开三 上有书
鹿城话	dziəu②	dziəu②	dziəu②	dziəu④	dziəu⑥	ɕiəu①	ɕiəu①	ɕiəu③
永强话	dziəu	dziəu	dziəu	dziəu	dziəu	ɕiəu	ɕiəu	ɕiəu
永嘉话	dziəu	dziəu	dziəu	dziəu	dziəu	ɕiəu	ɕiəu	ɕiəu
乐清话	dziu	dziu	dziu	dziu	dziu	siu	siu	siu
虹桥话	dʑiu	dʑiu	dʑiu	dʑiu	dʑiu	ɕiu	ɕiu	ɕiu
瑞安话	dzou	dzou	dzou	dzou	dzou	sou	sou	sou
陶山话	dziəu	dziəu	dziəu	dziəu	dziəu	ɕiəu	ɕiəu	ɕiəu
平阳话	dziəu	dzəu	dzəu	dzəu	dzəu	ɕiəu	ɕiəu	ɕiəu
宜山话	dziəu	dziəu	dziəu	dziəu	dziəu	siəu	siəu	siəu
文成话	dziəu	dziəu	dziəu	dziəu	dziəu	ɕiəu	ɕiəu	ɕiəu

	秀绣锈	兽	柔揉	受接受	就成就	袖衫袖	寿授
	流开三 去宥心	流开三 去宥书	流开三 平尤日	流开三 上有禅	流开三 去宥从	流开三 去宥邪	流开三 去宥禅
鹿城话	ɕiəu⑤	ɕiəu⑤	ʑiəu②	ʑiəu④	ʑiəu⑥	ʑiəu⑥	ʑiəu⑥
永强话	ɕiəu	ɕiəu	ʑiəu	ʑiəu	ʑiəu	ʑiəu	ʑiəu
永嘉话	ɕiəu	ɕiəu	ʑiəu	ʑiəu	ʑiəu	ʑiəu	ʑiəu
乐清话	siu	siu	ziu	ziu	ziu	ziu	ziu
虹桥话	ɕiu	ɕiu	ʑiu	ʑiu	ʑiu	ʑiu	ʑiu
瑞安话	sou	sou	zou	zou	zou	zou	zou
陶山话	ɕiəu	ɕiəu	ʑiəu	ʑiəu	ʑiəu	ʑiəu	ʑiəu
平阳话	ɕiəu	ɕiəu	ʑiəu	ʑiəu	ʑiəu	ʑiəu	ʑiəu
宜山话	siəu	siəu	ziəu	ziəu	ziəu	ziəu	ziəu
文成话	ɕiəu	ɕiəu	ʑiəu	ʑiəu	ʑiəu	ʑiəu	ʑiəu

第二节　阳声韵

[咸摄]

	泛广泛	凡帆	犯范	梵	耽耽心	担负担	胆	担担子	坍
	咸开四 去梵敷	咸合三 平凡奉	咸合三 上范奉	咸合三 去梵奉	咸开一 平覃端	咸开一 平谈端	咸开一 上敢端	咸开一 去阚端	咸开一 平谈透
鹿城话	fa⑤	va②	va④	va⑥	ta①	ta①	ta③	ta⑤	tʻa①
永强话	fa	va	va	va	ta	ta	ta	ta	tʻa
永嘉话	fa	va	va	va	ta	ta	ta	ta	tʻa
乐清话	fuɛ	vuɛ	vuɛ	vuɛ	tɛ	tɛ	tɛ	tɛ	tʻɛ
虹桥话	fa	va	va	va	ta	ta	ta	ta	tʻa
瑞安话	fuɔ	vuɔ	vuɔ	cuɔ	tɔ	tɔ	tɔ	tɔ	tʻɔ
陶山话	fɔ	vɔ	vɔ	vɔ	tɔ	tɔ	tɔ	tɔ	tʻɔ
平阳话	fɔ	vɔ	vɔ	vɔ	tɔ	tɔ	tɔ	tɔ	tʻɔ
宜山话	fɔ	vɔ	vɔ	vɔ	tɔ	tɔ	tɔ	tɔ	tʻɔ
文成话	fɔ	vɔ	vɔ	vɔ	tɔ	tɔ	tɔ	tɔ	tʻɔ

	毯	谭	谈痰	淡	蓝篮	览揽榄	滥缆	斩	蘸
	咸开一 上敢透	咸开一 平覃定	咸开一 平谈定	咸开一 上敢定	咸开一 平谈来	咸开一 上敢来	咸开一 上敢来	咸开二 上赚庄	咸开二 去陷庄
鹿城话	tʻa③	da②	da②	da④	la②	la④	la④	tsa③	tsa⑤
永强话	tʻa	da	da	da	la	la	la	tsa	tsa
永嘉话	tʻa	da	da	da	la	la	la	tsa	tsa
乐清话	tʻɛ	dɛ	dɛ	dɛ	lɛ	lɛ	lɛ	tɕia	tɕia
虹桥话	tʻa	da	da	da	la	la	la	tsa	tsa
瑞安话	tʻɔ	dɔ	dɔ	dɔ	lɔ	lɔ	lɔ	tsɔ	tsɔ
陶山话	tʻɔ	dɔ	dɔ	dɔ	lɔ	lɔ	lɔ	tsɔ	tsɔ
平阳话	tʻɔ	dɔ	dɔ	dɔ	lɔ	lɔ	lɔ	tsɔ	tsɔ
宜山话	tʻɔ	dɔ	dɔ	dɔ	lɔ	lɔ	lɔ	tsɔ	tsɔ
文成话	tʻɔ	dɔ	dɔ	dɔ	lɔ	lɔ	lɔ	tsɔ	tsɔ

	搀	忏	惭	湛	暂	站车站	赚	三数词	杉
	咸开二 平衔初	咸开二 去鉴初	咸开一 平谈从	咸开一 上赚澄	咸开一 去阚从	咸开一 去陷知	咸开一 去陷澄	咸开一 平谈心	咸开二 平咸生
鹿城话	tsʻa①	tsʻa⑤	dza②	dza④	dza⑥	dza⑥	dza⑥	sa①	sa①
永强话	tsʻa	tsʻa	dza	dza	dza	dza	dza	sa	sa
永嘉话	tsʻa	tsʻa	dza	dza	dza	dza	dza	sa	sa
乐清话	tɕʻia	tsʻɛ	dʑia	dʑia	dʑia	dʑia	dʑia	sɛ	sɛ
虹桥话	tsʻa	tsʻa	dza	dza	dza	dza	dza	sa	sa
瑞安话	tsʻɔ	tsʻɔ	dzɔ	dzɔ	dzɔ	dzɔ	dzɔ	sɔ	sɔ
陶山话	tsʻɔ	tsʻɔ	dzɔ	dzɔ	dzɔ	dzɔ	dzɔ	sɔ	sɔ
平阳话	tsʻɔ	tsʻɔ	dzɔ	dzɔ	dzɔ	dzɔ	dzɔ	sɔ	sɔ
宜山话	tsʻɔ	tsʻɔ	dzɔ	dzɔ	dzɔ	dzɔ	dzɔ	sɔ	sɔ
文成话	tsʻɔ	tsʻɔ	dzɔ	dzɔ	dzɔ	dzɔ	dzɔ	sɔ	sɔ

	衫	逸馋	尴	监	减	鉴	嵌	舰	岩
	咸开二 平衔生	咸开二 平咸崇	咸开二 平咸见	咸开二 平衔见	咸开二 上赚见	咸开二 去鉴见	咸开二 平衔溪	咸开二 上槛匣	咸开二 平咸疑
鹿城话	sa①	za②	ka①	ka①	ka③	ka⑤	kʻa①	kʻa③	ŋa②
永强话	sa	za	ka	ka	ka	ka	kʻa	kʻa	ŋa
永嘉话	sa	za	ka	ka	ka	ka	kʻa	kʻa	ŋa
乐清话	sɛ	zɛ	kɛ	kɛ	kɛ	kɛ	kʻɛ	kʻɛ	ŋɛ
虹桥话	sa	za	ka	ka	ka	ka	kʻa	kʻa	ŋa
瑞安话	sɔ	zɔ	kɔ	kɔ	kɔ	kɔ	kʻɔ	kʻɔ	ŋɔ
陶山话	sɔ	zɔ	kɔ	kɔ	kɔ	kɔ	kʻɔ	kʻɔ	ŋɔ
平阳话	sɔ	zɔ	kɔ	kɔ	kɔ	kɔ	kʻɔ	kʻɔ	ŋɔ
宜山话	sɔ	zɔ	kɔ	kɔ	kɔ	kɔ	kʻɔ	kʻɔ	ŋɔ
文成话	sɔ	zɔ	kɔ	kɔ	kɔ	kɔ	kʻɔ	kʻɔ	ŋɔ

	喊	咸函	衔头衔	陷馅	贪贪污	探	潭水潭	男南	婪贪婪
	咸开二 上赚晓	咸开二 平咸匣	咸开二 平衔匣	咸开二 去陷匣	咸开一 平覃透	咸开一 去勘透	咸开一 平覃定	咸开一 平覃泥	咸开一 平覃来
鹿城话	ha③	ɦia②	ɦia②	ɦia⑥	t'ø①	t'ø⑤	dø②	nø②	lø②
永强话	ha	ɦia	ɦia	ɦia	t'ø	t'ø	dø	nø	lø
永嘉话	ha	ɦia	ɦia	ɦia	t'ø	t'ø	dø	nø	lø
乐清话	hɛ	ɦiɛ	ɦiɛ	ɦiɛ	t'e	t'e	de	ne	le
虹桥话	ha	ɦia	ɦia	ɦia	t'ø	t'ø	dø	nø	lø
瑞安话	hɔ	ɦiɔ	ɦiɔ	ɦiɔ	t'ɛ	t'ɛ	dɛ	nɛ	lɛ
陶山话	hɔ	ɦiɔ	ɦiɔ	ɦiɔ	t'ø	t'ø	dø	nø	lø
平阳话	hɔ	ɦiɔ	ɦiɔ	ɦiɔ	t'ø	t'ø	dø	nø	lø
宜山话	hɔ	ɦiɔ	ɦiɔ	ɦiɔ	t'ø	t'ø	dø	nø	lø
文成话	hɔ	ɦiɔ	ɦiɔ	ɦiɔ	t'e	t'e	de	ne	le

	婪	簪	参	惨悲惨	蚕	甘柑泔	感感激	敢橄	堪龛
	咸开一 上黝来	咸开一 平覃精	咸开一 平覃清	咸开一 上黝清	咸开一 平覃从	咸开一 平谈见	咸开一 上感见	咸开一 上敢见	咸开一 平覃溪
鹿城话	lø④	tsø①	ts'ø①	ts'ø③	zø②	kø①	kø③	kø③	k'ø①
永强话	lø	tsø	ts'ø	ts'ø	zø	kø	kø	kø	k'ø
永嘉话	lø	tsø	ts'ø	ts'ø	zø	kø	kø	kø	k'ø
乐清话	le	tɕiø	tɕ'iø	tɕ'iø	ze	ke	ke	ke	k'e
虹桥话	le	tsø	ts'e	ts'e	ze	ke	ke	ke	k'e
瑞安话	lɛ	tsə	ts'ɛ	ts'ɛ	zɛ	kɛ	kɛ	kɛ	k'ɛ
陶山话	le	tsø	ts'ø	ts'ø	zø	ke	ke	ke	k'e
平阳话	lø	tsø	ts'ø	ts'ø	zø	kø	kø	kø	k'ø
宜山话	lø	tsø	ts'ø	ts'ø	zø	kø	kø	kø	k'ø
文成话	le	tsø	ts'ø	ts'ø	ze	ke	ke	ke	k'e

	坎	勘	酣憨	喊喊彩	含包含	撼	憾	庵庵堂	俺
	咸开一 上感溪	咸开一 去勘溪	咸开一 平谈晓	咸开一 上敢晓	咸开一 平覃匣	咸开一 上黝匣	咸开一 去勘匣	咸开一 平覃影	咸开一 上敢影
鹿城话	k'ø③	k'ø⑤	hø①	hø③	ɦø②	ɦø④	ɦø⑥	ʔø①	ʔø③
永强话	k'ø	k'ø	hø	hø	ɦø	ɦø	ɦø	ʔø	ʔø
永嘉话	k'ø	k'ø	hø	hø	ɦø	ɦø	ɦø	ʔø	ʔø
乐清话	k'e	k'e	he	he	ɦie	ɦie	ɦie	ʔe	ʔe
虹桥话	k'e	k'e	he	he	ɦie	ɦie	ɦie	ʔe	ʔe
瑞安话	k'ɛ	k'ɛ	hɛ	hɛ	ɦiɛ	ɦiɛ	ɦiɛ	ʔɛ	ʔɛ
陶山话	k'e	k'e	he	he	ɦie	ɦie	ɦie	ʔe	ʔe
平阳话	k'ø	k'ø	hø	hø	ɦø	ɦø	ɦø	ʔø	ʔø
宜山话	k'ø	k'ø	hø	hø	ɦø	ɦø	ɦø	ʔø	ʔø
文成话	k'e	k'e	he	he	ɦie	ɦie	ɦie	ʔe	ʔe

	暗	贬	掂掂量	点	店	添	舔	甜甜味	簟
	咸开一去勘影	咸开三上琰帮	咸开四平添端	咸开四上忝端	咸开四去㮇端	咸开四平添透	咸开三上忝透	咸开四平添定	咸开四上忝定
鹿城话	ʔø⑤	pi③	ti①	ti③	ti⑤	tʻi①	tʻi③	di②	di④
永强话	ʔø	pi	ti	ti	ti	tʻi	tʻi	di	di
永嘉话	ʔø	pie	tie	tie	tie	tʻie	tʻie	die	die
乐清话	ʔe	pie	tie	tie	tie	tʻie	tʻie	die	die
虹桥话	ʔe	pie	tie	tie	tie	tʻie	tʻie	die	die
瑞安话	ʔɛ	pie	tie	tie	tie	tʻie	tʻie	die	die
陶山话	ʔe	pie	tie	tie	tie	tʻie	tʻie	die	die
平阳话	ʔø	pie	tie	tie	tie	tʻie	tʻie	die	die
宜山话	ʔø	pi	ti	ti	ti	tʻi	tʻi	di	di
文成话	ʔe	pie	tie	tie	tie	tʻie	tʻie	die	die

	黏	鲇拈	念	廉镰帘	脸	敛	尖歼	沾	詹瞻
	咸开三平盐泥	咸开四平添泥	咸开四去㮇泥	咸开三平盐来	咸开三上琰来	咸开三去艳来	咸开三平盐精	咸开三平盐知	咸开三平盐章
鹿城话	ʔȵi①	ȵi②	ȵi⑥	li②	li④	li⑥	tɕi①	tɕi①	tɕi①
永强话	ʔȵi	ȵi	ȵi	li	li	li	tɕi	tɕi	tɕi
永嘉话	ʔȵie	ȵie	ȵie	lie	lie	lie	tɕie	tɕie	tɕie
乐清话	ʔȵie	ȵie	ȵie	lie	lie	lie	tɕie	tɕie	tɕie
虹桥话	ʔȵie	ȵie	ȵie	lie	lie	lie	tɕie	tɕie	tɕie
瑞安话	ʔȵie	ȵie	ȵie	lie	lie	lie	tɕie	tɕie	tɕie
陶山话	ʔȵie	ȵie	ȵie	lie	lie	lie	tɕie	tɕie	tɕie
平阳话	ʔȵie	ȵie	ȵie	lie	lie	lie	tɕie	tɕie	tɕie
宜山话	ʔȵi	ȵi	ȵi	li	li	li	tɕi	tɕi	tɕi
文成话	ʔȵie	ȵie	ȵie	lie	lie	lie	tɕie	tɕie	tɕie

	占占卜	兼兼并	检检查	占占领	剑宝剑	签	谦	谄	歉
	咸开三平盐章	咸开四平添见	咸开三上琰见	咸开三去艳见	咸开三去酽见	咸开三平盐清	咸开四平添溪	咸开三上琰彻	咸开四去㮇溪
鹿城话	tɕi①	tɕi①	tɕi③	tɕi⑤	tɕi⑤	tɕʻi①	tɕʻi①	tɕʻi③	tɕʻi⑤
永强话	tɕi	tɕi	tɕi	tɕi	tɕi	tɕʻi	tɕʻi	tɕʻi	tɕʻi
永嘉话	tɕie	tɕie	tɕie	tɕie	tɕie	tɕʻie	tɕʻie	tɕʻie	tɕʻie
乐清话	tɕie	tɕie	tɕie	tɕie	tɕie	tɕʻie	tɕʻie	tɕʻie	tɕʻie
虹桥话	tɕie	tɕie	tɕie	tɕie	tɕie	tɕʻie	tɕʻie	tɕʻie	tɕʻie
瑞安话	tɕie	tɕie	tɕie	tɕie	tɕie	tɕʻie	tɕʻie	tɕʻie	tɕʻie
陶山话	tɕie	tɕie	tɕie	tɕie	tɕie	tɕʻie	tɕʻie	tɕʻie	tɕʻie
平阳话	tɕie	tɕie	tɕie	tɕie	tɕie	tɕʻie	tɕʻie	tɕʻie	tɕʻie
宜山话	tɕi	tɕi	tɕi	tɕi	tɕi	tɕʻi	tɕʻi	tɕʻi	tɕʻi
文成话	tɕie	tɕie	tɕie	tɕie	tɕie	tɕʻie	tɕʻie	tɕʻie	tɕʻie

	堑	欠	钳	俭	纤纤维	陕陕西	险	潜潜伏	蟾
	咸开三	咸开三	咸开三	咸开三	咸开三	咸开三	咸开三	咸开三	咸开三
	去艳清	去酽溪	平盐群	上琰群	平盐心	上琰书	上琰晓	平盐从	平盐禅
鹿城话	tɕ'i⑤	tɕ'i⑤	dʑi②	dʑi④	ɕ'i①	ɕi③	ɕi③	ʑi②	ʑi②
永强话	tɕ'i	tɕ'i	dʑi	dʑi	ɕ'i	ɕi	ɕi	ʑi	ʑi
永嘉话	tɕ'ie	tɕ'ie	dʑie	dʑie	ɕ'ie	ɕie	ɕie	ʑie	ʑie
乐清话	tɕ'ie	tɕ'ie	dʑie	dʑie	ɕ'ie	ɕie	ɕie	ʑie	ʑie
虹桥话	tɕ'ie	tɕ'ie	dʑie	dʑie	ɕ'ie	ɕie	ɕie	ʑie	ʑie
瑞安话	tɕ'ie	tɕ'ie	dʑie	dʑie	ɕ'ie	ɕie	ɕie	ʑie	ʑie
陶山话	tɕ'ie	tɕ'ie	dʑie	dʑie	ɕ'ie	ɕie	ɕie	ʑie	ʑie
平阳话	tɕ'ie	tɕ'ie	dʑie	dʑie	ɕ'ie	ɕie	ɕie	ʑie	ʑie
宜山话	tɕ'i	tɕ'i	dʑi	dʑi	ɕ'i	ɕi	ɕi	ʑi	ʑi
文成话	tɕ'ie	tɕ'ie	dʑie	dʑie	ɕ'ie	ɕie	ɕie	ʑie	ʑie

	髯	渐	冉	严	染	俨	验	淹淹死	醃
	咸开三	咸开三	咸开三	咸开三	咸开三	咸开三	咸开三	咸开三	咸开三
	平盐日	上琰从	上琰日	平严疑	上琰日	上俨疑	去艳疑	平盐影	平严影
鹿城话	ʑi②	ʑi④	ʑi④	ɲi②	ɲi④	ɲi④	ɲi⑥	ʔji①	ʔji①
永强话	ʑi	ʑi	ʑi	ɲi	ɲi	ɲi	ɲi	ʔji	ʔji
永嘉话	ʑie	ʑie	ʑie	ɲie	ɲie	ɲie	ɲie	ʔjie	ʔjie
乐清话	ʑie	ʑie	ʑie	ɲie	ɲie	ɲie	ɲie	ʔjie	ʔjie
虹桥话	ʑie	ʑie	ʑie	ɲie	ɲie	ɲie	ɲie	ʔjie	ʔjie
瑞安话	ʑie	ʑie	ʑie	ɲie	ɲie	ɲie	ɲie	ʔjie	ʔjie
陶山话	ʑie	ʑie	ʑie	ɲie	ɲie	ɲie	ɲie	ʔjie	ʔjie
平阳话	ʑie	ʑie	ʑie	ɲie	ɲie	ɲie	ɲie	ʔjie	ʔjie
宜山话	ʑi	ʑi	ʑi	ɲi	ɲi	ɲi	ɲi	ʔji	ʔji
文成话	ʑie	ʑie	ʑie	ɲie	ɲie	ɲie	ɲie	ʔjie	ʔjie

[咸摄][深摄]

	掩	厌	炎	盐阎	嫌嫌疑	艳焰	禀	品	林淋临
	咸开三	咸开三	咸开三	咸开三	咸开四	咸开三	深开三	深开三	深开三
	上琰影	去艳影	平盐云	平盐以	平添匣	去艳以	上寝帮	上寝滂	平侵来
鹿城话	ʔji③	ʔji⑤	ji②	ji②	ji②	ji②	pəŋ③	p'əŋ③	ləŋ②
永强话	ʔji	ʔji	ji	ji	ji	ji	pəŋ	p'əŋ	ləŋ
永嘉话	ʔjie	ʔjie	jie	jie	jie	jie	pəŋ	p'əŋ	ləŋ
乐清话	ʔjie	ʔjie	jie	jie	jie	jie	pəŋ	p'əŋ	ləŋ
虹桥话	ʔjie	ʔjie	jie	jie	jie	jie	pəŋ	p'əŋ	ləŋ
瑞安话	ʔjie	ʔjie	jie	jie	jie	jie	pəŋ	p'əŋ	ləŋ
陶山话	ʔjie	ʔjie	jie	jie	jie	jie	pəŋ	p'əŋ	ləŋ
平阳话	ʔjie	ʔjie	jie	jie	jie	jie	pəŋ	p'əŋ	ləŋ
宜山话	ʔji	ʔji	ji	ji	ji	ji	pəŋ	p'əŋ	ləŋ
文成话	ʔjie	ʔjie	jie	jie	jie	jie	piŋ	p'iŋ	liŋ

[深摄]

	檁	砧板砧	针斟	浸浸泡	枕怎	侵侵略	寑	沁	沉沉没
	深开三 上寑来	深开三 平侵知	深开三 平侵章	深开三 去沁精	深开三 去沁章	深开三 平侵清	深开三 上寑清	深开三 去沁清	深开三 平侵澄
鹿城话	ləŋ④	tsaŋ①	tsaŋ①	tsaŋ⑤	tsaŋ⑤	ts'aŋ①	ts'aŋ③	ts'aŋ⑤	dzaŋ②
永强话	ləŋ	tsaŋ	tsaŋ	tsaŋ	tsaŋ	ts'aŋ	ts'aŋ	ts'aŋ	dzaŋ
永嘉话	ləŋ	tsaŋ	tsaŋ	tsaŋ	tsaŋ	ts'aŋ	ts'aŋ	ts'aŋ	dzaŋ
乐清话	ləŋ	tɕiaŋ	tɕiaŋ	tɕiaŋ	tɕiaŋ	tɕ'iaŋ	tɕ'iaŋ	tɕ'iaŋ	dʑiaŋ
虹桥话	ləŋ	tsaŋ	tsaŋ	tsaŋ	tsaŋ	ts'aŋ	ts'aŋ	ts'aŋ	dzaŋ
瑞安话	ləŋ	tsaŋ	tsaŋ	tsaŋ	tsaŋ	ts'aŋ	ts'aŋ	ts'aŋ	dzaŋ
陶山话	ləŋ	tsaŋ	tsaŋ	tsaŋ	tsaŋ	ts'aŋ	ts'aŋ	ts'aŋ	dzaŋ
平阳话	ləŋ	tɕiaŋ	tɕiaŋ	tɕiaŋ	tɕiaŋ	tɕ'iaŋ	tɕ'iaŋ	tɕ'iaŋ	dʑiaŋ
宜山话	ləŋ	tsaŋ	tsaŋ	tsaŋ	tsaŋ	ts'aŋ	ts'aŋ	ts'aŋ	dzaŋ
文成话	liŋ	tɕiaŋ	tɕiaŋ	tɕiaŋ	tɕiaŋ	tɕ'iaŋ	tɕ'iaŋ	tɕ'iaŋ	dʑiaŋ

	心	森参	深	沈审婶	渗	寻	壬任	葚	甚
	深开三 平侵心	深开三 平侵生	深开三 平侵书	深开三 上寑书	深开三 去沁生	深开三 平侵邪	深开三 平侵日	深开三 上寑船	深开三 上寑禅
鹿城话	saŋ①	saŋ①	saŋ①	saŋ③	saŋ⑤	zaŋ②	zaŋ②	zaŋ④	zaŋ④
永强话	saŋ	saŋ	saŋ	saŋ	saŋ	zaŋ	zaŋ	zaŋ	zaŋ
永嘉话	saŋ	saŋ	saŋ	saŋ	saŋ	zaŋ	zaŋ	zaŋ	zaŋ
乐清话	saŋ	saŋ	saŋ	saŋ	saŋ	zaŋ	zaŋ	zaŋ	zaŋ
虹桥话	saŋ	saŋ	saŋ	saŋ	saŋ	zaŋ	zaŋ	zaŋ	zaŋ
瑞安话	saŋ	saŋ	saŋ	saŋ	saŋ	zaŋ	zaŋ	zaŋ	zaŋ
陶山话	saŋ	saŋ	saŋ	saŋ	saŋ	zaŋ	zaŋ	zaŋ	zaŋ
平阳话	saŋ	saŋ	saŋ	saŋ	saŋ	zaŋ	zaŋ	zaŋ	zaŋ
宜山话	saŋ	saŋ	saŋ	saŋ	saŋ	zaŋ	zaŋ	zaŋ	zaŋ
文成话	saŋ	saŋ	saŋ	saŋ	saŋ	zaŋ	zaŋ	zaŋ	zaŋ

	饪	赁	任责任	今金襟	锦	禁	钦	搇	琴禽擒
	深开三 上寑日	深开三 去沁泥	深开三 去沁日	深开三 平侵见	深开三 上寑见	深开三 去沁见	深开三 平侵溪	深开三 去沁溪	深开三 平侵群
鹿城话	zaŋ④	zaŋ⑥	zaŋ⑥	tɕiaŋ①	tɕiaŋ③	tɕiaŋ⑤	tɕ'iaŋ①	tɕ'iaŋ⑤	dʑiaŋ②
永强话	zaŋ	zaŋ	zaŋ	tɕiaŋ	tɕiaŋ	tɕiaŋ	tɕ'iaŋ	tɕ'iaŋ	dʑiaŋ
永嘉话	zaŋ	zaŋ	zaŋ	tɕiaŋ	tɕiaŋ	tɕiaŋ	tɕ'iaŋ	tɕ'iaŋ	dʑiaŋ
乐清话	zaŋ	zaŋ	zaŋ	tɕiaŋ	tɕiaŋ	tɕiaŋ	tɕ'iaŋ	tɕ'iaŋ	dʑiaŋ
虹桥话	zaŋ	zaŋ	zaŋ	tɕiaŋ	tɕiaŋ	tɕiaŋ	tɕ'iaŋ	tɕ'iaŋ	dʑiaŋ
瑞安话	zaŋ	zaŋ	zaŋ	tɕiaŋ	tɕiaŋ	tɕiaŋ	tɕ'iaŋ	tɕ'iaŋ	dʑiaŋ
陶山话	zaŋ	zaŋ	zaŋ	tɕiaŋ	tɕiaŋ	tɕiaŋ	tɕ'iaŋ	tɕ'iaŋ	dʑiaŋ
平阳话	zaŋ	zaŋ	zaŋ	tɕiaŋ	tɕiaŋ	tɕiaŋ	tɕ'iaŋ	tɕ'iaŋ	dʑiaŋ
宜山话	zaŋ	zaŋ	zaŋ	tɕiaŋ	tɕiaŋ	tɕiaŋ	tɕ'iaŋ	tɕ'iaŋ	dʑiaŋ
文成话	zaŋ	zaŋ	zaŋ	tɕiaŋ	tɕiaŋ	tɕiaŋ	tɕ'iaŋ	tɕ'iaŋ	dʑiaŋ

[深摄][山摄]

	妗	吟	音阴	饮	荫窨	淫	班斑颁	板版	扮扮演
	深开三去沁群	深开三平侵疑	深开三平侵影	深开三上寝影	深开三去沁影	深开三平侵以	山开二平删帮	山开二上潸帮	山开二去裥帮
鹿城话	dzian⑥	nian②	ʔjian①	ʔjian③	ʔjian⑤	jian②	pa①	pa③	pa⑤
永强话	dzian	nian	ʔjian	ʔjian	ʔjian	jian	pa	pa	pa
永嘉话	dzian	nian	ʔjian	ʔjian	ʔjian	jian	pa	pa	pa
乐清话	dzian	nian	ʔjian	ʔjian	ʔjian	jian	pɛ	pɛ	pɛ
虹桥话	dzian	nian	ʔjian	ʔjian	ʔjian	jian	pa	pa	pa
瑞安话	dzian	nian	ʔjian	ʔjian	ʔjian	jian	pɔ	pɔ	pɔ
陶山话	dzian	nian	ʔjian	ʔjian	ʔjian	jian	pɔ	pɔ	pɔ
平阳话	dzian	nian	ʔjian	ʔjian	ʔjian	jian	pɔ	pɔ	pɔ
宜山话	dzian	nian	ʔjian	ʔjian	ʔjian	jian	pɔ	pɔ	pɔ
文成话	dzian	nian	ʔjian	ʔjian	ʔjian	jian	pɔ	pɔ	pɔ

	攀	盼	襻	爿	办	蛮	慢	藩	番翻
	山开二平删滂	山开二去裥滂	山开二去谏滂	山开二平删并	山开二去裥并	山开二平删明	山开二去谏明	山合三平元非	山合三平元敷
鹿城话	p'a①	p'a⑤	p'a⑤	ba②	ba⑥	ma②	ma⑥	fa①	fa①
永强话	p'a	p'a	p'a	ba	ba	ma	ma	fa	fa
永嘉话	p'a	p'a	p'a	ba	ba	ma	ma	fa	fa
乐清话	p'ɛ	p'ɛ	p'ɛ	bɛ	bɛ	mɛ	mɛ	fuɛ	fuɛ
虹桥话	p'a	p'a	p'a	ba	ba	ma	ma	fa	fa
瑞安话	p'ɔ	p'ɔ	p'ɔ	bɔ	bɔ	mɔ	mɔ	fuɔ	fuɔ
陶山话	p'ɔ	p'ɔ	p'ɔ	bɔ	bɔ	mɔ	mɔ	fɔ	fɔ
平阳话	p'ɔ	p'ɔ	p'ɔ	bɔ	bɔ	mɔ	mɔ	fɔ	fɔ
宜山话	p'ɔ	p'ɔ	p'ɔ	bɔ	bɔ	mɔ	mɔ	fɔ	fɔ
文成话	p'ɔ	p'ɔ	p'ɔ	bɔ	bɔ	mɔ	mɔ	fɔ	fɔ

	反	贩	烦藩繁	晚挽	饭	万	丹单	掸	诞
	山合三上阮非	山合三去愿非	山合三平元奉	山合三上阮微	山合三去愿奉	山合三去愿微	山开一平寒端	山开一上旱端	山开一上旱端
鹿城话	fa③	fa⑤	va②	va④	va⑥	va⑥	ta①	ta③	ta③
永强话	fa	fa	va	va	va	va	ta	ta	ta
永嘉话	fa	fa	va	va	va	va	ta	ta	ta
乐清话	fuɛ	fuɛ	vuɛ	vuɛ	vuɛ	vuɛ	tɛ	tɛ	tɛ
虹桥话	fa	fa	va	va	va	va	ta	ta	ta
瑞安话	fuɔ	fuɔ	vuɔ	vuɔ	vuɔ	vuɔ	tɔ	tɔ	tɔ
陶山话	fɔ	fɔ	vɔ	vɔ	vɔ	vɔ	tɔ	tɔ	tɔ
平阳话	fɔ	fɔ	vɔ	vɔ	vɔ	vɔ	tɔ	tɔ	tɔ
宜山话	fɔ	fɔ	vɔ	vɔ	vɔ	vɔ	tɔ	tɔ	tɔ
文成话	fɔ	fɔ	vɔ	vɔ	vɔ	vɔ	tɔ	tɔ	tɔ

	旦	滩摊	坦	炭叹	坛檀	但蛋	难难易	难患难	栏兰拦
	山开一去翰端	山开一平寒透	山开一上旱透	山开一去翰透	山开一平寒定	山开一去翰定	山开一平寒泥	山开一去翰泥	山开一平寒来
鹿城话	ta⑤	tʻa①	tʻa③	tʻa⑤	da②	da⑥	na②	na⑥	la②
永强话	ta	tʻa	tʻa	tʻa	da	da	na	na	la
永嘉话	ta	tʻa	tʻa	tʻa	da	da	na	na	la
乐清话	tɛ	tʻɛ	tʻɛ	tʻɛ	dɛ	dɛ	nɛ	nɛ	lɛ
虹桥话	ta	tʻa	tʻa	tʻa	da	da	na	na	la
瑞安话	tɔ	tʻɔ	tʻɔ	tʻɔ	dɔ	dɔ	nɔ	nɔ	lɔ
陶山话	tɔ	tʻɔ	tʻɔ	tʻɔ	dɔ	dɔ	nɔ	nɔ	lɔ
平阳话	tɔ	tʻɔ	tʻɔ	tʻɔ	dɔ	dɔ	nɔ	nɔ	lɔ
宜山话	tɔ	tʻɔ	tʻɔ	tʻɔ	dɔ	dɔ	nɔ	nɔ	lɔ
文成话	tɔ	tʻɔ	tʻɔ	tʻɔ	dɔ	dɔ	nɔ	nɔ	lɔ

	懒	烂	盏	赞赞美	餐	铲	灿	残	绽破绽
	山开一上旱来	山开一去翰来	山开二上产庄	山开一去翰精	山开一平寒清	山开二上产初	山开一去翰清	山开一平寒从	山开二去裥澄
鹿城话	la④	la⑥	tsa③	tsa⑤	tsʻa①	tsʻa③	tsʻa⑤	dza②	dza⑥
永强话	la	la	tsa	tsa	tsʻa	tsʻa	tsʻa	dza	dza
永嘉话	la	la	tsa	tsa	tsʻa	tsʻa	tsʻa	dza	dza
乐清话	lɛ	lɛ	tɕia	tɕia	tɕʻia	tɕʻia	tɕʻia	dʑia	dʑia
虹桥话	la	la	tsa	tsa	tsʻa	tsʻa	tsʻa	dza	dza
瑞安话	lɔ	lɔ	tsɔ	tsɔ	tsʻɔ	tsʻɔ	tsʻɔ	dzɔ	dzɔ
陶山话	lɔ	lɔ	tsɔ	tsɔ	tsʻɔ	tsʻɔ	tsʻɔ	dzɔ	dzɔ
平阳话	lɔ	lɔ	tsɔ	tsɔ	tsʻɔ	tsʻɔ	tsʻɔ	dzɔ	dzɔ
宜山话	lɔ	lɔ	tsɔ	tsɔ	tsʻɔ	tsʻɔ	tsʻɔ	dzɔ	dzɔ
文成话	lɔ	lɔ	tsɔ	tsɔ	tsʻɔ	tsʻɔ	tsʻɔ	dzɔ	dzɔ

	栈	珊	山	删	伞	潸	产	散分散	疝
	山开二去裥崇	山开一平寒心	山开二平山生	山开二平删生	山开一上旱心	山开二上潸生	山开二上产生	山开一去翰心	山开二去裥生
鹿城话	dza⑥	sa①	sa①	sa①	sa③	sa③	sa③	sa⑤	sa⑤
永强话	dza	sa	sa	sa	sa	sa	sa	sa	sa
永嘉话	dza	sa	sa	sa	sa	sa	sa	sa	sa
乐清话	dʑia	sɛ	sɛ	sɛ	sɛ	sɛ	sɛ	sɛ	sɛ
虹桥话	dza	sa	sa	sa	sa	sa	sa	sa	sa
瑞安话	dzɔ	sɔ	sɔ	sɔ	sɔ	sɔ	sɔ	sɔ	sɔ
陶山话	dzɔ	sɔ	sɔ	sɔ	sɔ	sɔ	sɔ	sɔ	sɔ
平阳话	dzɔ	sɔ	sɔ	sɔ	sɔ	sɔ	sɔ	sɔ	sɔ
宜山话	dzɔ	sɔ	sɔ	sɔ	sɔ	sɔ	sɔ	sɔ	sɔ
文成话	dzɔ	sɔ	sɔ	sɔ	sɔ	sɔ	sɔ	sɔ	sɔ

	潺	艰间	奸汉奸	鳏纶	关关心	拣简柬	间间断	涧谏	惯
	山开二平山崇	山开二平山见	山开二平删见	山合二平山见	山合二平删见	山开二上产见	山开二去裥见	山开二去谏见	山合二去谏见
鹿城话	za②	ka①	ka①	ka①	ka①	ka③	ka⑤	ka⑤	ka⑤
永强话	za	ka	ka	ka	ka	ka	ka	ka	ka
永嘉话	za	ka	ka	ka	ka	ka	ka	ka	ka
乐清话	zɛ	kɛ	kɛ	kuɛ	kuɛ	kɛ	kɛ	kɛ	kuɛ
虹桥话	za	ka	ka	kua	kua	ka	ka	ka	kua
瑞安话	zɔ	kɔ	kɔ	kuɔ	kuɔ	kɔ	kɔ	kɔ	kuɔ
陶山话	kɔ	kɔ	kɔ	kuɔ	kuɔ	kɔ	kɔ	kɔ	kuɔ
平阳话	zɔ	kɔ	kɔ	kɔ	kɔ	kɔ	kɔ	kɔ	kɔ
宜山话	zɔ	kɔ	kɔ	kɔ	kɔ	kɔ	kɔ	kɔ	kɔ
文成话	zɔ	kɔ	kɔ	kɔ	kɔ	kɔ	kɔ	kɔ	kɔ

	宽宽阔	颜	眼	雁	闲	限	晏	弯湾	绾
	山合一平桓溪	山开二平删疑	山开二上产疑	山开二去谏疑	山开二平山匣	山开二上产匣	山开二去谏影	山合二平删影	山合二上潸影
鹿城话	k'a①	ŋa②	ŋa④	ŋa⑥	ɦia②	ɦia④	ʔa⑤	ʔva①	ʔva③
永强话	k'a	ŋa	ŋa	ŋa	ɦia	ɦia	ʔa	ʔva	ʔva
永嘉话	k'a	ŋa	ŋa	ŋa	ɦia	ɦia	ʔa	ʔva	ʔva
乐清话	k'uɛ	ŋɛ	ŋɛ	ŋɛ	ɦiɛ	ɦiɛ	ʔɛ	ʔvuɛ	ʔvuɛ
虹桥话	k'ua	ŋa	ŋa	ŋa	ɦia	ɦia	ʔa	ʔvua	ʔvua
瑞安话	k'uɔ	ŋɔ	ŋɔ	ŋɔ	ɦiɔ	ɦiɔ	ʔɔ	ʔvuɔ	ʔvuɔ
陶山话	k'uɔ	ŋɔ	ŋɔ	ŋɔ	ɦiɔ	ɦiɔ	ʔɔ	ʔvuɔ	ʔvuɔ
平阳话	k'ɔ	ŋɔ	ŋɔ	ŋɔ	ɦiɔ	ɦiɔ	ʔɔ	ʔvɔ	ʔvɔ
宜山话	k'ɔ	ŋɔ	ŋɔ	ŋɔ	ɦiɔ	ɦiɔ	ʔɔ	ʔvɔ	ʔvɔ
文成话	k'ɔ	ŋɔ	ŋɔ	ŋɔ	ɦiɔ	ɦiɔ	ʔɔ	ʔvɔ	ʔvɔ

	顽顽皮	还环	换交换	幻	患宦	般搬	半	潘	判
	山合二平山疑	山合二平删匣	山合一去换匣	山合二去裥匣	山合二去谏匣	山合一平桓帮	山合一去换帮	山合一平桓滂	山合一去换滂
鹿城话	va②	va②	va⑥	va⑥	va⑥	pø①	pø⑤	p'ø①	p'ø⑤
永强话	va	va	va	va	va	pø	pø	p'ø	p'ø
永嘉话	va	va	va	va	va	pø	pø	p'ø	p'ø
乐清话	vuɛ	vuɛ	vuɛ	vuɛ	vuɛ	pø	pø	p'ø	p'ø
虹桥话	ɦua	vua	vua	ɦua	vua	pø	pø	p'ø	p'ø
瑞安话	vuɔ	vuɔ	vuɔ	vuɔ	vuɔ	pə	pə	p'ə	p'ə
陶山话	vuɔ	vuɔ	vuɔ	vuɔ	vuɔ	pə	pə	p'ə	p'ə
平阳话	vɔ	vɔ	vɔ	vɔ	vɔ	pø	pø	p'ø	p'ø
宜山话	vɔ	vɔ	vɔ	vɔ	vɔ	pø	pø	p'ø	p'ø
文成话	vɔ	vɔ	vɔ	vɔ	vɔ	pø	pø	p'ø	p'ø

	盘	伴伴	叛	瞒馒	满	幔	端端正	短	断决断
	山合一 平桓並	山合一 上缓並	山合一 去换並	山合一 平桓明	山合一 上缓明	山合一 去换明	山合一 平桓端	山合一 上缓端	山合一 去换端
鹿城话	bø②	bø④	bø⑥	mø②	mø④	mø⑥	tø①	tø③	tø⑤
永强话	bø	bø	bø	mø	mø	mø	tø	tø	tø
永嘉话	bø	bø	bø	mø	mø	mø	tø	tø	tø
乐清话	bø	bø	bø	mø	mø	mø	tø	tø	tø
虹桥话	bø	bø	bø	mø	mø	mø	tø	tø	tø
瑞安话	bə	bə	bə	mə	mə	mə	tə	tə	tə
陶山话	bø	bø	bø	mø	mø	mø	tø	tø	tø
平阳话	bø	bø	bø	mø	mø	mø	tø	tø	tø
宜山话	bø	bø	bø	mø	mø	mø	tø	tø	tø
文成话	bø	bø	bø	mø	mø	mø	tø	tø	tø

	湍	团	断断绝	段缎	暖	鸾	卵	乱	钻钻研
	山合一 平桓透	山合一 平桓定	山合一 上缓定	山合一 去换定	山合一 上缓泥	山合一 平桓来	山合一 上缓来	山合一 去换来	山合一 平桓精
鹿城话	t'ø①	dø②	dø④	dø⑥	nø④	lø②	lø④	lø⑥	tsø①
永强话	t'ø	dø	dø	dø	nø	lø	lø	lø	tsø
永嘉话	t'ø	dø	dø	dø	nø	lø	lø	lø	tsø
乐清话	t'ø	dø	dø	dø	nø	lø	lø	lø	tçiø
虹桥话	t'ø	dø	dø	dø	nø	lø	lø	lø	tsø
瑞安话	t'ə	də	də	də	nə	lə	lə	lə	tsə
陶山话	t'ø	dø	dø	dø	nø	lø	lø	lø	tsø
平阳话	t'ø	dø	dø	dø	nø	lø	lø	lø	tsø
宜山话	t'ø	dø	dø	dø	nø	lø	lø	lø	tsø
文成话	t'ø	dø	dø	dø	nø	lø	lø	lø	tsø

	纂攒	钻钻头	汆	窜	篡	酸	闩拴	算蒜	涮
	山合一 上缓精	山合一 去换精	山合一 平桓清	山合一 去换清	山合二 去谏初	山合一 平桓心	山合二 平删生	山合一 去换心	山合二 去谏生
鹿城话	tsø③	tsø⑤	ts'ø①	ts'ø⑤	ts'ø⑤	sø①	sø①	sø⑤	sø⑤
永强话	tsø	tsø	ts'ø	ts'ø	ts'ø	sø	sø	sø	sø
永嘉话	tsø	tsø	ts'ø	ts'ø	ts'ø	sø	sø	sø	sø
乐清话	tçiø	tçiø	tç'iø	tç'iø	tç'iø	sø	sø	sø	sø
虹桥话	tsø	tsø	ts'ø	ts'ø	ts'ø	sø	sø	sø	sø
瑞安话	tsə	tsə	ts'ə	ts'ə	ts'ə	sə	sə	sə	sə
陶山话	tsø	tsø	ts'ø	ts'ø	ts'ø	sø	sø	sø	sø
平阳话	tsø	tsø	ts'ø	ts'ø	ts'ø	sø	sø	sø	sø
宜山话	tsø	tsø	ts'ø	ts'ø	ts'ø	sø	sø	sø	sø
文成话	tsø	tsø	ts'ø	ts'ø	ts'ø	sø	sø	sø	sø

	撰	干干燥	肝竿	赶杆	干干部	刊刊物	看	玩玩具	镌镌刻
	山合二 上潸崇	山开一 平寒见	山开一 平寒见	山开一 上旱见	山开一 去翰见	山开一 平寒溪	山开一 平寒溪	山合一 去换疑	山合三 平仙精
鹿城话	zø④	kø①	kø①	kø③	kø⑤	k'ø①	k'ø①	ŋø⑥	tɕy①
永强话	zø	kø	kø	kø	kø	k'ø	k'ø	ŋø	tɕy
永嘉话	zø	kø	kø	kø	kø	k'ø	k'ø	ŋø	tɕy
乐清话	zø	ke	ke	ke	ke	k'ø	k'ø	ŋø	tɕyə
虹桥话	zø	ke	ke	ke	ke	k'e	k'e	ʋua	tɕyə
瑞安话	zə	kɛ	kɛ	kɛ	kɛ	k'ə	k'ə	ŋə	tɕyə
陶山话	zø	ke	ke	ke	ke	k'ø	k'ø	ŋø	tɕyø
平阳话	zø	kø	kø	kø	kø	k'ø	k'ø	ŋø	tɕyø
宜山话	zø	kø	kø	kø	kø	k'ø	k'ø	ŋø	tɕyø
文成话	zø	ke	ke	ke	ke	k'ø	k'ø	ŋø	tɕyø

	专砖	捐	娟鹃	转	卷	眷绢	川穿	圈	喘
	山合三 平仙章	山合三 平仙见	山合三 平先见	山合三 上狝知	山合三 上狝见	山合三 去线见	山合三 平仙昌	山合三 平仙溪	山合三 上狝昌
鹿城话	tɕy①	tɕy①	tɕy①	tɕy③	tɕy③	tɕy⑤	tɕ'y①	tɕ'y①	tɕ'y③
永强话	tɕy	tɕy	tɕy	tɕy	tɕy	tɕy	tɕ'y	tɕ'y	tɕ'y
永嘉话	tɕy	tɕy	tɕy	tɕy	tɕy	tɕy	tɕ'y	tɕ'y	tɕ'y
乐清话	tɕyə	tɕyə	tɕyə	tɕyə	tɕyə	tɕyə	tɕ'yə	tɕ'yə	tɕ'yə
虹桥话	tɕyə	tɕyə	tɕyə	tɕyə	tɕyə	tɕyə	tɕ'yə	tɕ'yə	tɕ'yə
瑞安话	tɕyə	tɕyə	tɕyə	tɕyə	tɕyə	tɕyə	tɕ'yə	tɕ'yə	tɕ'yə
陶山话	tɕyə	tɕyə	tɕyə	tɕyə	tɕyə	tɕyə	tɕ'yə	tɕ'yə	tɕ'yə
平阳话	tɕyø	tɕyø	tɕyø	tɕyø	tɕyø	tɕyø	tɕ'yø	tɕ'yø	tɕ'yø
宜山话	tɕyø	tɕyø	tɕyø	tɕyø	tɕyø	tɕyø	tɕ'yø	tɕ'yø	tɕ'yø
文成话	tɕyø	tɕyø	tɕyø	tɕyø	tɕyø	tɕyø	tɕ'yø	tɕ'yø	tɕ'yø

	犬	串客串	劝券	传传达	拳权颧	篆	传传记	倦	元原源
	山合三 上铣溪	山合三 去线昌	山合三 去愿溪	山合三 平仙澄	山合三 平仙群	山合三 上狝澄	山合三 去线澄	山合三 去仙群	山合三 平元疑
鹿城话	tɕ'y③	tɕ'y⑤	tɕ'y⑤	dʑy②	dʑy②	dʑy④	dʑy⑥	dʑy⑥	ȵy②
永强话	tɕ'y	tɕ'y	tɕ'y	dʑy	dʑy	dʑy	dʑy	dʑy	ȵy
永嘉话	tɕ'y	tɕ'y	tɕ'y	dʑy	dʑy	dʑy	dʑy	dʑy	ȵy
乐清话	tɕ'yə	tɕ'yə	tɕ'yə	dʑyə	dʑyə	dʑyə	dʑyə	dʑyə	ȵyə
虹桥话	tɕ'yə	tɕ'yə	tɕ'yə	dʑyə	dʑyə	dʑyə	dʑyə	dʑyə	ȵyə
瑞安话	tɕ'yə	tɕ'yə	tɕ'yə	dʑyə	dʑyə	dʑyə	dʑyə	dʑyə	ȵyə
陶山话	tɕ'yø	tɕ'yø	tɕ'yø	dʑyø	dʑyø	dʑyø	dʑyø	dʑyø	ȵyø
平阳话	tɕ'yø	tɕ'yø	tɕ'yø	dʑyø	dʑyø	dʑyø	dʑyø	dʑyø	ȵyø
宜山话	tɕ'yø	tɕ'yø	tɕ'yø	dʑyø	dʑyø	dʑyø	dʑyø	dʑyø	ȵyø
文成话	tɕ'yø	tɕ'yø	tɕ'yø	dʑyø	dʑyø	dʑyø	dʑyø	dʑyø	ȵyø

	软	阮	愿	鼾	欢欢迎	宣宣传	喧	罕	选
	山合三上狝日	山合三上阮疑	山合三去愿疑	山开一平寒晓	山合一平桓晓	山合三平仙心	山合三平元晓	山开一上旱晓	山合三上狝心
鹿城话	ȵy④	ȵy④	ȵy⑥	çy①	çy①	çy①	çy①	çy③	çy③
永强话	ȵy	ȵy	ȵy	hø	çy	çy	çy	hø	çy
永嘉话	ȵy	ȵy	ȵy	çy	çy	çy	çy	çy	çy
乐清话	ȵyə	ȵyə	ȵyə	hø	çyə	çyə	çyə	hø	çyə
虹桥话	ȵyə	ȵyə	ȵyə	hø	hyə	çyə	çyə	hø	çyə
瑞安话	ȵyə	ȵyə	ȵyə	hø	çyə	çyə	çyə	hø	çyə
陶山话	ȵyø	ȵyø	ȵyø	hø	çyø	çyø	çyø	hø	çyø
平阳话	ȵyø	ȵyø	ȵyø	hyø	çyø	çyø	çyø	hyø	çyø
宜山话	ȵyø	ȵyø	ȵyø	hø	çyø	çyø	çyø	hø	çyø
文成话	ȵyø	ȵyø	ȵyø	hø	hyø	çyø	çyø	hø	çyø

	汉汉族	唤焕	巽	楦	全泉	旋	船船员	隽隽永	镟
	山开一去翰晓	山合一去换晓	山合三去線晓	山合三去愿晓	山合三平仙从	山合三平仙邪	山合三平仙船	山合三上狝从	山合三去线邪
鹿城话	çy⑤	çy⑤	çy⑤	çy⑤	ʑy②	ʑy②	ʑy②	ʑy④	ʑy⑥
永强话	hø	çy	çy	çy	ʑy	ʑy	ʑy	ʑy	ʑy
永嘉话	çy	çy	çy	çy	ʑy	ʑy	ʑy	ʑy	ʑy
乐清话	hø	çyə	çyə	çyə	ʑyə	ʑyə	ʑyə	ʑyə	ʑyə
虹桥话	hø	hyə	çyə	çyə	ʑyə	ʑyə	ʑyə	ʑyə	ʑyə
瑞安话	hə	çyə	çyə	çyə	ʑyə	ʑyə	ʑyə	ʑyə	ʑyə
陶山话	hø	çyø	çyø	çyø	ʑyø	ʑyø	ʑyø	ʑyø	ʑyø
平阳话	hyø	çyø	çyø	çyø	ʑyø	ʑyø	ʑyø	ʑyø	ʑyø
宜山话	hø	çyø	çyø	çyø	ʑyø	ʑyø	ʑyø	ʑyø	ʑyø
文成话	hø	hyø	hyø	hyø	ʑyø	ʑyø	ʑyø	ʑyø	ʑyø

	官棺观	管馆	贯灌罐	款汇款	安鞍	豌剜	冤冤枉	渊	碗饭碗
	山合一平桓见	山合一上缓见	山合一去换见	山合一上缓溪	山开一平寒影	山合一平桓影	山合三平元影	山合四平先影	山合一上缓影
鹿城话	ky①	ky③	ky⑤	k'y③	ʔjy①	ʔjy①	ʔjy①	ʔjy①	ʔjy③
永强话	ky	ky	ky	k'y	ʔø	ʔjy	ʔjy	ʔjy	ʔjy
永嘉话	kyə	kyə	kyə	k'yə	ʔjy	ʔjy	ʔjy	ʔjy	ʔjy
乐清话	kyə	kyə	kyə	k'yə	ʔø	ʔjyə	ʔjyə	ʔjyə	ʔjyə
虹桥话	kyə	kyə	kyə	k'yə	ʔø	ʔjyə	ʔjyə	ʔjyə	ʔjyə
瑞安话	kyə	kyə	kyə	k'yə	ʔə	ʔjyə	ʔjyə	ʔjyə	ʔjyə
陶山话	kyø	kyø	kyø	k'yø	ʔø	ʔjyø	ʔjyø	ʔjyø	ʔjyø
平阳话	kyø	kyø	kyø	k'yø	ʔjyø	ʔjyø	ʔjyø	ʔjyø	ʔjyø
宜山话	kyø	kyø	kyø	k'yø	ʔø	ʔjyø	ʔjyø	ʔjyø	ʔjyø
文成话	kyø	kyø	kyø	k'yø	ʔø	ʔjyø	ʔjyø	ʔjyø	ʔjyø

	宛	按案	腕	怨	寒韩	桓完丸	圆员	缘	园袁辕
	山合三 上阮影	山开一 去翰影	山合一 去换影	山合三 去愿影	山开一 平寒匣	山合一 平桓匣	山合三 平仙云	山合三 平仙以	山合三 平元云
鹿城话	ʔjy③	ʔjy⑤	ʔjy⑤	ʔjy⑤	ɦjy②	ɦjy②	jy②	jy②	jy②
永强话	ʔjy	ʔø	ʔjy	ʔjy	ɦø	ɦø	jy	jy	jy
永嘉话	ʔjy	ʔjy	ʔjyə	ʔjy	jy	jy	jy	jy	jy
乐清话	ʔjyə	ʔø	ʔjyə	ʔjyə	ɦø	ɦø	jyə	jyə	jyə
虹桥话	ʔjyə	ʔø	ʔjyə	ʔjyə	ɦø	ɦø	jyə	jyə	jyə
瑞安话	ʔjyə	ʔø	ʔjyə	ʔjyə	ɦjə	ɦjə	jyə	jyə	jyə
陶山话	ʔjyø	ʔø	ʔjyø	ʔjyø	ɦø	ɦø	jyø	jyø	jyø
平阳话	ʔjyø	ʔjyø	ʔjyø	ʔjyø	ɦyø	ɦyø	jyø	jyø	jyø
宜山话	ʔjyø	ʔø	ʔjyø	ʔjyø	ɦø	ɦø	jyø	jyø	jyø
文成话	ʔjyø	ʔø	ʔjyø	ʔjyø	ɦyø	ɦyø	jyø	jyø	jyø

	玄悬	旱	缓	兖	远	岸海岸	汗翰	院	县
	山合三 平先匣	山开一 上旱匣	山合一 上缓匣	山合三 上狝以	山合三 上阮云	山开一 去翰疑	山开一 去翰匣	山合三 去线云	山合四 去霰匣
鹿城话	jy②	jy④	jy④	jy④	jy④	jy⑥	jy⑥	jy⑥	jy⑥
永强话	jy	ɦø	jy	jy	jy	ɦø	ɦø	jy	jy
永嘉话	jy	jy	jy	jy	jy	jy	jy	jy	jy
乐清话	jyə	ɦø	jyə	jyə	jyə	ɦø	ɦø	jyə	jyə
虹桥话	jyə	ɦø	ɦyə	jyə	jyə	ɦø	ɦø	jyə	jyə
瑞安话	jyə	ɦjə	jyə	jyə	jyə	ɦjə	ɦjə	jyə	jyə
陶山话	jyø	ɦø	jyø	jyø	jyø	ɦø	ɦø	jyø	jyø
平阳话	jyø	ɦyø	jyø	jyø	jyø	ɦyø	ɦyø	jyø	jyø
宜山话	jyø	ɦø	jyø	jyø	jyø	ɦø	ɦø	jyø	jyø
文成话	jyø	ɦø	jyø	jyø	jyø	ɦø	ɦø	jyø	jyø

	鞭编	边蝙	扁匾	变	遍	篇偏	骗	片	便便宜
	山开二 平仙帮	山开四 平先帮	山开四 上铣帮	山开三 去线帮	山开四 去霰帮	山开三 平仙滂	山开三 去线滂	山开四 去霰滂	山开三 平仙并
鹿城话	pi①	pi①	pi③	pi⑤	pi⑤	p'i①	p'i⑤	p'i⑤	bi②
永强话	pi	pi	pi	pi	pi	p'i	p'i	p'i	bi
永嘉话	pie	pie	pie	pie	pie	p'ie	p'ie	p'ie	bie
乐清话	pie	pie	pie	pie	pie	p'ie	p'ie	p'ie	bie
虹桥话	pie	pie	pie	pie	pie	p'ie	p'ie	p'ie	bie
瑞安话	pie	pie	pie	pie	pie	p'ie	p'ie	p'ie	bie
陶山话	pie	pie	pie	pie	pie	p'ie	p'ie	p'ie	bie
平阳话	pie	pie	pie	pie	pie	p'ie	p'ie	p'ie	bie
宜山话	pi	pi	pi	pi	pi	p'i	p'i	p'i	bi
文成话	pie	pie	pie	pie	pie	p'ie	p'ie	p'ie	bie

	辨辯	辮	便方便	棉绵	眠	免勉娩	丏	面	麵
	山开三 上狝並	山开四 上铣並	山开三 去线並	山开三 平仙明	山开四 平先明	山开三 上狝明	山开四 上铣明	山开三 去线明	山开四 去霰明
鹿城话	bi④	bi④	bi⑥	mi②	mi②	mi④	mi④	mi⑥	mi⑥
永强话	bi	bi	bi	mi	mi	mi	mi	mi	mi
永嘉话	bie	bie	bie	mie	mie	mie	mie	mie	mie
乐清话	bie	bie	bie	mie	mie	mie	mie	mie	mie
虹桥话	bie	bie	bie	mie	mie	mie	mie	mie	mie
瑞安话	bie	bie	bie	mie	mie	mie	mie	mie	mie
陶山话	bie	bie	bie	mie	mie	mie	mie	mie	mie
平阳话	bie	bie	bie	mie	mie	mie	mie	mie	mie
宜山话	bi	bi	bi	mi	mi	mi	mi	mi	mi
文成话	bie	bie	bie	mie	mie	mie	mie	mie	mie

	颠颠倒	典	天	腆	田填	电殿奠	年年成	碾	连联
	山开四 平先端	山开四 上铣端	山开四 平先透	山开四 上铣透	山开四 平先定	山开四 去霰定	山开四 平先泥	山开三 上狝泥	山开三 平仙来
鹿城话	ti①	ti③	tʻi①	tʻi③	di②	di⑥	ȵi②	ȵi④	li②
永强话	ti	ti	tʻi	tʻi	di	di	ȵi	ȵi	li
永嘉话	tie	tie	tʻie	tʻie	die	die	ȵie	ȵie	lie
乐清话	tie	tie	tʻie	tʻie	die	die	ȵie	ȵie	lie
虹桥话	tie	tie	tʻie	tʻie	die	die	ȵie	ȵie	lie
瑞安话	tiæ	tiæ	tʻiæ	tʻiæ	diæ	diæ	ȵie	ȵie	lie
陶山话	tiɛ	tiɛ	tʻiɛ	tʻiɛ	diɛ	diɛ	ȵie	ȵie	lie
平阳话	tie	tie	tʻie	tʻie	die	die	ȵie	ȵie	lie
宜山话	ti	ti	tʻi	tʻi	di	di	ȵi	ȵi	li
文成话	tie	tie	tʻie	tʻie	die	die	ȵie	ȵie	lie

	怜莲	辇	练	恋初恋	煎	毡	犍	笺	肩坚
	山开四 平先来	山开三 上狝来	山开四 去霰来	山开三 去线来	山开三 平仙精	山开三 平仙章	山开三 平元见	山开四 平先精	山开四 平先见
鹿城话	li②	li④	li⑥	li⑥	tɕi①	tɕi①	tɕi①	tɕi①	tɕi①
永强话	li	li	li	li	tɕi	tɕi	tɕi	tɕi	tɕi
永嘉话	lie	lie	lie	lie	tɕie	tɕie	tɕie	tɕie	tɕie
乐清话	lie	lie	lie	lie	tɕie	tɕie	tɕie	tɕie	tɕie
虹桥话	lie	lie	lie	lie	tɕie	tɕie	tɕie	tɕie	tɕie
瑞安话	lie	lie	lie	lie	tɕie	tɕie	tɕie	tɕie	tɕie
陶山话	lie	lie	lie	lie	tɕie	tɕie	tɕie	tɕie	tɕie
平阳话	lie	lie	lie	lie	tɕie	tɕie	tɕie	tɕie	tɕie
宜山话	li	li	li	li	tɕi	tɕi	tɕi	tɕi	tɕi
文成话	lie	lie	lie	lie	tɕie	tɕie	tɕie	tɕie	tɕie

	剪	展 展览	茧	箭溅	战颤	建	荐	见	迁
	山开三 上狝精	山开三 上狝知	山开四 上铣见	山开三 去线精	山开三 去线章	山开三 去愿见	山开四 去霰精	山开四 去霰见	山开三 平仙清
鹿城话	tɕi③	tɕi③	tɕi③	tɕi⑤	tɕi⑤	tɕi⑤	tɕi⑤	tɕi⑤	tɕ'i①
永强话	tɕi	tɕi	tɕi	tɕi	tɕi	tɕi	tɕi	tɕi	tɕ'i
永嘉话	tɕie	tɕie	tɕie	tɕie	tɕie	tɕie	tɕie	tɕie	tɕ'ie
乐清话	tɕie	tɕie	tɕie	tɕie	tɕie	tɕie	tɕie	tɕ'ie	tɕ'ie
虹桥话	tɕie	tɕie	tɕie	tɕie	tɕie	tɕie	tɕie	tɕie	tɕ'ie
瑞安话	tɕie	tɕie	tɕie	tɕie	tɕie	tɕie	tɕie	tɕie	tɕ'ie
陶山话	tɕie	tɕie	tɕie	tɕie	tɕie	tɕie	tɕie	tɕie	tɕ'ie
平阳话	tɕie	tɕie	tɕie	tɕie	tɕie	tɕie	tɕie	tɕie	tɕ'ie
宜山话	tɕi	tɕi	tɕi	tɕi	tɕi	tɕi	tɕi	tɕi	tɕ'i
文成话	tɕie	tɕie	tɕie	tɕie	tɕie	tɕie	tɕie	tɕie	tɕ'ie

	千	牵	阐	浅	遣差遣	茜	钱	缠	乾虔
	山开四 平先清	山开四 平先溪	山开三 上狝昌	山开三 上狝清	山开三 上狝溪	山开四 去霰清	山开三 平仙从	山开三 平仙澄	山开三 平仙群
鹿城话	tɕ'i①	tɕ'i①	tɕ'i③	tɕ'i③	tɕ'i③	tɕ'i⑤	dʑi②	dʑi②	dʑi②
永强话	tɕ'i	tɕ'i	tɕ'i	tɕ'i	tɕ'i	tɕ'i	dʑi	dʑi	dʑi
永嘉话	tɕ'ie	tɕ'ie	tɕ'ie	tɕ'ie	tɕ'ie	tɕ'ie	dʑie	dʑie	dʑie
乐清话	tɕ'ie	tɕ'ie	tɕ'ie	tɕ'ie	tɕ'ie	tɕ'ie	dʑie	dʑie	dʑie
虹桥话	tɕ'ie	tɕ'ie	tɕ'ie	tɕ'ie	tɕ'ie	tɕ'ie	dʑie	dʑie	dʑie
瑞安话	tɕ'ie	tɕ'ie	tɕ'ie	tɕ'ie	tɕ'ie	tɕ'ie	dʑie	dʑie	dʑie
陶山话	tɕ'ie	tɕ'ie	tɕ'ie	tɕ'ie	tɕ'ie	tɕ'ie	dʑie	dʑie	dʑie
平阳话	tɕ'ie	tɕ'ie	tɕ'ie	tɕ'ie	tɕ'ie	tɕ'ie	dʑie	dʑie	dʑie
宜山话	tɕ'i	tɕ'i	tɕ'i	tɕ'i	tɕ'i	tɕ'i	dʑi	dʑi	dʑi
文成话	tɕ'ie	tɕ'ie	tɕ'ie	tɕ'ie	tɕ'ie	tɕ'ie	dʑie	dʑie	dʑie

	件	谚	言	研	仙鲜	搧	轩	先	癣
	山开三 上狝群	山开三 去线疑	山开三 平元疑	山开四 平先疑	山开三 平仙心	山开三 平仙书	山开三 平元晓	山开四 平先心	山开三 上狝心
鹿城话	dʑi④	ȵi⑥	ȵi②	ȵi②	ɕi①	ɕi①	ɕi①	ɕi①	ɕi③
永强话	dʑi	ȵi	ȵi	ȵi	ɕi	ɕi	ɕi	ɕi	ɕi
永嘉话	dʑie	ȵie	ȵie	ȵie	ɕie	ɕie	ɕie	ɕie	ɕie
乐清话	dʑie	ȵie	ȵie	ȵie	ɕie	ɕie	ɕie	ɕie	ɕie
虹桥话	dʑie	ȵie	ȵie	ȵie	ɕie	ɕie	ɕie	ɕie	ɕie
瑞安话	dʑie	ȵie	ȵie	ȵie	ɕie	ɕie	ɕie	ɕie	ɕie
陶山话	dʑie	ȵie	ȵie	ȵie	ɕie	ɕie	ɕie	ɕie	ɕie
平阳话	dʑie	ȵie	ȵie	ȵie	ɕie	ɕie	ɕie	ɕie	ɕie
宜山话	dʑi	ȵi	ȵi	ȵi	ɕi	ɕi	ɕi	ɕi	ɕi
文成话	dʑie	ȵie	ȵie	ȵie	ɕie	ɕie	ɕie	ɕie	ɕie

	显	线	献	扇	涎	蝉禅	然燃	前前进	践
	山开四上铣晓	山开三去线心	山开三去愿晓	山开三去线书	山开三平仙邪	山开三平仙禅	山开三平仙日	山开四平先从	山开三上狝从
鹿城话	çi③	çi⑤	çi⑤	çi⑤	ʑi②	ʑi②	ʑi②	ʑi②	ʑi④
永强话	çi	çi	çi	çi	ʑi	ʑi	ʑi	ʑi	ʑi
永嘉话	çie	çie	çie	çie	ʑie	ʑie	ʑie	ʑie	ʑie
乐清话	çie	çie	çie	çie	ʑie	ʑie	ʑie	ʑie	ʑie
虹桥话	çie	çie	çie	çie	ʑie	ʑie	ʑie	ʑie	ʑie
瑞安话	çie	çie	çie	çie	ʑie	ʑie	ʑie	ʑie	ʑie
陶山话	çie	çie	çie	çie	ʑie	ʑie	ʑie	ʑie	ʑie
平阳话	çie	çie	çie	çie	ʑie	ʑie	ʑie	ʑie	ʑie
宜山话	çi	çi	çi	çi	ʑi	ʑi	ʑi	ʑi	ʑi
文成话	çie	çie	çie	çie	ʑie	ʑie	ʑie	ʑie	ʑie

	善	贱	羡	膳	蔫	烟	堰	宴	焉
	山开三上狝禅	山开三去线从	山开三去线邪	山开三去线禅	山开三平仙影	山开四平先影	山开三去愿影	山开四去霰影	山开三平仙云
鹿城话	ʑi④	ʑi⑥	ʑi⑥	ʑi⑥	ʔji①	ʔji①	ʔji⑤	ʔji⑤	ji②
永强话	ʑi	ʑi	ʑi	ʑi	ʔji	ʔji	ʔji	ʔji	ji
永嘉话	ʑie	ʑie	ʑie	ʑie	ʔjie	ʔjie	ʔjie	ʔjie	jie
乐清话	ʑie	ʑie	ʑie	ʑie	ʔjie	ʔjie	ʔjie	ʔjie	jie
虹桥话	ʑie	ʑie	ʑie	ʑie	ʔjie	ʔjie	ʔjie	ʔjie	jie
瑞安话	ʑie	ʑie	ʑie	ʑie	ʔjie	ʔjie	ʔjie	ʔjie	jie
陶山话	ʑie	ʑie	ʑie	ʑie	ʔjie	ʔjie	ʔjie	ʔjie	jie
平阳话	ʑie	ʑie	ʑie	ʑie	ʔjie	ʔjie	ʔjie	ʔjie	jie
宜山话	ʑi	ʑi	ʑi	ʑi	ʔji	ʔji	ʔji	ʔji	ji
文成话	ʑie	ʑie	ʑie	ʑie	ʔjie	ʔjie	ʔjie	ʔjie	jie

[山摄][臻摄]

	延筵	贤弦	演	砚砚台	现	彬宾槟	鬓殡	频贫	民
	山开三平仙以	山开四平先匣	山开三上狝以	山开四去霰疑	山开四去霰匣	臻开三平真帮	臻开三去震帮	臻开三平真並	臻开三平真明
鹿城话	ji②	ji②	ji④	ji⑥	ji⑥	pəŋ①	pəŋ⑤	bəŋ②	məŋ②
永强话	ji	ji	ji	ji	ji	pəŋ	pəŋ	bəŋ	məŋ
永嘉话	jie	jie	jie	jie	jie	pəŋ	pəŋ	bəŋ	məŋ
乐清话	jie	jie	jie	jie	jie	pəŋ	pəŋ	bəŋ	məŋ
虹桥话	jie	jie	jie	jie	jie	pəŋ	pəŋ	bəŋ	məŋ
瑞安话	jie	jie	jie	jie	jie	pəŋ	pəŋ	bəŋ	məŋ
陶山话	jie	jie	jie	jie	jie	pəŋ	pəŋ	bəŋ	məŋ
平阳话	jie	jie	jie	jie	jie	pəŋ	pəŋ	bəŋ	məŋ
宜山话	ji	ji	ji	ji	ji	pəŋ	pəŋ	bəŋ	məŋ
文成话	jie	jie	jie	jie	jie	piŋ	piŋ	biŋ	miŋ

第十章 瓯语系各地方音对照表

[臻摄]

	敏闽悯	邻鳞	吝	奔	本	喷喷水	喷喷香	笨	门
	臻开一 上轸明	臻开三 平真来	臻开三 去震来	臻合一 平魂帮	臻合一 上混帮	臻合一 平魂滂	臻合一 去恩滂	臻合一 上混並	臻合一 平魂明
鹿城话	məŋ	ləŋ②	ləŋ⑥	paŋ①	paŋ③	p'aŋ①	p'aŋ⑤	baŋ④	maŋ②
永强话	məŋ	ləŋ	ləŋ	paŋ	paŋ	p'aŋ	p'aŋ	baŋ	maŋ
永嘉话	məŋ	ləŋ	ləŋ	paŋ	paŋ	p'aŋ	p'aŋ	baŋ	maŋ
乐清话	məŋ	ləŋ	ləŋ	paŋ	paŋ	p'aŋ	p'aŋ	baŋ	maŋ
虹桥话	məŋ	ləŋ	ləŋ	paŋ	paŋ	p'aŋ	p'aŋ	baŋ	maŋ
瑞安话	məŋ	ləŋ	ləŋ	paŋ	paŋ	p'aŋ	p'aŋ	baŋ	maŋ
陶山话	məŋ	ləŋ	ləŋ	paŋ	paŋ	p'aŋ	p'aŋ	baŋ	maŋ
平阳话	məŋ	ləŋ	ləŋ	paŋ	paŋ	p'aŋ	p'aŋ	baŋ	maŋ
宜山话	məŋ	ləŋ	ləŋ	paŋ	paŋ	p'aŋ	p'aŋ	baŋ	maŋ
文成话	miŋ	liŋ	liŋ	paŋ	paŋ	p'aŋ	p'aŋ	baŋ	maŋ

	闷	分	芬纷	粉	奋粪	坟焚	文纹蚊	愤忿	份份量
	臻合一 去恩明	臻合三 平文非	臻合三 平文敷	臻合三 上吻非	臻合三 去问非	臻合三 平文奉	臻合三 平文微	臻合三 上吻奉	臻合三 去问奉
鹿城话	maŋ⑥	faŋ①	faŋ①	faŋ③	faŋ⑤	vaŋ②	vaŋ②	vaŋ④	vaŋ⑥
永强话	maŋ	faŋ	faŋ	faŋ	faŋ	vaŋ	vaŋ	vaŋ	vaŋ
永嘉话	maŋ	faŋ	faŋ	faŋ	faŋ	vaŋ	vaŋ	vaŋ	vaŋ
乐清话	maŋ	faŋ	faŋ	faŋ	faŋ	vaŋ	vaŋ	vaŋ	vaŋ
虹桥话	maŋ	faŋ	faŋ	faŋ	faŋ	vaŋ	vaŋ	vaŋ	vaŋ
瑞安话	maŋ	faŋ	faŋ	faŋ	faŋ	vaŋ	vaŋ	vaŋ	vaŋ
陶山话	maŋ	faŋ	faŋ	faŋ	faŋ	vaŋ	vaŋ	vaŋ	vaŋ
平阳话	maŋ	faŋ	faŋ	faŋ	faŋ	vaŋ	vaŋ	vaŋ	vaŋ
宜山话	maŋ	faŋ	faŋ	faŋ	faŋ	vaŋ	vaŋ	vaŋ	vaŋ
文成话	maŋ	faŋ	faŋ	faŋ	faŋ	vaŋ	vaŋ	vaŋ	vaŋ

	问	顿	氽	沌盾	轮伦沦	津天津	珍珍贵	臻榛	真
	臻合三 去问微	臻合一 去恩端	臻合一 上混透	臻合一 上混定	臻合三 平谆来	臻开三 平真精	臻开三 平真知	臻开三 平真庄	臻开三 平真章
鹿城话	vaŋ⑥	taŋ⑤	t'aŋ③	daŋ④	laŋ②	tsaŋ①	tsaŋ①	tsaŋ①	tsaŋ①
永强话	vaŋ	taŋ	t'aŋ	daŋ	laŋ	tsaŋ	tsaŋ	tsaŋ	tsaŋ
永嘉话	vaŋ	taŋ	t'aŋ	daŋ	laŋ	tsaŋ	tsaŋ	tsaŋ	tsaŋ
乐清话	vaŋ	taŋ	t'aŋ	daŋ	laŋ	tɕiaŋ	tɕiaŋ	tɕiaŋ	tɕiaŋ
虹桥话	vaŋ	taŋ	t'aŋ	daŋ	laŋ	tsaŋ	tsaŋ	tsaŋ	tsaŋ
瑞安话	vaŋ	taŋ	t'aŋ	daŋ	laŋ	tsaŋ	tsaŋ	tsaŋ	tsaŋ
虹桥话	vaŋ	taŋ	t'aŋ	daŋ	laŋ	tɕiaŋ	tsaŋ	tsaŋ	tsaŋ
平阳话	vaŋ	taŋ	t'aŋ	daŋ	laŋ	tɕiaŋ	tɕiaŋ	tɕiaŋ	tɕiaŋ
宜山话	vaŋ	taŋ	t'aŋ	daŋ	laŋ	tsaŋ	tsaŋ	tsaŋ	tsaŋ
文成话	vaŋ	taŋ	t'aŋ	daŋ	laŋ	tɕiaŋ	tɕiaŋ	tɕiaŋ	tɕiaŋ

	疹诊	进晋	镇	震振	亲亲戚	趁	衬	陈尘	阵
	臻开三 上轸章	臻开三 去震精	臻开三 去震知	臻开三 去震章	臻开三 平真清	臻开三 去震彻	臻开三 去震初	臻开三 平真澄	臻开三 去震澄
鹿城话	tsaŋ③	tsaŋ⑤	tsaŋ⑤	tsaŋ⑤	ts'aŋ①	ts'aŋ⑤	ts'aŋ⑤	dzaŋ②	dzaŋ⑥
永强话	tsaŋ	tsaŋ	tsaŋ	tsaŋ	ts'aŋ	ts'aŋ	ts'aŋ	dzaŋ	dzaŋ
永嘉话	tsaŋ	tsaŋ	tsaŋ	tsaŋ	ts'aŋ	ts'aŋ	ts'aŋ	dzaŋ	dzaŋ
乐清话	tɕiaŋ	tɕiaŋ	tɕiaŋ	tɕiaŋ	tɕ'iaŋ	tɕ'iaŋ	tɕ'iaŋ	dʑiaŋ	dʑiaŋ
虹桥话	tsaŋ	tsaŋ	tsaŋ	tsaŋ	ts'aŋ	ts'aŋ	ts'aŋ	dzaŋ	dzaŋ
瑞安话	tsaŋ	tɕiaŋ	tsaŋ	tsaŋ	ts'aŋ	ts'aŋ	ts'aŋ	dzaŋ	dzaŋ
虹桥话	tsaŋ	tɕiaŋ	tsaŋ	tsaŋ	ts'aŋ	ts'aŋ	ts'aŋ	dzaŋ	dzaŋ
平阳话	tɕiaŋ	tɕiaŋ	tɕiaŋ	tɕiaŋ	tɕ'iaŋ	tɕ'iaŋ	tɕ'iaŋ	dʑiaŋ	dʑiaŋ
宜山话	tsaŋ	tsaŋ	tsaŋ	tsaŋ	ts'aŋ	ts'aŋ	ts'aŋ	dzaŋ	dzaŋ
文成话	tɕiaŋ	tɕiaŋ	tɕiaŋ	tɕiaŋ	tɕ'iaŋ	tɕ'iaŋ	tɕ'iaŋ	dʑiaŋ	dʑiaŋ

	辛新薪	身申伸	迅讯	信	秦	神	晨辰臣	人仁	肾
	臻开三 平真心	臻开三 平真书	臻开三 上轸心	臻开三 去震心	臻开三 平真从	臻开三 平真船	臻开三 平真禅	臻开三 平真日	臻开三 上轸禅
鹿城话	saŋ①	saŋ①	saŋ③	saŋ⑤	zaŋ②	zaŋ②	zaŋ②	zaŋ②	zaŋ④
永强话	saŋ	saŋ	saŋ	saŋ	zaŋ	zaŋ	zaŋ	zaŋ	zaŋ
永嘉话	saŋ	saŋ	saŋ	saŋ	zaŋ	zaŋ	zaŋ	zaŋ	zaŋ
乐清话	saŋ	saŋ	saŋ	saŋ	zaŋ	zaŋ	zaŋ	zaŋ	zaŋ
虹桥话	saŋ	saŋ	saŋ	saŋ	zaŋ	zaŋ	zaŋ	zaŋ	zaŋ
瑞安话	saŋ	saŋ	saŋ	saŋ	zaŋ	zaŋ	zaŋ	zaŋ	zaŋ
虹桥话	saŋ	saŋ	saŋ	saŋ	zaŋ	zaŋ	zaŋ	zaŋ	zaŋ
平阳话	saŋ	saŋ	saŋ	saŋ	zaŋ	zaŋ	zaŋ	zaŋ	zaŋ
宜山话	saŋ	saŋ	saŋ	saŋ	zaŋ	zaŋ	zaŋ	zaŋ	zaŋ
文成话	saŋ	saŋ	saŋ	saŋ	zaŋ	zaŋ	zaŋ	zaŋ	zaŋ

	尽	慎	跟	昆昆仲	滚滚动	艮	棍	坤	恳垦
	臻开三 上轸从	臻开三 去震禅	臻开一 平痕见	臻合一 平魂见	臻合一 上混见	臻开一 去恨见	臻合一 去恩见	臻合一 平魂溪	臻开一 上很溪
鹿城话	zaŋ④	zaŋ⑥	kaŋ①	kaŋ①	kaŋ③	kaŋ⑤	kaŋ⑤	k'aŋ①	k'aŋ③
永强话	zaŋ	zaŋ	kaŋ	kaŋ	kaŋ	kaŋ	kaŋ	k'aŋ	k'aŋ
永嘉话	zaŋ	zaŋ	kaŋ	kaŋ	kaŋ	kaŋ	kaŋ	k'aŋ	k'aŋ
乐清话	zaŋ	zaŋ	kaŋ	kuaŋ	kuaŋ	kaŋ	kuaŋ	k'uaŋ	k'aŋ
虹桥话	zaŋ	zaŋ	kaŋ	kuaŋ	kuaŋ	kaŋ	kuaŋ	k'uaŋ	k'aŋ
瑞安话	zaŋ	zaŋ	kaŋ	kaŋ	kaŋ	kaŋ	kaŋ	k'aŋ	k'aŋ
陶山话	zaŋ	zaŋ	kaŋ	kaŋ	kaŋ	kaŋ	kaŋ	k'aŋ	k'aŋ
平阳话	zaŋ	zaŋ	kaŋ	kaŋ	kaŋ	kaŋ	kaŋ	k'aŋ	k'aŋ
宜山话	zaŋ	zaŋ	kaŋ	kaŋ	kaŋ	kaŋ	kaŋ	k'aŋ	k'aŋ
文成话	zaŋ	zaŋ	kaŋ	kaŋ	kaŋ	kaŋ	kaŋ	k'aŋ	k'aŋ

第十章 瓯语系各地方音对照表

	捆	困	很	恨	馄浑	混混合	巾	斤筋
	臻合一	臻合一	臻开一	臻开一	臻合一	臻合一	臻开三	臻开三
	上混溪	去恩溪	上很匣	去恨匣	平魂匣	上混匣	平真见	平殷见
鹿城话	kʻaŋ③	kʻaŋ⑤	haŋ③	ɦiaŋ⑥	ɦuaŋ②	ɦuaŋ④	tɕiaŋ①	tɕiaŋ①
永强话	kʻaŋ	kʻaŋ	haŋ	ɦiaŋ	ɦuaŋ	ɦuaŋ	tɕiaŋ	tɕiaŋ
永嘉话	kʻaŋ	kʻaŋ	haŋ	ɦiaŋ	ɦuaŋ	ɦuaŋ	tɕiaŋ	tɕiaŋ
乐清话	kʻuaŋ	kʻuaŋ	haŋ	ɦiaŋ	ɦuaŋ	ɦuaŋ	tɕiaŋ	tɕiaŋ
虹桥话	kʻuaŋ	kʻuaŋ	haŋ	ɦiaŋ	ɦuaŋ	ɦuaŋ	tɕiaŋ	tɕiaŋ
瑞安话	kʻaŋ	kʻaŋ	haŋ	ɦiaŋ	ɦuaŋ	ɦuaŋ	tɕiaŋ	tɕiaŋ
陶山话	kʻaŋ	kʻaŋ	haŋ	ɦiaŋ	ɦuaŋ	ɦuaŋ	tɕiaŋ	tɕiaŋ
平阳话	kʻaŋ	kʻaŋ	haŋ	ɦiaŋ	ɦuaŋ	ɦuaŋ	tɕiaŋ	tɕiaŋ
宜山话	kʻaŋ	kʻaŋ	haŋ	ɦiaŋ	ɦuaŋ	ɦuaŋ	tɕiaŋ	tɕiaŋ
文成话	kʻaŋ	kʻaŋ	haŋ	ɦiaŋ	ɦuaŋ	ɦuaŋ	tɕiaŋ	tɕiaŋ

	紧	谨	劲	勤芹	近	仅	银	忍
	臻开三	臻开三	臻开三	臻开三	臻开三	臻开三	臻开三	臻开三
	上轸见	上隐见	去焮见	平殷群	上隐群	去震群	平欣疑	上轸日
鹿城话	tɕiaŋ③	tɕiaŋ③	tɕiaŋ⑤	dziaŋ②	dziaŋ④	dziaŋ⑥	ȵiaŋ②	ȵiaŋ④
永强话	tɕiaŋ	tɕiaŋ	tɕiaŋ	dziaŋ	dziaŋ	dziaŋ	ȵiaŋ	ȵiaŋ
永嘉话	tɕiaŋ	tɕiaŋ	tɕiaŋ	dziaŋ	dziaŋ	dziaŋ	ȵiaŋ	ȵiaŋ
乐清话	tɕiaŋ	tɕiaŋ	tɕiaŋ	dziaŋ	dziaŋ	dziaŋ	ȵiaŋ	ȵiaŋ
虹桥话	tɕiaŋ	tɕiaŋ	tɕiaŋ	dziaŋ	dziaŋ	dziaŋ	ȵiaŋ	ȵiaŋ
瑞安话	tɕiaŋ	tɕiaŋ	tɕiaŋ	dziaŋ	dziaŋ	dziaŋ	ȵiaŋ	ȵiaŋ
陶山话	tɕiaŋ	tɕiaŋ	tɕiaŋ	dziaŋ	dziaŋ	dziaŋ	ȵiaŋ	ȵiaŋ
平阳话	tɕiaŋ	tɕiaŋ	tɕiaŋ	dziaŋ	dziaŋ	dziaŋ	ȵiaŋ	ȵiaŋ
宜山话	tɕiaŋ	tɕiaŋ	tɕiaŋ	dziaŋ	dziaŋ	dziaŋ	ȵiaŋ	ȵiaŋ
文成话	tɕiaŋ	tɕiaŋ	tɕiaŋ	dziaŋ	dziaŋ	dziaŋ	ȵiaŋ	ȵiaŋ

	认刃韧	欣	衅	因姻	殷	隐	印印刷	寅
	臻开三	臻开三	臻开三	臻开三	臻开三	臻开三	臻开三	臻开三
	去震日	平殷晓	去震晓	平真影	平殷影	上隐影	去震影	平真以
鹿城话	ȵiaŋ⑥	ɕiaŋ①	ɕiaŋ⑤	ʔjiaŋ①	ʔjiaŋ①	ʔjiaŋ③	ʔjiaŋ⑤	jiaŋ②
永强话	ȵiaŋ	ɕiaŋ	ɕiaŋ	ʔjiaŋ	ʔjiaŋ	ʔjiaŋ	ʔjiaŋ	jiaŋ
永嘉话	ȵiaŋ	ɕiaŋ	ɕiaŋ	ʔjiaŋ	ʔjiaŋ	ʔjiaŋ	ʔjiaŋ	jiaŋ
乐清话	ȵiaŋ	ɕiaŋ	ɕiaŋ	ʔjiaŋ	ʔjiaŋ	ʔjiaŋ	ʔjiaŋ	jiaŋ
虹桥话	ȵiaŋ	ɕiaŋ	ɕiaŋ	ʔjiaŋ	ʔjiaŋ	ʔjiaŋ	ʔjiaŋ	jiaŋ
瑞安话	ȵiaŋ	ɕiaŋ	ɕiaŋ	ʔjiaŋ	ʔjiaŋ	ʔjiaŋ	ʔjiaŋ	jiaŋ
陶山话	ȵiaŋ	ɕiaŋ	ɕiaŋ	ʔjiaŋ	ʔjiaŋ	ʔjiaŋ	ʔjiaŋ	jiaŋ
平阳话	ȵiaŋ	ɕiaŋ	ɕiaŋ	ʔjiaŋ	ʔjiaŋ	ʔjiaŋ	ʔjiaŋ	jiaŋ
宜山话	ȵiaŋ	ɕiaŋ	ɕiaŋ	ʔjiaŋ	ʔjiaŋ	ʔjiaŋ	ʔjiaŋ	jiaŋ
文成话	ȵiaŋ	ɕiaŋ	ɕiaŋ	ʔjiaŋ	ʔjiaŋ	ʔjiaŋ	ʔjiaŋ	jiaŋ

	引	盆盆碗	敦墩	吞吞咽	屯臀豚	囤	钝	嫩	论
	臻开三 上轸以	臻合一 平魂並	臻合一 平魂端	臻开一 平痕透	臻合一 平魂定	臻合一 上混定	臻合一 去慁定	臻合一 去慁泥	臻合一 去慁来
鹿城话	jiaŋ④	bø②	tø①	t'ø①	dø②	dø④	dø⑥	nø⑥	lø⑥
永强话	jiaŋ	bø	tø	t'ø	dø	dø	dø	nø	lø
永嘉话	jiaŋ	bø	tø	t'ø	dø	dø	dø	nø	lø
乐清话	jiaŋ	bø	tø	t'ø	dø	dø	dø	nø	lø
虹桥话	jiaŋ	bø	tø	t'ø	dø	dø	dø	nø	lø
瑞安话	jiaŋ	bə	tə	t'ə	də	də	də	nə	lə
陶山话	jiaŋ	bø	tø	t'ø	dø	dø	dø	nø	lø
平阳话	jiaŋ	bø	tø	t'ø	dø	dø	dø	nø	lø
宜山话	jiaŋ	bø	tø	t'ø	dø	dø	dø	nø	lø
文成话	jiaŋ	bø	tø	t'ø	dø	dø	dø	nø	lø

	尊尊敬	村	忖	寸	孙	损	逊	存	根
	臻合一 平魂精	臻合一 平魂清	臻合一 上混清	臻合一 去慁清	臻合一 平魂心	臻合一 上混心	臻合一 去慁心	臻合一 平魂从	臻开一 平痕见
鹿城话	tsø①	ts'ø①	ts'ø③	ts'ø⑤	sø①	sø③	sø⑤	zø②	kø①
永强话	tsø	ts'ø	ts'ø	ts'ø	sø	sø	sø	zø	kø
永嘉话	tsø	ts'ø	ts'ø	ts'ø	sø	sø	sø	zø	kø
乐清话	tɕiø	tɕ'iø	tɕ'iø	tɕ'iø	sø	sø	sø	zø	ke
虹桥话	tsø	ts'ø	ts'ø	ts'ø	sø	sø	sø	zø	ke
瑞安话	tsə	ts'ə	ts'ə	ts'ə	sə	sə	sə	zə	kə
陶山话	tsø	ts'ø	ts'ø	ts'ø	sø	sø	sø	zø	kø
平阳话	tsø	ts'ø	ts'ø	ts'ø	sø	sø	sø	zø	kø
宜山话	tsø	ts'ø	ts'ø	ts'ø	sø	sø	sø	zø	kø
文成话	tsø	ts'ø	ts'ø	ts'ø	sø	sø	sø	zø	kø

	痕	恩	昏婚	荤	温瘟	稳	魂灵魂	纯醇	遵遵守
	臻开一 平痕匣	臻开一 平痕影	臻合一 平魂晓	臻合三 平文晓	臻合一 平魂影	臻合一 上混影	臻合一 平魂匣	臻合三 平谆禅	臻合三 平谆精
鹿城话	ɦø②	ʔø①	çy①	çy①	ʔjy①	ʔjy③	jy②	zoŋ②	tɕioŋ①
永强话	ɦø	ʔø	çy	çy	ʔjy	ʔjy	jy	zyoŋ	tɕyoŋ
永嘉话	ɦø	ʔø	çy	çy	ʔjy	ʔjy	jy	zioŋ	tɕioŋ
乐清话	ɦie	ʔe	hyə	hyə	ʔjyə	ʔjyə	ɦyə	zoŋ	tɕioŋ
虹桥话	ɦie	ʔe	hyə	hyə	ʔjyə	ʔjyə	ɦyə	zoŋ	tsoŋ
瑞安话	ɦə	ʔə	çyə	çyə	ʔjyə	ʔjyə	jyə	zoŋ	tsoŋ
陶山话	ɦø	ʔø	çyø	çyø	ʔjyø	ʔjyø	jyø	zioŋ	tɕioŋ
平阳话	ɦø	ʔø	çyø	çyø	ʔjyø	ʔjyø	jyø	zøŋ	tsøŋ
宜山话	ɦø	ʔø	hyø	hyø	ʔjyø	ʔjyø	ɦyø	zioŋ	tɕioŋ
文成话	ɦø	ʔø	hyø	hyø	ʔjyø	ʔjyø	ɦyø	zøŋ	tɕyøŋ

	肫	均钧	君军	准	俊	皴	椿	春
	臻合三平谆章	臻合三平谆见	臻合三平文见	臻合三上准章	臻合三去稕精	臻合三平谆清	臻合三平谆彻	臻合三平谆昌
鹿城话	tɕioŋ①	tɕioŋ①	tɕioŋ①	tɕioŋ③	tɕioŋ⑤	tɕʻioŋ①	tɕʻioŋ①	tɕʻioŋ①
永强话	tɕyoŋ	tɕyoŋ	tɕyoŋ	tɕyoŋ	tɕyoŋ	tɕʻyoŋ	tɕʻyoŋ	tɕʻyoŋ
永嘉话	tɕioŋ	tɕioŋ	tɕioŋ	tɕioŋ	tɕioŋ	tɕʻioŋ	tɕʻioŋ	tɕʻioŋ
乐清话	tɕioŋ	tɕiaŋ	tɕiaŋ	tɕioŋ	tɕioŋ	tɕʻioŋ	tɕʻioŋ	tɕʻioŋ
虹桥话	tsoŋ	tɕiaŋ	tɕiaŋ	tsoŋ	tsoŋ	tsʻoŋ	tsʻoŋ	tsʻoŋ
瑞安话	tsoŋ	tɕiaŋ	tɕiaŋ	tsoŋ	tsoŋ	tsʻoŋ	tsʻoŋ	tsʻoŋ
陶山话	tɕiəŋ	tɕiəŋ	tɕiəŋ	tɕiəŋ	tɕiəŋ	tɕʻiəŋ	tɕʻiəŋ	tɕʻiəŋ
平阳话	tsøŋ	tsøŋ	tsøŋ	tsøŋ	tsøŋ	tsʻøŋ	tsʻøŋ	tsʻøŋ
宜山话	tɕiøŋ	tɕiøŋ	tɕiøŋ	tɕiøŋ	tɕiøŋ	tɕʻiøŋ	tɕʻiøŋ	tɕʻiøŋ
文成话	tɕyəŋ	tɕyəŋ	tɕyəŋ	tɕyəŋ	tɕyəŋ	tɕʻyəŋ	tɕʻyəŋ	tɕʻyəŋ

	蠢	群裙	盾矛盾	菌窘	郡	荀询	薰勋	桦
	臻合三上准昌	臻合三平文群	臻合三上准船	臻合三上准群	臻合三去问群	臻合三平谆心	臻合三平文晓	臻合三上准心
鹿城话	tɕʻioŋ③	dzioŋ②	dzioŋ④	dzioŋ④	dzioŋ⑥	ɕioŋ①	ɕioŋ①	ɕioŋ③
永强话	tɕʻyoŋ	dzyoŋ	dzyoŋ	dzyoŋ	dzyoŋ	ɕyoŋ	ɕyoŋ	ɕyoŋ
永嘉话	tɕʻioŋ	dzioŋ	dzioŋ	dzioŋ	dzioŋ	sioŋ	ɕioŋ	ɕioŋ
乐清话	tɕʻioŋ	dziaŋ	dziaŋ	dziaŋ	dziaŋ	soŋ	ɕiaŋ	soŋ
虹桥话	tsʻoŋ	dziaŋ	dziaŋ	dziaŋ	dziaŋ	soŋ	ɕiaŋ	soŋ
瑞安话	tsʻoŋ	dziaŋ	dziaŋ	dziaŋ	dziaŋ	soŋ	ɕiaŋ	soŋ
陶山话	tɕʻiəŋ	dziəŋ	dziəŋ	dziəŋ	dziəŋ	ɕiəŋ	ɕiəŋ	ɕiəŋ
平阳话	tsʻøŋ	dziøŋ	dziøŋ	dziøŋ	dziøŋ	søŋ	ɕiøŋ	søŋ
宜山话	tɕʻiøŋ	dziøŋ	dziøŋ	dziøŋ	dziøŋ	ɕiøŋ	ɕiøŋ	ɕiøŋ
文成话	tɕʻyəŋ	dzyəŋ	dzyəŋ	dzyəŋ	dzyəŋ	səŋ	ɕyəŋ	səŋ

	舜	训	循巡旬	唇嘴唇	润闰	殉	顺	蕴	匀
	臻合三去稕书	臻合三去问晓	臻合三平谆邪	臻合三平谆昌	臻合三去稕日	臻合三去稕邪	臻合三去稕船	臻合三上吻影	臻合三平谆以
鹿城话	ɕioŋ⑤	ɕioŋ⑤	zioŋ②	zioŋ②	zioŋ⑥	zioŋ⑥	zioŋ⑥	ʔjioŋ③	jioŋ②
永强话	ɕyoŋ	ɕyoŋ	zyoŋ	zyoŋ	zyoŋ	zyoŋ	zyoŋ	ʔjyoŋ	jioŋ
永嘉话	ɕioŋ	ɕioŋ	zioŋ	zioŋ	zioŋ	zioŋ	zioŋ	ʔjioŋ	jioŋ
乐清话	soŋ	ɕiaŋ	zoŋ	zoŋ	zoŋ	zoŋ	zoŋ	ʔjiaŋ	jiaŋ
虹桥话	soŋ	ɕiaŋ	zoŋ	zoŋ	zoŋ	zoŋ	zoŋ	ʔjiaŋ	jiaŋ
瑞安话	soŋ	ɕiaŋ	zoŋ	zoŋ	zoŋ	zoŋ	zoŋ	ʔjiaŋ	jiaŋ
陶山话	ɕiəŋ	ɕiəŋ	ziəŋ	ziəŋ	ziəŋ	ziəŋ	ziəŋ	ʔjiəŋ	jiəŋ
平阳话	søŋ	ɕiøŋ	zøŋ	zøŋ	zøŋ	zøŋ	zøŋ	ʔjiøŋ	jiøŋ
宜山话	ɕiøŋ	ɕiøŋ	ziøŋ	ziøŋ	ziøŋ	ziøŋ	ziøŋ	ʔjiøŋ	jiøŋ
文成话	səŋ	ɕyəŋ	zəŋ	zəŋ	zəŋ	zəŋ	zəŋ	ʔjəŋ	jəŋ

[臻摄][宕摄]

	云	允	运韵晕	帮帮助	榜	谤	滂	旁	傍
	臻合三平歌透	臻合三上准以	臻合三去问云	宕开一平唐帮	宕开一上荡帮	宕开一去宕帮	宕开一平唐滂	宕开一平唐并	宕开一去宕并
鹿城话	jioŋ②	jioŋ④	jioŋ⑥	puɔ①	puɔ③	puɔ⑤	p'uɔ①	buɔ②	buɔ⑥
永强话	jyoŋ	jioŋ	jyoŋ	pɔ	pɔ	pɔ	p'ɔ	bɔ	bɔ
永嘉话	jioŋ	jioŋ	jioŋ	puɔ	puɔ	puɔ	p'uɔ	buɔ	buɔ
乐清话	jiaŋ	jiaŋ	jiaŋ	pa	pa	pa	p'a	ba	ba
虹桥话	jiaŋ	jiaŋ	jiaŋ	puɔ	puɔ	puɔ	p'uɔ	buɔ	buɔ
瑞安话	jiaŋ	jiaŋ	jiaŋ	puo	puo	puo	p'uo	buo	buo
陶山话	jioŋ	jiøŋ	jioŋ	puo	puo	puo	p'uo	buo	buo
平阳话	jiøŋ	jiøŋ	jiøŋ	puo	puo	puo	p'uo	buo	buo
宜山话	jiøŋ	jiøŋ	jiøŋ	po	po	po	p'o	bo	bo
文成话	jəŋ	jəŋ	jəŋ	puɔ	puɔ	puɔ	p'uɔ	buɔ	buɔ

	忙芒茫	莽蟒	方肪	芳妨	纺仿	放	访	房防	亡忘
	宕开一平唐定	宕开一上荡明	宕合三平阳非	宕合三平阳敷	宕合三上养敷	宕合三去漾非	宕合三去漾敷	宕合三平阳奉	宕合三平阳微
鹿城话	muɔ②	muɔ④	fuɔ①	fuɔ①	fuɔ③	fuɔ⑤	fuɔ⑤	vuɔ②	vuɔ②
永强话	mɔ	mɔ	fɔ	fɔ	fɔ	fɔ	fɔ	vɔ	vɔ
永嘉话	muɔ	muɔ	fuɔ	fuɔ	fuɔ	fuɔ	fuɔ	vuɔ	vuɔ
乐清话	mɔ	mɔ	fɔ	fɔ	fɔ	fɔ	fɔ	vɔ	vɔ
虹桥话	miɤ	miɤ	fuɔ	fiɤ	fiɤ	fiɤ	fiɤ	viɤ	viɤ
瑞安话	muo	muo	fuo	fuo	fuo	fuo	fuo	vuo	vuo
陶山话	muo	muo	fuo	fuo	fuo	fuo	fuo	vuo	vuo
平阳话	muo	muo	fo	fo	fo	fo	fo	vo	vo
宜山话	mo	mo	fo	fo	fo	fo	fo	vo	vo
文成话	muɔ	muɔ	fuɔ	fuɔ	fuɔ	fuɔ	fuɔ	vuɔ	vuɔ

	望妄	当应当	党	当典当	汤	躺倘	烫	堂唐糖	荡
	宕合三去漾微	宕开一平唐端	宕开一上荡端	宕开一去宕端	宕开一平唐透	宕开一上荡透	宕开一去宕透	宕开一平唐定	宕开一上荡定
鹿城话	vuɔ⑥	tuɔ①	tuɔ③	tuɔ⑤	t'uɔ①	t'uɔ③	t'uɔ⑤	duɔ②	duɔ④
永强话	vɔ	tɔ	tɔ	tɔ	t'ɔ	t'ɔ	t'ɔ	dɔ	dɔ
永嘉话	vuɔ	tɔ	tɔ	tɔ	t'ɔ	t'ɔ	t'ɔ	dɔ	dɔ
乐清话	vɔ	tɔ	tɔ	tɔ	t'ɔ	t'ɔ	t'ɔ	dɔ	dɔ
虹桥话	viɤ	tuɔ	tuɔ	tuɔ	t'ɔ	t'ɔ	t'ɔ	dɔ	dɔ
瑞安话	vuo	tuo	tuo	tuo	t'uo	t'uo	t'uo	duo	duo
陶山话	vuo	tuo	tuo	tuo	t'uo	t'uo	t'uo	duo	duo
平阳话	vuo	to	to	to	t'o	t'o	t'o	do	do
宜山话	vo	to	to	to	t'o	t'o	t'o	do	do
文成话	vuɔ	to	to	to	t'o	t'o	t'o	do	do

	宕	囊	郎廊狼	朗	浪	赃赃款	庄装	葬	壮
	宕开一去宕定	宕开一平唐泥	宕开一平唐来	宕开一上荡精	宕开一去宕来	宕开一平唐精	宕开三平阳庄	宕开一去宕精	宕开三去漾庄
鹿城话	duɔ⑥	nuɔ②	luɔ②	luɔ④	luɔ⑥	tsuɔ①	tsuɔ①	tsuɔ⑤	tsuɔ⑤
永强话	dɔ	nɔ	lɔ	lɔ	lɔ	tsɔ	tsɔ	tsɔ	tsɔ
永嘉话	dɔ	nɔ	lɔ	lɔ	lɔ	tsɔ	tsɔ	tsɔ	tsɔ
乐清话	dɔ	nɔ	lɔ	lɔ	lɔ	tsiɔ	tsiɔ	tsiɔ	tsiɔ
虹桥话	dɔ	nɔ	lɔ	lɔ	lɔ	tsɔ	tsuɔ	tsuɔ	tsuɔ
瑞安话	duo	nuo	luo	luo	luo	tso	tsuo	tso	tsuo
陶山话	duo	nuo	luo	luo	luo	tso	tsuo	tso	tsuo
平阳话	do	no	lo	lo	lo	tɕio	tɕio	tɕio	tɕio
宜山话	do	no	lo	lo	lo	tso	tso	tso	tso
文成话	do	no	lo	lo	lo	tso	tso	tso	tso

	苍仓	疮	创	桑	丧婚丧	嗓磉	爽	丧丧失	藏隐藏
	宕开一平唐清	宕开三平阳初	宕开三去漾初	宕开一平唐心	宕开一平唐心	宕开一上荡心	宕开三上养生	宕开一去宕心	宕开一平唐从
鹿城话	ts'uɔ①	ts'uɔ①	ts'uɔ⑤	suɔ①	suɔ①	suɔ③	suɔ③	suɔ⑤	zuɔ②
永强话	ts'ɔ	ts'ɔ	ts'ɔ	sɔ	sɔ	sɔ	sɔ	sɔ	zɔ
永嘉话	ts'ɔ	ts'ɔ	ts'ɔ	sɔ	sɔ	sɔ	sɔ	sɔ	zɔ
乐清话	tɕ'iɔ	ts'iɔ	ts'iɔ	sɔ	sɔ	sɔ	sɔ	sɔ	zɔ
虹桥话	ts'ɔ	ts'uɔ	ts'uɔ	suɔ	suɔ	suɔ	suɔ	suɔ	zuɔ
瑞安话	ts'o	ts'uo	ts'uo	suo	suo	suo	suo	suo	zuo
陶山话	ts'o	ts'uo	ts'uo	suo	suo	suo	suo	suo	zuo
平阳话	tɕ'io	tɕ'io	tɕ'io	so	so	so	so	so	zo
宜山话	ts'o	ts'o	ts'o	so	so	so	so	so	zo
文成话	ts'o	ts'o	ts'o	so	so	so	so	so	zo

	脏五脏	刚纲缸	光光明	广	钢	康糠	慷	抗坑	旷矿
	宕开一去宕从	宕开一平唐见	宕合一平唐见	宕合一上荡见	宕开一去宕见	宕开一平唐溪	宕开一上荡溪	宕开一去宕溪	宕合一去宕溪
鹿城话	zuɔ⑥	kuɔ①	kuɔ①	kuɔ③	kuɔ⑤	k'uɔ①	k'uɔ③	k'uɔ⑤	k'uɔ⑤
永强话	zɔ	kɔ	kɔ	kɔ	kɔ	k'ɔ	k'ɔ	k'ɔ	k'ɔ
永嘉话	zɔ	kɔ	kɔ	kɔ	kɔ	k'ɔ	k'ɔ	k'ɔ	k'ɔ
乐清话	zɔ	kɔ	kɔ	kɔ	kɔ	k'ɔ	k'ɔ	k'ɔ	k'ɔ
虹桥话	zuɔ	kuɔ	kuɔ	kuɔ	kuɔ	k'uɔ	k'uɔ	k'uɔ	k'uɔ
瑞安话	zuo	kuo	kuo	kuo	kuo	k'uo	k'uo	k'uo	k'uo
陶山话	zuo	kuo	kuo	kuo	kuo	k'uo	k'uo	k'uo	k'uo
平阳话	zo	ko	ko	ko	ko	k'o	k'o	k'o	k'o
宜山话	zo	ko	ko	ko	ko	k'o	k'o	k'o	k'o
文成话	zo	kuɔ	kuɔ	kuɔ	kuɔ	k'uɔ	k'uɔ	k'uɔ	k'uɔ

	昂	夯	慌荒	谎晃	航杭	黄簧皇	旺	肮肮脏	汪汪洋
	宕开一 平唐疑	宕开一 平唐晓	宕合一 平唐晓	宕合一 上荡匣	宕开一 平唐匣	宕合一 平唐匣	宕合三 去漾匣	宕开一 平唐影	宕合一 平唐影
鹿城话	ŋuɔ②	huɔ①	huɔ①	huɔ③	ɦuɔ②	ɦuɔ②	ɦuɔ⑥	ʔuɔ①	ʔuɔ①
永强话	ŋɔ	hɔ	hɔ	hɔ	ɦɔ	ɦɔ	ɦɔ	ʔɔ	ʔɔ
永嘉话	ŋɔ	hɔ	hɔ	hɔ	ɦɔ	ɦɔ	ɦɔ	ʔɔ	ʔɔ
乐清话	ŋɔ	hɔ	hɔ	hɔ	ɦɔ	ɦɔ	ɦɔ	ʔɔ	ʔɔ
虹桥话	ŋuɔ	huɔ	huɔ	huɔ	ɦuɔ	ɦuɔ	ɦuɔ	ʔuɔ	ʔuɔ
瑞安话	ŋuo	huo	huo	huo	ɦuo	ɦuo	ɦuo	ʔuo	ʔuo
陶山话	ŋuo	huo	huo	huo	ɦuo	ɦuo	ɦuo	ʔuo	ʔuo
平阳话	ŋo	ho	ho	ho	ɦo	ɦo	ɦo	ʔo	ʔo
宜山话	ŋo	ho	ho	ho	ɦo	ɦo	ɦo	ʔo	ʔo
文成话	ŋuɔ	huɔ	ho	ho	ɦo	ɦo	ɦo	ʔo	ʔuɔ

	匡筐眶	闯闯王	状	狂	逛	霜孀	况	床	枉
	宕合三 平阳溪	宕开三 上养初	宕开三 去漾崇	宕合三 平阳群	宕合三 去漾见	宕开三 平阳生	宕合三 去漾晓	宕开三 平阳崇	宕合三 上养影
鹿城话	tɕʻyɔ①	tɕʻyɔ③	dʑyɔ⑥	dʑyɔ②	dʑyɔ⑥	ɕyɔ①	ɕʻyɔ⑤	zyɔ②	ʔjyɔ③
永强话	tɕʻyɔ	tɕʻyɔ	dʑyɔ	dʑyɔ	dʑyɔ	ɕyɔ	ɕʻyɔ	zyɔ	ʔjyɔ
永嘉话	tɕʻyɔ	tɕʻyɔ	dʑyɔ	dʑyɔ	dʑyɔ	ɕyɔ	ɕʻyɔ	zyɔ	ʔjyɔ
乐清话	tɕʻyɯa	tɕʻyɯa	dʑyɯa	dʑyɯa	dʑyɯa	ɕyɯa	ɕyɯa	zɯa	ʔjyɯa
虹桥话	tɕʻiɔ	tɕʻiɔ	dʑiɔ	dʑiɔ	dʑiɔ	ɕiɔ	ɕʻiɔ	ziɔ	ʔjiɔ
瑞安话	tɕʻyo	tɕʻyo	dʑyo	dʑyo	dʑyo	ɕyo	ɕʻyo	zyo	ʔjyo
陶山话	tɕʻyo	tɕʻyo	dʑyo	dʑyo	dʑyo	ɕyo	ɕʻyo	zyo	ʔjyo
平阳话	tɕʻyo	tɕʻyo	dʑyo	dʑyo	dʑyo	ɕyo	ɕʻyo	zyo	ʔjyo
宜山话	tɕʻyo	tɕʻyo	dʑyo	dʑyo	dʑyo	ɕyo	ɕʻyo	zyo	ʔjyo
文成话	tɕʻyɔ	tɕʻyɔ	dʑyɔ	dʑyɔ	dʑyɔ	ɕyɔ	ɕʻyɔ	zyɔ	ʔjyɔ

	王	往	娘姑娘	酿	凉良粮	两斤两	亮谅量	将将来	张
	宕合三 平阳云	宕合三 上养云	宕开三 平唐泥	宕开三 去漾泥	宕开三 平唐来	宕开三 上养来	宕开三 去漾来	宕开三 平阳精	宕开三 平阳知
鹿城话	jyɔ②	jyɔ④	ȵi②	ȵi⑥	li②	li④	li⑥	tɕi①	tɕi①
永强话	jyɔ	jyɔ	ȵiɛ	ȵiɛ	liɛ	liɛ	liɛ	tɕiɛ	tɕiɛ
永嘉话	jyɔ	jyɔ	ȵiɛ	ȵiɛ	liɛ	liɛ	liɛ	tɕiɛ	tɕiɛ
乐清话	jyɯa	jyɯa	ȵiɯa	ȵiɯa	liɯa	liɯa	liɯa	tɕiɯa	tɕiɯa
虹桥话	jiɔ	jiɔ	ȵiɤ	ȵiɤ	liɤ	liɤ	liɤ	tɕiɤ	tɕiɤ
瑞安话	jyo	jyo	ȵiæ	ȵiæ	liæ	liæ	liæ	tɕiæ	tɕiæ
陶山话	jyo	jyo	ȵiæ	ȵiæ	liæ	liæ	liæ	tɕiæ	tɕiæ
平阳话	jyo	jyo	ȵie	ȵie	lie	lie	lie	tɕie	tɕie
宜山话	jyo	jyo	ȵie	ȵie	lie	lie	lie	tɕie	tɕie
文成话	jyɔ	jyɔ	ȵiɛ	ȵiɛ	liɛ	liɛ	liɛ	tɕiɛ	tɕiɛ

	章樟	疆僵姜	浆浆蒋	长涨	掌	障	酱	账胀帐	枪
	宕开三 平阳章	宕开三 平阳见	宕开三 上养精	宕开三 上养知	宕开三 上养章	宕开三 去漾章	宕开三 去漾精	宕开三 去漾知	宕开三 平阳清
鹿城话	tɕi①	tɕi①	tɕi③	tɕi③	tɕi③	tɕi⑤	tɕi⑤	tɕi⑤	tɕʻi①
永强话	tɕie	tɕie	tɕie	tɕie	tɕie	tɕie	tɕie	tɕie	tɕʻie
永嘉话	tɕie	tɕie	tɕie	tɕie	tɕie	tɕie	tɕie	tɕie	tɕʻie
乐清话	tɕiɯa	tɕiɯa	tɕiɯa	tɕiɯa	tɕiɯa	tɕiɯa	tɕiɯa	tɕiɯa	tɕʻiɯa
虹桥话	tɕiɤ	tɕiɤ	tɕiɤ	tɕiɤ	tɕiɤ	tɕiɤ	tɕiɤ	tɕiɤ	tɕʻiɤ
瑞安话	tɕiæ	tɕiæ	tɕiæ	tɕiæ	tɕiæ	tɕiæ	tɕiæ	tɕiæ	tɕʻiæ
陶山话	tɕie	tɕie	tɕie	tɕie	tɕie	tɕie	tɕie	tɕie	tɕʻie
平阳话	tɕie	tɕie	tɕie	tɕie	tɕie	tɕie	tɕie	tɕie	tɕʻie
宜山话	tɕie	tɕie	tɕie	tɕie	tɕie	tɕie	tɕie	tɕie	tɕʻie
文成话	tɕiɛ	tɕiɛ	tɕiɛ	tɕiɛ	tɕiɛ	tɕiɛ	tɕiɛ	tɕiɛ	tɕʻiɛ

	昌	羌	抢	昶	厂	畅	唱	长场肠	强
	宕开三 平阳昌	宕开三 平阳溪	宕开三 上养清	宕开三 上养彻	宕开三 上养昌	宕开三 去漾彻	宕开三 去漾昌	宕开三 平阳澄	宕开三 平阳群
鹿城话	tɕʻi①	tɕʻi①	tɕʻi③	tɕʻi③	tɕʻi③	tɕʻi⑤	tɕʻi⑤	dʑi②	dʑi②
永强话	tɕʻie	tɕʻie	tɕʻie	tɕʻie	tɕʻie	tɕʻie	tɕʻie	dʑie	dʑie
永嘉话	tɕʻie	tɕʻie	tɕʻie	tɕʻie	tɕʻie	tɕʻie	tɕʻie	dʑie	dʑie
乐清话	tɕʻiɯa	tɕʻiɯa	tɕʻiɯa	tɕʻiɯa	tɕʻiɯa	tɕʻiɯa	tɕʻiɯa	dʑiɯa	dʑiɯa
虹桥话	tɕʻiɤ	tɕʻiɤ	tɕʻiɤ	tɕʻiɤ	tɕʻiɤ	tɕʻiɤ	tɕʻiɤ	dʑiɤ	dʑiɤ
瑞安话	tɕʻiæ	tɕʻiæ	tɕʻiæ	tɕʻiæ	tɕʻiæ	tɕʻiæ	tɕʻiæ	dʑiæ	dʑiæ
陶山话	tɕʻie	tɕʻie	tɕʻie	tɕʻie	tɕʻie	tɕʻie	tɕʻie	dʑie	dʑie
平阳话	tɕʻie	tɕʻie	tɕʻie	tɕʻie	tɕʻie	tɕʻie	tɕʻie	dʑie	dʑie
宜山话	tɕʻie	tɕʻie	tɕʻie	tɕʻie	tɕʻie	tɕʻie	tɕʻie	dʑie	dʑie
文成话	tɕʻiɛ	tɕʻiɛ	tɕʻiɛ	tɕʻiɛ	tɕʻiɛ	tɕʻiɛ	tɕʻiɛ	dʑiɛ	dʑiɛ

	丈仗杖	犟	瓤	壤嚷	仰	让	箱湘襄	商伤	香乡
	宕开三 上养澄	宕开三 上养群	宕开三 平阳日	宕开三 上养日	宕开三 上养疑	宕开三 去漾日	宕开三 平阳心	宕开三 平阳书	宕开三 平阳晓
鹿城话	dʑi④	dʑi④	ȵi②	ȵi④	ȵi④	ȵi⑥	ɕi①	ɕi①	ɕi①
永强话	dʑie	dʑie	ȵie	ȵie	ȵie	ȵie	ɕie	ɕie	ɕie
永嘉话	dʑie	dʑie	ȵie	ȵie	ȵie	ȵie	ɕie	ɕie	ɕie
乐清话	dʑiɯa	dʑiɯa	ȵiɯa	ȵiɯa	ȵia	ȵiɯa	ɕiɯa	ɕiɯa	ɕia
虹桥话	dʑiɤ	dʑiɤ	ȵiɤ	ȵiɤ	ȵiɤ	ȵiɤ	ɕiɤ	ɕiɤ	ɕie
瑞安话	dʑiæ	dʑiæ	ȵiæ	ȵiæ	ȵiæ	ȵiæ	ɕiæ	ɕiæ	ɕiæ
陶山话	dʑie	dʑie	ȵie	ȵie	ȵie	ȵie	ɕie	ɕie	ɕie
平阳话	dʑie	dʑie	ȵie	ȵie	ȵie	ȵie	ɕie	ɕie	ɕie
宜山话	dʑie	dʑie	ȵie	ȵie	ȵie	ȵie	ɕie	ɕie	ɕie
文成话	dʑiɛ	dʑiɛ	ȵiɛ	ȵiɛ	ȵiɛ	ȵiɛ	ɕiɛ	ɕiɛ	ɕiɛ

	想鲞	赏晌	享响	相相貌	饷	向	墙	详祥	常裳尝
	宕开三 上养心	宕开三 上养书	宕开三 上养晓	宕开三 去漾心	宕开三 去漾书	宕开三 去漾晓	宕开三 平阳从	宕开三 平阳邪	宕开三 平阳禅
鹿城话	ɕi③	ɕi③	ɕi③	ɕi⑤	ɕi⑤	ɕi⑤	ʑi②	ʑi②	ʑi②
永强话	ɕie	ɕie	ɕie	ɕie	ɕie	ɕie	ʑie	ʑie	ʑie
永嘉话	ɕiɛ	ɕiɛ	ɕiɛ	ɕiɛ	ɕiɛ	ɕiɛ	ʑiɛ	ʑiɛ	ʑiɛ
乐清话	ɕiɯa	ɕiɯa	ɕia	ɕiɯa	ɕiɯa	ɕia	ʑiɯa	ʑiɯa	ʑiɯa
虹桥话	ɕiɤ	ɕiɤ	ɕie	ɕiɤ	ɕiɤ	ɕie	ʑiɤ	ʑiɤ	ʑiɤ
瑞安话	ɕiæ	ɕiæ	ɕiæ	ɕiæ	ɕiæ	ɕiæ	ʑiæ	ʑiæ	ʑiæ
陶山话	ɕie	ɕie	ɕie	ɕie	ɕie	ɕie	ʑie	ʑie	ʑie
平阳话	ɕie	ɕie	ɕie	ɕie	ɕie	ɕie	ʑie	ʑie	ʑie
宜山话	ɕie	ɕie	ɕie	ɕie	ɕie	ɕie	ʑie	ʑie	ʑie
文成话	ɕiɛ	ɕiɛ	ɕiɛ	ɕiɛ	ɕiɛ	ɕiɛ	ʑiɛ	ʑiɛ	ʑiɛ

	象像橡	上上面	匠	尚	央秧殃	养养育	羊洋阳	痒	样
	宕开三 上养邪	宕开三 去漾禅	宕开三 去漾从	宕开三 去漾禅	宕开三 平阳影	宕开三 上养影	宕开三 平阳以	宕开三 上养以	宕开三 去漾以
鹿城话	ʑi④	ʑi⑥	ʑi⑥	ʑi⑥	ʔji①	ʔji③	ji②	ji④	ji⑥
永强话	ʑie	ʑie	ʑie	ʑie	ʔjie	ʔjie	jie	jie	jie
永嘉话	ʑiɛ	ʑiɛ	ʑiɛ	ʑiɛ	ʔjiɛ	ʔjiɛ	jiɛ	jiɛ	jiɛ
乐清话	ʑiɯa	ʑiɯa	ʑiɯa	ʑiɯa	ʔjia	ʔjia	jia	jia	jia
虹桥话	ʑiɤ	ʑiɤ	ʑiɤ	ʑiɤ	ʔjie	ʔjie	jie	jie	jie
瑞安话	ʑiæ	ʑiæ	ʑiæ	ʑiæ	ʔjiæ	ʔjiæ	jiæ	jiæ	jiæ
陶山话	ʑie	ʑie	ʑie	ʑie	ʔjie	ʔjie	jie	jie	jie
平阳话	ʑie	ʑie	ʑie	ʑie	ʔjie	ʔjie	jie	jie	jie
宜山话	ʑie	ʑie	ʑie	ʑie	ʔjie	ʔjie	jie	jie	jie
文成话	ʑiɛ	ʑiɛ	ʑiɛ	ʑiɛ	ʔjiɛ	ʔjiɛ	jiɛ	jiɛ	jiɛ

[江摄]

	邦联邦	绑	胖	庞	棒蚌	江扛	讲港	降降落	夯
	江开二 平江帮	江开二 上讲帮	江开二 去绛滂	江开二 平江並	江开二 上讲並	江开二 平江见	江开二 上讲见	江开二 去绛见	江开二 平江晓
鹿城话	puɔ①	puɔ③	p'uɔ⑤	buɔ②	buɔ④	kuɔ①	kuɔ③	kuɔ⑤	huɔ①
永强话	pɔ	pɔ	p'ɔ	bɔ	bɔ	kɔ	kɔ	kɔ	hɔ
永嘉话	puɔ	puɔ	p'uɔ	buɔ	buɔ	kɔ	kɔ	kɔ	hɔ
乐清话	pa	pa	p'a	ba	ba	ka	ka	ka	ha
虹桥话	puɔ	puɔ	p'uɔ	buɔ	buɔ	kuɔ	kuɔ	kuɔ	huɔ
瑞安话	puo	puo	p'uo	buo	buo	kuo	kuo	kuo	huo
陶山话	puo	puo	p'uo	buo	buo	kuo	kuo	kuo	huo
平阳话	puo	puo	p'uo	buo	buo	ko	ko	ko	ho
宜山话	po	po	p'o	bo	bo	ko	ko	ko	ho
文成话	puɔ	puɔ	p'uɔ	buɔ	buɔ	kuɔ	kuɔ	kuɔ	huɔ

	项	巷	桩桩柱	窗	撞	双	腔腹腔	降投降	崩
	江开二上讲匣	江开二去绛匣	江开二平江知	江开二平江初	江开二去绛澄	江开二平江生	江开二平江溪	江开二平江匣	曾开一平登帮
鹿城话	ɦuɔ④	ɦuɔ⑥	tɕyɔ①	tɕ'yɔ①	dʑyɔ⑥	ɕyɔ①	tɕ'i①	ji②	poŋ①
永强话	ɦɔ	ɦɔ	tɕyɔ	tɕ'yɔ	dʑyɔ	ɕyɔ	tɕ'iɛ	jiɛ	poŋ
永嘉话	ɦɔ	ɦɔ	tɕyɔ	tɕ'yɔ	dʑyɔ	ɕyɔ	tɕ'iɛ	jiɛ	poŋ
乐清话	ɦo	ɦo	tɕyɯa	tɕ'yɯa	dʑyɯa	ɕyɯa	tɕ'ia	jia	poŋ
虹桥话	ɦuɔ	ɦuɔ	tɕiɔ	tɕ'iɔ	dʑiɔ	ɕiɔ	tɕ'iɛ	jiɛ	poŋ
瑞安话	ɦuo	ɦuo	tɕyo	tɕ'yo	dʑyo	ɕyo	tɕ'iæ	jiæ	poŋ
陶山话	ɦuo	ɦuo	tɕyo	tɕ'yo	dʑyo	ɕyo	tɕ'iɛ	jiɛ	poŋ
平阳话	ɦo	ɦo	tɕyɔ	tɕ'yɔ	dʑyɔ	ɕyɔ	tɕ'iɛ	jiɛ	poŋ
宜山话	ɦo	ɦo	tɕyo	tɕ'yo	dʑyo	ɕyo	tɕ'iɛ	jiɛ	poŋ
文成话	ɦuɔ	ɦuɔ	tɕyɔ	tɕ'yɔ	dʑyɔ	ɕyɔ	tɕ'iɛ	jiɛ	poŋ

[江摄][曾摄]

	碰	朋	弘	灯	凳	瞪瞪眼	藤	能	增增加
	曾开一去嶝滂	曾开一平登并	曾合一平登匣	曾开一平登端	曾开一去嶝端	曾开三去证澄	曾开一平登定	曾开一平登泥	曾开一平登精
鹿城话	p'oŋ⑤	boŋ②	ɦoŋ②	taŋ①	taŋ⑤	taŋ⑤	daŋ②	naŋ②	tsaŋ①
永强话	p'oŋ	boŋ	ɦoŋ	taŋ	taŋ	taŋ	daŋ	naŋ	tsaŋ
永嘉话	p'oŋ	boŋ	ɦoŋ	taŋ	taŋ	taŋ	daŋ	naŋ	tsaŋ
乐清话	p'oŋ	boŋ	ɦoŋ	taŋ	taŋ	taŋ	daŋ	naŋ	tɕiaŋ
虹桥话	p'oŋ	boŋ	ɦoŋ	taŋ	taŋ	taŋ	daŋ	naŋ	tsaŋ
瑞安话	p'oŋ	boŋ	ɦoŋ	taŋ	taŋ	taŋ	daŋ	naŋ	tsaŋ
陶山话	p'oŋ	boŋ	ɦoŋ	taŋ	taŋ	taŋ	daŋ	naŋ	tsaŋ
平阳话	p'oŋ	boŋ	ɦoŋ	taŋ	taŋ	taŋ	daŋ	naŋ	tɕiaŋ
宜山话	p'oŋ	boŋ	ɦoŋ	taŋ	taŋ	taŋ	daŋ	naŋ	tsaŋ
文成话	p'oŋ	boŋ	ɦoŋ	taŋ	taŋ	taŋ	daŋ	naŋ	tɕiaŋ

	蹭	僧	层	冰	凭	陵凌菱	征出征	蒸蒸笼	拯
	曾开一去嶝清	曾开一平登心	曾开一平登从	曾开三平蒸帮	曾开三平蒸并	曾开三平蒸来	曾开三平蒸知	曾开三平蒸章	曾开三上拯章
鹿城话	ts'aŋ⑤	saŋ①	zaŋ②	pəŋ①	bəŋ②	ləŋ②	tsəŋ①	tsəŋ①	tsəŋ③
永强话	ts'aŋ	saŋ	zaŋ	pəŋ	bəŋ	ləŋ	tɕiəŋ	tɕiəŋ	tɕiəŋ
永嘉话	ts'aŋ	saŋ	zaŋ	pəŋ	bəŋ	ləŋ	tsiəŋ	tsiəŋ	tsiəŋ
乐清话	tɕ'iaŋ	saŋ	zaŋ	pəŋ	bəŋ	ləŋ	tsəŋ	tsəŋ	tsəŋ
虹桥话	ts'aŋ	saŋ	zaŋ	pəŋ	bəŋ	ləŋ	tsəŋ	tsəŋ	tsəŋ
瑞安话	ts'aŋ	saŋ	zaŋ	pəŋ	bəŋ	ləŋ	tsəŋ	tsəŋ	tsəŋ
陶山话	ts'aŋ	saŋ	zaŋ	pəŋ	bəŋ	ləŋ	tsəŋ	tsəŋ	tsəŋ
平阳话	tɕ'iaŋ	saŋ	zaŋ	pəŋ	bəŋ	ləŋ	tsiəŋ	tsiəŋ	tsiəŋ
宜山话	ts'aŋ	saŋ	zaŋ	pəŋ	bəŋ	ləŋ	tsiəŋ	tsiəŋ	tsiəŋ
文成话	tɕ'iaŋ	saŋ	zaŋ	piŋ	biŋ	liŋ	tsiŋ	tsiŋ	tsiŋ

	证症	称称呼	秤	惩澄橙	升	胜	乘绳	丞承	仍
	曾开三 去证章	曾开三 平蒸昌	曾开三 去证昌	曾开三 平蒸澄	曾开三 平蒸书	曾开三 去证书	曾开三 平蒸船	曾开三 平蒸禅	曾开三 平蒸日
鹿城话	tsəŋ⑤	tsʻəŋ①	tsʻəŋ⑤	dzəŋ②	səŋ①	səŋ⑤	zəŋ②	zəŋ②	zəŋ②
永强话	tɕieŋ	tɕʻieŋ	tɕʻieŋ	dzieŋ	sieŋ	sieŋ	zieŋ	zieŋ	zieŋ
永嘉话	tsieŋ	tsʻieŋ	tsʻieŋ	dzieŋ	sieŋ	sieŋ	zieŋ	zieŋ	zieŋ
乐清话	tsəŋ	tsʻəŋ	tsʻəŋ	dzəŋ	səŋ	səŋ	zəŋ	zəŋ	zəŋ
虹桥话	tsəŋ	tsʻəŋ	tsʻəŋ	dzəŋ	səŋ	səŋ	zəŋ	zəŋ	zəŋ
瑞安话	tsəŋ	tsʻəŋ	tsʻəŋ	dzəŋ	səŋ	səŋ	zəŋ	zəŋ	zəŋ
陶山话	tsəŋ	tsʻəŋ	tsʻəŋ	dzəŋ	səŋ	səŋ	zəŋ	zəŋ	zəŋ
平阳话	tsieŋ	tsʻieŋ	tsʻieŋ	dzieŋ	səŋ	səŋ	zəŋ	zəŋ	zəŋ
宜山话	tsieŋ	tsʻieŋ	tsʻieŋ	dzieŋ	sieŋ	sieŋ	zieŋ	zieŋ	zieŋ
文成话	tsiŋ	tsʻiŋ	tsʻiŋ	dziŋ	siŋ	siŋ	ziŋ	ziŋ	ziŋ

	剩	凝	兴兴旺	兴高兴	鹰老鹰	蝇	应应对	孕
	曾开三 去证船	曾开三 平蒸疑	曾开三 平蒸晓	曾开三 去证晓	曾开三 平蒸影	曾开三 平蒸影	曾开三 去澄影	曾开三 去证以
鹿城话	zəŋ⑥	ȵiaŋ②	ɕiaŋ①	ɕiaŋ⑤	ʔjiaŋ①	ʔjiaŋ①	ʔjiaŋ⑤	jiaŋ⑥
永强话	zəŋ	ȵiaŋ	ɕiaŋ	ɕiaŋ	ʔjiaŋ	ʔjiaŋ	ʔjiaŋ	jiaŋ
永嘉话	zieŋ	ȵiaŋ	ɕiaŋ	ɕiaŋ	ʔjiaŋ	ʔjiaŋ	ʔjiaŋ	jiaŋ
乐清话	zəŋ	ȵiaŋ	ɕiaŋ	ɕiaŋ	ʔjiaŋ	ʔjiaŋ	ʔjiaŋ	jiaŋ
虹桥话	zəŋ	ȵiaŋ	ɕiaŋ	ɕiaŋ	ʔjiaŋ	ʔjiaŋ	ʔjiaŋ	jiaŋ
瑞安话	zəŋ	ȵiaŋ	ɕiaŋ	ɕiaŋ	ʔjiaŋ	ʔjiaŋ	ʔjiaŋ	jiaŋ
陶山话	zəŋ	ȵiaŋ	ɕiaŋ	ɕiaŋ	ʔjiaŋ	ʔjiaŋ	ʔjiaŋ	jiaŋ
平阳话	zəŋ	ȵiaŋ	ɕiaŋ	ɕiaŋ	ʔjiaŋ	ʔjiaŋ	ʔjiaŋ	jiaŋ
宜山话	zəŋ	ȵiaŋ	ɕiaŋ	ɕiaŋ	ʔjiaŋ	ʔjiaŋ	ʔjiaŋ	jiaŋ
文成话	ziŋ	ȵiaŋ	ɕiaŋ	ɕiaŋ	ʔjiaŋ	ʔjiaŋ	ʔjiaŋ	jiaŋ

[梗摄]

	浜	迸	烹	彭膨	棚	蚌	盲	萌	猛
	梗开二 平耕帮	梗开二 去诤帮	梗开二 平庚滂	梗开二 平庚并	梗开二 平耕并	梗开二 上梗并	梗开二 平庚明	梗开二 平耕明	梗开二 上梗明
鹿城话	pɛ①	pɛ⑤	pʻɛ①	bɛ②	bɛ②	bɛ④	mɛ②	mɛ②	mɛ④
永强话	pɛ	pɛ	pʻɛ	bɛ	bɛ	bɛ	mɛ	mɛ	mɛ
永嘉话	pɛ	pɛ	pʻɛ	bɛ	bɛ	bɛ	mɛ	mɛ	mɛ
乐清话	pa	pa	pʻa	ba	ba	ba	ma	ma	ma
虹桥话	pɛ	pɛ	pʻɛ	bɛ	bɛ	bɛ	mɛ	mɛ	mɛ
瑞安话	pa	pa	pʻa	ba	ba	ba	ma	ma	ma
陶山话	pa	pa	pʻa	ba	ba	ba	ma	ma	ma
平阳话	pa	pa	pʻa	ba	ba	ba	ma	ma	ma
宜山话	pæ	pæ	pʻæ	bæ	bæ	bæ	mæ	mæ	mæ
文成话	pa	pa	pʻa	ba	ba	ba	ma	ma	ma

	孟	打打击	冷	争筝	撑支撑	撑撑开	生牲笙	省	庚更羹
	梗开二	梗开二	梗开二	梗开二	梗开二	梗开二	梗开二	梗开二	梗开二
	去映明	上梗端	上梗来	平耕庄	平庚彻	去映彻	平庚生	上梗生	平庚见
鹿城话	mɛ⑥	tɛ③	lɛ④	tsɛ①	tsʻɛ①	tsʻɛ⑤	sɛ①	sɛ③	kɛ①
永强话	mɛ	tɛ	lɛ	tsɛ	tsʻɛ	tsʻɛ	sɛ	sɛ	kɛ
永嘉话	mɛ	tɛ	lɛ	tsɛ	tsʻɛ	tsʻɛ	sɛ	sɛ	kɛ
乐清话	ma	ta	la	tɕia	tɕʻia	tɕʻia	sa	sa	ka
虹桥话	mɛ	tɛ	lɛ	tsɛ	tsʻɛ	tsʻɛ	sɛ	sɛ	kɛ
瑞安话	ma	ta	la	tsa	tsʻa	tsʻa	sa	sa	ka
陶山话	ma	ta	la	tsa	tsʻa	tsʻa	sa	sa	ka
平阳话	ma	ta	la	tɕia	tɕʻia	tɕʻia	sa	sa	ka
宜山话	mæ	tæ	læ	tsæ	tsʻæ	tsʻæ	sæ	sæ	kæ
文成话	ma	ta	la	tɕia	tsʻa	tsʻa	sa	sa	ka

	更更加	耕	梗	耿	坑	硬	亨哼	行行为	幸
	梗开二	梗开二	梗开二	梗开二	梗开二	梗开二	梗开二	梗开二	梗开二
	平庚见	平耕见	上梗见	上耿见	平庚溪	去映疑	平庚晓	平庚匣	上梗匣
鹿城话	kɛ①	kɛ①	kɛ③	kɛ③	kʻɛ①	ŋɛ⑥	hɛ①	ɦɛ②	ɦɛ④
永强话	kɛ	kɛ	kɛ	kɛ	kʻɛ	ŋɛ	hɛ	ɦɛ	ɦɛ
永嘉话	kɛ	kɛ	kɛ	kɛ	kʻɛ	ŋɛ	hɛ	ɦɛ	ɦɛ
乐清话	ka	ka	ka	ka	kʻa	ŋa	ha	ɦa	ɦa
虹桥话	kɛ	kɛ	kɛ	kɛ	kʻɛ	ŋɛ	hɛ	ɦɛ	ɦɛ
瑞安话	ka	ka	ka	ka	kʻa	ŋa	ha	ɦa	ɦa
陶山话	ka	ka	ka	ka	kʻa	ŋa	ha	ɦa	ɦa
平阳话	ka	ka	ka	ka	kʻa	ŋa	ha	ɦa	ɦa
宜山话	kæ	kæ	kæ	kæ	kʻæ	ŋæ	hæ	ɦæ	ɦæ
文成话	ka	ka	ka	ka	kʻa	ŋa	ha	ɦa	ɦa

	行品行	杏杏仁	横	矿矿产	兵兵士	并并州	丙秉	饼饼干	柄
	梗开二	梗开二	梗合二	梗合二	梗开二	梗开三	梗开二	梗开三	梗开三
	去映匣	上梗匣	平庚匣	上梗见	平庚帮	平清帮	上梗帮	上静帮	去映帮
鹿城话	ɦɛ⑥	ʔɛ③	vɛ②	kʻuɔ③	pəŋ①	pəŋ①	pəŋ③	pəŋ③	pəŋ⑤
永强话	ɦɛ	ʔɛ	vɛ	kʻɔ	pəŋ	pəŋ	pəŋ	pəŋ	pəŋ
永嘉话	ɦɛ	ʔɛ	vɛ	kʻɔ	pəŋ	pəŋ	pəŋ	pəŋ	pəŋ
乐清话	ɦa	ʔa	va	kʻɔ	pəŋ	pəŋ	pəŋ	pəŋ	pəŋ
虹桥话	ɦɛ	ʔɛ	vɛ	kʻuɔ	pəŋ	pəŋ	pəŋ	pəŋ	pəŋ
瑞安话	ɦa	ʔa	va	kʻuo	pəŋ	pəŋ	pəŋ	pəŋ	pəŋ
陶山话	ɦa	ʔa	va	kʻuo	pəŋ	pəŋ	pəŋ	pəŋ	pəŋ
平阳话	ɦa	ʔa	va	kʻo	pəŋ	pəŋ	pəŋ	pəŋ	pəŋ
宜山话	ɦæ	ʔæ	væ	kʻo	pəŋ	pəŋ	pəŋ	pəŋ	pəŋ
文成话	ɦa	ʔa	va	kʻuo	piŋ	piŋ	piŋ	piŋ	piŋ

	併	姘姘居	聘	平坪評	萍瓶屏	並	病	鳴明盟	名
	梗開三 去勁幫	梗開四 平青滂	梗開三 去勁滂	梗開三 平庚並	梗開四 平青並	梗開四 上迥並	梗開三 去映並	梗開三 平庚明	梗開三 平清明
鹿城話	pəŋ⑤	p'əŋ①	p'əŋ⑤	bəŋ②	bəŋ②	bəŋ④	bəŋ⑥	məŋ②	məŋ②
永強話	pəŋ	p'əŋ	p'əŋ	bəŋ	bəŋ	bəŋ	bəŋ	məŋ	məŋ
永嘉話	pəŋ	p'əŋ	p'əŋ	bəŋ	bəŋ	bəŋ	bəŋ	məŋ	məŋ
樂清話	pəŋ	p'əŋ	p'əŋ	bəŋ	bəŋ	bəŋ	bəŋ	məŋ	məŋ
虹橋話	pəŋ	p'əŋ	p'əŋ	bəŋ	bəŋ	bəŋ	bəŋ	məŋ	məŋ
瑞安話	pəŋ	p'əŋ	p'əŋ	bəŋ	bəŋ	bəŋ	bəŋ	məŋ	məŋ
陶山話	pəŋ	p'əŋ	p'əŋ	bəŋ	bəŋ	bəŋ	bəŋ	məŋ	məŋ
平陽話	pəŋ	p'əŋ	p'əŋ	bəŋ	bəŋ	bəŋ	bəŋ	məŋ	məŋ
宜山話	pəŋ	p'əŋ	p'əŋ	bəŋ	bəŋ	bəŋ	bəŋ	məŋ	məŋ
文成話	piŋ	p'iŋ	p'iŋ	biŋ	biŋ	biŋ	biŋ	miŋ	miŋ

	銘	皿	命	丁釘疔	頂鼎	訂釘	聽廳汀	艇挺	聽聽任
	梗開四 平青明	梗開三 上梗明	梗開三 去映明	梗開四 平青端	梗開四 上迥端	梗開四 去徑端	梗開四 平青透	梗開四 上迥定	梗開四 去徑透
鹿城話	məŋ②	məŋ④	məŋ⑥	təŋ①	təŋ③	təŋ⑤	t'əŋ①	t'əŋ③	t'əŋ⑤
永強話	məŋ	məŋ	məŋ	təŋ	təŋ	təŋ	t'əŋ	t'əŋ	t'əŋ
永嘉話	məŋ	məŋ	məŋ	təŋ	təŋ	təŋ	t'əŋ	t'əŋ	t'əŋ
樂清話	məŋ	məŋ	məŋ	təŋ	təŋ	təŋ	t'əŋ	t'əŋ	t'əŋ
虹橋話	məŋ	məŋ	məŋ	təŋ	təŋ	təŋ	t'əŋ	t'əŋ	t'əŋ
瑞安話	məŋ	məŋ	məŋ	təŋ	təŋ	təŋ	t'əŋ	t'əŋ	t'əŋ
陶山話	məŋ	məŋ	məŋ	təŋ	təŋ	təŋ	t'əŋ	t'əŋ	t'əŋ
平陽話	məŋ	məŋ	məŋ	təŋ	təŋ	təŋ	t'əŋ	t'əŋ	t'əŋ
宜山話	məŋ	məŋ	məŋ	təŋ	təŋ	təŋ	t'əŋ	t'əŋ	t'əŋ
文成話	miŋ	miŋ	miŋ	tiŋ	tiŋ	tiŋ	t'iŋ	t'iŋ	t'iŋ

	亭停廷	定	鈴靈零	領嶺	令	另	精晶睛	貞偵	正正月
	梗開四 平青定	梗開四 去徑定	梗開四 平青來	梗開三 上靜來	梗開三 去勁來	梗開四 去徑來	梗開三 平清精	梗開三 平清知	梗開三 平清知
鹿城話	dəŋ②	dəŋ⑥	ləŋ②	ləŋ④	ləŋ⑥	ləŋ⑥	tsəŋ①	tsəŋ①	tsəŋ①
永強話	dəŋ	dəŋ	ləŋ	ləŋ	ləŋ	ləŋ	tɕiəŋ	tsəŋ	tsəŋ
永嘉話	dəŋ	dəŋ	ləŋ	ləŋ	ləŋ	ləŋ	tɕiəŋ	tsiəŋ	tsiəŋ
樂清話	dəŋ	dəŋ	ləŋ	ləŋ	ləŋ	ləŋ	tɕiəŋ	tsəŋ	tsəŋ
虹橋話	dəŋ	dəŋ	ləŋ	ləŋ	ləŋ	ləŋ	tsəŋ	tsəŋ	tsəŋ
瑞安話	dəŋ	dəŋ	ləŋ	ləŋ	ləŋ	ləŋ	tsəŋ	tsəŋ	tsəŋ
陶山話	dəŋ	dəŋ	ləŋ	ləŋ	ləŋ	ləŋ	tsəŋ	tsəŋ	tsəŋ
平陽話	dəŋ	dəŋ	ləŋ	ləŋ	ləŋ	ləŋ	tɕiəŋ	tsiəŋ	tsiəŋ
宜山話	dəŋ	dəŋ	ləŋ	ləŋ	ləŋ	ləŋ	tɕiəŋ	tsiəŋ	tsiəŋ
文成話	diŋ	diŋ	liŋ	liŋ	liŋ	liŋ	tsiŋ	tsiŋ	tsiŋ

	井	整	正真正	政	清	蛏	青蜻	请	橙
	梗开三 上静精	梗开三 上静章	梗开三 去劲章	梗开三 去劲章	梗开三 平清清	梗开三 平清彻	梗开四 平青清	梗开三 上静清	梗开二 平耕澄
鹿城话	tsəŋ③	tsəŋ③	tsəŋ⑤	tsəŋ⑤	tsʻəŋ①	tsʻəŋ①	tsʻəŋ①	tsʻəŋ③	dzəŋ②
永强话	tsəŋ	tsəŋ	tsəŋ	tsəŋ	tsʻəŋ	tsʻəŋ	tsʻəŋ	tsʻəŋ	dzəŋ
永嘉话	tsiəŋ	tsiəŋ	tsiəŋ	tsiəŋ	tsʻiəŋ	tsʻiəŋ	tsʻiəŋ	tsʻiəŋ	dziəŋ
乐清话	tsəŋ	tsəŋ	tsəŋ	tsəŋ	tsʻəŋ	tsʻəŋ	tsʻəŋ	tsʻəŋ	dzəŋ
虹桥话	tsəŋ	tsəŋ	tsəŋ	tsəŋ	tsʻəŋ	tsʻəŋ	tsʻəŋ	tsʻəŋ	dzəŋ
瑞安话	tsəŋ	tsəŋ	tsəŋ	tsəŋ	tsʻəŋ	tsʻəŋ	tsʻəŋ	tsʻəŋ	dzəŋ
陶山话	tsəŋ	tsəŋ	tsəŋ	tsəŋ	tsʻəŋ	tsʻəŋ	tsʻəŋ	tsʻəŋ	dzəŋ
平阳话	tsiəŋ	tsiəŋ	tsiəŋ	tsiəŋ	tsʻiəŋ	tsʻiəŋ	tsʻiəŋ	tsʻiəŋ	dziəŋ
宜山话	tsiəŋ	tsiəŋ	tsiəŋ	tsiəŋ	tsʻiəŋ	tsʻiəŋ	tsʻiəŋ	tsʻiəŋ	dziəŋ
文成话	tsiŋ	tsiŋ	tsiŋ	tsiŋ	tsʻiŋ	tsʻiŋ	tsʻiŋ	tsʻiŋ	dziŋ

	程呈	逞	郑	声	星腥	省反省	醒	性姓	圣
	梗开三 平清澄	梗开三 上静彻	梗开三 去劲澄	梗开三 平清书	梗开四 平青心	梗开三 上静心	梗开四 上迥心	梗开三 去劲心	梗开三 去劲书
鹿城话	dzəŋ②	dzəŋ④	dzəŋ⑥	səŋ①	səŋ①	səŋ③	səŋ③	səŋ⑤	səŋ⑤
永强话	dzəŋ	dzəŋ	dzəŋ	səŋ	səŋ	səŋ	səŋ	səŋ	səŋ
永嘉话	dziəŋ	dziəŋ	dziəŋ	siəŋ	siəŋ	siəŋ	siəŋ	siəŋ	siəŋ
乐清话	dzəŋ	dzəŋ	dzəŋ	səŋ	səŋ	səŋ	səŋ	səŋ	səŋ
虹桥话	dzəŋ	dzəŋ	dzəŋ	səŋ	səŋ	səŋ	səŋ	səŋ	səŋ
瑞安话	dzəŋ	dzəŋ	dzəŋ	səŋ	səŋ	səŋ	səŋ	səŋ	səŋ
陶山话	dzəŋ	dzəŋ	dzəŋ	səŋ	səŋ	səŋ	səŋ	səŋ	səŋ
平阳话	dziəŋ	dziəŋ	dziəŋ	səŋ	səŋ	səŋ	səŋ	səŋ	səŋ
宜山话	dziəŋ	dziəŋ	dziəŋ	səŋ	səŋ	səŋ	səŋ	səŋ	səŋ
文成话	dziŋ	dziŋ	dziŋ	siŋ	siŋ	siŋ	siŋ	siŋ	siŋ

	情晴	成成诚	静靖	净	盛兴盛	茎	京惊荆	经	境景警
	梗开三 平清从	梗开三 平清禅	梗开三 上静从	梗开三 去劲从	梗开三 去劲禅	梗开二 平耕匣	梗开三 平庚见	梗开四 平青见	梗开三 上梗见
鹿城话	zəŋ②	zəŋ②	zəŋ④	zəŋ⑥	zəŋ⑥	tɕiaŋ①	tɕiaŋ①	tɕiaŋ①	tɕiaŋ③
永强话	zəŋ	zəŋ	zəŋ	zəŋ	zəŋ	tɕiaŋ	tɕiaŋ	tɕiaŋ	tɕiaŋ
永嘉话	ziəŋ	ziəŋ	ziəŋ	ziəŋ	ziəŋ	tɕiaŋ	tɕiaŋ	tɕiaŋ	tɕiaŋ
乐清话	zəŋ	zəŋ	zəŋ	zəŋ	zəŋ	tɕiaŋ	tɕiaŋ	tɕiaŋ	tɕiaŋ
虹桥话	zəŋ	zəŋ	zəŋ	zəŋ	zəŋ	tɕiaŋ	tɕiaŋ	tɕiaŋ	tɕiaŋ
瑞安话	zəŋ	zəŋ	zəŋ	zəŋ	zəŋ	tɕiaŋ	tɕiaŋ	tɕiaŋ	tɕiaŋ
陶山话	zəŋ	zəŋ	zəŋ	zəŋ	zəŋ	tɕiaŋ	tɕiaŋ	tɕiaŋ	tɕiaŋ
平阳话	zəŋ	zəŋ	zəŋ	zəŋ	zəŋ	tɕiaŋ	tɕiaŋ	tɕiaŋ	tɕiaŋ
宜山话	zəŋ	zəŋ	zəŋ	zəŋ	zəŋ	tɕiaŋ	tɕiaŋ	tɕiaŋ	tɕiaŋ
文成话	ziŋ	ziŋ	ziŋ	ziŋ	ziŋ	tɕiaŋ	tɕiaŋ	tɕiaŋ	tɕiaŋ

	颈	敬竟镜	劲	径	卿	轻	庆	磬
	梗开三 上静见	梗开三 去映见	梗开三 去劲见	梗开四 去径见	梗开三 平庚溪	梗开三 平清溪	梗开三 去映溪	梗开四 去径溪
鹿城话	tɕiaŋ③	tɕiaŋ⑤	tɕiaŋ⑤	tɕiaŋ⑤	tɕʻiaŋ①	tɕʻiaŋ①	tɕʻiaŋ⑤	tɕʻiaŋ⑤
永强话	tɕiaŋ	tɕiaŋ	tɕiaŋ	tɕiaŋ	tɕʻiaŋ	tɕʻiaŋ	tɕʻiaŋ	tɕʻiaŋ
永嘉话	tɕiaŋ	tɕiaŋ	tɕiaŋ	tɕiaŋ	tɕʻiaŋ	tɕʻiaŋ	tɕʻiaŋ	tɕʻiaŋ
乐清话	tɕiaŋ	tɕiaŋ	tɕiaŋ	tɕiaŋ	tɕʻiaŋ	tɕʻiaŋ	tɕʻiaŋ	tɕʻiaŋ
虹桥话	tɕiaŋ	tɕiaŋ	tɕiaŋ	tɕiaŋ	tɕʻiaŋ	tɕʻiaŋ	tɕʻiaŋ	tɕʻiaŋ
瑞安话	tɕiaŋ	tɕiaŋ	tɕiaŋ	tɕiaŋ	tɕʻiaŋ	tɕʻiaŋ	tɕʻiaŋ	tɕʻiaŋ
陶山话	tɕiaŋ	tɕiaŋ	tɕiaŋ	tɕiaŋ	tɕʻiaŋ	tɕʻiaŋ	tɕʻiaŋ	tɕʻiaŋ
平阳话	tɕiaŋ	tɕiaŋ	tɕiaŋ	tɕiaŋ	tɕʻiaŋ	tɕʻiaŋ	tɕʻiaŋ	tɕʻiaŋ
宜山话	tɕiaŋ	tɕiaŋ	tɕiaŋ	tɕiaŋ	tɕʻiaŋ	tɕʻiaŋ	tɕʻiaŋ	tɕʻiaŋ
文成话	tɕiaŋ	tɕiaŋ	tɕiaŋ	tɕiaŋ	tɕʻiaŋ	tɕʻiaŋ	tɕʻiaŋ	tɕʻiaŋ

	鲸擎	竞	宁宁波	迎	宁宁可	馨	莺鹦樱	英
	梗开三 平庚群	梗开三 去映群	梗开四 平青泥	梗开三 平庚泥	梗开四 去径泥	梗开四 平青晓	梗开二 平耕影	梗开三 平庚影
鹿城话	dziaŋ②	dziaŋ⑥	ȵiaŋ②	ȵiaŋ②	ȵiaŋ⑥	ɕiaŋ①	ʔjiaŋ①	ʔjiaŋ①
永强话	dziaŋ	dziaŋ	ȵiaŋ	ȵiaŋ	ȵiaŋ	ɕiaŋ	ʔjiaŋ	ʔjiaŋ
永嘉话	dziaŋ	dziaŋ	ȵiaŋ	ȵiaŋ	ȵiaŋ	ɕiaŋ	ʔjiaŋ	ʔjiaŋ
乐清话	dziaŋ	dziaŋ	ȵiaŋ	ȵiaŋ	ȵiaŋ	ɕiaŋ	ʔjiaŋ	ʔjiaŋ
虹桥话	dziaŋ	dziaŋ	ȵiaŋ	ȵiaŋ	ȵiaŋ	ɕiaŋ	ʔjiaŋ	ʔjiaŋ
瑞安话	dziaŋ	dziaŋ	ȵiaŋ	ȵiaŋ	ȵiaŋ	ɕiaŋ	ʔjiaŋ	ʔjiaŋ
陶山话	dziaŋ	dziaŋ	ȵiaŋ	ȵiaŋ	ȵiaŋ	ɕiaŋ	ʔjiaŋ	ʔjiaŋ
平阳话	dziaŋ	dziaŋ	ȵiaŋ	ȵiaŋ	ȵiaŋ	ɕiaŋ	ʔjiaŋ	ʔjiaŋ
宜山话	dziaŋ	dziaŋ	ȵiaŋ	ȵiaŋ	ȵiaŋ	ɕiaŋ	ʔjiaŋ	ʔjiaŋ
文成话	dziaŋ	dziaŋ	ȵiaŋ	ȵiaŋ	ȵiaŋ	ɕiaŋ	ʔjiaŋ	ʔjiaŋ

	婴缨	影	映	赢盈	形刑型	迥	倾	顷
	梗开三 平清影	梗开三 上梗影	梗开三 去映影	梗开三 平清以	梗开四 平青匣	梗合四 上迥匣	梗合三 平清溪	梗合三 上静溪
鹿城话	ʔjiaŋ①	ʔjiaŋ③	ʔjiaŋ⑤	jiaŋ②	jiaŋ②	tɕioŋ③	tɕʻioŋ①	tɕʻioŋ③
永强话	ʔjiaŋ	ʔjiaŋ	ʔjiaŋ	jiaŋ	jiaŋ	tɕyoŋ	tɕʻyoŋ	tɕʻyoŋ
永嘉话	ʔjiaŋ	ʔjiaŋ	ʔjiaŋ	jiaŋ	jiaŋ	tɕioŋ	tɕʻioŋ	tɕʻioŋ
乐清话	ʔjiaŋ	ʔjiaŋ	ʔjiaŋ	jiaŋ	jiaŋ	tɕioŋ	tɕʻioŋ	tɕʻioŋ
虹桥话	ʔjiaŋ	ʔjiaŋ	ʔjiaŋ	jiaŋ	jiaŋ	tɕioŋ	tɕʻioŋ	tɕʻioŋ
瑞安话	ʔjiaŋ	ʔjiaŋ	ʔjiaŋ	jiaŋ	jiaŋ	tɕioŋ	tɕʻioŋ	tɕʻioŋ
陶山话	ʔjiaŋ	ʔjiaŋ	ʔjiaŋ	jiaŋ	jiaŋ	tɕioŋ	tɕʻioŋ	tɕʻioŋ
平阳话	ʔjiaŋ	ʔjiaŋ	ʔjiaŋ	jiaŋ	jiaŋ	tɕioŋ	tɕʻioŋ	tɕʻioŋ
宜山话	ʔjiaŋ	ʔjiaŋ	ʔjiaŋ	jiaŋ	jiaŋ	tɕioŋ	tɕʻioŋ	tɕʻioŋ
文成话	ʔjiaŋ	ʔjiaŋ	ʔjiaŋ	jiaŋ	jiaŋ	tɕioŋ	tɕʻioŋ	tɕʻioŋ

	琼	兄	荣	营茔	萤荥	永永远	泳咏	轰
	梗合三 平清群	梗合三 平庚晓	梗合三 平庚云	梗合三 平清以	梗合四 平青匣	梗合三 上梗云	梗合三 去映云	梗合二 平耕晓
鹿城话	dzioŋ②	ɕioŋ①	jioŋ②	jioŋ②	jioŋ②	jioŋ④	jioŋ⑥	hoŋ①
永强话	dʑyoŋ	ɕyoŋ	jyoŋ	jyoŋ	jyoŋ	jyoŋ	jyoŋ	hoŋ
永嘉话	dzioŋ	ɕioŋ	jioŋ	jioŋ	jioŋ	jioŋ	jioŋ	hoŋ
乐清话	dzioŋ	ɕioŋ	jioŋ	jioŋ	jioŋ	jioŋ	jioŋ	hoŋ
虹桥话	dzioŋ	ɕioŋ	jioŋ	jioŋ	jioŋ	jioŋ	jioŋ	hoŋ
瑞安话	dzioŋ	ɕioŋ	jioŋ	jioŋ	jioŋ	jioŋ	jioŋ	hoŋ
陶山话	dzioŋ	ɕioŋ	jioŋ	jioŋ	jioŋ	jioŋ	jioŋ	hoŋ
平阳话	dzioŋ	ɕioŋ	jioŋ	jioŋ	jioŋ	jioŋ	jioŋ	hoŋ
宜山话	dzioŋ	ɕioŋ	jioŋ	jioŋ	jioŋ	jioŋ	jioŋ	hoŋ
文成话	dzioŋ	ɕioŋ	jioŋ	jioŋ	jioŋ	jioŋ	jioŋ	hoŋ

[梗摄] [通摄]

	宏	捧	篷蓬	蒙	懵	梦	风疯枫	丰	封封峰
	梗合二 平耕匣	通合三 上肿敷	通合一 平东并	通合一 平东明	通合一 平东明	通合三 去送明	通合三 平东非	通合一 平东敷	通合三 平锺非
鹿城话	ɦoŋ②	p'oŋ③	boŋ②	moŋ②	moŋ②	moŋ⑥	foŋ①	foŋ①	foŋ①
永强话	ɦoŋ	p'oŋ	boŋ	moŋ	moŋ	moŋ	foŋ	foŋ	foŋ
永嘉话	ɦoŋ	p'oŋ	boŋ	moŋ	moŋ	moŋ	foŋ	foŋ	foŋ
乐清话	ɦoŋ	p'oŋ	boŋ	moŋ	moŋ	moŋ	foŋ	foŋ	foŋ
虹桥话	ɦoŋ	p'oŋ	boŋ	moŋ	moŋ	moŋ	foŋ	foŋ	foŋ
瑞安话	ɦoŋ	p'oŋ	boŋ	moŋ	moŋ	moŋ	foŋ	foŋ	foŋ
陶山话	ɦoŋ	p'oŋ	boŋ	moŋ	moŋ	moŋ	foŋ	foŋ	foŋ
平阳话	ɦoŋ	p'oŋ	boŋ	moŋ	moŋ	moŋ	foŋ	foŋ	foŋ
宜山话	ɦoŋ	p'oŋ	boŋ	moŋ	moŋ	moŋ	foŋ	foŋ	foŋ
文成话	ɦoŋ	p'oŋ	boŋ	moŋ	moŋ	moŋ	foŋ	foŋ	foŋ

	蜂峰锋	讽	冯	逢缝	奉	凤	俸	东	冬
	通合三 平锺敷	通合一 去送非	通合一 平东奉	通合三 平锺妇	通合三 上肿奉	通合三 去送奉	通合三 去用奉	通合一 平东端	通合一 平冬端
鹿城话	foŋ①	foŋ⑤	voŋ②	voŋ②	voŋ④	voŋ⑥	voŋ⑥	toŋ①	toŋ①
永强话	foŋ	foŋ	voŋ	voŋ	voŋ	voŋ	voŋ	toŋ	toŋ
永嘉话	foŋ	foŋ	voŋ	voŋ	voŋ	voŋ	voŋ	toŋ	toŋ
乐清话	foŋ	foŋ	voŋ	voŋ	voŋ	voŋ	voŋ	toŋ	toŋ
虹桥话	foŋ	foŋ	voŋ	voŋ	voŋ	voŋ	voŋ	toŋ	toŋ
瑞安话	foŋ	foŋ	voŋ	voŋ	voŋ	voŋ	voŋ	toŋ	toŋ
陶山话	foŋ	foŋ	voŋ	voŋ	voŋ	voŋ	voŋ	toŋ	toŋ
平阳话	foŋ	foŋ	voŋ	voŋ	voŋ	voŋ	voŋ	toŋ	toŋ
宜山话	foŋ	foŋ	voŋ	voŋ	voŋ	voŋ	voŋ	toŋ	toŋ
文成话	foŋ	foŋ	voŋ	voŋ	voŋ	voŋ	voŋ	toŋ	toŋ

	董懂	冻栋	通	捅	统	痛	同铜筒	动	洞
	通合一上董端	通合一去送端	通合一平东透	通合一上董透	通合一去送透	通合一去送透	通合一平东定	通合一上董定	通合一去送定
鹿城话	toŋ③	toŋ⑤	tʻoŋ①	tʻoŋ③	tʻoŋ⑤	tʻoŋ⑤	doŋ②	doŋ④	doŋ⑥
永强话	toŋ	toŋ	tʻoŋ	tʻoŋ	tʻoŋ	tʻoŋ	doŋ	doŋ	doŋ
永嘉话	toŋ	toŋ	tʻoŋ	tʻoŋ	tʻoŋ	tʻoŋ	doŋ	doŋ	doŋ
乐清话	toŋ	toŋ	tʻoŋ	tʻoŋ	tʻoŋ	tʻoŋ	doŋ	doŋ	doŋ
虹桥话	toŋ	toŋ	tʻoŋ	tʻoŋ	tʻoŋ	tʻoŋ	doŋ	doŋ	doŋ
瑞安话	toŋ	toŋ	tʻoŋ	tʻoŋ	tʻoŋ	tʻoŋ	doŋ	doŋ	doŋ
陶山话	toŋ	toŋ	tʻoŋ	tʻoŋ	tʻoŋ	tʻoŋ	doŋ	doŋ	doŋ
平阳话	toŋ	toŋ	tʻoŋ	tʻoŋ	tʻoŋ	tʻoŋ	doŋ	doŋ	doŋ
宜山话	toŋ	toŋ	tʻoŋ	tʻoŋ	tʻoŋ	tʻoŋ	doŋ	doŋ	doŋ
文成话	toŋ	toŋ	tʻoŋ	tʻoŋ	tʻoŋ	tʻoŋ	doŋ	doŋ	doŋ

	农脓	浓	聋笼	隆	龙	拉	垅	弄	棕
	通合一平冬泥	通合三平锺泥	通合一平东来	通合三平东来	通合三平锺来	通合一上董来	通合三上肿来	通合一去送来	通合一平东精
鹿城话	noŋ②	noŋ②	loŋ②	loŋ②	loŋ②	loŋ④	loŋ④	loŋ⑥	tsoŋ①
永强话	noŋ	noŋ	loŋ	loŋ	loŋ	loŋ	loŋ	loŋ	tsoŋ
永嘉话	noŋ	noŋ	loŋ	loŋ	loŋ	loŋ	loŋ	loŋ	tsoŋ
乐清话	noŋ	noŋ	loŋ	loŋ	loŋ	loŋ	loŋ	loŋ	tɕioŋ
虹桥话	noŋ	noŋ	loŋ	loŋ	loŋ	loŋ	loŋ	loŋ	tsoŋ
瑞安话	noŋ	noŋ	loŋ	loŋ	loŋ	loŋ	loŋ	loŋ	tsoŋ
陶山话	noŋ	noŋ	loŋ	loŋ	loŋ	loŋ	loŋ	loŋ	tsoŋ
平阳话	noŋ	noŋ	loŋ	loŋ	loŋ	loŋ	loŋ	loŋ	tɕioŋ
宜山话	noŋ	noŋ	loŋ	loŋ	loŋ	loŋ	loŋ	loŋ	tsoŋ
文成话	noŋ	noŋ	loŋ	loŋ	loŋ	loŋ	loŋ	loŋ	tɕioŋ

	宗祖宗	踪踪迹	总	粽	综	聪匆葱	从从容	嵩	松放松
	通合一平冬精	通合三平锺精	通合一上董精	通合一去送精	通合一去宋精	通合一平东清	通合三平锺清	通合三平东心	通合一平冬心
鹿城话	tsoŋ①	tsoŋ①	tsoŋ③	tsoŋ⑤	tsoŋ⑤	tsʻoŋ①	tsʻoŋ①	soŋ①	soŋ①
永强话	tsoŋ	tsoŋ	tsoŋ	tsoŋ	tsoŋ	tsʻoŋ	tsʻoŋ	soŋ	soŋ
永嘉话	tsoŋ	tsoŋ	tsoŋ	tsoŋ	tsoŋ	tsʻoŋ	tsʻoŋ	soŋ	soŋ
乐清话	tɕioŋ	tɕioŋ	tɕioŋ	tɕioŋ	tɕioŋ	tɕʻioŋ	tɕʻioŋ	soŋ	soŋ
虹桥话	tsoŋ	tsoŋ	tsoŋ	tsoŋ	tsoŋ	tsʻoŋ	tsʻoŋ	soŋ	soŋ
瑞安话	tsoŋ	tsoŋ	tsoŋ	tsoŋ	tsoŋ	tsʻoŋ	tsʻoŋ	soŋ	soŋ
陶山话	tsoŋ	tsoŋ	tsoŋ	tsoŋ	tsoŋ	tsʻoŋ	tsʻoŋ	soŋ	soŋ
平阳话	tɕioŋ	tɕioŋ	tɕioŋ	tɕioŋ	tɕioŋ	tɕʻioŋ	tɕʻioŋ	soŋ	soŋ
宜山话	tsoŋ	tsoŋ	tsoŋ	tsoŋ	tsoŋ	tsʻoŋ	tsʻoŋ	soŋ	soŋ
文成话	tɕioŋ	tɕioŋ	tɕioŋ	tɕioŋ	tɕioŋ	tɕʻioŋ	tɕʻioŋ	soŋ	soŋ

	送	宋	丛	崇崇拜	绒戎	茸	冗	公工功	弓躬宫
	通合一 去送心	通合一 去送心	通合一 平东从	通合三 平东崇	通合三 平东日	通合三 平锺日	通合三 上肿日	通合一 平东见	通合三 平东见
鹿城话	soŋ⑤	soŋ⑤	zoŋ②	zoŋ②	zoŋ②	zoŋ②	zoŋ④	koŋ①	koŋ①
永强话	soŋ	soŋ	zoŋ	zoŋ	zoŋ	zoŋ	zoŋ	koŋ	koŋ
永嘉话	soŋ	soŋ	zoŋ	zoŋ	zoŋ	zoŋ	zoŋ	koŋ	koŋ
乐清话	soŋ	soŋ	zoŋ	zoŋ	zoŋ	zoŋ	zoŋ	koŋ	koŋ
虹桥话	soŋ	soŋ	zoŋ	zoŋ	zoŋ	zoŋ	zoŋ	koŋ	koŋ
瑞安话	soŋ	soŋ	zoŋ	zoŋ	zoŋ	zoŋ	zoŋ	koŋ	koŋ
陶山话	soŋ	soŋ	zoŋ	zoŋ	zoŋ	zoŋ	zoŋ	koŋ	koŋ
平阳话	soŋ	soŋ	zoŋ	zoŋ	zoŋ	zoŋ	zoŋ	koŋ	koŋ
宜山话	soŋ	soŋ	zoŋ	zoŋ	zoŋ	zoŋ	zoŋ	koŋ	koŋ
文成话	soŋ	soŋ	zoŋ	zoŋ	zoŋ	zoŋ	zoŋ	koŋ	koŋ

	汞	巩拱	贡	空	孔	控	烘	哄	红鸿虹
	通合一 上董见	通合三 上肿见	通合一 去送见	通合一 平东溪	通合一 上董溪	通合一 去送溪	通合一 平东晓	通合一 上董晓	通合一 平东匣
鹿城话	koŋ③	koŋ③	koŋ⑤	kʻoŋ①	kʻoŋ③	kʻoŋ⑤	hoŋ①	hoŋ③	ɦoŋ②
永强话	koŋ	koŋ	koŋ	kʻoŋ	kʻoŋ	kʻoŋ	hoŋ	hoŋ	ɦoŋ
永嘉话	koŋ	koŋ	koŋ	kʻoŋ	kʻoŋ	kʻoŋ	hoŋ	hoŋ	ɦoŋ
乐清话	koŋ	koŋ	koŋ	kʻoŋ	kʻoŋ	kʻoŋ	hoŋ	hoŋ	ɦoŋ
虹桥话	koŋ	koŋ	koŋ	kʻoŋ	kʻoŋ	kʻoŋ	hoŋ	hoŋ	ɦoŋ
瑞安话	koŋ	koŋ	koŋ	kʻoŋ	kʻoŋ	kʻoŋ	hoŋ	hoŋ	ɦoŋ
陶山话	koŋ	koŋ	koŋ	kʻoŋ	kʻoŋ	kʻoŋ	hoŋ	hoŋ	ɦoŋ
平阳话	koŋ	koŋ	koŋ	kʻoŋ	kʻoŋ	kʻoŋ	hoŋ	hoŋ	ɦoŋ
宜山话	koŋ	koŋ	koŋ	kʻoŋ	kʻoŋ	kʻoŋ	hoŋ	hoŋ	ɦoŋ
文成话	koŋ	koŋ	koŋ	kʻoŋ	kʻoŋ	kʻoŋ	hoŋ	hoŋ	ɦoŋ

	翁	瓮	中忠	弓躬宫	终	冢(1)	中射中	众
	通合一 平东影	通合一 去送影	通合三 平东知	通合三 平东见	通合三 平东章	通合三 上肿知	通合三 去送知	通合三 去送章
鹿城话	ʔoŋ①	ʔoŋ⑤	tɕioŋ①	tɕioŋ①	tɕioŋ①	tɕioŋ③	tɕioŋ⑤	tɕioŋ⑤
永强话	ʔoŋ	ʔoŋ	tɕyoŋ	tɕyoŋ	tɕyoŋ	tɕyoŋ	tɕyoŋ	tɕyoŋ
永嘉话	ʔoŋ	ʔoŋ	tɕioŋ	tɕioŋ	tɕioŋ	tɕioŋ	tɕioŋ	tɕioŋ
乐清话	ʔoŋ	ʔoŋ	tɕioŋ	tɕioŋ	tɕioŋ	tɕioŋ	tɕioŋ	tɕioŋ
虹桥话	ʔoŋ	ʔoŋ	tsoŋ	tsoŋ	tsoŋ	tsoŋ	tsoŋ	tsoŋ
瑞安话	ʔoŋ	ʔoŋ	tsoŋ	tsoŋ	tsoŋ	tsoŋ	tsoŋ	tsoŋ
陶山话	ʔoŋ	ʔoŋ	tsoŋ	tsoŋ	tsoŋ	tsoŋ	tsoŋ	tsoŋ
平阳话	ʔoŋ	ʔoŋ	tɕioŋ	tɕioŋ	tɕioŋ	tɕioŋ	tɕioŋ	tɕioŋ
宜山话	ʔoŋ	ʔoŋ	tɕioŋ	tɕioŋ	tɕioŋ	tɕioŋ	tɕioŋ	tɕioŋ
文成话	ʔoŋ	ʔoŋ	tɕyəŋ	tɕyəŋ	tɕyəŋ	tɕyəŋ	tɕyəŋ	tɕyəŋ

瓯语音系

	囱烟囱	充	冲	宠	铳	虫	穷	仲
	通合一 平东清	通合三 平东昌	通合三 平锺昌	通合三 上肿彻	通合三 去送昌	通合三 平东澄	通合三 平东群	通合三 去送澄
鹿城话	tɕʻioŋ①	tɕʻioŋ①	tɕʻioŋ①	tɕʻioŋ③	tɕʻioŋ⑤	dzioŋ②	dzioŋ②	dzioŋ⑥
永强话	tsʻoŋ	tɕʻyoŋ	tɕʻyoŋ	tɕʻyoŋ	tɕʻyoŋ	dzyoŋ	dzioŋ	dzyoŋ
永嘉话	tsʻoŋ	tɕʻioŋ	tɕʻioŋ	tɕʻioŋ	tɕʻioŋ	dzioŋ	dzioŋ	dzioŋ
乐清话	tɕʻioŋ	tɕʻioŋ	tɕʻioŋ	tɕʻioŋ	tɕʻioŋ	dzioŋ	dzioŋ	dzioŋ
虹桥话	tsʻoŋ	tsʻoŋ	tsʻoŋ	tsʻoŋ	tsʻoŋ	dzoŋ	dzioŋ	dzoŋ
瑞安话	tsʻoŋ	tsʻoŋ	tsʻoŋ	tsʻoŋ	tsʻoŋ	dzoŋ	dzioŋ	dzoŋ
陶山话	tsʻoŋ	tsʻoŋ	tsʻoŋ	tsʻoŋ	tsʻoŋ	dzoŋ	dzioŋ	dzoŋ
平阳话	tɕʻioŋ	tɕʻioŋ	tɕʻioŋ	tɕʻioŋ	tɕʻioŋ	dzioŋ	dzioŋ	dzioŋ
宜山话	tsʻoŋ	tɕʻioŋ	tɕʻioŋ	tɕʻioŋ	tɕʻioŋ	dzioŋ	dzioŋ	dzioŋ
文成话	tɕʻioŋ	tɕʻyəŋ	tɕʻyəŋ	tɕʻyəŋ	tɕʻyəŋ	dzyəŋ	dzioŋ	dzyəŋ

	春	雍	拥	容蓉庸	熊雄	融	钟锺	恭
	通合三 平锺书	通合三 平锺影	通合三 上肿影	通合三 平锺以	通合三 平东云	通合三 平东以	通合三 平锺章	通合三 平锺见
鹿城话	ɕʻioŋ①	ʔjioŋ①	ʔjioŋ③	jioŋ②	jioŋ②	jioŋ②	tɕyɔ①	tɕyɔ①
永强话	ɕʻyoŋ	ʔjyoŋ	ʔjyoŋ	jyoŋ	jioŋ	jioŋ	tɕyɔ	tɕyɔ
永嘉话	ɕʻioŋ	ʔjioŋ	ʔjioŋ	jioŋ	jioŋ	jioŋ	tɕyɔ	tɕyɔ
乐清话	ɕʻioŋ	ʔjioŋ	ʔjioŋ	jioŋ	jioŋ	jioŋ	tɕyɯa	tɕyɯa
虹桥话	sʻoŋ	ʔjioŋ	ʔjioŋ	jioŋ	jioŋ	jioŋ	tɕiɔ	tɕiɔ
瑞安话	sʻoŋ	ʔjioŋ	ʔjioŋ	jioŋ	jioŋ	jioŋ	tɕyo	tɕyo
陶山话	sʻoŋ	ʔjioŋ	ʔjioŋ	jioŋ	jioŋ	jioŋ	tɕyo	tɕyo
平阳话	ɕʻioŋ	ʔjioŋ	ʔjioŋ	jioŋ	jioŋ	jioŋ	tɕyo	tɕyo
宜山话	ɕʻioŋ	ʔjioŋ	ʔjioŋ	jioŋ	jioŋ	jioŋ	tɕyo	tɕyo
文成话	ɕʻyəŋ	ʔjioŋ	ʔjioŋ	jioŋ	jioŋ	jioŋ	tɕyɔ	tɕyɔ

	供供给	供供养	冢(2)	肿	纵放纵	种	恐	重重复
	通合三 平锺见	通合三 平锺见	通合三 上肿知	通合三 上肿章	通合三 去用精	通合三 去用章	通合三 上肿溪	通合三 平锺澄
鹿城话	tɕyɔ①	tɕyɔ①	tɕyɔ③	tɕyɔ③	tɕyɔ⑤	tɕyɔ⑤	tɕʻyɔ③	dzyɔ②
永强话	tɕyɔ	tɕyɔ	tɕyɔ	tɕyɔ	tɕyɔ	tɕyɔ	tɕʻyɔ	dzyɔ
永嘉话	tɕyɔ	tɕyɔ	tɕyɔ	tɕyɔ	tɕyɔ	tɕyɔ	tɕʻyɔ	dzyɔ
乐清话	tɕyɯa	tɕyɯa	tɕyɯa	tɕyɯa	tɕyɯa	tɕyɯa	tɕʻyɯa	dzyɯa
虹桥话	tɕiɔ	tɕiɔ	tɕiɔ	tɕiɔ	tɕiɔ	tɕiɔ	tɕʻiɔ	dziɔ
瑞安话	tɕyo	tɕyo	tɕyo	tɕyo	tɕyo	tɕyo	tɕʻyo	dzyo
陶山话	tɕyo	tɕyo	tɕyo	tɕyo	tɕyo	tɕyo	tɕʻyo	dzyo
平阳话	tɕyo	tɕyo	tɕyo	tɕyo	tɕyo	tɕyo	tɕʻyo	dzyo
宜山话	tɕyo	tɕyo	tɕyo	tɕyo	tɕyo	tɕyo	tɕʻyo	dzyo
文成话	tɕyɔ	tɕyɔ	tɕyɔ	tɕyɔ	tɕyɔ	tɕyɔ	tɕʻyɔ	dzyɔ

	共	胸凶	怂	从跟从	松松树	诵颂讼	勇涌甬	壅	用
	通合三	通合三	通合三	通合三	通合三	通合三	通合三	通合三	通合三
	去用群	平锺晓	上肿心	平锺从	平锺邪	去用邪	上肿影	去用影	去用以
鹿城话	dʑyɔ⑥	ɕyɔ①	ɕyɔ③	zyɔ②	zyɔ②	zyɔ⑥	ʔjyɔ③	ʔjyɔ⑤	jyɔ⑥
永强话	dʑyɔ	ɕyɔ	ɕyɔ	zyɔ	zyɔ	zyɔ	ʔjyɔ	ʔjyɔ	jyɔ
永嘉话	dʑyɔ	ɕyɔ	ɕyɔ	zyɔ	zyɔ	zyɔ	ʔjyɔ	ʔjyɔ	jyɔ
乐清话	dʑyɯa	ɕyɯa	ɕyɯa	zyɯa	zyɯa	zyɯa	ʔjyɯa	ʔjyɯa	jyɯa
虹桥话	dʑiɔ	ɕiɔ	ɕiɔ	ziɔ	ziɔ	ziɔ	ʔiiɔ	ʔiiɔ	jiɔ
瑞安话	dʑyo	ɕyo	ɕyo	zyo	zyo	zyo	ʔjyo	ʔjyo	jyo
陶山话	dʑyo	ɕyo	ɕyo	zyo	zyo	zyo	ʔjyo	ʔjyo	jyo
平阳话	dʑyo	ɕyo	ɕyo	zyo	zyo	zyo	ʔjyo	ʔjyo	jyo
宜山话	dʑyo	ɕyo	ɕyo	zyo	zyo	zyo	ʔjyo	ʔjyo	jyo
文成话	dʑyɔ	ɕyɔ	ɕyɔ	zyɔ	zyɔ	zyɔ	ʔjyɔ	ʔjyɔ	jyɔ

第三节　入声韵

[咸摄]

	搭	沓疲沓	塔榻	踏	拉拖拉	腊蜡	咂	眨	插
	咸开一	咸开一	咸开一	咸开一	咸开一	咸开一	咸开一	咸开二	咸开二
	入合端	入合透	入盍透	入合定	入合来	入盍来	入合知	入洽庄	入洽初
鹿城话	ta⑦	tʻa⑦	tʻa⑦	da⑧	ʔla⑦	la⑧	tsa⑦	tsa⑦	tsʻa⑦
永强话	ta	tʻa	tʻa	da	ʔla	la	tsa	tsa	tsʻa
永嘉话	ta	tʻa	tʻa	da	ʔla	la	tsa	tsa	tsʻa
乐清话	ta	tʻa	tʻa	da	ʔla	la	tɕia	tɕia	tɕʻia
虹桥话	ta	tʻa	tʻa	da	ʔla	la	tsa	tsa	tsʻa
瑞安话	ta	tʻa	tʻa	da	ʔla	la	tsɔ	tsɔ	tsʻa
陶山话	ta	tʻa	tʻa	da	ʔla	la	tsɔ	tsɔ	tsʻa
平阳话	ta	tʻa	tʻa	da	ʔla	la	tɕia	tɕia	tɕʻia
宜山话	ta	tʻa	tʻa	da	ʔla	la	tsa	tsa	tsʻa
文成话	tɔ	tʻa	tʻɔ	da	ʔla	lɔ	tɕa	tsa	tsʻa

瓯语音系

	飒	霎	闸	夹挟	甲胛	恰掐	喝喝酒	洽狭	匣
	咸开一 入合心	咸开一 入合生	咸开二 入洽崇	咸开二 入洽见	咸开二 入狎见	咸开二 入洽溪	咸开二 入洽晓	咸开二 入洽匣	咸开二 入狎匣
鹿城话	sa⑦	sa⑦	za⑧	ka⑦	ka⑦	k'a⑦	ha⑦	ɦia⑧	ɦia⑧
永强话	sa	sa	za	ka	ka	k'a	ha	ɦia	ɦia
永嘉话	sa	sa	za	ka	ka	k'a	ha	ɦia	ɦia
乐清话	sa	sa	za	ka	ka	k'a	ha	ɦia	ɦia
虹桥话	sa	sa	za	ka	ka	k'a	ha	ɦia	ɦia
瑞安话	sa	sa	za	ka	ka	k'a	ha	ɦia	ɦia
陶山话	sa	sa	za	ka	ka	k'a	ha	ɦia	ɦia
平阳话	sa	sa	za	ka	ka	k'a	ha	ɦia	ɦia
宜山话	sa	sa	za	ka	ka	k'a	ha	ɦia	ɦia
文成话	sa	sa	za	kɔ	kɔ	k'ɔ	hɔ	ɦɔ	ɦɔ

	鸭押压	答答应	纳出纳	匝一匝	杂	鸽蛤	磕	合盒	跌
	咸开二 入狎影	咸开一 入合端	咸开一 入合泥	咸开一 入合精	咸开一 入合从	咸开一 入合见	咸开一 入盍溪	咸开一 入合匣	咸开四 入帖端
鹿城话	ʔa⑦	tø⑦	nø⑧	tsø⑦	zø⑧	kø⑦	k'ø⑦	ɦø⑧	ti⑦
永强话	ʔa	tø	nø	tsø	zø	kø	k'ø	ɦø	ti
永嘉话	ʔa	tø	nø	tsø	zø	kø	k'ø	ɦø	tie
乐清话	ʔa	te	ne	tɕiø	ze	ke	k'ə	ɦie	tie
虹桥话	ʔa	te	ne	tse	ze	ke	k'e	ɦie	tie
瑞安话	ʔa	tɛ	nɛ	tsɛ	zɛ	kɛ	k'ɛ	ɦiɛ	tie
陶山话	ʔa	te	ne	tse	ze	ke	k'e	ɦie	tie
平阳话	ʔa	tø	nø	tsø	zø	kø	k'ø	ɦø	tie
宜山话	ʔa	tø	nø	tsø	zø	kø	k'ø	ɦø	ti
文成话	ʔɔ	te	ne	tsø	ze	ke	k'e	ɦie	tie

	帖贴	碟蝶堞	聂镊蹑	接交接	摺	劫	妾	怯畏怯	惬惬意
	咸开四 入帖透	咸开四 入帖定	咸开三 入叶泥	咸开三 入叶精	咸开三 入叶章	咸开三 入业见	咸开三 入叶清	咸开三 入业溪	咸开四 入帖溪
鹿城话	t'i⑦	di⑧	ȵi⑧	tɕi⑦	tɕi⑦	tɕi⑦	tɕ'i⑦	tɕ'i⑦	tɕ'i⑦
永强话	t'i	di	ȵi	tɕi	tɕi	tɕi	tɕ'i	tɕ'i	tɕ'i
永嘉话	t'ie	die	ȵie	tɕie	tɕie	tɕie	tɕ'ie	tɕ'ie	tɕ'ie
乐清话	t'ie	die	ȵie	tɕie	tɕie	tɕie	tɕ'ie	tɕ'ie	tɕ'ie
虹桥话	t'ie	die	ȵie	tɕie	tɕie	tɕie	tɕ'ie	tɕ'ie	tɕ'ie
瑞安话	t'ie	die	ȵie	tɕie	tɕie	tɕie	tɕ'ie	tɕ'ie	tɕ'ie
陶山话	t'ie	die	ȵie	tɕie	tɕie	tɕie	tɕ'ie	tɕ'ie	tɕ'ie
平阳话	t'ie	die	ȵie	tɕie	tɕie	tɕie	tɕ'ie	tɕ'ie	tɕ'ie
宜山话	t'i	di	ȵi	tɕi	tɕi	tɕi	tɕ'i	tɕ'i	tɕ'i
文成话	t'ie	die	ȵie	tɕie	tɕie	tɕie	tɕ'ie	tɕ'ie	tɕ'ie

	挟挟菜	业	胁	捷捷报	涉干涉	魇	腌	烨	叶页
	咸开四	咸开三	咸开三	咸开三	咸开三	咸开三	咸开三	咸开三	咸开三
	入帖匣	入业疑	入业晓	入叶从	入叶禅	入叶影	入业影	入叶云	入叶以
鹿城话	dzi⑧	ȵi⑧	ɕi⑦	zi⑧	zi⑧	ʔji⑦	ʔji⑦	ji⑧	ji⑧
永强话	dzi	ȵi	ɕi	zi	zi	ʔji	ʔji	ji	ji
永嘉话	dzie	ȵie	ɕie	zie	zie	ʔjie	ʔjie	jie	jie
乐清话	dzie	ȵie	ɕie	zie	zie	ʔjie	ʔjie	jie	jie
虹桥话	dzie	ȵie	ɕie	zie	zie	ʔjie	ʔjie	jie	jie
瑞安话	dzie	ȵie	ɕie	zie	zie	ʔjie	ʔjie	jie	jie
陶山话	dzie	ȵie	ɕie	zie	zie	ʔjie	ʔjie	jie	jie
平阳话	dzie	ȵie	ɕie	zie	zie	ʔjie	ʔjie	jie	jie
宜山话	dzi	ȵi	ɕi	zi	zi	ʔji	ʔji	ji	ji
文成话	dzie	ȵie	ɕie	zie	zie	ʔjie	ʔjie	jie	jie

[咸摄][深摄]

	协	猎打猎	摄	法法律	乏	立立功	笠	粒	蛰惊蛰
	咸开四	咸开三	咸开三	咸合三	咸合三	深开三	深开三	深开三	深开三
	入帖匣	入叶来	入叶书	入乏非	入乏奉	入缉来	入缉来	入缉来	入缉澄
鹿城话	ji⑧	liɛ⑧	sei⑦	fo⑦	vo⑧	li⑧	lei⑧	lø⑧	dzei⑧
永强话	ji	lyə	sʅ	fuɔ	vuɔ	li	li	lø	dzʅ
永嘉话	jie	lyə	si	fuo	vuo	li	li	lø	dzi
乐清话	jie	liuɑ	ɕi	fuɑ	vuɑ	li	li	lø	dʑi
虹桥话	jie	liɤ	sei	fuɑ	vuɑ	li	lei	lø	dzei
瑞安话	jie	luɔ	sei	fuo	vuo	li	lei	lø	dzei
陶山话	jie	luɔ	sei	fuo	vuo	li	lei	lø	dʑi
平阳话	jie	lø	ɕi	fuo	vuo	li	li	lø	dʑi
宜山话	ji	lyø	ɕi	fa	va	li	li	lø	dʑi
文成话	jie	liɛ	ɕi	fo	vo	li	li	lø	dʑi

	执汁	辑缉	涩	湿	集	习袭	十什拾	入	急级给
	深开三	深开三	深开三	深开三	深开三	深开三	深开三	深开三	深开三
	入缉章	入缉从	入缉生	入缉书	入缉从	入缉邪	入缉禅	入缉日	入缉见
鹿城话	tsai⑦	tsʻai⑦	sai⑦	sai⑦	zai⑧	zai⑧	zai⑧	zai⑧	tɕiai⑦
永强话	tsai	tsʻai	sai	sai	zai	zai	zai	zai	tɕiai
永嘉话	tsai	tsʻai	sai	sai	zai	zai	zai	zai	tɕiai
乐清话	tɕiə	tɕʻiə	sə	sə	zə	zə	zə	zə	tɕiə
虹桥话	tsə	tsʻə	sə	sə	zə	zə	zə	zə	tɕiə
瑞安话	tsa	tsʻa	sa	sa	za	za	za	za	tɕia
陶山话	tsɛ	tsʻɛ	sɛ	sɛ	zɛ	zɛ	zɛ	zɛ	tɕie
平阳话	tɕia	tɕʻia	sa	sa	za	za	za	za	tɕia
宜山话	tsa	tsʻa	sa	sa	za	za	za	za	tɕia
文成话	tsa	tsʻa	sa	sa	za	za	za	za	tɕia

[深摄][山摄]

	泣	及	吸	揖作揖	獭	达	捺	辣	扎札
	深开三	深开三	深开三	深开三	山开一	山开一	山开一	山开一	山开二
	入缉溪	入缉群	入缉晓	入缉影	入曷透	入曷定	入曷泥	入曷来	入黠庄
鹿城话	tɕʻiai⑦	dʑiai⑧	ɕiai⑦	ʔiai⑦	tʻa⑦	da⑧	na⑧	la⑧	tsa⑦
永强话	tɕʻiai	dʑiai	ɕiai	ʔiai	tʻa	da	na	la	tsa
永嘉话	tɕʻiai	dʑiai	ɕiai	ʔiai	tʻa	da	na	la	tsa
乐清话	tɕʻiə	dʑiə	ɕiə	ʔjiə	tʻa	da	na	la	tɕia
虹桥话	tɕʻiə	dʑiə	ɕiə	ʔjiə	tʻa	da	na	la	tsa
瑞安话	tɕʻia	dʑia	ɕia	ʔjia	tʻa	da	na	la	tsa
陶山话	tɕʻie	dʑie	ɕie	ʔjie	tʻa	da	na	la	tsa
平阳话	tɕʻia	dʑia	ɕia	ʔjia	tʻa	da	na	la	tɕia
宜山话	tɕʻia	dʑia	ɕia	ʔjia	tʻa	da	na	la	tsa
文成话	tɕʻia	dʑia	ɕia	ʔjia	tʻa	da	na	la	tsa

	砸砸碎	擦	察	萨撒	杀	铡铡刀	轧	瞎	辖
	山开二	山开一	山开二	山开一	山开二	山开二	山开二	山开二	山开二
	入辖知	入曷清	入黠初	入曷心	入黠生	入辖崇	入黠群	入辖晓	入辖匣
鹿城话	tsa⑦	tsʻa⑦	tsʻa⑦	sa⑦	sa⑦	za⑧	ga⑧	ha⑦	ɦa⑧
永强话	tsa	tsʻa	tsʻa	sa	sa	za	ga	ha	ɦa
永嘉话	tsa	tsʻa	tsʻa	sa	sa	za	ga	ha	ɦa
乐清话	tɕia	tɕʻia	tɕʻia	sa	sa	za	ga	ha	ɦa
虹桥话	tsa	tsʻa	tsʻa	sa	sa	za	ga	ha	ɦa
瑞安话	tsa	tsʻa	tsʻa	sa	sa	za	ga	ha	ɦa
陶山话	tsa	tsʻa	tsʻa	sa	sa	za	ga	ha	ɦa
平阳话	tɕia	tɕʻia	tɕʻia	sa	sa	za	ga	ha	ɦa
宜山话	tsa	tsʻa	tsʻa	sa	sa	za	ga	ha	ɦa
文成话	tsa	tsʻɔ	tsʻɔ	sɔ	sɔ	za	ga	ha	ɦa

	挖挖苦	捏捏造	屑不屑	鳖	憋	撇	别区别	蹩	灭
	山合二	山开四	山开四	山开三	山开四	山开四	山开三	山开四	山开三
	入黠影	入屑泥	入屑心	入薛帮	入屑帮	入屑滂	入薛并	入屑并	入薛明
鹿城话	ʔua⑦	ȵia⑧	ɕia⑦	pi⑦	pi⑦	pʻi⑦	bi⑧	bi⑧	mi⑧
永强话	ʔua	ȵia	ɕia	pi	pi	pʻi	bi	bi	mi
永嘉话	ʔua	ȵia	ɕia	pie	pie	pʻie	bie	bie	mie
乐清话	ʔuɛ	ȵia	ɕia	pie	pie	pʻie	bie	bie	mie
虹桥话	ʔua	ȵia	ɕia	pie	pie	pʻie	bie	bie	mie
瑞安话	ʔua	ȵia	ɕia	pie	pie	pʻie	bie	bie	mie
陶山话	ʔuɔ	ȵiɔ	ɕiɔ	pie	pie	pʻie	bie	bie	mie
平阳话	ʔuɔ	ȵia	ɕiɔ	pie	pie	pʻie	bie	bie	mie
宜山话	ʔua	ȵia	ɕia	pi	pi	pʻi	bi	bi	mi
文成话	ʔuɔ	ȵia	ɕia	pie	pie	pʻie	bie	bie	mie

	篾	铁	迭更迭	列烈裂	庋捩	哲	折挫折	揭揭露	节节约
	山开四	山开四	山开四	山开三	山开四	山开三	山开三	山开三	山开四
	入屑明	入屑透	入屑定	入薛来	入屑来	入薛知	入薛章	入月见	入屑精
鹿城话	mi⑧	tʻi⑦	di⑧	li⑧	li⑧	tɕi⑦	tɕi⑦	tɕi⑦	tɕi⑦
永强话	mi	tʻi	di	li	li	tɕi	tɕi	tɕi	tɕi
永嘉话	mie	tʻie	die	lie	lie	tɕie	tɕie	tɕie	tɕie
乐清话	mie	tʻie	die	lie	lie	tɕie	tɕie	tɕie	tɕie
虹桥话	mie	tʻie	die	lie	lie	tɕie	tɕie	tɕie	tɕie
瑞安话	mie	tʻie	die	lie	lie	tɕie	tɕie	tɕie	tɕie
陶山话	mie	tʻie	die	lie	lie	tɕie	tɕie	tɕie	tɕie
平阳话	mie	tʻie	die	lie	lie	tɕie	tɕie	tɕie	tɕie
宜山话	mi	tʻi	di	li	li	tɕi	tɕi	tɕi	tɕi
文成话	mie	tʻie	die	lie	lie	tɕie	tɕie	tɕie	tɕie

	结洁	切	彻撤	辙	杰	竭	热	孽	臬
	山开四	山开四	山开三	山开三	山开三	山开三	山开三	山开三	山开四
	入屑见	入屑清	入薛彻	入薛澄	入薛群	入月群	入薛日	入薛泥	入屑疑
鹿城话	tɕi⑦	tɕʻi⑦	dʑi⑧	dʑi⑧	dʑi⑧	dʑi⑧	ȵi⑧	ȵi⑧	ȵi⑧
永强话	tɕi	tɕʻi	dʑi	dʑi	dʑi	dʑi	ȵi	ȵi	ȵi
永嘉话	tɕie	tɕʻie	dʑie	dʑie	dʑie	dʑie	ȵie	ȵie	ȵie
乐清话	tɕie	tɕʻie	dʑie	dʑie	dʑie	dʑie	ȵie	ȵie	ȵia
虹桥话	tɕie	tɕʻie	dʑie	dʑie	dʑie	dʑie	ȵie	ȵie	ȵie
瑞安话	tɕie	tɕʻie	dʑie	dʑie	dʑie	dʑie	ȵie	ȵie	ȵie
陶山话	tɕie	tɕʻie	dʑie	dʑie	dʑie	dʑie	ȵie	ȵie	ȵie
平阳话	tɕie	tɕʻie	dʑie	dʑie	dʑie	dʑie	ȵie	ȵie	ȵie
宜山话	tɕi	tɕʻi	dʑi	dʑi	dʑi	dʑi	ȵi	ȵi	ȵi
文成话	tɕiɛ	tɕʻiɛ	dʑiɛ	dʑiɛ	dʑiɛ	dʑiɛ	ȵiɛ	ȵiɛ	ȵiɛ

	歇	舌𠮢	折折本	截	谒	噎	拽	浙	薛泄
	山开三	山开三	山开三	山开四	山开三	山开四	山开三	山开三	山开三
	入月晓	入薛船	入薛禅	入屑从	入月影	入屑影	入薛以	入薛章	入薛心
鹿城话	ɕi⑦	zi⑧	zi⑧	zi⑧	ʔji⑦	ʔji⑦	ji⑧	tsei⑦	sei⑦
永强话	ɕi	zi	zi	zi	ʔji	ʔji	ji	tsɿ	sɿ
永嘉话	ɕie	zie	zie	zie	ʔjie	ʔjie	jie	tsi	si
乐清话	ɕie	zie	zie	zie	ʔjie	ʔjie	jie	tɕi	ɕi
虹桥话	ɕie	zie	zie	zie	ʔjie	ʔjie	jie	tsei	sei
瑞安话	ɕie	zie	zie	zie	ʔjie	ʔjie	jie	tsei	sei
陶山话	ɕie	zie	zie	zie	ʔjie	ʔjie	jie	tɕi	sei
平阳话	ɕie	zie	zie	zie	ʔjie	ʔjie	jie	tɕi	ɕi
宜山话	ɕi	zi	zi	zi	ʔji	ʔji	ji	tɕi	ɕi
文成话	ɕie	zie	zie	zie	ʔjie	ʔjie	jie	tɕi	ɕi

	设	钵拨	泼泼辣	钹	末沫抹	掇	脱	夺	撮撮口
	山开三入薛书	山合一入末帮	山合一入末滂	山合一入末並	山合一入末明	山合一入末端	山合一入末透	山合一入末定	山合一入末定
鹿城话	sei⑦	pø⑦	pʻø⑦	bø⑧	mø⑧	tø⑦	tʻø⑦	dø⑧	tsʻø⑦
永强话	sʅ	pø	pʻø	bø	mø	tø	tʻø	dø	tsʻø
永嘉话	si	pø	pʻø	bø	mø	tø	tʻø	dø	tsʻø
乐清话	çi	pø	pʻø	bø	mø	tø	tʻø	dø	tsʻø
虹桥话	sei	pø	pʻø	bø	mø	tø	tʻø	dø	tsʻø
瑞安话	sei	pə	pʻə	bə	mə	tə	tʻə	də	tsʻə
陶山话	sei	pø	pʻø	bø	mø	tø	tʻø	dø	tsʻø
平阳话	çi	pø	pʻø	bø	mø	tø	tʻø	dø	tsʻø
宜山话	çi	pø	pʻø	bø	mø	tø	tʻø	dø	tsʻø
文成话	çi	pø	pʻø	bø	mø	tø	tʻø	dø	tsʻø

	刷印刷	割葛	渴咳	喝喝彩	遏褐	八	拔	抹抹布	袜
	山合二入辖生	山开一入曷见	山开一入曷溪	山开一入曷晓	山开一入曷匣	山开二入黠帮	山开二入黠並	山开二入黠明	山合三入月微
鹿城话	sø⑦	kø⑦	kʻø⑦	hø⑦	ʔø⑦	po⑦	bo⑧	mo⑧	mo⑧
永强话	sø	kø	kʻø	hø	ʔø	po	bo	mo	muɔ
永嘉话	sø	kø	kʻø	hø	ʔø	po	bo	mo	muo
乐清话	sø	kø	kʻø	hø	ʔø	po	bo	mo	mua
虹桥话	sø	ke	kʻe	he	ʔe	po	bo	mo	mua
瑞安话	sə	kø	kʻə	hə	ʔə	po	bo	mo	muo
陶山话	sø	kø	kʻø	hø	ʔø	po	bo	mo	muo
平阳话	sø	kø	kʻø	hø	ʔø	po	bo	mo	muo
宜山话	sø	kø	kʻø	hø	ʔø	po	bo	mo	ma
文成话	sø	kø	kʻø	hø	ʔø	puɔ	buɔ	mo	mo

	发髪	伐筏罚	括	刮搜刮	阔	豁豁然	活	滑猾	斡
	山合三入月非	山合三入月奉	山合一入末见	山合二入辖见	山合一入末溪	山合一入末晓	山合一入末匣	山合二入黠匣	影末入
鹿城话	fo⑦	vo⑦	ko⑦	ko⑦	kʻo⑦	ho⑦	ɦo⑧	ɦo⑧	ʔo⑦
永强话	fuɔ	vuɔ	ko	ko	kʻo	ho	ɦo	ɦo	ʔo
永嘉话	fuo	vuo	kva	kva	kʻva	hva	ɦva	ɦva	ʔo
乐清话	fua	vua	kua	kua	kʻua	hua	ɦua	ɦua	ʔvua
虹桥话	fua	vua	kua	kua	kʻua	hua	ɦua	ɦua	ʔvua
瑞安话	fuo	vuo	kuo	kuo	kʻuo	huo	ɦuɔ	ɦuo	ʔuo
陶山话	fuo	vuo	kuo	kuo	kʻuo	huo	ɦuɔ	ɦuɔ	ʔvuɔ
平阳话	fuo	vuo	ko	ko	kʻo	ho	ɦo	ɦo	ʔuo
宜山话	fa	va	ko	ko	kʻo	ho	ɦo	ɦo	ʔo
文成话	fuɔ	vuɔ	ko	ko	kʻo	ho	ɦo	ɦo	ʔo

	劣恶劣	捋	撮一撮	拙死拙	厥晕厥	决	缺	掘	月
	山合三 入薛来	山合一 入末来	山合一 入末清	山合三 入薛章	山合三 入月见	山合四 入屑见	山合四 入屑溪	山合三 入月群	山合三 入月疑
鹿城话	le⑧	lai⑧	ts'ai⑦	tɕy⑦	tɕy⑦	tɕy⑦	tɕ'y⑦	dʑy⑧	ŋy⑧
永强话	le	lai	ts'ai	tɕy	tɕy	tɕy	tɕ'y	dʑy	ŋy
永嘉话	le	lai	ts'ai	tɕy	tɕy	tɕy	tɕ'y	dʑy	ŋy
乐清话	le	lai	tɕ'iə	tɕyə	tɕyə	tɕyə	tɕ'yə	dʑyə	ŋyə
虹桥话	lə	lai	ts'ə	tɕyə	tɕyə	tɕyə	tɕ'yə	dʑyə	ŋyə
瑞安话	lɛ	lai	ts'a	tɕyə	tɕyə	tɕyə	tɕ'yə	dʑyə	ŋyə
陶山话	le	lai	ts'ɛ	tɕyø	tɕyø	tɕyø	tɕ'yø	dʑyø	ŋyø
平阳话	le	lai	tɕ'ia	tɕyø	tɕyø	tɕyø	tɕ'yø	dʑyø	ŋyø
宜山话	le	lai	ts'a	tɕyø	tɕyø	tɕyø	tɕ'yø	dʑyø	ŋyø
文成话	le	lai	ts'a	tɕyø	tɕyø	tɕyø	tɕ'yø	dʑyø	ŋyø

	雪	说	血	绝绝对	哕哕起	越粤	悦阅	穴
	山合三 入薛心	山合三 入薛书	山合四 入屑晓	山合三 入薛从	山合三 入月影	山合三 入月云	山合三 入薛以	山合四 入屑匣
鹿城话	ɕy⑦	ɕy⑦	ɕy⑦	ʑy⑧	ʔjy⑦	jy⑧	jy⑧	jy⑧
永强话	ɕy	ɕy	ɕy	ʑy	ʔjy	jy	jy	jy
永嘉话	ɕy	ɕy	ɕy	ʑy	ʔjy	jy	jy	jy
乐清话	ɕyə	ɕyə	ɕyə	ʑyə	ʔjyə	jyə	jyə	jyə
虹桥话	ɕyə	ɕyə	ɕyə	ʑyə	ʔjyə	jyə	jyə	jyə
瑞安话	ɕyə	ɕyə	ɕyə	ʑyə	ʔjyə	jyə	jyə	jyə
陶山话	ɕyø	ɕyø	ɕyə	ʑyø	ʔjyə	jyə	jyø	jyə
平阳话	ɕyø	ɕyø	ɕyø	ʑyø	ʔjyø	jyø	jyø	jyø
宜山话	ɕyø	ɕyø	ɕyø	ʑyø	ʔjyø	jyø	jyø	jyø
文成话	ɕyø	ɕyø	fyø	ʑyø	ʔjyø	jyø	jyø	jyø

[臻摄]

	笔	毕必	匹	弼	密蜜	栗	律	率效率	不不仅
	臻开三 入质帮	臻开三 入质帮	臻开三 入质滂	臻开三 入质并	臻开三 入质明	臻开三 入质来	臻合三 入术来	臻合三 入术生	臻合一 入没帮
鹿城话	pi⑦	pi⑦	p'i⑦	bi⑧	mi⑧	li⑧	li⑧	li⑧	pai⑦
永强话	pi	pi	p'i	bi	mi	li	li	li	pai
永嘉话	pi	pi	p'i	bi	mi	li	li	li	pai
乐清话	pi	pi	p'i	bi	mi	li	li	li	pə
虹桥话	pi	pi	p'i	bi	mi	li	li	li	pə
瑞安话	pei	pei	p'ei	bei	mei	li	li	li	pa
陶山话	pei	pei	p'ei	bei	mei	li	li	li	pa
平阳话	pi	pi	p'i	bi	mi	li	le	li	pa
宜山话	pi	pi	p'i	bi	mi	li	li	li	pa
文成话	pe	pi	p'i	bi	me	li	li	li	pa

	拂拂尘	佛	物	质质量	卒兵卒	七漆	猝仓猝	佚秩	膝膝盖
	臻合三	臻合三	臻合三	臻开三	臻合一	臻开三	臻合一	臻开三	臻开三
	入物敷	入物奉	入物微	入质章	入没精	入质清	入没清	入质澄	入质心
鹿城话	fai⑦	vai⑧	vai⑧	tsai⑦	tsai⑦	tsʻai⑦	tsʻai⑦	dzai⑧	sai⑦
永强话	fai	vai	vai	tsai	tsai	tsʻai	tsʻai	dzai	sai
永嘉话	fai	vai	vai	tsai	tsai	tsʻai	tsʻai	dzai	sai
乐清话	fə	və	və	tɕiə	tɕiə	tɕʻiə	tɕʻiə	dʑiə	sə
虹桥话	fə	və	və	tsə	tsə	tsʻə	tsʻə	dzə	sə
瑞安话	fa	va	va	tsa	tsa	tsʻa	tsʻa	dza	sa
陶山话	fa	va	va	tsɛ	tsɛ	tsʻɛ	tsʻɛ	dzɛ	sɛ
平阳话	fa	va	va	tɕia	tɕia	tɕʻia	tɕʻia	dʑia	sa
宜山话	fa	va	va	tsa	tsa	tsʻa	tsʻa	dza	sa
文成话	fa	va	va	tsa	tsa	tsʻa	tsʻa	dza	sa

	虱瑟	失室	率摔	疾疾病	实现实	日日本	吉吉祥	讫
	臻开三	臻开三	臻合三	臻开三	臻开三	臻开三	臻开三	臻开三
	入质生	入质书	入术生	入质从	入质船	入质日	入质见	入迄见
鹿城话	sai⑦	sai⑦	sai⑦	zai⑧	zai⑧	zai⑧	tɕiai⑦	tɕʻiai⑦
永强话	sai	sai	sai	zai	zai	zai	tɕiai	tɕʻiai
永嘉话	sai	sai	sai	zai	zai	zai	tɕiai	tɕʻiai
乐清话	sə	sə	sə	zə	zə	zə	tɕiə	tɕʻiə
虹桥话	sə	sə	sə	zə	zə	zə	tɕiə	tɕʻiə
瑞安话	sa	sa	sa	za	za	za	tɕia	tɕʻia
陶山话	sɛ	sɛ	sɛ	zɛ	zɛ	zɛ	tɕie	tɕʻie
平阳话	sa	sa	sa	za	za	za	tɕia	tɕʻia
宜山话	sa	sa	sa	za	za	za	tɕia	tɕʻia
文成话	sa	sa	sa	za	za	za	tɕia	tɕʻia

	乞	乙一	逸	悉熟悉	勃脖	没	突	橘柑橘	出
	臻开三	臻开三	臻开三	臻开三	臻合一	臻合一	臻合一	臻合三	臻合三
	入迄溪	入质影	入质以	入质心	入没并	入没明	入没定	入术见	入术昌
鹿城话	tɕʻiai⑦	ʔjiai⑦	jiai⑦	sei⑦	bø⑧	mø⑧	dø⑧	tɕy⑦	tɕʻy⑦
永强话	tɕʻiai	ʔjiai	jiai	sɿ	bø	mø	dø	tɕy	tɕʻy
永嘉话	tɕʻiai	ʔjiai	jiai	si	bø	mø	dø	tɕy	tɕʻy
乐清话	tɕʻiə	ʔjiə	jiə	ɕi	bø	mø	dø	tɕyə	tɕʻyə
虹桥话	tɕʻiə	ʔjiə	jiə	sei	bø	mø	dø	tɕyə	tɕʻyə
瑞安话	tɕʻia	ʔjia	jia	sei	bə	mə	də	tɕyə	tɕʻyə
陶山话	tɕʻie	ʔjie	jie	sei	bø	mø	dø	tɕyø	tɕʻyø
平阳话	tɕʻia	ʔjia	jiɔ	ɕi	bø	mø	dø	tɕyø	tɕʻyø
宜山话	tɕʻia	ʔjia	jia	ɕi	bø	mø	dø	tɕyø	tɕʻyø
文成话	tɕʻia	ʔjia	jia	ɕi	bø	mø	dø	tɕyø	tɕʻyø

	屈屈服	术白术	倔掘	忽忽然	恤戌	术述	骨	窟	核核心
	臻合三入物溪	臻合三入术澄	臻合三入物群	臻合一入没晓	臻合三入术心	臻合三入术船	臻合一入没见	臻合一入没溪	臻合一入没匣
鹿城话	tɕ'y⑦	dʐy⑧	dʐy⑧	ɕy⑦	ɕy⑦	ʐy⑧	ky⑦	k'y⑦	ɦy⑧
永强话	tɕ'y	dʐy	dʐy	ɕy	ɕy	ʐy	ky	k'y	ɦy
永嘉话	tɕ'y	dʐy	dʐy	ɕy	ɕy	ʐy	ky	k'y	ɦy
乐清话	tɕ'yə	dʐyə	dʐyə	hyə	ɕyə	ʐyə	kyə	k'yə	ɦyə
虹桥话	tɕ'yə	dʐyə	dʐyə	hyə	ɕyə	ʐyə	kyə	k'yə	ɦyə
瑞安话	tɕ'yə	dʐyə	dʐyə	ɕyə	ɕyə	ʐyə	kyə	k'yə	ɦyə
陶山话	tɕ'yø	dʐyø	dʐyø	ɕyø	ɕyø	ʐyø	kyø	k'yø	ɦyø
平阳话	tɕ'yø	dʐyø	dʐyø	ɕyø	ɕyø	ʐyø	kyø	k'yø	ɦyø
宜山话	tɕ'yø	dʐyø	dʐyø	hyø	ɕyø	ʐyø	kyø	k'yø	ɦyø
文成话	tɕ'yø	dʐyø	dʐyø	hyø	fyø	ʐyø	kyø	k'yø	ɦyø

[宕摄]

	博渊博	泊	薄厚薄	莫膜幕	缚束缚	沰滴沰	托	铎	诺
	宕开一入铎帮	宕开一入铎滂	宕开一入铎并	宕开一入铎明	宕合三入药奉	宕开一入铎端	宕开一入铎透	宕开一入铎定	宕开一入铎泥
鹿城话	po⑦	p'o⑦	bo⑧	mo⑧	vo⑧	to⑦	t'o⑦	do⑧	no⑧
永强话	po	p'o	bo	mo	vo	to	t'o	do	no
永嘉话	po	p'o	bo	mo	vuo	to	t'o	do	no
乐清话	po	p'o	bo	mo	vo	to	t'o	do	no
虹桥话	po	p'o	bo	mo	vo	to	t'o	do	no
瑞安话	po	p'o	bo	mo	vuo	to	t'o	do	no
陶山话	po	p'o	bo	mo	vuo	to	t'o	do	no
平阳话	po	p'o	bo	mo	vuo	to	t'o	do	no
宜山话	po	p'o	bo	mo	vo	to	t'o	do	no
文成话	po	p'o	bo	mo	vo	to	t'o	do	no

	落洛骆	乐	作乍	错	索绳索	昨	各阁搁	郭	廓
	宕开一入铎来	宕开一入铎来	宕开一入铎精	宕开一入铎清	宕开一入铎心	宕开一入铎从	宕开一入铎见	宕合一入铎见	宕合一入铎溪
鹿城话	lo⑧	lo⑧	tso⑦	ts'o⑦	so⑦	zo⑧	ko⑦	ko⑦	k'o⑦
永强话	lo	lo	tso	ts'o	so	zo	ko	ko	k'o
永嘉话	lo	lo	tso	ts'o	so	zo	ko	ko	k'o
乐清话	lo	lo	tɕio	tɕ'io	so	zo	ko	ko	k'o
虹桥话	lo	lo	tso	ts'o	so	zo	ko	ko	k'o
瑞安话	lo	lo	tso	ts'o	so	zo	ko	kuo	k'uo
陶山话	lo	lo	tso	ts'o	so	zo	ko	kuo	k'uo
平阳话	lo	lo	tɕio	tɕ'io	so	zo	ko	ko	k'o
宜山话	lo	lo	tso	ts'o	so	zo	ko	ko	k'o
文成话	lo	lo	tɕio	ts'o	so	zo	ko	ko	k'o

	扩扩充	鄂	鹤	郝	霍藿	镬	恶善恶	凿	爵伯爵
	宕合一 入铎溪	宕开一 入铎疑	宕开一 入铎匣	宕开一 入铎晓	宕合一 入铎晓	宕合一 入铎匣	宕开一 入铎影	宕开一 入铎从	宕开三 入药精
鹿城话	k'o⑦	ŋo⑧	ŋo⑧	ho⑦	ho⑦	ɦo⑧	ʔo⑦	zø⑧	tɕia⑦
永强话	k'o	ŋo	ŋo	ho	ho	ɦo	ʔo	zø	tɕia
永嘉话	k'o	ŋo	ŋo	ho	ho	ɦo	ʔo	zø	tɕia
乐清话	k'o	ŋo	ŋo	ho	ho	ɦo	ʔo	zø	tɕia
虹桥话	k'o	ŋo	ŋo	ho	ho	ɦo	ʔo	zø	tɕia
瑞安话	k'uo	ŋo	ŋo	ho	huo	ɦuo	ʔo	zɔ	tɕiɔ
陶山话	k'uo	ŋo	ŋo	ho	huo	ɦuo	ʔo	zø	tɕiɔ
平阳话	k'o	ŋo	ŋo	ho	ho	ɦo	ʔo	zø	tɕiɔ
宜山话	k'o	ŋo	ŋo	ho	ho	ɦo	ʔo	zø	tɕia
文成话	k'o	ŋo	ŋo	ho	ho	ɦo	ʔo	zø	tɕia

	着着衣	酌	脚手脚	雀	鹊	绰绰约	却	着着火	虐疟
	宕开三 入药知	宕开三 入药章	宕开三 入药见	宕开三 入药来	宕开三 入药清	宕开三 入药昌	宕开三 入药溪	宕开三 入药澄	宕开三 入药疑
鹿城话	tɕia⑦	tɕia⑦	tɕia⑦	tɕ'ia⑦	tɕ'ia⑦	tɕ'ia⑦	tɕ'ia⑦	dʑia⑧	ȵia⑧
永强话	tɕia	tɕia	tɕia	tɕ'ia	tɕ'ia	tɕ'ia	tɕ'ia	dʑia	ȵia
永嘉话	tɕia	tɕia	tɕia	tɕ'ia	tɕ'ia	tɕ'ia	tɕ'ia	dʑia	ȵia
乐清话	tɕia	tɕia	tɕia	tɕ'ia	tɕ'ia	tɕ'ia	tɕ'ia	dʑia	ȵia
虹桥话	tɕia	tɕia	tɕia	tɕ'ia	tɕ'ia	tɕ'ia	tɕ'ia	dʑia	ȵia
瑞安话	tɕiɔ	tɕiɔ	tɕiɔ	tɕ'iɔ	tɕ'iɔ	tɕ'iɔ	tɕ'iɔ	dʑiɔ	ȵiɔ
陶山话	tɕiɔ	tɕiɔ	tɕiɔ	tɕ'iɔ	tɕ'iɔ	tɕ'iɔ	tɕ'iɔ	dʑiɔ	ȵiɔ
平阳话	tɕiɔ	tɕiɔ	tɕiɔ	tɕ'iɔ	tɕ'iɔ	tɕ'iɔ	tɕ'iɔ	dʑiɔ	ȵiɔ
宜山话	tɕiɔ	tɕiɔ	tɕiɔ	tɕ'iɔ	tɕ'iɔ	tɕ'iɔ	tɕ'iɔ	dʑiɔ	ȵiɔ
文成话	tɕia	tɕia	tɕia	tɕ'ia	tɕ'ia	tɕ'ia	tɕ'ia	dʑia	ȵia

	削	烁	谑戏谑	嚼	勺芍	弱若	约节约	跃药	略掠
	宕开三 入药心	宕开三 入药书	宕开三 入药晓	宕开三 入药从	宕开三 入药禅	宕开三 入药日	宕开三 入药影	宕开三 入药以	宕开三 入药来
鹿城话	ɕia⑦	ɕia⑦	ɕia⑦	zia⑧	zia⑧	zia⑧	ʔjia⑦	jia⑧	liɛ⑧
永强话	ɕia	ɕia	ɕia	zia	zia	zia	ʔjia	jia	lyə
永嘉话	ɕia	ɕia	ɕia	zia	zia	zia	ʔjia	jia	lyə
乐清话	ɕia	ɕia	ɕia	zia	zia	zia	ʔjia	jia	liɯ
虹桥话	ɕia	ɕia	ɕia	zia	zia	zia	ʔjia	jia	liɣ
瑞安话	ɕiɔ	ɕiɔ	ɕiɔ	ziɔ	ziɔ	ziɔ	ʔjiɔ	jiɔ	lu
陶山话	ɕiɔ	ɕiɔ	ɕiɔ	ziɔ	ziɔ	ziɔ	ʔjiɔ	jiɔ	luɔ
平阳话	ɕiɔ	ɕiɔ	ɕiɔ	ziɔ	ziɔ	ziɔ	ʔjiɔ	jiɔ	liø
宜山话	ɕiɔ	ɕiɔ	ɕiɔ	ziɔ	ziɔ	ziɔ	ʔjiɔ	jiɔ	lyø
文成话	ɕia	ɕia	ɕia	zia	zia	zia	ʔjia	jia	liɛ

[江摄]

	剥驳	朴	雹	觉角	确壳	岳	乐音乐	学	握
	江开二	江开二	江开二	江开二	江开二	江开二	江开二	江开二	江开二
	入觉帮	入觉滂	入觉并	入觉见	入觉溪	入觉疑	入觉疑	入觉匣	入觉影
鹿城话	po⑦	p'o⑦	bo⑧	ko⑦	k'o⑦	ŋo⑧	ŋo⑧	ɦo⑧	ʔo⑦
永强话	po	p'o	bo	ko	k'o	ŋo	ŋo	ɦo	ʔo
永嘉话	po	p'o	bo	ko	k'o	ŋo	ŋo	ɦo	ʔo
乐清话	po	p'o	bo	ko	k'o	ŋo	ŋo	ɦo	ʔo
虹桥话	po	p'o	bo	ko	k'o	ŋo	ŋo	ɦo	ʔo
瑞安话	po	p'o	bo	ko	k'o	ŋo	ŋo	ɦo	ʔo
陶山话	po	p'o	bo	ko	k'o	ŋo	ŋo	ɦo	ʔo
平阳话	po	p'o	bo	ko	k'o	ŋo	ŋo	ɦo	ʔo
宜山话	po	p'o	bo	ko	k'o	ŋo	ŋo	ɦo	ʔo
文成话	po	p'o	bo	ko	k'o	ŋo	ŋo	ɦo	ʔu

	卓卓啄	捉	戳	浊	镯	朔	得德	忒	特
	江开二	江开二	江开二	江开二	江开二	江开二	曾开一	曾开一	曾开一
	入觉知	入觉庄	入觉彻	入觉澄	入觉崇	入觉生	入德端	入德透	入德定
鹿城话	tɕyo⑦	tɕyo⑦	tɕ'yo⑦	dʑyo⑧	dʑyo⑧	ɕyo⑦	te⑦	t'e⑦	de⑧
永强话	tɕyo	tɕyo	tɕ'yo	dʑyo	dʑyo	ɕyo	te	t'e	de
永嘉话	tɕyo	tɕyo	tɕ'yo	dʑyo	dʑyo	ɕyo	te	t'e	de
乐清话	tɕio	tɕio	tɕ'io	dʑio	dʑio	ɕio	te	t'e	de
虹桥话	tɕio	tɕio	tɕ'io	dʑio	dʑio	ɕio	tə	t'ə	də
瑞安话	tɕyo	tɕyo	tɕ'yo	dʑyo	dʑyo	ɕyo	tɛ	t'ɛ	dɛ
陶山话	tɕyo	tɕyo	tɕ'yo	dʑyo	dʑyo	ɕyo	te	t'e	de
平阳话	tɕyo	tɕyo	tɕ'yo	dʑyo	dʑyo	ɕyo	te	t'e	de
宜山话	tɕyo	tɕyo	tɕ'yo	dʑyo	dʑyo	ɕyo	te	t'e	de
文成话	tɕyo	tɕyo	tɕ'yo	dʑyo	dʑyo	ɕyo	te	t'e	de

[曾摄]

	肋勒	则原则	塞堵塞	贼盗贼	刻克	黑	劾	力力量	鲫
	曾开一	曾开一	曾开一	曾开一	曾开一	曾开一	曾开一	曾开三	曾开三
	入德来	入德精	入德心	入德从	入德溪	入德晓	入德匣	入职来	入职精
鹿城话	le⑧	tse⑦	se⑦	ze⑧	k'e⑦	he⑦	ɦe⑧	lei⑧	tsei⑦
永强话	le	tse	se	ze	k'e	he	ɦe	li	tsɿ
永嘉话	le	tse	se	ze˙	k'e	he	ɦe	li	tsi
乐清话	le	tɕie	se	ze	k'e	he	ɦe	li	tɕi
虹桥话	lə	tsə	sə	zə	k'ai	hai	ɦai	lei	tsei
瑞安话	lɛ	tsɛ	sɛ	zɛ	k'ɛ	hɛ	ɦɛ	lei	tsei
陶山话	le	tse	se	ze	k'e	he	ɦe	lei	tɕi
平阳话	le	tse	se	ze	k'e	he	ɦe	li	tɕi
宜山话	le	tse	se	ze	k'e	he	ɦe	li	tɕi
文成话	le	tse	se	ze	k'e	he	ɦe	li	tɕi

瓯语音系

	仄	织职	饬	测	直值	植殖	息熄媳	色啬	识式饰
	曾开三入职庄	曾开三入职章	曾开三入职彻	曾开三入职初	曾开三入职澄	曾开三入职禅	曾开三入职心	曾开三入职生	曾开三入职书
鹿城话	tsei⑦	tsei⑦	ts'ei⑦	ts'ei⑦	dzei⑧	dzei⑧	sei⑦	sei⑦	sei⑦
永强话	tsʅ	tsʅ	ts'ʅ	ts'ʅ	dzʅ	dzʅ	sʅ	sʅ	sʅ
永嘉话	tsi	tsi	ts'i	ts'i	dzi	dzi	si	si	si
乐清话	tɕi	tɕi	tɕ'i	tɕ'i	dʑi	dʑi	ɕi	ɕi	ɕi
虹桥话	tsei	tsei	ts'ei	ts'ei	dzei	dzei	sei	sei	sei
瑞安话	tsei	tsei	ts'ei	ts'ei	dzei	dzei	sei	sei	sei
陶山话	tɕi	tɕi	tɕ'i	tɕ'i	dʑi	dʑ	ɕi	ɕi	ɕi
平阳话	tɕi	tɕi	tɕ'i	tɕ'i	dʑi	dʑi	ɕi	ɕi	ɕi
宜山话	tɕi	tɕi	tɕ'i	tɕ'i	dʑi	dʑi	ɕi	ɕi	ɕi
文成话	tɕi	tɕi	tɕ'i	tɕ'i	dʑi	dʑi	ɕi	ɕi	ɕi

	食蚀	北	墨默	国中国	棘亟	极	抑	翼	逼逼迫
	曾开三入职船	曾开一入德帮	曾开一入德明	曾合一入德见	曾开三入职见	曾开三入职群	曾开三入职影	曾开三入职以	曾开三入职帮
鹿城话	zei⑧	pai⑦	mai⑧	kai⑦	tɕiai⑦	dʑiai⑧	ʔjiai⑦	jiai⑧	pi⑦
永强话	zʅ	pai	me	kai	tɕiai	dʑiai	ʔjiai	jiai	pi
永嘉话	zi	pai	mai	kai	tɕiai	dʑiai	ʔjiai	jiai	pi
乐清话	ʑi	pə	mai	kuai	tɕiə	dʑiə	ʔjiə	jiə	pi
虹桥话	zei	pə	mai	kuai	tɕiə	dʑiə	ʔjiə	jiə	pi
瑞安话	zei	pa	mɛ	kɛ	tɕia	dʑia	ʔjia	jia	pei
陶山话	ʑi	pa	ma	ke	tɕie	dʑie	ʔjie	jie	pei
平阳话	ʑi	pa	mai	kyø	tɕiɔ	dʑiɔ	ʔjiɔ	jiɔ	pi
宜山话	ʑi	pe	me	ke	tɕia	dʑia	ʔjia	jia	pi
文成话	ʑi	pe	me	kø	tɕi	dʑi	ʔji	ji	pi

	愎	匿	即立即	忆亿	或惑	域地域	百柏伯	擘巨擘	拍魄
	曾开三入职并	曾开三入职泥	曾开三入职精	曾开三入职影	曾合一入德匣	曾合三入职云	梗开二入陌帮	梗开二入麦帮	梗开二入陌滂
鹿城话	bi⑧	ɲi⑧	tɕi⑦	ʔji⑦	va⑧	jy⑧	pa⑦	pa⑦	p'a⑦
永强话	bi	ɲi	tɕi	ʔji	va	jy	pɛ	pɛ	p'ɛ
永嘉话	bi	ɲi	tsi	ʔjŋi	va	jy	pa	pa	p'a
乐清话	bi	ɲi	tɕi	ʔji	ʋuɛ	jyə	pe	pe	p'e
虹桥话	bi	ɲi	tɕi	ʔji	ʋua	jyə	pa	pa	p'a
瑞安话	bei	ɲi	tɕi	ʔji	ʋua	jyə	pa	pa	p'a
陶山话	bei	ɲi	tɕi	ʔji	va	jyø	pa	pa	p'a
平阳话	bi	ɲi	tɕi	ʔji	va	jyø	pæ	pæ	p'æ
宜山话	bi	ɲi	tɕi	ʔji	va	jyø	pæ	pæ	p'æ
文成话	bi	ɲi	tɕi	ʔji	va	jyø	pa	pa	p'a

[梗摄]

	白帛	陌	脉麦	窄	摘摘要	责	拆	策册	择泽宅
	梗开二 入陌並	梗开二 入陌明	梗开二 入麦明	梗开二 入陌庄	梗开二 入麦知	梗开二 入麦庄	梗开二 入陌彻	梗开二 入麦初	梗开二 入陌澄
鹿城话	ba⑧	ma⑧	ma⑧	tsa⑦	tsa⑦	tsa⑦	ts'a⑦	ts'a⑦	dza⑧
永强话	bɛ	mɛ	mɛ	tsɛ	tsɛ	tsɛ	ts'ɛ	ts'ɛ	dzɛ
永嘉话	ba	ma	ma	tsa	tsa	tsa	ts'a	ts'a	dza
乐清话	be	me	me	tɕie	tɕie	tɕie	tɕ'ie	tɕ'ie	dʑie
虹桥话	ba	ma	ma	tsa	tsa	tsa	ts'a	ts'a	dza
瑞安话	ba	ma	ma	tsa	tsa	tsa	ts'a	ts'a	dza
陶山话	ba	ma	ma	tsa	tsa	tsa	ts'a	ts'a	dza
平阳话	bæ	mæ	mæ	tɕia	tɕia	tɕia	tɕ'ia	tɕ'ia	dʑia
宜山话	bæ	mæ	mæ	tsæ	tsæ	tsæ	ts'æ	ts'æ	dzæ
文成话	ba	ma	ma	tsa	tsa	tsa	ts'a	ts'ɔ	dza

	格规格	革隔	客	绤	额	赫	扼轭	碧碧玉	璧
	梗开二 入陌见	梗开二 入麦见	梗开二 入陌溪	梗开二 入麦溪	梗开二 入陌泥	梗开二 入陌泥	梗开二 入麦影	梗开三 入陌帮	梗开三 入昔帮
鹿城话	ka⑦	ka⑦	k'a⑦	k'a⑦	ŋa⑧	ha⑦	ʔa⑦	pi⑦	pi⑦
永强话	kɛ	kɛ	k'ɛ	k'ɛ	ŋɛ	hɛ	ʔɛ	pi	pi
永嘉话	ka	ka	k'a	k'a	ŋa	ha	ʔa	pi	pi
乐清话	ke	ke	k'e	k'e	ŋe	he	ʔe	pi	pi
虹桥话	ka	ka	k'a	k'a	ŋa	ha	ʔa	pi	pi
瑞安话	ka	ka	k'a	k'a	ŋa	ha	ʔa	pei	pei
陶山话	ka	ka	k'a	k'a	ŋa	ha	ʔa	pei	pei
平阳话	ka	kæ	k'a	k'a	ŋæ	hæ	ʔæ	pi	pi
宜山话	kæ	kæ	k'æ	k'æ	ŋæ	hæ	ʔa	pi	pi
文成话	ka	kɔ	k'a	k'a	ŋɔ	hɔ	ʔa	pi	pi

	壁墙壁	僻	辟	劈	觅	笛敌狄	溺溺水	戟
	梗开四 入锡帮	梗开三 入昔滂	梗开三 入昔滂	梗开四 入锡滂	梗开四 入锡明	梗开四 入锡定	梗开四 入锡泥	梗开三 入陌见
鹿城话	pi⑦	p'i⑦	p'i⑦	p'i⑦	mi⑧	di⑧	ȵi⑧	tɕiai⑦
永强话	pi	p'i	p'i	p'i	mi	di	ȵi	tɕiai
永嘉话	pi	p'i	p'i	p'i	mi	di	ȵi	tɕiai
乐清话	pi	p'i	p'i	p'i	mi	di	ȵi	tɕiə
虹桥话	pi	p'i	p'i	p'i	mi	di	ȵi	tɕiə
瑞安话	pei	p'ei	p'ei	p'ei	mei	dei	ȵi	
陶山话	pei	p'ei	p'ei	p'ei	mei	dei	ȵi	tɕie
平阳话	pi	p'i	p'i	p'i	mi	di	ȵi	tɕia
宜山话	pi	p'i	p'i	p'i	mi	di	ȵi	tɕia
文成话	pi	p'i	p'i	p'i	mi	di	ȵi	tɕia

	击打击	吃口吃	剧	逆	益利益	亦译液	易交易	檄	的滴嫡
	梗开四	梗开四	梗开三	梗开三	梗开三	梗开三	梗开三	梗开四	梗开四
	入锡见	入锡溪	入陌群	入陌疑	入昔影	入昔以	入昔以	入锡匣	入锡端
鹿城话	tɕiai⑦	tɕʻiai⑦	dziai⑧	ȵiai⑧	ʔjiai⑦	jiai⑧	jiai⑧	jiai⑧	tei⑦
永强话	tɕiai	tɕʻiai	dziai	ȵiai	ʔjiai	jiai	jiai	jiai	ti
永嘉话	tɕiai	tɕʻiai	dziai	ȵiai	ʔjiai	jiai	jiai	jiai	ti
乐清话	tɕiə	tɕʻiə	dziə	ȵiə	ʔjiə	jiə	jiə	jiə	ti
虹桥话	tɕiə	tɕʻiə	dziə	ȵiə	ʔjiə	jiə	jiə	jiə	tei
瑞安话	tɕia	tɕʻia	dzia	ȵia	ʔjia	jia	jia	jia	tei
陶山话	tɕie	tɕʻie	dzie	ȵie	ʔjie	jie	jie	jie	tei
平阳话	tɕiɔ	tɕʻiɔ	dziɔ	ȵiɔ	ʔjiɔ	jiɔ	jiɔ	jiɔ	ti
宜山话	tɕia	tɕʻia	dzia	ȵia	ʔjia	jia	jia	jia	ti
文成话	tɕi	tɕʻi	dzi	ȵi	ʔji	ji	ji	ji	ti

	踢剔	历	积迹脊	隻	绩成绩	赤斥尺	戚	掷	惜昔
	梗开四	梗开四	梗开三	梗开三	梗开四	梗开三	梗开四	梗开三	梗开三
	入锡透	入锡来	入昔精	入昔章	入锡精	入昔昌	入锡清	入昔澄	入昔心
鹿城话	tʻei⑦	lei⑧	tsei⑦	tsei⑦	tsei⑦	tsʻei⑦	tsʻei⑦	dzei⑧	sei⑦
永强话	tʻi	li	tsɿ	tsɿ	tsɿ	tsʻɿ	tsʻɿ	dzɿ	sɿ
永嘉话	tʻi	li	tsi	tsi	tsi	tsʻi	tsʻi	dzi	si
乐清话	tʻi	li	tɕi	tɕi	tɕi	tɕʻi	tɕʻi	dʑi	ɕi
虹桥话	tʻei	lei	tsei	tsei	tsei	tsʻei	tsʻei	dzei	sei
瑞安话	tʻei	lei	tsei	tɕi	tsei	tsʻi	tsʻei	dʑi	sei
陶山话	tʻei	lei	tɕi	tɕi	tɕi	tɕʻi	tɕʻi	dʑi	sei
平阳话	tʻi	li	tɕi	tɕi	tɕi	tɕʻi	tɕʻi	dʑi	ɕi
宜山话	tʻi	li	tɕi	tɕi	tɕi	tɕʻi	tɕʻi	dʑi	ɕi
文成话	tʻi	li	tɕi	tɕi	tɕi	tɕʻi	tɕʻi	dʑi	ɕi

	适释	锡析	籍藉	席夕	射	石	寂寂寞	获划	疫役
	梗开三	梗开四	梗开三	梗开三	梗开三	梗开三	梗开四	梗合二	梗合三
	入昔书	入锡心	入昔从	入昔邪	入昔船	入昔禅	入锡从	入麦匣	入昔以
鹿城话	sei⑦	sei⑦	zei⑧	zei⑧	zei⑧	zei⑧	zei⑧	ʋa⑧	jy⑧
永强话	sɿ	sɿ	zɿ	zɿ	zɿ	zɿ	zɿ	ʋa	jy
永嘉话	si	si	zi	zi	zɿ	zɿ	zi	ʋa	jy
乐清话	ɕi	ɕi	ʑi	ʑi	ʑi	ʑi	ʑi	ʋuɛ	jyə
虹桥话	sei	sei	zei	zei	zei	zei	zei	ʋua	jyə
瑞安话	sei	sei	zei	zei	zei	zei	zei	ʋua	jyə
陶山话	sei	ɕi	ʑi	zei	ʑi	ʑi	ʑi	ʋa	jyø
平阳话	ɕi	ɕi	ʑi	ʑi	ʑi	ʑi	ʑi	ʋa	jyø
宜山话	ɕi	ɕi	ʑi	ʑi	ʑi	ʑi	ʑi	ʋa	jyø
文成话	ɕi	ɕi	ʑi	ʑi	ʑi	ʑi	ʑi	ʋa	jyø

[通摄]

	卜占卜	扑	仆瀑	木	目穆牧	绿录	沃	福幅复	覆
	通合一	通合一	通合一	通合一	通合三	通合三	通合一	通合三	通合三
	入屋帮	入屋滂	入屋并	入屋明	入屋明	入烛来	入沃影	入屋非	入屋敷
鹿城话	po⑦	pʻo⑦	bo⑧	mo⑧	mo⑧	lo⑧	ʔo⑦	fu⑦	fu⑦
永强话	po	pʻo	bo	mo	mo	lo	ʔo	fu	fu
永嘉话	puo	pʻuo	buo	muo	muo	lo	ʔo	fu	fu
乐清话	po	pʻo	bo	mo	mo	lo	ʔo	fu	fu
虹桥话	po	pʻo	bo	mo	mo	lo	ʔo	fu	fu
瑞安话	puo	pʻuo	buo	muo	muo	luo	ʔo	fu	fu
陶山话	puo	pʻuo	buo	muo	muo	luo	ʔuo	fu	fu
平阳话	puo	pʻuo	buo	muo	muo	lo	ʔo	fu	fu
宜山话	po	pʻo	bo	mo	mu	lo	ʔo	fu	fu
文成话	po	pʻo	bo	mo	mo	luɔ	ʔo	fu	fu

	服伏	谷山谷	哭	酷残酷	斛	鹄	屋房屋	足足球
	通合三	通合一	通合一	通合一	通合一	通合一	通合一	通合三
	入屋奉	入屋见	入屋溪	入沃溪	入屋匣	入沃匣	入屋影	入烛精
鹿城话	vu⑧	ku⑦	kʻu⑦	kʻu⑦	ɦiu⑧	ɦiu⑧	ʔʋu⑦	tɕyo⑦
永强话	vu	ku	kʻu	kʻu	ɦiu	ɦiu	ʔʋu	tɕyo
永嘉话	vu	ku	kʻu	kʻu	ɦiu	ɦiu	ʔʋu	tɕyo
乐清话	vu	ku	kʻu	kʻu	ɦiu	ɦiu	ʔʋu	tɕio
虹桥话	vu	ku	kʻu	kʻu	ɦiu	ɦiu	ʔʋu	tɕio
瑞安话	vu	ku	kʻu	kʻu	ɦiu	ɦiu	ʔʋu	tɕyo
陶山话	vu	ku	kʻu	kʻu	ɦiu	ɦiu	ʔʋu	tɕyo
平阳话	vu	ku	kʻu	kʻu	ɦiu	ɦiu	ʔʋu	tɕyo
宜山话	vu	ku	kʻu	kʻu	ɦiu	ɦiu	ʔʋu	tɕyo
文成话	vu	ku	kʻu	kʻu	ɦiu	ɦiu	ʔʋu	tɕyo

	烛嘱	触	促	曲歌曲	属蜀	局	玉狱	缩
	通合三	通合三	通合三	通合三	通合三	通合三	通合三	通合三
	入烛章	入烛昌	入烛清	入烛溪	入烛禅	入烛群	入烛疑	入屋生
鹿城话	tɕyo⑦	tɕʻyo⑦	tɕʻyo⑦	tɕʻyo⑦	dʑyo⑧	dʑyo⑧	ȵyo⑧	ɕyo⑦
永强话	tɕyo	tɕʻyo	tɕʻyo	tɕʻyo	dʑyo	dʑyo	ȵyo	ɕyo
永嘉话	tɕyo	tɕʻyo	tɕʻyo	tɕʻyo	dʑyo	dʑyo	ȵyo	ɕyo
乐清话	tɕio	tɕʻio	tɕʻio	tɕʻio	dʑio	dʑio	ȵio	ɕio
虹桥话	tɕio	tɕʻio	tɕʻio	tɕʻio	dʑio	dʑio	ȵio	ɕio
瑞安话	tɕyo	tɕʻyo	tɕʻyo	tɕʻyo	dʑyo	dʑyo	ȵyo	ɕyo
陶山话	tɕyo	tɕʻyo	tɕyo	tɕʻyo	dʑyo	dʑyo	ȵyo	ɕyo
平阳话	tɕyo	tɕʻyo	tɕyo	tɕʻyo	dʑyo	dʑyo	ȵyo	ɕyo
宜山话	tɕyo	tɕʻyo	tɕyo	tɕʻyo	dʑyo	dʑyo	ȵyo	ɕyo
文成话	tɕyo	tɕʻyo	tɕʻu	tɕʻyo	dʑyo	dʑyo	ȵyo	ɕyo

	粟	束	续俗	赎	欲浴	笃督	秃	独读犊
	通合三入烛心	通合三入烛书	通合三入烛邪	通合三入烛船	通合三入烛以	通合一入沃端	通合一入屋透	通合一入屋定
鹿城话	çyo⑦	çyo⑦	zyo⑧	zyo⑧	jyo⑧	təu⑦	t'əu⑦	dəu⑧
永强话	çyo	çyo	zyo	zyo	jyo	tiəu	t'iəu	diəu
永嘉话	çyo	çyo	zyo	zyo	jyo	təu	t'əu	dəu
乐清话	çio	çio	zio	zio	jio	tiu	t'iu	diu
虹桥话	çio	çio	zio	zio	jio	tu	t'u	du
瑞安话	çyo	çyo	zyo	zyo	jyo	tou	t'ou	dou
陶山话	çyo	çyo	zyo	zyo	jyo	təu	t'əu	dəu
平阳话	çyo	çyo	zyo	zyo	jyo	tu	t'u	du
宜山话	çyo	çyo	zyo	zyo	jyo	tu	t'u	du
文成话	çyo	çyo	zyo	zyo	jyɔ	tu	t'u	du

	毒	鹿禄	六陆	簇蔟拥	速速度	竹筑	祝粥	菊
	通合一入沃定	通合一入屋来	通合三入屋来	通合一入屋清	通合一入屋心	通合三入屋知	通合三入屋章	通合三入屋见
鹿城话	dəu⑧	ləu⑧	ləu⑧	ts'əu⑦	səu⑦	tçiəu⑦	tçiəu⑦	tçiəu⑦
永强话	diəu	ləu	liəu	ts'o	so	tçiəu	tçiəu	tçiəu
永嘉话	dəu	ləu	ləu	ts'o	so	tçiəu	tçiəu	tçiəu
乐清话	diu	liu	liu	tç'io	so	tsu	tsu	tçiau
虹桥话	du	lu	lu	ts'o	so	tsu	tsu	tçiu
瑞安话	dou	lou	lou	ts'ou	sou	tsou	tsou	tçiou
陶山话	dəu	ləu	ləu	ts'əu	səu	tsəu	tsəu	tçiəu
平阳话	du	lu	lu	ts'iu	su	tçiu	tsiu	tçiəu
宜山话	du	lu	lu	ts'u	su	tsu	tsu	tsu
文成话	du	lu	lu	ts'u	su	tsu	tsu	tsu

	蹴	畜搐	麴	逐轴	肉	肃夙	宿宿舍	叔
	通合三入屋清	通合三入屋彻	通合三入屋溪	通合三入屋崇	通合三入屋日	通合三入屋心	通合三入屋心	通合三入屋书
鹿城话	tç'iəu⑦	tç'iəu⑦	tç'iəu⑦	dziəu⑧	ɲiəu⑧	çiəu⑦	çiəu⑦	çiəu⑦
永强话	tç'iəu	tç'iəu	tç'iəu	dziəu	ɲiəu	çiəu	çiəu	çiəu
永嘉话	tç'iəu	tç'iəu	tç'iəu	dziəu	ɲiəu	çiəu	çiəu	çiəu
乐清话	ts'u	ts'u	tç'iau	dzu	zu	su	su	su
虹桥话	ts'u	ts'u	tç'iu	dzu	zu	su	su	su
瑞安话	ts'ou	ts'ou	tç'iou	dzou	zou	sou	sou	sou
陶山话	ts'əu	ts'əu	tç'iəu	dzəu	zəu	səu	səu	səu
平阳话	tç'iu	tç'iu	tç'iəu	dʑiu	ɲiu	su	su	su
宜山话	ts'u	ts'u	ts'u	dzu	zu	su	su	su
文成话	ts'u	tç'u	tç'iəu	dzu	zu	su	su	su

	蓄	畜畜牧	旭	族民族	熟淑	辱褥	郁郁闷	育
	通合三 入屋晓	通合三 入屋晓	通合三 入烛晓	通合一 入屋从	通合三 入屋禅	通合三 入烛日	通合三 入屋影	通合三 入屋以
鹿城话	ɕiəu⑦	ɕiəu⑦	ɕiəu⑦	ziəu⑧	ziəu⑧	ziəu⑧	ʔjiəu⑦	jiəu⑧
永强话	ɕiəu	ɕiəu	ɕiəu	ziəu	ziəu	ziəu	ʔjiəu	jiəu
永嘉话	ɕiəu	ɕiəu	ɕiəu	ziəu	ziəu	ziəu	ʔjiəu	jiəu
乐清话	tɕʻau	tɕʻiau	ɕiau	zu	zu	zu	ʔjiau	jiau
虹桥话	tɕʻiu	tɕʻiu	ɕiu	zu	zu	zu	ʔjiu	jiu
瑞安话	ɕiou	ɕiou	ɕiou	zou	zou	zou	ʔjiou	jiou
陶山话	ɕiəu	ɕiəu	ɕiəu	ziəu	zəu	ziəu	ʔjiəu	jiəu
平阳话	ɕiəu	ɕiəu	ɕiəu	zu	zu	zu	ʔjiəu	jiəu
宜山话	su	su	su	zu	zu	zu	ʔjiəu	jiəu
文成话	su	ɕiəu	ɕiəu	zu	zu	zu	ʔjiəu	jiəu

后 记

这本书写得很苦,也很累,真的,我觉得自己有点好高骛远,不自量力。

我母亲是瑞安塘下场桥人,但自幼就跟随外公在温州读书、工作。我不知道父亲是何方人氏,只知道他短暂的人生是在温州度过的。我生在温州城区,从小喝瓯江水长大,而且由于种种原因,一辈子没跳出这座小城。有人说温州是个出人才的地方,但温州却不可能培育出人才,因而命中注定,我就只能庸庸碌碌一辈子。但是,谁人不爱自己的母亲?谁人不爱自己的故乡?我是温州人,当然爱我的家乡温州,虽然她现在是那么的不尽如人意,我还是奢望着她能慢慢地好起来,因为我终将老死在这块土地上。

没上过几年学,但书却读过不少;一生没什么专业,但干过的事情还挺多的。特别是学了一些乡土历史、人文地理后,发现温州原来曾经是那样的美丽,那样的富饶;那样的深含底蕴,那样的天人合一;甚至连我们说的方言,都是那么的活色生香,博大精深。

十年前偶然的机会使我涉足方言领域,从此一发而不可收,一头钻了进去而不得自拔。虽然我已写出了四五本有关温州话的专著,但总觉得还不够,还需要将其好好整理出来,留给后人,留给子孙。

有人说新闻是靠脚写出来的,其实做任何学问都需要手脚并用,研究方言更不能关起门来不闻窗外事,需要下去做乡野调查,需要收集民间语料,需要接触父老长辈、三教九流。可惜当我领悟到这个道理时已是太晚了。五十岁前为了养家糊口,根本没条件安下心来做学问,待退了休有时间了却已觉力不从心。更何况我不在高校,我没带学生,更没有助手,一切的一切都靠自己单打独斗,这样势必事倍功半,于是我只好靠毅力、靠勤奋来弥补这一不足。

2009年,当《温州话词语考释》付梓时,我就将自己从方言特征词的研究中拔出来,转向温州话的语音系统,想将其钻深摸透。我发现温州话中有许多有别于吴语和闽语的东西,当年章太炎将其归入闽语固然不对,但后来赵元任将其归入吴语也似乎不很合适。温州话能否自成系统,独树一支呢?我有这个想法,但要找到依据来,才能依理服人。于是我决定跨出温州城,来寻找温州话的发祥之处、演绎之境、变化之史。据我所知,如果将温州话假设为瓯语系的话,属于瓯语体系的至少有26个方言点需要了解和掌握。

2010年初,我开始对永强话、瑞安话、上塘话进行调查,正当渐入佳境时,不幸突发腿疾,需要置换左膝关节,这一折腾,整整耽搁了一年多的时间。现在虽然我又可以行路,但已不可能像当初那样行走自如了。这五年来虽然竭尽全力,先后调查了平阳话、龙港话、宜山话、文成话、瞿溪话、虹桥话、大门话,但离 26 个调查点的目标还相差甚远。最后,我只选择了 13 个颇有代表性的调查点,即温州市鹿城话、龙湾区永强话、瓯海区瞿溪话,永嘉县的上塘话,乐清市南部的乐成话、中部的虹桥话,瑞安市东部的城关话、中部的陶山话,平阳县东部的昆阳话,苍南县北部的龙港话和东部的宜山话,文成县城的大峃话和洞头县的大门话。由于成书时篇幅过大,不得不又忍痛割爱,删去了大门、龙港、瞿溪三个方言点,只留下了 10 个点。

每逢调查一个方言点,第一步是依照中国社科院语言研究所编的《方言调查字表》进行语料的录音和采集,但更多时间得用于对语料的整理和归纳。最费功夫的是,要对现有 13 种语料进行比较和校订,并进行综合分析,因而可以说,用于写这本书的时间实在是花得太多太多了。

在调查过程中,我详阅和分析了凡是能够找得到的、已经发表的有关文献和材料,并且以《广韵》为参照,进行瓯语方言各小方言片详细的语音特征对照,然后归纳出瓯语方言的一般特征和特异的方音变化。

在写作过程中,我也懂得了一个道理:语言和方言的变化是无穷的,现在调查时会出现几十年前没有的语音成分和现象。我必须将这些变化记录下来,然后分析其特点,并通过与前人研究资料进行比较,找出方音变化的发展轨迹。游汝杰于 2001 年指出:温州话在各县的语音差别主要在韵母,声调和声母的差别不大。如"太阳"一词在温州市读 tʻaji,瑞安读 tʻajiɛ,乐清读 tʻajia。温州市区的读音也有新派、中派和老派之分,如"苏"和"孙",老派和中派分别读作 søy 和 sø,而新派都混成一个音 sø。因为这一带的方言在近几十年内发生了不少语音变化,所以我希望本书的出版,能帮助大家加深对瓯语语音的了解和认识,并通过对各个小方言片一些重要语音现象的共时比较与讨论,来分析和解释语音演变的规律,并预测方音将来发展变化的方向。

前人发表的调查资料和研究成果,对本文的写作具有很高的参考价值;可惜这方面的资料很有限,无法对每个调查点的语音演变进行历时比较。过去,温州地区交通不便,又因旧时的行政区划不同,致使各地瓯语的语音现象和语音演变方向有一些不同之处。我们只能通过对"活的"方言材料的共时比较,以获得隐藏在语音演变过程中的不同历史层次的材料。

一位学者说得好,瓯江方言韵母的演变现象非常丰富,发展变化方向很不平衡,表现出很强的"规律破裂性"。但是,如果把这些实际的韵母演变现象都很仔细地记录下来,可能就会发现,"规律破裂"也有它自己的"规律"。

在选择发音合作人时,虽然尽量遵循惯例,挑选土生土长的、有一定文化水平的、年龄在 60 岁以上的,但在实际操作中,这样的对象实在不大好找,但求口齿清晰,多认得几个字,也就知足了。

按惯例,在成书之际,我得报一报该感谢的人了。虽然名单长了些,但最好不能有疏漏。他们是陈瑜、陈建敏、冯强生、龚格非、沙高朋、周良顺、徐崇统、高远、赵乐强、张炳勋、吴步贵、吴洪滔、陈时莲、林咏梅、何克识、施巨欢、林彩肖、林锡铭、项显华、郑金开、陈庆泛、陈作勇、黄志林、吴尚忠、杨乃琦、陈文苞、杨勇、高建平、陈仁德、周耀印、陈宣吉、赵小荣等等。

2010 年 1 月,我应邀给瓯海区政协作历史文化讲座,接待我的是政协秘书长仇雪峰先生,一位非常谦和、儒雅的年轻人。他的另一身份是瓯海书协主席,应该算是地道的读书人,身上没沾上一点官气。我们都有相见恨晚的感觉,经过几次接触,很快就达到了无话不谈的境界。当他知道我在做方言调查时,立即主动为我寻找发音人,并多次亲自开车送我下乡并陪同采访。可惜老天不佑好人,这样一位难得的青年人,竟然一下子被病魔夺走了年轻的生命。这一打击,让我好久好久都没缓过气来。

1997年,我作为民主党派的代表,被聘为市检察院特约检察员。这一干就是两届六年,后三年还被选为组长。我们的主管是副检察长夏珍瑞,接触多了就相熟得很。他也是一个没有官架子的人,说话很是投契。后来,他调到市政协任社法委主任,于是,我这个兼职的提案委副主任竟然被他强拉到手下,一起搞调研,搞视察,唯唯诺诺配合得甚是默契。待他退休后,我也不再是委员了,但我们还经常相聚一起,而且还结成一个群,并以我的书斋名"挹西堂"为群名,八九个人,每一两个月大概会活动一次,要么郊游,要么聚餐。这其中,除我一位是货真价实的老百姓外,他们都是有身份的官。夏比我年轻,却非要自称为"夏老",习惯了,大家也就"夏老"长"夏老"短地叫开了。当了两届的市政协委员,受益匪浅,特别是认识了一批人,对我帮助挺大的。我从来不拍马屁,但偏偏跟一些当官的很是有缘。当我写作《温州历史年表》时,张立新、孙丽雅他们就利用自己的"影响力",向各县市区搜罗了不少文献资料,供我"闭门造车";当我写作此书时,"夏老"多次亲自开车,带我下乡去。他还利用检察院的网络,为我在各地物色发音人,有时候还管吃管住。原市政协副主席王德植曾是平阳资深教师,桃李满天下。他还利用当过平阳副县长的资源,给我提供了很多帮助;现任市政协文史委胡侠主任,还亲自陪我去洞头寻找大门话的发音人。这一切的一切,我都得带上一笔,绝对不能轻慢,否则就是大不敬了。

最后,我还要感谢宁波出版社的王松见先生,老朋友了,处处为我着想,我把此书放在他们那儿出版就一百个放心了。